ZHONGGUO

国农村经营变革调查

吴象
己丑年夏

Nongcunjingying
Biangediaocha

上卷

崔传义/著

山西出版集团
山西经济出版社

目 录

服务·合作·中间组织篇

发展与政府篇

历史·方法篇

序 一

在新中国60周年华诞即将来临之际,回顾农村所走的历程,特别是改革开放以来取得的重大成就和中央近年把解决“三农”问题作为重中之重而采取的政策措施,感想很多。我感到农村工作最重要的经验教训是,要在理论和实践上正确对待农民,要讲农民的权、责、利,并使之制度化。中央在新的发展阶段提出以人为本,全面、协调、可持续的科学发展观。我国已处于工业化中期,但农村人口仍占多数,算上已是产业工人重要组成部分却没有获得公平待遇,仍是农民身份的农民工,比例更高,而且城乡差距明显。如果不能切实解决好“三农”问题,农民的合法权利不能得到很好落实和维护,以人为本的科学发展观就会在大部分人口中得不到切实体现。

占人口大多数的农民,过去是、现在也是我国变革、发展的决定性的一个力量。我国从半封建、半殖民地的境况下求民族独立、人民解放,是党团结一切爱国力量,领导进行以农民为主体、以土地改革为重要内容的革命战争,才取得了新民主主义革命的胜利,建立了新中国。新中国成立后,建立与完善社会主义制度,实行向市场化、工业化、城镇化、现代化转型,农民、农业、农村依然是关系全局的根本性问题。什么时候的政策、办法使农民的利益得到增进和维护,农业、农村就繁荣,社会各个方面就都得到顺利发展,什么时候的政策、办法损害农民的权利,农村发展就停滞、甚至倒退,各方面就都要受到严重影响。

从新中国成立到改革开放前夕近30年,对农民、农业、农村产生深刻影响的有几件大事。一是新中国成立初,继续在新解放区推进土地改革,完成新民主主义革命尚未完成的任务。亿万农民实现了“耕者有其田”的千年夙愿,成为土地的主人,迎来农业、农村发展的第一个黄金时期。二是出于防止土地私有基础上的两极分化和适应工业化的考虑,通过农业合作化、集体化,推进了对农业的社会主义改造。我国历史上的地主封建制度是以土地私有为基础的,改变土地私有,从根本上避免了农民失地、破产悲剧的再度发生，为生产力发展开辟了广阔天地。但在土地私有变为集体所有的过程中，生产经营也由一家一户的家庭经营，变为集体共同耕种、集中经营、集体劳动、评工记分、统一分配。不论是高级社，还是人民公社，基本上都是实行这种经营体制和分配方式，农民失去了财产支配权、经营权、收益分配权。虽然农村基本上没有发生两极分化，但却滋生了生产瞎指挥、干好干坏一个样，吃大锅饭、搞平均主义，又重新伤害和束缚了农民的生产积极性，产量下降，再加上"左"的政策的影响，农村的"政治运动"不断，因而农村普遍贫穷，出现了"三年困难"时期。三是实行重工业优先发展战略和计划经济体制，以农养工、限制农民流动进城。这在初期具有必然性，起了积极的历史作用，但长时间推行这种政策，过度从农村积累资金，必然损害农民的利益，也严重影响农村基层单位的生产经营自主权。

微观经营体制决定着整个农村经济的生机活力。集体所有制农业采取什么样的经营体制才能发展生产力，改善农民生活，对国家做出贡献，这个问题在相当长的时间里没有解决。我们重视对私有制的改造、对公有制的坚守，甚至追求一大二公、纯而又纯的公，而忽视集体所有制经济中农民的主体地位、权力和利益，忽视生产发展、农民生活改善。把土地的集体所有制和生产队集中经营、集体劳动、统一分配的经营体制，都作为农村走不走社会主义道路的标准，不准越雷池一步，禁锢了基层群众改变吃大锅饭、平均主义，解决经营管理矛盾的探索。几度兴起的包产到户，都被作为资本主义倾向予以无情批判而被取缔。对农民的自留地、家庭副业，人们说是困难来了讲政策（允许发展），困难过去改政策，运动来了批政策，"文化大革命"期间把它称作"资本主义尾巴"，进行批判和斗争。并在理论上把农民说成每日每时产生资本主义的小生产者，把农民视为异己力量，与农民群众的意愿对着干。大锅饭、平均主义，加上其他"左"的错误，使农民的劳动积极性消磨殆尽，农业长期发展缓慢甚至停滞，农民生活贫穷的状况难以改变，到改革前夕，全国仍有 2.5 亿农民没有解决温饱，生活在绝对贫困线以下。

中国改革首先从农村实行大包干家庭承包制的微观经营体制改革取得突破。安徽凤阳小岗村农民首创的农业大包干，短短几年就覆盖了全国 99%的生产队。由此废除了人民公社制度，农民重新在土地集体所有的条件下获得了自主经营、收益的基本权利，获得第二次解放，推动农村和全社会由计划经济转向社会主义市场经济，迈出中国特色社会主义道路的第一步。

改革为什么会首先由农村突破？其根本的推动力来自农民。农民群众已经不能按照原来人民公社的生产经营方式继续生活下去了，有着强烈的改革愿望。同时，粉碎

"四人帮"以后,从开展"实践是检验真理标准"的大讨论到十一届三中全会重新确立实事求是的思想路线,转到以经济建设为中心,在拨乱反正过程中,使人们逐步从"左"的思想禁锢中解放出来,一批干部面对实际,深入群众,也深感原有经营方式不能再继续下去。他们以民意为天,积极支持群众改革,尊重群众的首创精神和实践的选择。再加上新闻媒体和政策咨询部门的积极参与,这就在党中央和群众、基层干部之间架起了一座沟通的桥梁,做到上下结合,从群众中来、到群众中去。正如邓小平同志说的那样:"我们改革的成功不是靠本本,而是靠实践,靠实事求是。农村搞家庭联产承包,这个发明权是农民的,农村改革中的好多东西都是基层创造出来的,我们把它拿来加工、提高作为全国的指导。"[1] 另外,过去农业、农村、农民不仅受到人民公社体制的束缚,而且受到计划经济以及城乡二元分割体制的束缚和伤害,是多种矛盾集中的一个焦点,所以农民对体制改革的要求就特别迫切,改革也就从受"左"的折腾最厉害的贫困地区率先开始。改革从农村突破,归根到底是按照生产力发展要求和群众意愿,不断地解决社会主义社会前进中的基本矛盾。在改革中,农民要摆脱的不是社会主义,而是与那种生产经营和分配方式直接联系的"大呼隆"、"大锅饭"和平均主义。家庭承包制作为一种生产关系的具体形式,适应农业生产的特点和生产力水平,使农民有了充分的经营自主权,能够多劳多得,是农民有权、有责、有利的体制,从而调动了广大农民的积极性、创造性,使我国农村经济获得了突破性的进展。

改革率先在农村突破,进而推动城市和整个经济体制的全面改革,使中国进入了波澜壮阔改革开放新时期。家庭承包制的实行,极大地调动了农民的积极性,一举解决长期困扰的粮食短缺问题。连续几年农业特别是粮食增产幅度很大,1984 年粮食总产达到 4073 亿公斤,人均 400 公斤,接近世界人均水平,比 1978 年增产 33.7%,油料比 1978 年增产 1.29 倍,棉花为 1978 年的近 3 倍。保证我国众多人口有饭吃,这在任何时候都是头等大事。这对物价稳定和政治稳定具有重要意义。家庭承包制的实行不仅基本解决了温饱问题,而且使农村富余劳动力从干活大呼隆旧体制下解放出来。农民手中有了余粮,有了一定的资金,农村又有富余劳动力,便从发展多种经营,创办小作坊、小企业起步,开始离开土地到小城镇务工经商,从而催生了乡镇企业的异军突起,农民有了参与工业化的权利。中西部农区受到种种条件的限制,乡镇企业薄弱,大量的农村富余劳动力要找出路,因此越来越多的农民勇敢地离开了本乡故土,走上了打工的艰苦历程,引发打破城乡二元体制的农民跨地区流动、进城就业。农民外出

---

〔1〕《邓小平文选》第 3 卷,第 382 页,北京,人民出版社,1993。

就业已由改革初期的200万左右，发展到目前的1.4亿人以上，这在世界人口流动史上是罕见的。它使劳动力资源的配置由政府决策为主转变为由市场配置为主的机制，从而推动了用工制度、工资制度、教育制度、户籍制度等方面的改革，促进了中国劳动力市场的形成、发育和成长。而且，稳定就业农民工的市民化趋势要求根本改变城乡二元分割的体制，推动形成城乡经济社会一体化发展的新格局。

农村经济体制改革也推动政治体制改革。农村经营体制改革的兴起，是以政治思想领域拨乱反正为先导的，允许和支持改革，尊重农民对大包干到户的选择权，建立农民群众有权、有责、有利的农业经营体制，这本身就是民主政治的推进。“随着经济基础的变更，全部庞大的上层建筑也或慢或快地发生变革。”[1]农村土地不再集中经营，2亿农户成为自主经营的商品经济细胞以及数千万乡村中小企业的兴起，不仅为我国建立社会主义市场经济体制奠定了基础，也促进了农村高度集中“一大二公”的人民公社政社合一体制的解体。经济的自主要求政治的民主，继农村家庭承包制的建立而产生的村民自治，农村基层的民主选举、民主决策、民主管理、民主监督制度逐步得到发展，这是政治上的还权于民，是中国农民为我国社会主义民主政治的发展做出的重要贡献。

综上所述，农村改革是党的实事求是的胜利，是尊重农民创造和选择取得的成功，是重新调整、界定农民权利，还权于民，还利于民，创造和完善农民有权、有责、有利的经营体制的过程，是对改革前所取得的农村社会主义制度建设和经验教训的继承、扬弃和创造性发展。可以说，改革开放以来我国经济长达30年保持了9%以上增长的世界发展奇迹，其中的奥秘之一，是农村改革提供了中国国民经济结构改革和发展的基本动力，提供了民主政治稳定发展的基础。

党的十六大以来，胡锦涛、温家宝同志提出“三农”是党和政府全部工作的重中之重，提出了“多予、少取、放活”的六字方针。胡锦涛同志在党的十六届四中全会上，提出了关于“两个趋势”的论断，指出从总体上看，我们现在已经进入以工促农、以城带乡的发展阶段。这些论断的提出标志着我国已经开始进入了以工促农、以城带乡的新时代。当前和今后要全面贯彻落实科学发展观和十七大精神，坚定不移地继续深化改革，推进农村改革发展新的突破。现在，与农民生产生活相关的商品市场、要素市场距离形成公正交易秩序尚远；农民专业合作组织发育相当薄弱，影响了他们在许多领域

[1]《〈政治经济学批判〉序言》，见《马克思恩格斯选集》第2卷，第2版，第32页，北京，人民出版社，1995。

的谈判地位和收益;农民参与乡村经济社会事务管理的权利和体制仍相当欠缺;政府加大了农村投入,但使这些投入不被侵蚀,发挥应有惠农效益的机制尚未形成;农村富余劳动力向非农产业和城镇转移仍受城乡二元体制的制约,两种身份制度的鸿沟阻碍他们融入城市社会;整个经济快速发展,城乡差距却明显扩大。因此,农村改革还任重道远,要继续解放思想,选准新的突破口,破除二元体制,建立维护农民合法权益、促进城乡一体化发展的新机制,进一步激活农民的积极性。历史告诉我们,在未来的改革和发展中,只要我们始终坚持充分关注民生、改善民生,依靠农民、尊重农民,就能进一步调动农民的积极性,发挥农民群众的首创精神,为改革开放的继续深化和发展做出更大贡献。

《中国农村经营变革调查》一书作者,曾跟随我工作多年,参加了20世纪70年代末、80年代初安徽滁县地区实行农业大包干的改革历程,其后他在安徽省直机关、中央农研室、国务院发展研究中心农村经济研究部的工作中,一直围绕"三农"面临的新问题开展政策调研,作风踏实认真,坚持理论联系实际,不断总结群众创造的新经验。该书汇集了他多年研究农村问题的成果,保留了不同阶段农村改革发展的一手资料,在不少方面进行了探索和独立思考。事物发展是具有连续性的,历史的回顾、反思,有利于今天和未来。我相信这本书的出版有助于实际工作者,也有利于研究人员。情况越来越清楚地表明,放在城乡发展的全局里解决"三农"问题,应当转变二元结构,实行双轮驱动。既要以工业化、城市化支持和带动农业、农村发展,促进农村富余劳动力向非农产业和城镇转移,又要在农村深化改革,在进一步的组织、制度和机制创新中,加强农民的主体地位和平等权利,增强农村内部的生机活力,发展现代农业,推进新农村建设。我们希望广大理论和实际工作者更多关注农民、关注农业、关注农村,为实现中国城乡的共同富裕、文明、民主和现代化贡献智慧和力量。

王郁昭

2009年8月1日

序 二

从1949年新中国成立到现在的60年，中国农村发展走过了一段艰难曲折的历程。改革开放前30年，由于推行集体化农业制度，农民缺乏生产经营自主权，积极性长期受到挫伤；由于实行计划经济体制，农民没有自由交易权，农产品价格失真，农业资源配置效率低下；由于限制人口自由流动，农民没有自由择业权，农村剩余劳动力大量沉淀在土地上，人地矛盾加剧，城乡关系严重扭曲。改革开放前，中国农产品供给长期短缺，农村普遍处于贫困状态。1978年中国农村有2.5亿人没有解决温饱，占农村人口的30%以上。

危机催生改革。从20世纪70年代末开始，以安徽、四川等地农民自发的大胆改革为开端，中国发生了一场自上而下的规模宏大的农村改革。中国农村改革最重要的成果是废除了集体农业制度，代之以将集体所有的土地分配给农户开展个体农业生产，并让农户拥有土地使用权，不断强化对农民土地权利的法律保护；此后的其他改革措施，譬如开放农产品市场、发展农村企业、允许农村劳动力流动、改革农业税收制度等，这些改革措施，突破了旧体制对农民的束缚，不仅带来了中国农村社会生产力的大解放和农村的历史性巨变，而且开启了中国改革开放的大门，为中国由计划经济体制向市场经济体制转轨摸索了经验，为中国整个国民经济持续快速发展奠定了坚实的基础。

中国农村改革发展取得的成就是令人瞩目的，但我们要清醒地认识到，在中国经济快速增长、社会结构加快转型、利益格局深刻变化的大背景下，农业农村发展正面临着许多困境和制约。农业发展面临的资源环境约束问题越来越突出；城乡收入差距加大，城乡之间在教育与医疗领域，服务的普及与质量仍存在巨大的差别；农村经济体制尚不完善，农民进入市场组织化程度低，农民土地权益缺乏充分和有效保障，农村金融体系不完善，农民工无法平等地享受城市公共服务，城乡分割体制尚未破除。

解决好农业、农村、农民问题，是一个长期而艰巨的历史任务，必须立足于社会主义初级阶段的基本国情，充分尊重自然规律、经济规律和社会发展规律，着力解决好以下重大问题。

第一，确保国家粮食安全。粮食是一种特殊的产品，不仅具有原始食物属性，也具有能源属性、金融属性、政治属性、人权属性。粮食安全与能源安全、金融安全并称为当今世界三大经济安全。中国是世界上人口最多的国家，每年粮食消费量占世界粮食消费总量的1/5，占世界粮食贸易量的两倍左右。世界粮食市场的供给能力有限，如果进口过多，不仅国际市场难以承受，也会给低收入国家购粮带来不利影响。一旦中国出现严重的粮食供求缺口，国际市场也满足不了中国的需求。“手中有粮，心中不慌”，解决好吃饭问题是治国安邦的头等大事。必须坚持立足于靠国内保障粮食等重要食物基本自给。当然，我们也应清楚地认识到，中国作为一个人多地少的发展中大国，在经济发展、收入增长的过程中，是不可能保障全部农产品的基本自给的，在全球化条件下，政府需要对农业中保护什么、开放什么作出正确决策，需要处理好农业开放和保护的关系。中国农业发展战略布局必须从强调自给自足，转向利用国内外两种资源、面向国内外两个市场。

第二，稳定农村基本经营制度。以家庭承包经营为基础、统分结合的双层经营体制，是中国农村的基本经营制度，是中国农村政策的基石。中央政府历来强调要稳定和完善这一基本经营制度。稳定农村基本经营制度的核心是，进一步强化对农民土地承包经营权的保护，防止用行政手段强迫流转农民土地承包经营权。东亚农业发展的经验表明，人多地少国家不可能走北美等发达国家以大规模农场为特征的农业现代化道路。中国也不例外。从稳定农村大局出发，土地流转必须坚持“依法、自愿、有偿”的原则，必须限制土地流转的用途和流转对象。在引导土地向专业农户集中、发展规模经营的同时，为了防止在农业人口大批转移之前，就出现以大资本排挤小农户和土地兼并的现象，需要借鉴许多国家保护家庭经营体制，严格进行农业生产者认定，限制工商业法人进入农业的做法，保障农地在农业产业内流转，坚持实行“农地农有、农地农用”的政策。

第三，转变农业增长方式。人多、地少、水缺是中国的基本国情，在农业政策的制定上，必须将农业资源的保护和节约集约使用摆在突出位置，建立健全最严格的耕地保护制度和最严格的节约用地制度，发展循环农业、生态农业、节约型农业，形成资源节约、环境友好的农业发展方式，改善农村生态环境，提高农业可持续发展能力。中国农业科技进步贡献率仅为49%，大大低于发达国家70%~80%的水平。中国农业科技成果转化率仅为30%~40%，远低于发达国家80%以上的水平。灌溉水有效利用系数为0.46,只有国际先进水平的60%。要顺应世界科技发展潮流，大力推进农业科技自主创新，加快农业科技成果转化，加强农业技术推广，提高土地产出率、资源利用率、劳动生产率。农民知识化是农业现代化的关键。在大力发展农村义务教育的基础上，要加快普及农村高中教育，重点发展农村职业教育，提高广大农民的就业技能，为农业现代化提供人才和智力支撑。

第四，推进农村制度创新。农业现代化既包括实现农业物质技术装备的现代化，又包括推进一系列农村制度的现代化。在稳定和完善农村基本经营制度的基础上，必须进一步推进农村的制度创新。中国农村土地制度、农村金融制度、农村公共服务制度、劳动力市场制度等都需要进一步改革。要依法保障农户享有的对承包土地的占有、使用、收益等权利，完善土地承包权权能，赋予农民更加充分而有保障的土地承包经营权，减少现行农村土地产权关系中内含的不确定性，使农民形成长期的预期。改革农村金融制度，关键是放松对农村金融的管制，加快建立能有效、全方位地为农民提供服务的金融体系，尤其是要为目前金融体系并没有覆盖的农村人口提供有效的服务。

第五，推进农村劳动力转移。中国需要向非农产业和城镇转移的农村人口数量之多、任务之艰巨，是任何国家都无法相比的。尽管从20世纪90年代初农业就业人数就开始绝对减少，但目前仍然有3亿多农村劳动力主要从事农业。2006~2030年，如果转移速度保持每年2%、城镇化水平保持每年提高0.7~0.8个百分点，到2030年，中国非农就业比重将达到73%，城镇化水平将达到61%，这期间农业劳动力转移总量达1.26亿人，城镇人口将净增3.08亿人，即使这样，中国届时仍将有2亿多农业劳动力和5.64亿农村人口。城乡就业的难点主要在农村。必须把促进农村劳动力持续向非农产业和城镇转移作为长期的战略任务，拓宽农村剩余劳动力转移渠道，引导农民工有序外出就业，鼓励农民就近转移就业，扶持农民工回乡创业，努力实现农民就业充分、稳定就业。公平对待、一视同仁是解决好农民工问题的根本要求，要以实现农民工“就业有技能、劳动有合同、工资有保障、伤病养老有保险、维权有手段、居住有其屋”为目标，健全农民工工资支付保障制度，加快建立城乡劳动者平等就业和平等享受城市公共服务的制度，建立覆盖全体农民工的工伤、医疗、养老社会保障制度，建立农民工养老保险关系异地转移与接续制度，确保农民工共享改革发展成果。

第六，促进农村全面发展。统筹解决好农业、农村、农民问题，必须办好农村教育事业，促进农村医疗卫生事业发展，健全农村社会保障体系，加强农村基础设施和环境建设。应强化政府职责，按照逐步实现城乡基本公共服务均等化的要求，与经济发展水平和公共财政能力相适应，全面提高财政对农村基本公共服务的保障水平。加快发展农村教育事业，提高农村义务教育的水平，使农村人人享有接受良好教育的机会。创造条件，实行免费的农村职业教育，加快在农村普及高中教育；加快发展农村卫生事业，增强公共卫生和基本医疗服务能力，逐步提高新型农村合作医疗的保障水平，做到人人享有基本医疗卫生服务；完善农村最低生活保障制度，加快建立新型农民社会养老保险制度，加快解决失地农民和农民工社会保障问题，完善农村社会救助制度，做到人人享有基本生活保障。要逐步改变城乡分治的制度安排状况，形成城乡统一的制度框架，促进公共财政资源在城乡均衡配置，为城乡居民共享经济社会发展成果提供制度保障。

第七，完善农村治理方式。治理不单纯是自上而下的强制性行为，更是一个上下互动的管理过程。治理不是政府唱独角戏，而是政府组织、非政府组织等多种主体，主要通过合作、协商、建立伙伴关系来管理公共事务。改革开放以后，中国农村治理方式正发生着广泛而深刻的变化，以村民自治为核心的治理已基本成型。在近几年进行的村民委员会选举时，农民表现出空前的政治参与热情。今天的中国农村，伴随着中国市场化、工业化、城市化的快速推进，农村人口社会流动性显著增强，农民不再是一致的均质性社会群体，农村也不再是单一的同构性社会；从信息传播看，信息传播越来越快，农民获得外部信息变得快捷方便；农民意识从“身份取向”向“权利取向”转变，身份平等意识和权利意识普遍提高。目前，从政府和社会的互动过程看，主要问题是农村社会组织发育和作用发挥不足，农民保障自身及乡村公共权益的能力相应就弱。在农村工作中，政府规划一切、管理一切的方法已经行不通了，一切以政府组织为中心的治理格局应该转变。乡村治理要“有破有立”。破，就是破除政府运行体制中那些不合时宜的东西，特别是那些不尊重农民主体地位的东西；立，就是培育确立那些有利于农民自主治理的东西。应建立政府与乡村社会的新型关系，完善政府对于乡村社会的行政性管理和控制，让乡村内部的自主性力量在公共服务供给、社会秩序维系、冲突矛盾化解等多种领域充分发挥应有的作用，让这些主体在伙伴关系的基础上协同共治，使乡村社会内部充满活力。

本书是崔传义同志研究中国“三农”问题重要成果的汇集，凝聚着他的全部心血。他有着在“大包干”发源地安徽省滁县地区6年的工作经历，是农村改革最直接的亲历者，这段工作经历是他研究“三农”问题的最重要的驱动力和宝贵财富。他曾先后在安徽省政府、中央农村政策研究室和国务院发展研究中心从事农村政策研究工作，一直没有脱离农村问题研究这个行当。最近10年，我一直与崔传义同志共事，在我的印象中，他对农村和农民的感情是浓烈而真挚的，他长期坚持深入基层调查获取第一手资料，始终对农村重大政策问题保持敏感性并及时提出前瞻性很强的政策思考。本书的内容基本涉及了不同时期农村改革发展面临的一系列重大政策课题，研究内容主要涉及大包干、乡镇企业、农村市场体系发育、农业服务体系与农民组织、农民工就业与创业、农村土地制度、农村财政与金融、农村治理等。在上述领域，他围绕各种难点和热点问题，提出了许多重要的判断和有重要价值的政策建议。特别是在农村劳动力转移与就业问题的研究领域，他的研究成果不仅产生了重要的学术影响，而且直接为中央制定政策提供了依据。崔传义同志是国务院发展研究中心农村经济研究部这个团队中令我们值得骄傲的一个成员，他的事业发展经历告诉了我们：为什么要研究“三农”问题，为谁研究“三农”问题，如何研究好“三农”问题！

韩　俊

2009年9月于北京

序　三

历史、现在、未来是连续的。新中国成立60年来，农村经历了三次大变革：一是新中国成立初彻底完成土地改革，随着农民成为土地的主人迎来一个农村发展的黄金时代；二是通过合作化、集体化对农业土地私有制进行社会主义改造，建立起避免农民失地破产和发展进步的制度基础，但伴随而来的高级社、人民公社集中经营、集体劳动、评工记分、统一分配模式，加上高度集中的计划经济体制，又捆住了农民手脚。生产瞎指挥、劳动大呼隆和吃大锅饭、平均主义，成为多年难以摆脱的顽症，农民失去积极性，生产难以发展，生活不能改善，甚至造成农村一度出现饿病逃荒死的惨象；三是20世纪七、八十年代之交，党的十一届三中全会召开不久，农村实行了源于凤阳小岗农民首创的农业大包干家庭承包制，使大锅饭、平均主义的弊端药到病除，农民获得第二次解放。土地集体所有的农业有了来自农民取得经济主体地位和多劳多得利益所产生的内在动力。农民的积极性、主动性、创造性，像打开闸门的潮水一样涌流起来，推动商品生产、市场经济的涌动。这三次变革，我全程经历、感触最深的是第三次变革。陈云同志曾说，农业责任制的意义不亚于三大改造。我理解，三大改造是建立社会主义制度，以大包干家庭承包制为代表的农村改革，是解决现阶段农村要实行什么样的社会主义。当然，农村、农业、农民的问题没有一朝解决，这一变革所引发的、要继续解决的问题很多，但却自此走上有中国特色的社会主义农业、农村发展路子。

农村所走的历程，有经验、成就，有教训、挫折，都是需要记取的精神财富。新的发展阶段因城乡二元结构体制和农村内部的体制缺陷“三农问题”仍然突出，重新成为党和政府工作的重中之重。历史从哪里开始，逻辑也就从哪里开始。应通过历史反思，找到观察今天问题的逻辑起点。从这个角度看，《中国农村经营变革调查》这本记述农村改革和改革前农村情况的著作，就不是消逝的历史，只具有史料价值，而是对继续解决前进中的问题具有现实意义。

从体制变革的历史轨迹看，农业大包干家庭承包制由安徽凤阳县小岗村农民首创，获得邓小平的支持，走向全国，是历史偶然性和必然性的结合。历史是人民创造的，这种创造同顺应民心的历史人物的作用，是相互辉映的。就凤阳农业大包干的产生看，农民的创造需要一定的外部环境。胡耀邦同志曾说，粉碎"四人帮"后，全国有两年徘徊，安徽没有两年徘徊。自从中央解决安徽领导班子问题，组成万里为第一书记的省委领导班子，就很快拨乱反正，从思想上、政治上扭转局面。省委从实际出发，把解决农民吃饭问题放在首位，冲破"左"的束缚，提出以生产为中心，提出最重要的生产力是人，一切妨碍生产、影响农民积极性的问题都要解决，制定出省委《六条》，放宽农村政策。从实践是检验真理唯一标准的大讨论到十一届三中全会精神的贯彻、农村政策放宽，鼓励了群众自下而上的改革创造。由此在滁县地区包产到组、小宗作物到户、大包干到组、包产到户纷纷涌现，经过比较、演变、筛选，诞生了小岗的农业大包干。大包干产生的内因，则是农民对多年"左"的错误政策和大锅饭、平均主义的反抗。小岗农民经历过土改后吃上饱饭、交售余粮、安居乐业的日子，但集体化、公社化后就遭到"共产风"的摧残，此后多年元气没有得到恢复，农民没有种植权、分配权，在瞎指挥、平均主义、批资本主义的折腾下，守着土地吃不上饭，是20多年的曲折磨难孕育了他们对旧经营体制的否定，但他们摆脱的是平均主义、大锅饭，创造的是在土地集体所有基础上的包干到户。

农业大包干家庭承包制是对过去经营管理方式的批判性总结，也成为农村经济发展和新体制发展、完善的起点。大包干模式，以土地家庭经营为基础，以"保证国家的，留足集体的，剩下都是自己的"包干式的经营承包和分配为核心，形成统分结合的双层经营体制。农民一旦成了土地经营的主人，掌握了自己的命运，劳有所得，其生产积极性迸发出来，农业就超出自给经济的临界点，发展出商品，在获得自主权的条件下，进入市场；获得解放的农村富余劳动力，利用积累的少量资金、农业原料，面向市场需求，发展多种形式的小企业，形成乡镇企业的异军突起；在缺少办企业条件的地方，出现了农民外出打工、进城就业，这就推动了由计划经济向市场经济、由单一公有制向多种经济成分共同发展的转变。一家一户办得了的自己办，办不了的联合办，进入市场的困难，面对中间商的弱势，促使农民在家庭经营的基础上重建产权明晰、民办、民管、民受益的合作制。这样，大包干以来，市场经济、多种所有制经济成分、合作制、破除城乡二元体制的新事物、新实践、新理论接踵而来。

改革是历史的助推器，改革是群众生气勃勃的创造，改革是党和政府恢复实事求是、群众路线与群众创造结合的成果。我们不仅要看到改革以来的经济发展和已经取得的制度成果，而且要看重使改革兴起来、取得物质和制度成果的成功经验，把它作为财富和传家宝，不要得而复失。我感到这个经验中最重要的是正确对待农民群众，是到基层实际中去、到群众中去，了解与尊重群众的要求、创造和选择，是以民生为重，是讲农民的权、责、利，是民主。在滁县地区群众创造多种形式的联产承包制和农业大包干的过程中，从地、县领导到工作人员都感受到，越是到基层群众中去，越实际了解群众生活的疾苦和经营管理的矛盾，思想就越解放，越了解群众创造的办法和取得的成效，就越感受到群众的聪明才智，越感到他们应该受到尊重。群众利益要求与客观规律具有内在的一致性。坚持群众利益第一、实践第一、发展生产力第一，探索与生产力发展相适应的体制，使群众、集体、国家都受益，是一个工作人员应尽的责任，向人民负责与向党向国家负责具有一致性。领导既不能压制群众改革，也不能代替群众、左右群众，而是要以群众为主体，支持群众创造、选择，帮助群众解决自己的问题。多做调查研究，从群众中集中起来，总结经验，形成办法、政策，再到群众中去检验、修正、丰富、拓展、完善。其实质就是民主。实践表明，只有群众参与创造和选择的制度，才能体现群众的权力和利益，才能在群众中扎根，产生持续的推动力。什么时候这样做，什么时候改革就能够取得实质性进展，什么时候不这样做，就会"政如飘风"，解决不了问题。

在领导与群众取得统一和互动中，一个重要环节是调查研究。本书作者进行了几十年坚持不懈的"三农"问题政策调研，大部分汇集在《中国农村经营变革调查》一书中，记录了波澜壮阔的农村改革进程、丰富多彩的农民群众创造和一些政策的制定过程，也留下改革亲历者理论联系实际的思考和探索。这是我重视这本书的主要原因。同时，作者参加社会工作之始，即从 1972 年起，就跟我一起在滁县地区的皖东报社工作，一起到农村采访。他不愧为农民的好儿子，不愧为上海复旦大学的好学生，一走上工作岗位就想农民之所想，急农民之所急，扎根农村，住食农民家中，撰写了许多反映农民心声的好新闻。1974 年我到地委工作，他 1977 年也调到地委调查研究室，直到 1982 年秋，我都是他的直接领导，共同经历了滁县地区实行农业大包干的日日夜夜，结下深厚的情意。此后，他调到安徽省政府、中央农研究、国务院发展研究中心工作，我们经常交流对重大问题所写的调查报告、政策建议，相互启发，可谓志同道合。解决"三农"问题任务仍重，我们都要继续尽力。

陆子修

2009 年 8 月 5 日

（陆子修，系第八届全国人大代表，安徽省人大常委会原副主任）

前 言

（讲农民权责利的经济社会变革）

新中国成立以来60年，有三件大事深刻影响农村。

一是新中国成立初，继续在新解放区推进土地改革，土地改革结束了千年封建地主制度，迎来农村发展的第一个黄金时期。

二是出于防止土地私有基础上的两极分化和适应工业化的考虑，推进了对农业的社会主义改造，实现了土地集体所有制。但在土地私有变为集体所有的过程中，土地的生产经营也由一家一户经营变为共同耕种、农民集体生产劳动，加之计划经济体制，使瞎指挥、大锅饭、平均主义，又伤害和束缚了农民。

三是农村实行大包干家庭承包制成为中国改革的第一声春雷，打破了人民公社制度和计划经济体制的坚冰。大包干家庭承包制使农民重新在土地集体所有的条件下获得了土地自主经营、收益的基本权利，奠定了中国特色社会主义农业体制的基础，迎来农村发展变革的新时期。有人说这是8亿农民继土地改革之后的第二次解放，是中国变革的第一推动力，或称第二次农村包围城市。

本书有关实行家庭承包制的调查报告，来自改革初我参加大包干发源地安徽省滁县地区6年改革的实践。尔后的材料，是在安徽省政府、中央农研室、国务院发展研究中心工作期间形成的。这些围绕农村经营变革的断断续续以事实为依据的调查研究材料，因改革的连续性连接起来，记述农村改革在什么背景下发生(即改革前的农村问题)，解决了什么问题，由此初步形成的体制框架，体制变革的实质和推动力，正在和需要继续解决的问题。在此，谨结合全书内容对农村社会变迁谈几点感受。

一、农村改革的基本历程：农户大包干、市场、中间组织和政府的体制架构

1978年中共十一届三中全会召开时，我国还是80%人口在农村、城市人口多数两代左右出自农民的“农民国家”，2.5亿农村人口未解决温饱，吃饭问题突出。农业长期发展缓慢甚至停滞，多数农民相当贫穷，不仅因为人民公社初期“五风”的摧残、无休止的阶级斗争等错误，而且在于高级社、人民公社以来实行的体制。

农村改革首先从受“左”的危害严重、很多农民吃不饱饭的穷地方开始，从解决基层生产队的劳动分配矛盾和经营管理问题开始。那时，生产队共同集体生产劳动，农民只是数十人一起被指挥大呼隆干活的劳动力，对生产和劳动成果分配缺乏权利；对每天干的农活进行评工记分，很难反映每人的劳动状况，只是记“大概工”，以此作为分配依据，导致干多干少、干好干坏都一样，多劳不多得。生产瞎指挥，分配平均主义、吃大锅饭，干部特殊化，非生产人员多、费用大等弊端，成为不治之症。这严重挫伤了作为生产力首要因素的劳动者的积极性，农民只能以消极怠工来抵制，成为守着土地饿肚子、陷于贫穷的内在原因。1977年安徽省面向现实，纠正“左”的错误，开始放宽农村政策，群众创造的多种联产承包责任制就从下面冒出来，1978年凤阳小岗村的农民率先大包干到户。大包干的家庭承包制短短几年时间覆盖了中国农村99%的生产队。这种家庭承包制，土地仍然归集体所有，土地的经营使用权、收益权则转入农户，农户真正成了土地的主人，经营的成果，按照包干合同，缴够国家的，留足集体的，剩下都是自己的。从此摒弃了集体劳动干活大呼隆、分配吃大锅饭和平均主义，农户成为在承包土地上自主经营、自负盈亏、多劳多得、自我发展的经济细胞。从此在全国造就了2亿多农户独立经营的经济主体，奠定了中国特色农业、农村经营体制的基石，打开了巨量农民创造力的闸门。

随着农户家庭经营主体的建立，一方面，农民劳动积极性迸发出来，主要农产品连年大幅度增产，多种经营发展，基本解决吃饭问题，并推动农业由自给经济向商品经济转变，而流通体制如何与之适应，成为新问题。承包农户把国家征购的农产品交给国家，除此之外的农产品，农户有了支配权，自然进入市场交易。1984年前后，不仅先放开的蔬菜、水果、水产市场得到

发展，而且国家将粮食等主要农产品的统购统销改为合同定购，逐步缩小定购范围，定购之外的产品进入市场，这类产品的流通也走向国家定购与市场流通的双轨制。另一方面，农户获得土地承包经营权的同时也有了劳动力的支配权，农民利用农业积累的资金、提供的原料、富余劳力和社区、家庭的场地，发展社区集体的企业和个体、私营、股份制企业。面向市场需求，自主经营、自负盈亏的乡镇企业，雨后春笋般地发展起来，大批富余劳动力就地创业转移。不发达地区难以就地办企业、就近转移的富余劳动力，则以就业增收为目标，自主流动、进城就业，形成打破城乡分割、区域封闭的充满竞争活力的劳动力市场。2亿多农户的家庭商品经济细胞，数千万的乡镇企业和农民流动，决定性地推动了计划经济向市场经济的转变，单一公有制向多种经济成分的转变，市场机制下农村劳动力转移与工业化、城镇化的结合。

20世纪80年代农业家庭承包、乡镇企业和农民流动的创造，市场化改革势如破竹，相比之下，90年代以来的改革可谓艰难推进。不仅粮棉的市场流通经历曲折，而且转入市场经济使农户经营遇到新问题。农户面对市场单打独斗，掌握市场信息难、获得技术难、贷款难，面对流通加工领域的中间商，缺乏议价能力和平等的谈判地位，经营波动、利益受损，也难单独改进农业生产条件。这就要求在农户生产经营的基础上发育流通、加工、技术、金融等领域多元化的社会化服务，发展农户与市场沟通、维系商品生产运行、维护和增进收益的多种中间组织。"公司＋农户"，"批发市场＋农户"，农民专业协会、联合组织、专业合作社加农户，逐步发展。同时，农户经营也对乡村集体经济组织、供销社、信用社，提出了进行体制改革的要求。发展的情况表明，商品农业既有与土地、生物打交道，适宜家庭分散生产经营的特点，又有越来越多的社会化联系的时代特征，转入市场经济，不是简单地放开市场，而是需要有与农户生产经营相配套的中间组织，并达到农户与中间组织经济关系的合理化。

随着城乡转入市场经济，农村劳动力向非农产业和城镇转移，"三农"问题越来越不是农村内部的问题。受城乡二元体制影响，限制农民流动，低价获得农民的农产品、土地、劳力、资金，多取少予，使城乡、区域差距，在经济快速发展中继续扩大。农民增收困难，农业基础脆弱，农村社会落后。面对这种问题，党和政府统筹城乡，把解决"三农"问题作为重中之重，在发展战略和宏观调控上提出多予少取，以工养农、以城带乡，构建城乡一体化发展新格局。政府取消农业税，加大农业补贴，增加“三农”投入，推进农村社会事业发展，推动农村综合改革，加强新农村建设。实际是逐步从偿还剥夺“三农”的欠债，走向给农民国民待遇，给农业支持和保护。

对30年农村经济变革和积累的体制性成果做一个不完全的归纳，就是农户大包干、市场、中间组织和政府服务、调控与保护的体制框架初步显露。这种废除人民公社制度，造就自主经营承包农户、企业、中间组织主体，从单一公有制到多种经济成分，从计划到市场的改革，奠定了现代化发展的制度基础，也结束了把公共社会利益绝对化、排斥群众个人利益需求的思维，走上了社会发展和每个人的自由发展相结合的新里程。在这个体制框架形成中，一次改革就比较到位，起破题、奠基作用的是大包干的家庭承包制，其他方面递进展开，但还不到位。四个要件相互依存和制约。如，只有政府对农户种粮的价格支持和补贴，没有农户、农民的联合组织，往往出现政府提高了粮食收购价和种粮补贴，中间商卖给农民投入品的价格随之迅速上涨，比价复归，政府给农民的好处很大一部分流失了。

二、农村改革的实质：以民为本，劳有所得，还权于民

改革的实质，既表现在党和国家对农村改革的指导上，更蕴含在具体的体制变革中。

1978年党的十一届三中全会总结以往农村工作的经验教训，提出我们的一切政策是否符合发展生产力的需要，就看它能否调动劳动者的生产积极性。发挥农民的积极性，必须在经济上充分关心他们的物质利益，在政治上切实保障他们的民主权利。采取了提高农产品收购价格，增加投入，进口一定粮食，减少一些地区的粮食征购任务，让农民休养生息的措施。邓小平同志强调要扩大生产队自主权，建立责任制。三中全会召开前，担任安徽省委第一书记的万里，经过农村调查，在制定安徽农村政策的会议上指出，最重要的生产力是人，是广大群众的社会主义积极性。没有人的积极性，一切无从谈起。他又说，首先要解决群众吃饱饭的问题。种田的人吃不饱饭，谁也休想吃饱饭。农村问题“实质上是如何对待农民问题。……过去，国民党反动派向农民要粮要钱，但不管你种什么，我们可倒好，农民种什么，怎

么种，要管，农民生产的产品分配，也要管，吃多少口粮也要拿到省委会上来讨论。农民的种植权，产品支配权，我们全都管了，农民还有什么权利？我们有些人搞瞎指挥，什么他都管，就是不管农民的死活，以致三年困难时期饿死那么多人”。他还曾说，人民公社制度下的农民实际上是奴隶。这些谈话蕴含的一个思想就是要以人为本，把应属于农民的权利还给农民。

农村改革的实质更体现在群众与领导共同推进的具体体制的创造中。从安徽农民实行土地家庭承包制的过程看，开始时，除少数地方是大旱之年把集体种不下去的土地，借给农民种，引发包产到户的情况之外，多数经历了从包工到组到包产到组、大包干到组，再到包产到户、包干到户的演变过程。初始的切入点是解决劳动计酬多劳不多得的问题。先是生产队划分作业组，由包工到包产，联产计酬，以包产小组的实际产量计工分，前进了一步。包产到组解决了生产队的大呼隆、大锅饭，还存在小组的小锅饭，组内还要对每人的农活评工记分，仍是记“大概工”，干好干坏都一样。进一步解决，就包产到户。实现多劳多得不仅有劳动计量问题，还有分配支配权的问题。包产到组（户），虽是联产计酬，但包产的劳动成果仍要由生产队统一分配，生产队打入非生产性的工分、开支，七扣八除，再按工分分配，分配权仍掌握在少数队干部手中，农民的利益难以避免被侵占。再一步改进，是从包产到大包干，农户包干上缴国家征购，集体提留，剩下都是自己的。这样，农户成为分配主人，农民就掌握了分配的支配权，除了完成包干上缴任务外，多劳多得，谁也不能侵占他们的劳动成果。因此，变革的一层含义，是实现劳有所得。然而，分配方式与生产劳动方式相联系。要包产、包干到组、户，就需要组、户分开固定的地块生产劳动。这就从劳动分配关系的处理，进入劳动者和生产资料结合方式的变革、产权制度和经营体制的变革。彻底解决人与人经济关系问题、又适合农业生产特点的不是队，不是组，而是农户。但包产到户，农户实际还是承包生产队的生产任务，存在由队统一分配会侵犯农民利益的暗箱，而进入包干到户，伴随分配主动权到户，引起更深刻的变化：农户在承诺包干上缴之下变成了承包土地、自主经营的经济主体。土地的所有权仍属集体，但经营使用权、收益分配权已基本转入承包农户，还权于民。这是变革进一步的含义。这表明，经济上的劳有所得，取决于生产资料的还权于民，对农民土地经营、收益、处分权的重新调整、界定和维护。因此，由生产队共同集体生产劳动，到包干到户的变革，实质是按照农业特点恢复家庭经营组织主体地位,把土地经营、收益权还给农民,实现劳有所得的变革。土地产权制度是农业经营体制的基础。毛泽东同志批"共产风"时,提出要解决队与队一平二调的平均主义,也要解决生产队内社员之间的平均主义。事实表明,没有土地承包到户的产权和经营变革,就不可能解决这两个平均主义。如果当时农民有一块承包土地,也不可能发生那种饿死人的惨剧。万里说,农业大包干就是让农民有权、有责、有利。社会主义要讲群众的权责利。新体制使农业、农村发展有了来自有权、有责、有利的亿万农民积极性的可持续的内在动力。

农村家庭承包制之后的一些改革,继续贯穿着以民为本,实现劳有所得,还权于民的实质。改革农产品流通体制,乡镇企业兴起,转入市场经济,实际是还给农民自主交易权、办个体私营企业的发展权、就业选择权。由农民外出打工形成劳动力市场,则是就业、用工的决策权由政府转入劳动者和企业。适应农户在流通、加工、服务领域的需要,多种中间服务组织得到发展,但是,相对中间商,分散农户处于信息、资本等方面的弱势地位,并不能以合理的价格购买投入品、销售农产品,常常吃亏,在市场流通中不能实现劳有所得,没有平等的权利。农民在农户经营基础上自愿组织起来,发展产权清晰、民主管理、进退自由的专业合作社、金融合作和其他协作组织,就是争取市场条件下的平等谈判权和劳有所得的努力。村民委员会的民主选举和治理,是20世纪80年代农户承包经营、农民成为经济主人后产生的新事物,是乡村治理上的还权于民。浙江温岭的"民主恳谈",进一步把民主决策、管理、监督由村级推进到乡镇层次。

三、农村改革为什么成功:改革的领导者与群众互动,解决影响群众基本需要的突出问题

以农业家庭承包制为开端的农村改革取得了巨大成功。放在新中国成立60年的背景下看,土地改革后,农村进行了社会主义改造,但土地集体公有的农业形成什么样的体制,才能得到农民拥护,发展经济,是长期没有解决的问题。列宁否定共耕制、余粮收购制后,提出发展合作社,但斯大林推行了集体农庄制度。我们的集体化、人民公社化,虽有不同,但基本没有跳出前苏联集体农庄模式的窠臼。并一直把它作为农村走社会主义道路的

标准，加上“左”的错误，禁锢了面向实际、面向群众的探索，付出了代价，农村贫穷落后面貌难以改变。和其他问题结合一起，在“文化大革命”中使经济走到崩溃边缘。正如邓小平所说，不改革就是死路一条。1978 年以来的农村改革，走出了新路。它自下而上地改变了以农业共同集体生产劳动为基础的人民公社制度，也动摇了束缚基层单位和农民主动性与生机活力的计划经济体制，以及对农民形成歧视的城乡二元体制。首先是农户大包干，土地仍归集体所有，但农民有了权、责、利，从大锅饭、平均主义的体制下解放出来，走上能够发挥群众积极性、人民群众得实惠的中国特色社会主义道路；农业出现转机，多种经营、乡镇企业发展，主要蕴藏在农村的劳动力资源优势的发挥，加快了工业化发展步伐，由经济濒临崩溃转入中兴。以民为本，劳有所得，还权于民的改革，带来经济兴、民心聚、社会稳、政府有底气。因此，有人在 1981 年曾说，大包干是在党的十一届三中全会路线指引下亿万农民群众的伟大创造，救了社会主义，也救了中国。它使社会主义由带理想化的空想变为根植人民群众、立足国情改善自己生活的创造性实践的现实。这与人们说只有社会主义能够救中国，只有改革开放才能发展中国，应结合起来认识农村改革成功的意义。

农村改革为什么取得成功？已有许多总结和研究，本书也多处涉及。其中最基本的一条，是联系群众、实事求是、勇于改革的领导者与群众意愿、首创精神互动，从体制上解决影响满足群众基本需要的突出问题。

首先应当看到，生气勃勃的创造源于群众。在农村和农村改革中起决定性作用的，是农民群众的劳动和生活，利益和需求，创造和选择。农村社会生产力的首要因素是人，是最基本的农民群众，改革前那些不适应生产力发展的“左”的政策、经济体制、生产关系的种种弊端，最终是侵犯了他们劳有所得的利益和应有权利，所产生的种种恶果，最终是落在农民头上，使他们没有好日子过，以至吃不上饭，逼得他们不能不“冒犯天规”，突破现行体制和陈规戒律，寻找新办法。他们生活在其中，了解旧体制的毛病，一步步探索解决。以责任越具体越好、利益越直接越好、自主权越充分越好、方法越简便越好的追求，推进责任制的演变，最终选择了大包干到户。杨西光说，大包干是农民的经济学。农户大包干、乡镇企业、农民流动就业，甚至批发市场的形成，村委会选举，都是由农民和基层首创出来、不懈推动的。只有群众参与改革和选择的体制，才能体现他们的利益和权力，才能拥有源于群众支持和积极性、创造性的生机活力。

同样应当肯定党和政府中各层次改革领导者支持、保护、帮助群众改革的历史作用。改革前,包产到户三起三落,被作为走资本主义道路一次又一次地批判,扼杀于襁褓之中。改革初,小岗农民搞了比包产到户还彻底的包干到户,正是有了把发展生产、解决农民吃饭放在第一位,坚持实事求是、群众路线,坚持改革的领导者,顶住压力,敢担风险,予以鲜明、坚定的支持,才得以生存,由少到多,由不合法到合法。

改革在两者的互动中前行。安徽在农村改革中起了带头作用,局面的打开,生动地显示了从以小岗农民为代表的农民群众,到以王郁昭、陈庭元为代表的地委、县委领导者,再到省委第一书记万里之间的互动。从安徽的改革实践到邓小平、陈云等中央领导权威的支持,是更大范围的互动。后续的农村改革也如此。在农民创造大包干家庭承包制中,所谓包干上缴,是农民对当时上缴国家、集体责任的承诺,但农民并无权决定上缴多少,结果留下体制的不足。在家庭承包制运行中,政府部门、乡村对他们的征购、摊派、收费越来越多,农民上缴的负担越来越重。予以抗争、推动进一步改革的力量也是来自农民群众。1994 年小岗村农民就说,负担越来越重,大包干就失去意义了。阜阳地区率先推动农村税费改革。直到 2006 年前后,国家听取农民的呼声,根据发展的情况和要求,取消了农业税、乡统筹、村提留,才解决了问题。这被称为第二阶段农村改革的重要内容,也是领导者与农民群众互动的成果。

在领导者与农民群众的互动中,一个关键和难点是领导者对农民群众利益、要求和创造如何回应。从安徽农业大包干的过程看,万里、王郁昭等地方改革领导者对农民群众的回应,第一是以民生改善作为根本标准,把解决群众挨饿受穷的问题放在第一位。当时有的领导者认为包产到户虽然能增产,吃饱饭,但违背社会主义方向,不能搞。有人问万里,在社会主义大方向和老百姓之间,你要什么,万里断然回答,要老百姓。农民还要饭,那叫什么社会主义。第二是充分相信群众的智慧,支持群众的创造。第三,促进保障农民权利的体制形成。大包干就是使农民获得权、责、利的体制。这种对群众的回应,就是走群众路线,就是民主。实践表明,只有群众参与改革和创造的制度,才能体现群众权利。这种回应,既同党的十一届三中全会恢复实践标准、实事求是、群众路线、发扬民主和确定以经济建设为中心的大环境有关,又同领导者自身尊重群众、深入实际、独立思考、有胆有识、敢于担当的个人素质有关。群众和改革发展的事业需要这样的改革家。他们的言行与农村改革的成功一起激励着人们前进。但随着发展和改革深化,改革已不像开始时期那样打开一个突破口就扭转全局,而是涉及经济社会多方面、多层次,这就既需要提高各级领导者的素质,又要使对改革领导者个人素质的要求变为制度保障。即以形成自下而上、权为民授的民主体制保障领导者与群众的一致。

改革需要理论、知识与实际的结合。在领导者与农民群众的互动中,政策研究人员、新闻记者、专家、学者等,了解基层情况,反映群众要求,总结群众创造,分析情况、利弊,帮助决策,促进政策期望变为现实,起着重要的作用。

农村改革显示,改革发展的根本目的,是要满足群众共同的基本需要。对此,绝大多数人没有分歧。改革中的分歧,多在于对群众的实际情况,是不是真正了解,是高高在上,视而不见,误述、歪曲,对群众指手画脚,还是深入群众和基层,有真实而系统的了解,并以可靠的情况为依据,作出常识性的判断,支持群众解决自己的问题。在我国,与传统经济背景相联系的农民占人口多数,发展离不开他们,吸取世界上的先进经验和知识对改革和现代化发展非常重要,但须立足国情。发展所形成的体制,既不可能停留在传统上,也不可能是别国的复制品。我们正是在依靠群众解决自己的问题中,形成了有中国特色的农业、农村经营体制,今后还要继续解决自己的问题,走出自己的发展路子。

四、农村改革仍在半途,正继续推进

本书记述的农村改革,不是消逝了的历史,而是进一步改革的前奏。邓小平说,发展起来以后的问题不比不发展时少。现在,与农民生产生活相关的商品市场、要素市场距离形成公正交易秩序尚远;农民合作组织发育,不论在流通、加工、服务领域,还是在金融、社会生活领域,仍然相当薄弱,影响了他们在这些领域的权力和收益;农民参与乡村经济社会事务管理的权利和体制仍相当欠缺;政府对农村加大了投入,但使之不被侵蚀,发挥惠农应有收益的机制尚未形成;农村富余劳动力向非农产业和城镇转移仍受城乡二元体制的制约，两种身份制度的鸿沟阻碍他们融入城市社会。由于农民组织发育和城乡二元结构上的根本原因，在整个经济快速发展中，城乡差距却明显扩大，“三农”问题又成为最为突出的问题。2008 年中共十七届三中全会在新的阶段再次集中研究“三农”问题，要求按城乡经济社会一体化发展的方向，进一步推动改革。解决差距扩大不只是财富分配问题，还是涉及农民权力的体制问题，还要继续改革。广大群众和干部正在进行艰难的努力。我们确信，群众对发展和生活改善的追求与奋斗是生生不息的，不管经历多少困难、曲折和时间，经过坚持不懈的努力，都一定会破除二元体制，构建城乡经济社会一体，物质、精神、制度、生态文明共进的科学发展新局面。

收入本书的调研报告和文章，是在工作过的地区和部门的组织和支持下，与同事共同进行的，受益于许多领导和同事，虽然基本上由我执笔(合著者在题注中说明)，但都是共同研究的成果。特别感谢为农村改革做出重要贡献的王郁昭同志和著名农村问题专家陆子修、韩俊同志为本书作序。感谢为农村改革做出重要贡献的吴象同志题写书名。特别感谢农村改革的重要领导者和理论家杜润生，感谢给以指教、支持的陈锡文、陆百甫同志。感谢滁县地区、安徽省和中央农研室给予指教和共同调研的同志，这写在下一篇《题记》里。感谢谢扬、徐小青、张忠法、潘耀国、刘守英、赵树凯、赵阳、辛秋水、曾业松、何道峰、葛延风、崔晓黎、肖俊彦、于保平、罗丹等同志。感谢国务院发展研究中心农村部诸同志和一起调查的各地同志。感谢北京大学、人民大学同学帮助整理文稿。感谢我的夫人马秀兰。感谢山西经济出版社赵建廷社长和李慧平同志。

崔传义

2009 年 6 月 18 日

题　记

农户大包干、市场、中间组织和政府 *

在我国走向现代化的进程中，农民、农业、农村问题具有特别的重要性。献给读者的这本书，是1978年党的十一届三中全会以来15年中，我对农村改革发展实践的一些观察和思考，大部分可称为“下乡归来记”。我的家乡在山东农村，学生时代目睹了父老乡亲在互助合作、高级社和人民公社时期的一些情况。上大学才离开农村，但毕业后1970年就到安徽，经过军垦农场锻炼，分配到滁县地区工作。凤阳属这个地区的7县之一。在那里10多年，深受许多联系群众、懂政策、能结合实际独立思考的干部的教诲，参加了实行大包干家庭承包制的农村改革的过程。1982年底去省政府工作，安徽农村改革正向山水承包、乡镇企业、市场流通、小城镇领域扩展，产生了传统农区通过户办联户办企业、专业户、专业村、专业市场和经济小区形式发展商品经济的阜阳模式等新经验。我所做的工作，也主要在这些方面。1987年到北京在中央农村政策研究室和国务院发展研究中心农村部工作，有机会扩大接触面，集中进行农村问题调研。近15年，是农村拨乱反正，大变革、大发展的年代，需要认识、解决的问题和新事物层出不穷。社会实践是大课堂，展现蓬勃创造力的群众是老师，本书的文字，来自这社会实践的土壤。

几年前，受同事和日本朋友的鼓励，开始把改革以来许多已成现实的“历史”资料，依时间顺序翻阅。这些材料，最中心的是“大包干”责任制及“包干到户以后”。整理书稿，联想昨天、今天和明天，使我忆起农村改革中一幕幕生气勃勃、激动人心的群众活动场面，一个个新事物的“土生土长”，以及人们甘冒风险一次次与“左”的错误斗争，尤其是1980年春天在激烈斗争的关键时刻，老一辈无产阶级革命家邓小平、陈云

---

*这是1994年准备出书时写的题记，后来由于调查任务一个接着一个，使得本书编撰工作搁置下来。现在，继续编撰工作，全书结构仍与原来的设计相同。因此，把这篇题记附上。

同志支持了安徽的包产到户和大包干等等。大包干是凡人的模式,开了改革的先河。中国在改革中从传统走向现代。中国特色的社会主义在改革中形成和焕发生机。作为率先取得突破、涉及8亿农民、一往无前又曲折跌宕的农村改革,显得素朴、粗犷、博大、深邃而又富有魅力,甚至能给人们在不同环境下解决新问题以启迪。借此机会,谨结合本书的形式和内容,谈点对农村改革的感受。

一、群众实践与调查研究

农村改革是以农民群众为主体的创造性实践。领导机关的责任,在于了解情况,掌握政策。与此相联系,深入群众,调查研究,成为认识和指导改革的重要方式。这使本书在形式上以调查报告、研究问题和对策为主,理论探讨为辅。

邓小平同志1992年再一次谈到,中国的改革首先是从农村开始的,农村改革是从安徽开始的。安徽农村则由包产到户、包干到户,土地家庭经营开其端。本书前十几篇调查报告、情况分析,就是在安徽省滁县地区产生大包干的特定地点、时间所写。虽然文字粗糙,但记录了当时群众实践的片断和作为地区政策研究人员的一些直接观察和思考。鉴于大包干与农村改革以及中国改革的关系,这段历史耐人寻味,不少属集体创作,应当回馈社会,作为资料供人们研究。滁县地区从1977年春天调查"四人帮"的极左对农村政策的危害开始,在"实践是检验真理的唯一标准"大讨论的推动下酝酿变革,到1982年春天全区99.9%的生产队实现包干到户,6年中开展了十几次大调查。当时不仅地、县委书记经常在农村跑,与农民聊,而且万里同志在任安徽省委第一书记的两年半时间中,9次到滁县地区作农村调查,随行三五人直接在田头、麦场、农家,与农民、干部交谈,了解他们的意愿与实践。农村改革的许多突破首先来自群众。往往是先有群众的实践创造,才有在这实践和集中群众经验、智慧基础上形成的政策,反过来指导实践,促进变革和经济发展,同时政策又在群众的实践中得到检验、修正、充实和发展。因此,到群众中去,大搞调查研究,成了十一届三中全会以来恢复实事求是、群众路线的一个体现。难登理论殿堂的调查报告,成了改革中反映群众的要求与创造,对制定政策、解决实际问题很有用处的一种文体。

改革是要解放和发展生产力,生产力的首要因素是劳动者,农村一切束缚生产力发展的办法所造成的恶果最终是落在农民身上,一切有利于生产力发展的办法又是与农民的利益与追求息息相关的。于是,群众的实践往往代表了生产力发展的要求,观察分析与尊重群众的实践和按客观经济规律办事有着内在的统一性。农村改革表明：让群众讲真话，尊重群众的实践、意愿和选择，是个人民民主问题，民主是发挥群众积极性、创造性，搞好改革的条件；农民当家做主的权力不是谁恩赐的，只有经过群众参与奋斗，才能使改革中形成的制度体现他们的权力；只有来自实践、顺应民心的政策，才能有群众基础，能经受历史的考验。现在，一些经过实践检验的认识进入了理论的宝库，一些群众创造的行之有效的基本办法则凝结为新的体制因素并由非法变为合法。

二、改革发展的逻辑与市场农业体制的要件

农村改革从突破到渐进深入的过程有其内在的规律。今天社会主义市场经济的制度、组织因素和社会的市场意识，也是在由农村开始的改革、开放与发展实践中逐步积累的。这使本书时间跨度长、各自独立但追寻实践脚步的考察，由于改革自身的历史逻辑而自然连接起来。从农村看，这个逻辑就是“包干到户、市场、中间组织、政府调控与服务管理”。农民的实践是适应自己从温饱到富裕的需要，受到一定时期经济文化条件的制约，表现为与经济文化的循序发展相联系的前进运动。

——农村改革的突破口是微观经营体制，即实行土地由农民家庭承包经营，具体形式是“大包干”到户。它由滁县地区凤阳县农民首创，到1983年成为全国农村主要的农业经营形式。包干到户是耕地保持社区集体所有，通过承包到户，确立了广大农户相对独立的自主经营地位，而且农户包干上缴，以“交够国家的，留足集体的，剩下都是自己的”合约形式，界定国家、集体、农户三者的权、责、利关系，把几亿农民从多年高度集中经营管理、吃大锅饭和平均主义之下解放出来。

——可以说，自从农业经营搞了包干到户，就不仅决定了中国经济的新发展，而且决定了改革沿着市场经济的方向不可逆转地向前推进。首先，广大农民有了耕地的经营权、收益权，有了积极性，挖掘既有的资源、技术潜力，放开手脚搞生产，粮食、多种经营发展，迅速解决温饱，完成上缴任务之外的产品成了自由交换的商品，蔬菜、水果、水产、畜产品市场发展，粮食购销也实行了“双轨制”；其次，农民自主利用农业的积累，解放出来的农业剩余劳力，利用轻工产品、第三产业短缺的机会，发展乡镇企业，开辟了农村工业化、大批农民转变为工人和企业家的路子，在二、三次产业领域冒出数量庞大的小型非国有、非公有企业。以2亿农户商品经济细胞和数以千万计的乡镇企业为基础，市场经济发育起来，有力地推动整个城乡经济的市场化。如果说农产品市场和乡镇企业的商品竞争是农村包围城市，那么乡镇企业向小城镇集聚和欠发

达地区农业剩余劳力向城市和发达地区的流动就业，就使城乡以市场为基础连成一体，进一步推动城市企业的改革。

——然而，在经济体制、社会经济结构的变动中，一方面，农业技术落后、经营分散的家庭经济，要适应市场的需求，节约进入市场的交易费用，实行分工分业、加工增值，利用先进技术，改善公共生产设施，维护和增进自己的权益，就必须在家庭经营的基础上，逐渐以新的形式在一些环节上组织起来，使联系农户与市场的中间组织得以发育。人们通俗地称之为社会化服务组织。这种中间组织的发育，包括农民的自组织，特别是合作组织，包括对在传统计划下“官办”依附行政的信用社、供销社、粮食商业以至乡村政社合一的社区组织的改造，使之回归农民和社会。也包括必要的公共服务。而且以市场为基础，衔接生产、加工、流通的产业一体化组织得以产生。

——另一方面，历史上，优先发展重工业的战略和统购统销、城乡分割的二元体制，以农养工，形成对农业、农民的剥夺，这种体制仍然没有得到改变。而且由于种种原因，农业相比于其他产业，在市场资源分配的竞争中往往处于不利的地位，农业基础要稳固，就要求政府发挥宏观调节作用，实行对农业、农民利益的支持与保护。同时，随着农户与多种组织、社会其他经济主体的联系增多，相互依赖、相互制约关系的发展，各方利益的保护、利益关系的处理，越来越需要走向法治，进行规范管理。

因此，大包干、市场、中间组织、政府调控和服务管理，是市场经济下农业体制的四个要件，服务于农民、农业和农村发展。基于这个原因，本书以大包干、市场、中间组织为基本框架，在发展与政府篇和其他部分则涉及政府调控和管理。

三、发人深省的问题和初始的理论支撑点

党的十一届三中全会是历史的转折点，农村改革的成功打开了改革发展的局面。回首农村改革的历程，一些问题至今令人深省。为何我国的合作化虽在土地私有制的社会主义改造上取得历史性的进步，但在农业经营上没有跳出前苏联共耕制集体农业的窠臼；自高级社、人民公社以来脱离农业实际、否定家庭经营，实行集中经营、集体劳动、一平二调、穷过渡的模式，剥夺了农民的种植自由权、劳动和劳动产品的支配权，导致大呼隆和消极怠工，农业发展慢，许多农民陷于贫穷，却能延续 20 年，而在 20 世纪七、八十年代之交的改革中一朝突破？为何在土地集体所有的条件下，重新确定农业家庭经济细胞的地位和农民的土地、财产权利，能使整个高度集中的传统计划体制逐步演进到中国特色有宏观调控的市场经济？为何从开始农村搞家庭联产承包

制启动了体制改革，就搞活了经济，对它的争论却一直持续到1991年底召开十三届八中全会，直至1992年春邓小平同志说："这次十三届八中全会开得好，肯定家庭联产承包责任制不变。一变就人心不安，人们就会说中央的政策变了。"为何发展偏急、政策偏"左"的老毛病至今仍要留意？

历史是很好的教科书，社会变革的历史就更富有启示，仅从农村改革头几年取得突破的那一历史瞬间看，就很能说明问题。为何这次搞农业家庭承包，没有像五、六十年代包产到户在一些地方一冒出来就被当做"走资本主义道路"扼杀掉，而成为席卷神州大地的一场焕发农村生机活力的深刻革命？社会背景是20多年"左"的主体错误危害经济发展，人民生活难以得到应有改善，积累了教训。一个重要原因是，有一大批坚持党的改革开放路线，脚踏实地为老百姓的温饱富裕和社会发展探索出路的实事求是的领导者，以巨大的勇气和魄力排除"左"的思想障碍，支持、领导了群众。从1978年、1979年安徽大包干产生的局部情况看，就是以十一届三中全会确定正确的路线为背景，务实的农民在以万里为代表的实事求是的各级领导者支持下冲出传统农业体制的。在指导思想上，初始改革的思想是朴素的，核心是正确对待农民，也就是正确对待占人口大多数的人民的经济利益和民主权利。主要的理论支撑点就是：①要从人民基本经济利益出发。农民如果吃不饱饭，就和旧制度没有多少差别；生活不能提高，说得再好，也体现不出社会主义的优越性。②要以生产为中心，发展生产力。经济发展了，社会财富多了，问题才好办。③最重要的生产力是人，是农民的生产积极性。农民的积极性来自经济上的权和利，因而关键是调整政策和生产关系，凡是阻碍生产、影响群众积极性、束缚农民手脚的就要改。④改革要依靠群众的实践创造。办法好不好，允许多种形式的实验，由群众来选择，由实践来检验。标准是只要"三增加"（生产发展了，国家、集体、农民的收入都增加）就是好办法。⑤只要符合上述要求，就要实事求是，解放思想，支持群众，大胆实行。不论是加给"反大寨"、"破坏三级所有，队为基础"还是姓"资"的罪名，都要坚持原则，承担风险，顶住阻力，让群众在实践中开辟农村发展的路子，从实践获得认识，让实践的社会经济效果来说服人。把马克思主义基本理论运用于实际，就抓住了问题的要害，结束了旧体制的弊端，奠定了新体制的基石。新的理论、语言、法律伴随实践的发展而涌出，包干到户及其后来的乡镇企业、市场经济，推动了经济学、社会学的新发展。实践需要理论指导，社会行为需要以法律规范，但理论和法律都只有与活生生的群众生活实践相联系，才有生命力。过去一些脱离实际的带理想主义的东西被废除或发生转化，新的文明是从新体制打破旧体制的种种习惯过程中诞生的，而不是按照先验的设想产生出来的。农村改革给人们的启示不是成套的说教，而是如何行动去解决问题、如何创造新生活的方式。当年农村改革的精神至今鼓励着人们前进，面对新环境的挑战。

最后，对本书说几句话。首先，书中的调查报告或其他文章，不过是农村改革中大量调查研究的一勺之水，皆以实际材料为基础，看法不无片面之处，但没有胆量离开事实。其次，文章的写作受益于许多领导和同事，尤其是直接受教于滁县地区、安徽省和中央书记处农研室的王郁昭、杜润生、吴象等同志，以及吴炎武、陆子修、陈庭元、王业美、张友道、陈修毅、朱成基、杨传心、白振亚、吴庭美、崔贤云、张春生、周曰礼、陈复东、吴昭仁、郭崇毅、张广友、姚力文、陈大斌、薛昌祠和陈锡文、杜鹰、张木生、孙方明、祖国补、黄道霞、黄青禾、王西玉等同志。不少文章是和姚监复、潘耀国、张忠法、赵阳、孙贺轩、章其磋、周古廉、郭文生、江正行、侯长明、余正新、刘昭明、邹宝龙等同志共同调查研究、讨论写作的，在题注中一一列出。在此谨向他们表示衷心的感谢。第三，文章力求保持原貌，个别文章作了删节或文字修改，也在题注中说明，但观点、材料不做增减。

1994 年 8 月于北京

农户经营、农业大包干篇

1949~1978 年农村制度变革与经营体制问题

一

从 1949 年新中国成立到 1978 年改革开放前夕，占全国总人口 80%以上的农民的生活，既发生了伟大的变革，也经历了有喜有忧的曲折历程，其中农业集体化后的 23 年里，普遍而又反复提出的一个基本问题，是土地集体所有农业的经营体制问题。

这时期三件大事深刻影响农民、农业、农村。一是新中国成立初，继续在新解放区推进土地改革，土地改革的完成，使农民从千年封建地主制度下解放出来。二是出于防止土地私有基础上的两极分化和适应工业化的考虑，以农业合作化、集体化的形式推进了对农业的社会主义改造。回头看，合作化、集体化的进程，实际包含两个内容：一方面是改变土地的私有制，土地由农户私有变为农民群众集体所有，进行了农业生产资料所有制的社会主义改造，这无疑是必要的选择；另一方面，是转换到新的农业生产组织和经营方式。土地由一家一户经营，变为集体共同耕种、集体劳动，对农民劳动评工记分、劳动成果由集体组织统一分配，扣除上缴国家、集体提留，按工分分配。虽然集体组织有变化（先是高级社，继而为人民公社，后为公社的生产队），但经营体制没有实质变动，劳动大呼隆，干好干坏都一样，吃大锅饭、平均主义等弊端，如影随形，重又伤害和束缚了农民。三是实行高度集权的计划经济体制、农产品统购统销、限制农民流动进城。这种宏观体制，既以农业的集体组织建立为基础，又进一步制约了农村基本生产单位的经营自主权。

历史表明，土地集体所有的农业形成什么样的经营体制，才能得到农民拥护，使农民在经济上的权力和利益各得其所，调动积极性，发展经济，是长期没有解决的问题。究其客观原因，一方面是没有先例。列宁否定共耕制、余粮收购制后，提出发展合作社，但斯大林推行了土地共耕、集中劳动、统一分配的集体农庄制度。我国的集体化、人民公社化，基本没有跳出前苏联集体农庄模式的窠臼，并一直把这种经营体制和生产资料的集体所有制等同起来，把它们都作为农村走社会主义道路的标准，不准越雷池一步。另一方面，是因为微观经营体制蕴含复杂的内容，关系许多基本制度，要经过艰难的实践探索，才能认识其多方面的相互关系，形成合适的经营体制。土地集体所有农业的经营体制，关系组织人与物的生产要素按照农业自然再生产和经济再生产的规律发展生产、获得产品和经济收益、改善农民生活、也对社会做出贡献的全过程。既要处理人与物与自然的关系，发展生产力，又要处理人与人的关系，涉及劳动者与生产资料结合中的占有、使用权力，在生产活动中的地位，相互间的利益分配关系。因此是生产关系与生产力的综合体。经营体制不合适，影响到财产制度。如在土地共耕、集中劳动、统一分配的经营体制下，农村土地和其他生产资料的集体所有制，在现实生活中并不是农民群众的集体所有，只是受干部支配，对农民群众来说，产权是虚无的。他们的所有权要通过找到合适的经营体制来实现。同时微观经营体制还涉及工农、城乡交换的宏观体制。主观方面的原因，表现在各阶段的活动中，有正反两方面的严重经验教训。

这里重点从经营体制角度观察1949~1978年的农村社会变迁，将把全国情况与农村改革中最早实行农业大包干的安徽滁县地区[1]和凤阳县的情况结合起来，进行分阶段的分析。

二

（一）1949~1955年，土地改革和农业互助合作时期

1949年新中国成立之初，农村面临的主要任务是恢复生产，在广大新解放区清匪反霸，减租减息，推进土地改革，改变封建的土地所有制。到1952年9月，全

[1]滁县地区地处安徽省东部，长江与淮河之间，土地总面积1.33万平方公里，其中丘陵占64.9%，山区占23.7%，平原占3.5%，圩区占5.5%，湖泊占2.4%。辖滁县、来安、全椒、天长、定远、凤阳、嘉山7县市。改革初有215个公社，15个镇，2214个大队，24182个生产队。全区总人口339万人，农业人口303万人，农业劳力120多万人，上报在册耕地625万亩，农业人口人均2.06亩，农业劳动力劳均5.2亩（实际耕地约800万亩，人均2.6亩）。宜林山坡地200多万亩，水面180万亩，其中可养水面130万亩。属亚热带季风气候，无霜期220天左右，年降雨量平均1000毫米左右。滁县地区1992年改为滁州市。为了尊重历史，本书仍沿用原来行政区域名称，县、市、人民公社也同样如此。

国90%以上农业人口的地区完成了土改，3亿多无地少地的农民分得7亿亩土地和大批耕畜、农具，实现了“耕者有其田”，免除了地主的地租剥削，转换为自耕农。凤阳县1951年夏土改。农民说：“土地证拿到手，快活得屁股扭三扭，分田地，分房产，又分粮食又分牛，告诉地主你别生气，县长的大印在上头。”土地改革是农村最伟大的变革之一。农民成了土地的主人，焕发起空前的生产积极性，加上政府鼓励发展生产，治理水旱灾害，发放农贷、救济灾区，农业生产迅速恢复和发展。1949~1952年，全国粮食产量由2263亿斤增长到3277亿斤，[1]增长44.8%。安徽滁县地区粮食产量由8.35亿斤增长到14.36亿斤，增长71.9%。凤阳县1952年粮食产量达到1.6亿斤，比1949年增长60.5%。

土地改革后，大多数农民有发展个体经济的积极性，也因为生产资料匮乏或缺少劳力，有发展互助合作的要求。1952年，中共中央提出过渡时期的总路线：要在一个相当长的时期内，逐步实现国家的社会主义工业化，并逐步实现国家对农业、对手工业和对资本主义工商业的社会主义改造。对农业的改造是从小农经济的现状出发，根据生产需要、群众觉悟、干部领导水平等条件，遵循自愿互利、典型示范和国家帮助的原则，从互助组到初级社再到高级社逐步过渡。

开始是领导农民组织农业生产互助组（分临时、常年两种）。不改变所有制，不改变农户经营，只是互助，解决单家独户发展农业的某些困难，受到农民欢迎。凤阳县的互助组1952年就发展到4723个，占全县总农户的41.5%。农民说，“说干就干，说不干就散”（临时互助组），“工抵工，人换牛，到了农忙不用愁”，“互助组，互帮忙，不怕劳力弱，不怕牲口瓤（即牲口弱的意思）”，“户数少，好领导”。[2]全国的互助组1954年达到993万个，参加农户约占总农户的56%。

初级农业生产合作社，以土地入股、统一经营、集体劳动、统一分配为特征。土地等主要生产资料是农民私有的，入股共用，收入一般按土四劳六的比例分配。1953~1955年上半年，初级社发展总体上是慎重的，但也出现违背农民自愿、强迫命令的，在土地评产和耕牛、农具折价入社时，普遍把产量和价格降低，损害了农民利益。初级社因集中经营、集体劳动、评工记分、统一分配，已经带来经营管理上的许多新矛盾。计算社员的劳动报酬采用评工记分的办法，劳动工分是计算社员

〔1〕本书为保留调查报告原貌，遵从使用习惯，仍使用部分非法定计量单位，如亩（1亩=666.67平方米）、斤（1斤=0.5公斤）等。

〔2〕见吴庭美、夏玉润：《希望之路——凤阳大包干的由来》，合肥，安徽人民出版社，1988年8月。

的工作量和劳动报酬的唯一尺度，成了社员的命根。一般采用“死分死记”、“死分活评”的办法，主要是“死分活评”。社员对评分认真，往往为半分工争吵不休，每天晚上的评分会要开到半夜。凤阳农民说，“不怕白天干活累，就怕夜里受洋罪”。实行分组作业的，各组记分标准不同，年终时却放在一起统一分配，也因工分问题发生矛盾[1]。

为了减少初级社因集体劳动、评工记分造成经营管理的混乱，凤阳出现了最初级的农业生产责任制——“包工制”。一些初级社实行社对组包工，有小段包工、季节包工、全年包工，按片把庄稼活评好工分，包给生产小组，分组分片负责，由社检查验收。组对社员按件计工或“死分活评”，“死分活评”采取两头评分（特别好的加分，特别差的扣分）、一般不动。[2]

在土地改革基础上实行互助合作的几年，成为后来一直为群众所向往的“黄金时代”。土地改革解放了生产力，互助合作是稳步进行的，到1955年全国初级社为数尚少，参加农户占总农户的14%，凤阳县到1955年8月，参加初级社的占22%，主要经营形式仍是农户经营和互助组，而且由于初级社发展步子稳妥，1953年春和1955年春两次纠正急躁冒进，一些办社的地方基础较好，工作细致，所以80%的初级社是增产的形势。1949~1955年，凤阳县粮食产量由0.50亿公斤上升到1.315亿公斤，增长163%，油料增长853%；滁县地区7县粮食产量由4.175亿公斤上升到9.70亿公斤，农业人均占有粮食由250.5公斤上升到489公斤，其中1953~1955年3年净征购粮食8.75亿公斤，净调出粮食4.40亿公斤；全地区农村大牲畜由16.9万头（其中劳役畜13.6万头）增加到24.6万头（其中劳役畜19.0万头）。但初级社的“集中经营、集体劳动、统一分配”生产经营模式，已使农民如鲠在喉。

（二）1956~1978年高级社和人民公社时期

1.高级社的经营管理矛盾和包产到户初起

对农业的社会主义改造，中央1955年春还坚持在三个五年计划期间完成，每

---

〔1〕吴庭美、夏玉润：《希望之路——凤阳大包干的由来》，合肥，安徽人民出版社，1988年8月。另外，来安县大余郢乡大余郢村在淮南抗日民主根据地时期就办了互助组，这个互助组后来随军转移到东北，1949年回乡，1952年转成初级社。现存的初级社档案也反映了评工记分的情况和矛盾。

〔2〕王耕今、杨勋等编：《乡村三十年——凤阳农村社会经济发展实录（1949～1983年）》，第88页，北京，农村读物出版社，1989年12月。

一个五年计划期内，各完成1/3。但从1955年6月起，就把“逐步过渡、稳步前进”的方针称作“小脚女人走路”，是“右倾机会主义”。由于一味反右，形成了冒进空气。从1955年下半年到1956年秋，不到一年时间，农村不仅全部建成初级社，而且完成了向高级社过渡。凤阳30%的农户是从互助组、单干直接进入高级社的。由于发展过急，自愿、互利原则得不到贯彻，出现强迫入社现象，发生农民卖牛、杀猪、砍树。农民怀着对党信赖、对高级社前景怀疑的复杂心情进入高级社。

高级社是完全的集体所有制经济，社员私有土地无代价地转为集体所有，只留少量自留地，取消土地分红，耕畜、大型农具折价归公。生产经营模式是从初级社就开始实行的集中经营、集体劳动和评工记分、统一分配。与初级社不同的，一是高级社规模大，初级社一般一社15~25户，高级社一般在150~200户之间。在这种体制和规模下，社员的生产劳动完全由社队干部指挥，必然产生“瞎指挥”的现象。由于劳动管理、生产指挥的失误，造成土地利用和耕牛、农具等生产资料的损失。二是高级社统一分配，富队收得多不多分，穷队收得少不少分，开始在生产队之间吃大锅饭，搞平均主义。富队对抗的办法是“瞒产私分”。加之社员劳动评分计酬不能反映每人劳动数量和质量，干好干坏工分差不多，形成社员之间的平均主义，这就严重影响了农民的生产积极性。邓子恢针对高级社的情况曾说：“一般来说，社员的出勤率增加了，但劳动效能没有提高，反而下降了。在某些地区，某些社，合作社的优越性，特别是合作社能够增产的优越性没有充分发挥出来，增产不大，或增产不增收，甚至反而减产。”[1]

为了解决高级社经营管理上的问题，一些地方实行了高级社对生产队的“三包一奖”（包工、包产、包财务，超奖减赔）制度。一些地方感到高级社对生产队包产仍不解决问题，1956年江苏盐城、四川江津、广东中山等地先后试行包工包产到户。凤阳县小溪河区山河社实行“包产到队、分户管理”。浙江温州地区永嘉县1956年搞包产到户试验，1957年包产到户的农业社约有1000个，17.8万户，占全区入社农户的15%。这是中国农民改革农业集体经济大锅饭、平均主义体制的比较彻底的最早尝试。但以包工包产到户方式解决农业社经营管理矛盾的尝试不幸被打断。1956年秋后和1957年春天，一些地区由于入社时对农民生产资料处理上的问题和经营管理中的矛盾，发生退社风潮，1957年结合反右派，农村开展两条道路的大辩论，在反对退社的同时把包产到户说成是“恢复单干”，予以取消，把集体

［1］中国社会科学院农业经济研究所编：《邓子恢农业问题论文选》，第223页，1984。

经济经营管理体制的矛盾掩盖起来。

2.人民公社化初期的体制与"共产风"、瞎指挥、吃大锅饭

农业集体化完成后，本应在中共八大决议精神指导下，转向在新的生产关系下面保护和发展生产力，解决经营管理中的问题以适应生产发展。但由于"左"倾错误思想指导，却在轻率发动的"大跃进"中，进一步向"一大二公"的人民公社过渡，造成农村经营管理混乱和生产力的破坏。凤阳县办互助组经历了三四年时间，办初级社经过二三年，办高级社经过一个冬春，全县进入人民公社仅用48天时间，平均一个公社2万多人。

人民公社初期实行公社一级所有制，政社合一，是所谓由集体所有制向全民所有制、社会主义向共产主义的过渡形式和混合物。在经营管理上，公社有权调动各大队、小队的一切农具、牲畜、劳力、土地，进行无代价地上调或调拨，甚至把社员的一些财产无偿地收归公有，进行统一劳作、无偿协作。分配上工资制和供给制结合，以公社为统一分配单位。口粮由公社统一扣交公共食堂，实行伙食供给制，现金按劳动评定等级进行分配。1959年公社逐步实行"三级管理、三级核算"，以生产大队为经济核算、统一分配的基本单位。在分配比例上一般社员分配占总收入的55%。继续实行在食堂内吃饭不要钱，或口粮以人定量，交食堂保管，吃大伙。劳动计酬，仍是"死分死记"、"死分活评"，有的地方甚至不记工分。

人民公社初期破坏了队与队的财产关系，甚至是农民房屋等个人财产权，否定按劳分配、等价交换，冲掉了初级社、高级社时期曾试行的农业责任制，使同"集中经营、集体劳动、统一分配"相联系的生产瞎指挥、劳动大呼隆、分配吃大锅饭达到极点，带来一平二调的"共产风"、"瞎指挥风"、"强迫命令、违法乱纪风"。加之脱离实际的"大跃进"，在农业上搞高指标、"浮夸风"和与高指标相联系的征购，虚报高产引起的忽视农业，在全民大炼钢铁运动和各种"大办"中，抽调农村劳动力，平调农村资财，征购过头粮。"五风"在农民没有任何财产权利，没有参与经营管理、保护自己利益手段的情况下，无可阻拦地泛滥成灾，造成大量农民饿、病、讨、荒、死和生产力的严重破坏。1959~1961年全国农业连续减产。粮食产量1960年为1435亿公斤，比1957年下降26.4%。农民生活极端困难，不少地区发生饥荒和非正常死亡。按照国家统计数据，农村人口1960年比1958年净减少2193万人。滁县地区粮食产量1960年降到4.42亿公斤，1961年为4.04亿公斤，均低于1949年的水平，统计人口减少41万人。凤阳小岗村经过"五风"摧残，全队34户175人中，非正常死亡60人，有78人背井离乡到外地讨饭，只剩下10

户，39 人，一犋半耕牛，耕地大片荒芜。

3.经济调整时期公社体制退到“三级所有、队为基础”和包产到户再起

面对共产风、大跃进带来的挫折，从 1960 年下半年起，党和政府着手调整农村政策，纠正“左”的错误。解决公社对生产队财产无偿调拨的退赔问题，制定《农村人民公社工作条例》（农村六十条），实行“三级所有、队为基础”的制度30 年不变，规定社员自留地可扩大到人均占地的 7%，恢复农村集市等。政策调整促进了农业生产的恢复。界定生产队的所有权和以它为基本核算单位，有助于克服队与队之间的平均主义，使农村经营管理前进了一步，但并未解决由“集中经营、集体劳动、评工记分、统一分配”所产生的社员之间的平均主义。

一些地方面对“共产风”危害后农业生产、农民生活遭受的严重困难，为渡过难关，再次实行包产到户。安徽省委从 1960 年秋酝酿生产队对作业组“三包一奖”，1961 年 3 月经毛泽东同意后进一步开始试点搞“五统一”（计划、分配、大农活和技术活、用水、抗灾统一进行）下“按劳动力分包土地，按实产粮食记工分”的“责任田”。生产队实行定产到田，以产计工，大农活包到组，小农活包到户。毛泽东随即提出只在小范围内试验。但 4 月全省已有 39%的生产队实行责任田，10 月增加到 84.4%。其他如广西壮族自治区龙胜县等实行了含有包产到户的多种形式的生产责任制。与此同时，邓子恢、刘少奇、邓小平等中央领导同志提出支持安徽的责任田，或提出调整集体内部关系，实行按劳分配，就必须实行责任制，一户包一块，或者一个组包一片，使责任制跟产量联系起来，或提出哪种形式在哪个地方能够比较容易比较快地恢复和发展农业生产，就采取哪种形式；群众愿意采取哪种形式，就应该采取哪种形式，不合法的使它合法起来。“黄猫、黑猫，只要捉住老鼠就是好猫。”滁县地区和凤阳县 1961 年搞过“责任田”。凤阳农民说：“责任田，实在好，干部社员都想搞，不用公鸡来打鸣，不用队长来吹哨，放下饭碗就往田里跑。”“只要准干三五年，保证没有困难户，不吃救济粮，不穿救灾布，家家户户还能盖新屋。”“责任田，救命田，多产粮食多产棉，国家多收征购粮，集体多得提留钱，社员有吃又有穿，千万不能变。”责任田和放还自留地、开放集市贸易等政策使农村经济得到迅速恢复，一些地方还得到发展。可惜责任田实行时间太短，最长的搞一年多，收三季庄稼。1962 年下半年，责任田被作为“单干风”刹住了。这种第二次兴起的包产到户，作为解决农村经营体制问题的努力，首先在党内被作为两个阶级、两条道路斗争的重要内容，再次被扼杀。滁县地区的干部群众说：“困难时期定政策（允许搞责任田），困难过去改政策，运动来了批政策。”

否定责任田无疑是大的失策。据我们1979年调查发现，在当年滁县地区纠正责任田的过程中，农民和基层干部是逐步退守的。开始纠正时，一些地方仍然偷偷搞责任田，实在不行了，退到包产到组，小宗作物到户，最后退到分组作业，包工不包产。而改革初农村联产承包制的发展，是逆着这个顺序搞，最后达到包产到户、包干到户。这已经错过20年。

4.“文化大革命”中的公社经营管理使农村又陷困境

这时期首先以批判“三自一包”、“四大自由”、“责任田”、“工分挂帅”、“物质刺激”为修正主义而开场，否定了过去曾实行过的各种生产责任制，也否定了农村《六十条》的许多政策和经营管理制度。在经营管理上，一是劳动计酬普遍实行“死分死记”、“死分活评”。学大寨中推行所谓“大寨工分”，“自报公议”，以政治表现代替劳动实绩。有的地方不记出勤，半年甚至一年才评一次工分，群众称为“大概工分”。干活“大呼隆”，分配“吃大锅饭”，搞平均主义，再次发展到顶峰。凤阳农民说：“迟出工，早下工，到了田里磨洋工，反正记的一样工。”二是把农民的自留地当“资本主义尾巴”来割。由于农民在集体生产中没有积极性，集体经济发展停滞，无法满足农民最低的生活需求，就对少量自留地用心精耕细作，自留地上的庄稼比集体大田好，收获可观，有的地方甚至占社员全部收入的一半。自留地被作为小生产滋生资本主义的土壤，反复收回，或大大缩小，或集体耕种。三是限制社员家庭副业，关闭集市贸易。那些依靠家庭副业获得餬口之食、生活有所改善的农民被戴上资产阶级“暴发户”的帽子，受到批判。大呼隆、大锅饭、平均主义，窒息了农民从事集体生产的积极性，割“资本主义尾巴”又堵住了经营自留地、家庭副业的路，使农民、农村陷入困局。

在1956~1976年的20年里，应当肯定农田水利建设从未停止过，取得了很大进展，农业机械、化肥施用量有很大增长，但最重要的是人，是农民的积极性，大呼隆、大锅饭的经营体制，挫伤了农民积极性，就使所创造的物质技术条件发挥不了应有作用。到1976年，全国粮食总产量增长48.5%，但人均占有粮食仅307.5公斤，比1956年的310公斤还低。棉花在4000万~5000万担之间徘徊了11年。油料产量一直停留在1952年的水平。按1970年不变价格计算，劳均净产值1976年比1955年还少36元。到1978年全国农民人均收入低于50元的占到1/4。2.5亿农村人口温饱问题没有得到解决，甚至逃荒要饭。一些地方由土地改革和互助合作时期向国家交售余粮变为吃救济粮。滁县地区也是如此（见附表）。这个地区的定远、凤阳、嘉山三县，在这段时间里，虽然国家给了很大的投资和支援，还是变为长期贫困落后的“三靠（生产靠贷款、吃粮靠回销、生活靠救济）县”。凤阳县倒吃国家近2亿公斤粮食。到1978年底，生产队固定资产总值只有1879万元，但欠国家贷款1200万元，加上豁免776万元，合计1976万元，集体经济实际成了“空壳”。“生产贷款年年给，救济粮款年年发，人口外流（讨饭）年年有。”合作化以来，我国农村没有发生两极分化，但平均主义和贫穷决不是社会主义，更不是人民的要求。广大农民和与他们密切联系的干部，在公社化和“文化大革命”给他们带来的灾难和痛苦中接受了教育。改变僵化的体制，开辟前进的道路，成为他们的迫切要求。

直到1978年党的十一届三中全会召开，实事求是、解放思想，领导面对现实、尊重群众实践，农村创造和普遍实行大包干家庭承包制，奠定了土地集体所有条件下以家庭经营为基础、统分结合的经营体制，废除了人民公社制度。农民从“集中经营、集体劳动、评工记分、统一分配”和大锅饭、平均主义下解放出来，获得了应有的权利，焕发出巨大的积极性、主动性、创造性，又迎来农村发展的春天，也走出中国特色社会主义道路的第一步。

三

回顾1949~1978年的农村经营管理体制，有几点经验教训值得记取。

(1) 基本经济制度与经营体制既有区别又有联系。历史地分析农业合作化、集体化过程，一方面，对出于防止土地私有基础上的两极分化和适应工业化的考虑，改变土地私有制，土地由农户私有变为农民群众集体所有，带有历史的必然性，应当肯定。不论土地改革后农村土地占有的分化状况如何，历史都提供了根据。在我国的长期封建社会中，地主的土地占有制是以土地私有为基础的，小农的分化、破产、卖地和地主的土地兼并、地租剥削、劳役剥削共生。一个封建王朝建立之初，统治者往往为缓和农民与地主的矛盾，实行某种“均田”，但在土地私有制下，这种一时的抑制，并不能取消小农分化和地主土地兼并的进程，发展到一定程度，矛盾激化，农民又起来推翻封建王朝。消除土地私有制，建立社会主义农业土地制度，正是根除向封建地主制复归的历史变革。另一方面，在集体化过程中所实行的土地共耕、集体劳动、评工记分、统一分配的经营模式，并没有必然性，是另一个范畴，需要经过实践的检验。由于这种经营体制没有可能体现和实现土地集体所有制经济中农民的财产权利、主体地位和多劳多得的利益，也脱离了农业生产特点和家庭经营传统，使瞎指挥、大锅饭、平均主义，重又伤害和束缚了农民。此后在相当长的时间里，把土地集体所有、按劳分配等社会主义基本制度，与土地共耕、集体劳动、统一分配的经营形式，不加区别，都作为农业走社会主义道路的标准，加上“左”的错误，禁锢了面向实际、面向群众，创新经营体制的探索，就使农民付出了沉痛代价，农村贫穷落后面貌难以改变，也阻碍了社会主义制度自身的完善和优越性的发挥。这一问题在农村改革中得到了解决，农业经营体制的创新与社会主义基本制度的完善，构成了中国特色农业发展道路的核心内容。

(2) 农村经营体制关键在遵循客观规律，让农民拥有权、责、利，实现经济发展、农民生活改善。农村经营方式是生产关系与生产力结合运行的综合体，既不可违背自然规律也不可违背经济规律。劳动者既是生产力的首要因素，也是生产关系里人与人关系的主体，生产关系与生产力是否适应，取决于劳动者有没有积极性，也就是有没有应有的权力和利益。在长达20多年的时间里，注重对私有制的改造、对公有制的坚守，而忽视集体所有制经济中农民的权力和利益所得。什么时候农民获得应有的财产权利和经营权力，农村经济就发展，农民生活就改善；什么时候剥夺了农民的财产权利和经营权力，农村经济就凋敝，农民就遭难。农村集体经济一直被称为农民群众集体所有，但在集中经营、集体劳动、统一分配的经营体制里，实际上是集体公有完全排斥农民个人的财产权，而且农民没有经营权、分配权，只有干活的权力，干活又多劳不多得，同时没有搞家庭副业、进行商品交换和自谋生路的自由。这就轻则使农村经济发展失去了内在动力和生机活力，重则使农民失去了保护自己生存的手段和条件。因此，1978年党的十一届三中全会总结以往农村工作的经验教训，提出一切政策是否符合发展生产力的需要，就看它能否调动劳动者的生产积极性。发挥农民的积极性，必须在经济上充分关心他们的物质利益，在政治上切实保障他们的民主权利。这个经验教训要由口号变为制度化，就要改革农村经营管理体制，形成农民拥有财产占有权、经营权、分配权、管理权等民主权利和多劳多得、等价交换物质利益的经营体制。这是在后来的农村改革中逐步实现、还要继续实现的。

(3) 农村经营管理体制能否摆脱僵化模式，实现创新，关键在于尊重农民群众的意愿、创造和选择，而要解放思想、实事求是、走群众路线，就要发扬民主。从新中国成立到改革前的长时间里，农民经历过农村发展的黄金时代，也经历过严重的困难时期和长时间的贫穷生活。农民记着共产党领导他们获得了政治翻身、分得土地的患难与共的历史和功劳，所以在1960年的困难时期，湖南的农民说，要不是共产党，就要打扁担。农民和基层干部几次搞包产到户，并不是要摆脱社会主义，而是要摆脱吃大锅饭、平均主义和贫穷。同时党内不同层次的领导者，也有像邓子恢、刘少奇、邓小平那样支持基层和群众解决农村经营管理问题的，但问题迟迟没有解决，实行包产到户的努力几次被压下，错失良机。历史表明，农村经营管理体制能否实现创新，健康发展，关键在于尊重农民众的意愿、创造和选择，而要实事求是、走群众路线，就要发扬党内民主和人民民主，农村经营管理体制本身也要是受法律保护的维护农民权、责、利的民主体制。（2009 年 5 月）

附表　1949~1981 年安徽滁县地区和凤阳县农村情况

	滁县地区								凤阳县		
	人口		粮食产量								
	总人口（万人）	农业人口（万人）	总产（亿斤）	农业人口人均（斤）	油料总产（亿斤）	粮食收购（亿斤）	农民收入（元）	大牲畜年末存栏（万头）	粮食总产（万斤）	油料总产（万斤）	农民收入（元）
1949	188	167	8.35	500	0.24			16.88	0.99	87	
1952	205	183	14.36	785	0.55			20.11	1.60	795	
1955	221	198	19.41	980	0.72	8.17		24.60	2.63	828	
1956	233	204	16.82	824	0.52	6.36		24.52	1.63	689	
1957	245	208	18.96	911	0.46	8.77		24.34	2.27	669	
1958	233	203	14.86	732	0.45	8.10		22.58	1.64	1305	
1959	228	196	8.40	429	0.37	4.65		21.05	1.05	1278	
1960	193	165	8.84	536	0.07	3.55		16.44	0.95	225	
1961	192	164	8.08	493	0.05	1.95		15.17	1.31	73	
1962	205	180	8.65	480	0.08	2.06		14.96	1.33	97	
1964	217	193	12.16	630	0.24	3.79		15.40	1.35	230	
1965	224	200	14.12	706	0.28	2.96		17.37	1.88	96	
1966	234	209	11.81	565	0.27	2.13		18.78	1.49	388	
1967	244	217	11.10	512	0.34	1.85		20.51	1.54	492	
1970	274	248	17.67	713	0.38	3.48	57	22.44	2.40	1110	50
1974	306	279	25.16	902	0.66	4.37	72	23.59	3.32	1778	66
1975	313	285	23.94	840	0.71	4.48	62	23.74	3.23	1697	52
1977	321	293	28.06	958	0.63	5.12	79	22.63	3.68	483	74
1978	326	297	22.98	774	0.74	3.89	73	23.19	2.95	479	61
1979	330	299	28.33	948	0.99	6.20	82	23.46	4.40	1250	80.9
1980	334	303	32.18	1062	1.51	7.08	183	24.70	5.02	2064	202
1981	338	303	40.45	1335	2.89	12.99	280	26.98	6.40	3715	287
1984	343	305	50.17	1645	5.69	22.76	396	27.45	8.72	11052	417

注：1970~1979 年的农民人均收入为“集体分配人均收入”，还有家庭副业部分。全地区的家庭副业人均收入，1975 年 35 元，1977 年 36 元，1978 年 34 元，1979年 49 元。

资料来源：滁县地区统计局。

万里和安徽农村改革*

中国改革从农村开始，农村改革从安徽开始，万里同志是立了功的。

——邓小平

肥西有的公社包产到户了，他们会千方百计把地种上，我说你们干吧，搞富了再说。搞包产到户如果要检讨，我检讨。只要老百姓有饭吃，能增产，就是最大的政治，老百姓没有饭吃，就是最坏的政治。

——万里

小岗的大包干，地委能批准你们干三年，我也能批准你们干五年吧！只要能多打粮食，对国家多贡献，集体多提留，社员生活能改善，干一辈子也不是开倒车。

——万里

改革开放是决定当代中国命运的关键抉择。改革从农村实行家庭联产承包责任制取得突破。大包干家庭承包制起源于安徽，短短几年时间变为全国农业微观经营体制的基本形式。这一突破根本上来自农民群众的创造和选择。在中央、地方领导与群众的互动中，时任安徽省委第一书记的万里，带领省委一班人，从实际出发，破除“左”的禁锢，支持基层和农民群众大胆实践，由包产到组、包干到组到包产到户、包干到户，农民重新获得生产经营自主权，粮食增产，很快吃饱肚子，对改革起了开路、示范的带头作用， 为废除人民公社制度，奠定农村经营体制的基石做出历史性的贡献。饥饿长期困扰中国，“要吃米，找万里”，群众对他的称赞，实质是表达对党中央改革开放政策的拥护。8亿农民在农村改革中获得第二次解放，对整个改革发展进程产生重大、深远的影响。

---

*本文2008年9月发表在“中国选举与治理”网，收入邓鸿勋、陆百甫主编：《走出二元结构：创业就业、市民化与新农村建设》，北京，社科文献出版社，2008年10月。

邓小平同志对安徽农村改革给予很高评价。1987年6月，他说：“我们的改革和开放是从经济方面开始的，首先又是从农村开始的……开始的时候并不是所有的人都赞成改革。有两个省带头，一个是四川省，那是我的家乡；一个是安徽省，那时候是万里同志主持。我们就是根据这两个省积累的经验，制定了关于改革的方针政策。”[1]1992年他在南方讲话时又说，中国的改革是从农村开始的，农村的改革是从安徽开始的，万里同志是立了功的。[2]

安徽农村改革有很多经验值得汲取。我当时在滁县地区工作，能及时知道省委领导的讲话信息，而且万里9次来这个地区和凤阳县考察，后来我又有幸参加《万里文选》编辑工作，接触大量材料，每每为他在农村改革中的作为所感动，感到他对改革提出的一些具有创见性的理论观点，也是党和人民精神财富的一部分。当前贯彻科学发展观，解决“三农”问题，破除二元结构，实现城乡经济社会一体化发展，面临着艰巨的任务，重温万里和群众一起推进安徽农村改革的过程和言论，对继往开来，推动改革和发展有着重要的现实意义。

一、深入了解农民生活要求，把边缘化的农民奉为主体

1977年6月，万里出任“文化大革命”后新改组的中共安徽省委第一书记，当时“四人帮”已被粉碎，而“文化大革命”造成的政治、经济严重后果远未消除，“两个凡是”仍在盛行。安徽是农业省，85%的人口在农村，原省委主要负责人对揭批“四人帮”捂了8个月盖子，农村政策上“左”的错误及强迫命令瞎指挥特别严重，农民人均年收入低于60元的占2/3，大部分农民没有解决温饱。他采取果断措施，排除派性，整顿领导班子，稳定安徽大局之后，就把注意力转到农业、农村。万里在战争年代一直生活战斗在农村根据地，他特别赞赏邓小平关于群众就是大山，平原地区也能开展游击战的谈话，对农民是熟悉的，但进城后一直从事工业和城市工作。解决安徽的农业、农村问题，他首先轻车简从直接深入基层、深入农户，用3个多月时间跑遍了全省各个地区的一些县市和广大农村，不做指示，只是看、问、听[3]。他不只看农

〔1〕《邓小平文选》第3卷，第237~238页，1992。

〔2〕张广友、丁龙嘉：《万里》，第218页，北京，中共党史出版社，2006。

〔3〕吴象：《最重要的是正确对待农民》，见《新时期改革和建设的重要文献——〈万里文选〉介绍》，北京，中国民主法制出版社，1996。

业生产，而且首先看农民的生活。

皖西大别山老革命根据地的金寨县，战争年代10万农民参军参战，是个“将军县”，建设年代在土地稀少的山区为国家修水库占地移民10万。在那里，万里看到一些农民食不果腹、衣不蔽体，非常沉痛，难过得流下了眼泪，感到问心有愧。他说，当年他们和他们的亲属抛头颅洒热血，为革命作出了巨大牺牲和贡献，没有他们哪有国家和我们的今天。在皖东滁县地区的定远县，他走进一家农户，七口人只有一床破被絮，锅里是用地瓜面和胡萝卜缨子煮成的黑糊糊，整个家当可用一根木棒撅走。他在路上同一个挑担的农民拉家常，问有什么要求，这位农民拍拍肚皮说，没有别的，只要吃饱肚子就行了。又问还有什么要求，这位农民又拍拍肚皮说，里边少装些山芋干子。事后，万里说：“中国的农民太好了，他们的要求这样低，可是连这点最起码的要求都没有得到满足。”〔1〕在凤阳县，他亲眼看到过农民扒车外流讨饭的情景。1977年冬天，省里不断收到沿海一些地方的电话电报，要求派人去接“盲流”，据不完全统计，仅凤阳县那年冬天外出讨饭的就有1.3万多人。万里决心要解决讨饭问题。在一次省委座谈会上，研究如何解决凤阳农民外流讨饭问题，有人说，那里农民有讨饭的“习惯”。万里气愤地说：“没听说过讨饭还有什么习惯？讲这种话的人立场站到哪里去了，是什么感情，我就不相信有粮食吃，他还会去讨饭。我们的农民是勤奋的，是能吃苦的，是有脸面的，只要能够吃得饱，他们是不会去讨饭的。问题是那里条件并不坏，他们为什么吃不饱饭？我们的各级领导一定要把它作为头等大事来抓。”万里说：“社会主义还要饭，那叫什么社会主义，解放快30年了，老百姓还这么穷，社会主义优越性哪里去了。无产阶级是因为受穷才革命，革命不是为了受穷，要是为了受穷，还革命干什么？我们不能以牺牲人民的利益和生命来换取‘社会主义’，那不是真正的社会主义，社会主义绝不是让人民挨饿受穷，而是让人民活得更美好。”〔2〕“我们共产党人怎么可以不关心群众的吃饭问题呢？谁不解决群众吃饭问题，谁就会垮台。”〔3〕

万里曾回忆说：“我刚到安徽那一年，全省28万多个生产队，只有10%的生产队能维持温饱，67%的生产队人均年收入低于60元，40元以下的约占25%，我

〔1〕张广友:《改革风云中的万里》,第139~141页,北京,人民出版社,1995。

〔2〕张广友:《改革风云中的万里》,第143页。

〔3〕全国人大常委会办公厅万里论著编辑组编:《万里论农村改革与发展》,第11页,北京,中国民主法制出版社,1996。

这个第一书记怎么能不犯愁啊?”“人民公社化后发生的三年困难时期，到处浮肿病，饿死人。据了解，光安徽省的所谓非正常死亡人口就三四百万。冰冻三尺，非一日之寒，过去‘左’了那么多年，几乎把农民的积极性打击完了。”[1]

1978年11月16日万里在中央工作会议分组会上的发言，可以说是他对安徽农业初步调查研究的体会。他说：“我国经济落后，人民贫困的状况，实在不能再继续下去了。……28年来，安徽农业生产经历了三起三落的曲折过程。凡是生产增长年代，都是我们的工作比较实事求是，执行政策比较好，农民的积极性调动起来的时候；反之，生产停滞以至下降的年代，都是农村经济政策遭到破坏，干部作风脱离实际、脱离群众，农民积极性受到严重挫折的时候。……安徽历史上的主要教训，是不按经济规律办事，瞎指挥，弄虚作假，浮夸吹牛，以至搞高指标，高征购，造成严重后果。由于农业生产起伏不定，全省每人平均粮食占有量至今未达到1955年的水平。1955年人均718斤，每个农业人口平均贡献商品粮175斤；而1977年人均降为652斤，贡献商品粮88斤。1977年人均占有量与1949年的648斤相比，28年只增长4斤！淮北那么好的地方，农民每人每年只分得30多元，大别山老根据地一些农民穿不上裤子，盖不上被子，实在让人难过！这种情况，再也不能继续下去了。……怎样把农业搞上去？最根本的是要把广大农民群众的积极性调动起来。”

与长期把农民群众置于工业化、城市化的边缘化地位，置于计划经济体制和严重官僚主义的臣民地位，并在“左”的影响下把农民视为落后的小生产者、滋生资本主义的土壤，只是进行指挥和教育、改造甚至批判、控制不同，万里把农民群众视为哺育人民共和国的母亲和衣食父母，放在社会的主人、主体地位。1977年他在谈农村政策问题时说：“中国革命在农村起家，农民支持我们。母亲送儿当兵，参加革命，为的（是）什么？一是为了政治解放，推翻压在身上的三座大山；一是为了生活，为了有饭吃。现在进了城，有些人把群众这个母亲忘掉了，忘了娘了，忘了本了。我们一定要想农民之所想，急农民之所急。”[2]

万里是从农民群众基本生活状况和利益愿望出发来观察农业、农村问题，衡量功过是非和“主义”的。他提出首先要解决群众吃饱饭的问题，农民吃不饱饭，是因为农业生产没有搞上去，农业生产为什么没有搞上去？是农民没有积极性；影响

〔1〕万里:《安徽农村改革是怎么搞起来的》,见中共安徽省委党史研究室编:《安徽农村改革口述史》,第71、73页,北京,中共党史出版社,2006年12月。

〔2〕中共中央文献编辑委员会:《万里文选》,第102页,北京,人民出版社,1995。

农民积极性的是什么？人民公社有什么问题，怎么来解决？在对这类问题的探索中，以万里为首的安徽省委、各级干部和农民群众一起推进了农村改革。

万里 1977 年 6 月去安徽，1980 年春天回京工作，在两年零 9 个月时间里，大胆、果断、深入地推进农村改革，大体经历了三个阶段：突破“左”的禁锢，放宽农村政策；突破“三级所有，队为基础”，实行联产计酬，包产（干）到组；支持农民有权、有责、有利的包干到户，使之由不合法到合法。

二、突破“左”的禁锢，围绕农民积极性，放宽农村政策

经过调查研究，万里认为安徽问题的关键在农村，农业上不去，连肚子也吃不饱，一切无从谈起，要把农业搞上去最重要的是解决影响农民积极性的问题。

当时全国的口号还是抓纲治国、学大寨，就是以阶级斗争为纲，推行“左”的一套。大寨本来是自力更生，艰苦奋斗，发展农业，建设山区的好典型，但“文化大革命”时期，逐步演变为搞阶级斗争、大批促大干的政治典型，成为“四人帮”推行极左路线的工具。原安徽省委负责人推行学大寨那一套“左”的东西特别积极，推广大批促大干，大寨式的“大概工”，记政治工分，取消自留地，不准搞家庭副业，搞穷过渡。万里认为这是继续违背实际和群众意愿瞎折腾。在这个时候，他看到滁县地委一份关于落实党的农村经济政策的调查报告。这份报告列举“四人帮”“左”的错误在农村政策上的表现，指出如不把他们搞乱了的农村政策纠正过来就不可能调动群众积极性。万里看后批转印发给全省各地市委，并做了批语：“滁县地委组织力量深入群众，对农村经济政策认真进行调查研究，这是个好的开端。这个问题，很值得引起各地重视。报告中所提的意见，可供各地参考。”

为进一步了解全省农村情况，万里等省委负责同志亲自到农民中去，直接倾听基层干部和农民的呼声，并派农委做专项调查，起草对策。经过 3 个月的调查研究，于 11 月召开全省农村工作会议，形成了省委《关于当前农村经济政策几个问题的决定》（简称《六条》）。万里在会议开始时指出，最重要的生产力是人，是广大群众的社会主义积极性，没有人的积极性，一切就无从谈起。调动人的积极性，要靠政策。凡是阻碍生产发展的做法和政策都是错误的。农村的中心问题是把农业生产搞好，在生产发展的基础上使人民生活得到不断改善。[1]《六条》强调搞好经

〔1〕《万里文选》，第 102 页。

万里同志讲话

1. 省农村工作会议 77.11. 2. 讨论农业问题 79年 3. 省革委会工作报告 79.12. 4. 全国农业区划调查、规划会 .80.7（何康主讲）5. 全国劳动就业会议 80.8. 6. 在全国第二期农业局长干部研究班讲话 81.6. 7. 接见"中国农村发展问题"研究组谈话.

赵紫阳讲话

在四川省的讲话（79年）对高家湾村批示（80年）农工商联合问题

邓力群在中国农业发展问题研究会上讲话 81.2. 杜润生讲.

杜润生

关于鄂豫皖三省调查 81.1 在全国第二期局长干部农训班讲话（81.6）研究起草一号文件讲话（81.9）

薛暮桥：我国经济体制改革问题（79.3）

市委农村工作会议 1977、1、1

把农民发动起来，来个大发动，全党大办农业。交给农业省，农业根本上来，问题就大。前一时期抓冲生指标，党的十一大，揭四人帮，抓调整班子，抓钢铁。农业落实，农业一落后，别的上不来，农业不行，就谈不上四个现代化。大家要吃饭穿衣。

搞好第三战役、三大讲；整党整风；调整班子。

农村中心问题是把农业生产搞好。领导、部门，一切为了发展农业生产。集体经济要巩固和发展，人民生活要在农业发展的基础上逐步改善。凡是阻碍生产发展的一切做法和政策都是错误的。

农业比较复杂，怎么把政策搞好，各项措施，因地制宜，因时制宜，实事求是，群众讨论

机械化、科学、农机了，是它对的，但是，群众积极性是动力，是人，是让群众有一种积极性，没有这一条，

那天从谈起。人的积极性调动不起来，机械化用处不大。不行。我们调查，拿出一样，政策对头，干部带头，团结一切能团结的力量，大干快上，同样条件上得快。

这次党中央会议，研究如何把农业搞上去。（文件）除决议外，把政策落实。争取好的，接着是农民问题好的。一个方针（以农业为中心），一个规定（文

党和农民之间两个关系。人的思想支配两个关系。调动积极因素和以及，推翻……政治思想，干部带头，靠领导，一个领导，一个政策，把农业工作纳入政策的轨道。

革命老前辈讲过：党员干部我们，参加革命，母亲送儿子去参加革命，干什么，一个政治翻身，推倒三山，一个生活改善。现在进了城，别人又困难，忘掉了，忘了娘了，不能忘记农民。

发言稿是一个材料，参考。

营管理，允许生产队根据农活建立不同的生产责任制，可以组成作业组，只许个别人完成的农活也可以责任到人；尊重生产队的自主权；减轻社员和社队的负担；落实按劳分配，兼顾三者利益；允许和鼓励社员经营自留地和家庭副业，开放集市贸易等。这些内容在“左”倾盛行时期也成了“资本主义尾巴”，成了禁区。省委《六条》于1977年11月28日以试行草案形式，转发各地执行。《六条》突破禁区，放宽政策，安徽由此迈出纠正农业上“左”的错误、解决农村政策问题的步伐，深受农村干部和群众的欢迎，实际上拉开了农村改革的序幕。〔1〕

1978年春，万里多次强调农村要以生产为中心的方针，是对多年以阶级斗争为纲，批所谓“唯生产力论”的“左”的指导思想的大胆纠正。他在贫困地区县委书记座谈会上说：“只要能把生产搞上去，你们要求什么样的政策条件都可以，但必须保证今后决不能再讨饭。”“如果今年秋后哪个县再发生讨饭的，我就带领他们到你县委书记家去讨。”〔2〕

强调生产队的自主权。滁县地区定远县地处江淮丘陵，十年九旱，原省委主要负责人在这个县搞学大寨的点，强迫社队不顾条件盲目扩大水稻种植面积，结果水稻总产增加有限，而玉米、红薯等旱粮作物和豆类、花生、烟叶等经济作物产量大幅度下降，成本高，收益少。1977年6月，滁县地区调整了定远县领导班子。新班子上任正是抢种时期，还有几十万亩没能安种。他们纠正过去瞎指挥的错误，实行有水种水稻，无水种旱粮、插山芋，由生产队自主决定。由于因地制宜、抓住农时，获得了农业丰收。1978年1月，新华社记者到定远调查，写了《生产队有了自主权农业必增产》的报道稿。万里看过稿子，就去定远县，看了耿巷公社，又在县城看了市场，最后才到县委请他们对报道稿提意见。他指出，“尊重生产队的自主权，实质上是个尊重实际，尊重群众，发扬民主，反对官僚主义瞎指挥的问题”，“谁最了解实际情况呢？当然是天天同土地、庄稼打交道的生产队干部和社员群众。他们最有发言权，……不尊重生产队的自主权，这是我们过去农村工作中许多错误

〔1〕1978年春，刚刚复出担任中共中央副主席的邓小平出访巴基斯坦途中经过成都，对当时四川省省委第一书记赵紫阳说：安徽的万里搞了个农村政策六条规定，你们可以参考一下，也可以搞多少条嘛，不能老是原来的老框框。我们在“文化大革命”前，企业管理中那一套是学苏联的，是世界上比较落后的。“文化大革命”后，我们把这一套砍掉了，那就什么也没有了。农村的路子要宽一些，思想要解放，还是原来的老概念不解决问题。要有新概念，只要私有制不动怕什么！工业如此，农业也如此。要多想门路，不能只在老概念中打圈子。中共安徽省委党史研究室编：《安徽农村改革口述史》，第240页。

〔2〕张广友：《改革风云中的万里》，第143页。

的根源。”[1]

由此，安徽农村工作迅速转到以生产为中心、放宽农村政策、调动农民积极性的轨道上来，为群众自下而上的改革创造了良好的氛围。改革进入群众直接参与、开始突破人民公社体制的第二阶段。

三、突破“三级所有，队为基础”，实行联产计酬、“双包到组”

改革人民公社经营管理体制实质是领导正确对待农民，政府还权于民，重新调整和界定权利关系的问题。万里较早认识这个核心问题。

1978 年 6 月，安徽省委连续开了两次常委会，讨论夏收分配中夏粮征购的起征点，农民的留粮标准到底定多少。由于对夏粮总产缺乏准确的判断，会议没有做出决定。会后万里轻车简从，走访了 5 个县的十几个打麦场，和群众、生产队干部交谈，才摸清情况。他认为，生产队上报的产量比实际产量偏低，原因是群众怕征过头粮，怕留粮标准低，吃不饱。他说，这是农民群众对过去的浮夸风和高征购的反抗，是错误政策逼得农民不敢讲真话，要农民讲真话就必须政策对头。在第二次讨论夏粮分配的会议上，万里说，分配问题关系到如何正确处理三者关系，核心是国家同农民的关系。我们过去的问题是只顾国家一头，忽略了农民群众的利益，有的甚至为了完成征购任务，不顾群众死活，严重打击了群众生产积极性。粮食打下来了就不管群众够吃不够吃，先完成征购，完成征购后还要交超购，而且超购得越多越好。有些人似乎不知道粮食是哪里来的。如果生产粮食的人没有积极性，那么粮食又从何而来呢？不叫生产粮食的人吃饱饭，最终谁也休想吃饱饭。……做任何工作都必须有群众观点，不能把国家利益同群众利益对立起来，没有群众的利益，国家的利益又从何而来呢？这次会议省委决定：从夏收分配到秋粮下来之前，两个多月时间内集体分配给社员的平均口粮不足 75 斤的生产队，一律不征不购。[2]

此后，万里同新华社记者张广友说：“我在想一个问题：农民种什么我们要管，收入分配我们也管，而且从上管到下，管得那么具体，我们懂吗？我们了解情况吗？我们能管得好吗？……这个问题应当说很大，实质上是如何对待农民问题。过去，国民党反动派向农民要粮要钱，但不管你种什么，我们可倒好，农民种什

〔1〕《万里文选》，第 103 页。

〔2〕万里：《要农民讲真话必须政策对头》，见《万里论农村改革与发展》，第 12~13 页。

么，怎么种，要管，农民生产的产品分配，也要管，吃多少口粮也要拿到省委会上来讨论。农民的种植权，产品支配权，我们全都管了，农民还有什么权利？我们有些人搞瞎指挥，什么他都管，就是不管农民的死活，以致三年困难时期饿死那么多人，教训很惨痛！但是我们没有很好地总结。”[1]他还曾说，人民公社制度下的农民实际上是奴隶。这些谈话蕴含的一个思想就是政府要把应属于农民的权力还给农民。

《六条》放宽政策后，群众开始活跃起来，从尊重生产队自主权，深入到解决生产队自身吃大锅饭、干好干坏一个样、影响群众积极性的体制问题。突破从农民群众和基层干部开始，农业生产责任制从不联产到联系产量，有些地方搞起了包产到组，凤阳县则搞了大包干到组，极少的地方偷偷搞了包产到户，提出了领导如何对待群众实行联产承包的问题。

1978 年春天，滁县地区来安县烟陈公社魏郢生产队包产到组，大旱之年粮食产量由上年 4 万多公斤增长到 6 万多公斤，人均收入增长 30%。天长县新街公社由于天大旱棉花苗面临着枯死的危险，决定把棉花包产到户，超奖减赔，棉花亩产较上年增产近 9 成。来安县广大公社按照工作和生产指标完成情况实行干部奖惩责任制。这些做法是下面暗暗搞的，直到这年 9 月滁县地委召开四级干部会议，才由干部反映出来。万里听了滁县地委书记王郁昭的汇报，非常重视，要求搞好调查。他看了调查报告，在省委常委会上说，“包工到组、不联系产量，还是干好干坏一个样，不可能调动群众的积极性，所以也不行。滁县地区关于联系产量责任制的三个材料可以大胆试行”[2]。滁县地委以文件形式将三个调查报告印发全区，要求各县先在一个大队或一个公社试点。文件下达后，许多社队干部群众争当试点，一些不是试点的生产队也自发地干起来。

凤阳县有的干部群众认为联产计酬、包产到组的办法太繁琐，创造出大包干到组的办法，即小组交够国家的，留足集体的，剩下都由组分配。滁县地区到 1979 年 3 月底包产到组、包干到组的生产队已占生产队总数的 68.3%。

正当安徽一些地方包产到组迅猛发展的时候，1979 年 3 月 15 日，《人民日报》头版头条发表了张浩《“三级所有，队为基础”应该稳定》的来信，信中说：“现在实行‘三级所有，队为基础’符合农村的实际情况，应当稳定，不能随便变更。轻易从‘队为基础’退回去，搞分田到组，是脱离群众、不得人心的。同样会搞乱‘三级所有，

〔1〕张广友:《改革风云中的万里》,第 147~148 页。

〔2〕《万里文选》,第 108 页。

队为基础'的体制，搞乱干部和群众的思想，挫伤群众积极性，给生产造成危害，对农业机械化也是很不利的。”编者按则提出：“已经出现分田到组、包产到组的地方应该正确贯彻执行党的政策，坚决纠正错误做法。”这封来信给包产到组后正在忙春耕的安徽农民浇了一瓢冷水，一些对阶级斗争、路线斗争心有余悸的同志认为编者按有来头，惶恐不安。3月16日，万里来到滁县地区。他说：“作为报纸，发表个人不同意见都是可以的，别人写读者来信，你们也可以写读者来信。”“究竟什么意见符合人民的根本利益和长远利益，靠实践来检验，决不能读了一封读者来信和编者按，就打退堂鼓。挫伤了群众的积极性，生产上不去，农民饿肚子，是找你们县委还是找报社，报社也不能管你饭吃。”“三级半有什么不好？这是经济核算嘛，四级核算也可以，家庭也要核算，那不是五级吗？”“你们地委做得对，及时发了电话通知，已经实行的各种责任制一律不动，只要今年大丰收，增了产，社会财富多了，群众生活改善了，你们的办法明年可以干，后年还可以干，可以一直干下去。”万里针对实行联系产量责任制所引起的争论，提出衡量是非的标准。他说，不管什么形式的责任制，就是坚持一条，凡是能增产，能叫农民、集体、国家都增加收入的就是好办法。

3月17日，万里在天长县看了农民的自留地和家庭副业，他对王郁昭说，社员的家庭副业收入不可忽视，家庭是社会的细胞，家庭经济是细胞经济，非常活跃。把家庭经营的积极性调动起来，可能是农村改革的一条出路，当然还要靠实践来检验[1]。3月19日，在嘉山县横山公社良郢生产队与社员座谈，万里问：“包产到组包的指标高不高？”农民说：“这个产量还没有达到历史最高水平呢，1955年我们社里收过30万斤粮食。”说到1955年，一些年龄较大的社员眉飞色舞。万里说：“农民为什么要求包产到组，要求包产到户，因为能增产，能增加收入，这是要摆脱‘左’的束缚。我们看了那个生产队，产量高的是1955年，现在要倒赶20年，农民为什么怀念那一段，就因为以后越来越‘左’，‘左’得连农民放个屁也是资本主义。这要作为一个题目好好调查一下，总结历史的经验教训。20年来农村生产力的发展到底怎样？根本条件改变了没有？基本上没有，那就要根据当前的生产力情况总结过去的经验教训，找出不发展和发展缓慢的原因，再找出今后发展的办法。……不能坐在房子里争论，要尊重实际，到群众中去解决。”[2]万里临

〔1〕陆子修：《万里皖东行》，见安徽省政协文史资料委员会编：《农村改革的兴起》，北京，中国文史出版社，1993。

〔2〕《万里文选》，第124页。

离开滁县地区，出了5个调查题目。回到合肥后，安徽省委向各地发出八条紧急代电，要求各地不论实行什么样的责任制，都要坚决稳定下来，集中精力搞好春耕生产。

1979年6月万里来到定远和凤阳县，凤阳县委书记陈庭元说，农民愿意实行大包干，群众说，大包干真正好，干部群众都想搞，只要给干三五年，吃陈粮，烧陈草。张浩来信这股风被顶住了，但搞大包干干部怕犯错误，群众怕变。万里说："实行大包干，干三五年就富裕起来了，这好嘛！可以干三五年，只要社员积极生产，都能富就行了。还有其他办法，可以调动群众积极性的，也可以让他们搞。"

四、尊重农民的创造和选择，使包产（干）到户由不合法到合法

包产到组、包干到组，比不联产计酬前进了一步，但克服了生产队的大锅饭，却又出现包产组的"二锅饭"，农民并不满足，个人责任不明确，劳动者的利益不能直接体现出来，积极性得不到充分发挥，于是出现"双包到组"向包产到户演进的趋势。

肥西县最早搞包产到户，这与省委的借地度荒政策有关。1978年安徽遭遇特大干旱，绝大部分地方没有下过透雨，粮食、经济作物严重减产，秋种难以进行。9月初，省委召开紧急会议研究发动群众搞生产自救和秋种，万里提出采取特殊办法发动群众。不能眼看着农村大片土地撂荒，那样明年的生活会更困难。与其抛荒，还不如让群众借地度荒。不管是集体还是个体生产的粮食，吃了都解饿。要充分利用一切可以利用的空闲地、开荒地种粮种菜，谁种谁收谁有。集体无法种的，也可以单独划出一定数量的耕地借给社员种。省委借地度荒的决定，打破了在土地制度上只准集体使用的禁区。肥西县山南区有人由借地进而提出搞包产到户。黄花大队首先搞了包产到户，其他生产队也跟着干起来。

1979年2月，省农委工作组到肥西考察，当时十一届三中全会通过的农业文件规定不准包产到户，周曰礼从山南返回合肥向万里反映老百姓对包产到户要求强烈。省委常委会对此讨论，大家发言后，万里说："包产到户问题过去批了十几年，许多干部批怕了。但是，过去批判过的东西不一定是错误的，有的可能是批对了，有的也可能本来是正确的东西，却被当作错误的东西来批判。必须在实践中加以检验。我主张应当让山南公社进行包产到户的试验。在小范围内试验一下，利大于弊。"〔1〕2月16日，万里在六安、滁县、巢湖三个地区的地委书记座谈会上又

〔1〕《万里文选》，第121页。

说："肥西有的公社包产到户了，他们会千方百计把地种上，我说你们干吧，搞富了再说。搞包产到户如果要检讨，我检讨，只要老百姓有饭吃，能增产，就是最大的政治。老百姓没有饭吃，就是最坏的政治。现在我们变革生产关系，就是要解除对生产力的束缚，调动社员的积极性……大的政策已经有了，要解放思想，百花齐放，千方百计把生产搞上去。"省委的意见向肥西干部群众一宣布，不仅山南公社搞包产到户试点，而且山南区 6 个公社都搞了包产到户。不到 1 个多月时间，肥西县搞包产到户的生产队，一下子占到总数的 40%。这年夏季，山南区粮食产量较 1978 年增产 1 倍以上。

在以包产到组、包干到组为主的滁县地区，1978 年底也有部分生产队搞了包产到户。这其中，凤阳县小岗生产队暗中搞起了"大包干到户"。小岗队土地改革后出现过一段粮食增产、农民安居乐业的黄金时期，这个队没有经过初级社阶段，1956 年一步进入高级社，从此，粮食生产连年下降，开始过吃救济粮的日子。"文化大革命"期间这里户户都外出讨过饭。1978 年秋后，凤阳县搞包产到组，小岗生产队先划为 4 个作业组，干不好，又分成 8 个，还是合不拢，干部社员商议，干脆搞个大包干到户，瞒上不瞒下，如果因为土地包到户，干部出了事，蹲班房，全队社员共同负责，把他的孩子抚养到 18 岁。1978 年底，大包干到户的责任制就在小岗诞生了。

包产到户过去多次出现过，50 年代合作化高潮时出现过，后来三年困难时期也曾出现过。大包干到户则是第一次在中国大地上出现。包产到户和大包干到户的区别主要在于：包产到户农民承包土地后实行"承包产量，以产计工，增产奖励，减产赔偿"的办法，生产队实行"五统一"。农户生产的粮食等要交生产队实行"统一分配"，由生产队上缴国家征购任务，留下集体提留，再按各户上缴的产品计算出工分，然后按工分实行分配。这种办法手续烦琐，由于在分配的过程中往往出现一平二调和干部存在某些不正之风等现象，群众很不放心，农民对产品没有支配权。大包干到户则不同，农户承包集体的土地后，由生产队同农户签订合同，农户按合同上缴国家的征购任务，交足集体的提留，剩下的都是自己的，奖赔就在其中了。农户只要完成合同上缴的任务，至于土地如何经营，完全由农户自主决定。因此，包干到户不是对生产队的生产承包，而是对土地的经营承包，农民真正成了土地的主人，而且掌握了包干上缴后剩余产品的收益权。农民说："大包干、大包干，直来直去不拐弯，完成国家的，交足集体的，剩多剩少全都是自己的。"这种办法"责任具体，利益直接，方法简单，百姓放心"，农民特别拥护。大包干承包制实现农村土地的两权分离，土地所有权仍归集体所有，而农民通过承包则取得了对土地的使用经营权，农户成了相对独立的商品生产经营主体，集体和农户的权利和义务通过承包合同来实现。一个自主，一个最能体现多劳多得，因此能充分调动农民的生产积极性，促进生产力的发展。这是大包干到户之所以能够在全国很快普及开来的关键所在。

1979 年小岗生产队粮食产量达到 6.5 万多公斤，相当于 1966~1970 年 5 年粮食产量的总和；油料产量超过合作化以来 20 年的总和；社员收入比上年增长 6 倍。从 1957 年起 23 年来，第一次向国家交售粮食和油料任务，分别超额 6 倍和80 倍。

包产到户长期以来被当作农村复辟资本主义的具体表现进行批判。包产到户、包干到户在安徽的大规模出现招致了比制定《六条》、承包到组更加强烈的非议和责难。有的省刷出“反对复辟倒退”、“坚决抵制安徽的单干风”等大标语。在省内，农民群众积极要求和推进包产（干）到户，而许多地、县领导班子内部则存在意见分歧。以万里为首的安徽省委坚决排除干扰，尊重农民的创造和选择，支持群众在实践中开辟农村发展道路。从 1979 年 12 月起，万里做了多次讲话。12 月 1 日，他在省军区第六次党代表大会上指出：“对十一届三中全会以来的农村大好形势，人们的看法并不完全一致，争论最大的是联系产量责任制的内涵。一年来的实践证明，凡是实行联系产量责任制的地方，生产都有大幅度的增长……责任到户的生产责任制是搞社会主义，不是搞资本主义。”“革命是为了解放生产力，我们衡量各种劳动组织形式、计酬方法好坏，只能有一个标准，就是看它是否促进了生产的发展。……应该调查研究，尊重群众自己的选择，并正确地加以引导。”[1]12 月 25 日，他在安徽省人代会上指出，只要坚持生产资料的社会主义公有制，坚持按劳分配的原则，收入越多越好，群众生活改善得越快越好。[2]1980 年 1 月 11 日，他在省委召开的农业会议上，总结了农业上 30 年的经验教训，强调政策的根本出发点是要调动 8 亿农民的积极性。“生产责任制一定要建立，到底建立哪种责任制合适？主要看增产是否显著，农民收入是否增加，集体积累和对国家贡献是否增多，大多数群众是否欢迎。我们应当尊重群众的意愿，允许群众在实践中比较、选择。”

1980 年春节前夕，万里又来到滁县地区，在小岗生产队挨家看了一遍，只见各家各户能装粮食的东西都装得满满的。他说：“以前大呼隆可把农民搞苦了，这样

---

〔1〕《万里文选》，第 134~135 页。

〔2〕《万里文选》，第 142 页。

干形势自然会大好，我支持你们。”当生产队反映有人指责小岗是开倒车时，万里当即表示：“地委能批准你们干三年，我批准你们干五年。只要能多打粮，对国家多贡献，对集体能多提留，社员能改善生活，干一辈子也不算开倒车。谁要说你们开倒车，这场官司由我跟他去打了。”万里临走语重心长地对地、县委负责人说：“不管哪一级领导，再也不要给群众念紧箍咒了，你们说是不是?”

安徽为包产到户报了户口，承受着很大的压力。有的同志劝万里和其他省委领导人，不要为包产到户犯错误，有的说你岁数大了，再经不起戴高帽子、坐飞机了。万里曾说：“很多同志不同意包产到户，是认识问题，是可以理解的。因为当时包产到户既不符合党的决议，中央文件中明确提出不要包产到户，又不符合宪法中规定的人民公社三级所有，队为基础，但农民一定要搞，那只好硬着头皮顶着。这实质上反映了农民发展生产力的要求和已不适应的旧的上层建筑、旧的规章制度之间的矛盾。”

安徽的农村改革得到邓小平等老一辈无产阶级革命家的支持。万里说：“亏了小平同志支持，我从安徽回来多次向他汇报，他表示同意，可以试验。出了成果之后，他公开表示支持。”1980 年 5 月 31 日，正当刚刚兴起的包产到户受到讨伐的紧要关头，邓小平发表了重要谈话。他说：“农村政策放宽以后，一些适宜搞包产到户的地方搞了包产到户，效果很好，变化很快。安徽肥西县绝大多数生产队搞了包产到户，增产幅度很大。‘凤阳花鼓’中唱的那个凤阳县，绝大多数生产队搞了大包干，也是一年翻身，改变面貌。有的同志担心，这样搞会不会影响集体经济，我看这种担心是不必要的。”〔1〕他又说：“总的说来，现在农村工作中的主要问题还是思想不够解放。”小平同志的谈话是对安徽农村改革的肯定、支持和鼓舞，为全国农村改革指明了方向。一次在全国人大开会期间，万里对陈云同志说，我那里已经搞起了包产到户。陈云同志合掌抱拳，高兴地说：“万里同志，我完全赞成在农村政策方面的那些做法。”万里说：“中国农村改革没有邓小平的支持是搞不成的。1980 年春夏之交的斗争，没有邓小平的那一番谈话，安徽燃起的包产到户之火，还可能会被扑灭。光我们给包产到户上了户口管什么用，没有邓小平的支持，上了户口还很有可能会被注销的。”

1980 年初，万里到中央书记处工作，分管农业。在小平同志对农村政策做了重要讲话后，他提议召开一次省委第一书记座谈会，起草会议文件，旨在把“不要

---

〔1〕邓小平:《关于农村政策问题》,见《邓小平文选》第 2 卷,第 315~316 页。

包产到户”改为“可以包产到户”。经过反复讨论，通过了中共中央《关于进一步加强和完善农业生产责任制的几个问题》，包产到户、包干到户第一次在中央文件上取得了一席之地。1982~1986年中央5个“一号文件”，是在万里主管农业期间制定的[1]。1982年中央一号文件，肯定包产到户、包干到户是社会主义集体经济的生产责任制。1983年中央一号文件对家庭联产承包责任制做了很高的评价，称为“在共产党领导下中国农民伟大的创造，马克思主义关于合作化的理论在我国实践中的新发展”。到1984年底，全国99%的生产队实行了包干到户，这一年粮食产量达4000亿公斤，人均400公斤，接近世界人均水平。国务院向世界粮农组织宣布，我国已基本上解决了温饱问题。1992年10月，万里主持人大常委会修改宪法，把现行宪法中关于人民公社的提法删去，改为家庭联产承包责任制作为农村的基本经营管理体制长期不变。1993年3月，全国人大正式通过决议，把家庭承包制载入我国宪法。

五、坚持民主、科学和改革精神

万里和群众一起推进安徽农村改革的过程，可做这样的概括：他鲜明地站在农民群众利益立场上，通过调查研究，发现农民没有能够实现温饱、多年“左”的错误和人民公社体制影响农民积极性和生产发展的问题。在解决这些问题的过程中，勇于从实际出发，破除条条框框，放宽政策，放开群众手脚，尊重、保护和支持农民群众的创造和选择，使大包干家庭承包制这种能够解决问题的办法得以实行，由不合法变为合法，实现了农村基本经营制度的根本性变革。解决问题的结果，是建立了农民拥有权、责、利，在生产、分配上当家做主，得到实惠的新制度，焕发了群众发展农业的积极性；是从人民群众当家做主，发展生产力，创造越来越富有的新生活，实现社会和个人更好发展上，丰富和革新了人们对什么是社会主义的认识；是推动实事求是、群众路线、促进改革的传统在执政党身上得到继承和发扬。

纵观我国改革发展30年的历史及新中国成立以来近60年的历史，有很多理由可以说，实行大包干家庭承包制的农村第一步改革是一个兴邦之举。

---

〔1〕万里谈起中央5个“一号文件”时说：“这是党中央的正确领导，在邓小平同志坚决支持下取得的。具体组织领导工作，如调查研究、会议组织、文件和讲话稿的起草等项工作，是由杜润生等领导负责的，中共中央农村政策研究室、国务院农村发展研究中心为此做出了重要贡献。”

如，它所形成的经营体制，使农业、农村告别高级社、人民公社时代而“起死回生”。既保持了土地集体所有，避免农村两极分化，农民（农户）又获得对承包土地的长期经营使用权、经济剩余的收益权和有偿转让权，恢复了家庭经营在农业中的基础地位，创造出中国特色社会主义农业经营形式。由此，一举解决了从斯大林时就开始存在的集体化农业吃大锅饭、搞平均主义、农民受剥夺、劳动效率低的体制性问题。农民生产经营的自主权，劳动和生活安排的自由，与包干上缴的责任、剩余多少都属于自己的利益，权、责、利结合，形成农民群众自我推进经济发展的激励机制和生机活力。因此当时有人说，大包干救了社会主义。

再如，农村土地家庭承包，不仅激发农民发展农业的积极性，促成第一步解决温饱目标的迅速实现，而且 8 亿农民从大呼隆集体劳动下解放出来，引出乡镇企业异军突起，大规模地进城就业，发挥我国劳动力资源优势，推进工业化、城镇化发展，并成为推进改革开放和城乡二元结构转变的强大动力。

这一开改革先河的农村改革之所以能够取得成功，其经验应该很好总结。万里 1985 年曾做过一次总结，主要是坚持群众观点，尊重群众的首创精神；坚持实事求是和实践是检验真理的唯一标准；坚持改革。这三条老生常谈，却是改革的成功之道，值得结合实践来领会和坚持。

一是把坚持群众观点，尊重群众的首创精神放在第一位。实际是以人为本，以民生和人民群众当家做主的权利为本，以群众的实践创造为推进制度改革的本源。首先，这是立场。1982 年 1 月，万里对到安徽滁县地区“双包到户”做了调查的青年们谈话时说，前一段有些同志对包产到户想不通，根本不是站在农民切身利益的立场上考虑问题。立场问题很重要。站在农民利益的立场上看问题就不一样。真正代表广大农民的长远和现实利益，是共产党的一个重要标志。如果我们在方向上离开了农民生活的逐步改善，这个方向就不足取。不代表人民的利益，就是共产党员最大的失节。[1] 其次，这是群众创造历史的观点、党的领导和群众结合的原则以及解决问题的群众路线方式。1985 年他说，农村第一步改革为什么能成功？主要是因为一系列政策反映了农民的要求，农民积极性高了。那么，这些新的农村政策又是从哪里来的？这里面当然有党的集体智慧，各级党政领导做了大量概括和提高的工作。而更重要的却是亿万农民的实践，亿万农民的创造。为什么家庭联产承包制先在最贫困的地区突破？主要是因为贫困地区的农民受大锅饭、瞎指挥的祸害

〔1〕《万里文选》，第 201 页。

最深，对改革的要求最强烈、最迫切，包产到户、大包干，都是当地农民自己先搞起来。一批农村干部冒着受处分的风险，支持农民搞改革，为农民利益不顾个人得失，敢于冲破旧的条条框框，这就是真正的群众观点和全心全意为人民服务的精神。在改革中，如何认识农民、对待农民，始终是摆在我们面前的一个根本性问题。〔1〕第三，特别强调农民问题。他说，10 亿人口，8 亿农民是我国的基本国情，如果心目中没有农民，不切实保障农民政治上的民主权利，经济上的物质利益，就不能说是有真正的群众观点，也不能说有真正的国家观念和全局观念，全心全意为人民服务一大半成了空话。〔2〕中国走向现代化，重要的是 80%人口的农民利益的实现，是他们走向现代化。第四，关系改革所创建制度的取向。实践表明，往往只有群众参与创造和选择的制度，才能体现人民群众的权力和利益。他说，农村改革的成功之处可以概括为四个字："民主，实惠"，农民成了土地的主人是经济民主，能够多劳多得就是实惠。第五，改革使我们过去受"左"的影响丢失的走群众路线、密切联系群众的传统又恢复了，这个法宝要坚持下去。

二是坚持实事求是，坚持实践是检验真理的唯一标准。他说，真正做到实事求是不容易。要把普遍真理和自己的实际相结合，要到实践中去摸群众的意愿、群众的要求，摸清历史的脉搏、历史的趋势。农村改革是从不同地区的实际情况出发，尊重群众意愿，放手让群众在实践中选择最适宜的经营形式，看不准的就不急于简单地肯定或否定，更不扣帽子、打棍子，这符合实事求是。如果不坚持实践是检验真理的唯一标准，只唯上、唯书，不唯实，就不可能正确对待包产到户。他说："关于社会主义怎么才能搞好，政策应该怎么定，需要不断实践，由实践来作回答。我坚定地相信，只有实践才能检验真理，能解决实际问题的办法才是好办法。"〔3〕

三是坚持改革。他指出，农民顶着种种罪名和不合法的压力搞包产到户，实质上反映了农民发展生产力的要求与已不适应的旧制度和旧的上层建筑之间的矛盾。按照他的逻辑，最重要的生产力是人，人有没有积极性，是生产关系是否适应生产力的标志，农民要有生产积极性，就要有民主权利和物质利益，这就要改革影响他们民主权利和经济利益的制度。关键在于改革体制。他说，我们有好多旧框框，有许多思想问题、组织问题、政策问题、体制问题，不符合经济发展规律的，就要改

〔1〕《万里文选》，第 446~448 页。

〔2〕《万里文选》，第 447 页。

〔3〕《万里文选》，第 198 页。

变。[1]改革的目的是要闯出一条建设有中国特色的社会主义的道路，加快发展社会生产力，逐步改善人民的物质文化生活，早日实现现代化。这是前人没有干过的事情，不可能不遇到困难、曲折、问题，必须不怕困难，不断排除干扰，不断调查研究，依靠群众的社会实践，开辟认识和解决问题的新途径，在实践中提高和统一干部的认识，把改革事业扎扎实实地推向前进。

这三条，群众路线是民主精神，实事求是是科学精神，再就是改革精神。

在农村改革的基础上，万里对我国经济、政治体制改革做出了重要贡献。对确立社会主义市场经济体制的贡献，一方面是实践上的推动。亿万农户商品经营主体的建立，农产品流通体制的改革，多种经济成分、乡镇企业的兴起，农村商品经济的大发展，农业剩余劳动力的解放和转移就业，成为推动市场经济体制建立的不可阻挡的现实力量。另一方面，是在理论探索和决策过程中的贡献。万里是最早提出我国要搞商品经济、市场经济的主要领导人之一。1980年他提出“我们的目标是要发展商品经济”[2]，1982年指出“当前的中心问题是，在共产党的领导下如何发展商品经济。商品经济不发展，是搞不好社会主义的”。1984年十二届三中全会确定社会主义商品经济理论后，1985年他说城市企业和农村要发挥优势，就要“按照市场经济搞”，“我们的干部要用市场经济的观点指导经济工作”[3]，1986年指出“双轨制是过渡办法，最终要过渡到市场经济的轨道上来。[4]”1992年初邓小平南方讲话后，他7月在全国人大常委会上提出“摒弃高度集中的计划经济模式，发展社会主义市场经济，是我们国家经济体制改革的主要趋势”[5]。此后，他强调市场经济是法制经济。

对政治民主化改革的贡献。一是把人民群众当家做主，看作是社会主义能够向前发展的一个核心问题。他说，社会主义民主政治的本质是人民当家做主。“社会主义的核心，即人民当家做主，发展生产力。”我们比资产阶级高明之处，就在于人民当家做主。这样才能充分发挥群众的积极性、创造性，使生产力的发展得到最重要的保证。二是人民当家做主就是要人民在政治上享受民主权利，经济上得到实

---

〔1〕《万里文选》，第181页。

〔2〕《万里文选》，第189页。

〔3〕《万里文选》，第393~394页。

〔4〕《万里文选》，第565页。

〔5〕《万里文选》，第617页。

惠。他认为，实现社会主义现代化，必须同时实现政治民主化，保证人民及其代表行使法律规定的选举权、罢免权、监督权等权利。同时要在经济上体现人民当家做主。他说，共产党关心不关心群众物质利益，是一个从生产、分配到流通要不要人民当家做主的问题。[1]他提倡村级民主，1980年1月，他在嘉山县说，干部发挥模范带头作用，这对办好农业关系很大。基层干部没有选举的，是否可以选举。让老百姓自己选组长、队长，看看谁能带领他们三增加……奖励基层干部，县里可以建议，决定权在群众，群众对干部选有权，撤有权，奖有权。[2]他指出"人事制度必须改革。什么时候能真正实行民主管理、民主选拔干部，事情就会好办些。"[3]新中国成立后，大跃进、人民公社、"文化大革命"等决策失误，曾给党和人民带来巨大损失。1986年万里提出："政治体制改革的一个极为重要的方面，就是要充分发挥社会主义民主，真正实行决策的民主化和科学化。"[4]

安徽农村改革和万里同志有关农村改革的所为所言，给我们积累了重要的经验和精神财富。我们要从中得到鼓舞和启发，在胡锦涛为首的党中央领导下，贯彻科学发展观，进一步推进改革，建设中国特色的社会主义，创造城乡经济社会一体化发展的新局面。

（2008年9月）

---

〔1〕沈梦罴、赵福亭：《加强民主法制建设，切实保证人民当家做主》，见《新时期改革和建设的重要文献——〈万里文选〉介绍》，北京，中国民主法制出版社，1996。

〔2〕全国人大常委会办公厅万里论著编辑组编：《万里论农村改革与发展》，第87~88页。

〔3〕《万里文选》，第202页。

〔4〕《万里文选》，第519页。

以民为本，尊重农民的选择*

——读《为农业大包干报户口的人——王郁昭》

大包干，大包干，直来直去不拐弯，保证国家的，留足集体的，剩下收多收少都是自己的，该拿的拿在明处，该得的心中有数，我们有劲干。

——凤阳农民

包产到户是群众自己搞起来的，不是我们提出来的，问题是已经有了，孩子已经生下了，他妈妈挺高兴，可解决大问题了，你不给他报户口，行吗？那天，王郁昭同志说了，孩子挺好的，给报个户口吧，承认它也是责任制的一种形式。许多干部去看过，都热乎乎的，但回来以后又凉了半截。为什么呢？不合法呀，要批判呀，说它是资本主义。那根本不是资本主义。……我们的态度是不能打击群众的积极性，群众已经认可了，那就只能同意，批准。一定要满腔热情地帮助它完善，一年两年三年都可以，使农民富起来。

——万里

农业大包干是我国改革开放新时期一次壮丽的日出。在改革30周年即将到来的日子里，读柏晶伟著《为农业大包干报户口的人——王郁昭》一书，使我回顾起当时在安徽滁县地区目睹的农村实行大包干家庭承包经营制度改革的日日夜夜。

1992年邓小平同志说：“中国的改革是从农村开始的，农村的改革是从安徽开

*本文2007年10月发表在“中国选举与治理”网，2008年2月《上海科学报》摘要发表。

始的，万里同志是立了功的。”[1]

大包干家庭承包制起源于安徽滁县地区凤阳县梨园公社小岗村，尔后走向全国，是农民的伟大创造，奠定了农村改革的基石，拉开了改革的序幕，走出了中国特色社会主义道路坚实的第一步。正如该书序言指出的，从根本上说，历史是人民群众创造的，但是，当我们铺陈历史、评鉴事实的时候，却无法不去关注那些在历史进程中有重要影响者，或称“英雄”的表现。在安徽凤阳县小岗生产队首创“大包干”的农民和当时的省委第一书记万里之间，还有一个重要的领导人——时任滁县地委书记的王郁昭，在“大包干”诞生的最艰难时期，坚定地支持了农民的创造，在省委和农民之间发挥了承上启下的作用。农村改革正是在顺应民心、尊重农民的创造与选择的基础上，在中央领导、地方改革者和群众的互动中推进的。

值得注意的是，王郁昭既是为农业大包干报户口的人，又是较早支持安徽农民寻找适应中部传统农区乡镇企业发展路子的人，也是率先研究、支持农民进城就业的人之一。

实践表明，发展乡镇企业，打破城乡分割跨区域流动、进城就业，也是农民的伟大创造。一个包产到户实际是包干到户的逐步推行，一个乡镇企业的异军突起，一个农民跨区域流动、进城就业，有效地搞活了多年不振的农村经济，极大地推动了整个中国经济的改革、发展。

当前，从30年改革历程中汲取经验，特别是农业大包干开改革先河的成功经验，对贯彻科学发展观，推进改革开放，实现经济又好又快发展，夺取全面建设小康社会的新胜利，是非常有意义的。

---

〔1〕早在1987年6月12日，邓小平同志在接见南斯拉夫共产主义者联盟主席团委员科罗舍茨时就说：“我们的改革和开放是从经济方面开始的，首先又是从农村开始的。为什么我们先从农业开始呢？因为农村人口占我国人口的百分之八十，农村不稳定，整个政治局势就不稳定，农民不逐步摆脱贫困，就是我国绝大多数人没有摆脱贫困。所以，从党的十一届三中全会以后，我们决定进行农村改革，给农民自主权，给基层自主权，这样一下子就把农民的积极性调动起来了，把基层的积极性调动起来了……他们有了自主权，一下子就改变了面貌。”

他接着说：“农村改革见效非常快，这是我们原来没有预想到的。当然，开始的时候不是所有的人都赞成改革。有两个省带头，一个是四川省，那是我的家乡；一个是安徽省，那时候是万里同志主持。我们就是根据这两个省积累的经验，制定了关于改革的方针政策。”(《邓小平文选》第3卷，第238页)。

一、改革前农村、农业、农民的情况和问题

1978 年是我国发生历史转折的关头，党的十一届三中全会召开，在思想路线、政治路线上拨乱反正，使人们回到以经济建设为中心的轨道上来。当时农业、农村的问题，占全国人口 80%的农民群众对变革的要求，已经积累多年。

20 世纪 70 年代后期，处于安徽东部江淮丘陵的滁县地区（现在为滁州市），辖凤阳县在内的 7 个县，农业人口占其总人口的 93%，农村经济已经濒于崩溃，1/3 的农民没有解决温饱问题。

这个地区的农村历史上有过黄金时代。土地改革后到 1955 年之间，农民分得梦寐以求的土地，做了土地的主人，农业生产大发展，农民过上了安居乐业的日子，年交售国家的粮食曾达到 4 亿公斤。但好景不长，1955 年上半年多数农村还是家庭经营基础上的互助组，建立初级合作社的比例很小，下半年就跑步进入土地归公的高级社，不久又进入政社合一的人民公社。进入高级社、人民公社之后，农村的黄金时代就过去了。

农村在人民公社体制下 20 年曲折发展的过程中，对农业发展影响大的有“急病”，如成立人民公社初期，刮“共产风”、“浮夸风”、“强迫命令风”、“生产瞎指挥风”等“五风”，粮食产量下降到 1949 年的水平，人口饿、病、逃荒、死，耕畜大量死亡，农业生产力严重倒退。到 1960 年，凤阳县小岗村人断粮、牛缺草，全村 34 户 175 口人，逃的逃，亡的亡，只剩下了 10 户 39 人。

更重要的是“三级所有，队为基础”体制慢性的“不治之症”。平均一个生产队 30 户左右人家，不仅土地集体所有，而且实行土地共同耕种，几十个劳动力集中一起“大呼隆”劳动，生产安排干部说了算，农民处于被指挥的“算盘珠”地位；对社员劳动实行评工记分，由于农活的特点和权力集中的人为因素，评工记分难以反映个人劳动的数量和质量，使按劳分配失去依据；公共非生产费用多，非生产人员占工分的多，生产队的劳动成果七扣八除，可分配给农民的大大减少；分配上“吃大锅饭”，搞平均主义，多劳不能多得；农民在集体田里干不好，又限制家庭副业、自留地生产和进入集市交易，连妇女喂小孩、赶集、走亲戚的自由也没有。农民没有权利，制度捆住了手脚，干好干坏一个样，挫伤了劳动积极性，只能“磨洋工”、“混工分”，以消极怠工来对抗。这又导致农业生产上不去，大家都绑在一起受穷。宏观上政府实行高度集权的计划经济，对农产品统购统销、低价收

购，对生产队种什么、怎么种，分配多少都管起来。城乡分隔的体制限制农民流动，和集体统一劳动一起，把农民死死捆在土地上。

长期以来，滁县地区农村人均口粮250公斤左右，社员集体分配年人均只有70元左右。定远、凤阳、嘉山等县不少社队人均口粮只有150公斤左右，人均收入在50元左右。一些地方合作化以后20多年的集体积累，折价不够抵偿国家银行贷款。从60年代开始，每年冬春总有大批农民逃荒要饭。

造成这种情况的原因并不在农民，而在体制，但政治上一次又一次的“运动”，把窒息群众积极性、影响农业发展的人民公社体制作为“社会主义”，把农民当作滋生资本主义的小生产者来批判。1961年，面对饿、病、逃荒、死的情况，安徽农村包括滁县地区的多数地方曾实行了定产到田、责任到人的“责任田”，一瞬间，农业生产面貌发生改变。“责任田”被群众称为“救命田”，但到1962年就被当作“单干风”予以批判、“纠正”。在“文化大革命”中，领导搞责任田的县乡干部又被批斗，导致干部谈“包”色变，限制了农民和基层干部的变革试探。“四人帮”搞“左”的一套，“宁要社会主义的草，不要资本主义的苗”，在农村“割资本主义的尾巴”，更把人们的思想禁锢起来。小岗生产队没有一户地主、富农，大家又都共同外流讨饭，照样批资本主义。正如后来一些老农民所说，我们都是庄稼人，种了一辈子地，看到长庄稼的地大片荒着，心里像油煎的一样。不交公粮，倒吃国家供应的粮食，感到有愧。我们也知道怎么干能多收粮食，但是“政策”不许啊！

由此，滁县地区农民在党的十一届三中全会精神指导下摆脱人民公社体制的桎梏，实行家庭承包经营制度，绝非偶然；同时率先冲破旧体制的坚冰，也需要极大的勇气和胆量。农村、农业、农民问题错综复杂，主要问题在哪里，怎样解决，路在何方？这些问题的解决，正是从农业大包干打开局面的。

二、为农业大包干报“户口”的过程

滁县地区率先试行农业大包干家庭经营制度的过程，是在顺应民心的基础上，领导与群众互动，逐步探索创新的过程，大体经历了三个阶段。时任地委书记的王郁昭，在省委领导下体察农民的要求，紧紧和群众站在一起，推进了改革。

第一阶段是清除“左”的错误影响，放宽农村政策。1977年春，滁县地委围绕落实党在农村的经济政策，清除“四人帮”“左”的影响，抽调熟悉农村工作的干部394人，组织115个调查组，分别调查了401个小队，写出135篇调查报告。

在这次农村调查的汇报会上，王郁昭代表地委做了题为《认真落实农村经济政策，推动农业学大寨运动》的总结报告，报告指出，“四人帮”污蔑按劳分配是“强化资产阶级法权”，社员经营少量自留地和家庭副业是“给资本主义供养输血”，发展多种经营是“金钱挂帅”，关心群众生活是“福利主义”等，把人们的思想搞乱了。如不把他们搞乱了的农业经济政策纠正过来，就不可能调动群众积极性。此后，地委向省委做了报告。但当时的省委主要负责人说，落实政策不能影响“大干快上”。1977年6月，党中央派万里来安徽。在短短两个月发动群众揭批“四人帮”、整顿班子有了眉目之后，他就把工作重点转向农村，转向农业生产。这时，他看到了滁县地委《关于落实党的农村经济政策的调查情况和今年意见》的报告，非常重视，随即批转各地市县委，指出：“滁县地委组织力量，深入群众，对农村经济政策认真进行调查研究，这是个好的开端。这个问题，很值得引起各地重视，报告中提出的意见，可供各地参考。”万里等省委负责同志亲自到农民中去，直接倾听基层干部和农民的要求、意见。经过3个月的调查研究，集思广益，形成了省委《关于当前农村经济政策几个问题的决定》（简称《六条》）。主要内容是搞好农村的经营管理，允许生产队根据农活建立不同的生产责任制，可以组织作业组，只需个别人完成的农活也可以责任到人；尊重生产队的自主权；减轻社员和社队的负担；落实按劳分配，兼顾三者利益；允许和鼓励社员自主经营自留地和家庭副业，开放集市贸易等。这在当时是冲破了许多“禁区”，是政策上的拨乱反正，受到全省农村干部和群众的欢迎。滁县地委一马当先，对省委《六条》的产生做出了贡献。

另一件与放宽政策相关的事，是滁县地区定远县接受王郁昭等同志的意见，面对旱情，纠正以往的“瞎指挥”，实行有水种水稻，无水种旱粮，由生产队自主决定。这件事得到万里的肯定，他指出，尊重生产队的自主权，实质上是个尊重实际，尊重群众，发扬民主，反对官僚主义瞎指挥的问题。说到底是对待群众的态度问题。是把群众当作真正的英雄还是当作“阿斗”的一个原则性问题。不尊重生产队的自主权，这是我们过去农村工作中许多错误的根源。农村政策的放宽，为群众自下而上的改革创造了良好的气氛。

第二阶段突破三级所有、队为基础，实行“包产到组、包干到组”。1978年安徽遭受特大干旱，这年9月初，滁县地委为布置生产自救和秋种，召开四级干部会议。此时，由于“实践是检验真理的唯一标准”大讨论的开展，农村政策的放宽，干部群众的思想活跃起来。会上许多公社干部提出，农业长期上不去，原因究竟在哪里？一个公社上不去，两个公社上不去，为什么全区240多个公社都上不去？难道我们这些公社书记都是笨蛋吗？他们强烈要求地委解放思想，放手让下面干，干不好自动下台。分组讨论中，几个公社书记讲了来安县烟陈公社魏郢生产队包产到组，广大公社对干部建立岗位责任制、年终按生产实绩进行奖励，天长县新街公社实行棉花包产到户的办法。这些办法在当时还属禁区，调动了当地农民和基层干部的积极性，大旱之年农业反而增产，被称为三个“秘密武器”。王郁昭了解后给予坚决支持，把情况向万里做了汇报，组织人员到这些社队进行调查。万里看了滁县地委的3个调查报告，随即让省委电话转告可以试点。滁县地委以文件形式将3个调查报告印发全区，要求各县先在一个大队或者一个公社进行试点，取得经验后再逐步推广。在试点过程中，各县纷纷要求扩大试点范围，许多社队争当试点。一些不是试点的大队也自发干起来。万里在一次省委常委会上明确指出：“坚持实践是检验真理的唯一标准……包工到组，不联系产量，还是干好干坏一个样，不可能调动群众的积极性，所以也不行。滁县地区关于联系产量责任制的三个材料可以大胆实行。”

在这一过程中，凤阳县一些社队感到包产到组“三统”、“四定”、“一奖赔”的办法太复杂，给予了改进。梨园公社石马大队小贾生产队和城南公社岳林大队实行划分作业组，年终分红时该给国家的送给国家，该留集体的交给集体，剩下的归小组分配。这是以大包干到组为特点的责任制。王郁昭亲自带领有关人员到岳林大队做实地调查，赞赏他们的做法，并向省委做了汇报。群众说：“大包干，大包干，既省事，又简单，干部满意，社员喜欢。”到1979年3月底，滁县地区实行包产到组、大包干到组的生产队，已占生产队总数的68.3%。

“双包到组”责任制的开展伴随着激烈的争论。1979年3月15日，《人民日报》发表了张浩的读者来信，标题是“三级所有、队为基础应当稳定”。来信认为，轻易地从队为基础退回去，搞分田到组、包产到组也是脱离群众的，不得人心的，同样会搞乱“三级所有，队为基础”的体制。报纸加了编者按，指出要“坚决纠正”。这对滁县地区实行双包到组的农民来说是一股冷风。一些对阶级斗争、路线斗争心有余悸的同志，认为编者按有来头，惶恐不安。针对干部群众思想上出现的波动，王郁昭指示地委办公室向各县发出电话通知，明确指出：“当前正值春耕春播大忙季节，各种形式责任制一律稳定下来，不要变来变去，延误农时。”“各种形式责任制是地委同意试验的，如果错了完全由地委负责。”在联产责任制面临重大考验的时候，万里于3月16日来到滁县地区调查，针对实行联系产量责任制所引起的争论，提出衡量是非的标准。他说，不管什么形式的责任制，就是坚持一条，“凡是能增产，对国家贡献多，集体经济壮大，群众收入增加，生活得到改善，就是好办法。”产量上不去，农民饿肚子，是找你们县委，还是找报社？报社也不能管你们饭吃。“三级半（有人说包产到组是三级半）有什么不好，这是经济核算，四级核算也可以，家庭也要搞核算，那不是五级吗？”他还说，“你们地委做得对，及时发了电话通知，已经实行的各种责任制，一律不动，只要今年大丰收，增了产，社员财富多了，群众生活改善了，你们的办法明年可以干，后年还可以干，可以一直干下去。”

第三阶段，从包产到组、大包干到组，到包产到户、大包干到户。“双包到组”克服了生产队集体劳动的大呼隆，打破了生产队的大锅饭，却又出现了作业组的“二锅饭”。个人责任不明确，劳动者的利益不能直接体现出来，积极性得不到充分发挥，农民并不满足。1978 年底和 1979 年初，滁县地区搞包产到组的地方在向包产到户演进。来安、滁县、全椒等县部分生产队暗中搞了包产到户，增产效果明显。生产的发展给了干部农民大胆实践的勇气，尽管当时中央有关文件仍然明确规定除边远山区和交通不便的单门独户外，不准搞包产到户，但包产到户、包干到户在滁县地区成为农民的自发选择和快速发展的趋势。凤阳县小岗生产队 1978 年下半年 20 户分成 4 个作业组，干不好，又分成 8 个，还是合不拢，他们想起 1961 年的责任田，就想套着包干到组的办法搞个包干到户，“人家别的公社能走大包干到组的第一步，咱们为什么不能偷偷走第二步？”“只要社员一致同意，就偷着干，出了事，咱们几个（干部）顶着，撤职、处分都行，只要能增产。”在社员会上，生产队干部说，全县都搞大包干到组，咱们干脆大包干到户，土地耕牛大农具是集体的，承包到户，保证完成国家的，留足集体的，剩下都是自己的。中央说生产队有自主权，咱们有这个权。社员一片赞成。于是1978 年底大包干到户的家庭承包制就在小岗诞生了，多年撂荒的土地又重新开垦，种上了庄稼。县委书记陈庭元“批准”小岗包干到户“干一年再说”。

包干到户比包产到户又前进了一步。包产到户是农户承包集体的土地后，实行“定承包产量，以产记工，增产奖励，减产赔偿”的办法，农户生产的粮食等农产品要统一交生产队，由队统一上缴国家征购任务，留下集体提留，然后按农户上缴的产量计算出工分，再按工分由队统一分配。简单地说是农户包产量，经营权、收益、分配权不在农民手中，仍由生产队统一安排生产，统一分配。而包干到户是农户承包集体的土地后，由队同农户签订承包合同，由农户按合同规定上缴国家征购任务，交足集体提留，剩下的都是自己的。农民有了承包土地的自主经营权，掌握了包干上缴后剩余产品的收益权，真正成了主人，农户成了自主的商品生产经营者。因此，包干到户更加受到农民的拥护。

1979 年 10 月，滁县地委在凤阳召开三级干部会议，会议期间组织参观了两个包产（干）到组搞得比较好的典型，王郁昭又领着各县县委书记和其他干部来到小岗村参观，地委常委与队干部进行了座谈，大家一致认为大包干到户的办法更能调动群众的积极性。根据大家的意见，王郁昭宣布“允许小岗干三年”，继续实验，要不断往上提高。在做会议总结时，王郁昭宣布包产到组可以三户一组，实际上等于包到户。地区三干会后，凤阳许多生产队学习小岗，包干到户在一些社队不推自广，有的一夜之间就把田划开了。包干到户的发展，使凤阳县委受到来自一些方面的压力，有人说是开倒车。在这种情况下，凤阳县有的领导同志到小岗询问干部，再并起来社员愿不愿意。在这个时候，王郁昭对小岗提供了支持，他说：“小岗的形式一定要稳住，不能变。”

1980 年 1 月，安徽省委召开农业会议，会议期间王郁昭把有关小岗生产队包干到户的一份调查报告送给万里，万里高兴地说像看小说一样连看了两遍。他在会上，总结了农业上 30 年的经验教训，强调政策的根本出发点，是要调动 8 亿农民的积极性。会后万里又到小岗生产队挨家看了一遍，表示地委能批准你们干 3 年，我批准你们干 5年。只要能多打粮，对国家多贡献，对集体能多提留，社员能改善生活，干一辈子也不算开倒车。“不管哪一级领导，再也不要给群众念紧箍咒了。”

围绕大包干到户的争论并没有因为万里在省委农业会议上的讲话而结束。1980 年 2 月，万里同志离开安徽后，省内政策气氛陡然一转，从这一年的 4 月初开始到 8 月份，安徽省委连续在蚌埠、芜湖、巢湖和合肥召开了四次会议对家庭承包，特别是包干到户发起了 4 次冲击。在蚌埠会议上，新省委领导给包产到户扣上了“经济主义”、“工团主义”和“机会主义”等帽子，说包产到户虽然能增产，但并不是我们的方向，县以上干部头脑要清醒，不能只顾眼前利益，犯机会主义及修正主义的错误。并称滁县地区来安县委书记是“单干书记”。随后，表扬了没有搞包产到户的县，是坚持马列主义的。在巢湖会议上新省委领导说，包产到户还可以，因为还坚持五统一，还有统一分配，而大包干到户则是“两包一脚蹬（踢）”，生产队一点把柄也没有了，这样农民就不听招呼了，就会失去控制。在省委召开的这些会议上，滁县等地区的责任制受到批判围攻。在这种艰难处境中，王郁昭坚持自己的意见，说明包产到户、包干到户在“包”的问题上，本质是一致的，都有一个上缴国家、集体提留、农民所得的分配问题，包干到户比包产到户更简单明确，是通过合同把责、权、利明确到户，不像包产到户最后全部产量还要统统都收到生产队，再由队里七扣八扣来个统一分配，且不说手续烦琐，实质上是对群众不放心，而群众则对干部也很不放心，怕干部多吃多占，甚至贪污挪用。并列举生产发展的事实，说明坚持原来管理方式的生产队不如包产到组，包产到组不如包产到户、包干到户。他说："我已经准备被撤职，但我问心无愧，对得起党，对得起广大人民群众。"

在两种政策主张尖锐对立的关头，王郁昭主持的滁县地区没有后退。就在这个时候，在一次省委常委扩大会议上，传来了邓小平5月31日关于农村政策问题的内部谈话。谈话旗帜鲜明地肯定肥西县的包产到户和凤阳县的大包干，指出："安徽肥西县绝大多数生产队搞了包产到户，增产幅度很大。凤阳花鼓中唱的那个凤阳县，绝大多数生产队搞了大包干，也是一年翻身，改变了面貌。有的同志担心，这样下去会影响集体经济，我看这种担心是不必要的。"[1]这个谈话在我国农业面临向何处去的关键时刻拨开迷雾，指明了方向。

大包干到户以其独特的优越性，受到农民和农村干部的格外欢迎，成为广大农民的自觉选择，迅速扩展开来。到1981年底，滁县地区实行大包干的生产队占99.5%。1982年安徽全省实行大包干的占78%。1983年全国实行大包干的占生产队总数的95%以上。

包产到户实际是包干到户的"落户"，可以说是在邓小平谈话的当年，即1980年的9月，中共中央发出关于农业生产责任制的通知，初步给包产到户落了"户口"。1982年中共中央文件明确包产到户是"社会主义集体经济的生产责任制"，是"社会主义农业经济的组成部分"，给它落了社会主义"户口"。1993年"家庭联产承包为主的责任制"写入宪法。

但围绕包干到户、家庭承包经营的争议仍然没有结束，较大的争论，一是出现在1989年政治风波之后，认为家庭经营不是社会主义、不是发展方向的思潮一度活跃。农民又开始被当作不肯走社会主义道路的对立面受到指责，要教育农民、纠正错误。在这种情况下，王郁昭在不同场合发表言论。1990年12月，在《半月谈》杂志发表《家庭承包经营具有广泛的适应性和旺盛的生命力》的文章，指出这个制度应该长期坚持不动摇。二是一些同志在农业现代化的问题上对农业家庭经营产生了异议，对此他发表了《家庭经营与农业现代化》的文章，同时组织开展对农

〔1〕邓小平:《关于农村政策问题》,见《邓小平文选》第2卷,第315页。

业社会化服务体系、专业合作组织、农产品流通体制、农村劳动力转移就业问题的调查，引导人们在家庭承包经营的基础上，拓展农业、农村、农民发展的路子。

三、发扬农业大包干务实、民本、创新的改革精神

今天来看，农业大包干的实践鲜明地告诉我们，群众是改革的主体，中国特色社会主义和现代化事业的前进与发展依赖群众生机勃勃的创造，而“为农业大包干报户口”同样是彪炳史册的贡献。从安徽开始的农业实行大包干家庭经营体制的实践，打开了我国改革的突破口。这一变革的意义，是废除了人民公社制度，建立起农民有权有利、当家做主新体制的基石，解放和发展了农业、农村生产力，带来农业的大发展，推动实现解决温饱问题的第一步发展目标，也为农业、农村的进一步发展奠定了基础；土地集体所有、农户自主经营，不仅两亿多农户成为自负盈亏、自我积累、自我发展的商品经济细胞，而且解放了农民，打开了农业富余劳动力转移大潮的闸门，发展乡镇企业和跨区域流动、进城就业接踵而来，这对城乡走向市场经济，实现社会主义制度的自我完善，起了基础性的作用。同时，这一变革极大地帮助人们树立起解放思想、实事求是，把群众作为经济社会的主人、改革发展的主体，领导与群众互动解决现代化发展中体制性问题的改革思维、改革机制。现在，我们在新的条件下面临着推进改革发展的艰巨任务，从过去的改革中吸取经验，发扬农业大包干的务实、民本、改革精神，仍然有着现实的意义。重温当年万里、王郁昭执行党的十一届三中全会路线，以群众为师又带领群众实行农业大包干的实践，很多东西是发人深省的。

（一）坚持以群众生存发展的利益为本，与实事求是、按自然和社会发展规律办事的统一

在农村改革中，万里和王郁昭的一个共同特点，是把占人口多数的农民群众的利益、愿望、积极性放在首位。认为农业的主体是农民，发展农业靠农民，最重要的生产力是人，农民没有积极性，农业就不可能搞好；发展农业农村经济首先是农民为了解决吃饭和脱贫问题，农民吃不饱饭，谁也休想吃饱饭。不单从农业看农业，而是从农民看农业、农村问题。早在 1978 年进行真理标准问题讨论和思想解放的洪流中，一些贫困地方的农民和基层干部就暗暗地搞起不同形式的联产责任制。开始，滁县地区以王郁昭为代表的一些地、县领导不可能对它有深入的理性认

识，主要是从农村实际情况和群众利益考虑的。认为农民多年被大呼隆、大锅饭和“左”的折腾搞苦了。我们党是为人民谋福利的，搞社会主义，总要让农民能吃饱饭。老办法不行，农民自己找到了解决问题的办法，有积极性，总不能把它当“私生子”看待，连个合法的“户口”都不给。我们再不能干违背群众意愿的蠢事了。正是站在向党负责和向人民负责一致性的立场上，正确对待了农民的创造。随着实践的发展、认识的深化，人们才逐步明确：这正是走中国特色社会主义农业发展道路的客观要求。对这种群众利益、愿望和社会发展客观规律的一致性也有了理性的认识。

王郁昭多次指出，农村的生产关系要适应生产力，“鞋合脚”才能走得快。劳动者是生产力的首要因素，一切阻碍生产力发展的经济形式所带来的弊端、恶果，总是最直接地落在群众的头上，违背群众的利益，所以广大群众的利益和普遍愿望，往往反映了生产力发展的客观要求，有经济规律在背后起作用。我们在改革中只要随时随地了解群众的呼声和愿望，坚持从群众利益出发，并深入探索其规律性，就会使改革措施顺乎人心，合乎客观规律。

（二）领导与群众互动，依靠群众实践和首创精神，打开认识和解决问题的新途径

农村经营方式和其他体制上的推陈出新，以及破除束缚经济发展的旧观念，形成新认识，从根本上说都是来自群众的实践。

在农村改革中，农民群众和基层干部对体制上的问题感受直接，也最讲现实主义。他们从当地情况和切身利益出发，以是否有利于发展生产、使自己富裕起来、国家强盛起来为标准，来判断优劣，决定取舍，探索解决问题的方法。党的任务就是在正确思想政治路线指引下，支持和帮助群众当家做主，冲破旧框框，焕发群众的无穷创造力。

王郁昭认为领导者的责任就在于坚持实践第一的观点，多做调查研究，重视群众的首创精神，运用马克思主义的基本原理对群众提出的问题、创造的新鲜经验进行具体分析，集中他们的智慧和创造，总结被实践证明是成功的经验，加以推广，研究解决新问题的政策、办法，再到群众的实践中检验、比较、选择，进一步完善和发展。滁县地区的领导者当时是这样想的，也是这样做的。在解决农村经济政策问题，支持群众创造多种形式的联产承包制、实行大包干和发展农村经济的过程中，滁县地委从 1977 年春到 1981 年底，结合改革进程先后组织 16 次带全局性的

大调查。[1]同时，各县根据自己的情况自主开展了调查。正是按照调查研究发现问题、发现和总结群众的创造，集中起来，使之系统化，再到群众中去检验、发展，然后又到基层调查研究，发现新问题、新经验的方式，使认识、办法更合乎实际，逐步推动改革向前发展。

（三）创造健康、民主的政治生活，主要依靠实践解决人们认识上的矛盾

滁县地区农村改革从基本生产单位建立联产承包制起步，一般是由包产到组、大包干到组，再到包产到户、包干到户，由贫困地区、中产地区再到较为富裕的地区，用了几年时间，经过一个逐步发展的过程，再由农业扩展到其他领域，由基层推动上面的改革。这样一场在变革的深度、广度上如此巨大的农村改革，进行得如此健康和井然有序，最根本的原因在于顺乎客观规律，坚持了实事求是、群众路线，掌握了积极慎重、循序渐进的指导原则。除此之外，一个重要的原因，是发扬人民民主，保护了群众和干部的积极性和创造性。这种民主，一方面表现在尊重群众创造和选择新的经营形式的自主权，不压制改革的种种尝试；一时看不准的，先观察一段，不急于下结论，打回去。这就避免了过去对“责任田”那样，还未在实践中充分展开，刚刚出土就压下去的错误，保护了干部群众勇于探索、不断创新的积极性和他们创造的新形式、新事物。另一方面，表现在废除了动辄给持不同意见的同志戴反对改革的帽子，“大批判开路”、以势压人的“左”的一套，也不是陷于坐而论道的争论。在农村改革中，没有因为对这场改革持有不同看法甚至反对而批斗人、处理人，而是在坚持群众利益、改革和发展大局的原则下，对认识较迟的同志，给以认识的时间，主要是让事实教育人，让大家在群众实践的大课堂里学习，把正确的东西变为自觉自愿的行动。这样，就避免了“一刀切”、“一阵风”、

〔1〕其中较为重要的是，1977 年春对人民公社经营管理和落实党在农村的经济政策的调查，1978 年 10 月对来安县烟陈公社魏郢生产队包产到组，天长县新街公社棉花包产到户和来安县广大公社对干部建立岗位责任制的调查，1979 年 3 月《人民日报》发表张浩来信后对包产到组、大包干到组，农民为什么怀念 1955 年，一些社队集体化以来曲折发展的过程、困难状况与原因等问题的调查，1979 年 8 月对完善联产责任制的调查（起草关于联系产量责任制几个问题的意见），1980 年 7 月对包产到户（包干到户）责任制新情况新问题的调查，1981 年 3 月对农业责任制中需要解决的一些具体问题的调查，1981 年 5 月配合国家农委、中国社科院联合调查组进行的“双包到户”情况与发展趋势的调查，1981 年 6 月对发展多种经营、科学种田和新的经济联合的调查，1981 年 8 月对社员经济收入的调查，1981 年 12 月对农民收入增长因素的调查等。

“一哄而起”，使改革搞得更加富有成效。因此，健康的、民主的政治生活和解决党内思想矛盾的新方法，对改革的进展起了重要作用。这种政治生活和新方法，归根结底是建立在对社会主义社会基本矛盾进行科学分析的基础上，建立在对广大干部群众充分信任，依靠他们的自觉来推动自身事业发展的基础上。

（四）解决群众的突出问题要与群众参与的制度创新结合，社会主义要群众有权、有责、有利

当年，从农业包产到组到实行大包干，既遇到原来的文件、法规不容许包产到户的问题，也贯穿着“要产量，还是要方向”，“要社会主义，还是要群众”的认识矛盾与分歧。推进联产承包责任制能增产，使群众增收、吃饱饭，但一些人反对，认为搞联产承包是只要产量，不要方向，犯了方向性错误。坚持改革的人认为，让群众吃饱饭是起码的要求，社会主义不应该与生产发展，与群众利益、权力相对立。万里结合农业责任制，强调社会主义就是要群众有权、有责、有利。杜润生在2005年出版《杜润生自述：中国农村体制变革重大决策纪实》中，谈到1979年农口一位老干部到安徽调查，他先找王郁昭，后为包产到户与万里争论[1]。对话是，“某：包产到户不同于田间管理责任制，没有统一经营，不符合社会主义所有制性质，不宜普遍推广。万：包产到户，是群众要求，群众不过是为了吃饱肚子，有什么不符合社会主义，为什么不可行？某：它离开了社会主义方向，不是走共同富裕道路。万：社会主义和人民群众你要什么？某：我要社会主义！万：我要群众！”杜老说，真理是在万里一边，社会主义目标是为了人的全面发展，失去群众支持的社会主义，不是真正的社会主义。

实行农业大包干，是从解决当时农业发展困难、农民生活贫困、首先要征服饥饿而提出来的，是从基层解决旧体制的矛盾展开的，既要解决农业经济组织形式如何适应农业特点、搞好人与自然的结合关系，又要着重解决经济中人与人的利益、权力关系。从双包到组，到双包到户，农民群众参与了的变革、创造，才逐步从制度上解决问题。在一定意义上，群众参与改革是对自身权利的争取。正是由于群众的参与，才在新制度中体现了他们自身的权力、利益。

包工到组—包产（包干）到组—包产到户—包干到户的变革，首先是从解决生产队的分配关系开始的。先搞包工到组或到人，包工仍解决不了多劳多得问题，就

[1]《杜润生自述：中国农村体制变革重大决策纪实》，北京，人民出版社，2005年8月。

联系产量计酬。联系产量涉及定地块、定投入，就深入到财产权利。其次，农业基础性的生产单位、作业的劳动计酬和经济核算单位，从生产队到作业组，再到户，到户才能适应农业的需要，有利于分清各自劳动的好坏，实现劳有所得。第三，从包产到户转为包干到户，又是一个质的变化，形成比较充分、彻底的确定农民经营、收益和财产权利的制度。比较起来，包产到户仍是生产队内部的生产组织形式。包产到户是农民向生产队承包土地，签订合同，每亩包产多少斤，年底他包产的粮食归生产队，按合同规定可以得到多少工分，超产分成、减产赔偿或扣工分。然后，生产队再统一分配，扣除交国家的、集体提留的，再按种种规定和各自工分分配。总体上看，经营、分配、积累的主体，仍然是生产队。包干到户则不同，它使农户家庭成为相对独立的经营体。包干到户是农民承包了土地以后，种什么，怎么种，自己做主。对农民最满意、最有意义的是，农户生产经营的成果，只需要包干上缴国家的农业税，集体的提留，剩下所有产品都是自己的。因此农民有了土地经营权、收益权，家庭成为经营主体，积累、投资的主体。只要农民多投入，多付出，总产增加以后，剩下的一块数量会越来越大。这就使农业发展有了来自农民积极性的永不衰竭的内在动力。而且农民从剩下都是自己的这一块，通过交易就变成货币，货币再变成资本，也就通过自己的劳动积累出自己的财富，获得了最初的个人财产，以农户为主体，引起农村所有制的变革，多种经济成分的出现，乡镇企业的发展。由此可见，从包产到户到包干到户的转变，是农业、农村经济体制变革的一个关键。农业大包干既从制度上增进、维护了农民的权利，又保留了土地集体所有、人人有份、避免农民破产，以及兼顾国家、集体和个人三者利益的因素，从而走上中国特色社会主义农业发展的道路。

（五）改革关系兴亡，成功的改革只是前进的基础，要根据新的情况和群众要求，不断解放思想，推进改革

“一言可以兴邦，一言可以丧邦。”大包干家庭承包经营制度对我国农业、农村甚至整个国家，称得上是兴邦之举。安徽搞包产到户，曾被人指责为搞资本主义复辟倒退，把毛主席搞了几十年的东西给搞掉了。1979 年春，万里说，搞了个包产到户，好像犯了弥天大罪，我看不会亡党亡国。凤阳县的干部私下说，搞包产到组三年翻身，搞包产到户一年翻身，搞“大呼隆”永世不得翻身。改革的成功来之不易，走在最前面的地方改革者，为农民利益，为改革，承担了责任和风险。但改起来，跳出传统体制的框子，依靠了群众，又化险为夷，化难为易。农业大包干的改

革，奠定了市场化农业经营体制的基础，但它不可能一下子解决所有问题。大包干家庭经营引发出一系列的问题和改革，如农产品流通体制，千家万户如何组织起来进入市场，农户与集体和国家的关系，农村金融问题，自主经营与市场条件下的乡村治理问题，农村劳动力转移与城乡关系问题，等等。有的问题解决了，如小岗村农民 1993 年就针对政府上缴、村集体提留越来越多的趋势，提出大包干“包而不干”的问题。他们问：“交够国家的，多少算够？留足集体的，多少算足？”这作为农村第二步改革的一个核心问题，直到近年取消农业税和乡统筹、村提留才得到解决。许多问题还没有解决，或只解决了一半，需要继续推进改革和制度创新。生产力的发展和它提出的对生产关系、上层建筑方面的要求，是一个既呈阶段性又具有连续性的无限发展过程。广大群众在向生产的深度和广度进军，在改善物质文化生活，实现人的发展中，总是为改革开拓着新的领域，创造着层出不穷的新事物、新经验。要适应发展和群众的要求，把改革推向前进，就必须不断了解新情况，总结群众的新经验，解决新问题，使思想、制度、法律跟上形势和时代的需要。

解决干部干好干坏都一样的问题*

——来安县广大公社对干部实行奖惩制度的调查

来安县广大公社1978年在遭遇特大旱灾的情况下，仍然夺得了农业大丰收。粮食总产可达550多万公斤，比上年增长12%，超额12%完成了国家征购任务；油料作物总产比上年增长17%，超额23%完成向国家的油脂交售任务；副业生产也有了新的发展。这个公社所以能取得这样好的成绩，其中一个重要原因，就是公社党委在深入揭批“四人帮”的斗争中，紧密联系实际，敢于冲破“禁区”，认真落实党的农村经济政策，在大力表彰奖励社员劳动积极分子的同时，对干部实行了奖惩制度，解决了社队干部干与不干一个样、干多干少一个样、干好干坏一个样的问题，从而进一步调动了干部和群众两个方面的社会主义积极性，千方百计地为实现产量指标而努力。

一、干部奖惩制度的产生经过

广大公社地处皖东圩区，是一圩一社的公社，自然条件较好。长期以来，由于

*安徽省滁县地区解决农村干部干好干坏都一样，建立干部奖惩责任制，与解决生产队内干好干坏都一样，建立农业联系产量的承包责任制，几乎是同时产生、共同发展起来的。1978年9月初，滁县地委召开四级干部会议，来安、天长县一些公社书记把他们称之为“秘密武器”的三个典型介绍了出来：一是来安县烟陈公社杨渡大队魏郢生产队包产到组。二是天长县新街公社把棉花包产到户。三是来安县广大公社以全年粮、油、棉和猪、禽、蛋等生产指标，对基层干部建立岗位责任制，年终时按实绩进行奖罚。这三个地方都实现了大旱之年生产全面增产。当时这些办法尚属“禁区”，只能暗中实行。会后，地委书记王郁昭带领张广友、陆子修和我看了三个典型后，地委派宣传部邹宝龙同志和我去来安县广大公社，我们写了这篇调查报告。10月20日滁县地委以96号文件将三个调查报告批转全区，要求各县先在一个大队或一个公社进行试点，待取得经验后再逐步推广。本文1978年12月6日由《安徽日报》发表。

林彪、“四人帮”的干扰和破坏，干部不敢抓生产，社员多劳不多得，人们的社会主义积极性受到严重挫伤，农业生产一直发展不快。

“四人帮”及其在安徽的代理人垮台以后，广大公社党委认真贯彻省委“六条规定”，从抓年终分配入手，全面落实党的农村经济政策。1977冬以来，他们采取一系列措施，贯彻按劳分配、多劳多得的原则，狠抓超支还款，分配兑现，推行“一组四定”，制定《一年早知道》，实行“三基本”，废除了“土政策”，容许社员经营少量的自留地和正当的家庭副业，对在生产劳动中表现积极的社员，大力表扬，并给以物质奖励，从多方面来调动广大社员的生产积极性。1978年春节前，他们召开了社员大会，公社拿出1100元，买了大锹、毛巾、草帽等物品，分别奖给316名劳动积极分子。开春以后，又召开了政策兑现大会，对全社在养牛积肥、泡种等生产劳动上有优异成绩的9名社员，按照政策规定，当场给以现金和物质奖励。这两次会议以及在落实政策上采取的一系列措施，在全公社引起了很大的震动。社员们反映说：“这下公社是真干了”，“这样干还有个奔头”，“再不好好干就坑自己了。”

群众的积极性起来了，如何才能保持下去呢?公社党委在实践中感到来自群众的动力，主要靠按劳分配，靠落实党的政策，而党的政策要靠干部去执行，因而，只有把干部的积极性调动起来，充分发挥干部的积极作用，才能落实好党的政策，组织和引导社员大干社会主义，使群众的积极性得以持久。那么，又如何调动干部的积极性呢？这个公社党委从实际出发，详细分析了全社大队、生产队两级干部的状况，认为由于林彪、“四人帮”流毒的影响，过去在对待干部问题上，没有做到赏罚分明，干与不干一个样，干多干少一个样，干好干坏一个样。所以，这个公社每到秋后总有不少干部“撂挑子”，公社就忙于扶班子，工作十分被动。事实证明，干部中好的和比较好的是大多数，表现不好的是极少数。很多干部一年忙到头，带领社员劳动，上工走在前，下工走在后，队里的生产，群众的生活，都要操心，自留地、家庭副业没时间搞，老婆还要埋怨，对这样的干部应该予以鼓励；对社员积极分子能够发奖，对完成任务好的干部也应当发奖。相反，对少数工作不负责任，造成损失的干部，也应当给予惩罚，做到赏罚分明。而在赏罚干部的标准问题上，也要肃清“四人帮”的流毒，拨乱反正，把干部所负责单位完成生产任务的好坏，作为奖惩的主要标准；而奖惩不光是采取精神形式，发发奖状，或批评几句，还要采取物质的形式，发给奖金，或罚以工分，把干部的工作责任与切身的物质利益结合起来，以调动干部的社会主义积极性，加速农业生产的发展。基于这种认识，广大公社党委在经过反复认真讨论的基础上，于1978年春天制定了一项干部奖惩制度，在大队、生产队干部中贯彻实施。

二、实行干部奖惩制度的具体做法

广大公社干部奖惩制度的主要内容和具体做法是这样的：

这个制度明确规定了生产大队和生产队干部的职责，要求以努力实现新时期的总任务的精神，积极完成本身的工作任务，做到三大革命一起抓，执行政策，改变作风，增加生产，改善群众生活，向国家多做贡献。并规定，对安排好国家、集体和个人三者利益，完成任务好的队，给予奖励，奖励基金从社办企业利润中拿出3000元，占年利润总额的6%左右。对完成全年粮食生产指标，或完成全年粮食征超购任务，或人均贡献达到200公斤以上的大队和生产队，发给大队干部奖金20元，生产队干部奖金10元；对完成全年油脂、生猪、家禽、鲜蛋交售任务和多种经营搞得好的队，每项分别奖励大队干部10元，生产队干部5元。有特殊贡献者给以额外奖励。对于完不成任务的大队和生产队，要分析原因，一般给予批评教育，帮助总结经验，接受教训，对少数因工作失职而造成严重损失者，还要适当扣罚工分和物质赔偿。规定还要求大队和生产队领导班子要对照奖惩条件，季度评比，年终总评，落实到人，报公社审批，在秋后的公社劳模会上，当场一次发奖。

公社党委在制定和实施这个制度的过程中，注意做到以下几点：①实事求是地确定每个大队和生产队的生产指标和交售任务。不搞高指标，高征购，做到留有余地，有产可超，使干部群众提高完成任务的信心。②根据当前生产和群众生活水平，确定奖金数额的大小。首先参照公社奖励社员劳动积极分子的物质折款一般都在10元上下这个标准，定出干部奖金幅度。过高了，不利于干群团结，过低了，起不到应有的作用。其次，考虑社办企业利润情况。既要使干部奖励与社员奖励的水平基本一致，又要使社办企业在不影响扩大再生产的条件下，能够负担起这笔奖励基金。③从有利于调动大多数干部积极性出发，贯彻多赏少罚的精神。公社采取多种奖的办法，完成其中一项就可得一项奖金，这样就扩大了奖励范围。至于对少数因工作不负责任而造成生产大幅度下降者，则给以必要的经济制裁。④走群众路线，使奖惩制度的实行建立在牢固的群众基础上。公社在提出这项奖惩制度前，广泛征求了群众的意见，在得到群众普遍拥护的情况下，拟出草案，下发到生产队，进行充分讨论，在此基础上，经过修订，作为公社正式文件下达，认真执行。在干部年终总评和公社审批中，充分听取群众意见，做到奖惩得当，使干部群众都满意。

三、实行干部奖惩制度所带来的变化

广大公社实行了干部奖惩制度，对于干部和群众的思想影响是深刻的，对于调动干部的积极性，推动生产发展的效果是明显的，主要表现在：

（一）干部的责任心加强了

由于奖惩制度是和干部的工作状况联系在一起的，干部尽责尽力，完成任务，就能得奖，工作失职，造成损失，就要受罚，因而促使干部认真负责地去完成自己所担当的任务。过去，这个公社有一种现象，有些大队的工作都推给支部书记一个人，不少生产队的工作也都落在队长一人身上，其他干部没有发挥应有的作用。今年，这种“一人挑担众人看”的状况，已经变成了“一人领头大家忙”的热腾景象。全社的大队、生产队干部都根据干部奖惩制度的要求，重新讨论了工作范围，明确了各人的职责，订立了具体的评奖条件，这样，使大家在完成生产任务的共同目标下，努力做好本职工作。陡门大队陡东生产队过去几个队委都不伸头，看着队长一个在那里跳，后来形成这个生产队 10 个党团员谁都不愿当队长，群众干着急，生产抓不上去。今年，这个队根据奖惩制度，队长和队委都做了明确分工，各有各的责，拧成一股绳，群众很高兴，生产面貌有了很大的改变，奖惩制度规定的 6 项指标，完成了 5 项。这个大队的西联生产队队长樊子立，以往只管瞧水，扛个大锹在井头转，把全队的事交给副队长，自己图个轻快。今年，他把大锹交给了副队长，自己操心全队的事，带领社员一起劳动，抗旱夺粮，全年粮食总产预计可超额 15%完成生产指标。

（二）干部的作风改变了

奖惩制度规定，完成生产任务的好坏，是衡量干部成绩大小的主要标志，而生产任务的完成，要依靠群众，调动群众的积极性。今年，全社干部为了充分调动群众积极性，十分注意落实政策，转变作风。全公社的吃喝风已经刹住，大队和生产队干部分片包干，或分组负责，注重实干，带头劳动，受到群众欢迎。广大大队民主生产队以往开一次队委会，就要吃一次小伙，每项农活告一段落，也要吃一次平伙，去年一年光鹅鸭就吃掉 208 只，社员愤愤地说，这样吃下去，人的积极性吃光了，生产队吃穷了。今年，奖惩制度一明确，干部不再搞吃吃喝喝了，一心扑到生产上，各项生产指标完成得很好，工分值比去年提高，社员收入增加，干劲越来越大。徐渡大队副书记杜子勤往常工作不负责，东跑跑西溜溜，工分补贴照拿。今年，他除了参加大队干部轮流值班外，还蹲在红旗生产队，参加劳动，指挥生产，帮助这个队超额完成了粮食生产指标，其他各项生产指标也完成得很好，自己还做了近200个劳动日。

（三）干部想方设法增加生产的多了

以往干部对指标、任务的观念很薄弱。“脚踩西瓜皮，滑到哪里是哪里”，心中没有数，干到多少是多少。实行干部奖惩制度后，生产指标、交售任务在干部头脑里盘旋。整天考虑怎样去达到它，完成它，想方设法认真安排茬口，制定增产措施，挖掘生产潜力，广开生产门路，改善经营管理，战胜自然灾害，努力争取生产指标的实现。河口大队三王生产队过去放着5亩水面不去利用，却把劳力和资金投到烧窑上，一年要烧掉十几万斤草。群众对此意见很大。今年，多种经营搞得好坏被作为干部奖惩的一个方面，这就促使他们改变过去的做法，停止烧窑，在空塘里都放上了藕，仅这项收入可达1500元，超过了原来烧窑的收入，同时，在窑场场地上收了150公斤油菜子，500多公斤花生，还种了5亩蔺草。像三王生产队空着水面不利用的现象，过去在全公社还有不少，今年队队都放了藕，这笔收入总计可达10万元。

（四）干部之间、干群之间的团结增强了

开始，有人怕实行干部奖惩制度，会因为干部得奖，群众有意见，造成不团结，实践证明，干部奖惩制度本身，不但不会影响干部与干部、干部与群众之间的团结，相反，能够起到促进这种团结的作用。奖惩制度的实行，促使干部团结一致，努力完成共同的生产任务。同时，干部的奖惩和社员的收入多少，都在生产好坏问题上得到了统一，在此基础上促进了干群的团结。正如社员们所说的，“干部得奖，群众得利”。

（五）干部之间比先进、争上游的风气盛了

干部奖惩制度的本身，就具有鼓励先进、鞭策后进的作用，在这项制度的推动下，全社形成了一个扎实的你追我赶的竞赛热潮，一扫过去干部中存在的干差了脸不红，干好了也无所谓的消沉思想。就拿鲜蛋交售这一项任务来说，这个公社过去从未完成过。今年，队队有指标，户户有任务，大家都想突破指标，而且干部带头，争取得奖。河口大队党支部书记谈家兴任务是25.5公斤，完成30公斤。副书记张继山任务21公斤，完成42.5公斤。全大队任务3450公斤，完成5850公斤。早在5月底，全公社就已超额80%完成全年的鲜蛋交售任务。

四、应注意的几个问题

广大公社实行干部奖惩制度还是第一年，经验还不足，有待于在今后贯彻实施中不断改进和完善。公社党委认为，在实行中，除了前面所讲到的办法和原则需要注意掌握外，还必须注意以下问题：

（一）要加强思想政治工作

这项制度是调动干部积极性，促进生产发展的一个重要因素，但不是唯一的因素；它有利于干部思想觉悟的提高，但不能代替思想政治工作。决不能把干部奖惩制度绝对化起来，不要以为有了奖惩制度，就可以忽视干部的学习、表扬批评、组织升降、领导班子整顿等各项工作，而要把奖惩制度的实行与各项思想政治工作有机结合起来。

（二）要掌握好干部的评比工作

由于公社发给大队和生产队干部的奖金是集体的，大队和生产队还要在干部中进行评比，确定每人所得奖金的多少，这是一项细致的工作。因此，在干部评奖过程中，必须加强领导，生产队干部的评比要由大队掌握，大队干部的评比要由公社掌握，最后由公社党委统一审批。

（三）要确定好干部奖金数额的大小

从今年的实践来看，公社所规定的奖金额，是比较恰当的，但是，随着生产的发展，可以适当提高一些，或者在午季增加一次评奖。社员的奖励也可以适当地提高数额或增加次数。这里的原则，仍然是要使干部奖励与社员奖励的水平相当，防止悬殊，成为干部特殊化的一种变相形式。

（1978年10月）

附：中共滁县地委关于印发三份调查报告的通知

各县委:

在贯彻省委《六条规定》,落实党的农村经济政策的过程中,能不能坚定地实行按劳分配的原则,克服平均主义倾向,是直接关系到把广大社员的社会主义积极性充分调动起来,加速农业发展速度的一个关键问题。这已经被大量事实所证明。我区有些地方在贯彻按劳分配原则时,采取了一些新的做法,收到很好的效果。来安县烟陈公社魏郢生产队实行"分组作业、定产到组、以产计工、统一分配"的办法,促进粮食、油料大幅度增产;天长县新街公社建立棉花生产责任制,实行定额管理、超产奖励的办法,实现皮棉产量超历史;来安县广大公社党委在对社员群众评模发奖的同时,对大队、生产队干部实行颁发奖金的办法,解决农村干部干与不干、干多干少、干好干坏一个样的问题,有效地调动了干部群众的积极性,在大旱之年,夺得粮食增产。这些地方的同志善于从本地实际出发,针对存在问题,提出解决办法,敢于实践,大胆尝试,这样做很好。最近,地委组织力量到这些地方作了调查,现将调查报告印发你们一阅。

地委认为,这些地方的做法,都是属于把社员的劳动计酬(工分)同产量密切结合起来,建立联系产量的生产责任制。这是实行定额管理,具体贯彻物质利益原则和按劳分配原则的一种形式。农业劳动作业的质量好坏,最终必然表现在生产的成果上。这种形式,能够使社员群众从切身经济利益出发,来关心自已的劳动成果,关心每一项农活的数量和质量,充分地调动了他们参加集体生产劳动的积极性,劳动效率大大提高。有些同志对实行联系产量的生产责任制心有余悸,担心会走偏方向,重犯"三自一包"的错误。对于这个问题,我们应作具体分析,把林彪、"四人帮"搞乱了的思想理论和政策是非界限加以澄清。马克思主义政治经济学衡量一种生产方式是什么性质,主要是看它的生产资料归谁占有;由生产资料所决定的分配形式;以及在生产过程中人与人的关系。根据这个基本理论来分析,我们认为,实行联系产量的生产责任制,无论是以产计工,或者是责任到人,都不能说是单干或变相单干。因为:第一,土地、耕畜、农具等主要生产资料都还是生产队集体所有,统一使用。第二,生产计划由生产队统一安排,产品由生产队统一分配,不形成"四级所有,四级分配"。第三,人与人之间的关系是在生产队统一组织领导下,分工负责制,没有取消集体劳动,更不存在剥削与被剥削的关系。在社会主义制度下,人们从事的每项生产活动都是为了提高劳动生产率,是为了创造更多的物质财富。人多力量大是集体经济的优越性,这是就社会主义集体经济的整体来讲的。至于具体的劳动组织形式,如果不根据生产力的水平和农活的具体要求,因地制宜,合理地组织使用劳力,搞"大呼隆"、"一窝蜂",集体经济的优越性就发挥不出来,甚至造成极大浪费,其结果必然是破坏生产,破坏集体经济。因此,那种把分开干活看成单干,是从表面形式上看问题,是不对的。第四,奖惩制度由社员民主讨论制定,超产部分适当提成;奖励工分、现金或实物,符合多劳多得、多贡献多奖励的原则。由此可见,实行联系产量的生产责任制,无论从所有制形式到分配手段,都是属于社会主义的性质。我们应该"思想更解放一点,胆子更大一点,办法更多一点,步子更大一点"。

目前,我们在社会主义农业的经营管理上,经验还是不完备的。只要不损害社会主义集体所有制,应该允许试验。只要能体现"按劳分配"这个原则,按劳动数量和质量付予报酬,形式可以多种多样。我们应该尊重基本核算单位在生产、分配、交换等方面的自主权,从实际出发,因地制宜,不要强求一律、不搞一刀切。地委的意见,一些生产力水平较高的社、队,主要农活已经机械化了;有的社、队经济条件好,社员思想觉悟高,群众又没有要求;有的大队已经由生产队核算过渡到大队核算,集体经济得到巩固和发展。这些地方没有必要改变原来的做法。魏郢生产队实行分组作业、以产计工的办法,实际是以生产队为基本核算单位,对作业组实行"三包一奖",由于刚开始搞,还不完善,需要在实践中不断总结经验。这个办法,适宜在生产力水平很低,集体经济很差的后进社、队推行,因它涉及管理体制的改变,各县委要持慎重态度,今冬可先在一个大队或一个公社进行试点,由县直接掌握,以便积累经验,然后视情况再作研究。绝对不要一哄而起,盲目推行,不允许改变农民集体所有制的性质,土地、耕牛、大农具仍归生产队所有,作业组只有使用权,每年年终生产队有权对作业组进行合理调整,生产计划由队统一安排,产品由队统一分配。最近个别地方出现随意划队的苗头,似乎生产队越小越好,应该引起注意,加以教育制止。如确有利发展生产,群众又有强烈要求,需要划队的,也要经县革委会批准;需要划大队的,要经地区革委会批准。新街公社棉花生产实行定额管理、超产奖励的办法,收到良好的效果。在生产队统一领导、统一计划、统一分配的前提下,今后对经济作物和其他作物的田间管理,只要群众有这个要求,可以有领导、有步骤地试行。实行这一办法,也有一定的弊病。各级党委应加强领导,注意研究解决。广大公社对干部实行奖惩制度,不少地方也这样办了,已是大势所趋,人心所向。希望各地结合今年年终分配,整党整风和班子的整顿,对社、队干部的工作,进行一次评比,对工作积极,成绩显著,为广大群众所拥护爱戴的好干部，特别是在大旱之年，领导广大群众战胜干旱，成绩卓越者应给予精神和物质的奖励，对个别因工作失职，造成严重损失或严重违法乱纪的要给予必要的处理。同时，参照广大公社的经验，将这项制度普遍建立和健全起来，贯彻物质利益的原则，解决农村干部干与不干、干多干少、干好干坏一个样的问题，调动广大干部的社会主义积极性。资金的来源，广大公社是从社队企业的利润中提取的，也可以从大队、生产队超产部分中提取金额10%~20%，作为对干部和社员的奖励，以鼓励先进，鞭策后进，使大家更加关心集体生产，尽快把生产搞上去。各县委在进行试点时，最好把魏郢生产队、新街公社、广大公社的三种办法结合起来，一并试行。这样，可能更加完整，有利于调动各方面的积极性，促进生产的发展。试点工作的进展情况，望各县委注意总结，经常地向地委报告，以便掌握情况，交流经验，发现和解决存在问题，稳妥地抓好这项工作。

中共滁县地委

1978年10月20日

运用经济办法管理农村经济*

——嘉山县横山公社经营管理的调查

1978年秋种以来，嘉山县横山公社从实际出发，尊重生产队自主权，对经营管理进行了改革。改变过去那种靠“长官意志”，单纯用行政手段的做法，在大多数生产队实行了定产到组、以产计工、联系产量、计算报酬和制定干部奖惩制度、建立合同制等一整套经济管理办法。把搞好集体经济同社员物质利益紧密结合起来，落实党的农村经济政策，调动群众的劳动积极性，取得了显著效果，提供了初步经验。

横山公社地处定远、凤阳、嘉山三县交界的丘陵山区。共有12个大队，120个生产队，1.55万人，3.19万亩耕地。过去，由于极左路线的干扰破坏，经营管理混乱，干好干坏一个样，社员多劳不多得，群众说，干集体的活混工分，使不出劲来，干家庭副业是“资本主义”，不叫使劲，把我们捆死了。以致集体经济的优越性被窒息，生产发展缓慢，不少干部冷了心，社员散了心。1957年，这个公社范围内的良山高级社仅包括现在的4个大队和另外4个生产队，一年卖给国家115万公斤粮食，20年后的1977年，这个公社粮食产量创历史最高水平，但全社卖给国家的粮食只有121.5万公斤，仍有27个生产队低于合作化时期的生产水平。劳动力多了，机械增加了，田种荒了，产量少了，社员生活水平下降了，极左路线使干部群众深受其害，深怀不满。

为了解决农业经营管理问题，近年横山公社总结推广坝西大队“一组四定”的定额管理办法，在一些生产队收到效果，但在多数生产队推广不开，直到今年9月，这种局面才起了变化。9月下旬，公社党委召开了有公社、大队、生产队干

---

*该调查报告与陆子修、刘昭明、崇之杰共同完成，1979年1月由滁县地委以9号文件转发。1979年3月作补充调查，上报安徽省委。收入《历史的印记》，合肥，安徽人民出版社，1998。

部、合作化时期办社代表570多人参加的三级干部会，认真学习中央和省委关于发展农业问题的一系列指示，发动干部群众批判极左路线，回顾高级社时在劳动管理上实行“三包一奖”的管理经验，吸取近几年兴修水利中分包任务、使用奖惩经济手段，提高了工效的经验，以及赵集大队下南生产队上年建立联系产量的责任制，抗灾斗争取得显著成效的经验，决定试行定产到组、以产计工、超产奖励的劳动管理办法。这一办法深受群众拥护，越搞越多，捂也捂不住。全社120个生产队，实行这一办法的就有104个生产队，占87%。

1978年这里全年只降雨170多毫米，遭遇到特大干旱的袭击，粮食总产量400万公斤，比去年729.5万公斤减产4成以上，人均生产由去年475公斤下降到257.5公斤。由于运用经济办法管理人民公社经济工作，把农民的社会主义积极性充分调动起来，在这样大灾之年，却出现了干群团结向上，生产热气腾腾的局面。全社播种大、小麦2.48万亩，比去年扩大1万多亩；栽种油菜975亩，超过去年1倍以上。播种质量之高，长势之好，胜过以往任何一年。截至12月上旬，全社积肥39万多担，比去年同期多21万多担；冬闲田6500多亩，全部耕耖两交以上，有些田块已翻耕三、四交；小型水利开工16处，完成土石方18万多方。社员们正在紧张地忙于开山修渠，挖塘修库，开垦荒地，给小麦、油菜追肥，或把一车车塘泥、土杂肥运到田头，一派春天气息。

横山公社对人民公社经营管理所实行的一整套经济办法，主要包括劳动管理、口粮分配、干部社员奖惩、工副业生产定额管理、离队人员报酬和实行合同制等几个方面。

一、劳动管理

他们的出发点是，在坚持三级所有、队为基础的前提下，生产队可以采取不同的管理形式，以便加强生产责任制，贯彻按劳分配原则，促进生产发展。目前，全公社的劳动管理形式有3种：一种是坝西大队9个生产队实行的“一组四定”办法；第二种是有7个生产队实行底分活评、小段包工等灵活多样的办法；第三种是有11个大队的104个生产队实行定产到组、以产计工、把生产责任与产量联系起来，把劳动报酬与劳动效果、个人物质利益与集体生产更紧密地结合在一起。

他们把定产到组、以产计工的劳动管理办法，归纳为“一组、三统、四定、合理奖赔”。

“一组”：生产队根据规模大小，劳力、土地多少和生产需要，划分若干个作业小组，每个作业组一般有20个左右的劳力。作业组是生产管理单位，主要权限有：根据生产队下达的种植计划，有因地制宜安排作物茬口权；对本作业组劳力有组织支配权；对固定到组的耕畜、农具有使用保养职责；对组内农活实行检查验收，搞好组内定额管理，评工记分，合理奖赔。

“三统”：在一切生产资料归生产队集体所有的基础上，生产队对各作业组统一领导，生产计划由队统一安排，产品由队统一分配。生产队对固定到各组使用的生产资料、劳力有统一调整、调配权；对作业组生产有检查、督促、指导权；对全队所有产品（包括现金）有统一保管、分配权；对作业组长在群众选举的基础上有上报任免权。集体工、副业由生产队统一经营。

“四定”：生产队对作业组采取“四定”办法。

一是定生产资料。把土地、耕牛、犁耙等农具合理搭配，固定到组使用，做到基本平衡，不能悬殊。

二是定产量。根据各组生产资料和劳力条件以及国家全年下达的计划任务来确定产量，一般按历年最高产量递增10%左右下达，应掌握在正常年景下逐年增产，使作业组有产可超。

三是定工分。实行把产量变成产值，以产值计算工分，按工分分配。粮食作物，根据粗、细粮折合，每公斤粮食折合产值2角计算，每角钱记一分工参加队里分配。经济、油料作物根据本公社情况，也把产量变成产值，一角五分钱记一分工，参加队里现金分配。生产队年终分配决算时，实行两次算账：第一次算粮食的产量、产值、工分账，棉花完不成任务的扣回去小组口粮，少1公斤子棉扣回4.5公斤半粮食；第二次算经济作物、工副业账，进行决算，做到多收粮多吃粮，多得钱多分钱，以发挥价值规律的作用。

四是定成本。耕牛、犁耙折价交组使用。耕牛年年折价，如发生非正常死亡的，队负担50%，组负担40%，个人负担10%。种子按实际下达计划付给各组。小农具、化肥、农药等费用按产量付5%左右大包干使用，节约归组，超过者小组负担。

“合理奖赔”：对超额完成生产队所定产量指标的，奖超额部分的70%给组分配，队里不记工分，上缴30%给队积累，由队记工分。对在正常年景下完不成定产任务的部分全赔，赔出部分由队记分。特殊情况由生产队民主讨论奖赔办法。组内赔产以评定的各个劳力应做底分来计算，奖励以实做工分计算，做到少劳不少赔，多劳多得奖。

二、口粮实行按劳分配加照顾办法

鉴于全社农业生产水平低，工分值低，社员分配主要是分口粮的实际情况，在口粮分配上贯彻执行了按劳分配的原则，做到多劳多吃，以便调动劳动者的积极性。促进计划生育，公社党委初步意见是，在口粮分配上按劳动工分分配加照顾的办法，即：由过去的“三七开”改为“四六开”，口粮四成以劳动工分分配六成做基本口粮，照顾劳力少的户在基本口粮部分，又实行分等定量的办法，1~3岁吃基本口粮的五成，4~8岁吃基本口粮的六成，9岁以上的吃全部基本口粮。对“五保户”，烈、军属、困难户等，为了保证他们的基本生活需要，由本人申请，生产队社员大会讨论通过，再给予必要照顾，以体现社会主义制度的优越性。

三、干部、社员物质奖惩制度

横山公社干部、群众认为，奖励是按劳分配的一种形式，惩罚是必要的经济制裁。只有建立物质奖惩制度，才能使社员、特别是干部对集体生产的好坏负起经济责任，做到好坏分明，鼓励先进，鞭策后进。

一种是增产奖励，减产惩罚。公社对大队书记、大队长的奖惩，以本大队历史上粮食最高产量为起点，凡是超过历史最高产量1%的每人全年发奖金3.65元（即每天一分钱），以此类推，累计计算；正常年景完不成的，以相反方向累计赔现金。大队对本大队副职干部，根据本职工作好坏和所蹲点包片的生产队生产情况，也按上述办法实行奖惩。生产队长工作好坏用全队农副业生产增减来衡量，奖惩办法同上，以防队长偏顾所在作业组。大队、生产队干部的资金，从社队企业中开支。作业组超产，按规定得奖，也可从超产部分提取适当数量奖励先进生产者（包括在本组劳动的生产队副职干部）。大队、生产队、作业组的奖惩，由上一级组织审定后，再分别落实。对繁殖幼畜，每头小牛一年奖30元给组，组与饲养员各分一半，队还给饲养员另记工分。3年交队，调整充实到缺牛的小组。另外，还有一些单项生产奖。例如，为了促进明年午季丰收，对人均生产小麦150公斤以上的大队，公社对大队干部分别奖励现金（大队支部书记10元、大队长7元、委员5元）；对人均生产小麦200公斤以上的生产队，奖给生产队长10元。对今冬明春水利建设搞得好的大队，评选出前6名，分别奖给柴油机、水泵、水泥等，所需经费，从社办企业中开支。

一种是节约奖励，浪费惩罚。生产队对固定到组使用的耕牛、犁耙，合理折价，评定使用年限，超过使用年限的奖励，达不到使用年限的惩罚。

四、对集体工、副业和各项生产，普遍实行定额管理，超产奖励，处理好离队人员与生产队的经济关系

公社、大队对拖拉机等农业机械，实行单机核算，以工时定产值。对社队工业，实行定任务、定质量、定消耗、超产奖励；对社、队茶林场等副业，实行定人员、定面积、定产量、定成本、定工分和超产奖励；对集体养猪场，实行定饲料、定产值，超额奖励，完不成赔偿。农田基本建设一律实行任务到组，定额计工。

离队人员中搞工副业生产有较高收入的，交生产队一角五分钱记一分工，参加队里分配。对上级批准抽出的脱产事业人员，也按同样办法交钱记分，参加分配，不交钱者不记分，只拿钱买队里基本口粮。

五、建立合同制

为了结合思想教育工作，充分发挥经济手段的作用，保证生产队和作业组生产发展的计划性，正确处理社队和社员之间的经济关系，提高劳动效率，普遍建立合同制。横山公社的合同制，涉及方面较广，其中有公社与大队、大队与生产队、生产队与作业组、社队与专业企业等方面的合同，有的已经定好，有的正在讨论制定。

生产队与作业组的合同，是在国家计划指导下，由社员民主讨论制定。主要内容包括：生产队、作业组各自权限；“四固定”的具体数额；粮食和经济作物一年生产计划；作业组向队交产品的办法；干部、社员和作业组奖赔制度；生产队杂工比例和使用范围；作业组之间用水、排水统一管理办法；组与组之间协作；作业组开荒、水面养殖办法等内容。一式三份，大队、生产队、作业组各一份，签名盖章，到年终结算兑现，并由大队监督执行。干部、社员对实行合同制极为满意。他们说，合同订得好，一年早知道，生产有计划，干活有目标，桩桩事情定下来，我们放心了。

横山公社用经济办法管理人民公社集体经济工作，适应了农业经济规律的要

求，使干部把工作的着重点转移到生产建设上来了，确实起到了拨乱反正、促进生产的作用。它的好处主要表现在：

（一）更好地贯彻了按劳分配原则，有利于把人心拴在集体生产上

在定产到组、以产计工、建立联系产量生产责任制的基础上，实行口粮按劳分配加照顾和一系列奖惩制度，从多方面把搞好集体经济同社员物质利益紧密结合起来了。以产计工，抓住了农业劳动的数量和质量最终表现在劳动成果上的本质特点，找到了检验劳动数量和质量、进行劳动计酬的可靠标准，把劳动和分配在一个可靠的基础上直接联系起来。同时，作业组规模较小，一般只有 20 个左右的劳力，看得见，摸得着，便于加强劳动管理和互相监督。许多社员反映，过去每个队总有那么几个人混工、干巧活，工分照样拿，影响了多数社员的积极性，因此，你混我也混，“只图工分混到腰，不管粮食收多少”，农业生产长期上不去，大家扯在一起摽穷，越摽越穷。现在，每个人心里都有数，“人要哄地，地必哄人”，多收少收，直接影响着作业组每个成员的切身利益。切身经济利益督促社员变要我干为我要干，变争工分为挣产量，既注意农活数量，又注意农活质量。

（二）明确了经济责任，有利于民主管理

实行定产到组、以产计工的管理办法，生产队将产量定到作业组，多奖少赔，作业组直接负经济责任。这样做，作业组每个成员都积极关心生产，任何人也不得随便改变作业组的作物茬口安排，否则，社员就要求你担负经济责任；在管理农业生产上，社员们说话真正算数了。过去，许多生产队常常是队长一人问事，上面怎么布置就怎么干，干坏了，社员埋怨；现在不少作业组都选出了有丰富经验的中年人担任组长，许多老年人也主动来当作业组的“参谋”、“顾问”，上面讲对的就干，不对的就不干，茬口怎么安排，明年怎么种，他们都主动提出意见。许多老农在提出自己的意见以后，很自信地拍着胸脯说：“只要你这样干，明年保你吃超产粮!”

（三）讲求了经济效果，有利于促进增产增收

实行定产到组、以产计工的管理办法，生产队对作业组实行定产量、定工分、定生产资料、定生产费用，固定到组使用的耕牛、犁耙，超过使用年限按折价比例奖励，达不到使用年限按折价比例赔偿，其他生产费用大包干使用，并采取民主协

商、签订合同的形式，把它固定下来。这样，大大增强了社员爱护耕牛、农具的责任心，改变了过去不计生产成本，不搞经济核算的状况，加强了计划管理和财务管理，有利于贯彻勤俭办社的方针，促进增产增收。过去，横山公社普遍存在着犁耙用过后随地拖着走的现象，公社、大队和生产队干部多次指出这个问题，都未见效。现在，人们用完犁耙后都是扛回家。有些老农说："从1958年以来很少看见这样的现象。"林圩大队有个作业组社员犁田后遇到下雨，把耕绳也洗干净拿回家了。河北大队上郢生产队，原是个老大难的队，田多地好，就是宗族势力严重，生产无人问，全队五张犁有四张不能用，一张好犁还是在栽秧时搁在田里没有扛回家，仅有的一张好耙，也被丢在田里让人偷换去一个框子，只剩下八个耙齿。秋种快开始了，干部不管，社员也不烦神。公社提出定产到组、以产计工的办法后，社员想实行，而队长不想分组，同时，他要照顾干亲家用孬麦换队里500公斤好麦种，还要一样价，社员不同意，他跑到外地亲戚家去了。社员们在大队妇女主任带领下，分了作业组，把丢在田里的犁耙拽回来，修了四张旧犁，买了两张新犁，添了三盘新耙。20多天后队长 回来，原计划种麦250亩，已种好了320亩。据统计，全公社在秋种中共添置新犁63张，耙121盘，修旧犁48张，耙10盘，买板车115部，为集体节约资金866元。有的队过去耕牛养好养坏，很少有人关心，现在牛交给各组使用，不但使牛的人关心，不使牛的人也关心。岗傅生产队在讨论耕牛怎样喂养时，各组都不放心集体喂，老农傅维功说：我们组的耕牛，放在我家堂屋，扣在我的床头上喂，保证能喂好。

(四) 提高了劳动效率，有利于解决"大集体"与"小自由"的矛盾

过去，由于"干活大呼隆，工分人头工"，严重挫伤了农民的社会主义积极性，使许多社员集体地里养精神，自留地里打冲锋，"不怕不能干，只怕不能站"，"只看天黑天不黑，不管干不完队里活"，窝工费时，实际上形成了按消磨的时间计报酬，打长时间的疲劳战，劳动效率很低，使社员不安心集体生产，又没有时间种自留地和搞家庭副业，扩大了大集体与小自由的矛盾。实行定产到组、以产计工的管理办法，每个作业组有多少农活，社员心里清清楚楚，安排得有条有理，一环紧扣一环，干活"自紧自"。在保证搞好集体生产的情况下，腾出时间来让社员种好自留地以及开展正当的家庭副业，使社员家庭增加收入。赵集大队党支部书记程星林说："过去常讲田种不了，现在常常听到田不够种了。过去天天干活干不完，现在忙一半闲一半。"秋种以后，全公社各个生产队利用集体生产的空隙，组织社员

集体开荒，也允许私人开荒。全公社已开荒1400多亩。社员家庭养家禽家畜的数量也显著增加。许多生产队在“鸡口田”边筑墙扎刺，把牲畜管起来。由于劳动有定额，责任明确，劳动效率提高，有了剩余劳动力，就为开展集体工业、副业创造了条件。

(五) 促进了农业机械化

过去这个公社的拖拉机，主要在公路上跑，机耕面积很小。在秋种中，社员们为了把地耕得深一些，种得适时一些，对牛犁感到不满足，许多作业组直接找大队、公社的拖拉机耕地。这件事是从石王大队石王生产队一个作业组自己凑机耕费，请拖拉机开始的，迅速在全大队、全公社兴起来。秋种中全公社机耕面积是2230亩，为去年机耕面积580亩的3.8倍。

(六) 改善了人与人的关系，有利于增强团结

过去影响干部与群众、社员与社员团结的因素，除了林彪、“四人帮”极左路线在政治上的流毒影响之外，主要是经营管理混乱，集体与个人之间 的经济利益关系没有妥善处理，围绕派活、出工、评工记分、牲畜管理等经常吵嘴磨牙，民事纠纷层出不穷。实行定产到组、以产计工以后，生产队的集体利益通过作业组直接与社员的个人利益结合起来，作业组生产好坏比自留地、家庭副业对社员收入的影响还大，促使社员能够兼顾大田生产与家庭副业，主动关心集体生产。同时，生产队与作业组、社员之间的生产责任、经济责任明确了，更好地建立了集体劳动、按劳分配的经济关系，改变了经营管理的混乱状态。由于按照有利于生产和团结的原则划分作业组，也在一定程度上缓和或解决了宗族宗派矛盾，把社员的注意力引导到发展生产上来。公社党委的同志高兴地说，过去，横山公社“小吵小闹天天有，大吵大闹三六九”的生产队有26个，定产到组以后半年多时间，只有石吴生产队因家庭纠纷大吵一次，不少后进队变成先进队。

(七) 转变了干部作风，有利于干部研究农业经济规律，学习科学技术

实行定产到组、以产计工的管理办法以后，把田交给作业组种，由社员自己安排生产，改变了过去那种由干部催耕催种、催收催送的现象，使社队干部跳出了日常事务的圈子，有精力研究经济规律，学习科学技术，改善经营管理。另一方面，试行新的管理办法，是摆在社队干部面前的一个新课题，迫使他们去研究各种经济

关系，寻找解决问题的经济办法。公社同志们体会到，过去单靠行政命令，开大会，发号召，甚至点名批判，常常是声势大，收效小；即使下队蹲点，也是浮在日常的表面工作上，工作很被动。采用经济办法，把生产经营的好坏与干部社员的物质利益统一起来，由于经济利益的客观督促，干部群众的积极性起来了，各方面的管理加强了，这种经济动力是长期起作用的东西，灵得很。对人民公社的集体经济，实行科学管理，干部必须改变作风，把政治工作渗透到经济工作中去，深入研究人民公社经济发展的规律和农业生产的自然规律。无论是定产到组、以产计工，还是各种定额管理办法，以及物质奖惩制度、口粮按劳分配加照顾，社队干部和群众都进行了大量的讨论、争论，公社党委进行了大量调查，坐下来研究，钻了一个又一个问题。12 月上旬，公社党委副书记龚荣刚和公社经管员、党委委员刘继恩，又深入翟庄大队胡西生产队，和生产队干部社员一起，研究制定了生产队与作业组签订各项合同的办法，为在全公社推广合同制取得了经验。社员说，干部办事实实在在，不说空话，我们更有劲头了，明年农业生产一定能搞好。

横山公社运用经济办法管理人民公社经济工作，还仅仅是个开始，由于时间短，缺乏经验，在少数生产队发生了一些问题，正研究解决。

一是在提出口粮实行按劳分配加照顾以后，大多数实际参加生产劳动的社员拥护，人口多、劳力弱的社员有些担心。特别是一些干部、职工的家属，平时参加集体生产劳动少，有的还在社、队企事业单位工作，报酬较高，口粮又是三七开，生活过得比较自在。现在实行新的管理办法，他们有抵触情绪，说："这样搞，还有什么社会主义优越性!"可是，社员们不同意他们的看法，说：照老办法，劳力多、小孩少的家庭口粮不够吃，劳力少、小孩多的家庭口粮还多余，这合乎按劳分配吗?光靠吃公粮、烧公草，还想比拼命干活的宽裕，要这样的"优越性"，还管不管群众的积极性?没有群众的积极性，哪有社会主义的优越性?! 大家讨论认为，实行定产到组、以产计工，口粮按劳分配加照顾，在社员之间是会有差别的，但是，这是在贯彻按劳分配原则，调动群众积极性，促进生产发展基础上的差别，不是穷平均，是在富的条件下的差别，就是困难户，按绝对收入来算，也会逐步提高。这种差别，不是占有不占有生产资料的差别，不会导致两极分化，而且在社会主义时期有着积极的意义。当然，究竟怎么实行口粮按劳分配加照顾，还要通过试行，不断总结经验。

二是个别生产队作业组划得过小，一组只有四五户，不到 10 个劳动力，不利于发挥集体经济优越性。这个公社的赵集大队小黄、小夏两个生产队，未经公社批准，搞了两个“教育组”。小黄生产队社员×××，6口人，5个劳动力，处处想讨巧，动手就打人，哪个作业组也不要，给他10亩田单干。小夏生产队共产党员×××，8口人，4个劳力，社员们说他是懒人生巧嘴，说话在人上头，干活不出劲，还要和人家一样拿工分，哪个作业组也安不下他，也是叫他单干。公社党委发现后，立即做了工作，加以纠正。从横山公社划分作业组的情况来看，每个队总有两三户，各作业组都不愿意要，这些户并不是劳力弱、人口多，主要原因是这些人平时混工，干巧活，里捣外戳，社员不愿和他们在一块背扯。这些人中，还有一些是队长、副队长、党员，一分组，把他们分出来了，大家都不要他们，对他们是一个教育。通过做工作，有的本人做了自我批评，放在组里去了。

三是少数干部和社员心有疑虑。一怕有反复。对实行定产到组、以产计工，似信似疑，认为上级没有公开提倡。大辛大队有的社员说：“中央没表态，我们下面搞可算数?不算数我还不能下劲干呢!”二怕上边像过去一样，粮食政策卡得很死，订的奖惩办法不能兑现。三怕持有不同看法的一些领导干部和极少数难缠户，吹冷风，拣尖找刺，造成工作上的困难。

（1978年12月）

附：横山公社的两次调查

对横山公社的第一次调查

时间是1978年12月8日至15日，我当时为滁县地委调查研究室工作人员，调查报告执笔者之一。

此前，1978年9月滁县地委组织了对来安县烟陈公社魏郢生产队包产到组、天长县新街公社棉花责任到户、来安县广大公社实行干部奖惩制度的调查。那是滁县地委第一次调查农村基层冒出的联系产量责任制。10月初，万里同志看了这三份材料，支持大胆试行，10月20日地委转发各县，让每县可搞一个试点。

11月中旬，地委召开县委书记会，嘉山县委书记贾长志介绍了横山公社绝大部分生产队实行定产到组、以产计工的情况。当时在一个公社范围这样做的还极少。地委派我和崇之杰，嘉山县委派刘昭明，于12月8日先去调查。12月10日地委书记王郁昭和办公室陆子修同志到了横山。王郁昭说，横山公社思想解放，能够从自己的实际出发思考问题、解决问题。横山和魏郢、新街的责任制一样好，办法都是从群众中来、从实践中来的。横山对用经济办法管理经济，按经济规律办事，提供了一个公社的比较完整的经验。“要解除思想顾虑，不要怕。要用实践标准，注意走群众路线，不断改进；不要一刀切，不要强迫命令，要经过多数群众的同意。”其后在陆子修主持下，我们继续对社队干部、农民、民办教师，以及有反对意见的人进行深入调查。经集体讨论，形成这一报告（原题目是：《用经济办法管理人民公社经济工作》）。报告实际上已涉及了滁县地区后来形成的“三制”——联产承包责任制、合同制、干部工作责任制。

该调查报告由滁县地委以1979年1号文件转发。

中共滁县地委转发滁县地委、嘉山县委调查组关于《运用经济办法管理人民公社经济工作》调查报告的通知是：

各县委、区委、公社党委：

我区从去年秋种开始在一些社、队试行定产到组、以产计工的劳动管理办法，认真执行按劳分配的社会主义原则，在加强生产责任制、调动广大农民的社会主义积极性方面，取得了显著效果。嘉山县横山公社党委在试行这个办法的同时，又在口粮分配、干部社员奖惩、工副业生产定额管理、从事非农业劳动人员的报酬和实行合同制等方面，民主制订了具体办法，把社员个人利益和集体利益联系起来，体现了多劳多得、少劳少得、不劳动者不得食的社会主义原则，为运用经济办法管理人民公社经济工作提供了经验。现将地委和嘉山县委调查组对这个公社经营管理的调查报告，转发你们，供研究参考。

全党工作重心转移的第一个春耕季节即将到来。当前，我们一定要抓紧时机，按照《中共中央关于加快农业发展若干问题的决定（草案）》和《农村人民公社工作条例（试行草案）》的精神，切实搞好人民公社经营管理，进一步落实党的农村经济政策，把广大农民的社会主义积极性发挥出来，加快全区农业发展的步伐。现就有关问题，通知如下：

一、在认真总结试点单位经验的基础上，积极推行定产到组、以产计工等联系产量的生产责任制。在推行的过程中，思想上要解放，步骤上要稳妥，工作上要过细。各级党委一定要加强领导，不能放任自流。一定要坚持生产资料归队所有，由队统一安排调配，生产计划由队统一制订，产品收益归队统一分配；不许包产到户，不许分田单干。

二、一定要高度尊重农民的集体所有制，切实保护生产队的所有权和自主权不受侵犯。在经营管理的形式上，在一个公社、一个大队范围内，应该允许多种多样。要坚持实行定额管理、评工记分的制度，根据每个社员劳动的质量和数量评定工分。计酬的形式，可以按定额记工分，可以按时记工分加评议，也可以在生产队统一核算和分配的前提下，包工到作业组，联系产量计算劳动报酬，实行超产奖励，坚决纠正平均主义。究竟采用哪种办法，由社员民主讨论决定，不要强求一律。不论采取哪种办法，都要在3月10日以前，就是赶在春季备耕之前定下来，不要犹豫不决，贻误农时，影响生产。

三、各级干部要按经济规律办事，学会和运用经济办法管理人民公社的经济工作，认真搞好计划管理、劳动管理、财务管理和物资管理，实行经济核算，降低生产成本。要在国家计划指导下，发动群众，根据本队实际情况和当前的旱情，讨论制订出今年抗旱夺丰收的生产计划和《一年早知道》，让每个社员对全年生产、分配，对自己应当投工、投肥数和可以分粮、分钱数，都清清楚楚，心中有数，真正把社员的劳动同物质利益直接联系起来，成为夺取全年农业丰收的强大动力。要注意把思想政治工作渗透到经济工作中去，教育社员热爱集体劳动，巩固和发展集体经济。

四、各级领导要善于坚持马克思主义的思想路线，一切从实际出发，实事求是，不断研究新问题，总结新经验。用经济办法管理人民公社经济工作是一个新的课题，还在摸索经验的过程中。对于已被实践证明是成功的办法，要及时总结推广，注意典型示范，让群众看到好处，乐意去办，不要包办代替，生搬硬套，防止事与愿违；对于工作中出现的某些问题，要善于研究，善于引导，加以解决，不要见了问题，就大惊小怪，乱加指责。在经营管理办法上，应该从多方面总结经验，使各种不同的办法都不断完善，巩固提高。

中共滁县地委

1979年1月27日

对横山公社的第二次调查

时间在1979年春。3月15日《人民日报》发表指责包产到组的来信和对包产到组“要坚决纠正”的编者按，3月16日万里同志随即到滁县地区，他指出已经实行的各种责任制一律不动，实践是检验真理的唯一标准，不管什么形式的责任制就是坚持一条，凡是能增产，能让农民、集体、国家都增加收入的就是好办法。

万里曾到横山公社翟庄大队胡东生产队向农民做调查。问社员包产的指标怎么定的，社员们回答，比近3年年均产量高10%。他问是否定高了，社员回答不高，合作化初期产量曾达到11万公斤，现在最高产量才6.5万公斤。过去12根扁担往国家粮站挑粮，后来催粮到场头购不到。谈起合作化初期农民眉飞色舞。万里同志意味深长地说："农民为什么怀念合作化时期，因为以后越来越'左'，'左'得连农民放个屁都是资本主义。那个队最高产量是1955年，现在要倒赶20年。20年来生产力发展的程度到底怎样，根本条件改变了没有?没有，那就要根据当前的生产力情况找办法。……农民现在要求实行这种办法，就是对左倾路线的反抗。"

他还指出："横山，地委不要派人去，让他们自己创造，你们经常去了解情况，帮助总结一下，指导一下。我们建国以来，派工作队的地方有几个搞得好的，你们有没有?哲学上讲外因论、内因论，我们把辩证法搞通了，就不犯错误。没有内因，没有他们自己的创造，你把饭端在他面前吃，你走后还是不行，所以要相信和依靠群众的创造。"〔1〕

万里在调查期间要求滁县地委对农业责任制、农民家庭副业、农民为什么向往合作化时期、社队企业等问题，再做调查，于3月底送省委。随即地委又派我去横山公社进行第二次调查，对第一次的调查报告作了补充修改。调查报告题目改为《实行包工到组、联系产量计算报酬的一种好形式——嘉山县横山公社定产到组、以产计工的调查》，连同《岳北生产队实行大包干责任制的具体做法》等十几份调查材料，汇集为《农村经济政策几个问题的调查》，于1979年3月29日上报安徽省委。

〔1〕参见万里:《让农民、集体、国家都增加收入就是好办法》,见《万里文选》,第124页、126页。

这里条件不差，农民为什么那样穷

——凤阳县梨园公社调查记录

包产到户一年翻身，包产到组三年翻身，大呼隆永世不得翻身。 ——凤阳

调查背景说明：梨园公社调查是滁县地委政策研究室为了解联产责任制的新情况、农村经济政策的新问题所进行调查的一部分。当时，群众和基层干部对联产责任制的推动，已不像前一段如地下的岩浆在涌动，而是各种探索和创造在喷发。包产到组在各地发展，凤阳县已摆脱马湖公社率先实行的包产到组的繁琐程序，创造了大包干到组的办法，而且梨园公社的小岗生产队已暗中实行了大包干到户，但对小岗的包干到户我们当时并不知道。在去梨园公社调查之前，地委政策研究室副主任陈修毅和我，2 月 20 日至 25 日，在凤阳县大庙、宋集、小石塘三个公社，了解了大田包产（干）到组、经济作物包产到户、农民借地种粮种菜、四旁地到户、发展家庭副业等情况，与社队干部座谈经济政策。

在凤阳县委办公室、农办介绍情况和县政府负责人交换意见时，他们说大包干到组后，有的包产组到很远的地方去开荒，如果包产到户，田更不够种。“包产到户一年翻身，包产到组三年翻身，大呼隆永世不得翻身。”刮“五风”时，凤阳 30 万人口，结果剩下 18 万人。20 多年来，群众受够了一大二公的苦头，群众当着干部的面不说好也不说不好，背后就讲，没有饭吃，不得好日子过，不得安宁，不得生产。现在搞大包干了，开始讲共产党好，人民政府好了。三级所有、队为基础，可不可以突破？由此，我们感到，要解决当前农村的问题，必须联系高级社以后 20 多年的历史，搞清楚问题在哪里，才能了解群众，找到办法。

当时为何到梨园公社和前王生产队调查？是因为地委政策研究室陈修毅同志先前对这个穷队就有所了解。1978 年 11 月，陈修毅和侯长明及凤阳农办负责人周文德，陪同中央电视台采访大灾之年搞生产自救的情况，周说凤阳受旱灾最严重的是

小溪河、梨园等公社，并以梨园公社前王生产队为例说明，经过多年极左路线的折腾，有些生产队社员生活同新中国成立初期差不多。前王生产队一些社员家徒四壁，有的草房露了天，一家几口只有一床破棉絮，缺吃少穿，不少人外出讨饭。中央电视台在前王生产队拍了内参纪录片。由此，1979 年 2 月我们就对梨园公社和前王生产队进行了重点调查。

本文是当时的调查记录，当时没有整理。1979 年 3 月中旬，万里同志要求滁县地委再做几个方面的调查，陈修毅和侯长明再次调查了前王生产队。在 2 月、3 月两次调查的基础上，形成了《前王生产队为什么这样穷》的调查报告，这里也把该文附上。

调查时间：1979 年 2 月 26~27 日

调查人员：地委政策研究室陈修毅（副主任）、崔传义，凤阳县委政策研究室主任周义贵（主任）等

一、前王生产队农户情况调查（2 月 26 日）

被调查人：杨学芹、王怀早等

前王生产队现在共有 10 户，68 人，27 个劳动力，300 亩田，荒地 100 多亩，让别的生产队占去 300 亩。

杨学芹说，我家解放前 20 人，10 个劳力，自有耕地 60 亩，租板桥徐家地 140 亩，两头牛，有驴、骡。小麦亩产 45 公斤，稻 150 公斤。1945 年收稻 11400 公斤，交租 200 公斤米，净米还剩 6000 公斤，还有 850 多公斤小麦。

前王土改人均五六亩地。土改后，杨学芹家分了田，粮食够吃。之后是办小社（指初级社），收粮食也不少，家家有饭吃，有钱花，一个劲儿干活。初级社时十四五户，那时有 12 头牛，每头牛都是独犁独耙，耕地 700 亩，此外还开荒。粮食亩产 100 公斤，一般年成总产 7.5 万公斤，最高 9 万公斤。初级社时，杨学芹家有 7 口人，4 个劳力，土四劳六分红，一个劳动日六角，口粮 250 多公斤，米吃到收麦。

再后来统购统销，办高级社、办人民公社。1956 年购了过头粮，秋天吃供应证，还不够吃，从那一年就东跑西散了。以前没有外流。一个高级社有现在两三个大队的规模，为一个核算单位。粮食随便调，这个庄往那个庄上调，人、牛都随便调，哪里活紧就往哪里调。公社化初期，小李、前王、后王三个庄子，食堂在后

王，吃住都在后王。前王不叫有人，看哪一家小锅冒烟，就把小锅拎了，砸了。困难时期死了32个人，逃走很多人。1961年搞责任田时，小麦分户种，但没捞到手就又合到一起去了。1969年，曾经是5个庄子并在一起，包括小李、后王、前王、窝罗张、梨园。干部跑几个庄子喊人，大呼隆劳动，并队后小李、后王、前王，四个烟炕都扒了。没并队前，前王三头水牛，一头犍牛，两头小牛，两头沙牛，共9头牛，犁四张，耙两个；小李两头水牛，两头黄牛，犁三张，耙两个；后王两头牯牛，两头黄牛，两犁一耙。共有17头牛，九犁五耙。从并队到分队时只剩下八犋牛，九张犁，三个耙。一个队三五个七八个人想用劲也没有用，人的思想坏了，没有东西吃，就吃救济吧。1975年冬到1976年全县刮起了一股收自留地风，规定连宅基地在内，每人只给一分八厘，多余的都要收回，收回后，集体不种，也不许社员种，只好荒着。现在社员只有借集体的地，每人借1分地，自留地还没有退回。1977年冬天，王怀仁搞了500把扫把，他用了100公斤草，每公斤花0.5元，被当作资本主义批，“一批双打”中清缴出来。前王只有1973年没有吃回销粮，那是县里来蹲点，上报口粮290公斤，1.5公斤或1公斤多鲜山芋算半公斤粮食，因此是假的。收树，限制、禁止养鸡。

前王生产队各户从土改、初级社到刮“五风”后的情况是：

史大麻子，10人，4个儿子，4个儿媳，土改80亩地，下中农。初级社时12人。“五风”后死4人，走8人。

黄潘让，12人，土改前种姓苗的100亩左右土地，都走了。

史永才，5人，种80亩地，“五风”后6人死1人。

杨学芹，初级社时分为4户，15人，“五风”后死7人，跑3人。

严凤之，土改前，弟兄两人，要一个伙计，种五六十亩地，是自己的地，大家说他“肥死了”。都是1960年死的。

王克生，娘俩人，土改后种三四十亩田。死1人。

王怀仁，过去十几人，种200亩地，初级社时5人，“五风”死1人。

严国忠，过去七八口人，种一顷多地。初级社时13人，“五风”后死3人，走2人。

王照俭，富农，5人，过去一顷多地。初级社时4人，“五风”后死2人，走1人。

王怀早，6人，土改前无地，初级社时3人，“五风”后死2人。

王怀忠，4人，自家30亩地，种别人70亩。初级社时9人，“五风”后都走了。

王克明，1人，饿死1人。

苗公武，6人，没有地，初级社时7人，“五风”后死2人，走5人。

杨学敏，3人，“五风”后走3人。

杨士道，6人，“五风”后死1人，走5人。

王一凯，2人，“五风”后死1人，走1人。

陈妈，1人，“五风”后死1人。

陈头，2人，“五风”后死2人。

陈作公，5人，“五风”后走5人。

陈继烟，5人，“五风”后走5人。

王四，1人，“五风”后走1人。

王正才，1人，“五风”后走1人。

鲁保太，没有在这里土改——

……

合计：26户127人，“五风”时死32人，走61人，存34人。

二、梨园社队欠贷

梨园公社5670人，实种耕地24500亩（其中粮食面积19728亩，棉1600亩，薄荷300亩），劳力2105人，荒地4000亩。

耕牛562头，323犋，按每犋50亩计算，缺167犋。

1978年粮食总产225万斤。粮食征购任务283161斤（公粮138845斤）。

1978年无偿贷款72000元，生活救济51905元，社会救济200元，优抚款1660元，定额补助款1107元，知青困难补助555元，农田基建5600元，棉花试验500元，修桥5000元，打井10470元，各种救济合计81002.14元。

(1) 各大队欠贷款（至1978年）：

严岗大队10140元，车庄大队8158元，韩赵大队9412元，盘龙大队9581元，梨园大队14110元，石马大队16100元。

(2) 7个生产队的欠贷：

1962年到1978年底欠贷款294249.97元。（1962年冬豁免以前贷款三四十万元，1979年新贷款4万，都不在内）

欠贷万元以上的4个生产队，前王队12573.65元，年利息1508.76元；梨园大队小吴队10737元，车庄大队小李队10649元；严岗大队小岗队10632元，共欠44591元。

欠贷5000元以上的24个生产队：石马大队小殷队7724元，唐桥队5986元，大周队7401元，下李队9421元；严岗大队小韩队8011.93元，新庙队8942.76元，后范队5349元，大严队7436元；韩赵大队韩西队7638元，韩东队8761.45元，前余队6560元，石井队8081元，赵后队5028.8元；梨园大队大郢队7766元，扬圩队7524元，小宋队5033元，梨园队9165元；盘龙大队城圩队7119元，余西队6119.96元，茶场队6318元；车庄大队唐头队5838元，小车队8790元，小曹队5115元，茶场队6667元。24个生产队共欠171752元。

欠贷最少的是石马大队小袁队，1766元。

年利息三厘六。1978年给4万收贷任务，只收5300元。1978年贷款八九万元。

(3) 前王生产队1963~1978年欠贷合计12573.65元。具体如下：

	1963年	1964年	1965年	1966年	1967年	1968年	1969年	1970年
欠贷	270. 65	249. 75	676. 99	425. 89	890	395	234	300
	1971年	1972年	1973年	1974年	1975年	1976年	1977年	1978年
欠贷	145	494	1499	779	380	1990	566	3328

给前王生产队的无偿投资，均用于买牛。1973年800元，买一头牛，1977年1100元，买两头牛，1978年1400元，买两头牛。

(4) 1978年全公社私人存款平均每户0.17元。

三、大队干部座谈会（2月27日）

孙培田（原石马大队书记）：

(1) 瞎指挥。“板桥河，板桥河，沟不像沟，河不像河，浇地没有压地多，受益没有受害多。”这里的耕地属于岗田，主要怕旱，要水，但没有搞塘坝。而修板桥河是要河道取直、泄水。1973年一冬一春，1976年一冬一春，挖了两年，把劳力给搞空了。我说了实话，挨了批。

1976年冬，围花园湖造田，捞政治油水。挖一道河，打一道埂。其实淮委和嘉山县都不同意搞。公社大队班子都搬到工地，劳力、妇女上去了，有小孩的妇女早去晚回。当时稻没有收，山芋没起，麦子没种，场没打。挖了两三个月，队队有红旗，到处是喇叭。湖没围成，田没造成，属于推倒工程。

(2) 大呼隆。定额记工不易搞，得罪人，糊大糊，伸头记一分。

(3) 斗干部斗得多了，他也留个后手，搞灰心了，不像合作社时劲头大。上面讲归讲，下面做归做，不那么听上面的了。当时批判光埋头拉车，不抬头看路，我不吹，有的队“超购”卖得多，回销粮吃得也多。我们不卖过头粮，家庭副业搞得好，所以显得右。现在老百姓还怀疑，定产到组能搞到什么时候，以为秋后还会搞到一起，有的说最多一两年，所以劲头不大。

(4) 体制、所有制频繁变动。使干部老百姓不得安宁，丧失人心，无心种田。

体制变动的情况是，1958 年以前这里是小溪河区，1958 年取消区成立卫星人民公社，1960 年划出梨园公社，1968 年梨园公社与板桥公社合并，1977 年又将梨园公社分出。

1954 年我们这里成立草坪初级社，1956 年变为新陆高级社，1958 年初新陆、新华两个高级社合并为新华高级社，相当于解放初的一个乡。1958 年秋天，高级社变为人民公社，整个小溪河区 9 万人，是一个卫星人民公社。1960 年，我们所在的大队划为三个大队，我们所在的是车庄大队。1961 年，公社也由 1 个划开，分成 7 个公社。1969 年，撤区并社，车庄大队划归为板桥公社。生产队也开始两个并一个，整个车庄大队就划分为东西两个生产队。1972 年搞穷队、富队分类划队，又把车庄大队按照南北划分为两个生产队。原小宋队两年换了三次大队。1972 年秋天，我们车庄大队一个月体制变动了三次。1978 年车庄大队分为梨园和车庄两个大队。这种体制变动在很多时候是几个庄子为一个生产单位，规模大，矛盾多。体制多变，固定资产、工房，盖了扒，扒了盖。干部乱，生产乱，财产乱，水利乱，农业规划、农田基本建设打乱了。今年搞，明年挖，严岗大队废了两个机站，这两个机站是 2000 多人干了一个多月才建成的，结果是废了劳力，废了地，造成损失，人心很不安定。

5.分裂派性。车庄大队从大队到生产队都分成了两派，“文化大革命”中生产队长也靠边，队干部各拉几个人保自己，一直到 1978 年为饲养员兼看仓库的记工问题，两派闹得不可开交。公社书记在这里蹲点，被说成偏向一派，他们写信给中央。定产到组以后，派性才有所缓和。

徐开文（严岗大队书记）：

小岗队 115 人，20 户，包产地 283 亩，实种 600 多亩，初级社时有 1000 亩地。整劳力是 20 多个。这个队是从互助组直接到高级社，收粮下降到 3.5 万公斤，1977 年滑到 1.5 万多公斤，1978 年 2 万多公斤。

小岗队解放前有做生意的，挂挂面、炸馓子、卖烧酒。土改时分配了前余队的一些地，生产生活好起来。但高级社后，年年吃回销。高级社是一个统一的核算单位，只包工分，不联系产量。这个庄子到那个庄子去称粮食，生产队收的粮食自己不当家，高级社当家，随便称粮。群众想，人干的也吃，不干的也吃，干算熊劲，高级社开条子来还是给拿走，所以从高级社开始生产下降。1961 年搞责任田有的捞一季，有的一季也没有捞到就又合并了。

“文化大革命”后，政策今天这样，明天那样，社员干部都晕晕乎乎，又想干又不敢干。运动多，一年搞一家伙，一年整一家伙，自动地使下面搞成派性，派性就是这样造成的。干部也搞红眼了，群众也搞红眼了，你扣着我，我扣着你。干部社员之间不团结，哪还想生产，生产都是糊弄，哪有真心实意干，去他半天搞十分工拉倒。劳动没质没量。

小岗是家家户户当干部，20 户有 22 个人当了干部。生产没搞好，群众有意见，换来换去，今年干，明年还不下台，所以不认真负责，糊一年再说。一年一次整风，一年调一次班子，“今年干，明年换，混一年算”，也不以身作则了。一部分人干，一部分人看，有的说，你们都捣乱，100 多人我们几个人干也不行，你们不干不是照吃，弄个基本口粮。每年的收成去去种子，没得分了，谁干?！基本口粮总归是“一个草棒顶一个珠”。

3 年之前，富了心里还害怕。小岗队曾经一户每人划半亩地，严金昌家种了 15 棵柿树，喂一头母猪，两头肥猪，自留地种生姜、辣椒、大葱，一年收入 1000 元左右，七八口人从没搞过投机倒把。一讲搞暴发户，他胆都吓凉了。当时他还是指导员。1978 年春天，搞一批“双打”要他说清楚。当时就是穷归好，穷牌子老，富挨批，穷救济，老牛跳到枯井里，就这一堆了。热了不干，冷了不干，有的自留地里长草，到年底吃救济。荒地集体不干，也不给私人干，庄子前头就是荒地。集体田没种好，就把原因找到自留地上来，所以就连自留地也给收走了。小岗队，严国平家前屋后有八亩三分地，原来是五户的宅基地，死绝两户，走两户。1976 年，把他的树砍了二三十棵，也不许他在塘边栽芦苇。

刘锦圣（车庄大队书记）：

1957 年反右斗争后说真话的倒霉。这里的初级社是 1954 年办的，有 5 个自然庄。那时与 1977 年相比，一是那时人均产量 500 公斤，人口 400 多人，到 1977

年，人均产量300公斤，人口还是460人。二是牲畜，现在每个队比那时少2/3，塘头队初级社14犋牛，现在还有4犋，一个破耙四张犁。这在整个梨园公社是一个普遍现象。三是初级社土四劳六，只搞了一年就把几个庄子并在一起搞高级社了。村里的情况不熟，瞒产私分，谁也不知道。当时搞教育，出了个题目，合作化是走快了，还是走慢了？说走快了就划右派，这个人就是高级社的管委会副主任叫王永丰，被批斗，也撤了职。他当时就说，去年搞初级社，今年高级社，我没文化，初级社能够搞两年就好了，走快了。就因为这句话被撤了职。高级社开张字条，人都不认识，就到庄上挑粮食。从那时起思想就乱了，口粮、种子互调，干部就不讲真话了，开始说空话。

1958年，浮夸，吃大锅饭，吃饭、剃头不要钱，大搬家。后王一百五六十人，30户人家，死绝两户，姓梅、姓李的共死15人，全队死40多人，加上逃走的，最后还剩30几人。后来在铁路（津浦铁路）两侧组织放墙头队，扒房子，房前的草有一人深，但是不能说饿死人。本地在上海驻军一个人当团长，就因为说饿死人，被打成右倾机会主义分子回乡。"五风"的摧残至今还未恢复。

"责任田"使老百姓有了点粮吃，不到一年就批了。

我们思想也变了，"上头怎么说，我们就怎么干吧"，产量下降，群众埋怨。

"文化大革命"十年派性出来了，无政府主义。

从办高级社以后，本大队的小塘小坝未干过，都是支援外地的大工程。1956年出工打官沟水库，1958年打燃灯水库，1959年打凤阳山水库，1973年挖板桥河。1976年秋天稻子、山芋未收完，就又出动大批劳力到花园湖搞围湖造田。湖未围成，田未造成，连生产队的种子也吃掉了。今年2月份，备耕已经开始，县里动工兴建马山电灌站，公社党委认为，这个工程本公社两年后才能受益，上工不积极，后来上面催得很紧，压力很大，他们一赌气，叫干部、劳力全部上，谁不去就不给救济粮，家里只留下老、弱、病、残，结果春田一交未犁，山芋温床未下，小麦一亩化肥未追。

怕右、怕斗，运动都是整干部，老干部一般不做小动作，新干部以为自己多粗，搞不到一块。每次运动首先找干部，说"吃饱蹲"，上不去就怨干部，从干部头上撒气，凡是真正干的都干不长。

张万林（梨园大队前书记）：

我18岁当干部，今年45岁。那时是大郢初级社，收粮食一二十万公斤，1500亩地，牛驴40多头，30多户，170口人，70多个劳力，一点荒地没有。土四劳六，收入超过解放前，群众对党非常贴心，对毛主席信任，听干部话。1973 年，收粮 11 万公斤，还是 170 多人，土地扔掉 600 亩，还有荒地。1978 年产量变成 7 万公斤。

为什么产量一直下降，一是干一年只是弄个口粮，超产的卖粮都还了贷款，社员分不到，没劲干，应该兼顾还贷和分配兑现，多少拿出一部分给社员分配，社员有个尝头。上面说种子卖掉也要还贷款。我是副队长，县工作组批评我们。我们卖给国家 5.5 万公斤粮，但是没有分配，结果第二年用鞭子打都不干。工作队春天贷款，秋天收款，紧干不如慢还，干够吃的就行了，干得再多也不够还贷的。二是工作队单抓粮食，不叫搞油料，没有钱，还是没有积极性。种棉花、压面积，一亩地出三棵棉花苗也不准犁掉。限制搞家庭副业，把自留地收走不退给社员。总铺公社童桥大队副书记是省劳动模范，家庭副业搞得好一些，被批判，头被剃成秃子，上吊死了，也没有得到昭雪。

四、梨园公社座谈

张明楼（梨园公社书记）：

梨园公社是“五保”公社，治病、吃饭、穿衣、种子款、肥料、煤炭、牛草、机耕费都要救济。

有的户一间房没有。韩赵大队下梅队王守德，党员，志愿军转业到太原，然后回来，8 口人，6 个小孩，无房借侄子两间房住。老婆张韩英 39 岁，没有吃的，跟人家结婚走了。梨园大队小吴队吴长军，5 人，3 个小孩，退伍军人，一间房子要倒，没有吃的，老婆也跟人家了。

去年全公社给投资、贷款、生活救济款 20 万左右，人均 35 元，粮食 25 万公斤，煤炭一部分。1978 年夏天，粮食供应 52.5 万公斤，到现在达到 62.5 万公斤，还需要稻种 17 万公斤。1978 年，全公社 112.5 万公斤粮。前年（1977 年）收了 168 万公斤，包产面积 17500 亩，共 5650 人。有荒地 4000 亩。

车庄大队一个 80 匹马力的机站，盖 4 间瓦房，废了。严岗大队也废了两个机站。生产队有 8 台拖拉机，茶场 1 台，这就是集体资产。

男孩讨不到老婆，倒插门跑了，女孩走了。杨国忠家 3 个儿子都被招女婿招走了，还有一个儿子在家找不到老婆，杨国忠的媳妇也跑了。

讨饭，忙时小孩要（饭），闲时大人要（饭），一般有 1000 多人讨饭。1976

年，有1/3的人出去讨饭，前王队今年春节14人没有在家过节，逃荒。

社员对干部反感、回避、怀疑。干部去，就像初解放到新疆、西藏一样。有工分才能开起会来，没工分开不起会。斗社员不作声，斗干部散不了会。给他救济暖不了心，认为共产党没给他们搞好，搞成这种社会主义！干群关系不好，主要是群众把没搞好生产、生活的账记到干部头上了，他不可能对着林彪、“四人帮”。过去的错误的东西，是通过基层干部执行的，与那些错误的矛盾，对到基层干部身上了。去堵资本主义，又不懂什么是资本主义，上面叫怎么干就怎么干，一干，侵犯了社员利益，就对立起来了。批极左要保护干部积极性，上级党要承担责任。

农业部门与其他部门存在矛盾，包括商业部门，粮食部门，农机、教育、卫生、水利、铁路等。粮食征购就是一年开三次电话会。

对定产到组，群众认为可能叫你搞一年，干部群众怀疑，以后再弄在一起也难说。群众想，这几年你们搞社会主义把农民搞苦了，年年要救济，现在只好定产到组，被迫划小核算单位，等好一点，你们还是要并。

茶场，种了三年茶籽，两年没出，用国家贷款6000元，是1972年搞的。11个人，一年几百斤茶叶，1.6元一公斤。

前王队初级社时，老百姓45间房，现在是35间房。后王队初级社34户，76间房，“五风”时一间没剩，“五风”后回来四户，到1978年秋天才有20间房。

张明楼说：按我们的愿望，定产到组要搞10年。

(2008年10月根据调查笔记整理)

附：前王生产队为什么这样穷[1]

中共滁县地委、凤阳县委调查组

凤阳县梨园公社前王生产队，是全县最落后的一个队，多少年来都是生产靠贷款，生活靠救济，吃粮靠回销。连种子、牛草等也都要靠国家供应，被人们叫做"五保队"。这里的生产水平至今还低于解放初期的水平，社员年年外流要饭。

据调查，这里粮食产量在1955年曾经达到9万公斤，亩产100多公斤，人均生产700多公斤，是这里历史最高水平。那时前王同小李家两个自然村庄合办一个初级社。前王村当时有26户，127口人，耕地共711亩，耕牛12头，而且都是一牛一犋的挡耙牛，从1956年办高级社以后，就逐年下降，先后经过"五风"和"文化大革命"中林彪、"四人帮"推行的极左路线两次大的摧残，人口死的死，逃的逃，土地大片抛荒。到现在只剩下10户，68口人，300亩耕地，只3头能用的牛，其中还有一头豁鼻子。1977年粮食总产下降到1.5万公斤，1978年大旱只收1万公斤，亩产不过50公斤，征购一粒不交，口粮也不够吃。进村一看，一片凄凉，村庄光秃秃的。冬闲田一交未翻，集体耕地大片荒着，社员家前屋后菜地也大部未种。社员史成德老少3代10口人，只住3间破草房，还有一处露着天，全家只有一张三条腿的破床。社员杨学芹，全家7口人，挤在一间很窄的茅草屋里，一口小锅支在门后头。他老婆刚坐过月子，一冬未穿上棉裤。去年中央电视台的记者来这里采访，专门拍了内部参考片。中央有关部门及省、地、县一些领导同志也

---

〔1〕1979年3月17日到19日，为了消除《人民日报》刊登读者来信和编者按、否定包产到组的不良影响，万里同志到滁县地区 6 个县做了调查。他在嘉山县横山公社良郢队调查时，了解到产量高的是1955年，农民很怀念1955年，就要求滁县地委调查农民为什么怀念1955年，此后20多年农村的路子是怎么走过来的，有什么问题。于是，滁县地委政策研究室就根据1979年2月对凤阳前王生产队的调查，写了《前王生产队为什么这样穷》的调查报告，连同其他十几篇材料上报省委。1979年6月，万里再一次到滁县地区定远、凤阳两县调查，他说，"我看过凤阳一个生产队的材料(指前王生产队的这篇材料)，解放30年啦，还不如解放初期。如果所有的队都这个样子，共产党领导30年了还是贫穷，那么社会主义还有什么优越性呢？这个问题是个大问题……穷队三年能否翻身，做到丰衣足食？凤阳三年之内，能否做到不再有农民外流讨饭？陈庭元同志说，群众愿意实行大包干，干三五年就富裕起来了。这好嘛！可以让他干三五年。只要社员积极生产，都能富就行了。"

曾来过这里，很关心这个地方，给了不少支持，安排了口粮，发放了救济款、棉衣、棉被，批给一些木材、竹子等，仅无偿投资这两年就给了2500多元。生产、生活全部由国家包了下来。

前王生产队的生产水平为什么以1955年最高，以后为什么大幅度下降而又长期没有恢复呢?经过同一些干部和社员座谈，一致认为，初级社规模小，看得见摸得着，评工记分顶真。有的说，那时小社门口竖个大旗，以升旗为号，谁迟到就要扣谁的工分，又实行小段包工，多劳多得，分配兑现。土四劳六分红，每个劳动日分六角钱，口粮吃二三百公斤。社员杨学芹说：那时我家7口人，4个劳动力干活，分配的粮食一直吃到第二年端午节还有陈粮。1956年将初级社合并，取消土地分红，办起高级社，一个社的范围相当于现在的三个大队的规模，全社统一核算，统一分配，生产队收的粮食自己不当家了，这个队收的粮食调给那个队分，那个队到这个队挑粮吃，干活大呼隆，评分记工也马虎了，黄鳝泥鳅一般长，人有那般力也不出那般劲，从此积极性就掉下来了。不到两年又实现人民公社化，当时归小溪河区，一区办一个大公社，刮“五风”，吃饭不要钱，结果人死的死，逃的逃。仅前王一个庄上就饿死32人，逃走61人。1961年秋小麦包产到户搞责任田，还未等收就又拢到一起了。1968年学大寨，又搞并队，把前王、后王、小李家、梨园、窝罗张5个村庄并为一个生产队，1973年又分队，这样分了合，合了分，先后变动6次，每变动一次，对生产力是一次大的破坏，耕牛死的死，卖的卖，犁耙损坏，公房盖了扒，扒了盖。

从1957年反右派开始，政治运动一个接一个，干部今天你斗我，明天我斗你，大家斗红眼了，班子斗散了，阶级队伍斗乱了，积极性斗下降了，无心搞生产了。1957年大鸣大放，上面出题目让大家讨论：“合作化是快还是慢?”有个高级社管委副主任就说：去年办初级社，今年转高级社，太快了，能巩固两年再并就好了。后来又批又斗，把职务也撤了。从此，人们就不敢说真话，说实话了。运动一来就整干部，一年一次整党整风，一年一次调整班子，他们说：“今年干、明年换，混过一年就散蛋。”每年都是“算盘响（搞分配）换队长”，“队长不拿钱，一人干一年”。形成“台上干，台下看”，稍不如意就捣蛋，大家反映：“这样你拨拉来，他拨拉去，弄得干部抬不起头，伸不直腰，生产怎么能干好!”

生产队所有权和自主权无保障，公差勤务负担太重。这里从办高级社以后，本队的小塘小坝未干过，都是支援外地的大工程。1956年出工打官沟水库，1958年打燃灯水库，1959年打凤阳山水库，1973年挖板桥河。1976年秋天稻子、山芋未收完，场上未清，麦子未种完，就又出动大批劳力到花园湖搞围湖造田。湖未围成，田未造成，连生产队的种子也吃掉了。今年2月份，备耕已经开始，县里动工兴建马山电灌站，公社党委认为，这个工程本公社两年后才能受益，上工不积极，后来上面催得很紧，压力很大，他们一赌气，叫干部、劳力全部上，谁不去就不给救济粮，家里只留下老、弱、病、残，结果春田一交未犁，山芋温床未下，小麦一亩化肥未追，看来今年生产搞不好困难仍然很大。

这个队集体搞不好，为什么社员自留地、家庭副业也搞不好呢?前几年收自留地，批家庭副业，割“资本主义尾巴”，鼓吹所谓“堵不住资本主义的路，就迈不开社会主义的步”。集体生产搞不好，就在自留地、家庭副业上找原因。1975年冬到1976年全县刮起了一股收自留地风，规定连宅基地在内，每人只给一分八厘自留地，多余的都要收回，收回后，集体不种，也不许社员种，只好荒着。前王队收回的自留地至今还未退，每人借给一分地，许多社员也不愿种。本公社严岗大队小岗生产队有个社员叫严金昌，宅基地上有15棵柿子树，养一头老母猪和两头肥猪，自留地种生姜、辣椒、大葱，一年收入七八百元。1976年批他是“暴发户”，“新的资产阶级分子”，去年又要他上“说清楚会”，一提“两极分化”，就要拿他作典型，长期以来，形成了“富挨批，穷救济，以穷为荣”。1977年秋种时，公社党委决定：每人种一亩“丰产田”，定产100公斤，超产的不仅奖工分，还要奖粮食。群众听了很高兴，有的拿钱请牛，买化肥。后来，上面说不许搞联系产量的责任制，结果没有兑现，群众就再也不相信了。现在，搞包工到组，联系产量计算报酬的责任制，群众仍是将信将疑。有的说，“1961年不也搞过包户到组、包产到户吗？没有干一年就又拢到一起了。现在这种办法，就怕干不长”。“上面政策也不统一，今天你这样说，明天他又那样说，婆婆太多，媳妇难当。”前王队由于长期遭到极左路线的摧残，元气大伤，群众对集体经济能否搞好丧失信心，国家虽然给了大力支持，从1962年以来共欠国家贷款13000多元，光利息就欠1500多元。但大家认为，“反正债多不愁，虱多不痒”，“破罐子破摔，就这么一堆啦!”公社党委书记张明楼同志说：“现在给的贷款、救济再多，也暖不了群众的心，根本一条，要有稳定的政策。”

(1979年3月23日)

从责任制谈责任田*

——滁县地区部分县、社、队生产责任制情况的调查评述

一、必须回答的一个问题

滁县地区贯彻党的农村经济政策、加强农业生产责任制比较好，在实践中因地制宜地创造了多种形式的生产责任制，基本上可以分成两大类：一类是不联系产量的责任制，其特点是按工计酬，包工不包产；其形式有以队集体劳动评工记分，有包工到组、一组四定、评工记分，有小段包工、季节包工、田间管理包工到户、按件记工等。另一类是联系产量的责任制，其特点是按产定工，包工包产或直接的包产制。其形式有定产到组、以产计工，有大包干、口粮田，有定产到田、责任到户和小宗作物定产到田、责任到户等。这两类责任制都有许多好典型、好经验，都得到了群众的肯定。但从总的趋势来看，多数群众倾向于联系产量的责任制，今春以来，联系产量的责任制发展到17240多个生产队，占全区生产队总数的67.5%，估计明年将会有更多的生产队实行这种办法。

在实行联系产量生产责任制的生产队中，有一部分采取定产到田、责任到户办法的生产队，特别吸引群众，成了各地群众和各级干部的议论中心。大家议论的内容，集中在以下两个方面：

一方面是责任到户的增产效果大。我们在来安县玉明公社作了调查和比较，这

---

*本文系1979年11~12月与安徽日报社崔贤云、张民权，滁县地委宣传部杨传心同志共同完成的，提出责任到户不同于单干，单干不同于资本主义，是社会主义的农业责任制，是生产关系向适应生产力发展要求的前进。1979年12月28日载安徽省委党校《理论战线》第48期，安徽日报《情况反映》159期，并作为1980年1月安徽省委农业工作会议参考材料发给与会人员。

个公社过去很穷，是全县有名的"三靠"公社，生产靠贷款，吃粮靠回销，生活靠救济。今年建立了各种生产责任制，抗旱得丰收，生产大变样，全公社粮食总产比去年增产26%，比历史上最高产的1976年增产15%，向国家交售粮食超过任务15多万公斤，卖油脂超过任务一倍，集体留了15万公斤水利粮，10万公斤储备粮，人均口粮达到300多公斤。这个公社的78个生产队，分别采取了不同形式的责任制，出现了不同的效果。其中责任到户的28个生产队，粮食总产增长73.7%，增产幅度最大；实行包产到组、以产计工的48个队，粮食总产增长24.4%，增长幅度次之；实行以队生产、评工记分的两个队，粮食总产下降8%[1]。在这样鲜明的对比下，人人称赞责任到户好。我们到一些责任到户的队去走访，果然气象一新，家家户户粮满仓、肉满缸、做新衣、整新房、男女老少喜洋洋。许多十几年的穷队、穷户丢掉穷名，冒了富尖，被周围群众传为佳话。东高塘生产队就有这样的美谈："华八千，刘一万，周家粮食没有边，困难户孙小龙等团圆。"这话的意思是姓华的社员家有8000斤粮，姓刘的社员家有万斤粮，姓周的社员家粮食更多，社员孙小龙过去生活困难，老婆外流，现在由穷变富，队里正准备派人把他老婆请回来。枣树大队也传出话来要同东高塘队比富，他们说："有8千，有1万，曾老头的粮囤搭不到边。"我们到新生大队先进生产队看看，也是家家富足，我们随便访问了一户社员叫王文涛，他家9口人，3个劳力，是个中等收入的户，他家卖过征购、交过积累以后，实得粮食10600多斤，人均粮食1000多斤，农副业收入人均349元。他说，我们是头一年责任到户，干着怕着，还没真正拉开架子干咧，明年再要下劲干一年，我家就要推掉草房盖瓦房了。

实行责任到户增产效果大，并不是个别公社的情况，其他县、社也是如此。据滁县年终分配统计：今年全县粮食增产12%，其中责任到户的15个生产队，粮食增长82.8%，增产幅度高于全县平均数87.8%；今年全县油料增产24%，其中15

---

〔1〕来安县玉明公社各种生产责任制粮食生产发展情况对比：

单位：万斤

责任制类型	队数	1978年总产	1979年总产	增产%
全社总计	78	860	1085	26
定额记工	2	35.6	32.8	–8
包产到组	48	540.4	672.3	24.4
责任到户	28	284	380	33.7

个责任到户的队油料增产 5.67 倍，增产幅度高于全县 5 倍多；今年全县棉花减产 20%，而其中责任到户的 15 个队的棉花却增产了 77.3%[1]。这些责任到户的队，在各地都显得很突出。凤阳县梨园公社小岗生产队，过去年年生产搞不好，年年有人外流讨饭，今年责任到户，全队 20 户社员单收花生就达 1.5 万多公斤，每人口粮吃到六七百斤，每户收入都在千元以上。在责任到户的生产队中，许多劳力强的户富得更快，成了当地的"冒尖户"，更引人羡慕。凤阳县出名的穷地方黄湾公社街西大队，有两户社员，每户劳动收入达 4000 元以上。周围生产队社员惊喜地赞叹说："责任到户顶呱呱。一年就抱个金娃娃。"在责任到户的队里，超支户大大减少了，劳力弱的社员户虽然比不上劳力强的收入多，但也比过去日子好过了。来安县双塘公社双塘生产队有一户劳力最弱，只有老两口，一个 64 岁，一个 65 岁，过去在队里不上工靠救济，见到干部就要救济，干部要经过他门前绕道走，不敢见他面。今年责任到户他家收粮 1350 公斤，现在老两口喜得拉着干部看他家的粮，又笑又讲又留干部打鸡蛋吃面汤。

这许多责任到户的好处，喜传各地，农村庄庄户户，城镇街头巷尾，到处都能听到议论，有的说这是治穷的好办法，有的说这是真正摸到了增产之门，有的要求公社批准搞，有的"先斩后奏"已经搞了，有的不声不响暗暗搞。

另一种议论是责任到户的罪名大，办法虽好不合法。这种议论是由 1961 年的责任田引起的。1961 年这个地区普遍实行过责任田[2]，干部群众都知道现在的责

[1]滁县几种生产责任制生产发展情况对比。

单位：万斤

		全县合计 1671 个生产队	不联系产量 536 个生产队	联系产量 1135 个生产队	其中责任到户 15 个生产队
粮食	1978 年	24618	8002	16616	77
	1979 年	27701	8348	19363	131
	增产%	12.2	4.32	16.5	88.2
油料	1978 年	561	172	389	3.11
	1979 年	690	204	486	20.8
	增产%	24	18.5	25.1	588
棉花	1978 年	161	54	107	0.84
	1979 年	123	37	86	1.49
	增产%	–23.7	–32.4	–19.4	77.3

[2]安徽 1961 年试行的责任田。见本书《中国农村管理思想》一文第三部分的有关内容。

任到户和过去的责任田名称不同、实质一样，他们一看就明白这是换了名字的责任田。1962 年责任田被说为“方向性错误”，地、县、社、队许多干部检讨认错，责任田办法也被强令取消。“文化大革命”中，又把责任田重新翻出来，加上许多罪名，并把责任田当作棍子，打击了一大批干部群众。许多人挨批挨斗，当时站桌拐、抹黑脸、挂黑牌、戴高帽的苦头都尝过了，所以现在还有一些同志提到责任田，大有谈虎色变之状，顿时不寒而颤。他们对现在这种责任到户办法的好处，或者敢听不敢讲，或者敢讲不敢做，或者又想做、又怕错，睁一只眼闭一只眼，对下随着群众搞，对上假装不知道，或者虽然做了又感到理不直、气不壮，提心吊胆心不定。也有个别人，看到群众要求搞责任到户的积极性，认为是“责任田复辟了”，“单干风来了”，惊恐万状，横加指责，压制群众。有一部分县、社、队的干部，抱着“做官不怕丢纱帽，立志改革不动摇”的态度，积极领导群众推广责任到户的办法，却被某些人斥之为“单干书记”，这些同志觉得虽然抓好生产在经济上翻了身，但在政治上被责任田的罪名压得抬不起头来。

从以上两个方面来看，当前这种逼人的形势，群众强烈的要求，众多不同的议论，集中而又迫切地提出一个必须回答的问题：责任田究竟对不对？

二、责任田无罪

责任田究竟对不对？为了正确认识和回答这个问题，我们查阅了有关责任田问题的历史材料，同一些长期做农村工作的干部和老社员一起回忆了过去搞责任田的经验教训，并联系现在实行的责任到户的情况，分析了过去给责任田所强加的各种罪状，大家都认为，经过了十几年时间的历史检验，应当肯定责任田是正确的，应当给责任田恢复名誉，过去给责任田加的所谓什么“分田单干、走资本主义道路”，什么“瓦解集体经济”，“代表地主、富农利益，代表富裕农民自发资本主义倾向”，“两极分化”，犯了“方向性错误”等一大串罪名，应一一推倒。

（一）“责任田”的性质不是“分田单干、走资本主义道路”，而是社会主义的、适合生产力发展要求的管理形式

社会主义的基本特征是生产资料的公有制和各尽所能，按劳分配。实行责任田一是坚持了土地、耕畜、大农具等生产资料归集体所有，社员私人没有所有权，不能私自买卖和转让，二是包产以内产品收入当时仍由大队统一分配，社员仍是按劳

分配，超产部分奖给社员也是按劳分配的一种形式，在产品分配上不存在剥削。所以，责任田的性质是社会主义的，它只是社会主义农业的一种联系产量的管理责任制；它与那种以个体私有制为基础的、有的受轻微剥削、有的有轻微剥削、处在"十字路口"的单干根本不同，也与以资本家私人占有制和剥削雇佣工人剩余价值为特征的资本主义根本不同，它坚持了农业社会主义改造的基本成果，而不是倒退到单干，更不是倒退到资本主义。当然应该承认，责任田在坚持社会主义原则的基础上，对生产关系做了一些调整。生产资料的所有权与使用管理权有所分离，在生产队的计划（现在是合同）下，每个农户对责任田有了生产管理权，几户管一头牛，对耕牛有使用管理的权力等，这种分离更加适应以耕畜、手工工具和手工操作为主的农业生产力，更适合农业上大量农活分散、复杂、琐碎的特点，使生产者能主动自由地安排各种劳作，利用各种劳动时间和辅助劳力。定产定工和按照责任田的产量计算奖赔，克服了农活质量难以衡量、助长社员争工分不争产量的弊病，使劳动计酬与农活的数量质量、劳动效果联系起来，更好实现按劳分配，提高社员的生产积极性和责任心。因此，实行这种责任制，使生产关系更加适应以手工工具为主的生产力水平，从而有力地促进农业生产发展。如果说这是退，那是退到和生产力水平相适应的状况，是人们的认识向符合实际的方向前进了一步，是经济管理向符合客观规律的方向前进了一步。

（二）实行责任田不是"瓦解了集体经济"，而是有利于集体经济的巩固和壮大

这是因为，集体的财产，如土地、耕牛、农具等仍归集体所有，只是在使用管理上有分有合，这不但不是瓦解，而且是加强了责任制，使集体生产资料的管理使用更加与社员的切身利益直接结合，得到了更好的保护和利用。集体经济的巩固壮大有赖于生产的发展，社员劳动的剩余产品是集体积累的主要来源，实行责任田使农业增了产，这就为集体经济的发展提供了基础，包产部分由大队统一分配，也并不妨碍集体提留积累。不过，当时主要还是恢复生产、解决社员生活的问题，责任田的作用主要是扭转了生产力下降的局面，使集体经济站稳了脚跟，还很难谈到搞多少积累用于扩大再生产。谈到集体积累的问题，应该看到，多年来的情况并不理想。据调查，嘉山县自实行统购统销到 1978 年的 25 年中，倒吃国家 6000 多万公斤粮食，从合作化到 1978 年底，全县三级所有的固定资产总值是 2503 万元，但社队欠国家贷款 1613 万元（已免掉的 203 万元不计在内），两项相抵，实际家底只有 890 万元。如果扣除 1969 年以来国家无偿支援的 850 万元和 1957 年以来发放的各

种救济款 990 万元，真正的集体经济一无所有。可见，生产不发展，所谓积累是一句空话。前些年一味求大求公并没有积累起来，有不少只能维持简单再生产，有的社员吃不饱饭，集体连打煤油的钱也困难，靠贷款生产。现在一些地方搞责任到户，生产的东西多了，集体提留有了增加。来安县玉明公社 28 个队责任到户，包征购，包提留，和全社其他生产队一起，仅水利粮就比去年多提留 10 万公斤，就是一个例子。

（三）责任田不是“引起两极分化”的祸根，而是合乎使一部分社员生活先好起来的共同富裕的路子

什么是“两极分化”？“两极分化”应该是指造成穷了千家、富了几户，少数人靠剥削别人而富有，形成少数剥削者和多数被剥削的劳动者的两极。显然，实行责任田不会导致这种两极分化。因为：一是生产资料集体所有，政策不允许雇工剥削，每户按人平均承包的责任田是有限的，在正常的情况下也不可能雇工剥削；二是包产部分统一分配，超产部分是社员劳动所得，不存在剥削；三是对困难户不但有包近田、定产低一点、组内代耕等照顾，还以公益金、社会救济等形式给予扶助，使之至少能保持基本生活水平。所以，在生产、分配中不可能出现剥削和两极分化。至于在流通领域中的放债、投机倒把，是另一回事，与责任田并没有必然联系，应由其他经济管理和法律来过问。至于说劳力强弱不同，劳动态度和技术不同，造成收入不平衡，这在按劳分配的社会主义社会是正常的现象，有着鞭策落后、鼓励先进的积极作用。搞大呼隆、大锅饭、一拉平，只能使劳力弱、技术差、劳动态度不好的不思努力，劳力强、技术高的多劳不多得，不愿努力，大家在一块糊，使人向落后看齐，造成生产下降，普遍贫穷，害民误国。现在一些地方搞责任到户，劳力强、技术好的成了冒尖户，原来的超支户也大大减少了，生活有了改善，集体积累增加了，为扩大生产，使大家都富起来提供了可能，这就是在新的条件下的证据。社员说，工厂工人的工资有八级，干部工资级别有 20 几级，不同级别的人工资收入相差一倍、好几倍，那不叫两极分化，为什么我们农民出的力气不一样，收入有些差别，就叫两极分化?显然，不能把按劳分配带来的差别叫做两极分化。

（四）实行责任田不是“代表了地主、富农的利益”，“代表了富裕农民的自发资本主义倾向”，而是代表了劳动群众讲究劳动效果、实行按劳分配的愿望

前面已经说明，责任田是一种不存在剥削的社会主义农业的管理责任制，它并

不代表少数人对多数人的剥削和压迫，也不是资本主义性质的东西。更何况从1956年基本实现生产资料所有制方面的社会主义改造以来，我国的阶级关系已经发生了重大的变化，怎么能给责任制戴上代表地主、富农利益的帽子呢?多数社员包括多数贫下中农是愿意实行“责任田”的，从当时责任田的发展速度和促进生产、群众满意的实践已经得到证明。责任田是建立在公有制和按劳分配两项原则的基础上的，这种联系产量的生产责任制，更能做到以产量多少来衡量劳动的数量和质量（土地、水源等因素已在定产到田时排除），做到多劳多得。因此，对待责任田的态度，基本上与对待按劳分配政策的态度一样，主要取决于社员各自的经济利害关系，过去的同一阶级、阶层，由于劳力强弱、收入变化的不同，对责任田的态度也不同，少数劳力弱的有顾虑，怕劳力弱，收入会减少，影响生活，而多数社员是欢迎的。群众欢迎责任田，实际上就是欢迎真正按劳分配、多劳多得的表现，是反对平均主义，反对不计效果的劳动浪费、物资浪费，也是反对一部分人少劳不少得以至少劳多得的无偿占有（这并不包括社会公益在内，群众是通情达理的）。

（五）责任田不是“助长了农民的私心”，而是助长了农民的劳动积极性和生产责任心

实行责任田，不会助长农民的土地私有观念，因为土地是集体的，不是社员的私产，只有一定时期的使用管理权。他们爱护田地，和工人爱机器，战士爱武器一样，是好事。至于社员千方百计想把责任田里的生产搞好，争取超产，增加个人收益，这是责任心的加强，是通过生产劳动获取物质利益的欲望，是对生产的促进。群众土中求财，劳动致富，是无可非议的，不是什么私心。那种在水利等方面的争执，既有生产的责任心，又可能有不顾别人和集体利益的私心，这在包产到组的组与组、队与队之间也存在，并非只有“责任田”才发生这种情况，都需要进行集体主义教育和建立一定的管理制度。还应看到，大呼隆、小呼隆种田，“尖头站，滑头看，老实人也不干”，混工、争工分，不关心农活质量、不关心庄稼生长好坏，才真正是助长了私心，是败坏劳动人民的劳动态度和品质的温床，对生产危害也最大。“责任田”适合生产力的发展水平，能促进生产，生产发展了，农民感到集体经济有奔头，这恰好能助长集体主义。农民仍然是有两重性的，既不能低估农民的觉悟，认为一加强个人责任制私心就暴发，甚至戴资本主义自发倾向的帽子，也不能提出不切实际的要求。存在决定意识，农民眼界的扩大，集体主义的增强，是一个发展过程，依赖于生产力的发展，小生产向社会化大生产的过渡，分工和协作的

发展，以及与之相关的生产关系的变化。人为地捆在一起大呼隆干，捆不出集体主义来。“责任田”能够适应、促进生产力的发展，就是在为生产关系的变化、集体主义意识的增强提供基础，这才是实际可能的。

（六）实行责任田不是“把集体生产的优越性搞光了”，而是在一定的生产力水平下，把集体的优越性和生产者个人的积极性结合起来了

集体生产的优越性主要体现在两个方面：一是在人与人的关系上，由于生产资料的集体所有制和按劳分配，可以消灭剥削，共同富裕；二是在人与自然的关系上，可以统一计划进行生产，在劳动中合理分工协作，依靠集体力量兴利除害和添置农业机械，发展农林牧副渔各业生产等。这些优越性在当时推行责任田的时候，许多地方仍能在可能的范围内得到发挥。对于第一个方面，无需再说。在生产方面，实行“责任田”是集体经营和分户管理的统一，体现了生产的集体性和劳作的个别性、严格的个人责任制和协作互助的统一，既保存了集体的优越性，又发挥了个人的主动性。据滁县县委 1962 年在腰铺大队的调查，社员说：对计划统一，只要把粮油棉产量落实到户，肯定能按计划完成。牌坊队去年（搞责任田）按计划每户种 20 亩棉花，都按质按量完成了，今年（改了责任田）种七亩六分棉花，只有四亩有收成（这里只是用来说明搞责任田也能实现计划）。现在责任到户有合同和奖赔制，更加完善；大农活统一的关键是使用耕牛，要几户管一头牛，固定专人用牛，包好困难户，建立保养耕牛责任制，简便易行。栽种的时候，共牛的小组人跟牛走，团结互助。至于挖塘泥、修小水利、大面积灭虫、抗旱除涝，生产队或作业组能临时组织劳力，按需要包工。可见，不能把管责任田的农民看成旧式个体农民、单干户，生产的集体性仍是存在的，需要集体做的大农活，仍然可以集体协作。另一方面，常年大量适合分散做的农活分户进行，责任明确，与每户社员利害直接相关，积极性高，加强了田管，“三分种，七分管”，对生产起了重要作用。我们应该看到，生产中分工的程度、协作的范围，是由生产力的水平决定的，随着生产力的发展而发展，在以木犁、锄头、耨扒、镰刀的落后工具和手工操作为主的生产力水平下，分工协作不可能采取高级的形式，不如责任到户，效果更好。离开生产力的水平，一味追求许多人在一块干的形式，有害而无利。当然，分户管理也有不利的方面，但在一定条件下，比起它的有利方面还是次要的。而一些机械化水平高，队办工副业多，或由其他条件所决定，应该因队制宜，采取别的生产管理形式，对管理形式，就是在推行责任田的时候，也没有强求一律。

综上所述，过去给“责任田”加的种种罪名和进行的批判，脱离了生产力的发展水平，混淆了社会主义和资本主义的界限，脱离了群众的意愿，是不合实际情况的，应该推倒。对这种广大群众实践过的、促进了生产的社会主义集体经济的一种联系产量责任制，应该实事求是地予以肯定。

三、几点教训

1961年的责任田，是顺乎民心的、适合生产力发展和人们觉悟水平的一种好办法。这种办法，对于解决被“五风”严重破坏的问题，对于迅速恢复农业生产，都起了巨大的作用，农民称责任田是“救命田”。但是，这种办法为什么只搞了一年就被一阵风改掉了，为什么后来能被林彪、“四人帮”加上许多罪名，当作一根棍子横扫了一大批干部和农民群众，为什么至今责任田的罪名还在沉重地压着人们不敢触动这个“禁区”，就这个问题，我们同滁县地区的部分县、社领导同志和长期做农村工作的干部进行了讨论，认为有以下几点教训值得注意。

（一）没有搞清责任田的性质

1961年推行的责任田，同现在有些地方所实行的定产到田、责任到户的生产责任制一样，都是农业上采用经济手段管理生产的一种形式。它的特点是作业区的范围上缩小了，由原来以生产队或以小组划作业区缩小为以户划作业区；在劳动组合上也随之改变了，由原来以生产队几十个、上百个劳动力或以生产小组十几个、几十个劳动力在一起劳动，改为以户单独作业；在分配办法上由原来完全由大队或生产队统一分配，改为包产以外的小部分超产粮归自己。这些生产管理形式和分配办法上的改变，给我们产生了错觉，认为这样就改变了社会主义性质，背离了社会主义方向。认为责任田就是分田单干，走回头路。所以有些同志认为，“责任田这样好，那样好，方向不对样样都不好。”过去许多干部因为搞责任田检查犯了“方向性错误”，至今还没解脱出来。直到现在，还有不少同志认为责任田确实能增产，就是方向不对不能干。农村开展了真理标准问题的讨论，广大干部思想开了窍，打破了十几年来对责任田问题的形而上学的看法。大家认识到，不能单从劳动组合形式和分配办法上来看责任田的性质，要透过这些形式去看它的本质。不能认为十几个、几十个人捆在一起劳动就是社会主义，责任到人、分户作业就是资本主义。责任田是不是社会主义性质，根本问题要看两条：一条是看它是否改变了生产资料的公有制；另一条是看它是否坚持各尽所能按劳分配的原则。实行责任田的办法，并没有改变土地、水利设施和大型农具的公有制度，并没有改变按劳分配的原则。责任田按户计算产量，超产归己，这种分配办法的变化，不仅不违背按劳分配的原则，而且更能体现按劳分配。这种办法，同个体农民有本质的区别。我们搞社会主义，就是要坚持生产资料的公有制，就是要坚持按劳分配的原则，但是，我们过去只讲公有制，不讲责任制，只讲集体经营的优越性，不讲个人的积极性，只讲集体利益，不讲个人利益。在这些问题上，我们自合作化以来，一直是打转转，作茧自缚，跳不出来。有的农民曾经责问过干部：一个工人看一台车床，一个工人管一部机器，一个司机开一部汽车，实行岗位责任制，实行计件工资制，实行多劳多得、超产奖励的办法，并没有改变工厂的社会主义性质，为什么我们农民就不能一个劳力管几亩地，实行包工包产，超产奖励呢？我们同在一个社会主义国家，又为什么有两样政策呢？过去群众想不通，我们也回答不了，原因就在于我们对责任田的性质没有搞清楚，把正确的东西看成是错误的东西，把社会主义的东西当成了资本主义的东西。这个问题，过去我们长期没有搞清楚，在农村工作中带来了许多挫折和损失，教训是很深刻的。现在，我们一定要重新学习，解放思想，冲破"禁区"，重新认识责任田的性质，在发展农业上松开我们的手脚。

（二）不相信农民群众

在改正责任田的过程中，大家突出地感觉到，某些领导对农民总是不相信，总是怕农民离开社会主义道路。改正责任田时，群众抵触情绪很大，不愿改，他们说，"你给我们干三年让我们翻翻身再改"，并说："照这样搞下去，一年有余粮，二年宰猪羊，三年推掉草房盖瓦房。"而我们领导口头上也说，"要相信群众"，"改责任田要群众自愿"，实际上并不是这样，他们对于农民的呼声和合理的要求，一概贬为"农民的私心重"，"是农民资本主义自发倾向"，"是富裕中农的愿望"。有不少干部向上反映了农民的呼声和要求，领导上轻则说他们是"迎合了富裕中农的心理"，"做了群众的尾巴"；重则说他们是"站错了立场"，"代表了资本主义势力"，"是阶级斗争在党内的反映"，并作为"阶级斗争新动向"来抓。这样就逼得干部对上说假话，对下强迫命令。有个生产队改责任田，要社员划杠子表决，规定划一道杠子表示是不同意改，划两道杠子表示同意改，结果，这个队 42 户社员，有 40 户划一道杠表示不愿改，只有两户划两道杠表示同意改的，还是被强迫改过来了。有的干部向群众宣布，改责任田的，征购任务减少 30%，不改的要加征购

50%。有的干部还威胁说："不改责任田的，就不供应食盐"，以此威胁群众，强迫群众改过来。农民群众气愤地说："我们嘴小，你们嘴大，我们再多的嘴，也顶不住你们政府的一张嘴。"有的农民反映："捏着我们走社会主义，捏紧了怕捏死了，捏松了又怕飞掉了，弄得我们不死不活的。"有的群众说："走社会主义，我们自愿交出了土地，拿出了耕牛、犁耙，样样听政府话，现在搞责任田，还是靠劳动吃饭，不过想把生产搞好一些，生活改善一些，能走什么资本主义呢?要说生活好一些就是走资本主义，那你们领导坐小汽车，住楼房，工资用不掉存银行，怎么也不怕走资本主义呢?"现在，农村干部回忆这一段情况，大家都感到很痛心，觉得对农民群众居心有愧。大家认为，要很好接受这一历史教训，要真心实意地相信农民，同农民共命运，对农民的愿望和要求，要如实反映，对符合民心的事，要敢于支持，要真正走群众路线，做好工作。

（三）没有分清主流和支流

责任田好处很多，也有它的问题，特别是统一用水的矛盾，耕牛和大型农具统一使用的矛盾，大规模农田基本建设投工的矛盾，以及向国家交售粮食出现的一些问题。但当时，我们对这些问题缺乏具体分析和正确对待，把具体问题夸大为方向问题，把可以解决的问题看成是不可克服的弊病，把支流问题当成主流问题。责任田所存在的问题，并不能否定它的主流。责任田的主流是什么呢?最主要的就是它最大限度地调动了农民群众的积极性，战胜了由"五风"造成的许多农村已陷于破产的严重困难，使生产和人民生活迅速得到恢复。农民说："要不是责任田，我们哪能好得这样快。"责任田办法，确实是当时解决农村那种困难局面的一剂良药，尽管责任田存在一些问题和缺点，但都不能否定责任田所起的巨大作用这个主要方面。责任田所出现的一些问题，也并不奇怪。当时责任田办法推广得很快，1961年春，只有几个月时间，滁县地区很快就推广到70%以上的生产队，时间这样仓促，面铺得这样大，如果说没有问题这倒是很奇怪的。那些问题，总的来说大都是因为加强了责任心，积极干的中间出现的问题，这比大呼隆不干的问题好解决；是致富出现的问题，比大锅饭、拚家穷出现的问题要好解决。那些问题，也不是不能解决的，事实上当时有的问题正在解决，有的问题还没有来得及解决，责任田就改过来了。从现在一些实行定产到田、责任到户的地方来看，过去责任田提出的问题不少已经摸索出了解决的办法。来安县去年干旱很严重，用水很紧张，凡是责任到户的队，都有一套统一用水和管水的制度，并没有因用水问题而影响生产。他们在冬修当中，也有一套统一投工的办法。双塘公社全公社联合整修陈郢水库，其中责任到户的队投工最多，工效最高，有的社员日工效达到7方多土。过去有些干部最担心的是搞责任田征购任务难完成，从1961年的情况来看，生产开始恢复，口粮还是靠瓜菜代，动员群众卖粮很困难，即使不搞责任田，也有许多队瞒产私分。现在情况不同了，政策规定不许卖过头粮了，粮食收购价格提高了，农民多余的粮食愿意卖给国家了。凤阳今年普遍实行大包干，粮食大增产，全县出售征购4120万公斤，一年完成两年的征购任务，是解放以来卖粮最多的一年。

1962年改责任田至今已经18年了，尽管改责任田时说它是“方向性错误”，“文化大革命”中林彪、“四人帮”又给它加了许多可怕的罪名，但是，还有许多农民群众和农村干部留恋责任田。现在一部分社、队实行的定产到田、责任到户的办法，实际上是换了名字的责任田。这说明责任田是有生命力的。我们应当吸取历史经验教训，正确认识和对待这种办法。同时，我们也不能因为肯定了责任田是正确的而否定了其他各种不同形式的生产责任制，例如一组四定、大包干和其他各种不同形式的联系产量责任制等。这是因为各地生产条件不同，即使是同样生产条件下，干部力量的强弱和社员觉悟的高低也有差异，所以要采取哪一种责任制也不能一刀切。不管实行哪种办法，都要从生产力发展水平出发，都要走群众路线，决不能坐在上面定框框。哪种办法好，哪种办法不好，上面不能主观臆断，下面不能看方向，唯一的标准只有一条，就是看它能不能增产。生产管理的好办法，是群众在实践中创造出来的，要允许群众实践，在坚持社会主义公有制和按劳分配原则的前提下，要让他们怎样增产怎样搞。对于这个问题，我们领导上一定要解放思想，放开手来，不要怕这怕那，不要规定太死。我们做农村工作的同志，要把对上级负责和对农民群众负责统一起来，深入实际，倾听群众的意见和要求，同农民群众共命运，想群众之所想，急群众之所急，坚持群众路线，努力探索最有利于发展农村生产力，最有利于提高农民群众劳动积极性和生活水平的措施，尽快地把农业搞上去，加速农业现代化的建设。

（1979年12月14日）

农民的第二次解放

——来安、凤阳县委两同志谈包产到户、包干到户*

一、来安县委书记王业美[1]谈包产到户

要把农业搞上去，非解决管理方式不行，农业生产集体劳动不如分散好管理。

这些年来，我在想：社会主义时期人与人是什么关系，为什么过去没搞好，怎样调动农民积极性？拿党员干部来比，拿兄弟姐妹、一个家庭来比，感到现在这样集体劳动不行。“文化大革命”前，我在南京军区工作。有一次军区机关组织一些干部在江宁县处在长江中的一个洲上劳动，一起到花生田里拔草，有的干得好，有的不好好干，后来把任务划到部一级单位，拔得就快，划到科更快。干部是这样，我们要求农民多高，干好干坏一个样，干快也不能早回家，他就不高兴。再拿家庭来比，兄弟要分家，是因为分配不公平，是经济问题。父母再厉害，也不能不叫分家。叫社员养活社员行吗?难道生产队一块干是社会主义，是方向，一家一户就不

---

*1980 年 5 月，中国社会科学院农业经济研究所王贵辰、魏道南、陈一诺等到滁县地区了解农业责任制情况。陈修毅和本书作者陪同调查。整理的这两则访谈，1980 年 6 月 16 日以地委《送阅材料》内部刊印。

〔1〕王业美，山东莱州人，抗日战争时期参加革命。1978 年 8 月从滁县调任来安县委书记。他深入农村了解农民的生产生活，支持烟陈公社魏郢生产队包产到组，10 月在十二里半公社前郢生产队调查看到农民的困难，答应该队队长的要求，批准他们包产到户。1979 年来安县成为滁县地区包产到户最多的县，王业美被怀疑包产到户的人称为单干书记，但他说：“我一不贪污受贿，二不腐化堕落，谁告叫他告！官不是从娘胎里带出来的，是人民给我的。为了老百姓丢官值得！”他还倡导县乡干部包户扶贫，《人民日报》曾以县委书记和农民兄弟为题对他做了报道。1983 年，调任滁县地委常委、组织部长。1986 年去世时 6000 多名老百姓从来安各地赶去为他送行。

行，在一块拿锄头、镰刀干活是大农业，一人开拖拉机干倒不是大农业。从阶级产生以来，有什么先例像我们这样干好的，国际上有什么先例这样搞好了的?唱高调好唱，叫我们自己到农村也搞不好。能当地委书记、县委书记，不一定能当好生产队长。一家一户睡在床上还考虑利害，睁开眼就是公与私，一个队小的十几户，多的三四十户，农活、工分、生产、生活，复杂得很，一些队长连个大字不识，怎能搞好一个队。生产队中无偿占有别人劳动的现象不少，社员栽秧，说第七撮才是为自己栽的。我们农业这样搞，到底是不是农民要干的？农村是不是就按这个办法搞?过去我在滁县工作时，从 1971 年到 1973 年，对集体养猪下多大劲，就是搞不起来，袁庄的经验推不开。包到户养就好。那时没想分到人干，但挑土方分到人，工效就高。黄圩公社搞土方分到人，两个上海女知青，一人一天挑两方；混在一起干的小伙子一天挑零点七方，分到人干得就快。人与人的经济关系，要用经济手段来解决。要把农业搞上去，非解决管理方式不行。要集体生产，除非高度机械化。到共产主义社会，没有一定的权利也不行。

搞包产到户看起来是违背上面指示的，因为中央明文规定不要搞包产到户。同时，你要干点事情，总有人反对，认为你搞错了，说你无组织无纪律。我到农村去胆子就大，回机关就有点消极。我也想过，50 多岁了，在一个县还能搞几年，像演戏一样到尾声了，冒这个险干什么？搞包产到户什么意思，不搞落个有组织有纪律多好，工资又不少拿一个。双塘公社蒋家胡大队有个胡玉锡，是个带头搞互助合作的老劳模，他也认为包产到户好。老婆孩子劝他，说：“你犯错误不要叫我们抬不起来头，50 岁了，谁不知道你是合作化的带头人。”他说，我是考虑生产队在一块干，没法搞好。不管谁，用命令的方法不行。共产党人办事要实事求是，从实际出发，要合乎民心，顺乎民意，群众想干的不叫干，不乐意干的硬叫干，总不行。真正的老实头，老实农民，不同意到户的很少。我是看有些贫下中农没饭吃，怎么叫他吃上饭。烟陈公社杨渡大队魏郢生产队 1978 年包产到组，灾年增产 1.5 万公斤，管理形式比队小了，我们推广了。十二里半公社的前郢生产队是我批准包产到户的第一个队。那时候，武集、十二里半公社，一些地方已经断炊了，给回销粮，社员没钱买，愁坏了，何止一家，一看这种情况，胆子大了，什么方向，吃饱饭就是方向。同意他们到户。回到县城，有人就说这怎么行! 我们共产党员是为人民服务的，从党性出发，一切为了人民，依靠人民，社员没饭吃，不叫群众吃上饭，什么共产党员，不问心有愧吗?去年一年，包产到户的增产幅度大。包产到户三五年，最有钱的将是一部分农民，能赶上几个工人，再高的县干不如他。

大多数农民想包产到户，是不是就不想跟党走，不想走社会主义道路，他想走资本主义道路?不是，说恳切点，是想吃饱饭，他就是想多收点，充分调动积极性，不是考虑搞资本主义 。

最近，学习《准则》，感到中央文件上没有包产到户，对中央的政策一定要执行；一想共产党员要一切为了群众，要全心全意为人民服务，为群众谋利益，这样又想通了，认为可以搞。这两方面还矛盾着。

包产到户能做到“三挖潜”。一是挖掘人力。3 岁的小孩也能用得上。一次下乡看到夫妻二人后面跟着两个孩子，搞穴施化肥，大孩子 6 岁，小的 3 岁，他们在前面捣洞，大孩子往洞里丢肥，小孩在后面盖上。我问，小孩不干你揍不揍他，他说，我不揍他，打他两耳光，他不一定好好干，告诉他：“你好好干，回家煮鸡蛋给你吃”，他就干了。你看，对 3 岁小孩也要讲物质利益，何况大人呢?二是挖掘财力。买化肥，不用贷款，卖鸡蛋的钱都用上了。三是挖掘地力。过去来安县一年要增产几千万斤粮食不容易，现在到户，同样土地下同样多的肥，一亩能多收一百斤。多少年的荒田，包给个人，就把草拔光了，根本不需用除草醚。过去一些地方草长得比棉花、花生高，双塘公社蒋家胡大队有 7000 亩田，年年要荒千把亩，今年不荒了，还开荒 300 亩。

到户后突出的问题是用牛、用水。有的说，没有杀老子的心不能用牛。有一户，他妈妈看到牛不行了，不叫他用，他还是牵出去了，对牛说：“老牛啊老牛，你帮帮我的忙吧，你爬也要爬三圈”。这些问题要解决。

王业美说，如果从包产到户再回到老路上，我看没法搞上去。没有高度机械化，再到队也不行。（1980 年 5 月 16 日）

二、凤阳县委办公室副主任王昌太谈农业的历史教训和大、小包干责任制

（一）从凤阳实际谈农业的历史教训

王昌太同志说，解放 30 多年了，农业上的路线是非还没澄清，还盖着盒子摇。对重大是非问题，中央不表态，下面不敢讲，过去讲高级社如何好，实际并不是那样完满，因为时间不长就办人民公社了。问题不在叫法，而在实质，办人民公社条件是不成熟的，我不排除有些地方具备这个条件。3 年暂时困难并非真正自然灾害，完全是政策问题，或者说主要是政策问题。要论灾害，1950、1954、1956 年

的灾害比1959、1960、1961年大。过去谁说合作社办早了，办糟了，就被打成右派、右倾机会主义，现在虽然平反了，但结论上不敢肯定他们的意见是正确的，合乎实际的。

凤阳的农业大体经过5个阶段。

1949~1952年，也就是土改到互助组之前，是单干。土改前受地主剥削，土改后以个体经济为主。

1952年是互助组时期。以生产资料的私有制和一定程度的集体劳动为特点。

1953~1955年是初级社时期。高峰是1955年。土地入股，土四劳六，土地受集体支配，又参加分配，是社会主义公有制和私有制的结合，半社会主义性质。

1956年办高级社。急于求成，不是典型示范，逐步推广。资产阶级敲锣打鼓进入社会主义了，农村也不能落后。当时虽然提出入社自愿，退社自由，实际不给农民退社自由，谁退社就是向社会主义挑战，挖社会主义墙脚，想搞垮高级社，走资本主义道路。哪里过渡慢了就是“小脚女人”。农民进入高级社，有一部分人是勉强，急躁冒进，坚持自觉自愿不够。所谓高级社好，是与人民公社、“五风”相比较而言的，认真研究一下，办高级社并不成熟。后又马上办人民公社。入社财产没有认真处理，都充公。对资产阶级还给点定息，对农民连定息也不给，耕牛、大农具，不给报酬。对农民的政策，从高级社就发生了问题。

1958年办人民公社，要办都办，全县14个公社，规模一般一个公社五六万人，小溪河公社达9万多人，原来的一个乡是一个大队。当时没有一套具体政策。河南七里营的做法也是主观的，没有实践，一下铺开，越大越好，“一大二公”。全党的头脑膨胀得不得了，好像共产主义并不遥远，我们开始享受共产主义生活了，机关吃大锅饭，农民也吃大锅饭，这个不要钱，那个不要钱。感到搞共产主义并不难。那一年庄稼长得好，却调大批人去大炼钢铁，粮食丢在田里无人收，顾此失彼。1958年全县实际产量82000万公斤，吹到2亿多公斤，交征购4100万公斤，后来没饭吃，谁也不敢讲。1959年春天就发生了问题，回销3000万公斤。

1959年庐山会议，只准歌功颂德，对公社、办食堂不准说一个不字。说了就是右倾机会主义。1959年秋问题未解决，庐山会议后又来个反右，发生饿病逃荒死，全县非正常死亡7万人，连外逃有12万人。

1961年虽然看到了问题，但没有从中央总结经验教训，反而整农村基层干部。

1961年责任田救了农民，对恢复生产力起了决定性作用。当时责任田制度不很完善，但没有它恢复不会那么快，那时猪肉由10元每公斤下降到4元，大米1

公斤由 7 元下降到 2.4 元，胡萝卜由 1 元下降到 0.2 元。1962 年纠正了责任田，纠正早了，如果再搞 3 年，价格可能和现在差不多。

1963 年开始搞点上社会主义教育，对改善公社管理，处理违法乱纪，稳定农民情绪，起了作用。但生产不像责任田时发展迅速。全县粮食总产量，1960 年 0.95 亿斤，1961 年 1.31 亿斤，1962 年 1.36 亿斤，1963 年 1.24 亿斤，1964 年 1.35 亿斤。

后来学大寨，不是根据凤阳的具体情况解决自己的问题，而是当成了两条路线的是非标准，以接近大寨那一套管理办法为是，离得远一点就是道路没端正。到“文化大革命”，一年比一年厉害。学大寨虽没有对农业起多大破坏作用，但束缚了生产力的发展，影响人们解放思想，开动脑筋想问题，缓慢爬行，对农民积极性有很大影响。

从过去的经验看，中央政策要赢得民心，农民希望有对生产有利的政策，能给自己带来利益的政策，不然，任何金字招牌，农民都不欢迎。党要有本事，就应因势利导，引导农民进入社会主义，而不要靠紧箍咒，不按照我的办法就扣上资本主义。

（二）对大包干、小包干的看法

王昌太说，现在谈哪种责任制是社会主义的，哪种是资本主义的，没有多大实际意义。我不怀疑包产到户是社会主义的。从中华人民共和国成立起，中国就跨入了社会主义，那时农民还是单干嘛。包产到户总比那种单干、互助组进步得多。现在有些劳动不完全是个体，如林场、工副业等还是集体，农业劳动有个体的，但生产资料还是集体的。虽然集体所有制的某些成分名存实亡，但集体经济还存在，只是程度不同。

现在要研究哪种责任制好，是小包干到户好，还是大包干到组好？一个县也不能一刀切。城南公社齐涧大队搞一组四定，多数地方不能实行这个办法。真正征求民意，齐涧 50%以上也要求到户。蒋庄大队与此不同。我们的愿望是，大包干搞了一年，增了产，还是继续巩固发展为好，轻易否定不好，要稳定几年。但是我县 80%农民的真正愿望是到户。

农民为什么要求包产到户？一是自己利益不致被人侵占，二是可以充分发挥劳动潜力。

小包干到户遇到大的灾害怎么办？遇到大灾也不会比在一起干坏，会搞到饭吃，或者说政府能少拿一部分救济粮。到户后，农民适应大灾的机动性强了，不栽水稻也能种旱粮。遇到大水灾，就是以队生产也抵不住。

小包干与解放后的单干不同：①向国家交售征购二者一样，但那时不向集体交积累，对集体不承担义务，现在向集体承担义务；②耕牛、大农具、土地仍归集体，不是私人的；③水利设施控制在集体手里，个人无权处理，单干时小塘小坝是私人的，现在控制权在生产队；④国家支持不对户对集体，合作化前直接投资于户，现在虽有一部分投资户，但大部分仍归集体。⑤现在有集体工副业。

我们的政策还有潜力。衡量政策是否有潜力，要看农民还有没有潜力。农民积极性有潜力，政策就有潜力，农民的积极性充分挖出来了，政策就到家了。现在农民的积极性还没有百分之百调动起来。大包干（到组）调动了积极性，但并没有充分调动起来。大包干（到组）是灵丹妙药，但又相形见绌。梨园公社小岗队为什么比周围大包干（到组）搞得好?因为它敢冒犯禁令，周围不敢冒犯天规，只能搞大包干（到组），结果它就比周围搞得好。原因是：①农民利益百分之百得到保护；②农民潜力、积极性百分之百得到发挥。今年凤阳东部包产到户，春种作物这么好，是多少年没有过的。

有人担心包产到户将来怎样，我认为 10 年内不会有问题。现在都担心将来，我看 10 年之后农民都会成为小康人家，有什么不好，只会为社会主义添砖加瓦。搞一年有饭吃，二年有衣穿，三五年有房子住，十年八年以后，可能有半数农民买电视机。十年八年以后，生产关系可能还要调整，年年有小变化，十年八年有大变化，不是大规模地突然变化，不要大刀阔斧的变化。要研究如何逐渐变化，与农民思想相适应的变化，在一个长时间内从整体上看有阶段性，而一年一年又没有明显的阶段性，逐年地发展变化，不要异想天开，否则，农民适应不了，干部适应不了。

前些年生产没搞好，主要是制度问题，还是干扰问题?

制度本身存在问题是主要的，干扰在某种情况下才起决定性作用。要说制度本身不是主要的，那么“四人帮”被粉碎了，干扰少了，粮食该大幅度上升了吧，为什么实行了大包干才大增产呢。群众说，去年粮食大增产，一半功劳大包干。如果说增产主要是风调雨顺带来的，要么他是不吃粮食的人，要么是没有到农村去过，可以蹲在家里瞎说。农民不是这么说的，过去他们吃了平均主义的苦头，搞大包干像第二次解放一样，调动了积极性，老天也帮了忙。就凤阳来说，搞小包干，十年八年内可能要比其他几种形式要好，弊病可以列十条八条，但不是矛盾的主要方面。弊病是要解决的。

（三）今后发展趋向

为了今后发展，现在就要强调有计划按比例，体现到一家一户即合同制。实行小包干，每个生产队一年可提留 2000 元左右积累，有计划按比例地保证集体经济发展。

今后发展社队企业能否两条腿走路?一条是靠集体积累，一条是靠农民个人向集体投资，按股分红，公社与社员合资经营。社队企业单靠集体办，积累缓慢。今后社员个人存款会逐年增多，运用起来，可以加速社队企业发展，反过来再促进农业生产发展。去年大包干，农民已开始不合法地投资，如岳林大队，农民春天向集体投资 100 元，年终除还本外，还付给 50 公斤小麦，但生产队实际多得的收入还多一两倍。

王昌太说，当前一些人还心有余悸，表现在对责任制形式的看法上，不是完全考虑是否促进生产力的发展，把这看做是衡量先进和落后的唯一标志，而是看招牌，看风头。招牌好看，上面讲得狠，就干。招牌、风头属于上层建筑，都要服从经济基础，促进生产力的发展，这才是唯物主义。

我们应该相信党有能力领导群众把社会主义建设好，不要性急。相信群众会跟党走，不会与党离心离德。问题在党一边，不在群众一边，只要党有正确的路线、政策，能给农民带来利益，群众就会跟党走。

（1980 年 5 月 23 日）

关于老观陈大队核算问题的调查*

全椒县南屏公社老观陈大队是滁县地区以大队核算搞得最好的单位之一。这个大队粮、棉连年稳产高产，1979 年，粮食亩产 1465 斤，皮棉亩产 109.1 斤，人均收入 210 元，固定资产总值 52 万余元。就是在这样一个生产水平高，集体家业大，社员收入多的地方，今年下半年以来，要求实行包产到户的呼声越来越高。有的社员说："现在政策放宽，再也不能全大队捆在一起干了。"有的说："要想社员富，只有包到户，还搞大队核算，累死也不过现在这样。"多数干部认为，根据全大队各方面的实际情况，继续维持原来的体制和一整套做法是行不通的，必须进行一番改革，否则生产上不但不会前进，还可能倒退。

老观陈大队所以会出现这种局面，除了外界的影响，主要是大队核算本身的弊病没有得到解决，表现在以下几方面：

一、"三包一奖"没有避免平调

这个大队从 1970 年起，就开始对生产队实行"三包一奖"（包产量、包费用、包工分，超产奖励、减产赔偿）办法，在实行的过程中，仍存在平调：一是按不同

---

*这是与滁县地委政研室江正行同志共同调查写作的，曾刊登于滁县地委《送阅材料》1980 年 9 月第 20 期。当时滁县地委对农业责任制并不搞"一刀切"，对调查报告批示："……这篇调查，既肯定了老观陈大队实行大队核算的成绩，又找出了当前存在的问题和弊病，同时也提出如何解决问题的初步设想。当然这个意见是很不成熟的，只能供我们研究这一问题的参考。我们的想法是：老观陈大队实行大队核算已 10 多年了，而且成绩显著，现在不能轻易否定。应当考虑在保持大队核算的基础上，如何向专业化分工协作的道路上发展。……请全椒县委认真讨论一下，广泛征求群众意见，提出切合实际的为群众接受的办法来，把老观陈大队办得更好。"

比例奖赔，一般超产奖励 60%~70%，减产赔偿 40%~50%，超产队吃亏。在计算超减产部分的价值时，用的是统购价，而超产的粮、棉、油都是以超购卖给国家的，因此，生产队超产越多吃亏越大。如小湖章生产队 1979 年超产粮食75976 斤，卖超购可得价款 13143.85 元，大队按统购价计价，将超产的 70%奖励，生产队要少收入 6761.95 元，平均每个劳力少收入 102.63 元。二是水电费（包括排涝经费）、机耕费不在“三包”费用之类，不管用多用少，均由各生产队按田亩平摊；农田水利基本建设经费及盖公房、买耕牛、购置大型农机具的费用，在全大队统一提留的公积金中开支，具体安排在什么地方、归谁使用，由大队决定，这些混在一起的开支，都有平调的成分。例如，圩区排涝费用大，治圩、建电力排灌站用工花钱多。每当防汛排涝，岗地的几个生产队还要调劳力到圩区看涵闸，保圩堤，工分在自己队里记，岗地上的生产队对这些费用有意见。在耕牛添置上，到去年为止都是规定生产队繁殖的小牛产权归大队，缺牛队由大队给购买耕牛，有时还从多牛队里无偿调出，于费队 1974、1975 年被拉出去 3 头牛。由于统一负担的费用经济责任不明，用水随便放、用牛不爱护的现象比较多，年年要到外面买牛，仅 1979 年一年全大队购买耕牛款就达 1 万多元。三是大队无偿抽调生产队劳力，每年平整土地、修路，各队需要的用工是不同的，但大队从各队统一派工统一干。另外还有突击性农活抽调劳力。去年秋种时，大队书记蹲点的二文队 160 亩小麦来不及种，就将鲁庄、柳庄、大吴、大文等 6 个队的全部劳力、几十头耕牛一齐调去，干了三四天，仅大吴一个队，就拉了 5 头牛，用了 500 多个工，干过之后一分工也没给。超产的麦子全归二文。

二、“统一核算”，财权过分集中

大队对集体产品收入，费用开支实行统一核算。生产队的包干费用指标在队，开支要到大队领取，用后报账，产品收入统统交由大队掌握，队里虽有集体养鹅鸭、养猪这种属于自己支配的小经济，但基本是分实物给社员，因而生产队只有一本工分账和一张产量表，社员平时借三五元钱要上大队，大队集中了全部财权。年终收入分配，也是由大队做主。一些不合理的做法，例如超产粮不分品种和质量，统统按一角或一角二分一斤计价；大队企业不独立核算，几乎年年亏本，而大队工副业和各种勤杂人员，都按同等劳力靠工，将这些工分放在生产队总工分里和社员一样分配，每年要平调生产队二三万元；有的生产队因灾减产，收入降低，吵得凶了，就拨一些钱增加该队分配，等等，虽然生产队和社员有所觉察，但摸不到底，心里不服又说不出所以然。由于财权过分集中，又没有民主理财的组织和制度，群众不能行使支配权和监督权，大队的不合理开支下面管不了。大队送东西给人家（1976 年以前送棉花奖售粮票 1 万多斤），乱报吃喝开支，向外借钱借粮，以平价将粮、油、棉、家禽卖给上面来的人，等等，群众看得见，搞不清，都说："大队核算是白天不算夜里算……'黑算'。"这种财权的集中，还滋长了少数干部的特权思想，社员说，干部支钱一句话，社员支钱跑三家（到队长家请假，找大队干部批条子，找大队会计支钱），起早打晚跑大队，一次还不给借多，借个买小猪钱要跑两三趟，有的干部借钱盖房一借就是千把元，现在还有几个队几乎没盖新房，大队干部差不多盖齐了，都是最漂亮的，老远一看就能认出来大队干部家，干活的人比我们少，怎么尽先盖大瓦房?

三、指挥划一，生产队只能干"死活"

这个大队在种植计划、茬口安排和主要生产措施上，都由大队统一布置，生产队只是按上面布置派工干死活，没有多少自主权。大队统一安排作物种植，虽然有利于区域化生产，但不问大田、小田，土地状况，硬搞一刀切，就不能因地制宜种植。例如，1976 年全大队 10 个生产队在小湖圩开荒，大队要求种大麦，群众说这种地不适合，但还是种了，结果撒下去一万多斤大麦种，第二年颗粒无收。小王队在壮圩路边上有 20 亩沟田，如果由队安排，最好放藕，但大队为了使双季稻种得成方成片，叫队里在沟田里栽双季稻，几年来连种子也没收上来过。在生产措施上统一指挥也很有害。去年于费生产队有 140 亩双季稻，田很肥，由于一时稻棵没来劲，没有周围田长得好看，大队硬叫撒化肥，每亩多施了 20 斤尿素。结果出现插花痉瘪，减产一二万斤。这个大队统一购买薄膜、化肥、农药，分送到生产队，虽然有方便生产的一面，但同时也加强了生产指挥划一的物质基础。例如，大吴生产队有一些田适合一麦一稻，但自己不能做主，种的是双季稻。今年大队供给这个队 2000 斤棉籽饼，要求下早稻田，生产队想留着秋种上麦田，没有执行，后来大队干部知道了，说：棉籽饼要是不下早稻田，秋种时不给你们菜子饼! 生产队只得将棉籽饼下了稻田。一些老农说，大队核算不散不行，压着种田，掐着生产，实在不畅快。

四、包揽一切，抓不起、放不下

由于实行大队核算，点多面广摊子大，管理人员增多，大队干部 11 人，其中党支部正、副书记 4 人，加上生产队干部、队办企业管理人员，共有 80 多人。人浮于事，其中有一些成了群众说的闲人，浪费了人力，影响群众积极性。虽然管理人员多，但还是该抓的抓不起，该放的放不下，按了这个跑了那个，例如大队 1976 年有一出纳会计，干几个月，就少掉 2800 多块，后来人走掉了，大队也无人去过问。队办企业共有综合厂、轧花厂、拖拉机等 7 个单位，但自建立以来，不搞独立核算，有钱就开支，无钱找大队要，和大队只设个往来账，由于几乎年年亏本，没向大队上缴过收入。人员工资本身发不出，全部是由大队放到生产队靠工参加队里分配，企业经营好坏和企业成员的经济利益毫无联系。有的管理人员和职工夜间赌博，白天关门，在双抢大忙季节里事少也不回队生产。1977 年大队花12000 元买几条大船成立了航运队，由于管理不善，结果几户船民一去不回，1978、1979 年分文未交，至今不知去向。去年以来队办企业虽然开始实行自负盈亏，但经营管理上的一系列问题还没解决好。今年年初花一两千元办一个糟坊烧酒，因酒的度数达不到标准停办了；花8000 多元扩建窑厂，搞一个土窑，因为买的砖瓦机不能用，一块砖未出，土窑被雨水淋塌了，窑厂已停办。有人说窑厂的窑师傅是“人到稀”(意思是他一到人们就走散了)，就是有好设备，窑厂也办不好。

五、“大锅饭”套“小锅饭”，社员更不关心劳动效果

大队核算存在着一定的平调，同时，生产队近年来定额管理也流于形式，混在一起糊工分的现象很严重。大锅饭套小锅饭，使生产队劳动管理病上加病。有的说，大队是一大锅水一起喝，生产队一小碗水再满也无用。近两年来，上工喊人花的时间越来越长，干活要拈阄子到人，不拈不干，有时一天要拈两三次，干起来图数量不图质量。栽秧外面密，中间稀，干部就用框子套秧查撮数。又出现了不栽大撮栽小撮，干部就划秧格子，把格子里打上要栽的秧把子，但有人栽小撮秧用不了，就把整把秧往泥里踩。施化肥不论小麦还是棉花，绝大部分是撒施，肥料要损失一半左右。薅草掐头不拔根，推薅打混水、隔行推，背空桶打药水的现象也出现了。收获时的损失惊人，据干部、社员们估计，一亩田要少收 50 斤粮食，全大队

每年仅这一项要损失15万斤。为什么一些社员看着糟不问呢?老劳模陈邦元说：工分不是个好东西，光围着工分打圈子，没有精力在科学种田、提高生产上做文章，你想一个点子搞好，他想一个点子讨巧，这样搞不好。必须想一个根本的办法，去掉工分，让人自觉去干。有的社员说，大队核算是大糊，小队核算是小糊，到户才不糊。无论如何，一个大队窝在一起干不好。

老观陈实行大队核算制度12年，经历了一个发展、变化的过程，现在，已经到了改变它的时候。起初，这里农业生产面临的主要问题是水旱灾害频繁，需要生产队联合才能兴利除害，虽然这种联合并不一定要采取大队核算的形式，但在没有生产队上一层的联合组织的情况下，大队核算适应了这方面的需要，在客观上起了积极的作用。他们凭着大队核算，集中人力、物力、财力，花了六七年的时间，治圩改湖，建立电力排灌站，解除了旱涝灾害的威胁，增加了农业机械。同时，大队党支部有事业心、懂管理、讲科学、作风正，研究实行了对生产队“三包一奖”和“分组四定一验收”的定额管理，在一定程度上解决了平均主义的问题，领导群众大搞科学种田，使粮棉产量步步上升。经济的迅速发展，掩盖了大队核算权力过分集中、搞平调、群众难于参加管理和监督等固有弊病。但近几年来，这种情况发生了变化。一方面，随着农业生产条件的改变，需要生产队联合举办的主要是工副业和某些生产生活服务事业。但这方面大队没办好，没有给群众带来新的利益，反而成了生产队统一负担的包袱。同时，农业上出现了科学种田水平停滞、下降，粮棉产量徘徊的局面。另一方面，大队核算的弊病突出出来，有了发展。共同负担的费用开支越来越大，不直接从事生产的人员越来越多，在生产上种植计划照旧统得很死，有时还做些求形式、图表面的文章，利用抽调劳力的便利，要群众无休止地搞并耕地、改道路等无关紧要、劳多益少或劳而无益的东西。同时，部分干部思想作风发生了一些变化，有的常年不参加集体劳动，安排亲属干轻活、巧活，拿高工分，遇事先为自己打算，凭借集中的财权谋私利。对此群众不能有效地进行监督和制止，大队核算的弊病越来越明显，逐渐成了发展生产的障碍。党的三中全会以后，老观陈大队的农民先是分得了自留地，去年秋后油菜又包到户，今年菜子产量比去年翻一番，解决了吃油问题，尝到了党的政策的甜头。尊重生产队所有权、自主权和按劳分配、因地制宜发展生产等观念日益深入人心，冲破了极左思想的束缚。加上周围社队建立联系产量责任制，生产上得快，因此，老观陈的群众和一些干部对放宽政策、改变大队核算的要求日益强烈。今年春天，大队党支部对核算制度进行了一些改变，将原来的部分奖赔改为全奖全赔，实行以产计工，耕牛产权实际到队，并且表明不再承认生产队的灾减。这样，大队核算仅保留了统一提留和统一负担某些包含平调内容的费用，大队核算到此已成了多余而无益的东西，到了自我否定的边缘。在这种情况下，大队党支部召集生产队长讨论还搞不搞大队核算的问题，结果70%的队长不同意再搞大队核算，放到群众中讨论，70%以上的群众不但不愿搞大队核算，还要包到户。有些大队干部主张改变核算形式，有些则一怀念过去社员没有自留地，没有小宗作物到户，“一心一意”干集体生产；二怨群众思想复杂了，私心重了，想自由，不听话。与党的政策和群众意愿发生了冲突。他们认为大队核算先进。群众则说，我们比外面是上梯子差两步，大队核算现在是最落后的了。

老观陈改变大队核算制度后怎么办?集中干部和群众的意见，主要是：①巩固现有大队一级集体经济，实行独立核算，把多余的大队干部充实进去，积极发展工副业生产，凡是利用生产队资金、原料进行生产的，应把一部分利润返还生产队，逐步向农工商联合方面发展。②把生产队作为基本核算单位；对原来并队达200多人的大生产队，群众想划开的可以划开；生产队可以实行定额管理、大包干到组或其他形式。③大队应继续抓好生产队需要合作进行的防汛排涝、大机械使用等项工作，指导科学种田。由于12年来生产队没有自己核算过，大队应帮助生产队建立财务账目、理财制度，并继续监督生产队财务活动。④改变核算制度是个重要变化，上级应对大队加强领导，统一干部群众思想，在适当时候有步骤地进行。在具体做法上，可以采取先保留大队一级核算，仅根据生产队需要联办的事来确定保留多少财权和提留，而把大部分财权放到生产队，建立生产队一级核算，使生产队逐步变为基本核算单位。对近一两年的问题，只解决与当前生产直接相关的大事，不纠缠老问题、小问题，做到以生产为中心，不误生产，调动群众积极性，促进生产发展。

（1980年8月28）

搞大包干，不搞交产到队统一分配*

——滁县地区1980年农业责任制情况报告

在省委召开贯彻中央75号文件[1]的三级干部会议前，我区于9月上旬开过地县区社干部会，对农业责任制和发展多种经营、社队企业提出了意见；省三干会后又开了地委常委扩大会，分析全年农业形势和责任制情况，着重研究了农业责任制问题。

今年春耕前责任制形式有很大变动，秋后又有发展。截至目前，我区七县24057个生产队的责任制情况是：实行“一组四定”、定额管理的1892个，占7.9%；包产到组421个，占1.8%；大包干到组628个，占2.6%，都比去年有所下降。包产到户297个，占1.2%；大包干到户18096个，占75.2%，包到户比去年底上升66.8个百分点；专业联产承包2720个，占11.3%，包“口粮田”15个，仍实行大队核算的10个（见表1、表2）。结合我区实践，大家体会到：中央提出加强完善农业生产责任制这个重大的问题是非常适时的，联系产量责任制效果很好，在农业管理上有很大突破。省三干会期间，我们曾讨论过大包干与孟家坪的交产记

---

*这是代滁县地委起草的内部报告，曾由地委办公室陆子修同志审定，报告表明滁县地区决定不搞孟家坪的交产记工、统一分配模式，要继续走本地探索的包干到户之路，提出包干到户引起农村经济管理的五个突破。凤阳县委政策研究室吴庭美一起调查。1994年在准备出书时加了题目和文内标题，并补了脚注和附注。

〔1〕中央75号文件即1980年9月27日中央发出的《关于进一步加强和完善农业生产责任制的几个问题》的通知。

工、统一分配问题[1]，一致认为要从本区实际出发，做好大包干责任制的建立完善工作，同时继续鼓励群众在实践中创造。

一、大包干实现大增产和“三增加”

去年省委领导同志在我区视察时曾说，责任制好不好，就看是否调动了群众积极性，发展了生产，是否做到了社员收入增加，集体积累增加，对国家贡献增加。能够“三增加”就是好办法。今年确实是“一增”带“三增”。

全区农业继去年粮食产量超过历史最高水平，今年战胜洪涝病虫灾害，又夺得了比较全面的发展。据最近测算，全区粮食产量预计可达31.16亿斤（见表3），比去年增加了2.8亿斤，增长9.95%，每个农业人口（全区总人口328万，农业人口近300万）平均产粮1040斤，实现了总产突破30亿、人均产粮一千斤的愿望。经油作物面积扩大，单产提高。油料产量可达143万担，比去年增加44.9%，人均生产47.8斤。畜牧业，大牲畜存栏24.3万头，较去年同期增加3.5%，扭转了近12年波动不前的局面（见表4）；出栏生猪76万头，较去年略有增长；养家禽1266万

---

〔1〕孟家坪交产记工、统一分配。即陕西省米脂县孟家坪生产队，对养羊、种植业生产、农田基本建设等分别实行专业承包，承包社员将收获的粮食或副业收入等交队，以产量记工分或以收入记工分，由生产队上缴税收、征购，扣除集体提留，余下按工分分配的形式。被名曰专业承包联产计酬责任制。

1980年10月7日至16日安徽省委召开三级干部会，贯彻中央75号文件。该文件对全国包括滁县地区责任制的发展起了积极的作用。但其中曾强调了专业承包联产计酬责任制，即实行包产部分交队记工、统一分配的好处；同时省委会议印发了关于孟家坪的做法。这与责任制搞得早的滁县地区实际已不相适应。

会议期间，滁县地委书记王郁昭与七县县委书记专门讨论了大包干与交产记工、统一分配的责任制形式问题，确定继续实行本区的大包干责任制。王郁昭同志在讨论中说：“我们不要局限于孟家坪办法，要交产分配。包干到户关键是把合同搞好，三者关系处理好，应给国家的给国家，应给集体的给集体，个人的归个人，为何交产再分回去，自找麻烦；何必非放在队长手里，便于贪污。我们要写文章，学他专业化，不学他交产统一分配。不交产分配，包干，实际是改造了的包产到户，高级的包产到户。”滁县县委书记张友道说：“我们下去两个组试点，看到已到户的再去搞孟家坪的不好搞，有平调，高不可攀。不管什么形式，只要能满足农民包产的要求，又巩固集体的，都可以。”（摘自作者参加座谈会的记录）

表 1　滁县地区农业生产责任制的发展情况

统计日期		生产队总数	不联产		联产责任制								
年	月日		队数	（%）	小计	（%）	包产到组	（%）	包干到组	（%）	包产（干）到户	（%）	其他
1978	3				48		48						
1979	1	20008	17360	86.8	2648	13.2					5	0.02	
	3–16	21468	7716	35.9	13752	64.1	13761	63.9			36	0.17	
	3–31	21916	6940	31.7	14976	68.3	12142	55.4	2779	12.7	55	0.25	92
	8–28	22641	8372	37	14269	63	10494	46.3	3688	16.3	92	0.4	89
	10–26	22350	7197	32.2	15153	67.8	10402	46.5	4674	20.9	77	0.34	201
	12–31	22659	5971	26.4	16688	73.6	6739	29.7	7770	34.3	2179	9.6	45
1980	1–25	23484	3861	16.4	19623	83.6	3922	16.7	8406	35.8	7125	30.5	106
	2–25	23556	3690	15.7	19866	84.3	2936	12.5	6396	27.2	10534	44.7	45
	4–1	23852	3578	15	20274	85	2813	11.8	8912	24.8	11549	48.4	44
	11–5	24054	1892	7.9	22162	92.1	421	1.8	628	2.6	18393	76.4	2735
1981	3–4	24203	702	2.9	23501	97.1	346	1.4	318	1.3	22495	92.9	342
	6–10	24225	441	1.8	23784	98.2	355	1.5	46	0.2	23273	96	110
	8–1	24215	126	0.5	24089	99.8	138	0.6	38	0.2	23839	98.4	74
	10–12	24228	5	0.02	24223	99.97	100	0.4			24117	99.5	6

注：“其他”责任制，1980 年 11 月前，指“口粮田”承包，此后，指专业联产承包。

表 2　滁县地区各县包产（干）到户责任制发展情况

县名	1979 年				1980 年						1981 年					
	1 月	8 月	12 月 31 日		2 月 9 日		4 月 1 日		10 月 5 日		3 月 4 日		6 月 10 日		10 月 12 日	
	队数	队数	队数	%	队数	%	队数	%	队数	%	队数	%	队数	%	队数	%
天长	1	1	1		44	1.2	119	3.3	719	19.4	2452	63.9	3120	80.3	3766	98
来安		54	1362	46.2	1362	44.5	2673	85.9	3100	99.4	3066	99.4	3066	99.4	3092	99.8
滁县	1	15	129	7.7	267	22.3	397	22.3	1659	93	1659	93	1718	96.2	1798	100
全椒		19	19	0.7	513	18.4	501	18.4	2686	97.8	2686	97.8	2686	97.8	2732	93.5
定远		4	457	9.3	3298	78.1	4141	78.1	5251	99.3	5251	99.3	5271	99.9	5275	100
嘉山		7	209	6.2	2330	82	2978	82	3651	99.1	3651	99.1	3647	99	3679	99.9
凤阳	2	2	2	0.1	2	19.8	740	19.8	3730	98.6	3730	98.6	3765	99.5	3775	99.8
合计	5	92	2179	9.6	7816	48.4	11549	48.4	22495	92.9	22495	92.9	23273	96	24117	99.5

只，持续增长，比 1978 年增长 20%。水产品产量可达 1700 万斤，较去年增加 41%。社队企业总收入预计 1 亿元，比去年上升 19%。今年国家、集体、个人三方面的收入都将增加。粮食预计征、超、议购可达 7 亿斤，比去年增 13%。集体积累

表 3　滁县地区 1977～1982 年的粮食产量变化

单位：万斤

年　份	产　量	年　份	产　量
1977 年	280552	1978 年	229809
1979 年	283345	1980 年	321752
1981 年	404472	1982 年	437400

注：1980 年的粮食产量实际是 32.17 亿斤。

增加，留的实在。社员人均分配收入〔1〕可达 180 元，比去年增 50 元。

表 4　滁县地区的耕畜情况

年份	牲畜年末存栏（头）	劳役畜（头）
1949	168809	135664
1952	201117	156100
1955	245970	190252
1957	243371	180704
1962	147382	107863
1965	173667	123201
1968	227030	142490
1980	247022	183814
1981	269767	213618

邓副主席在今年 5 月的谈话中表扬了凤阳县〔2〕，广大干部群众深受鼓舞，在去年大包干大增产的基础上，又跨出一步。这个县合作化以来农业生产发展经过了两起两落：从土地改革到 1955 年初级社，农民积极性很高，粮食产量由 0.99 亿斤迅速增长到 2.6 亿斤；人民公社化后到 1960 年，片面强调"一大二公"，搞平调，刮"五风"，生产力遭到严重破坏，全县粮食产量下降到 0.95 亿斤；1961~1965 年，农业得到恢复和发展；"文化大革命"极左路线又挫伤了农民的积极性，在很长一段时间内，粮食产量徘徊在 2.2 亿斤左右。有不少生产队没有恢复到合作化初期的水平。从合作化到 1978 年底，全县生产队所有的固定资产总值 1879 万元，但生产队欠国家贷款 1112 万元，加上 1962 年免掉的 776 万元，合计用国家贷款 1888 万

〔1〕社员人均分配收入。联产承包、包干到户后，所说人均分配收入系指承包土地收入，不含社员家庭副业收入和其他收入。

〔2〕指邓小平同志 1980 年 5 月 31 日关于农村政策问题的谈话。该年 7 月，滁县地委负责同志在省委巢湖座谈会期间抄写下来，回滁即向县委书记作了传达。

元。全县生产队将全部家产卖掉，还不够归还国家贷款。集体空，社员穷，“今年巴着来年好，来年还是破小袄”。长年在外讨饭的有一两万人。自从实行大包干，凤阳人民才进入了一个新的时期。今年全县粮食产量可达5亿多斤，比去年4.4亿斤增加6000多万斤，增长13.6%，比1977年历史最高产量增1.32亿斤，增长35.9%。油料产量1628万斤，比去年增长30.2%，是1977年的4.37倍。皮棉总产可达1.07万担，比去年增加24.4%。到11月2日，在全省第一个完成全年粮食征购任务。预计今年可交售1亿斤，超过任务1倍多，平均每个农业人口提供商品粮209斤。社员人均大田收入可达120元，较上年增20%。无怪乎群众在开始实行大包干时就预言：“大包干，实在好，收的粮油吃不了，集体个人都能富，国家还要盖仓库。”

凤阳县继续实行大包干到组的地方，今年胜去年。如城西公社，90个生产队，60个队大包干到组，30个队定额管理，今年粮棉油都增产，其中粮食由去年的1442万斤增加到1600万斤，增158万斤。该社岳林大队岳北队是大包干到组的发源地[1]，今年比去年粮食增产6万斤，农副业收入增加1万元，向国家交售粮食由去年8万斤增加到14万斤，集体提留公积金、公益金由去年300元增加到800元，社员人均收入由138.4元增到192元。甄巷大队甄东队，今年除农业增产外，集体养鱼可收入1万多元，种薄荷收入2426元，农副业收入比去年增76.9%，人均分配收入218元。社员家庭副业搞得更好，全队24户，养母猪的11户，有果木收入的10户，家庭副业人均纯收入90多元。

今年春耕大忙前，凤阳东部三个区大部分社队由包干到组变为包干到户，效果

---

〔1〕“岳林大队岳北队是大包干到组的发源地”有误。据凤阳县调查，大包干到组的发源地应是梨园公社石马大队小贾生产队，与包干到户的小岗生产队同出一个公社。

但岳北队是1979年3月滁县地委、凤阳县委联合调查组第一次对大包干具体办法做了全面调查总结的地方，并上报中央。该调查报告概括的大包干到组做法是：坚持土地等主要生产资料生产队所有，“一组”“四定”（实行土地、劳力、耕牛、农具固定到组）、“三包”（包征购、包公共积累、包提留）、“七个统一”（生产队统一计划、统一用水、统一管理农业机械等）。

该报告总结了大包干的五个好处，记述了群众对大包干的理解和评价：“大包干，大包干，直来直去不拐弯，保证国家的，留足集体的，剩下收多收少都是我们自己的。该拿的，拿在明处，该得的心中有数，一刀一个血口子，我们有劲干。”“照这样干，不要几年生产肯定呼呼叫地上去。”

很好。其中板桥区的梨园公社[1]，原是“三靠”、“五保”公社，“吃粮靠回销，生产靠贷款，生活靠救济”，连种子、牛草也靠国家。6个大队，59个生产队，5600人，实有土地2.5万亩，人均耕地4.5亩。从1957年到1978年吃国家回销粮805.8万斤，除去贡献336.6万斤，平均每年净吃国家供应粮21.3万斤，集体背上了29万元的沉重债务。今年都像小岗生产队那样大包干到户，粮食总产803万斤，比去年588万斤增36.5%，比1977年增139.7%，人均生产粮食1433斤；油料总产100万斤，比去年63万斤增58.7%，较1977年增10倍，人均生产158斤。今年可向国家贡献粮食200万斤，油料60万斤。集体提留公积金、公益金都订入了合同，夏季已提留公积金5600元，全年可提取近3万元，提储备粮10万多斤，提留粮款分别由信用社、粮站存储。社员人均收入近300元（去年174元）。

这个公社几个典型生产队的情况如下：

——前王队。紧靠京沪铁路，是1978年中央电视台拍了内参片的“五保队”[2]。全队1977年共有10户（现为12户），其中4户是秸秆篱笆门，3户没有饭桌、板凳、吃水缸，很多人冬天没有棉裤。社员史成德曾当过志愿军，全家老少三代10口人，仅住在两间破屋里，常年睡地铺，只有一张三条腿的床。杨学勤家7口人挤在一间露天的茅屋里。去年大包干到组，扔了讨饭棍，今年大包干到户，才算翻了身。这个队1977年粮食总产3万斤，吃回销粮1.3万斤；去年产粮10.7万斤，向国家贡献1.16万斤；今年产粮14.8万斤，可贡献2.9万斤，与1977年粮食总产量差不多。今年产花生2.29万斤，比去年增产1.09万斤。社员人均收入193.8元，

〔1〕凤阳县梨园公社实行责任制前背下了沉重的债务。这个公社1955年前，由于土地改革生产力大解放，接着主要是搞了互助组，1955年开始办初级社，当年粮食总产486万斤，人均生产900斤。但是自1956年下半年办高级社，高级社立足未稳，又办起人民公社，加上“五风”折腾，1961年粮食产量下降到114万斤，耕牛损失2/3，土地抛荒1/3，元气大伤。此后长期贫困，正常年景有1/3人外流讨饭，稍有灾荒外流人数达一半以上。

该公社1963～1978年（1962年冬豁免了30多万元的前期债务）累计欠贷款29.42万元。其中欠贷万元以上的生产队有前王、小吴、小李、小岗4个队，共欠4.46万元；欠贷0.5~0.99万元的24个生产队，共欠17.18万元；欠贷款最少的小袁队，欠1766元。（据1979年2月作者调查）

〔2〕梨园公社前王队，属凤阳县最穷的队，位于津浦铁路西侧。1955年26户，127人，粮食产量曾达18万斤，人均1400多斤。1977年10户、68人、300亩耕地，总产近3万斤。1963～1978年累计欠国家贷款12573元。1978年大旱，中央电视台记者赵化勇等拍摄安徽抗旱情况，看到这个穷队，要拍个内参片给中央领导看，地委负责人特批准拍摄。

比去年增52元，是1977年人均收入的6倍。史成德家人均生产粮食1210斤、花生120斤、皮棉12斤，作各种扣除后，人均收入190多元。邻居说今年他家开了养猪场，养母猪2头，已卖小猪14头，还有4头百斤左右的架子猪和20头小猪，养羊7头，牛两头（其中一头是队有私养），鸡40多只。种薄荷收入150元。农业、家庭副业人均纯收入310元。这两年，他家盖了五间半屋，添4张床，还买了一台收音机。杨学勤家现在虽仍是全村最差的一户，但今年也人均生产粮食1100斤、花生170斤、皮棉5.7斤，农业收入人均190元，家庭副业人均收入50元，如今也住上新屋，吃穿不愁。

——小岗队。小岗生产队是去年全公社独一家承包到户，成了冒尖队，引起纷纷议论。今年初，万里同志看了这个队，说不要给他们念“紧箍咒”了，就这样干吧（见文后附记）。今年他们干得更好。10月中旬，地委调查组来到小岗，只见村前家家户户的稻场连成了片，房前屋后火红的柿子挂满枝头，一派生机。这个队今年生产粮食21.49万斤（人均1868斤），比去年13. 2万斤增加62%，是1977年粮食总产的7倍。全队20户，117人（有3户是一两口人），家收万斤粮的14户。由于雨水多，收花生2.5万斤，比去年减产近1万斤，但仍是1977年的12倍。今年可向国家贡献10万斤粮、2万斤花生，社员农业人均收入304元，加上集体副业，人均收入366元。与1978年相比，耕牛由11头（3犋）增加到19头（14犋），犁由4张增到17张，耙由1盘增加到8盘。那个年初曾为万里同志炒花生吃、硬用报纸包一包放在车上、省委常委都尝到了包到户的花生的副队长严宏昌，全家7口人，2个劳动力，今年光小麦就收6500斤，共收粮食1.43万斤，花生3000多斤。夏季卖给国家小麦3700斤，秋季还可售稻子3000斤。他家猪圈里现有3头猪，大的600斤，小的一两百斤。江西省来参观的人专为大猪拍了照片。今春他家翻盖三间草房，现又备了三间房的木料（近两年全村已盖新房、翻旧房16户、47间）。今年秋种小麦20亩，油菜7亩。谈到今年丰收的原因时，这个30岁的小伙子说：全亏不再念“紧箍咒”，允许我们包到户。在我们这里，没有第二个点子比这（指包干到户）更好，国家、集体、社员都达到了增收的目的。

——蒲圹庙队。今年粮、棉、油分别比去年增27%、70%、33%。该队队长张永成家，去年生产粮食1.8万斤，是梨园公社收粮最多的一户，今年收粮1.96万斤，又有增加，但在全社，已数不了第一、第二。

——雁圹头队。距离前王队不远的雁圹头生产队，过去是“有女不嫁雁圹头，磙子一住就外流”。今年成了这个公社最富有的队。15户，78人，36个劳力，520

亩耕地，1977年产粮3.43万斤，吃回销粮8000斤，集体人均收入49.8元。去年产粮10.3万斤，花生1.5万斤，贡献粮食2.8万斤，油料214斤，有10户生产万斤粮。大队民兵营长吴凤启家，10人，产粮3.31万斤。社员刘景胜家，10人，收粮2.93万斤。全队可交售粮食11.5万斤，人均1474斤，商品率达55.5%。作各种扣除、提留后，人均收入（不含家庭副业）545元，是1977年人均收入的10倍多。

定远、嘉山、来安三县，今年大部分包干到户。定远县春耕开始时，包干到户的队占78.3%，全县今年粮食产量达到5.7亿斤，比去年4.8亿斤增长18.8%；油料产量达4208万斤，比去年2459万斤增71.1%，比1977年增1.58倍。该县耿巷公社，去年10个大队、98个生产队，产粮810万斤，今年划出一个大队，10个生产队，但生产粮食1100万斤，较去年增加近300万斤，人均生产粮食1200斤，出现了200多个万斤粮户。全社粮食征购任务90万斤，到10月底已卖120万斤。来安县今年总产可达3.9亿斤，比去年增产4300多万斤。老革命根据地之一的玉明公社今年粮食总产1250万斤，较去年增长15%，比1977年增长43%；半塔公社粮食产量可达2000万斤，比去年增长83%。

天长县仍以“一组四定”的定额管理为主，全椒、滁县包产到组较多，今年生产也都有发展。天长县连续3年粮食增产稳产，今年粮、油、棉总产量分别比去年增长6.3%、0.9%、27.5%。该县与江苏仪征县毗邻的秦栏公社，今年多数队包产到组，比去年增产粮食200.7万斤，增产油料29.6万斤，增产皮棉5.1万斤。该社庆祝大队比去年增产2万多斤粮、3.7万斤油料、6300斤皮棉，人均生产2142斤粮、91斤油料、28.8斤皮棉。

总之，全区农村生产持续发展，经济活跃，社会安定，农民得到了切实的利益，干部群众充满了信心和希望。

二、关键是调动千家万户农民的积极性

今年农业丰收来之不易，是广大干部群众同多种自然灾害作斗争夺得的，显示了联产责任制的作用。一些群众说粮食大增产，一半功劳归大包干。

去年秋种到年底是严重干旱，今年入春后低温多雨，梅雨季节来得早，从芒种到白露，持续几个节令是“天无三日晴，场无一日干”。从6月下旬到8月底，滁县地区5次普降大雨，圩区和沿河、沿湖低洼地区普遍发生洪涝灾害，明光池河水

位一度超过1954年历史最高水位半公尺多，嘉山县沿河13个圩破堤7个，女山湖堤坊吃紧，定远县6万多人被围困在洪水中，几次洪涝灾害使部分社队一再受淹涝。全区成灾面积143万亩，绝收46.7万亩，成灾人口46万人，特重灾13.6万人，倒房3万多间。由于气候反常，病虫害也是暴发年份，长期阴雨给大面积的旱粮管理带来严重困难，并因阴雨所阻，有近40万亩麦茬空白田没有种上庄稼。在灾害面前，显示了党的政策调动千家万户的力量，农业生产责任制发挥了威力。地干，挑水造墒种麦；阴雨天田里不能用锄头，是农民用手把草拔掉；场不干，小麦不少是一家一户用手掼的；在汛情险情出现后，干部社员日夜战斗在洪水里，为保卫女山湖北岸22公里长的丰收圩堤，地县领导现场指挥，解放军支持，潘村区群众自筹木桩5万根，防浪草数十万斤，上堤民工1万多人，统一领导，分片包干，顽强抢险，转危为安。人们说：今年如果不搞联产责任制，不知要荒多少田，烂多少粮。

近两年来在省委直接领导和支持下，我们在尊重实践，肃清极左流毒，解放思想，落实农村经济政策、主要是农业生产责任制方面做了大量工作，从实践中积累了一些经验，主要是：

（一）坚持从实际出发，尊重群众的首创精神，保持党的政策的连贯性和稳定性

多种形式的生产责任制，主要是联产责任制，从产生到发展，一直经历着斗争。今年主要是围绕在低产落后的地方能不能搞包产到户，特别是对群众要搞包干到户究竟允许不允许的问题，在社会上有不少非议和责难，一度人心浮动。在这种情况下，我们各级党委坚信党的路线政策，保持了清醒头脑。认定实践是检验真理的唯一标准，凡是符合当地实际情况、为群众所拥护、能够发展农业的改革措施必须坚持下去。对于来自各方面的意见，认真听取，凡是正确的，就虚心接受；不对的，也不去争论，让事实来说话，让实践来检验。没有在非议和责难的情况下，站在群众对立面去搞什么“纠正”，而是立场坚定，措施果断，排除了干扰，保持了政策的稳定性，保护了群众的积极性。如果我们犹豫不决，摇摆不定，违背群众意愿，变来变去，必然会挫伤群众的积极性，使生产遭到损失，这样对党和人民都不好交待。

同时，在联产责任制的完善方面做了工作。广泛推广了经营管理和分配的合同制，全区实行联产责任制的有20274个生产队，签订合同的有18979个，占93%，责任制到哪一级，合同就签到哪一级。普遍实行了干部岗位责任制，根据生产和分管工作完成情况实行奖惩。总结推广一些典型经验，指导解决实行责任制过程中出

现的新矛盾。培训财会人员，进行财务整顿，对贪污挪用、私分公共积累和集体财物、破伐树木、在承包田里盖房等，做了清理和处理，巩固了集体经济。

邓副主席关于农村政策指示以及中央关于西藏工作指示传达后，我区组织100多名从事农业和理论工作的同志，深入32个公社，侧重对包产（干）到户和专业联产责任制做了调查，从群众实践中获得认识，找出了解决问题的办法，看到了责任制的发展趋向。

实行农业生产责任制带动了多种经营、商业、社队企业发展，农村出现许多新事物。一些联办工业、商业、农工商联合企业、贸易货栈、农民服务部、个体工商业在各地出现，为发展商品经济、向专业化迈进提供了经验。我区工业打破地区、行业、所有制的界限，成立扬子电器公司，走联合道路，初见成效的启发下，认识到农村要尽快富裕起来，光抓粮食生产，不搞多种经营不行，光抓农业，不搞商业也不行。为此，开展了调查研究，提出了放宽政策，搞活经济的八条意见。

不断解放思想，尊重群众实践，坚定、持续地在落实农村政策、改善经营管理上下工夫，千方百计调动群众积极性，发展生产，搞活经济，这是我们最基本的体会。

（二）在实行责任制的基础上，尊重社队和农民的自主权

农民种田，要由农民做主。责任制前讲尊重生产队的自主权，还是队长的自主权。今年，随着以联系产量为主的责任制的实行，才保障了农民和社队的自主权。种植业内部结构有所变化，水稻面积扩大，定、凤、嘉小麦产区春上普遍打了旱秧，雨水来了，稻子上了岗坡；经济、油料作物面积扩大，产量提高。我们没有搞多少催耕催种、催收催送，但各项农活安排得很好，减少了灾害损失，也说明农民种田自主了，机动性大，能因地制宜，决定增产措施，对发展生产大有好处。

（三）坚持以生产为中心，做好两手准备，不失时机抓好生产各项工作，抗灾夺丰收

（四）重视群众性的科学种田活动

由于实行了责任制，劳动效果和社员自身的物质利益直接相关，因此他们对科学种田要求迫切，想方设法把生产搞上去。过去推广农业技术只限在点上，在一个生产队，如果队长重视就好一些，如果队长马虎，科学种田的措施就推不开。现在实行了责任制，情况就不同了。过去是农技员找上门，现在是农民上门找；过去施

肥是把肥料撒在田里、混到工分了事，现在水田讲适时适量，旱地施肥注意深施；病虫防治过去只有干部关心，现在人人关心，有时上级广播或社队开防治会，许多社员都收听或“列席”会议。农民多年形成的精耕细作传统也得到了发扬。科学种田为广大农民所关心，对发展农业、提高生产力水平非常重要。

三、大包干与经营管理上的突破

联产责任制来自群众的要求和实践。中央75号文件抓住群众最关心的生产责任制问题，是在实践基础上对三中全会制定的“两个农业文件”〔1〕的继续和发展，干部群众反映很好。下一步怎么办？在学习文件、总结我区责任制实践经验和近期大调查的过程中，我们进一步加深了对责任制的认识，研究了当前工作。

当前工作我们打算抓好三件事：①抓加强完善责任制。多种责任制在实践中表现了各自的优点和弱点，要继续在实践中检验，从实际出发，坚持群众路线，扬长避短，完善提高。继续尊重群众的创造和选择，不拘泥于一种模式，不搞一刀切、瞎指挥。基于我区实践，我们在省三干会期间确定不搞孟家坪的模式，继续支持大包干。②年终分配和财务整顿作为贯彻中央文件、完善责任制、巩固集体经济的中心环节来抓。首先抓好当年分配，兑现合同抓积累，接着清财理物建账，解决公款公物、债权债务、贪污挪用等问题；然后针对年终分配、财务整顿中暴露出来的责任制不完善问题，讨论制定民主管理办法，落实管好用好集体财产的措施，并对集体机械、工副业、茶林场等搞好专业承包。③抓完善农业合同制和干部工作岗位责任制。通过兑现今年合同，总结一年来实行合同制的情况，针对存在问题，加以完善，结合制定明年农、林、牧、副、渔和社队企业发展计划，签订明年合同。在此基础上讨论制定干部奖惩办法，民主选举干部，稳定班子，进一步调动干部的积极性，掀起冬季生产高潮。

在认识问题上，我们结合文件学习、回顾了从粉碎“四人帮”、中央解决安徽省委领导问题，特别是三中全会以来，全区端正思想路线，调整生产关系、落实农村政策、实行责任制的过程和收到的效果。大家感到：自合作化以后，“左”的政策把农村搞得不得安宁，把农民限制太死，生产得不到发展，群众吃了苦头。在群

〔1〕指《中共中央关于加快农村发展若干问题的决定》（草稿）和《农村人民公社工作条例》（试行草案）。

众和接近群众的干部中，存在着反对“左”倾错误，进行改革，发展生产，改善生活的强烈要求。这种来自群众和生产力发展的根本要求，在党的三中全会路线政策指导和各级党委的因势利导下，形成了拨乱反正和改革的潮流。农村集中表现在农业责任制的发展上。我区 1977 年初做过农村政策调查，但主要是从下半年开始，在省委直接领导下，从贯彻省委落实农村经济政策的《六条规定》〔1〕入手，开始抓“一组四定”不联产的责任制和“一年早知道”，落实生产队自主权和按劳分配等政策；关于真理标准的讨论解放了人们的思想，1978 年来安县魏郢生产队包产到组、天长县新街生产队棉花包产到户、来安县广大公社干部实行奖惩制度；到后来嘉山县横山公社包产到组、凤阳县大包干到组、一些地方包产到户、包干到户、口粮田，以及各种专业联产承包、农工商联合企业和合同制、干部责任制等等，相继出现，百花齐放，又在实践中比较、选择、演进。以实行大包干的联产责任制为标志，我们的集体经济在按照自然、经济规律进行科学管理、民主管理上迈出了 20 多年从未有过的新步伐。

联产责任制的关键在于一个“包”字，它对集体农业经营管理有许多新的突破，又集中表现在大包干上，概括起来有以下 5 个方面：

（一）在劳动计酬分配上突破了评工记分、按工分分配的制度，改为联产计酬、包产包干

过去集体生产群众没有积极性，核心是劳动计酬不合理，按劳分配不落实。责任制是先从解决生产队内劳动计酬、收益分配的利益矛盾开始的，起初是群众不满足于“一组四定”不联产的办法，暗暗搞定产到组、以产计工、联产计酬，人们说，“想产量为什么不能联系产量？”此后从包产到包干，从根本上解决了劳动衡量和监督，多劳多得，奖勤罚懒的问题。

20 多年来，农村劳动计酬无非是评工记分与定额记分两种办法。评工计分一直搞不好。“底分活评”的底分是按社员年龄、性别、体力、经验技术等确定，它只能反映潜在劳动能力，反映不了实际表现，“活评”带有主观性，等于天天评“工资”，不是开成吵架会，就是开成赌气会，最终是按在田里消磨的时间记人头工、底分标准工，干好干坏一个样。定额计工难在农活质量的检查验收，“地锄三遍草不死，秧薅三交水不浑”。插秧外边密中间稀，有的生产队为保插秧密度，一

〔1〕指安徽省委 1978 年 11 月制定的《关于当前农村经济政策几个问题的规定》，共有六条。

亩规定栽多少秧把，把秧挑到田头，一些人照样在田中间插得稀，把余下的稻秧往田里踩。“只图工分混到腰，不管产量收多少。”

工分制行不通，是由于农业的特点，不论计时、作业计件，都不能如实计量生产者的劳动数量和质量，不能对农业劳动进行有效的检查和监督，更不能使劳动者主动提高效率，讲究质量。多年来成为“不治之症”，想多少改进办法也不解决问题。劳动的数量和质量最终都要反映在产品产量上，以产计工、联产计酬，改以工分衡量劳动为以产量衡量劳动，就是群众找出的解决办法。实行包产到户（组）、包干到户（组）的责任制，把最终劳动成果（产量、产值）作为衡量社员提供劳动数量和质量的尺度及收入分配的尺度，客观、准确、合理、好办，使多劳多得得以实现；使社员为增加产品和收入自觉劳动，自我监督，追求最大经济效果。农业获得了来自每一个生产者的持续动力。

（二）在劳动组合、劳动者与生产资料的结合上，突破了集中劳动的大呼隆和伙用生产资料的“大锅饭”，改为基本生产以户为单位，以土地承包为基础，劳动者与土地等生产资料固定结合，宜统则统，宜分则分

农业责任制要实行对社员分别联产计酬、包产奖赔，就要把他们的生产劳动分开，把劳力、土地等分别固定到组、户。计酬分配形式的改变，要以劳动者与生产资料的结合方式的改变为前提。

在这方面，过去生产队内一是劳动组合上的干活大呼隆。队长一人派工，集体干活，“出工一条线，干活一大片”，捆在一起大帮哄，“干部转，滑头站，气得老实人也不干”。在以手工操作为主的农业生产中，没有多少分工，实际上一二十个劳力集中起来干同样的活。进行大呼隆的集体劳动，多数人处于被指派、支配的被动地位，不能以主人翁的地位去从事生产。社员一早起床不知干什么活，要等干部临时分派，无法主动考虑生产的各种因素去想办法采取措施。同时一窝蜂干活，也无法对劳动者进行考核、计量劳动，造成干多干少工分一样多和分配上的平均主义，因而出工不出力，不讲究质量，混工、磨洋工。捆在一起干不好，走又走不开，连安排家庭副业、喂孩子、搞家务、走亲戚的自由都没有。二是生产资料的合伙混用。队里的生产资料如土地、耕牛、水、肥、种等，是与劳动者变动不定的结合，随拉随用；就是搞分组作业、定额管理，在生产资料使用上仍是吃大锅饭。个人不负经济责任，用坏了、搞糟了，也是“老公”的，摊不到自己几个钱，不能地尽其利，物尽其用，不能提高投资效果。这样造成的劳动浪费、物资资金浪费，是

难以计数的。过去还一度追求劳动组织规模越大越好，伙用生产资料的“大锅饭”越大越好，既是乌托邦的空想，又是古老的、不自由的、半奴役式的劳动。

现在出现的包干（产）到户、组的责任制，从根本上解决了大呼隆、大锅饭问题。在生产形式上的特点是比过去分散，但也保留了一定的统一性。适合到户干的就到户干，适合一个人、几个人干的就一个人、几个人干；相应把不必统一使用的生产资料，分别固定到户（组）使用，以户或组为单位，劳动者与集体生产资料相结合，生产责任明确、经济利益直接。进而对户（组）包产量、产值，实行以产计工和奖赔，或是包征购、提留，剩下都是自己的。集体仅负责计划合同管理、管水用水、使用大机械等“几个统一”。集体经济的活动，既是一个有机的整体，又使户（组）相对独立，各有自己的责、权、利，能够灵活自主地安排大田生产和副业及其他活动，以主人翁的地位组织劳动，安排生产，提高劳动效率，保护利用生产资料，精打细算，用有限的消耗，获得最大的经济效果。

（三）*在产品分配形式上突破了交产到队、统一分配办法，变为按包干合同分配*

这一突破是由实现大包干到户实现的。安徽历史上也实行过责任田、包产到户，这次有了前进、发展的地方，主要是由包产到包干，由交产到队、统一分配，变为按统一的包干合同分配。它的意义实际上超出了分配领域，涉及农民生产、交换的自主权。

联产责任制就分配形式来划分，可以分为两种：一种是包产到组、包产到户，孟家坪式的专业承包、联产计酬等，都是生产队向承包组（户）先定产、定工、定费用，承包组（户）生产收获的农副产品统统交队，再以产量（产值）计工。然后生产队对超过包产的部分奖给组（户）或是减产由其赔偿；包产部分由生产队上缴国家任务、扣除集体提留后，剩下的产品收入再按工分分给社员，由社员分回去。另一种是我区实行的大包干到组、大包干到户，其特点是不像孟家坪那样统统交产到队，由队重新分配，而是承包组户只向生产队包征购、包提留，分配就是兑现合同，“交够国家的，留足集体的，剩下都是自己的”。

大包干和包产，相同的地方，都是为了实现多劳多得，兼顾了国家、集体、个人三者的利益，保留了一定的计划性。有公积金、公益金，可以发展集体事业，照顾烈军属、五保户等。

二者的区别主要是：大包干使农民在生产、分配、交换上更能当家做主，保障应有的经济权益。①大包干责任、权力、利益明确。它把农民该交给国家、集体的包“死”了，其余都是农民应得的，一清二楚。农民承包了土地，只要完成包干上缴任务，就经济自主、劳动自由了，收入再多也归于自己。②大包干简便易行，社员仅需按包干合同上缴征购、提留，避免了社员自得部分交上去再分回来的麻烦。避免了要定产量、定费用、交产、计工、奖惩、以工分配这一套繁琐程序。包干上缴使分配形式与经营形式相统一，生产经营上分户分组了，若仍沿用原来的生产队集中产品、统一分配形式，只能是“脱了裤子放屁”，自找麻烦。③按包干合同上缴，使社员掌握了劳动成果的支配权，增强了分配的民主管理和监督权力。包产、交产到队统一分配，分配的权力一般仍是掌握在生产队少数干部手中。按包干合同上缴，则避免了产品交队分配，会由少数人做主、克扣、挪用、浪费的可能性。包干合同的制定，是经干部、群众一起讨论；分配兑现合同时，产品在社员手里，由他上缴，社员就掌握了分配权，能保护自己的利益，使过去“一年的工分记不清，分配时七扣八除弄不清”的问题得到根除，更利于按劳分配的实现。这是对包产、交产到队分配的改进和突破，也是在保障农民权益上的一个进步。群众称赞“大包干，直来直去不拐弯，保证国家的、留足集体的、剩下收多收少都是自己的，该拿的拿在明处，该得的心中有数。干部省心，社员放心”，的确有道理。我们应该尊重群众的意愿，不必作茧自缚。

基于这种认识，近两年我们一直支持大包干到组、大包干到户，保持了政策的稳定性，得到了群众的拥护。鉴于群众认为孟家坪的专业联产计酬责任制仍是交产到队、记工分配，繁琐难办，鉴于现在农业还是自给生产和商品生产兼有，工副业项目不多，群众欢迎大包干，我们提出不按孟家坪或包产到组户的方式办，而是抓住承包、兼顾三者利益、合同制这三个实际内容，实行生产队农业包干到户，工副业包给专业工、组的办法。

（四）在农村经营方式上，通过承包突破了小农经济、自给经济的封闭性、狭隘性，改为社员在发展农业的基础上，自主进入多种经营，发展商品经济

随着大包干到户（组）为主的多种形式的责任制的建立，农民积极性焕发出来，而且生产自主带来了粮食的大增产，农林牧副业全面发展。这样农村中既有大量剩余劳动力，又有丰富原料，为发展社队企业创造了条件，商品经济也随之兴旺发达起来。这就为各种工业、商业、建筑业的发展，为农工商协作、联合企业的发展开辟了道路。农村生产结构发生了变化，狭隘的小农经济格局将会逐步改变。

（五）在管理方式上，大包干突破了单纯用行政方法的行政“包办”，改为主要用经济方法管理，社员有了充分的自主权

实行多种形式的联产责任制后，我们看到了两种可喜现象：一是种田的人真正有了生产自主权。包干到组到户，生产好坏和社员利害息息相关，而且劳动和生产资料的使用权在社员手中，需要也可能因地制宜决定生产措施，行使自主权。上面再搞强迫命令、瞎指挥，就难以行通了。群众各自发挥自己的聪明才智，向生产的深度和广度进军。二是随着承包到组户自主权的加强，经济手段、方法，特别是合同制，越来越成为主要的管理方式。合同制在社队农业管理上，是普遍用契约的形式，把生产队与承包组、户的责任、权利、经济利益关系确定下来，生产计划对农民有约束力的主要是征购派购任务，从生产到分配、承包土地的管理，都纳入了合同。合同制定要经过集体讨论，履行时相互制约，有法律效用，使集体经济既有统一性（统一于合同），又有各自的独立性。因而民主制和经济契约关系代替了行政包办制、家长制、一长制。合同制还用于集体与社队企业、联办企业之间。由于合同是几个方面的相互制约关系，即使没有司法机关仲裁，也不是“假戏真唱”，而是“真戏真唱”。同时对各级生产的管理者实行干部工作奖惩责任制，采用借贷（私人养牛贷款等）、税收（新办茶场免税三年）、价格（如议购议销）、奖售等经济手段调节经济，并打破行政区划，办合股联营的企业。这对克服管理上以政代企、管理集中、行政切割、官僚主义、强迫命令、瞎指挥、平调和家长制等，都起了很重要的作用。

从上述5个突破的分析中我们认识到，农业联产责任制尤其大包干的形式、各种专业承包合同制的形式，是符合社会主义方向的、优越的责任制形式，是充分依靠群众的积极性和创造性促进农村经济振兴的途径，是大有发展前途的。我们要在总结经验的基础上，从本地实际出发，对一些问题继续大胆探索，为迅速发展农业和农村经济做出贡献。

（1980年11月15日）

附记：小岗队

梨园公社严岗大队小岗生产队，是大包干到户的发源地。合作化前34户，175人，1100亩耕地，26条耕牛。1954年、1955年人均收入约80元。1955年秋由单干直接进入高级社，1956年粮食仍达16.5万斤，但收入下降，冬天死掉17头耕牛，1957年粮食产量下降到6万斤，第一次吃国家返销粮。1958年进入人民公社，经过反复折腾，1962年只剩下10户，39人，一半耕牛。1962年秋，"责任田"之风吹到小岗，搞了责任田，种上了小麦，但上面要"纠正"，小麦未熟，社员怕归公，抢的抢，偷的偷。1962~1965年，粮食产量由1.6万斤上升到3.5万斤。1966~1976年，社员人均收入平均不到30元，人均口粮不到200斤，每年吃国家5~8个月供应粮。

1978年秋，小岗队搞联产计酬，20户，119人，开始分成两个组，麦子种齐，两个组内部闹矛盾，就分成4个组，后分为8个组，除两个组是邻居，其余多是"父子组"，但干活还是要"捣"。副队长严宏昌走访老农，社员说："在我们队要想有碗饭吃，只有一家一户干，就怕政府不准许，你们当干部的敢不敢?"严宏昌和队长严俊昌、会计严立学共同商量，认为小岗穷到极点了，不分到户没办法了，社员都同意，瞒着上面干。瞒不住，大不了撤职，总不能不让种地。1978年阴历正月的一天，正当凤阳县委研究包干到组的时候，小岗队20户社员除两户无人在家外，全部集中到社员严立华家开"秘密会议"。议定三条：①实行大包干到户，"瞒上不瞒下"，不许任何人透露。②交纳粮油时，该是国家的给国家，该是集体的留集体，不准任何人到时候装孬。③万一走漏风声，严宏昌为此而蹲班房，全队社员共同负责把他的孩子抚养到18周岁。1979年4月，县委书记陈庭元到梨园小岗，听了汇报看了庄稼，对公社干部说："他们已经穷灰掉了，还能搞什么资本主义，最多也莫过多收点庄稼，解决吃饭问题。他们已经分开了，庄稼是各家种各家，再并到一起不好算账，就叫他们干一年再说。"

1979年小岗队获得自1957年以来的第一次空前大丰收，全队粮食总产13.2万斤，相当于1966~1970年5年粮食的总和。向国家交售粮食29995斤，是"任务"的10倍，结束了23年未向国家交一粒粮的历史。第一次还贷800元，队留储备粮1000多斤，留公积金150多元，人均收入400多元。社员说："有了今年的本钱，明年肯定还会大增产。"

1979年9月，滁县地委在凤阳召开三级干部会，会议期间，地委书记王郁昭领着一些负责同志看了小岗，被称为"会外之会"。会上地委提出：大包干三户也算一个小组。实际上是给包干到户开了绿灯。

1979年12月，县委派吴庭美前往小岗调查，写了《一剂必不可少的补药——凤阳县梨园公社小岗生产队包干到户的调查》，回顾了小岗20多年的坎坷历程，以鲜明的态度讴歌了包干到户，也讲到小岗包干到户影响了周围，有的干部担心到户“传染”开来，要求小岗合并的问题。1980年1月上旬，安徽省委开农业会议，陈庭元将这份调查报告交给万里。万里说他“像读小说那样一口气连看了两遍”。1月24日，万里在王郁昭、陈庭元的陪同下，前往小岗视察。他们挨家挨户地访问了各种情况，肯定了小岗的做法。在同农民座谈时，万里说：“以前大呼隆可把农民搞苦了，这下你们不愁吃的了。你们讲讲，农业生产责任制什么办法最好?”农民说：“包到户最好，我们队1978年才收3万多斤粮，1979年包到户一年收13万多斤，向国家贡献3万斤。”万里说：“最好，你们就干。”群众说：“上面还有紧箍咒。”万里说：“只要能多打粮，对国家多贡献，社员能改善生活，群众要怎么干就怎么干，哪一级领导也再不要给他们念紧箍咒了，就让他们干下去吧!”万里的小岗之行，给小岗人打赢了包干到户这场官司。（参见吴庭美《希望之路——凤阳大包干的由来》）

农村生产关系和经营管理制度上的变革*

——论联产责任制与农业集体所有制生产关系

我区农业责任制在 1978 年秋季以来的两年多时间里，多种形式并存，经历了从不联产到联产、从包产到包干、从承包到组到承包到户的发展过程。目前 3/4 的生产队已是包干到户 。这样逐步把生产关系、组织管理调整到与生产力相适应，过去被压抑的群众积极性迸发出来。粮油和家庭副业的大增产带动三个大增加：卖给国家粮油多了，一些穷地方集体第一次留下积累，有的农民说："过去粗粮吃不饱，细粮吃不到，现在大米杂粮样样有，杀肥猪，吃荤油，山芋干子喂牲口"，在新房上刻下"鸟枪换炮"、"今非昔比"、"黄金时代"的字样。实践显示了责任制的巨大威力。

大包干来自群众的实践，受到农民的拥护，但也遇到阻力和责难。有的指责包干到户使生产队的所有权"架空"了，合作化白搞了，一夜退到分田单干；也有的认为包干到户只是穷地方解决温饱的"权宜之计"。对这个事关联产责任制尤其包干到户性质与前途的问题，同时也是如何认识农业集体所有制经济的问题，需要从理论和实际的结合上进行反思、探讨和回答。

一、对集体经济认识的问题和制度缺陷

当前对联产责任制尤其是对包干到户的怀疑、责难，其源盖出于脱离群众实践。一是囿于对农业集体所有制经济的主观片面认识和固有观念；二是以观念代替现实，不体察实行责任制前集体所有制经济的实际问题，特别是制度上的缺陷。只

*这是一篇内部研究报告，曾由滁县地委办公室陈修毅同志审阅修改，原文 2 万多字，题目为《联产责任制与农业集体所有制生产关系》。1994 年准备出书时做了删节，并附注释。

有联系生产的实践，才能认清集体经济实行 20 多年后为何出现联产责任制。

过去对农业集体经济的认识，在要坚持生产资料的公有制、按劳分配，消灭剥削的性质和方向上是没有问题的，错误主要在以下方面：

(一) 没有依照生产关系必须适应生产力的客观规律对待集体经济的发展

在批极左、开始搞责任制的时候，为何许多地方的农民怀念起 1955 年搞互助合作的“黄金时代”？是因为合作化后 20 多年一味追求集体经济规模越大越好，公有化程度越高越好，不停顿地变革生产关系，不顾生产力的实际状况。农民说，从初级社后就一直是“过渡”。有的初级社未搞一年过渡到高级社，像凤阳小岗队则是一步进入“天堂”，从互助组、单干直接过渡到高级社或过渡到人民公社。刮“五风”饿死了人，退到小队核算，但还要向大队、公社核算过渡。“文化大革命”搞“穷过渡”、割“资本主义尾巴”。越大越公，农民的权力越少越小，庄稼人种了一辈子地，知道怎么干能多收粮食，但是没有权力，政策不许。干部说，政策常变，体制常换，运动不断，使干部群众无所适从。本来要生产关系适应生产力，变成了要群众生产去适应人为的生产关系变动。

(二) 对集体经济内部生产关系孤立看重生产资料集体所有的片面性

集体所有制生产关系是生产过程中的一个完整的系统，马克思曾说，要讲清资本主义的所有制，就要把它的整个经济过程叙述一遍。但在认识上多年来存在着离开生产力的水平，离开生产关系的其他方面，抽象、孤立地只看重生产资料集体所有制的片面性，忽视劳动者和生产资料的结合形式和产品分配形式，忽视生产关系寓于生产、分配、交换、消费各个环节的生产过程之中。核心是只看到物归公有，未看到劳动者的地位和劳动中的经济利益关系。

马克思指出：“在分配是产品的分配之前，它是①生产工具的分配，②社会成员在各类生产之间的分配（个人从属于一定的生产关系）——这是上述同一关系的进一步规定。这种分配含在生产过程本身中并且决定生产的结构，产品的分配显然只是这种分配的结果。”因此，认识农村的集体所有制，决不能仅停留在生产资料的公有上，还必须与“社会成员”联系起来，考察劳动者是怎样与公有生产资料结合的，在从生产到分配的全过程中“生产当事人之间的一定的社会关系”如何。

在农业集体经济中，一方面，生产资料是集体公有的，集体的成员应是公共生产资料的主人、生产的主人；但另一方面，劳动者的劳动力却是基本归个人所有的，其衣食住行、子女老人的抚养主要靠个人，他的劳动还是个人谋生的手段。这就需要在社员个人劳动与公共生产资料结合的生产中，既要有集体的统一性、相互合作（这种合作互助，除为集体共同贡献一部分公共劳动外，在联合劳动中，相互之间应形成等量劳动交换关系）；又要有个人的独立自主性，保证每个劳动者都能成为支配生产资料、进行生产的主人，计量个人劳动，获得相应报酬。

然而过去在认识上，很少从劳动者和生产资料结合方式、劳动者的主人地位和个别劳动计量、监督与相互交换的关系上研究生产关系，使这些方面成为薄弱环节或断层、乱层，似乎农业集体经济只有一个生产资料公有化的高低、集体规模大小的问题。这是造成片面追求“一大二公”的一个原因。

（三）没有从我国农业的特点和生产力的实际水平出发，研究集体经济生产关系的具体存在形式

与农业生产一定发展阶段相适应的生产关系，存在于一定的多种多样的经济组织、生产劳动组织、劳动计酬和产品分配等具体形式中。找不到恰当的形式、办法，内容就难以安身。如按劳分配，找不到检查、衡量个别劳动的形式，找不到既贯彻按劳分配原则、又为群众接受、简便易行的分配形式，按劳分配就难以落实，成为现实的制度。形式有问题，还会破坏按劳分配。

（四）混淆生产关系的内容和形式，把不属于集体经济生产关系的一些形式、模式，当作社会主义集体经济的标志来看待

对联产责任制，一些同志说它违背了社会主义方向，是指它“不是集体劳动”，大包干“是三级半核算，破坏了队为基础，”破坏了“集体统一分配”。实际是把集体劳动，劳动力的统一调配，产品的统一分配，都看作衡量是集体还是分田单干的标准。集体劳动是相对于个别分散劳动而言的一种劳动组织形式，奴隶社会、封建社会都有，它不是社会主义生产关系的特征。以此作标志，恰恰是追求集中劳动、一块干活的表面形式，而无视劳动效果、劳动者在生产中的地位和经济关系这一根本性的内容。修水利、搞农田水利建设、抗灾，一家一户干不了，要集体干，有的一个小队、一个大队也搞不了，但并不等于说养猪、种田都要搞大兵团作战，收红薯，几十人一轰向前丢多少！集体劳动不能说明生产中群众如何占有、使用生产资料，建立他们的主人地位，建立他们平等合作、劳动交换关系。统一分配也不能说明是否多劳多得。实际中却是集体劳动成了捆在一起大呼隆，集体生产成了超经济

的混乱凑合，导致生产、管理和分配混乱。

过去对集体所有制经济认识上理论上的片面性，造成农村生产关系中存在一些断裂环节和经营管理制度上的缺陷。或者更恰当地说，它使我国农业集体经济初始制度上的种种问题在 20 年里不能解决，与主观空想互为补充，长期影响了集体经济生产关系的充实和完善。

多年来，从高级社到人民公社在集体经济制度上始终存在的带普遍性的缺陷和弊病主要是：

——劳动者与生产资料结合和经营核算制度上的缺陷：集中劳动大呼隆、集中生产资料统一经营统一核算吃大锅饭。这种劳动者与生产资料结合的方式违背农村实际和公有制的本质要求。农村手工、畜力为主的农业，客观上分工很少，人为地合并人手、镰刀、锄头，不是分工协作，只能是劳动大呼隆，合伙乱用土地和其他生产资料。一方面，集中劳动，队长派活、集体干活，多数人成了被支配的“算盘珠”、“木头人”，不拨不动，不是自主劳动，把大家限制死了。大呼隆不能考核每人的劳动，干好干坏都记大概工、干多干少一个样，因此工效低。越是效率低，队长越要搞疲劳战，越是只出工，不出活，消磨了农民的劳动兴趣和积极性。另一方面，生产资料投入上吃大锅饭，与变动不定的大呼隆劳动相联系，个人对物化劳动的消耗不负经济责任，浪费与节约都与个人利益无关，浪费了是“公家”的，摊不到个人多少，或是要管管不了，或是看着糟蹋不心疼。因此劳动效率低、生产费用高，经济效果差。

——衡量个别劳动和收益分配制度上的缺陷：劳动计酬大概工和分配上的平均主义。长期以来，集体劳动与工分制紧紧相随。其一是农业不同于工业，不论计出工时间，还是定额包工计件，都无法测量农活的劳动数量和质量。大呼隆劳动只有搞评工记分，由于工分是衡量劳动、取得报酬的唯一尺度，社员就不能不为半分工争吵，白天干活，夜晚评分，往往评工会开到半夜，“不怕白天干活累，就怕夜里受洋罪”。大呼隆的劳动难考核，到头来只能记“人头工、大概工”，以此来分配，多劳不多得。其二，集体积累、费用统一扣除，劳力多的多贡献；口粮分配按人头，劳力多的养活劳力少的。其三，生产队的工分、财物、开支、分配，账目程序繁杂，又集中在少数人手里，一般社员很难明白，难以行使对产品分配的支配权，监督权，给少数人多吃多占、享有特权、投机取巧、侵吞公物、贪污挪用提供了可乘之隙。慷集体之慨者有之，少劳多得者有之，不劳而获者有之，化公为私者有之。

——管理制度上的缺陷：管理人员多，非生产开支大。对上述劳动、生产资料使用、计酬分配上的弊病，过去不是从完善生产关系，变革管理体制上去解决，而是盲目借助行政办法，政治运动，人为地维持弊病丛生、难以搞好的生产组织形式和计酬分配办法，使脱离直接生产的干部和管理人员增多，非生产用工、开支增大，反过来又影响生产、分配。同时，在劳动、分配制度存在缺陷的情况下，家长制、特权、平均主义以至宗族宗派等封建落后的东西充斥其间，损害了群众在集体经济中的主人地位，使人与人的关系向着统治、管理与服从的关系演变。

——保护农民集体权益上的缺陷：瞎指挥和一平二调泛滥成灾。一方面在生产队内队长派活，组织各方面生产，一人难以考虑周全，难免出现指挥、安排不当，另一方面，来自外部的瞎指挥、平调能够猖獗起来，原因也在集体经济制度内部。由于在制度上劳动者与生产资料没有自主地直接结合，农民失去了对生产资料的支配权，也失去了对劳动成果的支配权，加上自己的劳动得不到应有报酬，就既无权抵制瞎指挥与“共产”平调，也淡漠、麻木了对集体得失的痛感，使瞎指挥和平调在多数地方畅行无阻，造成大的危害。

上述弊病，20多年来存在于农村千千万万个基本生产单位中，危害日深一日，形成社会病态。农业集体化以后，虽然少数地方由于领导班子能力强，减轻了弊病，并利用集体优越性改变了关键性生产条件，发展了工副业，搞得较好，但只是凤毛麟角，无关大局，而且也不是大呼隆大锅饭的功劳。农村一般情况是，虽然劳力多了，化肥用了，生产却发展迟缓，许多地方社员生活水平不比1955年好。在一部分地方加上“五风”、极左政策严重摧残，元气大伤，农民处于饥不得食、寒不得衣、讨饭外流的境地；集体负债累累，连起码的耕牛、农具都残缺不全，离开救济、贷款就难维持简单再生产。我区定远、凤阳、嘉山、来安县的许多地方就是实例。这些弊病干部很头痛，想解决解决不掉，把它称为集体经济的“慢性病”、“不治之症”；群众最苦恼，想摆脱摆脱不了，每日每时地、日积月累地挫伤着群众的积极性，成为阻碍农业发展的根本原因。在不少地方，社员灰了心。

大呼隆、大锅饭并不是与社会主义集体所有制经济有必然联系的东西，农民不要大锅饭、大呼隆，改变集体劳动、评工记分，也不是不要社会主义。生产力量主要的是劳动者，劳动者没有积极性，其他都谈不到。我们对待任何一种生产关系及其具体形式，都必须把它同生产力放在一起加以考察，才能得出正确的结论。如果它的某种形式不能给群众带来益处，不能推动生产力发展，那么就不能说它是先进的、高级的，迟早要改变，只是一个时机问题。

二、农村生产关系和经营管理制度的扬弃

粉碎“四人帮”和党的十一届三中全会确定正确的路线政策，为农村解决压抑群众积极性、妨碍生产发展的弊端创造了条件，农村干部群众逐步摆脱“左”的精神枷锁、大胆实践探索，最重要的是建立联产责任制。由包产到组解决生产队的大呼隆、大锅饭，到承包到户，解决组的小呼隆、小锅饭，由包产交产、以产计酬、统一分配，到实行包干到户，使农户从生产到分配都有了自主权，成为自我核算的经济细胞，才稳定下来。正如群众所说：“不到户，稳不住，包干到户挡不住。”农业包干到户既坚持了主要生产资料的集体所有制，保持了集体一定的统一经营的优越性，又通过包干到户建立起农民与生产资料结合、产品分配、相互劳动交换的新制度，使生产关系诸多环节的缺陷、混乱得到克服，得到充实、改善，使大锅饭等经营管理上的顽固弊端药到病除。

这是一场广大农民群众在党的支持和领导下，继土地改革、农业合作化以来对生产关系的一次大调整，管理体制的一次大变革，生产力的一次大解放。

（一）在生产资料所有制上，坚持基本生产资料集体所有，找到了与农业生产力发展相适应的生产资料使用管理方式，调整了公有化的程度

多种联产责任制在集体生产资料的生产关系上，共同点是土地等主要生产资料仍归集体所有，但把集体的生产资料包给社员，划分包产田，承包生产和产量。包干到户的特点是以户承包，只要按合同交够国家征超购任务和集体提留，其他就一切自主，自得。实行联产责任制，使生产资料的集体所有制变中有不变，不变中有变，其情况可分为4类：

1.坚持土地集体所有，但固定包到组、户使用

搞了20多年集体，农民知道土地等公有是社会主义的规矩，干部知道是社会主义制度的基本要求，因此从开始搞联产责任制就自觉坚持和维护了生产资料的集体所有制。搞包干到户，土地、大机械、水利设施、工副业固定资产等，都仍归集体所有，承包土地不准出租、买卖，不准随意在公有土地上盖房取土。在归谁所有上没变，变的是包到组、户使用。这种变化，是使农民与生产资料分别固定结合，改变大呼隆、大锅饭的需要。其一，是对生产要素的合理组织，把不需要捆在一起干的生产分开干，并不是把土地由公有变为农户所有；其二，是对生产关系的完

善，它使农民真正成了土地的主人，有了充分的生产自主权。土地经营分开了，他们的生产和劳动成果也就相对独立了，以便衡量其劳动，实现按劳分配，多劳多得。试问：社员作为集体生产资料的所有者，却不能行使对生产资料的使用权、管理权、监督权，像过去那样无权无责，那么这种所有不是徒有其名吗?那种认为把集体生产资料的使用权交给农户，所有权就不完整了，生产队被"架空"了的说法，是既没有从有利于生产上看问题，也没有从公有制的本质要求上看问题。有人拿没有法律保证，包干到户后农民会随便处置集体生产资料，变成分田单干，同样没有道理。在实行联产责任制前，生产队内部不也常常发生贪污盗窃、化公为私等侵犯集体财产的问题吗?所以，任何形态的经济制度，都要有上层建筑为之服务，要有法律保护，使之不受侵犯，但这与经济制度本身不是一回事。

2.耕牛、农具等类生产资料集体所有权的形式发生某些变化

实行包干到户、工副业专业承包的生产队，对耕牛、农具、小拖拉机、专业承包的加工机械等，采取折价变卖或保本增值的办法。生产队对那些生产资料不是以实物形态而是以其价值形态保持所有权。这种变化是为适应生产组织的变化。耕牛在养用中价值会增减变化，还要更新，以折价保值或生产队收回原值的办法，既保持了生产队的所有权，又使社员通过自己的养用，获得增值收入，对消耗部分各自补偿，要比生产队年年折旧评估、最后重新购买更简便。农具、小型拖拉机也是同一道理。生产队对机械以提取纯收入的形式收资金占用费。这种形式的另一好处，是便于社员利用自有闲散资金，使耕牛以弱换强、修理农具、添置生产资料，它并没有破坏生产力，相反却发展了生产力。

3.出现了集体公有生产资料与社员私有生产资料结合的形式

实行包产、包干到户的地方，一些社员在使用集体土地等生产资料的同时，用自有资金购买化肥、农药，以至购买耕牛、农具、机械，在生产中使用了公有、私有两部分生产资料。

对此应该如何对待？首先要看到，原属集体的生产资料并未减少，私有生产资料是新增加的部分。其次，私人新增、占有、使用生产资料，有两种情况：一类是用于向集体单位承包的生产。社员自筹资金，用自己的劳动积累，添置耕牛、农具，用于承包地的生产，是投入总劳动量（物化劳动和活劳动）的增加，提高生产率，增加收入，是自己的劳动所得，应当允许。另一类是用于集体承包以外的生产。如私人购买拖拉机、加工运输机械等，除承包地上利用外，帮助别人代耕，搞运输、加工、收入归己。这虽然属于个体经营，但它利用农业剩余劳动力和闲散资

金，把国营经济和集体经济办不过来的事情办起来，以满足社会多种多样、千差万别的需要，有何不好？只要交纳税收，不雇工剥削，他收取合理的代耕费、运输费，就属于劳动收入，属于他与其他社会成员之间的劳动交换关系，不能说是资本主义经营。这种个体经营，是由占主导地位的公有制经济所支配、所影响的生产成分。我们还应该看到，农民购买的机械多了，自营的工副业多了，有利于促进专业分工，他们可能会从农业中逐步分离出来，如引导得法，他们将会根据生产和提高机械利用率的需要，按照自愿互利的原则，在某种领域走向联合经营。由原来只靠国家、集体实现机械化，变为国家、集体、个人一齐上，这样可能更有利于加快农业机械化的步伐。

由此可见，在集体耕牛、农具、机械不足，又没有雄厚的资金来添置的情况下，产生了生产资料集体所有和个人所有结合的状况，反映了现在生产资料公有化的发展程度，正是和当前生产力的发展要求相适应的。只要我们在坚持包干提留公积金、发展集体经济的同时，对个体经营的发展加以引导，就有利于促使农业向机械化、专业化、社会化的方向发展。

4.冲破“三级所有、队为基础”的原有体制，社员投资入股，兴办机械加工、运输等新型集体经济组织

像嘉山县桥头公社7户社员集资入股办米面、棉花联合加工厂等，这种自愿联合的新型集体经济组织，今后还会适应生产的各种需要而相继出现，这是毫无疑义的。

归纳以上几点可以看出，实行联产责任制直至包干到户，不是分田单干，它继承了合作化以来土地集体所有和必要的合作经营等基本成果；土地集体所有，承包到户使用，以及农户增添私有生产资料，投资办新的经济联合组织，则是适应了生产力的水平和发展需要。

（二）在农业生产组织上，改变了集体劳动大呼隆、经营核算吃大锅饭，保持了必要的统一经营管理，建立了承包组、户等实现农民自主地与生产资料直接结合的新的组织形式

农业的集体经济组织形式与生产资料集体所有制的生产关系，既有联系又有区别。过去把集体经济与集体劳动、集体利用生产资料等同起来，使大呼隆、大锅饭长期得不到解决，挫伤了农民的积极性。实行联产责任制的实践说明，集体经济的组织形式取决于三个因素：其一，要体现劳动群众集体经济的生产关系。即确立劳动者的主人翁地位，劳动者与生产资料直接结合；既有社员联合进行一部分公共劳

动或协作劳动，又有社员为个人所得所进行的劳动；要有利于按劳分配，多劳多得。其二，归根到底要由生产力水平、社会分工协作的发展程度所决定。目前多数生产队还是以农业种植业为主，工副业少；农业是以手工工具和畜力为主，农业生产尚未分化出很多专业分工。在这种情况下，以户为单位能够独立完成农业生产的主要作业；少量分化出的专业和工副业也能由专业组、户、工为单位独立进行。其三，要由农业生产劳动的特点所决定。农业生产和工业不同，它是在广阔的土地上进行的分散劳动，要因地因时照料生产周期很长的有生命的作物，因此具有生产的分散性和自主性。这都决定了农业劳动者与生产资料直接结合，从事基本生产活动的单位宜小不宜大。正是适应这种需要，生产队改变过去几十个劳力一起混乱使用生产资料的大呼隆生产形式，建立了包产、包干到户、专业联产承包等责任制形式。

实行包干到户等联产责任制后，集体经济的组织形式特点是在生产、劳动的组合上宜统则统，宜分则分。适应到户干的到户，适合一人、几人干的由专业组、工干，相对固定，使劳动组织与生产的实际需要相适应。相应地把不必要统一使用的生产资料，分别固定到户（或专业组、工），使劳动者与其分别直接结合，有充分的使用、管理权。生产队需要共同使用的水利排灌设施、大拖拉机等，由专人负责管理，统一使用；抗旱排涝、农田水利建设等统一抽调劳力，协作进行。这样，集体经济的活动，既是一个有机的整体，又使承包户或组相对独立，各有其责、权、利，并且用包干经济合同形式，把队与户、组的责任、权益落实下来 。

集体经济实行户、组承包责任制的新的组织形成，建立起有利于生产力发展的新关系。首先是农民成了土地的主人，集体生产中有责有权有利有自由的主人。社员在完成包干合同任务的前提下，对作物安排、采取增产措施有了主动权；对劳力有了支配权，从农业生产、家庭副业、家务劳动到娱乐休息、社交活动可以相宜安排；对劳动成果有了支配权，多产多得。同时，生产队和户、组的多级经营核算体制，打破了生产资料使用上的大锅饭。人人自觉从个人利益与集体利益的结合上关心生产、精细管理、提高工效、改进技术，保护利用生产资料，合理使用和节约生产费用，提高产量和收益。其次，农民之间建立了自我劳动与进行公共劳动、互助合作中实行等量劳动交换的关系。生产队统一组织的生产建设环节、抗灾活动共同协作进行，农户或专业组、工之间以换工、代耕收费等形式开展生产互助。避免了混在一起干，一部分人实际上通过混工分占有别人劳动的情况。至于有些队包干到户后没有多少合作、劳动交换，这不是人为决定的，而是由生产力的分工发展程度决定的。这种既自主又与个人利益紧密联系的劳动者与生产资料的直接结合关系，成为推动生产发展的持久因素，也为落实按劳分配提供了有利条件。

（三）在产品分配上，创造了承包农户最终劳动成果包干上缴国家、集体，剩余归己的形式，摆脱了平均主义和烦琐哲学

在联产责任制特别是包干到户的情况下，承包组、户相对独立地生产劳动，各自核算，相互之间的劳动交换十分明确，便于计量，排除了过去影响按劳分配、多劳多得的干扰因素。

随着责任制由包产到包干的发展，分配形式相继发生了两个质的变化。

第一个质变，是由评工记分、按工分分配，进步到联产计酬。即包产到组、包产到户、包产部分交产到队、以产（产量、产值）计工、统一分配；超减产部分奖罚到组、户。这一变化，克服了过去评工记分、定额管理都因农业的特点，工分不能如实反映劳动的数量质量的难题，避免了工分作为一个劳动与报酬的中间环节，导致混工分而不计劳动效果的现象。以劳动的最终成果——产量、产值，直接作为衡量劳动、进行分配的尺度，使实现按劳分配、多劳多得建立在客观合理的基础上。

第二个质变，是由包产、交产统一分配，进步到由户包干分配。承包户应该完成的国家征购、集体提留任务订入队户包干合同，分配就是兑现合同。一年向国家贡献多少、向集体提留多少 、自己净得多少，社员一清二楚。省去了包产到户要交产到队、以产计工、以工分分配、奖惩到户的烦琐程序。解决了把产品收入集中到队，钱、粮、工分裹在一起，社员看不到、听不懂、摸不着、管不住，产生少数人做主、平调、贪污挪用、多吃多占等问题。农民的劳动与报酬相当，这就是包干到户能够极大地调动群众积极性、推动农业发展的根本原因。

三、稳定联产责任制是生产力发展的要求

以包干到户为主的联产责任制的建立，是农业集体经济在 20 多年的生产实践中解决其内在矛盾的必然产物，是生产关系和经营管理制度适应农业生产力发展要求的深刻变革，在近两年的实践中愈来愈清楚地显示了作用。今后它将如何发展，我们应该怎样对待它，是否是有人所 说的“权宜之计”，这也不是由人们的主观随意性决定的，而是取决于客观规律，取决于它对生产力的适应性。

（一）联产责任制的建立促进了生产发展，人民生活改善，显示了它对生产力

的广泛适应性

之所以说联产责任制使生产关系和经营管理制度适应生产的发展要求，首先在于它使过去不 能充分发挥作用的现有生产力大大解放，提高了经济效果。它有力地调动了农民群众的积极性，使他们得以发挥自己的主动性，不论社员、干部、勤人、“懒人”、男女老少，七手八脚 搞生产，精耕细作，学习和应用科学技术，尽心尽责地有效利用现有物力、财力、地力，千方百计做到增产增收。从滁县地区来看，1979 年大多数生产队实行了包产到组、大包干到组 、小宗作物包产到户，战胜了 1978 年大旱带来的困难，粮食总产由 22.98 亿斤上升到 28.3 4 亿斤，粮油总产超过历史最高水平。今年大部分地方实行包干到户，持续增产、县县增产、全面增产。粮食总产达到 32.17 亿斤，又比上年增长 13.6%，油料总产比上年增长 44.9%，农业总产值按 1970 年不变价格计算，比历史上最高年份 1977 年增长 20.1%。长期低产落后的定远、凤阳、嘉山三县，过去相当多的社员在正常年景下不得温饱，以讨饭出名，今年比上年增产粮食 1.6亿多斤，生产万斤粮的农户，仅凤阳县就有 1 万多户，占总农户的 10.5%。昔日的大多数穷社队、光棍村，实行大包干到组、大包干到户，当年或第二年就解决了温饱，卖了余粮，出现“鞭炮响，盖新房，做新衣，接新娘”的气象，突出地说明了生产力的解放。

其次，是在生产发展、增产增收的基础上发展了生产力。这表现在耕畜、农具、农业机械大量增加，开垦荒地，改良土地，兴修农田水利成效大，科学技术推广快等方面。仅以生产工具和畜力的发展为例，凤阳县 1980 年从外地购买牛、驴、骡、马19163 头，该县宋集公社 1100 多户，平均每户耕牛 1.19 头。嘉山县原有拖拉机 1489 台，1979 年实行包产到组、包产到户后，一部分队卖出 159 台，而 1980 年生产队和社员购买新拖拉机 351 台，净增加 192 台，增长 12.9%。凤阳县 1980 年集体购买、社员联户或单独购买农用汽车 3 辆，大拖拉机 14 台，手扶拖拉机 501 台，排灌机械 92 台，脱粒机械 707 台。至于犁、耙、平板车、水车等农具，更是比过去成倍增加。

联产责任制、包干到户对生产关系、经济组织的调整对不对，生产力的发展已作出了肯定的回答。

社会主义生产关系本来要建立在社会化大生产的基础上，但是由于种种社会历史的原因，我们的社会主义农业集体所有制却是建立在小生产的、生产力水平很低的物质基础上，这使集体经济制度先天不足。因此，巩固和发展集体经济制度的根本要求是发展生产力。使集体经济内部生产关系与生产力相适应，组织形式与生产力相适应，使生产力得到发展，这正是巩固发展集体经济的根本所在。生产力的首要因素是劳动者，在以手工为主的农业中更是如此 。离开生产力的实际水平，离开农民群众的积极性、主动性，搞什么“公平”的、高级的生产组织形式、所有制形式、分配形式，搞什么大呼隆、穷过渡等等，都不过是曾经给我国带来灾难的“左”倾的乌托邦的空想。

（二）稳定包干到户为主的联产责任制是生产力发展的要求

以包干到户为主的联产责任制要不要稳定一个相当长的时期，还是“权宜之计”，一是取决于未来生产力的发展，二是取决于通过联产责任制得到调整、充实的生产关系所能容纳的生产力发展水平。应当看到，它不是“权宜之计”，要在一个相当长的时期保持稳定。主要原因是：

1.农业生产力发展是个逐步积累、由量变到质变的过程，不能期望有过高的发展速度

农业生产力的主要标志是生产工具及基础设施、科学技术、劳动者的素质等，不能简单地把农产品产量的增加当作衡量生产力水平的标志。实行联产责任制，调动了农民的积极性，同时 原有水利条件的发挥，化肥、良种增多，农业科学技术的推广应用，农产品收购价格的提高，必然加快农业生产和生产力的发展。但是，也要看到，当前农业生产力水平低，多数群众物质文化生活水平不高；农业生产周期长，农作物一般要半年、一年，林木要几年十几年；不少地方的农业还是单一经营，因而近期不可能以较高的积累率用来添置生产工具，投资于基础设施。生产工具和动力的变化，目前主要是手工工具和畜力的增加，接着进入手工工具与机械、人畜力与矿物能源结合的阶段；要进到农业机械在整个生产过程中起主要作用，这既取决于农业积累能力，又取决于工业产品的质量和数量。因此，生产力发展的根本性质变，需要一个相当长的时期，没有大的质变不会要求生产关系的较大调整，联产责任制需要保持较长时期的稳定。

2.对联产责任制及其调整了的生产关系、组织形式所能容纳的生产力，不能低估

一是从滁县地区目前情况来看，一般是户户粮油棉、家家小而全，要通过较长时间发展，多种经营项目增多，专业分工发展，过剩劳动力转移，才能根本改变这种情况。与此同时，包干到户的责任制，可以做到基本不变中有所发展变化，即对新增加的工副业，对从农业生产中某一环节分化出来的工序，实行专业承包的形式

来承担。这种农业基本生产包干到户，工副业和某些工种专门承包的体制，不仅能容纳以手工工具为主的小生产的生产力，也能容纳相当水平的机械大生产。不过，机械化水平的提高，专业分工的发展，会冲破生产队、大队乃至公社、县等行政区域的界限，或者从农业中分离出来，形成按行业的各种不同专业的、自愿互利联合的经济组织，或是农工商互相协作的联合经济组织。从此看来，包干到户、专业承包，正是通向农业专业化、社会化的桥梁。然而，由于农业生产是在广阔的土地上进行的，具有分散性，决定了农业基本生产单位不宜过大，那种追求人多规模大的思想，就是在将来实现高度的机械化以后，也是与农业生产特点相背离的。

3.稳定责任制，稳定生产关系，才能集中精力发展生产力

过去我们吃过了离开生产力的发展，急于变革生产关系，大起大落大折腾的苦头，必须接受教训，把与生产力和群众要求相适应的生产关系、责任制形式稳定下来，发挥其作用，发展生产，发展生产力，提高科学技术水平，逐步改变劳动手段和劳动对象。发展生产力，增加生产、满足人民不断提高的物质文化生活的需要，这是生产的目的；生产关系的改变，要适应它，为它服务，而不能把改变生产关系当作第一位的东西，片面追求它的变革。

4.农业责任制和任何新生事物一样，都有一个完善成长的过程

稳定才有利于解决责任制建立后出现的新问题，在管理制度、管理方式上适应新情况，使之逐步完善；稳定才利于干部群众适应新的生产秩序、经济秩序，提高生产管理水平，积累领导经验，持续稳定地发展农业生产，振兴农村经济。

因此，各级党委要在联产责任制的性质、作用上统一认识，和群众站在一起，体察群众对过去极左路线长期危害、对大呼隆大锅饭痛心疾首的心理，摆脱贫困的要求，支持群众因地制宜实行包干到户、专业联产等多种形式的责任制，又要基于责任制将保持相当长时期的稳定，积极领导干部群众，总结经验，研究问题，找出解决矛盾、组织管理的办法，使之完善，更好地促进生产。

(1980年12月)

适应生产发展需要 自愿组织经济协作*

——桥头公社包干到户后逐步发展多种联合的调查

安徽省嘉山县桥头公社自1980年下半年以来，在包干到户条件下，群众自愿建立了各种生产协作、经济联合组织。全公社除一半以上农户参加联合植保外，参加其他各种联合的农户已达1186户，占农户63.8%。这种联合，不是重搞“大呼隆”，而是有分有合，是带有互助、合作性质的松散的联合，扬包干到户之长，补包干到户之短，为在包干到户条件下，提高农业管理水平，发展多种经营和工副业，逐步向农业专业化、社会化发展，开辟了道路。

一、从包干到户到自愿联合

这个公社的社员从强烈要求包干到户，到自愿组织多种联合，都是顺应生产发展需要而产生的。党的十一届三中全会前后，这里实行了包产到组；1979年秋后，又在群众强烈要求下，普遍实行包干到户。包干到户一年，发生了两大变化。一是农业大发展。去年粮食总产1104.8万斤，比1979年增长63.7%，人均生产粮食1196斤，向国家净贡献粮食156万斤；油料总产59万斤，比1979年增长156%；社员分配收入由1979年的人均60.47元增加到101.53元；家庭副业收入也有增加。全公社纯收入2000元以上的农户有198户，去年年底社员存款余额为7.72万元，比丰收的1977年存款1.5万元增长4倍多。吃饭问题解决了，社员手里有钱了。二是剩余劳力解放出来了。这个公社人均耕地不到二亩半，过去集中干活磨洋工，

*本调查同地委政研室副主任章其磋，嘉山县政研室吴泽润、贾新葆共同进行，调查报告首先刊登在滁县地委《情况反映》，得到万里的肯定，随后发表于中国社科院经济研究所《经济研究资料》1981年第9期，收入中国农村发展问题研究组编：《包产到户资料选》，1981年9月印刷。

捆在土地上单一搞粮食，掩盖了劳力过剩问题。包干到户后，工效提高，农业剩余劳力约占 1/3 左右。

社员吃饱了饭还想富。除了在发展粮、油生产上动脑筋外，还想利用手里的钱和能够自由支配的剩余劳力，发展收益大的经济作物，搞工副业。有些事一家一户办不成，为适应扩大再生产的需要，便自由结合，实行协作。这种新的联合主要是在 4 种情况下发展起来的。一种是要为剩余劳力、闲散资金找出路合伙搞工副业。去年 8月，吕继堂等 7 户社员听到上级允许城里知青办工厂、开商店的消息后，开始酝酿办厂。吕继堂家 6 口人，4 个劳力，承包 12.5 亩地，有两三个剩余劳力，午季、早秋粮食到手后，就找会办事、会算账的姑表兄弟刘金波商量办粮棉加工厂。后又串联 5 户，筹钱盖了两间草房，买了机械，确定每户抽一人参加厂里生产（其中有 4 个高、初中毕业的回乡知青）。由于他们办的厂服务态度好，深受群众欢迎，从去年 10 月 1 日到年底净收入 1600 多元。他们的成功产生了吸引力，各种不同形式的联合逐步发展起来了。另一种是技术能手想从发展收益大的经济作物中致富，找人合作。桥南生产队社员吴广廷，是个种烟能手，过去在队里负责种烟，还年年在自留地栽二三分烟。包产到户后，他知道凭自己的技术，一亩烟收入 300 多元有把握，想多种些烟增加收入。但烟叶生产一家一户建炕烤烟不合算，而要几户一起烤烟，就要协作，做到育苗、管理和采烤时间大体一致。去年春上，他找不太会种烟的余明辉等 5 户社员一起研究，由自己任技术指导，让他们放心和自己联合，但由于天气不利，其他人又担心包干到户日子不会长，一心抓粮食，没有联合起来。直到今年春天，责任制稳定了，才联合种了 12 亩烟。这类联户种烟的办法，有助于社队干部解决棉烟种植计划难安排的问题，因此一出现就得到支持，推广很快。第三种是包产到户后，少数社员生产上遇到困难，如缺乏基本的农业技术等，要找人互助。第四种是有些生产环节或基本建设，一开始就需要有领导地组织协作才能搞好。

联合的发展表明，包干到户是自愿联合的起点，生产发展的需要推动社员走上了新的联合。

二、联合的特点和做法

目前桥头公社实行的一些联合经营的方式，具有三个特点：一是协作性，它是在包干到户的条件下进行的，为满足提高经营水平和进一步发展生产的需要而实行的互助、合作性质的松散联合。二是灵活性，群众根据生产实际需要，确定联合项目、规模和内容。三是自主性，坚持自愿互利原则，进出自由。因而适合当前生产水平和管理水平，既充分调动了社员个人的生产积极性，又发挥了协作的优越性。各种生产协作和联合经营大致有以下3种类型：

(一) 简单协作

一是在粮食生产中，各户独立完成生产过程中的主要操作，同时在技术性较强的作业上进行一定协作。如联户泡稻、育秧、育山芋苗。几户社员委托一个种田能手，在他的承包田里集中育苗，育苗占田由各户补偿，用工以换工解决，或付给一定报酬，用水、肥、种由各户分担。今春有43个生产队的323户，联合育秧235亩，可栽水稻2520亩；有52个生产队285户联合育山芋苗，下种11400斤。

二是共同利用自然资源，发展林业、渔业等多种经营。①联合养鱼。除了生产队集体养鱼外，跨队水面队队联养，放养面积405亩，投放鱼苗21.3万尾；队内小塘"塘跟田走"，由合用塘水的几户社员联合养鱼，放养水面159亩，投放鱼苗6.9万尾。集资投放鱼苗，较大水面固定专人管理，收益扣除成本和用工报酬，按股分红。②联户造林。新建毛郢、苗西两个生产队，去冬今春除集体造林300多亩外，对180亩连片的自留荒山（毛郢100亩，苗西80亩）实行联户造林，统一筹钱购买树苗，分户栽、管，每队各抽一人统一看护，护林员报酬从5年后修松枝收入中按10%提取。

三是联合进行农田基本建设。去冬今春兴修塘坝时，本着自愿互助、谁受益谁负担的原则，有的五六户联合兴修小塘坝，有的几十户联合修较大塘坝。锦王大队去冬195户联合完成加固南朱大坝，修复均刘圩、小胡圩水毁堤段等三处工程，并联户兴修六面水塘，共做土方5000多立方米。加固南朱大坝需做2000土方，4个生产队的80户社员受益，他们在大队统一领导下，按受益田亩把土方先划到生产队，再划到受益户，对烈军属和个别缺少劳力的困难户，根据其劳力情况酌情照顾。各户在自家吃饭，自带工具，联合兴修，工效一般都比过去提高一两倍。

(二) 建立在较多分工基础上的协作

一是联户种烟、种棉。今春联户种烟的有21个生产队，种烟217亩，占全社种烟计划面积的43.4%，承担全社烟叶交售任务的43.4%。联户种烟是在生产队内（少数跨队）以种烟能手为首，和几户社员自愿结合，承担全队种烟计划任务；联户中各户自己种、管、采摘，由技术能手统一育烟苗、统一进行管理中的技术辅导和统一炕烟，联户集资建烟炕或利用队里原有烟炕。育烟苗费用或按种烟田亩由各户分担，或由技术能手育烟苗卖给种烟户，用工给钱或换工。炕烟费用按各户烟叶数量或收入数量分担，并合理付给用工报酬。种烟户负责完成生产队烟叶交售任务，不交征购粮，公粮交代金，其征购任务由不种烟的社员户分担。如锦王大队田东生产队，20户社员，10户联合种烟，10户种棉，各完成队里烟、棉交售任务。前赵大队9个生产队，其中4个队各有一名种烟能手，以他们为核心结合了25户社员，承担全大队的烟叶种植、交售任务。前东队种烟能手傅荣怀一户，负责供给3个队45亩田的烟苗，一亩烟苗收费5元。新建大队戴东生产队各户集中在一块20亩土地上种烟，分户栽、管、收，由烟师傅申为巧统一育苗、炕烟和指导管理。

二是在植保环节进行专业协作。去年，这个公社成立了植保公司，在全社范围内联合开展防治病虫害。公司由一名公社党委副书记兼任经理，吸收公社农科站、供销社、拖拉机站有关专业人员为委员，由“专职”（一人）、“兼职”、“临时”3种工作人员组成，设有测报、机务、后勤3个组。测报组由公社农技员和大队植保员共8人组成，负责测报，提出防治适期，落实防治对象田，用药后检查防治效果。机务组由8名有一定文化、技术的社员组成，负责管理、使用公司的8部机动喷雾器，进行喷药防治。后勤组采购供应农药、机械用油，联系防治业务。公司按自愿原则，与大多数生产队的农户签订了防治合同。合同形式，一种是全包，防治用农药、机械、燃料，技术用工全部由公司负责，达到防治标准的每亩收费5角，达不到质量要求的不收费或补治；另一种是部分包，即社员自备农药，公司给打药，每亩收费1.8角，或者社员自备农药和燃料，公司出机械，每亩收费8分。对植保人员规定施药面积、质量、油耗标准，除付给他们同等劳力报酬外，按实际防治数量和质量进行奖惩。同时，公司还负责培训植保人员，指导生产队运用自有机械开展防治。

三是共同购置使用农业机械的联合。现有16户社员分别集资购买中型拖拉机1台、手扶拖拉机7台，联户使用拖拉机耕地、脱粒、加工和农村短途运输，并按照公社拖拉机站收费标准为其他社员代耕。购买机械筹款，一般是按各户包产田亩出钱，以后不再还本；也有的是按资金能力出钱，以后从经营收入中还本。固定专人开机，不开机的以工换工，或付给机手一定报酬。油耗、维修费合理分摊。加工运输收益按股分红。

（三）从农业中分化出来的、以集资经营加工业为主的联合

目前，社员联办粮棉加工厂5个（1个附设挂面机），油坊1个，小砖窑厂1

个，即将建成的还有1个磷肥厂。联户办企业，实行投资入股。有的是各户等额投资，对等参加从业人员；但多数是按资金能力入股，按生产需要确定从业人员。参加的农户本身仍有包产田，所办的工副业作为兼业，但从业社员本身已逐步成为专业工。企业自己联系业务，采购原料，自产自销。收益后，多数是先还本，后分利。分配时，不按股金多少来分，而按从业人员分配，或辅之以按股分红；少数对等投资投劳的全部按股分红。这些企业管理比较民主，联合的参加者都是平等的一员，既是所有者，又是经营者。有的厂已建立民主协商、分工负责的制度，以及财务管理、机械管理、安全生产和考勤等制度。

三、联合经营的效果

这个公社在较短的时间内发展了涉及面广、形式多样的生产协作和经济联合，从根本上说是适应了农业联产责任制后农村生产力发展的新的要求，适应了扩大再生产，特别是提高技术水平和经营效果的需要，因而表现出强大的生命力，展示出广阔的前景。它的主要好处是：

（一）在农业经营管理上扬长补短，既发挥包干到户之长，又适应集体分工协作的需要

如在联户种烟中，仅在需要技术能手专门负责的育苗、烤烟两个环节协作，付给技术能手一定的报酬，对不必统在一起干的栽、管、采摘等大量生产活动，仍由各户自己进行，所得收入除拿出少数协作费用外，都归自己所有。这种不打破包干到户责任制形式，又进行一定协作的办法，一方面保持了包干到户责任具体、利益直接、简便易行的长处，使群众积极性得到保护；另一方面也更具有集体经济分工协作的优点，避免了要分工协作，就重走一切统死、搞“大呼隆”、“大锅饭”的老路，以致再一次挫伤群众积极性。植保公司的实践也表明，它没有改变包干到户，但照样解决了一些社员不懂药性、病虫特性、不会防治的困难，避免了家家买药买机械可能造成的浪费，收到了统一防治、杀虫（病）率高、成本低的效果。去年在防治水稻三代三化螟的关键时刻，植保公司的8部机动喷雾器和群众的100多部压缩喷雾器全部出动，每天施药面积都在2000亩左右，其中公司每天直接施药面积都在1000亩上下，几天之内，全社7500亩防治对象田普遍防治了一交，防治后病虫危害率降低在2%以下，挽回水稻损失30万斤以上。

（二）联合经营发展了分工协作，使技术能手人尽其才，有利于改变“小而全”的生产方式，逐步向专业化、社会化方向发展

过去“大呼隆”干活，虽然也有少数技术能手专门从事某项技术活，但在那种“大呼隆”、“大概工”的情况下，技术应用效果和个人利益不挂钩，因而他们的技术才能不可能充分发挥出来。实行包干到户解决了充分调动群众积极性的内在因素，但存在着家家户户种粮、油、棉，经营项目“小而全”的情况，束缚了技术能手各种专长的发挥，一些技术不全面的社员什么都种一点，经营效果不理想。现在组织了各种协作性的生产联合，就改变了这种情况。一些种烟、植棉能手，和几户社员自愿结合，大胆承包技术性强、收益大的经济作物，技术能手“英雄有用武之地”了，能继续发挥自己的专长；其他社员也能集中精力从事粮、油生产，便于培养自己在这方面的专长，从而有利于不断提高整个农业的技术水平和经济效果。前赵大队去年计划种烟60亩，采取撒胡椒面的办法，把任务划到户，一些不擅长烟叶生产的社员不敢种，不愿种，结果只种了20亩，还有40亩种植任务未完成。这个大队有9个生产队，今年有4个生产队的种烟能手自愿结合25户，组成4个联户种烟小组，承担种烟70亩，超额6.9%完成了全大队的种植任务，5个生产队负责承担全大队棉花的种植任务。从此，烟、棉种植不再是“满天星”了。前东生产队社员傅荣怀，仅为3个生产队育烟苗一项就可收入260元。由于直接享受经济利益，他在育苗时特别负责，烟籽催芽的合适温度相当于人体体温，他就把泡过的种子装在塑料袋里，下地干活贴身挂在棉衣里，睡觉放在被窝里，芽出得齐，下田后又精心培育。他说，叫我专门种烟也敢干。这种生产联合，包括植保上的专业联合，发展下去，会逐步分化出一业为主兼搞其他的农户，形成更多相对固定的专业协作组织，使农业向专业化、社会化方向发展。

（三）通过联合把分散的潜力、优势结合起来，适应了扩大生产的需要，促进了多种经营和工副业的发展

包干到户责任制焕发出积极性，促进了农业生产的发展。社员手里有钱，也有了比较自由的剩余劳力，但开始时，这些钱、劳力和技术人才，分散在一家一户，一些事业单独办不成。现在有了各种联合，就把分散的各种潜力逐步汇拢起来，办了许多过去集体想办而办不好，单家独户想办而又办不成的生产项目，从而促进了多种经营的发展，促进了农业生产结构和劳动力结构的变化。半年来，这个公社群众除自筹资金添置一些耕牛、犁耙、化肥等生产资料外，又集资入股联合办厂，买

拖拉机、栽树、养鱼，建烟炕等，共投资27650元，其中民办企业的厂房、机器设备和拖拉机等固定资产就有21000多元，相当于社办企业（包括拖拉机站）近5年添置固定资产总值的50%。社员联合经营投资的65%以上用于多种经营和工副业，剩余劳力的主要安排出路也在这方面，它已成为调整和改善农村经济结构的积极因素。

（四）联合创办新的集体企业，有利于发展集体经济，通过竞争促使原有社队企业改善经营管理，给工副业生产增添了新的活力

民办企业具有自愿联合、平等互利、经济公开、管理民主、自主灵活、没有脱产人员、没有“铁饭碗”、讲究经济效果等特点，因而虽然实力并不雄厚，但具有竞争力。在公社机关所在地的桥头集上，从去年10月以来，7户社员联办的粮棉加工厂开始了与一个社办工厂的竞争。民办厂早晚开门，随到随加工，服务态度好，对来加工的帮助卸粮、上车，有时还送上路，推上坡；加工保质保量，底脚粮、面都扫给社员。社办厂一等半天没有人，“男的像公子，女的像小姐”，还扣底脚粮。民办厂前排队加工，门庭若市，社办厂前冷冷清清。两厂机械台数和人数相等，社办厂的厂房、机械设备还优于民办厂。但头3个月民办厂毛收入3075元，社办厂毛收入仅1610元，比民办厂少收入近一半，其中11月、12月两个月，除了交电费和机械维修费以外，从业人员工资发不出。社办厂在面临垮台的情况下，采取了出广告、降低加工价格的手段，来招揽顾客，民办厂也降到同等价格。持续1个多月，小厂没有被挤垮，却占上风，社办厂才向自己“开刀”，由吃“大锅饭”改为包干制，职工由6人减到3人，一人包一台机子，单独核算，每台机械加工收入扣除成本后，1个月上缴积累50元，其余多劳多得，这才变被动为主动。

四、提高认识，因势利导

地、县委调查组在调查中，对群众的积极性和创造性给予了充分的肯定，同时又同公社党委一道总结了经验，研究提出了加强领导和管理的初步意见，主要是：

（一）要稳定、完善包干到户责任制，因势利导，积极发展联合经营

桥头公社多种形式的协作和联合，是在包干到户责任制的基础上发展起来的，是生产发展客观要求的产物。协作和分工是相辅相成的，在目前生产力水平较低的

条件下，初级的协作伴随着初步的分工。随着生产力水平的进一步提高。在粮食增产的同时，多种经营、工副业得到较大的发展，将引起农村专业性分工的进一步发展，出现劳力向两头集中的趋势，务农能手集中于农田，能工巧匠集中于工副业，促进农业向专业化、社会化的方向迈进。但开始阶段，由于受种种条件的限制，多数只能是简单的分工协作；经过一段时间，农业中会形成一些农户一业为主兼搞其他，出现带专业性的包干到户责任制，同时发展各种专业的技术、机械、劳动的协作；再经过相当长时间后，分工协作发展到一定程度，才会引起种植业中管理形式的较大变化。这是根据群众的实践，对将来的发展趋势的初步估计。我们只能按照生产力发展的实际需要，循序渐进，收到瓜熟蒂落、水到渠成之效；离开生产力的实际发展水平，主观地急于去改变还未适应的经营方式，是不可能有好效果的，也是不受群众欢迎的。群众的实践还说明，包干到户同发展协作、联合经营二者不是对立的，而是相辅相成的。前者为后者提供了发展的条件，后者补充了前者的不足；在今后相当长的时间内，农业可以在包干到户（包括专业包干）的基础上，建立多层次的横向联合和纵向联合，容纳相当高水平的生产力和进行专业化、社会化的大生产。因此，一是包干到户要保持较长时间的稳定，群众要求变才变，群众不要求变决不能轻易变动。二是对于已经出现的联合应采取积极、慎重的态度。既要积极支持和推广成功做法，主动帮助群众总结、完善；又要“摸着石头过河”，在推广提高中贯彻群众自愿原则和示范引导的方法，而不宜采用行政命令、拔苗助长的办法，强行让社员扩大联合规模、提高协作程度，去急于求成，也不宜主观设计某种模式，搞什么“高潮”，一哄而起。

（二）积极领导，加强管理

支持和引导群众搞好农业中的各种联合。群众自发组织联合时,经验不足，有的急于解决生产中遇到的困难，抱着吃亏态度找人联合，没有认真贯彻等价、互利原则，缺乏一套管理制度，少数缺技术或劳力的困难户没有组织到协作组织中来等等。针对这些问题，公社党委讨论决定积极帮助联合组织进一步贯彻互利、等价交换、按劳分配的原则，建立协作中的责任制、合同制，抓好技术培训，对植保公司进行充实、扩大，完善各项制度。对民办企业在加强思想政治工作的同时，帮助建立企业内部的社会主义经济关系，搞好按劳分配，或以按劳分配为主，按股分红为辅；帮助改善管理，逐步建立健全各项规章制度，培训技术人才，进行计划指导，克服发展中的盲目性。公社保证尊重民办企业的所有权、自主权，不搞平调，不随意安插人员。同时要求企业执行政府政策、法令；不搞投机倒把、雇工剥削（请师傅、带少数徒弟不属雇工剥削）；保证产品质量，不准掺毛兑假，不准擅自提价，不准偷税漏税。杜绝干部利用职权侵占集体财产的现象。

（三）有关部门应对民办企业给予指导和可能的扶持

上级社队企业管理部门应与之建立业务联系，指导生产，帮助提高技术；银行、信用社要允许他们建立账户，吸收存款，有选择地发放扶持贷款；财会部门要辅导他们建账，搞好经济核算。总之，要加强领导，引导民办企业沿着社会主义的轨道健康地向前发展。

（1981 年 4 月）

包干到户促进了农业机械发展*

——嘉山县太平公社的调查

嘉山县太平公社，地处淮河岸边，土地平坦，适宜机耕，但是，20多年来农业机械化事业发展很慢。1980年麦收前后，全公社陆续实行了包干到户责任制，拖拉机的增长速度大大加快了。从1980年春天到今年4月初，全社新添置拖拉机225台（其中大中型拖拉机8台，手扶机217台），一年增加台数是过去16年购置总和的1.7倍。加上原有的大中小型拖拉机132台，现在拥有拖拉机总数达357台，总功力达到5606马力，每马力负担耕地8.85亩；另外还增添脱粒机65台，粮棉加工柴油机15台。这就基本上满足了耕地、收打、运输、加工等农业主要生产环节机械化的需要。在机械发展过程中，出现了以机械为主体的合作组织。全社联合购买使用拖拉机的农户1115户，占总农户的29.8%，加上单独买机的21户，有机农户占总农户的30.4%。

一、机械化为何“化”得更快了

这个公社的自然条件和生产特点，向社队和社员加快发展农机提出了客观要求。这里是沿淮沿女山湖圩区，地平土松，耕地大都远离村庄，近则三四里，远的有二三十里，并且都在低洼易涝的圩里。汛期，圩里小麦收运稍有迟误，就要遭到损失。农民早有实现机械化的愿望和要求。

但是，过去农村政策上的“左”倾影响，统得过死的大呼隆的经营管理形式，阻碍了农业机械的发展。一方面，过去集体内部没有建立生产责任制，大家捆在一起，集体经济的实力有限，难于拿出大批的基金来买机械。买了拖拉机也管不好，

*同地委政研室副主任章其磋共同进行，调查报告刊登地委《情况反映》。

采取大呼隆、吃大锅饭的办法，没有实行经济核算和责任制，机械管理使用混乱，对机子不注意维修、保养，经常损坏，一修就是几十元，上百元，用油也没有定额，损失浪费大。这样，集体的拖拉机不仅没有使社员得到什么好处，反而成了包袱。

党的三中全会以后，农村政策逐步放宽，实行联产责任制特别是包干到户责任制，生产发展了，社员对买拖拉机积极起来了，出现了农机蓬勃发展的新局面。促成这一变化的具体因素有：

第一，生产发展了，社员收入增加了，为发展农业机械提供了良好的经济条件。这个公社1979年实行包产到组的责任制，去年又实行了包干到户，生产发展较快。1979年粮食总产比1978年增长39%，去年遭受洪涝灾害，粮食总产虽然略低于1979年的水平，但是多种经营和社员家庭副业有了很大发展，社员收入显著增加。去年全公社人均分配收入，已由过去的70多元，增加到90多元，社员家庭副业人均收入也由过去的30多元，增加到70多元。社员个人存款前几年在一两万元左右，1979年底为5.45万元，去年年底达到13万元。

第二，建立包干到户责任制，使联户投资买机械和社员的物质利益直接联系起来。过去生产队没有建立与社员个人利益直接联系的生产责任制，大呼隆、大概工，按工分分配，造成社员往往只关心工分，不关心劳动效果，只关心分配，不关心生产，更不关心投资扩大再生产。包干到户以后，社员有了承包田，完成包干任务后多收是自己的，投资购买农机，提高劳动效率，避免灾害可能造成的损失，能直接给自己带来物质利益。一台手扶拖拉机耕地能抵三四头牛，功效高，运输速度快；在经济上用机比用牛合算，机耕每亩成本八角左右，牛耕每亩成本达一元左右，而且耕牛一年闲四五个月，也要喂草用工。这种投资效果和个人利益的直接结合，把社员群众办机械化的积极性调动起来了。

第三，取消了私人不准买机械的限制，给机械化的发展开辟了新的途径。过去社员私人有钱，也不准购买拖拉机这类生产资料。现在这一条松动了，那些有钱又会开机的社员，就想自己买机用，生产、生活都方便；不会开机的也积极找会开的人搭股买机械。

第四，农机部门实行购买农机分期付款的办法，吸引了农民购买机械。一部拖拉机，少则三四千元，多则两三万元，社员买机械一下拿出这么多钱有困难，现在农机部门实行40%付现款，60%延期付款的办法，对群众很有吸引力，社员感到买机械切实可行了。

第五，中央75号文件使政策见了底，农民放了心。原来有些社员虽然想买机械，但又担心政策一变，机械又要被一平二调归“大摊”。去年中央 75 号文件宣布包产到户要稳定一个较长时期，就解除了这一顾虑。

由于以上原因，社员买手扶拖拉机的一天天多起来了，从去年 7 月到 10 月底是 70 台，12 月底是 107 台，到今年 4 月初发展到 217 台。

二、以机械为主体的联合

这个公社去年以来新增加的拖拉机，绝大多数是三五户自愿联合购买使用的。形成了在包干到户条件下，以联户共有的机械为基础、实行机械协作和部分劳动协作的合作生产形式和组织。目前这种组织有 313 个。其经营管理形式和做法主要有以下几种：

第一种：在生产队实行包干到户责任制的条件下，自愿结合的几户社员按照承包田亩投资，联合购买拖拉机，各户土地仍然分开种、管、收，只是在联合使用农业机械的生产环节上进行协作。如在耕地、田间运输、脱粒和加工等方面协作。开拖拉机的司机报酬，有的给钱，多数由不开机的农户与之换工。消耗燃料费用和维修费用，有的按田亩负担，有的对各户使用燃料油分别计算。有加工机械的对加工、运输收入，在扣除成本后，实行按劳按股分红。这种联合形式目前占大多数。如孟台大队有 54 个机械联合小组，其中 47 个采用这种办法，占 80%。

第二种：是分工协作较多的生产联合体。这个公社的经营管理辅导员尤继先，在他家所在的张台大队，和另外三户社员伙买一台手扶拖拉机。他们在农田上虽然也是分户种、管、收，但协作内容多，有比较固定的分工。他们当中两户各一人有开机技术，专门负责开机子，另一户负责喂养队里交给使用的一头牛，还有一户则以工换工，负责给开机子的两家帮忙干其他农活，4 户社员劳动交换大体合理（费用负担办法同第一种）。这种形式目前为数不多。

第三种是“帮机腿”的形式。如孟台大队第 12 生产队，以社员蒋凤翔为主，吸收蒋正平、刘家宽两户入股，合伙买一台手扶拖拉机，先付现款 1500 元，蒋凤翔出 1000 元，蒋正平 300 元，刘家宽 200 元，蒋凤翔主管机子，农忙时为另两户耕、收、运、脱，只收油料费，不收磨损费和维修费，两户对蒋凤翔为他们开机子实行换工。此外，使用拖拉机运输、加工的收入全归蒋凤翔所有。这种形式，社员称为“帮机腿”。在孟台大队54 个机械协作组中，就有 4 个小组实行“帮机腿”。

第四种：不仅联户统一购买使用拖拉机，而且将各户承包的土地扰在一起，统一种、管、收，统一分配。这一类是少数大家庭式的父子、亲戚组，劳动不计酬，或记工分很马虎，分粮食按人头，分山芋按板车计量。这种形式，要帮助总结，完善管理的办法。否则，体现不了等量劳动交换和按劳分配的原则，有的已因此发生了矛盾，而改用第一种办法，有的矛盾还未激化，暂时还在实行。在孟台大队54个联合小组中，有三个组实行这种办法。

各种以机械为主体的联合小组，目前还处在自发形成阶段，它们的内部经济关系，机械管理使用方法和劳动协作方式，都在发展变化着。有些小组遇到矛盾散伙了，又进行了新的组合，多数小组的社员则针对碰到的问题，讨论措施和办法，摸索改进。一部分小组比较巩固，机械管理使用较好，主要是做到了三点：一是建立组织，确定组长，机手、管油、管账分别由专人负责，遇事民主协商；二是不搞“小呼隆”、“小锅饭”，承包田由各户自己种、管、收，主要在与机械有关的生产环节中进行协作，对各户用的时间，用油记账算账，体现了互助互利，等价交换；三是建立责任奖惩制度和使用管理制度，对农忙时各户用机如何安排、费用如何负担及协作用工报酬、收入分配、事故处理、私人用机等，都经过协商订出制度、办法。如公社经管员尤继先所在的小组已制定了拖拉机管理使用的七条制度，做到了有章可循。

三、存在问题和今后意见

这个公社在包干到户基础上发展起来的联合组织，正在起着推动生产发展的积极作用，初步收到了一些效果：首先是提高了生产力水平，有利于农业和工商业发展。全公社1979年底三级固定资产总值150万元，而近一年来社员购买拖拉机等农业机械，就增添固定资产总值76.5万元，占现有三级固定资产总值169.9万元的45.3%，其中社员自筹资金40.1万元，占23.8%。社员添置拖拉机，主要是用于农业，特别是满足抢收抢种的需要，同时也搞就地加工和短途运输，从去年包干到户截至目前，社员利用添置机械搞加工、运输，已收入4.3万元。其次是提高了劳动生产率，促进了农业科学和教育事业的发展。全社农业技术队伍已由原来一二百人，发展到五六百人。过去有些人手少的家庭，孩子放牛不能入学，现在入学儿童增加了，对龙大队去年春天入学儿童407人，今春增加到458人，增长12.5%。第三，发展了机械和劳动互助、协作，在一定程度上解决了劳力弱的户的困难。第四，农业机械增多，以机械为主体的联合组织的发展，有利于把集体经济建立在新的生产力水平上。

但是，这个公社在农机发展中还存在一些需要注意解决的问题。一是今后会出现农机盲目发展的趋势。按照拖拉机应完成的作业量，现在集体和社员的拖拉机基本上能满足本地农业生产的需要。但由于拖拉机购置数量不平衡，以大队计算，多的有六七十台，少的只有一二十台，以生产队计算，多的有八九台，少的只有一二台；更由于由四五户组成的机械联合小组内部管理存在问题，搞不好就一分为几，再买机械；不少社员认为联户使用拖拉机不如自己独户用起来方便，不求于人，一旦经济条件许可，就要另立门户。因此目前拖拉机还在发展中，盲目发展下去，对社员对国家都会带来一些不必要的浪费。二是多数机械联合小组管理无制度，不讲经济核算，没有责任制，协作中劳动计酬、换工或收益分配，未能真正体现等价交换、按劳分配的原则，因此到一定时候矛盾就会激化。三是有的利用机械为别人代耕、运输、脱粒，收费偏高。四是个别干部利用职权，将集体机械低价转为已有或自己所在的联户所有。五是有些大队、生产队的集体机械没有落实承包责任制，还在那里“睡觉”。此外，机械增多提出了交通管理、维修服务等方面新的要求。这些问题都需要认真加以研究和讨论。

公社党委和调查组一起，分析了农机发展的积极作用和存在问题，认为，对包干到户后新出现的联合组织，首先在思想上应引起重视，加强调查研究，满腔热情地给予支持，积极加强领导，建立专门的领导机构，帮助他们总结、交流经验。要加强和改善管理，对集体机械建立健全联产（值）责任制，维护集体财产，发挥它们应有作用；对社员联合组织，要帮助建立管理制度，贯彻民主管理、按劳分配、互助互利、等价交换原则。同时对机械代耕、加工、运输等收费标准，要明确规定合理的最高限价，并加强技术培训工作，合格的发给牌照和驾驶执照；搞好交通管理，加宽加固机耕路，逐步设立机器零件供应、修理服务的网点。

（1981年4月）

科学种田的春天到来了*

——天长县郑集公社农民科学种田协会的调查

天长县郑集公社为了适应包产到户以后群众迫切要求农业科学技术知识的新形势，在自愿互利原则下，今春成立了群众性的农民科学种田协会。这个协会受到农民真正的欢迎，带来了农业科学技术的普及，促进了农业生产的发展。安徽省副省长杨纪珂欣然担任协会名誉会长。人们高兴地说，现在科学种田的春天到来了。

一、协会产生的背景和组成

农村实行包干到户责任制后，成立农民科学种田协会，已是大势所趋。

郑集公社共有 14 个大队，165 个生产队，去冬今春 153 个生产队实行了包干到户责任制。随着农业管理形式的改变，社员群众的劳动积极性空前高涨，对科学种田的要求也越来越迫切。过去在一起大呼隆干活，队长叫干什么活就干什么活，推广科学技术往往成为少数人的事。包产到户以后，实行科学种田，提高产量，与社员的切身利益直接联系起来了，因而成为广大社员群众的迫切要求。但是，有不少社员缺乏农业技术知识，不懂良种习性，不会科学用水，有的误认为化肥用得越多产量越高，防治病虫害也掌握不住要领。特别是一些 30 岁以下的年轻人，过去在队里只干现成活，没有学到多少农业技术，有的甚至连农事活动的“四时八节”都搞不清楚。因此，现在他们迫切要求学到基本的农业科学技术。从春耕生产开始，这个公社的干部、农技人员下去，经常受到群众的“包围”，走在路上也被拦住询问。公社农技员陈凡同志，下队被人围起来，走路有人拦，家中有人等，问他

*此篇与天长县委联合调查，滁县地委 1981 年 6 月 15 日作为 43 号文件转发，发表于安徽《科技导报》，1981 年第 4 期。

什么稻种好?地窖催芽要注意什么？怎样培育壮秧？磷肥怎么用？油菜怎么喷硼？等等，整天忙得不可开交。公社党委感到：随着联产责任制的建立，群众学科学用科学的高潮已经到来了，抓好普及农业科技知识的工作，是人心所向，势在必行。但原来的县区社队“四级农科网”，因靠平调和吃大锅饭建立的农科队瓦解了，已“缺了腿”，公社农技员面对一家一户，难以适应。

为了解决这个问题，公社决定在去年举办广播讲座和农技训练班的基础上，成立群众性的农民科学种田协会，根据自愿互利原则，吸收有一定生产经验和文化水平、热爱农业科学技术的农民为会员。协会的主要任务是传播农业科学技术，指导农民科学种田。协会制定了章程，确定了以推广应用新技术为主要内容的基本任务，规定了会员的条件、权利和义务，印发了会员证。会员可以“三优先”：优先获得技术指导，优先听科技讲座和发给科普资料，优先供应良种。第一批发展会员98 人，目前会员已发展到 230 多人，分布在 140 个生产队。协会分为公社协会、大队分会两个层次。公社协会民主产生委员 7 人，由公社不脱产的党委副书记、高中毕业回乡知青秦登江担任主任，不脱产的农民技术员陈凡担任副主任，他们专职负责协会工作，由公社发给固定报酬。14 个大队都成立了分会，推选了领导小组，大部分生产队建立了科协小组。已参加的协会会员，群众占 70%，干部占 30%。其中有种田经验的农民和初中以上文化程度的青年各占 50%左右。

二、开展灵活多样的科技推广活动

农民科学种田协会自成立以来，从本公社的实际情况出发，积极开展了以普及基本的农业科学技术为主要内容的多种形式的科技活动。

(一) 印发农业知识小资料

根据农时季节和生产需要,先后已编印《水稻育秧技术》、《棉花栽培技术措施》、《棉花苗期管理》、《早稻栽培与管理意见》、《何时收麦好》等农业技术资料,内容短小精炼,通俗易懂,很受社员群众欢迎。发给会员的免费,非会员每份收成本费二至三分。协会编写的《水稻育秧技术》资料共印 800 多份,被社员争购一空。浮山大队社员丁全才，从广播里听到协会印了怎样培育壮秧的资料，跑十几里到公社买回来，叫儿子念给他听。没有买到的社员还有意见，说一角钱一份我们也买。

（二）举办农业科学技术讲座

一是广播讲座,利用公社有线广播,定期播送农业科技知识。广播稿由协会编写,时间安排在社员上工前或收工后,农民坐在家里就可以学科学。船塘大队张庄生产队社员关学之,过去长期做木匠活,不问农业生产,现在只要一广播农业技术,他就丢下木匠活，专心致志地听。二是会堂讲座。预先贴出海报或发广播通知，说明讲解时间、内容，有会员证的优先参加，每次讲解两三个小时。3 月 31 日，公社科协举办“怎样培育水稻壮秧”的专题讲座，由农民技术员陈凡主讲。原来广播通知自愿参加，计划 300 人，结果社员从四面八方纷纷赶来，到了七八百人，走道、讲台和会堂周围都挤满了听众。三是街头讲座，利用逢集在街头开讲，结合当时农业生产，宣讲有关科学技术，解答提问，并将讲的内容印成材料，讲完后当场出售，收成本费。这样，社员既赶了集，又听了科技课。每场人数都达 200 多人，有时一个集还接连讲两场。

（三）召开田头现场会，通过试验田和典型户的示范，传授技术

这个公社农训班过去有一部分科学试验基地，今年在科协指导下，拿出 30 亩进行杂交稻制种，招聘了 10 名制种员，每人每月由公社付给 28 元报酬，所制种子由科协优先供给会员使用。还搞了 6 亩试验田，做水稻良种（杂交稻、国际 36、辐红糯、双丰二号四种）栽培试验，由 3 人负责，按照科协技术要求进行栽培，并要对施肥、管理、防治病虫等作出观察记录，取得经验，以便推广。科协经常通过试验田和典型户，召开农业技术示范现场会。

农民技术员陈凡种的两亩甘蓝型油菜，处在社员大田的正中间，由于合理施用磷肥，长得特别好，成了周围群众自动参观学习的样板，一亩八分，收 990 斤。街道大队方庄生产队社员方保田，以前不相信上磷肥能增产，去冬他种了一亩五分油菜，共 7 墒，4 墒早栽的大苗长得好，3 墒迟栽的小苗长得差。后来陈凡叫他追施磷肥，他把 3 墒差的追施了磷肥，好的却没有追，结果差的远远超过了好的。科协在陈凡和方保田的油菜田头开了现场会，通过对比，群众相信磷肥了，纷纷购买。去年 4 月底全社销售磷肥不到 50 吨，今年 3 月就售出 150 多吨，猛增了两倍多。陈凡搞棉花营养钵育苗也很出色，周围社员跟着学，科协又在他的田头组织召开了一次现场会。土山大队、船塘大队的两个分会，也分别召开了水稻育秧、棉花营养钵育苗现场会。

（四）培养科学种田示范户，试行技术推广联产承包合同制

合同规定社员负责每亩向协会交5元科技指导费（亩水稻3元，小麦2元），并按照协会的技术要求进行耕作栽培；协会保证每亩小麦500斤，水稻1000斤，除遇人力不可抗拒的自然灾害或违反操作规程外，减产折价赔偿，超产部分分成（社员七成，协会三成）。减产赔偿中农技员个人赔15%，其他由协会负责赔；超产协会提取的三成中，20%奖励给农技员个人。公社科协派人负责技术指导，各户负责实施，双方都有责有权有利。目前公社科协已同陈德明、王维桃、苏守基等8户社员签订了合同。他们都是科协会员，其土质、水利条件又分属上、中、下3种类型，共承包土地90多亩。社员王维桃，今年包产4亩5分小麦，计划种植9亩1分水稻，科协保证亩产稻谷1000斤，小麦500斤，总产11350斤。通过签订合同，双方明确了职责，积极性很高。技术人员三天两头去检查、指导，掌握农情，发现问题，及时解决。实行这个办法以后，对全社的影响很大，社员纷纷前来与科协订合同。由于技术力量有限。目前暂时先定8户，待取得经验后再逐步扩大。这8户成为科协的科学技术示范户，陈德明风趣地说：“社员种田眼都瞟着我，我出了技术指导的钱，他们讨‘便宜’。”

三、创出新路　初见成效

郑集公社农民科学种田协会及其所开展的多种活动，深受农民欢迎，已经产生了越来越广泛的影响，显示了它的生命力。它的作用和好处主要有以下几点：

（一）找到了在实行责任制以后推广农业科学技术的一种较好的组织形式，有利于向广大农民普及农业科学知识

实行包产到户以后，由于科学种田带来的成果同群众的切身利益直接结合，群众迫切要求学习科学，用科学方法种田。但要把科学技术普及到户、到人、到田，面广量大，不是单靠少数干部和技术人员能够胜任的，原有的组织形式和办法很多也不适用了。郑集公社按照自愿互利原则，建立群众性的农民科学种田协会，把热爱科学的农民，包括技术人员、种田能手、“土专家”层层组织起来，形成了一个有骨干、有阵地的群众性的科学技术推广网。这就创出了一条组织群众、依靠群众，由群众当家做主，采用民办形式推广农业科学技术的新途径，为科技推广展示了新的前景。

农民科协从解决农民生产实际问题出发，以推广投资小或不用投资，而又应用面广、见效快、收益大的基本生产技术为主（如选育良种、合理施肥、科学用水、防治病虫等），开展各种小型多样、灵活机动、适合农村特点和农民文化水平的科技活动，因而群众学得进，听得懂，记得住，用得上，推广快。如今春他们普及和推广水稻栽培技术要点和“稀播壮秧”，全公社1600亩早秧，大部分都是“合式秧田”，每亩落谷200斤左右，基本上做到了“落谷稀”，与过去相比，每亩下种量减少了80到100斤，仅这一项即可节约种子12万到16万斤。4400亩油菜，80%按照科协提出的技术要求，在初花期喷硼，一般要增产百分之五至十。科协会员不仅通过协会的活动，得到技术辅导，今春协会帮助会员调剂水稻良种国际36两万多斤、杂交稻种2000多斤，而且会员分布在140个生产队，对周围社员起了示范作用。由于会员的生产条件、原有技术水平同周围农民近似，又和社员朝夕相处，他们积极应用新技术，科学种田搞好了，群众看得见，信得过，就能带动一大片。船塘大队马庄生产队有5户参加了科协，其中会员王维桃还是8户科技示范户之一。王维桃说：“农民把我看成老师。全队看5户，5户看着我。”今年午收全生产队在他的影响下，株选油菜良种150多斤，同时对小麦也都实行了片选或穗选。社队干部反映，以往科学种田是少数人推动多数人，阻力大，推力小，推而不广，事倍功半；现在是多数人推动，比过去容易得多。

（二）有利于充分发挥农业科技人员的作用，促使他们不断提高业务水平和工作质量

这种农民科学种田协会的组织形式，是把联产责任制运用到推广科学技术上，使广大农村科技人员从物质利益上关心科学技术的研究和推广，他们的作用比较充分地得到了发挥。

目前，不仅公社农技员担负了全社科协的重要职责，而且过去的大队农技员都参加了协会，生产队内不少有专长的农民、种田能手，也参加了协会，成为分会的骨干。同时公社农技人员有试验基地可以亲手实践，与农户签订技术推广合同，自己有什么真本领，都有用武之地了。

这个公社的农技人员说，现在我们不是有本事无法用，而是感到自己知识不够用，群众提出的实际问题，有些答不上来，逼着我们认真学习钻研。科协主任秦登江自协会成立以来，自费购买和借阅了8本农业科技书，有应用技术知识，也有农业自然科学基础理论。

（三）试行推广科学种田联产合同制，有利于提高技术经济效果，为把技术推广纳入企业化管理提供了经验

长期以来，我们推广农业技术，习惯于领导作一般号召，自上而下用行政命令强制推行。至于这项新技术是否符合当地农情，农民是否乐意接受，技术对不对路，能不能增产，经济效果如何，考虑不够，也不承担经济责任。因此，过去推广的一些技术措施，往往费了工，花了钱，面上推不开，群众还有意见，出力不讨好。郑集公社农民科协改变了过去的做法，他们本着对农民高度负责的精神，运用典型示范的方法，同农户签订技术推广联产合同。由于双方都承担经济责任，就十分注意经济效果，一般都排除了那些花钱多、用工多、见效慢的技术措施。这样农民和科技人员双方都增强了主动性和积极性。科协与农户签订的技术推广联产合同，像一条纽带把科学技术和生产联系起来，把科技人员和农民联系起来。十营大队大郢生产队社员陈德明，全家承包 19 亩多田，今年与科协农技员陈凡签订了 15 亩 3 分地的技术推广联产合同。杂交稻育秧时，他按照陈凡提出的要求，在一亩二分秧田里下 35 斤种，开始出苗稀稀拉拉，不少社员看了以后对陈德明说："秋后你不吃饭了，这块秧至多能栽 2 亩田。"陈德明坚信科学没有动摇，按照要求加强管理，后来稻秧长得特别壮，分蘖多，他自家栽了 12 亩，还叫邻队拔去栽了 8 亩多，平均每亩仅用杂交稻种 1 斤多。陈凡常常跑到他家田头指点，双方尽心尽责，合作得很好。他们的合作不仅有利增产，而且提高了科学在群众中的威信。许多社员对陈德明说：以后公社给你什么种子，你给透个信，你怎么栽，我们就怎么栽。

四、继续探索 完善提高

郑集公社农民科学种田协会成立以来，努力把农业科学送到群众家里，像及时的春雨滋润着农民群众的心田。为了使它能够更好地发挥作用，最近科协分析了存在的问题和不完善的地方，研究了如何进一步办好科协的措施。他们下一步的打算是：①组织公社科协委员定期学习，钻研科学技术。②科协推广农业科学技术不限于科学种田，还要包括发展多种经营的科学技术，准备建立专业分会。③扩大农业知识资料发行量，除科学种田的科技知识外，还准备编写养鱼、养兔、养蚕、养猪、养禽、养土鳖虫等材料。④恢复和办好短期农训班。准备每期 20 人左右，时间 5 至 7 天，培训分会骨干，克服部分技术员与农民技术水平差不多的问题。同时

采取自愿报名、协会批准的办法，开办农民自带伙食、自带行李、自带讲义钱的“三自带”培训班。⑤抓好大队分会，进行培训和指导，提高分会独立活动能力。⑥发现各种能工巧匠和有技术专长的人，及时总结他们的经验，交流技术。⑦在总结8户科学技术示范户经验的基础上，准备明年由这8户每户带动周围2户社员，逐步过渡到由他们分别与一两户社员签订技术推广联产承包合同，用“滚雪球”的办法，推行科学种田联产合同制。⑧继续抓好科学讲座和试验小组的工作。此外，这个公社的科协希望地区和县科委、科协、科技推广部门经常给予指导，建立固定的业务指导关系。

(1981年6月)

路子越走越宽广*

——石坝公社采取多种办法普及农业科学技术

嘉山县石坝公社农业实行包干到户以后，社员的生产劳动和切身物质利益紧密地联系起来，因而学科学、用科学，争取增产增收，成为广大群众的强烈要求。不少农户靠科学技术冒了尖，产生了巨大的吸引力。为了适应这种新情况，公社党委认真总结推广群众创造的新经验，采取多种措施，普及农业科学技术。

一、实行联系科研、生产成果计酬责任制，把农科队变为良种繁育实体

石坝公社共有12个大队，自1973年以来，先后有9个大队办起农科队。当时是采取“土地各队凑，劳力各队抽，良种各队用，资金各队筹，亏损大队补”的办法，吃的“大锅饭”，记的“人头工”，造成农科队的人员根本没有积极性，既搞不出什么科研成果，又种不出多少粮食，长期由生产队贴粮贴钱。社员意见很大，说农科队是“养老院”。1977年实行联产责任制以后，农科队和生产队的矛盾更突出了，有的要求解散农科队。在这种情况下，如何改进管理，继续办好农科队，公社党委开始在石坝大队进行试点。采取自愿报名、择优挑选的办法，把原有的14名农科人员减为5人，从中推选1人担任队长，在大队规定科研项目和任务的指导下，农科队实行独立核算，自负盈亏。队内再把各项生产、科研任务定到人，定额记工，结合奖惩。这个办法实行1年，效果很好，粮食总产比上年增加1倍，提供的良种增加两倍多，还搞了棉花高产田和用地养地等方法的农科试验，队员每人平均口粮1700多斤，收入220多元，再不用向生产队摊派补贴了。

1980年，全公社普遍实行包干到户，石坝大队农科队参照包干到户责任制的

---

*此篇与嘉山县委联合调查。

做法，对原来的管理办法又作了改进，实行联系科研、生产成果计酬的责任制。具体做法是：①农科队按照办成繁殖良种基地、科学种田样板的要求，通过集体民主讨论，统一确定试验项目和生产计划，统一规定技术措施和操作要求，确定专人统一耕耖土地，包产部分的产品、良种由队统一分配。②定产定科研任务到田，承包到人，联系科研和生产成果计酬。全队5个队员，每人都承包4亩4分杂交稻制种任务，定产量（每亩包制种50斤）、定标准（纯度达到97%）、定费用（每亩15元）、定报酬（每亩记400工分）。还规定了制种田空茬生产小麦、油菜的任务、费用和工分。其他的科研生产任务，如良种繁育、细绿萍越夏保种、杂交稻制种、化学除草剂使用，以及种菜、养猪等，也按各人技术专长包给个人。平时相互协商，生产活动由承包人自行安排。③包产部分以产值计工，按工分分配，超产全奖，减产全赔。同时结合技术应用效果进行奖赔，如杂交稻制种，纯度达97%的按承包数奖励10%，纯度低于95%的按承包数赔10%；混 杂不能做种按承包数赔50%，试验示范有观察记录、有小结的奖励承包的10%，无记载的不给报酬。

实行上述承包办法后，农科人员个个加强了责任心，提高了积极性。如杂交稻制种承包到人以后，大家都认真按技术要求去做，精心管理，千方百计提高授粉率。水稻扬花期间，天不亮就下田，用竹竿弹掉露水，使苞叶张开；上午10时后温度升高，又用竹竿振动稻株，促进散花授粉，因而大大提高了结实率。去年，杂交稻制种产量由1979年每亩50斤提高到每亩144斤，高产田块每亩达220斤。全队粮食总产69000多斤（包括杂交稻兑换的稻子），比1979年增长两倍多；杂交稻制种3100斤，比1979年增长5倍多。全队总收入1.3万元，扣除费用、积累，人均分配2213元，比1979年增长10倍以上。向国家交售粮食27700斤，超过国家征购任务的2.6倍。

石坝大队农科队实行科研、生产承包到人、联产计酬责任制后，取得了显著成效。现在全公社其他8个农科队，除两个正在调整领导班子外，其余6个也都采用了这种办法。

二、实行技术能手对农户的技术承包联产合同制

技术承包联产合同制首先是在杂交稻制种方面建立起来的。石坝大队农科队杂交稻制种的成功，起到了很好的示范作用，去年在农科队技术人员的辅导下，有11户社员利用13亩5分包产地制种，收获杂交稻种1648斤，亩产达到122斤，平均每亩收入380元。原来想搞而不敢搞的人，纷纷要求农科队给予技术辅导，在全公

社很快形成了一股“制种热”。面对这种情况，公社党委与技术人员和干部社员座谈商量后，提出了由制种户与技术员签订技术承包联产合同，受到社员群众的赞同。公社选出3名制种技术较好的同志，由他们出面承包，技术员和制种户签订了“四包一奖惩”的承包合同。“四包”是：一包技术。技术员按制种面积，向承包户提供父母本种子，并按照作物不同生长期，给予技术培训和现场指导。制种户必须按技术员的要求操作，按时实现各项技术措施。二包产量。根据不同土质和水肥条件，双方协商，逐田定产，一般亩产定为80至100斤。三包质量。制出的种子，纯度保证达到97%，净度达到99%。四包销售。种子成熟后，由技术员负责检验，符合质量，包产部分由公社种子站统一收购，超产部分由制种户自行处理。种子收获后，分户结算，达到四包要求的，制种户按包产2%给技术员报酬，超产部分按3%奖励技术员。如因技术员指导失误造成减产的，由技术员按减产数的2%赔偿。由于实行了生产和技术服务之间的联产合同制，制种户放心了，技术员也更积极了，因而促进了杂交稻制种这一技术的推广应用。现在这个公社已有164户社员与技术员签订了承包合同，计划制种190亩，加上5个大队农科队制种的70亩，全公社制种面积达260亩，超过县里下达制种任务100亩的一倍半。按定产每亩平均85斤计算，总产可达2.5万斤，除满足本公社需要外，还可向县种子公司提供杂交稻种1万多斤。

另外，石坝公社还是全县烤烟产区之一，公社党委针对包产到户后，有不少社员怕炕不好烟不愿种烟的情况，组织技术较好的炕烟师傅，就地与种烟户挂钩，进行技术承包，签订“一包三定”合同，即包炕烟，定费用报酬，定质量标准，定奖惩办法。目前，栽烟户已与烤烟师傅全部签订了承包合同。全社栽烟任务2000亩，落实了2062亩，比历史上任何一年面积都大。

三、组织技术骨干，成立科普协会

去年，石坝大队农科队队长何玉秀，由于精通杂交稻制种和其他农技，一家8口人，收粮食37000斤（包括杂交稻兑换商品粮折合数），农副业共收入7700元。太平大队王中全，栽二亩麦茬烟，收入900元。陈桥大队社员陈瑞兵，栽二亩二分麦茬烟，收入1250元。社员从他们身上看到了科学技术的威力，公社党委从实践中认识了技术能手的作用，开始酝酿如何把全公社的技术人员、各种能工巧匠、有一技之长的人才组织起来，使他们的专长、科学技术变为大家的财富。今年1月，公社党委召集农科、农机、供销、畜牧兽医等方面的技术干部和技术人员，组成科普协会筹委会。4 月初已发展会员 46 人，4 月下旬，科普协会正式成立。科协汇集了杂交稻制种能手、烟师傅、植保员、农机技术员、兽医等各种技术能手，分别组成科协下属的种子、植保、畜牧、烟草、农机、医药卫生、无线电、理化 8 个组。公社科协推选了 11 名委员，其中技术人员和“土专家”9 人，8 个组长都是委员，公社党委书记张乃斌兼任科协主任。公社科协定期研究全社的农业科技推广工作，各个组根据自己的实际，独立开展活动。

科协筹建以来，积极开展活动。一是举办专业技术短训班。已办烟草栽培、炕烤、杂交稻栽培技术等 4 期，共培训 570 多人。50 年代在凤阳县专门辅导种烟的技术干部吴亚，1962 年回乡当了一般社员，如今他是科协烟草组组长，在短训班主讲烟草栽培。杂交稻制种能手何玉秀在训练班传授了自己积累的技术和经验。二是通过广播办科学技术讲座。这个公社队队有广播喇叭，他们根据农事活动，除了广播有关科技资料外，组织协会会员介绍各种农业技术，录音播放。三是协会 8 个组各自开展技术推广活动。如农机组在麦收举办了拖拉机手、柴油机手训练班，并协助社队干部，将公社、大队、生产队的 8 台大型拖拉机、17 台手扶机，28 台配有脱粒机的柴油机（都是专业承包到人、单机核算的），就地组成 3 个机械服务小组，分片负责为社员运、脱小麦和耕地。全社 60%的小麦脱粒任务都是由机械服务小组完成的。畜牧兽医组除向社员传授畜病预防知识，防病治病外，还为 20 多头耕牛进行了冷冻精液人工授精。无线电组正在为炕烟设计报警器，为避免烟炕失火提供预警设备。种子组除了辅导社员杂交稻制种技术外，有的还把社员的杂交稻制种分片集中到农科队，由技术员承包泡种催芽。

科普协会的成立，使这个公社得以把各种技术骨干、能工巧匠组织起来，依靠他们推广农业生产、多种经营等各方面的农业科学技术。一些技术人员、“土专家”说，现在有了组织，我们有了责任，搞辅导名正言顺，有本事好用了。社员反映现在学哪方面的技术都能找到头绪了。公社的同志更感到技术能手集中在科协，是自己的科学技术参谋部。过去由于对科技人员尊重不够，农业科技知识懂得少，指导生产只是一般号召，常犯主观武断瞎指挥的错误，现在有了科协这个得力助手，可以使领导方法、生产指导更科学了。

四、发挥职能部门作用，利用各条渠道普及农业科学技术

石坝公社为了通过各条渠道，把农业科学技术知识传播到社员中去，还重视发挥

供销社、畜牧兽医站、拖拉机站、医院、学校，以及今年新成立的种子站、植保站的作用。植保站专门负责搞好病虫害的预测预报，指导农户及时防治病虫害，并且购置3台机动喷雾器，配有5名专业防治人员（没有防治任务时在队劳动），规定收费标准，主要为农户开展水稻病虫害防治。种子站对上与县种子公司挂钩，对下与农户订立良种收购合同，负责经营良种和本地优良品种的提纯复壮工作。供销社的生资门市部，不仅及时购销化肥、农药等生产资料，而且实际上还是没有挂牌子的科学种田问事处。生资门市部营业员许献章，已经售农用生产资料13年，经过上级有关部门培训和自学，掌握了一定专业知识，他还做过几个大队的土壤分析。社员到他们门市部买农药，不是要什么农药就卖什么农药，他要首先问清防治什么作物和什么病虫，像医生一样“问病开处方”。社员买化肥，许献章要问地性、问作物、问苗情，帮助确定施什么肥、用量多大，主动向他们宣传多带底肥、氮磷混施以及碳铵的密封保管等，社员发现庄稼病虫害或者搞不清的问题，都喜欢到门市部来找他询问。今春中铬大队岳庄队董秀玉家的早秧发生枯黄现象，来找许献章，老许问明情况后指出是由于气温较低，长期关水所致，只要放水晾田，勤换新水，就不会继续发生枯黄现象。黄郢大队社员陈明和的一块早稻不发棵，追施尿素也不见效果，来找老许，老许问明秧根发黑，叫他买了磷肥，施下去不到10天，小秧就一片乌绿了。公社党委对普及农业科学技术作出成绩的部门和人员，及时给以总结表扬，组织交流经验，并把各部门的技术人员吸收进科协，通过科协指导他们推广农业科学技术。

五、抓好普及教育，为群众学科学用科学打好基础

这个公社通过调查，摸清了在全公社1.2万多人中，有12~18岁的文盲（未入学）327人，18~40岁的文盲1871人，新老文盲合计2198人。普及科学技术必须提高群众的文化水平，他们从长计议，抓了普及教育的工作。除了妥善落实民师报酬，帮助中小学教师解决家庭实际困难，抓好正规学校教育外，今春以来，举办了22所简易扫盲小学，配备11名民师，分上午班、下午班，农闲多学，农忙少学，为500多名无法入学的青少年提供了学习机会。打算在两年内使适龄儿童95%都能入学读书，12~25周岁的青少年都能达到认识1500个常用字，做到会认、会写、会讲、会用，分期分批扫除青少年文盲，并从这批人中培训一批种子员、植保员等，不断提高群众的农业科学技术水平，促进农业的全面发展。

（1981年6月）

发挥政策威力，普及农业科技，发展多种经营*

农村在政策问题和责任制问题基本解决之后，要着重抓好普及科学技术和发展多种经营的问题，以新的姿态，迎接农民学科学和发展多种经营高潮的到来，把农业生产推向一个新的阶段。

在稳定完善责任制、继续发挥政策威力的基础上，普及和推广农业科学技术，是当前农业发展的一个关键。党的十一届三中全会以来，滁县地区各级党组织不断清除“左”的思想影响，在农村因地制宜地推行了各种形式的联产责任制，特别是包产（干）到户的责任制，有力地调动了广大农民群众的生产积极性，开始改变粗放经营为精耕细作，农业生产发展很快，在自然灾害频繁的情况下，出现了1979年粮油总产创历史最高水平，1980年又超过1979年，今年午季又获得更大丰收，出现令人鼓舞的好形势。全区今年夏粮总产达9.53亿斤，比历史午季最高产量的1979年8亿斤增长18.7%；油菜子总产1.61亿斤，比去年增长175%。但是，在农业生产责任制的问题已经基本得到解决，农业生产有了较快发展的情况下，要进一步发展农业，光靠人的干劲和传统的农业经验是不够的，下一步就要靠科学，把科学技术变为现实的生产力。这是农业发展的一个必然趋势。同时，联产责任制也调动了农民学科学、用科学的积极性，农村正在兴起一个群众性的学科学、用科学的热潮。现在全区许多地方已经建立了学习和推广农业科学技术的组织，像天长县郑集公社成立农民科学种田协会，嘉山县石坝公社以技术骨干为主成立科普协会，其他一些地方采用的开办科技骨干培训班，成立科技知识询问处，举办科技讲座，编印科技资料等办法普及和推广农业科学技术。这些应运而生的新事物，虽然时间不长，却显示出强大的生命力，很受群众的欢迎。他们的经验概括起来主要有3条：一是在群众自愿互利的原则下，

*本文是与孙贺轩、陈恒峰一起为《安徽日报》写的报道。

建立由农民当家做主的群众性的技术推广组织；二是把联产责任制运用于推广农业科学技术之中，实行了技术推广联产合同制，把推广农业科技的成果同农技员和农户双方的利益直接联系起来，促进了讲究技术推广的效果；三是改变过去用行政命令推广科学技术的方法，为培养科学种田示范户，运用典型示范的方法推广科学技术。这些新鲜经验为推广农业技术闯出了一条新路子。因此，各级领导要认清当前农业发展的趋势，尊重群众意愿，切实加强领导，以新的姿态迎接“科学热”的到来。

为此，普及推广农业科学技术的具体措施：一是抓好技术培训。地委举办农训班，县委开办农民技术学校或农业干部培训班，区、社党委举办不同类型的短期训练班，分期分批培训各级干部、农技员和热爱农业科学的知识青年、示范户社员。二是狠抓技术推广。充分发挥农业科技部门的作用，县农科所是推广农业技术的中心，区农技站是推广农业技术的桥梁和纽带，既要抓好面上的指导，又要抓好自己的样板。公社一级主要是推广郑集、石坝公社的经验，建立群众性的科普组织，采取多种形式，普及农业科学技术。三是建立农技人员技术推广联产责任制。要求每一个农业技术人员都要至少包三至五个农业技术推广示范户，签订技术承包联产合同，加强具体指导，以点带面，把农业新技术普及开来。

发展多种经营是繁荣农村经济、发展商品生产的一项战略性措施。近两年来，滁县地区随着责任制的推行和农业生产的发展，农村有了多余劳动力和闲散资金，必然要从多种经营方面寻找出路。目前农村中已开始出现了一些新的经济联合和专业分工，并涌现出一批靠工副业生产发家致富的先进典型，对发展多种经营起到了推动、示范作用。会议分析了农村由单一经营向多种经营发展的必然趋势和有利条件，对照中央和省委指示精神，讨论制订了到 1985 年实现人均收入 400 元的规划，制定了落实规划的具体措施，主要是：①积极巩固和发展现有社队企业、工副业，建立和完善生产责任制，推行专业承包合同制。②大力支持新出现的各种形式的经济联合，承认它们的合法地位，帮助它们完善管理办法，有关部门给予必要的支持和指导，促其健康发展。③积极组织和扶助社员发展家庭多种经营、允许和鼓励社员发展适合个体经营的项目，诸如种植业、养殖业、家庭手工业等，有关部门要在技术、资金、物资、种苗等方面给予必要的支持和扶植。不搞包产到户的地方，可适当扩大自留地，并允许留“自留人”。切实放宽政策，调动集体和社员两个积极性，大力发展多种经营，使农民尽快地富起来。

（1981 年 7 月）

农业包干到户后的新趋向*

——滁县地区出现新的专业分工、协作和联合的调查

三中全会后，滁县地区在农业上推行了各种形式的生产责任制，特别是实行包干到户责任制后，充分地调动了广大干部、社员的积极性，有力地促进了农业生产的发展。

全区24182个生产队中，有99.5%的生产队，都实行了包干到户责任制。责任制促进生产的迅速发展，又出现了在包干到户基础上群众自愿建立的许多生产协作、经济联合组织和一些专业性的生产分工。新的分工、协作形式应运而生，它具有强大的生命力，体现了社会主义农业合作化、科学化、专业化和商品化的客观经济规律性，展现了光辉前景。

一、专业户、生产协作、经济联合破土而出

滁县地区包干到户后，随着生产的发展，涌现出许多新的经济现象：

（一）出现了以一业为主的专业户

主要是一些有技术专长的社员，在承担集体包产任务的同时，充分发挥本身的技术特长，利用原有家庭副业基础和当地有利的资源条件，积极发展个体的多种经营和工副业。这种专业收入，已在他们整个家庭收入中占有很大的比重。他们主要是从事种植业、养殖业、手工业和其他加工、运输、开作坊等，对发展生产和国家收入都有重大贡献。

---

*此篇与滁县地委政研室侯长明同志合作，发表于上海社会科学院《社会科学》，1983年第2期。

（二）出现了临时性的生产协作组织

特点是：适应生产劳动和技术上的需要，解决大面积普及先进技术与分散经营、大技术与小生产的矛盾，自愿互助协作，有分有合，具体做法有 3 种：

一是农户之间生产技术协作。在泡种、育秧、炕烟、育山芋苗等技术上协作，以工换工。

二是承包性的。一般以技术骨干为核心，和有关农户签订技术承包联产责任制合同，规定双方的义务、权利和经济责任。参加承包的技术骨干，既有农业科普协会的农民技术员、能工巧匠，民办的技术服务公司，也有原有的国家、集体技术推广单位的技术人员。滁县担子公社 1981 年春天水稻育秧时，全公社 2732 户，每户杂交水稻种只有 10 多斤，数量太少，各户没法单独催芽，公社选拔了 2 名农民技术员出面承包，与农户签订合同：包催芽技术、包出芽率在 95%左右，每斤种子付催芽费一角钱，因技术措施不当造成损失的照价赔偿。先后为社员催芽 7020 斤。迫切要求寻找进一步致富的门路。

三是统筹性购置机械，包工使用资金，统一使用于某一项生产事业。嘉山县苏巷公社有 867 户社员，拿一笔资金购置植保机械，请有技术的人统一打药治虫。

（三）经济联合体

由懂技术会管理的一人或几人牵头、发起、组织，参加者投资入股。自愿互利，独立经营，民主管理，服务质量好，经济效益高，有竞争能力。据统计，滁县全区已组织了 8898 个经济联合体，这种联合组织大体有以下几种形式：

1.以共同利用自然资源为主的联合

如水产养殖、造林、拉砂、开石头等。全椒县古河公社位于滁河岸边，有水面 3121 亩，为了发展渔业生产，大塘大坝由社与队、队与队、大队与生产队联合经营，小塘小坝一律采用“水跟田走，联户养鱼”。

2.使用农业机械的联合

1981 年以后，嘉山县有 2961 户社员联合购买拖拉机 726 台，还有 931 户社员联合购买脱粒机、加工机械、运输机械 193 台（套）。这种联合组织在经营管理上，一般是合股购买，协作使用，对外作业所得收入按股分红。

3.工副业的联合

如共同投资、出劳力，开办手工业作坊式的豆腐坊、油坊、挂面坊、孵坊，工场手工业式的粮油加工厂、磷肥厂、窑场，以及商店、运输业、服务业等。嘉山县三界公社 9 户社员，1981 年 5 月，共同集资筹办了一个磷肥厂，开业 4 个多月时间，共生产磷肥 14 万斤，销售一空，除去成本和一切开支，盈利 4670 元。

二、承包责任制带来了新路子

滁县地区出现这些生产协作、经济联合和萌芽状态的农业专业户，是包干到户条件下经济发展的必然产物。

(一) 包干到户责任制带来农业生产大发展，为各种协作、联合、专业户经营提供了 4 个根本条件

一是增产增收，有余粮余钱。包干到户后充分调动了农民的积极性，农业生产迅速发展，农民在解决温饱问题以后，手里有了余粮余钱，除了用来改善生活、投资农田外，还有一定的可供发展多种经营和工副业的闲散资金。二是有了多余劳动力。根据典型调查，包干到户后，由于劳动工效普遍提高，加上辅助劳力作用的充分发挥，农村剩余劳力一般占总劳力的 1/3 左右。三是农民真正有了自主权，在保证完成包干任务的前提下，可以自己当家做主，各自发挥自己的优势，合理使用土地和经营其他各业，同时对剩余劳力和闲散资金有了自由支配的权利，各地有技术专长的技术骨干、能工巧匠也有了发挥技术优势的主动权，所以也迫切要求寻找进一步致富的门路。四是随着生产发展，农民收入增加，可供加工、出售的农副产品增多了，农民购置生产资料、盖房子、购买生活资料，以及在生活服务方面的需求骤增，提供了日益增多的生产门路和容量很大的市场。

(二) 包干到户后生产进一步发展的要求与以户经营自身局限性的矛盾，是新的协作、联合产生的内在原因

包干到户以后，随着经济条件的变化，生产的发展提出了新要求，农村出现了三个矛盾：一是以户分散经营与生产要求分工协作之间的矛盾。以户经营的弱点之一是“小而全”，农户不可能对生产中的各项技术都懂都精，但它的长处是利益直接。由于运用农业技术能给农民带来直接利益，因此农村出现了“科学热”，推广科学技术有了前所未有的群众基础。为此，必须发展农户与农技人员、能工巧匠之间的各种协作。一些种田能手仅仅在自己承包土地上不足以发挥自己的专长，也要求通

过承包协作扩大自己的用武之地。如杂交稻育种、炕烟、兴修小水利等，一家一户单独进行办不到，或不合算，就要求协作进行。二是农业单一经营与为剩余劳力、闲散资金找出路的矛盾。农民解决温饱问题以后，如何利用农田种植之外的多余劳力和闲散资金，克服单一经营的状态，发展多种经营、工副业、商业服务业和文化福利事业，进一步劳动致富，改善物质文化生活，已成为迫切的要求。出路是在家庭副业的基础上发展专业户。三是在向生产的深度、广度进军中，遇到了“小资金”与“大技术”，“小生产”与“大市场”的矛盾。包产到户的另一个弱点是“小”和“散”，一家一户的少量多余劳力和闲散资金，不足以购置大型农机、办厂等，在技术、经营能力上也有局限性，这就需要采取联合的办法，聚集资金、劳力和人才，走联合之路。于是包产到户成了协作、联合的起点，协作、联合使包产到户得到了补充，成为包产到户在实践中克服自己的局限性而不断完善、发展的必然途径。

（三）包干到户向新的协作和联合提供了正确的经营原则，这是协作和联合组织得以产生和发展的又一原因

包干到户责任制确认了农民的自主权利和个人物质利益原则，以及个人利益与集体利益相结合的经济关系，这些原则和关系，在新的协作、联合组织中得到了延伸和发展，走出了农村经济发展的一条新路。

三、充分发挥扬长避短、多种经营、人尽其才等积极作用

实践证明，群众自愿组织生产协作、经济联合，发展专业性生产，向生产的深度和广度进军，对进一步提高农村生产力，完善经营管理，促进商品经济的发展，起着十分重要的作用。

（一）扬长补短，完善和发展了农业经营管理形式

实行包干到户责任制，改革了集体农业的经营管理方式，突破了劳动组合上的大呼隆，调动了群众的积极性，使农业发展有了强大的内在动力。在此基础上，根据生产本身发展的要求，在农业种植业中又根据生产需要，实行了不同形式的互相协作、松散联合，这种办法，既保持了包干到户责任具体、利益直接、简便易行的长处，又发挥了分工协作的优势。如植保公司，就是在实行包干到户责任制后，为了解决一些社员不懂药物性能、病虫特性，不会防治病虫害的情况下成立的。这样

不仅避免了每家每户都要买农药买机械造成的浪费，而且收到了统一防治、杀虫（病）效率高、成本低的效果。

（二）扩大了生产领域，将农业的单一经营转为多种经营，综合发展

采取协作和联合的形式，把分散在一家一户的剩余劳力、资金和技术结合起来，办成了许多单家独户办不成的事。他们有的联合起来，充分利用当地资源，离土不离乡，将现有的资金和已掌握的技术，投入到那些技术简单、成本低、见效快的生产项目中去，或是利用山丘、草坡、水面等自然资源，或是因地制宜发展工副业，或是办商业、服务业，将农业的单一经营转为多种经营，促进了农、林、牧、副、渔业的全面发展。

（三）有利于人尽其才，提高了科学技术水平

过去在派工上往往用非所长，而且不分技术高低，按人头记工，技术应用效果和个人利益不挂钩，现在，各种技术协作组织、经济联合体和各种专业户的发展，使农村的各种技术人员、能工巧匠有了用武之地，真正做到了人尽其才，各有所用，既使传统的农业经验得到利用，又有力地促进了先进科学技术的普及和提高。滁县地区成立了群众性的科学种田协会或科普协会，占全区公社总数的85%。

（四）有利于专业化生产，促进了商品经济的发展

过去，由于集中劳动，把农村劳力捆在农田上搞单一经营，束缚了生产。长期以来，使农村陷于自给或半自给的自然经济状态。包干到户打破了过去一切统得过死的局面，农民有了履行包干合同下的自主权和独立性，组织各种技术协作和经济联合体，发展各种专业生产，打破了“小而全”的生产方式，农民在承包好集体生产任务的同时，根据专长，因地制宜，大力开展经济效益高、收效快的生产项目，从而促进了分业、分工，促进了商品经济的发展。

（五）推动了各业之间的竞争，促进了原有集体企业的改革

新的经济联合体与原有的集体企业相比，其不同点，一是自愿结合，顺应生产本身发展的需要，以增加收入为目的，自愿参加，合算就干，不合算就散；二是等价互利，直接交易；三是民主平等，每个参加者既是所有者、管理者，又是经营者、劳动者，因此，都能以主人翁的态度关心联合体的命运。它一出现就在生产领

域、流通领域，与原有社办企业、国营商业展开了激烈的竞争。一些地方采取集体与个人联合，农户向社队企业投股、投劳，参加管理，联合经营，这样反而促进了社队企业提高管理水平。

四、它们都是社会主义多种经济和经营形式

滁县地区农村出现的生产协作、经济联合和各种专业户，虽然各有差别，还在不断组合、分化、发展，但对它们的性质已可作出初步分析和判断。①它与集体农业相依存，是包干到户经营形式的补充和辅助；在协作中基本体现了等量劳动相交换的原则。因此，这是属于社会主义性质的协作经营。②各种独立经营的带企业性质的经济联合体。从生产资料所有制形式上看，由若干户社员集资筹办，生产资料归他们共同所有，一般是各方都投股、投劳，共同使用生产资料；从生产中人与人的生产关系看，他们既是生产者，又是管理者，平等互利，民主管理；从分配形式上看，有的还本后收益按劳分配，有的以按劳分配为主，按股分红为辅，有的虽然按股分红占的比重大一些，但由于多数是对等投劳，利益分配也大体合理。所以这种经济联合体也是属于社会主义集体经济性质的。③农业专业户。一类是在集体土地、水面、茶林场上进行专业承包，属于集体经济的一部分；一类是非土地利用型的家庭规模的养殖业、手工业等，运用自己的劳动力进行生产，这种个体经济在生产、供销上与集体、国营经济有着密切的联系，属于社会主义的辅助经济。因此，从总体上看，当前出现的协作、联合组织和专业户，都是属于社会主义多种经济成分和多种经营形式的组成部分。

值得注意的是，对它们的性质，还必须从是否适合农村生产力发展的实际需要来判断。目前，我国农村专业技术人才很少，但农民中能工巧匠甚多，创造这些组织形式，可以扬长补短，挖掘内在潜力，促进农业发展。因此，应该给予充分的肯定。在滁县地区，这些新的经济组织、经营形式，虽然时间不长，还处于自发形成阶段或萌芽阶段，但它们在调整农业内部结构、改革农业经营管理、提高生产技术水平、发展商品生产等方面，都起到了广泛、积极的作用。这种实践进一步打开了人们的眼界，预示了包干到户地区农业发展的大致趋势：①在农业种植业和养殖业中，农民仍将单家独户经营，同时在必要的生产环节，也将实行联而不合的协作。临时性的松散协作，会长期存在，但其中一些协作，将形成类似现在已出现的植保公司、催芽公司、种子公司、小蚕共育室、各种科技协会等专业技术服务和机械服

务的组织，作为企业性质或联合组织，与农户建立比较固定的多种专业承包协作关系。以户经营配以这些协作，将能容纳相当高水平的生产力和进行专业化、社会化的大生产。②农业生产在提高生产力水平的基础上，多余劳力和资金将转移到农田以外的生产领域，农业向着多领域、多内容方面发展，分业分工现象越来越明显。在农业整体中，除了务农能手留在农田外，其他能工巧匠、多余劳力，将会出现离土不离乡、采取联合的多种形式，分别转移到多种经营、工副业、家庭副业、商业服务行业中去。各业内部专业层次也将不断分化。③在农业分业、分工的过程中同时会根据各业生产的实际需要，适应纵横经济联系的发展，自由结合，互相联合协作，从而逐步把新的联合建立在专业分工的基础上。将来还有可能形成生产、加工、销售、技术服务等生产阶段和项目上，各基层专业企业相对独立经营而又相互协作的多层次的农工商联合体。因此，今后现代化农业的发展不存在一切皆统、皆合的趋势，而是单户、单个企业的独立性与联合的统一性并存；农业将既向联合方向发展，又向专业化方向发展，其专业分工后又必然走联合之路，而联合又促进专业生产，二者相辅相成，不断提高农业的专业化、社会化水平。

五、进一步完善发展承包责任制的关键问题

进一步完善、发展包干到户后出现的生产协作、经济联合和专业户的新事物，需要研究解决以下几个问题：

（一）从实际出发，积极加强领导

包干到户和初步的协作、联合、专业户，都是和生产关系直接相关的经营管理形式，对它们要着眼生产，按照“鞋合脚”（即生产关系与生产力相适应）的原则，尊重群众意愿，进行分类指导。

首先要稳定完善包干到户责任制这个前提条件。其次，对协作、联合，领导要采取积极、慎重态度。只要不搞非法经营，就要承认其合法地位，不要乱加干涉、随意制止。要热情支持群众的实践，多调查、多观察、多研究。对看准了的，如农民科学种田协会、技术联产承包责任制、植保公司、多种经营专业户等，要主动帮助总结经验，用示范引导方法，积极推广。在推广中不能凭主观想象，设计某种模式，采取行政命令办法，搞什么“高潮”，一哄而起，一刀切，或强行扩大联合规模、提高协作程度，搞“正规化”。

（二）制定和落实有关政策，搞好计划指导和宏观管理

要从当前生产实际出发，坚持多种经济成分、多种经营形式并存的方针，对农民的经济联合体，要与社队企业一样看待，尊重其所有权和自主权；按照中央现行有关农村工作政策精神，对家庭副业和专业户要放到重要位置，实行积极扶持的政策，在资金、技术、供销等方面给以帮助和指导。为了保证联办企业或农机发展的计划性、合理性，克服盲目性，国家要运用价格、税收、贷款等经济杠杆进行调节。

（三）帮助各种新的经济组织、协作、专业户搞好内部经营管理，建立健全经济责任制、承包协作合同制和各项规章制度，搞好成本核算，实行按劳分配。

对某些专业性生产，有关部门要帮助他们引进良种和新技术，并进行技术培训，使之不断提高操作技术，在资金和物质上，也要给予必要的支持；对国家紧缺产品，可采用合同制的形式，纳入国家计划，使其产、购、供、销都能得到一定的保证。

（四）要搞好经济立法

在搞好调查研究的基础上，制定出对这些个体联合和专业性生产的政策法令，凡新办的联合企业都要报请有关部门审核批准，合格者再发给营业执照。保护合法经营，限制非法经营，积极引导和帮助他们在社会主义轨道上运行。

（1981 年 7 月）

农村政策还有很大潜力

——陈庭元同志谈农业形势和农村政策

十月金秋，我从定远县进入凤阳县境，先访问了地处凤阳南部的殷涧乡、大庙乡及所属 4 个生产队，农民都说今年是特大丰收。沿途山芋、棉田还是一片青绿，稻子、大豆都已黄熟。那成千亩连片的金稻，齐整整铺展在大地上。10 月 9 日在县城，滁县地委副书记兼凤阳县委第一书记的陈庭元同志，从凤阳实际出发，谈了他对农村形势、政策和建设的看法。

一、大包干的生命力

陈庭元同志说：凤阳 1983 年怎么样？粮食总产可达 8.3 亿斤，比去年增长 1 亿斤以上，比 1978 年的 2.95 亿斤，增长 5.35 亿斤。产量 5 年以一年一个亿的速度上升，5 年可交售国家 10 亿斤粮食。今年小麦飞机喷磷酸二氢钾 13 万亩，水稻 41 万亩，其中杂交稻就占 24 万亩。全县棉花 5.5 万亩，单产可由去年 37 斤提高到 70 斤左右，皮棉总产可达 300 万斤左右。一个重要原因，是把岱子 15 过渡为鲁棉 1 号，今年一个公社，明年两个区，后年推广到全县。凤阳棉花长期亩产三四十斤的形势开始转变了。农业产值，去年 2.1 亿元，今年可达 2.3 亿~2.4 亿元。社员人均收入去年 325 元，今年据61 个生产队的调查，人均收入约为 368 元，预计全县人均收入在 350 元以上。按农业人口计算，人均生产粮食 1600 斤，人均交售国家粮食可增加到 600 斤。

凤阳大包干以来，5 年遇过两次大灾，1980 年、1982 年两年，受灾面积都在 10 万亩以上，但粮食产量年年增，大灾一年增产五六千万斤，小灾、无灾增 12000 万斤左右，所以不能光说天帮忙，主要还是党的政策在起作用。

大包干的第五个年头，又是“三增加”，不是“一年增，二年平，三年就不行”。大包干生命力大！政策还有潜力，科学上潜力更大。如种子上，杂交稻明年准备由24万亩扩大到30万亩。小麦种子混杂的状况也要改变。许多新技术，如地膜覆盖、施用微量元素，都打算积极推广。推广科学技术，提高单产，到1985年，全县小麦八九十万亩，可收到5亿斤，水稻扩大到50万亩，收到5亿，加上杂粮，共10多亿斤，人均1吨粮，向国家交售5亿斤，是可以争取的。不是政策到顶、生产到顶了。

二、政策的潜力

陈庭元同志说，责任制还有潜力。全县30多万亩山，现在只出了些草，别的出得不多，八九万亩山还没有绿化。房前屋后，四旁植树，这方面责任制比较落实，但自留山、责任山落实不够，有的划得不适当。除四旁植树、近山划些自留山外，对较大面积的山场，要根据农户劳力状况、会不会经营，来搞大户承包。平均分山不行，一人一溜，不当回事，没人去管，非要搞大户承包，在山上安营扎寨，才能把林搞起来。道路、干线植树农户承包、分成，支线谁栽谁有。栽树“三分栽七分管”，管就要把责任制搞清楚。全县还有16万亩水面，现在就可利用的可养水面13万亩，一年只产300万斤鱼，每亩20来斤，近乎荒着，也要落实完善责任制，投资投劳好好经营。我们也要念念“山水经”。当然土地的经还要念。

发展多种经营的政策也要落实。这几年农业上的专业户、重点户刚刚出现，要不要收税，我想这方面还要继续放宽政策，搞几年，积一些。农业税增加一点可以，尤其像我们凤阳县基数很低，按人算每人是5元，增加点是可行的。农产品的价格政策要稳定。哪种产品多了，就马上限额收购，降价，一时少了，就加价，这样搞农民跟不上，不能波动太大。化肥、柴油价格涨到这个程度，就不能再涨了。国家要集资搞重点建设，农民做出贡献，是完全应该的，但搞得多了、狠了，就会影响农民积极性。

合同制要完善，国家给农民的东西，要写入合同。我县合同规定每亩农田供应80斤碳氨，30斤磷肥，基本兑现了。同时要整顿集体财务。今冬明春我们打算清4笔账：一是过去生产队的固定资产折价到户的，要进一步清理到户，立据，分期收回。全县是1879万元，基本未收，收回来名正言顺，把集体财产用于集体建设。二是清理集体提留账。这几年提留多少了，怎么用了，还剩多少，要弄清楚，公布出来，向群众做交代。不然老百姓不放心，有意见。三是社队企业要整顿，财务要清理。四是清理各种罚款。抓这件事，对改善党群关系、干群关系，教育干部、改善经营管理有好处。不光是经济问题，也是农村整党的内容之一，干部贪污就是思想不好。老百姓最关心的还是经济。要实行经济民主。账目都不公开，他还当什么家做什么主。越是大好形势，越要清楚群众当家做主。这件事一般抓不行，要有领导地组织人马，一个大队一个大队地搞，不走过场，今冬明春搞不完，下年接着搞。

把这些政策搞好，还能进一步调动群众积极性。现在群众的积极性并不是都调动起来了。

三、要有新发展

陈庭元同志说：温饱问题解决了，责任制稳定了，下一步怎么走？万里同志年初向我们提出，要有新发展、新经验，县委琢磨了，主要抓两个方面。

第一，还是要在稳定、完善责任制上下工夫，作文章。

除上面说到的，专业户、重点户要大发展。这是责任制完善、发展的必然趋势。前些年为什么没有专业户、重点户，这几年发展起来了，因为实行大包干后，农民劳动积极了，效率提高了，劳力有了剩余，进不了城，做不了工，他们不发展家庭副业、多种经营干什么！只要政策稳定，谁也阻挡不了他们的发展。我们凤阳人还是以种田为主，但他们知道土地产量到一定程度有限制，他们还要致富，发展专业户、重点户，实际就是扩大家庭副业，发展多种经营。

对专业户、重点户，有几个问题要解决好。一是要不要征税，怎么征，赶快把政策定下来，免得影响人心。二是流通环节不搞好，会扼杀专业户、重点户。凤阳就这么几家养蜂的，蜜收不了，怎么发展？今年有的西瓜烂了，打瓜子 100 多万斤，搞不出去，怎么发展？粮食上，应交给国家的征购任务，加省的超收基数是 1.15 亿斤，完成后其他让我们自己加工，搞面粉，搞食品，就能富起来。但外运的车皮归县粮食局控制，我县政府的大印不管用，粮食局的大印管用，关卡冲不破，怎么行？还有对专业户的贷款问题。如黄湾乡有个 1953 年入党的老党员陈兴汉，经营苇席销售。后来供销社不收苇，公社贸易栈经营亏本，就包给陈兴汉搞，一年交贷栈 8000 元。他与东北接上了头，每年发运 60 车皮。一家人上阵，收那一带农民编的席，用小拖拉机、汽车送到临淮镇上火车。他要向农行贷款作流动资金，银行不给。这个人今年向公社交 1 万元，向区交 1 万元，交国家税 3 万元，自己得 1.5 万元左右。他要拿 5000 元盖学校，我说你要自觉自愿，不拿也不说你思想不好。给不给他贷款，这不是他一个专业户的事，关系到黄湾一带芦苇生产、社员家庭编织业和苇席基地发展的问题。

对于联合体，凡是农民有要求的，自愿互利搞起来的，就支持。联合自愿，退出自由，搞松散的联合。联合不联合，要完全由农民自愿，不能用行政命令、行政手段搞联合。

土地调整，从凤阳看，现在的土地承包并不影响生产，土地调整我们不能干，群众自己要搞可以，但我们不号召。如果人口变了就要调整土地，人口变动年年有，年年调也调不完。人口变动了，也不能只盯着耕地做文章，可以从多种经营、从社队企业方面找路子。这关系责任制稳定。我们认为，农村情况千差万别，不能一刀切，上面只要管大政策，不要搞小的，搞得老百姓不安。

第二，发扬自力更生精神，主要依靠农民自己的经济力量来建设农村。国家有支援要建设，没支援也要建设。从 1979 年以来，县委根据群众要求和农村的实际需要，明确提出："农田水利、农村用电、乡村道路、文教卫生、农业科技、农村建房、绿化"七项建设，作为发展社会生产力，增强集体经济，完善大包干的主要途径。（地委副书记陆子修插话：加上小城镇建设，共 8 项）

农田水利建设，新中国成立以来至 1978 年，实际有效灌溉面积 50 万亩，现在增加到 63.2 万亩，旱涝保收面积由 25 万亩增加到 38.5 万亩。农村电力建设，高低压线路总长，由 1978 年前的 492.2 公里增加到 1513.7 公里，通电的公社由 16 个，大队 57 个，生产队 250 个，增加到 43 个公社，312 个大队，2832 个生产队。

乡镇道路，由 1978 年以前的 925 公里（其中油路 84 公里，砂石路 181 公里，土路 660 公里），增加到 1303 公里（增加砂石路 319 公里，土路 59 公里），预计明年初可乡乡通客车。

农村校舍，县委提出从 1980 年开始每年农村人口每人筹一元建校费（1983 年改为 1.5 元），4 年共建砖瓦校舍 2807 间，超过 1978 年以前 29 年盖的砖瓦校舍数（2602 间）。

农业科技，仅以科技学校说，现在县办农业技术学校两所，大专班每届 100 人，中专班 150 人；区乡办 5 所，学生 240 人，不脱产学习 1~2 年。

农村建房，到 1978 年底，全县农村瓦房只有 5000 多间，1979~1982 年新盖瓦房 5 万多间。

绿化，我们抓迟了些，大包干以来，造林 10 万多亩，四旁植树 1500 万株，但成活率不高。准备抓林业责任制，在二三年内把所有荒山、道路、村庄全部绿化，经5~7年的管理培育，使覆盖率由现在11.7%提高到30%左右。

所有这些建设，主要是靠农民的经济力量办的，还有大量劳动积累。仅农田水利、农村电力、乡村道路、农村校舍4项，农民集资2389.5万元，农村人均49元，占总投资额的68.2%，另外国家投资补助占22%，县财政拨款占9.7%。

大包干后，不是“空了集体，肥了自己”，这些都是公共财产，谁也吃不掉，扒不掉。另外，过去要集体积累添置的有些项目，现在由农户办了，如小拖拉机，由1978年底的1120台增加到3920台，耕牛由4万多头增加到8万头，板车由1万多辆增加到七八万辆。这也是发展生产力的一个重要方面。从5年来的情况看，在大包干的基础上，我们的农业能够走向电气化、机械化、现代化，我们农村社会主义物质文明和精神文明的建设，能大大加快。

(1983年10月)

承包荒山荒水，发展林果养殖

党的十一届三中全会以来，安徽省农村经济体制的改革，以实行农业联产承包责任制为突破口，不断向广度延伸，向纵深发展。起初主要是在农业的主体种植业领域打开局面，带来粮食、经济作物持续增产和农民家庭副业迅速发展。近两年相继扩展到农业其他领域，使林业、渔业有了转机，开始出现新的面貌。但责任制在林业、渔业生产中进展不平衡，一些远山瘦山和大中型水面，承包进展慢，开发利用少，仍处于荒废半荒废状态，成了农业生产的死角，承包经营的难点。这个问题如果不认真解决，毫无疑问，将严重妨碍农业经济的全面发展。

实际上，这个问题中央领导同志早就看清楚了，并且作了重要指示。1979 年邓小平同志到皖南视察时明确指出，皖南山区条件很好，应先富起来，要解放思想，开动脑筋，广开门路，增加收入。去年 1 月，他在一次关于农业的谈话中又说，农业翻番主要靠多种经营，最直接的措施有两条：一是饲养业，二是林果业。小平同志在安徽的指示以及他后来的讲话，不仅十分明确地指出了农业经济建设的发展方向，而且有力地督促着安徽省在这方面下大决心。这几年人们一步比一步深入地认识到，要全面振兴农业经济，必须放眼全部土地资源，在抓紧粮食生产的同时，要花同样的力气抓山水之利，坚定不移地贯彻党在农村的各项经济政策，把联产承包责任制扩展到林业、渔业生产中去，大力开发荒山荒水，为农村治穷致富，为实现 20 世纪末工农业年总产值翻两番开辟广阔的道路。

党的三中全会以来，特别是去年以来，安徽省一些地方在运用承包经营的形式，开发荒山荒水的实践中，作出了大胆尝试，取得了可喜的成绩，出现了一些先进典型。例如定远县养鱼专业户王家斌，原是个以偷鱼为生的贫困户，在县委的支持帮助下，1980 年他开始承包几亩废弃荒塘养鱼，两年摆脱了贫困；1982 年又与几户联包队里 14 亩荒塘，全家人均收入 1821 元；去年以他为首，搞大户承包，合股联营，包了县里最大水面（7700亩）的蔡桥水库养鱼，预产成鱼10万多斤，纯收入4万多元。长丰县农民王吉朋承包水面育珠和养鱼，产值高达8万元。霍山县王大清和青阳县王达炳，都是鱼产值达万元，人均收入达千元以上的养鱼专业户。在承包荒山绿化上，也涌现了潜山县双峰公社田墩大队田东明等8名知识青年，1982年冬天承包荒山800亩，去年春天已栽上松、杉、茶、竹362亩，逆水公社农民储浩川和官升全，分别承包荒山3500亩和3300亩，正在开垦，准备栽种，计划一两年内绿化这片荒山。这些典型事例生动地告诉我们，联产承包责任制不仅是增产粮食的一项根本措施，也是开发荒山荒水的有效途径。只要各级党委和政府能够进一步解放思想，放宽政策，尊重群众的首创精神，善于总结推广群众创造的各种新鲜经验，并在实践中不断完善提高，大面积的荒山荒水就能够进一步开发利用起来。去年下半年省政府先后在定远县、潜山县召开了大水面承包和荒山绿化承包现场会，总结推广了他们开发荒山荒水的经验，并制定了有关的政策，从而加快了全省向荒山荒水进军的步伐。

在推广荒山荒水承包上，安徽省注意遵循下列原则：一是注意稳定。对现在实行的各种责任制形式，只要群众满意，有利于保护森林，发展林业，就不要轻易变动，并注意在实践中不断完善提高。二是坚持实事求是，一切从实际出发。林业渔业各有特点，各地条件千差万别，要允许多种形式的责任制并存，防止“一刀切”。三是注意处理好国家、集体和个人三者利益，在进行承包经营和确定收益分成比例时，让承包者得到更多的实惠。根据这些原则，责任制形式因地制宜，灵活多样。

关于开发荒山主要采取下列承包形式：

对已划的自留山，不许垦种农作物，不准荒废，要限期绿化，有特殊原因者，经集体批准，可以适当延期，逾期不绿化者，处罚“荒废金”，或由集体收回。

虽已划了责任山，但没有建立严格的责任制，山还在那里荒着的，经群众讨论，可以以户承包，实行林业大包干，可以重新划分实行联产到户，可以实行联户承包，也可以实行大户承包造林，分户经营管理。少数农民自己无力经营或不愿经营责任山的，可以将责任山退还生产队，或转让承包，但要经集体批准。

对责任山中的有林山，凡因分成比例不合理，或因办法繁琐，难以计算，或因管理不善，群众要求改变原有责任制形式的，经群众讨论同意，可以大包干到户，可以由专业队（组）承包，也可以实行林木折股联营，统一管理，办新式合作经济。对于零星、小片的林木，一般可承包到户，或折价到户管理。竹木、经济林木和农田林网、农桐间作的小片林木，一般由大户包干。主干公路和大型渠道两旁林木和防护林、特种林，一般由专业队（组）或专业户承包。

关于尚未承包出去的大面积的宜林荒山，可以按经营能力承包到户，实行林业大包干；或实行大户承包，联户办林场，可以由集体林场扩场承包；或由农户与国营、集体林场联营承包；也可以打破行政界限，采取招标办法，由本地、外地的造林能手或单位承包。

如果集体尚未承包出去的荒山、荒坡、荒滩数量不大，群众又有要求的，经过批准，可以大部或全部划为自留山。有的地方"三定"时自留山面积划得过小，群众要求扩大自留山的，经过批准，可以把责任山中的部分荒山改为自留山。自然保护区、水源林、风景林、防护林等不许划作自留山。

关于开发大水面主要采取下列承包形式：

第一类是社队集体的大塘坝、小型水库，多数由专业户承包，实行大包干。或由联户合作承包，集体与合作小组之间是大包干的承包关系，组内各户投资投劳，按劳按股分红。跨界水面根据隶属关系，实行多层次联合承包，有的实行社、户联营，有的实行社、队、户联营或队、户联营，户出专业工搞生产，社队负责渔政和后勤。

第二类是国家管理的中型水库。有的继续实行国有国养，有的则打破了国有国养的框框，包给农村专业户养。凡是经营管理较好的，由国营水库、渔场内部职工承包，坚持计划统一、管理制度统一、鱼货交售、税金上缴及积累提留统一，生产项目能包到组的包到专业组，能包到人的包到人，工资、福利、生产费用大包干，定任务、定上缴利润，超奖减赔。凡是经营管理差的，由专业户联合承包，向水库包干上缴商品鱼和管理费（资源费）。凡是荒废、半荒废的水库，由县或区、乡出面招贤，搞大户承包或"能人"牵头联合承包。承包大户与水库管理单位签订上交商品鱼和管理费的分期包干合同，吸收当地社队和县、区政府及有关部门入股，参与渔政管理，提供后勤服务，县、区、乡政府入股，主要是表示支持的"撑腰股"。此外还有的定场长（经理）承包、跨地区和行业的协作承包等。

第三类是湖泊实行外联内包。有的采取湖区周围跨界各方入股的横向联营；有的实行省、县、农户的纵向联营；有的与中央水产部门和外地共同投资联合经营等。这些联合，一般都成立养殖公司，内部建立水产包干责任制。

为了充分调动和保护千家万户的积极性，加速荒山、荒水开发，安徽省在建立健全联产承包责任制的过程中，还着重解决了三个问题。

第一，对开发性经营，主要是专业户、重点户、大户承包山水，实行一些特殊政策和措施。如允许他们雇请帮手，在数量上可以多一些；根据林业生产周期长、收益来得慢的特点，林木收益分成让承包者得大头，延长合同期限，保证30年、50年或更长时间不变，并允许继承；从信贷、种苗、饲料、技术、信息等方面给予支持。

第二，探索林政、渔政管理的新路子，建立起良好的生产秩序。近两年，在建立林业、渔业联产承包责任制的过程中，定远、霍山等地突破了单纯依靠行政办法进行渔政、林政管理的框子，创造了疏导为主、标本兼治、综合治理的新经验，省政府加以肯定，并在全省推广。他们的经验，最主要之点在于落实经济政策，协调各方经济利益，把各方面的经济利益都联系到发展林、渔生产上来，把绝大多数有偷鱼偷树行为的人转变为养鱼造林、护鱼护林人，打下了林政、渔政管理的群众基础。同时依法治林治渔，健全群众管理组织和行政管理机构，制定管理章程和乡规民约，对少数一贯偷窃、屡教不改者进行严管重罚甚至依法惩处。实践的结果，全省去年以来林业、渔业生产秩序大为好转。

第三，抓好产前产后服务，把国营水库、林场办成不同层次的农村林业、渔业区域发展中心（或称服务中心）。这条路子是定远县国营解放渔场带头走出来的。该场1980年建立大包干责任制以来，坚持敞开大门，面向农村，为农民养鱼服务。他们成立了农民家庭养鱼辅导小组，帮助农村落实水面承包，培养养鱼示范户；他们积极开展技术服务，把养鱼专业户请进场来加以培训，与他们签订包教包学包现场指导合同，送技术下乡；他们为农民提供优质鱼苗，并按塘口搭配鱼种。这样渔场成了农村养鱼的服务中心，自身也走上了专业化、社会化、商品化生产的路子。我们把定远县的成功经验在全省渔业、林业中推而广之，要求各地充分发挥国营林、渔场（库）生产设备、技术力量、熟练工人集中的优势，逐步建立生产、科研、教育三结合的体制，向广大农民提供各项专业服务，同时发展一些林、渔业种苗和运销的专业户、合作社，逐步形成发展林业、渔业服务的中心和网络。可以预料，按照这个路子走下去，在山水资源较多的地区，将会出现一个新的局面：在一个区域里，按照专业化分工协作的要求，去经营管理林业、渔业，使一些相对独立的专业生产单位，以城镇林产品、水产品加工厂和林场、水库为中心，发展横向协作，逐步组合为统分结合的林工商、渔工商联合体，逐步走上产供销一条龙，为开发山水资源和林业、渔业生产的专业化、社会化，开辟广阔的道路。

（1984年5月）

创办家庭式企业，支持专业户扩大经营规模*

贵刊去年第九期所载《专业户寄希望于理论界》一文，记述了安徽省著名的三位专业户提出的扩大商品经营规模和创办家庭企业的问题，我想对此谈点看法，共同探讨。

专业户是在家庭联产承包制完善了农村合作经济制度、把农村经济的合作性与自主经营、发展商品经济的要求有机结合的条件下，顺应生产力的解放和农业生产的发展而产生的。这些专业户一般都是思想解放、对党的政策接受快、有技术、善经营的人才，他们对开拓新的生产领域，建立合理的产业结构，带动农民适应从自然经济到商品经济的转变和尽快劳动致富，起着先行者的带头作用。

任何事物都是由低级向高级逐步发展的，顺应生产力和商品经济发展需要而出现的专业户，不可能停留在现在的经营水平上，必然要不断扩大其经营商品经济的规模。这首先是发展生产力的需要，同时也是商品经济发展的要求。所以，专业户扩大经营规模是一个必然趋势，我们必须清楚地看到这个前景，对专业户扩大经营采取欢迎、支持的态度。

陈兴汉、曹胤祥的想法具有一定的代表性。他们一要保留家庭式经营，使专业户向企业化发展。如曹胤祥想办成畜工商一体化的现代化的家庭农场，但担心把他们往一起捏，才跳出“大锅饭”，又钻进“麻布袋”；二要求这种企业还得由自己一人当家。我们认为，这些要求包含着充分的合理性，应该像万里同志最近所讲的那样：农民联办或自办的企业，政府更不要去干涉，应该让它独立自主地进行经营。

采取什么经营形式扩大生产规模，首先是由生产力的发展需要决定的，要由专业户自己在实践中选择和创造。家庭经营能容纳多大规模的生产力，要由实践来回

---

*本文发表于《安徽农村通讯》，1985 年第 1 期。

答，人们不能预先确定限额来束缚其发展。在某一方面，什么经营方式有利于生产力的发展，就应采取什么形式。在一种经营方式还对生产力发展有推动作用、有发展余地的时候，要想人为取消它是不可能的，只会影响生产发展。坚持发展多种经济成分、多种经营形式，是党要长期实行的方针，当然也包括让专业户自主扩大经营在内。

同时，应该充分看到家庭式经营的特点和长处，让它继续大显身手。家庭式企业的长处，一是与“三级所有、队为基础”条件下产生的企业不同，它是在联产承包制下家庭经营的基础上发展起来的。自主经营、自负盈亏的社会主义商品生产者和经营者，一开始就彻底摆脱了政企不分、企业缺乏自主权、吃“大锅饭”的弊病，特别具有活力和灵活性、主动性、创造性。二是特别有利于发挥人才在企业中的经营管理作用。家庭式企业经营，一般是由善经营、懂技术的人创办和当家做主管理的，这些明白人和行家的智慧和技术能够自主地充分发挥，不受压抑、束缚，不受瞎指挥的摆布，也避免相互扯皮，所以效率高、效益好。三是有利于使经营技术人才获得较多的报酬。而在其他形式的企业中，如何使经营技术人才获得合理报酬，还处于探索之中。正是出于这些原因，专业户要求自主扩大经营。让农民独立自主地办企业，既利于充分发挥家庭经营方式的优点，促进农村经济发展，也利于在实践中探索、丰富有中国特色的农业发展道路。在对待专业户扩大经营规模和坚持自主经营的问题上，我们要继续解放思想。要充分相信农民创办家庭式企业的社会主义积极性，不能搬用私有剥削制度下的旧观念看待新条件下的有雇工的农民家庭企业，而应依据新情况，在实践中和他们共同探讨存利去弊、前进发展的途径。

论农村改革的历史作用*

——兼谈对城市改革的推动

5年前，党的十一届三中全会决定把全党工作重点转移到社会主义现代化建设上来，同时指出我国经济管理体制和经营管理方式存在着严重缺陷，必须改革。几年来，农村改革一直走在前面，其成果不仅表现为长期令人焦虑的农业在短时期内蓬勃发展起来，促进了国民经济的协调发展和日益高涨，而且在于它开通了有中国特色的社会主义农业发展道路。它的锐意改革精神和成功经验，超出农业的范围，巨大地影响着我国全部的政治经济生活，深刻地改变着人们的思维方式，并已成为当前城市改革的巨大推动力。现在，党的十二届三中全会，又制定了以城市改革为主题的系统改革经济体制的纲领性文件，标志着我国全面改革的局面到来。在这样的形势面前，回顾农村改革的历程，充分认识农村改革的历史作用，对于增强搞好城市改革和各方面改革的自觉性，减少盲目性，坚定信心，都是十分有益的。

农村改革的巨大历史作用，将随着时间的推移越来越为人们所认识；在理论上的概括也将随着人们再认识的提高而日益深化。联系当前城市改革，我们认为有以下几个方面应当得到肯定。

一、农村改革确立了促进生产力发展的充满活力的农业经济体制，完善和发展了社会主义合作经济制度

十二届三中全会决议指出：“马克思主义的创始人曾经预言，社会主义在消灭剥削制度的基础上，必然能够创造出更高的劳动生产率，使生产力以更高的速度向前发展。我国建国三十多年来所发生的深刻变化，已经初步显示出社会主义制度的

---

*本文与郭文生同志合作，发表在安徽省委党校《理论战线》，1984年第227期。

优越性。但是必须指出，这种优越性还没有得到应有的发挥。其所以如此，除了历史的、政治的、思想的原因之外，就经济方面来说，一个重要的原因，就是在经济体制上形成了一种同社会生产力发展要求不相适应的、僵化的模式。”这一论断，完全合乎我国农村和城市经济的情况。

几年来的农村改革，就是以改变束缚农村经济发展的旧模式，建立促进生产力发展的新体制为其基本任务的。过去农业经济体制和经营管理方式中存在着许多严重妨碍生产力发展的弊端。农业集体化以后，农村生产关系和上层建筑中一些不适应生产力发展的部分，是和这种经济体制上的弊端密切联系着的。解决这方面的问题，是社会主义农业在前进中提出的重大任务。

过去，宏观农业经济管理体制主要在三个方面束缚经济发展。

首先是政社合一、“三级所有，队为基础”的公社体制。党政经社合而为一，既不利党政建设，又使经济管理从属于行政，权力过分集中，滋长了用行政命令的方式管集体农业，产生因集权过多带来的主观主义瞎指挥，行政框架也封闭了经济的横向联系。这种“三级所有”、多级管理，导致向生产队搞平调、添负担的平均主义无法杜绝。从一定意义上说，这种体制还打上了由生产队到大队、公社不断升级过渡和追求“一大二公”的“左”的思想的烙印。

其次，农业计划统得过死，上面层层向生产队下计划，不仅管交售国家任务，而且连种什么、种多少、怎么种、吃多少口粮、农民分配只能占总收入的比例等，即从种田到吃饭、花钱，都管死了。

再次是全面“集体化”，限制家庭副业、自留地，限制劳力外出经工经商，以至限制集体工副业商品生产，“四人帮”横行时更大搞“割尾巴”、关闭集体贸易。这就像各种紧箍咒一样从外部把生产队和农民捆紧了。

基本生产单位——生产队的微观经营管理方式更直接地束缚了生产力的发展。从高级社到农村改革之前，生产队基本上通行的是单一的集中经营、集体劳动和相应的评工记分、按工分集中统一分配的方式。这种方式，一方面脱离了我国农业生产特点和生产力的发展水平。因为农业是以土地为基本生产资料、以生物为主要劳动对象，并处于手工劳动为主的生产力水平上，因此生产具有既分散又连续、受自然因素影响大的特点，必须主要采取分散经营的方式，才便于劳动者根据多样的自然条件、生产活动和社会需求，分别能动灵活而又连续地安排、处置生产经营。另一方面，这种方式使集体经济应当建立的一些经济关系，如农民支配劳动和劳动成果的主人地位；既承认个人的独立性和其发展要求，又实行生产本身提出的自愿互利的劳动合作关系；按劳取酬的分配关系等都受到损害，或说难以继生产资料集体所有制后全面建立和完善起来。从而，这在实际上成为生产关系中的一些薄弱环节或缺陷，使得违背社会主义原则的旧因素乘虚渗透进来。情况正是这样。单一的集中统一经营、劳动、分配和交换的方式，造成劳动上的“大呼隆”、分配上的“大锅饭”，经营管理权力高度集中，因而农民作为集体经济主人的地位，就在许多环节难以变为生活现实，而家长制、特殊化、平均主义得以渗透进来，干得差的占有干得好的人的劳动，这就挫伤了农民的积极性。

我们的社会主义农业是全国人民、尤其是8亿农民的事业，它主要是由基本生产单位依靠农民来进行的。农业劳动者既是生产力的首要因素，又是集体经济生产关系的主体，因此，农业经济活力的源泉在于也只能是劳动者的积极性。而上述农业宏观经济体制特别是微观经营管理方式上的种种弊端，和由此所带来的生产关系中的问题，最终却恰恰是使基本生产单位中农业劳动者的主人翁的地位受到削弱，他们按劳取酬的物质利益受到侵害，结果只能挫伤劳动者的积极性、主动性、创造性。这就是过去集体经济管理体制缺乏活力的根本原因。

长期以来，在这方面没有取得重大突破，其原因主要是经济工作指导思想上“左”的错误，而在理论上，则是没有真正弄清楚经济体制、经营管理方式是生产关系与生产力在社会生产中的具体的统一，片面强调经营方式与生产关系相关的一面，没看到与它相关的、起决定作用的方面是农业生产和生产力的状况、特点和要求，从而把集体所有制与集体经营，所有权与经营权混为一谈。而且，一触动经营方式就被视为破坏集体经济来批判和纠正。这就使弊端重重的经营方式和体制逐步成为不容置疑的模式延续下来，与生产力发展的矛盾越来越突出。因此解决这一矛盾，已成了完善社会主义生产关系，推动农业发展的必然要求。

党的十一届三中全会以来的农村改革，首先是从基本生产单位建立联产承包制，并把家庭承包经营引入集体经济得到突破，使得农业经营管理方式面目一新，调整、充实和完善了生产、分配、交换诸方面的生产关系。一是在生产过程中，建立了以家庭经营为基础的统分结合的经营方式，和责权利结合的管理形式，使农民真正成为土地的主人。以家庭分散经营为主的经营方式，使劳动者和生产资料更加直接结合起来，农民有了充分的劳动支配权和生产经营自主权。这不仅在保持必要的统一经营优越性的条件下，有利于农民以主人翁的姿态，作为生产力诸要素中最活跃的主体，能动地组织生产，因地制宜地经营承包的生产项目，而且为自主地扩大再生产，发展农业内部分工分业，为农业多余劳力及人才、资金的流动和实行多种形式的重新组合，发展广泛的社会分工，向农村城镇各个经济领域进军，提供了充分的自由和条件。同时，相对独立的经营，破除了劳动大呼隆和集体生产消费上的吃大锅饭，成为分别计量劳动的条件，劳动支配权成为劳动成果支配权的前提。二是在分配上，通过联产计酬和它的发展形式包干分配，将国家、集体、个人利益结合，生产经营者的劳动成果与劳动报酬直接结合，找到了农业实现按劳分配的客观有效的形式，彻底打破了平均主义。列宁曾经把按劳分配看作社会主义发展推动力的源泉。陈云同志高度评价了实行责任制的历史意义，说它不亚于三大改造。三大改造是消灭剥削，责任制是打破了公有制经济中曾长期存在的“大锅饭”和平均主义，消除了劳动差的占有劳动好的人的劳动的现象。由于按劳分配的真正实现，调动了生产力的首要因素劳动者的积极性，使农业发展有了源源不绝的内在经济动力。三是在交换上，由于在新经营方式下，农户既是集体所有制合作经济的成员，又成为有了商品支配权的相对独立的商品生产经营者。他们在国家计划指导下，直接进入市场，与多方进行等价交换。这就使农民扩大了眼界，在市场这所大学校里得到锻炼，使每个家庭经济细胞都受到了价值规律的鞭策，有了来自外部的经济推动力。生产关系上的这些变化，集中起来，主要是使农民的主人翁地位和按劳分配的物质利益得到切实的保障，使集体经济的合作性与自主经营和发展商品经济的要求有机地结合起来。这就使得过去长期存在的、农民和干部为之痛心疾首的、甚至被国内外有些人误认为与集体经济分不开的种种“不治之症”，如瞎指挥、大呼隆、大锅饭、平均主义，管理上的僵化等，被农村改革这场革命，从经济管理制度中连根革除了。由此，极大地调动了劳动者的积极性，为充分发挥劳动者的智慧、创造力，创造了极为有利的条件，使集体经济和它的每个细胞都充满了活力，带来了生产力的大解放，为农业由自给半自给经济向专业化、商品化、现代化的发展创造了前提。

继而随着联产承包制的实行，又引起了农业宏观经济体制的变革，逐步建立起仅把交售国家任务作为指令性计划、大量采用指导性计划和市场调节结合的体制，农民进入流通后的多渠道流通体制，国家、集体、个人一齐上的多种经济成分配合发展的所有制结构和党政企分设的管理体制。

这样，农村改革造就了以联产承包制为主要标志的适合生产力发展要求的充满活力的农业经济体制，从微观和宏观多方面放开了农民的手脚，调动了农民的积极性，带来了生产力的大解放，使我国社会主义农业显示出强大的活力。

城市经济虽然与农村经济有许多不同点，但就其经济体制和经营方式中所存在的阻碍生产力发展的弊端来看，却和过去农业上的问题有许多共同之处。既然农村改革成功地解决了这些问题，走出了有中国特色的社会主义农业合作经济发展的新路子，那么，以搞活企业为中心，以改革经济管理体制和企业经营管理方式、建立促进生产力发展的新体制为基本任务的城市改革，对于搞活城市经济，推动社会主义经济发展，也就具有同等重要的地位，将起到同等甚至更加重要的历史作用。

二、农村改革加速了我国传统农业向现代化农业的转化，推动了城市改革，要求城市改革必须带动农村商品生产，走城乡结合的道路

我国农业有其领先世界的历史和以有机农业、精耕细作为代表的优秀传统，但在近代尤其近百年，包括农业在内的整个经济都大大落伍了。其突出表现：一是生产力水平低，二是农业人口比重非常高，三是商品经济不发达，处于自给半自给状态。新中国成立后，我国经济建设虽然取得了过去几百年难以取得的成绩，但旧中国遗留下来的落后状况不是很快就能改变的，而且由于工作中的失误，特别是僵化的经济管理体制和经营方式的束缚，延滞了、有的还逆转了从传统农业向商品化、专业化的现代农业的转化。我们农业落后和10亿人中8亿农民搞饭吃的状况，再也不能继续下去了。而这方面的任何前进都将牵动全局。

近几年的农村改革，把过去受压抑、束缚的8亿农民的积极性、智慧和创造力解放出来了，也就加大了传统农业向现代农业转化的马力。首先得到发展的是种植业，接着在解决温饱问题的基础上，利用丰富的劳力资源、逐步增多的剩余资金，使生产向深广发展，不仅向农林牧副渔大农业的各领域发展，而且有越来越多的劳力和人才从农业领域分离出来，围绕农副产品的运销和不同层次的加工，而跨入乡镇工业和商品流通领域，开始改变种植、养殖、加工、销售不平衡的产业结构。伴随产业结构的改变，发展了分工，开始是农工商按生产门类形成专业分工，继而出现一种产品生产过程中的某些阶段或环节也成为专门的生产或技术服务行业，出现了多种专业户、专业村和经济联合体。接近农村的小城镇作为发展工业、商品流通、各种服务业的依托，越来越多地吸收“离土不离乡”的农民。这标志着农村改革大大加速了农村经济商品化、专业化、社会化和向现代农业转化的进程，推动了乡镇工业化的新潮流。

同时，随着农村改革的进行和商品生产的发展，城市工作不能适应飞速发展的农村形势需要的矛盾越来越突出。如流通环节不适应，大量农副产品“卖”难，造

成损失、霉烂；为农民生产、生活服务的工业不适应，农民买不到急需的生产资料和合意的消费品；农副产品流量加大，进城镇务工经商的增多，城镇的基础设施和管理水平日益不相适应；科技、教育、交通、金融、信贷等都出现了许多不适应的情况。人们称这种局面为新的“农村包围城市”。既然作为国民经济基础部门的农业发生了翻天覆地的变化，那么就向以城市为主要基地的国民经济其他部门以及上层建筑中不适应的部分，提出了变革的迫切要求。城市改革不仅是巩固和发展农村改革成果的需要，也是它自身经济发展的需要，城市企业和工人看到农村经济活跃、农民生活改善，也不能再容忍自己那里的“大锅饭”、平均主义、干好干坏一个样继续存在。因此，农村改革以其巨大的推动力，从多方面加速了城市经济全面改革的到来。

农村改革是城市改革的先导，城市改革是农村改革的必然发展。农村改革不仅为城市改革提供了经验，而且也向城市改革提出必须兼顾城市和农村两个方面的要求，走城乡结合的路子。历来的统治者都是依靠掠夺农村建设城市，造成了旧时代城乡关系的对立。社会主义的城乡关系，应是互相依存、互相促进、互相结合的关系，也是交换的关系。近几年，农村改革使农业经济勃兴，促进小城镇工商业的繁荣，发展了与中心城市的经济文化联系；而“城市是经济、政治和人民精神生活的中心，是前进的主要动力”，随着城市改革的全面展开和不断深入，必将像农村改革产生的效果那样，带来工业、交通运输、科学技术的大发展，更有力地带动农村。在我国经济体制全面改革推动下，城市带动农村，农村支持城市，城乡互助，城乡结合，以至城乡融合，将会成为我们社会主义经济发展的一种必然趋势。

三、农村改革加速了科技向农业生产的转移，引起了科技教育体制改革，找到了推动城乡技术进步的经济动力和适宜的经济形式

十二届三中全会决议指出：正在世界范围兴起的新技术革命，对我国经济的发展是一种新的机遇和挑战。这就要求我们的经济体制，具有吸收当代世界最新科技成就，推动技术进步，创造新的生产力的更加强大的能力。

正如决议所要求的那样，随着农村改革的进行和新的经营管理体制的建立，在农村率先打开了科学技术向生产建设加速转移的新局面。随着联产承包制的建立，“科学热”在农村的广阔天地普遍兴起，科技活动由低级向高级不断发展。从开始分散自发的换良种、抢“财神”、拜师学艺，到建立农民科普协会、技术服务公司、技

术信息咨询组织，出现科技示范户，初步形成科技推广的网络系统。今日的农村，不仅科技人才特别受尊重，他们的社会地位和经济地位有了提高，而且适应解决人才“供不应求”的需要，各种业余的和职业的技术学校、农业中学纷纷涌现，普通教育也得到很大的发展。农村与大城市的院校、科研单位的联系与日俱增，出现了科研、教育、生产相结合的新趋势。据统计，我省现已建立乡级科普组织2330个，会员达到10万人，举办各类农业中等专科学校13所，农技中专班12处，农业中学180所，普通中学附设农业班96处，各种农技业余学校1100所。加上其他科学知识、技术信息传播渠道的增多，使得一代有知识有技术的农民正在迅速成长。

为什么经过一番改革后的农村对科学技术有那么大的吸引力、推动力？主要的原因是：首先，农村新的以家庭经营为基础的统分结合的经营组织和由此发展出来的“两户一体”，符合农业的特点和发展要求，有很大的灵活性、适应性，便于发扬、吸收包括现代科学技术和传统农业技术在内的各层次的科学技术，这种经营方式和它便于发扬的有机农业的传统，恰与世界新技术革命有着许多共通之处。其次，联产承包制把技术应用于生产带来的好处，与广大生产者经营者的切身利益结合起来，使科学技术的传播运用和智力的开发有了强大的经济推动力。第三，农村经济改革引起了技术推广体制以至科研、教育管理体制的变革。显然，联产承包制使农民从经济利益上关心科技，他们就用亿万双手把科技人员、科研单位拉向农村经济建设。在这个过程中，农民也要求科技推广讲责任、讲效益，改变“大锅饭”、“一锅煮”的做法，自然将农业联产承包制首先运用到技术推广领域，创造了技术联产承包制，既保证自己得到科技带来的利益，也使技术人员得到应有的报酬。继而出现了技术的有偿服务、有偿转让和技术信息市场等技术经营形式。这就在农业科技的精神产品的生产领域，在科技与经济建设连接的输送环节上，使科学技术这种潜在生产力的发展和向现实生产力的转化，获得了合适的经济形式。并借助联产计酬和无形产品的商品交换，较好地解决了复杂劳动与简单劳动的交换关系、科技人员与直接生产者之间的经济利益关系，从而调动了科技人员和直接生产者发展、推广、运用科学技术的积极性。第四，农村改革推动了生产发展和社会分工，不仅可以为科技文教事业的发展提供日益雄厚的物质力量，而且对科学技术提出了新的需求，生产实践与科学技术的相互作用，势必使两者都得到迅速的发展。

农村的实践说明，不论在农村还是城市，技术进步都离不开经济改革和与之密切联系的科技教育体制的改革。科学技术的发展和向现实生产力的转化，需要一定的生产关系和经济体制与之相适应。它不仅要求在经济领域建立起将企业和劳动者的利益与技术经济效果密切联系的经济管理制度，而且要求在科技向生产转化的环节，在科技特别是应用科学技术的领域里，也要创造出合适的经济形式和经营方式，处理好人们之间的经济利益关系，体现按劳取酬的原则。农村改革在解决这一问题上迈出了关键性的一步，为在城乡改革中继续解决这一问题开辟了道路。

四、农村改革坚持把发展生产力作为最根本的任务，促进了生动活泼、安定团结的政治局面的形成，在这方面也向城市改革提供了丰富的实践经验

农村和城市一样，伴随着社会主义改造的基本完成，开始了社会主义的生产关系与生产力、上层建筑与经济基础自身的矛盾运动。推动社会主义发展的根本动力，只能来自社会生产力的发展。但农业集体化后，由于“左”的影响，在工作指导上偏离了党的“八大”确定的发展社会生产力的正确轨道。起初，在高级社建立不久，就追求“一大二公”，搞“人民公社化”，结果脱离了生产力发展的客观要求，造成经济、政治上的损失。而后来的“以阶级斗争为纲”，则是根本离开了经济建设这个中心。在不存在阶级对立关系的条件下，要通过所谓阶级斗争来解决政治、经济和生产上的一切问题，结果这种阶级斗争不仅没有成为社会主义社会发展的动力，而且造成了经济、政治上的大破坏，使党与农民的血肉关系也受到了损伤。直到党的十一届三中全会，才使包括农村在内的各项工作转变到以实现现代化、发展生产力为中心的正确轨道上来。

农村改革一开始就摆脱了过去多年“以阶级斗争为纲”来认识和解决农村问题、农业问题的错误，始终坚持以发展农业生产为中心，围绕解放和发展生产力这一根本任务来进行。改革中它坚持一个标准：凡是压抑基层和劳动者积极性、束缚生产力发展的老模式，都要逐步破除；凡是有利于调动生产者经营者积极性，解放生产力，推动生产治穷致富的方式，都予以试验和采用；哪种办法最适合发展生产力，就采用哪种办法。正是在这种思想指导下，联产承包制一出现就得到了肯定和支持，并且经过筛选、完善、发展的过程，最终建立了以家庭承包制为主的最有利于发展生产力的经营管理形式。随之，继续顺应生产力的发展，把农村经济改革引向深入，并与生产结构的调整改革、技术改革相结合，以便从多方面促进农村生产力的发展。

围绕解放和发展生产力进行的农村改革，在占总人口80%的农村，建立了充满

生机和活力的新的经济管理制度，带来农村经济的复兴和农民生活的普遍改善。这本身对既生动活泼、又安定团结的政治局面的形成，起了巨大的积极推动作用。首先，它在现有条件下最大限度地解放了生产力，使经济迅速发展，从而把一切社会经济政治关系的处理放在了不断前进发展的物质基础上。同时，它调整、完善了农村的经济利益关系，正确处理了国家、集体、个人三者关系，真正实现了按劳取酬，使人们在经济利益上各得其所，并随着生产较快发展而持续增进。而且，它使农民在经济生活中应有的民主权利得到恢复和发展。这种各得其所、日益增进的物质利益和民主的权利又是融化在经济管理制度中，从而是带有普遍性、稳定性和长期性的，因此便从根本上成为形成既心情舒畅、生动活泼，又安定团结的政治局面的经济基础，并推动这种政治局面的形成。事实完全说明，随着经济关系的调整和人民生活改善，党与 8 亿农民的关系改善了，农民称赞党的政策是“富民政策”，对公有制加责任制的社会主义更亲近，更诚心诚意地作为自己的事业。干群关系、农民相互之间的关系改善了。农民与工人、知识分子的互助合作关系发展了。无可否认，这是使我国社会稳定、民主加强，使现在的政治成为最受群众爱戴的政治的重要原因。正如邓小平同志所说：社会能不能安定，经济能不能发展，首先要看占总人口 80%的农民能否发展上去。

农村改革从实践上极大地帮助了全国人民认识和掌握党在新时期的总路线、总任务。它以丰富的实践展示了社会主义社会生产力与生产关系，上层建筑与经济基础、经济与政治等各方面的相互关系和发展规律。并告诉我们：不论在城市还是农村，只要我们坚持顺应生产力的发展要求，改革不适合的经营方式和管理体制，改革生产关系和上层建筑中不适应的部分，就一定能够使我们的社会主义经济政治制度走向完善、巩固和发展，极大地焕发各方面的积极性，带来国家的繁荣富强和人民的富裕幸福，在政治上更加朝气蓬勃、安定团结。所有这一切，都将随着生产力的发展而得到能动的发展和进步。

五、农村改革使实事求是的思想路线广泛深入人心，并且根植于社会经济管理制度之中，鼓舞我们通过城乡实事求是的改革实践，全面地建设具有中国特色的社会主义

农村改革对思想领域所产生的影响是广泛而深刻的，其中最主要的是对人们思维方式的影响。它使实事求是深入人心，深入农村社会经济生活；它揭开了我们城

乡人民循着实事求是的思想路线，不断研究新情况，解决新问题，通过生机勃勃的群众创造，把社会主义现代化建设不断推向前进的新篇章。

农村所进行的这场改革，是党领导农民，以实事求是的思想路线指导自己的实践而获得成功的。正是靠着实事求是、实践是检验真理的唯一标准作精神支柱和思想上的向导，广大干部群众才有勇气冲破“左”的框框和“禁区”，面对农村经济生活中的现实矛盾，大胆试验过去一露头就遭到批判的“包产到组”、“包产到户”，并且发扬创造精神，根据实践效果，对责任制进行检验、选择、完善和发展。各级党委也是根据实事求是的原则，不断汲取群众的实践经验，制定出一个个新政策、新文件，指导改革不断前进，使一个新的经济管理体制出现在世界的东方。这种新的经济体制，不是从国外抄来的，不是本本上的现成公式，也不是在人们头脑中形成的“固有模式”。它完全是群众在党的领导下，从我国农村的实际情况出发，解决自己经济发展中的矛盾，走出了自己社会主义农业的路子，从而对发展马克思主义的合作经济理论作出了自己的贡献。

正因为农村改革是实事求是思想路线的胜利，因此它深刻地影响了人们的思想方法，有力地冲刷了中国大地上的“左”倾空想、主观教条主义、因循守旧的经验主义和一切违背实事求是的错误观念、清规戒律，而使实事求是的思想路线在广大干部群众头脑中深深扎根，造成了实事求是的思想空气，鼓舞着我们把马克思主义的普遍真理同我国的具体实际结合起来，走自己的道路，建设有中国特色的社会主义。

同时，农村改革从经济管理制度上也为实事求是的思想路线深入社会经济生活创造了重要的条件。人们的思想方式与经济体制和经济活动方式有着密切的联系。早在 1978 年，小平同志就提出要把实事求是和群众路线结合起来，和改革体制、发扬民主结合起来，并希望所有的干部和群众，都能面对现代化建设中的问题，实事求是，解放思想，开动脑筋想问题、办事情。在经济改革以后的农村，确实出现了这样的活跃局面，从农村干部到亿万农民家庭、企业，都在面对自己的生产经营，动脑筋，想办法；越来越多的勇于思考、探索、创新的企业家和专业户涌现出来了。出现这种思想活跃的局面，不单靠宣传，主要是由于经营方式和经济管理体制变了。这种经济体制使基层和农民享有充分的经济民主，使之能够面对每一块耕地、山场、水面动脑筋；经济责任、经济利益在督促他们动脑筋、学科学，依靠实事求是吃饭、致富；商品生产和交换的发展，使之逐步摆脱墨守成规、满足现状的小生产的习惯势力。因此，随着新的经济体制的建立，进一步改变了农村过去因体制僵化所造成的思想僵化。这种改变对加速四个现代化的意义不可低估。正如小平同志所说："一个生产队有了经营自主权，一小块地没有种上东西，一小片水面没有利用起来搞养殖业，社员和干部就要睡不着觉，就要开动脑筋想办法。全国几十万个企业，几百万个生产队都开动脑筋，能够增加多少财富啊!"

农村改革充分显示了在实事求是思想路线武装下，我们的党和广大干部群众所焕发出来的创造精神。它生动地告诉我们，社会主义在发展中、在实践中，只要我们坚持实事求是，一切从实际出发，把马克思主义的普遍原理与城乡各方面的实际相结合，经过实践、认识、再实践、再认识的过程，就一定能够解决当前经济体制改革中一个又一个的新问题，从而获得城市改革和各方面改革的成功，全面地建设具有中国特色的社会主义。

（1984 年 10 月）

发展农业生产永不衰竭的动力

伟大的中华人民共和国已经走过了35年的光辉历程。35年来，我国的社会主义建设成绩是巨大的，是举世公认的，虽然在前进的过程中也发生过严重的失误，但这只是历史长河中的支流。党的十一届三中全会以后，国民经济又走上了健康发展的轨道。我省和全国一样，各项建设事业日新月异，蓬勃发展，尤其是广大农村发生了翻天覆地的变化，形势非常喜人。我们在欢庆胜利的时候，更加深刻地感到，农业改革对于迅速恢复和发展我省农业经济，改变农村贫穷落后面貌，起着巨大的推动作用；联产承包责任制是发展农业生产永不衰竭的动力。

从党的十一届三中全会开始的对国民经济各部门进行的拨乱反正，农村“一马当先”，锐意改革，冲破“左”的束缚，闯出了一条有中国特色的发展我国社会主义农业的道路。农业改革所创造的经验，已经大大超出了农业领域，正在向各条战线和各个领域扩展。

当前，我们城乡经济改革都在健康地深入发展。农村改革，主要是进一步稳定和完善各种形式的家庭联产承包责任制，大力发展专业户和各种形式的经济联合体，改善农业结构，扩大商品生产；城市改革的步子要加快，要从解决国家与企业、企业与职工的关系入手，把适合于当前情况的各项改革措施配起套来，同步进行。这是我们面临的一项十分伟大而又艰巨的任务。为此，回顾几年来农业改革走过的道路，认真总结农业改革的经验，把农村改革继续推向前进，并正确运用到城市改革中去，这对于实现党的十二大提出的总任务是十分必要的。

我们安徽省的农村改革应该追溯到党的十一届三中全会前，1977年下半年，万里同志主持下的省委，通过调查研究，把拨乱反正和解决农村政策上的“左”倾错误结合起来，制定了以尊重生产队自主权和贯彻按劳分配原则为主要内容的六条规定，初步调整了农村经济政策，把农村工作坚决地转移到以生产为中心的轨道上来。1978年全省遭受百年不遇的大旱，省委采取特殊措施，提倡集体种不下去的土地，借给社员种，打破了公有耕地只能集中使用的框框，给农民创造了寻求发展农业新形式的实践机会。在借地的基础上，肥西、来安、凤阳等县部分社队搞了包产到组、包产到户等形式的联产承包责任制。省委认为，群众创造的这些新的经营管理形式，不能因为过去受过批判，就视作“禁区”；判断事物的正确与否，必须由实践来检验。为此，省委派人配合六安、滁县地委，到上述县做调查，根据调查情况，同意进行试验。到这年底，全省实行联产承包制的生产队发展到4.1万个，占生产队总数的15%，其中包产到户1200个，占0.4%。1979年春，三中全会讨论通过的《关于加快农业发展若干问题的决定》肯定了包工到组、联产计酬的责任制，更加鼓舞了群众，各种形式的联产责任制在各地纷纷涌现，竞相发展。特别是大包干到户，彻底打破了平均主义，充分体现了多劳多得和农民的自主权，因此最能调动农民积极性，增产效果最显著，最有“吸引力”。过去穷得叮当响的凤阳县，是大包干的发源地，当地群众热情赞颂道：大包干、大包干，直来直去不拐弯，保证国家的，留足集体的，剩下的都是自己的。只要干上三五年，社员有吃又有穿，集体个人都能富，国家还要盖仓库。大包干在各地不胫而走。但由于长期“左”的影响，一些同志囿于脱离实际的老观念和“固有模式”，见了“包”字、“户”字就视为“资本主义”，当作“方向路线问题”批判，与群众实践发生了矛盾，从而引起了激烈的争论。1980年初，省委明确了包产到户是一种联产制。这年5月，邓小平同志在关于农村政策的重要谈话中，旗帜鲜明地肯定了肥西的包产到户和凤阳的大包干，在我国农业发展的关键时刻，指明了前进的方向，给改革以有力的支持。到1981年底，广大农民经过反复实践、比较，终于选择了包干到户作为联产承包制的主体形式，在全省农村确定下来。

近两年，我们顺应生产力发展和我国农业从传统的自给半自给经济向商品生产转化的客观趋势，在中央有关方针政策指导下，把农村改革不断推向前进。随着生产发展，家庭经营从“小而全”逐步走向小规模的“专业化”生产，专业户以商品生产者的崭新面貌登上经济舞台。同时出现了资源开发、加工、运销、建筑等多种经济联合体。联产制从单纯的种植业，逐步扩展到林、牧、副、渔、农村工业等各个领域，推动了农业经济结构的改革，使农村丰富的劳动力、人才、资金和各种自然资源结合起来，形成农林牧副渔全面发展、农工商综合经营的经济结构。联产承包制还使农民从切身经济利益上关心科学技术和信息，带来了农村科学技术的迅速普及和农村教育事业的大力发展。

农村改革的成功，使我省农业战线发生了巨大的变化。一是农业生产以较快的速度持续稳定发展，农业总产值，1978年以前年增长速度为2.9%；1978年以后的5年年增长速度为8.1%；近5年平均粮食增长率为5.9%，棉花为10.6%，油料为24.3%，水产品为18%，均超过前29年间粮食增长2.9%，棉花6.7%，油料2.7%，水产品1%的速度。二是农业生产向专业化、社会化发展，各类专业户和经济联合体大量涌现。据不完全统计，全省已有专业户、重点户180多万户，占总农户的20%，各类农民经济联合体9.6万个；三是农村科技教育有了新的发展；四是农民生活普遍改善，一部分农民初步富裕起来。1973年，全省农民的人均收入只有113元，相当一部分农民的温饱问题不得解决，1983年人均收入达到304元，是1979年的2.7倍。

随着实践的发展，我们愈益清晰地看到：联产承包制的普遍建立和完善发展，是新中国成立以来广大农村继合作化之后的又一次伟大变革。它涉及农村生产、分配、交换诸方面的经济关系。归根到底，是在解决农村生产关系、经营方式、管理体制如何适应生产力发展的根本问题上，取得了战略性的突破。具体地说，一是在土地公有制条件下，建立了以家庭经营为基础的统分结合的双层经营结构和责权利紧密结合的管理形式，彻底改变了单一集中经营及其带来的“干活大呼隆”和生产瞎指挥的弊病，使劳动者和生产资料更加恰当、直接地结合起来，农民有了充分的生产经营自主权。这不仅有利于农民以主人翁的态度，因地制宜地经营承包的生产项目，而且为农业多余劳力及人才、资金的流动转移和实行多种形式的组合，向农村（包括小城镇）各个经济领域进军提供了条件。二是正确处理了国家、集体、个人三者利益关系，通过联产计酬和它的发展形式——包干分配，将生产者的劳动效果和劳动报酬直接联系起来，找到了农业实现按劳分配的客观而又简单明了的形式，彻底改变了干好干坏一个样的现象，调动了生产力的首要因素劳动者的积极性，使农业发展有了永不衰竭的内在经济动力。不仅使农民从经济利益的关心上，讲求发挥自然条件和物化劳动、活劳动的效能，提高经济效益，而且注意增进生产力，包括劳动者自身的发展，特别是提高技能、发展智力。三是农民既是集体所有制合作经济的成员，又成为有了一定商品支配权的相对独立的商品生产者，这就促使过去一般被封闭在耕地上，只能以“大呼隆”、“疲劳战”形式，搞自给半自给生产的农民，逐步变成在国家计划指导下，直接与市场联系，与多方进行等价交换的商品生产者；这就扩大了农民的视野，使农民在市场这所大学校里受到了锻炼。使农业生产受到了价值规律的鞭策。而发展商品生产正是提高生产力水平和农村走向繁荣富裕的必由之路。实行联产承包制，使过去集体经济的好处得到保留和发展，使经济管理上的种种弊病得到根除，走出了适合我国国情和农业特点的社会主义合作经济发展道路，带来了生产力的大解放，打开了农业由自给半自给经济向商品生产、传统农业向现代化农业转化的大门。农业改革不仅搞活了农村经济，而且随着农村改革的深入和商品生产的发展，促进了小城镇的发展，影响到城市，推动了城市改革的早日到来。

农业改革实践，给了我们许多宝贵的启示，主要是：

第一，改革要围绕解放发展生产力这个社会主义阶段的根本任务进行。农村经济改革贯穿着一条基本线索，就是把生产关系、经营方式、管理体制逐步调整、改善到与生产力发展要求相适应的状态，以解放和发展生产力，在生产建设发展的基础上，使人民逐步富裕起来。实践还使我们进一步认识到，生产关系是否适应生产力，其重要标志是看生产力的首要因素劳动者是否具有积极性，是否处于活跃状态；而劳动者的积极性又决定于他们在生产中所处的地位和是否得到应有的物质利益，真正实现按劳分配的原则。因此，在改革中，凡是有利于解放生产力，调动生产者和经营者的积极性、提高经济效益的好办法、好形式，都要敢于探索、采用和推广，反之，都要敢于革除；在革除不切时宜的老办法时，要采取“扬弃”的态度，要精心注意保护原来那些仍然能够推动生产力发展的合理的因素和办法。同时，生产力的发展不仅决定于生产关系是否适应生产力的状况，还决定于生产力诸要素本身的状况，它们的社会组合相互作用，因此，发展生产力要从多方面努力，要把经济改革与生产结构的调整改革、与技术改革结合进行。

第二，实行改革一步也离不开实事求是，群众路线。联产承包制是在党的领导下亿万农民的伟大创造，它生动地体现了由十一届三中全会所恢复和发扬的实事求是、群众路线的精神。在改革中，我们要始终坚持多作调查研究，一切从实际出发，从群众利益出发，不断地研究新情况、新问题，并把实事求是与群众路线结合起来，依靠群众的社会实践，开辟认识和解决问题的新途径，总结被实践证明成功的经验，加以推广，再在实践中检验、完善和进一步发展。

第三，改革需要贯彻“四化”的全过程，要始终坚持积极慎重、循序渐进的原则，切忌一哄而起。改革从基层基本生产单位建立联产承包制起步，一般是由包产到组、大包干到组，再到包产到户、大包干到户，由贫困地区到中产地区到较为富裕的地区，用了几年的时间，经历了一个逐步发展的过程。此后再向各个领域扩展，由基层推动上面的改革。在整个过程中，没有搞“一刀切”、“一阵风”、“一哄而起”，也废除了动辄给持不同意见的同志戴反对改革的帽子和“大批判开路”的“左”的一套，主要是让事实去教育人，让大家在实践这个大课堂里学习。这无疑也是一条成功的经验。我们要把农业改革中具有普遍意义的经验，继续正确地运用到当前农村和城市的改革中去。

农村改革还鲜明地告诉我们：我们的党是站在改革前列的领导者，我们的社会主义制度是能够靠自身的力量，实现自我完善的。最近，邓小平同志在国庆三十五周年庆祝大典上，庄严宣布：“当前的主要任务，是要对妨碍我们前进的现行经济体制，进行有系统的改革。”我们深信，在党中央的正确领导下，只要我们把马克思主义普遍真理与中国具体实际结合起来，进一步解放思想，实事求是，发扬农村改革中的勇于探索、勇于创新的精神，就一定能夺取各条战线改革的胜利，我们改革的前途，我们社会主义祖国现代化建设的前途是光辉灿烂的。

(1984年10月)

肯定农村改革，解决新的问题*

一、关于农村改革成就与要继续解决的问题

农村改革能不能深入下去，适应和促进农村生产力的发展，使农业更好地向前迈步，关键在于正确分析形势，巩固已有的前进基础，抓住符合最大多数农民群众的基本要求的、能够带动全局的中心环节，采取相应的政策措施。

首要的是对农村改革已经取得的成就作出合乎实际的分析。农村的基本现实，是全国99%的生产队实行了以家庭经营为主的联产承包责任制，以家庭为单位承包经营的耕地占到总耕地面积的95%。我们要从这个现实出发，提出问题，解决问题，支持和带领农民发展农业，发展农村各项事业。

第一，历史地看，农村集体经济普遍建立以家庭经营为主的联产承包制，是党领导农民进行的重大改革，是8亿农民的伟大创造，是农村社会主义经济制度在自我完善进程中迈出的历史性的前进步伐。新中国成立以来农村走过的路子，是继土地改革之后，搞了社会主义改造，到1956年底，普遍建立了高级社，接着搞了人民公社，后来调整到三级所有、队为基础。总的来说，是建立和坚持了农村土地公有的基本经济制度，农业建设取得了成就，但在经营管理上却存在着生产经营高度集中的问题，带来大呼隆、大概工、大锅饭和分配上的平均主义，挫伤了群众的积极性，影响了农业生产、农民生活。虽然那时针对农业想了不少点子，但由于农民不积极，一切事情无从谈起。改革这种生产经营管理过分集中的体制和分配上的平

---

*1990年6月在中央农村工作座谈会上，有的同志对安徽农业包干到户的方向提出质疑。本文为列席会议期间所写。

均主义，就成了农民群众的基本要求，一有机会就顽强地表现出来。正是在这种背景下，党的十一届三中全会以后，党坚持实事求是，着眼于发展生产力，依靠群众的实践，创造了多种形式的承包责任制，经过5年时间，到1983年，全国农村形成了以家庭经营为主的联产承包制这个基本格局。家庭经营承包制成功地解决了过去经营管理体制上的主要弊端。

这种家庭经营的联产承包制，也就是“大包干”到户的责任制是什么？就是坚持土地等基本生产资料的公有制，以家庭经营为基础，以联产承包为核心，实行统分结合、双层经营的体制和保证国家的、留足集体的、剩下都是自己的分配方式。

这是根据生产关系要适应生产力的基本规律，对生产关系中不适应生产力的一些环节的改革。生产关系适应不适应生产力，关键看劳动者经营者有没有积极性，因为劳动者是生产力中首要的活的要素，田要农民种，他不积极，休想发展农业。农民的积极性来自哪里，精神因素固然重要，但对广大群众来说，根本的是来自他们在经济中的自主权利和物质利益得到体现。实行家庭联产承包制，正是解决了在公有制的农业中，农民应有的自主权利和多劳多得的物质利益问题，因而焕发了8亿农民的积极性，生产力大解放，农业大发展。农民有了充分的自主权和积极性，不仅发展农业，也发展了多种经营，发展了乡镇企业。

再从社会主义制度的自我完善上看，应该说实行家庭联产承包制是完善农村社会主义经济制度的重大步骤。这个方向一开始就是明确的，是在搞社会主义的经济责任制，目的是要“三增加”，就是对国家的贡献增加，集体积累增加，农民收入增加。因此要理直气壮地搞，这个“增加”，后来体现到大包干的三句话。小平同志1980年5月30日的讲话，六七月份就传达到了县委书记。农村经济实行家庭联产承包制，保存了农业社会主义改造的成果，保存了基本制度，而去掉了经营管理体制上的弊端。土地基本生产资料的公有制保存下来了，三者兼顾，按劳分配、多劳多得的基本分配关系保存下来了；通过承包合同制，完成国家征购任务，其余的自己进入市场，也符合有计划的商品经济的方向。有的说三级所有、队为基础，变成了“三级所有，户为基础”。我认为，户是经营的基础，但土地等生产资料还是集体所有，它有土地使有权，同时有一些与土地相配套的个人的生产资料。正因为引进了家庭经营，实行了土地承包，才去掉了大呼隆、平均主义的弊病。陈云同志说得好，实行责任制的意义不亚于三大改造。三大改造是消灭剥削，责任制是打破了公有制经济中曾长期存在的大锅饭和平均主义，消除了劳动差的占有劳动好的人的劳动现象，所以应该说这是社会主义制度的自我完善和前进发展。这种实行了家庭联产承包制、在土地集体所有制上的合作经济，发挥了两个积极性，得到了农民的拥护，在农民中更好地扎下了根。

社会主义经济制度能不能稳固，关键看能不能在群众中扎根，能不能调动群众积极性，发展生产力，逐步使人民的物质文化生活得到改善。不能做到这一点，要稳固就很困难；在群众中扎了根，得到了人民群众真心实意的拥护，社会主义制度就无论什么人也动摇不了，大风大浪都能抗，不论是来自国内的，还是来自国外的。

从党与群众的关系来看，归根到底这一改革是党的领导的成功，没有十一届三中全会路线，没有党制定的合乎实际的农村基本政策，就谈不上家庭承包制的普遍建立，更谈不上它的健康发展。看起来经营形式是分散了，但农民对党的向心力加强了。直到现在，不管群众有多少不太满意的地方，但对这个基本的改革成果是满意的。

总之，应当肯定农村集体经济实行家庭承包为主的联产承包制方向是正确的。

第二，全面、发展地看，农村实行联产承包责任制总体成功，也有不足之处。不足，主要就是家庭承包，统分结合，因集中精力解决大呼隆、平均主义的主要问题，形成了家庭经营这一层比较硬，统一经营层次比较软，服务体系不健全。这影响了家庭经营作用的发挥。这个不足之处开始时被积极方面所掩盖，但随着旧的矛盾解决和农业的发展，农业越来越依靠投入、依靠科技，商品生产成分增大，这个问题逐渐突出出来，成了影响发展的障碍。

家庭承包责任制成了不断推动农业发展的基础和农村经济体制的基础，但统一经营层次薄弱，服务体系没有搞起来或不健全，已经逐步成为影响发展和生产关系完善的主要环节。责任制一建立，安徽滁县地区主要是在家庭承包责任制的基础上，搞了经营管理和分配的合同制、干部岗位责任制，叫“三制并举”。随着生产发展，提出的要求，不仅是这一体制的正常运行了，而是要适应形成新的综合生产能力的需要，在克服薄弱环节上有新的突破。农业要发展，就要改善生产条件，改善技术，就要投入。有些投入一家一户能搞，如增加化肥投入，添置小拖拉机、发展耕牛等，有些一家一户想搞也搞不了，像农田水利建设，良种繁育、植保，不共同动作，单靠农户投入不了。流通上农副产品进入市场，购买生产资料，接受市场信号安排生产，一家一户地搞，费用大、困难多，盲目性也大。发展商品经济，很重要的是要有流通方面的社会化服务体系。否则，卖难买难，大起大落的问题无从解决。其次，生产关系的完善，也涉及党与农民的关系，干群关系。因为如果不改变这种状况，农村干部只是向群众要粮要钱，农民要求办的事都办不到，造成农民反感，关系紧张。毛主席在根据地时就指出，我们要用90%的精力帮助农民发展生产，解决救民私粮的问题，用10%的精力解决救国公粮的问题。只要搞好服务，用主要精力把服务体系完善起来，党群关系、干群关系就会得到进一步改善。因此，从农村经济发展、经济基础完善，从改善党群关系上看，这都是一个突出的问题，一个中心的环节。而且带有普遍性，不论发达地区、中间地区还是贫困地区，不论农业、多种经营，还是乡镇企业，都有一个社会化服务体系的问题。这涉及农村社区组织，涉及供销、信用、商业。就农村改革发展来说，服务体系不健全的问题，已经成为一个主要矛盾，一个中心环节。

归纳上述分析，一是农村实行家庭经营为主的承包制，是农村改革的主要成果，是发展农村经济，完善农村社会主义经济体制的一个很好的基础，我们对搞责任制不应当后悔，更不应指责；对这个前进的基础，应当稳定完善，不能动摇。二是，随着农村经济的发展，克服薄弱环节，完善双层经营，发展社会化服务，已经成了群众的普遍要求，成了带动全局的中心环节。这些年来，这个不足之处、薄弱环节，为何没得到改善和加强，责任不在农民，不在基层，客观上解决起来不容易，但关键还是在领导，没有把这个中心环节抓住，扎扎实实抓下去。而是一些地方的领导对包干到户还提出置疑，或提出了许多的改革目标，分散了精力，影响了主要问题的解决。实际上不少地方领导在这方面看得比较准，问题解决得比较好。一些地方，从1985、1986年就开始当作一件事情抓了，创造了许多好的经验，问题是要把各地的经验总结起来，使之条理化、系统化，按照从群众中来，到群众中去，集中起来，坚持下去的办法，反复抓下去。农村经济发展还有个外部环境问题，工农关系问题，农业投入问题，农用工业问题，都应逐步调整和解决。但就农村本身来说，确实是要抓住稳定农业家庭经营承包制，完善双层经营，发展社会化服务体系这个中心，研究制定政策措施，有领导有步骤地抓它四五年、七八年，我们的农村经济一定能向前迈出一大步。

二、关于发展社会化服务体系问题

如何完善家庭联产承包制，发展社会化服务？总的是要根据当时当地生产发展提出来的需要和可能，把服务体系的建设，统一经营功能的加强，放在群众自觉自愿的基础上逐步地搞，不能急于求成。服务体系的健全，不仅是生产关系的完善问题，而且是一个生产力发展的问题，客观上受到经济实力的制约。要从发展生产出发搞服务。发展社会化服务，既涉及集体、农民家庭经济、个体经济，涉及和农村经济有关的国营经济，供销社等部门，这中间有不同的利益，但根本上说是相互依存、共兴、共发展的关系，要从发展农村经济的基本点上协商关系，找到协同服务的好途径、好形式，齐心合力为基层服务，健全服务体系。

做好这件事，需要研究一些政策和方法。例如：一是要因地制宜，多种形式、循序渐进，不搞一刀切。我们的目标是要建立健全的综合性的社会化服务体系，包括生产服务、科技服务、供销、信用服务，也包括组织管理服务。组织管理也是生产力，是马克思所说的生产力诸要素的社会结合。但是这些服务不可能一下子都建立健全起来，要首先抓住对当前生产最管用的、能做到的，集中精力一件一件地办。办好了、管用了，就能增强群众的积极性，首战不成功，就容易挫伤群众的积极性。二是发展服务体系和集体经济，不能搞一平二调。农民负担加重，效果会适得其反。三是不要一说发展集体经济这一块，就是办乡镇企业，甚至一办就要办大的，再来个乡乡村村大办企业的高潮，忽视了农业，忽视了为农民服务，发展服务体系这个中心。

三、对农业、农村发展既要居安思危，又要坚定信心

对农业、农村经济既要看到面临的困难，居安思危，又要看到已有的成绩，前进的基础和发展的潜力，增强搞好有中国特色的社会主义事业的决心。一方面，充分估计到农业发展面临的困难，要满足13亿人口的吃饭，要考虑八九亿农民的收入增加，四五亿农村劳动力的就业，而且人地关系这么紧张，农业基础设施薄弱，农用工业薄弱，必须充分估计到困难，从国情出发，在宏观决策上从长考虑，采取大的战备决策加强农业。另一方面，也要充分认识农村建设发展经济基础完善上的成就，增强信心。不能讲困难讲得太过分，搞得人们灰溜溜的，缺乏信心。特别是对基层干部和群众，尤其要成绩、问题一块讲，困难、有利条件、解决办法一块讲。

应该说，十一届三中全会以来，农村的改革，经济的发展，是快的，可观的。1979~1984年，农业是全局发展，1985~1988年这一段，应该说是粮油棉基本农产品的徘徊，但整个农村经济还是发展的，多种经营在发展，乡镇企业在发展。粮食没有从8000亿斤的水平上滑下来，虽然经济遇到了些暂时困难，有所紧缩，但有饭吃，不像1960年那时候，一方面是工业滑坡，一方面吃饭困难。乡镇企业发展，

是了不起的事情，1989 年产值已达 8400 多亿元，占全国社会总产值的近 1/4 (24.3%)，相当于 1979 年全国的社会总产值；其中乡镇工业产值达到 6100 多亿元，占全国工业的 28%，相当 1980 年全国的工业产值。乡村两级集体企业产值 5583 亿元，占到农村社会总产值的 38.5%，乡镇企业总产值的 66%和乡镇工业产值的 75%。农村集体经济，农户经济都有壮大。1988 年集体生产性固定资产比 1983 年增长了 97.8%；农户的生产性固定资产 1399 亿元，比 1983 年增长 74.7%。这些成绩要讲给基层听。前一段出了一本《生存与发展》的书，基本上是本好书，但其中讲到了我国农业面临的困难，说我们到 20 世纪末，还要在温饱线上挣扎。卢良恕说，他们没有考虑到技术进步的作用，让人看不到多大希望。我们对困难和成绩要讲得恰如其分。要使大家看到成绩，看到有利条件，看到前进的方向，对农业、农村发展充满信心，在党中央的领导下，一步一步解决前进中的困难，争取社会主义事业的新发展。

(1990 年 6 月)

家庭承包与农村土地、财产制度和组织创新*

我国农村以实行家庭承包责任制为开端，随着经济发展、改革深化，带来内容丰富的制度改革和组织创新。本文着重分析与家庭承包责任制直接相关的土地制度、农村财产制度和农村经济组织制度的变化趋势与问题。

一、土地制度建设和家庭联产承包制的稳定与完善

（一）土地制度的地位和改革以来在土地制度认识上的深化

作为县（市）经济和整个国民经济基础的农业，从根本上说，是农民凭借土地进行的生产。在人多耕地少，处于农业国工业化阶段的我国，土地是农业最重要的稀缺资源，也是占人口多数的农民最重要的财产。土地制度关系农民的利益，也关系国家发展和全民族的长远利益，是农村和县（市）经济中的一项基本制度。

但是，改革前人们对土地制度的认识，主要停留在土地生产资料归谁所有即“所有权”问题上，以为农村土地既已实行集体公有，土地制度问题就解决了。自1956年高级社实行土地集体所有以后的一个长时期里，农民生产积极性不高，农业发展缓慢，相当数量的农村人口未解决温饱。对此，人们只是从经济管理上、甚至是从农民思想觉悟水平上找原因，却不从土地制度上找原因。

农村改革重新唤起了人们对土地制度的认识。党的十一届三中全会前后农民创造了农业家庭联产承包责任制，核心就是土地制度问题。即在保持土地集体公有制不变的条件下，实行农户对土地的承包经营，土地经营权转到农户手中。后来随着一部分农民转入乡镇企业就业，不久又提出了农户承包土地的转让问题。这样，改

*本文发表于《中国县（市）改革纵横（总论卷）》，北京，人民出版社，1996年7月。

革的实践使人们逐步深化了对土地制度的认识：①土地制度不是单一的土地资产所有权的问题，或者说土地所有权不是孤立的。受法律保障的土地生产资料的归属，即所有权，是土地所有者得以拥有其他权益的法权基础；但土地所有者只拥有土地所有权，不再拥有对土地资产的其他权益时，资产的所有权则只有法律上的意义，并未得到经济上的实现。土地资产所有制度，除了法律上的资产性所有权，它还包括土地经营权、收益权、处置权等。是一个由多层次权益关系组成的系统。同样是土地集体所有，承包到户前后生产经营效益却截然不同，这说明仅仅是土地资产的所有权，不能决定土地投入使用的运营效率。土地的所有权，只与地租归谁所有相关。土地的利用效率，则主要取决于生产经营者在土地经营中的地位和利益，即由土地经营、收益环节的权责利关系所直接决定。仅有土地所有权，没有适当的经营权、收益权，劳动者、经营者都没有积极性，生产的效率低，创造的财富少，各方权益、包括土地所有者的权益，都难以在经济上得到实现。②土地制度和农业经营组织密切相关。农村改革的实践表明，解决过去农业集体集中经营、众多成员集体劳动，干活“大呼隆”、分配“吃大锅饭”，平均主义挫伤农民积极性的问题，实行农户承包经营，恢复传统的农户基本农业组织，最终是通过变革土地经营和收益分配制度来实现的。这使我们进一步认识到，农业经营组织的形式，要以适合农业生产发展需要的健全完善的土地制度为基础。

农业家庭承包制的确立，是继土地改革、合作化之后农村土地制度、农业经营组织上的又一次深刻变革，它对农业及社会经济发展，对人们在土地制度认识上的影响都是深远的。《中华人民共和国宪法》已明确规定，农业的家庭联产承包制与统分结合的双层经营体制，将作为农村的一项基本制度，长期稳定实行。稳定完善这项农业的基本经营制度，要以深入理解实行家庭承包制所引起的土地制度变革为前提，以适应经济发展进一步完善土地制度为基础。

（二）家庭承包制与农村土地集体所有制的创新

对改革前的农村土地集体所有制，从多年实行的实践效果看，要做两方面的分析：一方面，从1956年农村进入高级社，到改革前实现人民公社化，实行“三级所有、队为基础”，在土地制度上基本都属于社区性的农民群众集体所有制。由于实行土地集体公有制，废除了土地私有制，避免了土地改革后在小块土地私有制基础上农村重新出现两极分化的现象，即在保障农村社会公平上起了重要作用。另一方面，这种土地公有的集体农业，并没有解决好农民在土地经营中的权益问题，农民土地经营权和收益分配权的缺损，导致农民缺乏发展农业的积极性，劳动和土地的低效率，农民生活难以改善，使“公平”和贫穷长时期联系在一起。

改革前的农村土地制度主要存在以下的问题。

首先，受计划经济体制和政社合一人民公社体制的限制，农村土地集体所有制并不完善，基层生产队的多种权利，即农民群体的多种权利，受到侵蚀和剥夺。①生产队是农村人民公社的基本核算单位，虽然其土地所有权在大部分时间里是相对稳定的，但由于受“三级所有”的限制，公社、大队两级以行政方式抽调生产队土地的现象也时有发生。刮“共产风”，搞基本核算单位由生产队到大队的“穷过渡”，都影响到土地所有权的稳定。②生产队的土地经营自主权基本丧失。由于绝大部分农产品被列入统购派购，土地种什么、种多少，甚至何时种、何时收，产出的粮食只能留多少口粮、饲料，要卖多少、卖给谁、卖多高价钱，都来自计划安排和行政指令，生产队自己无权决定。生产的“瞎指挥”得以盛行。③土地的收益权，本义是指凭借土地所有权应获得的地租收入。实际上在农产品低价统购派购和存在工农产品交换剪刀差的条件下，农村的地租收入绝大部分转化为农民对国家工业化积累的贡献，不论集体还是农民基本上都没有获得。此外，买卖土地的处置权更不归农村集体。所有这些对农村土地集体所有制权益的损害，归根到底是侵犯了农民的应有权益。

其次，在集体农业的微观经济领域，农民的权益受到多方面的侵害，存在着集体与个人、个人与个人之间难以摆脱的经济权益矛盾。①农民缺乏对土地生产经营和财产的支配权利。按照土地集体所有制的性质，是农民群众集体所有，以集体形式占有土地，具有集体成员个人权利和集体权利的复合性质。在这两重意义上，农民都应是集体财产和生产经营的主人。但是，由于农地经营采取集中经营、集体劳动、劳动成果集中统一分配的形式，在以手工劳动为主、劳动者主要从事土地种植业的条件下，这种经营和分配权力的集中，就自然是集中到了少数干部的手里，农民处于被支配的地位，既不自主又失去自由，聪明才智难以发挥。而且在权力集中于少数人的条件下，往往派生出生产队财务个人说了算，干部多吃多占，账目混乱，对集体成员不公平对待等问题。②土地生产经营组织实行集中经营、集体劳动方式，既不适应农业分散生产的特点，又造成社员之间计酬分配上的平均主义，干好干坏一个样，少劳不少得，多劳不多得，劳动不好的人占有劳动好的人的劳动成果，挫伤了劳动者的积极性。在这种农业土地经营方式下，不仅计量、管理成本高，而且管理失灵，缺乏激励作用和内在动力。此外，生产队集体劳动的“磨洋工”，造成工时大量浪费，使大田生产难以搞好，农民家庭副业也难以得到发展。

第三，农民由于土地经营权益的缺失，导致个人劳力支配权的缺失，甚至在相当程度上丧失人身自由。连农民赶集、走亲戚、妇女喂小孩都受到很大的限制。

农民群众在改革实践中创造的以家庭联产承包为主的责任制，从根本上解决了上述土地制度、经营组织中的矛盾。

(1) 在农业集体经济微观层次，以土地承包方式恢复家庭经营，建立起所有权与经营权相互分离，农户自主经营、自负盈亏，按合同承担包干上缴国家征购、集体提留等责任的土地经营、分配制度，奠定了有效经营、保障收益、适合农业发展特点的经营组织。家庭承包制通过集体土地承包到户，使土地所有权与经营权分离，保持土地集体公有，土地经营权则转入农户手中。农民由被支配的单纯劳动者，变为自主的生产经营者，在农业耕作上能因地制宜，并获得支配自身劳动力的自由；承包农户的生产经营成果，依照集体与农户的承包合同，完成国家征购任务和集体提留，剩余都是自己的，谁的劳动经营效益好，上缴后归自己所得的收益就多。一个农户经营自主权，一个多劳多得、多产多得的收益权，使过去集体经济中诸多生产瞎指挥、劳动“大呼隆”、吃“大锅饭”、搞平均主义、依特权占有别人劳动成果等难医之症，迎刃而解。这种对农民生产制度性的激励和自我约束，不仅节约了计量、监督管理成本，而且形成了农业持续发展的内在动力机制。同时，在土地集体公有、农民分户经营基础上，推动过去政社合一、具有行政权力色彩的集体组织，向以农户为主人的合作性组织转化，联合服务和从事社区公共建设管理的优越性也保存下来。这样便在集体公有的土地制度建设上取得了突破性的进展，奠定了适合生产力发展的农业基本经营制度。

(2) 具有一定财产权和自主经营的农村家庭经济组织的重建，引起了以市场为取向的宏观经济体制的改革，为土地制度建设开辟了应有的外部环境。以承包土地为基础的农户家庭经济，已成为一种充满活力的具有独立利益的商品经济主体。它在完成上缴任务后归己支配的农产品，除自我消费外，可进入市场交换，发展了农产品市场；它的收入除用于消费，还用于农业投资，产权归己，并利用自有资金、剩余劳力，根据市场需要，发展多种类型的乡镇企业，或是剩余劳力直接转化为商品，到其他企业去打工；离农劳动力的承包土地则向农业劳动力流转。这样，在自主经营的亿万农户和多种经济成分的乡镇企业的推动下，决定了计划体制向市场体制的转变；商品市场、要素市场培育与发展，要求改革不适应农业、农民发展的农产品购销体制、投资体制、金融体制、就业体制等。因此，我国以市场为取向的体制改革实际上源于家庭承包制的实行。以家庭经营为基础、统分结合的双层经营体制，从根本上解放了农民和农村生产力，是适应社会主义市场经济的具有强大生命力的一项基础性制度。

(三) 实行家庭承包后土地制度建设的新发展

由实行家庭承包责任制所变革、建立的农村土地制度、农业基本经营体制，具有广泛的适应性和强大的生命力。但随着生产力的发展、社会经济结构的变化，提出了一些新问题，需要在现有基础上继续创新、发展完善。这种创新、发展主要是以下几个方面：

1.保持土地集体所有权、稳定农户承包权、健全土地使用权流转制度，在有条件的地方促进土地适度规模经营

实行农业家庭承包制后，农村土地制度运行存在既对立又统一的两个问题：农户土地经营不稳定，使用权流转制度不健全。首先，农户承包土地需要具有较长时期的稳定性，才能对土地经营有较长的预期，从长计议向农业投资，改良土壤，发展农业。但由于社区集体范围内什么人享有土地的承包权，没有明确的法律规定，一般是农户增加的人口就有承包权，减人就要减少承包地。随着人口变动和总数增加，要频繁调整土地，形成农户土地承包权属不稳定，地块细化；同时，集体土地所有者，绝大多数是生产队、少数是大队，在 1983 年撤消人民公社建乡时，在乡以下以原来大队、生产队为基础分别建立村民委员会、村民小组，有些地方还对原有的组织规模和范围进行了调整，引起土地所有权的变动。这两种变动，都涉及对土地、对农民原来的土地投入的再分配，而与农业要求稳定承包土地相矛盾。其次，随着农村乡镇企业和小城镇建设的发展，农业劳动力向非农产业转移，或是农户转化为城镇居民，这便提出了土地承包的流转问题。这种流转是依农户自愿原则，有偿转让，还是以行政性调整的办法进行，关系到能否按市场规律配置土地资源，能否维护农民的土地权益，能否使农业真正高效益发展的问题。此外，有的地方乡村组织为向农户筹集经费还出现强行从农户的承包土地中划出一部分作为“招标承包田”，并以行政方式调整农民的承包地。总而言之，由于土地频繁受到行政性调整，造成承包权不稳；由于合理的土地流转制度尚未建立而抑制流转，造成土地撂荒、半撂荒，这都不利于农业的发展。

为了稳定农村土地承包，解决流转中的问题，进一步完善土地制度，继 1984 年中央确定土地承包期一般应在 15 年以上，允许社员转包承包土地之后，1993 年

中央又提出：为了稳定土地承包关系，鼓励农民增加投入，提高土地的生产率，在原定的耕地承包期到期之后，再延长30年不变。提倡在承包期内实行“增人不增地，减人不减地”的办法，允许土地的使用权依法有偿转让或委托经营，以健全土地流转制度，弥补长期稳定土地承包权带来的问题和不足。

各地围绕稳定土地承包权、健全土地流转制度，在中央政策指导下，做了大量的试验和探索，概括起来主要是：

(1) 坚持土地集体所有，稳定承包权，放活使用权，发育和规范土地流转市场。一些地方在坚持集体土地所有权不变的条件下，明确土地发包方和承包方，延长土地承包期，以村合作经济组织作为土地发包方；在土地归生产队（村民小组）所有的地方，仍保持农户土地使用权不变，由村合作经济组织委托队（组）发包，发包手续由村经济组织办理；明确界定社区集体某一时段的农户、人口为具有土地承包权的人员，将土地承包到户，签订合同，一定30年或更长时间不变，提倡增人不增地，减人不减地。凡取得土地使用权的承包者，其使用权在合同期限内可以转让、出租、入股，其权益受法律保护。这种做法在贵州湄潭县、安徽省凤阳县、山西省等地农村陆续实行。实践表明，它有利于从土地制度建设上稳定和完善家庭承包制，切断了人口变动与土地承包的联系，以保持农户的土地使用权长期稳定，强化了农民对土地的投入和对农业的预期，有利于发育土地市场；把土地经营使用权、转让权交给农户后，削弱了在土地使用权流转中的行政调整权力，形成了在经济发展中农户自愿按市场方式有偿转让土地使用权，规范了政府在土地市场中的行为，促进土地向种田能手、绿色企业相对集中。

(2) 在少数二、三产业发达的沿海地区、大城市郊区，积极稳妥地发展土地适度规模经营。实行家庭承包制以来，少数沿海地区、大城市郊区农村的二、三产业发展迅速，大部分劳力转移到非农产业并获得较为可靠的非农收入。但是，这种农业劳动力的转移一般带有家庭内部分工的性质，即家庭主要劳力进入非农产业，仅以辅助劳力或务工之余种田，从而导致农业经营日趋兼业化和副业化。加之每户经营规模很小，农业比较效益低，农户种田积极性下降，尤其不愿种“口粮田”之外的承担国家粮食定购任务的“责任田”。在这种情况下，一些地方进行了发展土地规模经营的试验，打破农村均田式的承包格局，发展相对集中的专业化适度规模经营。其趋势一是在农户家庭经营基础上实现农地规模经营；二是由企业化综合经营的农场实行土地规模经营。这些经营主体的形成，一般与实行“以工补农、以工建农”，改良农田，发展以乡村机械化服务为主的农业服务体系密切相关。它具有经营结构改善的性质，不仅对稳定发达地区的农业起了积极作用，而且对探索工业化条件下农业经营的发展道路具有重要意义。

2.农业“四荒”开发中的使用权拍卖、租赁

我国农业用地中，耕地资源短缺，而丘陵、山地、水面、滩涂等资源较多，搞好非耕地的土地制度建设，对于利用农村剩余劳动力开发荒山、荒坡、荒滩、荒沟、荒沙、荒水等非耕地资源，发展多样化的大农业，加强水土治理，改善生态环境等，具有重要意义。早在80年代初中期，随着农业家庭联产承包责任制的实行，山西、安徽、湖南、广东等地陆续把农业耕地承包引入“四荒”的开发，由农民对荒山荒水实行承包到户、大户承包、“折股联营”、户包小流域治理。但在承包开发非耕地中遇到了一些难题：一是非耕地开发，经济环境较差，所需投入大于对耕地的投入，效益滞后。这种特点决定了非耕地开发需要长期投入，艰苦治理，才能获得效益。因此农民对承包“四荒”能否有长期稳定的权属，常常存在疑虑，影响了开发，甚至“包而不治”。二是以往“四荒”开发治理仅限于社区成员内部，限制了在更大范围内投资经营者的进入。近几年，山西、陕西等黄土高原地区和云南、贵州等南方山区，对“四荒”地承包期限可延长到几十年、一百年，并且从承包进到使用权拍卖。如山西省吕梁地区，实行“四荒”土地所有权不变，将经营使用权拍卖给农民或其他开发者，拍卖一般是先区域内成员，后区域外招标购买，谁购买谁治理谁受益。拍卖期限50~100年，可继承或转让。到1993年底，吕梁地区已将470万亩“四荒”地拍卖了145.9万亩。当地农民以每亩几元、十几元的钱买下了“四荒”的长期使用权，加快了资源开发，极大地调动了农民中长期投资的积极性。1994年1月，江泽民总书记视察山西时指出，拍卖“四荒地”，卖掉的是使用权，得到的是农民治山治水的积极性。这在非耕地承包租赁长期化、使用权商品化、转让市场化、管理法制化方面取得了具有重要意义的进展。

二、农村财产制度建设和股份合作制

(一) 农村集体经济实行家庭承包制引起财产关系的变革

改革前，我国农村的生产资料占有形式基本上是单一的集体公有制。回顾历史，农村开始办初级社时，它的财产来源是农户入社所交给初级社的土地（农户保留土地分红权利）、耕畜、大型农具（仍保留私有性质）、入社股金（记在各人名下，不计利息，退社时才能退回）。初级社转为高级社，取消农户的土地分红，与

耕畜、农具一起转为集体公有（按规定个人的耕畜、农具要折价付给原主），并再次向社员筹集股金。到1957年底，全国集体经济组织拥有土地之外的固定资产155亿元，主要是来自社员的资产和股金。1958年高级社的公有财产转交人民公社，高级社未还清的生产资料折价款，连同股金，都变为集体公有。后来人民公社体制几经变动，1962年实行以生产小队为基本核算单位的"三级所有，队为基础"，农业生产主要在生产队，大队、公社搞或多或少的工副业生产。到1979年，公社三级所有的土地之外的固定资产总额是849亿元（属于公社、大队的376亿元，其中社队企业固定资产占61%；属于生产队的473亿元）。农民家庭仅有少量手工工具，凭借少量自留地（所有权属集体）、宅基地从事极少的家庭副业生产。这样，集体基本掌握着生产资料、经营管理和分配，农业、农村的积累功能也全部由集体所承担。

在农村改革中实行农业家庭承包为主的责任制，随着土地经营、分配制度的改革，很自然地引起农村财产关系的变化。我国农村95%以上的农地承包实行的是被称为"包干到户"或"大包干"的责任制。在这种承包制度下，农户按合同上缴国家征购和集体提留，这一部分在初期是既定或固定的，上缴外的增收都是农户的，农业得到大幅度增长，农户所得也大幅度增加。这部分归农户占有、支配的经济收入，除用于生活消费，就是转化为积累，投资于农业、非农业，扩大再生产，以期获得更多收益。其投资形成的生产资料，即成为农户个体所有的财产。这样，在土地公有制下，通过包干到户，长出一块农户的自有资产，使农村的财产关系由单一的集体公有，变为以集体公有为主，公有、非公有资产并存的新型财产关系。

在包干到户为主的家庭承包制下形成的公有、非公有并存的财产—利益关系，起着推动农业、农村经济发展的积极作用。一方面，在承包农户有了将经济所得转化为自有财产的条件下，农户的经济目的就不仅是为了生活消费，还为了积累财产，以扩大再生产，获得更多收益，从而形成一种不断放大的循环，成为推动农业生产力发展的一种投资主体。另一方面，集体经济组织利用农户上缴提留、统筹费，搞社区公共建设、服务设施，发展乡镇企业，乡镇企业逐步成为集体经济的重要资产来源。由此形成公有、非公有资产同时增长，共同促进农村生产力发展的局面。到1992年底，全国农村集体财产约合30万亿元左右。其中，一是乡村两级企业拥有集体资产2291亿元，加上村、组等其他方面集体统一经营的资产373亿元，合计2664亿元，相当于1978年底人民公社三级总资产的3.14倍，年增长9.2%。二是土地资产，按照当年土地净收入和年利息率计算，约在28万亿元左右。全国农民家庭拥有的生产性固定资产，在改革前微不足道，到 1991 年已超过 3756 亿元；同时，农民还拥有 2867 亿元的金融储蓄资产。集体和农户资产的快速增长，成为农业、乡镇企业发展的重要因素。

（二）农村新型财产关系和股份制、股份合作制的发展

农村实行农业家庭承包为主的责任制，使生产资料由单一集体公有制转变为集体公有、农民个人所有并存的财产关系，在财产制度建设上提出了两方面的问题；

一是如何使农民个人所有的资产重新组合，投入社会化的生产，成为有效率的资产经营。首先，在农村生产资料集体公有的基础上，承认、保障农民将经济剩余转化为自有资产的权利，这关系农村经济继续发展。改革以来形成的农户自有资产是他们通过劳动所获得的，既包括购置的生产性固定资产，也包括储蓄的金融资产。只有确认和保护他们已拥有的实物形态生产资料的财产权利，才能诱导他们将多余的钱投向生产领域，形成固定资产，促进农村生产力水平的提高。否则，农民有了经济剩余，在生产性固定资产的所有权、收益权没有保障的条件下，就可能将需要和可能投入生产的资金，更多用于生活消费以至铺张浪费。这样就影响经济剩余转化为生产性积累，显然是不可取的。其次，农户拥有的资产规模一般都很小，1992 年，农村平均每户拥有生产性固定资产和银行储蓄余额合计不到 3000 元，能单独投入生产领域的是有限的，许多有效益的生产领域，需要农户联合投入，即实行个人资产的重新组合，并形成以联合投入为基础的新的经营组织形式。这种新的经营组织形式，不能像历史上农民入初级社转高级社再转为人民公社那样，农民资产投进去，就“归大堆”，私有变为公有，造成对农民自有财产的剥夺，否则，农民就不会去投入；只有是在保证农民投入资产的个人所有权、收益权的条件下，才能实现其资产的优化组合，形成有效的资产经营。为解决既区分个人财产权利，又将个人财产组合起来投入扩大再生产，增加收益的矛盾，便产生了股份合作制的形式。

二是如何明晰乡村集体企业的财产权利，使之具有资产融合、重新组合的活性，走向有效益的经营。随着乡镇企业的发展壮大、农户个人资产产权清晰化和股份合作制的建立，便从多种角度提出了乡村集体如何明晰产权的问题。①乡村集体中一部分乡镇企业，初始资金是由所属的大队（村）或生产队（村民小组）筹措的，这些原来的投资者，要求明确它在投资企业的权益。②乡村集体企业扩大规模而资金不足，要吸收新的资金入股，就要明确原有资产的产权。③集体企业的兴办发展在开始阶段受益于社区的低地价和人财物的支持、政策环境的小气候，发展到

一定阶段，则受社区所有的局限，资产不能跨社区流动，阻碍了企业的优化组合或兼并，也要求明晰其产权。这些都要求推动乡村集体企业向股份合作制演进。

上述情况说明，在新型财产关系下，不论是农户自有资产，还是社区集体财产，都需要既明晰、保护各自产权，又能适应经济需要实现资产流动组合和联合经营，出路就在于股份制、合作制或股份合作制。

三、农村经济组织的制度改革和农业社会化服务体系的建立

农村经济组织建立、发展与土地制度、其他财产制度和经济体制改革密切相关。随着农村实行以家庭联产承包为主的责任制，恢复家庭经济，农村财产关系发生深刻变化，整个经济由传统计划经济体制向社会主义市场经济体制转变，自然引起原来农村基层经济组织制度发生相应的变革，并促进形成与农民进入市场的新环境相适应的农村社会化服务体系。

（一）农村社区集体经济组织向合作制转型

改革前的农村集体经济组织，自高级社以来就是划一的，从制度基础、结构功能、运行方式分析，具有两方面的特点：

(1) 以土地公有为基础的农村集体经济组织，对传统乡村社区具有一定的依托性和社区共同需求的基础。历史上形成的以农业为主体的农村社区，有两个层次：一层是农民聚居的村落；一层是以集镇为中心辐射若干村落的区域。社区内人们在社会经济生活上有若干共同的需要和利益〔1〕。改革前的公社三级组织，公社一般设在农村集镇，大队、生产队则依村落组建，因而具有某种根据社区共同利益、运用集体统一经营形式，发挥社区组织优势的传统功能，这主要表现在集体经济组织依靠本地群众，统一组织农田水利、道路、输变电和通讯设施等公共建设上。1957至1979年我国农田灌溉面积扩大了64.6%，这从一个方面显示了农村集体经济组织所具有的社区功能和组织优势。同时，基层社区的土地实行集体公有，避免重演历史上的社会经济分化和利益对抗，也是集体经济组织能够根据社区共同利益发挥作用的一个方面。即便在工业化过程中社区劳动力向非农产业转移，发展土地适度规模经营，相对来说土地集体公有比起小块土地私有制的土地流转难度和成本也会

〔1〕陈锡文:《中国农村改革:回顾与展望》,第158页,天津,天津人民出版社,1993。

降低，而不是提高。

(2) 改革前，农村集体经济组织又是与权力高度集中的计划体制、行政管理体制联系在一起，并受其控制，组织功能扭曲，存在种种弊病。一方面，传统计划体制下以行政指令为特点的农产品低价统购派购，切断了农民、社区与市场的社会经济联系，使农村集体经济组织具有很强的封闭性；与计划体制相联系的政社合一体制，使社区集体组织由群众自己的经济组织，演变为自上而下按行政指令安排经济、承担许多行政职能的行政化组织。这就削弱了它应有的经济服务功能，改变了集体经济组织追求经济效益和民主管理的运行方式。另一方面，以农为主的集体经济组织内部实行集中经营、集体劳动、评工记分、统一核算的方式，不适应农业特点，始终没有也不可能形成有效考核、计量、监督个人劳动，实现多劳多得的激励机制，缺乏内在活力。这就决定了原来的集体经济组织难以运行下去。

改革使农村集体经济组织的制度基础发生了根本变化。其演变的趋势就是服务农户、产权明确、决策民主、形式多样的合作制，其中一类是发展成为保持土地集体公有和社区功能的社区性合作经济组织。这种组织制度和变化实践中体现在两个方面：

第一，组织构成和目标、功能的转变。原来的社区农业集体经济组织，其成员是不支配农业基本生产资料和基本丧失经营功能的农民家庭，集体组织包揽了绝大部分生产资料支配权力和经济活动。在土地承包到户以来，农户已成为对土地、劳力和自有资产拥有自主经营权利、自负盈亏、自我积累、自我发展的经济实体，农业的基本生产经营功能由集体组织转入农民家庭。这就使立于家庭经济之上的社区集体经济组织层次，变为要适应农户的需要，承担他们自主经营所不便利的部分功能，即在农业上主要为农户经营提供种子、灌溉、机耕、植保以及流通、加工、经营技术指导等方面的联合服务，搞好社区农业基础设施的建设和管理等，并为社区联合兴办的工商企业服务，协调农业与非农产业的关系。

第二，组织运行方式和财产制度转变。随着农户成为拥有一定财产权利和独立利益的经济实体，就决定了集体经济组织对联合服务和自身发展，不能沿袭过去的运行方式和制度。对农户能够进行什么联合服务，要取决于农户的需要、利益和自愿，由组织成员民主决策。壮大集体经济实力，不能像过去那样，把农民个人缴纳的股金、投入的资产以集体名义转为公有，剥夺其享有的资产权益，而是要以股份的形式保障其个人资产权益，并在此基础上实行联合经营和服务；经营盈余按成员利用份额返还和股金分红，并留取一定共同积累。这样就推动集体经济组织逐步转向以土地集体公有为特点的合作制经济。这种制度性变革在实践中已有不同程度的进展，其发展潜力还很大。

（二）适应市场，发展以合作组织、贸工农一体化公司为主的农业社会化服务

改革以来，发育中的农业社会化服务体系主要包括：以社区性及专业性的合作组织、贸工农一体化的公司为主体，与政府事业机构和其他多种组织服务相结合的体制。

1.社区综合性服务组织

乡村社区集体经济组织为农业的服务上，首先是继续承担组织社区内农田水利等设施的建设和管理、大型农业机械的购置维修和管理、农业技术推广等。同时，农户面对市场经营向社区综合性服务组织提出了许多新的要求，主要是市场信息、购销、信贷等。如农户借款困难，受高利盘剥之苦；到市场购买农用生产资料或销售农产品，单独向中间商购买或出售，不仅受中间盘剥，甚至受到以次充好、以假冒真的侵害，期望得到社区组织的服务。这类流通服务、农村合作基金会的资金服务在各地有所进展，但进展不快。究其原因：一是多数社区经济组织实力不够，缺乏保证农户扩大农业生产的急需资金；二是已有的供销社、信用社恢复合作制的改革进展不快。

2.跨社区的专业性服务组织

随着农业多种经营的展开，生产、流通、加工、运输、服务等产业的发展，仅靠社区综合性的合作组织难以适应农户的需要，因此多种贸工农一体化的专业性服务组织应运而生，显示出强大的生命力。一类是农民的经济联合体和专业协会。一个组织可以面向多个乡村的农户，农户也可以参加多个专业组织；一类是以贸易或加工企业为龙头，联系区域化农产品生产基地和千家万户农民，形成贸工农一体化的服务体系。通过“龙头”公司的系列化服务，把农户和国内外市场连接起来，实现大农业的生产、加工、销售的紧密结合。

3.政府农业事业机构的政策性公共服务

主要面向比较效益低、竞争性差的粮棉油等基本农产品的产销，以及受益农户多、成本不易收回的项目提供服务。这类以财政投入为后盾，面向农业科技推广、市场信息、政策性金融、保险等方面的公共服务，体现了政府对农业、农民利益的保护和支持。

四、问题与趋势

(一) 土地制度、产权制度的后续改革和制度建设

首先，必须保持和稳定基本政策，并在此基础上解决前进中的问题。有待解决的问题：一是有些地方农户土地经营使用权的稳定和流转还没有得到有效的解决。在大部分县（市）农村，农民收入仍主要靠承包经营土地，但人口变动引起的土地调整，一些地方乡村为多收费、随意抽取农户承包地去搞高价承包，这都导致农户承包土地的不稳定，影响农民对土地投入的积极性；同时，频繁的行政性调整，也影响农户土地经营使用权的自由流转。二是农户土地经营收益因乡村提留、多方摊派缺乏界定和制度规范，常常受到侵犯，加重农民负担，也影响了农民的利益和积极性。为此，需从维护农户的土地经营使用权，规范税费负担等方面，保护农户的合法权益。一些地方探索建立土地使用权流转制度，少数第二、三产业发达的地方发展土地适度规模经营，这类试验和改革应继续进行，以取得经验，因地制宜加以推广。

其次，乡镇企业和县（市）城镇国有企业，需要区别情况，解决产权不清、政企不分的问题，明晰乡镇企业产权。由于乡镇企业既是以工业为主体的非农产业，又与农业、农民、社区有着历史和现实的联系，因此可用股份制、股份合作制等多种形式推进产权制度改革。主要实现明晰产权、保护诸方资产权益和投资积极性；所有权与经营权分离，政企分开，增强企业经营活力和资产社会化流动组合效益。应当明确乡镇企业制度发展的趋势，很可能是在社区农业相关企业和其他工商业上有所区别，前者更多走向股份制、股份合作制，后者更多走向股份制。同时应继续给个体、私营、合伙企业提供存在和发展的空间，引导其健康发展。

(二) 发展农业综合性、专业性的合作经济组织

目前困扰农户经营、农业发展、农业市场流通甚至农政的许多问题，来自农业流通和服务组织的混乱，以及社区集体组织与农户经营的权益关系没有理顺。随着市场的发展，要解决农民家庭经营购买农业生产资料、产品销售、加工、信贷问题，避免中间商和高利贷的盘剥，以节省交易费用；要解决社区共同利用服务设施、利用科技成果、发展基本建设问题；要解决市场条件下的经营风险问题，都需要组织起来，进行自我服务。农民对这类组织的要求主要有两点：一是承认农户家

庭自主经营，加入和退出组织自由，接受服务自愿；二是保护投入组织的自有资产利益，组织由农民当家做主，民主管理，保证服务于农民，增多农民利益。这类组织，既不同于过去的集体经济组织，也不同于当前的供销社、信用社，而是属于农民的合作组织，它适应农民走向市场和农业生产商品化、社会化的发展趋势，应当推进这类合作经济组织的发展。

（1995 年 8 月）

稳定完善农林土地制度是农业农村经济进一步发展的基础*

土地（包括耕地、山地、水面）作为农业基础性的生产要素，是农民重要的财产权利和生活保障。稳定完善土地制度的核心是明晰产权（包括土地财产的占有、使用、收益、处分四权），这是农业、农村经济进一步发展的基础，对保障农民权益、保护和发挥群众积极性，对奠定市场主体发育和市场机制有效运行的基础，取得农业及农产品加工业进一步发展，对农村社会稳定，都极为重要。上饶市和全国大部分农村一样，改革以来出于农业结构单一的状况和解决温饱问题的需要，主要是实行耕地家庭承包经营，建立农户对耕地的承包占有、使用、收益的制度。随着工业化、城市化和市场经济的发展，社会对农产品的需求趋向于高质量、多样化、营养化，劳动力的流动、农业劳动生产率和经营效益的提高、农民收入的增长，对土地制度创新提出了新的要求，主要为：一是在长期稳定农业家庭经营制度的前提下，完善农民对耕地的承包权利和土地流转制度；二是适应农、林、牧、渔业综合发展，建立完善有效利用山林、水面的产权制度。

一、耕地要长期稳定家庭经营，使农户拥有长期稳定和更全面的土地权利，结合工业化、城镇化发展和农村富余劳动力转移，完善土地流转制度

目前在土地经营和流转制度上存在的突出问题主要是：第一，把家庭经营与规模经营、农业产业化经营及农业现代化对立起来；第二，有的不尊重农民的意愿，随意改变土地承包关系，搞强制性的土地流转；第三，有的在大多数社区成员不知

*本文是为江西上饶市农业发展规划所写的一节内容。

情或不赞同的情况下，让工商企业和大户以较长的租赁期限和强制性手段承租大面积耕地，使农民失去生存和发展的条件。在未来的农业发展中，需要很好认识和解决这类问题。

解决这类问题，稳定完善农业土地经营和流转制度，需要把握国内外传统农业向现代农业发展中带规律性的趋势。

第一，改造传统农业，走向农业的现代化，与家庭经营并不矛盾，与耕地利用相关的农业产业化经营，要依托家庭经营，主要在加工、流通和服务领域发展。废除人民公社制度，恢复农业家庭经营，是我国农业在经受 20 多年基本取消家庭经营走了弯路的惨痛教训后，通过改革取得的主要成果，是农业、农民进入市场经济体制的基石。农业利用土地和生物从事生产的特性，决定了适合采用家庭经营的方式。国际上一些实现现代化的国家，其农地经营方式仍以家庭农场、农户为基础，表明了家庭经营不仅适合温饱阶段的农业，也适应现代化的农业。因此要在长期稳定家庭经营制度的基础上，求得农业规模经营和集约化程度的提高。

第二，土地流转要以工业化中农业劳动力向非农产业和城镇的转移为前提条件，即“转地”要先“转人”。短期的土地流转在农民的流动转移中大量发生，而长期转让土地，要在稳定的非农就业，并由社会保障替代土地保障的条件下才有可能。

第三，农户在家庭经营条件下，提高土地利用效率，扩大农业经营规模的途径，一是扩大单个经营农户的规模，按照自愿、依法、有偿的原则促进土地使用权合理流转。农地流转应当主要在农户间进行，不提倡工商企业长时间、大面积租赁经营农户的承包地。世界各国对于公司、企业进入农业的态度一般是只允许在农业的产前、产后领域或产中的若干环节从事经营活动，而对公司、企业进入农业的直接生产领域，则有严格的限制。日本自第二次世界大战后实行土改，到 1961 年法律严格禁止法人直接进入农业生产领域，非农生产者不得拥有农地。日本法律至今仍对公司进入农业直接生产领域有着严格的附加条件。在美国中西部地区的九个州，至今法律规定“禁止非家庭性的公司拥有农地和从事农业生产”。目前我国农村人多地少，现代社会保障制度尚未覆盖农村，若不加限制地让公司、企业进入农业的直接生产领域，大片圈地，以大资本排挤小农户，会影响农民的就业和农村的稳定。因此，要把农村土地流转与农村劳动力向非农产业和城镇的转移结合起来，作为一个渐进的长期过程，在农户自愿的前提下，实现土地的流转、集中和农业的规模经营。二是使单个农户联合起来，通过公司加农户或农业合作组织的方式，在家庭经营基础上实现规模经营。

为此，在耕地制度上要继续稳定、完善以下政策：①坚持实行农户土地承包权利长期稳定的政策。1998年十五届三中全会提出，并经全国人大修订通过的《中华人民共和国土地管理法》规定，土地承包期再延长30年。而且中央表示“承包期再延长三十年不变，三十年之后更没有必要改变”，这就是要赋予长期稳定的土地权利。②进一步完善农民的土地权利。现在农民在土地占有、使用、收益等方面已享有较多的权利，但土地处分权从来没有真正属于农民。促进农户真正享有占有、使用、收益和处分四权统一的土地权利是制度完善的方向，特别是应将处分权（包括对承包权的转让、出租、入股、抵押等）有条件地赋予农民，使农民拥有物权性质的土地承包权，加强对农民的产权保护，利于土地使用权市场化流转，提高农地利用效率。③坚持在家庭经营制度的前提下，促进农户土地使用权按照自愿、依法、有偿的原则短期或长期地合理流转，扩大农业经营规模。④城市化中依照有关法规进行的集体农用地转为非农建设用地，能由农民集体入股或出租的，以入股或出租方式进入市场，其他要保证农民获得合理收益，并妥善安置失地农民就业，给予社会保障。

二、适应保护、培育和利用山地资源潜力，改善生态环境，建设绿色银行的需要，进一步改革完善集体林业产权制度

上饶市80%以上的山林属集体所有，改革以来通过稳定山权林权、划定自留山、确定林业生产责任制，促进了生态环境改善和林业经济发展。但仍由集体统一经营的一些山林，存在林木产权不明晰、经营机制不灵活、利益分配不合理等问题，影响了林农发展林业的积极性，需要进一步推进集体林权制度改革。

一是对已明确林木所有权、经营权和林地使用权，多数群众较为满意的，应予维护，要在明晰权属的基础上完善经营制度。①对已划定和明晰权属的自留山，自留山上的林木一律归农户所有，继续实行“生不补、死不收”，长期无偿使用，允许继承的政策，不得强行收回；林业“三定”时自留山未发证到户的，按原划定山场予以落实发证；林业“三定”时未划定自留山的，经村民大会或村民代表大会讨论，在村民范围内划定自留山、责任山，并予以确权发证。②已分包到户的责任山稳定不变，按原合同终止期限确权发证，在承包期限内，山上林木归责任山主所有，合同期限短的应当延长，允许继承。③自留山和责任山抛荒后，由集体收回统

一组织造林的，在稳定自留山和责任山使用权不变的前提下，所造林木可由集体与农户协商确定分成比例，林木采伐后，林地的使用权归还农户。国有、外资、民营企事业单位和个人依据合同租赁集体林地营造的林木应予稳定，但集体股份要均分到集体范围的农户。

二是对目前仍由集体统一管理的山林，要充分尊重群众的意愿，以“分股不分山，分利不分林”和“分山到户”的形式，进一步明晰产权，放活经营权，落实处置权，确保收益权，将林地使用权、林木所有权和经营权落实到户。①对一些生态非常脆弱的地区以及生态功能十分明显的地方（如公路、铁路、河流、水库两侧等），除经济林可分山到户经营外，应划为公益林或实行“分股不分山，分利不分林”的形式。集体林地划为公益林的，政府应给村民合理补偿。对集中连片的有林地，可采取分股不分山、分利不分林的形式将产权明晰到个人。提倡联户经营、股份合作经营，创建股份制林场或企业原料林基地。凡群众比较满意、经营状况良好的股份合作林场等要予以稳定完善。对宜林荒山、荒地分包到户；对造林难度大的宜林荒山、荒地，经过群众讨论同意，可公开招标，将一定期限的使用权有偿转让给有能力的单位和个人开发经营，转让收入归集体范围内的农户所有。②对经济林，如毛竹林、油茶林、茶叶、果木林、中药材等，及分散的有林地，实行分包到户。③集体山林属集体内部成员共同所有，每个村民均平等享有承包经营集体山林的权利。将集体山林采取租赁、招标、拍卖等方式进行转让经营的，须经村民会议或村民代表大会 2/3 以上人员通过，所得收入应绝大部分分配给集体内部成员。

三是建立森林、林木和林地使用权合理流转的制度。在明确权属的基础上，鼓励各种社会主体通过租赁、转让、拍卖等方式参与流转，投资发展林业。森林、林木和林地使用权可依法继承、抵押、担保、入股。山林是否流转以及流转的方式由农户自主决定，任何组织和个人不得强迫流转。凡自愿流转的，依法签订流转合同，办理林权变更手续。

四是规范和加强林政管理，发展和改善服务。①切实加强林木、林地管理，严防乱砍滥伐林木，乱征乱占林地，强化森林资源保护。加强对公益林、库区水源涵养林的采伐管理。公益林中的阔叶树和自然保护区内的林木严禁采伐。②减轻税费，增加投入。取消木竹农业特产税，调整育林基金平均计费价格，调整集体林育林基金分成比例。让利于乡镇，从事木竹生产的单位和个人自产自销的原木、原竹取得的收入，依法免征增值税，暂免征收所得税。政府除了投资公益林业建设之外，对纳入公益林管理的集体森林资源要以多种方式对投资者给予合理补偿。③放活经营。商品林业要按照基础产业进行管理，主要由市场配置资源，政府也要给予必要的扶持。④改善服务。将森林防火、森林病虫害防治、造林规划指导、技术服务、市场信息化服务等纳入公用事业管理，提高服务水平。

三、完善养殖水面经营制度，促进水产养殖业发展

目前本市养殖水面，都已承包到个人或私有企业主进行经营。国有水产场大多采用使用权租赁形式进行经营，少数采用上缴利润的方式进行经营和分配。乡村集体养殖水面，以农民租赁承包生产经营为主。水面租赁、承包多为公开发包、通过水面交易市场进行。有待解决的问题主要是：①集体养殖水面经营存在轮流坐庄的短期承包行为，不利于水产养殖业发展。② 承包主体在经营期间没有承担基础设施及环境、生态方面的责任。在承包经营体制下，池塘、湖库等水域的渔业基础设施欠账太多，急需加强养殖水域的基础设施建设，包括清淤、进排水、坝、埂等建设。③水产养殖的宏观条件有待改善。鄱阳湖水面不正常，对所有养殖水面都产生很大影响。

政策重点：一是要稳定完善养殖水面经营和流转制度。明晰产权，界定养殖水面产权并尽快上市交易。所有养殖水面凭养殖水面使用证进行经营，制定承包的最低年限，杜绝短期承包行为，明确在经营期间应负的基础设施及环境、生态方面的责任。集体养殖水面经营无论采取何种形式，都要召开村民会议或村民代表会议，经村民会议 2/3 以上成员或村民代表会议 2/3 以上代表同意，并依法完善或补签养殖水面承包（流转）合同，换发水面使用权证。二是政府规划协调，组织多方投入，改善水产养殖的宏观条件，建立鄱阳湖周边水面稳定机制。

（2005 年 10 月）

土地家庭经营+合作组织是主要发展趋势*

土地是农民、农业、农村安身立命、生存发展的根基，土地政策是党的农村政策的核心。当前的土地政策、制度，主要涉及三个领域：农业土地、流动就业农民工的土地、工业化城市化占用农地。

一、土地制度与农业家庭承包经营体制

土地政策是党的农村政策的核心。党的第一代领导人从我国的国情出发，在新民主主义革命时期指出中国革命的根本问题是农民问题，革命取得胜利，是靠赢得民心，特别是赢得占人口80%的农民的拥护，一个根本原因是反对封建土地制度，推进耕者有其田的符合农民利益、解放生产力的土地改革。在新的历史时期，党的第二领导人总结新中国成立以来的经验教训，尊重群众意愿，从农村取得改革的突破，开创建设中国特色社会主义事业的新局面，这个突破点也在土地问题上，就是实行农村集体土地的家庭承包经营，使农民家庭成为经营主体，享用土地占有、使用、收益和一定的处分权利。这就从微观层次奠定了发展商品经济、要素流动、推动市场经济发展的基础。

现阶段党的农村土地政策主要是三点：①长期稳定以家庭承包经营为基础、统分结合的双层经营体制。②赋予农民长期稳定的土地承包经营权。1983年提15年不变。1998年第二轮土地承包，提30年不变，并提倡增人不增地，减人不减地。这一年，江泽民同志在安徽凤阳县小岗村说，30年以后也没有必要变。③农民的土地承包经营权“依法、自愿、有偿”流转。稳定、完善农村土地制度，与稳定和

---

*本文是2006年7月30日在国务院发展研究中心党员学习会上所作报告的一部分。

完善农业家庭承包经营体制是密切联系的。

结合政策实施的情况、研究中的争议，有两个问题值得关注：

（一）坚持家庭承包经营制度长期不变，赋予农民长期稳定的土地承包经营权与发展现代农业的关系，也就是农业经营体制的走向问题

有的人认为农业实行家庭承包经营，仍是小规模经营、小农生产方式，只能解决农民的温饱，现在要发展现代农业，它不适应了，需要加以改变。前一段媒体说率先大包干到户的安徽凤阳小岗村要由包干到户重回到土地归到一起的集中经营。这引起持各种不同意见的人们的广泛关注，香港人专门就此去安徽访问省主要领导人，中央领导也很关注，2006 年 6 月中财办专门派调查组了解情况。实际情况是，从上面下到这个村担任党支部书记的领导人，在小岗这样一个中部农区的农村，发展面临重重困难，也确实曾一度产生对农业经营走向的迷惑。但农民是清醒的。农民不同意把自己的一部分承包地交出去集中经营，而是采用出租入股的方式，把自己 1000 多亩地中的 200 多亩地，出租给养殖企业，获得租金、参与分红，主要农地仍是家庭经营。

为什么农业要坚持家庭承包经营制度长期不变？

(1) 这是经过实践检验之后的选择。农村否定农业土地家庭经营、土地集中经营，基本始于 1955 年的高级社，到 1958 年又搞了人民公社，搞了 20 多年集中经营、集体劳动、评工记分、统一核算，劳动成果七扣八除，剩下的按工分分配。农民只是被派工干活，“种田的没有权，有权的不种田”，“干的不如站的”，“干好干坏一个样”，挫伤农民群众生产积极性，农业发展停滞不前。到改革前夕约 1/3 的农村人连温饱都没能解决（1978 年农村人口 7.9 亿，其中没有解决温饱的绝对贫困人口有 2.5 亿以上）。改革中否定土地集中经营、恢复家庭经营是经过实践检验之后的选择。

(2) 这是由农业生产的特点和自身的经济发展规律决定的。农业具有经济再生产与自然再生产结合的特点，它的劳动对象都是有生命的农作物和畜禽，要求生产者随时随地了解农作物和畜禽的实际生长情况，结合市场、气候、环境变化，及时作出生产决策。家庭自主灵活的经营比较适应农业生产的这些特点，又通过相对独立的家庭经营（家庭组织的经营和核算，排除外来成分对其劳动成果的瓜分；依靠家庭这一相互承担责任、自然分工协作的利益共同体，省去组织内部计量、监督的成本），把农业生产者的劳动责任、权利与劳动成果带来的利益直接结合起来，有

效调动农民的生产积极性。所以，家庭经营适应农业产业的特点，符合广大农民的意愿和基本国情，不能动摇。

(3) 承包土地是农民自己的权利，别人无权改变。

(4) 农业家庭经营是国际的通行做法。无论是农业发达的还是不发达的国家，绝大多数实行的也是家庭经营。就是美国、欧盟、日本等高度发达的现代化国家，农业也还是搞家庭农场。这说明家庭经营能够容纳不同水平的农业生产力，既适应传统农业，也适应现代农业，不存在生产力水平提高以后就要改变家庭经营的问题。

坚持家庭承包经营制度长期不变，赋予农民长期稳定的土地承包经营权，并不是说仅有家庭经营就够了，农业经营体制不需要完善、充实和发展。农户分散独立面对大市场，有它的局限性，既存在市场失灵，也存在政府失灵。如面对市场上的种子、化肥、农药等农资经销商，面对市场上的农产品收购大户、企业、商人，农户处于弱势地位（信息不对称、流通渠道实际是被他们操纵；一家一户的商品所占市场规模小、经济实力小，难以获得与企业、中间商平等谈判的地位，从而在市场上利益受损）。中间商对农产品低价购进、高价销售，居间盘剥。这个流通中的价格剪刀差仍存在，只是所得的不是政府，是中间商、加工商。政府对农民“一免三补贴”（免去烟叶特产税以外的农业税、种粮直补、良种补贴、购买农机补贴）的好处，被生产资料的涨价拿走。所以，农民对取消税费是高兴的，提高了收益，干部已没有理由、借口搜刮他们，找他们的麻烦。但高兴是有限的。而且在工业化时代，农民只是提供原料，获得低价原料的收入。一人一亩左右土地，一户 4~5 亩地，只有很少资金，农产品的投入比重加大，种一亩地粮食或棉花、油料，一年纯收入也就四五百元。农户即使搞养殖、林果、蔬菜等多种经营，而流通、加工的利益不属于农民，收入也很少。这种市场的失灵也不可能通过政府取代市场来解决。解决的办法，就是农户自我协作，通过自我组织的方式，变为较大规模的销售、购买，以群体的实力提高在市场的谈判地位。改变农民的弱小地位，就要土地家庭经营的农户，实行在流通、加工、技术、资金等领域的相互协作或合作，建立民办、民有、民管、民受益的农民合作经济组织，走向家庭自立经营与协作经营的结合，是历史的必然。

接受我国过去自上而下搞大一统的合作变集体变公社的教训（由于这种改变是行政取代农民主体地位的方式，导致形成农民失去权利、束缚农民的体制，行政控制经济，因此农民谈合色变），根据目前农民的实际需求，是要自下而上发展当地主要农产品的农民专业合作组织，在种养生产领域农民分户自主经营，在流通、加工、服务领域互助协作，逐步形成区域性的专业合作组织网络，对内服务小农户，对外提高市场竞争力。所以，出台农民专业合作组织法，是合适的。

应当清楚地认识到：这不是对家庭承包经营制的否定，而是农户在家庭自立经营的基础上，自己组织起来，对内为自己服务，对外提高自己的谈判地位，不让中间商随意欺压、剥削。这不是过去集体化、人民公社的恢复，过去一是没有家庭经营，内部吃大锅饭，平均主义；二是集体也没自主权，政社合一、行政控制。从1956~1978 年 20 多年的时间，宣告了人民公社的破产。这也不是唯一方式，还有公司+农户、批发市场+农户等其他形式，只有在多种经营形式相比较而存在、相竞争而发展的环境下，才能促进合作经济组织协调好内部利益关系，把公平和效率结合起来，形成有生命力的合作经济组织。

农民专业合作经济组织法已进入全国人大的立法程序。这是重大的制度创新、组织创新、经营体制的创新。但应当明确，不是政府搞，而是农民搞，农民是主体，它的发展是自下而上的经济发展、制度建设和农民在实践中学习的过程。政府、专家是帮。江西上饶的一个养猪专业合作社，就是听香港商人的介绍搞起来的。合作，中国历史上没传统，传统上农民是被动的，听政府的多，封建、计划经济都是如此。合作是和商品经济、和民主联系在一起的。帮助农民搞合作的人，就要和农民在一起。只有农民合作才能改变小农不利的经济地位、政治地位，避免工业化过程中的城乡分化、乡村分化。

家庭经营+合作，为新一代中央领导集体的历史贡献。第一代最重要的是铲除封建地主制，实行“土改”，第二代最重要的是家庭承包制，摆在新一代领导集体面前的，我们认为就是家庭经营+合作。

（二）稳定农村土地家庭承包经营和土地流转、发展规模经营的关系

稳定农户的土地承包权并不排斥土地流转。党的政策是在坚持家庭承包经营制度的前提下，允许土地承包经营权流转。土地承包权越稳定，产权越清晰，就越易于土地流转。关键一是要在土地流转过程中坚持“依法、自愿、有偿”的原则，保护好农民的合法权益。二是要有农村人口转移到非农产业和城镇去，才能把承包地转出来。

坚持家庭承包经营与发展规模经营并不矛盾。我国农户的经营规模小，不是实行家庭经营造成的，是由人多地少的基本国情决定的。我国有 13 亿人口，其中有9.4 亿农村人口，约 2.5 亿农户，除了东北三省、内蒙等地人均耕地较多，一般一

户只有五六亩左右的耕地。要扩大农户经营规模，就要转移农村、农业人口，减少农民，人转了，地才能转。应该看到，即使推进城镇化能够转移一半的农村劳动力，土地经营规模的扩大也有限，扩大一倍才平均一户十几亩地。农业的规模经营，除了通过农户土地流转促进个体经营规模的扩大，还有群体规模的扩大方式。即通过优势产业的区域化布局、专业化生产的发展，形成区域特色农产品的规模经营，像山东寿光的蔬菜、陕西的苹果等；或是分户经营，在产前、产后，通过合作组织、公司、批发市场，形成成规模的加工、流通、服务。也就是在坚持家庭承包经营制度的前提下，通过农民发展多种形式的联合与合作，发展农业产业化经营、社会化服务，提高农业的组织化程度，形成农业吸收资金、科技和现代管理的枢纽和载体能力，实现规模经营，发展现代农业。要在这方面着力。

发达地区要在土地流转促进个体经营规模的扩大，发展多种形式的联合与合作上多做探索。原因是就业转移的形势与不发达地区不同。

二、流动就业农民工的土地政策

在我国工业化和城镇化加速推进时期，大量农民在城乡双向流动，从农业、农村向非农产业和城镇转移，变为能在非农产业稳定就业、适应城市社会、具备生存发展能力的市民，是一个长期的过程，存在不同的去向和多种风险、障碍，即使能实现根本转移，也有一个从“脚踏两只船”的问题，到城里的那一脚踏实了，才从农村土地上退出，以免进退失据。农民工的风险也是我们国家社会转型中的风险。把土地承包权留给农民工，可转包、出租，让农民工有进退选择的余地。有些发展中国家之所以出现大量的城市贫民窟，就是因为许多农民失去了土地，没有了退路。土地承包权是有利于农民转移、保持社会稳定、建设和谐社会的一个基础。下一步要研究在城镇落户、农民变市民后，其土地承包权实行什么政策，在大中城市落户、获得城市社会保障和市民待遇的，应该不再保留、占有自身不可能再耕种的土地，应有退出机制，不是无偿而是有偿转让。就近转移到小城镇的，可以保留土地承包权。

三、工业化、城市化过程中征占用农地的政策

一个基本原则，就是中国人多地少，要实行世界上最严格的耕地保护制度。

根据这个原则，土地管理、征地制度改革有两个方面，一个是控制征地、非农建设用地的规模，保护耕地特别是基本农田，一个是保证农民的权益。

这两个方面的问题都很突出。

一是实行严格的土地利用总体规划，严格保护耕地，实行严格的土地征用管制，坚决守住基本农田保护的红线。我国耕地资源短缺，人增地减矛盾突出，目前人均耕地面积 1.4 亩，仅为世界平均水平的 40%左右，耕地资源紧缺已成为影响国家粮食安全和可持续发展的重大隐忧。近年来，由于工业化、城市化加快，占用了大量土地。“十五”期间，全国耕地面积净减少 9240 万亩，由 2000 年的 19.24 亿亩减至 2005 年的 18.31 亿亩，年均净减少耕地 1848 万亩。目前一些地方乱占、乱征土地问题突出，为了规避法律规定，频繁修改土地规划，实行先占后补、以罚代法、“以租代征”，变相圈占土地，规避土地审批和税费缴纳；还有些地方随意扩大生态退耕范围和绿色通道建设的宽度，违规占用基本农田。一些城市在发展过程中，不尊重农民的权益，为筹集城市建设资金违法乱圈地。这已成为农村财富流入城市的重要形式，成为新形势下的“工农剪刀差”。造成近几年来土地的城镇化超过人口的城市化，中西部一些地方出现没有工业化的城镇扩展。严格的土地征用管制，就要严格土地利用总体规划和征用政策、程序的管理，提高征地成本，实行土地征用中收支两条线，纳入财政预算，切断通过土地征用扩张第二财政和不规范使用的动因。切实加强耕地保护，确保基本农田总量不减少、质量不下降、用途不改变，并落实到地块和农户，坚决守住基本农田这条红线，严格执行“五不准”基本农田保护制度：不准除法律规定的国家重点建设项目之外的非农建设占用基本农田；不准以退耕还林为名，将平原（平坝）地区耕作条件良好的基本农田纳入退耕范围，违反土地利用总体规划随意减少基本农田面积；不准占用基本农田进行植树造林，发展林果业；不准以农业结构调整为名，在基本农田内进行严重破坏耕作层的生产经营活动；不准占用基本农田进行绿色通道和绿化隔离带建设。

二是在农地转变为工业服务业和城镇非农建设用地的过程中，推进土地征用制度改革，保证农民的权益。现在征地补偿标准低。许多地方征地给农民补偿少，安置不到位，是对农民财产的剥夺，导致数千万人成为种田无地、就业无岗、社保无份的“三无”农民、城市贫民，也严重影响社会稳定。农民出来捍卫自己的权益，很难解决，甚至被压制、打击。在全国农村群体性事件中，土地纠纷占到 65%，已成为当前农村社会矛盾冲突的焦点。

加快土地征用制度改革步伐。改革的基本方向是实行公益性和经营性建设用地分开，公益性用地由国家征用，经营性用地通过市场化解决。无论是经营性用地还是公益性用地，都要符合土地利用总体规划，坚持公开透明原则，规范征地程序，严把用地审批关和土地用途管制，根据科学的行业用地标准审批土地，因经济建设发展确需调整规划、计划的，必须按法定程序进行，严禁随意突破。同时，健全对失地农民的补偿机制，提高补偿标准，解决农民就业出路和社会保障。对于农民来说，土地被征走了，征地方面就必须解决好他们的生计问题，包括他们的就业和社会保障。对经营性用地，我们认为，应容许集体土地进入市场，同权同价，农民以土地承包权入股，出租土地，或盖标准厂房、服务设施出租，合作经营物业，分享工业化中的土地收益，长期受益，获得创业的条件和资本。

同时，在新农村建设中，要依据土地利用总体规划和村镇建设规划，立足现有基础进行房屋和基础设施改造，充分利用村内空闲地、闲置宅基地等存量建设用地，尽量不占或少占耕地。贯彻“一户一宅”的法律规定，正确引导农民在居住条件改善的同时，节约使用土地，切实保护耕地。妥善解决好农村用地中的各种纠纷和矛盾，确实保障农民利益，维护农村社会稳定。

（2006年7月）

城镇·企业·市场篇

做好集镇工作重心转移的一件大事*

——关于组织待业人员发展集镇工业和其他生产服务业的调查

近几年来，滁县地区一些城镇大力兴办集体所有制的街道工厂、小农场和各种服务事业，广开门路，把越来越多的城镇待业青年、职工家属等闲散劳力组织在生产中，从而使集镇工作重心转移到生产建设上来，出现了安定团结、蓬勃发展的新气象。

实践证明，大力兴办城镇街道工厂、农场和服务事业，对于发展生产和解决人民群众生活都起到了很大作用。

一、解决了城镇待业青年、职工家属等闲散劳动力的工作问题，促进了安定团结

1970年以前，天长县城关镇、全椒县襄河镇共有待业青年和闲散劳力2650多人，大多数流散在社会上，生活很不安定，有的人因没有工作在吃闲饭，生活困难。这些问题直接影响了社会治安和安定团结。1970年以来，这两个镇逐步办起43个小工厂、小农场和生产服务组、社，共安排1534人，另外安排计划内临时工627人，并正在把其他470多个闲散劳力组织起来，从事各种生产和服务事业。过去少数待业青年思想消沉，精神颓废，不务正业，到镇办企业后，在组织的教育下，思想觉悟有了明显提高，不少人成为“想的是集体，干的是社会主义”的好青年；过去盲、聋、哑、残等人员，无事可做，全靠别人养活，现在成了生产建设中的有用之人，仅全椒县襄河镇就安置盲、聋、哑、残人员36人。少数劳改释放人员也得到了适当安置。基本上做到了人人有工作、生活有着落。

---

*本文为1979年5月安徽省委工作会议参阅文件，6月16日由安徽日报以《积极组织待业人员就业好处多》为题发表，并配发评论员文章《千方百计广开就业门路》。

二、为工农业生产和人民生活需要提供了大量产品，增加了国家和集体的财富

滁县乌衣镇、天长县城关镇、全椒县襄河镇，1970 年以前基本上没有镇办工业，现在已经办起了多种从事制造、加工、修配、建筑、运输的厂队，可以生产农机配件、机电设备、化工产品、建筑材料、针棉织品、麻袋、草席等几十种产品，不仅满足了本县城乡需要，有的还远销省内外。1978 年这 3 个镇共完成产值 488 万元。从 1970 年到 1978 年，全椒县襄河镇和天长县城关镇共向国家上缴税收 190 多万元。一些街道还办起了日用品修配、加工、缝纫、“三代店”等行业，为城镇居民和职工生活服务，逐步为家务劳动社会化创造条件。三镇镇办工业从无到有，从小到大，现在已初具规模，拥有厂房 430 多间，面积 10400 平方米，各种机械设备 340 多台，固定资产、流动资金达 290 多万元。天长县城关镇街道工厂还因地制宜办了农场，几年来共生产粮食 269.6 万多斤，养牛 30 头，养殖家禽 6600 多只，养鱼 15 万多尾，植树 7.2 万多株。

三、职工收入增加，生活逐步改善

嘉山县明光镇纱制厂共安排 117 名待业青年和职工家属，平均月工资二十四元六角七分。厂里还举办了一些医疗、卫生等集体福利事业。全椒县襄河镇由于闲散人员得到安排，生活有了保障，过去每年要拿出 4 万多元作为社会救济，现在一年只需 4000 多元。此外，镇办工厂还为社会主义建设输送了人才。嘉山县明光镇纱制厂有 20 多个留城知识青年，在厂里学会了挡车和保全工技术，转到新的工作岗位很受欢迎。

情况表明，在集镇兴办集体所有制的街道工厂和其他生产服务事业，顺应了广大集镇待业人员、职工家属等参加经济建设的愿望，使集镇工作重点由过去的忙救济、忙民事纠纷，转移到组织生产建设上来，用组织生产和就业的办法把闲散劳力安定下来，发展了镇办工业，支援了农业，增加了国家、集体和个人收入，提高了群众物质文化生活水平。

滁县地区这几个城镇在组织待业青年、闲散劳力发展工业和其他生产服务事业的实践中，初步积累了一些经验，主要是：

（一）因人制宜，统一安排

许多城镇党委在安排城镇待业人员就业时，根据不同情况，合理安排工作。全椒县襄河镇党委设立了镇办工业办公室，社会劳动力管理组，对全镇待业人员、闲散劳力进行详细调查登记，把按政策批准留城或病退回城的知识青年，有劳动能力的城镇居民和吃商品粮职工家属，逐步组织起来，兴办集体生产服务事业。天长县城关镇党委在对闲散劳力全面调查的基础上，将一些青年人安排到机电工厂，将年老的组织起来为土产公司代销水果。另外，还组成缝纫社、编织组等，一些年老体弱的人分散在家里编织草帘子，用各种形式组织生产劳动。

（二）自力更生，勤俭创业

开始组织待业人员兴办集体生产服务事业，一般都遇到了无资金、无厂房、无设备、无技术力量的困难。他们采取了三种办法：一种是自力更生，土法上马。如滁县乌衣镇麻袋厂建厂时只有 10 个妇女，她们把过去私人织布的木机改成织包机，把纺线车改成纺麻机，在三间破草房里创业。厂越办越大，现在已发展到 170 个职工，由四部木机发展到五台电动织包机，手工劳动变为半机械化生产，麻袋日产量由 10 条上升到 300 条。第二种是像全椒县襄河镇那样，先把个体手工业者组织起来，如将木瓦工组织成房屋维修队，把一些敲白铁的、修自行车的组织成修配组，然后再扩大生产，逐步安排其他待业人员。第三种是由国营事业单位给予一定支付，先打下一定的基础。如加山县百货公司支持明光镇办起纱制厂，除派两名职工加强领导外，开始还借给资金，增添设备，坚持穷办苦干，创家立业。这样，在有了一定基础后，再采取"母鸡下蛋"的办法，一厂变多厂，由小到大，由少到多，由土到洋，逐步发展。

（三）坚持"三就四为"方针，使镇办工厂的产、供、销逐步纳入国家计划轨道

有的是就地取材，搞农副产品加工。有的是和大厂挂钩，甘当配角办起来的。如全椒县襄河镇修配厂，为县柴油机厂加工零部件，塑料厂利用本县收购的废旧塑料，为县化肥厂加工化肥袋等。有的大搞缺门短线产品，促进城镇工业发展。天长县城关镇机电厂原来是一个生产砂轮、油石、广播喇叭的小厂，后来，他们对省内机电产品进行摸底，发现机床接线板是省内的短线产品，便积极进行试制，经有关部门鉴定，产品质量符合国家标准，使产、供、销纳入了省内计划。从 1973 年起，他们又先后使十几种电器胶木制品，自耦减压起动箱、751 型两吨电瓶车等产品纳

入了国家计划，成为国家的定型产品。

（四）组织技术攻关，加强经营管理

在街道工厂中，原来职工文化水平不高，许多青年妇女不识字，技术力量比较薄弱，操作机器设备有困难，遇到技术难关更不好解决。针对这种情况，一些集镇党委和工厂，从抓职工学文化、学技术做起。天长县城关镇共有16个厂、社、组，现在已有文化教员20人，他们按照职工的文化程度，分成初识、初小、高小、初中9个班，组织职工学习。原来有400名职工不识字，现在有一半以上的人能阅读书报，同时组织技术传授。这个镇的机电厂机械工一般都达到了二级工的水平，有的达到了三级工水平。几年来，这个厂进行了80多项工艺改革，试制成功了一些车床和液压机、冲电机等20多台设备。许多街道工厂还参照国营企业的经营管理制度，结合自己的特点，建立了班组生产岗位责任制和劳动管理、财务管理、物资管理、质量检验、劳动纪律、物质奖惩等方面的规章制度。全椒县襄河镇党委领导镇办企业三次修订财务管理办法，并且每年都组织两次财务管理检查，把各厂财会人员组织起来，对各单位财务账目进行互审，交流经验，堵塞漏洞。由于财务管理经常化、制度化，近几年没有发现贪污现象，镇上也没有平调过每个小单位一分钱，工人们放心。

（五）搞好班子建设，加强思想政治工作

一些城镇党委十分重视街道工厂，农场和社、组的领导班子建设倾听群众意见，认真选、配或由职工民主选举领导骨干。通过组织学政治、学文化、学技术，克服仅为个人吃饭干活的狭隘思想，使他们把自己的劳动与社会主义现代化建设密切联系起来。一些工厂还在发展生产的基础上兴办了集体福利事业，办了托儿所，办了免费食堂，为工人蒸饭、烧水。配备了医务人员，既解决了职工的实际生活问题，又培养了工人以厂为家的集体主义思想。

（1979年5月）

试论城镇集体所有制企业的自负盈亏*

去年以来，我们滁县地区陆续将二轻系统 72 个合作工厂由统负盈亏改为自负盈亏，从而使集体企业的潜力发挥了出来，企业管理得到了改善，生产获得了迅速发展。认真研究一下这个问题，从理论上搞清楚集体企业自负盈亏的必要性，有着重要的现实意义。

一、自负盈亏维护了集体经济的性质，适应了解放生产力的客观要求

我国的城镇集体所有制企业是在 50 年代三大改造中由个体手工业组织起来和发展起来的。这类集体企业虽经多次“上收”、“下马”、“合并”、“过渡”等曲折的历程，但仍有所发展。它在人民的生产、生活、出口换汇等方面起着重要的作用。这说明集体所有制企业是适合我国生产力发展水平的。我国的实际情况是人口多，底子薄，社会生产力比较低，商品经济很不发达，除了大城市的大工业和交通运输业中机械化水平比较高，经济技术基础比较先进以外，那些与农村比较接近的城镇的许多行业，生产的社会化程度还相当低，手工劳动和半机械化操作还占相当大的比重。就以我们滁县地区二轻系统来说，目前在职工总数中，从事机械化操作的占 25%，从事半机械化操作的占 14%，从事手工劳动的占 51%，即使实现了机械化的行业，也还是初级阶段的，水平是很低的。广大城镇生产力发展的水平决定了城镇集体所有制企业长期存在的客观必然性。在我国现阶段的生产力水平下，城镇集体所有制企业能够利用当地分散的自然资源和众多的城镇劳动力，容纳手工劳动、半机械化、机械化等不同水平的生产力，有利于因地制宜地发展商品生产，促

*本文与陆子修、孙贺轩共同调查研究，发表于《江淮论坛》，1980 年第 5 期。

进商品流通。随着生产力的发展，它将从现有的基础上逐步地实现由手工劳动到机械化的过渡，由小生产到社会化大生产的过渡。我们只有如实地承认我国现阶段生产力的状况，真正认清城镇集体所有制经济长期存在的客观必然性及其发展的必然趋势，才能懂得城镇集体企业实行自负盈亏的现实意义。

在社会主义商品生产中，不论国营企业还是集体企业，都应是相对独立的商品生产者，都需要在经营上自负盈亏。但城镇集体所有制企业的生产资料归本企业全体成员所有，它是劳动者和生产资料直接结合的一种很好的经济形式。而自负盈亏是这种经济形式一个不可缺少的经营原则，是它的优越性的重要表现，它体现着集体企业的权力、利益和责任，它把企业经营效果和企业的经济利益、劳动者的个人利益结合起来；从而有利于调动企业内在的经济动力，保证集体企业生产的不断发展和生产力水平的不断提高，促进集体经济的巩固和发展。如果否定自负盈亏，势必否定了集体所有制。这不但影响集体企业优越性的发挥，而且会导致集体所有制经济的部分质变，进而使之名存实亡。过去我们对城镇集体所有制经济长期存在的必然性，对于自负盈亏与集体所有制经济的必然联系缺乏认识，在“左”倾思潮的影响下，片面强调 “一大二公”。特别是在“文化大革命”中，由于“三自一包”包括自负盈亏被扣上了“复辟资本主义”的罪名，大大加快了“升级”“过渡”的步伐，加快了自负盈亏向统负盈亏的变革，使城镇集体经济遭受严重挫折。这就从反面促使我们懂得了自负盈亏的好处和统负盈亏的弊病。统负盈亏统收统支，集体企业收多收少都上缴，亏损再多也统一负担，抽肥补瘦，穷企业共了富企业的产，好的企业经济上吃亏，鼓不起劲来，差的企业也躺在“大集体”上，不愁捞不到补贴，发不出工资。这种人为的自上而下用行政手段所进行的变革，根本不是集体所有制经济容纳不了高度社会化的生产力水平而要求进行生产关系的变革，也不是群众自下而上的自觉自愿的行动，它违背了城镇集体所有制经济的性质，导致了平均主义。这种超越生产力水平的“升级”“过渡”，结果是挫伤了企业和群众的积极性，阻碍了生产力的发展，降低了经济效果。据滁县二轻局统计，1978 年全系统统负盈亏的合作工厂的固定资金，平均利润率只有自负盈亏工厂的 1/3。嘉山县二轻系统，1956 年都是自负盈亏企业，全系统平均每百元固定资产创造的利润是 150 元。后来其中一些大的企业都搞了统负盈亏，到 1978 年每百元固定资产创造的利润下降到 30 元，只相当于原来的 1/5。统负盈亏暴露出“大集体”、“吃大锅饭”、“端铁饭碗”的弊病，实践向我们提出了改掉它的必要性。

从统负盈亏到自负盈亏，不仅仅是经济核算形式的改变，它是对社会主义集体所有制经济性质的恢复和尊重。自负盈亏本身就是集体所有制的一个不可分割的方面。因此，改统负盈亏为自负盈亏实质上就是使生产关系适合生产力性质的一种调整，是按经济规律办事的表现。这样才能加强企业的经济责任感，调动企业和职工的积极性，使集体企业内部的潜力得到比较充分的发挥，促进生产的发展，更好地满足人民群众日益增长的物质文化生活的需要。

从我们滁县地区的实际情况来看，集体企业改统负盈亏为自负盈亏以后，的确是解放了生产力，出现了蓬勃发展的新局面。滁县二轻系统去年 1 月从扩大企业自主权入手，将 15 个合作工厂由统负盈亏改为自负盈亏，把企业实现计划利润的 50%，超计划利润的 84%和固定资产折旧的 50%留给企业，结果企业和职工的积极性大大提高，经济效果十分显著，这 15 个合作工厂 1979 年与 1978 年相比，工业总产值增长 26.3%，税后利润增长 66.4%，大大超过了当时还在实行统负盈亏的集体企业。这种生产力大解放的生动事实，有力地吸引着同类企业。从今年 1 月开始，全区所有合作工厂都实行自负盈亏，将税后利润的 90%留给企业。因而带来了全区二轻系统生产面貌的大变化。今年 1~5 月与去年同期相比，工业总产值增长 37%，销售收入增长 36.7%，利润增长 38.9%，交纳工商税增长 33.4%。自负盈亏能够推动生产大发展，已经成为无可争辩的事实。

二、自负盈亏使集体企业扩大了自主权，发挥了主动性

集体企业由统负盈亏改为自负盈亏，之所以会出现那么大的变化，一个重要原因就是扩大了企业的自主权，使得企业能够放开手脚发展生产，把经济进一步搞活了。

社会主义生产目的，是为了满足人民群众不断增长的物质文化生活需要。这个需要又应是品种繁多、丰富多彩和不断变化的。城镇集体企业的特点是小型多样，适应性强，大部分是人民生活需要的日用轻工产品。过去，在经济的工作中统得过死，这决不是尊重它的这个特点，而只会扼杀它的长处。放宽政策，实质上就是从旧的框框中解放出来，只有实行正确的政策，使集体企业拥有必不可少的自主权，才能调动集体企业的积极性和创造性，赋予新的活力。而城镇集体企业的自主权又与是否实行自负盈亏有着密切的联系。对集体企业实行自负盈亏，让企业拥有财权，才能使企业在生产、流通、分配上获得真正的自主权。过去对一些集体企业实行统负盈亏，统收统支，一切财权都集中到主管局，企业只能按主管局的指示进行

生产。企业在扩大再生产以至于简单再生产和交换、分配等方面，如添置设备，革新改造，基本建设，甚至修修补补，办一个钱的事都要层层报批，使企业变成了主管局的附属物，那还谈得上什么自主权。同时，由于赢利都上缴了，使企业缺乏内在动力，许多该办的事无权、无力去办，手脚被捆绑得死死的，结果是产需脱节，浪费严重，问题老是解决不了。自从由统负盈亏改为自负盈亏以后，情况就显著地不同了。由于税后利润绝大部分留在企业，企业有了财权，在计划、生产、销售、管理方面的自主权也相应得到了保障。这不仅大大调动了企业的积极性和主动性，而且使得它们既有权又有钱去解决最急需解决的问题了。因而集体经济就理所当然地出现了生动活泼的局面。

在生产上，由于企业实行自负盈亏，掌握了一定资金，就使得他们能够在国家计划的指导下，充分利用市场调节的作用，安排自己生产和经营的项目。同时，由于实行自负盈亏，也使大家懂得了要使企业本身能够得到发展，必须依靠自己的努力，提高劳动生产率，厉行节约，增加赢利，这就迫使企业除了生产计划内的产品以外，还要走向市场，根据社会需要，运用自己的劳力、资金和设备，组织新的产品的生产，或者对适销对路的产品扩大生产，提高质量，降低成本；增强竞争能力；对于不适销对路的产品则及时转产，狠抓新产品的试制和老产品的升级代换。这就是说，实行自负盈亏之后，企业的自主权不只是表现在企业内部，而且以主人翁的姿态走上了市场，把生产和流通紧密结合起来。过去不少企业被捆绑着手脚，“吃大锅饭”，因而搞得很被动，甚至走下坡路，现在手脚松开了，同时没有大锅饭好吃了，工作也由被动变为主动了。如天长县轻工机械厂，过去生产龙门刨、滚齿机，由于缺少销路，去年生产下降，今年年初实行自负盈亏以后，全厂干部和职工都紧张起来。他们派出人员，了解行情，确定改产为鞋厂使用的圆盘注塑机。他们从外地一家准备试产同一项目的工厂搞到图纸，群策群力，很快试制投产；走到了外地那家工厂的前面，销路很好。今年1~5月与去年同期相比，产值由19.2万元增长到33.7万元，增长7 3%，纯利润由1.15万元增长到2.23万元，增长93%。又如，全椒县轻工机具厂，今年为适应建筑材料业的发展，开始生产砖瓦机，也改变了过去吃不饱的状况，今年1~5月与去年同期相比，产值增长3倍，销售收入增长2倍，利润增长2.4倍，并与13个省市有关单位签订了销售合同，明年销的销售合同也已订好一部分。

在流通上，由于实行自负盈亏，更使他们可以运用自己的财力，在采购原料和添置设备方面，更好地发挥企业的积极性和主动性，从而促进了生产的发展。如滁县胶鞋厂，1977年购置了一台价值3万多元的挤出机，但因水塔压力不够不能使用。改造水塔只需5000元，过去由于统负盈亏，上面一直不给这项拨款，企业无法进行修建，使3万多元的设备一直不能发挥作用。去年实行自负盈亏，企业在年底自留资金中拿出5000元，在今年年初改造了水塔，很快使闲置3年的挤出机投入了生产。为了保证原料供应，许多工厂不是坐在家里等米下锅，而是积极地去找米下锅，以弥补计划供应的原材料的不足。滁县皮革厂去年计划供应的面皮只占需用量的1.5%，企业负责人亲自到东北、内蒙等地自行采购面皮55000多平方尺(6111多平方米)。在全年实现的47万元产值中，市场采购的原料就占74.6%。

实行自负盈亏，还使企业积极适应市场需要，推销自己的产品，使产需直接见面，这不仅促进企业改善了产品质量，也促进企业改善了与用户的关系，使企业认识到：产品质量的优劣以及对用户服务态度的好坏，是企业能不能站住脚的前提。如滁县低压电器厂，过去产品统交商业部门经销，推出门就了事。现在为了打开销路，使用户满意，他们成立了技术服务部，产品质量不合格的包退包换。去年他们收到北京一位用户的来信，反映产品质量问题，他们就立即回信，请用户把产品寄回，迅速检修好寄给用户，并去信辅导使用方法，用户非常感动。这样一来，根本改变了过去企业生产吊在空中，与用户脱节的状况，使企业生产真正建立在群众需要的基础上，更好地体现了社会主义基本经济规律的要求。

三、自负盈亏使国家、集体、个人三者利益紧密结合，调动了职工的积极性

集体所有制企业的主要长处，就是在本集体范围内实现了劳动者和生产资料的直接结合，使劳动者的切身利益与企业的经营效果紧密相连。除上缴国家税收外，企业的积累、职工福利和劳动者的个人收入都取决于企业的经营效果。过去对集体企业实行统负盈亏，使企业的利益、劳动者个人的物质利益都与企业的经营效果脱节。企业赢利都上缴，亏损可以坐享补贴，这就挫伤了企业和职工的积极性和责任心。改为自负盈亏以后，如果企业增产增收，就会使上缴国家税收增多，企业留的也多，职工福利和个人收入也增多，这就体现了按劳分配的原则，多劳多得。如果企业经营不好，三者利益都要受影响，企业经营亏本，职工的工资收入还要下降，这样就把国家、集体、个人三者利益结合起来，并且克服了企业和企业之间，劳动者相互之间的平均主义，促使广大职工从切身利益上关心企业的经营效果，职工的

精神面貌也发生了很大的变化，由把企业只看作“国家”的、“上头”的，进而认识到是属于他们自己的，大大提高了当家做主人的自觉性。

自负盈亏调动职工的积极性和主动性的突出表现，就是职工对生产普遍增强了责任心，他们积极革新技术，挖掘潜力，这就使生产的发展有了坚实的群众基础。去年滁县二轻系统的合作工厂实行自负盈亏以后，把10%左右的税后利润留成资金，用超计划产利润奖、基本工资加奖励、定额超产奖和年底劳动分红等形式发给职工，这就提高了职工的生产积极性，除3个处于转产等原因的厂以外，都实现了增产增收增贡献。15个工厂加在一起，向国家缴纳税金增长62.5%，企业积累增加14.6万元，职工全年平均收入增加50元。实践还说明，企业经营效果与职工利益结合得愈紧密、愈合理，生产效果愈好。滁县胶鞋厂，去年1~5月没有对职工实行经济奖惩，结果比计划欠产一半；6~8月实行评奖，生产好转，与1~5月相比，平均月产量增长46%，9~12月进一步改进评奖办法，实行定额超产记分的计奖法，平均月产量是1~5月份的2.2倍。实现利润等于前8个月利润总和的1.6倍。这个厂去年税后利润留成资金7万元。他们将利润留成的60%用于扩大再生产，30%用于职工福利，10%用于劳动分红。今年用福利基金盖了两间托儿所，八间宿舍，三间食堂。群众说，实行自负盈亏是“生产上升、国家增收，企业受益，职工多得”。

广大职工从切身利益上关心企业的经营，主动设法提高劳动生产率，自觉力争以最小的劳动消耗取得最大的经济效果，这也是改善企业经营管理的根本前提。利润是经济效果的综合表现。企业在生产过程中产量高低、质量优劣、消耗多少，在流通领域中资金周转快慢，都会在利润率上得到反映。企业实行自负盈亏以后，企业与职工的物质利益都与企业的利润相联系，因而企业管理就成为全企业每个人都关心的事。过去企业管理靠少数人，喊了多少年的讲究核算，在相当多的企业得不到落实。现在在大家自觉关心的基础上，规章制度不断完善，而且能认真执行，因而企业的管理水平显著提高。许多工厂都建立了分级核算制度，并把经济核算和定额包干、实行奖惩结合起来。嘉山县服装厂有四个门市部，工艺美术厂有七个门市部，还有蚊香厂的丝线车间，去年都亏损，今年实行利润包干合同制以后，全部扭亏为盈。

实行自负盈亏以后，还促使干部改进了作风，加强了民主管理。全区20多个合作工厂先后进行了民主选举，把一批群众信得过，熟悉生产管理的干部、技术人员和工人选到领导岗位上来，为有抱负、有才能的人提供了活动天地。那些经过群众选举的干部都有一定的专业知识和技术，年轻力壮，事业心强，具有指挥和组织生产的能力，对促进生产起了重要作用。不少干部过去不问经济核算，现在学生产、学技术也学核算、学管理，很多干部跟班劳动，大大改进了干部和群众的关系，生产面貌也得到很大的变化。如来安棉纺厂以前对企业管理不重视，没有专人抓经济核算，去年产品质量下降，物资积压。今年实行自负盈亏以后，建立了考勤、生产定额、质量检验等制度，开展班组核算，领导跟班下车间，今年1~5月与去年同期相比，产量增长1.78倍，销货额增长0.68倍，利润增长3倍多，全员劳动生产率提高1倍以上。

四、积极解决自负盈亏后出现的新问题

集体企业由统负盈亏改为自负盈亏，是城镇集体企业管理体制上的一项重大改革，必然会出现新的情况和问题，需要认真对待，积极解决。

首先，在思想上要增强实行自负盈亏的坚定性，同时也要实事求是地解决工作中出现的问题。不要只看到实行自负盈亏把各方面的积极性调动起来了，生产发展了，就对出现的问题掉以轻心。有的企业可能会出现一些困难，个别企业甚至会有亏损，对于这样一些问题要深入调查研究，具体分析，弄清症结所在，有针对性地帮助他们解决问题。对于有的同志认为实行自负盈亏是把大集体拆成小集体，会出现“穷的穷、富的富”等一类认识问题，要引导他们从实行自负盈亏促进生产发展的实践中，逐步弄清自负盈亏的必要性。

其次，在生产经营上要研究适合自负盈亏的新办法，在企业内部要搞好科学管理，加强经济核算。从同行业来说，由于集体企业实行自负盈亏以后，不能再像过去那样把大部分税后利润集中于主管局，用于发展新项目，扶植亏损企业了，这就要学会通过合资经营、银行贷款等办法来解决，过去用平调办法虽然也能够办一些新项目，扶植一些亏损企业，但这不是一条符合经济规律的路子，因为它打击了大部分企业的积极性，这是不利于集体企业的成长壮大的。

第三，要注意了解情况，处理好各方面的经济关系。特别是对税后利润的留成，要有一个大体的规定，滁县地区规定税后利润的90%留给企业。企业留成部分，也要按照大部分用于扩大再生产，一部分用于集体福利和奖金分红的原则，确定适当的比例。当然根据不同企业的不同情况，也要有一定的灵活性。除此而外，还应处理好过去统负盈亏时遗留的问题，例如过去采取“母鸡下蛋”的办法，一厂分多厂，实行自负盈亏以后，退休工人大部分还留在老厂，老厂负担加重，这就需

要合理负担，类似这样一些问题都要妥善处理。

第四，要注意克服集体所有制企业的短处，及时解决出现的偏向。由于集体所有制企业是在小范围内的公有化，往往容易产生忽视社会整体利益的倾向，这就需要我们加强思想政治工作，加强计划指导，使集体企业的经济活动同国民经济各部门协调起来，引导集体企业扬长避短，减少盲目性，走上健康发展的轨道。城镇集体所有制经济是社会主义经济的一个重要组成部分，对发展工业，支援农业，扩大就业门路，发展劳动密集型产品，繁荣市场，满足人民物质文化生活需要，积累资金，换取外汇，都有着重要的作用。集体企业实行自负盈亏以后，由于调动了各方面的积极性，这些作用就更加能够充分显示出来。现在的问题是要加强领导，搞好管理，使集体企业在四化建设中发挥出更大的作用。

(1980 年 5 月)

面向农村，放宽政策，搞活经济，把小城镇建设好*

——关于凤阳县临淮镇的调查

临淮镇是个历史悠久的古老城镇，北临淮河，南靠津浦铁路，是皖东水陆交通要道，是凤阳县商业活动中心和周围数县的物资集散地。

据记载，这里春秋时期是钟离子国。以后相继在这里建府、建州、建郡、建县、建关，清乾隆十九年即1754年改为临淮镇，划归凤阳管辖。1949年新中国成立后，划为临淮市。后改为凤临区，辖九乡三镇。1951年改为临淮市区。1956年撤市区建镇。

目前全镇总面积为4.44平方公里，镇区单位177个，其中省和外地3个，县直44个，镇直123个，街道企业7个。共有人口19277人，其中街区人口15327人，水上人口2358人，农业、蔬菜人口1592人，是凤阳县以工业、商业和交通运输业为主的最大的城镇。

临淮镇32年来有发展，但波折大。三中全会以后凤阳农村发生了巨大变化，需要也正在促进临淮镇的建设走出新的路子。

一、32年的曲折说明了什么

新中国成立32年来，临淮镇有兴旺发达，也有萧条冷落。它的兴衰进退，与党对农村经济和城镇经济的基本政策密切相关。为了便于分析问题，我们把32年分为三年恢复时期、社会主义改造时期、城镇公社化和三年暂时困难时期、国民经济调整时期、“文化大革命”时期和三中全会以后这样几个历史时期。

---

*临淮镇是当时滁县地区调查的15个小城镇之一。本文与凤阳县委政策研究室吴庭美、李怀志共同调查和起草。刊载于安徽省委农工部《安徽农村》，1982年第7期。

三年恢复时期，即 1949~1952 年，在党的保护、发展工商业的政策指导下，临淮镇的商业、手工业摆脱了新中国成立前夕凋敝萧条景况，得到了迅速的恢复。到 1952 年底，从事商业的有 1012 户，从事手工业的有 253 户。其中有布店二三十家，布摊七八十个。百货店 20 多家，杂货店四五十家，中西药店 9 家，饭店 49 家，饭铺 200 多家，有粮行、盐行、鱼行、草行、牲畜行、石灰行 100 多个，有旅店、客栈、浴池、理发、照相八九十家。网点多，店铺小，各有经营特色。手工业以农副产品加工为主，有篾匠、丝匠铺、木匠铺、铁匠铺、银匠铺百十户，有油坊、磨坊、糟坊、糖坊、染坊、豆腐坊一百几十家，酱园 6 家。东大街至马滩之间，行、店、铺、坊，鳞次栉比，星罗棋布。据棉布、杂货、京广、山铁、百货等 8 个商业行业统计，1949 年共有 377 家，资金 6.6 万元。到 1951 年底发展到 406 家，资金达到 14.8 万元。同时建立了一些国营商业、粮油加工厂、集体运输组织及供销社等社会主义企业。

社会主义改造时期，即 1953~1956 年。临淮镇的社会主义改造是从 1953 年开始的。具体内容是：进行党的过渡时期总路线的宣传教育；大力发展国营经济，积极扶植合作社；在批零差价方面、税收方面，对私营工商业和个体户进行了限制。在一些行业中组织经销代销，加工订货。1956 年，凤阳农村普遍成立了高级社。在城镇也掀起了公私合营和合作化的高潮。经过十几天的学习、讨论、申请，临淮镇在 2 月 4 日一夜之内，把棉布、牲畜、酱园、药材、竹木、浴池 6 个行业过渡为公私合营；把其他 14 个商业行业 380 多家，也组成了 9 个合作中心商店、3 个合作小组和 1 个农民服务部；个体手工业也在 1954 年组织竹器社和铁业组的基础上，发展为 6 个生产合作社。这个时期，从总体上看，成功地进行了对生产资料私有制的社会主义改造，经济也有所发展，成绩是主要的。但是也有缺点，一是在限制改造过程中，没有从小城镇实际出发。当时在临淮镇 1000 多家私营和个体工商业户中，小户多，大户少，资金 5000 元以上的只有 3 户，1 万元以上的只有 1 户，其他手工业作坊每户平均资金只有 150 多元，商业户均不到 400 元，摊贩户均只有 20 多元。由于没有把大中城市和小城镇、资本家与小商小贩、个体手工业者区别开来，利用不足、限制有余，对后者也限制到仅能维持生活的程度，使临淮镇工商界曾一度出现混乱现象，抽资拆股，扩大开支，疏散资金，停业、闭业、转业现象时起时伏。在总路线公布后的头几个月时间里，商业方面闭业 15 户，停业 27 户，转业 24 户；手工业闭业 16 户，转业 7 户。二是改造过急。没有把对私有制的改造与保留合理的经营形式结合起来。集中过多，分散不够，核算单位过大，网点有所减少。据商业服务业14个行业统计，社会主义改造后，经营网点由原来的273个减少到110个。开始失去小城镇企业“多、密、小”的特点，形成“大、稀、少”的局面，给经营管理留下了一些缺陷，给生产和人民生活带来许多不便。

城镇公社化和三年困难时期，即1958~1961年。经过1957年的反右派斗争，1958年凤阳农村普遍实行人民公社化。在临淮镇，在社会主义改造中遗留的问题还没有得到解决的情况下，又实行了全盘“国营化”，大搞工业化。商业上改变了国营、集体、供销社多家经营的局面，全镇的商业、饮食服务业合并成供销、服务、贸易3个部。酱醋、浴池等6个公私合营的企业也过渡为国营，手工业的6个厂、社，全部由集体上升为全民。同时把1956年剩下为数不多的个体户也按行业纳入地方国营。由于农村公社化、食堂化、军事化，城镇国营化，集市贸易一度自然消失。在“全民办工业”的日子里，提出要钢铁元帅升帐、坐镇。不但从本地和外地抽调了三四万人，在临淮一带搞劳民伤财的炼焦炼铁，而且不顾实际地办厂、并厂。当时临淮镇一下子兴办了凤阳炼铁厂、通用机械厂、锅厂、轻工机械厂，同时扩大老厂、合并小厂，有些厂是东拼西凑办起来的，如国营纺织厂，是把生产上毫无联系的罗底合线社、牙刷厂、毛巾厂、袜厂等四个小厂，硬凑合为一个近500人的大厂，分在四处，相距三四里。这种求大求公的过渡和急于求成的冒进，滋长了平调，出现了大锅饭，表面上轰轰烈烈，实际上经济效果很差。据1959年通用机械厂统计，有276人，工业产值56.8万元，亏损5.5万元。这个时期，凤阳农村开始出现饿、病、逃、荒、死，城镇商品短缺，供应紧张，从1959~1961年整个临淮镇出现了历史上空前的萧条。

国民经济调整时期，即1962~1965年。1962年党对国民经济实行“调整、巩固、充实、提高”的方针。在临淮镇，商业上首先是把国营商业和供销社分开。恢复集体经济，并对集体商业划小划细，回到1956年合作商店的规模，退回1958年上升过渡的部分个体户，并且开放了集市贸易。在手工业方面，由国营退回集体。1958年仓促上马的四个国营工厂下马的下马，合并的合并，仅剩下一个只有50人的综合农具厂（现在的农机一厂）。在整个调整时期，由于缩短工业战线，调整生产关系，划小核算单位，实行自负盈亏，加之农村经济好转，临淮镇的工商业逐步得到恢复和发展。到1965年，工业产值达到184.7万元，比1956年24万元增加6.7倍；商品零售额达到300万元，比1956年增长50%以上。

“文化大革命”时期，即1966~1976年。这个时期主要是极左政策和“左”的思想对城镇经济冲击很大。在商业、饮食服务业中，由于乱批修正主义，“铲除修正主义温床”，搞什么“自我服务”、“相互服务”、“不为修正主义服务”，把一些规章制度、经营特点批掉了；使花色品种、服务项目减少了，服务质量大为下降。据统计，“文化大革命”10年中，服务业网点没增加一个，到1976年只有13个，比1956年下降73.5%，比1956年下降23.5%，从业人员94人，只相当于1956年的人数，10年累计，商品零售额只增加208万元。“文化大革命”10年，临淮镇的工业由于多是集体企业，没有铁饭碗，又利用国营工厂停产闹革命的可乘之机，加上在大办五小工业的口号下，国家投资兴办工厂等原因，使全镇工业有了一定的发展。但由于开展对“三自一包”的批判，把自负盈亏和修正主义挂上了钩，镇办工业由自负盈亏变为一定程度的统负盈亏，手工业系统的大部分集体企业升级为“三权在县”、“统负盈亏”的大集体，把调整时期行之有效的计件工资，作为“物质刺激”和“落后的分配方式”，加以批判。同时，对个体工商户实行焚烧营业执照，驱逐下放劳动，并且关闭集市贸易，更加滋长了独家经营的官商、官工作风。这个时期的主要问题是搞乱了人们的思想，在管理制度上、经营作风上造成了很深的内伤，留下了短期内不能解决的后遗症。

三中全会以后，即1979年至现在。粉碎“四人帮”以后，特别是三中全会以来，临淮镇也像其他地方一样，发生了可喜的变化。一是由于开展了真理标准的讨论，划清了理论是非和政策是非，放宽了城镇政策，开放和扩大了集市贸易；在手工业、商业、饮食服务业中先后出现了280多个个体户，活跃了市场，打破了国营商业独家经营的局面。二是提倡按经济规律办事，工商企业恢复和建立了必要的规章制度，加强了经济核算。城镇集体经济开始受到重视，不少集体企业由原来统负盈亏变为自负盈亏，提高了经济效果。三是由于凤阳农村实行大包干到组、到户获得了成功，使占全县人口92%的农民结束了连续20多年吃粮靠回销、生产靠贷款、花钱靠救济的“三靠”局面，农村历史性的变化，给城镇建设以极大的影响和启示。有些单位开始试行经济责任制，摸索经营管理的新路子、新办法，并且取得了一定的效果。四是农村经济的发展，农村产品的增多，农民购买力的提高，促进了临淮镇工商业的发展。1979年以来，化肥、磷肥、中小农具生产成倍增长，商品零售额大幅度上升。1980年全镇工业产值由1976年的973万元增长到1762万元，商品零售额由1976年的468万元增长到950多万元。农贸市场成交额385万元，是1976年的10倍。

临淮镇几经挫折的历史说明，小城镇的发展取决于城乡经济，经济的发展取决于党的政策是否对头。主要是“左”的政策阻碍了小城镇的活跃发展。

二、当前面临的问题

32年来，临淮镇建设虽有发展，但由于“左”的指导思想的影响，步子不快，多年遗留下来的许多问题也还没有得到解决，主要是：

（一）经济结构不合理

临淮镇接近农村，与农村经济有直接、广泛的联系，因此要求它的工商业的发展，应该立足农村、面向农村，重点发展农副产品加工和城乡群众需要的小商品生产，沟通城乡物资交流。但50年代后期以来，临淮镇的经济发展逐步脱离了这一特点，以致形成目前经济结构严重不合理的状况。临淮镇现有工厂企业的结构状况是：

单位：万元

项目	重工业	轻工纺织	建材	交通运输	农村加工	手工业	总数
单位数	4	9	67	4	5	8	36
人员数	896	722	533	912	182	374	3619
固定资产	757.5	92.2	51.32	193.08	110.76	22.5	1230.38
产值	873.08	342.06	118.17	135.8	252.19	110.1	1831.2
利润	101.76	31.4	18.6	6.9	19.81	6.02	184.49

从以上情况可以看出，农副产品加工业仅占企业数的13.9%、固定资产总值的9%、从业人数的5%、工业总产值的13.8%，手工业的产值仅占工业总产值的6%，显得很薄弱。从凤阳实际情况看，大力发展农副产品加工、食品加工不但需要而且十分有利。凤阳县农业大包干后，每年要向国家提供商品粮1亿斤左右，花生、芝麻等油料1500万斤，黄豆、杂豆1500万斤，还有大量的肉类、禽蛋、蔬菜、药材等农副土特产品，由于不能合理地就地加工，绝大部分以原料形式调出，不仅本地经济得不到应有发展，还给运输造成压力。另一方面，由于粮油管理统得过死，现在很薄弱的食品加工业也因原料不足得不到充分利用，如1956年时每月加工豆类3.6万多斤，现在每月只计划供应1.1万斤，因而豆制品供应紧张，发的票证有时不能兑现；酱醋业，全年计划供应原料（黄豆和麸皮）19.6万斤，本镇酱醋厂生产能力每年需要45万斤，多年来一直处于半饥饿状态。有些传统产品因原料不足也不能生产。初具规模的专卖公司糕点加工厂，能生产二三十种糕点，年产量22万斤，各种技术力量都很好，因原料原因，质量上不去，影响销路。如最近生产中秋月饼，缺少富强粉，质量差，以致滞销。供销社食品厂加工大泡果，需糯米10万

斤，因不供应而停产。手工业的中小农具生产，解放初70多个铁匠，刀、锄、锹、锨基本能满足。现在只剩下9人，每年要从河南、山东运进锄头、镰刀，从江苏调进锹、锨。工业上该发展的没有发展，不该发展的却在增加。如建材工业的石棉瓦，近几年全镇先后建了3个厂，原料远从东北、山东拉关系进来，而生产的石棉瓦销路不畅，靠着“回扣”推销产品。在大跃进和大办“五小工业”中先后办起的两个农机厂，急需全部和部分调整。目前商业、饮食服务业内部结构也有不合理的情况。全镇饮食业已有124个网点，烟酒业77个网点，主要服务对象是本镇常住1.7万多人和流动人口两三千人，与需求相比显得多了。饮食业普遍感到吃不饱，特别是国营和集体饭店尤为严重。服务业1980年底有28个网点，从业人员154人，已超过解放初期最高水平，但有多有少，有缺有余。现有旅社11家，共534个床位，近年来平均住宿率不到30%，普遍亏损。最大的一家凤淮旅社，投业五年，亏本三年。而全镇正式从事理发的只有12人，浴池只有一家，修理业至今还是缺门，理发难、洗澡难、修理难的问题长期得不到解决。

（二）企业经营管理上弊端很多

临淮镇与大中城市相比，地方小，人口少，工商企业小型多样，产销多是直接见面，因此要求企业在经营上具有分散、自主、灵活的特点。由于多年来追求一大二公，重大轻小，忽视或取消个体经济，经常不断地进行合并、升级，使企业规模越滚越大，统负盈亏的单位越来越多，失去了“小、散、多”的特点，形成了“大、稀、少”的局面，滋长了端铁饭碗、吃大锅饭的倾向，造成企业经营管理上的种种弊端：

1.核算单位大，网点少，人员多，入不敷出

如商业饮食服务业中的集体商店，仍是“分行业联营，多门点统一核算”，一个行业少则五六个，多则七八个网点一起联营核算，基层门点缺少自主性，形成上面少数人看行情进货，下面多数门点等上面派货、等客上门。在吃大锅饭的情况下，由于近几年不适当地安插招工和待业人员，网点少，人员多的矛盾明显暴露和加剧了，致使不少企业发生人员膨胀。据统计，临淮镇百货业平均每个网点人数由1977年的4.5人增加到1981年的7.5人；烟酒业每个网点人数由1977年的2.3人增加到6.7人，集体旅社（属商业局管）1956年11个点，170张床，21人，现在5个点，130张床，人员却增到40人，平均每人只管3.3张床。因为人员增多，费用增加，营业额不可能相应提高，结果盈利减少，或由盈变亏，倒吃积累。如临淮

镇百货商店，1977年28人，营业额41.59万元，流通费用1.85万元，利润2.62万元；1980年增加到57人，营业额62.83万元，费用4.41万元，利润减少到1.47万元；1981年60人，上半年营业额22.36万元，费用1.94万元，反亏损3000元。这种一个人的馍两三个人吃的现象比较普遍。

2.非生产人员多，人浮于事

一些企业在长期吃大锅饭的情况下，不讲经济核算，不计经济效果，以致行管人员、非生产人员越来越多。据砖瓦厂、注射器厂、针织厂、交通机械厂和凤淮旅社等五个单位统计，共有生产工人315人，管理人员就有82人，平均每个管理人员管3.8个工人。砖瓦厂正式职工220人，加上临时工340人，管理人员44人，加上二线人员近百人不从事直接生产。不少非生产人员不干或干轻活，照拿钱，挫伤一线工人积极性，形成“管理人员转，正式工看，临时工干”的局面，造成非生产开支大，浪费严重，连年亏本。从1976年到目前为止，共亏本60多万元，靠收预付款发放工资，维持生产。在临淮镇像这种寅吃卯粮的单位不止一个。

3.职工老化，业务骨干奇缺

由于政策和管理制度原因，随着时间的推移，一些行业职工老化，技术力量下降的现象日趋严重。据饮食、理发业统计，属于国营和大集体的企业共26人，平均年龄46岁，退休和要求退休的越来越多。其中理发业12人，平均年龄50多岁，目前已达到退休年龄要求退休的6人。百货业现有职工99人，已退休19人，还有4人已到退休年龄要求退休。由于一方面人员老化，一方面在企业经济利益不独立、干好干坏一个样的情况下，新生技术力量不能生长起来，及时补充，导致技术力量越来越薄弱，技术水平下降。饮食业50年代四五个厨师，“走（调走）、退（退休）、改（改行）、死”，一个没剩。目前全镇国营和集体十几家饭店，没有一个具有厨师水平的，有些传统烹调技术“人死艺绝”，最近江苏、安徽摔跤队来临淮比赛，一天出3元伙食费，有钱做不出菜来。百货业60多人，真正懂行情、能进货、会做生意的只有2人，其中一人已到退休年龄。土产公司有正式职工56人，待业安置20人，实际能从事外勤采购推销的只有4人，而且年岁已高，影响业务开展。

4.管理混乱，浪费严重

由于长期没有把企业经营好坏与职工利益挂起钩来，职工对经营效果漠不关心、以致生产和流通中浪费大、效果差。如土产公司，因管理不善，近两年连续亏本。现库存商品110万元，有些商品长期积压，无人过问，已霉烂变质，预计损失达40多万元。今春收购蒜苗88万斤，如及时推销可盈利四五万元。因延误时期，霉烂变质，反亏损9.4万元。临淮镇附近的黄湾、枣巷等沿淮公社盛产芦苇，芦席是这一带社员编织业的主要产品，土产公司过去每年都要收购三四十万条，畅销外地。近年来，由于收购时马虎从事，不按质论价，不严格把关，致使苇席质量下降，变为滞销，1980年一条未收，不但给企业带来损失，而且影响了编织生产的发展。如渔业公社，去年近10万斤苇子，不能编织，结果烂掉。

（三）所有制结构不符合小城镇的实际，忽视集体经济和个体经济

临淮镇的生产条件总的来说技术装备比较差，机械化水平比较低，半机械化、手工操作占有相当的比重，生产力水平远远落后于大中城市。因此，生产适宜因陋就简、因地制宜、小型多样、土生土长的小集体经营；适宜个体经营；只有在社会化程度较高、计划性较强的部门或环节适宜国营。但是，过去在一个相当长的时间里，一味认为公有化程度越高，优越性越大，离开了小城镇的实际和特点，忽视了多种经济成分并存，特别是集体经济和一定范围的个体经济对小城镇建设的作用，违背了生产关系要适应生产力水平的基本原则，以致造成生产关系失调，带来很多矛盾。目前临淮镇有四种经济成分，以工业为例，1980年在固定资产总额中，国营占67.2%，大集体占27.1%，小集体占5.7%。由此可见，在所有制结构上的突出问题，是自负盈亏的小集体经济（即名符其实的集体经济）所占比重非常小。再从各种经济成分分别来看，从管理制度、分配制度到与之相关的政策、社会观念，还程度不同地存在一些问题。在国营企业中，由于长期实行统收统支、固定工资，吃大锅饭的思想比较严重，临淮镇26个工商企业中，目前基本上还没有实行行之有效的经济责任制，另外有些企业不适宜国营，如饮食服务业的浴池、旅社、饭店等，也实行国营，经济效果一般都不好。

城镇中的大集体是“文化大革命”中人为从集体经济中划分出来的一种经济成分，一般是把生产好、利润大、管理强的择优升级为大集体。这些大集体“人、财、物”三权由县分部门掌握，镇办工业也按这种模式对大部分企业实行三权在镇，基本上改变了集体经济的性质和优点，失去了应有的所有权和自主权，出现了种种问题。人权在上，企业需要人无权招收，企业不需要人，上面却可以硬行摊派，因而形成有些企业人多无事干，有些企业事多无人干。如浴池业多年缺少修脚、擦背的职工，铁业缺少锻工，饮食业缺少厨师，食品业缺少屠宰工，理发员奇缺，若企业自行招工，或容许带徒弟传技传艺，这些问题都可解决。财权在上，实

行统负盈亏，既滋长了企业吃大锅饭的依赖等待，两手向上的思想，又给“一平二调”创造了有利条件。如临淮镇自1972年以来，在镇办企业之间共平调资金达20万元之多，占企业利润总额的52%。由于三权在上，领导机关远离企业、脱离实际，不可避免地出现瞎指挥。目前在临淮镇有的“大集体”，原封未动，有的虽已实行自负盈亏，但人权、物权、积累使用权、采购推销的浮动定价权还由上面掌握，变化不大。

适应群众需要、市场需要的小集体，虽然存在历史长，有三者利益结合紧密、自主灵活等长处，但发展却很困难。在原料、燃料供应上，国家没有计划指标，凭着拉关系、走后门，买高价。在技术力量上，上面既不组织培训，又不分配人才，完全靠企业自己招聘师傅，花钱到外地学习，有些单位长期缺少财会人员，账目由别的单位代做；在税收、费用摊派上得不到任何优待。同时，小集体、镇办工业搞得好的就升级上收，往往形成“小集体铺好床，大集体来睡觉”的不合理现象。小集体不仅经济上受限制，而且政治上受歧视。由于错误地认为越大越公越高级，长期以来形成国营高于集体，大集体高于小集体，县办高于镇办，镇办高于街道的等级经济观念，使小集体低人一等。很多人认为小集体不算就业，青年人把小集体作暂时“栖身之地”，一有机会就远走高飞。致使小集体多年辛辛苦苦培养的骨干力量被招工招走了。临淮镇服装刺绣厂，是一个以加工刺绣枕套、童装、戏装为主，也生产少量成人服装的工厂，属于镇办小集体。现有职工46人，绝大多数是本镇社会青年和待业青年。这个厂自1975年开办以来，企业逐渐扩大，人员逐年增加，生产年年发展，利润年年增多。1976年正式营业时只有6名职工，自带缝纫机进厂，借用三间厂房，第一年亏本100多元；1977年职工18人，年终盈利800元；1979年职工23人，除添置8台缝纫机、一台锁边机外盈利2700元；1980年职工34人，缝纫机增添到19台，年终盈利5500元；今年职工增加到46人，1~7月份盈利5070元，预计年终可盈利8000元左右。为了办好这个小厂，领导和工人滚在一起，同甘苦共患难，工人实行费用包干，按件计资，干部工资联系企业盈利情况进行浮动。既参加管理，又参加生产，身兼几职。厂长马开兰兼采购员、推销员，副厂长沈如楠兼主办会计；出纳会计朱厚兰兼仓库保管员，三人还承包一台锁边机的业务。有人问他们办厂有什么经验，马开兰意味深长地说：“我们是穷人的孩子早当家。”就是这样一个生气勃勃的厂，由于等级经济观念的影响，使他们困难重重，忧心忡忡。因为是小集体，一是进料没有计划安排，受到限制，只能以零售价进料，加大了成本，减少了收益；二是小集体低人一等，揽不住人，建厂以来，自己花钱培养了10多名技术人员都先后流到大集体和国营单位，目前只剩下一名技术人员，马上又要招工，他们很着慌。为了摆脱原料上被卡、人才外流的困境，他们也想上升为大集体，但又怕上升后失去自己必要的自主权，进退两难。

个体经济的境遇比小集体还要差一些，多年来不是被一概排斥就是限制过死。三中全会以来，这种"野火烧不尽，春风吹又生"的个体户虽然得到恢复和发展，但仍然胆战心惊，一边干着，一边怕着。

从以上情况看，临淮镇的经济建设中存在的问题，主要是因为长期以来在"左"倾思想的指导下，不仅统得过死，存在着改革前农村"一大二公"、吃大锅饭和平均主义的通病，而且忽视和偏离了小城镇既区别于大中城市又区别于农村的实际和特点，重视生产资料的生产，轻视消费资料的生产；重视机器工业，轻视手工业；重生产、轻流通；重建设、轻管理；重国营，轻视集体和个体。甚至一度把小城镇看成是产生资本主义最肥沃的土壤，一切剥削阶级藏污纳垢的地方，用抹杀小城镇特点的办法来缩小城乡差别，对小城镇建设始终缺少一套适合其特点和实际的正确、稳定的方针政策。

三、今后的发展方向

从临淮镇过去的经验教训和现在存在的问题可以看出，小城镇的兴衰起落与经济的繁荣萧条陈陈相因，与指导经济建设的方针、政策息息相关。因此，建设小城镇，发展小城镇，首先应该是以生产为中心，按照小城镇的特点组织生产，搞好生产；要继续肃清"左"的思想流毒，放宽政策，调整生产关系，改善经营管理，充分发挥小城镇的内部潜力，使其担当起在四化建设中的独特作用。根据国民经济调整方针，根据临淮镇的地理、资源情况和目前的经济条件，在临淮镇的建设发展中应该主要解决以下几个问题。

（一）面向农村，因地制宜，大力发展农副产品加工业，积极搞好劳动密集型的手工业，认真办好商业，切实疏通流通渠道

在临淮镇的工业结构中，农副产品加工业一直是一个薄弱环节，目前只能搞机米、磨面、榨油等农副产品的简单加工，而且量少质粗，米面加工只供应本镇非农业人口，很不适应凤阳农村实行责任制后农副产品日益增多，城乡群众消费水平不断提高的形势。因此，需要大力发展农副产品加工业。一方面要充分利用已有的酱

品厂、糕点厂、食品厂、豆制品厂，挖潜、革新、改造，扩大生产能力，增加花色品种；另一方面逐步恢复和发展传统产品、名牌产品。如高粱醋、鱼皮花生米、五香瓜子、寸金、交切、芙蓉糖、桂花皮糖，并要适应家务劳动社会化的趋向，发展主食品工业，逐步改变食品工业落后状况。到1985年，农副产品加工业的主要产品，不仅要满足本地的需要，而且要有相当的外销能力，临淮镇的手工业自50年代以后，屡遭磨难，每况愈下。解放初，从事手工业的铺、坊有300多户，从业人员500多人，主要手工业产品有三四十种。目前，真正从事手工业生产的不到200人，产品不到10种，不但人数下降，品种减少，更重要的是一些传统工艺已经失传，因此，临淮镇的手工业急需抢救。手工业生产大部分属于劳动密集型产业，就地取材，多数产品是城乡人民必不可少而大工业又不能生产的产品，因此，发展手工业在小城镇中应该有相当重要的地位。在临淮镇要积极发展城乡人民急需的刀、镰、锄、锨等中小农具，刺绣、服装、编织、铁木家具，恢复丝织包头、丝线、彩灯等传统的手工业品和工艺品生产。积极创造条件为大中城市、大工业加工制作辅助材料。

临淮镇的商业饮食服务业，自三中全会以来已发展到相当的程度，商业网点解放初期每千个居民10个网点；1957年为4.2个；1976年为3.6个；现在已达到6.7个网点，加上个体摊贩，已经恢复到解放初期的最高水平，而且有些行业已经出现了过剩的现象。因此，临淮镇的商业、饮食服务业今后的发展主要是调整布局、改善结构、发展缺门，充分利用现有商业的力量，增添经营项目，增加花色品种，提高服务质量，改善经营效果。如饮食业急需培训厨师，恢复具有当地特点的蛤蟆苏、吊乳馍、绿豆元、糖醋鳜鱼、炒虾仁等名菜名饭，迅速改变目前只有大馍、面条、干饭、卤菜的品种单调、质量低劣的状况。供销部门在临淮镇肩负着十分重要的任务，随着全县工农业生产的发展，担负的任务将越来越重，需要重视利用和发挥供销社这一渠道的作用，努力提高它的经营管理水平和商品流通的能力，改变目前渠道不通、产品积压、管理不善、浪费严重的状况。组织好工业品下乡，保证农副产品、土特产品购销渠道的畅通，并根据市场需要，可以在沿淮一带公社建立苇编、草编和附近社队建立养菱、养藕、养兔和种植元葱、大蒜等生产基地，以销售促进农业生产，促进多种经营的发展。

临淮镇是一个城市结构型的小城镇，在劳动就业上，根据目前情况主要是安排好本镇待业人员。组织劳动就业要着眼生产发展创造财富和提高劳务，改变过去那种一个人的事要两三个人去做的现象。一方面，对近两年由待业人员组成的集体企业和个体工商户做好巩固工作，帮助搞好生产和经营；另一方面，对目前尚未安置的800多名待业人员和到1985年前将会出现的1200多名待业人员，主要是有计划地组织到农副产品加工业、手工业和服务业、修理业、修缮业等生产活动和劳务中去，也可开办各种类型的技术训练班，向企业输送短缺人才。对临淮镇周围农村社队，主要通过开展供销服务、技术服务、联办企业等形式，帮助他们发展加工业、商业服务业，形成各自的小的经济中心，就地消化过剩劳力。

(二) 进一步调整生产关系，放宽经济政策，根据工商企业的特点建立和完善经济责任制

长期以来，由于“左”倾思想的指导，反复不断地搞升级、上收、拔高、过渡，吃大锅饭，搞平均主义，使生产关系的某些环节脱离了生产力的实际，违背了按劳分配的原则，加上政策上、管理形式上的种种原因，造成了一些不可解脱的矛盾，阻碍了小城镇生产力的发展，必须从实际出发，进行必要的调整和解决。

在生产关系的调整上，要按照小城镇的实际，使公有制为基本形式的多种经济成分各得其所。目前临淮镇由于在支农工业，粮油购销、加工，商业的批发、供销和金融等关键部门，采取国家统一经营的形式，已在全镇经济中占有主导地位，需要调整的是要把在小城镇不宜于国营的饮食业、服务业，如国营临淮浴池、军属饭店、凤淮旅社等三个企业，在保留国营体制不变的情况下，改为利润包干，自负盈亏。

应当打破等级经济的思想，取消大集体、小集体的区别。把现有的大集体由统负盈亏变为自负盈亏，把人、财、物“三权”还给企业，使它恢复为名符其实的集体经济。对城镇的集体企业，不论原属大集体、小集体，还是镇办企业、部门办企业，都一视同仁，按照生产的实际需要，由计划部门统筹安排，供应计划物资和分配人才。同时企业可以根据自己的需要，自购原料、自找销路，自己招工，带徒弟、请师傅传技传艺。

要进一步落实对个体经济的政策。临淮镇还有80多户没有发证的个体工商户，应该按照政策规定发给营业执照，使他们在经营上有合法地位，在政治上有“安全感”；对从事传统手工业和急需的修理业个体户，应在税收上酌情减免，在贷款上给以支持，“扶上马，送一阵”。为了发展农副产品加工业，尤其是食品工业，在原料供应的数量和品种上，要按市场需要和企业生产能力，尽量给予满足。

在管理上，目前在临淮镇的工商企业已经实行的经济责任制形式，主要是在企

业内部，实行折账分成、毛利分成、计件工资、浮动工资、超定额计奖这样几种形式。从实践情况看，实行责任制的单位比没有实行责任制的好，但是，从全镇来看，经济责任制还是薄弱环节，实行的面不广，刚刚开始，还不完善。有些企业的领导还有顾虑，不敢冲破框框，大胆实践，有的领导怕实行责任制会把自己裹进去，不敢做推行责任制的带头人。因此需要进一步解放思想，从本部门、本单位的实际情况出发，只要对国家、对企业、对职工有利，又能增加生产，保证质量，稳定价格，可以仿效农业大包干“保证国家的、留足集体的、剩下都是自己”的原则，采取灵活多样的经济责任制形式，责任越具体越好，利益越直接越好，方法越简便越好。在商业、饮食服务业、手工业和运输业的某些部分，可以进一步划小划细，分店、分组、分门市部单独核算，也可以出店承包、运输业单机、单车核算，适宜分散经营的手工业，可以一两个人，两三个人承包，也可以包到户。

（三）加强对小城镇的领导，以块块为主统一规划，统筹兼顾

临淮镇“麻雀虽小，五脏俱全”，虽然不是全县政治中心，但工、农、商、学、兵都有。单位多、系统多，纵横交错，给领导和管理城镇造成很多矛盾和困难。目前，临淮镇只管一个农业大队、一个蔬菜大队、十几个镇办小厂和街道居委会，实际上镇委会就是个“大居委会”，其他企业虽然建在临淮镇，但各有各的系统，各有各的领导，该管的单位离得远，鞭长莫及，管理不便；而临淮镇虽然与这些单位朝朝相见，但无能为力，管不了；同时“鸡犬之声相闻，老死不相往来”，收购的不问加工，销售的不问生产，自立门户，各有天地，重复建设。造成这些问题的主要原因是，自50年代后期以来，块块的作用削弱了，镇的领导、管理逐步失去了统一性。要改变这种状况，必须加强对小城镇的领导，以块块为主，统一规划，统筹兼顾，使临淮镇具有相对的统一性和独立性。第一，扩大镇的管理权限，充实加强镇级领导。将职权范围限于临淮镇的工商、金融等管理机构和集体工商业、饮食服务业都划归镇领导，其他驻镇企业、单位在建设用地、公用设施配套和社会活动上受镇管理。在保持镇为区级机关的建制下，由一名副县级干部兼任镇党委第一书记，适当增加组织经济建设的办事人员和办事机构。临淮镇建镇初期，镇级机关编制24人，现在人口增加了，经济发展了，目前只有12人，吵嘴打架、民事纠纷都要缠在书记身上。根据临淮镇的实际情况，宜将编制扩大到20人左右，另外设置两个街道办事处。第二，因地制宜，量力而行，搞好总体规划。根据临淮镇的客观条件和它目前所起的作用，按照把它建成以工业、商业、交通运输业为主，文化教

育、科学、卫生等事业协调发展的全县经济活动中心的要求，通过深入调查、反复讨论，制定一个兼顾经济、文化、生产、生活、市政建设和环境保护的总体规划，并在这个规划的指导下，制定近期发展计划和有关城镇建设的条例，分阶段地将总体规划付诸实施。第三，要统筹安排，认真解决群众物质文化生活中的迫切问题。在小城镇的建设中，发展生产、繁荣经济与改善群众的物质文化生活是密切相关、同等重要的。要在抓好经济建设的同时，注意解决群众吃水困难（全镇只有14口可饮用的水井，不少居民常年吃淮河水，据测定淮河水由蚌埠工厂污染十分严重），蔬菜价格高等困难。注意发展文化、教育、体育、卫生事业。目前全镇四所小学、两所中学，在校中小学生4900多人，加上教职工5100多人，但教师质量不高，后顾之忧很多，教学条件较差，思想政治工作薄弱，以致临淮镇的教学质量由50年代在全县名列前茅下降到不如许多普通区社学校：在文化、体育事业上，只有一个连图书阅览室也没有的文化站和一座只有900多个座位的电影院，公共体育设施一无所有，群众怨言甚多。因此，除了有关部门做出努力外，镇党委要加强这方面的工作，帮助解决具体问题。现在初步计划近两年增设两所民办公助的幼儿园，一所职工子弟中学，建立一个文化、体育设施兼备的文化中心和一座影剧院，逐步改变文化、教育的落后状况。在市政建设上，除了制定和实施包括建设发展方向、规模布局和管理秩序等内容的城镇建设规划以及土地管理之外，要在经济发展的基础上，开辟小城镇建设资金的来源，要向驻镇企业按一定比例作为附加税计征。主要依靠地方和集体的力量搞公共建设。近几年来，临淮镇组织义务性劳动，开展了修筑公路、街道，加固堤坝，清除路障和绿化等五次比较大的活动，使驻镇单位和居民群众都为镇区建设做出贡献，这种劳动积累建设镇区的做法，既促进了城镇建设，又加深了群众对城镇的感情，应该继续合理适当地组织，使之成为传统。

（1981年10月）

发展小城镇经济亟须改革管理体制

——滁县地区 15 个小城镇的调查

农村经济搞活了，小城镇经济怎么办？这是迫切需要解决的问题。滁县地区从 1981 年 8 月起，抽调 200 多名干部，组成调查组，分别对 15 个小城镇（其中包括设镇建制的滁城、乌衣、定城、炉桥、临淮、襄河、古河、明光、新安、天长、汊涧等十一个镇和马厂、古沛、半塔、仁和等四个公社所在的小集镇）建设的历史、现状及今后发展方向进行了调查，现将调查情况和今后建设小城镇的意见综述如下：

一、党的十一届三中全会以来小城镇建设出现转机

我区现有 14 个区级镇和 220 多个区、社所在的农村集镇，城镇非农业人口 30 多万人。从这次对 15 个小城镇的调查看，新中国成立以来小城镇建设所取得的成就是显著的，主要表现在：城镇建设规模扩大，人口增加。15 个小城镇现有 23.7 万人（其中农业人口 3 万人），比解放初的 11.8 万人增加 1 倍；工业有很大的发展，1949 年 15 个小城镇工业企业只有 72 个，现在发展到 398 个，增加 6 倍，从业职工 5.54 万人，1980 年工业产值达到 3.64 亿元，比 1949 年的 203 万元增长 180 多倍；商业上商品流通扩大，据明光、襄河、滁城、临淮、炉桥五镇统计，1980 年商品零售额为 1.47 亿元，比 1956 年的 0.3 亿元增长 3.7 倍；文教卫生事业有了显著发展，以教育为例，15 个小城镇 1980 年在校学生 6.87 万人，比解放初的 1.07 万人增加 5.4 倍；其他交通运输业、市政公共建设等也都有很大发展。

小城镇建设在解放以来的 32 年中，发展道路是曲折的。解放初期，在党的保护发展工商业的政策指导下，城镇和农村一样，经济恢复相当快；在“一化三改造”中虽有过急过快、集中合并过分的毛病，但成功地实现了对生产资料私有制的社会主义改造，经济建设还是发展的。只是后来在“左”的思想指导下，经过“五

风”和“文化大革命”两次折腾，走了弯路，实行了一些过“左”的政策，追求“大”、“公”，搞“过渡”、“升级”，甚至把小城镇视为“资本主义的黑窝”、“投机倒把的场所”，“割尾巴”、“打土围子”，使小城镇在相当一个时期变得萧条冷落。

党的十一届三中全会以来，在农村和城镇拨乱反正，不断清除“左”的影响，落实经济政策，特别是农村推行了家庭联产责任制，极大地调动了群众的积极性，农村经济形势迅速发生了历史性的变化，带动了城镇，同时城镇工作开始受到重视，政策逐步放宽，着手调整改革，小城镇普遍出现了生产发展，经济活跃，市场繁荣的气象。

首先，随着农业连年大幅度增产，城乡物资交流日益扩大，市场购销两旺。以八大镇（七个县城加上临淮镇）为主的商业系统，1980 年同 1978 年相比，商品纯购进额增长 26%，社会商品零售额增长 37%，商业服务业网点增加 2.1 倍，商业职工增加 98.8%，集体贸易货栈、个体商业也有了发展。从县城到偏远山区的集镇，集市贸易空前兴旺。

其次，县社工业在调整中得到了较快的发展。11 个县属镇 1980 年工业产值比 1978 年增长 18.7%，轻工业占工业总产值的比重上升了 6%，调整中丢掉了脱离本地实际的一些“大包袱”、“小包袱”，企业和产品结构日趋合理，并从多方面改善了管理。滁县近几年县社工业适应农业的发展，加强以农副产品加工为主的轻纺工业，1978 年二轻企业由统负盈亏改为自负盈亏，1979 年国营企业扩大了自主权，逐步建立起国营和集体企业的经济责任制，广纳人才，改善经营，1980 年县社工业产值比 1978 年增长了 41.4%，超过农业产值 19%。

三是安排了大批城镇待业青年和居民劳动就业。1978 年以来，11 个县属镇兴办集体企业 400 多个，发展了各类个体工商户，安排待业人员 2.68 万人，占待业人员总数的 85%以上，既解决了就业问题，又发展了工业生产，弥补了国营和集体商业网点少、营业时间短的不足，促使其改进经营管理。随着小集镇社镇工业、社员联办企业的发展，也正在吸收着越来越多的农业多余劳力。

四是城镇公用建设和社会福利设施增加较快。1978 年七个县城只有两个有自来水厂，供应 7.5 万人用水，1980 年增加到五个，日供水量增加 74%，供应人口增加 40%，另两个县城正在施工建自来水厂。仅 1980 年一年，11 个县属镇 兴建职工宿舍 3 万多平方米，新建浴室 64 所 (其中女浴室 30 所)，幼儿园 13 所。

五是社镇文化中心如雨后春笋般涌现。在生产发展、群众迫切需要丰富文化生活的形势下，从 1979 年开始，集镇主要依靠集体和群众的力量兴办文化科学事业。

全区262个社镇，到今年已有125个建立了公社文化中心，105个建立了农民科学种田协会，成立了58个农民技术询问处，35所职工学校。过去仅供开会使用的公社礼堂，已有188个改建扩建为影剧院，社办电影队已由过去的50个发展到350个，半职业剧团发展到83个。科学文化中心的兴起，把文艺娱乐与学文化、学科学结合起来，促进了科学文化的普及和经济繁荣，使城乡群众的生活变得日益丰富多彩。

二、小城镇生产建设和管理上的问题

近几年，小城镇建设取得了很大进展，但是，多年来由于“左”倾错误的影响和工作失误，还存在不少问题，主要是：

（一）工业生产薄弱，产业结构脱离小城镇特点，同农业发展不相适应

长时期以来，小城镇工业发展方向不明确，没有从它和农村联系紧密这一特点出发，发挥优势，挖掘潜力，而是片面追求“大而全”，轻视消费品生产，轻视轻工业、手工业和小型企业，造成轻纺工业特别是农副产品加工业基础薄弱，产业结构不够合理。如天长县的天长、汊涧、仁和三个集镇，现有86个工业企业，其中农副产品加工业仅23个，机电、化肥等重工业却多达36个，比前者多1/3。又如嘉山县明光镇，1956年与解放初期相比，重工业产值增长近9倍，轻工业增长26.7%；1980年轻工比1957年增长10.3倍，重工却高达118.6倍，轻工发展速度远低于重工；以农副产品为原料的轻工业所占比重偏小，1980年轻工产值仅占工业总产值的35%（临淮镇目前农副产品加工业在整个工业中仅占固定资产总值的9%、从业人数的5%、产值的13.8%）。由于加工能力差，使农村大量的粮食、花生、芝麻、大豆、鱼肉禽蛋、蔬菜等，只能直接出售原料。

同时手工业多年被排挤，临淮镇50年代从事手工业的有500多人，主要产品三四十种，目前则不到200人，产品不到10种；解放初期该镇有70多名铁匠，“韩麻子菜刀”远近闻名，刀、锄、锹、锨基本能满足，现在只剩下9人，每年从河南、山东调进锄头、镰刀，从江苏运进锹锨，有些工艺将要失传。

再则城镇之间工业发展不平衡，县属镇和一部分区级集镇工业发展得快一些，而近1/3的小集镇至今工厂寥寥无几，除逢集人多、市场繁荣外，平时不过是稍为集中的居民点。

(二) 流通渠道不畅，商业服务业网点不足，流通中长期存在的统得过死、独家经营、少渠道、多环节的问题未得到解决

实行农业责任制以来，粮油等农副土特产品丰富了，但收购工作跟不上，仓容小，又调运不出去，农民卖粮难、卖油难的问题，一直不能解决。而一些杂豆、芝麻等小宗产品，也和主粮一样，统得死、价格卡得死，粮食部门又无力充分开展议购，流通不畅；生姜、大蒜等土特产品的收购，只能由供销社一家经营，少了压任务，稍微多一点就压价、停收，价低伤农，影响了这些土特产品的发展。嘉山县自来桥公社过去一般年产生姜100多万斤，后来由于在当地收购价格太低，产量下降到只有几十万斤，来安县的蒜头、蒜苗也因流通不畅造成烂掉损失。由于购销统得过死，流通渠道没能很好地把农产品的生产——加工衔接起来，一些城镇的食品工业，国家计划安排的原料供应不足，一直处于半饥饿状态，集镇自己想办新的食品工业，又卡住不让办。类似这样的矛盾，随着农业和多种经营的发展将会更加尖锐起来。小城镇的商业服务业主要是网点不足，结构或规模不合理，全椒县城襄河镇解放初平均36个居民一个网点，现在94人才有一个。总面积近8平方公里的来安县城新安镇，平均214个居民才有一个商业网点（连同个体商户），全城2万多人只有一家粮站、独家煤店、唯一的浴室，粮店在南门，煤店在东门，群众深感不便。过去一些城镇离开小城镇特点，建大饭店、大旅社、大商店，造成网点少，固定资产折旧大，要价高，不受城乡群众欢迎。近来有些城镇烟酒、饮食业网点增加过多，分布不合理，服务、修理业还是缺门，不能满足群众需要。

(三) 现行的所有制结构不合理，管理体制亟须改革

多年来，离开小城镇生产力水平低于大中城市，以及机械化、半机械化、手工操作并存的实际，一味认为公有化程度越高，优越性就越大，忽视多种经济成分并存，特别是集体经营和一定范围内的个体经营对小城镇建设的重要作用，使生产关系在某些方面超越了生产力水平。一些“左”的政策、办法限制集体经济、个体经济的发展。如过去对集体经济实行一过渡（过渡到国营），二“升级”（将小集体升级为大集体，把企业人财物三权拿走），三上收（从街道收到镇，从镇收到县），四合并（扩大规模，或以小并大，统一核算），五歧视（认为国营高于集体，大集体高于小集体，县办企业高于镇办企业，镇办企业高于街道企业，实行不平等待遇），严重影响了集体经济的发展。过去“左”的影响给现在留下的问题主要是：①所有

制结构不利于小城镇经济的发展。如目前临淮镇的工业，在1980年固定资产总值中，国营占67.2%，大集体占27.1%，小集体占5.7%，集体经济，特别是那种因陋就简，小型多样，土生土长，自负盈亏的小集体（即名副其实的集体经济）所占比重非常小。②大集体企业人、财、物三权由县主管部门和镇工办拿走，基本改变了集体经济的性质和特点，失去了企业应有的所有权和自主权，滋长了吃大锅饭，瞎指挥，一平二调。同时，由于企业无人权，本身不需要人上面也硬摊派，形成人多无事干；需要人又无权招收，造成浴池业缺少修脚、擦背的，铁业缺锻工，饮食业缺厨师。目前有些大集体虽然变为自负盈亏，但人权、物权、积累使用权仍由上面掌握，变化不大。③多数城镇大集体合作商店仍实行从合作化就开始的"分行业联营、统一核算"的管理办法，一个行业少则五六个，多则七八个网点一起核算，基层网点缺少自主权和经济责任。④小集体企业有三者利益结合紧密、自主灵活等长处，但在原材燃料上没有纳入国家计划，只能以高价、零售价进料，不能享受批发价，又不分配必要的人才；加上小集体低人一等，揽不住人，自己好不容易培养的技术骨干通过招工流到国营或大集体企业去了，发展相当困难。⑤对个体经济和个体劳动者，由于"左"的流毒还存在，不少人仍是干着怕着，没有长期打算，并受到歧视。一些青年人总认为当个体劳动者不光彩。⑥相当一部分国营、集体工商企业，由于管理体制、经营形式本身的弊病和没有建立严格的经济责任制，仍存在着端铁饭碗、吃大锅饭的倾向，官商作风严重，经营死板，非生产人员多，管理混乱，造成人力、物力严重浪费，新生技术力量不能生长起来，导致一些企业业务骨干奇缺，技术水平日趋下降。

（四）文教事业和市政公用建设上欠账太多

以公用建设为例。不少老城镇存在着：一挤（闹市区老街道长期失修，行人车辆过于拥挤），二乱（机关、企业事业单位和居民随意盖房，不成章法），三少（临淮镇2万多人只有一个800座位的电影院，5万人的明光镇只有四个公共厕所，半塔集逢集时有上万人，至今没有一个浴室），四脏（襄河镇的襄河曾有"襄上环清"的雅誉，现在岸边有25个厕所，40多处垃圾堆，街道上还有300多条自然沟的脏水和十几家工厂的废水直接排入河内，严重污染河水，妨碍居民饮用），五贵（一些城镇蔬菜价格高于大中城市，有的人均每天不足半斤蔬菜，滁城由于菜价高，有些单位开车到南京去买菜）的现象，这是目前小城镇建设中一个带有普遍性的问题。

(五) 体制多变，干部常换，多头领导，管理混乱

明光镇解放初称市，后改为区，1956 年变为区级镇，不久又降为工商大队，1961 年升为公社级的镇，此后又变动多次，直到 1977 年才最后确定为区级镇。天长镇和滁县乌衣镇管理体制 32 年中都先后变动过 9 次，平均 3 年半变一次。临淮镇现在的党委书记是该镇第 18 任，乌衣镇现任书记则是第 20 任了。人事更迭，建制变动频繁，建设缺乏规则，造成经济上的不必要损失。现行城镇管理体制，突出的问题是，从上到下，没有一个专门机构领导和管理小城镇的建设，加上小城镇本身的管理权限小，缺乏必要的统一性和独立性。镇上大小单位分属县、区、社、镇多层领导，条块交叉，多数镇只管镇办企业、街道和农业、蔬菜大队 (群众称这种体制是区级的头，大队的身子，生产队的脚)，许多上属企事业单位虽设在镇上，镇却无权管理，形成“看到的管不到，管到的看不到”；工商企业缺乏横向联系，各单位自立门户，重复建设，造成生产建设上的浪费和管理上的混乱状态。许多公社集镇长期没有明确的管理体制，只是被当作一个特殊的生产大队来看待，没有从集镇建设的角度加强领导和管理。

小城镇建设中存在的上述问题，由来已久，随着农村政策的落实，经济的发展，这些问题越来越明显地暴露出来，解决这些问题，加强小城镇建设，已显得日益迫切。

三、对建设和发展小城镇的意见

适应农村和小城镇经济社会发展的需要，在建设和发展小城镇中需要解决好以下几个问题:

(一) 认识城乡一体、以城镇带乡村的战略意义

农业“一马当先，方兴未艾”的新形势，提出了加强小城镇建设的迫切要求，也要求我们的思想来一个转变。事实说明，要充分利用当地资源和农副产品原料，发展工业，广开生财之道，必须加强小城镇建设；小城镇星罗棋布在农村，要为日益增多的农副产品、社队工业品打开销路，满足城乡生产、生活资料的供应，沟通城乡交流，促进工农业生产，必须加强小城镇建设；小城镇是县、区、社党政机关所在地，是农村政治、经济、文化、科学中心，要建设社会主义新农村，缩小城乡

差别，也必须加强小城镇建设。因此加强小城镇建设，对于加快发展农业、地方工业，发展社会主义商品生产，从政治、经济、文化、科学等方面促进农村面貌的改变，具有重要的长远的战略意义。我们要克服思想上的片面性，摆正农村和城镇建设的关系，把小城镇建设纳入整个工作部署，拿出一定精力，调查情况，研究政策，加强领导。对较大城镇和农村集镇实行分类指导，放宽政策，搞活经济，在发展生产的基础上，搞好各项建设事业，使之成为建设社会主义物质文明和精神文明的前进阵地，反过来带动农村。各级党委和政府应分别确定一名负责同志分管城镇工作，同时设立城镇工作专门机构，配备专职干部，加强对小城镇的领导和管理。

(二) 扬长避短，发展经济

发展生产，增强经济活力，是加快小城镇建设的基础和关键。发展小集镇经济，要扬农产品原料和劳力资源丰富、接近农业原料产地和农村市场广阔之长，补基础差、技术水平较低、市场信息不灵之短，拿出抓农业的劲头抓工业，抓流通。①因地制宜，积极发展以轻纺工业，特别是农副产品加工业为主的工业生产。从县城到农村集镇，都应按照省委第一书记张劲夫同志提出的“四主一联”的方针，结合自己的条件和特点，组织发展工业生产。要充分利用现有工业基础，着重挖潜、革新、改造，提高技术水平，扩大生产能力；对少数原料无来路、产品愁销路的企业适当进行调整和改组。原来集镇工业基础薄弱的，可采取多种集资形式，从粗加工和手工业起步，以小型为主，因陋就简，积极兴办企业，充分利用本地的自然资源、农产品资源、劳力资源，广开门路，大力发展纺织业和粮油食品、缫丝、禽蛋、果菜、皮毛等多种农副产品加工业；发展中小农具、化肥等支农工业以及水泥、砖瓦等建筑材料工业，发展编织、缝纫、刺绣、家具用具等劳动密集的手工业和修理服务业等。既要恢复传统工艺，又要引进外地先进技术；既要广开门路，又要抓住重点，组织专业化协作，形成自己的名牌拳头产品，打开销路。为了发展编织刺绣等手工业，可以采取统一技术指导，联合销售，分散到城乡群众中加工的形式。为支持农产品加工，特别是食品工业的发展，建议省里今后从计划安排上增加原料 (包括燃料) 的供应，或在完成国家粮油交售任务和二、三类农产品收购的基数后，允许地方、企业自购原料，或由地方企业为国家代购、代加工，利润分成，通过多种形式，使供产销衔接，逐步形成农工商一条龙。②利用多种渠道，促进城乡商品流通。为适应城乡物资交流扩大的新形势，要利用商业供销、企业自销、联合经销、集市贸易多种渠道，大力组织农副土特产品的收购、运销和工业品的采购供应。为克服市场信息闭塞的缺陷，省、地、县商业供销部门应加强市场调查预测，定期向城乡发布内外市场商品余缺消息，在坚持计划经济为主的前提下，充分发挥市场的调节作用，疏通流通环节，指导农村发展多种经营、家庭手工业、社队工业和地方工业，穿针引线，发展合同供销、联合经销，密切农工商联系。小城镇商业服务业要划小经营单位，扩大服务项目，合理调整布局，增加网点，发展缺门，满足群众多样化的需要。为解决流通渠道中的问题，在体制上必须进行根本性的改革，如将农村供销社恢复为原来的集体经济组织，发展贸易货栈或农工商联合企业。③把发展工商业与组织城乡多余劳力就业结合起来，着眼发展生产，创造财富，主要采取集体、个体经济形式，组织到农产品加工、手工业、商业服务业中去，县属城镇要通过联办企业，开展技术、供销服务等形式，帮助附近公社集镇发展工商业，形成各个小的经济中心，吸收农村多余劳力。

（三）放宽政策，改革管理

小城镇经济的发展，主要决定于实行正确而稳定的政策。应继续肃清仍然存在的“左”的影响。像农村一样放宽政策，狠抓企业管理，调动企业和群众的积极性，提高经济效益。①小城镇的所有制结构，应以国营经济为领导，集体经济为主体，个体经济为补充，着重发展集体经济。②应从政策上支持和鼓励集体经济的发展，充分尊重集体企业的自主权和独立性。任何单位和个人都不得任意侵犯集体经济的权益，不许搞“升级、上收”。今后不应再有大集体、小集体之分。对现有大集体企业，要把人、财、物三权还给企业，使它恢复为名副其实的集体经济。对集体经济，不论原属大集体、小集体、镇办、部门办，都应一视同仁，按照生产发展需要，对资金、原材燃料和技术人员的安排，由计划部门统一纳入计划，合理分配。在计划安排以外，允许企业在政策许可的范围内，自购原料，自找销路，自己招工，并有自己处理工人的权利。为使传统工艺得到继承，允许饮食服务业、手工业者带徒弟，名师带子女进企业，传授技艺。③按不同行业，因地制宜建立多种形式的经济责任制，宜统则统，宜包则包，对集体手工业、运输业、商业服务业，可以在保证集体所有制不变的基础上，划小划细核算单位，分店分组核算。也可出店承包，摆摊设点，适宜分散经营的手工业、零售小商店，可以二三人承包，也可以包干到劳、到户（如连家店、夫妻店），允许从业人员子女在承包经营的范围内自然顶替。④落实党的有关个体经济的政策，按规定发给营业执照，对个体劳动者与国营、集体企业职工一样，都作为社会主义劳动者看待。除了把符合条件的个体劳动者吸收入党入团外，为对其加强教育和管理，维护其合法权益，小城镇个体工商户可分行业，推选代表组成群众团体，接受镇人民政府的领导。⑤调整税收、信贷政策。长期对集体企业实行八级累进税制，限制了集体所有制企业的发展，应分别情况适当调整。信贷上要改变“贷富不贷贫”、“贷大不贷小”和对个体户基本不贷的做法，利用信贷扶持发展集体经济和从事传统手工业、短缺的修理服务业的个体户，并运用税收、信贷、价格等经济杠杆，引导各种经济成分的协调发展。

（四）发展文化事业，安排好群众生活

要把小城镇建成农村教育、科技、文化中心，安排好居民生活，促进经济建设，逐步提高群众物质文化生活水平。①由于过去教育、文化单位受“左”的危害较重，长时间忽视文化建设，不少小城镇中小学、幼儿园师生虽然占城镇人口近四分之一，但场所狭窄，房屋破陋，文化教育体育设施也偏少，除了主要依靠地方和集体财力建设外，政府应适当增加专项经费，特别是教育经费。②在继续发展和办好社镇文化中心、科学种田协会的同时，小城镇可以采用集体办、民办多种形式，开办职工业余学校、待业青年技术训练班，较大城镇可逐步增设工业科技研究、设计咨询机构。③积极发展城镇蔬菜和副食品生产，蔬菜队可因地制宜，实行专业联产或包产到户、包干到户，大力发展养猪、养禽、养鱼、养奶牛等多种专业户，实行合同收购与自产自销相结合，同时允许根据城镇人口增长的需要，适当扩大蔬菜队范围。④住宅建设，除提倡企业事业单位在财政制度许可的条件下，自筹资金兴建外，可由地方财政拿出一笔钱作为周转金，兴建住宅出售给居民，收回的资金用于再建；鼓励私人按统一规划盖住房。对住宅建设资金，可以实行统管联建。

（五）扩大资金来源，搞好市政建设

首先要在发展生产和经济的基础上，开辟建设资金来源，除国家每年根据财力条件，适当增加城镇建设资金以外，可由县以上人民政府做出规定，向驻镇企业单位（包括国营）按一定比例征收公用事业建设基金；可从集市税收中提取一定比例，也可由集体和个人联合投资，主要依靠地方和集体力量搞建设。

其次，要制定城镇建设规划，先急后缓，严格基建管理程序和土地征用制度，节约土地。

再次，继续提倡义务劳动，适当组织干部、居民、工人、青年、学生修路、植树造林等，少花钱，多投工，以劳动积累建设小城镇。

（六）改革管理体制，扩大镇的管理权限

①凡是设镇建制的，应以块块为主，统一领导，统一规划，统一管理。可将在镇的工商、金融等管理机构，连同集体工商业、饮食服务业一些文化、体育、卫生设施，都划归镇领导。县以上驻镇机关、企事业单位，在户口、基建和某些社会活动方面由镇管理。县城和较大的县属镇保持区级建制，由相当于副县级的干部担任镇的党委书记，适当扩大编制，增加管理经济、文化建设的办事机构和干部。未设镇建制的小集镇，区社要确定专人分管集镇工作（区委所在地有条件的应当设立社级镇）。要保持城镇管理体制和干部的相对稳定。县以上领导机关应举办城镇管理干部训练班，不断帮助总结交流城镇工作经验，培养管理人才，提高管理水平。②要制订有关小城镇建设的法规，对于建设住宅，征用土地，发展交通和公用设施及义务劳动等，有的可由县或镇依据有关法律，结合自己的实际，经县、镇人代会通过后，由各级人民政府发布具体条例或规定。③搞好城镇总体规划。改变过去多数小城镇建设没有规划，盲目发展，顾此失彼，大拆大建和无政府主义状态，要在深入调查研究，总结经验教训的基础上，确定小城镇的发展方向，制定一个统筹兼顾，切实可行和具有本地特点的发展规划，保持规划的连续性，执行规划的严肃性，分阶段付诸实施，逐步把小城镇建设成经济繁荣，文化发达，文明优美，有利生产，方便生活的社会主义新型城镇，使之成为社会主义新农村的前进基地。

（1981年12月）

眼睛向下，支持不发达地区农民闯出乡镇企业发展路子

——读《为农业大包干报户口的人——王郁昭》之二

一、阜阳模式：传统农区发展商品经济充满希望的探索

在30年的改革进程中，20世纪80年代中期乡镇企业的异军突起，是中国农民继农业家庭承包经营后树立的又一座丰碑。它拉开了农村劳动力大规模自主转移就业与工业化、城镇化结合的序幕，有力推动向市场经济和多种经济成分并存所有制结构的转变，使农村劳动力资源优势初步发挥，成为我国经济迅猛发展的一个重大因素。

农业大包干家庭承包制从安徽凤阳那些贫穷的地区先搞起来，乡镇企业则由沿海地区捷足先登，出现"苏南模式"、"温州模式"、"珠三角模式"等。中部不发达的传统农区土地承包到户、实现温饱后，解放出来的农业剩余劳动力也要寻找出路，但与沿海发达地区条件迥异，难以照搬外地做法，如何走出适合自己情况发展乡镇企业的路子？在这方面，安徽省阜阳地区农民群众勇敢探索，率先取得突破，闯出路子：以家庭经营为基础，发展户办、联户办企业和专业户、专业村、专业市场、专业经济小区，推动传统农区商品经济、乡镇企业发展。

曾在农村改革初期为农业大包干报户口的滁县地委书记王郁昭，1983年担任安徽省省长后，又坚定地支持了阜阳地区农民群众的创造性实践。时任阜阳地委书记的陈复东说："当时省长王郁昭对此支持很大，我们地委领导班子的信心倍增，胆子更大了，思想更解放了。"[1] 阜阳地区乡镇企业得到了显著发展，到1985年，

---

[1] 陈复东：《关于阜阳地区乡镇企业发展的经过》，见中共安徽省委党史研究室编：《安徽农村改革口述史》，194页，北京，中共党史出版社，2006年12月。

企业数达到17.4万个，比1980年增加44倍；同期务工经商人数达到64万人，增加6.5倍；产值达到13.3亿元，增长9.6倍。阜阳地区的经验也在安徽许多地区开花结果。1987年初，由中央农村政策研究室和安徽省委、省政府共同决定在阜阳地区设立改革试验区〔1〕。阜阳的做法、经验被称为“阜阳模式”，和其他乡镇企业发展模式一样争奇斗艳，并对不发达地区有着更大的参考价值和魅力。

从80年代中期到现在，经过20多年风雨曲折，当年阜阳地区和安徽其他地区由农民创办的企业、经济小区、专业市场多数仍然在发展，显示了这条发展路子的生命力。今天颇受重视的“特色经济”、“一村一品”、“专业市场”、“专业乡镇”、“产业集群”龙头带农户的“龙型经济”等，都能够从阜阳模式中找到它们的初始形态。但由于种种原因，阜阳和许多类似地区乡镇企业至今仍然薄弱。中部不发达地区如何发展乡镇企业、民营经济，仍是有待解决的问题。回顾安徽和阜阳地区乡镇企业发展改革的历程，对解决这一问题仍有很多启发。

二、以家庭经营为启动点群体连片发展

阜阳地区位于安徽西北部，20世纪80年代初有1100万人口，远离中心城市，农村人口占95%，450万劳力以种植业为主，由于淮河水患，灾害频繁；农村社会组织单一，集体经济薄弱，没有形成经济实体，农户家庭组织是基本形式；县乡财政拮据，11个县市有9个吃补贴；与经济贫困相连的是文化落后，农村劳力文盲、半文盲占37%；同外地信息交往少，社会性资源贫乏。可以说这里是典型贫穷的农业区域。给这个地方带来发展机遇和基础的是农业实行家庭承包经营，激发了农民的积极性，发展了农业，解放了150多万农业富余劳动力。

1983年阜阳地区商品经济起步时，也曾到苏南学习，想把重点放在发展集体企业上，但本地乡村集体经济一贫如洗，县级财政拿不出资金，向农民平调劳力和

〔1〕1987年2月9日国务院农村发展研究中心发展研究所杜鹰给王郁昭办公室打电话说，国务院农村发展研究中心讨论同意该所的建议，建立安徽阜阳乡镇企业试验区。这需要商请安徽省委同意，然后由该所与省里和阜阳地区的同志商定试验方案，再报安徽省委和中央书记处农研室批准。并说周其仁曾向王郁昭省长汇报过此事，望能提请省委审议。王郁昭当即批示给分管农村工作的孟富林副省长：此事同农经委商量一下。我看可以表示同意，欢迎他们来搞试验点。如需省委表态，请向荣景同志报告一下。李贵鲜、卢荣景、孟富林都表示欢迎他们在阜阳试点。经过一段准备工作，中央农研室正式设立了阜阳乡镇企业试验区。

我同意郁昭、容林同志的意见，欢迎他们在阜阳试点，并报告紫阳同志。

[illegible] 13/2

（急）

电话、接待记录单

NO:

姓名	杜鹰	单位	国务院农村发展中心发展研究所
时间	2.9 下午		批示

内容

农村发展研究所提出了建立安徽阜阳乡镇企业试验区的建议报告。

国务院农村发展中心讨论同意这一报告。杜润生、刘堪、陈锡生、[illegible]都看了，同意。同时他们提出：

此建议要商请安徽省委同意；

然后由发展所与省里和阜阳地区的同志商定建立试验区的方案；

再报安徽省委和书记处批准实施。

（《建议报告》及批文近日寄送）

2.12，周其仁曾向王书记汇报过，文到时，请书记们提请书记处讨论。

时间上请快些定。

（结果请告诉王书记办公室）

批示：

容林同志：

此当同意[illegible]一下，我看可以书面通知，欢迎他们来搞试验。如同意，请告紫阳同志[illegible]一下。

欢迎来搞试验 郁昭 2/11

欢迎 孙臣

[illegible] 2.12

[illegible]同志：[illegible]

144

王郁昭同志办公室

昭 319

物资的时代已经过去，实践逼着他们把眼睛转向农民、农户。以陈复东为书记的阜阳地委，深入农村调查研究，关注着农民的新动向。实际上到1983年，家庭承包经营已使阜阳地区农业、农村经济得到一定发展，给乡镇企业发展提供了物质的、组织的基础和内在的动力。农民人均收入168元，比1978年78元增长一倍。专业户发展到26万户，占农户总数的10%，农户从发展种养业，到发展家庭手工业、农产品加工业和其他副业，原来局限于农业经营的专业户发生产业分化，已经开始步入商品经济领域。农业劳动效率提高，30%到40%的劳动力剩余，资金、技术的积累，都是以家庭为单位进行的，为发展非农产业准备了条件。解决温饱的能工巧匠、善经商者，发家致富的冲动力源源而生。面对这种情况，阜阳地委一抓清"左"，去除影响群众发展商品生产的条条框框，放开群众的手脚；二找路子，在政府鼓励农民致富、放宽政策的有利环境下，农民摸索着以家庭经营为基点，结合不同区域的资源条件，从户办、联户企业起步，发展商品生产，各种户办、联户办的非农企业便破土而出。政府则为农民排忧解难，提供服务。由此闯出了政府支持农民，农民立足家庭经营，发挥各自优势，以"四专（专业户、专业村、专业片、专业市场）、两厂（户办工厂、联户办工厂）"形式发展乡镇企业的路子。

这条以家庭经营为基点发展乡镇企业的路子，按照阜阳地委和王郁昭的概括，主要是：立足大包干的家庭经济，以户办、联户企业为重点，"几个轮子一起转"，发展"一村一品、一乡一品或数品"的专业生产群体和专业市场，形成以小城镇为依托的区域经济。

1.以大包干家庭经营为基础，把户办、联户办企业作为农区乡镇企业发展的突破口和起步阶段的基本经营形式

农民以大包干家庭经营为基础，由户营农业到发展户办、联户办企业，是阜阳地区乡镇企业发展的动力源。家庭企业开始只是搞简易加工，却成了农区商品经济、乡镇企业起步的突破口和主要形式，原因主要在于：

（1）家庭企业规模小，投资少，适应农区生产力水平，易于农民迈入工业和商品经济的门槛。家庭、联户企业小规模经营，产品简单，技术要求不高，多属劳动密集型，生产设备简陋，第一次"资本"投入少。有的几十元，几百元，上千元就能办一个企业。家庭住房、庭院是厂房，家庭成员是工人，其中有能力的就是"厂长"，容易形成现实的经济实体。可以充分利用农村资源、劳力优势和传统技艺，以劳动代替资金，与当地资源结合，逐步充实经济实力。家庭工农兼营，有农业做保险，也使农民敢于去承担务工经商的风险。

(2) 家庭工业和农业联系紧密，其产品和技术有浓厚的地方传统特色和乡土气息。如亳州中药材加工、阜南的草编柳编、临泉的“五油”（葱油、姜油、蒜油、辣油、麻油）加工以及太和的马尾、镜框加工，都是农业往加工领域的延伸。

(3) 保持了经营自主、利益直接的优点。生产责任心强，经营积极性高，非生产人员少，非生产开支小，经济效益比较高，资金积累相当快。多数户办、联户办企业是小本经营，农民很注意挑选见效快的项目，有的十天，几十天，最迟几个月就见效。

(4) 灵活机动，风险分散。家庭企业根据市场需要能干什么干什么，会干什么干什么，只要有一技之长，有点资金、原料，就能干起来，因此行业产品多种多样，能灵活地适应市场。船小掉头快，市场需要就打“持久战”，市场不需要就“打一枪换一个地方”，即使偶尔翻船，损失也比较小。

家庭、联户企业的涌现，突破了过去单一依靠集体发展乡镇企业的格局，打开了集体、个体、联合多形式发展，而以户办、联户企业为主的路子。到1985年底，阜阳地区户办、联户企业在全区乡镇企业总数、从业人数、产值中分别占98%、83%和67%，已成为主体部分。这些家庭企业一经产生，就和其他乡镇企业相互影响，进入由小到大、由低级到高级的运动，推动商品经济向前发展。

2.家庭工业连片发展，小企业，大群体，形成“一村一品、一乡一品或数品”有一定规模的区域性生产

家庭工业的发展呈现由点到面、群体连片的特征和趋势。包产到户后，虽然千家万户都是商品经济的生长点，都寻求农业剩余劳力就业致富的门路，但能够掌握信息、技术并会经营的人才并不多。一个地方往往是由少数能人，因有一技之长，得到一条信息先搞起来，一举打破了那个地方乡村工业等于零的纪录，对周围苦无出路又有强烈致富愿望的农民产生强大的吸引力，群起模仿。而这种家庭工业简单易学，投资不多，便通过亲戚、邻里关系，一户带几户，几户带一村，一村带一片，围绕一个专项产品，由点到面滚雪球式地发展起来，形成专业化、区域化的户办、联户企业群落和小区。人们称这种发展为“能人效应”、“邻里效应”。

利辛县阚町集是不足1000户的农村小集，开始只有两三户从事服装生产，随后户办、联户办加工服装的户数逐渐增多，到1984年底，发展到650多户，占总户数的70%。在能人带动下，他们主动与浙江义乌服装市场挂钩，从义乌、上海购买新式布料，年加工款式新颖的中西服装100多万件，远销西北几个省区。

太和县孙集乡皮条孙村，有加工绳类的传统，这项副业前些年被作为资本主义

而遭扼杀，1980年仅有3户农民重操旧业，摸索由割皮条转为尼龙绳加工，短短几年，这种“不用油、不用电，男女老少都能干，木头筷子架车圈，四根绳子竹上攀”的简单易学的加工业，很快发展到周边130多个村，3100多户。在大户带动下，手工操作逐步被机械化生产所代替，出现家家机器响、户户办工厂的兴旺景象。并由大户牵头在皮条孙这个四不靠集镇的村庄兴起一个从事尼龙绳交易的集镇，每天南来北往的客商在5000人以上，成交额百万元以上。

亳州是华佗的故乡，开始只有白芍、亳菊几个名产品的生产，很快发展到300多个新品种，沿涡河两岸形成长4公里、宽20公里的药材生产、加工区，有4000多个加工户，上万人搞经销，出现一批药材大户，形成中药材大市场，成为一个名副其实的“药都”。

阜阳地区像这种由户办、联户办发展到或大或小的一片片专业经济小区的，还有太和县倪邱集的马尾巴加工，王寨的镜框加工，阜阳县的粉丝加工，利辛县张寨的筛网加工，阜南县的柳编草编等。到1986年全区各类专业片已有200多个，其中突破区以上范围的专业生产区域80多处。

在户办、联户办企业基础上形成专业化生产群体和小区，就突破了家庭经营“小而全”、势单力薄的缺陷，促进分工发展，推动家庭工业由小商品生产向建立在分工协作基础上的大规模商品生产迈进。其优点是：①专业化经营。每个或大或小的加工片，都是一村一品、一乡（镇）一品或数品。一片内经营同一生产项目，小企业，大群体，既相互竞争，又相互支持，利于取长补短，传播技术，发展分工协作，把起点低、适应性强的家庭经济和先进的专业化经营方式结合起来。②区域化经营。家庭工业在一个区域相对集中，有利于促进供销专业化，利于发展其他配套服务的行业，节约公用基础设施的投资。③规模化经营。群体发展使生产由企业的小规模上升为区域的大规模，从而形成批量，形成经济实力，形成一种区域商品经济优势，提高了规模效益，提高了家庭工业的商品在社会市场中的地位，为打到农区之外去，形成大范围的以至在全国有一定影响的专业加工中心创造了条件。有人说，专业群体的优势是“四高”，即产供销协调发展，协作化程度高；分工较细，专业化程度高；缩短辅助劳动时间，降低生产成本，经济效益高；同类产品不同规格，型号齐全，对市场需求适应性能高。

3.发育农民购销员队伍和专业市场，使小商品走进大市场

家庭企业开始既加工又购销，随着生产发展，商业购销逐步分离出来，出现专门的户办商业和农民购销员。家庭工业群体和经济小区形成后，大批量生产需要大

批量销售，更加快了产、销分离和供销专业化的进程。一方面购销员队伍日益壮大，走出农区，深购远销，占领市场，把流通和信息渠道铺向广大区域甚至全国。另一方面专业小区内出现了以小集镇为依托的户办商业群体和家庭工业品交易中心——专业市场。专业市场开始还属于专业生产小区自产自销，慢慢随着购销员活动范围扩大，市场知名度提高，外地的同类商品也被吸引来销售，逐步成为大范围甚至全国性的专项商品交易中心，外地的小市场成了它的子市场。合作、国营商业也参与进来，各种市场服务业得到发展。

从专业市场经营的专项商品及其联系的商品生产基地来看，有以经营农副土特产品为主的专业市场，如六安县固镇形成了上千吨羽绒的专业市场。有以经营家庭传统手工业产品为主的专业市场，如沿淮阜南、凤阳、嘉山的柳编、苇编市场，大别山麓的竹编、草编市场，巢湖沿岸的渔网市场。有家庭传统手工业推陈出新，运用新材料、新技术生产的工业品专业市场。如利辛县张寨村一带农民有织筛箩的传统手艺，近几年机械代替了手工，以这里为中心，户办、联户办的筛网织机达到上千台，生产工业用筛网，形成筛网市场，年产值2800多万元。当涂县博望镇和新博乡，农民在历史上有打制剪刀、菜刀的手艺，现在转换成机械化工业刃具加工，推销的达一万多人，年产多品种、多规格刃具200多万件，产值近4000万元。1986年安徽全省专业市场580多个。仅阜阳地区大小专业市场240多个，其中成为全国性专项商品交易中心的4个，大的年交易额几千万甚至上亿元，上十万购销员足迹遍布全国。

这些专业市场很有活力，活力来自家庭工商企业自主性大，企业竞争和市场调节机制，流通的小商品大多是计划外的，价格灵活。专业市场的形成，使农区商品经济突破了狭隘的区域范围和封闭状态，走向开放。缺乏中心城市的传统农区，依托专业市场进行商品、信息以至技术的流通。它使家庭企业的小商品走向大市场，引导生产要素的流动和产业、产品结构的调整，推动家庭企业在竞争中改善技术管理，发展分工协作，开展与大城市骨干企业和科研单位的联合，把越来越多的农民卷进商品经济。

4.专业经济小区、专业市场与小城镇发展结合，形成乡镇企业分散与集中互补的发展格局

小城镇是农村的经济、文化、政治中心，联结城市和乡村的纽带。不论户办、联户办企业的生产，还是商业流通、专业市场，都离不开小城镇。同时，千家万户家庭工业的兴起，首先使小集镇商业繁荣起来，成了专业市场的交易中心；其次，

农民进镇务工经商，特别是从家庭企业中成长起来的规模较大的私人企业或合作企业、混合企业，既有条件也有需要逐步向交通便捷、信息灵敏、服务配套的小集镇聚集，小城镇成为乡镇骨干企业的载体。利辛县阚町集的服装业原来是企业自己完成全部的服装缝制工序，后来集镇上的人只是搞服装的设计，布料的开片、锁边，然后交给农村的老百姓拿回家去缝制，缝制一件给多少钱，再收来统一销售，这样就把农村带起来了。以皮条孙镇为中心的尼龙绳加工区由大户发展出购销公司，成为龙头，带动千家万户的生产，龙头在集镇，龙尾在农村，实现了集镇与农村的联合发展。第三，为企业和市场服务的各种第三产业如交通运输、电讯、商业、住宿和饮食服务业、建筑业等有了长足发展，促使小城镇日益繁荣。有的地方原来是散落的村庄，现在也在专业市场的基础上建起了新兴的集镇。小集镇建设、专业市场和乡镇企业三位一体，既以千家万户家庭企业为基础，适应农村有一定的分散性的要求，又以小城镇为中心，相对集中，适应节省基础设施建设费用和提高技术经营水平的需要，对促进农民离土不离乡，向第二、三产业转移，农村经济合理布局、综合发展，起着越来越重要的作用。

三、顶住压力，打造个体、私营企业发展空间

安徽多数地区也是传统农区。阜阳农民创造了新的经验，但农民群众以户办、联户企业为启动点发展乡镇企业，面临不少阻力和困难，有的同志对农民的户办、联户办企业看不上眼，户办、联户办也涉及个体、私营企业姓资姓社，提出许多政策、制度上的新问题。如何对待农民的选择，是摆在安徽省领导面前的新问题。

时任安徽省委副书记、省长的王郁昭，旗帜鲜明地支持了阜阳地区农民的创造性实践。1983 年 3 月中央领导同志在接见安徽省委在京常委讲话中曾对他提出要求：在实行大包干到户的农业改革上带了头，还要继续探索，闯出中国式的社会主义农业的发展道路。他在统筹千头万绪政府工作的同时，也在思考安徽农村下一步改革发展的路子怎么走。1984 年，他发现阜阳地区的做法后非常兴奋，在阜阳地区一个县市一个县市地跑，以极大的热情到基层了解群众的实践，一个个专业户、专业村、专业小区、专业市场地看，看准了这是安徽大多数地区发展乡镇企业的现实途径，给予了坚定的支持。他把阜阳地区的创造放到全省农村发展的全局，确定农村家庭承包、农业发展后如何进一步发展商品经济的指导思想和路子。王郁昭组织全省地市领导干部和省直有关部门到阜阳地区看现场，由群众现身说法；在全省

乡镇企业会议上提出，发展乡镇企业的力量源泉在千家万户，要以户办、联户办为重点发展安徽乡镇企业，为之排除发展障碍，提供政策支持，推进制度创新，提供力所能及的服务。鼓励政策研究部门和理论、新闻界工作者到第一线调查研究，学习群众实践，探索规律，提出政策依据[1]。

(一) 确定从不发达地区实际出发，由“官办”转向“民办”，植根千家万户发展乡镇企业的路子

阜阳地区从户办、联户企业起步发展乡镇企业主要始于1983年，以王郁昭为班长的安徽省政府1984年就看准了这是符合不发达地区实际的乡镇企业发展路子。当年10月在阜阳地区利辛县召开全省乡镇企业现场会，提出发展乡镇企业要集体、个人一起上，“六个轮子（县、区、乡、村、联户、家庭）一起转”，以户办和联户办为主要形式。1985年4月组织各地区负责人到阜阳地区现场参观，5月在全省乡镇企业会议上提出发展乡镇企业的力量源泉在于千家万户，要把家庭、联户、群落型乡镇企业作为战略重点。在较短时间内使全省大部分地区转到立足千家万户、发展乡镇企业，发展农村商品经济的路子上来。这成为安徽乡镇企业发展的一个转折点。

当时能够看准这条路子，抓住不放，并得到多数地区干部群众认可，其直接原因是，领导深入基层，真正了解到农民不满足于种好责任田，要从发展工商业进一步发家致富的强烈愿望，看清了阜阳地区农民以家庭经营为基点，由户办、联户办，走向连片群体发展，是农区发展乡镇企业的现实途径。此外，还有两个方面的考虑：

一是安徽的省情决定了要把依靠农民群众发展乡镇企业作为一个战略重点。安徽的工业主要集中在城市，以能源、冶金等重工业为主。经济发展仅靠几个城市是不够的，农村是大头，需要把乡镇企业作为经济发展的一个战略重点。王郁昭认

---

[1] 1986年9月，安徽省委宣传部、省社科院、省计委经济研究所、安徽日报、光明日报驻安徽记者站等单位的年轻理论工作者组成改革与安徽发展课题组，前往阜阳地区调查。王郁昭专门听取课题组拟定的调查提纲，发表指导谈话。经过一个多月调查研究，形成阜阳地区发展商品经济的系列调查报告，总结了阜阳作为传统农区商品经济起步的成功之路，写出家庭企业是农村商品经济的重要动力源、农村商品市场的孕育和发展、农村产业结构的调整、户办联户办企业的雇工经营、农村所有制格局的新变动、传统农村社会的商品经济意识形成和强化等调查报告，回答有关市场、个体私营经济等新问题。1986年底内部出版。1988年1月由安徽人民出版社出版。

为，在省、地、县机动财力有限，集体经济薄弱的情况下，最切实可行的途径就是面向群众，把乡镇企业植根于千家万户这个最广大、最深厚的源泉之中。

二是吸取农业大包干的改革经验，保护农民在大包干中取得的权利，在发展乡镇企业中进一步释放家庭经营的能量，依靠民办闯出新路。安徽第一步改革实行农业大包干的家庭经营，是尊重农民群众的意愿和选择，获得了成功。在不发达地区探索乡镇企业的发展路子，也要立足农民的创造，继续坚持这种精神，支持农户家庭经营向非农产业的延伸。王郁昭说，安徽以至全国发展乡镇企业无非是“官办”、“民办”两条路。用平调劳力、资金的办法办企业实际上也是一种“官办”企业的路子。实行家庭承包后，这条路子走不通了。况且过去的“官办”企业相当一部分管理混乱，经营不当，经济效益不好，在群众中失去了威信。而民办企业与之不同。户办、联户办企业，基础是大包干的家庭经营，拥有充分的独立性和自主权。具有事业家素质的农民抓住一种原料，发挥一技之长，或掌握一个信息，请进一个能人，不需要很多资金，就把一个企业办起来了。它利益直接，生产责任心强，经营积极性高，加上非生产人员和非生产性开支少，经济效益比较高，资金积累也比较快。而且适应市场需要，户办、联户企业连片发展，形成群体规模，弥补了孤立经营的弱点，增强了市场竞争力。这是群众在实践中闯出的一条新路〔1〕。认准这条新路，把它从阜阳一个地区，进而变为全省乡镇企业发展的主要途径，关键就在于尊重群众的实践，由“官办”转向“民办”。要靠发挥各地群众的智慧、力量和创造力，发展属于他们自己的企业，让农民走上脱贫致富之路。

（二）破除清规戒律，肯定农民办企业的权利，承认企业家的作用，创造农民由种田人变为企业家的政策环境

农民通过户办、联户企业的形式发展乡镇企业，涉及制度性改革。农业实行家庭承包经营，土地是集体所有的，而农民创办家庭、联户企业，一开始生产资料就是属于个人的。并且家庭企业不是静态的，在发展中部分家庭企业善于经营，投资规模扩大，雇佣工人增加，就出现了大户，出现了有一定规模的私营企业，出现了农民企业家。如何对待个体、私营经济，如何对待雇工问题，如何对待企业家，这在当时还受到“左”的沉重压力。

〔1〕1985年4月20日王郁昭在省乡镇企业先进代表大会上的讲话《发展乡镇企业的力量源泉在千家万户》。

要支持农民发展户办、联户办企业，就需要解决如何对待个体、私营经济的问题。王郁昭当时把这些企业称作新型企业，他说：“这些新型企业不是国家办的，也不是集体办的，而是农民自己办的个体企业。老百姓对私人企业觉得不好听。我们社会主义允许多种经济形式存在，它们是在社会主义经济机制之下运行的个体企业。一些大户私营企业是在专业经济小区中从事购销服务的龙头，联系着千家万户。没有它们，户办企业进入市场就有很大困难。它们安排了劳动力，促进了社会生产力的发展。当前，我们要发展经济，搞四化建设，他们搞的也是四化建设的一部分。”他还说：“关键看社会效果，看他对社会、对四化有没有好处。过去有人出国擦皮鞋成了大资本家，我们社会主义条件下难道就不能充分发挥人的主观能动性，为社会创造更多的财富，使一个种田人成为一个大企业家吗？要对私人企业理直气壮地给予支持。”〔1〕

对雇工问题，王郁昭说，发展商品经济没有雇工是不可能的。国家搞招聘制、合同制，这也是雇工。浙江鲁冠球的汽车零部件出口美国，他上千工人都是合同制。现在企业的雇工不是多了，而是少了。有的大户办得不好，骂工人打工人，这关键是我们的领导问题，加以领导，他也就改了，关键是要搞一些章法〔2〕，“社会主义条件下能不能雇工？我认为不同社会条件下雇工具有不同性质，社会主义劳务市场，没有商品，怎么谈得上市场？陈兴汉、‘傻子瓜子’〔3〕雇工，也是合同制嘛！我看安徽要发展这样大型的雇工。你们这次去阜阳看看，能否发现大型的，发现了我就去看，支持支持，只有这样才能出社会主义的农民企业家。没有雇工，社会主义形成不了农民企业家，企业没有劳动力不行”〔4〕。

如何对待乡镇企业中的个体私营企业，要与对待城市的个体私营企业联系在一起。典型的是芜湖市年广九雇工经营的“傻子瓜子”。1983 年 8 月 15 日，国务院农村发展研究中心吴象受杜润生委托，打电话给王郁昭办公室说：“最近北京许多部门对芜湖‘傻子瓜子’的事议论很多，安徽省委对此事做了什么工作，打算采取什

---

〔1〕1986 年 12 月 25 日王郁昭在阜阳农村经济改革与发展模式讨论会上的讲话。

〔2〕1986 年 12 月 25 日王郁昭在阜阳农村经济改革与发展模式讨论会上的讲话。

〔3〕1992 年春天，邓小平在南方谈话中说：“农村改革初期，安徽出了个‘傻子瓜子’问题。当时许多人不舒服，说他赚了一百万，主张动他。我说不能动，一动人们就会说政策变了，得不偿失。像这一类的问题还有不少，如果处理不当，就很容易动摇我们的方针，影响改革的全局。”见《在武昌、深圳、珠海、上海等地的谈话要点》，见《邓小平文选》第 3 卷，第 371 页。

〔4〕1986 年 9 月 19 日王郁昭在听取改革与安徽发展课题组拟定阜阳调查提纲时的谈话。

么措施，请向中央书记处农村政研室报一下，以便向有关部门做个交代。”王郁昭当即写给省委书记黄璜同志：“傻子瓜子问题最近（省委）政研室和工商局做了调查，所提的意见也是可行的[1]。现在杜润生同志要我们报告一下，建议省委和省政府讨论一次，做出几条规定，通知芜湖市执行。这不仅适用于‘傻子瓜子’，对其他的类似情况也有指导意义。”王郁昭所指省委政研室和工商局报告的主要意见是：社会主义条件下出现雇工是一个新问题。应当根据中央领导同志关于再看一看的指示精神，可以继续经营，给予支持，进行观察，并根据其生产经营的变化情况和存在问题，采取一些必要的措施，加强管理，进行引导。现在对年广九一例提出

---

〔1〕省委政研室和工商局《关于年广九雇工经营“傻子瓜子”的调查报告》说：年广九，绰号“傻子”，自幼随父摆摊，后做小工，卖水果，1972年改营炒卖瓜子。他注意钻研技术，曾去外地求教名手，博采众长，因而炒出的瓜子一嗑三开，风味独特，取名“傻子瓜子”。尤其是他注意节省费用，降低成本，逐步将每斤瓜子零售价由2.40元，降为1.76元，得到群众好评。《芜湖报》1981年9月5日对他的做法作了报道，“傻子瓜子”开始出名。

1981年9月以前，年广九雇工4人，日产瓜子200多斤。9月以后，雇工9人，日产500多斤。1982年10月开始雇工60多人，三个生产点日产瓜子6000多斤，在一些城市建立16个代销点。1983年1月雇工103人，日产瓜子近万斤。1～5月共进生瓜子75万斤，销售额131万元，获利11.78万元。

年广九为什么在不长的时间内由个体小摊贩发展为具有相当规模的企业？原因是：他发挥了技术专长，掌握市场行情，会做买卖；宣传报道为他的产品扩展销路，提高信誉；瓜子行业易于发展，适应城乡人民生活改善的需要；来自农村的雇工为他提供了强壮的劳动力。

其积极作用是：促进了瓜子行业的发展，引起芜湖和安徽其他城市多家炒瓜子的生产发展，也促进了生瓜子的发展，增加了农民收入；促进了熟瓜子价格的降低，群众满意；向国家缴纳了税收，也为社会做了一些有益的事情。年广九1980年以来纳税12.53万元，工商管理费1.49万元。捐献灾区和公益事业1.9万元。有些雇工学会技术已经自我经营。

问题是：1982年1月～1983年5月，以少报营业额的方式，少交税6.5万元；对工人扣工资、随意解雇、打骂；管理混乱。

调查报告认为：社会主义条件下出现雇工是一个新问题。年广九雇工虽多，生产规模较大，但瓜子属于三类物资，产品又为人民生活所需要，多生产一些瓜子对国民经济并无不良影响。因此，对年广九的雇工经营问题，应当根据中央领导同志关于再看一看的指示精神，可以继续经营，给予支持，进行观察，并根据其生产经营的变化情况和存在问题，采取一些必要的措施，加强管理，进行引导。

调查报告还认为：①关于雇工人数。雇工究竟控制在多少人范围内比较适宜，需要在更大范围内调查研究，因为这不仅关系年广九一个人，而且关系到更多类似情况，关系政策的严肃性。同时现在对年广九一例提出一个新的雇工限额，也缺乏依据。因此，可暂不讲限制的具体数字。②漏税应该补交。③督促建立账册，开设银行账户。④年广九要求与国营企业联营，我们认为还是让他独立经营为好。⑤应当理直气壮地向年广九宣传党的有关政策和国家的有关法令，教育他爱国守法，自觉接受管理和监督，注意改善经营管理，保证产品质量，更好地为国家、为社会做出贡献，走社会主义勤劳致富的道路。

一个新的雇工限额，缺乏依据。应当理直气壮地向年广九宣传党的有关政策和国家的有关法令，教育他爱国守法，自觉接受管理和监督，注意改善经营管理，保证产品质量，更好地为国家、为社会做出贡献，走社会主义勤劳致富的道路。不久，安徽省委常委专门召开会议，讨论了对待“傻子瓜子”问题的方针。1983 年 12 月 8 日，年广九又从在昆山所办的瓜子厂给省政府工商局写了一封信〔1〕，王郁昭在他的来信上批示“对‘傻子瓜子’的方针省委已讨论了，应继续贯彻，把他在芜湖的厂子整顿好，办好。我们还是应该满腔热情帮助他，该批评就应当批评，该教育就应该教育，偷漏税应当补税。至于他在昆山办厂那是他的事，在我们这里我们就要领导，就要加强管理。”总之，安徽省委省政府对像“傻子瓜子”这样雇工经营的私营企业，采取了鼓励发展，热情帮助，引导、服务和管理的政策。

强调保护专业大户和农民企业家的合法权益，尊重他们选择经营形式的自由。1987 年 3 月，王郁昭在专业大户、农民企业家代表座谈会上说，“专业户和农民企业家是农村改革的产物，在发展农村商品经济中，给农民带了个好头。你们就是农村先进生产力的一种代表，要相信党在农村的富民政策将保持长期稳定，社会主义社会允许多种成分并存。我国人多耕地少，今后将有亿万劳动力从种养业转到非农业，只有实行国家、集体、个体和其他多种经济形式一起上的办法，才能调动各方的积极性，顺利实现这一转移。实践表明，个体经济对于实现农村资金、技术、劳力的结合，尽快形成社会生产力，对于多方提供劳动就业的机会，对于精英人才的成长有着重要的促进作用。农村是专业户、农民企业家大显身手的广阔天地，要保护他们的合法权益，尊重他们选择经营形式的自由，不可任意强制改变他们的生产方式。目前，专业大户不是多了，而是太少了，我国需要千千万万农民企业家，需

〔1〕年广九在信中说，“我是在党的三中全会精神鼓舞下，自己在芜湖市办起了个体瓜子加工厂，由小到大发展起来的。1981 年产量达 20 多万斤，1982 年达 70 多万斤，使我省社员生产的生瓜子得到一些销路。我省历来出产小片瓜子，而且又是瓜子的产区，但国营企业都不经销和加工小片瓜子，只是经销外地的大片瓜子，而我却在经营和加工本省的小片瓜子，难道我不知道加工生产大片瓜子好销售，受消费者的欢迎吗？但如果都经销大片瓜子，那么本省的小片瓜子谁来销售，农民辛辛苦苦出产的生瓜子卖给谁？我年广九做的想的，并不只是我个人的利益，说心里话，我挣的钱早够花了。1981 年自己向市政府打了报告，想走和国家联营的道路，使企业归国家所有，使国家增加收入，可地方某些领导人看不起我，根本不睬我”。他还说，“我不过是人类上一个最普通的公民，我做的事和国家、人民的利益是分不开的。为什么多年来一直受刁难，直到今天仍然蒙受不白之冤……至于‘傻子瓜子’造成今天的混乱局面，冒充商标及税收等问题，和当地政府不加以管理，不重视都有直接关系”。

秉经：请安排书面汇报一次 袁 8.16

安徽省人民政府办公厅电话记录单

来话单位、姓名：中央书记处农村研究室 吴象 付主任　时间：1983年8月15日

来话内容	领导同志批示：
8月15日 下午15:40 吴象同志受杜润生主任委托打电话给王省长，他说：最近北京各部门对芜湖"傻子瓜子"事议论很多，也很关心。杜主任问安徽省委对此已做了什么工作，打算采取什么措施，请向中央农村研究室报一下。他们打算在内部刊物上转发一下，以此向有关部门作个交待。 报送材料可直接寄给杜主任的秘书高文斌同志。 请李休诚同志阅办。 袁振 8.16　王郁昭 83.8.16　杨 16/8	黄璜同志： "傻子瓜子"的问题前段时间我和王省长向杜润生同志都当面汇报过，现在北京的反映很多，请你再组织一下，对该省委和省政府讨论一下，作出肯定的结论，使"傻子瓜子"的经营活动和生产继续发展。 黄璜 8.16

记录人：　　第　页

要进一步创造条件促进其发展。"，他希望企业家"遵纪守法，大胆勤劳致富，带动群众致富，为建设具有中国特色的社会主义新农村做出贡献。要明白自己的历史使命，自觉学习、掌握党的政策，努力提高思想觉悟，学习科学文化知识，提高管理水平，提高效益，使自己真正成为一位社会主义的农民企业家"〔1〕。

提倡发展股份经济或股份合作制经济解决乡镇企业发展的资金问题。王郁昭说，资金靠国家投入不可能，平调的时代已经过去了，阜阳开始搞股份合作，这是一个方向。阜阳人均手里有50元钱，一千万人口就是5亿，这是个不简单的数字，农民却放在家里，有的放在银行里，有的用在红白喜事上，成千上万地花，结婚结不起，死人死不起，生小孩生不起，在这方面使农民的负担很重。应该通过股份经济的办法把他们的钱集中起来办企业〔2〕。

安徽的情况表明，以户办、联户企业为起点发展乡镇企业的过程，是一个向多种经济成分并存的所有制结构过渡的过程，是一个不断进行政策调整、制度创新和重新界定权利的过程，是继农业大包干将土地权利还给农民之后，进一步在非农产业领域还权于民、还利于民的过程。允许农民创办非农产业，发展个体私营企业，就是赋予农民更多的创业、就业、发展权和工业化、城镇化的参与权，增加农民财产性收入，富裕农民，繁荣农村。

（三）简政放权，保护合法权益，为农民发展乡镇企业提供服务

安徽省政府推广安庆市的经验，简政放权，主张户办、联户企业、股份制企业等新型企业不找婆婆，由企业自主。王郁昭说，乡镇企业管理机构要像安庆市成立的新型企业办公室那样，宗旨是搞好服务，做好调查研究，规划协调，落实政策。所做的工作，一是咨询，提供信息；二是登记，明确其法人地位，使之合法、放心；三是保护，切实保障乡镇企业的合法权益不受侵犯，企业具有完全独立的自主权。不允许侵占企业的资金、财产，向企业乱收费、摊派，不允许随意改变企业的所有制形式；四是帮助解决困难；五是协调各方面关系。各级领导机关和政府部门转变到为基层、为群众、为企业服务的轨道上来，多支持，开绿灯，排忧解难，兴办乡镇企业不需要层层请示，看准了就扎扎实实地干。行政机关不要多加干预，坚决反对那种消极指责，百般限制，只收费，不服务，这也不许干，那也不能办，窒

〔1〕1987年3月12日王郁昭在专业大户、农民企业家代表座谈会上的讲话。

〔2〕1986年12月25日王郁昭在阜阳农村经济改革与发展模式讨论会上的讲话。

息乡镇企业发展的有害做法。

一是克服轻商理念，把支持专业市场发育、发展，搞活流通，看作是为千家万户的生产提供产前、产后的最好的服务。要通过专业市场为众多农民的家庭经营和企业做供应、销售、信息等方面的最急需的工作。政策上放开市场，实行流通渠道自由选择，不受限制，价格随行就市，议购议销。王郁昭提出购销员队伍就是流通，要为农村推销员正名、记功，鼓励专业市场和购销员队伍发展。影响流通的另一个问题是收费站卡多。阜阳地区曾有 200 多处收费站卡，农民进不了城，产品无法拿到集市去卖。针对这一情况，阜阳地区将过去 200 多个收费站卡调整到每个县只设一个，这在全国属于首例。王郁昭提出，一个繁荣发达的市场，没有固定的营业设施，没有仓储和运输设备，交通不便，缺乏通信网络，是不可能很好发展的。政府在道路建设、市场基础设施建设上要给予力所能及的投入，工商、交通、邮电等部门都要负起市场和服务设施建设的责任。安徽的专业市场、批发市场发展势头很好，到 1986 年农村已有专业市场 580 多个，专业商品产销基地 800 多个，其中在全国和邻近省区有一定影响的专业市场和产销基地 60 多个，围绕专业市场从事种养加工的农民 84 万人，市场经营和运销人员 74 万人。国家工商局把安徽专业市场发展的情况和做法拍成电视片，向各地介绍。

二是支持小城镇改革发展，引导城市工业向乡镇扩散，乡村企业向小城镇适当集中，建立新型城乡关系。通过搞活专业市场，建立乡镇企业工业小区，发展股份经济和服务业，使小城镇成为乡镇企业创业基地和服务中心。用经济办法把筹集资金的门路放宽搞活，鼓励城镇居民、农村农民投资入股，可以将场地、房产、资源等作价入股。打破“唯身份论”，打破行业和所有制的界限，疏通人才通向小城镇的渠道，不管全民还是集体，干部还是工人，城镇户口还是农村户口，只要有一技之长，就大胆破格启用或招聘。对进镇务工经商的农民与原有城镇居民一样对待。安徽省政府还规定，以后新发展的以农副产品为原料的初加工、精加工，应主要放在乡镇，农民的乡镇企业办得了的，就由乡镇企业办，乡镇企业办不了的可以城乡联办，由农村出资源、出厂址、出劳力，城市企业出技术、出设备，合股经营。王郁昭强调，消除城乡壁垒，引导城市一些企业把可以扩散、转移到农村去的产品或零部件生产，尽可能地扩散到农村去。城市企业对提供配套的乡镇企业搞培训，帮助其提高技术，并按照质量标准严格验收。这样，既扩大了生产能力，提高了城市工业的专业化水平，又带动了乡镇企业的发展。

三是抓智力开发和人才培训。乡镇企业发展的一大障碍是人才奇缺。首先是放宽政策，破除影响人才使用的陈规戒律，挖掘本地人才潜力。王郁昭说，户办、联户企业成片发展的地方，带头人多是农村的能人，过去搞副业、做小生意多次受批判，现在又搞起来。每个地方都有能人，能工巧匠，或是知识分子，其他有才华的人，他们一带头，就把乡镇企业带起来了。其次是省政府制定了城市技术管理人员到乡镇企业工作的鼓励政策。第三是鼓励发展技能培训，兴办乡镇企业学校，为乡镇企业的发展培养骨干和后备力量。王郁昭说，现在省里有个毛病，一搞就是搞大学，都是办在城市里，全省要求办大学的有50多个报告，不可能搞这么多，要在农村培训上下些力，对农村人才的培养、智力的开发一定要引起注意。农民学会生产一个产品，带回去，这一户搞起来就能带多户，形成批量，就可以得到社会效益。培训既要公办也要民办，他在滁县地区主持工作时，曾由政府投入，建立了职业培训学校，同时支持阜阳地区田永祥、张贺林那样先富起来的企业家办民办学校。

张贺林等根据自身的体会，认为济贫不是长久之计，贫困户最需要的是增强办企业的本领，捕捉经济信息，学会经营管理企业，由此，创办了乡镇企业学校。到1987年，这个民办的乡镇企业学校共办了8个班，培养500多名技术骨干，壮大了乡镇企业的队伍。后来，江泽民总书记曾以“中国的脊梁”的题词勉励乡镇企业学校的师生。

（四）把开发农业和农村非农产业发展结合起来，推动山林、水面承包，发展庭院经济，为乡镇企业发展创造更宽厚、坚实的基础

当时安徽省政府认为，乡镇企业的发展离开农业不行，有了粮食就有畜牧业、加工业，户办企业才有基础。在做耕地文章的同时，着手解决集体山林、水面生产关系上的问题，落实自留山、责任山政策，实行大水面承包，少数地方是“两山（自留山、责任山）并一山，都是自留山”，给予农民几十年稳定的承包经营权和林木的所有权。由此，促进了山区林业和多种经营的发展。

在一些没有发展起乡镇企业的地方，提倡大力发展庭院种植业、养殖业、加工业，认为农村经济由大田经济、乡镇企业、庭院经济三块构成，庭院是发展农村商品生产的重要基地，庭院经济是利用农村剩余劳动力的重要领域，发展庭院经济有利于农民掌握生产技术，提高经营能力，并通过庭院经济的发展培育乡镇企业。

四、继续不发达地区非农产业发展的未竟事业

阜阳地区和安徽省20世纪80年代中期领导与群众紧密结合进行了一场不发达地区发展乡镇企业的勇敢探索，曾出现乡镇企业蓬勃发展的好形势，“阜阳模式”曾闻名全国。现在，20多年过去了，阜阳地区和安徽的很多地方乡镇企业有了一定发展，但总体上仍处于落后状态。这引起很多思考。

首先，安徽省、阜阳地区依靠和支持群众走出不发达地区发展乡镇企业的路子，在今天仍是有现实意义的一笔财富。不发达地区要摆脱农村非农产业落后、农民收入低下的局面，发展乡镇企业，必须把基点放在农民群众自力更生创业上，放在包括户办、联户办在内的小企业上，发挥群众的积极性、创造性，走符合不发达地区实际的路子。阜阳经验与温州模式有很多共同点，它更具有由农而工而商的特点。现在所说的发展当地特色经济、“一村一品、一乡一品或数品”、产业集群、专业市场、龙头带动千家万户的龙型经济等，都可以在阜阳模式中找到它的身影，阜阳模式的四大元素在当前农村乡镇企业的发展中继续在发挥作用。

其次，安徽省和阜阳地区较早探索不发达地区乡镇企业发展的路子，但至今乡镇企业仍很落后，需要寻找原因。其中，一个因素是这条路子并没有在一些地方坚持下去。传统农区农民群众发展乡镇企业、民营经济，需要较长期的努力。但一些地方急于求成，又走上用行政方式集资摊派办乡镇企业的路子，这种方式失效后，又把主要精力放在引进外资上，老是偏离依靠农民、致富农民的基点。二是20世纪90年代农业家庭承包经营还缺乏国家与农民利益关系的界定，农区发展乡镇企业的环境恶化。大包干包而不干，为了实现上面提出的多种“大办”、“达标”，政府通过乡镇五个统筹和摊派，以及村提留，向农民伸手，农民负担日益加重，这就使农民种田无利，农户所得下降，户办企业也就无从发展，小企业的税费负担也越来越重，已办企业有的也被税费压垮。年轻劳动力只好越来越多地走出农村，离开家园，到城市打工。三是一段时间粮食等农产品流通统得过死，影响了加工。四是乡镇企业融资环境不好，农区本来不多的资金也大量流向城市。

第三，现在进入城乡统筹发展的新阶段，不发达地区乡镇企业、民营经济发展面临新的情况。有利条件是国家实行以城带乡、以工补农战略，对农村“少取、多予、放活”，取消农业税和乡统筹村提留，减轻农民负担，加强农业、农村建设；发展非公有制经济的政策环境改善等。也有许多不利因素，如有的在指导思想上看

不起农民办的小企业，依靠本地群众的创造力发展乡镇企业的路子不明确；在乡镇企业、民营经济的融资、技能培训、专业市场发育和建设上需要解决的问题很多；大量农民进城就业从长远看对城市、对农村都是有深远意义的，但农村劳动力弱化，留守妇女、儿童、老人增多，也增加了发展的困难。因此，不发达地区如何发展农村非农产业，改变乡镇企业薄弱的局面，仍是摆在我们面前的一个重大问题，需要在新的发展阶段继续不发达地区发展乡镇企业的未竟事业。

（2008年9月）

卡住粮食流通也就卡住了粮食生产*

1989年4月10日到14日我们到安徽主要产粮区滁县地区和全椒、定远、凤阳等县调查了当前粮食生产情况和存在问题。

滁县地区辖6县1市，其中有3个县为全国百个售粮先进县，总人口360万，为稻麦两熟产区，稻谷占粮食总产的70%。1988年全省粮食减产，该区改革以来连续十年丰收，1988年总产达59.77亿斤，比1978年增长1.6倍，对国家贡献很大。近几年每年商品粮近30亿斤，其中定购12.5亿斤，议转平9亿多斤，议购8.5亿斤，每年净调出20多亿斤，如加市场部分则近30亿斤，占安徽粮食调出量的一半多。今年由于多方努力，加上气候好，预计小麦可增产一成，油菜可望大幅度增产。但是，当前农村经济尤其是粮食生产中存在几个亟待解决的突出问题：

一、粮食流通统得过死，使商品粮产区受到严重打击

这个地区去年完成粮食定购任务最早，但这里的粮食流通仍未放开，仍有诸多限制。一是凡出省销售5吨以上的大米（包括稻谷），县里要报经地区粮食局签署意见，开介绍信到省，由省粮食协调办批准后，才能取得出境通行证，申请到车皮计划。这种做法，把多年的多渠道经营堵死了。地、县干部说，化肥专营了，还允许我们去外省直接协作，粮食经营连这点灵活性也没有，粮食上面不叫专营，实际上是专营，统得比化肥还死。二是供销社系统收购了部分议价粮，但很难申请到出境证和调运车皮。即使申请到，每销出一斤粮，除正常收取一分钱农业发展基金外，

*本文是1989年4月随同王郁昭、张根生、杜瑞之、霍泛等同志到安徽调查，在集体讨论的基础上完成的。

还加收少则 2.7 分，多则 4.5 分钱的手续费给粮食部门，致使一些供销社不得不把自己收购的粮食再卖给粮食部门。三是民间粮食流通基本上被卡死。1988 年年底，粮食部门以公议购稻谷价为 0.33~0.35 元/斤，市场价涨到 0.50 元/斤左右，农民不卖，存在家中。现改为随行就市，但粮食部门资金缺乏，难以购进，而民间外销又申请不到出境证。凤阳县刘府乡原有一个粮食市场，1987 年成交 1.5 亿斤，1988 年只成交 2000 万斤，1989 年已经消失。全椒县前几天卖给广东的 700 万斤稻谷，运到南京被江苏省卡住，要强行以平价收购，这场官司正在打。

由于粮食统死市场，粮价猛涨，牌市差距拉大，定购稻谷一斤差 3 角，议转平一斤差 2 角。全地区农民因而减少收入 5.5 亿元，人均 180 多元。凤阳县后杨村 123 人，1988 年产粮 52 万斤，卖定购 20 万斤，议转平 20 万斤，每人少收入 1000 元。全国人大代表杨锦礼产粮 5 万斤，卖定购、议转平各两万多斤，少收入 1 万元。滁县地区粮食定购任务很重，人均负担 400 多斤，在定购之外的商品部分历来是多渠道卖到闽、粤等省，每斤粮食多收一两角钱，靠此增加一些收入，补偿生产成本的提高，减轻农民负担。1988 年冬以来，完全卡死，因而农民十分不满，种粮积极性受到影响，地方干部和广大农民都积极想法改种瓜菜经作以增加收入。

由于粮食出省统死，目前该地区粮食系统库存 14 亿斤 (其中定购粮 7.1 亿斤，议购粮 6.9 亿斤)，超过了正常库存标准，积压议购粮 5.3 亿多斤，供销社系统积存 6000 多万斤，群众家中待售粮仍有 3 亿多斤，合计共积存粮食 8.9 亿斤。因而造成资金严重积压，仅粮食系统积压资金 2 亿多元，致使经济活动很不正常，产生连锁反应。国家急需的、农民要卖的粮食和生猪等农产品都无钱收购，供销社也无钱去购进化肥，化肥厂无资金购煤炭，严重影响生产。

还有一个问题地县干部反映强烈。全国农村工作会议宣布了从 1989 年起取消粮食议转平，但不久有关部门就分配了 1989 年大米议转平的任务。安徽省的任务是 10 亿斤大米，分配给滁县地区 6 亿斤。大家说究竟是听中央、国务院的，还是听部门的？最近李鹏总理在人大报告中又明确取消议转平，但有关部门又发出通知要各省完成任务，只是改为定向、定量、不定价。省、地都要求此项任务由地方为主和外省协商处理。

二、农用资金短缺，农村经济难以正常运转

现在农行、信用社发放农贷是有计划而无资金落实。滁县地区农行一季度累计

发放贷款 4069 万元，比 1988 年同期减少 3457 万元，占 46%。全地区夏种需贷款 1.5 亿元，只能够凑集 5000 万元，仅能满足 1/3。三挂钩无法兑现，全年粮食、棉花的预购定金应发放 5800 万元（其中粮食预购定金占 90%以上），而 1989 年完全没有钱向农户发放现金，而是由农行、信用社开出存款支票，让农民到供销社买化肥，再冲销供销社欠农行的贷款。这实际是新的“白条子”，农民只能用支票在本乡供销社买化肥，而不能买别的用。由于资金短缺，供销社无力采购化肥、农药等生产资料供给农民。

三、化肥等农用生产资料缺口大、价格涨，不及时解决势将影响农业生产

现在面临的突出困难是化肥。该地区 1988 年全年使用化肥 80 万吨，本区地产化肥加上挂钩肥等可解决 40 多万吨 (每百斤挂钩肥只 15 斤，因为大批粮食调出，省地都不肯增加挂钩肥)，缺口为 34 万吨，靠到外地采购。1989 年到外面采购十分困难。一是供销社没资金。二是过去每年用一亿多斤大米到山西等地换购化肥、煤炭，现粮食统死无法去换。三是化肥专营后，不少地方实行了化肥封锁。1989 年本地化肥厂煤电不足，生产不好，价格更是飞涨。由于协作煤价达 240 元一吨，碳氨价格则上升到 360~400 元一吨，比 1988 年同期提高 100 元。目前这个地区派出 1200 多人到外地联系采购化肥，虽然价格较高，但只要能买到，他们还是要买，问题是没有资金。专员张友道说，如果到 5 月份不能解决 12 万吨化肥，就要影响今年夏种，导致秋粮减产。

对上述问题联系起来分析，主要是把粮食经营统死了。由于粮食统死，难以流通，粮食压在仓库和群众手中，既占压了贷款，又变不成资金；粮食流不出去，钱回不来，所缺化肥、煤炭就进不来，也断了以大米换煤的路。表面上是卡住了流通，深层看是卡了农业生产。对商品粮食产区来说这是 1985 年以来第二次严重打击。地县干部反映破坏粮食双轨制的不是农民，而是国家部门，广大农民和干部迫切要求把库存议价大米以及供销社、群众对外销的粮食放开，销出去，就能获得 3 亿~4 亿元资金，缺资金、缺农用生产资料的问题，也就能大大缓解。因此，像滁县地区这类商品粮主产区，目前许多问题的根子是粮食流通卡得过死。

这里的地、县干部强烈表示：国家定购这一块我们保证，但议购粮的外销权要下放给县，恢复到 1988 年 9 月以前的政策。

我们认为，这个要求是正确的。保证今年粮食增产，增加供给是大局。只有增了产才能稳定市场，不能只顾当前粮食调拨，把粮食流通管死，妨碍粮食生产。建议国务院及早采取措施，解决商品粮主产区粮食流通中的问题，以缓解农业生产资金缺乏的困难；对像滁县地区这样的重点商品粮地区，在化肥、资金供应上应给予一些特别支持；再有一个多月油菜子、小麦就要相继登场，要尽快地把夏季粮油收购资金落实下来，坚决不再打白条，影响秋粮生产和收购。

(1989年4月)

以批发市场为中心组织鲜活农产品流通*

——对寿光蔬菜批发市场的考察

寿光县地处山东中部渤海湾南畔，胶济铁路之北，隶属潍坊市，103 万人，农村人口 90.3 万，150 万亩耕地，是个农业大县。农业家庭联产承包后，这个蔬菜之乡的蔬菜生产迅速突破就地消化的局限，发育出面向销区的批发市场。批发市场承担起跨区域大流通的职能，充分发挥市场竞争和价格机制的作用，促进区域生产分工和资源优化配置。市场牵动生产，生产促进市场，产业和市场越滚越大。目前已形成占地 25 万亩、拥有 6 万个大棚的蔬菜基地，在 34 处乡镇、23 万农户中，3/4 的乡镇、60%的农户种菜。1991 年生产蔬菜 12.5 亿公斤，收入 3.54 亿元，农民人均收入 962 元，其中来自蔬菜的占 400 元。县城西、九巷村南崛起的被称为“北方第一家”的寿光蔬菜批发市场（又称九巷市场），场地 23 万平方米，人口日流量 3 万左右，日均上市蔬菜 70 多个批发品种，其中 70%来自本地，30%来自 20 个省份，销往台湾以外的省区。1991 年蔬菜成交量 4 亿公斤，交易额 2.28 亿元。1992 年上半年已分别达到 3.2 亿公斤和 2.26 亿元。批发市场带动要素市场和加工业的发展，全县 4.7 万人进入运销和以市场为依托的各种类的第三产业。

一、批发市场的组成、机能和运作方式

兼有产地批发和中转集散特征的寿光蔬菜批发市场，其基本模式是以出售蔬菜的农户和商业组织为一方，以销区商业组织和多种运销批发商为一方，以批发市场为中心场所，由经纪商中介，实现双方交易，从而形成多渠道交叉的流通网络。作

*本文与潘耀国合作，寿光县委农工部、政府办唐国信、隋子龙参加调查，发表于《中国农村经济》，1993 年第 2 期。获全国农村改革试验区流通体制改革论文一等奖。

为交叉点的批发市场起着集散商品、形成价格、集输信息和综合服务中心的作用。其运作和诸种功能的发挥，核心是依赖市场组织和经济机制的作用，同时也依赖物质基础设施的建设和市场交易法规建设，并与生产服务体系的发展相关，它的构成和运行状况主要是：

(一) 广泛参与、相对分工的市场交易组织

寿光蔬菜批发市场上的交易组织有两个显著特点：一是社会广泛参与。批发市场是开放性的，便于本地、外地农民、商户进入。外地客户还得到货源提供、停车、供水、食宿、信息和特殊情况下减免管理费等优先照顾。经营上不限品种，各种蔬菜及瓜果类产品均可上市；不限运输工具和贩运地区；可直接现货交易，也可委托购销、合同贸易。因而多种组织参与市场，既以农户、个体、联合体居多数，又有国有和集体企业、产销两地的联营公司。仅对关系市场信用的经纪商有限制，获准资格为有固定场所，有经理、会计、划价、司磅人员，设标准磅秤，遵守交易法规，在工商局办理营业执照和批发市场准入证。二是分工相对明确，有供货组织、购货组织、经纪商三个环节，但职能上也有交叉。

(1) 供货组织。①产销蔬菜的农户。十几万农户产出蔬菜的70%以上是自己直接送入市场出售。②外来蔬菜供货商。一种是来自“三北”等地的单品种菜，主要由贩出寿光菜的商户返程运进。另一种来自南方的多品种蔬菜，主要由专门的批发商贩进。主要贩运南方菜的前杨村，近几年每年十月到次年五、六月，90%的男劳力从事蔬菜贩运。“小半年姓农，大半年姓商。”组织成30多个运销合伙组，每组三四人到十多人，有经理、会计，一两人在外地采购发货，其他人在寿光接货批发。两地电信联络。每组流动资金平均10万元上下。采购员常住广东、云南40人，北京10多人，年发运南方菜1200车皮。

(2) 购货组织。入市蔬菜除少量由胜利油田等大单位购买自用外，均由批发商购运到销区市场，批发给零售商。①专门批发贩运商。由农民、城市个体劳动者组成的合伙组织占多数，销区国有、集体蔬菜公司参与。其采购员常住九巷市场的150~300人。②兼营批发商。多是批发商兼经纪商。如县国营商业蔬菜公司98人，固定资产1000多万元，购销、加工、服务综合经营：①为大中城市蔬菜公司购运蔬菜；②收购加工出口；③充当经纪商，搞中介服务；④与北京市及崇文区蔬菜公司合股办京寿联营公司；⑤在商业部支持下开设一块商业蔬菜批发市场。年批发和中介销售蔬菜1.25亿公斤。与此类似的还有供销社蔬菜公司和农业局等部门兴办的经营实体。

(3) 经纪商。是受批发贩运商委托代购代销的组织。基本是由寿光当地人充任，便于外地客商与本地菜农打交道。作为一种专业分工组织，它有划价、司磅、会计等一套人马，可代客商履行同菜农洽谈购买、质量检查、议价、过磅、组织装卸、结算等职能。九巷市场上的经纪商开始为一两家，现在有72家。一类是国营商业、供销社、农业局等部门办的经营实体，共5家。一类是乡村办的集体蔬菜公司，共22家。1988年成立的文家乡蔬菜公司，45人，固定资产45万元，稳定联系外省客户100多家，去年代购蔬菜1500万公斤，手续费收入35万元，交税2.1万元，利润3万元，按6:2:2分作公司发展基金、职工奖励和上缴乡经委。三是个体蔬菜公司。共45家，多是由贩运户转为中间商。

(二) 平等竞争、市价调节的交易和流通方式

批发市场为上述职能不同的多种经营组织提供了开放的交易场所。多家经营，平等竞争，构造出四通八达、相互交叉的流通网络和灵敏的价格调节机制。其交易和流通的特点是：

批发成交，以经纪商中介和现货交易为主。交易蔬菜的90%是批发贩运商委托经纪商代购代销，一汽车青菜在一两个小时内即可完成与菜农洽谈购买到装车、结算的全部工作，只有10%是客户与菜农直接成交。直接现货交易为主，国营、集体甚至个体蔬菜公司也为建立稳定关系的客户，以电话相约、合同订货方式购运或加工出口。

多家经营，汇聚疏散，形成多渠道交叉的流通网络。批发市场上送菜上市组织多，上市蔬菜量大、品种多，适应批量购进，按需求选购；购买贩运组织多成分、多规模、多种经营方式，适应商品向不同区域、不同消费层次流动。多个买者与多个卖者汇聚，相互有多种选择，因而不仅渠道多，扩大商品流量，且增多了商品流向，相互交叉，形成错综复杂、变化多端的流通网络。九巷市场工商所办公楼里有一张批发市场流通图，从这个市场流入流出的红绿直线交错于整幅中国大地图。

平等竞争，谁也垄断不了市场。竞争在几个层次展开。菜农之间，谁的菜应时、物美价廉，客户就优先购买。经纪商的竞争表现于两头：一头与农民打交道，谁划价、计量公正农民就找谁，农民手里往往拿着几个中间商的划价单作比较；另一头与批发贩运商打交道，在购菜、划价、计量、装车、提供市场信息等方面，谁综合服务好，商户就找谁。批发商之间的竞争，主要是在了解产销两头市场价格、供求信息，搞经营决策上的脑力劳动竞争，同时购货后争分夺秒赶运销区。出租车、装卸、旅店等服务单位和人员之间也是一层竞争。总之，市场交易处在多方面

开展物美价廉、优质服务、提高效率的竞争中，不同层次间则优势互补。

随行就市，形成具有较大代表性的价格。批发市场的商品定价，表面看与一般集市无差别。随行就市，相对议价成交，昨日底价、当天上市量和购买客户的多少影响出价。但对价格形成作深层、动态观察，就发现其价格与集市有不同的性质。众多批发商带来全国不同产地、销区的价格，即供求关系，使批发市场的蔬菜成交价能综合反映很大范围的社会供求，而与社区小集市反映局部供求具有质的区别。而且批发市场价是在社会流通和竞争中形成的，外地某种菜价低于寿光，购销有利，批发商就贩进，反之卖出。这种在调剂区域余缺的动态过程中形成的中心批发市场价格，更能如实反映很大辐射面内的供求，因而更适合调节流通和生产。寿光冬春季节蔬菜对应北方广大地区的短缺而发展，以及单品种蔬菜的多种变化，正是受益于这种质量较高的价格引导。

（三）市场信息系统

市场上导引商流、物流的是信息流，流通网也是信息网。从信息收集主体、服务对象看，寿光蔬菜市场信息系统是由三部分交织而成。①工商局、所为主的公共信息收集系统。九巷市场上，工商所人员都负有收集信息责任，并利用经纪商经营单据等信息来源，设专人整理编制信息行情表，内容包括 38 种主要蔬菜当日交易价、成交量，及与上年同期对比。还与 187 个大中城市建立了信息交流联系。他们每日以广播、信息快报、信息栏等形式公布，让菜农、客户知道行情。县领导每日必读市场信息和行情表，掌握市场脉搏，指导生产经营。②批发商、经纪商的信息收集。此类信息经营者是自己的资本。国营商业蔬菜公司的电脑与商业部联网，供销社组织了流通协会，别的组织则是靠电话、人员聚散、公司日记、联系客户，收集信息，分析趋势。③农民和乡村服务组织的信息收集。农户通过市场获取信息，有的有记录。乡村和农民蔬菜协会也收集整理信息。马店乡蔬菜协会利用累积的市场行情，分析年度各时段蔬菜销量、价格变动规律，指导农民的产销安排。这些信息系统相互交叉，国营、集体、商业将信息传递给联系基地村户。信息收集也包括技术信息、要素市场行情等。

（四）市场交易中的结算和资金运行

目前批发市场的买卖结算，主要由起中介作用的经纪商承担。在经纪商的会计处，菜农凭划价单、购货单领取出售蔬菜的货款；购买批发商交付货款、手续费和装卸费。各种单据由工商所统一印制编号。部分交易，经纪商（以国有、集体公司为主）对联系稳固的销区销售公司、批发商代购代运，对方不来人，通过银行结算。九巷市场现金付款约占总交易额的85%以上，通过银行支票转账付款的结算额约占15%，多为一次结清，个别为定期结算。

批发贩运商的资金来源逐渐多元化。①农户和企业积累。②经纪商、集货商垫资。经纪商在服务中稳拿手续费，是依赖批发对贩运商做成生意，故愿为有一定信用关系的客商补充资金。③银行信贷。银行对国有、集体商业提供信贷较早，对当地农民贩运组织的贷款从1990年开始，由所在乡村经济单位担保，期限半年，利率在1%~1.4%。④股份制联营。目前多为寿光国有蔬菜公司、农业局等新办实体与北京等销区公司搞股份联营。乡村集体和农民的股份联合还在萌芽状态。

（五）运输、通讯、仓储及交易场所等与市场相关的基础设施

在运输、装卸上，连通市场与公路网和胶济铁路四个车站、县内铁路支线及羊角港的公路干线，以国家投资为主。县乡公路是政府的规划投资带动乡村和农民投资投劳。目前县内公路里程998公里，乡乡通柏油路，乡村土公路通达每村蔬菜基地。九巷市场上国有、集体、个体以至部队的出租货车，以农民为主的数百装卸人员随时提供服务。

批发交易场所设施，属公共基础设施的，如开征场地、交易顶棚、场地硬化、通水通电、电讯线路等，以政府投资启动，参与开办的乡集体等多方投资。县政府是以工商部门市场收取管理费不交财政，而用于市场建设的办法迂回投资。随着公共初始投资，市场兴旺，属于盈利性的设施，如服务楼、冷藏库、车辆修理所、加油站、旅店饭店等，便由多种成分的企业投资兴建起来。

（六）已经确定的交易规则

寿光县负责人说：没有有力的市场管理，没有良好的市场秩序，即使建再多再大的市场，也不能发挥应有的作用。对坑害菜农、客商的不正当行为，不管就是放纵。自主交易、平等竞争、市场机能的顺畅发挥，是以确定规范企业行为的基本规则，创设安全公正的交易秩序为条件的。

已确定的交易规则，是他们以《城市集市贸易法》为基础，在解决批发市场交易问题的实践中形成的，概括在1990年发布的《关于加强寿光批发市场管理的规定》等七个规则性文件中。属通则性的内容有：

(1) 批发场地的限制。一般情况下批发商只能在批发市场内从事批发业务，禁止场外蔬菜批发交易。但农村大白菜、大葱等大量出售季节，特许到乡村就地批量购进。这是基于防止市场分割。批发市场宜大不宜小，宜集中不宜分散。市场分割小了，批发慢，承受力小，不能持续开展批发业务。现在来九巷市场 100~200 辆汽车当日都能装车，并能多日连续发车。同时不准场外批发，可防止乡里不了解行情的菜农受骗，也便于保护批发商的权利不受侵犯。

(2) 批发对象的限制。禁止在批发市场内转手倒卖，人为增加批发环节，只允许向购运商一次批发。但批发交易出现剩货时，可在专辟的剩市口出卖，次日再上市。

(3) 对不正当行为规制。一是严禁欺行霸市，强拉客户，强买强卖，垄断市场，侵犯自由交易权力。二是严禁私自带入磅秤（均用工商部门核准编号交易秤），抬秤压秤、压级压价，或以次充好，掺杂带水。领得许可证的经纪商实行单位、称号、砣重“三公开”。三是坚持划价、购货、收费单据一个一单，以备查核，旨在保护菜农、客商和国家利益。

(4) 禁止区别对待，本地外地客商一视同仁。

(5) 依法收取手续费，限制内部勾结。禁止经纪商包括划价员、司磅员收受手续费以外的报酬（现金和实物），勾结渔利。

(6) 对维护市场秩序有功或违章的奖惩。

市场公正交易制度、秩序的建设和维护，在九巷市场是靠既有开放、服务观念，又有政策法制观念，纪律严正的工商所、派出所人员为骨干，将规则晓谕交易者，并依靠个体劳动者协会和经营单位进行自律管理。仅 1991 年查处违法违章行为 1700 起。除此经常管理外，近几年市场旺季之初，县政府还直接组织力量配合市场管理人员开展为期十天、半月的集中教育和整顿。

（七）与批发市场相结合的蔬菜生产服务组织

寿光蔬菜批发市场的一大优势，是有大面积蔬菜生产基地为后盾。县、乡、村的农业综合服务，蔬菜研究中心、供销和商业蔬菜公司及农民蔬菜协会专业服务体系，配合农户，依据市场供求走向，调整蔬菜生产结构，强化基地基础设施，改进技术。

二、启示和建议

与寿光蔬菜批发市场类似的农产品批发市场连同以乡镇企业为基础的工业小商

品批发市场的逐步成长，已在我国社会主义市场经济史上写下了富有教益的序章。其启示主要是：

(1) 以批发市场为中心建立完善鲜活农产品市场流通体制。1991 年我国农产品批发市场已发展到 1509 个，多数与寿光类似，自然形成，土生土长，商流物流结合，少数是按一定设计开设的，看样定货。实践表明，它便于农民和多种购销组织进入，组织多渠道的商品集散周转和跨区域的大流通，联系广大生产者和消费者，促进全国统一大市场的形成；它也是价格、信息、服务中心，集中供求，平等竞争，形成价格，集输信息，调节生产和流通；因其交易集中，也便于调控管理。对许多生鲜农产品来说，它是顺乎自然地走向市场流通新体制的途径和关键。放开市场后，抓批发市场，就能抓住流通体制、市场制度建设的一个要领和突破口。

(2) 系统调查我国农产品批发市场的现状、经验和问题，得出符合我国实际的认识和利于其发育的政策，帮助已有的批发市场健全完善起来，指导新的批发市场发育建设。指导上要借鉴国际经验，也应看到我国批发市场的具体形式，很大程度上是由农业生产（如小规模）、城镇消费、组织程度、流通条件等决定的，不宜于人为拔高，照搬外国，而要借鉴其知识和管理经验，在自己的基础上前进。同时以现状为基础，考虑未来，对已成气候的几种农产品批发市场，作出分类和初期规划，也有利于指导它的建设和发展。

(3) 政府对批发市场的公共基础设施建设，要给予一定的投资。

(4) 对几种农产品分别以若干大型批发市场为主，实行信息联网，做好市场预测，提供给农民和商业经营者，以利于生产和流通。

(5) 着手酝酿制定农产品批发市场法。政府对批发市场的作用，主要在宏观调控导向、公共基础设施、市场交易秩序等方面。目前重要一环是建立保护经营者权益和平等竞争、公正交易秩序的规则。改变包括农民、易地经商者在内的当事人的利益受损害，或因过去统死管死的思想未改，多方插手干预，借服务之名在某一环节统死、垄断，经营者丧失了交易自由等现象。为批发市场创造良好秩序，就要使应有的基本交易规则成为社会规范，制定有关法律。1983 年制定的《城乡集市贸易法》已不足以适应批发市场，需结合批发市场的特点和问题，从开设、投资到交易行为规则、当事人财产契约权利维护及管理、收费等，作出原则规定。

(6) 要关心农民共同进入流通的组织发育问题，改善农民在市场上的交易地位。

建立健全以批发市场为中心的鲜活农产品市场流通体制*

——山东寿光蔬菜批发市场调查

目前我国农村正势不可挡地走向社会主义市场经济。这是在实行农业家庭联产承包责任制、继而乡镇企业崛起，造就巨量自负盈亏的商品经营主体基础上，生产商品化的必然要求，也是经济体制改革深入的大趋势。如何实现农产品流通体制转换的任务，发育健全市场，构造新的流通体制，这是亟待深入研究和解决的问题。

改革以来，农产品市场是在蔬菜、水果、水产等鲜活商品领域率先发育起来的，且由一般农贸市场的活跃进而产生出许多批发市场，从而积累了进入市场经济的经验。为了探求培育健全市场之道，我们到全国十大专业批发市场之一的山东省寿光蔬菜批发市场作了20天调查。我们早已听到对它的称赞："寿光的菜篮子挎遍全国"，"昨天寿光的菜园子，今天北京的菜篮子，中午市民的菜盘子"，"在寿光市场，有多少菜都卖得出，要什么菜都买得到"。因而想弄清它怎样发展到这种程度，其运转效果到底如何？保障其繁荣活跃的条件是什么？如何从低层次走向更高层次？大市场是怎样管理的？市场流通与农业社会化服务体系是什么关系？市场发展提出了哪些政策性要求？

调查中我们感触到，批发市场牵动人心。这里农民最满意的是家庭承包制、农业开发服务和大市场三件事。农民卖菜不难了，拉一车菜上市场，一两小时就变成一沓钞票。"若是没有大市场，现在种的菜卡到公路沟里也装不下"；正因得益于市场，就生怕已形成的市场一朝给搞糟了。批发商、经纪商不再偷偷摸摸搞贩运，靠辛苦经营和拼力竞争发了财，虽然舆论对是奸商还是功臣仍待分清，但政策上合法了，社会经济地位上升。所担心的只是垄断、封锁，一个环节统死，整个经营难

---

*本文与潘耀国合作，寿光县委农工部、政府办唐国信、隋子龙参加调查，获全国农村改革试验区流通体制改革论文一等奖。

行，二怕“红眼病”，刚一发展就增税负、乱收费，不堪承受。县领导则说，过去到寿光研究蔬菜市场的，多是勉强套计划和市场如何结合，怎么也讲不清，因为它实际是市场经济，调控、管理是在市场经济基础上进行的。小平同志南方讲话后，大家才如实说了。县委、县政府讨论下一步不仅要完善发展以蔬菜为主的农副产品批发市场，还要发展工业品交易中心，以及技术、劳务、金融、房地产市场。我们则感到，寿光是从开设、培育蔬菜批发市场进入农产品流通新体制之门的。

一、批发市场的形成：从集市到全国性大型批发市场

寿光县在山东中部，渤海莱州湾南畔，胶济铁路之北，属潍坊市管辖，面积2180平方公里，北部多盐碱滩涂，南部则地肥水丰；103万人口，34处乡镇，1005个行政村，23万农户，农村人口90.3万人。现已形成粮、菜、棉、果、盐、虾、牧、工八大产业，是国家农业综合商品基地县，1991年农业产值46亿元，财政收入1.4亿元，城乡储蓄8.3亿元，为全国百强县之一。

过去谁也未料到，在这个传统的农区，会形成占耕地25万多亩、拥有6万多个大棚的大型蔬菜生产基地，3/4的乡镇、60%的农户搞蔬菜生产，去年仅蔬菜收入3.5亿元，人均400元，占农民人均收入962元的40%；在距铁路干线尚有近20公里的寿光县城会出个被誉为“北方第一家”的大市场。

这个大市场位于寿光县城西、九巷村南，潍（坊）博（光）、羊（口）益（都，现青州）两条黑色公路的交会处，名为“寿光蔬菜批发市场”或“九巷市场”。宽大的交易场地有23.2万 m^2，周围布列8座服务楼和100多间其他服务用房；场地东南角是0.5万 m^2 的钢支架玻璃钢瓦交易棚，中央水泥交易地面17万 m^2，西端场地整齐停放几十部到一百几十部出租用的货运汽车，日复一日，人头攒动，车辆进出。日均上市3万人，旺季5万余人，机动车日流量1000多辆。上市蔬菜有大葱、芹菜、韭菜、西红柿、黄瓜、大蒜、青椒、香椿等70多个批发品种。本省莱芜、安丘生姜、苍山大蒜，江苏莲藕，浙江菜花，广东云南细菜，甘肃元葱，东北土豆，也在这里上市。蔬菜来自本地占70%，来自外地20多省区的占30%，销往除台湾、西藏之外的28个省市区。1991年蔬菜交易量4亿公斤，交易额2.28亿元，分别是1984年初建市场时的13倍和54倍。1992年上半年，交易量已达3.2亿公斤，交易额2.62亿元。早在1989年，全国蔬菜协会在寿光召开“组织农村市场，发展商品经济”的理论研讨会，协会负责人评价该市场已成为“目前我国最大的蔬

菜集散中心、蔬菜价格形成中心和蔬菜市场信息中心”。

寿光蔬菜批发市场生机勃勃地发育成长，是改革开放的产物，是发展和市场越来越紧地结合在一起的过程。市场渐进的自我发展，不仅表现为数量规模、空间规模的扩大，而且伴随着形态的演化和质的飞跃，14 年大体经历了三个阶段。

第一阶段，实行家庭承包制后“蔬菜之乡”蔬菜商品生产发展，很快突破就地消化的极限，呼唤传统的社区集市实现向产地批发市场的飞跃。

寿光种菜的历史久远，但传统优势在改革之前未得到发挥。寿光种菜在汉代已出名，北魏农学家贾思勰出生于此地，在巨著《齐民要术》中就有农民培植韭黄的记载，18 世纪后韭黄、大葱不仅入京，还通过县北羊口港转运烟台、青岛、上海和出口日、韩。解放后，虽然仍是蔬菜调出县，但发展处于停滞状态。究其原因，一是农村集中经营、集中劳动分配捆住了农民的手脚，搞平均主义劳动效率低。维持了以粮为主的种植结构，虽然保住了饭碗子，但多种经营萎缩，农民收入低。二是计划种植统得过死。蔬菜虽属“三类”产品，但吃不了的能“自发”上市，与集体完成国家粮食生产计划有矛盾，长期被当作“二类”产品进行计划、分配式的产销。具体是县设“蔬菜外调办公室”，按上面下达的蔬菜调出任务，安排社队种多少菜，社队集体就种多少菜；委托基层供销社代购，再由“外调办”按省里批准的调运计划和全国统一规定价格调出，统一对外结算。因此，集体种植面积有限制，六七十年代，一般都在 5 万亩左右；种植品种单一，主要是大葱、大白菜，种萝卜主要为喂猪。社员人均一分自留地，种的菜仅限于自食。“文化大革命”中一户种韭菜不得超过 5 垅，超过、出售就是资本主义。“割资本主义尾巴”在寿光主要是割农民自留地上的韭菜。这样，1978 年前农村经济基本属于封闭式的自然经济和计划分配式的产品经济。

十一届三中全会以后，蔬菜生产发展停滞的局面被改变。寿光农业经营体制从试行队种组管到“包干到户”，农民有了经营自主权，开始调整农业生产结构，加上恢复集市贸易，蔬菜商品生产渐渐由涓涓细流变成滚滚而来的洪流。1982 年寿光县城郊出了“五大王”，即冒了尖的种植户，除一户是制种户，其他的“温室大王”、西红柿、韭菜、芹菜“大王”均属蔬菜类生产。到 1983 年全县粮经种植比例调整到 6:4，蔬菜种植面积达到 15 万亩（复种面积为 19 万亩），总产 4.3 亿公斤，分别比 1978 年增加 1.7 倍和 1.8 倍。同时果品产量 340 万公斤，水产品 260 万公斤，商品率都在 90%以上。

但流通不畅成了商品生产发展的突出障碍：一是在骤然袭来的商品洪流面前，流通渠道显得狭窄。当时全县除了一家国营蔬菜公司（前身是60年代的“外调办”，70年代的县副食品组）和几处零散的购销点外，就是县城西关一处5日一集“售其所余、购其所需”、社区自给性的传统集市。1983年秋后，由于流通限制，寿光大白菜一角钱可卖7.5公斤，冻在地里未收获以及霉烂蔬菜达0.5亿公斤，投下了菜贱伤农的阴影。二是农民进入流通，集市交易场所狭小。除了千家万户上市售卖，部分农民自发从事蔬菜贩运。由于集市人车拥挤，就在公路沿线出现一批自发交易摊点，但影响交通，也难形成正常的市场交易。乡村干部和农民迫切要求解决卖菜难的问题。严峻的事实使县领导清醒起来，改变单纯抓生产的做法，郑重地把市场流通提上议事日程。1984年初决定将西关集市迁到交通方便的南关，开设蔬菜专业批发市场，责成县工商局承办。

显然，传统集市向批发市场的飞跃，是蔬菜生产大大突破了就地消化极限的产物；推动这一转变的动力，来自从“大呼隆”生产中解放出来的农民，他们在家庭承包经营后发展了商品生产，然后又进入流通。

第二阶段，蔬菜批发市场开设后，在需求供给的双向推动下迅速扩张。

人们对开设批发市场的认识有先有后，寿光县城关三个批发市场的建立反映了这种实践与认识的过程。1984年初，当县工商部门到南关村商量征地办市场时，该村珍惜场上的桑墩，一亩地要价2万元，30亩要60万元。工商局无钱，想把市场迁回西关，同样遭拒绝。进退两难之时，位于县城西南角的九巷村党支书夏洪升却找上门，要把市场放到他们那里，地价优惠，可先搬迁市场再分年偿还，并出8间民房供临时办公用。于是工商局征用九巷村25亩打场空地（征2.9亩，其他先为租用），1984年3月1日正式搬迁市场。初建时蔬菜交易仍以零售为主，小型批发为辅，但已是日日上市，车水马龙，当年成交蔬菜3000万公斤，403万元，日渐扩大。号称“江北第一家”的寿光蔬菜批发市场，就这样崛起了。

“江北第一家”的发展，活络了流通，促进了蔬菜生产，带活了第三产业，也富裕了九巷。该村当年5月贷款投资18万元，在市场东端动工兴建全县第一个村级大楼——兴华宾馆，设立电话总机；成立一个批发商业组织——兴华蔬菜组，次年改称公司；村里许多农民陆续进入市场搞购销、搞服务。回忆这段往事，夏洪升说，当时是想市场迁来，卖菜方便，能办个客店、饭馆什么的，有人来这里就能活跃，没想发展到今天这么大，好处这么多。

九巷过去是城关的一个穷村，1983 年人均收入还低于南关村 87 元，但 1984 年就高出南关村 88 元。事实教育了南关村，他们找县领导，找工商局，达成协议，自愿无偿提供土地，工商局投资 2 万元，于 1986 年初建起了寿光第二蔬菜批发市场。1988 年，西关村感到不重视市场就要落后，也在县政府和工商部门同意下，自己投资 230 万元，仅用 76 天时间，搬迁房屋 50 多间，办起以日用工业小商品为主的西关商场，附设宾馆和大酒店，“诚招天下客”，为西关经济插上了腾飞的翅膀。

“先认识市场先受益”，这是人们在实践中得出的一个结论。

寿光蔬菜批发市场的建立和发展，实质不是人为的建设问题。它的发育既来自当地商品生产的推力，也来自销区需求的拉力。在全国，1984~1987 年农村改革推动了城市改革和发展，城郊因劳力机会成本提高、种菜比较效益降低，蔬菜生产呈下降趋势，而城市人口增加、收入增长，对蔬菜需求是上升趋势。东北等地区则每年冬春缺五六个月青菜。趁此机遇，寿光蔬菜凭借批发市场打入大中城市和广大的北方地区，蔬菜种植面积和产量在这几年里分别增加 60%和 1.5 倍。根据市场需求，县里及时提出稳定面积，增细（菜）压粗（菜）。农民的火炉温室大棚由 1985 的 4700 个增至 1988 年的 2 万多个。面向“三北”的反季节蔬菜发展起来。蔬菜批发市场沟通了跨区域的产销，促进了区域间的生产分工。在发挥跨区域商品流转机能的过程中，它自身也发育起来。1988 年九巷批发市场蔬菜交易量达到 2.5 亿公斤，交易额 1.5 亿元。

第三阶段，蔬菜批发市场由产地型向全国性大型集散中心转变，并带动农资和要素市场发育。

商品流通既依存于商品生产，又有其自我发展的规律。蔬菜产地批发市场向全国性集散中心的跃升，是本地贩运商将寿光蔬菜打出去，再把外地客商、蔬菜引进来的过程。

蔬菜批发市场的兴起推动了本地进入流通的部分农民由小商小贩向批发贩运商的转变。孙家集镇前杨村就是个缩影。该地在批发市场兴起前已开始蔬菜贩运，最早从事贩卖的只有 2 户。1980~1981 年，寿光南部农民种的菜开始增多，吃不了，零星放在家里不好出售，他们就用自行车，到户上收白菜，运到县城、有时到潍坊，一天一次，几百斤菜，得一二十元利。或收本地小麦，用毛驴带板车，贩到滨州，运回大豆，一斤小麦 3 分利。到 1982~1983 年，本地菜价低，开始利用地区差价，运菜到淄博以至江苏徐州。1984 年蔬菜批发市场建立后，前杨村贩运户增至

100多户，占农户的60%，开始汽车贩运，把寿光菜打入北京、郑州、武昌和苏、皖等地市场。一年干6个月，一辆汽车跑北京40~50次，输出20万~30万公斤菜，同时从北京捎回南方进京的青椒。走出这步棋带来两个变化：一是过去东北菜商的车还没有到过寿光，经寿光菜在京上市，北方贩运车辆便直下寿光，引来了客商；二是寿光农民在北京市场了解了南方蔬菜，便直下广东，1987年底、1988年初开始，用火车车皮向寿光批发市场运南方蔬菜。南北客商、南北蔬菜便在寿光市场上交叉对流起来，使寿光市场起了由产地批发市场向集散中心的飞跃。

在这一转变中，国营蔬菜公司、供销社进入也起了重要作用。商业局蔬菜公司利用过去向大城市调运蔬菜的传统渠道，把寿光市场与外地消费中心联系起来。供销社组织了包括一些大中城市蔬菜公司、本地供销社蔬菜公司、采购站以及蔬菜专业村、专业户，共180多家参加的蔬菜流通协会。政府和工商部门也对外联络。这样通过“官办”、民间两种形式，使寿光批发市场与全国蔬菜产地和市场联通起来。

现在，以县城“寿光蔬菜批发市场”（九巷市场）为中心，沿潍博公路由东向西，形成稻田镇、洛城乡、九巷、南关、文家乡等5处蔬菜专业批发市场（2个为季节性市场）。另外开设畜禽专业市场3处，水产品市场2处，粮油批发市场正在建设。连同几十处农村集市，初步形成以蔬菜批发市场为龙头的农副产品市场流通体系。

蔬菜专业批发市场的崛起，带动一些竹竿竹器、种子、五金、建材等生产资料市场配套发展；科技、金融、劳务、房地产市场，也随之启动和发展。寿光的技术服务不限于本县，近几年到十几个省区去的种菜能手都在上千人，并且到了美国和俄罗斯。用于黄瓜嫁接的黑籽南瓜，产地在云南、广西，香椿种子产地在秦巴、伏牛山区，其产量的一半以上被寿光的种子贩运户购进，向各地批发。

随着以蔬菜批发市场为先导、多种类市场体系的发育，政府对市场的建设，转向侧重“软环境”和软件的改善，并按照“市场导向，科技先行”的原则，健全蔬菜生产社会化服务体系。

二、市场中的经营主体：供货组织、购货组织和经纪商

“市场活动是一个为设计、定价、推销、分配一种能满足人们意愿的产品给现有及潜在的顾客，所发生的一连串相互影响的企业活动的整体系统。”市场的发育成长和运行，首先是由作为市场活动主体的企业类组织的发育和分工决定的。

寿光蔬菜批发市场的重要特点是便于农民和本地、外地多种多样的组织进入，社会参与广泛，经营主体量大、类多。因属“产地批发+中转集散”型，市场上的组织，有蔬菜经销、市场服务和行政管理三类。核心是直接从事蔬菜批发销售的组织，它由送菜上市组织、批发贩运商、经纪商三个层次组成，分工大体明确，但职能上也有交叉，其基本状况是：

1.送菜上市组织

（1）菜农。农户是商品蔬菜的生产者和出售者，农民在家庭承包经营、取得耕地使用权和相对独立的生产经营权基础上，随着蔬菜不再当成二类产品派产派购而获得销售的自主权，进入市场。商品蔬菜生产遍及寿光34个乡镇中的26个，1005个村中，户均种菜半亩以上、收入占农业总收入一半以上的村占1/3以上，23万农户约有60%以上经营蔬菜的生产和出售。

农户蔬菜的70%以上是农户直接送到批发市场出售。不运进批发市场销售的菜，主要是大葱、大白菜，在其集中上市的季节，多由批发市场上的经纪商穿线，客商村头购进。个别农户缺少劳力，距寿光较近的城市少数机动三轮车下村收购。这种农户直接上市销售，没有委托服务组织上市，是由生产和流通多方面的发展水平所决定的。

农户蔬菜上市，多集中于每天上午，从5时左右起，就将成筐、袋蔬菜，以自行车、机动三轮车、拖拉机或板车，从四面八方，沿大小道路，汇向市场。人们说如淮海战役民工支前一般。若是当天价格看好，农户会一天向市场运两三次蔬菜。从总体上看，菜农是入市最多的组织，他们从事商品生产和进入市场，是蔬菜批发市场最基础的一个层次。

（2）外来蔬菜购进商。来自20多个省份外来蔬菜的购进，大体分两类：一是来自“三北”以至四川等省的，多为单品种蔬菜，如土豆、元葱、莲藕和柑橘等，主要靠贩运寿光菜的批发商返程运进；一类是南方广东、海南、云南等地的，蔬菜品种较多，主要由专门发运寿光的批发商承担，其中又以寿光本地的批发贩运商为主，客商为辅。

我们看了主要运销南方来菜的孙集镇前杨村。该村195户，810人，1200多亩耕地，户户种粮兼种菜，菜地280亩，更是蔬菜运输“专业村”。批发市场建立后到1987年前，参加贩菜的农户占总户数的60%，近几年上升到90%。10月底到次年五六月，男劳力基本都外出搞运输，村干部只剩支书一人在村留守，他们说：“小半年姓农，大半年姓商。”女劳力除种菜管大棚，还要帮助装卸发运来的蔬菜。

前杨村有30个运销合伙、联合组织，称“组”。每组3~4人、7~8人、十几人，设有负责人、会计、出纳，一两人在外地采购发货，其他人在寿光市场接货批发。经营资金来源，一是从农业和从事小贩运逐步积累的，每年运销开始，组内成员凑集，到次年6月一个运销周期结束，再结算退本、分配。1987年王景春组从广东发第一个车皮蔬菜，凑的钱只买了大半车皮蔬菜即发出。现在一车皮菜均价4~5元，而一组少则可凑集几万元，多则20多万元。二是1990年开始，农业银行容许他们贷款，期限半年，一户不得超过0.5万元，当年贷款10万多元，1991年贷款56万元，利息由上年1.4分/元降到1.08分。三是外地代购公司垫付资金，不需付息。目前全村仅农民投入运销的资金在150万~200万元。村内安装10多部电话，开设电报挂号；运输汽车10台，从事车站到市场的短途运输；各组在寿光批发市场上租用60多间房，供批发销售人员使用。

前杨村出外采购人员，每年常住广东30多人，云南10多人；加上常住北京的共50多人。每组采购人员与当地某个蔬菜代购公司（经纪商）结成相对稳定的业务关系。他们与寿光方面两头电讯联系价格信息，认为可购的，当天或次日上午可将菜购齐、装车、发出。寿光市场专设了南方来菜批发处。仅前杨村，每年从南方发运蔬菜在1200车皮上下，占外地来菜近1/3。

2.吐出市场蔬菜的批发贩运商

进入寿光批发市场的蔬菜，除少部分由胜利油田一类工矿企事业单位批量购进、自我消费之外，绝大部分是外地、本地批发贩运商购买，运到销区市场，再批发给零售商。批发商按经营业务性质可分为两类：

(1) 专门批发商。他们将寿光市场上的菜购进运往各地销售，其中部分批发商还将外菜运入、来往批发。其构成主要为本地农民、外地城市工人、个体劳动者及农民、原商业蔬菜公司退出人员等，以合伙、联合贩运组织为多数。在组织结构、资金来源、购运方式上，与上述前杨村类似。负责采购发运、常住寿光市场的在150—300人。从寿光向京、津、沪、宁、武汉、苏南和本省大中小城市的，多用汽车运输，向东北、西北、西南等省的多是火车、汽车并用，汽车运输从寿光到北京，上午10时出发，夜间11时可进京；到大庆，两天三夜，比火车运输缩短时间近一半。

(2) 兼营批发商。主要是批发商兼经纪商，如寿光县国营商业蔬菜公司、供销社蔬菜公司和农业局、蔬菜办、侨联、对台办等部门兴办、分离出来的经营实体。

县商业局蔬菜公司，是由过去的“外调办”、副食品组演变而来的。现有职工

98 人，其中负责为乡村菜农生产服务的 10 人，销售人员 60 多人，负责恒温库储藏和加工的 8 人。固定资产 1000 多万元。在蔬菜经销上，一是利用与大中城市国营蔬菜公司的传统渠道，电话联络，对方可来人也可不来人，即可代购代发运蔬菜到指定销售店、商场或公司。这样发运的蔬菜每年在 1300 万公斤左右。其中纸箱包装菜，1990 年四五千箱，1991 年 2 万多箱，每箱 6 斤、10 斤或 15 公斤。二是加工出口，他们进口了日产加工机械，近 4 年年出口散装速冻大葱、蘑菇等 1000 多吨。三是充当经纪商，为客商代购代销或牵线搭桥。四是同北京市及崇文门蔬菜公司设京寿联营公司，三方入股 300 万元；五是在商业部支持下，投资 360 万元，在寿光蔬菜批发市场附近征地 32.5 亩，建库房 1500 m^2，交易棚 3000 m^2，开设一个商业蔬菜批发交易市场。年批发和以经纪商形式直接销售蔬菜 0.75 亿公斤，联系乡村销售 0.5 亿公斤。

县供销社蔬菜公司，与商业局蔬菜公司类似。职工 54 人，场地 16 亩，地面上固定资产 98 万元，自有流动资金 62 万元。年批发蔬菜 0.1 亿公斤；加工包装、以纸箱或袋装发运蔬菜，1991 年 2 万箱，1992 年 4 万箱；充当经纪商代购代销年 0.3 亿公斤。供销社系统还有乡镇的蔬菜销售公司或采购站。全系统年直接经营蔬菜 0.9 亿公斤，联系乡村销售近 1 亿公斤。同时县供销社联系 120 多个专业基地村，开展生资供应、技术指导、良种供应等服务，建立了京寿蔬菜良种推广站，占地 30 亩，牵头成立了包括外地大中城市蔬菜公司在内的流通协会。

3.经纪商

经纪商是受批发贩运商委托代购代销的中介性商业服务组织。寿光批发市场上的蔬菜，由批发贩运商自己洽谈购进的只占 10%，90%委托经纪商代购。

经纪商之所以产生与发展，一是充当经纪商的都是寿光本地人（仅一户为青州人），通过它可克服外来批发商与本地菜农打交道中的一些障碍；二是经纪商成为一种专业分工，拥有专门的划价员、司磅员、会计员等一套人马，代客户履行同菜农洽谈收购、检查质量、协议划价、过磅、组织装车、结算等职能，客商可省人省时，一汽车蔬菜，在一两小时之内 可用较好价格保质保量地购进、装车。既加快商品让渡，又在菜农与客户间，以中间人身份洽谈计量，减少直接交易的争执。

在九巷蔬菜批发市场上，经纪商 1984 年 1~2 家，1987 年 20 多家，1990 年 30 多家，1991 年工商局审批标准放宽，增至 72 家，获准经纪商的资格主要有：有固定场所，包括办公用房、自有或租用的经营场地；有经理、会计、划价及司磅人员；设立标准磅秤；遵守经营交易法规；经工商局办理营业执照。经纪商自有或租用的房舍，除办公外，还供批发商歇息或住宿，多数安装有直拨电话。

九巷市场上72家批发商，可划分为三类：

国有企业和供销社。国有企业有商业局蔬菜公司及农业局、畜牧局、侨联、对台办所兴办的经营实体。如农业局兴办的优质蔬菜经销服务公司，在农业部支持下投资200万元，建了营业楼和1000吨恒温库，并在北京与当地合股投资建了营业楼。既做批发商，又做经纪商。

乡镇和村办集体企业。共22家公司。其中九巷村占6家。一类是公司对乡村实行利润承包或税后利润按比例上缴，公司内统一经营、结算和分配。1988年成立的文家乡蔬菜公司，现有职工45人，固定资产45万元。经营场所分为两处：一处在文家乡批发市场；一处在九巷市场，租房二间，一部电话，一部客车供职工上下班使用。该公司稳定联系外省客户100多家。公司分为两个经营组，统一核算，年代购蔬菜1500万公斤，获手续费收入35万元，交税2.1万元，税后利润3万多元，按6:2:2比例，作公司的发展基金、职工奖励福利基金和上缴乡经委。另一类公司内部除经理、会计、司磅员外，对划价员实行拆账制承包，划价员所得手续费50%归个人，50交公司。

个体蔬菜公司。共45家。九巷村农民张洛溪1988年在市场上租二间楼房，做中间商，挂牌为“洛溪蔬菜果品购销服务公司”。有电话，设2~4个磅秤，雇请划价员3个，司磅员3人，爱人当会计，本人当经理，共8人。长期固定客户有沈阳、通辽、赤峰、无锡、苏州、张家港、常州等九“帮”。常州客户1988年3家，现增至10家。年为客户代购蔬菜约500车次（汽车为主）600万公斤。手续费一般1公斤2分钱。按收手续费的10%纳税。1991年交税5760元，纯利润在0.8万~1.5万元之间。

国营、集体、个体的公司，在充当经纪商上，处于平等竞争之中。共同点是：①机能相同，都是受批发商委托，洽谈收购、定价、过磅，组织装车、结算；与客商联络，提供本地市场信息，必要时为之垫付资金，提供住宿、预订火车车皮等。②经营方式相同，都是围绕市场转，从事代购代销。不同点：个体、联合体公司经营自主灵活性大，管理费用较低，利益直接，旺季可多用人，淡季可少用人，早上4点半钟就到市场经营。相比之下，国营、集体企业管理费用尚难降低，代购1公斤蔬菜收2分钱手续费或者更少，个体的能经营，他们往往就难经营；有些企业财产权利还尚待明晰。但国营、供销社和集体有自身的优势，从商历史长，专业人员多，资产雄厚，设备先进，如国营商业蔬菜公司已有微机与北京等地联网，信息来得快，经营稳定，而且具有开展多种经营和服务的优势。

由上述送菜上市组织、批发商、经纪商构成了寿光蔬菜批发市场的基干组织系统，与外地市场联结，共同构成从生产者到消费者的流通渠道和流通网络，基本情况如下图所示：

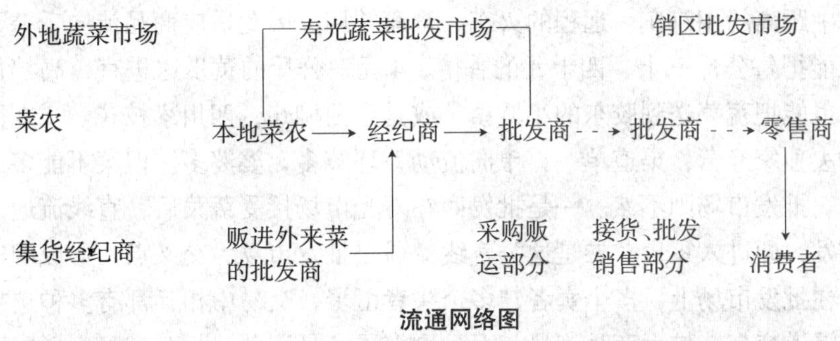

流通网络图

三、批发市场的机能：转换流通体制、发挥三个中心的作用

上述承担不同职能的经营组织在寿光蔬菜批发市场上各显其能，相互交往衔接，聚集辐射，构造出与过去封闭单调的流通体制迥然不同的、以平等竞争为经济关系基本特征的开放商品流通体制。市场形成价格、价格调节生产和流通。批发市场起着商品交易中心、价格形成中心和信息集输中心的独特作用。

（一）以批发市场为中心，形成四通八达、相互交叉的流通网络和多家平等竞争的势态，转换了流通体制，不仅解决卖难买难，而且有了提高流通效率的来自竞争的动力

首先，批发市场最基本的职能，是为产销两地、买卖双方不同经营者提供了相互发生交易的开放的场所，这就使得交易和流通与传统的派购体制相比，能保留其长处，克服其弊端。

在商品交易上，一方面批发市场具有大规模商品流通所需要的批发环节和形式。不论是贩外地菜入市，还是菜农运菜上市，自己均不带秤，不零售，都是利用市场上中间商和工商所设置的挂牌编号磅秤，整箱、整车出售。另一方面，批发市场在出售的买的形式上，仍保留相对议价成交的形式，而不是“拍卖”方式。主要是购买者委托经纪商与卖菜的农民等相对议价成交。

在商品流通上，则引起了两大变化：①在流通组织上，打破了独家经营，变成

了多种组织百家、千家经营，因而能适应商品向不同区域、不同层次消费者流动的千差万别的条件。一方面，送菜上市组织多，上市蔬菜量大、品种齐全，适应批量购进，可根据销区的需求选购。另一方面，购买贩卖的批发商种类多，国营的、集体的、个体的、合伙的，规模不同，经营方式多样，所使用的工具，近距离的用机动三轮车，中距离的用汽车，远程的火车、汽车并用，因此适应商品流向千差万别的区域。既能把每公斤三十、四十元的香椿，4 元一公斤的黄瓜送进京，高档加工菜送出国，也能把蔬菜送到胶东的小城镇，或是广西柳州，四川攀枝花。②在流通渠道上，过去独家经营，渠道单一，单向流动，环节多，婆婆多。但菜不能多，一多就卖菜难。批发市场则不然。一是批发商在寿光市场接受蔬菜后，直线流通，到销区市场批发，即进入零售。二是这类直线流通以批发市场为交叉点，形成四通八达的网络。在批发市场上，多个卖者与多个买者汇聚，交易中相互都有多种选择的余地，不仅渠道变多，扩大商品流量，而且增多了商品流向，相互交叉，形成错综复杂、变化多端的流通网络。国营公司面对个体批发商，农民的菜可以卖给甲，也可卖给乙或丙。商品从批发市场可以流向“三北”，也可流向西南，还可以不同品种蔬菜南北东西交互对流。

九巷批发市场工商所的办公楼里，绘有一张中国大地图，上面标明 24 省向该市场来菜，蔬菜流向 23 个省。红色直线为流出，绿色直线为流入，流向一省的不只一条红线。红绿直线交错于整幅地图。但它比实际的市场流通还简化得多。批发市场是这个流通网络的一个大网结。寿光市场每日到北京大钟寺市场的蔬菜 10 至 20 余车，到上海真如车站平均日 2~4 车，年供南京白云亭批发市场 5000 万公斤；包头、银川要辣椒，安阳、洛阳要白菜、萝卜，乌鲁木齐要芹菜与大葱，北方认韭菜，南方要韭薹。这些蔬菜一进入当地批发市场，就又辐射开来。少环节、多渠道、多流向，使得寿光蔬菜产量已相当于 1983 年烂菜年份的 3 倍多，还是没有卖不出的菜。

其次，批发市场为各种商业组织提供了平等竞争的场所。没有超经济的强制买卖，“谁也垄断不了市场”。平等竞争在各方面展开。菜农之间是一层竞争，谁的菜物美价廉、名特优稀，客商就优先优价购买。中间商之间是第二层竞争，这竞争表现于两头：一头是与农民打交道，哪个给农民的价优，计量公正，农民就找哪个中间商，所以农民到市场上，不只与一个中间商洽谈，往往手里攒着三四个中间商给的划价单，谁给的价高卖给谁；另一头是与批发客户打交道，在购菜划价、计量、装车，提供信息、食宿等方面，谁的综合服务好，收手续费合理，讲信用，外地客户就委托经纪商代购，并与之建立长期关系，甚至介绍别的客户上门。客户向客户介绍要比经纪商自我炫耀强。因此，他们在比赛，往往客户从寿光发车刚到目的地，就接到中间商电话，通报寿光市场行情变化；为客户提供的住宿条件，既大众化、便宜，又卫生，装有电视、电话，有的配备淋浴室。批发商之间的竞争是第三个层次，主要是在了解两头、多头市场信息、搞经营决策上的脑力劳动的竞赛。同时，购货后争分夺秒把蔬菜运到销区。对蔬菜来说，时间就是质量，对市场来说，时间就是价格。东北一客商在×省受到拦路刁难，刁难者有时间软磨，客商却拖不起，恨不得下跪。他们不仅要抢先占领市场，而且要陆续发货，稳占市场。另外尽量节省人员和运费。市场服务单位、人员之间的竞争是第四层次，一些开出租车的司机，为客户拉货，不用押车，到目的地后，客户在对方的人将现款封在信袋里让其带给在寿光的客户，相互建立起信得过的关系。总之，诸方面的竞争，是物美价廉、优质服务的竞争，提高流通效率、速度，降低流通费用的竞争，优胜劣汰。多个层次的竞争，形成综合优势，提高流通的整体效率。

（二）以批发市场为中心，形成不同一般集市的、能较大程度上灵敏反映社会供求的真实价格，反过来引导生产和流通，促使资源要素优化配置，生产沿着适应人们消费需求的方向有效发展

在寿光蔬菜批发市场上的商品定价，是购买商委托中间商与卖者分别相对议价成交，一批货一价。表面看与一般集市没什么差别，但从影响价格形成的因素来作整体的动态观察，就可发现批发市场上形成的价格具有与集市价不同的性质。

寿光批发市场上蔬菜价格的形成是个复杂的过程，这个过程决定了它的价格特性。首先，市场蔬菜定价，不是买卖双方的孤立行为。现在寿光农民运菜到市场，先要看看市场上蔬菜上市量和到市场买菜的车辆，若是菜多客户少，出价就高一些，反之，就低一些。因此价格谈判是分别进行但又相互关联的市场整体行为。这与集市差不多。其次，到寿光批发市场上来的批发商，带来了全国不同地区的蔬菜价格，反映了各地的蔬菜供求状况，这就使得批发市场的蔬菜成交价，能够综合反映很大范围的社会供求情况，而与社区性集市只能反映很局部的蔬菜余缺具有质的不同。第三，批发市场上的价格，是在社会性商品流通和市场竞争中形成的。地区差价是蔬菜区域间流通的动力。外地某种菜价低于寿光，购销有利，批发商就会贩进来，高于寿光，批发商又会从寿光贩出去。通过不同流向的批发交易，在调剂地区间余缺的动态过程中形成的市场价格，就更如实地反映很大辐射面的总体社会供

求水平。

自然，批发市场的价格形成，更不同于人为的定价。寿光批发市场的价格，是价值规律在各地集货市场、相关批发市场和寿光中心市场上发挥作用的综合，能够反映生产供给和消费需求千差万别的情况。过去寿光调出蔬菜，就是几个品种，而且基本没有季节差价。现在批发市场上的价格很活。1991 年尖青椒价格，1 月中旬到 5 月上旬，每公斤 4 元左右，到 6 月底就下降到 0.8 元，黄瓜从 1 月的四五元一公斤，逐步下降到 6 月的 0.2 元/公斤，韭菜从 1 月 3.4 元/公斤，下降到 5 月的 0.1 元/公斤，西葫芦从 1~2 月的四五元/公斤，下降到 6 月的 0.12 元/公斤。这种价格变动，如实地反映了我国北方广大地区冬春季节青菜处于缺乏的淡季，南菜北运尚未根本改变这种缺短，到五六月份北方青菜上市，全国蔬菜供求短缺的情况才消失。因此中部大棚反季节蔬菜还在发展中。

由于批发市场上的价格能够在较高程度上灵活、如实地反映社会的供求，便能对蔬菜的流通，尤其是生产，发生有效的调节作用。菜农通过不同季节不同蔬菜的价格和生产成本的比较，决定他提供给市场的商品结构、上市时间和数量多少；批发商根据地区差价、购销差价决定其经营商品的流向和流量；消费者通过蔬菜价格和自己收入的比较，决定自己的购买结构和数量。地区之间供求的不平衡，通过各地与批发市场的差价反映出来，指导蔬菜的流通，蔬菜生产的总供求和某种蔬菜供求的不平衡，通过批发市场价格总水平和品种差价反映出来，引导蔬菜生产的增减和品种结构的调整。这种指导不限于寿光一地，但首先受益的是寿光，近 7 年他们提出的“增细压粗”、“变淡为旺”，“稳定占领‘三北’市场，有选择地打进南方市场”，大多是来自批发市场上的启示。

（三）以批发市场为中心，迅速、准确地收集、传递供求信息

蔬菜批发市场四面八方展开的流通网络，同时是信息的收集传输网络，批发市场则是这个信息情报网络的中心。市场使供求信息升华、简化，集中于不同品种的价格和成交量。

所有市场当事人都同时是收集、使用信息的人，若按信息工作性质和服务对象，可以分为三类：

(1) 以县工商局（所）为主的公共信息收集。在九巷市场，工商管理人员均担负信息收集任务，并利用中间商经营单据等收集信息。设专人整理，编制当日市场信息和行情表，内容包括当日总交易量、交易额、38 种主要蔬菜的批发价和成交

量，以及与上年同期的数据比较。同时在北京、上海、哈尔滨等地聘请专兼职信息员，与 20 多个省、137 个大中城市建立稳定的信息交流业务。工商管理所每天把各地市场信息通过广播、信息快报、市场信息栏等形式，提供给买卖双方。县委书记、县长则每日必读市场信息和行情表，通过市场这个“晴雨表”，指导生产经营活动。

(2) 批发商、经纪商的信息收集。此类信息是各经营单位自己的“资本”。国营蔬菜公司的电脑与北京联网，可以迅速获得全国许多地方的市场行情；供销社公司除了电话联系、人员联系外，还通过流通协会和一年一度的协会例会获得信息。其他批发商、经纪商主要通过本公司的日记录、市场 40 多部电话和人员聚散，收集传递信息。

(3) 农民和乡村服务组织的信息。除了农民通过上市场自家积累、有的有记录外，一些农民蔬菜协会已在做信息收集工作。如马店乡的蔬菜专业协会，利用收集的市场行情，分析一个蔬菜上市销售年度各时节的变动，指导农民的生产、销售安排。

这些信息收集系统，是相互交叉的，国营蔬菜公司、供销社公司收集的信息，不仅供自己使用，还要以不同方式传递给所联系的蔬菜基地村。同时信息收集的范围也不限于市场价格和上市量。如孙集镇三元朱村的购销员从辽宁瓦房店带来了冬暖式大棚的技术信息，前杨村从安徽、福建等地带来了竹竿产地的信息，引来了竹竿竹器市场，等等。以批发市场为中心的信息收集传递，是与指导商品合理流通、根据供求调节生产，提高经营者、生产者的竞争能力和整个流通效率息息相关的。

四、批发市场有效运行和发展的条件：以创设公正交易秩序为基轴的三根支柱

寿光蔬菜批发市场是商品经济发展的必然产物，价值规律和伴之而来的竞争是经济繁荣、市场充满活力的内在原因。但这并不意味着市场的发育和自由平等的竞争不需要政府和其他组织发挥作用，不需要一定的政策环境和抑制非公正交易的制约条件。支撑、保障寿光市场充满竞争活力、越滚越大的主要条件是：政策开放、秩序良好、服务配套的环境条件，市场基础设施建设，以及农户经营与社会化服务相结合的蔬菜生产分工协作体系。这三件事，前者是核心，后两者是基础。

（一）以开放市场、放手让经营者自主交易、平等竞争为基础，强化市场管理，形成批发市场公共交易规则，创造好的市场秩序和公共服务

县领导说："蔬菜市场的政策和管理，直接关系市场的命运。没有强有力的市场管理，没有良好的市场秩序，即使建再多再大的市场，也不能发挥应有的作用。"

批发市场的管理体制，在县一级，设立县长牵头，农业、工商、城建、交通、税务、计量、卫生防疫、公安等部门参加的市场管理领导小组，批发市场所在地多方组成市场管理委员会。但在批发市场内，则以工商部门为主，仅设工商市场管理所，大的市场设公安派出所，其他部门都没有进批发市场设立机构。既使市场得到多方面的协同支持，又防止政出多门，任意插手，使经营者无所适从。

市场管理管什么？过去人们常说，市场要放管结合，其中所说的管，主要是管计划。寿光则是将管理的重点放在开放政策的执行，服务宗旨的贯彻，特别是创设保障公正交易和正当竞争的良好秩序上，主要做了两方面的管理工作：

1.强化开放意识，实行开放政策，创造外地商、本地商多家平等交易，方便经营的环境

他们实现了开放市场所需要的两种思想解放：一是从传统的计划管理体制、管多统死意识中解放出来，对蔬菜产销向市场调节型转变，蔬菜价格由放管结合向完全放开转变，做到供需见面，以质论价，优胜劣汰。二是从封闭的小生产意识中解放出来。九巷村把市场请到家门口，没有想自己独占市场，不让别人经营，而是认为经营者来的多了才繁荣。市场发育初，主要是销售寿光菜，容许不容许外地菜进来？县里认为外地菜进来"挤"，有利于将自己的菜逼上去，菜多了市场才兴旺。有了这种思想开放，才使市场顺利实现产地输出型向全国性集散中心的转变。在具体政策上，他们对外地客商实行"四个优先"，即对外地客户优先提供购销、停车、供水、食宿条件；优先提供充足的货源；优先酌情减免管理费；优先提供产、供、销信息。不欺外宠内，搞地方保护主义。市场经营实行"五个不限"，即上市品种不限，各种蔬菜及瓜果类农产品均可上市；经营主体不限，国营、集体、个体商贩都可以自由参与市场蔬菜交易；经营方式不限，既可直接现货交易，也可委托代购代销、合同贸易；运输工具不限，机动车辆、非机动车辆都可以有秩序地进入市场；运销地区不限。他们将寿光蔬菜批发市场融入全国大市场，将全国的菜园子作为寿光市场的菜园子，对参与市场交易的客商菜农，人无远与近，地不分南北，一律欢迎。

他们把招商的政策措施，进一步深化为批发市场以服务为宗旨，引导开展"物

美价廉”的购、销、运、吃、住、行、医等配套服务上。一是购销服务。市场内有近百家蔬菜经营单位和国营商业、供销、乡镇蔬菜公司，随时为各省市客商提供代购、代销、代运、预约订货等服务。二是生活服务。围绕市场兴建的饭馆、旅店达1000多处，停车场30多处，还有理发、医疗、商店等服务项目和设施。三是装卸运输服务。为了方便外地客商，寿光批发市场设有停车场、交易房，有几十部各类货车组成的车辆出租和300多人的装卸服务市场，随时为客商提供服务。有加油站、汽车修理厂以及储蓄所、邮电所、保险等单位。四是司磅服务。工商管理部门在各蔬菜批发市场统一设立公共交易磅秤，配备司磅员，对磅秤和司磅员实行编号定位，挂牌服务。司磅人员在提供司磅服务的同时，还负责检查蔬菜质量，监督双方进行公平交易。五是咨询服务。市场管理所随时为客商、菜农提供市场交易、管理等有关政策咨询服务。六是市场信息服务，让人们“走进市场大门，便知天下行情”。政府衡量蔬菜经营单位，是看为菜农销多少菜，或为客户代购代销多少菜，而不以其盈利多少为标准；对服务单位，以是否受客户、菜农欢迎来衡量。

2.以《城乡集市贸易法》为基础，形成符合蔬菜批发市场实际的市场交易规则，加强管理，造就公正交易、竞争的良好秩序

寿光市场工商管理人员说：大市场很好，但天天几百人，到处都是商品，是钱，一些不正当行为不可能不存在。对于强买强卖、垄断市场、相互勾结搞不正当交易的，不管，就是放纵，就会把市场搞垮。他们的实践说明市场的自主交易、平等竞争，是以规范交易行为的基本规则得到公认和通行为基础的。离开了市场公共交易规则，出现非正当交易，菜农或客商的财产权利就会受到侵犯，损害等价交换、平等竞争，也就会偏离通过正当交易把生产者、经营者引导到提高生产效率、流通效率的竞争上去。这种公共交易规则的形成和实施，要靠政府发挥作用。

寿光市场的交易规则，主要是县政府批准，由工商局1990年发布的《关于加强寿光蔬菜批发市场管理的规定》等七个规制性文件。这是他们多年管理实践经验的总结，其类型有总则性质的和分则性质的两种，其内容可归纳为六个方面：

(1) 批发场地的限制。禁止场外批发交易。一般情况下批发商只能在批发市场内从事批发业务，不得从事场外同类批发业务。但在农村大白菜、大葱等粗菜大量出售季节，特许到乡村就地批量购进。他们的体会是，批发市场不能分销也不应分割。宜大不宜小，宜集中不宜分散，品种越多越好。市场分割小了，批发太慢，容量太小。现在寿光市场来100辆，几百辆汽车，都能一次装一车，批发出去。不准场外成交就是防止分散，防止不正当交易。保护分散的菜农不受有组织商业的交易

歧视，也保护经营商的权利不受侵害。

(2) 批发对象的限制。禁止在批发市场内转手倒卖（即转手批发），人为增加批发环节。只允许农民的菜和外地菜向批发商批发。但批发交易出现剩货时，可在专辟的剩市口出卖。

(3) 交易行为的限制。一是严禁欺行霸市、强拉客户、强买强卖、垄断市场，侵犯自由交易权利；二是严禁私自带入磅秤，抬秤压价、压级压价，或以次充好，带土掺水。领得入场许可证的经营单位实行单位名称、秤号、砣重“三公开”。三是交易中购货单、划价单、收费单据坚持一人一单，以备查核。旨在保护菜农客商利益和国家利益。

(4) 禁止区别对待，对外地客商、本地客商一视同仁。

(5) 依法收取手续费。禁止经纪商包括司磅员、划价员收受手续费以外的报酬(现金和实物)，借工作之便，从中渔利。

(6) 经纪商、划价员、司磅员、会计员、市场管理人员条例分则。为维护市场交易规则，创造保障公平交易和所有市场当事人权益的秩序，他们多年坚持不懈地抓管理。一是，以批发市场内的工商所、派出所为主，做好专门的经常管理。九巷蔬菜批发市场上的工商所，正式干部职工21人，聘请协管员45人，共66人，另外派出所5人。他们政策观念强，坚持放开经营，客户优先，搞好提供信息、安排市场、调解纠纷、仲裁合同、打扫卫生等多项服务，同时执法不苟，纪律严格，是维护市场秩序的骨干力量。工商所按照上市菜农、经纪商、车辆、磅秤、饮食服务业、公共秩序等市场领域，划分为9个大组，实行岗位责任制管理。面对几万流动人口和数千常住、暂住人口，通过广播、布告等多种形式，让经营政策和规则晓谕公众，同时通过组织个体劳动者协会、建立固定经营单位维护市场秩序的责任制，使维护市场秩序变为更多人的责任和权利。对破坏市场交易规则的行为，工商人员从不放纵。以打击欺行霸市 为例，去年6月江苏新沂县4个个体户运一车芸豆到寿光市场，几个当地人给400元押金，将车围住，谈生意的人来了就扬言已将菜买下，但拖延时间压价，一直拖了一天。第二天工商所发现后即给客户解了围，联合派出所，对扰乱市场者处以罚款，交给新沂客户损失赔款200元。新沂四个个体户给工商所送了一面锦旗，上书“秉公执法，纠霸市风”。仅1991年工商所查处违章行为1700多起。这种纠正侵权行为的事例，与他们为客商服务的事例一样，不胜枚举。

二是在县政府领导下，每年在市场旺季到来之前或初期，组织力量，集中进行十天半月的秩序整顿。去年12月中下旬的一次整顿，政府成立县长马金忠任组长，农工部、政府办公室、工商局、公安局等单位负责人参加的市场整顿领导小组，公安、工商部门各抽20人，加上九巷市场原有管理人员共100多人。第一阶段身着便服，调查摸底，8天时间查出抬秤压价、压级压价117起，强卖强买4起，转手倒卖33起，掺杂使假23起，私设交易秤5起，加上其他违章违纪经营共275起。第二阶段公开处理，其中治安拘留1人，罚款270多人，停业整顿3家，吊销营业执照1家，辞退司磅员2人、付款员1人，将违章违法行为通过市场有线广播予以亮相、曝光，同时表扬守法、公平交易的国营商业蔬菜公司等单位。第三阶段对照市场交易规则，经营单位制定整顿措施。有力地打击了坑害菜农、坑害客户、破坏市场秩序的行为。

市场交易规则和良好秩序是靠管理得以维护的。调查期间，我们询问来自北京、东北等地客户，他们说到过多个省市的市场，比较起来寿光市场、南京白云亭市场秩序最好。他们说，在寿光市场有安全感，不像到×省×市场收西瓜，生意未做成，被用棍棒打了一顿。也不像有些市场收费“欺生”，遇到那种情况，“是龙是虎，在人家地上只有伏着，去一次领教了就再不敢去了”。在寿光市场，不仅白天规矩，一车货放在市场一夜，没人看守也少不了。应该说，安全、自主、公正的交易，是所有客商都需要的，也是整个商品经济发展所需要的。

（二）公共基础设施以政府和公共团体投资为主，盈利性设施以企业投资为主，多家投资，建设批发市场，使基础设施跟上市场流通的需要

政府承担了启动市场建设，进行公共交易场所、水电通讯、公路交通等公用设施投资的主要责任。具体的资金筹措和投资方式，一种是“取之于市场，用之于市场”。在1984年兴办“寿光蔬菜批发市场”时，县财政拿不出钱，委托工商局去办，给的政策是工商局收的市场管理费不再上缴财政，而是用于市场建设，滚动发展。开始工商局连征加租场地仅23亩，后来六次扩建，到1990年达到150亩，1991年收取市场管理费达到230万元，投资能力越来越大。另一种是政府拨款同时动员乡村农民投资投劳、改造、拓宽市场周围公路，整修县乡公路。目前全县公路里程已达998公里，其中柏油路450公里，乡乡通黑色路面，村村土公路，农民送菜上市很方便。

参与公共交易场所建设的还有乡村集体等公共团体。5个蔬菜批发市场，以政府工商部门为主、多方投资建设的1个，工商与村合办的2个，与镇合办的1个，

乡办的1个。

批发市场上带营利性的基础设施，主要是依靠国营、集体或个体、联合体企业来办。随着市场的启动、发展，诸如服务楼、交易房、冷藏库、恒温库、车辆修理厂等，便由多方主动投资兴建起来。目前已建成12处恒温库，15处冷藏加工厂，9处罐头厂和蔬菜加工厂。这种公共基础设施以政府投资为主，营利性基础设施以企业为主，多方投资，以投资带动投资，有力地推动了市场建设的发展。从下表截至1991年底九巷市场建设的情况就可见一斑。

九巷市场建设情况表

市场建设单位	征用场地(亩)	投资额(大数)	投资使用项目
工商局(政府)	150	1500万元	征地、市场交易棚、水泥场地、水电通讯、办公房、商品房
九巷村	60	1000多万元	6个经营公司、宾馆、饭店、恒温库、加油站、车辆修理厂等
国营商业蔬菜公司	40	800万元	征地、京寿联营公司、商业蔬菜市场、恒温库等
供销社公司	18	400万元	征地、公司建筑、加工厂
水产公司	20	400万元	征地、冷藏库、交易棚
畜牧公司	10	180万元	征地、交易楼
公共交通路面(社会)	52	1700万元(政府)	
其他		1100万元	
合计	350	6980万元	

（三）以市场为导向，政府指导社会化服务组织与农民合力发展区域化高水平的蔬菜生产基地，成为市场兴盛发展的后盾

蔬菜流通靠市场，市场货源靠产业，产业适应市场的发展还有赖政府和服务组织与农户鼎力合作。在寿光，蔬菜生产发展不只是也不可能是市场与农户相互作用的简单的自发过程。而是市场信号由政府和服务组织结合农村生产实际予以处理，来进行有预见性的指导，并依靠社会化服务解决农户经营的个别性与商品生产的社会性的许多矛盾和难题，起了市场不能替代的作用。自然，有批发市场后的指导、服务，与过去不以市场机制为前提的服务，是不大相同的。农业服务的方针是"市场导向，科技先行。"

首先，政府着重指导蔬菜发展适应市场需要，合理调整生产结构，进行开发性农业基本建设。

根据城乡居民收入、消费结构变化导致市场上对蔬菜需求由量的增加转向质的提高，寿光县开始提出蔬菜“增细压粗”，1989年发展为“三结合、三为主”的生产方针（即淡旺季结合，以棚菜生产为主），立足当前，规划长远，指导蔬菜生产结构的调整。一是调整布局，增细压粗，扩大棚菜栽培面积，增加营养价值高的蔬菜品种，提高档次。细菜是个相对概念，黄瓜在夏季如同粗菜，在冬春就是细菜，所以细菜多与棚菜相关。1985~1988年全县升火炉的普通大棚（又称温室）由4700个增至2万多个，1989年引进冬暖式大棚（日光温室）生产蔬菜技术，建棚17个(1亩/个)，一举成功，亩产黄瓜1.1万公斤，收入2万多元。1990年以来，县乡组织推广，农民建一个暖棚，提供0.2万元贷款，到1991年底冬暖大棚达到1.7万个，另有4.3万个普遍大棚及一些拱棚，棚菜面积共7.2万亩，占蔬菜总面积的28.8%，日光温室、普通温室、拱棚菜面积分别占13.9%、37.5%和48.6%。与之相连，蔬菜种植压缩了白菜、萝卜等粗菜面积，扩大含钙、铁元素较高的油菜、芹菜，含磷量大的韭菜、蒜黄，含维生素较高的黄瓜、甜椒、西红柿等精细菜生产。1991年精细菜占到蔬菜总产的60%，收入比重占77%。二是变淡季为旺季。寿光蔬菜批发以面向“三北”地区为主，“三北”冬春当地菜上不来，正是寿光蔬菜产销时机，为此调整生产的季节布局，以冬春北方菜的淡季作为主攻方向，使其成为寿光市场和生产的旺季。三是发展保鲜和加工。本着就地生产、就近贮藏原则，对韭菜、菠菜、蒜薹及瓜果、豆类等有计划地组织贮存保鲜，预冷远销，补淡堵缺。支持发展果脯厂、胡萝卜素厂和20多个酱菜厂，0.3元/公斤购进胡萝卜，加工成胡萝卜素，售价10元/公斤；以0.1元/公斤购进冬瓜，加工成冬瓜脯，售价8元/公斤。发展速冻、脱水、罐头蔬菜和蔬菜原汁，增加出口创汇。1990年全县贮存保鲜菜1000多万公斤，出口460万公斤。

配合“南抓粮菜果，北抓盐虾棉”的开发战略，组织“水田路林”基本建设，也是蔬菜发展一个重要保障。

其次，依照“市场——生产——技术”的逻辑，围绕促进科技进步，实现优质高产高效，展开农业和蔬菜综合性服务。

寿光蔬菜生产的服务与整个农业的服务体系既有相对独立性，又结合在一起，科技服务被置于首要位置。1984~1991年，为支持种子繁育基地、农技推广和农业服务实体的建设，县乡财政投资4600万元（含预算外），农业银行贷款1.1亿元。县一级加强了蔬菜、水产两个研究所和三个技术库——农业技术推广中心、技术开发中心、乡镇企业服务中心，33处农业乡镇以农技站、种子站为基础，建立面向包括蔬菜在内的综合服务站和农机、畜牧综合服务站。80%以上的村建立技术服务组。农村专业研究会发展到197个，5900人。蔬菜基地乡、村，大都成立了蔬菜协会、研究会、服务组。

围绕增强寿光蔬菜的市场竞争能力和效益，在科技服务上他们主要抓了三个方面：

(1) 提纯复壮、更新换代当地蔬菜品种，广泛引进国内外新品种。1.7万个日光温室黄瓜生产普遍采用抗病能力强、耐低温、丰产的长春密刺品种。普通温室栽培的早春和秋延迟蔬菜，也都采用了抗病丰产新品种，如保加利亚尖椒、强丰、早丰西红柿，秋棚一号、二号黄瓜，绿皮西葫芦等。7万亩韭菜以寿光“独根红”为当家品种。引进推广了“雪韭”、“竹叶青”等良种，并根据不同地区居民的食菜习惯，发展了韭黄、韭青、韭薹等品种。供销社与中国农科院合办的京寿蔬菜良种推广站，引进了国内良种、提纯复壮当地品种46个，引进日本、法国、荷兰微型西红柿、白萝卜、荷兰豆等11个品种。全县精细菜良种覆盖率达到90%以上。

(2) 引进、改进、推广蔬菜栽培新技术。取得效果最显著的有四项。一是引进推广日光温室黑籽南瓜苗与黄瓜嫁接栽培技术，提高了抗御病虫害能力，尤其是解决了重茬和发生枯萎病的难题，嫁接苗与自根苗相比，产量提高25%，经济收入提高30%以上。同时，发展南瓜苗与西葫芦嫁接技术，产期拉长，一亩大棚西葫芦收入近2万多元。二是韭菜强控早盖技术。1990年推广1万亩，1991年达到2万亩，延长了收获期，避开上市高峰、经济效益成倍提高。三是香椿密植技术。这个县农民偶然发现，省县技术员帮助改进的技术，每平方米产香椿1.5公斤，收入50~80元。1991年香椿棚面积达500亩，总收入突破1000万元。四是大棚内施用二氧化碳气肥技术，就是利用碳酸氢氨与硫酸反应放出CO_2，以满足作物对CO_2的需要，可增产蔬菜15%~25%。前年、去年分别推广1.5万亩和3万亩，累计增产蔬菜1100万公斤，增收2000多万元。另外，技术人员对日光温室建造工艺大胆改进，采用钢筋代替横梁和铁丝压膜技术，大大降低了无滴膜破损率，提高了棚温，每个大棚节省投资1800元。

(3) 发展无公害蔬菜。国家科委主任宋健和田纪云副总理先后视察寿光时，提请他们根据市场的潜在需要，搞无公害蔬菜的试验和生产。1990年国家计委投资，他们在北方植保总站、沈阳科委等单位协助下，兴建无公害蔬菜基地。一是环保、农业、水利、蔬菜办等部门通力协作，保护菜区大环境，严格控制工厂污水、生活污水流入菜区，避免有毒气体对菜的污染。二是推广高效低毒低残留农药、Bt生物农药、地下静电除虫器，严禁使用高毒高残留农药。把生物防治作为攻关项目，以培养蜂类昆虫吞噬害虫为突破口，从小区抓起，由点及面，逐步普及。三是抓好蔬菜检测，对超定额毒性残留指标的，一律不准上市，控制外运，维护寿光蔬菜的声誉和消费者利益。目前全县已建成无公害蔬菜生产基地 10 万亩，走在了技术开发、市场开发的前列。

五、结语和建议

寿光蔬菜批发市场的产生和不可逆转的发展，其意义一在解决商品流通之效能，二在构造新的农产品市场流通体制，实践结果不是让人担忧，而是令人鼓舞。

1.有效实现蔬菜大流通，不仅将寿光菜输往销区，而且有助于促进全国蔬菜统一市场的形成，给农民和消费者都带来了好处

其效果仅从寿光看：

(1) 以市场拉动调节蔬菜生产，富裕了农民。24 万亩蔬菜成了寿光农业中的第二大产业，产品变成了商品和货币收入，1991 年农民蔬菜收入 3.5 亿元，人均 400 元。与近几年全国农民收入增长迟缓甚至出现负增长不同，寿光农民收入仍平均年递增 8.8%以上。菜区 26 乡镇中，已有孙集镇等十多个乡镇蔬菜收入占农民全部收入 60%左右，人均收入达到 1100~1500 元，变为“小康乡镇”；马店乡 34 个村，人均超过半亩菜的 15 个村，都是农民人均收入 1700~3000 元的小康村。孙集镇三元朱村，195 户，800 人，1600 亩耕地，1991 年是 800 亩粮田，400 亩果园，蔬菜面积 400 亩，其中冬暖棚 181 亩；蔬菜收入 244 万元，果品 22 万元，粮食 44 万元，其他牧副业 20 万元，共计 330.8 万元，农民人均收入 2040 元；同时 100 多人到 8 个省当蔬菜技术员，纯收入 104 万元。粮食产量人均 1967 斤。集体资产 171 万元，比 1978 年的 16 万元增长 10 倍。李瑞环同志今年春天到这里视察，问一个大棚收入多少，答：已收入 1.4 万元；存款多少，答 10 万元。陪同的记者不相信，报道写成了 4 万元。

(2) 带动加工业，特别是第三产业，商人阶层壮大。全县从事蔬菜运销的约有 3 万人，以市场为依托的旅馆、饭店等 1000 多处，从业 1.7 万人。九巷村 50%的人口卷入蔬菜经营服务，年从市场获得收入达到 350 万元，人均 2500 元。

(3) 带动其他商品市场、要素市场发展，要素流动，合理组合。

(4) 蔬菜的高效益促使农业诸环节投入水平提高。据县里介绍，1983 到 1991

年，仅水利投资达 1.9 亿元，其中 1.6 亿元来自农民。

（5）为长期处于自给自足经济下的农民开辟了参与商品经济的新天地，使之解放思想，开阔视野，树立起价值、竞争、信息、效益等新观念，有了进一步发展的重要条件。

2.对创造实现农产品大规模交换的市场制度，起了探路、带头作用

寿光批发市场七八年的发展实践，对我们如何适应农村商品经济发展，从培育批发市场一类经济组织形式，进入社会主义市场经济，创造良好的环境，保障市场机制正常运作，实现农产品流通体制改革的根本目标，提供了丰富的经验。同寿光蔬菜批发市场一类的农产品批发市场和以乡镇企业为基础的工业小商品批发市场，已在我国社会主义市场经济发展史上写下了富有启迪的色彩斑斓的序章。

基于寿光的启示，我们建议：

第一，充分认识农副产品批发市场在构造新的流通体制中的位置和作用，把它的培育、建设和管理提到国家和地方政府的重要议事日程。

农副产品流通体制改革，“放开”是前提，但绝不是简单的一个“放”字，要落脚到我们的市场组织体系和制度形成上。没有家庭承包、双层经营，就不能从过去产生大呼隆、大锅饭、平均主义的集中经营体制，转到适合农业生产、商品经济发展的新体制。同样，没有批发市场这一类市场经济组织形式，就不能在流通上转入和构造新体制。

目前我国农产品批发市场已经有了一定的发展，在实际经济生活中显示出它是大流通的好形式，在农产品市场体系中居于轴心位置。现在我国的农产品批发市场已有 1500 多个。与寿光这类批发市场略有差别、基本相似的还有农副产品贸易中心、交易所等，前者是物流商流合一，后者是看样定货，主要是商流。前者都是自然形成、土生土长的，居绝大多数；后者中有的是国家按某种设计开办的，如郑州粮食交易所等，居少数。其共同的基本模式，是以出售农产品的各类商业组织为一方，以销区商业组织和批发商为一方，以批发市场为中心场所，双方直接交易或委托经纪商参与交易，从而形成多渠道交叉的农副产品流通网络。作为交叉点的批发市场正是这种流通网络的轴心。寿光的实践表明，批发市场是联系广大生产者与消费者的中介、组织商品集散中转和大流通的枢纽；它集中供求、平等竞争、形成价格、传输信息、调节生产与流通；因其交易集中，也便于调控和管理。因此，对许多农产品的流通来说（农产品流通组织形式多样，从我国实际和国外经验看，主要是两种，一是批发市场，二是需要加工而后销售的畜产、水产和某些食品业，采取

贸工农一体化的形式，即公司+农户)，它是符合流通体制改革方向和目的的，顺乎自然地走向有宏观调控的市场经济的门径、构造新流通体制的关键。在放开市场的条件下，抓批发市场，就能抓住流通改革和建设的一个要领、突破口。

批发市场的发育有其自身的规律和条件，不是凭主观建造出来的。把它的培育、建设、管理放到重要议事日程，目前在指导上应该一是着重于提供批发市场发育的条件，改变统得过死、管得过多、放得不够状况，并进一步保护市场当事人平等竞争、公平交易的秩序和环境。二是下工夫调查研究我国已有批发市场的现状、经验和问题，如农民、经纪商、批发商的经营政策环境问题，市场交易制度和秩序问题，公共服务问题，总结行之有效的经验，借鉴国际经验，得出合乎我国实际的认识和政策。首先帮助已有的批发市场健全完善起来，也指导新的批发市场的发育建设。在指导上不能不从我国城乡实际出发，空想“高级”。我国一些批发市场还不“高级”，寿光市场与日本的相比，至少有三点不同：一是日本的大都在大中城市，二是农民的菜是委托农协或中间商上市，自已不亲自在市场售卖，三是采取“拍卖”方式，相对议价成交的较为次要。但我国目前的批发市场具体形式，很大成分是由农业生产、城镇消费及流通的生产力水平，由人多地少的国情所决定的，还不便于人为去“拔高”，只能在自己的基础上前进。当然诸如市场的管理与经营不分之类缺乏现代市场管理知识所产生的问题，需要明确和改进。

另外，研究我国批发市场的现状，对已成气候的几种农产品批发市场，做出全国性批发市场与地区性市场的种种分类，以现有市场为基础，考虑未来，统筹兼顾，做出全国批发市场的初期规划，指导批发市场的建设和发展，也已到时候。

第二，着手酝酿制定批发市场法。政府对批发市场的政策，主要是宏观调控、导向政策，公共设施和服务的提供政策，市场交易秩序政策等。从寿光的实践看，目前影响现有批发市场发育的主要问题，是市场交易秩序和环境问题。缺乏保护经营者权益，有利平等竞争、公正交易的规制和秩序。或者受到传统的血缘、地缘势力的影响，外地批发商的利益以至安全受到侵害，或者分散的农民利益被不公正的交易所侵害，或者过去统死管死的思想未散，要在市场的某一环节假服务之名恢复统死、垄断、乱设卡收费，或者合同契约权利得不到保护。在一些市场，坑害菜农、敲诈客户、多方插手，乱收费用，一个环节统死，经营者就丧失了经销自由，这种状况屡见不鲜。正如寿光县领导所说：“没有强有力的管理和好的市场秩序，即使建再多再大的市场，也不能发挥应有的作用。”

为批发市场创设良好的秩序和环境，就要使批发市场应有的基本交易规则成为社会规范，制定有关法律。寿光批发市场秩序好，正是靠着依据《城乡集市贸易法》，结合批发市场的特点和问题，形成了一套交易规则，并靠一支好的管理队伍和定期整治，加以维护的。但批发市场是渗透社会的流通网络，不仅交通、电讯等基础设施，而且无形的交易规划，都是具有社会性的，不是局限于交易场所一隅。缺少批发市场法，不仅批发市场管理不好办，即使管，由于社会规范未形成，在市场内抓得紧，一年处理一两次，市场环境就好，管理不力，市场就步履维艰，甚至衰败。有了批发市场法，管理就易于事半功倍，在好的秩序环境下，批发市场的发育成长就会加快，效能就能很好发挥。

酝酿制定批发市场法，一方面宜体现开放市场、以服务为宗旨，一方面宜明确从批发市场的开办建设到基本交易规则及管理的主要方面。对禁止垄断和不正当竞争、地区保护主义的封锁和分割，对市场当事人的物权、契约权、交易权、人身安全和国家权益，做出有针对性的原则规定。

第三，对批发市场的建设、经营和管理权利，应该进一步讨论清楚。有的领导同志提出，市场谁建设、谁经营、谁管理、谁收益。这一政策在很大程度上调动了社会各方面办市场的积极性，加快了批发市场的建设步伐。但在实践中也出现了一个矛盾，就是工商局认为所有市场都要受国家工商部门的统一管理，并收取市场管理费；兴建者则认为应由自己来管理和收费。如何处理这类市场的管理和收费问题，什么管理由市场兴建者负责（如自律性的、服务性的管理），什么管理由工商部门负责，兴建市场者应得到哪些收益？应该进一步分清。真正在实行国家行政法律的统一管理下，又使参与市场建设者得到应有的收益，不仅批发市场的建设会加快，管理也会搞得更好。

第四，要关心农民共同进入流通的组织发育问题，改善农民在市场上的交易地位。当然不能强制组织。它的发育主要还决定于生产力水平的提高和分工的发展。

（1992年9月12日）

附表 1　寿光县历年蔬菜生产情况

年度	播种总面积*（万亩）	总产（亿公斤）	总收入（亿元）	其中:保护地栽培			大棚面积（万亩）	其中冬暖式大棚(个)	韭菜面积（万亩）	早春阳畦面积（万亩）
				面积（万亩）	产量（亿公斤）	收入（亿元）				
1978	7.7	2.43								
1979	8.2	2.60								
1980	9.0	1.23								
1981	15.8	2.66								
1982	16.8	3.69	0.42							
1983	18.9	4.32	0.67	2.1	0.43	0.22				
1984	20.7	5.17	0.83	3.5	0.71	0.56				
1985	31.5	8.33	1.53	4.6	1.68	0.65	0.47		3.1	1.1
1986	33.0	9.90	1.81	6.0	2.34	0.87	1.20		4.1	0.8
1987	34.5	10.75	2.20	8.9	3.25	1.66	1.70		5.8	1.4
1988	34.7	11.50	2.90	11.4	3.54	1.75	2.07		7.1	2.2
1989	35.0	12.00	3.00	12.8	5.60	1.80	2.30	17	7.1	3.4
1990	35.0	12.00	3.50	13.0	5.70	2.00	3.00	5031	7.1	3.0
1991	36.0	12.50	4.50	14.0	6.21	3.30	4.00	17000	7.0	3.0

注：*播种面积中包括在粮田的间作、轮作。

附表 2　九巷市场个体、集体、股份联营、国有经纪商组织

Δ京寿联营蔬菜经营部

京寿优质蔬菜联合经营部

供销社蔬菜公司

供销社蔬菜公司购销处

城关第二蔬菜经营部

供销社城关农村产品采购站蔬菜组

畜产品购销服务公司

台联蔬菜有限公司

多种经营服务部

水产公司蔬菜购销处

Δ文家乡蔬菜购销站

文家乡南泮菜果购销处

文家乡河头蔬菜经营站

孙集镇三元朱蔬菜购销处

九巷村兴华蔬菜公司等 6 个公司

李二恒温库菜果购销站

寿光镇蔬菜公司经营部

古城乡蔬菜公司购销处

建桥菜果购销处

国营商业蔬菜公司

Δ 聋哑学校蔬菜购销处

园艺场果树技术服务部

铸造厂蔬菜购销站

Δ 个体蔬菜公司 45 处

附表 3　九巷批发市场管理系统

县蔬菜市场管理领导小组（联席会议方式）

组成：一名副县长任组长，农口、工商、税务、交通、公安、计量、卫生、城建、政府办公室等多部门参加

职能：协调全县市场管理，统筹蔬菜产销指导

九巷市场管理委员会（联席会议方式）

组成：市场所在地的工商、税务、公安、交通、卫生等部门和九巷村的代表

职能：协调本市场，处理重大管理问题

在九巷市场内设立管理机构的组织

组织：市场工商管理所，公安派出所，工商、公安、交通等联合办公室职能：负责市场日常管理、服务。

自律性组织：个体劳动者协会、国有集体经营单位自我管理。

培育劳动力市场，构造农业剩余劳动力转移新机制*

改革以来，我国农业剩余劳力的转移和劳动力市场客观孕育已经有一定的基础。探讨如何把握劳动力市场的发展现状、地位、作用和发展条件，克服市场发育中的弱点和障碍，促进新的就业机制的形成，以适应城乡发展的需要，已成为一系列重要研究课题。

一、始于农村的劳动力市场推动就业机制变革

经济体制改革以来，我国劳动就业制度的变化，根本在于就业机制的转变，劳动力市场已是今天我国城乡经济生活中的重大现实。这种现实存在突出表现于农村农业剩余劳动力向四条战线转移和劳动力在城乡、区域间双向对流。“四条战线”即：①农村农业富余劳动力向乡镇企业的转移。1978~1992 年，乡镇企业就业劳力由 2200 万人增加到 1.06 亿人。其中前 5 年平均年转移 140 多万，1984、1985 两年转移 3800 万人，1986~1988 年年均转移 800 多万人，1989~1991 年相对停滞，1992 年转移 1000 万人。这种转移主要是农民就地自立创业，以发展户办、联户办和集体、私营等多种形式的乡镇企业作为就业载体。②城乡交叉战线，主要转向建筑业和流通领域。在活跃于城乡之间的近 3000 万人的建筑大军中，2/3 以上是乡镇企业职工。③城市、工矿区，包括从事许多脏重累苦工种、服务业甚至城郊蔬菜生产，已约有 2000 万人左右。④进入国际劳动力市场。近几年达到年 10 万人左右。1992 年，以民间形式进入国外劳动力市场的约有 3 万人。

城乡、区域间劳动力的交叉对流和人才流动。1991 年四川省出省打工的有 196

---

*本文发表在《中国农村经济》，1993 年第 2 期。

万人，比上年增加60%，江西省出县打工劳力202万人，其中出省劳力超过了100万人。进入广东的外地劳力估计在五六百万人，上海郊区、苏南等地乡镇企业也使用外地大量劳动力。一些城市企业、科研单位和机关人员被乡镇企业重金聘请，或流向沿海特区、开发区。

联系劳动力供求的中介人、组织、场所涌现。南方八省形成劳务协作中心。1992年3、4月在广州举办的劳动力洽谈会，打破身分、城乡、区域和所有制界限，进场招工单位700多家，求职者来自20多个省份1.35万人，其中有中专以上学历的6000多人，达成协议的占65%。

所谓劳动力市场，就是劳动力的配置机制，由劳动力的供给、需求双方根据市场工资价格信号自主决定相互间的劳动用工关系，劳动者和企业各自通过对自身利益的评价，比较和选择，寻求二者收益大代价小的最佳结合点，通过一方提供劳力使用权、一方付予报酬的形式实现劳动力与其他资源的优化配置。显然，这种劳动力市场在我国已经有了相当大的规模、范围，渗透到经济的许多角落。

以农村农业剩余劳动力转移为主旋律的劳动力市场，已在促进劳动就业、活跃发展城乡经济中发挥了重要作用。①加速了劳动力的非农转移，促进农村工业化、城镇化。②增加了农村剩余劳动力的就业和农民收入。③农村富余劳动力的流动转移，总的不是削弱了农业，而是为农业的现代化发展创造条件，开辟道路。④劳动力市场配合乡镇企业、城乡建设、运输、商业、服务业的发展，对我国经济结构的调整，对校正过去城乡之间、轻重工业之间经济结构的失衡、技术选择的偏颇，起到重大作用；经乡镇企业为主体的市场经济的扩大，对经济体制改革所起的作用也不可低估。

毋庸讳言，我国劳动力市场目前尚处于自发分散、发育程度较低的初级阶段。市场发育及其赖以运作的条件还存在不少缺陷和障碍。在市场自身发育方面，主要问题是：①市场分散，尚未形成区域性市场网络体系。劳动力的供求双方，供求地区间信息阻隔，渠道不畅，致使农村剩余劳力信息缺乏，流动寻业有一定成分的盲目性和赶浪潮的集中性，给个人、社会带来较高的成本。②组织化程度低。市场中介组织发育不够，政府主管部门办的服务组织，难以由过去面向城市企业、行政方式管理，立即转向适应市场机制，民间中介人、组织零散发展，总体上还未形成社会化的中间服务体系。③国际劳务市场开拓乏力。单一官办组织输出，层次多，管得死，本来我国劳动力数量大、价格低，却变为输出数量少，成本高。我国人口占世界的22%，在国际劳动力市场上仅占0.22%。④市场秩序缺乏规范。农民参与竞争受歧视。企业和打工者的权益缺乏保障，少数不法者混迹中间组织，坑害农民。⑤政府在劳动力市场的指导法规建设、监督管理的许多方面不适应。另一方面，障碍还来自和传统的集中计划管理体制、城乡分隔二元结构相关的一些制度、方式、观念，与新的市场机制并存，发生矛盾和摩擦。集中起来造成劳动力转移障碍多，成本高，风险大。

二、建立公平竞争、低成本有效运行的劳动力市场

摆在我们面前的任务是克服缺陷和障碍，进一步发育市场，建立起适应劳动力就业、转移的完整市场体系，奠定开放的、公平竞争、低成本有序运行的市场制度和调节机制的基础。其主要环节是：

1.坚持城乡通开，以市场配置劳动力资源的方向，保证劳动者、尤其是农村富余劳动力转移就业的自主权，是发育劳动力市场的首要前提

劳动者作为劳动力的供给方，企业作为需要方，是劳动力市场两个最基本的主体。发育健全劳动力市场，就要保障劳动者对劳动力的所有权、择业权、收益权，使劳动者能够自主择业、参与平等竞争，企业自主用工，二者相互选择，按协议、合约实现劳动交易。由于多种原因，关键要解决农村富余劳动力参与市场、转移就业的自主权缺乏保障的问题。要保护、发育劳动力市场，使之不进退踟蹰，就要解决这类阻碍市场开放、平等竞争，侵犯劳动者和企业权力的问题。

2.发育市场中间组织，形成包括信息、咨询、培训、职业介绍在内的服务网络体系，是扩大市场就业空间，降低劳动力转移成本和风险的关键

中间组织作为沟通寻求就业的劳动者与用工地区企业的媒介，是劳动力市场另一类基本主体。它包括中介组织和其他有关服务组织。

首先是职业介绍组织的发展和社会化。目前的中介组织，一种是政府劳动、农口、外贸部门办的服务公司、职业介绍所、国际经济技术合作公司，一种是民间乡村集体组织、个人、街道居委会和其他社会团体等开办的。江西省调查，在出省打工的100多万人中，属劳动部门介绍的约占15%，属民间介绍包括自寻职业的占85%。农村富余劳动力的转移，单靠政府办一些吃皇粮的职业介绍所也是难以适应的。为了扩大职业介绍服务面，搞活劳动力的流通：①应该大力发展多种形式的职业介绍机构，让国有的、集体的、个人的中介组织充分发挥作用。对私人职业介绍，在明确政策法律界限的前提下，使之变为正当的合法经营，与其他市场中介组

织一视同仁。②发展民间的国际劳务输出。除了国家办的劳务合作机构需要改革外，重要的原因是输出渠道、形式单一，国家办的国际技术经济合作公司，多是组织国外建筑工程承包队，但国际劳务市场需要大量的个人服务，这部分市场适合民间组织中介。为此要放开民间组织对外职业介绍，扩大我国在国外劳动力市场上的占有率。

其次是进一步发展信息、培训、咨询、职业介绍的组织网络，开展系列化服务。农村劳动者实现就业转移的过程，涉及获得新的就业岗位信息，经过培训使自己的劳动能力适应新岗位需要，经介绍供求双方达成就业协议等几个环节。在这个过程中，信息服务是突破口，弥补农村剩余劳动力量大但素质低的弱点，按照市场需求开展培训，提高其就业竞争能力是关键。因此要发展多种信息、培训中心。属于劳力输出地区的四川省广汉县，在政府支持下，多方联合开展城乡统筹的劳动就业服务，对农村劳动力资源进行调查，建立档案，联系需求，开办当地的劳力、人才中介市场，根据本地企业和外地用工的需要，在开设的劳动就业与职业教育培训中心开展培训，向用工单位输出合格的劳力。这种把劳动力的市场转移就业与改革教育体制，建立职业教育、培训基地相结合的办法，将会使劳动力市场进入更健全的阶段，逐渐建立起一种金字塔形的就业结构调整和升级的机制，使劳动者通过培训、就业、再培训、再就业的学习、实践过程，不断提高素质。

3.发育地方性、区域性市场，改进中心场所建设，促进统一市场的形成

随着劳动力市场的发展，我国将会出现一些区域性的供求直接见面、中介与服务组织相对集中的中介场所或 叫中心场所，在市场网络中居于枢纽地位。目前已有这种雏形。对这种市场中心场所的培育和建设，①要顺其自然，因势利导，就市建场。从我国劳动力总体上供大于求、东中西部发展不平衡的国情和市场经济组织规律来看，较大范围的区域性中介场所，可能主要在中西部与东部衔接的交通枢纽和东南部需求区的城市形成。同时各地区内形成地方性中心场所。②市场中心场所的建设，既要完备通讯、交通和场所设施，更应着力创造开放、公平竞争的环境，良好的秩序，质优价廉、实用方便的服务，吸引供求双方和中介组织进场活动。为此要探索它的开设、经营、管理、服务、收费的一套办法和规则，保障市场机制充分发挥作用，使之真正成为劳动力供求衔接中心、工价形成中心、信息中心。③发展各区域中介场所的联系，实行信息联网，形成市场网络。

4.注重培育市场关系的软件的建设，形成规范市场的规则，改革妨碍市场发育的制度

全国统一的劳动力市场的形成，实质上是市场关系的扩展，在合乎市场关系规则上的统一。市场之所以能发挥资源配置、供求调节、价值评估、优胜劣汰等功能，其基础是市场主体间平等竞争，供求决定价格，价格自动调节人们各方面的利益关系，引导和激励人们按价格信号调整资源配置等的一系列市场关系。培育、维护这种市场关系的市场规则建设、相关制度性建设，是市场建设中带根本性的问题。首先是创设良好的市场秩序所需要的规则。主要是规范劳动者、企业和中介组织的市场行为，防止市场垄断、歧视、非公正"交换"、侵犯自主"交换"权力和人身权利、契约权利等不正当行为。其次是更深层次的界定市场主体产权、界定市场与行政边界的制度。主要保护劳动者对自身劳动力的所有权、自主支配权和企业用工的自主权；排斥非市场主体的市场活动，管理、监督、调控市场的行政单位不得参与市场经营，防止行政权力参与市场，成为交易对象和手段。

发育市场关系的另一个方面，是与新旧体制转变相关的。即要改革传统体制下形成的以城乡隔离、区域封闭、按不同所有制定身份、划等级为特点的一些制度，进一步为劳动者尤其是农村富余劳动力平等参与市场创造条件。市场不承认身份，所有参与市场的劳动者择业就业的权利和机会都是平等的。市场活力来自平等竞争。区域之间经济发展不平衡、劳力有余有缺，劳动力的区域流动是合理的经济行为；农村人口、劳动力向城镇转移，进入二、三次产业，也是历史的趋势。因此要逐步变革过去一些有碍市场发育、经济发展的制度，建立新制度。

5.转变政府职能，搞好宏观指导、协调、公共性投入和立法管理

劳动力市场的建立，意味着劳动就业的微观决策权由国家行政主体转向劳动者和企业等市场主体。这就要求政府为市场发育运行创造好的制度、法律条件，建立新的城乡统筹的宏观调控管理体系和机制。

(1) 加强对城乡劳动者就业和市场供求的宏观预测与规划指导。把农村富余劳动力的转移纳入国家的城乡统筹发展规划范畴，将城乡劳动力的转移就业与产业结构、技术结构的变动升级，城乡、区域发展和国际经贸发展结合起来，对劳动力的供求、流动转移、就业结构和布局的变动等进行社会的统计、分析，预测其变动趋势。以宏观信息、规划的发布，指导农村剩余劳动力的开发就业途径、流动转移，培训和职业介绍机构的发展和社会保障制度的建设。

(2) 搞好补充市场不足的政策性调控。一是劳动力的非农转移与农业发展关系的协调。农业发展是农村劳动力非农转移的条件。改革以来十几年，农业的大发展才有劳动力的大转移。发展农业不是要求阻止农村剩余劳动力的转移，而是要以农

业保护政策，政策性投入，促进高产优质高效农业的开发，改善务农收入。既要注意转移劳力的培训，也要注重从事农业的农民的培训和素质的提高。二是区域、城乡之间劳动力流动中回流效应强与扩展效应弱的问题。回流效应指地区外因素引起的不利于该地区经济发展的影响。现在不发达地区的青年劳力、有文化的劳力、资金流向发达地区，因为那里工资水平、资金利润率高，致使落后地区失去了一些富有创造性的力量。扩展效应是指经济发达区域、中心对经济落后地区经济发展的有利影响。这取决于经济发展阶段，经济发展水平越高，国家交通运输、普及教育、信息交往得以改善，扩展效应就越强。在现阶段，回流效应较强，政府不能排斥市场的作用，阻止流动，但要有适度的政策性调节，如对老少边穷和中西部地区的技术人员、企业家，外出打工回乡创业的人，给予政策性鼓励；增加对这类地区交通、通讯、教育的投入，以增强扩展效应。

(3) 对劳动力市场公共设施的投资。主要是对交通、电讯、中介场所和部分培训中心的公共设施投资。要搞好交通运输建设，合理组织多种运力去适应劳动力转移就业的需要。要建立劳动力开发基金，促进劳动力市场的建设，以政府和社会的公共性投入带动商业经营性投入。

(4) 立法、监督、管理。劳动力市场的发展正从解放思想，舆论和政策承认进到组织和制度建设、创设法规为主的立法时期。需要在变革发展的实践中，搞好劳动法、劳动关系法以及有关劳动力中介组织、中介场所、教育机构、户籍、流动就业、迁居等方面的立法；同时加强劳动合同仲裁、劳动就业管理的机构，使劳动力市场和劳动力的转移就业走向制度化、规范化。

(1992年8月)

服务·合作·中间组织篇

稳定家庭承包是首要抉择*

——滁县地区农业连续11年稳定增产调查之一

在滁县地区调查，我们感受最深的就是人们对大包干政策的关心。谈起这里农业连续11年增产的原因，尽管有各种各样的回答，但首要的一点却是异口同声：政策稳定。无论是各级干部还是普通农民，都强调大包干责任制必须稳定。

一、稳定需要有勇气

大包干这个幽灵，历经磨难，终于在80年代的中国安了家，落上了户口，取名为家庭联产承包责任制。能在短短几年内席卷全国，并被正式列入中国农村发展道路的正册，足见大包干生命力之旺盛。

可是，据我们所知，近几年来，大包干好象不时髦了。农村要进行第二步改革或曰深化农村改革，一些人便认为大包干过时了，束缚了生产力的进一步发展，有的甚至把大包干看做是分田单干，要把承包田收回，重新归大堆。

相比之下，滁县地区却显得不怎么“开窍”。这些年，他们从本地区实际情况出发，不仅极力不使大包干有一丝一毫的动摇，而且还总琢磨着怎样使大包干这棵大树长得更加枝繁叶茂。横过来竖过去，还是那个大包干。从1982年起，地委就一再强调稳定大包干，并具体提出稳定的四个方面。①大包干责任制形式稳定。因为农民看政策变不变，首先看还搞不搞大包干；要让农民安下心来种好承包田，政策不能变来变去。②承包土地稳定。农业大包干主要是耕地的家庭经营，建立农民与土地的适当关系，承包土地变不变，农民感受最真切。这里是传统农业区，现在

*本文是1990年初同张广友、王太、曾业松、吴思等前往滁县地区所写调查报告中作者执笔的一篇，1990年4月18日发表于《农民日报》。

农民生活致富主要还是靠土地，不能照搬发达地区做法，把土地集中到一部分人手里。即使随着人口变动等原因少数群众要求调整，也要坚持大稳定、小调整，绝不能用行政命令的办法把土地打乱重分。③原有社队集体经济框架、规模稳定。大包干的发包方是集体，框架保留，职能转变。④乡村干部队伍稳定，以保持工作的连续性。

10年前，滁县地区农村改革先走了一步，在农村第二步改革中，滁县地区怕是落后了吧?有人说他们“保守”，“躺在大包干上睡大觉”，有人在探讨这里第二步改革“迈不开步子的原因”，有人试图启发引导他们“迅速跟上去”。

当令人眼花缭乱的新名堂、新主张、新套套涌来的时候，在滁县地区，确实引起了震动和思索，一些人甚至怀疑过死抱住大包干不放是不是错了，但最终还是认定了一点：大包干政策需要稳定。由于政策稳定了，农民思想也稳定了。结果换来了粮食产量年年增长，农村经济持续前进。

总结这些年的体会，滁县地区的同志意味深长地说：“别小看稳定这两个字，稳定也是一种抉择呢!”当年，滁县地区农民和干部们在全国率先冲破禁区，搞起了大包干，是需要勇气和求实精神的。在大包干体制建立以后，这里的干部群众始终像爱护眼睛一样爱护它，一再执著地坚持它，稳定它，同样需要勇气和求实精神。稳定，绝不是一件轻松自然的事情，特别是在存在不稳定因素的情况下。稳定是农民的要求。

在滁县地区10多天耳濡目染，我们感到，大包干对农民来说，简直像贾宝玉脖子上系着的那块玉石，“离不开，碰不得”。这主要不是因为滁县地区是它的发源地，因此人们对它格外有几分感情，而是由于它深深扎根在群众生活的土壤里。大包干适应当前农村生产力发展水平，符合农民的切身利益，深得民心这才是关键。

10年来，农民们是怎样在大包干的体制下生产劳动的?天长县铜城镇的乡村干部给我们讲了去年5月收麦的场景。5月初，正值收麦，下起了大雨，村村户户能出来的都出来了，把割下的麦送上场，打了的麦子堆起来，用薄膜、席子盖好，没盖好的地方，把小褂子脱下来也盖上。雨住了，小麦沾了泥，农民们下到河里淘，再拿回家用电扇日夜吹，以防生芽。群众力量是大的，小麦基本没有受损失。曾记得，在刚刚实行大包干的1980年，我们来滁县地区调查也听到了类似的情况。那年夏天，下了半个月连阴雨，旱地里的草向上窜，农民雨天向外跑，戴着斗笠，踏着烂泥，硬是用手把草一根根拔掉，消灭了草荒。那一年，周围没有大包干的地方减了产，滁县地区照样丰收。时隔10年，前后一样。10年来，大包干动员千千万万农民演出了多少这样的动人活剧。体制是具有长期性、稳定性和连续性的，它的作用不是稍纵即逝的。乡村干部说："要是在大集体，去年小麦不能登场，干一天能得几个工分！"农技员余友才说："大呼隆的苦头过去吃够了。要再搞过去那种大呼隆，除非上面给生产队长发支枪，顶着人的头皮干活。这条路走得好好的，不能变。"

大包干为什么能调动农民群众的积极性、推动生产发展?地委副秘书长朱成基说：它是针对原来集体经济中过分集中的大呼隆、平均主义的大锅饭而实行的家庭联产承包经营责任制。弊端去掉了，好的东西保住了，土地公有，三者兼顾，积累、分配、协调、服务这些合作经济的职能都还在。好就好在能由户干的分户干，不能分户干的联合干，好就好在它"责任最明确，利益最直接，方法最简单"，"完成国家的，交足集体的，剩多剩少是自己的"。它能奖勤罚懒，能够体现责、权、利，把国家、集体、个人的利益捆在一起，有了两个积极性。它本身就是通过改革大大完善起来的集体所有制的合作经济，是我们自己找到的宝贝，不能手里拿着宝贝视而不见，还到处去找。

这里的干部一提大包干都要饮水思源，讲十一届三中全会路线。凤阳县的同志说：从解放到1955年、1956年，农业是好的，粮食由9000万斤上升到2.6亿斤。但到高级社开始下降。一是老搞"过渡"，二是变来变去总是改变不了大呼隆、大锅饭，虽然想了不少办法，但关键是农民的积极性始终未起来，老百姓还是糠菜半年粮。大包干前20多年，国家倒贴给凤阳这个农业县4亿多斤粮、1亿多元投资、几千万元救济款。过去曾说共产主义是天堂，人民公社是桥梁。但是总上不了天堂。还是十一届三中全会路线，提倡实事求是，回到了地上，依靠群众实践搞了大包干。凤阳当年就解决温饱，年年有发展，去年粮食总产达到了10亿多斤。近几年全国粮食徘徊，但滁县地区没徘徊，充分说明了影响农业发展的不是大包干，是其他方面的问题。我们不能再离开现实，异想天开，改来变去，还是要脚踏在地上，从现实中开辟未来。

二、稳定才能出成果

谈到为什么要稳定，滁县地区的同志认为："没有稳定的政策，就没有稳定的思想，也就没有稳定的经济。""改革是为了发展生产力，实践证明能促进生产力发展的政策，在一定阶段就应该稳住。不能再搞那种运动式的改革。1年一个新套套，新花样，那是干不成事的!"

80年代初，我们听到这里农村中流传的一句话："不到户，稳不住，到了户，就稳住。"这次又听到有的农民说："只要包产到户不变，就是用两手抠，也要从土里抠出一座楼来!"或变革，或稳定，都取决于生产力的发展要求。10年来，大包干体制在滁县地区稳定运行，其发展状况和趋势如何?地区有关部门向我们提供了如下数据：

首先是农户家庭经济的生产性积累大幅度增长。全区1978年到户的集体财产折款共计2.02亿元，扣除积欠贷款，实际为1.54亿元（其中固定资产为0.86亿元），户均248.66元。到1988年，农户农用固定资产8.31亿元，流动资金4.75亿元，合计13.06亿元，扣除贷款为12.01亿元，户均1773.65元（其中农用固定资产1072元，流动资金为701元）。10年中，农户农用资产增长6.8倍，年均增长22.8%，生产性积累高于农民纯收入年均增长20.7%的速度。

再从集体经济积累来看，大包干之前，全地区三级集体固定资产（含社队企业）总额，扣除积欠贷款为1.29亿元。历经10年，集体固定资产的分布发生了变化，由主要在原生产队一级变为主要在乡村两级，主要构成和存在形态也不再是过去的公房、耕牛、农具了。到1988年，乡村两级集体企业固定资产总值扣除贷款为2.7亿元；通过农民上缴集体提留、集资兴办机电排灌站、架设输变电线路等水利、电力、公路建设，共投资1.88亿元，投劳3.5亿个工日，折合7亿元；农民集资建学校投资0.5亿元，建设集体服务设施投资0.19亿元。集体固定资产由1.29亿元增加到12.27亿元，增长8.5倍；若不计劳动积累，也增加到5.27亿元，增长3倍以上。同时，不仅是量的增加，在质上也发生了巨变。

上述情况说明，大包干体制下农民的勤奋劳动是这些积累的主要来源。以家庭承包经济为基本经营层次和投资主体的大包干，不仅导致了农户生产性资产的增长，而且滋养着集体资产的壮大，从而支撑了农业的持续发展。滁县地区的干部说：农村改革以来，真正对农业发展起主要推动作用的政策还是大包干，只要它适应生产力的发展，就不能轻易变动它，否则，就要乱套，后果不堪设想。这使我们又想起农民讲的那句话，只要包产到户不变，就是用两只手抠也要从土里抠座楼来。盖楼有个从土变砖的过程，添砖加瓦的累积过程。农业生产力的发展同样也要有一个累积成长的过程，扰乱、打断这个生产力的累积发展进程，必然要付出巨大的代价。

三、稳定不是停顿不前

当然大包干的稳定，不是简单的撒手不管，更不是不思进取。滁县地区提出了两句话：一是“大包干不是大撒手”，优良的体制、制度要靠适当的管理来维护其正常运行。二是“大包干不是终点站，而是新起点”，要随着生产发展的需要推动它的充实与完善。

事实上，大包干确立以后，滁县地区就不断地对大包干进行完善，充实其内容，兴利除弊，给大包干体制下农民的创造提供更多的便利。

大包干确立后，滁县地区开始是抓“三制并举”，后来发展为“五制配套”。大包干的家庭承包制、经营管理和分配的合同制、干部岗位责任制，“三位一体”。家庭承包制是基础，合同制是对承包制下经济关系进行管理的“抓手”和核心，干部的岗位责任制则起保证作用。通过每年的各方兑现，加强农民的承包观念，维护国家、集体、个人三者的适当关系。现在，这套制度已逐渐在群众中形成了经济生活的正常习惯。随着农村经济向商品化、现代化的转变，简单的经济关系的管理已不适应，对技术、资金、流通、公共设施提出了越来越多的要求，于是近几年发展了经济合作服务制；为克服干部岗位责任制1年1定，不适应长期发展需要的局限性，又实行了干部任期目标责任制。10年来，在滁县地区，大包干的基本格局是稳定的，但这种稳定伴随着制度的建设、内容的充实、双层经营的展开和发展。稳定不是保守，这里的干部和农民对于获得新技术、提供新的服务、开辟新的产业，从来没有说过“不”字，大包干也不是小农经济的代名词，而是给农民打开了进行创造性劳动和竞相发展的更广阔天地。随着生产的发展、经济的积累、城乡联系的扩大，300多万滁州农民正在奔向农村现代化的未来。

（1990年1月）

双层经营双层承包*

——山西兴旺村对合作经营服务实行招标选干、抵押承包

山西省怀仁县河头乡兴旺村建立了合作经济组织，使承包制从家庭经营层次又进入到合作经营服务，并引入竞争机制和风险机制，实行了招标选干、抵押承包，找到了搞活合作经营层次的一条途径，是完善农业大包干经营体制的重要步骤。

一、找到深化改革的突破口

兴旺村生产条件较好，101户，412人，2100亩耕地，有15眼机井，6台农机，土地平坦，水源充足。1982年实行大包干后，农民家庭经营充满活力，一般年景产粮80多万斤，人均收入400元左右。但相比之下，集体经营服务这一块并不活，积极性低，发展慢，成了“短腿”。如土地分割零碎、没有及时调整，集体水利、农机管理不善，没能很好组织农田基建和农技推广。由此也影响了群众向国家、集体交定购粮和积累的积极性。1982年到1987年，集体应提留8.46万元，实际收回5.14万元。

集体经营服务为什么跟不上?因为家庭承包制解决了农民吃大锅饭的问题，但没有解决干部之间吃大锅饭的问题，干部报酬是固定补贴制，端的“铁饭碗”，没有责任感、风险感。有些干部工作积极，是靠觉悟、“良心”，有些干部则光拿补贴，不搞服务，工作推诿，得过且过。体制上的问题不解决，上面再喊服务，还是缺乏内在经济动力，服务上不去。

为了解决这一问题，兴旺村党支部找大家商量办法。开始提出按省里要求办合作社搞服务。农民说：“实行责任制这些年，别的都好，就是一家一户办不了的事

*国务院农研中心《调研资料》,1988年第7期。

没人管。搞合作社，如果干部还是干不干一个样，无非是个庙，添几个神，我们还要烧香。要是干部能像农民包地、工厂搞抵押承包一样，把集体该办的事包下来，干得好奖，干不好要赔，就好了”。这话打开了党支部、村委会的思路：农村家庭经营已承包，集体经营层次未承包，两个层次的改革不配套，是问题所在。把承包也用到集体经营中去，搞双层经营双层承包，是深化改革、改变集体经营落后局面的一个突破口。他们与群众沟通了思想，从 1987 年 9 月开始，在上级帮助下开展了干部抵押承包经营服务的实践。

二、招标选干，抵押承包

整个建立集体经营服务抵押承包制度的工作，是在党支部、村委会和十几位农民代表参加的考评组的主持下进行的。大体步骤和内容是：

确定承包指标。按照“查基础，看现状，想长远”的方法，以近 3 年各项经济指标的平均数为基数，考虑发展因素，以 10%左右的增长速度，制定了 5 年发展规划和 1988 年经济指标。并把承包指标分为三类：①幅度指标。是受自然因素影响大，不宜定死数字的指标。粮、油、甜菜要在前 3 年平均数的基础上今后年递增 10%~15%，1988 年粮食承包指标为 88 万~92 万斤，油料 1.6 万~1.7 万斤，甜菜 61 万~100 万斤。农村经济总收入在前 3 年平均基数上递增 8%~10%，1988 年指标是 38.8 万~39.6 万元。农民人均收入 500~560 元。②绝对指标。1988 年完成定购粮 41 万斤，油料 1.9 万斤，集体提留 4.2 万元，农业税 0.41 万元，工商管理费 0.3 万元。③服务指标。共 9 项：冬春灌地 2000 亩次，夏浇 4000 亩次；地膜覆盖玉米 500 亩；调运地膜 4 吨，化肥 150 吨，优种 13500 斤；秋机耕 2100 亩；维修机井 6 眼，新打机井 2 眼，维修防渗渠 12 公里，新修 7 公里；防治虫灾，经济损失不超过 5%；保证亩施农肥 50 担；对 200 亩山药、300 亩谷子、1000 亩玉米实行区域种植；保证全村役畜达到 100 头。并定出了机耕、浇水的收费标准。

确定抵押和奖惩办法。按前 3 年平均农业投资“保本点”8.1 万元的 20%，确定抵押金最低不少于 1.6 万元。奖惩既全面衡量，又突出保证服务这个重点。能完成 3 类承包指标，不奖不惩，承包者得补助工资 2000 元（6 人）。幅度指标如完不成，每减 10%，扣补助工资的 10%，每超 10%，奖补助工资的 10%。服务指标如完不成，每项扣抵押金的 10%，如全面完成，按抵押金的 10%奖励。绝对指标如完不成，先扣抵押金的 10%，然后分项落实扣罚比例，如完成，按抵押金的 10%给予奖励。

公开招标，抵押承包。对承包人资格的要求是政策水平较高，经营管理能力强，热心为群众服务。将承包方案、承包人条件张榜公布，公开招标，人人机会均等，不提候选人。抵押承包的标底公布后，有 20 多人应标，经答辩，群众投票，支部书记王汉存当了合作社主任。合作社主任把自己组阁的 6 名人选交群众评议通过。10 月初，合作社干部一次上交村委会抵押金 1.6 万元，其中 4 名成员每人押 2000 元，正、副主任每人押 4000 元。组阁人员实行分工负责，除合作社主任全面协调服务外，其他人分别承包一个方面或几个方面的专项经营服务。参加承包的 4 人是党支部、村委会干部，其原固定补贴自然取消，报酬按抵押承包规定执行。

建立合作社规章制度。共定社章 3 章 13 条，章程规定合作社是为群众开展服务的经济实体，具有法人权力，实行单独核算；有组织统一的经营服务的权力，有资金积累、使用权力；可以接受党支部、村委会通过一定程序提出的经济决策，但有经营自主权。规定社员进社、退社自由，有监督合作社服务工作和罢免干部的权力，有家庭经营的自主权和产品所有权。

签订服务到户合同，成立监督小组。全村有 94 户农民入了社，占总户数的 93.8%，其土地承包关系由合作社管理。另有 2 户五保户，实际上也由合作社负责。5 户搞运输、建筑的未入社，其土地承包由村委会管理。合作社与农户签订合同，定出合作社服务内容，也明确农户应尽的义务、权力和责任。同时成立了由 5 位德高望重的农民组成的监督组，监督服务活动，并负责年终的检查验收。

三、搞活合作经营层次的一个突破

干部抵押承包合作社后，扎扎实实为农民办了许多前几年一家一户不能干或集体未办好的事情：第一，组织农民改变生产条件。已组织平整土地 150 亩，打地楞 1 万亩。新打机井 5 眼，修旧井 4 眼，洗井 7 眼，扩大水浇地 800 亩。整修渠道 8 条、水利建筑物 3 处。第二，采取“大稳小调”办法，使 100 多块“巴掌田”集中连片，农户承包地块大都达到 5 亩左右。在此基础上建立了土地培肥和单产目标管理制度。第三，因地制宜发展区域种植，对 700 亩甜菜、700 亩玉米做了连片安排。第四，加强生产服务。一位承包人负责所有水利设施的管理和利用，实行“以票供水，单核算，按电收费，折提留”的办法。社副主任负责生产服务，今春调回化肥 100 吨，比去年同期多 50 吨；调回玉米优种 3500 斤等。一个承包人负责农机和技术服务。全村羊、猪、鸡都打了防疫针，同时搞了微肥拌种种玉米 700 亩，脱毒薯高产示范田 2 亩。第五，增加了集体积累。打井、洗井劳动积累折款 8 万元，水利收费全年可积累 2500 元。

初步的实践表明，对合作社经营服务实行抵押承包，是在搞活家庭经营层次的基础上，进一步搞活统一经营层次的一个突破。

(1) 抵押承包使合作经济的经营者有了责任感。合作经营由“集体负责”的“小呼隆”转变为分别承包经营，干部的报酬不再是“旱涝保收”，服务的成败、效果直接同个人利益、抵押风险相连。他们说，过去吃的是大锅饭，挣的是“养老钱”，稳拿补贴 300 元，该办的事没有办。现在任务压头，人人紧张，各司其职，弄不好押金就贴进去了。

(2) 招标选干建立起能者经营的机制。搞好经营服务的关键是选才。实行招标承包，人人机会均等，形成竞争，造成谁能给群众服务谁来干，能人上，庸人下，能人管理经济的态势。形成了有利于人才涌现和培养农业经理人才的机制，也有利于加强民主建设。

(3) 使合作经营有了内在活力，保障各项生产服务落到实处。与具有活力的家庭经营互相依托，共同前进，促进生产发展。

(4) 承包制强化了合作社自主经营的企业地位。现在，党支部处于领导、保证、监督地位，村委会负责行政社会管理，合作社是经营服务的实体，这有利于理顺农村党政企关系，行政干预作用适当缩小，合作经济组织、经营体制的作用得到加强。

(5) 承包制把干部群众利益都捆在经济发展上，有利于改善干群关系，干部积极服务，也反过来增加了农民的生产积极性。

兴旺村的合作经营服务抵押承包，还处于不断探索的过程中，下一步打算带领群众广开门路，发展牧业、果树、村办企业，组织劳务输出，当好商品生产领头人，同时拓宽服务领域，组织专业服务组织，完善积累制度等。今年承包合同是一年，准备在积累经验的基础上，以后一包几年，逐步走向完善和规范化。有待解决的问题还很多，但重要的是步子已经走开，这无疑是一个具有很大适应性的符合农村商品经济发展要求的新事物。

(1988 年 6 月)

以外贸公司为龙头，形成养鸡一条龙生产服务体系*

1984年以来，山东省诸城市外贸公司结合当地实际，借鉴泰国正大公司的经验，在“农业发展我发展，我与农民共兴衰”的思想指导下，以发展肉鸡为重点，同时适当发展家兔、肉牛、水貂等，与35个乡镇的12万农户结合，通过引进国外先进技术设备，完善自身经营手段，积极向农民提供配套服务，逐步形成了完整的肉食鸡专业化生产服务体系，改变了传统落后的小生产饲养方式和向农民“捞一把就走”的出口经营方式，饲养业走上科学化、规模化、系列化的道路，大大增强了均衡生产和出口竞争能力。1988年繁育雏鸡700万只，收购屠宰肉鸡500多万只，出口速冻鸡肉4000多吨，占全国速冻鸡出口总量的1/5。出口创汇800多万美元，比1983年增长4.8倍，出口换汇成本下降26%。外贸公司对肉鸡、肉牛、家兔、水貂等产品的总收购额达9400万元，使全县65%的农民获益。

一条龙生产服务体系（以生产肉鸡为主）由5个环节组成：

第一个环节是良种繁育系统。外贸公司分别于1984年、1987年创建两处良种鸡繁育场，从美国AA公司引进“爱拔益加”良种鸡18万只，从加拿大、澳大利亚引进了孵化设备，形成年产雏鸡1250万只的能力。传统的繁育方式被工厂化繁育所取代。与过去传统方式相比，1只种鸡繁育的雏鸡由50只提高到125~130只，残弱雏鸡的比重由10%下降到1%以下，成活率由85%提高到95%以上，并实现了雏鸡繁育的均衡化、高质化。

第二个环节是饲料加工系统。该公司引进国外饲料加工主机、圆筒仓和配方技术，建起一座单班年产6万吨颗粒饲料的加工厂，并附设一个年加工7000吨的油料加工厂。以七八个饲料配方生产，适应肉鸡不同发育期的需要。

---

*随同王郁昭、张根生同志调查，刊于中央农研室《农村工作》第45期。

第三个环节是商品鸡专业化饲养系统。这个系统是以乡村农民为主体，改散养、放养为封闭式饲养，实行适度规模的企业化经营。共建年养 5 万只以上的专业养鸡场 247 处。主要有 3 种类型：一种是村办户包，即由村集体建场，由有经验和技术的农民承包，这种形式占 70%以上，最大的鸡场年饲养量达 30 万只。售出 1 只鸡向村交提留 0.15~0.3 元。另一种是几户、十几户农民联合办场，占 20%左右。再一种是专业户办家庭饲养场，占 5%左右。适度规模经营使鸡场设备和饲养人员都走向专门化，保证了常年均衡生产的需要。

第四个环节是商品鸡饲养的产前、产中、产后系列化服务系统。外贸公司对农民鸡场实行“四到门”、“两赊销”，即雏鸡送到门，饲料运到门，防疫和技术指导到门，成鸡收购到门；雏鸡、饲料由公司赊销给农民，售鸡后再统一结算。由此解决了农民愁雏鸡、愁资金、愁技术、愁运输、愁销售的“五愁”。以防疫和技术指导为例，外贸公司近几年每年请外国专家来办训练班，对鸡场场长和技术员免费培训，组织讨论，确定防疫程序，定时注射。同时公司有 20 多名技术员，分片包场，还派技术员到大的鸡场挂职任副场长。

第五个环节是屠宰、加工、储运、出口销售系统。外贸公司兴建了符合国际卫生标准的日宰鸡 3.5 万只（年宰 1250 万只）的加工厂和 3000 吨冷库，拥有机动车辆 120 部和冷藏车 8 部，实现了宰杀、加工、速冻、包装的流水作业，有了旺吞淡吐的调节能力。过去肉鸡是出口胴体，现在加工成 18 个品种、108 个规格，吨鸡出口换汇比过去增加 500 美元。外贸公司还与乡镇联合，建起羽毛粉厂、骨胶厂、化工厂等，提高了产品利用率。

肉鸡产供销生产服务体系在专业化分工协作的基础上建立起一个相互依存、相互制约的有机整体，其内部还建立起富有活力和凝聚力的经济机制。公司、有关企业和养鸡场实行独立核算、自负盈亏，按照商品交换原则和内部价格机制，统一和调节各经营单位的利益。公司在每年年终进行总体核算之后，都召开一次价格协调会，首要原则是“不抠农民”，让利于民。保证农民每养 1 只鸡能得到 0.6 元纯收入，加上农民的各种养鸡费用，来确定收购价（一般稍高于市价）。再把核算的余下利益，在雏鸡繁育、饲料生产、加工、冷藏、运销和乡镇管理等环节予以合理分配，核定各环节的中间产品价格和收费标准。农民最满意的是雏鸡、饲料由公司保证供应，成品鸡由公司按时收购，没有后顾之忧，保养、保销、保收入。由于价格公开，平衡了各方利益。不仅调动了大家的积极性，而且使各方看到，大家的利益是捆在一起的，相互争利谁也得不到多少，只有互相配合，才能共同受益。

产供销生产服务体系的健全发展，显示了联合体“风险共担，利益分享”的特点，发挥了联合体在技术、规模经营、加工增值、信息、服务等多方面的优势，使肉鸡生产能力及效益显著提高。肉鸡饲养量今年可达到600万只，明年可达到1200万只；肉鸡育肥期由过去90天下降到56天；料肉比由3.6:1下降到2.29:1；过去的鸡肉是肉老、色暗、骨头硬，不仅卖不上价钱，而且外商不愿要。现在产品质量和价格都有了竞争力，全部速冻鸡肉由日本和光贸易株式会社包销，每吨省外贸给价由1400美元提高到1900美元，为全省最高价。近几年农民每养1只鸡实际纯收入平均达1元，一个农民的适度经营规模为一批2000只，2个月一批，日工值达30多元。今年农民从肉鸡生产中获得纯收入500万元，加上外贸公司与农民联合饲养家兔320万只、肉牛1.5万头、水貂25万只，农民从这些商品生产中获得纯收入共2900多万元。

粗略计算，生产服务体系现已形成的生产能力是：年繁育雏鸡1250万只，3条加工生产线年宰鸡1250万只、宰牛1.5万头、宰兔600万只，仓储2.5万吨。拥有3000吨冷库，8万吨饲料加工能力的加工厂和上百台机动车辆等。外贸公司已形成为禽畜生产服务的固定资产5500万元，流动资金4800万元。另外，农民自筹建鸡场资金约为3000万元。外贸公司550万元的固定资产投资来源，主要是通过国家技术改造投资、合资联营、租赁、企业自筹、职工集资和贷款等形式筹集的。其中国家投资1500万元，与经贸部、省外贸公司联营吸收外部资金1000万元，以设备租赁形式吸收300万元，企业自筹700万元，职工集资400万元，贷款600万元。

外贸公司发挥自己的优势，与农民结盟，真正成了一个具有实力的经济实体，促成和带动了诸城市禽畜业及其他出口产品的发展。

促成禽畜生产发展的重要条件是自1984年以来，该市一直是按“强化农业这个基础，做好发展畜牧业、加工业、创汇产业3篇文章”的路子走的，做到了把畜牧业放在农业发展的基础上，以牧促农。1988年全市粮食产量达到6.49亿公斤。除了完成国家征购任务和留足口粮、种子等，尚有2.5亿多公斤作为饲料粮用于发展禽畜生产。禽畜发展也在资金、肥料等方面支持了农业，仅外贸公司与农民联营的禽畜业，每年可提供优质有机肥0.75亿公斤。为了拓宽外向型禽畜业的发展路子，外贸公司打算在坚持依托农业、促进农业的前提下，增加肉牛、家兔的饲养比重，并尝试开辟以进养出的新路，进口一部分小麦，在国内换购玉米做饲料，促进禽畜业的进一步发展，不断扩大肉类出口量，为国家换取更多的外汇。

(1988年11月)

中国农村经营变革调查

ZHONGGUO

Nongcunjingying Biangediaocha

吴象

己丑年夏

崔传义／著

下卷

山西出版集团
山西经济出版社

北方第一个吨粮县的农业社会化服务*

——山东省桓台县农业社会化服务体系调查

山东省桓台县历史上是个主产粮食的农业县，1990 年全县 39 万多亩粮田，平均亩产 1020 公斤，分别比 1978 年、1985 年增长 130%、66%（见表 1），为全省粮食平均亩产量的 3.4 倍，从此以我国北方地区第一个吨粮县闻名全国。

表 1　桓台县粮食生产、农民收入情况

	1978 年	1980 年	1982 年	1985 年	1987 年	1989 年	1990 年
粮田面积(万亩)	39.9	38.8	36.8	39.1	40.6	40.1	39.4
粮食亩产(公斤)	457	497	490	615	640	810	1020
总产(亿公斤)	1.8	1.9	1.8	24	2.6	3.25	4.02
其中:小麦播种面积(万亩)	40.0	39.2	37.3	39.6	40.6	39.9	39.9
小麦单产(公斤)	244	229	256	317	320	381	469
玉米播种面积(万亩)	33.1	35.3	33.5	32.0	33.8	35.5	33.1
玉米单产(公斤)	231	286	246	332	367	470	611
农村集体资产(亿元)	0.71			0.86			1.22
农民人均收入(元)	88	124	232	518	651	807	855

这个县近年农村 50%劳力转向非农产业、务农劳力 80%是妇女，却在粮食亩产 600 多公斤的高产基础上连年增产，登上吨粮县的台阶。一个很重要的原因，是他们在农村改革实行家庭承包制，解放农村生产力的基础上，及早抓住发展社会化服

*本文与王西玉、郑钧、赵阳一起调研、写作，参加调查与讨论的还有山东省淄博市经济研究中心王国华、曾森、唐桂琴，桓台县农委张奎文、岳维功等。发表在《经济工作者学习资料》，1991 年第 64 期，收入《伟大的战略措施》，北京，北京农业大学出版社，1993 年 5 月。

务这个改革与发展的结合部，围绕粮食生产这个基础产业，建立起多村合作服务与国家经济技术部门的专业化服务、农民相互服务相结合的社会化服务体系。以社会化服务为纽带，把一家一户的生产纳入社会化大生产的轨道，解决了农业技术改造和生产商品化中组织管理上的一个个难题，提高了整体的生产能力和服务的规模经济效益。一句话，把家庭承包制与社会化服务结合起来，给粮食生产为主的全县农业增添了新的推动力。

一、家庭承包制下农业发展的服务需求

桓台县农业社会化服务发展的客观基础，是改革将过去的农业集体集中经营变为承包农户为基础的生产经营出现了小农户与大生产、小经济与大市场的矛盾，这种矛盾要靠农户外部社会经济组织的改革和发展来解决；农业越走向商品化、现代化，需要农户之外的社会经济组织承担的职能就越多。

（一）家庭承包经营对农业有很强的适应性，但存在分户经营与农业生产日趋社会化的矛盾，产生了农户对社会化服务的多种要求

桓台县农村 1982 年冬、1983 年春天普遍实行了家庭联产承包，把家庭经营引入集体经济，有效地克服了过去统得过死、平均主义的弊端，农民首先在土地经营上表现出空前的热情。第二年（1984 年）粮食亩产就达到 618 公斤，比 1982 年亩产提高 115 公斤，家庭承包经营显示了它的优越性。但农业已不是简单的手工操作和自给经济，单靠家庭经营一个层次已不能完全适应生产的需要。1982 年桓台县的农机动力已达 21 万马力，亩均 0.39 马力，机耕占播种面积的 53%，机播占 41%，亩施化肥 173 公斤，机井 8300 眼，95%农田实行井灌。早在 1978 年就向国家提供商品粮 300 多万公斤。因此，承包之初农户经营就遇到了“几难”：

承包中拖拉机、耕牛大部分折价到户，由于无人协调，作业和收费的标准都难以控制，带来农户用机难，锨翻地、人拉耧的现象又在个别地方重现；家家种地、户户存种，荆家镇 85%的农户是“以粮代种”，或乱繁乱引；一遇天旱，一井多机，互不相让；用肥关键时刻，一户户农民每天到供销社上门等购化肥，一时间“关系肥”有了市场，农民反映强烈。

这些所谓的“用机难”、“科技推广难”、“浇水难”、“农田基础设施管理难”、“购销难”，就是农民提出的社会化服务要求。实际情况是，土地包到户，农

户自己能办的事自己办了，人们说种地达到了“园艺化”的程度；农民叫难的只是一家一户办不好的环节，才提出由外部来承担的服务要求。这客观地反映出当地农业生产社会分工的程度，通过家庭承包经营，使社会化的分工过滤出来，分化出来。农户提出的这种服务需求具有专业化的性质，如水利的、农机的、种子的，都带有专业性；又具有社会化的性质，有的本村社能解决，有的则是村社甚至乡镇也不能单独解决。不能把服务需求仅仅归结为农户经营的局限性。专业化的服务需要专门的经营主体来进行。由此可见，实行家庭承包制，恰恰通过家庭经营，把一定生产力水平下的社会分工分业显露出来，适合农户干的农户干，不适宜农户干的，通过社会分工进行，要求提供专业化的服务，从而把农业生产建立在专业化分工的基础上。农业生产力越发展，分工越深化，对社会服务的需求越多。

(二) 农户的服务需求是分散的，但在生产应用上具有综合性，与各方面服务主体的分散性发生矛盾

一方面上面的部门、单位各干一行，使农户难以孤立地得到各种服务需求的满足，另一方面也使原来承担服务的每个主体，难以独立应付千家万户的分散需求。邢家乡的干部说，实行家庭承包之初，群众需要科技，但县里乡里科技人员面对千家万户，好像老虎吃天，无计可施。而且即使实现了某些服务需求，这种方式对供求双方都不经济。这种情况使得科技、供销、农机、水利等部门，要求组织农户，求得用武之地，也改变零散经销管理成本高、效益低的局面；农民则要求组织服务主体配套地把多种服务提供给农户。

(三) 农村产业结构变动，农业劳动力大批转移，非农业与粮食生产的矛盾加剧了发展农业社会化服务的需求

桓台县历史上有从事建筑业的传统，过去受集体劳动“大呼隆”的束缚，没能得到发展，1978 年全县农村从事建筑业的仅有 6000 多人。实行家庭承包制后，随着农业发展，解放出来的劳动力快速转向建筑业，建筑业的发展又带动了乡镇企业和多种行业，到 1985 年非农就业就上升到占农村总劳力的 41%（见表 2）。年轻力壮的男劳力大部分转入非农产业，农业上妇女劳力为主，粮食生产上的一些问题就更加迫切需要通过社会化服务来解决；同时，农忙时建筑人员要回乡帮助农业生产，制约了建筑业的发展，非农产业的发展也要求建立起完备的农业服务体系。

表 2　桓台县农村劳动力变动情况

单位：万人

类别	1978 年	1982 年	1984 年	1985 年	1986 年	1987 年	1988 年	1990 年
农村总劳力	19.2	18.6	20.40	20.90	21.4	21.9	22.6	23.3
农林牧副渔劳力	17.47		12.35	12.35	12.25	11.9	12.1	12.9
农业种植业劳力	16.39	14.3	12.8	11.1	11.0	10.9	11.03	11.9
（队办工业）	0.39							
乡镇工业	0.50	0.43	0.47	1.5	1.7	1.92	2.2	2.39
建筑业	0.605	2.33	3.80	4.67	5.05	5.64	5.87	5.61
运输业	0.26	0.41	0.34	0.41	0.42	0.45	0.42	0.62
商业	0.08	0.31	0.44	0.42	0.40	1.21		1.08
其他	……							

资料来源：历年《桓台县国民经济统计资料》。

（四）乡村集体经济组织，在实行农业家庭承包制后，寻求发挥自身作用的新形式，职能变化、组织变型，是服务组织发展的另一种原因

这个县的起凤镇华沟村，集体经济家底比较厚实，1983 年实行家庭承包时，干部为了让不宜农户单独使用的机械设备、公共投施不受损失，能够继续发挥集体组织的作用，就在土地承包到户之初，自觉办起了经营指导、物资供应、农业机械、科技信息、粮食收购等五个服务组，使集体经济的干部、技术人员、公共设备，通过为农民服务的新形式而起作用。它显示了实行家庭联产承包，本身就包含着分户经营、合作服务的内涵。只是在集体经济薄弱的地方，一时难以形成较多内容和较大规模的合作服务而已。随着生产的发展，分户经营、合作服务成为农业经营体制自身健全发展的必然趋势。

（五）在农业尤其是粮食生产比较利益低的情况下，地方政府出于确保国家对粮食生产稳定增长的需要，推动发展社会化服务，来保护农民种粮积极性，这是农业社会化服务发展的一个重要因素

1985 年，这个县也出现了一些农民不愿种地更不愿种粮的情况，因为“种一亩棉花收入 400 元，一亩菜 1000 元以上，一亩粮不到 200 元”，“经营 30 多亩粮田，不如一个五级工匠”。针对这种情况，1986 年初桓台县委、县政府明确了要从国家大局出发，保证粮食增产，同时大力发展建筑业、乡镇企业和多种经营，增加农民收入的方针，提出了“靠政策调动农民种粮积极性，靠科技提高种粮效益，靠领导服务保证粮食生产”的思路，实行乡镇村以工补农、以建（筑业）补农，加大

资金投入，加强科技推广等服务；县、乡农业、科技、供销、财贸、金融等部门，都要按业务性质，发挥职能作用，主动为农民提供方便，搞好产前、产中、产后服务。1987 年 8 月，县委和政府又发出《关于进一步完善农村社会化服务体系的意见》，推动发展多种形式、多种层次的服务组织。

二、农业社会化服务的组织体系和实现形式

桓台县实行家庭承包制虽然较晚，但明确要保持家庭承包制的稳定，重点发展社会化服务则较早。他们从 1984 年春开始推广起凤镇华沟村办服务组织的经验，一些乡村开始办“几组”、“几队”、“几站”，先从水利、机械抓起，农业社会化服务由少到多，由单项到多项，不断充实内容，扩充领域，创新组织。1986 年起，这个县先后被确定为山东省商品粮基地县、全国黄淮海开发区，1989 年提出建设吨粮县的目标，他们一直把发展服务体系作为稳定完善集体经济经营体制，理顺有关部门、单位与农业的关系，保障科技、物资投入的关键来抓。吨粮县的建成，不过是支撑它的物质技术能力的积累和社会化服务体制的完善达到一定程度的表现。

桓台县依靠农业服务组织作为集体统一经营与农户承包经营的最佳结合点，以乡镇为中介，把社区合作的综合服务与国家经济技术部门、企事业单位的专业化服务相结合，围绕粮食生产这个重点，建立起一个以科技为主导、以投入为基础的社会化的服务网络。这个网络可以归纳为三大服务层次，五个服务体系。

(一) 县级、乡（镇）级、村（社）级三大服务层次

按照“农户办不了的村办，村难办的由乡镇办，乡镇难办的由县办”的原则，在实践中形成三个层次服务职能的分工。并以乡镇为中介，把自上而下的专业化服务与社区合作组织的综合服务联结起来，适应农户的要求。

1.县级层次

据不完全统计，直接向农业提供产前产后服务的涉及农业、科技、财贸、经委、计委各口经济技术部门的事业、企业单位，新兴办的服务实体共 31 个，920 人；其中属事业性质的 11 个，属企业或事业改企业的 20 个，在工商局注册的 22 个。县级人才集中，如县级农业系统有职称的技术人员 256 人，占全县同类技术人员的 78%；专业分工较细，开放度大，是全县社会化服务的带头力量，发挥着信息处理、重大技术选择、经营决策之类的主导作用（参见表 3）。

表3　县、乡镇、村三个层次服务组织情况

	县	乡镇	村 *2
服务组织总数	31	142+92*1	492
其中:事业单位	11	62	
事业单位企业管理	20		
企业单位	20	50+92*1	
从业人员总数	920	2885	2811
其中:农业系统初、中高级技术人员	256	72	

注：*1　乡镇服务组织另办的经营实体。

*2　仅为10个乡镇所辖村的服务组织（内含15个农民专业协会）。

未建服务组、队的专业、兼业服务人员不在统计之内。

资料来源：本次调查的不完全统计。

2.乡镇层次

据13个乡镇统计，共有服务组织142个（事业单位企业化管理的92个，其中“三权”在乡镇的90个；企业单位38个），每乡10~13个；这些服务组织另办经营实体92个。两部分组织从业人员共2885人。服务组织可分两类，一类是县级部门事业或企业下伸乡镇的，如农技站、农机管理服务站、种子站、电业站等。它们在乡镇层次的特点，①在构成上是“国家队”和“农民队”的结合体，一个站只有1~4名国家技术经济人员，聘请的农民占多数，如邢家乡农技、农机、种子、水利、农经管理5站共68人，属于国家编制的仅10人。②初期固定资产形成来自国家，乡镇集体、农民集资等多个方面。③组织的职能分工开始变粗，比县一级已有了很大程度的综合。另一类为乡镇科协、农民专业协会（研究会）等群众组织。此外还有政经未分离的乡镇合作经济组织，未列入上述统计之内。乡镇是城乡的结合部，联结自上而下的专业化服务和村级综合服务的纽带，又是初级市场所在地，具有较强的整合作用。桓台县1985年、1986年实行扩大乡镇权力，普遍建立了乡财政，使乡镇成为发展服务的突破口（参见表4）。

3.村级层次

据10个乡镇的不完全统计，除了村级合作经济组织自身外，还设置服务组织492个（其中农民的专业协会15个），专职或兼业从事服务的有2811人。51个村建成的农机、科技、种子、水利等服务为一体的村级农业综合服务大院。村级服务具有综合性。它的服务也是网络型，一般是由村——片（几个村民小组为一片）——村民小组（20~30户）——“井组”所构成。他们探索实行了一种新的“井田制”，全县10062眼机井，除了部分引黄直接灌溉的地方，在井灌区40多万亩的范围里，以井划片，一片30~50亩，七八户，十来户农民自我组织成“井组”，有井长，不但是用水组织，而且连片种植，统一技术规程，为在用水、耕耙、收割、播种等环节实行生产周期的统一服务和管理提供了组织依托。

（二）五个服务体系

县级、乡（镇）级和村级三大层次的服务组织，围绕农业技术改造、物资装备投入和生产设施的建设与管理使用这些重点，逐步建立起上下相通、左右相连的科技、农机和水利、商品流通、资金投入、农村经营管理五个方面的服务体系，在政府的指导下向农业提供各种系列服务。

表4　邢家乡服务组织一览表

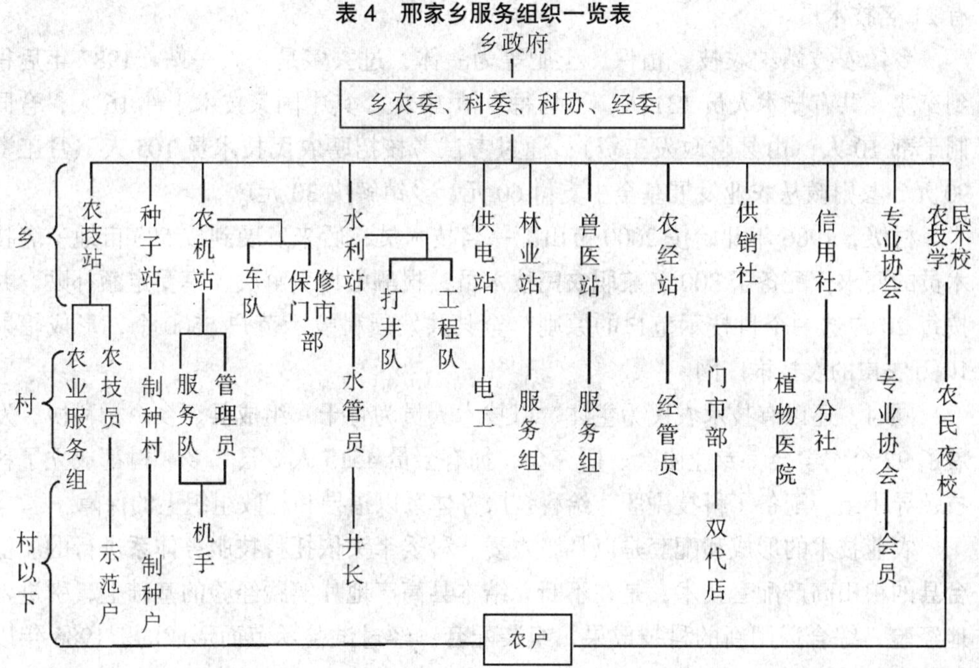

1.科技服务体系

桓台县农业社会化服务体系中，科技服务处于主导地位。他们抓农业服务之初，就意识到粮食在亩产600公斤基础上要再有新的发展，关键是技术，与技术改进相匹配的基础设施和物资装配的投入是基础；同时，还要靠科技改善农民种粮比较利益低的情况，因此着力抓科技服务，使农业向“智力型”、“质量效益型”转变。

农业科技服务包括两大部分，一是以良种和耕作栽培技术为主的核心部分。这方面的服务主要涉及县农业技术推广中心、种子站（与种子公司一体）、农经管理站（培训部分）、科委、科协、农业职业教育和供销社的技术服务部分等。二是为现代物质要素和装备、设施的建设、使用服务的部分，主要涉及农业机械、水利电力、化肥厂、供销社的生产资料检测维修部分。本节所述的科技服务体系，系指前者，又可具体分为三个方面：

(1）农业技术的开发和推广应用。服务组织主要是由县农业科技推广中心——乡镇农技综合服务站——村农技服务组——科技示范户所构成的金字塔形体系，拥有技术人员952人。

县农业科技推广中心设农技推广、植保、土肥、农业环保“四站”和蔬菜办，有21名技术员。

乡镇农技站纳农技、植保、土肥等为一体，过去多是一人一站，1987年后得到充实，共有技术人员131人，平均每乡镇10人。其中国家技术干部16人，合同制干部10人（由县财政发工资）；通过考试考核招聘农民技术员105人（月工资90元，县财政从农业发展基金中支付60元，乡镇解决30元）。

村级，1986年开始按2000亩田配一名技术员，后来发展到按500亩地一名技术员的要求，配备了800名兼职农民技术员，报酬由村级解决，享受定额补贴，并按每20户选一个科技示范户的原则，全县共发展科技示范户5500个，形成辐射10万农户的农技推广网。

同时，还以有技术农民为主体、以技术人员为骨干，组成县、乡、村科协，发展了92个农学会、专业协会、研究会，拥有会员4515人。县、乡、村都成立了科技领导小组，配备了科技副职，给科技服务体系以指导和行政组织上的保障。

农业技术的形成和配套是以县级农委、科委牵头依托科技服务体系进行的。桓台县的粮田高产配套技术，是在不断总结本县高产地片实践经验的基础上，引进外地经验，综合运用新的科技成果，组装配套，经过试验示范而形成的。1986年以前，主要在不同地片分别进行了小麦精播高产栽培技术、紧凑型玉米高产栽培技术的组装，打下了提高单产的技术基础。但往往是小麦高产、玉米减产。1986年秋，县农技推广站开始在唐山镇兴旺村，选择属大田一般条件的108亩方，探索小麦玉米一体化栽培的规律和技术。试验中不仅搞了技术改进和配套组装，而且与村委一起，结合落实技术措施，改进了统一组织耕作、供种、播种、施用水肥的服务管理方式。1987年该方亩产1051公斤，成为“吨粮方”，比相邻耕地亩增200公斤。

这种技术和管理方式受到县里重视，次年，全县决定搞部分农田的吨粮田开发，兴旺村和邻近的贾家村成为“吨粮村”，全县5万亩玉米亩产过千斤。1989年唐山镇建成吨粮镇，全县出现40个吨粮村。经过多方努力、多年实践，终于形成比较成熟的粮田高产开发成套技术。技术措施的不断改进，成为开展科技服务，不断提高服务水平的重要前提。

农业科技的推广。主要方式是县级配合乡镇、乡镇配合村，实行以技术人员为主，和行政干部、有关部门服务组织的“技物政”三结合的责任承包；开展技术培训、示范，举办广播讲座，组织放电影、电视录像专场〔1〕，印发“明白纸”等。全县设立了唐山镇、邢家乡、新城镇3个科技示范乡镇，华沟村、李王村、郭店村等30个科技示范村。具体到乡镇，每乡镇一年结合农事要办十几次大小培训班。对于易掌握的技术，给村干部和技术员办小型的培训，由其传授示范户、农户。对于关键技术，如玉米套种、秋种，就培训到户。过去是各乡镇集中办培训大班，一户一人，1989年开始，改由县组织技术讲师团下乡，与乡农技站结合，到村轮流办培训班，上午一村，下午一村，办班到村，培训到户，讲明技术上有哪些改进措施，发给“明白纸”。在村级技术推广中，形成了“技物政”三结合。一村有十几个村民小组，两三个小组为一片，村干部包片，乡村农技员与之结合包片。同时500亩田有一个农技员，带10户科技示范户，百十个农户。不仅讲技术，取土送县化验，指导配方施肥，组织供应良种和玉米、小麦专用肥。农户则按“讲师团说的、明白纸送的、示范户做的”去种植，使技术真正到了户、到了田。

桓台县近几年主要推广了以下技术：①更新小麦、玉米良种；②改进小麦玉米一体化种植。将原来1.6米畦宽播种8~9行小麦，改为播种6~7行；推广小麦精量匀播，1984年引进，1989年普及精播半精播，由过去亩播12.5公斤以上降到6~8公斤，使小麦生长的群体结构得到改善。玉米改大小行套种2行为等行距套种3行，应用紧凑型品种，亩株数由3500~4000株增至5500株。③深耕，逐年打破犁底层，增厚活土层，一般耕翻在20~25厘米以上。④推广配方施肥、秸秆还田。根据不同区域配制生产三个型号的小麦、玉米专用肥，配施微肥、有机肥，去年配方施肥面积达到80%以上；麦田高留茬、麦糠还田，60%以上玉米实行秸秆还田、过腹还田。土壤有机质由1982年的1.30%提高到1990年的1.41%（见表5）。

---

〔1〕1990年桓台县科协同县科教电影协会组织放映以农林水为内容的科技电影784场，观众40万人次；科技录像227场，观众12.5万人次；编发科技资料199期。

表 5　桓台县土壤养分变化情况

	1982 年	1987 年	1989 年	1990 年
有机质(%)	1.30	1.20	1.36	1.41
碱解 N(PPm)	55	40	59	63
速效 P(PPm)	10	14	11.2	13.3
速效 K(PPm)	141	86	91	102

资料来源：桓台县农业局《桓台县小麦高产栽培的理论基础及其配套栽培措施》。

在适播套种期、水肥运用、植保、人工管理上也有很多改进。他们的技术开发、推广应用，受到中国农科院、北京农业大学专家技术鉴定组的好评，一致认为，“小麦实现大面积均衡高产，已达到国内同类科技开发领先水平”，“在我国冬小麦夏玉米两熟区，第一个全县夏玉米突破 600 公斤”。

(2) 良种的更新和繁育。由县、乡种子站、县良种场、制种专业村和特约种子户组成了一个相对独立的良种引进、试验、繁育、推广体系。县、乡种子站技术人员 66 人，比 1983 年增加近 1 倍；固定资产达到 260 万元，比 1984 年增加 3 倍；县良种繁育场基地 450 亩。配备了种子检验室、先进的精选机和种子加工生产线以及晒场、库房。

小麦良种是由县种子站负责引进，县良种场试验和繁育原种，或提纯复壮，供给乡镇种子站。乡镇种子站选择制种村，指导繁育生产用种。现在虽然仍有 20%的农户自选麦种，但每两年要到种子站更新一次。玉米良种主要从外地预约购进，本县安排一个制种村，2500 亩制种基地，实现了全县统一供种。1980 年以来，小麦良种更新三次，从泰山 1 号到山农辐 63，再到鲁麦 5 号、8 号，现在则以 215953 为主，每次更新增产 10%~20%。玉米良种更新两次，紧凑型品种 1983 年引进鲁玉二号，1987 年引进掖单 4 号。1988 年紧凑型品种占种植面积的 80%，1990 年达到 93%，玉米单产比 1981 年增产 130%。及时跟踪、引进良种和繁育推广，为高产开发提供了种质条件。

表 6　县、乡镇良种服务组织和资产、设备情况

	1980	1984	1985	1986	1990
县种子站:技术人员数(个)	5	5	5	7	12
固定资产(万元)	15	15	25	25	60
设备添置		精选机 2 台			种子加工 流水线一套
设施增加	晒场 $300m^2$ 仓库 10 间		晒场 $800m^2$ 仓库 $250m^2$		
13 个乡镇种子站人数	20	25	30	38	54
固定资产(万元)		50	50	50	200
设置添置		4 台 精选机			
设施增加		晒场 $500m^2$ 仓库库容 50 万斤			晒场 $4200m^2$ 仓库 $1200m^2$

(3) 农民技术教育和培训。为了提高广大农民的技术素质，培养农业技术骨干，除了采取多种形式，结合生产应用开展短期技术培训以外，全县还设立了农业广播学校、农机技术学校、农业职业高中、中华会计函授学校等 5 处农业技术培训基地。开设乡镇农民技术学校 13 处，村农民科普夜校 343 处。仅农业广播学校和中华会计函授学校，办学以来已毕业 4 个专业共 412 名学员，现在在校学员 1091 名。

2.水利和农机服务体系

主要是为农村农业基础设施的建设和农民用水、用电、用机服务，并与农业技术措施的改进相配合。

(1) 水利、电力服务。水利服务网络。县水利局——乡（镇）水利站——村水利管理员，村以下实行“井田制”。县水利局设有工程、农机、科技兴水试验推广服务中心等职能科室，以及水利物资供应站、水利机械维修站、水利建筑安装总队等 9 个经营实体，共 150 多人（40 人属政府行政、事业编制）。乡镇水利站属事业单位，企业管理，13 个乡镇共有 80 多人，比 80 年代初增加 1 倍，另外各水利站办有工程队、农田水利建设服务专业队、打井队、运输队、预制件厂，建筑安装队等

实体，共有 284 人。每村设一名专职水利管理员，共 3430 人（报酬由乡镇水利站和乡村集体各负责一半），专职水管员与一至二名村干部组成村水利领导小组。在每个由 20~30 户组成的村民小组内，实行“井田制”，以井划片，井田配套。平均一眼井 40 多亩田，8~10 户，设井长，协商统一安排井片的适时灌溉，收缴电费水费，与乡水利站联系，搞好井、机、房、渠的维修和管护（参见图 1）。

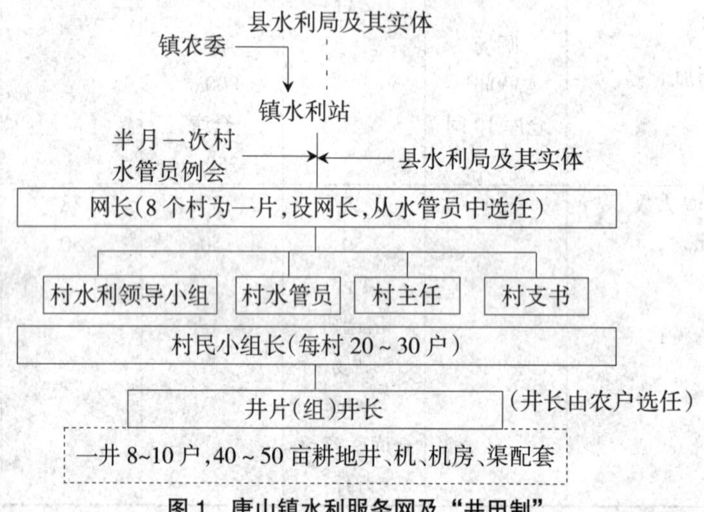

图 1　唐山镇水利服务网及“井田制”

依靠这个水利服务网络，加强农田水利的建设和设施维修，推进节水措施，改善灌溉管理，为农业用水服务。一是为农田水利建设服务。县、乡、村的服务组织，负责辖区建设规划，协助各级组织农民进行农田基本建设。1987~1989 年，桓台县在省市支持下，投资 5500 万元（其中省市以上投资不到 1/2，其余为县筹和群众集资，仅两年农民、群众、企业集资就达 2087 万元），投工 300 多万个，兴建了经高青县的引黄补源工程及引申工程，年引水 1 亿立方米。常规的农田水利建设，是由乡镇水利站，依托村片了解农民的需要，统一管理使用测量、设计、施工人员，为打井探测水源，搞防渗渠测量设计，予以备料；按统一的技术要求打井洗井，修防渗渠；按统一收费标准验收结算。1 万多眼井，实现了井机房渠配套。修建防渗渠 321 万米，占全省 1990 年防渗渠总长度的 1/5，较原来灌溉方式，节水、节电 20%~30%，每一次用水不超过 50 方/亩，节约土地 2%。二是乡镇水利站依靠村、片系统，按照水利管理章程，搞好灌溉服务。不仅所有农田能适时排灌，而且轮灌周期缩短到 7~10 天。

供电服务系统。在乡镇设供电站，每站 3~4 人，村设电工。其服务主要是组织集资办电，1987年实现了村村通电，农田水利发展了，但农业灌溉用电量基本上相对稳定在1986年的水平；农忙时期调整工农业用电结构；改进农村用电管理制度，降低农用电费。经过改善管理，一些农村的单位电价，由过去的0.7~0.8元/度，降低到0.4~0.45元/度（参见表7）。

表7　农村电力建设和用电情况

年份	通电村数	线路长度(公里)		农用变压器	农村用电量(万 KW_H)	
		高压	低压	（KVA/台）	总数	其中排灌
1979	259	375	1300		2699	
1980	290	420	1487		2629	1462
1985	351	642	1973	25855/553	4869	1919
1987	343	637	1397	31785/619	6462	2182
1990	343	651	2538	38025/649	9242	2454

(2) 农机服务。农机服务组织体系，县农机局除负责行政管理以外，设农机化研究所和农业机械化学校，共35人；下属拖拉机修理厂和农机公司为企事业单位，186人。13个乡镇建起管理、服务、经营三位一体的农机管理服务站；服务经营组织有农机作业服务队、机械植保队、农机包修组、机油供应站、运输队、农机与汽车维修厂等。干部职工总数672人，其中仅有2名聘任制干部，其余全是农民，获得初中级职称的97人；固定资产总值927万元，自有流动资金487万元。全县343个村，有121个村建起了农机服务队，其中以集体农业机械为主的有70多个；其余的村都设立了专、兼职农机管理员（见表8）。

表8　部分农机动力机械、作业机械、新机具发展情况

年份	农用拖拉机				机引犁	播种机		玉米套种耧(g)	收割机（台）
	混合台	千瓦	其中小拖拉机		（台）	总台数	其中精量播种机(台)		
			台	千瓦					
1980	1222	24548	497	4359	1013	266			231
1982	1464	33460	509	4463	770	515			213
1983	1666	33305	732	6476	912	515			138
1984	1551	33498	764	6704	1080	602			138
1985	1868	37957	1060	9349	1358	735			160
1987	2675	46623	1859	16419	1773	1434	426	1389*	482
1990	3334	55282	2485	21947	1929	1746	996	1242	1072

注*1988年玉米套种耧数。

服务的内容和方式。

第一，田间作业服务。农忙季节，乡镇农机站、村农机队和管理员，在乡镇农委、村农委领导小组的指导下，与农技推广站结合开展农机服务。农忙时节，采取行政和经济的办法（利用平价油和监理权），将集体的农机和个体的农机，用“六统一”的办法实行统一管理，合理组织农机服务。全县大中型拖拉机849台，其中个体的653台，小型拖拉机2485台，其中个体的2410台，分别占76.9%和97%。运用统一组织调度、统一安排作业任务、统一作业质量、统一供应油料、统一收费标准、统一结算的办法，使之都能投入服务，发挥效能。

具体方式是既统一又灵活的。农忙到来之前，乡农机管理服务站将所有农机手集中进行技术培训，并将农机具集中起来，进行检修。为保证深耕，只有确定的大中型拖拉机才能挂牌从事耕作。为保证播种质量，也只有确定的小拖拉机机手和播种耧才能从事。播种的种植模式和技术规范，由县乡农技部门确定，并计算出不同情况下的换算标准，各村机手再按各片土质、品种、种子发芽率，依照现成的换算标准，调整播幅、播量。机械耕翻播种要日夜连续作业，在规定时间完成作业量，保证最佳播期。一台大中型拖拉机要在五六天，七八天完成500~600亩作业量，超额有奖。从事收割、脱粒、运输的机械，乡村则只统一收费标准，由机手和农民之间自由联系。

农户一般按井片、田方，到农机站、队联系用机，开具作业单。派来的农机作业，不仅作业后由村检查验收，而且作业中受到农户或井片井长的田头监督，不合标准，及时要其调整，或报告村、乡，令其调整。

村按统一标准向农户收费，再与机手结算。不少村在这七八天里按统一标准安排机手食宿。这样，农户非常满意。不必担心吃饭招待不好，付费不高耕不好地；机手只管专心作业，收入有保证，不怕左邻右舍用机不给钱。加上收费定价合理，让机手有利可得，所以机手也满意，愿意投资买农机，参加服务。通过这样的组织和管理，使本来属于农户个人财产的农机，纳入到公共服务行列，和集体的农机共同发挥作用。

第二，推广应用新机具，使农机与农艺的改进相配合。一是推广小麦精量播种机。适应小麦精量匀播的需要，研制出把原来的播种机改制成精量播种机的办法。1983年、1989年两年，把全县1600余台普通播种机统一集中到各乡镇农机站，改装成精量播种机，适应了农业技术的要求。同时，造一台小麦精播机，每台成本约800多元，改制一台播种机只需花50多元。二是引进、推广玉米套种耧。1986年、1987年由供销社和农机部门引进，到去年共推广10242把，平均10户一把套种耧。过去人工套种，不仅费力费时，一天一人点种一亩多，现在用套种耧，2个人一把耧，一天20亩，关键还在于人工点种达不到高密度栽培的要求。此外，他们还推广了玉米秸秆还田机530台、化肥深施耧1800把，以及犁底施肥机、新型植保机械等。

农机服务组织与管理制度的健全和技术改进，促进了农业机械的发展、作业水平和管理水平的提高。到1990年底，全县农机总值9998万元，总动力27.6万千瓦，亩耕地拥有农机动力0.54千瓦，田间作业机具配套比1:1.97。对农业机械实现了全面管理，做到了家庭经营与社会化服务的有机结合。全县小麦、玉米主要生产环节，如耕、耙、播种、收割、脱粒、灌溉、农产品加工等，除小麦机收达到85%，玉米收割未实现机械化外，其余环节实现了机械化和半机械化，使三夏、三秋农业生产时间比1978年缩短10天、15天。13个乡镇农机站做到了站站盈余，12个站达到省定一级站标准，一个站达到二级标准（参见表9）。

表9　13个乡镇农机站基本情况

单位：万元

年份	固定资产原值	固定资产净值	自有流动资金	利润★
1984	484	336	302	49
1985	468	317	265	19
1987	591	387	289	58
1990	927	605	487	138

注：★13个乡镇农机管理服务站1990年办有13个农田作业服务队、12个农机制修厂、11个配件供应门市部，13个运输队，6个石油供应站等59个经营服务实体。

3.农用物资供销和农产品流通服务体系

这里仅重点考察农用生产资料、种子粮、商品粮的流通服务。

(1) 农用生产资料的购销服务。主要渠道是县供销社和13个乡镇的基层供销社。现有干部职工1725人，固定资产2186万元， 自有流动资金781万元，社员股金7万元，经营网点199个。其中农村专业农资门市及中心门店100个，192人。另有农村双代店128处，149人，占用资金43万元。主要经营的农资是化肥、农药、农膜、中小农具、植保药械、柴油等。1990年农业生产资料销售总额5509万元，占全县农资零售总额的0.9%。供销社和其他渠道在农资经营上保持着1983年以来的三七开的比例。农资流通的其他经营主体主要是农机、水利、物资、商业等部门和乡镇集体的经营服务实体 （参见表10）。

表 10　供销社农业生产资料供销服务情况

	1980 年	1984 年	1989 年	1990 年
社经营网点(个)	141	170	186	199
从业人员(个)	1596	1829	1856	1725
双代店数(个)	161	219	130	128
从业人员(个)	478	293	157	149
自有资金(万元)	1207	1136	2271	2332
固定资金(万元)	160	628	2065	2186
农资销售额(万元)	1054	2120		5509
占社会比重(%)	47.3	73.3		70.9
供应:化肥实物量(T)	9592	49923	103393	79317
农膜(T)		147	144	198
农药(T)		524	676	969
中小农具(万件)		14.5	8.29	7.54
农药械(万架)	3	1.12	0.57	0.57
柴油机(台)	1	9245	9245	9468

注：县乡镇供销社及其网点，1991 年设庄稼医院 20 处，植保服务队 21 个（148 人），农机具维修部 26 处，农技指导服务站 189 处。

计划内的农业生产资料，主要是化肥、柴油、农用电。国家下达的与农民交售定购粮棉油挂钩的化肥，加上粮食议转平奖售化肥，近 3 年年均 7000~8000 吨，不到农民化肥用量的 1/10，是由供销社经营，基本上带有义务服务的性质。如粮食挂钩肥从上年年底和当年年初下拨，每吨尿素进价与县供销社批发价差价 23 元，但短途运费比原定增长 7.1 元，库存平均 5 个月，付利息 16.5 元，合计 23.6 元，超过了差价。在供应方式上，过去是农民麦收后交了粮，再兑现挂钩化肥柴油，不仅使农民忙上加忙，而且兑现到手已错过使用时机。这个县的供销社从 1989 年开始与粮食部门创造了“两证到户（粮食定购证、奖售肥油证）”预先奖售的办法。即在麦田套种玉米之前就按到户的粮食定购证提前把 3000 吨挂钩标准肥（实际是 1000 吨尿素）供应到户，1990 年还同时赊销计划外硝酸铵肥近千吨，使农民立即用于套种玉米，当季受益。计划内的农用电，只在实际用电结算中以计划价格计价的方式体现。计划内柴油，货到供销社或农机公司，指标到乡镇农委，被掌握用于农忙时农机作业使用。

计划外的农业生产资料，如化肥、农药，既“专营”又不“专营”，主要渠道是供销社，但不是一家“包办”。该县有年产 7 万吨碳氨的化肥厂和 3 万吨磷肥的磷肥厂。开始"专营"时，地产化肥要经县供销社（一吨收费2元）过账再到乡镇基层社，1990年改为厂与基层社直接供货。外购生产资料，县乡供销社凭借其外部联系和内部网络，按季按月调查农民农事的需求，同时设了测土化验点、病虫测报点，根据需要组织购进，仍是主角。但乡镇农委所属经营服务实体也积极参与，一类主要是根据测土配方施肥的要求，与本地磷肥厂和外地厂家，联系配制、购进小麦、玉米专用肥、微肥；一类是为防治病虫害，县乡要求各显其能，尽快购进所需药品。在集体力量强的村，计划外的化肥等生产资料，是由村统一组织购运进村，按承包田卖给农户，有的加进运费，有的补贴运费。

⑵ 种子粮的供销服务。基本是由县、乡镇两级种子站（企事业合一）经营，带有政府的指导性和经营的专业性。为了按照技术改进的要求实现统一供应良种，县乡农技、种子部门，对农村调查摸底，根据各村各片的地力、水利条件和群众种植习惯，结合技术改进和县、乡的布局规划，指导群众选用良种，实现良种化、品种布局合理化和种植区域化。全县近两年小麦播种面积39.9万亩，实行精少量播种，亩用种6—8公斤，实际用种子在260万公斤左右。1990年县、乡种子站经营239万公斤，扣除调往外地85万公斤，直接供应当地农户用种占总用种量的60%；经种子站指导村户与用种户自己以粮换种、相互交换的约占20%，农户自选自用的约占20%。去年38万亩玉米是种子站统一供种，实供176万公斤，其中从外地购进的占89%。

小麦良种的流通是种子和粮食部门联合服务，农户以粮换种。乡镇种子站以合同方式指导制种村户制种，统一收购存贮，供给农户。用种农户交定购粮时，按用种数量（1.4斤小麦换1斤种子）将换种粮一并交给粮所，粮所与种子站结算，每斤良种多得4两小麦的收入，2两返给繁种户，2两归种子站的毛收入。部分乡镇为鼓励农民统一使用良种，取消了归种子站的收入，农户1.2斤小麦换1斤种子。玉米全部是由种子站卡住进种关，统一供种，价格按国家有关规定，实行"(进价+加工成本）×115%"，由县物价局核准。所得经营利润，50%留作种子建设发展基金，其余部分留作福利、奖金和交主管部门调剂使用。

⑶ 商品粮的流通。商品粮的主要经营主体是国家粮食部门，县粮食部门设粮油、饲料、贮运、食品4个公司，下设13个乡镇粮管所，共有职工552人，库房仓容0.515亿公斤。其他经营单位主要是商业、供销、外贸部门，养殖和加工企业等。

计划内收购，每年大体是国家合同定购2600万公斤，议转平2300万公斤，由粮食部门按规定价格收购。这部分占农村商品粮的30%左右。

计划外的商品粮。1990年全县粮食总产4亿多公斤，除了口粮、种子粮、农民自用饲料和国家定购、议转平的粮食，农民手中还有剩余粮食1.2亿公斤需要出售，基本是玉米。其流通方式为：①粮食部门按照政策积极开展“专储”粮收购和议价收购，以50公斤27.5元的价格（市价为21元）收购0.68亿公斤。本来实际仓容仅0.515亿公斤，但已实存0.63亿公斤，另外还以露天垛、民办国助存粮点、社会库房等形式克服仓容困难。②供销社、外贸公司等多渠道销售，1990年收购推销近0.2亿公斤。③发展饲料加工和畜牧业。粮食、食品、畜牧兽医站等部门去年加工饲料1.3万吨，除帮助农户发展饲养业外，粮食、供销系统分别上了2万套规模的肉鸡种鸡场和1万套的蛋鸡种鸡场。④粮食系统和乡镇、村的30多个面粉加工厂，为农民代储代加工粮食年0.15亿公斤，成了“粮食银行”。⑤外地采购和农民自己向外推销。全县农户普遍有余粮，品种相同，但缺少推销经验，农民还多寄希望于国家粮食部门扩大收购。

4.农业资金投入服务体系

桓台县农业资金投入的总体格局是，农业生产、建设的直接投入是以财政投入诱导乡镇、村集体经济和农户投入（包括投资、投劳等）为主体，包括上述各服务系统自我积累投入、社会其他方面投入的全方位、多渠道的投入体系；而农业银行、信用社以至农村合作基金会，则是利用农村存款，主要贷放给乡镇企业、建筑业，支持其发展，进而建筑业、乡镇企业以上缴税收、以工（建）补农、增加农民收入几个渠道，成为财政、乡村集体和农户投入农业的后盾。

（1）对农业生产建设的投入，以财政支农诱导集体经济、农户投入为主，农行、信用社贷款主要投向农业的产前产后流通企业。

“七五”期间，用于农业基本建设、固定资产和新增流动资金的投入，全县总计约为2.98亿元。其中农业基本建设（含农户固定资产添置）投资占85%，亩投入500元，扣除在境外的投入，亩投入400元左右。

其一，财政投入。“七五”期间县财政对农投入为2945万元（内含上级下拨551万元），占同期灶内财政支出的29.5%，占本县可安排财力的34%。其中支援农业生产支出998万元，农林水气象等部门事业费643万元（人头费333.2万元，占51.8%），农业发展基金征集投入803万元。另外，省市拨款，用于在县境内外搞引黄补源工程1500万元，其他专项拨款400万元。与县财政投入合计484.5万元，占“七五”农业投入的16%。

财政对农业的投入方式，主要是投向农业基础设施建设，与中央、省、市的农业开发投入相匹配，共同吸引乡村和农民投资投劳。重点骨干工程是这样，一般农业基本建设也是这样，如打一眼农田井，县财政补500元，一眼井的机房配套，补2000~3000元，修防渗渠，一米补1元。财政的诱导性投入，只占这些项目投入的1/5~1/10左右。另一方面，是支持以科技为重点的农业社会化服务体系的设施和队伍建设。如近几年县财政支持建设农业技术推广中心20万元，农业广播学校、农业机械化学校等20万元，种子站和良种场324万元，支持乡镇扩充农技员队伍的工资23万元，支持新农机具的生产和购买85万元。

其二，乡镇集体和农户的投入。据县财政局和有关部门统计"七五"期间为2.5亿元，占"七五"农业投入的84%。几笔大账是：对农业基本建设、固定资产的投入，包括修建引黄补源工程农民两次集资2070万元（含部分社会集资），新修防渗渠305万米（1985年之前已修15万米），1300多万元；打井和井机房渠配套3000多万元，电力建设2000多万元；更新大中型拖拉机（700多台）、购置小型拖拉机（1400多台）、添置农机具等5000多万元；新增农业生产流动资金2500万元以上。此外，"七五"期间农民投工950多万个（其中引黄补源工程用工300万个）。

另外，农业银行、信用社1989年度对供销社和农副产品收购的贷款余额达到1.05亿元，主要在流通领域对农业以信贷支持。

(2) 农业银行、信用社、农村合作基金会的信贷资金，除了投向农业产前产后流通企业外，主要投向乡镇企业，间接为农业的投入服务。

首先，在全县整个贷款（含人民银行、工商、建设等银行）中，1989年底贷款总余额5.4亿元，农业贷款（含很大一部分村办企业贷款）仅占10.8%，用于农业产前产后流通的占19.4%，用于乡镇企业的占33.1%。其次，农行、信用社的贷款，1990年底贷款总余额4.04亿元，农业贷款若扣除村办企业部分，约为7%，乡镇企业和建筑业贷款则占60%以上，对农业生资和农产品流通的贷款，占19%。第三，农村合作基金会，到1999年全县建立6个（乡镇级），累计投放资金1922万元，其中投入农业的占20%，投入乡镇、村办工业的占80%。由此可见，虽然金融服务部门对农业有直接的支持，还有对农业服务体系的直接扶持，如1990年为建设科技服务网、推广植保机械、支持建立良种繁育基地就贷款416万元，但其主要投向是乡镇企业包括建筑业，间接支持农业。

乡镇企业特别是建筑业的发展，成为财政收入、补农建农、农户对农投入的重要来源。1990年乡镇企业提供的税收占全县税收的60%左右。近几年乡镇企业年均用于补农建农80多万元。自1986年以来，建筑业年净收入在1.3亿~1.6亿元，除用于发展乡镇企业，仅用于增加农民收入的部分，按农业人口年均300~350元，占农民人均收入的40%以上（本节参见表11）。

表11　财政投入和资金支持农业情况

单位：万元

财政投入（"七五"期间）	支援农业生产支出998.4	农林水等部门事业费643.2	农业发展基金投入813.2	（支农周转金累投）939.7	（拆借间歇资金投入）250
农业银行（1990）	年末农业贷款余额1787	其中：农户50	农村集体1340*	国营农业单位122	开发性贷款275
信用社（1990年）	年末农业贷款余额5988	其中：农户1127	农村集体4861*		
农村合作基金会（1990年）	可融通资金1922	投放1922	其中：农业389		

注：* 农业银行、信用社对农村集体发放的信贷，内含村办企业部分。

5.农村经营管理服务体系

它的专业骨干是县农业局所属农村经营管理站（5人）、乡镇农经站（39人）、村经管员（343人）所组成的系统。同时，县和乡镇两级成立有农委、农经站、财政、审计、司法等方面参加的农业合同管理、财务管理的委员会或领导小组，村级成立农业合同领导小组。

经营管理的服务主要是：①农业合同管理。按照稳定家庭土地承包经营、完善双层经营体制，正确处理三者关系的原则，以土地承包合同为主，进行合同管理。1990年秋，为完善合同制，使之规范化，县里统一印制合同标准格式，农户、企业与集体经济组织按原承包关系，更换、完善合同，由乡镇农经站负责管理、鉴定和调解。更换合同19.49万件，兑现合同19.2万件，其中土地合同10.25万件、劳务合同6.7万件、林木果园合同3.1万件，未到期合同0.29万件。目前农村的土地承包，近几年逐步调整，多数是一户一块田或两块田，户营地块4~5亩者居多，为农民生产、区域连片种植创造了有利条件。②农村财务和合作基金会的管理。大部分的财务管理是结合合同管理进行的。农村合作基金会，1988年有荆家镇一家，1990年7家，到1991年5月，13个乡镇有12个成立了合作基金会。由乡镇农村经营管理站兼营，以村集体自愿入股、乡镇统一提留款入股为主，利用多种集体闲置资金、资产，参照农业银行和信用社的利率，支持农业、农村经济发展。③从事其他服务，如经济信息、农村统计和基点调查、107个农户经营技术经济效益的跟踪分析、监督农民负担、指导培训经营和会计人才等。

农村的保险服务，是县保险公司主办，在乡镇由农业银行、财政所、交警队等代办。1990年开办运输工具、农业、养老金保险等几类险种。在运输工具保险中，汽车、拖拉机的承保面占到96.5%和37%。农业保险以麦场火灾为主，过去亩年保费0.10元，保期40天（5月20日~6月30日），进行一般保险。去年改为亩交1.5元储金，以利息做赔偿金，延续保险，承保面占农户的70.4%，赔付率为10%。养老金保险，主要入保的是乡镇企业、农机站的技术管理人员和职工、农村个体工商业者。去年田庄镇开始试行农村干部保险。

三、农业社会化服务体系的特点和运行机制

桓台县农村自实行以家庭联产承包制为主的微观经营体制改革以来，农业社会化服务经过五六年的发展，呈现出三个比较显明的特点：

（一）以粮食生产为核心，以农业产中服务为重点，开展各个层次、各个行业的全方位服务

形成这一特点的重要条件，是政府不放松农业；领导农业重在领导发展社会化服务，发展服务不是政府包办，而是运用政策引导、诱导、支持各方面多形式地办，调动其积极性，鼓励其自主发展。在面对农户、农业的服务中，不仅原有的服务主体各展其长，而且生长出许多新的为农服务的行业、产业来。如桓台的乡镇水利站，历史上只是为农村打井搞规划、测量等技术性服务的，后来自己办起了打井队，随后发展出多功能的农田水利建设工程队、运输队、水利材料预制厂、水利机械修理厂等等行业，对农田水利建设提供的服务越来越多。农机站、供销社等也是如此，这样，不断拓宽了服务发展的路子，形成全方位发展的局面。

（二）以农地的建设、调整和耕作制度的改进与规范化为基础，使家庭经营与社会化服务相互适应，通过社会化服务体系的经济纽带，把小农户纳入社会化的大生产，在保持家庭经营活力的前提下，使农户和服务主体都获得了外部规模经济效益

桓台县的农民家庭承包经营与社会化服务二者之间，有一个相互适应的过程。首先社会化服务是要适应农户经营所提出的难题而产生和发展起来的。其次，农户承包经营也要适应社会化服务，发生一些变化。承包之初的土地，不少地方相对细小零散，耕作栽培也五花八门。经过几年的调整和农田水利建设，大多数农户只拥

有一两块地。为连片成方、区域种植、机械化作业提供了条件，加上适合本地情况的耕作栽培成套技术日趋成熟，被农户所接受，因此农户经营与社会化服务实现了相互适应。虽然承包地仍是各个农户使用，收益归农户所有，但在小农户、大服务的结合下，从耕、播，灌溉，到收割的各个主要环节看，都是统一的规范化的社会化大生产过程。

同时，家庭承包经营与社会化服务之间存在着相互依存、相互制约的关系。一方面，仍以家庭承包经营为基础。不仅服务组织代替不了广大农民的家庭经营劳动，必须保持农民的自主权利和责权利结合的家庭经营活力，而且家庭经营对服务体系的发展有深刻影响。承包农户权益边界清晰，对服务有一定的选择自主权，监督服务质量，比较从服务中得到的收益和所付的费用，判断服务的优劣，决定对服务的取舍，是促使服务适应生产需要、降低成本、提高效益的基础。另一方面，有了由承担不同职能的服务主体组成的服务网络体系，使农户成为建立在分工基础上的农业大生产的一个环节，提高了农户的经营能力和水平。

家庭承包经营通过社会化服务，实现了农业的规模经营效益。从农户来说，社会化服务向它提供了共同化的物质技术条件和社会化的组织体系，获得了联合服务的规模经济效益；从服务主体来说，它是面对组织化的农户经营群体，扩大了专业分工服务的规模，也降低了服务费用。所以农户、服务主体都获得了对方的规模经济效益。全县在几十万亩的大面积上运用了较先进的技术，实现了吨粮，提高了土地生产率、劳动生产率和总体上的社会经济效益，难道这不是提高规模经济效益的方式吗?应该说它是一种可以由低到高逐步发展的比较易行的获得规模经济效益的好形式。

（三）在发展农业服务中，兼顾劳动替代与土地替代

农业服务在男劳力大量离开农业进入非农产业之后，起了劳动替代的作用，但提高科学种田水平，加强基础设施，增加和改善投入，使单位面积产量大大提高，也是一种土地替代。

桓台农业社会化服务的特点比较明显，但它的运行机制却是一个十分复杂的问题，这是由服务组织主体的多元化，农业生产的特点及外部环境所决定的。

1.从服务组织行为来看，桓台农业社会化服务体系中各供给主体有着自身不同的属性、功能和行为特征。五个系列的服务组织，实质上可分为三大类

（1）政府事业性机构。如县农、林、水、牧政府部门所属的业务管理组织，农

业技术推广中心、农村经营管理站、科技兴水试验推广服务中心、胡家杨水站、农机化研究所、农机化学校等，即属此类。它们受政府行政部门直接领导，在政府行政部门授予的某一专业领域发展公共事业，行使公共事业管理的职能，提供公共服务和管理。其人员为国家编制职工、合同工，经费以财政拨付为主，以公共服务的工本费收入为辅，向农业提供不以盈利为目的的无偿服务，属标准的政府公共行为。

（2）社区合作性、社团性农业服务组织。如村级农业技术服务组、农机服务队、农业综合服务大院、水利合作组织、农民合作基金会、农民种植业养殖业的专业合作组织、专业协会等。它们具有农村合作组织或团体法人的资格，向本社区或组织内的农户提供某项直接服务。人员由有经营或技术专长的农民所组成。活动经费以服务成本收入、低盈利收入为主，社区农民的公共提留、政府给予的计划内物资所暗含的补贴是其辅助性的经费来源。它们的服务行为特征是合作组织内部不以盈利为目的的互惠互助、有偿服务。

（3）法人企业。如供销社生资公司、种子公司、食品公司、农机公司、农机修配厂，乡镇水利站、农机站所兴办的水利工程队、建筑安装队、打井队、农机配件服务部、修造厂、油料供应站等。它们都是实行独立核算、自负盈亏的企业，运行经费来自企业的经营收入，依法向农村合作组织、社团组织、农户直接提供以盈利为目的，或暗含盈利目标（如为了收购产品，向生产者提供低价、免费的信息、技术、物资）的有偿服务。

由于服务体系尚处初创阶段，现实经济生活错综复杂，这三种分类，在具体服务主体上表现为种类界限不很明确。呈现三类属性、功能、行为互有串换混合的现象，特别在乡镇层次。但各类服务组织的行为差异还是明显存在。

2.从政府对服务体系运行的作用看，服务体系和各类服务组织的运行，都受到和体现着政府的政策导向

各类农业社会化服务的主体虽有不同，但它们都是以农民家庭（或联合体、企业）承包经营的直接生产活动为基础，承担农业社会分工中的不同职能，与农户进行等量劳动交换或等价商品交换（政策事业除外），为整个农业的发展服务。政府则是依据整个农业发展的需要、有计划商品经济的发展规律，考虑农民的和全局的利益，制定农业发展总的目标与政策，以及对各类服务主体的具体政策，成为其活动的准则。桓台县政府采取的政策措施正是国家政策与本县具体情况的结合。

（1）政府为了农业和“吨粮田建设”的经济发展目标而制定的各项政策，是三大类农业服务组织建立、发展、调整经营方向的制度依据。它们必须坚持为农业发展服

务的宗旨，具体承担各自的职能和政府计划性的任务。为此，政府在说服教育的基础上，通过行政的、经济的、法律的手段，引导、支持、规范服务组织的行为。

(2) 政府通过行政手段调控服务组织的活动。一是明确规定各类服务组织的服务责任。二是对计划肥料、油料供应、定购粮棉收购等，监督有关服务部门按国家政策执行。三是对某些非计划的经营、服务，也实行一些较为灵活的行政干预。如种子的经营，行政限制其成本盈利率。对事业性服务、组织和合作组织的经营实体为农服务，指导其按照保本、微利的原则确定服务收费价格；对组织个体农机为无机户服务，则按照让服务者有利可图的原则，也确定一个统一的收费标准，稳定服务市场，调节双方利益。而对很多经营服务，则不干预。四是在生产的特定环节和某些新技术推广的初期，也采取了某些行政手段。如只许大中型拖拉机耕地，禁止小拖拉机耕地，以保证深耕；为推广小麦精量播种，改善种植方式，以行政手段规定由确定的播种机挂牌服务。这种强制性技术变迁，是在试验、示范，获得成熟技术，并向群众说明事实道理，开展技术培训的基础上，为缩短推广时间而谨慎行使的。技术推广在于能让群众获得技术应用带来的收益，某些新技术开始推广时的行政办法，也是为此目的而进行的。

(3) 政府通过经济手段诱导服务。财政支持及定向补贴。在技术服务上，县乡财政不仅供给农技推广中心、农技站等以建设投资、正常经费，还为招聘农技员、扩大乡级服务队伍扩充其人员经费年 11 万元，近几年每年拿出 10 多万元作为对技术员、干部的技术培训经费。①近 3 年，为支持农机、农技组织推广秸秆还田机、小麦精播耧、玉米套种耧，县财政补贴 45 万元，乡（镇）、村两级补贴 50 万元，农民自己投资 67 万元，农民自己的投资只占 41%。这种补贴投资是一种启动费，当新机具、新技术被群众认识了，就不再补贴。②计划内物资、信贷供给。如平价油给农忙时务农农机使用。③税收减免。税务部门对乡镇水利站打农用井、向农田排灌供水、农机机耕等实行免税；为搞活粮食销售，对供销社、外贸公司外销粮食免征营业税，乡镇企业可以纯利润的 5%税前列支纯属支农的资金。④工商登记等优先。为鼓励服务组织兴办服务实体，工商部门优先办理营业执照，金融部门予以资金扶持，有困难的在一定时期减免税收。

3.许多服务主体具有政策性的农业服务和商业性经营的双重目标。两者之间的沟通是以商业经营利润补偿为农服务的返还机制来进行的

由于农业生产的特点，特别是计划内的粮食尚不是依市场等价交换的方式流通，这就使得按照政府的农业政策开展服务的组织主体，在为农服务之外，以不同

形式的商业经营弥补农业方面的盈利减少或不盈利。

(1) 事业性组织开展部分商业性经营。如县和乡（镇）两层水利、农机服务组织，现在都是管理、事业、企业三种组织的群体。农机站的技术培训、新机具推广带有事业性，农机的检修、农机队作业带有低盈利性，而它的运输队、汽车包修厂等，则是以利润最大化为目标的商业经营。13 个乡镇农机站现在年经营总收入在 1700 万元左右，近几年投资近 300 万元，用以武装农机作业服务队、机械植保队、农机包修组、农机管理组等服务管理组织。每个乡镇水利站的事业人员一般为五至八人，其经营实体人数则几十人，有的达到一二百人。为农民搞农田水利的规划、测量、设计是免费的，供水服务是低偿的。建设安装施工、物料经营等则是盈利性的企业经营。全县乡镇水利站经营实体固定资产由 1984 年不足 100 万元发展到现在的 2100 万元，1990 年产值 2700 万元，创利税 262 万元。1986~1989 年从经营利润中拿出 200 多万元，返回到为农民的产值。供销社以计划外经营的利润补计划内物资供销服务的产值，乡镇种子公司（站）以经营玉米良种的盈利的一部分，用于推行小麦统一供种的无偿服务。县级政府某些事业性机构，由于财政经费不足，也开辟了一些附属性的企业活动来弥补事业费的短缺。这种在事业性服务组织与其领办的独立经营的企业之间，建立的后者补助、建设前者的调节机制，使为农服务事业自我发展。

(2) 合作组织和专业协会对内不盈利性与对外盈利性的结合。合作组织和协会，其成员之间信用度高、共担风险，对内服务优先，收费优惠，不以盈利为目的，但对外，同一种服务，收费价格就不一样，实行市场收费标准。这种对外的盈利性经营，使服务组织不但自保财务平衡，且具成长性。

由此可见，农业社会化服务体系的运行机制，既不是单纯依靠不同经营主体之间的市场交换，或合作组织内部的合作互惠，也不是单纯依靠政府的行政干预。而是不同类型的服务组织有不同的行为、机制和相互之间的交叉与综合运作的共同结果。对农业社会化服务体系运行机制的深入研究，有利于家庭承包责任制的稳定与完善，有利于农村改革和发展的深入，包括有利于国家进行政策调整，从宏观上调控和扶持各类服务主体的健康发展。

四、若干问题

把农业社会化服务与家庭联产承包制结合起来，是桓台县近些年农村发展与改革的新趋势。农业社会化服务的发展，要与农业生产力的发展相适应，也受到生产力发展水平的制约，受到农业特点、农村产业结构、宏观体制与政策的制约。调查中反映的有待研究、解决的问题是：

（一）农业特别是粮食生产的社会化服务，在产后环节上比较薄弱

这里目前在农业生产过程中小农户与大生产的矛盾，通过社会化服务得到了相当程度的解决，产中、产前服务搞得较快，但在流通过程，小农户与大市场的矛盾，亟待进一步解决，有人称前者为“小服务”，后者为“大服务”，大服务的问题并非都是县内自身所能解决的。

桓台县去年建成吨粮县，当年出现卖粮难、仓库危机，财政信贷的压力也很大。全县粮食系统实际仓容0.515亿公斤，而存粮0.63亿公斤，利用率122%。设立露天垛91个，存0.125亿公斤；民办国助的临时点26处，存粮0.05亿公斤。县争取外调出粮食0.7亿公斤，组织供销、外贸等单位外销近0.15亿公斤。农户存粮已达2亿公斤，不可能无限增加。今年小麦登场，国家要收购0.3亿公斤，存储就面临困难。流通包括存储的服务不解决好，就要阻碍粮食生产的稳定和发展。

流通环节问题的解决，需要国家对商品粮产区采取政策措施，推进购销、价格体制的改革。桓台县也准备搞转化，大力发展畜牧业，建食品加工厂，搞种养加、贸工农，不仅解决产后服务薄弱，而且使平原高产农业，使吨粮县在生态上、经济效益上、财政上进入良性循环。但是，这个问题在认识上有待于统一，也需要有关方面的支持。

（二）要根据农业特别是粮食生产的特点和服务行业的不同情况，合理配置多种服务方式

一方面，农业尤其粮食生产在技术上、经济上都有一些特点，是计划性较强、社会效益大的低利产业，先进技术的推广，保密性差，向农户推广的起步阶段，需要给以辅助，降低农民怕承担风险的顾虑，就是推广了，不少项目费用回收也比较难。所以农业服务要坚持有偿，但不能都搞等价交换。另一方面，作为独立核算、自负盈亏的服务主体，则要求盈利经营，这是一个矛盾。把这两方面结合起来考虑，就要分别服务行业、产业的不同情况，使服务变成盈利的、低偿的、无偿的几种类别。无偿的属于政府支持，低偿的属于政府行为，合作组织内不以盈利为目标，盈利经营是企业行为。几种情况如何合理配置，逐步使政府行为、合作制行

为、企业行为在服务中明晰化，各得其所，有利于实现按劳分配，服务事业发展，需要认真加以研究解决。

（三）政府职能部门办实体的问题

在农业社会化服务的发展中，为了促进服务事业的开展、服务组织的发展，增强实力，克服为农服务的不利因素和困难，让服务组织搞多种经营、综合经营，是应该肯定的，但也出现了政府职能部门办实体的情况，应当予以关注。政府职能部门办实体，是发展、经营服务的一种启动力量，也在一定程度上缓解了行政经费严重不足的困难，但终究与政企分开的改革方向相悖。因此，要结合体制改革和政府职能的转换，采取适当的政策引导，使其沿着正确的方向发展。

集约型大农业服务体系的发展和运作*

——河南省扶沟县农业社会化服务体系调查

前言　服务体系和中原集约农业的一面旗帜

在二、三产业薄弱，有大量农业剩余劳动力的中部平原农区，创造什么样的服务体系才能适应农民需要、促进农业内涵发展?这是河南省扶沟县在改变贫穷落后面貌，建成全国小麦商品粮基地县、棉花大县，向高产高效商品农业攀登过程中逐步回答的一个问题。

扶沟位于黄河冲积平原，靠近神农氏教民稼穑的淮阳，抗日时期是黄泛区腹地，不靠近大中城市，地上无山，地下无矿，是典型的传统农区县。现属周口地区，有16个乡镇，64.7万人，其中农业人口60.7万，耕地113万亩。农村改革前不仅工业基础极其薄弱，农业发展水平也较低，是河南的一个贫困县。1978年全县农业人口占98%，工农业产值1.08亿元，农业产值占78%，农村工副收入仅0.07亿元，本地财政收入680万元，农民人均收入62元，低于全省平均水平25%，有1/3的生产队人均收入在50元以下，温饱问题尚未很好解决。

农村改革以来，他们从农业是基本产业，劳力多、耕地有限的实际出发，在北方粮棉产区率先发展大面积麦棉套种，走上多投劳动的集约农业发展路子。在劳动、技术、资金密集投入，集约农业深化发展的过程中，实现了农业剩余劳动力和劳动时间比较充分的利用，大农业的产业产品结构不断调整、升级，农产品大幅度

*本调查承蒙扶沟县委、县政府，江村镇、柴岗乡和河南省农牧厅、供销社、中棉所等大力协助。赵阳参加设计和调查，扶沟县农委 刘玺成参加了调查的全过程。本文发表在《经济工作者学习资料》1993年73期，收入《伟大的战略措施》，北京，北京农业大学出版社，1993年5月。

增长，农民收入增加，对国家贡献增多，积累了资金，带动全县社会经济全面发展。一跃成为“七五”期间棉花总产、人均贡献分别居全国第二、第一位的棉花大县和小麦商品粮基地县、绿化先进县，初步形成蔬菜、食用菌、瓜果、养殖等10多个专业商品生产小区（1978~1990年几项指标变化如表1所示）。1990年农业人均生产粮食500多公斤，皮棉80公斤，耕地亩产值为全省之冠，亩收益700元以上的耕地占60%，农产品商品率在80%以上，农民人均收入750元，高出全省平均水平的50%；以农副产品加工为主的乡镇工业产值1.2亿元，其中乡村两级工业0.54亿元；工业产值占工农业总产值的42%；城乡户均存款3000多元。扶沟走出了平原农区从农业起步、以农生工，走上农工互促发展商品经济的路子，成为河南农业战线的十面旗帜之一。从1983年山东省六个地区的地、县领导到扶沟参观麦棉套种开始，至今每年到这里学习集约农业的干部、技术人员在1万人左右。

扶沟农业巨大变化的基础是农村改革。农村改革之前的二三十年里发展缓慢，改革之后才出现了发展的新局面。但各地都实行了改革，为何黄淮棉区麦棉套种和豫东集约农业率先在这里大面积展开，随后不断开拓，至今走在河南发展高产高效农业的前列？关键是农业的技术进步。在农业发展、技术进步的背后，则有一个在当地党委、政府领导下适应本地实际的以技术推广为先导的农业商品生产服务体系。这种服务体系把各方面的力量和积极性调动、组织起来，与家庭承包制下农户的自主经营相结合，产生了推动发展的合力，为农业商品化、现代化发展开辟了广阔的前景。

表1　扶沟1978年、1990年几项指标

	1978年	1990年	增长率
耕地复种指数	146%	240%	
粮经作物播种比例	8:2	1:1	
产值比例	77:23	1:189	
粮食产量(亿公斤)	1.85	3.00	68.7%
皮棉产量(亿公斤)	0.0332	0.53	15倍
交售国家皮棉(亿公斤)	0.026	0.410	15倍
水果产量(万公斤)	463	1787	2.8倍
蔬菜产量(万公斤)	18	9014	493倍
工农业产值⋆(亿元)	1.46	6.5	3.5倍
本地财政收入(万元)	683	1932	1.8倍
城乡居民储蓄(亿元)	0.06	3.96	65倍
纯交国家粮食(万公斤)	2003	3800	89%

注：⋆1980年不变价。

一、农业的两重性，家庭承包经营与服务体系的发展

要认识扶沟目前的农业服务体系，还要追溯到实行家庭承包责任制这场改革，因为它继土地改革和农业合作化之后又一次使生产力获得大解放，从而使农业、农业服务体系的发展都进入了新的时期，面对新的情况和问题，沿着建立家庭承包制走出的有中国特色的农业发展道路，才能认清改革以来服务体系活跃发展的条件、原因及其本质特征。本文先在这方面结合扶沟实际做些基本分析，以便把握其服务体系发展的客观背景。

（一）包干到户的家庭承包制，使农业的基本生产经营与合作协作由两个相对独立的主体分担，奠定了按照农业两重性合理组织农业的基础。发展社会化服务体系是沿着这个路子在家庭经营基础上进一步适应农业商品化社会化发展的要求

农村改革之前，集体农业的基本经营与农业的协作在组织上是合一的，改革从一定意义上说是使二者相对分离。扶沟县改变公社集中经营体制，从开始搞棉花包工包产，到普遍建立大包干的家庭承包制，是在1979~1982年春，用了3年时间。“三级所有，队为基础”的经营体制之所以要改革，并一朝瓦解，说到底是它不适应农业生产的实际，违背了农业的特性。

农业生产具有两重性。即一方面具有与土地、生物、气候这类因素相关的要求分散、独立经营的特性，以便生产者能因具体情况灵活自主随机操作，并以独立经营使他周期循环的不易计量的劳动，在最终成果的收益上相对独立地表现出来，获得与劳动相应的报酬。农业分散独立经营的载体一般以家庭组织为宜，这是与工业不同的。另一方面又具有社会生产相互联系、依赖、要求协作的共性。在今天，这种社会性已不限于农业内部协同兴利除害的范围，更重要的是要利用科技和工业化的成果。农业分散独立与社会联系这互相对立的两重性的矛盾，是普遍存在的。

处理这种矛盾，新中国成立以来有三种办法。实践表明，农户个体经营只顾及农业要求分散独立经营的一面（这里仅从组织与农业发展的角度看），不行。集体经济集中统一经营，在对土地私有制的社会主义改造上是带根本性的社会进步，但在经营体制、生产组织的选择上是不成功的。具体组织有个变动的过程，开始是高级社，继而公社制，后退到“三级所有、队为基础”，但仍存在一种由小队核算过渡到大队核算再到公社核算的组织农业的思想。其共同点是追求组织规模大，设想

用一个大组织去既组织农业的经营又适应农业需要社会协作的一面。使用大机器，搞农田水利的协作范围有多大，农业的基本组织就要多大，于是小社并大社，大社变公社。不论是公社大一统，还是“队为基础”的小一统，都只顾及农业有协作要求的一面，忽视了它有分散独立经营要求的特点，削弱或基本取消了家庭经营，结果造成生产经营、劳动计酬和分配上的“大锅饭”、平均主义的不治之症，使农民失去主动和积极性，也不行。

在克服“大锅饭”、平均主义的顽症中创造的以包干到户为主的承包责任制，把家庭经营引入集体经济，使原来的一个集中统一组织发生了分解，创造出存上述两种形式之利而去其弊的组织结构。农户以“保证国家的，留足集体的，剩下都是自己的”形式承包集体土地，不像以往的承包，是按生产队的经营安排搞生产作业承包，或一般的联产承包，而是在承担包干上交的责任之下，农户获得使用劳力和土地自主经营的权利，变为经营承包。包干的实物交售计划虽然对农户的经营有指导性，但农户的整个经营还要根据资源、家庭、市场的综合因素来确定。这就使承包农户变为相对独立的经营实体，自主经营、自负盈亏、自我约束、自我积累的经济细胞，具有双重身份——既是集体经济的一个层次，又是自主开展经济活动的经营组织。仍然保留的集体统一经营，是在家庭承包过程中分离出来的需要合作、分工协作的部分。这样，家庭承包责任制以家庭经营适应农业宜分散独立经营的特点，以保持集体必要的统一经营，在基层范围里适应了农业社会协作的要求。它是以两个相互分离又相互联系的经营主体，合理分工、功能互补，各自核算，经济往来，来适应农业的两重性。这就突破了以一个经营主体组织农业、难以两全的难题，造成了以家庭经营适应农业分散独立性，以其他的经营主体和组织适应农业的社会联系性的基础形态，开辟了社会主义制度下按照农业两重性的实际确定具体生产组织的途径。

同时，这一经营体制和组织结构的变革启动了农业发展的内在动力。农户相对独立的自主经营，使农民真正成了集体土地和农业生产的主人，从集中统一经营的束缚中解放出来，包干上交、自负盈亏，不仅多劳多得，学用技术、积累投入，发展多种经营，也能多得，调动了生产力的首要因素劳动者的积极性。在扶沟，农业是农民劳动、收入的基本产业，农民把全部希望寄托在发展农业上。这使基本属于传统生产方式的自给半自给农业，有了向现代化农业、商品生产发展的巨大经济动力。

但传统农业的改造，商品生产的发展，需要先进技术、现代物质要素的输入、运用和商品农产品的输出，即具有社会性，而且这种社会联系性已超越一乡一村的范围。一家一户单独实现它与社会的科技、工业体系和消费者之同的交往、联系，获得技术要素，有些方面它自己送入市场是有利的，但在许多方面，由千家万户单独进入市场是不经济的，有些也是不可能的。同时在某些农业生产条件的改造、大型设备的购置使用上也是家庭经营的资力所不能及的。这就需要像家庭经营与集体的统一经营两个主体的分工配合、经济往来一样，要由多个承担不同分工的组织〔1〕，形成一个分工协作的网络，通过其成员动手动脑的技术传播、购买销售一类的劳动，沟通农户与社会的技术、物质要素的生产者和农产品消费者之同的种种联系，承担农户经营中分化出来的某些劳动环节。这种中间组织网络系统，对农户生产经营（及其他农业基本生产单位，如渔场、林场等，下同）来说，就是农业社会化服务体系。

在实际中，一方面是原有服务组织经过种种变革与新确立的农户经营相适应，一方面是农民自己组织起新的服务组织，由此形成社会化服务组织体系与家庭经营相配套。

家庭经营适应农业分散独立经营的要求，社会化服务体系是与农业的社会联系性、社会化程度相关联，在不利于农户自己进入市场或自己完成的环节，由服务组织来承担。从经济成分上看，农户的承包经营是集体经济的一个层次，从社会生产上看，对农户的生产经营来说，乡村集体的统一经营，就应是合作服务，是社会化服务体系的一个重要组成部分。在一定意义上说，社会化服务体系是以农户生产经营为对象，适应农业发展中不同程度的社会化生产的要求，将一村一乡的服务在更大范围上的扩展。家庭经营和服务体系二者分别适应农业的分散经营与社会化分工协作的要求，是整个农业组织形式的两个方面，是在农业现代化、商品化的发展中恰当解决农业两重性矛盾的合适途径。

另外，农业除了在社会生产上具有两重性外，从社会经济上看，还有另一个两重性。农户经营农业，既有农民就业、收入的一面，又有满足社会对农产品的特殊需要的一面。政府从农业是经济发展、社会安定、国家自立的基础的立场出发，考虑其产业特征，代表社会的利益和发展要求，规划、支持农业，通过支持，开展对农户经营的服务，保障农业发展的社会目标，也是社会化服务体系发展的一个重要背景。

---

〔1〕农业的社会联系通过市场和组织两种形式实现。社会化服务体系一般是指组织，不包括市场。但在商品经济中组织和市场是密切联系，可以相互转化的，组织是“在价格组织（市场机制）不能灵活运转的状况下，为了实现集体行动的有利性的手段”（K.阿罗《组织的界限》）。

基于1983年全国农业家庭承包基本完成，农业出现向商品化转变的趋势，1984年1月中共中央在农村工作的通知中提出："必须动员和组织各方面的力量，逐步建立起比较完备的商品生产服务体系，满足农民对技术、资金、供销、储藏、加工、运输和市场信息、经营辅导等方面的要求。这是一项刻不容缓的任务。它是商品生产赖以发展的基础，是合作经济不可缺少的运转环节，也是国家对农村实行计划指导的重要途径。"

（二）承包农户发展生产的要求和利益是服务开展的经济基础，农业商品化、社会化、现代化程度的不断提高，农户经营对社会化服务的要求不断增长，是服务体系发展的物质条件和原因

首先，家庭承包使农业发展与农民利益直接联系起来，农户发展生产的内在冲动成为追求、吸纳一切有能力得到的外部服务和资源的基础。农民对农业生产不是满足于原有低水平生产的重复和对土地的精耕细作，满足于温饱，而是希望得到外部资源或条件——好的技术、经营方法、良种和发展多种经营的致富信息，以提高生产，开发新的产业。没有农民的这种要求，有服务也难以见效。在扶沟，把棉花由传统的一年一作改为麦棉套种，一年二作，早在1965年就由县里技术员在个别点上初试成功，70年代中期个别生产队曾连种几年，效果很好，但推而不广。除了别的因素外，一个基本原因就是生产发展与农民的利益关系不密切。没有家庭联产承包责任制把生产发展与农民利益直接联系起来，没有农民的积极性，缺乏农民的内吸力，外部的技术服务是不可能发展起来的。一切服务最终都要被与土地打交道的农民所利用才能发挥作用。同时，没有农民放开手脚自主发展多种经营，就不可能有农业商品生产门类、领域不断扩大，农业服务范围不断扩展。

其次，农户生产经营对服务的要求，农业服务的发展，归根到底是由农业的发展、生产的社会化程度所决定的。在扶沟，农村改革之前，虽然农业水平很低，但农业生产的社会性已不限于传统的兴修水利、抗御灾害及其他传统的交换，已有了技术推广、机器使用、化肥使用等新的东西，有了供销、信用等分工组织。但由于农业生产水平和农民收入水平很低，首先进行对千家万户大规模服务的，只有技术推广。随着生产的发展，积累了资金，各种硬件服务发展了。随着新的商品生产门类的开辟，农业社会化程度进一步提高，服务领域不断扩大。同时，相应地，农民活动领域和眼界不断打开，产生了越来越多的发展商品生产的服务要求。江村镇纪汴村1986年开始发展庭院新式养鸡，我们这次在纪汴村第五村民小组做了30户服

务需求调查，情况是，农民除了对农机耕作、灌溉一类的服务有要求外，70%~90%的农民，都对这里新兴的现代化式的家庭规模养鸡有技术指导培训的需求，有对土壤分析、新技术信息的需求，有对化肥、农药、疫苗、信息真假鉴别的服务要求。这说明，农民的服务需求除了与社区土壤改良、共同设施利用相关的方面外，主要集中在新产业的开发、技术和市场领域（见附件）。正如河南著名小麦专家刘应祥所说：现在农民要的是经济（即发展商品生产，获得货币收入），盼的是致富，要的是服务。农民的服务要求和农业的服务是随着商品生产和生产的愈益社会化而发展着、变化着的。

（三）家庭联产承包制的确立对农业社会化服务运行机制赋予新的特征

农村改革之前，乡村（社队）集体经济组织、供销社、信用社、国家技术经济部门，就在为农业服务。改革之后扶沟的农业服务主要是在这些服务组织的基础上经过改革、调整、充实发展起来的。但是，以相对独立自主和开放为特点的农户家庭经营主体的确立，要求农业服务适应微观经营体制的深刻变革，具有新的特征。

1.农业服务对农户经营的职能互补性

这首先表现于村级组织。过去农业由集体直接经营。家庭承包后，原来生产队的生产经营职能基本下移到农户，队组为管理单位太小，其管理权上移到大队即行政村。因此扶沟从 1981 年底开始对农村干部精简定员，主要是精简生产队即今村民小组干部，由每队 5~6 人减为 1 人，半数是由村干部兼任，村组干部总数由 1.5 万人减少到 4500 人。村组对农户在农业生产上主要就是开展水利、农机、技术等方面的服务，成为功能互补、合作服务的新型关系。同时，这种互补关系表现于一切外部服务组织与农户经营的社会生产分工关系。

2.以农户自主选择，服从效益原则为基调

农户经营主体对原有的、新生的服务组织及其服务，有了自主选择的要求和一定的自由，同时农户是相对独立、自负盈亏的经济单位，它追求效益，决定了服务要按效益原则办事，以经济办法为主，改变了过去主要靠行政方式搞服务、不注重经济效益和经济责任的基调。柴岗乡供销社主任说：过去县供销社——乡供销社——生产大队间是指令性的，现在到农户一层，除了国家计划或有优惠的外，都是市场性的。除政府提供的无偿服务外，在其他服务中，农户是需求者，服务组织是供给者，它们之间既是功能互补、分工协作的关系，又是劳动交换的经济关系。服务的开展，就既取决于农户生产的需要，也取决于农户与服务的利益关系，服务能提高效益，对农民有利，他才让人为之服务。只有在互利的基础上这类服务才能发展。即使是政府的无偿服务，如技术推广也只有在生产中真正有效益，农民才接受，否则就拒绝。

3.开放性

承包农户成为基本的经营主体之后，农村集中经营、统得很死的封闭体制走向开放。农户经营可以根据需要发生横向联系，进入市场，参与构建新的服务组织，这就开拓了服务活动空间和服务组织发展的途径。

扶沟农业社会化服务体系的发展，除了这种客观背景，主观条件上则是有一批联系群众，善于从本地实际出发，把向国家负责与发展本地经济、为农民谋利益结合起来的县乡领导和各类干部，关键是县级领导。他们支持农村实行家庭联产承包制，一经实行从不动摇，一心发展农业和农村经济，在实践中把握新的条件下农业服务的位置和特点，眼睛向下，集思广益，根据每一阶段农民发展生产的需要，指导开展服务，总结群众的创造，通过健全服务体系、开展服务，配合、引导农户生产经营，为农业发展创造条件。

二、农业结构变动和服务发展的过程

10 多年中，全县社会化服务体系的发展与农业发展、农民变化着的要求相呼应，大体经历了三个阶段：

第一阶段，1979~1984 年，一面进行建立家庭联产承包制的改革，完善村级生产性服务，一面围绕推广麦棉套种、调整种植业结构开展以技术推广为主的服务。

从实践看，这一段农民服务的需求有两种类型，相应开展了两方面的服务。

一类是农户常规生产进行中的服务要求。包产到户初，基层组织与农户经营的新型关系正在建立中，生产中有的地方出现争灌溉机器、争水源，谁也浇不成地的情况，或者地头排水沟平了，又不让人挖，使庄稼受淹；多数地方耕畜弱，特别是部分黏土地难耕作，需要统一组织、使用好现有 300 多台大中型拖拉机。根据农民这类要求，县委 1981 年秋提出完善责任制的意见，主要是“搞好几个统一，应以水利为重点，带动大中型农机具的统一使用，农田水利基本建设统一管理，推动主要作物连片种植和过碎地块适当调整”。1981 年、1982 年两个冬春，县乡干部下基层分批帮助村级组织搞干部精简定员，健全水利、农机等组织和管理服务制度。

另一类是农户农业发展和结构调整上的服务要求。10 多年前的扶沟，农业生产水平低下，存在着与许多传统农区类似的矛盾：人增地减，1952~1978 年农业劳均耕地由 10 亩降为 5 亩；由于受传统农业的影响，耕作方式和技术改变不大，以种植为主的农业，粮经比例悬殊：粮食播种面积占 80%以上，经济作物少；一年两作，两年三作或一年一作棉花，耕地利用率不高，造成农业用工少，劳力一年有六七个月闲置。由此带来土地产出率低，农民收入低，农业发展缺资金，投入少，1978 年农民人均收入 62 元，亩施化肥混合量 13.3 公斤，约 1/3 耕地白地下种，又限制了粮食单产的提高和经济作物面积的扩大。这种情况远远不能适应农民摆脱贫困的需要，从客观上提出了如何推进农业发展的问题。

扶沟县委、县政府在改革之际同时认真讨论研究农业出路问题，在分析情况总结经验教训基础上，选择了多种劳动密集的高价值作物，发展集约农业的路子。他们根据本县有植棉传统和过去对麦棉套种的探索及点上经验，提出推广麦棉套种、解决粮棉争地矛盾，以扩大棉花种植为突破口带动农业发展。1979 年将外县不愿种的种棉指标接了过来，当年推广麦棉套种 6 万亩（加上非套种棉 26 万亩），第二年 1.2 万亩（总植棉 29 万亩），第三年 24 万亩（总植棉 34 万亩）。围绕发展麦棉套种，他们加强了县、乡棉花办公室，扩充农民棉花技术员，主要依靠乡村干部和农技员队伍，抓好示范点，以多种形式开展耕作改制的启发教育和技术推广，协调各方开展服务。到 1984 年棉花面积达到 77 万亩，全是麦棉套种，占总耕地的 2/3，夏季一坡麦，秋季一坡棉，一亩顶二亩。

这里在黄淮棉区率先实现由棉花一年一熟到麦棉两熟的县域耕作改制。劳动力在农业的深度开发中找到了出路，户均植棉由过去近 1 亩增至 6 亩，一年多用 240 个左右劳动日。主要靠劳动和技术实现了农业发展。与 1978 年相比，粮食产量增长 54%，棉花面积扩大 5 倍，单产提高 1.5 倍，总产增长 14 倍，人均收入达到 504 元，提高 7 倍，粮、棉、油、饼肥、柴、财都增加。农业在自身变革中获得了积累，进入自补求强的良性循环。农户从 1981 年开始每年以添置 600~1000 台的速度购进小拖拉机，农村从 1982 年开始兴起以打井为重点的水利建设，农用化肥、薄膜投入量倍增，农产品商品率达到 65%以上，农户仅在信用社存款增加 22 倍（1979~1984 年）。这就使农业服务在生产、流通、金融领域都大为发展。

第二阶段，1982~1986 年，在发展计划性较强的粮棉生产的基础上向大农业领域延伸。1984 年底起出现“卖棉难”，既要经受市场波动对粮棉生产的冲击，又要寻求多种经营门路，形成粮棉以外的收入来源，因而这一段是扩大市场调节，向商品经济转变的过渡期。农业服务围绕稳住粮棉生产、探索发展面向市场的新产品新产业两个重点展开。

一方面，粮棉生产主要是政府指导技术经济部门和乡村组织开展服务的。在全国出现卖棉难、棉花生产处于低潮的情况下，他们审时度势，考虑到麦棉套种符合本地情况，关系农民农业和县经济大局，粮棉生产不可能总处于低潮，于是把流通服务放到了重要位置，采取了三条措施：一是政府指导棉花收购，依靠供销社全额收购棉花，执行价格政策，保护农民植棉积极性。二是指导农民保住麦棉套种，不使棉田大减。三是支持农民发展多种经营，确保农民收入增长。这样稳住了粮棉生产，使麦棉套种始终保持在 60 万亩以上，不到两年全国棉花供求形势发生了变化。同时他们进一步充实和加强了科技、农田水利建设服务。

另一方面，以农户或村级组织为主角，在县、乡政府鼓励下，分散地面向市场探索发展多样化的商品生产，并在基层形成专业性服务组织。农户在解决温饱之后，就出现了自找门路发展多种经营的势头。开始发展的项目多与大田种植有关，如利用秸秆、棉饼发展养牛为主的畜牧业，搞林粮间作，在麦棉套种的启发下，尝试利用麦棉套种两茬作物非共生期的空地套种西瓜。1982 年县里提出粮食生产以小麦为主，经济作物以棉花为主，畜牧业以养牛为主，林业以泡桐为主的方针和鼓励政策，推动了农户多种经营的发展，出现了“村村户户，麦棉牛树”，农林牧结合发展。同时，县里有些部门和乡镇也曾以行政发动的方式办商业、办工业，力图拓宽产业门路，但是由于面向市场的商品生产不像麦棉套种，不是少数人能计划得了的，并且已经超出人们原来的知识范围，效果不佳。鉴于这种情况，县里改而采取新的领导方式，更加看重农民的探索，支持农民和乡村自主地分别按自己的情况和市场需求寻找发展商品生产的出路，积累经验，造就人才，组织新的服务。政府和有关部门则帮助他们在实践中总结、完善，给予奖励，传布其经验。这样，大田里的套种形式越来越多，向立体种植、复合套种发展，有的形成了优势产品，亩收益增加几百元。城郊乡赵沟村搞起了大棚蔬菜，亩收益数千元。崔桥乡一户带一片，发展了食用菌生产等等。一大批以瓜菜、林果、食用菌栽培、养殖为主的高效益的新产业、产品和专业村、片逐步生长出来，同时发育出相应的专业服务组织。到 1986 年农村专业协会、研究会发展到 30 多个，专业产销公司 13 家，专业市场 14 个，农民购销员队伍达到 3000 多人。

第三阶段，1987 年至今。大农业进一步向农工商结合的商品农业发展，政府初步积累了指导有计划商品经济的经验，多元化综合服务全面展开。在上一阶段粮棉生产固有产业稳定发展，新的产品产业经过市场选择显露端倪的情况下，越来越多的农户不满足于已是效益不低的大田麦棉套种，对发展高收入的商品生产孜孜以求。县里顺应这种要求，因势利导，提出发展三种经济的思路，即把大农业范畴的集约农业作为基础经济、农副产品加工为主的乡镇企业和城镇工业作为新兴经济，林果业作为后续经济，实现全面发展。在政府的指导下，多元化的服务组织一面围绕改进粮棉生产技术、发挥固有产业产出效益开展配套服务，一面配合农户和村级组织开发新的产品产业，使之形成专业区域和商品规模。在发挥优势，全面开发利用资源的同时，加强智力资源和农地资源的培植。对于从支持农户、村面向市场自主发展新的产品生产——自我组织服务——引导、规划新产品的区域扩散——帮助专业服务组织走向健全，到县乡村与专业服务组织应有的配合，他们已积累了经验，能够进行新产业的启动期服务，在培育新产业中培育专门产业的服务系统。如江村镇近几年培育、移植四项对当地来说是新的产业：1986 年移植棚菜生产，不是照搬赵沟村的做法，而是在王营村搞了利用村头荒废地、鸡叼地承包给农户发展大棚蔬菜的示范点；支持纪汴村由一户兴起的家庭规模养鸡业发展；1989 年帮助坡刘村搞了利用河滩地发展农户植桑养蚕的示范点。短短几年都扩散形成规模，做到了服务一项发展一项，形成“集约农田向大田，塑料大棚围村转，植桑养蚕下河滩，种养加工进庭院”的平原农业模式，相应的专业协会、公司也成长起来。

1990 年全县大田间作套种发展到 100 万亩，其中三熟以上的多熟套种 40 多万亩，创造出适应不同乡村和市场状况的有弹性的种植模式，“高低相间，层层见天，四季不闲，效益翻番”，耕地亩均效益达到 600~700 元。蔬菜发展到 9 万多亩，仅塑料大棚发展到 2 万多个，一万多亩，形成沿县城周围 4 条公路，辐射 9 个乡的百里棚区。庭院经济收益千元以上的达到 2 万多户。农产品加工储运业逐渐兴起。全县初步形成十余个各有特色和相当规模的商品生产区域。与农林牧、种养加产业群体的发展相配合，在开展服务的实践中，各方面内有人才骨干、一定制度，外有广泛联系，相互比较协调的服务组织体系和以小城镇为中心的专业市场、综合市场体系逐步发展、健全起来。

三、服务组织和以经营辅导、技术推广为先导的全方位服务

扶沟二三产业薄弱、乡镇企业很少、劳力挤在农业上、耕地资源有限，在这种情况下，农业能获得颇为出色的发展，协助农民解决这种资源条件下农业发展问题的服务，不能不说具有自己的特点。这就是围绕发展集约农业，提高资源综合利用

效率，以“软”服务带“硬”服务，实行在尊重农民自主权基础上的经营辅导和技术推广主导型的全方位服务。目前服务体系由为全体农户大农业生产、为部分农户专项生产这两类服务系列，以及兼为两类生产服务的通用组织系统所构成。

（一）农业服务的基本特点和组织网络

1.服务活动和体系建设的主要特点

服务重点围绕发挥劳力多的优势，推进农业深度开发和集约经营，提高土地生产率和资源综合利用效益展开；经营辅导、技术推广处在突出位置，以此为先导进行综合协调的配套服务；注重服务质量和农业整体素质、效益的提高。

开始这样做，在一定意义上是被资源少、经济穷逼出来的。那时农业生产收入水平低，缺发展资金，不能靠山吃山、靠水吃水、靠城吃城，工业落后，迫使他们在现有劳力、土地上做文章，向改变传统生产经营方式找出路，选择麦棉套种、集约农业这种多投劳动的穷办法。为实现千家万户经营上的转变，就挖掘、组织现有技术人员和智力资源，选择、改进集约农业技术，依靠乡村干部和技术员队伍，从农业发展出路上对农户进行调整种植结构的启发即经营辅导，大力开展相应的技术推广。可以说，从 1979 年农村改革以来，扶沟的农业服务是由经营辅导、技术推广开路的，一开始就是从发挥资源比较优势、调整产业结构、提高农业效益的发展战略和农业技术改造的高度展开的。

农业服务能否取得好的经济效果，一个关键是向农户提供服务的种类，要适合当地资源条件下农业发展的需要，并使服务体系的职能结构与之相适应。他们把重点放到有利于提高资源利用效率一类的服务内容上，注重经营辅导和技术推广，首先是符合本地资源特点。农业服务不仅有个量的概念，也有一个种、质的概念。在劳力相对土地短缺的情况下，农户经营主要需要那些有利于节省劳力的服务；在劳力相对土地剩余的情况下，农业主要需要那些有利于发挥劳力多的优势、提高土地生产率的服务。扶沟属后一种类型，他们的服务做到了适用对路。其次是符合本地农业由传统的种植结构、方式向高产高效的农业结构、生产方式和现代商品农业发展转变的需要。中部农区的农业不是静态的，而是处在开发、成长期的，这就使得按照计划和市场需要、结合自己条件，确定经营方向，实行农业的技术改造，显得尤为重要。

扶沟农业服务的特点和优点，是在实践中形成的，第一阶段就取得了好的效果。这使他们更加有意识地将这种特点保持下来，发扬光大。10 多年来，他们的服务，不只为保障现有生产正常运转，而且为帮助农民改善经营、提高技术水平，增产增收而努力。但随着大农业产业产品的多样化，开展经营辅导、技术推广的组织和方式多样化了，在专项商品生产方面主要是靠专业服务组织来进行。服务涉及方方面面，他们始终注意理清农业发展路子和技术路线，把加强科技体系建设，智力开发放到突出位置，在对农户开展经营辅导、技术推广的基础上进行多方面的协调服务。不仅讲求服务的量，而且讲求服务适用对路，提高服务质量。正是通过这种服务，使扶沟农业、农户生产经营发生着量变和大大小小的质的变革，增加了来自经营和技术进步的效益、分工协作的效益、联合服务的规模经济效益。

2.农业服务组织按产业产品特点形成两种类型的服务系统

一类是面向所有农户以粮棉生产为主的大农业；一类是为部分农户从事特定项目生产的专业服务组织。有些服务组织介乎二者之间。由于麦棉套种在农户经营中占重要位置，县、乡两级除有农业局所属的农业指导服务系统外，还配置了较强的棉花生产办公室（以下简称棉办），配置了在林果、养殖、棚菜、食用菌等生产的服务中起带头作用的集约农业办公室（以下简称集约办）。

3.农业服务组织力量分布上的特点，是科技推广、人才培训、智力开发和流通领域的力量较强

据不完全统计和粗略划分，县、乡两层 1.2 万多服务人员中，在科技生产（指农机、水利供电等部门体系）、流通、金融保险等领域的分布比例为 2:1:10:1。

4.从县、乡、村层次上看，面向全体农户大农业生产的服务网络，基本是龙头在县，主体在乡，产中直接服务主要在村，村级并不配置繁多的服务组织和人员

据不完全统计，县、乡农业服务组织常年从事农业服务的约 1.2 万人，占全县总劳力的 4%。其中在县城、乡镇之比为 4:6。村级主要由村级组织的干部直接开展服务，只有一部分村配有专设的农技员、管水员、机耕组，共有约 0.55 万人，396 个村，平均每村干部加专设服务人员不到 15 人，折合常年服务劳力约 0.4 万个。当然村级服务人员随着集体大型农业机械的发展，今后会有所增加，但由村组干部直接开展服务是其特点，利于真正发挥村级组织的职能和提高干部素质，降低服务人员费用；同时，乡镇组织在如棉花技术推广、农产品收购、金融服务上，都是直接到户，或与村级组织配合服务到户，有利于扩大服务规模，提高服务质量。目前的农业服务组织系统大体如图 1 所示：

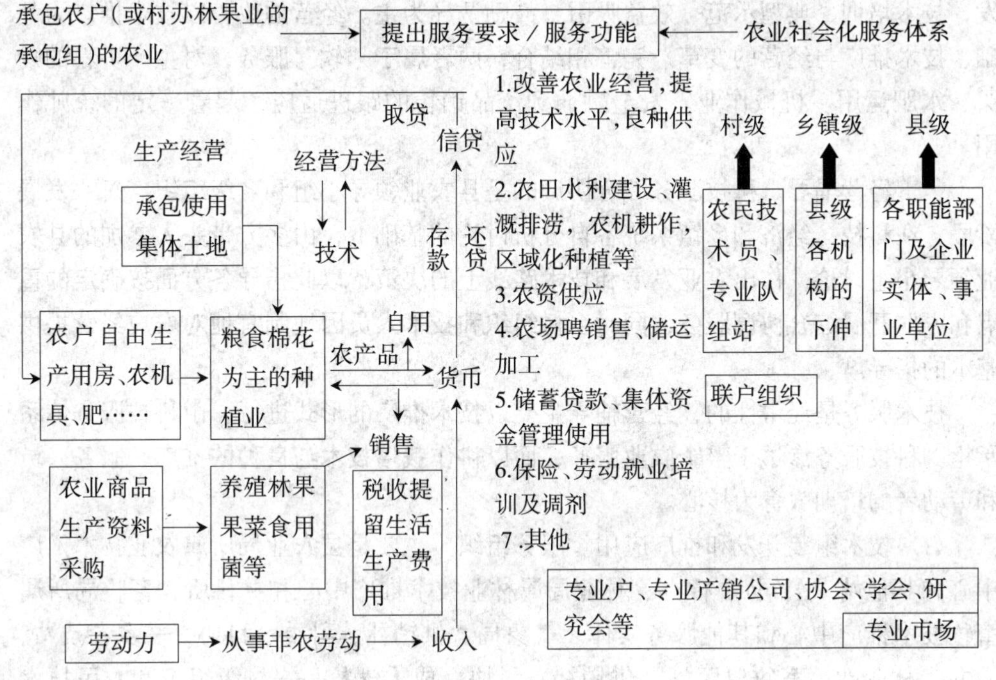

图1　农业服务组织系统

（二）面向全体农户、以粮棉为主的大农业服务系统

粮棉为主的农业计划性强，同时是扶沟农民主要收入来源（占80%左右），农业服务以国家服务为主干，乡村集体服务为基础，产中联户和农户相互服务占较大比重，流通领域服务主体已多元化，但担负一定政府政策职能的供销社和粮食、外贸系统仍是主渠道，形成以下述四个体系为主的服务网络。

1.经营辅导和科技服务体系

在扶沟，经营辅导和技术服务密切联系，在整个服务中处于主导位置。经营辅导是对农户大田基本种植结构进行阶段性、方向性的一般指导。平原农区农户基本生产条件有较大的同质性，使县乡宜于把对农业发展的战略指导与农户经营指导结合起来。他们认为要尊重农户经营自主权，但农户掌握信息有限，在其经营决策时也需要予以指导，以利其决策的选择。近10年主要进行了发展麦棉套种、稳住棉花生产、发展多熟制几次大的指导，都是通过综合分析农业发展问题、条件、计划市场趋向、群众经验，找出趋利避害的方向，给农户经营以指导。辅导以宣传启发，技术培训、典型示范、效益吸引、鼓励诱导为主。经营的改善以技术推广为基础、技术推广与经营的变革、完善相结合，两者属于“软”服务，对生产资料的购买、水肥运用、机械作业、资金融通到产品销售的跟进适应，起着一定的统帅作用。

负责经营辅导、科技服务综合协调的是县农业领导小组和乡级组织。每一发展阶段，在科技、经济和乡镇系统各自分析讨论的基础上，由多方带头人参加的县农业领导小组讨论，作出农业发展和技术路线上的决策，以此指导各方面按确定的重点和方向开展综合协调服务，同时乡村组织和技术人员因地制宜地对农户经营提供基本的指导。

技术服务是经常性的，经营辅导主要以技术推广的形式进行，由科技服务体系承担。科技服务渗透于整个农业服务，而以耕作栽培技术与良种的推广、服务人员和劳动者的培训教育为核心。

(1) 技术组装开发和推广应用。服务组织。主要是县农业局所属农业技术推广中心和其他站（公司）、棉办、林业局属林业技术推广中心和林科所、畜牧局所属畜牧技术推广中心和其他服务实体、气象局、供销社、科委、科协——乡农技站、棉办、林业站、畜牧兽医站、供销社、科协、成人学校——村级组织和农民技术员。

科技服务组织的力量，是在原有基础上通过挖掘现有智力资源，把全县有较高素质的技术人员和农民，按照技术开发、推广培训不同环节的需要，逐步充实配置起来的。10 年来，他们逐渐组织起由三部分力量构成的农业科技队伍。①国家农业技术员 798 人，在县、乡两层技术组织的人数之比为 4:6，其中有高、中级职称的技术员在县 55%，在乡 45%。他们当中有一批人从事农技事业十几年，几十年，有的至今还坚持在乡村，成为不同学科和技术的带头人，对形成本地适用技术和人才培养起着重要作用。②从农民中选拔，由县、乡聘用发薪的农民技术员 300 多人，主要充实于乡镇农技推广组织。如在棉花技术服务上，从 1980 年至今，他们按照 3000~5000 亩棉田配一名农技员的要求，由乡村推荐当地初中以上文化程度，热爱技术，自己植棉单产水平较高（现在是亩产皮棉 80 公斤以上），有一定组织能力的中青年农民，由县、乡两级考核录用和管理。目前县、乡棉办共有近 170 人。县棉办 12 人，有 9 名国家技术干部。乡棉办 150 多人，只有 16 名国家技术员，农民技术员却有 137 人，一个棉花技术员负责两三个村的技术示范指导和承包，年终以实绩考核，好的留下，差的调换。这不仅解决了国家技术员少与服务面宽的矛盾，而且农民技术员不脱产，在家所在的地方，与农民熟，便于开展推广工作，使每一片有一个在棉花上大家相信的永久牌（指不离土）技术员。这些技术员通过培训和实践都已达到中专以上水平。③地县考核发证达到初级技术员以上水平的农民农业技术员 600 多人（另外有称职的农民农经人员 1000 多人），在村、户两个层次发挥作用。

乡村两级组织的干部也是技术服务的骨干力量。主要由善管理、懂技术的两部分人组成，或是一些干部既懂管理，又懂技术。在村一级，技术服务主要靠村级组织。我们在纪汴村调查，人们说，干部受技术培训多，水平比群众高，现在不懂技术就没有权威。

技术服务体系的活动，包括有机结合的两个环节：

一个环节是从当地农业发展的需要和条件出发，有选择地引进技术，在技术组装中进行应用性开发和改进，形成和完善本地集约农业的先进适用技术体系。如麦棉套种，原是我国长江流域高水肥地区的耕作栽培方式，扶沟属北方棉区、低产地区，年无霜期比长江平原短一两个月，那里的技术不能照搬过来。扶沟从六七十年代以来断断续续进行了麦棉套种的曲折探索，技术渐趋成熟。1979 年开始，结合推广麦棉套种，县里组织技术骨干，一面在基层搞试点，一面总结农村群众、技术员和干部在实践中的创造，摸索出“麦棉套，营养钵，地膜覆盖三结合”的技术模式，形成了适合黄淮棉区的比较完善的麦棉套种栽培技术体系，保证了麦棉套种的大面积推广。此后，他们在实践中不断总结经验，发现问题，吸取新的技术成果和外地经验，县乡棉花技术人员边推广技术边搞科学试验，使技术在套种模式、品种搭配、培育壮苗、群体密度、水肥运用、植保管理、化学调控等环节，不断完善。他们在形成亩 250 公斤小麦、75~90 公斤皮棉成套技术的基础上，又在中国棉花研究所的帮助下，接受了提高麦棉套种水平的总理基金项目，向新的目标前进。农林牧其他方面的技术开发同样如此。技术服务体系与省地和全国的许多科研单位、学校建立了联系，使新技术成果源源不断地输送到本地，经过其试验、改进，转化为适用技术，保证了农业科技服务的技术适用性和先进性。

另一个环节是开展群众性的技术培训和推广。他们坚持试验、示范、推广的程序，将典型示范作为重要一环，给群众拿出应用新技术的有效益的样板，来诱导其学习应用。同时开展多种形式的技术培训、辅导和传播。开始推广麦棉套种时，县棉办人员分片到乡，乡棉办人员分片包村，培训到户主。现在利用县农技推广中心，培训乡村主要干部和技术骨干，每年五六次。冬春和种麦前两次培训都在一周到半个月，进行小麦棉花等基础知识和全程技术的讲解，包括新技术的引进应用，其他训练是结合农事短训。乡镇培训村干部、农技员和部分农户，多是以会代训，与现场参观示范点相结合，一年 10 多次。乡农技员和村干部辅导到农户。如乡棉办每个技术员负责两三个村的技术指导，建立示范片、块和三个重点联系户，在自家棉田搞定点虫情测报和科学试验。县供销社抽出 135 人，承包 35 个村的技术推广。在培训、辅导的同时，印发科技资料到户。扶沟从 1981 年起向农户发“明白纸”，把麦棉套种在不同条件下的技术栽培模式，分别按照农民全年农事过程的顺序，列出每一环节的操作要点，使农民全年有一个扶手，与培训的内容相印证。并且结合农事，县里自办电视节目、广播节目，由技术人员向群众讲解，每年要举办十几个专题。这种技术推广活动已坚持实行 10 多年。全县农业技术到位率达到 95%以上，14 万农户绝大多数都有一二人掌握了亩产 250 公斤小麦、75 公斤皮棉的技术。

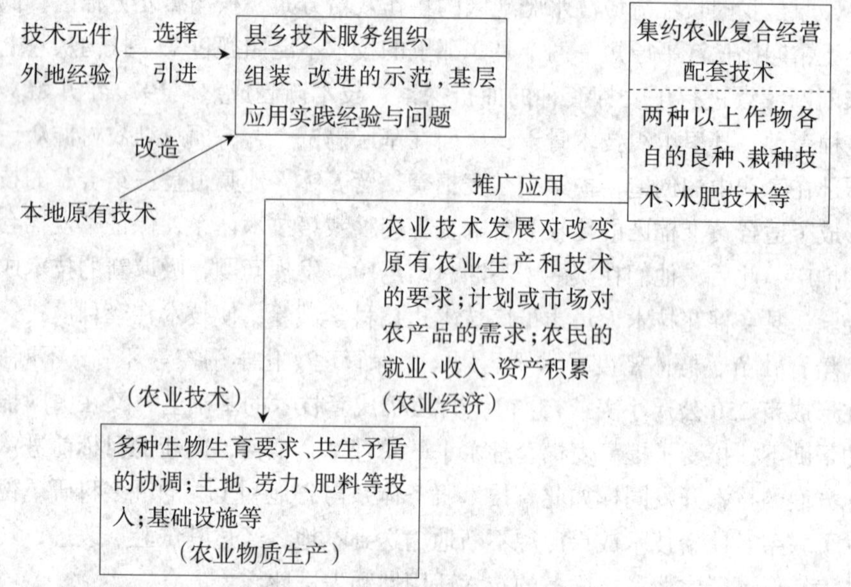

图 2　扶沟县、乡技术服务组织与集约农业技术形成发展机理

农民不是被动的，也是创新者。服务组织的技术开发推广和农民应用技术发展生产的同时也搞科技尝试相结合，形成了相互推动的前进运动。推广麦棉套种比传统种植亩效益高出 1 倍多，出现了新华社穆青 1982 年报道的扶沟农民抢“财神”（技术员）的场面。由此引起农民学技术、用技术、自己改进技术的热情。麦棉套种所含的间作套种、育苗移栽、保护栽培这些技术要点，被农民尝试用于大田搞粮果瓜菜的多熟套种，食用菌栽培套种、塑膜和育苗在林牧业上的广泛应用。农民的尝试启发了技术人员，予以完善和规范化，使全县科技开发和应用不断向前发展。1980年以来10年中，扶沟县人才辈出，科技成果获得国家级奖励3项，省部级奖励33项。

(2) 良种引进和繁育推广。这是技术服务重要环节，但与专门化经营相结合。良种引进、繁育、供给系统，由县乡种子公司（站）、县原种场，乡村农户良种繁育基地和县棉花良种加工厂等组成，县农业局、农技推广中心、棉办参与指导。

小麦良种，由农牧场（乡级单位）和11村分作一、二级种子繁育基地，年繁610万斤。统一供种约占农户用种量的30%，户自留、从外购进一部分。平均3年农户更换一次良种。棉花良种，过去由县农业局属原种场引进良种一代，或提纯复壮，再到柴岗乡11村良种繁殖区繁育，那里设有县良种棉加工厂，负责专门加工和种子处理。县乡棉办协助村技术员开展技术辅导，收集各乡用种信息，通过种子公司系统向农户供种。1990年开始，这个良种繁殖区为中棉所与县联办制种基地。中棉所派技术员，供棉原种，制出种子供本县和外地。良种棉加工厂将种子按农户一般用量，小袋分装，附有拌种剂。生产种衣剂车间已建成，即将投产。对制种户的良种按略高于市价付款。对农户的良种销售，由县棉麻公司从棉花预购定金利息中予以补贴。全县从1983年起实现棉花良种化，1986年普及了中棉12号良种，现在引进中棉12号白系，实现一县一种。这不仅保证了棉花高产，棉花的等级、长度、衣分率也比同类地区高。

(3) 开展农业技术培训和职业教育。扶沟重视干部、技术人员和农民科技文化素质的提高，挤出财力，靠农民集资用于发展县乡村配套的培训教育体系。目前县有农、林、牧3个集试验示范推广培训和科研、技术监测为一体的技术推广培训中心，四所农业职业学校（广播学校、农业机械化学校、农科教培训中心、农业职业高中）。16个乡镇和348个村建了成人学校，有校舍1628间，图书资料2.8万册。粮食、供销、外贸、财政、金融系统侧重培训专业人才。

培训教育分为三类。一类是与技术推广相结合的培训，结合农事县培训到乡，乡培训到村，穿插系统知识讲授。一类培养在职技术员、青年农民、专业户等，以增添科技新生力量。农业广播学校培养回乡知识青年、农技员等，学制2~3年，10年中已毕业1300人。设在大新乡的县农业职业高中，由普通中学改制而成，现有教师41人，结合本地实际和长期近期需要，办三种班。长期班三年，设农业、果林、畜牧三个专业，招收初中毕业生，已毕业348人。短期两个月到半年不等，根据乡村需要，联合办班，主要学习多种经营技术，已毕业800多人。中期班一年，其中设有家庭经营专业。学校实行教学、试验、实习和社会服务结合；校内设有养殖场、食用菌场和农林试验基地，在周围农村办了实习点。按照“低重心、多层次、大覆盖”的要求，为农村培养各种新生力量。第三类是县农科教培训中心，专为村级培养会管理懂技术的干部后备力量。县长白敬亚做校长，基础教育由教委负责，农业技术教育由农口抽10人任专职教师，学制一年，两个班，每年100人，由乡镇推荐回乡高中毕业生参加培训。这里村级技术推广主要是由村干部直接承担，加强基层的人才储备，对下一步的技术推广有重要意义。同时改革普通中小学教育，增加了实用技术教育内容。以战略眼光抓智力投资，为农业的科技推广增添了后劲。

2.农田水利和农业机械服务体系

劳动集约型的农业需要水利建设，也不排斥农业机械的使用。扶沟开始是拼着劳力、挖掘智力，在条件不好的情况下搞麦棉套种的。农民挑水保棉苗。黄河流域无霜期短，过去麦棉套种错不开时间，“棉钻麦棵、麦钻棉棵”，棉株上的灰飞虱落在麦苗上，易得小麦丛矮病，减收或无收。为解决这个问题，他们采取了拔掉棉柴、大犁大耙以后再种麦的技术措施。为保证这一措施落实，农民要在10月下旬到11月初的十天半月时间，完成将70万亩棉柴拔掉、施肥、有时浇水抗旱、犁耙和播种的全套农活，连夜奋战，很少睡觉。农民靠着集约农业发了财，为了适应集约农业用水时间长，水利设施密度要大，在收种时期抢农时，自然有兴修水利的要求，并从1981年起兴起持续至今的购买农机热潮，从而把农机、水利服务提到重要位置。

（1）农田水利建设和管水用水服务。政府重视农田水利建设，并逐步扩展为水资源、土地资源、有机肥资源和田林路电的综合开发与建设。水利建设格局基本是：政府指导，水利系统开展专门服务，财政投资与农民筹资出工（由乡村组织）结合；井泉建设、用水服务主要由村内负责。

服务组织以县水利部门、乡水利站、乡村集体为主，联户服务引人注目。县水利部门是行政、事业（6个单位，3个企业管理）单位群体。乡镇水利站都有打井队等新办实体。县乡水利系统400多人，其中分站112人，由县发工资的40多人。

水利建设重点是抗旱灌溉工程。改革之前涝灾基本受控，这里年均降雨669毫米，常有春秋旱，地表水贫乏，仅有中部两条河沟过境水可利用，所以他们以打井灌溉、引水补源为主，兼顾排涝。引水、排涝工程有较强的统一性，实行统一规划，分层负责，县组织跨乡工程，乡组织跨村的，村组织内部沟渠兴修，水利部门提供规划、设计、物资设备供销等服务。井泉建设有较大的分散性，一般由村统一规划，按村民小组（耕地所有权在组）筹资建设，部分由村或联户打井。

水利建设投资，主要来自农户和国家。乡村工程起初是靠农民集体提留，不够用就临时凑集。1985 年后全县建立水利开发基金，农户亩承包地提取 3~5 元，由乡镇农经站管理，少部分用于乡内区域治理，大部分作为村的水利建设资金，乡管村用。农民用于水利建设上的资金每年约 400~500 多万元，县财政每年挤出 200 多万元。1984 年和 1986 年先后列为省商品粮基地县和黄淮海开发区，用于水利建设年 100 万~200 万元。每年水利投资平均近千万元。通过 10 年努力，机井总数由 0.64 万眼增加到 2.32 万眼，其中配套机井 1.39 万眼，达到平均 50 亩地一眼井。兴修沟渠 600 多条，其中引水硬渠 209 公里。有效灌溉面积达到 90 万亩，轮灌周期缩短到 10 天。

村内用水组织。在近 10 万亩的沟渠灌区，基本是由村、村民小组统一购置大水泵，专人开机，按亩统筹水费，比之家家户户用拖拉机带小水泵节油节水节人力。井灌区有三种类型约 10%的村，设有井组，统一购置机械管水用水。第二种，村民小组内农民自愿结合成联户组织。在村里调整承包地时，三五户、十几户自愿结合，按一个号码调地，承包田连在一起，合卖或分别卖后组合成一套从动力机到水泵、喷带的设备，技术好的开机，计时或按亩平摊费用。联户组织还在用牛、机器播种、脱粒等环节合作。另有 60%~70%的村，井灌尚未形成组织，已有 1/4 左右的农户自搞一套设备，自开自用，无设备的农户借用其设备。

⑵ 农业机械服务。现在是户办为主、乡村办为辅、专门系统服务的农业机械化。1978~1990 年全县农机总动力增加了 3.2 倍，达到 48.9 万马力，农机原值 1.02 亿元，净值 0.77 亿元。其中小型拖拉机由 900 多台增到 1.6 万台；大中型拖拉机由 370 台下降到 261 台，但从 1988 年开始由最低点回升。农机主要为农户拥有，按马力计算，农户的拥有量，占农用拖拉机的 98%（其中大中型拖拉机占 80%），农用排灌机械的 97%。1990 年全县机耕面积达到 90 万亩，占耕地 84%，其中深耕 45 万亩，机播 40 万亩，占耕地 36%。除了棉花套种、收摘、拔柴，基本实现耕耙播种、收获、排灌、运输机械化。

农机服务有两个层次：

一层是村集体、有机户向农户提供作业服务。近 15%的村集体有大中型拖拉机。一般设机耕承包组，按区域种植地片统一耕作。村以“费用+工资+微利”原则定价，耕耙一亩收费12元左右。机械更新由集体负担。40%上下的村，耕种关键时期由村统一调配机车作业，平时有机户与用机户自由结合。另外的村，农户与有机户协商，在本村收费不高。

另一层是县、乡农机系统向村和有机户提供服务。其中又分两个系统：主系统是县农机局及所属农机推广站，农机校、农机公司、修造厂——乡镇农机管理服务站及供应修配点；辅系统是油料供销，即商业局石油公司——乡镇供销社或农机站供油点。有些乡供销社参与农机供销的竞争。

其介入服务的突破口是凭借技术实力，维修小拖拉机。乡农机站聘请有名望的农民修理工，搞维修承包。全县组建起14个维修中心、65个固定维修点、10个流动服务队，联系79个社会维修点，共400多农民修理工。承包费一车年20元，修理免费，零配件付费。

其次是新农机具推广。政府和乡村通过奖励补贴，配合推广精量播种机、手扶拖拉机带深耕犁、深松耙和大中型拖拉机等。现在多数乡村耕地3年能轮番深耕一次。

农机部门还凭借掌握计划内生产用平价柴油（年6000吨左右），组织农机为农户服务，“用油牵着铁牛的鼻子走”。前几年凡小拖拉机带深耕犁、机播耧的，奖励平价油。近两年实行“机、油、田”三挂钩，依机手与村、村民组签订为农户作业的承包合同，分夏秋两季配售平价柴油，组织农机服务。有的村通过集体拖拉机来控制作业收费价格。

对农户购买小拖拉机、井灌机械，有的村干部估计，发展下去大多数户会买小拖拉机加水泵，投资上浪费；抽水时间排队用井，从这口井挪到那口井，对庄稼、井台保护不利。农民多数则认为，自己有拖拉机，一机多用，方便。县里奖励购大中型拖拉机。因此，农机的购置使用和组织形式还在探索中。

3.农业生产资料和农产品购销加工服务体系

（1）农业生产资料的购销。以供销社为主，多家参与。供销社在所有服务组织系统中规模最大，从事生产生活资料供销、棉花收购加工、技术推广等多项服务。有6800人。16个基层社、34个分销店、700多个网点。固定资产3800万元。联系226个双代店。专门从事生产资料购销的近700人。1989年生产资料销售额4000多万元，占全县同类零售总额的41%。但化肥、农药及药械、薄膜、柴油四大项分别占社会销量的74%、98%、99%、85%。参与农业生资购销的还有农机公司、石油公司、饲料公司、外贸公司、县化肥厂和县乡农业技术部门办的经营实体等。

化肥等主要生产资料的流通，近两年既专营又不专营，有些市场竞争，促使供销社进一步转换经营机制，向农民靠近。一头在进货上加强了与生产厂家的联系。过去供销社同厂家打交道少，从省地公司进货多，造成环节多、价格高、毛利差，现在多是从厂里进货，联购分销。1990 年县供销社同漯河磷肥厂一次签订供货合同 1 万吨，相当于全年销量的一半。另一头加强了同村户的联系。练寺、柴岗等多数供销社实行社领导包片、门店包村、职工包户的制度，每月下去几次，对农户建立预约销售定货卡，送货上门，定点销售。销售价格受竞争的影响，实行薄利多销。农技部门参与农药、微肥、化肥经营，有技术优势，能尽快根据农业需要采购供应新产品，这对供销社掌握采购供应的技术信息也有好处。供销社已加强与棉办等技术人员的合作。有待解决的问题是有的单位经营伪劣商品，生产资料的供求信息各家难于全面把握。据调查，一般群众对供销社经营的商品质量比较相信。为管理生产资料流通市场，县政府从 1984 年开始，组织县农技推广中心、供销社和工商、物价部门，对购进化肥磷肥定期进行质量检测，不合格者降价处理或不准出售。村级组织的作用，是一些村统一购进生产用和粮棉交售奖励的平价柴油、化肥，少数村统一购进议价物资。

计划内化肥、柴油的供销，本来是国家对农民农业生产的优惠政策，但渠道弯曲，经营情况复杂。一是不能如数兑现，1990 年全县农户应得售粮棉奖励化肥 3.8 万吨标准肥，但供销社只拿到 1.3 万吨，应奖柴油 4000 吨，占农民常年用量近一半，但农民拿到手的只有 40%左右。而且供应时间与农事需要常不吻合。供销社说每经营一吨平价肥要亏 60 多元。二是柴油、化肥奖励票证放发和实物供应两条线，更增加了兑现中的复杂性。

(2) 农产品销售和加工储运服务。以粮棉为大宗农产品销售，计划内收购的比重大，占商品棉的 100%，商品粮油的 50%左右。分别由供销社和国营商业粮食、外贸部门，按国家规定价格收购。在国家粮棉供求特别是棉花不过剩的情况下，主产品的销售比较有保障。市场流通的农产品多家经营，农村乡镇企业的起步大部分是参与这方面的流通和加工，在人数、产值、收入上占整个乡镇企业的 70%~80%，但在整个农产品加工流通中的比重还不大。

棉花收购。按国家规定由供销社承担。供销社棉麻公司和 16 个在乡的收购加工厂（站）（县良种棉加工厂的皮棉流通也归入供销社渠道），共 3300 人，每个厂站固定资产净值在100万元左右，设备先进。承担对农民交售籽棉（年1.5亿~2.5亿斤）检验、收购、入垛、轧花、打包、储运的一套任务，年年保证了4万~5万吨皮棉收购、加工、储运的流转。皮棉实行直线调拨，曲线折算。即实物是由收购加工厂按地区棉麻公司的计划安排直接运抵许昌车站或工厂，但计算上有多道环节：棉花收购加工厂收购时的皮辊棉价——县棉麻公司卖入价——地区棉麻公司买入价——地区棉麻公司调出价。一担皮棉销售差价，县棉麻公司近4元，地区公司5元，省公司3.5元左右。

棉籽加工。全县年产棉籽0.5亿~0.8亿公斤。农民向棉花收购加工厂交售籽棉，可以由其代加工棉籽，每百斤籽交3元加工费，得11斤油，40斤饼，30斤壳；也可以要籽，选择别的加工对象。全县从事棉籽加工的有供销社、粮食局、二轻局、乡镇企业四个系统，其返还农民油、饼、壳的优惠项目和程度不同。

粮食油料的流通。由粮食局——乡镇粮经所负责，共1900人。向农民提供四项服务：按国家定购任务合同收购粮油（1990年粮食定购任务3450万公斤），年平均收购（含议购）粮食3500万公斤，油脂100万公斤。办为民代储粮食、油脂银行，已储900万公斤。代加工棉籽，年加工1000万公斤。赊销棉饼给农民。

一个新现象是，原来纯搞科技的事业单位向流通领域渗入，原来不太搞科技的流通组织向生产、科技领域渗透。县、乡科技、植保等方面的事业单位，很多办了经营肥料、饲料、药物的实体。供销社原来有辅导农民开展多种经营的传统，但在新的形势下，进一步向基层、向农民的生产靠近。开展市场竞争是一方面的原因，另一方面他们看清了农业发展我发展、棉花发展我发展。虽然在全国出现卖棉难时，县政府督促供销社全额收购，曾亏损1360万元，但全县棉花没有大滑坡，从长期来看对供销社有利。供销社盈利的绝大部分是靠棉花流通和加工。近几年来，供销社不仅在基层增设收购网点，使所有农民运送交售棉花不超过7.5公里，而且产前积极参与推广植棉技术和良种场的建设，产中落实技术措施，建立了35个村的棉花生产联系点，购置17部土壤速测仪，设立土地化验室，办了17所庄稼医院，购置300部弥雾喷雾机，组建30支机防队，为棉农提供有偿技术服务。

4.农业金融服务体系

以农业银行、信用社、保险公司为主的金融组织，在保障生产资料购销、农副产品收购，支持农民发展多种经营和服务体系建设上发挥了重要作用。乡镇农经站开始显示力量。

农业金融服务的重点在流通领域。农民收入较高，存款大增，大田生产很少用贷款，但购置农机，发展多种经营、乡镇企业需要贷款。“七五”期间，全县总的信贷是存大于贷，贷款与农业相关的占80%左右。1990年底全县贷款余额5亿元，其中与农业相关的3.9亿元，占78%，全部由农业银行、信用社提供。在与农业相关的贷款余额中，用于农业生产包括乡镇企业的0.85亿元，占21%（其中信用社0.76亿元，农业银行0.09亿元），用于商业贷款3.18亿元，占79%。商业贷款全部由农业银行发放，主要是对粮食部门、供销社、石油公司、农机公司贷款。1990年投放农产品采购贷款5.38亿元，仅9到12月份就投放农采贷款4.2亿元，调拨现金1.55亿元。在农产品收购上多年从未出现打白条现象。

在支持农业服务体系建设上，农业银行近3年支持供销社购买土壤速测仪、化肥施用机械，支持2个种子站、2个良种繁育基地、7个棉花加工厂的扩建和技术改造，共投放贷款563万元。向农技服务组织发放贷款862万元，通过信贷资金的催化作用，帮助农业科技服务组织向技术经营型发展，县农业技术推广中心年营业额已达61万元。

在农业包括乡镇企业的信贷上，规模比较小，80%是由信用社贷放，利率较高，而且对群众有资金需求的新产业的发展，缺少把握，不敢进入。这是在商品经济发展面前他们遇到的新问题。

乡镇农经站利用集体提留和代管资金的收用时间差，开展资金融通活动，是一个很好的动向。1990年全县农经站管理的农民集体提留，包括农业技术开发基金、水利建设基金等1031万元。利用间歇资金投放贷款的形式有3种：①中息贷款，用于支持乡镇企业、供销社购买农资等，利率与农业银行相当，低于信用社。②低息贷款，用于农民发展新产业，支持如家庭规模养鸡的启动。③无息贷款，用于乡村集体购买化肥、微肥、种菌的周转金。近两年江村镇农经站每年管理提留统筹资金140万元左右，用于上述三方面的贷款分别为19.3万元、5万元和9万元。虽然数量不大，但乡镇集体自主使用，对搞好农业服务、引导支持农民发展新的商品生产，发挥了“及时雨”的大作用。

县保险公司除开办与别地差不多的农村险种外，还在省公司指导下，探索举办农民互助互济性质的保险组织，试行单独建账、独立核算，结余留存地方，作为风险基金滚动发展。

（三）面向部分农户多种经营商品生产的专业服务组织

专业服务组织是改革以来扶沟农村新生长出来的商品生产服务组织。在实行家庭联产承包制和市场逐步放开的背景下，自主经营的农户在发展粮棉生产之外，从自己的条件出发，寻找增加收入的新门路。少数有一技之长或接近市场的农户和村率先发展了市场需要的新产品、产业。有的是传统家庭副业采用了新的生产方式，变为对农户收入举足轻重的相对独立的商品产业，如蔬菜、养猪、养鸡业；有的是移植来的，如食用菌、特种养殖业等。因是新的致富之道，就由一户带一村，一村带一片地扩散开，形成一村一品、一乡一品或数品的专业生产小区。专业服务组织就是随着商品经济新的生长点的萌发成长而发育起来的。

扶沟目前的专业服务体系和专业商品生产一样，正处在发育成长阶段，尚未定型，但已初具规模。现在专业服务组织以专业村、专业商品经济小区为基础，有专业产销公司、协会、研究会、学会等多种形式。全县近200家，其中专业产销公司近30个，专业协会、研究会127个。村一级的占多数；属于跨村专业小区的服务组织都称乡镇级，30多个；县级的4个。县政府1983年成立林果生产办公室，1986年易名为集约经营办公室，同时乡镇成立集约办，人员构成以技术员和供销人员为主，与县、乡科协一道，负责对专业商品生产和服务组织的指导。在政府的支持下，专业服务组织与它依托的专业村片的农户及专业市场相联系，显示出很大的活力。

这些专业服务组织及其服务有着鲜明的特点：

第一，服务于多种收益较高的专项商品生产，具有多样性、专业性和区域性。如大棚蔬菜、新式家庭规模养鸡、食用菌、瓜类、果品、胡桑养蚕、中药材生产等，都是品质优、市场有需求、收益高的商品。由于这些产品产业从种苗到技术、生产用品及销售渠道各不一样，便形成一业一品一个专业组织。有的专业商品小区有专业市场，或者通过专业产销公司进入远方专业市场。对一般农户来说，因是新技术或新市场，一进入新的商品生产就需要服务。开始是专业户、联户的服务，专业村的服务、然后成长出其他专业服务组织。产业多样，成长阶段不同，形成了多样化的专业性、区域性服务组织并存的局面。

第二，专业服务组织多是部分农户和村级组织为发展商品生产自下而上形成的，具有较强的群众经济合作性或半官半民的特点。一方面专业商品生产是部分农户或部分村进行的，与乡村社区不对应；另一方面原有乡村组织和其他科技流通组织是服务粮棉为主的产业的，在新生的市场型生产面前不适应，或因其批量小，不屑去适应，农民就自我组织新的专业服务。这种背景使之一开始就具有很强的群众合作性。在保持户营基础上，农户根据生产经营的需要，自愿参加，只在技术、生产资料购买或产品销售等环节联合，以合作服务，增进利益。农户既是服务组织的成员，又是服务组织的利用者。进退自如，有选择组织包括部分服务的自主权，参与管理的机会较多，主人翁意识较强。服务组织的人员，有事搞服务，无事搞自家的生产。这种群众合作性，体现在村、乡、县的各种专业服务中，但在村和联户层次尤其突出，乡、县两层，尤其在县，具有不同程度的半官半民的特点。

专业服务组织与乡村社区集体组织的关系。一是相对独立。它跨越社区，具有开放性。二者从所服务的经营农户到产业、服务内容、机制都有区别。二是相互联系以至结合专业生产形成区域规模、提高市场声誉和竞争力，与利用原有社区组织、得到社区组织的支持与某些服务分不开。在村一级，一类是土地利用型的专业商品生产，如棚菜、水果，专业服务和大田粮棉生产服务两个系统结合得比较紧。有的是同一村级组织分为两个服务系统，如柴岗乡前许岗村的果品生产服务与麦棉生产服务。有的已基本是专业村，原来村级组织基本是专业服务兼顾粮棉服务。赵沟村 463 亩地，种粮食的仅 160 亩，户户种棚菜和其他形式的菜地，种菜收入占总收入的 97%。另一类是庭院经济，设施利用型的专业商品生产，专业服务组织的相对独立性较大。如纪汴村养鸡，村级组织主要在场地利用、信贷担保、架电等方面为之服务，其他服务多为专业组织自我运行。在乡镇区域，专业服务组织基本都是相对独立的，乡集体组织在土地、信贷等方面提供服务。

专业服务组织与政府的关系。一是具有经济独立和较强的政经分离的特点，这与专业经营农户和专业合作经济组织、联户组织、合伙组织的经济自主性，以及它们和县、乡镇行政社区不对应有关。同时也与县乡政府尊重商品生产规律，注意发挥农民和基层的自主创造精神，不干预过多相关。二是政府支持在县、乡两层，主要是县，政府一定程度上参与，使专业服务组织有些官民合办的特点。如县园艺学会，参加人员既有基层专业组织中的骨干和农民，又有国家专业技术人员，既相对独立开展专业服务活动，又得到政府集约经营办公室和科协的指导以至资助。

第三，专业商品生产受市场调节，专业服务组织具有置身市场，外向商业经营、对内综合化服务的特点。专业服务组织一头连着市场，一头连着农户的专业商品生产。对外代表农户，从市场获得经营信息、技术、部分生产资料，并谋求卖出好价钱，是商业性经营组织。对内是多种多样的农户互利合作性服务组织，对农户进行产供销、农工商的综合化或一体化服务。它和为粮棉生产服务的原有乡村集体组织只管生产服务，管不到流通、金融、科技，生产、流通、金融等组织和服务相互分割、分隔的情况是不同的。专业商品生产是受市场调节的，它的服务组织就不能不管市场信息和农户经营指导、购买销售等服务。专业服务组织或组织系统，多是从经营指导、技术推广、设施共同利用、购买销售以至储运加工、凑集资金方面开展综合化服务。如城郊乡赵沟村的棚菜生产，以蔬菜购销公司为伸向市场的龙头，为全村农户的蔬菜生产摸市场信息，研究什么时间种什么品种的菜投放市场盈利多，指导农户安排种植，并负责购买菜种、物料；同时设有技术研究所，推广技术，与外地买主签订销售合同或建立产销联系，把菜销到东北、北京、郑州、武汉、平顶山；在原来马路市场的基础上，由县投资建设了专业市场，公司负责外地菜商人身安全及本地蔬菜的数量（足秤）、质量，组织菜农装卸蔬菜、物料，保证公司和市场的信誉。这里形成了面向本村、辐射周围的农户蔬菜产销服务体系。近10年来由两个菜棚发展到近300个菜棚，蔬菜品种、大棚式样、生产技术不断更新，效益由陆地菜的亩收入几百元提高到三四千元以上，就是靠多种多样的综合化服务，使专业商品生产围绕市场转的结果。

专业服务组织系统的综合服务，大体有5种类型：①“专业产销公司+农户”。郁岗村的瓜果蔬菜服务公司，4人，把一二百户生产的“伊丽莎白”甜瓜、蒜苗等打到东北鞍山，南方广州、深圳市场。②“协会、龙头企业+农户”。崔桥乡的食用菌研究会和菌种厂、罐头厂联系9村2000多农户，开展技术、菌种、加工等多种服务。③“专业公司、协会、专业市场+农户”。如赵沟村。④多种服务组织松散群体的服务。江村镇以纪汴村为中心的养鸡服务，是由祖代鸡饲养专业户、专业大户康玉东的种鸡孵化场，养殖户的联户组织、饲料加工户，运输户、镇养鸡公司和协会等，共同合成一个服务体系。⑤以技术推广为主开展综合服务。如包屯镇的瓜菜研究会、县园艺学会等。

专栏1.包屯镇瓜菜研究会

会员人数：263

主要负责人：段明堂

成立时间：1986年5月

研究会负责人：段明堂、谷延立、郝彼得、任新榜、郁德民、郁文中

工作开展情况：今年（1989年）主要抓了四项工作：（1）厚皮甜瓜栽培技术的研究与应用。（2）早瓜秋种试验成功。（3）塑料大棚开发畜牧业的研究。（4）南蔗北移的栽培技术研究。

经济活动主要业绩：（1）进一步发展棚菜生产，全镇已建菜棚1200个，面积

为 600 亩。（2）瓜菜由原来普通品种正向高效益、高档品种发展，如厚皮甜瓜和银耳等珍贵品种已进入大棚。

技术开发成果：（1）厚皮甜瓜东移栽培技术研究与应用，获省政府科技进步三等奖。（2）大棚养猪技术研究与应用获农业部三等奖。

今后计划：（1）推广新技术，拓宽生产领域，开展新品种试验。（2）1990年多熟套种（麦、棉、瓜、菜）扩大到 1.5 万亩，力争全年直接增加经济效益300万元。

专栏 2.扶沟县园艺学会 1990 年工作总结

园艺学会现有会员 132 人，其中大中专文化程度以上的科技人员 91 名；长期从事园艺生产的 41 名。一年来，在县委、县政府的领导和县集约办、县科协的指导下，所做的工作如下：

1.开展技术培训和技术咨询，提高农民素质。一年来，先后举办不同类型（果树、蔬菜等的栽培管理）培训班 10 次，培训农民 1500 多人，印发园艺生产技术资料 50000 多份；利用电视、有线广播举办技术讲座 25 期。将一批已经掌握并能熟练运用园艺生产技术的农民，吸收为园艺学会会员，直接服务生产实践。

2.搞好经营服务。根据园艺生产投工多、产品多、不耐贮运的特点，十分注意广泛收集信息，摸清市场行情。成立了园艺生产服务公司，瓜果菜销售中心。全年通过学会向农民提供农膜 400 吨，竹竿 550 吨，瓜菜种子 2200 斤，农药 6.5 吨，各类园艺生产工具 1500 余件。帮助销售瓜、果、菜产品 200 余万斤；向外地提供果树苗木 4 万株，引进果树苗 2 万株；协助农民建设了公路沿线四个瓜、果、菜销售市场。

3.搞好技术承包。先后在练寺张店村、江村乡马寺岗村、吕潭乡林湾村、古城乡尧岗村等承包果园 600 亩，使果幼树提前 2 年结果，成龄果园亩产由原来的 1100 斤提高到 3200 多斤，增加经济收入 60 万元。

4.搞好良种繁育，推广优良品种。在江村镇河沿村建立了“扶沟县园艺学会良种苗木场”，提供葡萄优良苗木 11 万株，桃苗 6 万株；和中国农科院郑州果树研究所在包屯乡、大李庄乡繁殖西瓜系列优良品种郑杂 5—9 号，共计 0.7 万斤；在汴岗乡郑河村繁育甜瓜品种——华南 108 种籽 0.3 万斤。

5.搞好试验示范，引进推广新成果。引进了高效日光温室冬春季蔬菜生产技术、果树矮化密植栽培技术、红富士栽培技术、苹果土窑贮藏技术等，并在种植中进一步完善，以更加适应我县的土壤、气候等生产条件。建立了大李庄高河沿村苹果矮化密植栽培试验示范点，古城乡尧岗村和江村镇马寺岗村400亩苹果幼树早结果栽培试验示范点，大新乡河业刘村苹果甜椒土法贮藏试验示范点，都取得了明显的增产增收效果。

6.积极协作有关单位，搞好技术研究。独立进行了西瓜、甜瓜与其他作物间作套种的栽培技术研究；庭院经济高效规范化开发模式的研究。与中国农科院合作进行了植物生长剂在苹果生产上的应用，苹果采前病虫综合防治技术，黄泛区苹果土法贮藏技术等多项研究，取得了一系列可靠数据，受到有关专家的赞扬。与县集约办、崔桥食用菌厂等单位合作进行"食用菌优化栽培技术"、"麦、棉、瓜无公害栽培技术研究"，分别获得省政府科技进步三等奖。

专业服务组织与新兴的、收入需求弹性高、市场呈扩大趋势的小康型食品、高收入产业相联系，正吸引、协助农民投资于新产业，学习多样化的生产技术，依托组织进入市场。纪汴村农民张洪春，40多岁，过去从未到过郑州，现在养3000多只鸡，为养鸡户联合办事一年去郑州、开封十几次。农民发展商品生产的眼界和能力逐渐提高。全县从事专业经营的农户、生产小区、服务组织和专业市场都呈现出扩大的趋势，并且正通过土地集约经营、发展农工商结合的高产优质高效商品农业的途径，迈向二、三产业的更高层次，扭转农区二、三产业薄弱的局面。

四、政府指导下立足农业发展农民增益的有活力的服务运行机制

扶沟的农业服务体系能够很好发挥作用，与农户承包经营相配套，沟通农户与市场的联系，以先进适用的经营技术和现代物质要素改造传统农业，使集约农业一步步发展，一个关键是在县委和政府的指导下，按照农业特点和经济规律，健全完善有利于调动多方面积极性、有利于生产力发展的服务经济关系与运行机制。

怎样指导服务体系发展？县长白敬亚说：服务体系行不行，最终要由农民检验。重要的是要能与群众合拍，办实事，支援发展生产，在服务农民的同时获得合法利润。如果把自己的利益看得太重，想通过服务向农民索取，那就很难办好。其含义是：把服务的基点放到适合农民的愿望、利益和农户生产经营的需要上，真正解决农业发展问题，求得生产发展、增加效益；在与农民携手进行创造性劳动带来新增收益的基础上，再处理好增益分配关系，使农民受益，即对服务的花费少、收益多，同时服务组织也得到报酬、合法利润和发展的条件，以调动双方合力发展生产的积极性。这就是他们处理服务经济关系、健全运行机制的核心。

现实的服务涉及方方面面，相互关系复杂多样。它的运行涉及5个基本要素；①服务需求者——农户。他们按照收益要大于花费的法则选择服务，或接受或拒绝，不利的只有在没办法时才被迫接受。②服务供给者——服务组织。按经济性质又区别为政府事业（财政支付经费为特点）、社区和专业合作事业（对内不以盈利为目的）、盈利企业和多样的农户相互服务。③服务双方的交往。分别以计划事业、市场交换、合作互惠等方式进行。④县乡政府的引导和调控。⑤向农户生产提供技术先进适用、经济合理的服务，使农业获得来自分工协作、经营与技术进步的效益，得到发展。另外，不仅服务主体、服务内容和方式多种多样，而且农业有其特点，农业各业的情况也不同，计划性强的粮棉生产，农民将一部分收益为社会做出了贡献，专业商品生产虽然是市场性的，但还处于起步阶段，不同于已在市场变得成熟的农民和产业，农业服务也要考虑这些因素。

面对农业服务错综复杂的情况，他们立足于农业发展、农民受益，实事求是，探索、改革，在处理服务经济关系、健全运行机制上积累了经验，显示出一些带规律性的东西。

（一）把了解和适应农民需要，尊重农户的自主选择，作为服务有效运行的基础

调查中我们看到，许多乡村服务搞得好，都是与理解和正确对待了有自主权的农民有关。农民要求发展生产，增加收入，谁要给服务，就要在这上面有所帮助，这是他们最基本的愿望。违背了这一点，农民就行使自主权，不接受。这对生产、对服务的健康发展，没有什么不好。因而他们不是怨农民有了自主权，无法搞服务，要恢复到主观的行政的统制、瞎指挥，而是眼睛向下，发现农民的共同需要，去组织和开展服务。柴岗乡的两坡村服务搞得很出色。村里买了大拖拉机，成立了机耕组；6个村民小组添置了抽水机、大水泵，统一浇水；沟渠修整得很好，专设了一个农技员，农民种的棉花（套种）亩产都在75公斤以上，农民不到时候就主动提醒干部去统一购良种；家家户户都用上了自来水。办这些事，不是因为有工业赚了钱，是因为干部瞅准了农民要什么，就组织什么服务。钱都是农民凑的。村里黏土地，土块大，小拖拉机不管用，群众作了难，村干部就提出买大拖拉机，让群众讨论，钱就拿出来了。成立了机耕承包组，讨论了制度，群众对服务很满意。其他事业也是这样一件一件办起来的。村支书说，群众自己能干的自己干，要统一浇水、耕地，都有人马在那里，拉起来就能用。给老百姓办了实事，征购任务预先通知一星期，说交两三天就完成了。当村主任、支书七八年，没有挨过骂。他们没有

感觉村的服务没法搞，且办成了许多事，就因为精通了适应农民需要和办法通过群众的服务之道。

农业服务要有求有应，但农民自己搞有利的，也不画蛇添足硬去搞，服务发展要水到渠成。这是江村镇干部的服务见解。镇里纪汴村农民办庭院鸡场，这是过去没有过的事，镇村干部开始虽没把握，但他们支持农民试，缺资金，就帮助找贷款。农民养鸡的发展，和村镇的服务分不开。参观的人问他们，为什么不把农民的鸡蛋收起来，搞统一销售服务?镇村干部说，村里有两户买了面包车，天天往县城开，养鸡户两天积一二千只鸡蛋，乘车到县城很快售完，价钱比郑州、开封都高。农民自己干得了，又有利，如果村里硬要“服务”，百姓就会认为你管多了，是为自己贪污、争利、揽权，不放心。因此我们不要管得太宽，否则关系紧张。现在不搞运销服务，就因为农民唱戏的调门还未摆够，他们自己到街上去卖还赚钱。要等到扶沟市场被大量鸡蛋压得价低了，一家一户到外地销售或加工不方便，乡村的服务才好插手。

尊重农民的自主权，他们也不是做机械地自然主义的理解。农户根本地是要发展生产，增加收入，但一些有关技术的、市场的事了解不多，实际有利的事开始并不一定认识。前许岗村支书是一般生产服务交给村主任，自己主要看报纸、找信息。看到适合本村需要的，就亲自跑到外地看，回来村委讨论拿主意，再让群众讨论。先是贷款办了全县第一个村级自办的400吨冷库，储藏苹果。接着在市场上加工，食用葡萄销售难的时候，动员农民发展了一百多亩食用葡萄。这些事开始群众有的信，有的不信，但很快就认识了，使村里、农户都有了“摇钱树”。县里开始抓麦棉套种，许多农户也不理解，说“栽不活的（棉）花”。这类事，关键是在服务农户之前，他们花工夫弄准路子、形成技术、试验示范，有了确实的把握。实际上真正实行开，还是农民在实践中作出的选择。

不能因为农户经营需要引导就不尊重农民的自主权。扶沟县曾搞过牲畜医疗承包，在全国的会上受过表扬，但他们看到，一些兽医站将农民交的承包费拿到手后，就忙着盖房子，对农民的牲畜防治并不上心，农民意见纷纷。他们支持农民的选择，不让搞摊派式的“承包”，要服务组织在服务中去赢得群众。

（二）把搞好服务组织经营体制和内部管理制度改革，健全选优汰劣、奖勤罚懒的机制，作为提高服务效率、效益，提供优质价廉的受农民欢迎的服务的最基本条件

首先他们侧重服务组织内部改革。县棉办是政府事业单位，乡镇棉办实际是官

民结合的合作事业组织，提高其以技术推广为主的服务质量，除了思想教育，关键在队伍成员素质和责任心，根本在于用人和管理制度。这支队伍近90%是农民技术员，他们实行公开招收，合同聘任，明确责任，年年考核，打破铁饭碗。农民棉花技术员的推荐权在乡，考核决定权在县，择优录用。每个技术员各负责3000~5000亩棉田的指导，设示范片、块、测报点，并有新技术试验应用任务。每年年终考核，县棉办考核理论业务知识和技术知识，县乡共同考核各自承包负责的村、片棉花产量实绩，合格者留下，不合格者换人，好的表彰奖励。补充新人员采取招聘，差额入试，由县棉办主持考评招收。这就建立起人才选优汰劣、奖勤罚懒的机制，打破了铁饭碗、固定工，干好干差一个样的状况，保证队伍素质，促其学习技术、提高服务质量；也使没有进入技术服务组织的知识青年努力学习，参与竞争。

其次是搞好服务组织经营管理机制的转换。这有政府事业单位企业化管理，适应部分职能转换另办经营实体，原来就属企业性的组织真正实行自主经营、自负盈亏等多种情况，核心是硬化财务约束，搞活微观细胞，提高效率。

（三）按照农业及不同产业的特点发展政府事业和合作组织的服务，培育多元、开放服务市场

这里的农业服务并不都是市场化的或有偿的。粮棉生产计划性强，农民创造的价值一部分贡献给社会，其服务中政府事业（在科技、水利等环节）、乡村集体组织的服务占很大比重；在各种经营商品生产的服务中，专业合作组织的非盈利性服务也占很大比重，农户和合作组织结合一起面向市场。他们培育多元服务市场，既包括农户对多个政府事业、合作事业服务的自主选择一面，又侧重在流通领域，打破一些服务垄断，开展竞争，以及培育农产品流通市场、劳务市场，发展市场型服务。如上节所说，在农业生产资料的购销上，允许多家经营和多种经济成分竞争。同时，他们注意发育农产品的综合市场和专业市场，发育劳务市场。由于发展麦棉套种、集约农业，全县不仅比较充分地消化了本县农村剩余劳力和绝大部分剩余劳动时间，农忙时还要请外地人帮工。近几年在县城形成了辐射全县的三个固定劳务市场，每年吸收外地劳力提供劳务两个月以上的3万多人，常年帮工近6000人。政府发出布告，保护劳务市场。设立劳务办事机构，予以登记，在供需之间介绍联系，保护劳务双方合法权益。另一方面，乡村几百名农民被外地当技术员聘去，昔日请财神的如今成了财神被人请；县劳动服务公司还组织输送到广东东莞市800多名知识青年，一边务工，一边学技术管理，形成了双向流动的劳务市场。

(四) 政府卓有成效地发挥领导、指导和综合协调作用，成为保障服务适应农民和农业，提高整体服务效果和健全发展的关键

在扶沟，县乡党委、政府对服务体系的指导协调不是孤立的，是与农业的整个发展、农民的要求相联系的，归根到底是引导服务体系及其各个环节去适应农业农民的发展要求。他们在国家大政策的指导下，结合本县、本乡的实际提出自己发展中的问题和解决问题的小政策、办法；同时，县尊重乡的自主权，乡尊重村的自主权，分层次指导，形成既有统一的指导协调，又有各层次自主创造的指导调控系统。这种对农业发展和服务的指导协调，择其要者如下：

1.形成符合实际的县域农业发展战略和相应的产业政策、技术政策，运用政府的政策性投入，调动、引导农民的积极性，对服务活动进行战略和政策的指导

首先，对于农村改革以来扶沟农业发展，县里于 1979 年、1982 年、1987 年分别提出了发展麦棉套种、发展麦棉牛树和支持乡村分散探索新产业、发展三种经济的带阶段性的思路或战略，基本上符合实际，抓住了每一阶段发展的重点（当然，对发展多种经营新产业的指导，县里是粗路子，乡镇因地制宜指导的重要性增大）。这就引导社会化服务协调解决大多数农民生产发展所提出的主要问题，起了导向作用。

其次，他们围绕发展重点，确定产业发展政策、技术发展路子和推广政策。这些政策，一类是针对农业发展的，包含服务在内。对于新技术推广、新产业培育，县、乡两级都在其初期给予一定的政策性奖励或补贴。对农民开始搞麦棉套种、营养钵育苗、棉花药剂拌种、小麦“三防”，后来棉苗制钵器改小为大、实行化学调控，在发展新产业中对推广塑料大棚蔬菜，保护栽培，以至在农机水利上对打机井、购买使用机播耧、深耕犁，购买大中型拖拉机，等等，都有不同的鼓励政策。对农民的奖励补助，含有降低带头应用新技术的风险补助，使之起示范作用，同时也为这些方面的农业服务开辟道路之意。另一类是专门对服务组织和人才的政策。对帮助农民应用新技术、发展高效益产业的乡村组织、服务组织、技术人员给予奖励，对有贡献和科技成果的优秀人才，给予改善学习工作条件、子女就业、提拔使用等多方面的奖励；搞得不好的则受到一定的惩罚。在政府事业单位服务力量的配置和财力的提供上，同样也是与发展重点和产业技术政策联系的。

他们在这方面指导、协调得好，关键在于有保障决策正确和利于社会化服务体系各方面形成统一认识的组织形式和科学的民主集中制的程序与制度。他们在对每一阶段发展战略和政策的制定中，由县委、县政府主持，由行政、经济、技术和乡村多方面进行自下而上的由分到合的讨论。论证过程既是集思广益、形成决策的过

程，也是对发展和服务重点、路子形成统一的认识的过程。这在扶沟基本上形成了制度。他们基本上形成了一个比较民主、思路宽阔，对经济技术管理和本县实际把握比较全面的决策班子，一个了解农民农业和经济技术业务水平高的智囊班子，一个涉及社会化服务各方面的和上下结合的执行系统，并且他们积累了建设能适应指导、协调农业发展与服务的三种班子、系统好制度的经验。

2.在实践中探索建立协调服务组织利益关系，改善服务环境的制度

制度建设主要有三类：①协调农业科技、流通服务利益关系，建立农业服务的资金筹集使用制度。县的麦棉套种的发展，技术推广起了重要作用。为了解决推广经费、报酬问题，他们从1986年起建立了一项制度，即从供销社棉花收购额中提取3‰，1‰给县棉办，1‰给乡镇棉办，1‰给供销社棉麻公司，用于农民棉花技术员的报酬、奖励和推广经费，以及其他棉事活动。棉花全程的服务搞好后，一般情况下农民收的棉花多，供销社收购的多，推广费也就多。技术服务多是既辛苦又不直接收费的，用这样一个制度，就把棉办技术指导单位、供销社流通部门、农民生产经营三方面的利益，都与对农民的服务和农民的生产效果联系到一起，使之协调起来，促进服务组织与农户的联结，科技服务与流通服务的联结。同类的还有农业科技改进费、水利建设基金等。②规范部门行为，调控和规范市场的制度或措施。例如，防止摊派式的“承包”服务，在农业生产资料包括农机的购销和维修等方面允许许多家经营，对生产资料市场进行质量监测的制度以及在“卖棉难”中的市场调控措施等。③稳定完善农业土地承包制度。据江村镇36个行政村的调查，实行家庭承包之初，只有5个村的承包土地为一户3块地，20个村的户包地块超过6块，其中户包土地10块以上的7个村。经过1983年、1986年两次有领导地调整土地，除了4个村户包土地在四五块外，其他都是2~3块。乡村还完善了集体提留村筹乡管等制度。这为农业发展和服务都创造了一个比较有利的条件。

五、启示和相关问题的思考、建议

我国中部一些平原农区县，工业薄弱，农民占人口绝大多数，农业仍是最主要的产业，劳动力和土地是主要资源。在农村改革调动农民积极性的基础上，如何适应农民的愿望，找到合理利用劳力和土地、发展农业，使农业转变为效益不断提高的商品产业的途径，如何帮助农民获得促进农业变革发展的种种手段，实现农业发展，这对农民的就业和收入、整个区域社会经济发展以至强化农业这个国民经济的

基础，都极重要。

10多年来，扶沟正是从自己的实际出发，出色解决这类发展问题的一个代表。

问题的解决集中在农业的指导、农业服务力量的组织和运转制度的合理化。

县乡通过符合实际的指导，建设以经营辅导、技术推广为先导的有活力的相互协调的社会化服务体系，释放服务组织的能量，开展多种有效服务，配合农民解决启动和深化集约农业、实现技术进步、发展商品经济、提高农业效益中的种种难题。由此使农业成了对农民有吸引力的产业，服务随农业的发展而发展，并孕育出一些二、三产业。

这对我们在中部农区农业发展的背景下，认识农业社会化服务体系建设问题，有许多发人深省之处，同时引发一些对农业服务体系改革与发展问题的思考和建议。

(1) 社会化服务体系与家庭承包经营配套能适应农业长期发展；有了家庭联产承包制稳定的基础，农业发展就在很大程度上取决于农业服务对农户生产经营的适应与配合。扶沟的农业服务能解决自己农业发展中的问题，结果它的农业和农村商品经济就坚实地迈出几大步，一直发展得比较快。今后农业商品经济发展，社会化程度提高，农户对服务的倚重会增加，服务体系的作用会增大。但另一方面，不论社会化程度如何提高，农业只要没有工厂化，还具有与工业不同的分散、独立的特点，以农户家庭为基本经营单位就是农业特性的要求，二者缺一不可。农业服务体系（及市场体系）与家庭经营相结合，是恰当解决农业两重性的矛盾，适应农业商品化现代化发展的长期的组织形式。同时农业不只关系农民的就业和收入，还具有社会经济意义。这就要求政府把指导搞好社会化服务组织体系的建设作为保障农业发展的十分现实而又具有长远意义的问题来对待。

(2) 农业社会化服务体系搞得好不好的基本标志，一是尊重农民自主权，适应农户生产经营的需要，能解决当地农业运行与发展的问题，促进农业发展；二是降低农本，提高农业综合效益，使农户生产经营获得新增收益。扶沟10多年来正是不断认真研究农民经营、农业发展中的难题和潜力，寻找解决问题的出路，多方协作，形成先进适用技术，拿出农民看得见的样板，使之为农户掌握，组织和协助农民改善生产流通条件，实现了农业经营和技术上的变革。农民继发棉花财之后，又开发了一群收益高的新产业、新产品。这样的服务，不但农民接受，而且“抢”，成了推动农业发展的积极力量。反之，不眼睛向下发现农业发展、农户经营的问题何在，需要什么，不需要什么，不下工夫形成技术先进适用、能解决问题、带来经济效益的手段、方式和新要素，那种服务搞得再多再高级，也不会被群众所接受，勉强实行，只会劳民伤财，最终被群众所拒绝或置之度外。一切服务最终要接受农民的检验，归根到底要被与土地、生物直接打交道的农户家庭经营所利用才能发挥作用。作为自主经营、自负盈亏的家庭经营，对服务的选择（无法选择的除外）基本是两条：第一，它的生产经营需要，有效用，第二，接受服务所花费的钱要比服务带来的收益少，即增加收益。即使是无偿服务，若不能给农户带来效益，也不会被接受。前者是农业物质生产过程中的问题，后者是服务组织与农民在服务中的经济利益关系问题。要建立受农民欢迎的符合本地农业发展要求的、按经济规律与效益原则办事的服务体系，让服务收到促进农业发展、农民受益之效果，需从多方面努力。

(3) 农业具有区域和产业的差异，要求农业服务因地因业制宜、大胆创造；在二三产业、乡镇企业薄弱，有大量农业剩余劳力的农区，适宜重点发展有利于发挥劳力多的优势、提高土地和资源综合利用效率这一类的服务，把经营辅导、科技推广放到重要位置。农户家庭劳力有剩余，是不是没有或很少有服务需求?扶沟的实践表明，在农户收入低、劳力相对土地剩余的情况下，会导致对主要为节省劳力一类的服务需求的减少，但却很需要另一类有利于农业资源深度开发、使劳力与有限资源充分合理配置、提高产出效益的服务。如果他们1979年开始就把重点放到节省劳力的农机服务上，那就与自己的实际、农民的需要不对路，也无力办。他们正是从自己的实际出发，以经营辅导、技术推广为先导，开展服务，帮助农户走上劳动集约型经营的路子，以技术推广、智力开发带动劳力资源的开发，在土地的深化利用、农业的深度开发中使剩余劳力找到了出路。从很少有商品到有大量的麦棉肉瓜果菜商品。由资金匮乏到积累资金办水利、卖机器、卖化肥。农业服务供求领域和水平呈逐步扩大、提高的趋势。由于实现了资源要素的优化配置，提高了商品技术含量，产品适销、农业的投入产出比提高了[1]。据这次对纪汴村12户投入产出调查和全县粗算，麦棉套种物质（含服务费用）投入产出比在1:4.5~5左右，比传统一麦一粮亩效益提高300元以上。这表明，选择适合自己区域要求的服务种类，就能促进农业发展、农民增收，有利于降低单位农产品成本，否则就会适得其反。

---

[1]服务绩效在农业效益、农产品成本上的间接表现：①土地生产率。麦棉套种亩产值较小麦玉米连作高1倍，效益增1倍。②劳动生产率。1978～1990年全县劳均产皮棉由18公斤升至172公斤，粮食由1000公斤升至1050公斤，人均产值由161元升至628元（1980年不变价）。③投入产出比：以物质投入为1，1978年为1：2.25，1990年为1 ：3.16（含农户支付服务费）。

扶沟的实践还表明，在人多农业资源少的农区，农户只有通过发展农业来增加收入，积累资金，才能开辟非农就业门路，这就愈要实现自给农业向商品经营型农业的转变：由体力农业向体力加智力农业的转变。愈要善于掌握社会需求（市场的、计划的）和当地资源的比较优势，找出较好的经营战略，借助科技，提高适应市场的能力和资源利用效率。这就要特别注意经营辅导、技术推广在整个服务中的位置。人们多注意产后流通服务的薄弱，因为东西卖不了显而易见，而改善经营和技术方面的服务薄弱则比较隐蔽，因为它是无形的“软”服务。在一些劳力大量剩余的农区，农业包括多种经营的发展受阻，另一些地区，人多耕地少、但非耕地资源闲置，农业、农民首先需要的正是这类“软服务”，以期由此引发农业的变革。同时，按照市场需求辅导经营、调整结构，流通问题也就好解决一些。经营辅导不能变为行政干预、瞎指挥，剥夺农民的生产经营自主权。经营辅导是向农户的生产经营提供可供选择的好的方案，选择权则在农民。经营辅导、技术推广搞好的关键在于形成好的经营方案和技术模式，做出大多数农户能利用和出效益的示范。在这方面扶沟也很能给人以启发。

农业服务除了因地区而异外，还因产业而异，这里不再赘述。

(4) 向农民提供质优价廉的服务，遇到了一个类似城市企业改革的问题，加快某些原有服务组织自身经营体制的改革和职能转换，已势在必行。现在的服务，多数是改革前就有的老组织进行的。实行家庭承包经营后，原有组织过去适合农业集中经营的、主要以行政方式供给服务的基础变了，要求服务者的服务方式有所改变。而且，农户经营讲经济核算，就要求服务质优价廉。怎样使原有服务组织提高服务质量、降低成本?这涉及改革原有组织内部“吃大锅饭”、有的对上还吃大锅饭的体制问题。扶沟县许多服务组织进行了改革，上文所述棉办对农民技术员实行公开招聘、责任制、考核、选优汰劣，就是一个代表。但改革不可能平衡发展，也有个别单位，由于种种内外部原因改革进展比较迟缓。有大锅饭好吃，就往里进人，造成人员膨胀，人浮于事，头重脚轻，1984 年以来工作量未增加多少，人员却增加 40%~100%。吃事业费、吃企业盈利。不够吃，就想法以服务之名向农民摊派。这些单位不少同志说，人员裁掉 1/3 或 1/2，工作可以搞得更好，因为人多，不干的影响干的。总的看，扶沟集约农业发展得好，农村就业充分，使这方面的问题相对还是轻的。要解决消肿的问题，出路不在于裁员，而在于企业内部改革。不改革，裁了人还会再进来。这不仅关系服务组织的积累和发展，而且关系服务效率、成本问题、农民和农业问题。因此需要边服务边改革，以对农民的服务和对农业发展的促进来检验改革。这是一个历史的带普遍性的复杂问题，涉及条条，涉及社会政策，需要国家和有关部门的支持，逐步在改革中探索出路。部分原有组织遇到的另一个问题是职能转变。农民一头兴起养殖热、水果热，而相关的个别部门却门庭冷落车马稀，还有一个逐步适应的过程。

（5）在发展新的专业服务组织和市场中，政府处在什么位置为好的问题。专业服务组织的发生发展与多种经营商品生产的发展相联系，其地位越来越重要。扶沟一些乡镇干部说，处理这方面的关系我们学聪明了，因为有过教训，急于求成，行政发动、大量贴钱，结果或与市场不对路，或合适的专业服务组织未成长起来，或农民认为是上面拿钱干的，不当一回事，效果不好。现在，一面是保护、鼓励农民、村级组织自己探索发展商品生产，让农村的人才冒出来，让农民经受市场锻炼，长出人才，发育组织专业市场，让他们在实践中探索发展，政府不干预过多。一面根据其提出的诸如贷款、解决公用设施建设用地、请技术员等要求，予以协助；同时对看准了的生产项目，也予以诱导式的推广，着重抓试点、技术辅导，以效益诱使农民自己发展，以农民出钱为主，县乡给予一定的政策优惠；对专业服务组织，根据其成长需要，或帮助其完善制度，或实行一定程度的参与。他们的实践表明，在处理政府与专业服务组织（及专业市场）成长的关系上，政府不能包办，干预过多就会影响它的发育成长，同时，政府不管不问也不行，政府的支持和适当的参与，有利于专业生产扩大为区域规模，有利于专业服务组织成长完善，否则，撒手不管，专业服务组织要长大，要成系统是困难的。在县、乡两级，专业组织既相对独立，又带有不同程度的官民合办的色彩，有时反而是专业服务组织的发展所需要的。

（6）创造适合农业和家庭经营的多种服务组织、服务方式合理配置的结构。目前农业社会化服务体系还处于改革、发展的阶段，不能人为地搞一种模式、一刀切，需要充分相信和依赖各地的领导和群众在实践中发挥创造精神，尊重农民的选择。在哪个地方、产业、领域用什么样的服务方式、组织形式能调动服务者和农民双方的积极性，促进农业发展和效益提高，就发展什么样的服务方式和组织形式。

从扶沟的实践来看，这里也有一些带规律性的东西，即服务方式、组织的配置要适合农业特点、农户经营的实际。在扶沟，农业尤其是粮棉种植业的服务，政府事业、乡村集体、专业合作组织的服务，在科技、生产领域占较大比重。对农业特别是粮棉生产的科技服务，是以无偿、低偿服务为主。他们认为，农业与工业不同，比较效益低，计划内的一部分农民给国家做出了很大贡献；农田技术承包不可能拖住千家万户的手去种田，主要是对口讲、示范，不像种苗供应，指导建蔬菜大棚一类的好计量、好商品化，而且许多技术不保密，开始应用技术的农户还带有示范意义；农业生产因素影响多，农用物资没保障。农民多方努力增了产，技术服务从中能提成多少合适，不易搞清楚。所以棉花技术员的推广服务费用，起初靠财政，接着由从农户每亩提5分钱，后来从生产、流通、加工、消费、收入再分配的全过程中找渠道。现在大田种植业的科技推广费用，是从政府事业费、农民集体提留，筹集技术开发基金，流通加工部门提取、有偿服务等多种渠道解决的。由于农业有产业比较利益低、有社会贡献、露天经营的特点，农户分散经营，某些环节以联合兴办，共同利用为有利，需要组组起来进入市场，降低成本，提高竞争地位，获得商业利益补偿农业等。农业的服务，既不能都搞无偿，也不能都搞有偿，需要配置多种服务，对不盈利为目的的乡村集体服务和专业合作组织的服务，要予以充分重视。

(7) 在农业向商品经济转变的背景下，历史地提出了改变乡镇“集体空”、农业和农业服务被多头分割，难以开展综合协调服务的问题，同时也出现了一般种植业向社区综合服务、专业商品生产向农商一体化服务发展的趋势。

过去有人说土地承包到户导致了乡村“集体空”，多是出于对实行家庭联产承包责任制这一伟大改革的不了解所造成的迷误。这次调查农业社会化服务，几乎所遇的乡镇干部都说乡镇是“空架子”以及条块关系问题，他们是从另一角度认为“空”的。在农业服务成为农民对乡村集体组织的主要要求的情况下，担当向乡村社区农户农业全面负责角色的乡镇政府和经济合一的组织，真能协调的服务组织却很少，“尾大不掉”。一个乡镇直接参与农业服务的经济组织近20家，属乡镇直接协调的只有农技站、棉办、集约办、农经站、种子站、科协等几家，四十多人，且多是花钱单位。另外四、五百人，真正有经济实力、有盈利的服务组织，却大都与乡镇集体组织分立、分隔[1]，这就出现了农业和农业服务的产供销被人为切割的问题。

这种农业服务分隔和乡镇“空架子”是历史留下的。在“三大改造”时，为切断城市资本主义工商业与农民个体小商品生产的联系，便于改造，国家对农村办的

[1]乡镇农业服务综合化程度低。如江村镇，属镇参与兴办和协调的有集约办（2人）、棉办(12人)、农技站（6人）、林管站（3人）、水利站（7人）、科协（3人）、农经站（4人），并指导养鸡公司（7人）、桑蚕办（1人），共8个组织45人。与乡镇集体分隔的主要服务组织有国营粮所，60人；供销社，99人，固定资产67万元，年利润10万元；供销社棉花收购加工厂，242人，另有三个月季节工180人，固定资产170万元，年利润20万元左右；信用社，23人，1990年底存款余额1270万元，贷款余额540万元；农行，10人，1990年盈利26万元；外贸食品站16人。

供销社、信用社实行直接控制，因而农业合作化从开始就出现了生产合作与流通、金融合作组织三家分离的局面。后来为对农产品流通及金融实行集中计划管理，在两个流通中实现农业一部分价值、资金用于工业化积累，使这种分立延续下来，甚至有所强化。这样在一定时期起到了利于社会主义改造和建设的作用，但给农业留下了问题。农村改革实行家庭承包经营后，乡镇原来对农业经营直接指挥调度的职能变了，主要变为以经济方法为农民的商品生产服务，但只有科技和某些生产中的服务在乡镇集体，流通、信贷手段与之分立，难以协调，自然有“空”的问题。在乡镇企业发达地区，这种空白被乡镇企业充实；在中部乡镇企业薄弱的地方，仍然是两手空空，只有靠向农民提留、派款或用行政手段来搞服务。

农业生产、流通、金融合作组织三家分立越来越不适应商品农业发展的需要。①农业作为一个产业，产供销脱节、农工商分隔，不利于按市场需要发展商品生产，不利于农业的积累和发展，与巩固农业基础的方针不适应。②从农业服务上看，生产科技、流通、金融三部分服务，前者基本是无偿或低偿投入，后二者总体上是盈利事业。由不同的利益主体分别承担，使三个环节服务活动的协调缺乏一定经济联系作基础，乡村集体的科技、生产服务缺少经济支持。③流通、金融服务与村户的联系薄弱，与农民的经济合作程度不同，在服务中与农民的利益关系和配合关系自然出现非领导者主观意志为转移的复杂情况。对纪汴村30户的服务选择和评价的调查，就在一定程度上反映了这方面的问题。虽然在买卖上农民作为一方会有片面性，但在农民出现销售困难的时候，为什么不去找流通服务的组织，却寄希望于村委会、乡政府（见附件）？改善一些组织与农民的合作关系，改变农业分割、服务分隔的局面，已经历史地提了出来。

另一方面，农村的改革和商品经济的发展，正在为改变这种状态创造条件，生产、流通、金融服务都沿着与农民联合，加强一般种植业社区协调服务，专业商品生产一体化服务的方向发展。其表现是：①在科技推广和植保等服务中，乡镇以政府的身份，组织“政、技、物、财”的联合或协调；②在生产资料流通出现市场竞争的情况下，供销社加强了与乡村组织的联系，特别是与村、户的联系，江村镇出现供销社委托村级组织、农民合伙组织几年代购代销的稳定联系；③县乡政府建立了从棉花收购环节提留技术服务组织费用、报酬，供销社、棉办、乡村集体合力服务，发展棉花生产的局面。专业合作组织从一开始就以产供销综合服务的面貌登上经济舞台。出现这些趋势不是偶然的，因为农户的生产经营是基础，农户对村集体土地承包经营，农业商品生产中生产、流通、金融相互联系，因而三家综合协调服务是农业特点、商品经济发展的内在需求。

在这种情况下，需要政府在政策上予以因势利导，促进由三家分立向“三家结义”发展。如果不因势利导，仍维持分隔局面，首先乡镇集体要新办自己的供销实体、金融组织，从农业发展的角度看这是不应当阻止的，其次，供销、粮食、种子、金融等多种系统，为适应竞争，都要向村级伸腿，并向科技、生产服务进一步延伸。造成个个组织系统小而全，把一乡一村很小的市场容量进一步划小，带来服务成本加大、效率降低的后果。当然解决农村服务组织体系的基本安排格局问题，不是短期仓促可行的，也不是主观能设计的，需要在改革的实践中边服务、边解决。但应该创造一个有利于按照增加农业产业自我发展能力和商品生产综合协调服务的方向前进的环境，例如：淡化部门经济，强化区域经济和综合协调服务意识；允许平等的市场竞争，对与农民进行以不盈利为目的的合作组织及其服务，制定优惠的合作政策，等等。

(8) 县一级综合协调服务的制度化、组织化和政府职能更有效发挥的问题，也是搞好农业服务的一个关键。扶沟的实践说明，在农业处于发展商品经济的初级阶段，服务组织、市场及其相互配置和运行机制，还处于发育、不定型的创设时期，县级政府既要履行行政职能，又要培育服务组织和市场，包括一些部门要从单纯管理到开展服务，办经营实体，再政企分离，同时还要直接承担多种服务组织的综合协调职能。在这一时期，没有政府的这些作用的有效发挥，就要影响农业发展。指导协调作用发挥得好，发展就快，也利于政府与服务体系新的关系的形成。

现在政府对服务组织的综合协调，是靠成立农业领导小组，由县政府领导与多方服务组织的负责人参加，不定期地以会议形式实现的。缺陷是农民集体经济组织在县一级没有设立，要由政府代表它与多方谈判，使政府以双重身份出现，影响政府作用的发挥。同时，农村大农业的产业结构逐渐复杂化，易使政府协调起来出现一些顾此失彼的问题。这就逐渐提出了在县级改革中能否形成专门化的或专业的服务龙头，创设农业服务综合协调组织的任务。将来随着商品经济发展， 农业服务组织体系和市场体系逐步健全，县农业综合协调组织正常发挥作用，就会逐渐引起政府职能与服务体系直接协调职能的分解，变为“小政府，大服务”。政府主要从规划、政策、法律上指导协调，负责公共基础设施、资源环境和农业科技教育方面的事业，更好地发挥作用。

(9) 农业服务体系的健全发展和农业组织的合理化，有赖于扩大市场调节、深化流通体制改革。棉花生产占扶沟农业产值的一半以上，流通体制的问题集中表现在棉花上。目前棉花生产、服务、流通、消费的情况基本如图 3 所示。

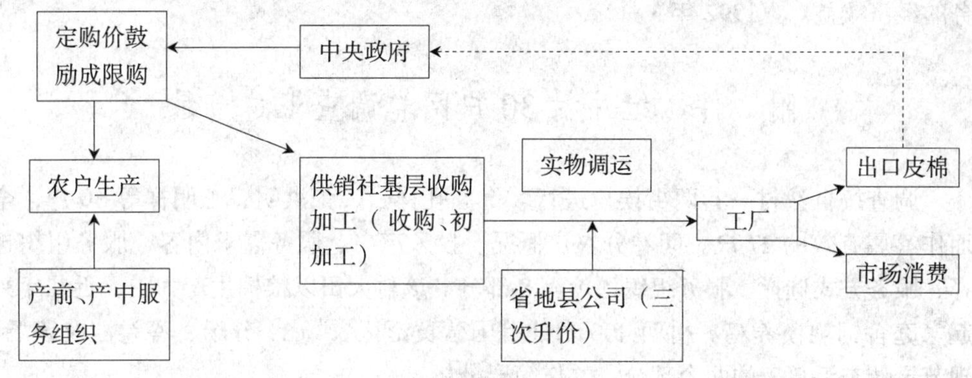

图 3　棉花基本情况

这种计划流通体制带来一系列问题：①割断了棉花生产者、产前产中产后服务者与工厂、市场之间的商品生产联系，生产、服务缺少市场需求的指导，仅由国务院依据宏观棉花数量供求关系，通过调整收购价格或限制收购的强制措施调节生产、影响农业服务。造成一方面政府只有在棉花大量积压时才采取措施“砍”生产，短缺时“赶”生产，使棉花生产大上大下、同上同下，农民和农业服务组织无法适从。另一方面，计划不仅不能适时调节数量供求，更不能灵活调节品种供求，使得工厂要的棉花品级农民生产的不够用，工厂不需要的农民却在大量生产，余缺并存，形成浪费，也影响棉制品的质量和成本。②棉花实物虽直线调拨，但计划流通中虚设的环节很多，既使工厂对棉花的需求信息中断，传递不到生产者，又使流通费用加大，生产经营者的利益中间流失，工厂成本上升。③棉农、农业服务组织、棉产区与商业、工业之间利益联系被割裂，造成利益上的对立，难以形成整体上利润分享、风险共担的经济关系。一些适合由棉产区加工的部分皮棉、等外棉、棉短绒等，不能为当地工业、乡镇企业所用，使棉区难以改变原料产地的局面，有损棉区生产、服务的积极性，因此深化流通体制改革已势在必行。诸如一是加强棉纺织厂与棉区的直接联系，促成市场要什么、要多少棉制品，工厂就按需生产，工厂需要棉花的品种、数量怎样，农民就向此方向调整生产，棉花的技术、良种、资金、肥料的服务就跟进适应，使棉花的生产、加工、服务按市场供求规律运行。二是棉花主副产品适宜在棉区加工的放在棉区加工，适宜在外地加工的建立起农工商一体化的利润分配、返还机制。三是改革省、地公司中不必要的调度环节和虚拟实收价格，加强县一级的自主权和产供销服务上的综合协调职能。总之，只有深化流

通体制的改革，才能使棉花的生产流通服务组织有条件走向合理化，并提高综合服务的经济效益。（1992 年 3 月）

附　件　纪汴村 30 户问卷调查汇总节录

调查按自然村一巷两街挨户进行，询问孔祥云、张洪明、王明祥等 30 户，全面作答属有效的 27 户。问卷分农户概况、投入产出、服务需求内容、服务组织选择、服务方式选择、服务组织评价等 8 部分。该村大田以粮棉生产为主，近几年兴起家庭舍饲规模养鸡。村西 400 米处有国营黄泛区农场 11 分场，答卷涉及该场。现节录调查汇总表的两个部分，并作简要分析：

一、农户服务需求内容排序

问卷对 6 项服务内容设计 61 个子项（生产资料购买放入服务组织选择里调查），调查结果为：

服务需求内容	按回答需要某项服务的农户多少排序					
	1	2	3	4	5	6
	项目(户数)	项目(户数)	项目(户数)	项目(户数)	项目(户数)	项目(户数)
资金	养鸡业(21)	购买农机(7)	一次性投入(3)			
技术:新产业 粮棉生产	养鸡业(19) 深耕(8)	畜禽防疫(17) 麦棉套种(5)	饲料配制(15) 植保(4)	良种(4)	播种(1)	施肥(1)
农机作业: 产中产前产后	耕地(21) 粮食加工(20)	浇地(4) 饲料加工(19)	收割(4) 打井(15)	脱粒(4) 运输(7)		
农产品销售	粮食(27)	棉花(27)	家禽(2)	木材(1)		
劳动力缺乏，寻求解决	(4)					
经营管理:信息 真假鉴别	土壤分析(27) 化肥农药(25)	政策法规(20) 疫苗(22)	技术信息(18) 信息(13)	致富门路(9)	市场价格(5)	

由汇总结果可以知道：

1.发生服务需求的类别有 3 种：①农业生产商品化程度提高，农户对自己不可控或不足的外部技术、生产资料、资金、劳力的需要；②农户单独进入市场有困难或不利的，如购买、销售，获得技术经营信息，鉴别信息、物资的真假和效用。③农业生产建设中需要协作或共同利用的项目，如农田水利建设，共同使用大机器等。

2.该地农户服务需求的轻重缓急。①在产业上，对开发新的高效益商品生产（养鸡）的服务需求普遍旺盛，需服务的环节多。在固有麦棉套种生产上，只在良种、病虫害发生的防治时期和新技术上有服务要求。②在服务内容上，突出的一是取得市场信息，协助完成市场动作。不仅在于购买、销售，而且在于获得经营信息，确定进一步发展生产的路子。农民重质量甚于重价格，重视鉴别信息和购买物的真假和质量。二是掌握技术，新老产业都有技术服务要求。对资金的需求集中在投资大的新产业和少数固定资产投资上。

二、农户对服务组织的选择排序

问卷对此内容设计 6 项 89 个提问选择。对生产资料获得的组织选择，每栏限农户答 3 个希望选择的组织。提问方式是：如果缺少资金，你想找哪（几）个服务组织解决？问卷设计时未涉及棉办和集约办。调查结果见下表。

服务项目	按农户愿意找哪个服务组织的多少排序					
	1	2	3	4	5	6
资金,组织选择（户数）	信用社(1)	村委会(20)	亲友(10)	乡财政所(3)	农行(1)	
技术,组织选择（户数）	村委会(18)	自己看书(17)	亲友(16)	乡农技站(8)	县农技中心(1)	外地师傅(1)
疫病病虫防治(户数)	自己处理(17)	村委会(9)	专业协会(4)	乡畜牧站(4)	乡农技站(3)	
劳力调剂组织选择（户数）	劳力富余户(3)					
解决销售困难组织选择(户数)	乡政府(10)	自己到外地推销(8)	村委会(3)	供销社(1)	粮站(1)	挂钩企业(1)
获得生资组织选择(户数)						
化肥组织选择(户数)	供销社(27)	个体(5)	国营农场(4)	村委会(1)		
农药(户数)	供销社(26)	国营农场(5)	个体(4)	新办实体(3)		
生物调节剂(户数)	乡农技站(21)	供销社(5)				
小麦种子(户数)	乡种子站(14)	自己到外地购买(4)	国营农场(5)			
棉花种子(户数)	乡种子站(11)	自己到外地购买(8)	个体(5)		县种子公司(3)	村委会(2)
饲料(户数)	自己到外地采购(13)	乡养鸡公司(5)	个体(1)	亲邻(3)		
种鸡(户数)	自己到外地采购(9)	本村专业户(7)				

由农户对服务组织选择的汇总结果可知：

1.选择范围扩大。超出村、乡、县的范围，新的专业服务组织、经营实体，个体、农户相互服务进入农户选择范围。

2.先求诸自己，自己进入市场占一定比重；由近及远，首先选择贴近的村户服务。

3.农户对乡村集体、专业服务组织和亲邻的服务比较贴近。

（江村镇穆海林参加调查，张国宣、张建庄、关廷章等协助）

我国县级涉农部门系统的体制改革*

改革以来，我国的县域经济主要通过造就农业家庭经营和乡镇企业微观主体已基本成为市场经济，但县级机构改革滞后，历史上按集中计划体制和城乡分割模式建立的县级涉农部门及相关企事业单位，在组织、制度的许多方面尚未发生相应的变革。两种机制的摩擦使之行为扭曲，出现不利于农民、不利于国家、也不利于农业企事业自身发展的种种问题。适应农业、农民面对市场的新需要，在改进乡村集体经济组织，发展农民自我服务组织的同时，改革处于微观与宏观结合部的县涉农部门系统的体制，实现该组织体系的调整与创新，已是当前改善县级政府对农业的调控指导，健全农业社会化服务体系，支持农业发展的关键问题。

一、县级涉农部门组织群体的现状和问题

（一）概况和特征

从近两年我们对11省13县农业社会化服务的调查看，与县级管理体制相关的农业组织有两类：一是政府部门系统；二是适应市场经济发育起来的新组织，主要有：①贸工农一体化的龙头公司。②县农民专业技术协会、研究会或合作社。③部门新办的经营实体。这后一类组织面向市场，在商品经济中显示强大活力，但数量不多，实力薄弱。总的看，政府涉农部门系统目前仍是县级层次农业服务组织的核心。

历史和现实的原因，使县级涉农部门组织系统具有几个明显的特点：

---

*本文是在国务院发展研究中心农村部对11省13县市农业社会化服务现状进行调查研究的基础上，进行的专题研究。刊于农业部农研中心《农村经济研究参考》1993年第4期。收入黄青禾等著：《农业社会化服务体系研究》，北京农业大学出版社，1994年4月。

(1) 与过去传统的计划管理体制相联系，以行政部门为框架，具有部门设置的同构性和纵向权力隶属的基本特征。涉农部门一县有20个左右，过去主要为粮棉油基础农产品的计划性产销服务，是按照计划体制设立的从中央到省地再到县的部门体系的一个层次，上下对口，纵向权力隶属。但各部门功能过去也各有侧重：流通、金融部门侧重执行从农村低价统购粮油和工业原料，为国家工业化服务，同时也向农村供应工业品；科技和生产上的涉农部门则侧重生产指挥，组织农业基本条件的改善和技术改进。改革后业务功能、目标逐渐多元化，但原有框架、业务重点和行政隶属的特点仍保持下来。

(2) 以行政管理为手段，部门之间相互分隔、各成系统，每个系统一般都是行政、事业、企业单位混合的群体结构。把部门之间分隔开来、内部组织起来的力量，主要是行政管理；部门内管理权力集中，上下形成不同层次，局委有内设科室，有属其管理的二级、三级政、事、企业单位。另有一类本属企业，在计划体制下也形成类似局的一层，如供销社。在这个群体中，行政部门集中人事、财物和业务的管理权，居于领导地位，但组织人员上企事业单位占绝大比重。据对公主岭等7个县市、13个部门系统1990年的不完全统计，企事业单位占三种组织数的83%，人员的92%（见表1）。

表1　公主岭等7县市13个专门系统组织结构

单位：个、人

组织类型	组织数	比重(%)	人员数(其中行政编制)	比重(%)
行政局层次	83	17.1	2426(890)	7.7
事业单位	138	28.4	3588(180)	11.5
企业单位	264	54.4	25213	80.8
总　　计	485	100	31227(1070)	100

由于按行政方式管理，农业服务组织系统形成复杂的条块分割。在分头管理的涉农部门中，愈是与市场联系广的商业金融领域，条条的纵向干预程度越强，越影响县域协调。同时向乡镇延伸的“七站八所”，多是“条控块管”或“条控条管”。

(3) 经济组织成分和成员的社会身份与农村差别较大，关联度小。部门企事业单位以国有或“大集体”单位为主。国家“包下来”的“正式”职工占较大比重。人员在口粮供应、就业分配和户口身份上享受城市待遇，而与农业、农民之间有层利益壁垒。

(4) 与社会效益大的低利产业相联系，组织实力较弱，但在县域农业服务范围内，县级涉农系统实力较强，组织比较完备，设施、人才集中，居于重要位置。陆川等3县市专业技术人员的分布说明了这一特点（见表2）。

表2 陆川、酒泉、公主岭等县市部分系统技术力量分布

层次	农业技术员数(人)	比重(%)	农业技术测试设备现值(万元)	比重(%)
县级	535	79	40.75	87
乡镇	141	21	5.03	10.8
村级			1	2.1
合计	676	100	46.78	100

（二）作用和体制上的问题

在改革以来农业发展中，县级涉农部门系统的服务体制有适应的一面，突出表现在对粮棉油种植业的技术改进和农业公共基础建设上。县级农技部门往往发挥着信息处理、重大技术选择及培训推广的主导作用。如扶沟县形成适合黄淮棉区的麦棉套种配套技术，发展高效益的立体农业。桓台县摸索出小麦玉米一体化栽培的规律，推广高产技术。在农田水利建设和综合开发方面的作用也很明显。这类服务带有公共服务的性质，现有的政府事业服务体制较为适合。

但是，计划体制、粮食型自给农业背景下形成的涉农部门组织运行方式，在农业向商品市场经济、多样化生产的演进中，愈益暴露出种种体制上的问题。主要是：

(1) 政企不分，窒息企业活力，影响竞争性市场发育。现在市场放开，但多数部门仍视企业为部门所有，管微观经营；同时，政企不分，部门由单一的政府目标变为双重目标，向所属企业倾斜，导致企业眼睛向上，成了依赖行政，高居于市场和民间企业、农户之上的特殊企业，而缺乏经营的压力与活力。行政的权力和市场的盈利交织在一起，行为扭曲，或利用监督与经营不分，制裁别人，争取垄断；或把企业意图通过部门变成行政行为，搞强制性、摊派性服务。部门行为不规范，也影响政府调控。

(2) 产权、收益界限模糊，部门企事业单位吃国家和企业的大锅饭，缺乏自我约束机制。带来机构膨胀，人浮于事，效率低下，经费不足，一些地方事业萎缩、企业亏损，向农民转嫁负担。据调查，一个县的水利局行政事业人员1991年的人数是1986年的137.5%，1981年的200%，1978年的2.3倍。把小农水费吃掉了。虽然人多事少，需要的技术人员却青黄不接，新增加的多是社会集体工、全民工，1991年分来2个大学生，反被挤到乡下去了。僧多粥少，削弱了农业服务和事业

发展的能力。拥有8县1市的商丘地区，到1990年底，粮食系统累计亏损挂账9681万元，年承付银行利息700万元；供销系统亏损挂账逾2亿元，在249个单位中1/3的单位已资不抵债。为了自身利益，向农民转嫁负担。农副产品收购压级压价，克扣农民；生产资料供应提级提价，甚至购供劣质产品。不仅难以在解决农民买难卖难中发挥应有的作用，而且如福建漳浦县所说，有的在“喘气”，有的是“挂了氧气”。

(3) 一些流通、金融组织政策性与商业性经营不分。有的单位政策性经营有利，就把自己保存的议价产品转为“国家专储”；市场经营有利，就将政策性产品、资金“平转议”。亏损向政策性经营和财政上靠，盈利则是自己的。影响国家对农业保护政策的落实，不利于企业自立于市场求得生存和发展。

(4) 条条分割，服务分散。商品经济下农业生产与加工、流通、金融的横向联系被条条管理系统纵向切割，削弱了协调服务的能力，也带来在乡镇的条块分割。同时，不少专门系统服务领域狭窄，如粮棉收购一年仅忙几个月，闲时人浮于事，忙时雇临时工，浪费人力物力，还养不住自己。为养活自己搞多种经营，各部门又形成家家“小而全”，不符合专业化分工协作和规模经济的要求。

(5) 城乡分隔，尤其农业流通、金融组织与农民分离，利益分立。供销、信用合作组织改革以来没能改变与农民的分离状态，失去双方合作的优势，农民失去在商业、金融中应有的权益，农业成了只有产中部分的瘸腿产业，削弱了自我服务、良性循环、自我发展的能力。

二、适应农村商品经济发展的改革摸索

为解决涉农部门系统体制上一些不适应农民发展商品经济、困扰财政经济与农业的问题，各地已进行了多种探索。从调查看，改革实践主要在以下几个方面：

（一）进入农村商品经济，在服务中打破城乡、条块分割和不同所有制的界限，与农户经营联合，形成新的经济组织形式

这种组织创新首推诸城市的贸工农一体化。1984年该县倡导、组织商品经济大合唱，外贸部门当年引进美国种鸡、孵化设备，帮助农民建规模养鸡场，实行“六到门、两赊销”的服务，再把农民养的鸡加工出口。服务了农民，发展了自己。虽然外贸公司开始还带有原来局的科室设置形式和某些管理职能，但已转入公司式

的经营服务，为进一步改革体制协调农商关系开辟了路子。

招远市、泊头市与诸城模式不同的是，它们的专业产品产供销一条龙多了一个群众合作组织的因素。招远供销社与农业局、乡村集体经济组织和专业户，在果品市场竞争中为实现销售利益的共同目标联合起来，1987 年成立多方参加的果业社，吸收 3530 户果农、27 万元股金，成立董事会协调管理，以先销售后定价付款的方式，向农户提供销售服务。泊头市由林业局牵头，成立技术人员、果农参加的果农协会。8 个乡镇的果农，户交股金 100 元；会员代表大会选举产生理事会，13 名理事中 8 名是农民，下辖销售、技术服务、森保 3 个公司，固定资产 50 万元，向果农提供产前产后服务。值得注意的是，这类农商结合形式，有了公司企业和农民协会两个要素结合的趋势。但尚是新老组织因素共存，实际为“局、供销社——协会——公司——农户”的形式，在政企分离、供销社与协会的融合上还有待创新。

（二）重点强化涉农部门企事业单位的约束，转换经营机制，使之成为市场竞争的主体

前文提到的河南商丘地区，对国合商业重点围绕界定产权和责任利益关系，转换企业经营机制。粮食系统国有企业实行平价与议价、仓储、多种经营四块分设，分别核算，各计盈亏。分设单位用工是竞争聘用，全员风险抵押，富余职工搞多种加工、下乡办夫妻粮店，分购联销或自营。供销社在一县范围，把县联社、公司、基层社联结成集团型的综合商社，各经营单位核定库存、资产，实行自由组合承包或公有私营。

（三）对隶属涉农部门的乡镇“站”下放经营权

天长县 1985 年前后结合建立乡财政，使乡站获得自主经营的权力，为乡镇形成综合服务创造了条件。这个县从乔田乡的农经站、农技站、农机站实行“三农一体、联合建站”开始，逐步形成农经站牵头，资金融通、统一合同、账务管理、协调共同设施投资为纽带的“六站一公司”综合服务。

（四）结合县级机构综合改革，全面改革涉农部门管理体制和企事业单位经营机制

山西隰县从转变部门职能入手，结合开发山区资源，改变农村贫困面貌，使之由单纯行政管理变为行政、服务、经营一体，减少行政管理，增加服务功能。1988

年以来依托涉农部门，围绕粮、果、牧、油、烤烟 5 大主导产业的开发，组建 10 个开发服务中心，向各产业提供专业化的产前产后服务；通过办服务实体、生产基地，精简行政人员，转入服务、经营。

山东阳信县按照构建市场体制，政企政事分开，事业服务、企业经营、政府调控的思路，把县级机构分为调控管理型、事业型、经营型三类。农林水电技等属事业型，使之向经济服务公司或事业单位企业管理转变，财政上定额补贴，使其走向社会搞服务，办好实体求发展，把压缩的吃饭钱变成事业发展基金。粮食、供销、外贸属经营型，成建制退出政府系列，转为企业，财政不再补贴，也不准吃下属企业的管理费。同时改革企事业的人事制度和工资分配制度，把原有体制束缚的经营服务能力解放出来。

总的来说，各地对涉农部门系统的改革已取得不少成效，积累了经验，使按市场取向解决存在弊端、适应农业发展的途径越来越清晰，但大多数地区的深层问题尚未解决。

三、深入改革的几个基本问题

涉农部门系统的体制改革，是涉及政府职能、企事业制度及与农户、农业关系的复杂的变革过程。采用简单的带盲目性的做法，单纯把涉农部门系统当财政包袱甩掉了事，会削弱农业。正确的方针是把改革与本地商品经济的发展联系起来，吸取已有经验，面对现实矛盾，按照构建市场体制目标理清思路，渐进式推动改革。

（一）界定政府部门与企事业单位职能，实现政企分开，形成农业的政府调控指导与经济组织两个系统相互分离与配合的问题

对县级涉农部门组织群体的体制，按照有政府调控的市场经济方向进行改革，基本在于政府与经济组织责权利的重新分割。

县级政府调控指导农业的职能主要是：①发育农产品、农资市场和要素市场，维护各方公平交易的市场规则；②依据市场供求趋势和本地条件，提出农业发展战略、预测指导性规划，通过一定的产业政策，引导农业结构调整和发展；③在市场供求波动过大时，监督执行中央的调控政策，或县级补充某些调控措施，对农业生产者以利益保护，保持生产相对稳定性。④对比较利益低的粮食等基本农产品的生产，提供财政投资用于公共服务和建设。除此之外，都应把职能、权力还给企事业单位。

实际上现在的涉农部门，一类是兼有两种职能。农业局的种子公司（站），搞种子经营，也管种子市场，前者是企业活动，后者属政府职能；另一类基本上属微观经济职能，如粮食、供销、外贸。实行政企分开，就是要将涉农部门系统的宏观调控职能与微观经济活动分解开来，前者归于政府，其他的责任、权利归于企业；而不是不通过职能分解、转变，就把行政局委与企事业单位简单分开。政府（含部门）和农业经济组织相互分离，成为各有各的职责权利和运行方式，而又相互配合的两个系统，是基本原则和方向。

（二）区别公共服务与盈利经营的不同性质，成建制地改革涉农企事业单位的经营机制和相关制度问题

农业中外部效益大，投资者难以获得资本收益，一般企业不愿干的，如农业技术开发，尤其是粮棉油基础产品的技术开发、培训和推广，农田水利建设和环境保护等，具有公共服务的特性，应由政府给予一定投资的社会事业单位承担（不是现有臃肿的事业单位和吃大锅饭的制度原封不动）。另一种是可盈利经营的，由商业性企业承担，市场化经营。那种不加区别、对涉农部门系统一律“断奶”的做法，只会伤害农业和农民。

这方面改革的基本路子是：①区别各涉农部门系统的不同性质，成建制地确定系统所属经济组织的改革方向，结合财政制度的改革，划清政府与企事业的经济关系，使企事业单位自立。属于从事农业技术、公共基本建设等的服务型事业单位，实行财政定额补贴，硬化外部约束，促使其面向社会，搞好原有服务，大办实体，开拓事业领域，闯出自我发展的路子。凡属国合商业等的经营性单位，对其中的政策性经营部分，核定人员和财政补贴，实行分设，除此之外，均进入市场经营，自负盈亏。②结合明确企事业单位产权，实行两权分离，改革用人、工资分配制度，引入竞争机制，搞活内部经营。

（三）理顺涉农经济组织与农民的关系，将大部分组织由下而上逐步改造为农民合作的多级联合组织，实现农业经济组织的有机整合

实行政企分开，搞活企事业单位经营，将为打破条块分割，理顺其与农民的关系，实现合乎商品生产需要的有机整合创造条件。关键是理顺与农民的关系。这主要有三种情况：

(1) 政府资助的农业事业单位，它与农民的关系取决于在事业单位之间或单位

内引入竞争机制，提高服务质量。

⑵ 盈利性组织与农民在服务上是市场交换关系。这种关系的理顺在于规范市场。

⑶ 将重要经济组织重塑为农民基层合作之上的联合经济组织。国内外的实践表明，在现代商品经济中显示生命力的农民合作制，是在农户自主经营并自由进退的基础上建立的，是农民通过选举组织的民主管理的协会及理事会，与它的股份公司型企业或事业实体二者的结合。农民通过合作社的代理进入市场，维护自己的经济地位，获得加工、流通环节的收益，也使农业变为“农户生产+农办工业+农办商业+农办金融”的自立产业。并由基层合作社的代表组成乡镇农民联合社组织，管理该层的公司、事业，以至类推到县或省的联社。由于合作社是农民自己的，政府对农业的政策性扶持通过合作社执行，就不可能中间挪用或流失，否则就会被选掉或撤职。这就是日本农协既能向农民开展各种服务，又能贯彻政府对农业的产业扶持，而未出现农协截留农民利益、与农民利益分离的奥秘所在。

我国重塑和发展合作制，实践中显示了两条途径：一是农民的专业协会办公司实体；二是像泊头、招远的果品贸工农一体化，已具备了农民协会和公司企业两个要素，问题是要逐步转变其中县级行政组织的职能、改造供销社与农民的关系。这两种组织能否按合作制的方向前进一步，对我国农业将是有关宏旨，具有历史意义的事情。这取决于经济发展的进程和政府的决策、指导和政策，但不取决于急于求成的行政推动。

为此，首先要围绕商品农业的发展，促进农民专业协会的成长，促进部门企事业单位与农民开展多种形式的贸工农一体化的联合，淡化行政因素，强化实体服务和农民参与的民主管理；其次，对供销社、信用社由下而上地改造为股份制的农民经济组织；并以国家对合作组织的优惠政策，如减半收税（国外是免征所得税），引导其向农民合作经济组织转变。

（四）县级政府及部门对农业服务、农业发展的调控领导问题

概括各地的经验，政府建立适合农业商品经济特点，促进农业协调服务、农工商协调发展的调控管理体系，主要取决于三个因素：①建立适合综合指导调控农业的组织。目前多数县实际上都有一个由主管农业的县级领导牵头的农业领导小组，以联席会议方式，由农经、农技、商贸、财金、相关工业诸方参加，一体统筹决策指导农业的发展，协调农业服务。为适应搞好中观的重大决策，一些县还由有关部门和社会群众组织的专家、带头人组成一个带软科学性质的、研讨农业发展的智囊

班子，作为县农业领导小组的参谋。②调控决策的质量和方式。注重根据市场预测和本地农业条件，抓住一个时期的全局或重点发展方向，做出判断和决策；运用不与市场竞争相摩擦的、产业与技术的政策性投入，诱导农业结构的调整，应付市场波动，克服农业服务和建设的薄弱环节。③建立县级农业调控的经济手段。政府的调控要有投资引导作手段。一些县建立了农业发展基金和农业科技发展基金，由此增强了县级政府调控、保护农业的手段，对促进农业服务和发展起到了积极的作用。

（1993 年 4 月）

关于进一步深化农村信用社管理体制改革的报告*

中共中央关于建立社会主义市场经济体制若干问题的决定和国务院关于金融体制改革的决定，为农村信用社的改革和发展指明了方向。但由于目前农村信用社改革的具体方案和实施步骤尚未明确，有关方面对农村信用社管理体制改革的模式仍有不同的认识，使农村金融系统特别是信用合作战线上的广大干部职工思想上产生了混乱，工作上受到了影响。要求党中央、国务院对农村信用社管理体制改革问题及早决断，尽快实施。我们在广泛调查、反复论证、多方协商的基础上，对进一步深化农村信用社管理体制改革提出如下报告：

一、深化农村信用社管理体制改革的关键是建立一个有效的信用合作组织管理体系

根据我国农村经济发展的特点和建立社会主义市场经济体制的要求，农村信用社改革的方向是把农村信用社真正办成由社员入股、归社员管理、为社员服务，实行自主经营、自负盈亏、自担风险、自我发展的群众性的合作金融组织。按照这一改革方向，深化农村信用社管理体制改革必须解决以下三个方面的问题：①按照合作金融组织的性质，进一步恢复农村信用社组织上的群众性、管理上的民主性、经营上的灵活性，恢复并坚持民办性质，放开搞活基层信用社；②要按照合作金融组织的性质，进一步完善和落实国家对信用社的优惠扶持政策，国家要在资金、利率、结算等方面对信用社实行优惠扶持政策，引导、帮助信用社稳定健康发展；③按照合作金融组织的性质，改革信用社的管理体制，建立一个在中央银行统一监管

*本文是与张忠法、张从明等共同研究讨论，由张忠法执笔的上送报告。

下，信用社自下而上逐步联合，实行多级法人、系统指导的农村信用合作体系（也可以叫农村合作银行体系）。这三个方面可以概括为信用社微观基础的改造，宏观政策的调整和组织体系的建立和完善。

从目前信用社改革和发展的现状看，尽快建立一个有效的农村信用合作组织管理体系是进一步深化农村信用社管理体制改革的关键，这是因为：

（一）信用社的领导体制问题一直是制约信用社改革和发展的关键问题

信用社建立和发展40多年来，领导体制几经变化，但始终没有理顺。十一届三中全会以来，农村信用社按照党中央、国务院确定的“把农村信用社真正办成群众性的合作金融组织”的改革方向，先后进行了一系列改革，取得了显著成效。但是随着农村商品经济的发展和经济、金融体制改革的深化，中国农业银行受中国人民银行的委托领导管理农村信用社的体制显得越来越不适应。农业银行作为国家专业银行要实行企业化经营，逐步向国有商业银行过渡，信用社作为合作金融组织，要实现自主经营、独立核算、自负盈亏，行社之间既是两个不同所有制性质的经济实体，又是领导与被领导的关系，关系难以理顺，给双方的经营都带来了困难，直接制约着信用社改革的深化。这种体制如不理顺，把合作社办成群众性合作金融组织的改革方向就难以实现。

（二）当前由于信用社管理体制改革方向不明确，在某种程度上已影响到农村信用社合作事业的稳定和发展

国务院关于金融体制改革的决定，对农村金融体制改革做了总体部署，主要是：组建中国农业发展银行，中国农业银行逐步办成国有商业银行，农村信用社与中国农业银行脱离行政隶属关系（通称行社“脱钩”）。在农村信用社和县联社的基础上逐步组建农村合作银行。根据总体部署、分步实施的原则，1994年集中精力组建中国农业发展银行，1995年开始实行行社脱钩。按照上述要求，农村金融体制改革正在顺利地展开。但由于信用社“脱钩”后，究竟建立一个什么样的组织管理体系问题至今没有明确，近一个时期，农村信用社改革和发展出现了一些不稳定的苗头：①一些地方政府对信用社改革热情很高，直接干预信用社的改革，希望把信用社办成地方银行，使信用社的业务活动受到了一定的影响；②基层信用社的干部职工，对信用社改革和发展的前途忧心忡忡，担心信用社脱钩后没有系统管理和指导，可能出现混乱局面，采取消极观望态度；③脱钩原则已经明确，但实施脱钩有个过

程，个别地方行社关系趋于紧张，时间拖得越长，对工作影响越大，脱钩难度也越大；④各级信用社合作管理干部人心不稳，担心今后的去向，工作上存在畏难情绪，影响了对信用合作工作的管理。上述这些倾向表明，如不尽快明确信用社脱钩组织管理体系问题，将直接影响农村金融队伍的稳定，影响信用合作事业的稳定健康发展，影响农村信用社对农业和农村经济的支持。

（三）信用社微观基础的改造和宏观政策的调整都要靠一个有效的组织管理体系去实现

通过十几年的改革，在放开搞活基层信用社，理顺外部宏观政策方面做了许多工作，取得了明显的进展，但由于管理体制的制约，进一步深化改革难度较大。一方面基层社要真正办成群众性的合作金融组织，需要有一个组织去指导；另一方面国家对信用社的宏观政策调整也需要一个组织去反映和协调，如果没有一个有效的组织管理体系，信用社的改革也就很难深化。

二、建立多级法人、系统指导的农村合作银行体系

多级法人、系统指导的农村合作银行体系的基本框架是：①在乡镇一级组建基层农村合作银行，农户、乡镇企业、集体经济组织都可以入股，但不搞大股控权，不具备条件的仍保留农村信用社；②按照经济区域，以县（市）联社为基础组建县（市）农村合作银行，县（市）合作银行由基层合作银行或农村信用社入股组成，不吸收其他工商企业入股，不具备条件的仍保留县联社；③按照经济区域，组建地（市）和省级合作银行，不具备条件的可以先成立地（市）和省农村信用合作协会，并以协会为主进行地市合作银行和省合作银行的筹备工作；④在中央，组建重要农村合作银行，尚未组建之前，成立中国农村信用合作协会，以协会为基础，并吸收有关部门和人员进行中央合作银行的筹备工作。总之，农村合作银行体系的框架是：中央农村合作银行或中国农村信用合作协会—省、地（市）农村合作银行或农村信用合作协会—县（市）农村合作银行或县联社—基层合作银行或农村信用社。中央银行通过各级农村合作银行或各级信用合作协会、县联社实现对农村合作银行或农村信用社的监督和管理。

在农村合作银行体系的组建过程中，要切实注意以下问题：①根据农村商品经济发展的需要逐步将有条件的农村信用社改建成农村合作银行，切忌一哄而起，一

哄而上；②不能把农村合作银行或农村信用社办成地方银行。农村合作银行的主要任务是解决当地农户和中小企业的资金困难，为发展地区经济服务；③农村合作银行是合作金融组织，不是股份制商业银行；④农村合作银行或农村信用社要根据需要逐步实现自下而上的联合，形成基层、区域、中央多级合作银行体系，以充分发挥合作信用的优势；⑤农村合作银行体系是自下而上的经济联合系统，其下一级合作银行或信用社都是上一级合作银行的股东或成员，各个层次的合作银行都是独立的法人，不是领导与被领导的关系，完全不同于自上而下、垂直领导和管理的专业银行体制；⑥农村合作银行的系统指导是指在尊重各级合作银行独立法人的前提下，根据各级合作银行的经济关系，按照经济的办法，在信贷、人事、财务等方面制定统一的制度，业务上实行统一指导，在结算、资金融通、人员培训等方面实行统一服务和协调；⑦农村合作银行或农村信用社在多级法人体系尚未形成之前，可以考虑自下而上建立行业性的协会，统一对农村合作银行和农村信用社进行管理、指导、协调和服务。

三、建立多级法人、系统指导的农村合作银行体系的必然性和可能性

在农村信用社改革问题上，大家一致的意见是行社脱钩，逐步办成农村合作银行，不同的认识在于，农村合作银行是办成地方合作银行，还是办成多级法人、系统指导的农村合作银行体系。对什么叫地方合作银行也有不同的理解。一种理解是农村合作银行或农村信用社本身就带有明显的地域色彩，其主要任务就是为地方经济发展服务，不同于国家专业银行，但要接受系统的管理、指导、协调和服务。从这个意义上讲，农村合作银行或农村信用社也可以说是地方性的银行，这种理解与建立多级法人、系统管理的合作银行体系并不矛盾；另一种理解是农村合作银行或农村信用社要办成由地方政府对其人事、资金、财务等完全控制的股份制银行，不要系统的管理、指导、协调和服务，直接接受中央银行的监督和管理。这种理解实质上是改变了农村合作银行或农村信用社的合作金融性质，否定农村合作金融存在的必要性，也与我国经济体制改革目标相悖。

根据我国农村经济的特点和建立社会主义市场经济体制的要求，借鉴国外发展合作金融的经验，建立多级法人、系统指导的农村合作银行体系，是我国农村信用社改革的必然选择。

（一）从我国农村信用社的地位和作用看，目前，农村信用社已真正成为我国金融体制的重要组成部分

到1993年底，全国有县（市）联社2382个，独立核算机构5万多个，非独立核算机构网点30多万个；正式职工近60万人；目前各项存款加所有者权益5400多亿元，其中储蓄存款在今天系统中始终位居第二位；各项贷款3790亿元，向国家银行缴存资金近1300亿元。对这样一个庞大的金融组织，在当前和今后一个时期应该置于国家宏观监控之下，如国家不对其实行必要的金融宏观调控是不可思议的。

（二）从我国农村经济特点和信用社性质任务看，农村合作银行或信用社作为合作金融组织，将广泛地、长期地存在于我国农村商品经济发展过程中

由于农业的风险性、低利性和农村经济的多元性、多层次性，以及农户小规模分散经营的长期存在，农村提供金融服务的机构只有国家政策性银行和商业银行是远远不够的。广大农民和中小企业者按平等互助民主的原则联合起来，组成农村合作银行，为农业、农民和农村提供金融服务，这是国家专业银行无法替代的，与地方银行是完全不同的概念。

（三）从建立社会主义市场经济体制的要求看，农村合作银行或信用社必须在国家计划的指导下开展业务，国家要通过其联合的系统实现对农村合作银行或信用社的管理，农村信用社也只有通过系统的管理、指导、协调和服务才能真正走向市场

对农村信用社，国家如不实施有效的金融宏观调控，资金将画地为牢，信贷将失控，信贷资金的使用效率和效益将难以保证。而没有一个联合系统和系统管理，单个信用社将无法解决诸如规模经营、资金调剂、资金结算、干部培训、信息反馈等问题，信用社的业务、财务制度也很难统一，分散的信用社将难以真正走向市场，参与市场竞争。

（四）从国外发展合作金融的经验看，合作金融组织自上而下都有一个完整的组织体系

无论是发达的资本主义国家，如德国、荷兰、日本等，新兴的工业化国家如韩国等，还是比较落后的发展中国家如印度等，合作金融组织都有广泛存在和发展，在管理上都有一套完整的组织体系。这样做，不仅有利于自身管理，还有利于加强我国合作金融的对外开放和国际交往。

(五) 从信用社管理体制演化的历史看，信用社交给地方管理，有过深刻的教训

60年代，信用社曾一度交给地方政府管理，结果成为地方政府的“小金库”，导致信用社资金大量沉淀，人才流失，财务管理混乱，给信用合作事业带来极大损失。尽管现在与以往的历史条件有了很大的不同，但现行体制下，把信用社交给地方，仍然存在资金损失、人才流失、财务混乱的可能，而且还会冲击国家专业银行，导致货币信贷失控，造成农村金融秩序的混乱。我们在基层调查发现，基础农业银行和信用社的干部职工一致强烈呼吁，合作银行或信用社不能交给地方管理。

总之，建立多级法人、系统指导的农村合作银行管理体系，不仅是必要的，而且是可能的。当然在实施步骤上应积极稳妥，分阶段进行，不可能一步到位。建议由人民银行、农业银行、有关农业部门一起尽快就农村信用社改革问题进行专题讨论研究，提出具体实施方案，报国务院批准后，付诸实施。

(1994年7月)

政府事业单位与乡村集体（合作组织）结合服务于农户*

——安徽天长市乡镇“六站一公司”服务模式的调查

一、前言

70年代后期安徽省皖东地区凤阳县首创了“大包干”，10年后这个地区出现乡镇“六站一公司”服务组织体系。

农业组织创新是一个经济发展过程。改革初农村集体土地承包到户，农户成为直接组织劳动力和土地要素自主经营的主体，集体层次保留农户经营外需共同进行的功能，即向农户合作性的服务演变。家庭承包经营收益实行“交够国家的，留足集体的，剩下都是自己的”合同制，农户拥有合同上缴后的产品收益权。这种经营体制与调整农产品价格一起，激发了农民的生产积极性，中部一些落后的传统农区成为新的粮油棉商品基地。但随着农业产出投入商品化程度提高，粮食购销转向双轨制，农户不可控因素增多，服务需求增长。同时粮食生产比较利益降低，国家为稳定基本农产品供给，也要通过加强服务尤其是县乡政府农业事业单位的服务来支持农业。

但“大包干”的集体层次、县乡政府农业事业单位，与这些要求不适应。传统体制下，县乡政府农业事业单位按行政方式运行，所依托的政社合一公社体制变革后，难以直接面对农户。农区许多乡村集体经济薄弱，缺乏服务实力，原来主要是组织农民生产，相关商业、金融由国家掌握，因此也缺乏提供商品要素、技术、资金和市场销售的服务手段。而且乡村两级集体经济组织已没有名义。在这种情况下，改造政府农业事业组织的服务方式，充实、发展乡村集体服务组织和其他新组织，

*本文收入王西玉、赵阳主编:《中国农业服务模式》,北京,中国农业出版社,1996年9月。

重构农户经营之上的组织体系，成了农村改革发展的重要课题，至今未能解决。

乡镇层次是政府农业事业单位和乡村集体组织的结合点，集中了为农户服务的多种矛盾。各地条件不同，对乡镇服务组织的改造创新也多种多样，并在继续发生变化。但从这些创新中可发现一些共同趋势，找到可行的组织制度因素。

本文反映皖东地区将政府农业事业单位与乡镇集体结合服务于农户的组织形式，即 1988 年前后在天长市（县）较早形成雏形的乡镇“六站一公司”（1990 年安徽省在天长召开会议向全省推广，国务院领导曾肯定“皖东的服务方式”）。分析它解决矛盾的发育过程、组织结构、服务方式，与粮产区农业发展的关系及近期变动的原因，探讨其服务组织制度上的建树、问题和发展政策。

二、县域农业服务供求矛盾和“六站一公司”的形成

（一）县域农业经济发展中的服务需求和组织背景

天长市为滁州市辖区，几年前由县改市。属传统农区，地处苏皖两省交界，距离江苏扬州、南京不足百公里，改革前部分农村有社队企业基础和集体经济实力。改革后很快成为商品粮油大县。

现有 36 个乡镇， 58 万人，农业人口 47 万， 12 万农户，劳动力 29 万人，耕地 91 万亩（实际约 120 万亩）。农作物以水稻、小麦、油菜为主，占总播种面积的近 90%，以麦稻、油稻为基本耕作制度。近年粮食总产在 5 亿~6 亿公斤，50%是商品粮，年产油料约 4000 万公斤。加之淮河从其北部流经高邮湖，发展了畜牧、水产。去年乡镇工业产值已达 48 亿元，但农村人口就业、收入的 70%仍来自大农业；全市约 70%的社会产值、财政收入和储蓄直接间接来自农村。

农户经营的服务要求与农业经济商品化发展相关。80 年代包干到户时，天长农业还处在自给经济阶段，农户依靠自控的土地、劳动力要素发展生产。变革推动天长农业很快进入半自给半商品阶段。1983 年粮食产量超过 5 亿公斤，比 1978 年增长 1 倍，人均产 1 吨粮，商品粮由每年 0.4 亿公斤增长到近 3 亿公斤。接着出现“卖粮难”，国家定购外的粮食自由购销，农户进入市场的产后服务提上日程。化肥投入增长到十几万吨，对新农药、微肥、生产调节剂，农民不掌握，供销社也不敢经营。农村分业分工，畜牧、水产、蚕桑等多种经营商品生产扩大。农民对技术、商品购销、改善农田水利的服务要求多样化。农户经营规模小，抗灾能力弱，许多要求归之于信贷服务。这样，农户产前产中产后的服务需求陆续派生。

但是，起步阶段的大包干主要构造了农业家庭经营细胞和土地经营收益分配制度，却没有解决农户如何联系市场的问题。乡村集体组织虽然经济职能发生分解，转化为向农户的服务，但在集体经济薄弱的情况下，统一服务仅是一种潜在的体制基因，尚未实现对集体经济组织的重新构造。历史原因是计划体制下农业生产、流通、金融分割，使农村集体缺乏向农民提供商业、信贷甚至技术服务的能力，而是停顿在行政式的干部服务。依靠农户上交服务，往往缺乏经济核算，提留多少花多少，影响服务效益，农民不满意，而且难以积累服务实力。集体层次服务组织的重新构造涉及形成承担服务的农业分工和经济实力，因此要借助已存在的服务分工组织——政府涉农职能部门及其企事业单位。

面对农户的服务要求，政府涉农部门事业单位也显得不适应：

政府农业事业和国营商业在计划体制下是和行政分不开的，由过去依靠政社合一、社队集中经营来活动，变为面对12万自主经营的农户，失去服务依托。农户生产是综合、连续的，但部门条条分割，带来服务分割。卖生产资料的不讲使用技术，讲技术的没有相应物资供应，或是缺乏应有资金。

带有一定垄断性或政策性职能的企事业服务单位，在向市场转轨中增长着商业化倾向。奖金与自身经营效益挂钩，与农业服务效果、农民利益分离，淡化了服务意识。农户很难得到信贷，劣质化肥不只是个体户经营。利用垄断经营压级压价侵食农民利益，甚至挪用、转卖政策性支农物资，农民无权问津。

政府农业事业单位的力量主要在县级，到乡镇已很薄弱。农机站半数是无人站或一人站，没有机械和办公场所，被称为“提包站”，单枪匹马为农户服务无能为力。农业结构调整和农户自主经销商品增加，服务需求超出了原有组织的服务范围。

(二) 由解决组织制度矛盾的小改革奠定“六站一公司”服务体系的基础

解决服务组织薄弱和新旧体制转换中的矛盾，动力、办法来自基层，基层的办法能否形成气候，还看领导。天长县逐渐意识到，农业仅靠领导服务，采取临时行政措施，很难适应市场，也不能长久维持，不转变农业领导管理方式，在大包干家庭经营基础上建立一套稳定的服务组织，去满足农民的服务要求，就难以摆脱被动地位。这种组织的建立，不是将已有国家、集体组织撇开重来，而是要改造老的，发展新的。

以乡镇“六站一公司”为代表的服务体系就是在这种思路下由基层小的变革积累综合形成的。

1.集体提留村筹乡管、专业会计制和政府农经站承担合作经济组织核心职能

重构农村服务组织的首要问题，是农民共同资金的筹集、使用、管理与监督。1981年天长发生了两件事：政府设立乡农经员（站），农村出现集体提留村筹乡管制度。两者的结合竟使政府农经站演变为双重身份，肩负起合作经济组织的职能。

农户上交集体提留队筹社管（后来称村筹乡管）。由天长釜山公社1981年为完善家庭承包合同分配兑现机制率先创立。大包干开始时，农民按合同规定人均上交集体四项提留16元，兑现中，干部挨家挨户要钱很麻烦，群众对收了钱怎样管用不放心，或对使用不当有意见，不肯上交。针对这一问题，釜山公社提出队筹社管，即在夏秋两季农民交售粮油时，按照合同统一收取集体提留；各队集体提留所有权不变，但提留款由公社集中统一保管，监督大队、生产队（后称村、组）使用，年终向社员公布，接受监督。这样做，提留兑现省事，社员放心，集体有了少量服务资金，而且乡集体分散资金的集中形成一定规模，使用期限不同，可利用时间差，融通资金，为农民和服务组织所用。这种办法后来发展成重构农村服务组织体系的一个制度基础。

专业会计制。1980年由本地区来安县相官公社创建，在天长推广。农业家庭承包后，原生产队虽然仍拥有集体土地所有权，但职能大多转移到农户，一部分上移大队，经济往来少，为精简干部，不再设会计，由大队（村）设专业会计，管理生产队财务。后来村专业会计接受乡农经站指导，形成乡村专业化的财会、审计服务网络。

组建农经站。天长由乡镇政府设农经员到建站，经历了七八年时间。开始是担负政府对农村经济的管理职能，包括统计分析、政策调研、乡村集体合同、资产财务管理等。农经站与村专业会计（又称村农经组）相联系构成一个系统。农户上交集体提留资金村筹乡管，具体是由农经站管。这使农经站由单纯的经营指导、管理，走向融通资金，开展经营服务，支持其他服务组织，在乡村合作经济活动中发挥核心作用。

2.以乡镇为服务组织生长点，由穷地方“综合建站”到乡镇农业几站组合服务

农业服务组织发展要有一定的资金、物质技术条件和人才，不可能一个早上把各级服务组织都建设起来。乡镇承上启下，又有县级政府事业单位下伸的农技站、农机站的基础。天长从乡镇入手发展服务组织，打破按条条设站的常规，实行“三农一体”综合建站。把势单力薄、困难较多的站联合起来，两农、三农、多农一体，能形成整体优势，开展综合服务。这种方式被推广开来。

乡镇“三（多）农一体”建设服务，虽是穷地方产生的穷办法，却蕴含着乡镇农业服务综合化的发展趋向。县级农业部门、事业单位较多，下设乡镇的服务各站，也按隶属关系分设，力量分散，服务分割，不适应农户的需要，必须在乡镇层次改变这种局面，通过服务组织的有机组合，实现一定的服务综合化。

3.以乡镇为依托的农民专业合作组织、专业市场和乡镇企业供销公司

在农村分业发展中，农民自下而上形成的专业合作组织，打破村的行政界限，但多以乡镇为依托。80年代初郑集乡以农技站为支撑，成立由种田能手、土专家为骨干的农民科学种田协会。1984年界牌乡40多名养鱼专业大户组成养鱼技术研究会，得到乡政府和水产部门的支持。秦栏、汉涧以小城镇为依托形成专业市场。安乐等乡兴起农民集体、个体、联办的乡镇企业，起初在工商登记、原料采购、对外推销中存在一些困难，乡里成立乡镇企业供销公司，为之提供方便。这些现象显示，以城乡结合部的乡镇作为农业服务组织的增长点具有较深广的含义。

三、“六站一公司”的组织结构和服务联系特点

（一）服务构造

天长乡镇“六站一公司”农业服务体系，是以县级政府农业事业下伸单位与乡村、农民联办的形式发展服务经济实体，在乡镇形成相互联系的“六站”（农技站、农经站、农机站、水利站、畜牧兽医站，有的根据需要设立林果站、水产站、蚕桑站等，统称“六站”）和乡镇企业供销公司。“六站一公司”面向农户、面向市场，在县级政府农业事业单位支持、指导下，依托村级组织或农民联合组织开展服务。农户是服务的需求者、利用者，也是服务资金的重要提供者。其服务构造可见图1。

（二）服务组织及相互关系特点

1.乡镇层次政府农业事业单位与农民集体经济组织对接，具有双重性质

乡镇“六站一公司”中从事农业服务的主要是“六站”。到1991年春，天长6区36个乡镇，除乡镇企业供销公司外，共建205个农业服务组织，服务人员1123人。其中农经、农技、农机、水利4站142个，529人；畜牧兽医站327人；林果、蚕桑等站167人。

情况表明，乡镇是政府农业事业单位下伸与乡村集体经济组织的结合点。作为

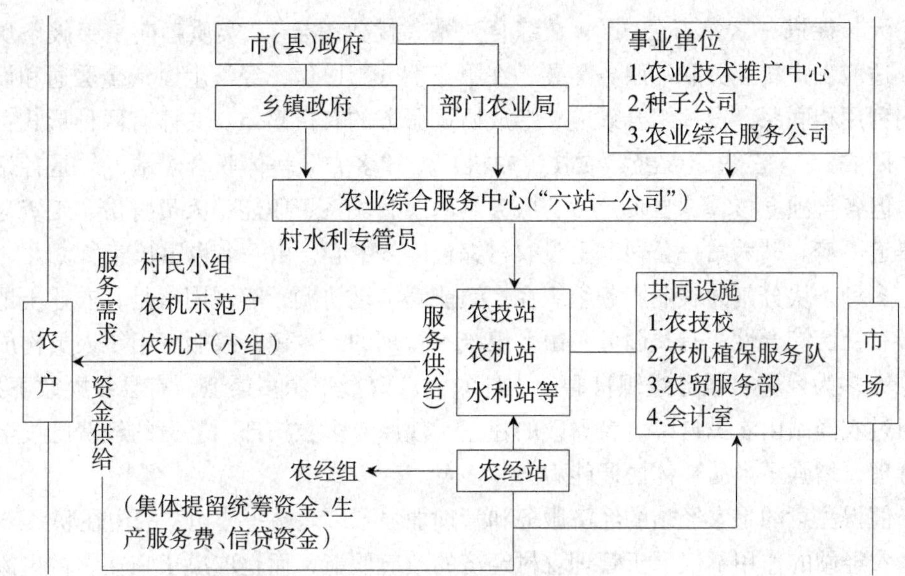

图 1　乡镇"六站一公司"服务构造及相互关系

国家农业事业基层单位的乡镇"六站"，在天长历经演变，尤其改革以来与农民集体经济的结合，已不是单一的"国家站"，带合作性的集体经济占很大成分。

人员构成上，政府事业单位人员多是骨干，但数量上以本乡集体人员为主。1123 人中，国家经济技术人员 88 人（其中农经 40 人），全民职工 23 人，二者仅占 1/10。大集体、县和县级部门聘请农民技术员占 27%，乡镇和服务组织自聘人员占 64%。资产、经费上，建站初始资金多来自政府财力（有的为集体兴办），平时财政主要支付少量国家技术人员工资和政府聘请人员的部分工资。至今工作二三十年的农机站站长月工资 30 元，农业局聘请的农技员月工资 50 元。国家开了农技站等增加人员编制的口子，并不给拨款，还是要靠集体自养服务人员。服务场地为集体投入，服务活动多依靠农民资金。坝田乡农经、农技、农机三站，1988 年综合建站前原无资产、资金，到 1991 年积累固定资产 30 万元。这些资产来自服务人员与农民的合作，应视为集体资产。服务依托村组集体经济组织。351 个村服务人员 4249 人，其中农经 966 人，农机、农技、水利专管员 2358 人，"六站"要依靠他们服务到村户。

近年来，天长以政府和农民集体的力量建设乡镇"六站"，被人称作"官民合办"，既利于政府事业单位人员发挥技术优势，又具有民办组织的活力和基础。

2.以分工协作为基础、经济联系为纽带的综合服务体系天长促进“六站一公司”、“综合建站、优化组合”，实质趋向是突破条块分割，适应农户相互关联的服务需要，在服务上分工协作，经济上以资金融通和设施共同利用相联系，发挥组合效应，形成协调服务的有机整体。具体有两种形式：一是“两农”、“三农（农经、农技、农机）”、“多农”一体联合建站，二是各站分设。但各自独立核算，自负盈亏，服务站原隶属关系、职能、人员身份、工资与补贴渠道不变。“六站一公司”上设农村综合服务中心，由一名乡镇长兼负责人。

多种条块分割的农业服务组织在乡镇能够实现协调，客观因素是，农业土地经营带有社区综合性，有关服务是由乡镇统一管理的。乡镇一级服务组织人员构成多成分，多为乡聘、服务组织自聘的本地农民。资金来源多渠道，有县级财政下拨，有通过农经站由农民自筹。乡财政的建立，使原来多数按部门下拨的经费已投至乡级管理，增强了乡的整体协调能力。

值得注意的是农经站的经济服务和管理加强了“六站一公司”的内在联系。

农经站的作用不仅源于管理农村经济的政府职能，而且取决于它在农村集体所有制合作经济中的地位、集体提留村筹乡管制度及控制的资源。实行土地家庭承包、双层经营，集体的服务性经营，如统一管水用水，兴修水利，供应良种，防治病虫，购置集体生产服务设施等，经费来自农民，统一服务管理的内容越多，由农民上交集体统管的提留和生产费用也就越多。在农村土地、劳动力要素由农户掌握、乡镇企业又少的条件下，集体对农民筹集资金的经营管理就成为中心问题，成为可用来调控服务的主要经济手段。农民各类集体提留统筹资金是由农经站筹集管理。加上各种代收代扣款，1990 年农经站经管的农民上交资金总额已达 4943 万元，相当于当年农民人均收入的近 1/8，相当于当年银行农贷资金的近 2 倍，也等于全县财政收入的总额。农经站系统管理的农村资金取得与金融、财政同等重要的地位。

农经站以上述资金为基础发挥经济管理服务职能，在“六站一公司”中起着连接枢纽的作用。①在各站与农户间的服务中，管理合同，统筹农民预付资金，代理结算。各站服务的报酬、物资收付款，并非农户现购现结算，而是事先按合约预付资金，服务上门，农民按合约提货，由农经站统一结算。如植保、防疫，农经站统筹经费时，发给农民植保、防疫结算代金券。服务合格后，农民交给技术人员结算代金券，农技人员凭券到农经站领取报酬。既方便农民，又解决服务组织直接面对千家万户的难处，增加了筹款和开支的透明度，便于群众监督，并节省了管理人员开支，加速了资金周转。②利用各类提留统筹款从收到用的时间差、空间差，融通资金，起到了不是金融组织的融资作用。一些项目资金的时间差在3~5个月，甚至长达1年。农经站精细经营，融资规模1990年770万元，1995年超过1500万。主要用于为农服务，为服务组织提供流动资金。这种资金运用保证了技术物资及时到位，服务正常运转。同时开始在以往靠行政条块实行要素输入、调控之外，形成一定资金由市场引导的货币流通。③受委托为其他站提供财务管理服务，以弥补其财务管理、经济核算上的弱点，使之集中力量发挥业务专长，也有利于政府部门改善这方面的财经监督。

农经站还涉及供销社、信用社与农民之间的购买结算、信贷中介，为之提供方便，降低风险，减少扯皮。一些部门、服务组织同农民之间经济合同的监督、仲裁，唯有靠农经站来执行才能得到基层干部和农民的理解和支持。

由此，以农经站为核心，通过资金调度、流动和管理服务，形成了联接、调整多方面利益关系的农业服务组织网络。它使乡村社区自我服务适应商品日益货币化和社会化的经济，并为财政信贷部门支持农业的实际运行起到很好的衔接作用。

3.服务与经营结合，设立配套载体、既受政府支持又面向市场的经济实体

目前68%的服务组织是服务与经营结合的经济实体。农业服务需要在技术、物资、资金、培训农民方面相互配合。乡镇“六站一公司”在现行体制下主要是农口服务组织的组合，还不可能与供销社、信用社实现组合。出于实际需要，除农经站有融资服务外，也要自办商业经营。同时，服务组织要自立，为农户提供稳定、持续的服务，就要由能有点收入的商业经营来支撑这项只花钱的技术服务，地、县给予了政策支持。

与服务经营相配套，乡镇“六站一公司”建立“四合一”的载体，即：一所农技校，各个服务组织都利用它来对农民进行专业培训；一所会计室，管理农村财务，利用集体提留统筹资金的时间差开展融资服务；一个农贸服务部，为农民代购代销；一支农技、植保服务队，尤其是统一植保。天长已有63%的乡镇建立了“四合一”服务经营载体。

服务经营以政府农业事业单位为后盾，面向市场。如县农业局所属的农业技术推广中心、植保站、种子站、农函校与乡镇农技站有业务指导、支持关系，其技术引进、实验示范，培训基层农技员，传播知识信息，对乡镇农技站是有力的支撑。同时作为经营实体，在一定程度上成为农民进入市场的代理人。

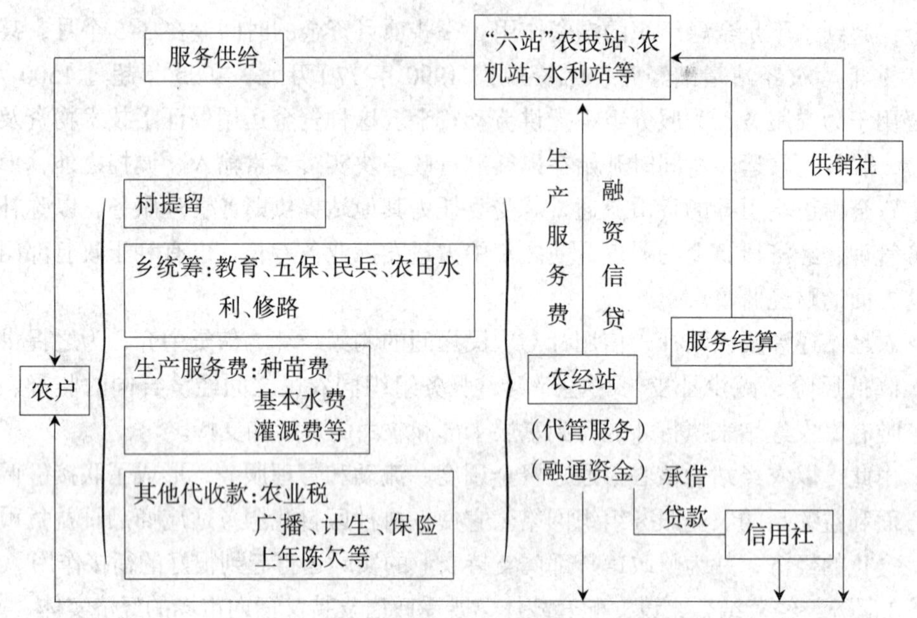

图2 乡镇"六站一公司"服务中的经济流程和农经站的作用

四、"六站一公司"的服务方式、机能和效果

(一) 服务组织与农户的经济关系

"六站一公司"作为服务的供给者，当前主要是面对大多数农户以粮油为主的种植业和家庭畜禽养殖业，服务内容和市场相对稳定。关键是服务方式。在目前农户自主经营、户均承担1100公斤国家粮食定购任务、投入品市场基本放开的背景下，以政府主导型服务、带合作性的社区集体服务为主，也有其他方式的服务。

政府主导的服务。特点是决策来自政府，经费由政府资助。政府主导的服务按农户有无选择自主权，可分为两种：一种是政策支持性的，政府事业单位无偿提供技术信息和培训，进行示范、诱导，由农民选择应用。如农业技术、杂交油菜等良种的推广，县乡农业部门和农技站主要以这种方式推动。一种是带行政强制性的，如农产畜禽防疫、推广除草醚等，即使一些农户不同意，也把它纳入生产费统筹之中，普遍实行。之所以强制，是为防止疫病流行，或嫌示范诱导太慢。

社区集体的服务。带行政强制性的服务，实际是政社合一的集体服务。同时，如农田水利建设、排灌用水等，也是社区统一安排，所需费用由农户与集体提留一起统筹上交，由服务组织在村组配合下开展。这类服务的决策来自社区集体，经费都来自农民。

合作性的服务。目前服务中的集体行为与合作关系往往是混合的、沟通的。农户成为农业经营主体，决定了社区集体的服务向合作服务方向转变。同时这种转变受政府引导（如农经合作指导）和市场的双重推动。其特点是，农民对服务的选择性增强，农户可自己搞植保、到市场购销，也可接受合作服务；一些服务是由农户联合出资的，再由农户利用；宗旨是服务，不以营利为目的；服务收支接受民主监督。

（二）服务组织的机能

“六站一公司”发挥服务效能，是通过集聚农户服务需求进行规模供给、服务的合理定价、集聚和活化资金及民主监督等几种机制。

集中农户需求，形成服务的规模经济。农户小规模经营的服务需要分散细小，涉及产前产中产后多方面，而且有些是潜在的。如农户按传统粮油品种也能生产，但品种不同效果有很大差异；单独到市场也能购买生产资料、销售产品，但成本高、风险大。乡镇“六站一公司”把农户分散细小的服务需求集中起来，使潜在的服务要求分离出来，进行社会化组织，在乡镇范围变成一定规模的专业化服务。农户利用这种服务解决自己办不好的问题，提高生产，增加收益。天长的情况表明，有的服务环节适宜在村，但供销、资金融通等，要在乡镇范围才能形成规模需求，组织人才、资金进行专业化服务，产生规模经济效益。

与无偿服务结合，实行成本收费、微利定价、利益分享。除一些技术辅导上的公共服务外，影响“六站一公司”为农户收费定价的因素，一是合作性的服务原则，实行保本或微利经营。上级农经站检验服务是否执行这种原则，而不以服务盈利多少为标准。二是市场竞争的要求，即只有收费标准低于市价，农民才接受。农技站、农经站等时常是把技术推广与代购代销结合起来，先培养科技示范户、办良种良法的培训班、发科技资料，再推广代购的良种、微肥、生长调节素等。前者是免费的，后者也是低偿服务。由于批量采购，农民购买价格低于市场价，节约了生产成本，同时服务组织收回技术推广培训费用，还可增加收入。一些农民急需物资的供给，如春用化肥、贷款，只向农民收成本费。服务站主要是在对外打交道中，通过批量购买节约费用，或将农产品卖出好价格，使自己和农民都得到利益，同时从加工业获得收入。

聚集融通资金，核算经营损益，提高服务效率。乡镇农经站通过农民集体提留村筹乡管和统一生产费用及其他款项代收，使农民资金归流、汇聚，涵蓄在农村，利用不同资金的收用时间差使闲置资金、非生产资金融通服务于农业。“六站一公司”由于使用农民预付资金，也使用融通的信贷资金，加上农经站的财务管理服务，促使其把服务当作产业来经营，在合作服务的轨道上讲究经济核算和积累。这改变了满足于“用农民的钱办农民的事”而不讲效益的局面。同时促使政府农业事业单位对支农资金的使用实行企业化管理，以提高服务效率。

服务的民主监督机制。改革以来，天长逐步形成一套规范化的农村财务管理制度，实行账目公开、民主理财，被用于农业服务之中。农民上交的集体提留，用于服务的统筹生产费用，除农经站系统定期互审、会审、检查外，由村、组民主理财小组（1987年后，以民主推选方式产生的群众理财代表1.5万人左右，组成村组两级民主理财小组，每组3人以上）定期审核支出，认可的才准许入账；年终召开群众会，公布包括农业服务在内的收支账务，并将其绘制成《农村财务收支到户一览表》，交给每一农户，接受群众监督。民主监督对保障整个农业服务健康发展具有积极意义。

（三）“六站一公司”服务对粮产区农业发展的影响

1.促进农业技术进步和基本农产品稳定、持续发展

——推广农业技术。80年代中期以后，乡镇农技站、农经站等在县农技推广中心、种子公司、农业综合服务公司的支持下，围绕粮油为主的农业，向农户提供技物结合的服务。推广水稻良种、杂交油菜，引进多效唑植物生长调节剂等生化技术，以及水稻叶龄模式栽培、小麦免耕条播。尤其是杂交油菜良种良法的普遍推广，使油菜产量由1986年的250万公斤提高到4000万~5000万公斤。一些乡镇农技站适应所在区片农民发展多种经营的特殊需要，引进、示范、推广蔬菜等良种，促进农业结构调整。

——代购代销。各乡镇农经站利用提留及统筹代收款从收到用的时间差，为农民开展化肥、农药、良种等代购代销服务，实行微利或保本经营。几年来，“六站”每年为农民代购的化肥约占农民用量的15%~20%，农药用量的80%，种子用量的90%，并代销一部分粮油。其代购范围还扩大到建筑材料等领域。

——短期信贷。农经站的短期低息信贷和周转资金被用于支持农户经营、农业服务、开发农业新产业、加工企业等。资金融通规模1990年772万元，1993年

1845万元，1994年增加到2275万元。一些信用社对农户的短期小额贷款，担心不好回收，不愿发放，农经站凭借自己与农民的联系网络，易放易收，又有集体资产信誉，就为农民从信用社借贷承担风险。农业上每年夏收前的生产性投入有40%以上由服务组织依托农经站予以垫付。乡镇农业几站2/3的流动资金来自农经站融资。农经站除不能吸收存款外，发挥了举足轻重的金融服务作用，受到农民的信赖。

——农机、植保服务。有的农机站开始没有农机，是农户凑钱购买，以服务折抵。或是对无牛村、从事工副业多的村承包服务，或是在农民购买农机、组织合伙小组的基础上，帮助建立制度、培训技术、提供维修和零配件。植保服务由农民选择，可由植保服务队承包，也可自己防治，农技站辅导，但必须在规定期间按标准完成。

——会计、审计服务。秦栏镇牧马湖渔场1984年以来办场10年无积累，也未向集体上交一文钱。1993年镇农经站受委托予以审计，发现现行体制下管理混乱，浪费严重，集体为私人背负大量债务。根据他们的建议当年改为向社会招标承包，即向集体上交11.3万，第2年上交17万多元。同时农经站审计了新办3个月连续亏损的农机加油站，也以年上交6万招标，扭转了局面。这类经济管理型服务已开始受到重视，显露服务效益。

2.培育农业服务经营实体，壮大专业经济技术服务力量

80年代后期以来，“六站一公司”的逐步发展改变了乡镇农业几站分散无力，一些地方甚至萎缩、关门，资产被侵占、人员流失的局面。现在全市乡镇中“六站”有机构、人员、场所、实体，能开展多种服务的已占近70%；能开展多方面服务但尚未形成实体的约占1/4。1988年春，全市仅两个乡建立农经站，固定资产一无所有，1990年乡镇都有了农经站，固定资产共计80万元，1995年已有积累298万，其中固定资产129万元。乡镇农技站一般已有3~5人，实行服务经营结合，虽然只有一人是政府给30元月工资，但从站所得收入已能维持生计。过去被人看不起的农业几站，在一些地方已产生吸引力，有人要“开后门”进来。目前服务实力仍较弱小，但已成为保存、壮大专业经济技术人员队伍的载体，农村综合生产力的重要组成部分。

3.积累几项有关基层政府事业单位与农民集体或合作服务的制度

天长在发展以“六站一公司”为代表的农业服务体系过程中，探索出一些办法，如基层政府农业事业单位与乡村集体（合作）经济组织对接，组合协调专业组织进行综合化服务；农民集体资金村筹乡管，形成资财管理、资金融通的网络；集

体服务实体经营、民主监督管理等。这些办法虽有待改进完善，但都是农村经济向市场体制转变中富有生命力的组织制度。这些“软件”及其反映的规律性认识对农业发展的作用同样是不可轻视的。

五、经验与问题

天长围绕粮油商品生产为主的农业，以乡镇为重点，发展政府农业事业单位与社区集体经济组织结合的“六站一公司”，是从当地情况出发，构造农业服务组织体系的创新，但仍是“没有进行到底的尝试”。

近几年，发生了两次体制变动，引起人们的困惑。1992年实行撤区并乡，将农业几站人财物管理权下放乡镇政府，出现随意安排人员、挪用资金等问题。时隔不久，1994年又根据有关政策，将农业几站管理权上收县（市）级政府主管部门。上收交接不顺利，乡镇不愿上交，有的突击向农业几站安插人员，市主管部门则不愿接受扩充人员，包括已成为骨干的非国家职工，交接近两年尚未完成。这种情况向人们提出一系列问题：乡镇农业服务组织自身不独立，受行政管理体制变动影响大，到底怎样处理政府与服务组织的关系？乡镇农业几站复归条条管理，多年建立乡镇“六站一公司”综合服务体系的探索似乎告吹，它的探索是否积累了一些应肯定的东西，产生一些问题的原因和解决途径在哪里，今后怎么办？

“六站一公司”以往的发展、目前面临的情况，有其特殊性，但其中蕴藏着值得思考的带普遍性的经验和问题。

（一）在粮产区半自给农业的服务体系中，政府农业事业单位与农民集体组织两者要在乡镇层次结合发展，乡镇不能没有农民的集体或合作组织

乡镇“六站一公司”的发展显示：①两种服务的结合是必然的。一方面，政府农业事业单位的底层在乡镇，目前需要改变薄弱状态（如国家农技员短缺，农机站长、县聘农技员月工资仅30~50元），单靠它不可能服务到千家万户，要与乡村集体和农民合作组织对接，才能服务到田到户。另一方面，发展乡村合作或集体的农民自我服务，要靠农民的资金，组织他们中的能人，但要适应市场、利用不断更新的科技，没有专业经济技术人员是不行的。由于历史的背景，这些专业经济技术人员多在政府事业单位，合作服务组织的发展需要得到政府事业单位的帮助。②政府农业事业单位和集体服务组织的结合点在乡镇，当前宜把乡镇作为农业服务体系的

发展重点。这样既可利用政府农业事业单位及专业经济技术力量的基础，又可利用农民联合的力量充实、发展。乡镇从来是和“集市”相联系的市场网结，农民进入市场的商业、金融、加工服务自然要以乡镇为集结载体，以形成村级社区难以形成的流通批量和规模经济。③两种服务在乡镇结合发展，没有乡镇农民集体的合作经济组织是不可能的。利用农民力量发展农业几站，实际生长着集体或合作成分。取消公社后乡镇实际上仍承担着“社”的集体经济组织职能。

鉴于乡镇农业事业单位的演变，农民集体的参与，应肯定一些地方乡镇农业几站具有国家和集体所有的双重性质，采取相应政策。①国家为支持农业、保护和发挥专业经济技术力量的积极性，防止对政府农业事业单位随意撤并、“断奶”。当前应继续将乡镇农业几站作为国家在基层的事业单位，在人力财力上予以加强，并由上一级政府主管部门指导、管理。②由于乡镇农业几站在一些地方具有双重性质，应尊重其经济上的独立性和经营上的自主权。③适应政府事业和农民集体的结合发展，赋予乡镇协调服务的权限。④将来随着合作经济成分的增长，有些农业服务站会转变为农民合作经济组织的一部分，政府事业单位或人员应继续与之配合。

（二）乡镇层次建立政府事业单位和农民集体二者结合协调服务机制，关键在于使服务组织成为相对独立的经济主体，维护其产权，规范政府行为

天长以“六站一公司”形式将政府事业单位和集体经济结合起来发展为农民的服务，离不开县乡政府和部门的支持与管理，但一些问题的发生是同乡镇政府或部门的侵权行为相关的。一些乡镇政府领导干部混淆了政府服务与服务组织财产权利之间的关系，认为乡镇几站是政府给政策、做工作发展起来的，是“官民结合”的产物，就将服务组织当作下属单位来支配。在一些乡镇出现凭借行政权力，对农业几站搞新的平调，抽调农民资金购买乡镇办公设施，给乡镇企业作周转金，强行以乡农经站名义借债用于其他建设，甚至为私人所用，使农经站背上沉重债务（1995年全市被无偿占用的资金超过1000万元），或任意安插人员，影响了服务组织正常运转。产生这类问题的原因，是没有明确界定服务组织的地位，界定政府与它们之间的权利关系。解决问题的办法，不在于行政条块之间的权力分割，根本在于界定政府和服务经济组织的权利关系，维护政府事业单位和农民集体的产权，使之成为相对独立的经济主体。在这个基础上，才能建立国家事业单位与农民集体服务结合发展的机制，也才能规范政府行为，使政府发挥支持、管理作用而不侵犯服务经济组织权利，形成“官民结合”服务农业的机制。

（三）乡镇集体（合作）服务组织与农户农民的关系：建立民主决策和监督的管理机制

天长“六站一公司”进行的一些服务项目是乡村集体统一从农户筹资进行的。如上所述，他们对乡镇集体服务注重建立村组民主理财，公开账目，接受群众监督的民主监督制度。但是，这仍然不能从根本上解决服务中的问题。因为有些服务项目或开支少数人说了算，钱已经花了，加重农民负担，造成损失，单靠事后监督无济于事。有些服务事项的决策是来自某些领导违背群众意愿的行政强制，农民不满，民主理财小组和乡农经站也不便对这类事项行使监督权。这些问题不是在政府条块监督内兜圈子所能解决的。天长已发现这一制度上的漏洞。针对这个问题，下一步打算，一是乡村集体统一进行的服务，要事先经过村组农民自下而上的协商，搞哪些服务，办什么事，开支幅度多大，由群众民主决定，形成制度。二是乡镇统筹服务，年前作出预算，由乡人民代表大会审议。本来乡人代会是审议政府财政预算的，但由于没有乡镇集体经济组织和社员代表大会，只有借人代会审议农民集体统筹服务的事项。但是，人们仍担心乡人代会不可能监督同级政府对农民集体服务的不当干预。

应当说，让农民进入集体服务的决策，这已是解决集体组织管理混乱和脱离群众的迫切需要，也是带制度性的进步。如能在明确集体服务经济组织的独立地位的条件下，建立起由农民及其代表事先议定农业服务基本事项与财务开支，规定重要事项如何由成员代表会议决策的程序，集体服务组织在其决议的基础上服务、经营，事后又有民主监督，那将使集体服务组织的内部决策、监督机制健全起来，克服种种个人说了算、劳民伤财的现象，理顺组织内部关系，焕发集体统一服务与农户经营结合的生机活力。同时真正形成土地集体所有基础上的合作经济制度。

（四）处理好乡镇层次政府和集体事业单位专业分工与综合化服务的关系、为粮食等基本农产品生产和多种经营服务的关系

围绕粮油等生产服务的乡镇“六站一公司”，实行各站职能、分工不变，协调服务，融通资金、共同利用设施、统一规范管理，组合为综合化服务的有机整体，适应了农户的需要。那种要求乡镇农业几站各搞各的“小而全”的想法是不切实际的。县级政府农业事业单位在专业技术领域里有优势，主要是搞生产力的，让他们去管乡镇站的财务，既外行又管不到。委托乡农经站为之提供会计审计专门服务，则事半功倍。目前专业服务与商业经营的结合，是与供销、信用未实现与农村合作

经济组织的整合相关的，将来在农民合作的基础上实现了整合，建立了相互间的利益调节机制，就会进一步改变各站设置“小而全”的局面。在现行政策下，县级政府主管部门对下属乡镇农业事业单位的管理，不是回复到计划经济体制下的条条分割，而是加强对它的资产管理，资产是国家的，由乡镇集体使用，因此不应构成乡镇综合化服务的障碍。

此外，乡镇农业几站综合服务，主要适应粮食等基本农产品生产的服务，鲜活农产品、规模养殖业等的生产，需要以批发市场、公司、专业合作组织等多种多样的服务形式与之相适应，这在粮产区农业结构的调整中，日益提上日程。

（1996年5月）

龙头企业是发展农业产业化的关键*

农业产业化经营的基本形式，是一区域面向市场围绕某项农产品进行专门生产的农户群体，与相关的加工、储运、供销、服务企业等经济主体相联系，形成贸工农一体化、产供销一条龙的生产经营体系。其中某个（类）企业往往因有较强的市场开拓能力或加工增值能力、技术创新能力，在一体化发展中起着牵头作用，被称作“龙头企业”。龙头企业类型多样，有农村乡镇企业，城市商贸加工企业，农民专业大户、专业合作组织等。

龙头企业对发展农业产业化经营，促进农业走向商品化、专业化、现代化，有着重要的作用。

首先，龙头企业是农业家庭经营与社会市场联结的枢纽，是一体化生产经营体系进行市场交换的核心。国内外的实践表明，土地家庭承包经营符合农业生产特点，有广泛的适应性，能适应现代化的要求。但农户面对农产品市场流通，不可能像工业集团那样掌握大范围的市场信息，进行市场需求预测，难以作出恰当的经营决策。这一弱点给农户经营带来盲目性，致使农户受损失，农业受折腾。同时，分散的农户在市场上势单力薄，难以争取农产品的合理价格。解决这一难题，要靠龙头企业在市场交换中发挥作用。一方面搜集信息、研究市场动向，给农户以经营的指导，或与农户签订生产合同，使分散的家庭生产围绕市场的需求进行；另一方面通过龙头企业组织商品流通，使一家一户的商品买卖，变为较大规模的商品交换，增强讨价还价的实力，节约交易费用。

其次，龙头企业使农业经营由仅提供初级产品向加工、流通领域延伸，是提高农业效益，增加农民收入的带动力量。随着社会消费水平的提高，人们对农产品的

*《人民日报》，1998年12月11日。

需求越来越由初级产品转向多样化的加工产品。农业经营中后续加工、储藏、包装、运销环节所占附加值、收益的比重也逐步提高，有些甚至使初级产品价值倍增。发展农业产业化经营的目标之一，就是适应这一趋势，改变农业单纯提供初级产品、比较效益低的局面，使农民从加工、流通过程中增加收益。这主要是通过作为加工、流通主体的龙头企业实现的。

第三，龙头企业是推进农业现代化投资、技术改造和改进管理、提高综合生产力水平的带头力量。在农业产业化发展中，有经济实力的龙头企业，为适应国内外市场竞争，积极聚集，引进资金，购置先进适用的农产品加工、贮运设备，对农业技术革新起着主导作用，并且吸引专门技术人员，成为向农民推广技术、提供服务的中心。沿海发达地区和城市周围农业产业化经营发展较好的地方，虽然同样是农户经营土地，但龙头企业在农户种养两头起作用，一头是推广先进技术，使种养品种得到改良，一头是使初级农产品的加工、保鲜技术达到或接近国际先进水平，呈现“两头洋，中间土”的发展格局，增强了市场竞争力，促进了向现代农业的转化。

第四，龙头企业是发展农业产业化经营，建立企业与农民“利益共沾，风险共担”，优势互补，相互促进机制的关键。农业产业化经营能否稳定持续发展，重要的一条，是从事加工、流通的企业与农民的关系。农户和企业功能不同，优势各异，谁也离不开谁。要做到有机结合，由各自分散的优势，联合为产业化经营的整体优势，就需要在他们之间结成经济利益共同体。在能否建立企业与农民“利益共沾，风险共担”关系的问题上，由于分散经营的农户相对于龙头企业来说，处于弱小地位，龙头企业担负着主要的责任。许多地方正是由于龙头企业看到了经营效益不仅来自自身努力，还来自多方面的优势互补，从而以利润返还等方式，在经济主体间形成共同利益的联系和激励，使一体化经营充满内在的生机活力。

（1998 年 11 月）

让更多龙头企业腾飞，促进村社繁荣发展

一

众所周知，农业产业化经营是1993年由潍坊市和山东省率先在实践中提出来的，到今天短短6年时间，影响不断扩大。农业产业化的实质内容是贸工农一体化经营。它首先在东部沿海地区、大中城市郊区产生，那里至今仍是贸工农一体化经营组织发展较多、水平较高的地方。但以畜产加工为标志，重心逐步向中部地区转移，西部不少地区也出现农业产业化经营的雏形。党的十五大和十五届三中全会，把农业产业化经营称作我国农业逐步走向现代化的具体途径之一，要求积极发展，以推动农业向商品化、专业化、现代化转变。国家有关部委，2/3以上的省市自治区，对此都专门提出了指导意见和政策措施。它已成为各地指导农业和农村发展中的一个共识。

在农业产业化经营发展中，最引人注目的是多样化的龙头企业。农业产业化经营的基本形式，是一区域面向市场围绕某项农产品进行专门生产的农户群体，与相关的加工、储运、供销、服务企业相联系，形成贸工农一体化、产供销一条龙的生产经营体系。其中某个企业往往因有较强的市场开拓能力、或加工增值能力、技术创新能力，在一体化发展中起着牵头作用，被称作“龙头企业”。大大小小的龙头企业，是各地农业产业化经营体系的核心，它们活跃在天南地北，联系千家万户，进入国内国际两个市场。可以说，农业产业化经营龙头企业现已成为市场放开早、需求弹性大的畜牧、水产、蔬菜、水果等行业发展的主导力量。哪里优质高效农业发展得好，农业专业化、区域化生产发展得好，农民务农能获得较高收入，哪里往往就有龙头企业在发挥作用。出现了农业发展、村社繁荣与龙头企业密切联系的现象。

之所以如此，关键是我国农业发展进入了一个新阶段，解决新阶段的矛盾、难题，需要在前一段实行土地家庭承包经营，调动农民积极性的基础上，发展出新的组织形式和经营机制，产生出一大批“农”字号的加工、运销、服务企业，以及一大批企业家，组合、调动多方面的力量和积极性，才能与之相适应。

(一) 农业产业化龙头企业有利于解决农民适应市场，克服新阶段资源、市场的双重约束

新阶段的突出特点，是农产品的市场供求，由短缺到基本平衡，以至供过于求，价格下跌。农业发展不仅受人多地少的资源约束，而且受市场需求的约束，开拓国内外市场成第一要义。但农户社会联系面小，信息量少，难了解市场新需求，开发新产品，导致生产盲目，往往是一哄而上，一哄而下，反复折腾。发展农业产业化经营，龙头企业承担着掌握市场信息的任务。它按市场需要进行农产品加工、销售，按加工需求组织农户生产，把市场需求信息传递给农民，进行产品结构的调整。这样，龙头企业在农户与市场之间架起桥梁，并以合同方式与农户建立产销联系，被称作“契约农业”、“订单农业”，有助于农民在市场面前解决“生产什么，产品卖给谁，怎样卖出合理价格”的问题。

(二) 它是农业发展新阶段实现科技进步、技术变革的需要

人们跨越温饱阶段以后对农产品需求的变化趋势，是食品的多样化、优质化。消费方式也开始改变，对加工品的需求增加。这就要求在稳定粮油棉基本农产品生产的基础上，调整结构，增加品种，提高质量，发展加工、保鲜。结构变革和优质化，要以科技进步为支撑。80年代以来，推动农业发展的是政策、投入（包括农产品提价）、科技等综合的因素。但不同阶段各要素的地位不同。在新阶段，科技已成为关键。而龙头企业置身市场竞争，具有吸收科技提高竞争力的内在动力，同时有与提高科技含量相匹配的经济力量，成为农业科技进步的重要推进器。它通过引进技术，技术入股，或引进人才、投入资金、自办研究所，自主进行技术开发，解决技术难题，并将先进技术导入贸工农的各个环节，以提高农产品的质量和品质，增强市场竞争力。

(三) 有利于解决农业效益低，农民收入增长难度加大的问题

龙头企业通过带动农户发展专业化、规模化 的优势产品，从加工、储藏、运

销等多个环节增加附加值，有的还实行利润返还，成为提高农业综合效益，增加农民收入的带动力量。

(四) 有利于迎接国际市场的挑战

近年来我国农产品出口结构已发生很大变化，多种经营产品、加工制品的比重提高。其中农业龙头企业起了很大作用。只有实力强、技术水平高、联系农户区域化、专业化生产群体的龙头企业，才能牵动产业链，在市场上与国外跨国公司，进行综合性、整体性的竞争。鉴于我国即将加入世贸组织，我国农产品在国内、国外两个市场，都面临国外农产品的严峻挑战，龙头企业的作用越来越重要。我们在这方面的发展还很不够，农业产业化经营和龙头企业要有新的发展。

二

面对农业产业化龙头企业在我国农业、农村发展中扮演着越来越重要角色的趋势，一个重要问题是，要总结各地的实践经验，深入探讨龙头企业成长、发展的特点和规律，探索龙头企业与村社发展繁荣的关系。我认为以下几点值得注意。

(一) 龙头企业具有多样性，以市场交换方式与农户联系，责权利关系明确，机制灵活，有广泛的适应性

龙头企业的第一个明显特点是具有多样性。农业产业化龙头企业的发展，不像过去按行政方式办人民公社，全国一个模式。而是在市场机制下，根据经济发展的需要，因地制宜、因业制宜地创办企业，建立企业与农民的联系。因此，类型多样，多彩多姿。来源多样，有农民专业大户、兴办实体的农民专业技术协会、乡镇企业，有城市商贸加工企业，有外商。经济成分多种，有集体、个体、私营、股份制、股份合作制、集体和国有控股的混合所有制等等。贸工农一体化的经营模式不一，有“公司+农户”、“合作组织+农户”、“公司+合作社+农户”或“公司+基地+农户”。有的是几种模式的混合，如重庆润康药业有限公司，是“公司+农户”、“公司+基地（村社组织）+农户”、公司办直属企业三种形式的结合。第二个特点，龙头企业与农户都是独立的市场主体，以市场交换的方式和契约形式衔接产销，产权明确，关系简明。有利于减少企业和农民相互协作中的侵权行为，相互关系的建立可以从最简单的形式起步，由低级向高级发展。由于这两大特点，企

业带农户的经营，起步较早，发展广泛，对我国农业产业化经营起了开路先锋的作用，也是当前贸工农一体化最主要的形式。

(二) 龙头企业作用发挥、产业化经营发展壮大，依赖于龙头企业与农户的协作，形成综合优势和新的生产力

龙头企业与农户的结合，打破传统体制下产供销、农工商的分割，搞“商品经济大合唱”，走向贸工农一体化，被称为“公司+农户”。“公司+农户”，不是简单的相加，这种相加包含着产业整合、分工协作、要素配置、优势互补、规模经济、利益分享等丰富的内涵。关键在于“加”出新的生产力，形成有利于提高农业综合生产力的经济形式。

公司与农户结合造就经营方式上扬长避短的互补优势。农户在农业生产环节具有其他组织难以比拟的经营优势。企业、公司在农产品的市场流通、加工、服务环节具有经营优势。两者结合，相得益彰。对农户经营来说，能借助龙头企业开拓市场，如虎添翼。龙头企业不仅搜集信息，分析市场走向，指导农民围绕市场需求发展种养业，而且通过组织商品流通，使一家一户的商品卖买，变为规模化的商品交换，增强讨价还价的实力，节约交易费用，进而带动农业生产的专业化、区域化。

公司与农户结合，以分工协作方式延长产业链，实行产业组合，有着加工增值、技术进步的发展机制。农业产业化在一定意义上是农业工业化。在“公司+农户”中，公司的重要功能是加工，使农业由初级产品生产向加工、流通领域延伸，为提高农业附加值和产业整体效益、增加农民收入开辟了广阔的发展空间。同时，龙头企业有推动农业现代化投资和技术改造的功能，改变着农业生产要素和技术的面貌。在资金上，既有以合作制、股份制方式对分散资金的聚合，也有以联合、兼并方式，打破城乡或部门界限，进行资产重组，或是进入资本市场融通资金，促进农业产业化经营的技术设备投资和更新。在技术上，龙头企业是引进技术，推广到一体化经营各环节的火车头。沿海发达地区和城市周围农业产业化经营发展较好的地方，虽然同样是农民在经营土地，但龙头企业在农户种养两头起作用，一头是推广先进技术，使品种得到改良，一头是使初级农产品的加工、保鲜技术达到或接近国际先进水平，有利于提高质量、降低成本，促进了向现代农业的转化。

公司与农户的结合，是农民与具有创新精神的企业家的结合，以适应市场和农业现代化的多种挑战。“公司+农户”，使农业从业人员的构成 由以往的单一农民，

变为企业家、投资者、技术人员、经理、工人与农民的多元组合。核心是农民与企业家的结合。不少龙头企业都是在市场的风浪中由小到大闯出来的，从中生长出一些企业家。企业家不同于经理。经理是管理人员，是管理已有的企业。而企业家是能从市场中看出发展路子、敢冒风险、变革现状，从无到有地创办新企业，开发新产品的人。他们在发展现代商品经济中起着特别重要的作用。经济学家熊彼特很看重技术进步与创新企业家在现代商品经济发展中的作用，历史的进程已证明了这一点。在我国，企业家在农业市场化、现代化的发展中，对市场开发、经营创新、产品和技术的创新，也起着同样的革命性的作用。当然，企业家作用的发挥，要以与科技人员、管理人员和农民的合作为基础。还应看到，在我国结构转变和劳动力转移的背景下，产业化提高了商品农业的附加值、劳动生产率和务农劳动者的收入，使农村的一部分知识青年能稳定地留在农业上，培育新一代农业中坚力量。

公司与农户的结合，是在做大蛋糕、增加效益基础上，构造“利益共沾、风险共担”机制。在这种结合中，农民增加收入，不是靠瓜分加工、流通企业的既得利益;企业增加利润，也不是靠侵犯农民权利。它们利益的增进，首先是靠贸工农一体化经营推动商品农业发展，从市场上赢得更大一块收益。在此基础上，做到互利互惠，利益分享。两者在形成产业链的同时，也形成一种利益链。龙头企业对建立合理的分配机制，同样起着关键的作用。相互经济关系好不好，主要不取决于弱小农户，而要看龙头企业发挥怎样的主导作用。

（三）农业产业化龙头企业的根基在农户和社区，只有处理好与村社和农民的关系，才能获得自身的大发展，同时成为村社现代化的带动力量，对社会发展和精神文明建设做出卓越的贡献

农业具有社区经济的特点，社区是企业与农户衔接的中介。龙头企业与村社发展有着互为依托、相互制约、相互促进的内在联系。龙头企业的第一车间在村社，在农户经营，只有深根固本，才能根深叶茂。

首先，农业产业化经营龙头企业开发农村丰富的劳动力资源，利用耕地、水面、山场、滩涂等自然资源，离不开村社。农民的土地归社区集体所有，农户从事与加工销售龙头企业衔接的专业化生产，也离不开社区的综合化服务，需要村社组织在土地规划、土地改良、水利、电力等基础设施及社区商业和金融上的服务。

其次，村社在“公司+农户”中起中介作用。在现实经济生活中，大的龙头企业，联系数千、数万农户，不少都是依靠基层村社，组织技术推广，衔接产销关系

的，被称为“公司+合作社+农户”，或“公司+基地+农户”。其好处就是利用村社现成的组织资源，减少公司直接与农户打交道的组织成本。

再次，很大一部分龙头企业是依托社区发展起来的乡镇企业、农民专业大户，或是农民专业合作组织。有的村社就是农工商一体化经营的龙头企业。这些企业运用社区的地利，得到社区组织的支持，利用社区的血缘、地缘关系，利用社区观念，团聚人心，亲邻相带，协作互助，维护经济信用，疏通对外交往。血缘地缘与事缘业缘结合，是无形的资源，无形的力量，有利于企业和村社共同从传统走向现代。

最后，龙头企业树立义利结合的价值观念，把追求自身赢利、积累、发展的目标，与造福一方百姓、带动村社现代化结合起来，是企业宝贵的精神财富和发展条件。中国历史上的“重义轻利”，鄙薄商家，是障碍商品经济发展的意识形态，今天仍要清除这种影响。自利不等于自私。同时，利己要和利人、利社会结合。商品经济没有义利结合的伦理作指导，不讲信义、信用、信誉、信托，就缺乏经商的基本条件。龙头企业只有与社区、农民在互利基础上建立互信，才能进行成功的合作。我国一批企业家到贫困地区去，正是抱着义利结合的理念去搞经营开发，结果达到了既帮助农民脱贫又增进企业利益的目的。在困难地区能做到“双赢”，在一般地区更能做到。

实践表明，龙头企业发展要运用社区之利，而龙头企业在一地腾飞，是所在社区之福。龙头企业的发展，带动村社形成“两高一优”农业新的经济增长点，给农民就业、增加收入开拓新的天地，以至推动村社现代化、城镇化。像安徽金田集团使所在村成了小城镇。当然，多数龙头企业是在乡镇而不是在村，是以镇带村，促进城乡一体化发展。

三

我们希望现有龙头企业不断开拓前进，希望更多龙头企业发展腾飞，促进农村繁荣兴旺，但发展中也存在一些问题。为此村社研究会通过这次会议，向龙头企业和企业家，向村社干部，向社会提出呼吁，注意探索解决以下问题。

（一）要探索龙头企业和村社、农户间的合作与利益共享关系问题

应当看到，农户、村社与企业合作，实际是把他们的劳动力、土地、资金纳入了企业的经营，扩充了企业运营的资产。而且，在农业生产环节，家庭经营的优势

和村社的作用，降低了整个产销体系的管理成本。这对企业的后续经营是有利的基础条件。农民是理性的，也是重信用的。要得到农户、社区合作之利，就要与之建立共享的利益机制，让农民得到实惠。如诸城外贸公司保证农民养一只鸡得一元多的利益，在行情不好时，哪怕自己赔一些，也做到了这一承诺，稳定了饲养队伍，在行情好转时，企业就能得到较多利润。

建立企业与农户利益共享、风险共担的利益机制，可以有多种形式。从龙头企业与农户的经济关系看，基本是两类:一是合同关系，公司+农户多属此类;一是合作关系，即农民的联合服务。这两种类型都应肯定。现在，有一种意见值得商榷，就是认为公司与农民的合同关系，仅使农民得到产品市场销售的便利，得不到加工返还的利益。只有合作组织，才在加工销售之后，按交易量对农民进行利润的二次返还，因而提倡合作，贬低公司+ 农户的合同农业。应当说，这种看法是有片面性的。合作组织有优越性，应予提倡，但不能主观地搞一种模式。

首先，龙头企业与农民的利益关系是多方面的，表现形式是多样化的，不是返还利润一种。诸城外贸集团对养鸡场，自 80 年代中期以来，就有“两赊销”（良种雏鸡、配合饲料）及“四到门”（技术指导、防疫、送饲料、收购成鸡）的服务。这里面就有农民取得垫底资金和技术、销售上的利益。此外，企业对销售市场进行预测，在行情将要走下坡路时，减少饲养，在行情走到谷底、社会上普遍减少饲养时，却加大对农民鸡雏的投放规模，在行情转好时及时进入市场，企业和农民都从这种信息指导中获利。公司对农户产品有优惠价、保护价，也是一种利益补偿。

其次，经济组织、利益关系的形式，依产品产销的特点，市场、中间组织发展的状况而定。不是什么条件下只有合作组织一种形式最好。只有多种形式，才能从不同的起点出发，调动多方面的资源和积极性，广开发展的路子。

第三，多种形式并存，相比较而存在，相竞争而发展，才能使经营组织充满生机活力。计划经济下理想化的搞高级社、人民公社一种形式，结果效果不好，既有自身体制的问题，也有组织选择“一刀切”、“一个模式”的问题。如果有多种形式的创造和竞争，组织间就会取长补短，机制不好的就会自我改善，不改善就会被淘汰。有生机的合作组织也只有在这种环境下才能成长起来。

（二）村社、农户怎样支持龙头企业发展的问题

龙头企业规模越大，打交道的农民越多，越需要村社在中间发挥作用。现在

大多数乡村和农民都看到，龙头企业发展，有助于自己解决获得市场信息、技术和产品销售等难题，与企业的协作较好。但也有一些乡村与企业的关系处理得不够好。据一项对港商投入农业企业的调查，有30%的企业，感到与农民打交道困难。一是农民接受新生产技术，按一定的生产标准生产和信守合同的困难。少数农民投机取巧，损害企业利益。二是企业利用集体山场、土地或农民的承包地，农民阻碍征地或“放牛入林”之类的利益摩擦。情况表明，一方面要教育农民认识与企业的利益共同点，同时农民也会在实践得失中得到教训，改善与企业的关系。另一方面，村社在处理农民、集体与龙头企业的经济关系时，一定要兼顾两者利益。偏向农民，损害企业利益，搞得不好，企业就会离开。偏向企业，也可能给企业带来麻烦。有的村社干部，受企业诱惑，或受上面某部门的压力，在使用土地的地价、租约上，给投资企业“便宜”。由于损害了农民利益，其后农民就与企业搞摩擦，抵消企业所占的便宜，村社的权威也受到影响。这种情况应当改变。

（三）政府怎样为龙头企业发展创造好的政策和法制环境问题

由于我国农业人多地少，农业产业化多是劳动、技术密集型的，龙头企业较多与人打交道，搞得好不好，当地政府的支持至关重要。根据我们对一些企业的调查，他们感到与农民打交道的难度还不如与政府打交道的难度大。企业反映强烈的，是乱收费，报批手续多，办事拖拉、麻烦，对有些涉及企业财产权利或安全的纠纷处理不力，治安环境不良。为此，政府要提高自身办事效率，为企业提供公共服务，依法维护市场秩序，保护企业的应有权益。我们为企业呼吁，保护产业化龙头企业的利益，就是保护农民和社区的利益，要从服务、经济管理、治安司法等方面为企业创造良好的制度环境。

（四）全社会怎样关注企业家的成长问题

企业家是经济战场上的将军。千军易得，一将难求。同时，国外评论，中国人不缺乏企业家精神。改革以来的实践表明，一些大大小小的企业家，是从农民中成长起来的。为了培育更多的农业产业化龙头企业，为了龙头企业的成长壮大，企业家的成长问题应受到全社会的关注。一方面是各级政府应着力搞好统一开放、公平竞争的市场秩序，维护各类市场主体，包括企业和企业家的合法权益。同时给企业经营者以指导，组织企业家之间的相互交流。另一方面，企业家要努力提高自身素质，过好应对风险的市场关，处理各种人际关系的社会关，合法运营的法律关。

要感受改变中国经济不发达状况的时代责任，树立远大目标，提升企业水平，把事业做好做大，能够在国内国际两个市场上开展竞争。作为农业领域的企业家，要和科学家、技术管理人员合作，要与农民和村社干部合作，共创辉煌。

（五）全社会怎样关注村社干部的成长

在经济发展中，农民和企业都对村社寄予了很大的希望。这种希望，最基本的是处事公平和社区安全。更高的要求是为农民致富，企业发展创造好的条件，如按照党和国家的政策，搞好土地的管理，搞好水利、电力、道路、生态环境等基础设施的建设等等。现在的问题是，村社干部承担上面交办的行政性强制性任务多，忙于催粮派款收提留，执行乱摊派、乱收费，不可能把精力集中在对农民、企业的服务上。收费上缴负担重，农民和村社也无力去改善生产条件。因此，关注村社干部的成长，首先要给其提供做群众希望做的事情的政策环境，减轻村社和农民负担。同时要总结村社工作行之有效的经验，培训村社干部，改变只责备、不帮助的状况。要开展村社工作的研究，农村干部、村社干部在市场经济下应履行什么职能，以什么方式方法履行这些职能，经济民主、村民自治怎么搞，怎样向农民和企业提供可能的服务，要在调查研究的基础上，做出理论与实际结合的回答。实践、认识、再实践、再认识，使村社工作适应市场经济和现代化的需要。

（1998年9月）

美国农业社会化服务考察

——兼谈美国的农业合作社

经国务院发展中心批准，国际部、农村部组织派出的农业社会化服务考察团，系以山东、内蒙、河南、江苏、福建、海南等省区分管农业或地县全面工作的中层干部为主，一行19人，于1993年1月28日至2月14日，以民间访问身份，对美国农业和社会发展进行了考察。共同认为这次实地参观访问，对美国农业的现代化发展、市场体制下的农业组织和服务，政府的农业保护政策和公共服务，留下了深刻印象，起到了开阔眼界、解放思想的作用，对搞好我们的农村改革和发展有很多启发。

一、从城市到乡村的农业逆向考察

这次农业社会化服务考察，是以城镇为重点进行的，分为两个阶段。

第一阶段，1月28日至2月7日，在美西海岸的加利福尼亚州作重点考察。加州是美国太平洋沿岸三州中偏南的州，人口3600万人，占美国总人口15%，面积41.1万平方公里，属第三大州，以新兴产业闻名，也是主要的农业州。全州耕地1240万公顷，灌溉面积320万公顷。农业上粮、棉、畜牧、蔬菜、水果都有，其中饲料、鸡蛋、番茄、莴苣、甜菜、葡萄、桃、杏、李、梅产量居美国第一位，柑橘居第二位，因而加州农业服务多样，很有代表性。该州地理上南北长，西边是沿海山脉，东为内华达山脉，皆南北走向，北近俄勒冈森林山地，南近墨西哥沙漠，中部是宽100多公里、长1000多公里的中央谷地，农业多集中在这一地带。我们自北向南，基本考察了全境多种类型的农业服务情况。

对加州农业服务的考察是从城市到乡村，以城镇为重点进行的。先在北部以旧金山市为中心的海湾地区，考察了在世界范围拥有业务的“多乐”食品公司设在旧金山的分公司，奥克兰市郊的奶制品工厂，距旧金山100多公里的北部纳帕山区葡萄种植园和高级香槟酒、葡萄酒厂。接着离开旧金山，向东考察了著名的戴维斯农学院，加州首府萨克拉门托的蓝宝石杏仁合作社。然后沿中央谷地向南，考察橡树镇的荷需巧克力工厂、贝克斯菲尔辖区的美国西部最大的十万头养牛场，百事可乐公司的玉米片、马铃薯片加工厂、棉花加工厂和卡尔科特棉花合作销售公司。美国农业已高度商品化、“工业化”，农产品销售收入中80%以上属于加工、包装、储运、销售环节，农场收入仅仅占15%左右，而负责加工运销的公司总部多设城镇，进行面向全国和跨国的经营，且城镇人口占到全国人口的80%以上（加州则占91%）。实际表明，这种从城到乡的逆向考察，比较适合观察美国高度社会化的农业整体和农业服务。

第二阶段，在美国东部的纽约、华盛顿和马里兰访问，重点访问美国农业部在马里兰的农业科研中心，旨在了解其农业的全面情况和政府行为。同时参观了纽约证券交易中心、国贸中心、联合国总部和在华盛顿的图书馆和自然、艺术、航天博物馆。

两个阶段中还参观了几个包含食品销售的综合商场，沿途察看了它们的资源保护、城乡水电交通公共建设及文化场所，与华侨和从事中美经济合作的组织进行了10多次接触，扩大农业和经济文化交往。

二、对美国农业、农业社会化服务的突出印象

（一）美国现代化农业的特点和农业服务的基本背景

今日美国现代化农业的显著特点是以较大规模的农场为基础，贸工农一体化，依市场机制运营，管理层次少。

1.以较大规模的家庭农场为主要形式从事具有现代化、商品化性质的农业大生产

据农业部国家农业科研中心Koms先生介绍，美国220万个农场可分三类：一是一般的家庭农场，一对夫妻两个孩子，平均负责3600亩左右的农地，占农场总数的70%；二是公司型大农场，拥有农地3~10万亩，不论它属于个人、家庭，还是股份制的，都已是一个大公司，这类大农场占农场总数的10%；第三种是家庭小农场，拥有30~150亩农地，专门生产某种农产品，如特殊的蔬菜、花卉，分布于离大城市较近的地方，年利润在4万美元以下，约占农场总数的20%。大农场在美

国农业中举足轻重。公司型大农场和专门的家庭小农场两者都呈增加趋势，一般的家庭农场除在牛奶业表现稳定外则显出减少的趋势。这些农场以占美国人口2%即500多万农业劳动者，不仅提供了满足其国内2.6亿人口的食品消费，而且大量出口，1992年因市场因素出口略减，但仍达420亿美元，占其出口总额的20%。

2.发达的农业商贸、加工、储运体系

以家庭农场为单位的美国农业能进行现代化高效率的大生产，不仅在于农场规模大，发达的工业科技装备了农业，如在加州，棉花植保用飞机，灌溉是喷灌、滴灌，连摘棉花、葡萄、西红柿也用机械，而且在于有一套与农场配合的加工储存、运销和信息体系。这种体系主要是以公司形式组织起来的。我们访问的多乐食品公司，是美国最大的蔬菜、水果公司，成员2万人，它的香蕉、菠萝等的销售占世界第一位，去年销售收入50亿美元。它下面有四个公司。其中一个设在旧金山，经营的水果、蔬菜产地在亚太边缘地区，它在夏威夷（1901年建）、菲律宾（1963年建）、泰国（1971年建）有三个厂，组织当地农场生产菠萝等，与农民建立较稳定的合同产销关系。农场生产的菠萝，从地头上就被购运到工厂，经加工包装，在新加坡、香港由小船换用它自己的大货船，运到国内和加拿大。它的储存仓库多在北美洲两海岸，是运用电脑计算市场销售、运输费、仓储费，推算出仓库设在那里最合算，既保证一周甚至一二天内将货物送到用货单位，又把库存降到最低限度。销售状况用电脑集中起来，去指导生产。旧金山的总部则是掌握市场，运筹向各地配货销售和生产加工的。农场把菠萝生产出来，加工、包装、储运、销售都是公司进行，包括推算市场需求和技术指导。美国的其他农业也是如此。它的农业具有明显的区域性，在适宜种葡萄的纳帕山麓平原，一大片葡萄园就有一处香槟酒厂或葡萄酒厂与之对应；在杏仁产区就有杏仁加工厂，棉花生产带有棉花销售公司。由此看来，农业的产供销一体化、企业化，关键似乎不在家庭农场，而是在于这种加工、储运、销售一体化的公司企业。

3.以配货中心为龙头的农产品流通

就联系农场与市场的农产品（食品）流通的商业形式看，在美国各地，我们没看到我国常见的集市贸易和集市型批发市场。看到的是一处处宽大的超级市场、商场，它里面有食品、蔬菜、水果，也有家具、电器、室内装修器具甚至服装。居民进去买食品或其他用品。食品都经加工了，由罐、瓶、袋装，新鲜菜果是简易包装，一批批排放在货架上。每种商品都有标价、商品号码。在消费者的合作商场，消费者交20美元左右的会员费，可凭证进入，购买质优价廉的商品。这些超级市场并不是孤立的，而是若干个超级市场连锁在一起，由一个配货中心——公司为之购货配货。

据戴维斯农学院专家考温（Conwyn E. Lovin）介绍，目前农产品的市场营销形式，经过了一个变化过程。60~70年前，美国的农村有许多小农场，城市有许多小商店，卖肉和卖菜是分开的。在农场、小商店之间，有许多批发、运销的中间商。农场生产的不同商品，卖给不同的中间商，或委托它找商店出售。那时是以中间商为中介的“小农场——中间商——小商店——消费者”的流通形式。1930年后，汽车开始便宜，消费者到小商店买食品的少了，同时小商店品种单一，消费者要跑几个店采购需要的食品，于是小商店联合起来，出现超级市场，即把卖肉、面包、水果、蔬菜的联合起来，变为大商场；大商场又在进货上联合，由一个配货中心购供货物，形成“配货中心+连锁商店”的形式。一个配货中心即公司的连锁商店，分布在许多个城市、城镇。配货中心一般从农场购货，少量缺货从中间商那里购买。另一方面，农场在销售上也联合起来合作推销。这就形成了农场、合作社公司——配货中心——连锁商店的流通形式。中间商仍然有，但退居次要地位。配货中心的连锁商店，销了什么商品，销量多少，打进电脑，在配货中心集中起来，将缺货、需求信息传给农场和合作社，农民根据市场需求安排生产。现在送给消费者的农产品，都是加工、包装好的食品。有的是公司农场自己有加工包装销售环节，有的农场只是生产，没有包装加工，要交合作社的公司或其他公司加工后，再提供给配货中心。

美国的这种农产品（食品）流通，与我国有很大不同，我们送给消费者的食品，多数是生鲜的、原料型的，交通条件，消费方式也不同。但它展示了未来农产品主要加工成最终食品来销售的发达社会的流通、商业特征。

4.农场和公司围绕市场自主决策经营，纵向管理层次少

农场、农业产销公司听命于市场，下工夫研究市场，以市场为经营的起点和终点，这种印象特别深刻。贝克斯菲尔的养牛场副经理告诉我们，这个场的饲养规模可达10万头，但目前存栏6.5万头，牛的饲养量每天都不一样，养多养少要看市场。去年养出的牛多，出售价就低了，反而不盈利。市场问题有点复杂，这是一个经营问题。在贝克斯菲尔我们还受到卡尔科特棉花联合销售公司的特别款待。2月4日晚上副总裁等一班人宴请，第二天上午总裁从纽约刚回来就热情介绍其情况，中午又宴请。原因就是我们代表团中有山东的8人，河南的2人，山东是棉花大省，他要直接了解中国这个棉花大国去年棉花减了多少产，减产原因是什么，减产

因素今年能否克服，政策、流通改革会对中国的棉花生产产生什么影响，以便判断我国棉花生产的走势、对国际市场的影响，以确定该公司的棉花销售策略。

由于农场农产品加工销售公司都是直接面对市场，自主决策产销，政府只管食品的质量控制，管收税（某些产品生产的保护也是间接通过市场调控，见下），所以它的管理层次简明。农业技术服务，除了公司对农场的辅导外，农学院也是直接与农场、合作社发生关系，不像我国管理层次那样多，组织那么复杂，这是它效率高的一个原因。

（二）农场主要依托农商公司、合作组织走进市场，实现社会化大生产

美国以农场基础的农业能够掌握国内国际市场需求，进行社会化的大生产、把产品推到国内外，是因为有与农场结合的社会化服务体系。农业商业公司和合作经济组织是进行产前产中产后服务的两种主要组织形式。

1.“农业商业公司+农场”

农业商业公司是指经营农业的生产、加工、包装、储运、销售所有环节或其中某几个环节的盈利性商业公司。这方面我们考察了多乐公司，奥克兰市的道瑞俄斯奶制品公司，纳帕的香槟酒厂、葡萄酒厂，奥克尔的荷需巧克力公司，百事可乐的菲尔特勒公司，哈瓦斯诺曲公司等8个公司。它们可分为两类：

第一类，农场和加工、销售合为一体的公司。

道瑞俄斯（Dreyers）奶制品公司。设在奥克兰市，1928年建立，是以牛奶为原料，通过分离奶油，加进其他成分，制作冰淇淋。它的牛奶是自己的奶牛场生产的。有先进的加工生产线，有冷库、运输系统。月产中档冰淇淋4000吨。年销售3.5亿美元，盈利1.58亿美元，主要销到美国各地，包括阿拉斯加，占全美年冰淇淋10亿美元市场的35%。

哈瓦斯诺曲公司（Harris Rarch）。在贝克斯斐尔，由5部分组成：一个产饲料、番茄、大蒜、棉花的农场和25万公顷草场，一处日宰800头牛的加工厂，一个养300头赛马的养马场，一处在城市的大饭店，一个美国西部最大的10万头养牛场。是从生产到加工、销售一体的公司，共1400人。我们看了它的面积很大的露天围栏养牛场，200人，场区有饲料加工、草料库场、养牛场和经营管理部几个部分。10个经营技术人员。它从美国西部及墨西哥买来一岁重约350公斤的牛，养4个月，育肥到600公斤左右。由牛仔赶到宰牛厂屠宰加工、销售。饲料主要是玉米，每10天从中部拉来50车皮，其次为木薯粉、杏仁皮等。饲料中粮草比为2:8，料

肉比为8:1，即平均1.6公斤粮换1公斤肉。夏天用电脑控制喷水日6~10次以降温，圈肥以机器出，当商品卖，年出14万吨。牛场年出栏20万头牛，收入2亿美元，一头牛一般盈利300多美元。

纳帕山区的葡萄酒厂、香槟酒厂与之近似。

第二类，公司仅从事农产品的加工、包装、运销，与农场是买卖关系。

荷需（Hershey）巧克力公司。位于橡树镇（oakdale），建于1965年。它的原料可可豆起初是在马来西亚有种植园，后改从南美洲、非洲进口；牛奶、杏仁产于加州当地，本厂从别的销售公司购进。各种原料混合在54个大搅拌槽里经48~72小时的自动搅拌，输入封闭的加工生产线，只是到了流水线的末端即包装部分，才看到工人。人员主要是在包装、储运、销售和经营管理环节。800人，三班日产巧克力360吨，年销售收入超过10亿美元。该厂归属的美国巧克力公司建于1896年，在国内有10个厂，在日本、加拿大、马来西亚、瑞士都有分厂，是美国100家最好的公司之一。

百事可乐的菲尔特勒（Fritlog）公司。它是由炸玉米片、土豆片的发明者于1965年合作创办，目前在美国、欧洲有50个公司，生产不同的产品。我们参观的设在贝克斯菲尔旷野里的工厂，1983年建，投资6300万美元，350人。原料也是购进。加工厂的一头进土豆、圆筒仓的玉米，一头出包装好的食品，有的搬运是电脑遥控。日加工玉米2.5万公斤，土豆24万公斤，年产3.58万吨油炸玉米片和土豆片，收入1.6亿美元，其销量占美国这种食品市场的75%。

显然，这类内含农场或与农场仅商品买卖关系的公司，把农场的产后环节都承担了，特点是产品的专门化、经营的综合化、市场覆盖规模大。小商品占领大市场，土豆片、巧克力这些小食品也能搞大公司、跨国公司。我国的食品加工种类繁多，但形成大规模的不多，原因不仅是工业化程度低，还因国内消费档次低，但也可瞄准国际市场先发展起来，关键是产品质量和适应国外消费。

2.“专业合作社公司+农场”

美国的农业合作社（Cooperatoves，亦译协作组织）产生于19世纪初，20世纪初曾达1.4万多个，30~50年代稳定在1万个上下，目前约为5400个。社数减少，规模扩大，它的合作社是世界各国中规模最大的。这种合作组织是两个要素的结合：一是由会员组成的民主的协会，二是一个经济性的企业实体。农场经合作社的“代理”参与市场。加州的主要农产品销售合作组织有209个，年销售额50亿美元。我们访问了蓝宝石杏仁合作社和卡尔科特棉花销售合作社。

蓝宝石杏仁合作社（Blue Diamond Growers），是美国最大的杏仁生产联合体。杏仁居美国农产品出口的第六位，美国所有的杏仁生产都在加州。位于萨克拉门托的杏仁合作社，成立于1910年，有5000多个农场参加，占杏树种植场家的43%，这些农场分布于整个中央谷地。农场多数户均为50英亩以下的杏园，一部分为200~250英亩，即百公顷左右，年产杏仁100多万吨。农场入社，只要求签订一个为期5年的合同，同意将自产杏仁交合作社统一加工、销售即可。农场被划分为8个地区，每区农户选一名合作社理事，再推选理事长，组成理事会，每月开一次会，讨论最重要的问题。由理事会聘请杏仁加工销售公司的经理人员。合作社的加工销售公司共2300人，其中经营管理人员300人，在日本设办事处，40人。农场种植基本上是靠自己，连采收也用机械。技术资料由合作社和戴维斯农学院提供。合作社设许多收购中心，由农民选几个代表，对农场的样品评议，以便按质计价。但交货时先不计价。公司将杏仁分级、加工，以便统一质量，按统一的商标销出，提高竞争力。售后再计算，价格比到市场上卖要好。社的加工厂将杏壳作燃料，供1万户用电，杏仁皮做饲料。日加工杏仁700万磅，3000多个品种，年销售收入5亿美元，60%出口，主要是德国和日本。农户与合作社的经济合同交割，是提货前按估计产值付给10%的钱款，售货后，分月付给，最后统一计算。收入扣除费用，90%给农民，10%留作合作社基金，5年后偿付农民。农户平均一英亩杏园年盈利1000美元，百公顷的农场可年得净收入25万美元。合作社的公司、加工厂不交税，仅由农场主交所得税。

卡尔科特棉花联合体（CALCOT）。加州南部是美国南部从东到西棉花生产带的一部分。卡尔科特棉花销售合作社，1927年成立。它的前身，是由1900年几个农户为销售棉花，找擅长跑市场的专人搞销售，自己专事种植开始的，当时交通困难，合起来运销比单个农场合算。第一次世界大战后植棉农户增加，入合作社的人越来越多。现在这个合作社包括3100多个家庭农场，70万英亩的耕地，年产棉花60~180万包。合作社销售公司是属于农民的，为农民推销棉花服务，经营方向由农民决定。3000多户分布于加州和邻近的亚得桑那州，分为56个代表团，农民选出56个理事（代表），任期一年。代表会议决定经营大计，聘请公司总裁等。公司设有5处货仓，收购农场棉花（去籽后打成包的），按包取样检验作出标牌，由销售公司负责出售。它的棉花出口到35个国家，占美国棉花出口的12%。公司总部有研究部、储运部、推销部、农场服务部和信息部。纽约棉花期货市场信息由卫星转输过来，信息部大量收集国内外棉花供求的历史和现实信息，输入电脑。虽然它不指示农民如何安排生产，但它向农民提供信息由其自主决策。农场交公司棉花，价格先不定，交时付给估价20%的货款，次年3月付到30%，7、8月付到70%，出售后年底算账付清。

棉农除卡尔科特销售联合体外，还有有关种子的、籽棉加工等类合作社，范围各不相同，分别向农场提供服务。

由此看来，美国的农业合作社与其他国家的相比，相同的是自愿参加、民主管理、合作部分财产公有，流动资金使用社员货物和留存基金，对合作社成员来说是成本经营，对外则是商业经营，力争卖出好价钱，利润返还。其特点是组织管理的合作性，与业务上由公司实体经营的统一；合作内容专门化，规模大。合作社的大公司仍然存在着与别的合作社公司、农业商业公司以至外国公司的激烈竞争。服务市场在社区、区域之间是开放的，开放才形成了较大的服务规模，降低成本，提高效益。

（三）政府对农业的保护政策和公共服务

美国农业很发达，不是愁农产品短缺，而是愁销路。为此除谋求扩大出口外，还致力于开发农产品的新用途，如用玉米试制800种产品，包括制塑料袜子。居民食品消费价格低稳，询问接触的几位美国人，其食品消费一日三四美元，仅占收入的7%~8%。农业能提供充足、质优价廉的农产品是美国经济社会发展的一大优势和基础。但美国政府仍很重视农业，向农业提供一系列的保护政策和公共服务。

1.对最基本农产品的价格保护政策

政府对小麦、大麦、玉米、大豆、棉花、牛奶等实行价格保护。其他如蔬菜、水果等不在保护之列，完全由市场决定。

实行价格保护的办法，是由政府制定目标价格，若农民生产多了，市场价格低于目标价格，政府就出资按目标价格收购，影响市价。美国农业部最费力的事之一是制定每年的目标价。政府仓库设在各地，购进的农产品，一是作储备，小麦、奶粉等都有三年储备，不断更新。二是转作饲料或其他用途。

据合作社所说，制定保护价，是保证农民不因市场的破坏收不回成本，但不保其盈利。反过来说，上述农产品盈利是农民的，亏损是政府承担，以稳定最基本的农产品生产。

2.农业贷款政策

农场要安排多少上述农产品的生产，可上报统计到农业部，政府发放信贷资金，规模相当于其产品价值的50%。农场使用这笔资金，直到收获期，这一段属无息贷款，只是过了收获期仍不归还，才开始计息。

3.土地银行和休耕补贴政策

这是保护基本农产品生产的另一种形式，即让一部分农地休耕，不使生产得太过剩，以保证有好的市场价格。休耕地要由农场与政府订立为期三年的休耕合同，由政府土地银行给予补贴。补贴额低于上述产品按目标价格计算的销售收入，玉米约每英亩 60 美元。美国 30 亿亩农用地，一半高产，一半马马虎虎，农民以孬地放于土地银行订休耕合同。土地银行不仅起土地计价、抵押、流转的作用，还起休耕补贴、保护农产品市场的作用。

4.支持农业科技服务

从 1862 年林肯总统签署给大学的赠地法案之后，各州就拨地给州立院校，建立农业科研实验和技术推广的体系。推广中心向各县派出雇员，建立推广站。同时农业部还有科研中心，在各地设有 120 多个站，技术推广多是无偿的，或与合作社联合推广。

5.支持农业合作社的发展

谢尔曼反托拉斯法不适用于合作社，允许合作社发展和扩大规模；政府对农业合作社的企业不收税。

6.水土治理和环境保护

加州政府曾实行《中央谷地计划》，修水渠，发展灌溉，1960 年起又实行《加州北水南调计划》，把旧金山附近的萨克拉门托河和圣华金河水以每天 18 亿加仑的流量引向南部。

美国政府第二次世界大战后逐步重视农业自然资源的保护，近几年农业部每年有 40 亿美元左右用于森林、土壤保护；2.65 亿公顷森林，一半国有一半为农民所有，国有森林是水土资源保护的重点。同时在化肥、农药的生产使用上也有多种限制，以着眼于农业资源永续利用，提高食品卫生标准，稳定农民收入。

三、几点感受

在美国访问考察期间，大家看到美国农业和经济的发达，我们比之差距甚大；美国人民对我们是友好的，坦率、实在、开放；华侨对祖国有感情，他们为祖国的发展和开放高兴，纽约的老华侨叮嘱我们，好的带去，坏的不要。耳濡目染，感受较深的是：

(1) 要集中精力发展经济。美国的经济、社会发展是个综合水平，包括农业、工业、科技、基础设施、生态环境、民族的文化素质。汽车王国交通秩序良好，有的路并不很宽，但车流量很大；到处的自来水都能喝，喝了不闹肚子；到处的洗手间都没有臭味，连野外供旅游的人野炊的公共场所也没有果壳纸屑。目之所及，树没砍的，鸟没抓的，旧金山市从海湾游进来的一二百只海豹没有猎取的，生态环境和资源受到多方面保护。这种综合的发展水平是靠了长期的经济文化积累。我们看的公司多数是19世纪从小厂开始经一二百年逐渐发展、开拓、长大的。我国经济欠发达，同时近代以来真正能集中搞经济建设的时间并不长，企业历史短，受折腾的多。我们要按照十一届三中全会以来的路线，集中精力持续抓好经济建设。

(2) 政府要保护农业。我国农业的综合生产能力比较低，农业就业人口多，更应该实际地而不是口头地研究制定和实施农业特别是基本农产品生产的保护政策，在发展高效的多样化农产品的同时，保持基本农产品的充足供给。

(3) 支持合作的、股份制的包括私营的农业加工、运销公司的发展，使之在农业服务、食品加工和流通上发挥更大的作用。

(4) 按照有宏观调控的市场经济体制目标，推进改革，尊重农户和企业的自主决策权力，精简管理层次。

(5) 搞好计划生育，提高群众文化素质。

(1993年2月)

新阶段农业服务体系的地位与发展条件*

在农村商品经济发展和进一步走向市场经济的新阶段中，作为与家庭承包、双层经营制度相关联的农业社会化服务体系，在经济运行和发展中处在一个什么位置?会出现怎样的发展趋势?保障其健康发展的条件和机制是什么？这是当前需要认真探讨的问题。

一、80年代农业服务体系问题的背景与发展现状

新阶段农业社会化服务的发展离不开以往的基础，因此需要对80年代提出农业社会化服务的背景及其发展现状作一简要的回顾。

发展农业社会化服务体系的任务，是农村改革中提出来的。作为农业服务，如供销社、信用社、国营粮食系统和科技方面的服务等等，早就存在。但是应当看到，在改革前的人民公社时期，由于多种因素，如宏观上实行高度集中的计划经济体制；农村政社合一；农业实行集体集中经营，停留于商品率低、社会分工程度低的自给半自给经济；县长当生产队长，生产队尚且缺乏自主权，农业的基本承担者农民做不了主。因而那时县以下的农业服务实际上是与直接的生产经营及行政管理混合在一起的。发展农业社会化服务体系问题，严格地讲，是农业实行家庭经营承包制后才相对独立出来的。

1980年前后我国农村相继实行家庭联产承包责任制，与此同时，各地对农业服务不自觉地做了不少工作。党和国家最早明确提出农业社会化服务体系问题是在1983年。在联产承包制越来越成为主要形式的1983年初，中央在“一号文件”中

*农业部农研中心:《农村经济研究参考》,1992年第20期。

指出：当前各项生产的产前产后的社会化服务，诸如供销、加工、贮藏、运输、技术、信息、信贷等各方面的服务，已逐渐成为广大农业生产者的迫切要求。“加强社会化服务，促进农村商品生产的发展，必须动员和组织各方面的力量，逐步建立起比较完备的商品生产服务体系……这是一项刻不容缓的任务。”

这个问题提出的背景，可以归结为两个基本点。

其一，农村微观经营体制和组织的变革。农业实行农地经营的家庭承包制，使传统的集体经济集中经营体制变为家庭分散经营与部分的集体统一经营相结合的体制和组织结构。通过承包形式对集体土地取得长期使用权的农户，成为自主经营、自负盈亏的基本经济细胞。这一变革，既使乡村集体所有制合作经济内部关系（农业上主要是对农户的联合服务）的重塑和发展获得了新的起点，又开辟了农民适应经济需要创造新的服务组织的空间，提出了与农业相关的原有技术经济部门如何改革与农户自主经营不相适应的体制和服务方式问题，也提出了政府如何通过中介组织与农户打交道的问题。

其二，农村商品经济的发展。实行家庭承包制的农村改革，解放了过去被束缚的农民劳动者和社会生产力，农业经济迅速进入从自给经济向商品经济、从传统农业向现代化农业的转变。走向商品化、现代化的农业愈来愈不是单个农户可以自我完成的过程，农户个别细小经营与生产的社会化、与大市场的矛盾突出起来。广大农户产生了对信息、技术、供销、信贷、储运等多方面的迫切需求，需要社会各方面的力量和组织向其提供服务。这种服务需求，或是通过原有组织的适应性改革与发展来满足，或是由农民创造新的组织形式来实现。因此，发展农业社会化服务体系问题，实质是一个适应以家庭经营为基础的商品生产发展，进行多方面的组织和制度创新，在家庭经营基础上实现农业组织职能结构和运转机制的合理化，以协调各方面力量，形成和发展农业综合生产力，维护和增进农民的物质利益和民主权利的问题。

10 多年来，与农村改革和商品生产的发展相联系，我国农业社会化服务发展，大体经历了两个阶段。1985 年前为起步阶段。这一时期农村改革的主要内容是创立家庭联产承包制，农业发展主要是解决温饱问题，虽然多种经营到处展开，但仅是初步抬头，同时很多地方原来集体经济就比较薄弱，服务和组织创新表现为完善家庭承包制，处理统分关系，村集体为农户的服务开始发展，但量少而无序；农民专业户、联合体和专业协会等自我服务组织生发出来，充满活力，但实力薄弱，制度缺乏，主要农产品流通和生产资料供应仍依靠按计划体制运行的国营商业和供销社等系统。1985~1991 年是多种形式的服务组织发展、变革，逐步在一些县市向配套的体系演进时期。1985 年以后，随着农业商品化发展，遇到了乡村集体服务跟不上、多种经营服务薄弱、制约家庭经营潜力进一步发挥的问题；同时，随着粮食改为合同收购，扩大市场调节，把一些深层矛盾暴露出来，主要是城乡分割、条块分割，生产、加工、流通脱节，农民买难卖难交替出现。面对这种情况，农业社会化服务受到重视，各地大胆实践，尤其是很多县着手组织“商品经济大合唱”。这一阶段社会化服务发展的特点是：①县乡村服务组织大幅度增加；专业性服务组织，包括农民专业合作组织和多方联而不合的农工商一体化形式发展；服务组织向实体和企业化转变。②在市场扩大与县级改革推动下，政府技术经济部门迈出转换职能、兴办经济实体的步子，供销、信用、粮食系统探索改革。③县以下农业服务按产业或区域向系列服务、配套服务发展，在很大一部分县（市）已初步形成多层次、多方面、纵横交错、相互联结的服务网络。农业社会化服务体系在支撑农业发展上发挥着越来越重要的作用。

但是，目前农业服务的发展还是初步的，在服务组织、运行方式以至操作指导上也存在种种问题。

一是服务在许多环节尚不能适应农民发展商品大农业的需要，流通服务是突出的薄弱环节。

二是有些服务组织政企不分，机构臃肿，人浮于事，效率低下，还有待改革经营管理体制；服务分割、分散，相互关系及与农民的关系不协调，影响已有组织综合效能的发挥。

三是个别地方对农业服务搞“运动式”的发展，有行政控制和瞎指挥的现象，侵犯农民的自主权，有的服务没让农民得到多少实惠，反而加重负担，致使一些地方的农民处于既要服务又怕“服务”的窘境。

农业社会化服务发展的历史和现状告诉我们：①农业服务体系建设不是哪个阶段突出搞几年能一蹴而就的“中心任务”，而是长期发展的过程。它客观上受商品经济发展水平的制约，要随着农业的商品化、现代化的发展而发展。②组织形式的变革是整个经济体制变革的一部分，由经济体制变革所决定。目前存在的一些问题，就是由流通、金融等领域的改革不到位，两种机制发生冲突摩擦所引起的。因而需要推进改革，由双轨制进到统一的社会主义市场经济体制，在体制转换中搞好服务组织及其相互关系、运行机制的调整与改革。③农业服务体系是经济组织系统，涉及复杂的经济关系，需要我们在实践中逐步把握它与诸方面的内在联系及其发展的特殊规律。

二、社会化服务与农业商品化、现代化的关系及其在市场经济体系中的地位

农业服务体系建设处于什么地位？总体上看，它是农户家庭经营适应社会化大生产、与市场经济相结合的依托和纽带，在有宏观调控的市场经济体制中处于重要的战略地位。这是由新阶段农村经济发展的特点和体制环境所决定的。

（一）农业商品生产的发展与服务体系的关系

90 年代农业和农村经济发展的特点，可以归结为发展商品经济，增加货币收入，从温饱进到小康。目前全国农产品的商品率已达 60%~70%，再发展，显然就是发展商品性农业，商品经济的发展是社会分工与交换的发展，生产社会化程度的提高。农业社会化服务正是适应农业生产、流通的社会化。

首先，生产的社会分工是商品经济发展的基础，农业服务组织则是商品农业社会分工、协作程度提高在生产组织上的要求，是实现社会分工的载体。社会分工通常被划分为三种。第一种是多种多样的使用价值的生产，即按产业、产品的分工，叫“一般分工”。在温饱阶段，人们对农产品的需求集中在粮油棉等基本农产品的数量满足上，别的产品生产虽有，但属于副业，比重小。随着城乡居民收入提高，消费需求变化，人们不仅要求原来基本农产品质量提高，而且对动物食品、瓜果、蔬菜、水产等产品的需求越来越多，使之纳入基本食品之内。因而下一阶段大农业中新的产业、产品门类会进一步派生，比重增加，形成产业群体。“鱼有鱼路，虾有虾路”，一个产业门类往往就要有一个相应的技术经济服务系列。第二种社会分工表现为同一使用价值生产上各个劳动过程的专门化，即同一产业产品生产过程内的分工，叫“特殊分工”。如农民从事家庭规模养鸡，由养几只变为养几百、上千只鸡，不是所有的活都自己干，除农户负责饲养外，还要有孵化雏鸡、加工饲料、提供信贷、辅导技术的；由卖活鸡发展到加工，还要有屠宰、储运、销售的，这种特殊分工不断派生。原来养鸡生产由农户在自给半自给的经济圈里完成，随着生产力发展和商品化，有些劳动环节、工序自己干不了或单独干不经济，就从农户经营中分化出来，由专门的组织来承担，提供给农户。这就是服务。因此，农业服务实质上是与这种社会特殊分工的发展直接联系着的，服务组织是特殊分工的载体。承担不同特殊分工、专门职能的各个组织，通过其多样具体劳动，使一些生产职能、

外部要素与基础层次的农户生产经营结合，在专业化分工的基础上合成为社会化的商品大生产。对农民家庭经营来说，这承担多种特殊分工的组织就形成了一个商品生产服务体系。我国下一阶段的农业，不但在分业上有发展，更会在特殊分工上有发展，使农业发展的支撑点变为多元结构，农户经营对科技、流通、金融和其他内容的服务依赖性逐渐增强，农业服务体系也就必须适应生产的需要相应发展。这种建立在深化分工基础上的一体化大农业，离开社会化的农业服务体系就寸步难行。

农业服务体系作为农业社会分工和专业化协作的一种组织形式，是商品生产发展和技术进步的产物，反过来，又会通过专业化和协作，提高专门服务的设备、利用效率、人员素质、技术水平，使农业发展获得来自专业化分工协作和技术进步的动力。

（二）农业流通的市场化和市场经济体制与服务体系的关系

商品经济是交换经济，商品经济阶段不可逾越，以市场机制为基础调配资源也就是必然的。新阶段农村经济发展的大环境即体制改革的趋势，是进一步放开市场，初步建立起市场经济体制。农业服务体系则是农民进入流通，提高市场竞争能力，改善农民、农业市场交换地位的组织条件。

进一步放开市场，把大农业置于市场调节的基础上，是农村改革的主线。80年代的实践说明，一方面，放开水产、水果、蔬菜、畜禽、蛋奶等农产品的经营，推向市场，结果是产量大幅度上升，质量不断优化，效益提高。原因就在于市场调节使生产结构调整适应了人们消费需求层次提高的变化，产品能在与需求一致的基础上实现交换，通过优质优价提高了效益。这充分说明，农业要发展什么，何种产品质优、高效，要由市场评价，在市场供求和价格机制的推动下来实现。另一方面，前一时期市场机制与传统的集中计划体制并存只是短期的过渡状态，带来不可避免的新旧体制的矛盾，使农业发展环境和秩序出现一些混乱，必须加快旧体制的改革，在统一的市场经济体制基础上建立农业发展新秩序。

但是，市场经济体制的建立绝不是一个简单的“放”字，市场主体的发育也不是仅有农户经营主体就行了，还需要发育、改革农业服务的中间组织。在农户经营、小规模商品生产的条件下，有的适合农户自已进入市场，有的则要组织起来联合采购、销售，成规模批量，才能节约流通费用，并由一家一户的小户头变为市场上的大户头，不致吃压价、抬价的苦头。若是粮食放开，但缺乏农民的商业组织，粮产区分散的农户难以自已把商品粮运到销区出售，一些大中间商会在产区凭借这种困难而压价，在缺粮区抬价，农民得不到应有利益，搞不好还会引起大起大落，伤害其积极性。其他有些农产品、农业生产资料放开经营，也可能出现类似问题。因此必须发育农民的流通金融服务组织，理顺粮站、供销社、信用社等与农民的关系，通过农业的组织改善农民在市场上的不利地位，加上政府的调控，才能使农民生产的商品卖出应有的价格，获得应有的利益。

这就表明，放开市场将使农业获得加快发展的经济动力，但同时也面临严峻的挑战。市场不放开，农民组织难发育；但若是放开市场，指导上不注意农业流通服务组织的发育，改善原有流通组织与农民的关系，就难以使农业适应市场经济环境。包括流通服务在内的农业服务体系是农民适应市场、开拓市场的组织依托。在90年代的中国农村，放开市场的压力和活力，会大大促进农民联合服务组织的发展。

（三）科技社会的特点与发展社会化服务的关系

新阶段的农业发展是处在国内科技加快发展，世界上包括生物技术、信息革命在内的科技迅速发展的时代。其特点是科学技术日益成为农业经济、农村社会发展的更重要的直接推动力；科技管理人员日益发挥重大的社会作用；技术更新率快；产品升级换代周期缩短；对农民技术文化素质的要求提高。在这种情况下，要使农业不成为落后的产业，获得资源开发、高产优质高效的潜力，就必须更加重视科技人才的作用，重视农村智力资源的投资开发，健全、完善农业技术开发、推广、培训的服务体系。

目前农产品的国际市场，既不是低质产品市场，也不是主要依靠土特产品获得优势的市场。人们说，正像基于现代科学的现代工业产品的主流不是非标准化的手工艺品一样，基于现代科学的现代农业产品的主流也不是非标准化的土特产品。要发展创汇农业，实现资源交换，就要拿自己的商品到国际市场上去较量，实质上也就是以我们的农业人才、技术去较量。单纯依靠土特产品和劳力便宜已越来越不够了，要使我们的农产品及其加工制品在国际市场上的份额不是缩小，而是扩大，就要依靠科技，强化农业技术服务体系。

（四）农业的特点与农业社会化服务的关系

今后农业、农村商品经济发展，走向市场经济体制，适应科技进步，会对农业服务提出更高的要求，归根到底还是取决于农业的特点、农业的两重性。

首先是农业生产的两重性。即一方面它与土地、生物、气候这类因素相关，劳动对象是有生命的，涉及条件差异大、变化多，生产周期长，直接生产过程尚不能分解为工厂化的生产，因而有要求直接生产者分散独立经营的特性。这样才便于农民因时因地因作物制宜，灵活自主随机操作，并以相对独立的经营，使一个周期的不易计量的劳动，在最终成果的收益上分别独立地表现出来，获得与其劳动的数量和质量相应的报酬。农业这种分散独立的生产经营，一般以家庭组织作基本单位为宜。但另一方面，农业又有与其他社会生产共同的一面，即有相互依赖、分工协作的要求。这种社会联系、协作，开始主要是农业内部的兴利除害，随着农业的商品化、现代化，就越来越扩大到利用工业和现代科技的成果、市场流通储运加工等范围；开始在一个村社范围，后来超出一村一乡的范围。这种两重性，前者要以家庭经营来适应，后者则要由以农民多种形式的合作组织为基础的社会化服务体系来适应。

其次，从社会经济上看，农业还有另外一个两重性。农户经营农业，既有农民就业收入的一面，又有满足社会对农产品的特殊需要的一面。政府从农业是经济发展、社会安定、国家自立的基础出发，考虑其产业特征，尤其是粮食之类的生产比较利益低的特点，代表社会的利益和要求，支持农业，也需要通过提供财政费用，发展农业的公共服务，鼓励引导农民的合作服务，以保障农业发展和城乡、工农协调发展的社会目标。

综上所述，农业生产的特点要求家庭承包经营和统分结合的制度长期稳定下来；农业的商品化、现代化、社会分工和交换的扩大，社会化程度的提高，则要求发展农业社会化服务体系；市场经济体制的建立、完善，离不开中间服务组织的发育和发展。农民立足家庭经营，又凭借服务体系跳出家庭经营的局限。家庭经营与服务体系结合，获得社会分工、技术进步、规模经济的益处，形成和提高现代农业综合生产力。因此，在新阶段农业发展和体制运行上，将形成一个较为完整的格局：农户和服务组织在市场引导下组织农业生产经营，政府通过调控市场及对服务组织的政策，作用于农户的生产经营，保护和支持农业。农户、服务组织、市场、政府的相互位置和作用如下图所示。

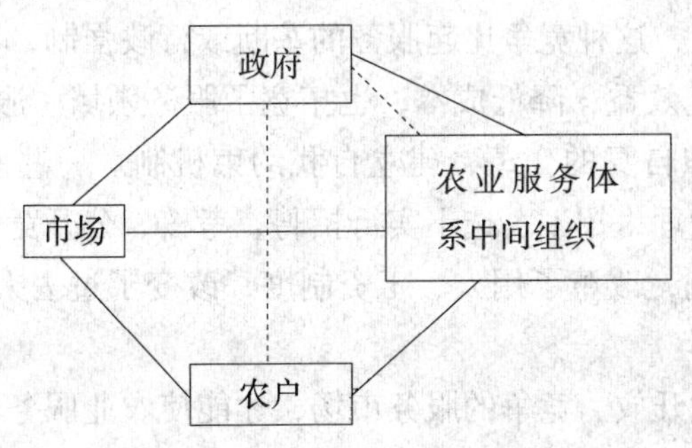

三、在深化市场取向的改革中按照农业特点发展服务体系

怎样适应农村发展，在深化市场取向的改革中，建立受农民欢迎的、有效运转的农业服务体系?这是涉及新组织发育、原有组织改革、多种组织配置和新的运行机制建立等多方面的问题。目前农业服务还处在不断发展、演化成型阶段，因而不应束缚人们的手脚，应鼓励勇于实践创新，只要有利于发展农业生产，不侵犯农民的经营自主权，各种服务组织、服务方式都允许试验，让其在实践中接受农民的检验和选择。但同时，改革已经找到了建立社会主义市场经济体制的明确目标，农业服务也有了多年实践，受农民欢迎的成功经验，与被农民讨厌地称为“管理就是开会，服务就是收费”的教训，都有不少。因此，应当在明确的体制改革目标引导下，总结以往实践，借鉴国际经验，从中引出一些有益的东西，便于我们逐步掌握农业服务健康发展的条件和规律。

（一）发展农业社会化服务，既要适应市场经济体制的共同要求，又要符合农业自身的特点

旨在调动亿万农民积极性、解放生产力的农村改革，是沿着市场取向逐步深入的，同时也将市场机制引入服务领域。具体地看，14 年农村改革先是在土地公有条件下造就了财产权与经营权相对独立的承包农户，继而发展了乡镇企业。在形成这些经营主体的基础上发育了农产品市场和一些要素市场。这就要求农业服务单位配合农户，以市场为导向，组织经营服务，于是将市场机制引入了服务。一方面，自主经营的农户要求对服务有选择的自由，而不是行政强制；另一方面，农民自我组织科技、流通、储运等新的服务组织，乡村服务向实体发展，在诸多领域或形成多家经营、开发竞争的局面，或开始打破独家经营、参与竞争，形成开放的服务市场。从实践效果来看，这种竞争比起服务的垄断或行政强制，有改善服务的压力和动力，促使服务讲究效益，降低成本，也拓宽了服务领域、服务组织发展的途径。同时促进了服务组织自身的变革，建立自我约束机制。一些服务组织或作为企业办，或实行企业化管理；招工、选干实行招聘、考核、公开竞争、择优录用，建立起人才选优汰劣机制，改革了用人、工资制度，改变了过去人浮于事、效率低下、服务质次价高的局面。

实践说明，造就开放、竞争的服务市场，才能使农业服务具有提高效率、健全

发展的经济动力。

但是，农业的特点使得农业服务体系在转换机制中要有与一般的市场调节所不同的地方。这主要是由于农业尤其是粮食生产在技术、经济上的特点，农业服务不可能全部实行市场调节。农业尤其是粮食，是社会稳定的基础，在人多地少，户营规模有限的资源约束下，即使放开市场，也改变不了其低利产业的地位。农业技术开发投入多，推广应用保密性差，有些技术效果不独立，受多种因素影响，因而农技推广难以都实行商品化。在美国，大田种植业的技术推广，主要是从农业部推广总部到州立大学推广中心，再到下一层次的推广站向农场提供，80%的费用由联邦和州政府供给；技术推广的一部分由私人企业提供，实行技术商品化。在日本，农技推广是以政府事业和农协事业性服务为主。所以，鉴于农业的特点和国际经验，在农业服务中既要按市场原则引进市场机制，又不能完全市场化，需分别服务产业、环节的不同情况，对社会公益性大的配以政府的公共事业性服务，形成盈利性服务与非盈利性服务多种形式合理配置。那种只从减轻财政负担出发，一刀切地对政府农业服务事业机构都“断奶”，要求其盈利的做法是脱离农业特点的。我们要在实践中逐步建立符合农业特点和市场原则的农业服务体系运行机制。

(二) 在服务供求上，根据农户生产经营的需求，组织发展农业服务的供给，在尊重农民自主选择权的条件下，建立起使服务适合农业、农民需求的监督、约束机制

农业服务中，供给服务的组织有方方面面，但需要服务的归根到底是农户。农业服务需求通过基本的经营、利益主体农户反映出来。农户是唯一的服务需求方，终端需求决定供给。一切服务最终都要接受农民生产的检验。因此尊重农民的自主权是服务有效发展的基础，农户的选择和创造对农业服务起着决定性的作用。

在实践中，凡是善于反映农民需求的，服务就开展得好。去年我们到河南扶沟县的一个村调查，这个村的家庭规模养鸡，从1988年的1户发展到1991年的110户，户养300~500只蛋鸡。饲养环节农户自己干，但去外地购饲料、药品，孵化雏鸡等一些技术，农户不会干或单独干不合算，就发展了专业户、联户的服务，镇里根据他们的需要，引导组织了养鸡公司和协会，开展技术培训，供应饲料药品，受到农民欢迎。但鸡蛋是农户自销，有人问镇长为何不组织起来搞销售服务?他说，农户积三四天鸡蛋，乘村里个体户的车到县城卖，很快售完，价钱比开封、郑州高。农民自己干得了，如果乡村硬要“服务”，百姓就会认为你管多了，是为争利、揽权、贪污，不放心。现在不搞运销服务，就是农民唱戏的调门还未摆够，还没有

这个要求，要等扶沟市场被大量鸡蛋压得价低了，一家一户到外地卖不方便，乡村的运销、加工服务才好插手。这表明，农业服务和商品生产是个逐步发展的过程，服务落后于农业发展和农民的需求不好，同样，人为地提供 农民尚不需要的服务也不可能取得很好的效果。

当然，适应农民的要求，也不是农民提出什么就办什么 ，未提出的就不想、不办，完全做自然主义的理解。农户根本的是要发展生产，增加收入，但对一些技术、信息等不如县、乡科技等服务组织了解，实际需要、有利的事开始并不一定认识。还以扶沟县为例，这里曾是河南省的贫困县，现在成了全省农民首富县，就是因为县里把本地农业发展的问题、需要、路子琢磨透了。那里是人多地少的农区，过去主要种粮，收入少、投入低，劳力干半年闲半年。县里提出扩种用工多、价值高的棉花，发展麦棉套种，下工夫把长江流域实行的麦棉套种技术成功地改进，用到无霜期短的黄河流域。开始推广时有的农民说“栽不活的花”。他们搞示范，拿出样板，开展辅导，加之奖励措施，用四五年时间，到 1984 年就实现了由一熟棉区到麦棉两熟的耕作改制，棉花种植面积占到耕地的近 70%，夏季一片麦，秋季到处棉，农民收入增长 5 倍。后来又发展了其他多种经营，形成专业小区，市场、加工业也起来了，1991 年人均收入 903 元。麦棉套种开始推广难，见效了，农民就“抢财神”。这样的服务，农民不仅不拒绝，反而抢，就在于服务搞到了本地区农村经济发展的点子上和主要需求上，而且服务质量高，形成了一套先进技术，解决问题，使农民从服务中得到了好处。这样的技术变革、结构调整能通过服务实行，归根到底还是反映了客观需求，是农民的选择。

保障农户对服务的选择自主权是建立监督机制，使服务沿着适应农业、农民需求方向健康发展的条件。因为农户对服务的选择无非是两个标准：一是需要，二是有益，即成本小、收益大。有了农户选择的约束，就促使服务寻找需求，降低服务成本，提高服务效益。有的单位服务没搞好，一个原因就是侵犯了农民对服务的选择权，搞行政强制，“摊派性服务”，破坏了服务健康发展所需要的监督机制，在没有约束的条件下，服务质次价高，甚至把农民的钱收上来自己盖房子，将服务置诸脑后，失信于民。

（三）掌握农业区域、品种差异，坚持服务组织形式多样化，创造适合本地产业产品生产流通特点和经济条件的社会服务体系

首先，农业服务最终是为农产品的产销服务，发展服务就应考虑当地的产业结

构及农业内部的产品结构，考虑这些产业、产品生产流通的特点。产业产品不同，农民在供销、技术上的服务需求、服务方式、各种服务的联结体系也就不同，因而要创造多种服务形式与之相适应。

从我国目前情况和国外情况看，农业服务形式多样，各有特色，但在产业产品生产流通与服务体系形式之间却可以找到一点规律性，即农业服务体系大体可以划分为三种类型：

(1) 以粮食为主的种植业。其特点是土地改良和水利、农机利用在生产中居重要地位，因而具有社区性；又是社会必需农产品，受到政府较多的重视和调控。其服务体系以县、乡、村的国家经济技术部门专业化服务、农民集体或社区合作的综合服务为主，农户的相互服务和其他社会服务为辅。在许多地区的这三个层次中，县级农业、水利、机械、科教、金融、供销、国营商业等企事业部门，从事专业化服务，分工细、人才集中，资产较多，开放度大，在整个服务活动中，对信息处理、经营指导和当地技术的选择与形式等起着主导作用，处于龙头地位；到乡镇层，服务组织往往是国家队与农民队、官办与民办的结合，分工较粗，成为服务的主体；到村级，有的建服务站、组，有的只配备一二个服务组或“员”，主要由村干部直接服务，实行几个方面的统一服务。农户在用水、用农机上也相互服务。这类种植业的服务形式在我国占有相当大的覆盖面。但其中也有不同的种类：一种，如河南扶沟、山东桓台，服务的龙头在县，县一层次发挥的主导作用较大，特别是围绕产业结构调整、技术改进的经营指导与科技服务上；第二种如山东莱芜，县简政放权，强化乡镇。安徽省许多地方乡镇建立“六站一公司”，在整个服务体系中乡镇层作用突出；第三种，江苏苏南一些地方，服务重点在村一级。在美国，对种植粮食等农场主，大体是一个综合的合作社（供应生资、收购产品、供热供电、发放信贷等）面向500户，300万亩耕地面积，同时有专业的科技、信贷组织，其服务范围更大。日本对种植户的服务，由农协综合服务到村，专业农协在县。

(2) 养殖业、桑蚕等有加工环节或要加工出口的产业生产。其服务体系往往是“公司+农户”、“公司+专业合作社（协会）+农户”。典型的是山东诸城养鸡业为主的贸工农一体化、产供销一条龙。也有龙头公司主要提供技术、信息，搞冷藏、包装和销售，不从事加工的，如山东招远县以供销社、商业和外贸公司牵头，通过乡村专业合作社，联系专业小区、生产基地的千家万户，搞龙口粉丝、苹果、花生、生猪的出口或内销。这种龙头企业或集团公司，联系区域性的、专业化的、千家万户生产的服务形式，在中西部地区也相当普遍。

(3) 蔬菜、瓜果等鲜活农产品的服务。其产业特点是要及时销售，专业批发市场是主要的流通组织形式。如山东省寿光县的蔬菜生产，服务的龙头在蔬菜专业批发市场，各类流通服务组织交汇于市场。但在生产、科技等方面，还要依靠县乡村的服务和农民专业协会的服务。

这些服务组合类型的划分，主要是显示了服务形式要适合本地产业产品生产流通特征，在现实经济中形成的具体形式往往是多种类型的交织综合。

其次，农业社会化服务的需求和供给，都受着不同区域经济社会发展水平和条件的约束，发展农业服务需要因地制宜。

各个地区的经济发展水平不同，影响到农民的需求、农业发展要解决的主要矛盾的差异，要求在服务的重点、力量配备、组织形式上有所不同。苏南农业的问题是劳力大部分到了乡镇企业，务农劳力少，于是就重点抓节省劳力的农机服务。中部一些地方劳力多，耕地少，乡镇企业少，主要是围绕发展集约型大农业，以科技服务为先导，重点开发科技服务、经营辅导。中西部许多地方，非耕地资源丰富，以综合开发山地丘陵或其他资源为重点开发服务。同时，各地经济发展水平的不同，也影响着服务供给组织的发展水平。要从当地经济条件出发，量力而行，滚动发展，循序前进。有的地方不顾经济发展和农民收入水平的约束，片面追求服务机构、房屋“高级”，求“全”、成“体系”，而不追求技术先进、经济、可行，反而流于形式，使群众不堪承受。好的服务，是真正能解决当地农业发展的大问题，农民急需的大问题，取得成效，给群众带来利益的服务。否则，服务机构搞得再多、再高级，不能解决主要问题，群众也不欢迎。

（四）在农业以农户承包分散经营为主、面向大市场的情况下，农业服务在坚持多种经济成分、经营方式并存中，需要重视发展多领域、多形式的户营基础上的合作、联合服务，形成政府公共服务组织、农民合作组织、盈利性组织并存互补的结构

在世界现代商品经济社会中，合作制组织都是与农户分散经营的农业或分散的小企业、消费者等直接相关联，在市场竞争中发展起来的，即联合起来，共同面向市场。这种农民合作组织的特点是不以盈利为目的，而以为农民服务为宗旨，把农户分散的小需求、小供给变为农户群体的批量规模的购买、销售，降低流通费用，改变易被大组织侵害的弱小地位，改善贸易条件，维护农民、农业应有的利益；或是组织起来共同利用大型水利、储运、加工设施，融通资金，开发技术

服务等。随着我国农村商品经济的发展和市场发育，农民的合作服务也必然获得进一步的发展。

农村改革以来，我国合作服务发展的首要条件和基础是实行家庭联产承包制。把重视家庭承包、强调为农户服务视为丢掉了合作制的看法，是不了解真正的合作制在中国实践中的发展。正是实行家庭承包制才改变了过去集体集中经营体制下农民无权的经济地位和多劳不多得的问题。在农户有了土地使用权、其他财产权利和自主经营权的基础上，农民才能依据发展商品生产的需要和意愿，在共同经济利益和技术进步的吸引下，重新构建贯彻自愿互利、经济民主原则的合作制。合作是形式，为农户服务是内容，只有农民能自主选择服务并创造、改进服务组织，才能使以服务为宗旨的合作组织得到发展。实行家庭承包制以来，农业服务的发展，不仅改造着原有乡村集体组织，使之走向合作服务，统分结合的集体统一经营主要就应是合作服务，更重要的是创造了与大农业多种经营相关的多种形式的专业合作组织。农民的专业合作组织，一开始就是组织起来面向市场，农、工、商、技、储、运一体化，具有较强的群众合作性，连同带有合作性的专业技术协会、研究会、联合体等，在发展商品经济中显示了强大的生命力。尤其是股份合作制的出现，为改善原有的集体服务，发展在户营基础上的多种合作制提供了较好的制度规范。

农民需要如水利设施、农场等产中的联合服务，更需要流通、金融、科技、信息、经营指导等产前产后的合作服务。在农村商品货币经济发展的背景下，流通和金融居于特别重要的地位。但是原有的农业流通、金融组织没有拿在农民手中，农民不能做主，与农民利益分隔甚至对立，这就迫使农村、农民自己发展新的合作基金会和流通组织，同时强烈要求改革供销社、信用社的体制。在政府放开微观经营管理的情况下，供销社、信用社不可能长期游离于农民之外而求得发展。从利用现有组织资源的角度看，对其运用股份合作制的方式从基层改革做起，使之变为农民的合作制，并使之与农民的专业合作组织、社区合作组织即乡村集体有机结合起来，加之政府的公共服务和社会上其他盈利性服务，可能是我国农业服务组织体系基本形式的较好选择。若是我们关心农民合作服务的发展，关心农业的发展，而不促进供销社、信用社向农民合作制的转变，只是盯着农民已有的种地自主权和并不太多的收入，向农民收钱、收权，结果只能是南辕北辙。因此需要从农业服务的全局和大处着眼。

（1992年10月）

农业转变增长方式的组织创新*

——农业产业化经营及其利益机制的综合考察

在我国向市场体制和现代化工业社会转变的背景下，随着市场供求关系和城乡居民消费需求变化，农业正在发生增长方式的转变，而在市场竞争中，农业、农民又处于弱势地位，由此对家庭经营基础之上的农业组织及运营机制，提出了新的要求。农业产业化经营就是这方面的积极探索。

近年有关农业产业化的调查、论著甚丰，本课题在以往进行农业社会化服务体系、市场体系、政府支持保护体系研究的基础上，参考已有研究成果，根据对京、冀、鲁、皖、沪部分地区的调查，在这方面做一些综合性探讨。我们的发现或看法是：

（1）农业产业化发展的历史线索。农业实行家庭承包经营的变革后，自然提出“小农户”是否及如何适应市场和社会化生产的问题。农业产业化发展实践的回答是，肯定家庭经营，在解决农户经营与农业社会化发展的矛盾中求得农业经营体系的进一步发育。这是农业产业化发展的基本线索和思路。党的十五届三中全会决定，正是把发展农业产业化经营与家庭承包经营相联系，作为实现农业现代化的一条现实途径，给新阶段农业和农村改革与发展指明了一个战略方向。

（2）农业产业化涉及传统计划经济体制下处于条块分割状态的农业生产、供销、加工、服务等主体的经济协作和组合，它提出了从经济组织上健全农业、帮助农民的问题。一些影响农业发展和农村稳定的因素，正是根源于经济组织和体制上的问题。

（3）农业产业化发展，是以农户、企业为主体围绕发展进行的长期变革过程，需要政府发挥作用，但不是脱离发展、脱离群众的行政行为。本文从解决困扰农业

---

*与潘耀国同志合作，王西玉、徐小青参加讨论，1999年4月6日发表在国务院发展研究中心《调查研究报告》第32期。《上海证券报》1999年12月2日。

发展和农民收入增长的深层矛盾出发，把握产业化经营发展的历史线索、客观要求与实质内涵，确定其推动经营体制改革、完善体系的切入口地位和作用。

一、历史的逻辑:农业两重性与家庭经营、农业产业化经营

农业产业化经营的产生可追溯到80年代初期以来的农业发展，核心是回答农业如何在家庭经营基础上适应市场经济、走向现代化的问题。弄清它产生、发展的历史线索，是认识今天、明天农业产业化问题的出发点。

我国农业经营体制的变革，先是由人民公社集中统一经营转变到以家庭承包经营为基础的双层经营，然后随着农业进入商品化发展，在家庭承包经营基础上探索与市场机制、结构转变相适应的组织形式——农业产业化经营。二者相继发展的历史，蕴含着内在的逻辑:农业经营方式要适应农业的两重性。

首先，农业的特性要求在生产环节一般实行相对分散、自主的家庭经营。人民公社取消家庭经营20年，影响农业发展，不得不在改革中以承包形式恢复，其原因也在这里。以种植、养殖为主的农业生产的最大特点，是与土地、动植物打交道，经济再生产与自然再生产相交织。而动植物生长有自身规律，需要劳动者在现场主动观察动植物与环境，视情随时自主决策，采取措施，满足动植物生长需要，才能取得较好收成。农业生产的这种要求，只有在实行土地家庭承包，劳动者分户与土地、动植物相对稳定结合，进行自主经营的方式下才相适应。同时，农户经营，包干上交，“交够国家的，留足集体的，剩下都是自己的”，不同的劳动付出，得到不同的报偿，才能激励人们的生产主动性。

其次，农业还有社会生产相互联系的一面，生产社会化的共性，也对经营方式提出相应要求。农业转入商品化生产阶段，与城乡消费者，与工商业、科技等有着越来越多的联系，社会化程度提高。单靠家庭承包经营难以适应发展，要求在家庭经营基础上，形成开放的经营系统，以满足组织农业与社会的多种联系及交换的需要。

实际上，我国农业早在80年代中期，随着实行家庭承包经营、粮食产量大幅度增长，就进入由自给经济向商品经济、由传统农业向现代农业转变的新阶段。分工分业，商品交换，市场发育，剩余劳力流动，乡镇企业崛起，多种所有制发展，城乡开放。

农业、农村经济社会化程度的提高，使单一家庭经营显露出局限性。但这种经营体制上的新矛盾，与80年代中期农业结构上的矛盾交织在一起，使人们一时难

以分辨出来。当时市场供求变化，出现卖粮难，粮棉油基本农产品生产出现徘徊，农民收入增长变慢。这种生产徘徊是否是“家庭承包经营潜力挖尽”引起的？由此引出如何看待家庭经营与温饱后的农业发展问题。

主导性的判断，认为影响农业发展的问题，不在家庭承包自身，而在家庭承包经营之外。一方面，家庭承包经营不能动摇。另一方面，经营体制上不适应发展的，是在市场流通、利用现代技术之类农户经营与社会经济对接的领域，农业整体联系的领域。因此，要在坚持家庭经营的前提下，探索解决不相适应的问题。

问题的解决最终是靠实践。各地进行了多种探索，带共同性的办法，起初是在家庭经营基础上发展农业社会化服务，进而是发展农业产业化经营。比之农业的社会化服务，产业化经营更侧重于农业自身的整合、组织和机制完善。社会化服务所涵盖的内容，除政府公共服务外，都被农业产业化所包容。

农业产业化经营，是农业适应社会化发展的需要。在这方面走在前头的，是农业社会化程度较高的沿海地区和大中城市周围。农业产业化的思路，首先在山东形成。1984~1992 年，山东一些地区，已着眼从一县整体上考虑包干到户后的农业、农村发展，“发展出题目，改革做文章”，引导涉农部门商贸、加工企事业单位打破条块界限，服务、参与农民从事的商品经济，求得“农业发展我发展，我与农民共兴衰”。创造出各有特色的农业发展经验，如潍坊地区诸城市商品经济大合唱、贸工农一体化，寿光县批发市场带动蔬菜业发展，寒亭区一村一品、一乡一业，烟台市招远县商农合作、产供销一条龙等。1992 年党的十四大召开后，市场化改革深入，以新的产权、利益关系为纽带，内联农户，外联国内外市场的农业生产、加工、流通一条龙不断涌现。实践要求把单项的突破，系统化为符合市场经济的、能整体推进农业、农村经济改革发展的思路。1993 年初，潍坊市提出“确立主导产业，实行区域布局，依靠龙头带动，发展规模经济”的农业发展方略，《农民日报》驻山东记者站也写信给山东省委，建议改革农业管理体制，实行生产、加工、科研、教育、销售及服务的一体化。随后，省政府在调查研究基础上，提出《关于按产业化组织发展农业的初步设想和建议》。这样逐步形成了以产业化经营发展农业的思路。

山东省“按产业化组织发展农业”的做法和思路，在几个方面有所创新。①目标放在解决家庭经营外部体制与农民发展商品经济不相适应的问题上，并以适应家庭经营和市场机制的改革方向去解决。②按产业组织和发展农业，即把农业产前、产中、产后作为一个产业的有机整体，联系起来经营和发展，改变计划体制下农业各环节的分割。③有组织制度创新的特点，既有老组织的机制转变，新组织的发展，又有这些组织与农户的经营联合、一体化组合。因此，它一出现就引起人们的关注。同时，这一做法不只出现在山东、广东等沿海省份，京、津、沪等大城市郊区都有这类实践。国务院在广东召开的农业经验交流会上，总结这方面的经验，提出发展贸工农一体化经营组织，促进高产优质高效农业发展。农业产业化经营逐步得到社会和政府的肯定。1997 年党的十五大提出："积极发展农业产业化经营，形成生产、加工、销售有机结合和相互促进的机制，推动农业向商品化、专业化、现代化转变。"1998 年党的十五届三中全会进而把农业产业化经营确定为与家庭承包经营相结合的组织形式，是农业逐步走向现代化的具体途径之一。

在农业土地利用、种植养殖的生产领域，实行家庭承包经营，以适应农业生产的特点；在农业生产与加工、流通对接的领域，发展产业化经营组织，以适应农业商品化社会化发展的经济共性。二者结合的组织结构，将为农业发展打开宽广的道路。

二、户营农业适应市场的难题和产业化的组织创新

产业化经营是适应农业商品化社会化发展的哪些需要发生的，它怎样调整、改善农业自身，解决家庭经营面对市场的难题?现在有多种说法。有强调解决户营农业适应市场困难的"重在经营"说;有强调通过加工向农民返还利润，以解决农业效益低的"加工增值说";有强调传统农业不是现代产业，要在发展中实行产前、产中、产后的产业组合，引进现代技术要素的"传统农业改造"说;有强调形成新的经营组织，以制度变迁适应发展的"组织创新"说。实际上，它是在诸多侧面共同作用下发展的。

(一) 农业家庭经营与国内外市场衔接的矛盾，推动单一层次的农户面对市场，走向农户与中间组织连接进行市场经营

农户经营与市场对接的一个问题，是在宏观经济和市场结构方面。就是以占人口 30%的城镇人口购买为主的农业商品消费市场，相对于 2.3 亿农户、3.5 亿农业劳动力的生产供给，其实不是"大市场"，而是"小市场"。现在，粮、棉、油基本农产品供求平衡，农户丰年增产了，市场就容纳不下;一些多种经营产品，往往一时有缺口，但农户的群体进入，不几年就供过于求。"大市场"不大，农民市场销

售的经营空间相对狭小，也是导致市场波动较多的一个原因。这一问题不是农业自身可以解决的。

农户经营与市场对接的另一个主要问题，是在农业自身的微观经营方面。对单个农户来说，农产品市场的确是很难把握的“大市场”。从1984年以来，农民在农产品的销售环节风险增大，常被买难卖难所困扰，近年来多种农产品由短缺变为供求平衡和供给有余，农产品流通问题更加突出。

分散农户面对城乡千变万化的大市场，在沟通上有许多不利:一是农民一家一户不可能像工业集团那样了解经济信息，难以知道生产什么、生产多少才适合市场需要。往往凭上年价格和仿效别人安排生产。什么东西赚钱，就一哄而上，随后产生卖难，价格下跌，又相继下马，搞的人少了，出现短缺、抢购、抬价，给农民错误的信号，再来一轮一哄而上。这种单一层次的农户生产对应国内外大市场的格局，造成大起大落，同步振荡，三五年一个波动周期，风险较多，给农民和社会资源带来的损失大。一些商贸企业和个体运销户，既是市场波动的受害者，也是产品紧缺时争购、产品过剩时歇业或压价收购、推动波动放大的力量，对农户生产难以起到信息、经营指导的作用，与农户也没有利益的联系。二是农户商品量少而分散，不成规模，难以自己直接销到城镇市场，需要借助中间商，而农户在市场上处于劣势，无力讨价还价。因此，农民单靠农户自身，很难达到掌握市场需求趋向，指导自己生产，再把生产的商品卖出去，卖个好价钱的愿望。

探索的出路，是发展农户与市场中间的经销主体，建立农户与经销组织的经济联系，通过中间组织包括加工、流通企业，掌握市场信息，使农民的生产围绕市场的需要进行，克服生产的盲目性和经济的混乱不定。这种中间组织、加工流通企业，成为牵动农户群体在市场大海里求发展的龙头。发展到一定程度，龙头企业按市场需求与农户订合同，使之纳入产销一体化组织的有计划的生产。一个龙头企业联系一大片围绕主导产业、骨干产品生产的农户，形成农户群体成规模的生产，大批量的流通，相对均衡稳定、低成本高效率地进入市场。

如河北省三河市的福成养牛集团，是收购当地和内蒙、吉林等地农牧民的架子牛进行育肥销售。90年代初，其育肥牛肉就进入了北京星级饭店和超级市场，替代进口，随后在沈阳、上海、武汉、成都等地设点，又与香港五丰行合股，供应活牛和加工成香肠上市。集团的触角伸向四面八方，掌握市场信息，年解决4万头牛的市场销售。三河市的明慧养猪集团，到1997年年产商品猪3.8万头，以提供良种母猪、辅导技术的方式，先后在周围帮助建起103个年出栏2000头以上的养猪场，1000多个饲养10头母猪以上的养猪户。在市场流通上，集团主要是收集信息，掌握生猪市场波动规律，进行市场预测和反向调节。在市场处于低谷尽头时加速母猪繁殖，向农民传递猪市行情即将转好的信息，扩大饲养，在景气即将消失时收缩饲养，使农民回避风险，取得较高效益，起了很好的作用。山东省诸城市外贸养鸡集团，不仅向农民提供市场预测和经营指导，以合同方式收购、销售，而且利用对国内外玉米市场价格的预测，确定何时进口饲料，以稳定生产、提高效益。

这样，由农户单一层次应对市场，变为农户——企业或其他中间组织两个层次联合、协作去驾驭市场，是改变目前市场流通结构，解决农户经营与市场衔接难题的必然途径。实践表明，这种加工、流通企业（组织）与农户进入市场的联结，建立贸工农一体化、产供销一条龙的产业化经营体系，才能使农业建立起有序的市场体系。

（二）解决新阶段农业结构、生产技能与向小康跨越的市场消费需求不相适应的矛盾，需要在结构调整基础上实现生产方式和组织架构的相应改变

农户能否通过中间组织与国内外市场实现产销对接，这既有一个按需求来生产的问题，又有一个如何形成满足市场需求产品（品种、质量、规格及有竞争力的成本价格）的供给能力问题，也就是农业综合生产力的发展问题。适应消费需求，就要改造传统农业的结构、技术和经营。

我国跨越温饱进入小康的发展，使城乡农产品消费结构、消费方式正在发生深刻变化，为农业提供了发展机遇，也对传统农业的生产和组织方式提出了挑战。这种消费需求的变化，从城镇和发达地区收入较高的群体开始，逐步扩展，其变化趋向是:食物结构中粮食的直接消费数量趋于稳定或减少，肉类、果菜等营养丰富、安全、多样化的农产品需求增加，即主要是讲求品种、质量;消费方式上对制成品、半制成品的需求增加，要求食用方便等。消费引导生产，要求农业进行结构变革，发展分工分业，向专业化、社会化对立统一的方向发展。

一是横向分业，行业派生，由农业种植业发展为农林牧渔行业门类日益多样化的“大农业”。农业结构以粮为主，是温饱阶段农业的一个标志。随着收入水平的提高，人们对粮食以外的蔬菜、肉奶蛋、水果、水产、山林特产等的要求增加，这类副食品由“非必需品”变为“必需品”，因而畜牧业、林果业、渔业、蔬菜业等在农业中的比重上升。农业多种经营由过去的家庭副业，分化、成长为许多独立的新兴行业。甚至一个产品就在一个地区形成支柱行业，如诸城养几千万只鸡的养鸡业。

农业分业，与农户和区域生产的专业分化相结合。小而全的经营成为落后的方式。人多地少，仍要兼营，但显示出专业化发展的倾向，出现一些大的专业户和养殖场。地区农业也不再千篇一律，适合发展什么就多发展什么，形成区域化布局。专业化、区域化分工，有利于提高效率和技术水平。

二是纵向分工，由传统的单一“农业生产”发展为较现代的“农业产业”，引起从结构到生产方式更深刻的变革。

首先，纵向分工，使农业变为“农产业”。原来仅由农民生产初级农产品的简单农业，不适应人们要求提供半制成品、制成品或保鲜食品的消费趋向，引起食品加工、储藏保鲜、包装、运销等环节的发展。同时，农业投入品，如肥料、饲料等，越来越多地来自农民购买。由此形成从市场信息——经营决策——技术选择——投入品供给——生产——加工——运销的产业链。而且专业分工的深化，使加工、运销、服务环节也分化为独立的行业，由独立的经济主体来经营。农业发展成为由产前产中产后多环节、多部门组成的产业体系。

其次，纵向分工，向加工、运销延伸，必然带来在这些加工、运销环节引进工业化技术设备和现代企业的组织管理。

进而，这种以质量、效益为重点的结构调整和加工、运销的纵向分工，与多领域的科技进步和资本化相关。一方面，要打破农业水土资源稀缺和传统农业技术的制约，生产更丰富的农产品，特别是要解决农产品品质问题，靠的是技术进步。另一方面，农业日益货币化，成规模的农产品加工、商贸企业，都需要资金融通。技术引进、开发和金融，成为现代农业产业的“两翼”。这就促进技术开发、金融服务组织主体发展，并走向与农业其他主体的协作。

三是分工引起经济联合、产业组合。一面是专业化的发展。不仅是行业派生、区域分化的专业化，而且纵向分工，使农业各个环节也相互独立，农业生产之外的环节，要依托企业或其他载体来进行。一面是社会化协作的发展。专业分工的任何一个环节都不能单独存在和发展，各环节的相互联系加强。或由市场交换来联系，或以组织化的方式来结合。主要是在纵向分工发展的基础上，农业的生产、加工、运销、服务，形成由多种生产经营主体分工协作、有机联系、相互促进的综合经营体系。这个发展趋势、目标和过程，是蕴藏在农业产业化中的发展内涵。

促使农户和加工、流通、服务企业相结合，走向农工商一体化的组合动力，并不是单一的节约交易成本的力量。这种结合动力和机制来自三个方面：①在市场流通环节节约交易成本。一体化联合经营，减少中间环节，节约交易成本；形成批量进入市场，提高市场谈判能力;通过合作组织，避免中间商盘剥。②在联合经营内部组织服务供求，提高整体生产交换能力。在多种农户与加工、流通、服务企业（组织）的结合中，根据农户遇到的问题和要求，或多或少地向农户提供经营指导、技术推广、培训、销售等服务，使农民的素质和生产技能得以提高，适应市场的需要。③联合经营的要素组合、优势集成，提高了综合生产经营的发展能力。农户有土地、劳动力，企业有加工、储藏、运销人员和设备，通过联合实现要素配置、资产重组，就能形成新的生产力。农户在生产环节有优势，企业和服务组织或在加工、流通上有优势，或在技术开发、经营管理上有优势，或在引进资金、对外出口渠道上有优势。通过一体化经营，实现优势的结合、集成，就能克服单独发展的困难，形成市场优势，缩短发展壮大的时间。后两点，在我国农业、农民底子薄，经营制约多，市场不均衡的发展条件下，更是不可忽视的因素。

（三）改变农业生产、加工、流通体制分割对农业、农民收益的制约，转向以市场为基础、以经济利益为纽带实现产业组合和一体化综合经营

农业比较效益低，农民收入增长慢，不仅因农业生产结构和技术落后，而且越来越受到生产、加工、流通体制分割的制约。农业经营发展的趋势，是后续加工、储藏、包装、运销环节所占附加值、收益的比重逐步提高，有些甚至比生产初级产品价值倍增。农业只有由仅提供初级产品，走向生产、加工、流通综合经营，农民才能从加工、运销、服务环节分享利益，增强农业自我发展的能力。但传统计划体制对农业经济流程的纵向分割，使加工、流通与广大农民收入无缘。

改革前，计划体制将农业的生产、流通、加工、服务分割为各自封闭的系统，农村农业只是单纯的生产部门。生产队的农业生产，连同农业生产计划、技术推广等，构成从上到下的生产部门。农产品流通、加工属于自上而下垂直的财贸商业系统，由政企结合的国有粮食部门、供销社进行（少部分由社队企业进行）。农业金融由国有农业银行及其附属物——信用社进行。生产者与加工、运销、消费者的经济联系，被执行集中计划的行政部门系统纵向切断。政社合一的人民公社制度，又将农业分割为各自封闭的块块。经济靠行政指令集中控制、衔接运转。

改革以来，农业条块分割、政企结合的体制和组织系统，运转不灵，弊病丛生，在实行家庭经营和向市场转变的过程中已经被肢解。一是涉农行业部门、所有制、城乡、地区的多重分割，造成产销脱节，生产加工脱节，城乡脱节，加工、流通环节与农民利益脱节；二是部门分立，利益分离，相互掣肘，加上基层单位吃大

锅饭，经营不善，都想转嫁负担给别的环节和农民；三是政企不分，带来与其他农产品流通、加工企业的不公平竞争，市场扭曲；四是原来按政府计划主要为国有粮食、供销社及集体企业服务的农业金融，也出现类似问题。这种情况严重妨碍了农业经济的运转和发展，甚至自身难以为继。这就要求推进改革，打破体制分割，为不同经济成分的农业生产、加工、流通载体自主运作、相互沟通、自由组合创造条件，逐步在市场机制作用下实现产业重组，整合为有机联系的系统，发展种养、加工、运销一体化的产业化经营。

打破体制分割，按市场方式走向农业的产业整合，逐步提高农业组织化程度，走向一体化运营，是个组织制度创新过程。一是农业各环节组织主体的发育和转变。既发展农民自组织，又要变革原有涉农部门企事业系统，利用城乡原有组织资源，引资招商。二是加工、流通主体与农户在市场条件下相互联系、组合方式和运作机制的创新。既改变生产、加工、流通的运转脱节，也实现加工、流通与广大农民的利益连接。农户生产、企业加工、流通，各有其适应性。推动不同主体连接、组合的是经营上的好处，是利益的驱动。在市场交换中通过不同交易方式的竞争、比较不同交易方式的成本、农民对交易方式的自主选择，形成能给各方带来利益的自主联合和有生机的一体化组织。先是市场的契约关系衔接产加销主体，进而以节约交易成本为动力，把一部分市场交换转化为有组织的内部分工和利益分配关系。以市场合约衔接产加销，是一体化的初级形式。把市场交换内化为组织内部的分工合作和利益分配关系，是一体化的高级形式。这种农业不同环节主体，基于相互依存、共同发展的客观需要和双方利益的追求，由体制分割到市场沟通，以至找到较优的结合点，组合为一体化的综合经营，是农业产业化在组织制度创新上的内涵。

三、农业产业化经营的内涵与增益分享机制

农业产业化经营是适应解决上述困扰新阶段农业发展、农民增收深层矛盾的需要而产生的，从其所解决的矛盾，可以把它的内涵和实质概括如下：

农业产业化经营是在市场经济和家庭承包经营条件下，以市场为导向，围绕提高经济效益，发育农户进入市场的中间组织，革新原有涉农企事业组织，农户与涉农加工、流通、服务企业（组织）按市场机制沟通，实行经济上或组织上的自愿组合和协作，将计划体制下被分割的农业产前、产中、产后环节，整合为完整的产业体系。经过这样一个过程，逐步使农业生产、加工、销售等环节连成一体，形成有

机结合、相互促进的组织形式和经营机制。

参照国际上已有的同类概念，严格意义上的产业化经营，是指农业生产环节的经营主体与加工、流通环节的企业，在经济上或组织上进行的纵向协作或联合。它是一种经济行为，也是一种产销一体化的组织形式。

农业产业化经营提出的理论和政策意义，是在肯定农业经济主体独立自主和市场机制的条件下，重视经济协作、联合组织对农民、农业的作用。它会促进提高农业的组织化程度，但不是以中间组织取代市场，而是健全市场。

农业产业化发展的实践意义，是适应了农业由计划体制向市场体制、由粗放经营的传统农业向集约经营的现代农业转变。它是在工业化的产业社会和市场经济条件下，按产业组织和发展农业。通过发展农业产前、产中、产后、一体化经营，形成风险共担、利益分享的利益机制，保持经济活力，提高农业经营素质和效益，使农民分享产业发展收益以至平均利润，农业增强自我积累、调节、发展的能力，加快现代化进程。

根据我国农业发展的条件和实践，在把握其实质时，有几点值得注意。

(一) 农业家庭承包经营和产业化的互补关系

不能离开农民家庭经营谈农业产业化。第一，家庭承包经营是产业化经营的基础。农业产业化是由家庭经营与生产商品化、社会化发展的矛盾运动孕育产生的。农户解决市场流通问题是农业产业化经营的基本出发点，在农户与城乡市场联接的大框架下，才有农户借助企业和其他经济载体实现市场流通，联合占领市场。家庭经营是产业化经营体系的第一车间。在微观上，“农户+企业”的组合，构成带有农业特点的企业化。第二，农业产业化赋予家庭承包经营开放的组织网络，解决单是家庭经营解决不了的一系列问题。如按市场需求生产的问题;贸工农融为一体，实现要素的优化组合;既发挥一家一户效率高、好管理、易核算的优点，又把分散的农户组织起来，分离的生产要素和环节组合起来，集中从事专业生产，为提高产品质量、获得规模效益打下基础。

(二) 既体现生产力发展的时代要求，又与生产关系调整、体制创新关联

一方面，农业产业化经营与生产力发展相联系，融合现代化大生产发展一般规律与农业生产的特殊要求。农业产业化经营反映社会化大生产发展的不少共性要求，如：①结构调整中的要素重新组合；②引入现代技术，进行技术设备投资;③

专业分工、社会协作；④批量生产、规模经济；⑤企业化管理；⑥组织与信息渠道的网络化。这些生产社会化和技术进步的共同规律融入农业，要取合乎国情农情的具体途径和形式。如规模化是不触动农民的土地和家庭经营，扩大农户经营的外部规模，搞区域生产的规模化；专业化是先发展农户群体的专业化，及先在加工、流通环节实行企业化和现代管理。既蕴含农业现代化的发展方向，又受生产力发展水平的校正。另一方面，它与生产关系的调整相联系，涉及经济主体间的产权关系、利益机制。传统体制下的加工、流通企业，只有经过改革，才能与农民家庭经营连接。

（三）“做大蛋糕”、增益分享的发展机制和利益分配机制

对农业产业化经营的利益机制，人们提出了两种较矛盾的看法：一种是强调让农民分享农产品加工、流通环节的利益；另一种是强调农业产业化的本质就是提高产业效率，而不一定是让农户分享企业加工利润。

实际上，农业产业化的经营机制，首先是产前、产中、产后有机结合，联合经营，提高产业效率，开拓市场，做大事业，从市场取得更多收益的发展机制；其次才是对发展结果的“风险共担，利益分享”机制，利益分配实质是增益分享，即新增收益按各主体在联合经营中的参与和贡献，进行分配。

农业产业化经营具有有利于发展的内在机制，如龙头企业或中间组织在市场预测基础上做出的经营决策，传递到农户，使产销对路，回避风险损失;专业化分工和协作，有利于技术进步、资源优化配置、优势互补;设备的共同利用，减少流通环节；成规模的购买和销售，有利于节约成本等。将这些优势开发出来，组织利用，求得产业发展，效率提高，收益增加，即“做大蛋糕”，才能为利益分配打下基础。

农业产业化经营内部的利益分配机制，不是简单地将原来加工、流通企业的利润分给农户，而是将生产、供销、加工经济协作、综合经营带来的增长收益的一部分，分配给为发展增收做出贡献的产前、产中经济主体，特别是农户。进行利益分配的形式，不限于向农民直接返还利润，实践中有多种形式:①合同收购、优惠价购买、保护价收购。甚至出现卖难时随行就市的收购，也是分担风险，利益保护。②无偿、低偿的经营指导、技术推广和其他服务。③利润返还。这种利益分配机制使农业产业化经营成为协力发展、利益相关的共同体，具有协调利益关系、稳定一体化经营体系、调动多方面积极性、增强经济合力和动力的重要意义。如果忽视与农户的利益分享，那就破坏了相依存的利益链条，低估了农户群体在产业化经营中

的基础地位，就会导致联合经营的瓦解，在市场竞争中丧失一体化经营的优势。

（四）在市场环境下趋利避害，逐步创造合乎国情的农业产业化组织和经营机制

农业产业化是个长期发展、变革的过程，由农业社会化的发展程度所规定，农户与加工、流通主体在市场中趋利避害的经济行为，也受到政府的支持和保护。接受我国集体化、公社化和改革以来的经验教训，农业不同环节的主体，相互发展什么联系，是否实行一体化经营，采取什么联合经营的组织形式，建立什么样的利益分配机制，只有尊重经济主体的探索和选择，从多样化到规范化，才能使有生命力的产业化经营成长起来。我国是一个有几千年农业发展史的大国，地区差异较大，农业产业化的发展会形成自己的特点。但在农业社会化、现代化发展与组织上，与世界发达国家会有共同的规律。结合我国实际，借鉴别国经验，对群众的探索给予指导，从提高微观的组织化程度起步，逐步构造整个市场农业的组织框架，是十分必要的。

（1999年2月）

我国农业产业化的进展与组织创新*

怎样看待我国农业产业化经营发展的现状和趋势?本文认为，农业产业化经营经历孕育、局部发展和大范围较快发展几个阶段，已在市场放开早、需求弹性大的农业领域占据主导地位;以农业产业化经营组织为载体的要素重组，推动结构调整和优质高效农业发展;现已形成多种农业产业化经营模式，显示出市场农业组织创新发展的趋势;参照国际经验，当前我国农业产业化发展尚处于初级阶段，但也是组织发育的关键时期。

一、农业产业化经营在市场放开早、需求弹性大的农业领域已占主导地位

(一) 发展阶段

农业产业化经营以市场化改革、城乡发展、农业专业化为动力，经历了三个发展阶段。

1978~1984 年，是进行体制与物质准备和萌芽阶段。建立家庭承包经营为基础的双层经营体制，恢复集市贸易，放开部分农产品市场;在粮食超常增长基础上发展多种经营，有了可加工转化的农产品、初始积累和自由劳动力，构成产业化发展的基础。专业户、经济联合体、农民技术协会出现。沿海少部分地区，出现个别农业产业化雏形，如广东化州 1979 年成立的南菜北运农民联合体——同庆果菜北运公司、顺德北窖镇 1982 年形成“公司+农户”养鸡。

*与潘耀国同志合作,1999 年 4 月 7 日发表在国务院发展研究中心《调查研究报告》98 期,9 月 22 日《经济研究参考》第 88 期。

1985~1991 年是局部发展阶段。农产品购销体制改革的进展，除粮食、棉花、烤烟外都进入市场流通;随着城市农产品需求走向多元化，拉动农村多种经营，专业户、专业村和乡镇企业发展。沿海地区、城市附近，形成联接农户与市场的加工流通龙头企业和专业市场，产销一体化得到发展。外商介入，投资农业年均 189 项。

1992 年以来，是较快发展阶段。①以农业产业化经营思路自觉指导发展。②参与农业产业化发展的主体，以往主要限于农业、乡镇企业和涉农部门企事业单位，外商略有介入。这一段，先是改革浪潮推动发展和农产品需求，后是工业品市场疲软，一些高附加值的农业生产、加工市场前景看好，具有商业机会，而且不少地方有特色的农产品基地已显露头角，于是城市大中型工商企业介入。外商抢滩进入的范围扩大，投资力度加大，年均投资 1100 项，年农业投资由上一段的 1.46 亿美元上升到 11.4 亿美元〔1〕。③产业化发展的范围扩大、数量增多，部分地区龙头企业进入快速成长期，形成一批资产实力强、技术设备先进、经营规模大、在国内外市场占有一席之地的集团公司。④发展方式更加多样化、开放式、多成分混合。有专业大户、企业自我积累，利用信贷，也出现联合、兼并、资产重组，与外资嫁接，组成上市公司，从资本市场融通资金。

（二）行业分布

市场需求引导的农业结构调整，是产业化经营发展的基础。农业中粮棉油生产，改变了短缺，增长放慢；适应生活改善需要的蔬菜、林果、畜牧、水产等“新兴产业”，保持了较高的发展速度。1978~1996 年，蔬菜迅速发展到 1.4 亿亩，水果发展到 1.3 亿亩，产量分别年均增长 10.8%、11.2%。同期，畜牧、水产业大发展，肉类、水产产量分别年均增长 9.1%和 10.8%，人均占有量都增加 3 倍多。

与这种结构调整相联系，农业产业化经营组织首先起于养鸡养猪等畜牧业，随后扩展到其他行业。据农业部产业化办公室对 29 个省、自治区、直辖市的调查，到 1996 年底，与农民有某种利益联结机制的农业产业化经营组织，共有 11824 个(见表 1)。按产业和产品划分，其中粮油糖产业化组织，占调查总数的 20.9%，果菜业占 26.7%，畜牧业占 25.8%，水产业占 6.3%，其他占 20%。也就是说，目前 80%的产业化组织，是在市场放开早，收入需求弹性系数高的多种经营“新兴产业”领域。

---

〔1〕卢迈、于保平、赵燕:《港商在内地农业投资的现状与前景》,1998 年 11 月。

表 1　农业产业化经营组织发展现状

	行业分布				
	粮油糖	果菜业	畜牧业	水产业	其他
个数	2483	3155	3051	763	2372
百分比	20.90%	26.70%	25.80%	6.30%	20%
	区域分布				
	东部地区	中部地区	西部地区		
个数	6611	4336	877		
百分比	55.9%	36.70%	7.40%		
	组织分类				
	公司＋农户	合作组织＋农户	批发市场＋农户	其他	
个数	5380	3384	1450	1408	
百分比	45%	29%	12%	12.6%	
	与农户关系				
	合同关系	保护价	优惠价	利润返还	股份合作
个数	8377	2673	1591	1225	2222
百分比	70.50%			10.30%	18.80%

产业化经营反过来推动结构调整和优质高效。产业化经营对畜牧业的作用，一是促进生产经营向专业化、规模化转变。生猪仍以户养为主，但在肉类、饲料加工和流通龙头企业带动下，到 1996 年专业户和商业化养殖场在饲养总量的比重已占到近 20%（其中养殖场占近 5%）。禽蛋养殖，1996 年全国存栏千只以上商品蛋鸡场 24.6 万个，饲养占存栏总数的 24.2%；年出栏 1 万只以上肉鸡场 6.2 万个，出栏肉鸡占全国出栏总量的 40%〔1〕。二是促进技术普及和提高，主要畜产品生产周期缩短，由季节性生产向全年均衡生产迈进。三是促进畜牧业结构调整，1990~1997 年，猪肉在肉类产量中所占比重由 79.8%下降到 67.2%，牛羊禽肉由 20%提高到 32.1%，其中仅禽肉份额就提高 6~7 个百分点。此外，促进外向型农业发展，进入国际市场的畜产、水产、果菜，基本上是由产业化经营组织进行的，也提高了供应城镇市场的产品水准。

〔1〕曹庆波:《我国畜产品生产、市场和贸易状况及展望》,http//ids,1998 年 11 月。

(三) 区域分布

农业产业化经营率先在东部沿海地区、大城市郊区等商品经济发达，消费需求层次较高，城市工商业辐射影响大，城乡联系多的地区孕育发展，逐步向中部及西部扩展、转移，东中西部呈现梯级差异。至今东部仍是全国农业产业化发展的重心所在。在29省11824个农业产业化组织中，分布在东部地区的占55.9%，在中部地区的占36.7%，西部地区的占7.4%。

中部地区90年代以来逐步成为农业产业化发展的热点地区。不仅形成水果、蔬菜新产区和相应的销售服务组织，而且全国猪、牛、禽等畜产品生产、加工，逐步向以中部为主的饲料粮产地转移。据统计，我国畜产品传统主产区的大部分，与改革以来形成的以玉米为主的饲料主产区距离较远，到90年代，便出现畜产品生产向饲料产地的转移。1990~1997年，在玉米主产区的东北（辽、吉、黑）、北部（京、津、冀、鲁、豫、晋），肉类产量分别增长145%和126%，两地区占全国肉类产量的比重，由26%提高到34%。而苏、浙、皖、沪、川等省肉类产量同期仅增长44%〔1〕。人们直接感觉得到的中原大地火腿肠加工的兴旺，内蒙和东北三省奶制品加工、玉米深加工、将玉米带转化为畜禽肉类制品生产带的产业化日渐壮大。

由于中部地区乡镇企业发展慢，劳动力转移程度低，人们更看重农业多种经营及农产品加工流通，也希望改变提供廉价原料的局面。随着改革开放的进展，商品经济发展，农民和企业积累起产业化发展的多种因素。这些因素，将使农业产业化向中西部扩展、转移的趋势继续下去。

(四) 要素分析

以农业产业化经营组织为载体的要素重组推动结构调整和优质高效农业发展。

农业产业化经营对我国农业发展已带来相当大的影响:一是促进了农业产业结构的调整和高附加值农产品的生产，二是促进了农产品的出口（1991~1997年我国出口的食品和要供食用的活动物由72亿美元提高到110亿美元），三是组织农业多种经营和加工、运销的发展，创造了新的就业机会，增加了农民收入。产业化经营能对农业带来这些影响，关键是作为一种组织载体，适应农业在新阶段结构转变、技术进步的需要，使要素重组得以实现，提高了农业的素质。

首先，在人力要素上，农业产业化经营的出现，一方面使其联系的一部分农

〔1〕随同王郁昭、张根生同志调查，刊于中央农研究《农村工作》第45期。

民，变为从事带专业性的高附加值农业的生产经营者，由于他们能从中获得较高收入，使一部分高素质的劳动力，能够稳定地留在农业上（据对21省38个县市的调查，这类从事专业生产的劳动力约占农村劳力总数的近10%[1]）。同样，也使一部分从学校毕业的知识青年，能够在劳动力的分化转移中，保留在农业上，成为农业后续发展的骨干力量。另一方面，改变了农业的人员构成，农业生产、加工、销售一体化经营的发展，企业化和组织化程度的提高，使农业的从业人员，由以往的单一农民，变为投资者、技术人员、经理、工人与农业家庭生产经营者的多元组合，以适应市场经济和农业现代化的多种需要和挑战。

其次，在资金要素上，农业产业化经营的发展，将一些资金，以企业投资、资产组合、股份合作等形式引入农业。实行生产、加工、运销综合经营，也提高了盈利和自我积累的能力;进而使农业在增强经济实力的基础上，通过信贷和资本市场筹措资金的能力也得以提高。

再次，在技术要素上，许多地方的实践表明，农户与加工、贸易、服务组织的结合，是农业在家庭经营条件下破除引进现代技术要素障碍，加快现代化的重要途径。山东省诸城市外贸公司，1984年前出口家禽是靠传统农家养鸡，这种鸡，皮老骨头硬，又有季节性，一年大部分时间无货，占领不了国际市场，10年连续亏本。后来，公司在产前引进肉鸡良种，进行工厂化繁育，建立配合饲料厂，提供技术培训；在产后，引进加工生产线和储运设备。虽然产中仍由村户农民饲养，但整个贸工农一条龙生产经营体系的技术水平得到提高。这样，就满足了国际市场的产品质量要求，并均衡上市，为中国肉鸡在日本市场取代泰国、坐上第一把交椅做出了贡献。许多沿海发达地区、城市郊区“一优两高”农业、创汇农业的发展，都与此相似。加工、流通企业在农户种养两头起作用，一头使种养品种得到改良，推广先进技术，一头使初级农产品的加工、保鲜技术达到或接近国际先进水平，增强市场竞争力，促进了农业现代化发展。

二、形成多种农业产业化经营模式，显示市场农业组织创新趋势

农业产业化经营，是农户与供销、加工、服务主体的产销协作、经营组合。伴随着农业市场化发展和组织发育，现已形成多种农业产业化的经营模式，显示出市

---

〔1〕崔传义:《农村劳动力三元就业的格局、趋势和政策选择》,1998年9月。

场农业组织创新发展的趋势。经营模式的差异，与所经营产品的生产流通特点、经营的范围有关，也与衔接农户与市场的中间载体、农户与中间载体的结合方式、经济关系、组织制度有关。

(一) “公司 + 农户”

基本形式是围绕某项农产品生产的农户群体，与销售及加工、服务企业（公司)，相互以合约（合同）形式实行产销衔接的一体化生产经营体系。其中某个(类) 企业，因具有较强市场开拓能力或加工增值、技术开发能力，在一体化发展中起着牵头作用，被称作“龙头企业”。龙头企业有农村乡镇企业、农民专业大户、城市商贸加工企业、外商和合资企业等。这种类型在农业产业化组织中数量最多。占 1996 年 29 省产业化组织调查总数的 45%。分布于需要加工的农产品经营领域，主要是畜牧、水产业，粮油食品加工、饲料加工领域，以及蔬菜、水果业中需要加工的一部分。

在这种产业组合中，公司与农户是相互独立的经济主体。公司为从农户获得合乎要求而稳定的货源，农户为由公司帮助解决经营取向、生产技术、产品销售，形成在各自经营基础上的联合。

公司与农户的协作和利益关系，有多种形式，也是发展的不同阶段。初级形式是农户和加工、流通企业之间，基本是市场商品交换关系，但龙头企业对农户有信息传递、经营指导和技术、销售服务。进而是相对稳定的产销合同和服务契约关系。购销价格有随行就市、优惠价、保护价等类。较高级的形式，有农户与企业相互参股、资产结合或资金融通。如内蒙伊利集团、河北三鹿集团，在农牧民养奶牛相对集中的地方，分区定点，投资或与农民合股兴建挤奶站。

“公司+农户”组织模式的优点是，双方市场化联系，企业化经营，追求利益最大化的结合，有较强的竞争性；在产业组合中，市场价格机制和非市场的组织机制结合，比较灵活，组织成本低；在产业发展不稳定、市场风险高的阶段，有较大的适应性；易通过公司向农业引入资金和现代技术要素。

(二) “合作组织 + 农户”

是农民组织起来自我服务的新组织。与农村传统集体经济组织相比，是一种组织创新，这表现在：①是拥有独立财产权利的农户在分户经营基础上的合作。不像传统集体经济，只容许生产资料公有，基本取消家庭经营，农民不能有自己的生产资料和土地使用权、劳力支配权。②合作是在生产外的流通、服务、加工环节进行的。③农民可以自由加入和退出。多数是专业合作组织，如专业合作社+农户、带合作性的专业协会+农户、联合体+农户，也有其他合作组织。此类占 1996 年 29 省产业化组织调查总数的 29%。

进一步分析，当前被称为合作组织的，实质上又有两类:

一类是正在向合作组织转变的传统组织。如供销社与农民的联营，社区集体依托从事农产品加工、流通的乡镇企业和服务实体，联系从事某种生产农户而兴办的合作性组织。目前的情况是，其中多数组织有与农民合作的成分，但合作成分不占主要地位，更类似“企业+农户”，而不是农民合作组织。一类是由农户组成的专业合作组织。数量多、有代表性的是向合作经济方向发展的农民专业（技术）协会。协会不同于合作经济组织。但我国的农民专业协会，与一般社会群团组织不同，绝大多数具有技术经济协作的性质，其中一部分实际成为专业合作组织。

其特点是:

第一，以农民为主体，民办或民办公助。其产生背景，是在农村改革中，大队、生产队的专职农技员随着人民公社解体而取消，村级技术推广出现断层。但原来的农技员在家庭经营中成了科技示范户，随着商品经济发展，农村又涌现一批专业户、技术能手，他们与外界接触广，又有经营能力，率先走上致富道路。周围农户被吸引，请教技术，跟着发展专业生产，并希望通过他们实现产品销售。而专业户、技术能手的经营也与乡邻、社区发展息息相关，他们单家独户的专业生产只有变为与周围农户共同进行的批量生产，才有规模收益。于是，双方结合，农民专业协会产生。许多组织一成立就得到政府的支持。

第二，取得正式身份，自我服务和管理。农民专业协会选择社团性质的科协为挂靠单位，注册登记，既取得正式组织身份，又避免陷入原有组织系统政经不分、纵向权力隶属的依附关系，保持独立经营的主体地位[1]。实行民办、民管、民受益，服务农民，发展专业生产，通过服务组织农户生产与加工、销售的一体化经营。

第三，走向“协会+企业”的合作组织。农民专业协会目前多数处于仅从事技术交流的阶段，但一部分进入了帮助会员统一购买部分生产资料、联系产品销售的阶段，少部分成为“协会+企业”的农民合作经济组织。据调查测算，目前活动较

[1]姚监复等:《农村专业技术协会——具有历史意义的农村组织创新》，北京，中国农业出版社，1994。

正常的农民专业协会约16万个。除技术交流外，其中有信息服务的占38.3%，有销售服务的占23%，有购买服务的占15.1%，有资金服务的占7.9%，有加工储藏服务的占5.4%[1]。约有5%的农民专业协会建立了自己的经济实体（企业）。协会办企业，一类是所有成员都有份，是企业的股东;一类是部分成员有份，业务上与协会配合。前一类协会办企业，是协会按合作和民主管理方式运作，经济实体按企业方式运作，是合作组织与企业经营的结合。对内为成员服务，对外做生意，依靠企业盈利，支持服务事业发展，增加成员收益。这种“协会+企业”的合作经济组织，符合现代合作组织发展的新潮流。

（三）“批发市场＋农户”

改革以来农产品批发市场从无到有，目前已是蔬菜、水果、花卉业组织产销的主要方式，也是畜禽、水产及粮油产品销售的重要依托。在1996年29省农业产业化组织调查中，此类占调查总数的12%。一个批发市场联系的农户，一般比之公司或协会要多。据国家工商总局统计，1997年全国农产品批发市场4038个，其中分布在农村的2311个，成交额2333亿元，占城乡农产品集贸市场交易额的49%。

农产品批发市场是在一定交易方式、制度下形成的特定交易场所，长处是农民小商品生产者通过它销售产品，可以获得合理的价格。这是因为它有两个特点:①经办批发市场不是单一的企业盈利行为。我国目前的批发市场，多数为工商部门与能提供土地的乡村社区组织联合兴办，其他公司参与，当地政府给予政策性支持(如将应交财政的工商管理费留作市场建设投入)。经办主体的行为，有投资交易设施，租赁经营实现赢利的一面，但主导方面是为农民和中间商进场交易提供公共信息、设备、场内组织和秩序管理等公益服务。②批发市场有保护小农利益的机制。批发市场集中交易，市场透明度较高，农民面对场内多家批发商，有比较、选择、讨价还价的余地（现在个别的已有竞价拍卖）。在公平竞争、多向选择和规范管理的环境下，能形成反映供求的市场价格，农民也就能以合理的价格销售产品，获得应有的利益。因此，批发市场不像个别交易下农民受制于中间商，利益受损害。

现在对“批发市场+农户”是否属于农业产业化经营的一种形式，存在争议。作出肯定回答，是有不确切之处，但当前不能轻易把它排除于产业化之外。这是因

〔1〕黄连贵:《对农民专业协会的观察与建议》,见农业部农村合作经济指导司编:《引导农民进入市场的新型经济组织——农民专业协会》,北京,中国农业出版社,1995。

为，其一，有投资、经营、管理批发市场的组织（包括乡村经济组织和公司）在起作用，服务产销主体，约束交易行为，形成保护小农利益的机制。其二，农业产业一体化经营体系内部不完全排除各主体间的市场交换。批发市场介于市场和组织之间，是市场的组织或有组织的市场。其三，批发市场是蔬菜、水果等农产品衔接产销的主要依托，目前处在管办分离、主体易位的体制变动中，尚未定型。

（四）产销一体化公司

这类组织主要分布于水产业、现代设施农业、农垦农场。特点是产品的生产、加工、销售都由一个公司来进行，或由集团的母子公司来经营。山东省荣成市有很长的海岸线，傍海乡镇形成了24家较大的渔业公司。这些公司一般既有远海、近海捕捞船队，有滩涂养殖场、陆地工厂化养殖场，又有鱼货储藏、加工、运销企业，甚至有港口、制造渔具和船舶的工厂。这种集生产、加工、销售为一体的农业组织形式，在发达国家也称得上一种类型。

（五）混合型

一类是组织结构的叠加混合。如“公司+合作社+农户”。山东莱阳市以“龙大”、“北海”等六大“三资”公司为龙头，以蔬菜为主，形成加工出口的贸工农一条龙经营体系。公司通过菜农合作社联系农户。公司减少了组织成本，农民则通过合作社与公司谈判，维护自身利益。由于公司不是合作社所办，而是合作社的大部分产品依赖公司加工出口，而且公司的加工原料还来自外地5省几十个县，所以，这样的产业化，是“公司+农户”与“合作组织+农户”叠加的混合型组织。

一类是经济关系、组织制度的混合。如“股份公司——合作社”的股份合作关系。江西东乡县惠东糖业有限公司是糖厂与农户共同参股设立的股份公司，农户以原料入股，称“资源股”，糖厂投入设备和资金，称“工业股”，按公司法规范彼此的权利义务，从这个意义上看是股份制。农户每年交售的甘蔗由公司当时折价付款，可看作销售——购买行为，但公司在榨季结束即从纯利中切出一块，按参与额度事后分利，这一原则又类似于加工合作社。在表决的方式上，又不是“一人一票”制〔1〕。这种“股份公司——合作社”的复合组织，在农村广泛存在。

〔1〕王西玉、赵阳编：《中国农业服务模式》，北京，中国农业出版社，1996。

三、当前我国农业产业化发展处于初级阶段，也是组织发育的关键时期

立足我国实际，参照发达国家农业产销一体化发展的历程，有助于观察我国农业产业化发展的现状与走向。

（一）农业产销一体化是国内外农业发展的共同趋势，我国的农业产业化目前还处在初级阶段

我国与发达国家一样，在农业市场化、专业化、现代化发展中，有一种提高产业组织程度，走向产销一体化经营的共同趋势。有关专家论证，我国的农业产业化经营，与国外农业为降低交易成本，增加附加值，形成家庭农场与加工、流通、信贷等企业结合的“农业一体化”含义是一致的。它推动了农业现代化水平的提高。

对农业一体化，狭义的理解，是指美国20世纪50年代提出的“农业一体化”（载体为“农业综合企业”），或称纵向一体化、合同生产。约有半个世纪的发展历史，近期进入全球时代，表现为农业跨国公司的发展。广义的理解，包含农民供销、加工合作社式的产供销一体化[1]，已有一个半世纪的发展历史。这两者都说明，农业产业化有一个长期发展的过程。

比较起来，我国的农业产业化发展目前还处于初级阶段。首先，我国农业还不够发达，一体化经营虽然广泛发生于县乡范围，但各自孤立，未形成相互联系和支撑的系统，对农户覆盖率低，影响的广度和深度较为有限。现在在畜禽、水产业已形成一批有较强带动力的龙头公司，影响力超出小的区域范围。但多数连接生产、加工、销售的产业化经营，是局限在一县一乡镇的范围，还处在“少”、“小”、不成体系的阶段。根据农业部的调查资料，农户参与农业产业化经营的比例为8.5%。另据有关单位1997年对12省的调研，农户参与比例为7.6%[2]。我们对38个县的调查是近10%。可见农业产业化经营对农户影响的广度和深度都较有限，距离带动农民解决经营难题，开发经济，增加就业和收入的要求，是“供不应求”。其次，与发达国家生产、加工、销售联合体的组合制度相比，我国也不够成熟。

---

〔1〕徐更生、刘开铭主编:《国外农村合作经济》,第107页,北京,经济科学出版社,1986。

〔2〕李谦:《发展农业产业化经营的几个问题》,载《中国农村经济》,1998年12月。

（二）借鉴国际经验，观察我国目前情况，应当说我国农业正处在组织发育创新的关键时期

首先，国际经验表明，农业商品化与合作化、产销一体化相关联，农业商品化时期多种经济力量的市场较量，推动着组织创新。发达国家的农业一体化，是以农民和涉农企业为主体的市场行为，从商品化初期到现在，它大体经历了三个阶段。第一阶段是农民组织起来进入市场，改变受中间商盘剥的境况。农业商品化初期，分散、无组织的家庭农场处在不利地位。由于中间商比家庭农场要了解市场，两者掌握的市场信息不对称，农民要依赖中间商销售商品，形成流通对生产的控制，中间商利用压价等办法，侵夺农民的利益。中间商又以高价销售，损害消费者的利益，实现高额利润。经过一段时间，生产者从市场觉悟，自己搞加工、销售的合作社，以减少中间商的剥夺。城市消费者也搞消费合作社，从生产者那里批发所需商品，维护自己的利益。这种流通领域的合作组织，欧洲是在19世纪中叶出现经济危机时迅速发展，美国较成功的加工、销售合作社，也是在这一时期从乳业开始的。日本农村的产业组合，可追溯到明治之初，但真正的农业合作是第二次世界大战后发展的。这种减少中间环节盘剥的努力，使产销联系拉紧。第二阶段，是一些中间商与农场结合对一体化的推动。当农民合作向销售市场延伸形成势力后，中间商要与合作社竞争，就不能不改善与农场的交换关系（如定价不能过分压制农民），向生产者靠近，与之形成合同产销关系。加工、流通企业只有为生产、消费服务，与之结合，才能从市场分得一份合理的利润。第三阶段，第二次世界大战以后，发达国家在资本企业较深进入盈利性农业、显示公司经营的市场竞争力的形势下，又迫使农民合作组织发生制度和结构的变革。从发达国家的这种发展历程看，农业一体化的基础是农业组织的发育，目前我国正处于农业商品化和组织发育的重要时期。

其次，工业化过程中因务农与转入非农业劳动者的收入差距拉大，需要政府通过支持农业组织化、生产与加工销售的一体化，来强化农业、农民的自我保护，实现政府对农业、农民的支持。发达国家的经验向我们提示，工业化、城市化发展中的多种失衡，主要是农业与城市非农业的经济失衡。政府支持发展弱小农户的经济合作，帮助农户自组织发展，是工业化转变期保护农业、缩小差别、实现结构顺利调整和社会稳定的重大因素，也是一种带规律性的要求。这在人多地少的亚洲国家，表现得更为明显。如在人少地多、经济发达的美国，农业综合企业、农业协作

组织两者都处在很重要的地位，前者在跨国发展上更显突出。而在人多地少的日本、荷兰和我国的台湾省，农民合作式的产销一体化，起着特别重要的作用，资本企业为龙头的产业化，则居于辅助地位。

第三，我国农业处在新旧体制交替、组织发育有待冲破多重制约的重要时期。目前阶段，我国农业中间组织供给不足，农户市场地位弱小，但中间组织和产业化经营的发展，受到很大的体制制约。客观上的产业结构、就业结构、城乡结构，制约了农产品市场需求和农业发展，而市场制度、秩序不健全，原有供销社、信用社和乡村社区组织体制转变滞后，也严重束缚了新组织的创新和发展。因此迫切需要围绕发展，积极探索，在深化改革中求得农业组织发育和产业化经营的发展。

（1999 年 4 月）

市场化进程中的农业组织问题*

——农业产业化发展的组织与体制障碍分析

农业组织创新与体制变革联系密切。当前我国农业进入受资源、市场需求双约束的新阶段，农户面对市场，为解决生产取向、产品销售、优质高效的难题，普遍希望从中介组织得到帮助。

适应这种需要，多种流通、加工、服务组织出现，以贸工农一体化为核心的农业产业化经营发展，龙头企业扮演着越来越重要的角色。但是，在新旧体制交替背景下，适应农民进入市场的新组织，其发展受到市场秩序不健全和传统体制残余的影响，自身制度建设也非轻而易举。更深层面的是，乡村组织和供销社、信用社等涉农组织的体制转变滞后，自身运转成本加大，侵蚀其他产权主体权益，严重抑制农户经济，阻碍中间组织和农业产业化经营发展。

一、农业组织特点和农业产业化经营发展面临的多重体制问题

现在，人们对农业产业化经营的发展，主要把眼光放在“公司+农户”、“专业合作组织+农户”等经营方式上，注重龙头企业和农民专业协会等新组织的发育。这是对的，因为它们是当前产业化经营的主要形式，显示了组织创新的趋向。但农业产业化发展，离不开原有农业组织——乡村社区组织及供销社、信用社、粮食等系统的体制转变，离不开政府公共管理的界定和规范。这是由农业和农业组织的特点所决定的。

---

*与潘耀国同志合作，1999 年 8 月 16 日发表在国务院发展研究中心《调查研究报告》97 期。本文第三部分，以《新阶段的农业发展呼唤乡村组织体制变革》为题，收入谢伏瞻主编：《中国经济专家新思想集》，北京，中国发展出版社，2000 年 5 月。

（一）农业生产适宜家庭经营的特点，决定了农业组织是在农户经营基础上发展和运作的

从事加工、流通、服务的龙头企业、中间组织不仅有自身组织问题，而且涉及农民进入市场，承担着与农户组合而成的贸工农一体化经营的整个组织问题。提高农民的组织化程度，实质内容是要反映农民的需要和利益，同时又让农民在关心自身利益的基础上，以体现共同利益的规则自我约束。农户经营权益的状况，便直接间接地影响农业组织和农业产业化的发展。

（二）农业经营与社区密切联系，虽然围绕某项生产进行的农业产业化经营带有专业性，但专业化的生产经营，离不开乡村社区的综合化服务

首先，农用土地在社区。农民使用的耕地、林地、水面，基本都归社区集体所有，农户经营也以乡村社区为基地。所以，农户从事与加工、流通企业衔接的专业化生产，离不开社区组织在土地改良、水利、电力等基础设施上的共同服务，离不开社区商业和金融服务。其次，专业农户是社区集体的成员，也是农工商一体化经营的成员。社区集体对农户经营有什么正面、负面影响，也就对农业产业化发展产生什么影响。第三，农工商一条龙的龙头企业，不少是乡镇企业、专业大户和专业合作组织。这些企业往往是依托社区而发展，不仅运用社区地利，而且从社区组织、社会关系、社区文化观念等方面取得支持。因此，乡村组织体制对农户和农业产业化经营的发展关系甚大。

（三）农业产业化经营是由生产、流通、加工、服务环节的体制分割，转向市场条件下的有机结合，其发展必然与传统体制下居于垄断地位的供销、粮食、信用等涉农部门的改革密切相连

改革以来，粮食、供销系统仍是农产品流通、加工的重要载体，是粮棉油流通的主要经营者。而这些基本农产品与畜牧业、食品工业关系很大。同样，信用社在农村金融服务领域占据主要地位，随着农村经济货币化，资金融通日益成为农业经济的命脉。这些系统蓄积大量从事流通、加工、服务的人才、资产和管理经验。其发展与改革，是农业产业化发展的组成部分或支撑因素。实践表明，在维持旧体制的情况下难于实现农业产业化的组织创新。原有乡村社区组织及供销社、信用社等经营体制的改革不到位，保留着旧体制因素，与农户经营和按市场机制运作的产业化经营处于冲突状态。旧体制的影响，也往往使人们发展新组织跳不出老体制的窠

臼，造成一些组织创新的失败。

（四）政府对农业、农户、农业产业化的支持，要以乡村社区组织，特别是农民自我服务的经济组织为依托

随着体制和国民经济结构的转变，农业占国民生产总值的比重已下降到1/6，与工商服务业相比，在争取资金、人才上，一般处于劣势，国家有必要对农业由过去的负保护逐步转向正保护。但政府支持农业，一方面不可能直接到村户，那样会增大运转费用。另一方面，政府提供给农业的政策性贷款、专项资金，甚至扶贫资金，中间流失大，违规使用多，表明了面对农户小规模经营和高度分散的农业经济，支持资金的运行仅靠政府自上而下的监督是不够的。为此，政府一要借助中间组织支持农业，二要中间组织形成与农民利益一致的机制和自下而上的民主监督，才能避免中间流失。

二、市场农业新组织发育成长的障碍

目前，联系农户开拓市场的农业新组织和农业产业化经营，发育成长面临不少问题。新组织成长，既有物质技术、生产力层面的问题，也有经济利益关系、制度建设层面，特别是在明晰各方财产权利、义务的基础上，如何形成风险共担、利益分享的激励与约束机制的问题。许多问题要由它们自己在市场经济实践中积累经验，但有些问题来自制度环境，或计划经济、官办组织习惯势力的影响。

（一）“公司＋农户”经营发展环境和利益关系上的问题

“公司+农户”的经营，对我国发展农业产业化经营起了开路先锋的作用，也是当前为数最多的产业化经营形式。这和它的组织特点相关。农户与企业各自经营，以市场交换方式衔接产销，相互关系简明；加工、流通龙头企业多样化，有农村的，城镇的，外资、合资的，规模大小、技术水平高低不一，所以起步较早，发展广泛。

“公司+农户”经营面临的首要问题，是龙头企业发展的外部环境有待改善。龙头企业在“公司+农户”经营中起着加工、流通、服务的关键作用。各地政府实行了有利于龙头企业发展的政策措施，但问题仍不可忽视。影响企业发展的外部因素，主要是三类：基础设施的情况、与农民打交道的困难、政府提供的制度环境。问题较突出的是后者。国务院发展研究中心农村部1998年对176家投资内地农业

的港商调查表明：①基础设施的改善得到多数港商的较高评价。②31%的企业认为与农民打交道有困难。一是农民接受新技术、按规定的质量标准生产和信守合同上的困难。农民有一个学习适应的时间。积以时日，他们会从不信守合同的失利中学会按合同办事的规则。二是与农民的利益冲突。如企业在地价、租约上讨便宜，损害农民利益，引起农民不满和摩擦。企业讨便宜往往与基层干部和政府机关相关。③绝大多数企业提出经营“软环境”问题。乱收费，收费种类多、部门多、不依法;年检多、收费高；部门垄断出口配额，生产出口产品的企业无配额，有配额的无产品；政府办事效率低，有的要请客送礼；对危害企业财产和人身安全的事件打击不力，治安、司法状况不佳[1]。这类制度环境成为影响企业发展的主要问题。内资企业与此类似，甚至有些方面还比不上外资、港商。因此，应着力“软环境”的改善。

其次，是公司与农户利益关系处理上的问题。公司与农户有联合发展增加收益的一致性，也有收益分配、风险分担上的矛盾。发展初期，双方把创业、打开市场放在首位，同时公司（开始是小企业或专业大户）联系的农户少，较注意兼顾农户利益。在发展过程中，农户一方基本是联系户数的增多，单个农户经济增长不大，而龙头企业一方经济实力已有十倍百倍的增长，有机构成提高。两者力量不均等，农户不再有与公司讨价还价的余地。一些公司就单方面确定农户提供产品的价格和其他合同条件。而且，其他形式的产业化组织发育不足，农户无其他组织可选择，公司就成为一种带垄断性的权势。农民一般能按市场价格销售产品，但不少情况下产品价格受到压制，市场不景气时，公司则会把风险转嫁给农户。

然而，企业和农户都是市场主体，其利益关系处理上的某些缺陷，反映了企业和市场的成长水平，难以以行政方式强制改变。同时，产业化、市场化经营的一些基本因素，制约着公司与农户利益关系的发展趋向。如农户的生产是企业加工、销售的基础，过分损害农民利益，最后是损害企业自身。相比之下，农户的风险是分散的，企业因在加工、流通和种苗等服务环节的投资较大，是这些环节的主要受益者，也是风险的主要承担者，他们与整个产业的利益关系最密切，希望掌握市场走向，避开风险，让农民得到利益，以换取对产品质量的关心。

---

〔1〕卢迈、于保平、赵燕:《港商在内地农业投资的现状与前景》,1998 年 11 月。

〔2〕黄连贵:《对农民专业协会的观察与建议》,1995 年。

(二) 专业合作组织成长的困难

"合作组织+农户"的优点，是以农民利益为依归。农业合作制，是市场经济下分散弱小的农户，为消除中间商人盘剥、防御大公司的压制，在共同需要服务的部分业务上，自愿实行联合经营、民主管理、自我服务、互助互利的经济组织。目前专业合作组织，如合作性的农民专业协会、联合体，全国已发展到约15万个，其中60%由村内专业农户组成，24%是乡内跨村组织[1]，14%是县内跨乡组织，但要长大比较困难。

农民专业协会等专业合作组织发展的有利因素：一是经济需要，农户发展商品农业，有学习技术、购买、销售的困难，又受市场风险大的压力，推动着服务组织发展。二是技术经营能手和协会成员一般属本社区相互熟悉的农民，有血缘地缘关系，又从事同类产品生产，具有社区认同和凝聚力。三是民办、民管、民受益的机制受到农民的欢迎。四是农户自愿加入，可进可退，制约了组织的服务成本。五是得到政府支持，与农业科研、教学单位和专业部门有着广泛的联系和合作关系。

不利因素，首先是在组织机能、制度方面：一是组织功能薄弱。由于组织白手起家，经费自筹，缺乏其他筹资渠道，缺乏服务设施和信息来源，产业技术的持续提供不可能单靠农民技术能手，因此开展经营服务的能力不足，服务供给不能适应成员增长的服务需求。

二是运作制度"软件"的欠缺。怎样相互协作，进行民主、有效的决策，怎样解决营销、分配、人事、财务管理问题，都是关系其生死存亡、要从头摸索的难题。突出的问题，是产权不清，管理随意。有的形成一定规模后，由于责权利不清，负责人随意决策，造成损失，协会便从"红火"到走下坡路[2]。

专业协会组织的单层结构，难以同时满足两种需要。一种是农民平等互利、民主管理的成员平等性需要；另一种是合作组织必须是有竞争力的做生意的企业，要发挥经营与技术能人的作用，使之有较大的责任、权力，得到较多利益。这是追求效率的差异性需要。协会注重了平等性，能人感到难以发挥作用，得到应有报酬，就会离开协会，自办企业，或者自任协会负责人时，抛弃平等互利的合作性，使协会变为一般的商业企业。协会要成长，就要突破单层结构的局限，积累处理协会与

[1] 黄连贵:《对农民专业协会的观察与建议》,1995年。

[2] 崔传义、潘耀国:《当前农业技术推广的新特点与政策建议》,1996年12月;徐善衍:《科技进步是推进农业产业化的关键》,1997年8月。

企业实体、农民与企业家关系的经验，形成合理的组织结构和制度。

不利因素还表现在从外部得到的帮助少，受旧体制制约多。①由于没有形成农村资本市场等要素市场，没有农民的社区合作，如金融合作，农民专业协会缺乏依托；②缺乏专业合作自上而下的指导。农民专业协会单靠自身力量，要增强技术经营能力，改善管理，是很缓慢的。③传统体制的影响。历史上封建社会、计划体制的影响，使农村民主传统比较缺乏。协会一旦因传授技术受农民爱戴，就极易同行政权威发生矛盾。而协会负责人当了乡村干部，又会把协会变为政企不分的乡村企业。政府不能用计划体制下管生产队的办法管理农民专业协会，但指导方式的转变有个过程。

在种种因素制约下，专业合作组织要成长起来很不容易。实践表明，农业是经济与社会的综合，专业合作组织要发展农业加工、流通、服务等经营职能，吸收科技，改善管理，就需要农民与异质力量的结合，需要专业人员的辅导和政府的支持。

三、乡村组织体制转变滞后的问题

农业产业化经营是连接农户生产与企业加工、销售、服务的市场开放系统，但根基是在乡村社区。我国农村社区是在自给半自给的传统农业经济下形成的，可在其中基本满足人们生产、生活交往需要的相对独立的社会区域。一层为村落，是人口聚居生活、利用土地从事农业生产及社会交往的主要基地。另一层是以农村集镇为中心，覆盖十几个、几十个村落，以集市交易为依托的经济文化交往区域。农村社区有共同利用资源，相互认同习俗、乡规民约，以利经济和社会发展的作用〔1〕。

经历多年的体制变化，目前农村地区的行政框架，基层的集体经济组织，仍基本是依托乡（集镇）村社区设置的。乡村组织，通过村级掌握农地发包权，收取农户上交集体“提留”、“统筹”费，通过经济活动和行政权力，对农业、农民产生积极或消极影响。

近年乡村组织工作中几种影响农业、农业产业化发展的不良倾向屡禁不止。①习惯沿用计划体制下行政命令的办法，去推动农业产业化。违背市场规律，大搞“全民动员”，层层下指标，一哄而上，甚至用罚款等措施强制推行某种产业。由发展农业产业化的积极性变为盲目性，给农民和企业造成损失。对一个地方主导产业

〔1〕陈锡文：《中国农村改革：回顾与展望》，天津，天津人民出版社，1993。

的确定随领导班子的调整而任意变动。②沿用行政强制集资、摊派方式，办政企不分的企业，效率低下，难以培育加工、流通、服务的龙头企业，甚至形成亏损的烂摊子，提供劣质服务。③脱离农民需要，搞“达标”的政绩工程，耗费社区公共积累。④为取得越来越大的费用开支，加重了农民负担，或收回农民部分承包土地。如此等等，严重影响农户经营、多种经济成分和农业产业化经营发展。

普遍发生的问题来自体制的弊端。比之农户经营、市场机制，乡村组织体制转变滞后，保留较多计划经济、公社制度的残余，造成乡村社区两种机制的冲突。

（一）乡村组织政经不分、政社不分、集中管理的体制，没有随农业实行家庭承包经营发生相应改变，而是进一步行政化，形成与农户经营、市场经济的冲突

过去人民公社政社合一、“三级所有，队为基础”的制度，适应国家集中决策、行政运作的计划体制，同时追求高度公有化，取消农业家庭经营，实行集中统一的经营、劳动、分配。在这种体制下，农民名义上是集体经济的主人，实际上失去财产权利，处于被支配地位。由此引发了在一定意义上是农民争取经济利益和民主权利的变革。

实行大包干的家庭承包经营带来的变革是:一方面，农民作为社区成员，承包集体土地，不仅以集体经济主人的身份，而且以个人拥有长期使用权的经营者身份，确立了对土地当家做主的地位和财产权利。农业土地经营的基本功能移到农户，收益“交够国家的，留足集体的，剩下都是自己的”。农户成为集体经济双层经营中基础的经营层次，集体的统一经营变为主要是为农户服务。另一方面，农户经营直接面对市场，根据市场需求配置要素，产品进入市场交换，成为农村社会独立核算、自负盈亏、自我积累与发展的市场经济主体。

农户商品经济主体地位的确立，奠定了新体制的基石，决定了乡村农业经济组织要进行下一个相应的变革:既然农户是相对独立的经济主体，又是乡村经济共同事业的出资者，那么，由农户出资在乡村社区进行的农业某些环节的联合服务或经营，就要由农民选择，反映他们的利益，以自下而上的民主管理方式进行决策和管理，即要将乡村经济组织变为农民联合服务的合作性组织。

但是，乡村经济组织并没有发生相应转变，而是沿着政社合一的轨道进一步行政化。1983 年以来，乡村两层组织是乡政府取代了公社，村民委员会取代了大队，多数地方并未成立乡村经济组织，仍是政社合一，但没有了经济组织的合法名义。乡、村组织是有区别的，村不像乡镇是一级政权组织，村干部由农民担任，不是政

府官员，它是村民自治组织，也是社区集体经济组织。在经济上，乡镇虽然继承了原公社一级农民集体所有的农业服务与乡镇企业的资产，但数量少，与农民的关系不密切，而村级，对农民最重要的土地，是属村民集体所有，或村民小组所有，由村发包和管理，村级经济活动与农户经营的结合更为紧密。但在政经合一的体制下，村受制于乡镇，同时也代行政策、收税、治安等政府职能。

政经不分，乡村经济依附行政，按行政方式管理农业经济和社区，带来行政机制与经济民主、社区自治机制的矛盾。村经济组织是农民之间的关系，是自主经营的农户在一些服务和设施共同利用方面的协作，经费来自农民投资，需按自下而上民主管理的决策机制来运行。社区自治的决策也是民主的机制。而乡村行政是政府与农民的关系，属另一种自上而下的行为方式，在行政上农民处于服从地位，行政经费来自税收，税收是带强制性、无偿性的。政经合一，造成两类组织和行为方式的混淆和扭曲。行政方式超越和取代了经济民主、社区自治；侵犯农户经营自主权；表现“政绩”的达标活动不讲经济效果;加重农民负担，农民不愿上交，就利用行政强制甚至暴力手段收取;随意变动农民承包地。这类普遍存在的社区冲突，正是根源于转变滞后的乡村组织体制同农户自主经营、市场机制的冲突。

（二）乡村组织政经不分，农户包干上交缺乏界定，使“大包干包而不干”，集体财务和行政收费约束软化

“大包干”的三句话“交够国家的，留足集体的，剩下都是自己的”，为家庭承包经营理顺三者关系、调动农民积极性、取得社会承认，起了历史性的作用。但现在看来，也有不完善之处。交国家多少才算够，留集体多少才算足，没有解决。这种制度上的漏洞带来两大问题。

首先带来乡村集体财务收支的约束软化。实行大包干之初，农户交乡村集体的“提留”，主要是原生产队分配中集体留取的公积金、公益金和管理费。包干到户，是把这部分集体“提留”扣除，按当时的年均数量，分摊到户，固定下来，由农户包干上交。但包干上交的原则尚未变为完善的制度。农民交集体的“提留”包干项目、数额及使用，由谁确定，按什么程序确定，怎样监管，才能使之与农民的利益、需要和承受能力相适应，没有从制度上解决，因而导致集体“提留”收费和使用的随意性。

在这方面没有建立起约束机制的原因，还在于对集体“提留”性质及土地权利的确定模糊或存在误解。人们常把农民交集体“提留”视作“地租”。“提留”若

是农户上交“地租”，乡村集体则可自行决定。但社区集体的农民承包土地，只是社区农业由集中经营改为分户经营，农民不是租赁别的地主的土地，他们在法律上就是集体经济包括土地的主人[1]。他们以集体、个人双重身份占有、使用土地。由此，其上交集体“提留”不属“地租”的范畴。农民对乡村集体的费用“提留”、使用，具有社区成员自我服务的合作性，不仅要按合作经济民主管理的方式，由农民自主决策和监管，而且也只有由社区成员或成员代表出于切身利益，在基层社区较小范围内，以民主管理的制度和程序进行监管，才能形成有效的约束机制。离开基层群众维护自身利益的有制度规范的管理和监督，仅靠自上而下的外部监督，不可能建立起对农业分散小经济村社组织的财务约束。

其次带来乡村行政费用的约束软化。在政经不分体制下，乡村部分行政费用，是以收费方式，而不是规范税收的形式，混同于集体经济管理费，与“提留”一起向农民收取。由于农民向集体的“提留”上交缺乏界定，使得上交乡村（主要是乡镇）的行政费用——“统筹”，也缺乏制度约束。这部分费用，包干到户之初在农民上交提留中所占比重微不足道，后来比重越来越大，一般在60%左右，不仅大部分集中乡镇，而且一部分上交县级，充作行政费用[2]。这种与集体经济“提留”汇合上交的行政收费，属于变相税收，也导致税收决策权的分散和混乱。

（三）乡村组织经济职能简化，非经济活动、超经济行为增加

农村微观经营体制的改革，改变了乡村组织在农业上的经济职能。随着土地承包到户，农业生产环节的基本职能由生产队转入农户，同时农户直接向市场销售产品。这决定了乡村层次的农业职能大为削减，也决定了乡村农业职能定位，转向为农户生产经营提供服务。这是一个历史性的进步。

目前乡村组织的经济职能简化，还有历史的原因。即农业服务，如产前生产资料供给，产后流通、加工和金融服务，长期以来不是由乡村，而是由供销社、粮食部门、信用社等进行的。这些组织各有从属的纵向系统，与乡村组织在体制上是分

---

〔1〕对农村土地所有权和集体所有制，我国宪法曾规定：农村和城市郊区的土地，除由法律规定属于国家所有的以外，属于集体所有；农村人民公社是劳动群众集体所有制经济(1982年12月)。由此可见，农民群众是农村集体土地财产的主人。

〔2〕崔传义：《集约型大农业服务体系的发展和运作》，1993年5月；《管理改革滞后：中部地区农村发展和劳力转移的障碍——安徽蒙城扬圩村调查》，1995年6月。

割的。据90年代初在中部地区的调查，每乡镇在小集镇直接参与农业服务的单位近20家，属乡镇组织协调的仅有农技站、农经站、水利站、多经办等几家，四五十人，多是花钱单位。而另外粮食、供销、信用等组织，四五百人，有经济实力、有赢利条件，农民又需要，却大都与乡镇集体组织分立、分隔〔1〕。这种体制分割，要追溯到新中国成立以来农业组织和整个经济体制的变迁。新中国成立初，为便于进行农业、手工业、城市资本主义工商业的“三大改造”，国家对农村商业、金融进行直接控制，因而农业合作化出现生产合作与流通、金融合作三家分离的局面。国家的直接控制，合作运动中的偏差，计划体制的影响，使供销社、信用社偏离了以农民为主体的合作制轨道。实际成为由国家确定其在农村商业、金融的垄断地位，规定其经济行为，授权代行行政职能。国家成了供销、信用合作社的主体，农民成了合作社的“客体”〔2〕。随着公社化中所有制升级，进一步由民办变为官办，成为国营商业、金融与政府职能部门的混合体制，与乡村社区的农业集体经济分离。农村社队只管农业生产。随着土地承包到户，乡村特别是乡镇集体的农业职能简化到几近“空心化”的状态（政府的管理另当别论）。

乡村组织经济职能简化，本来为减少管理成本和机构人员，为农民自主发展经济，提供了有利条件。但在政经不分、行政超越经济的体制下，却适得其反，非经济活动大大增加。非经济活动增加，一是指经济之外的建设和活动增加，并超过当前经济的承受能力，行政功能的扩张，催粮收费、取之于民行为的突出。二是指不讲经济效益、违背经济规律的经济活动增加。由于乡村干部的考核依从行政，任免由上级决定，而不是由群众选举，所以为表现政绩而脱离实际、急于求成、不讲效益的“大办”、“达标”活动，在财务软约束下，愈演愈烈，屡禁不止。加重农民和企业负担，引起群众的反感和对立。此外，一些乡村新起炉灶搞农业服务，不如供销社、信用社有基础，也不如个体、私营、股份制企业的服务有效率。近年随着多种经济成分农业服务的发展，许多乡村集体的服务，不像前些年其他组织较少时吃香，甚至在竞争中被淘汰。

（四）乡村组织，主要是乡镇层次，伴随财务软约束的是人员、机构的软约束，人员扩张又推动加大收费，形成“收费、养人、收费”的循环，组织机构寄生性膨胀

一个乡镇吃“皇粮”和统筹经费的干部、事业人员、临时工人数，80年代初

---

〔1〕见王西玉、赵阳主编：《中国农业服务模式》，北京，中国农业出版社，1996年9月。

〔2〕肖俊彦：《供销社体制：历史和改革》，载《管理世界》，1988年第3期。

30人左右，90年代初百十人，近年一百几十到二百几十人。1998年山东全省乡镇党政机关平均编制约35人，实有200人左右，加上乡镇事业单位工作人员、临时工和教师，需乡镇发工资的大都在400人以上。非经济服务的机构增多，技术经济服务机构中吃闲饭的增多。山东省菏泽地区253个乡镇农技站，共有1506人，其中农业专业技术人员500多人，仅占1/3。同时，急于上脱离实际、脱离群众的建设或企业项目，搞“达标、创优”工程，摆花架子；用车、用移动电话、交往招待等管理费用上升，加重了农民负担。据农业部固定观察点对全国239个村的调查，1995年这些村的财务收入平均为48.6万元，比1986年增加了2.7倍。而支出中，修建基础设施等公益性支出增加了2倍，上交上级有关部门的支出为5.2万元，比1986年增加10倍，行政管理费用（主要是吃喝招待等）为6.4万元，比1986年增加18倍[1]。加之农民收入增长放慢、生产费用上升，使仍以农为主的地区难以承受。

乡村管理体制转变滞后，经济组织行政化、非经济行为增加、财务约束软化、机构恶性膨胀，已成为农业生产力发展的一种桎梏。与农户经营、市场机制相摩擦，直接侵蚀农民的物质利益和民主权利。乡村社区的不少冲突和不安定，源于这类体制性问题。这个问题不解决，就在中西部许多地区谈不上提高农业商品化、产业化的水平。发展呼唤体制转变。首先是要政经分开，精兵简政，界定政府管理职能，改行政收费为规范税收，同时还有个经济组织和经济民主的问题，要还权于民，发展农民的自我管理，政府给予必要指导，为农业和农村经济创造好的发展条件。

四、供销社、信用社及粮食系统与农民分离，改制乏力

当前，供销社、粮食系统和信用社改制的困难，与农民解决产品销售、金融服务的困难是并存的。农业产业化经营的发展，展示出市场农业生产、供销、加工、服务各环节的内在联系，给认识和解决这些难题以新的思路。

供销社、粮食系统和信用社，虽有差异，但共同点是基本的，都以“三农”（农业、农民、农村）为服务对象，却在计划体制下与“三农”长期分割。这种国家直接控制的流通、加工和金融服务系统与农村集体进行农业生产的体制分割，隐含着利益分配上的矛盾，而且，作为准国营商业和金融机构，系统人员享受着城市

---

〔1〕农业部农村固定观察点办公室:《村级经济发展与村级财务收支特征》,载《观察报告》,1996年第4期。

非农户口身份和干部职工待遇，与农民地位上有差别，利益上相分离。

改革以来，市场化进程提出打破产销分割的要求。农户解决流通、加工难题，出路之一是靠老的流通、加工、服务组织的改革。而供销社、粮食系统和信用社，随着多种成分流通服务主体发展，以往的垄断地位削弱，体制改革滞后，竞争力不强，也希望取信农民，保住农村市场。这些因素促进两者接近。

但体制分割并未打破，改革是在这些组织自身的圈子里进行的。多年来的改革，概括起来是两句话：基层单位的企业化经营有了很大进展，但在自身制度改革和转向农民合作组织上没有决定性进展。首先，企业化改革上的成绩应该肯定。如供销社改革，由建立经营责任制走向企业化经营。各级供销社自负盈亏，自主选择经营方式和分配方式，除棉花等个别品种外，自定商品价格，有了明确的法人代表，并赋予法人代表以明确的权利。由此带来经营领域扩展，流通形式多样化，由单纯自营向“四代（购、销、储、运)”、批发、联合经营发展，有的发展到对一个农产品的系列化服务和与专业农户的联合。其次，总体而言改革滞后，向农民合作制的转变未取得明显进展。80 年代初期对供销社、信用社的体制改革，就提出了恢复“三性”（群众性、民主性、合作性)、办成农民合作组织的目标，但至今大多还停留在口头上。

供销、粮食、信用社系统体制转换滞后，随着市场竞争加剧，弊病愈加突出。①政社（经）不分、社企不分。既有政府不当干预的问题，也有其依赖政府，缺乏经营压力和活力的问题。②双重定位，既要自负盈亏，又要执行政府保护农民利益的政策。有的单位在政策性经营中，将国家给农民的好处据为已有。实践表明，要通过原有的供销、粮食、信用社组织去实现国家保护农民利益的愿望，往往要打很大折扣，甚至落空。③产权模糊，责权利不清，难以形成内在动力。以供销社为例，一是基层社历史形成的财产所有权是准国有的，其中有农民的股份，现在由供销社职工集体占有和经营，又要求改为农民的合作组织，因此，所有权、被授权者的权能，都是没有明确界定的，影响财产的保护和积累。二是系统内联合社与基层社产权模糊。三是企业内吃大锅饭，人浮于事，效率低下。个人利用商业和金融单位职权谋私利，亏了企业，富了个人。④依靠计划体制而不是产权联系的联合社与基层社，在企业化过程中，由分工协作的系统肢解为利益独立的零散企业，经营上各自为战，互不联合。⑤与农民利益分离，社企失去与农民合作的优势，农民失去在商业、金融的权益。

这种体制弊端，80 年代中期表现为部门权力与企业利益结合，维护垄断，阻碍市场开放，参与抢购“大战”。80年代后期发展为截留国家对农业、农民政策性支持和保护的利益。现已造成“三不利”：不利于国家宏观调控，如不执行粮食按保护价敞开收购的政策；不利于企业，全系统发生大量亏损，主要是体制性的；不利于农业、农民，如在资金上，一面拖占大量农村资金，一面许多信用社放贷利息高于银行利率2~3倍，放贷缺乏责权利，信用社资金放不出去，农民、企业贷不到款。河北省廊坊等地反映，目前农业产业化龙头企业，主要是80年代中期生长的农民专业大户、个体私营企业和乡镇企业，而现在已不可能像那时生长起来，一个基本原因是农民有可靠收益和市场前景的项目也用不到贷款。农村金融改革滞后，既形成过多不良贷款，也严重影响对农村产业、企业的“孵化”作用。

为什么涉农部门改制乏力，向农民合作组织的转变未取得进展?除市场化进度的限制外，根本原因之一是改革脱离农民。原有体制的弊端不仅有不适应市场机制和现代企业制度的问题，而且有农业流通、加工、金融主体与农民、农业利益分隔的问题。而改革目标的设计（如粮食），以及推进改革的力量组织和具体实践，仍然与农民分隔，不让农民参与，和企业职工一起推进改革。要供销社、信用社变为农民的合作组织，却又不以农民为主体，对其进行改组，而是仅吸收农民一些股份，由它去组织农民。没有农民参与，就不可能有改革传统组织制度，转向农民合作商业、合作金融的动力，就不可能使改革形成的组织制度便于处理好与农民的利益关系，就不可能在农业高度分散经济中形成组织的自我约束和有效监督。

供销社、信用社、粮食系统的改革滞后，影响农业和农业产业化发展，它们退出“三农”阵地，“不是农村之福，而是农村之祸”。而农业产业化发展也给其改革提供了启示。改革不仅要解决适应市场的问题，而且要解决与农民的关系。改制和解决与农民关系，基本是两种模式：一种是变为农民的合作组织，社、企分开，企业成为合作组织的企业;一种是变为混合经济的商业企业，与农民是合同关系。在改革与发展中与农户有机联接，形成共存共荣的利益机制，调动多方积极性，提高综合优势和效益。

（1999年8月）

推进县级综合改革*

今年春天在山东省县级经济研究会主办的山亭会上，省里负责同志讲，“南有山亭，北有阳信”，这是山东欠发达地区的两个先进典型。这次参加阳信的研讨会，才初步认识到阳信的突出特点是在比较穷的地方按照市场体制目标通过县级综合改革启动本区域内在活力。5年来的县级改革给阳信增添了新的生机。它使我们看到了十四大提出的建立社会主义市场经济体制具有来自现实、来自广大群众和干部的巨大动力。由阳信的实践得到以下几点启发：

一、进行以县级经济管理体制为核心的综合改革，是在我国农村有了一大块市场经济的基础上，向在一个区域建立相对完整的社会主义市场经济体制前进的关键环节，是我国改革沿着农村包围城市的途径深化发展时一场意义重大的攻坚战

从十几年农村改革的发展进程和目前形势看，一方面，我国的改革首先在农村取得突破，有了通过实行家庭联产承包造就的2亿多农户经济，随之崛起的近2000万个乡镇企业，及二、三产业中的个体、私营企业等，在这些经营主体基础上形成了一大块市场经济。这是推动商品经济发展、推动整个经济体制由高度集中的计划体制向市场体制前进的基础和强大动力。但是，另一方面，城市国有工商企业的改革，以城市为中心的流通、金融、价格、税收、计划、财政等体制的改革，在不少方面尚未获得根本性的突破。新旧体制并存，发生矛盾冲突。

---

*本文是在山东省阳信县级综合改革研讨会上的发言。

这种新旧体制的摩擦也表现在县级层次上。虽然相对于广大农村的市场经济，县层次未得到改革的部分，空间不大，但却处在“卡脖子”的位置上，对农村市场经济的发展起着直接的阻碍作用。

一是乡村农民的农户农业、乡镇企业商品经济的发展，有超出微观细胞层次的社会化发展的要求。但县级尚未改革的部分，在农产品流通、在科技、金融、劳务等服务上卡住了脖子。

二是县级层次的企事业单位，不仅由于计划体制统的惯性和多年形成的行政化的政企不分的组织结构，既束缚了自己的手脚，又想去统已搞活的那块市场经济，而且吃国家和企事业自身大锅饭的状况没有根本改变。政府事业单位有财政的皇粮、大锅饭和铁饭碗，人们就往里挤，造成机构膨胀、人浮于事。干好干坏一个样，效率低下。僧多粥少，事业费变成人头费，有钱养兵，无钱打仗，事业费不够吃，就向财政要，或向农民搞摊派性“服务”，加重农民负担。国合商业、工业单位政企不分，行政依附，在部分放开市场的情况下，行为双重扭曲；也有大锅饭、铁饭碗，哪个单位盈利，工资高，就往哪里进，直到把冒尖的企业吃“平”，出现亏损。因此带来财政入不敷出，难以为继，县级很穷，靠国家补贴过日子。

三是县级机构繁多，行政壁垒，经济分割。

政府不仅受到企事业微观生产经济事务的缠绕，而且受这类单位招工、提干、提工资等干部职工具体人事事务的缠绕，难以解脱出来总揽全县商品经济发展的全局。

愈是经济欠发达的地区，上述矛盾就越突出，并制约农村经济发展。阳信县1986年农民人均收入279元，为全省最低，而吃国家财政补贴700多万元，按人均是全省最多，县穷、民穷不得解脱。就是在经济较发达的地区，上述矛盾、问题也程度不同地存在。有的由于农村市场经济冲击力大，做了许多改革，也有的是农村经济迅猛发展掩盖了其中的一些矛盾。因此，不进行县级经济管理体制为主体的综合改革，就要陷于新旧体制的摩擦之中，阻滞农村发展。进行这场改革是农村市场经济发展的呼唤，穷地方治穷的呼唤，进一步为农村经济发展在更高层次上注入新的活力和动力的要求。

以县级改革解决县级层次传统体制、组织结构与农村新的市场体制、商品经济发展的矛盾，势属必然，这已为80年代的实践所证明。好的典型不断涌现，一种是在贫困地区、矛盾尖锐的背景下出现的，如阳信、河南商丘地区、山西隰县等，一种是在商品经济发达地区，如福建石狮、珠江三角洲等，一种是经济背景不特殊，但领导者商品经济、市场体制的意识比较强，如山东的不少县。但整个来说在改革的广度、深度上很不平衡，完成在县域层次建立相对完整的市场经济体制，还是90年代的艰巨任务。

说县级改革是攻坚战，因为它涉及国营商业、供销社、政府经济技术部门和事业单位的改革，政府机构、行政管理体制及政治体制的改革。农村改革解决农民吃大锅饭的问题，但不涉及铁饭碗，县级改革则涉及铁饭碗，干部人事制度、工资分配制度及财政体制，这是过去农村改革未能触及、目前在城市尚未取得实质性突破的难题。

由于小城镇尤其县城是农村之首，城市之末。县级改革不仅关系农村，也是城市改革的一部分，对农村改革深入、城市改革取得突破、推进市场体制建立具有重要的意义。

阳信经验之可贵，就在于它是在县级综合改革成为市场取向的城乡改革深化发展的必经阶段和重要环节的背景下，已取得带根本性突破的经验。

二、改革是为了解放和发展生产力，农村改革最根本的是解放了作为生产力首要因素的生产者——农民，县级综合改革则根本在于把政府经济技术部门和有关企事业单位的广大干部、职工从传统体制和观念的束缚中解放出来

阳信县级改革前后的实践说明，县级机关、企事业单位的干部职工，不是本身懒，不想干、不能干，喜欢相互扯皮，而是由传统的依赖行政命令及吃大锅饭的体制所造成的。正像农村改革前一样，本来很勤劳的农民却在田里出工不出力，当算盘珠，因为那个集中经营的体制使之干好干坏一个样，没有自主权，只能干死活。农村改革通过家庭承包、两权分离，在农户有了相对独立的经营权、劳动收益和财产权利的基础上，解放了农民，农民成了经济的主人，积极主动性和创造精神就出来了，不仅发展大农业，而且发展工商建运服，企业家、能人都冒出来了。县级改革也是如此，归根到底是要通过界定企事业财产关系和劳动关系步入市场，把干部职工从旧体制下解放出来，使之成为相对独立、自主活动的企业、事业单位的主人，面向城乡市场，面向农村，获得经营服务、自我发展的条件；同时使县级政府领导从微观经济活动中解放出来，获得从中观上指导调控经济的主动权，与农民的、企事业单位的市场经济活动相配合，推动社会经济的发展。

在阳信这样的穷县，县级改革所能释放出的资源、能量，最重要的是各种各样的社会经济专业人才、人员，包括各行业的经营管理人员和职工。通过调动人的积极性，引入市场机制，也就活化、有效配置了过去未被很好利用以至闲置的资产、资金。阳信县广播局，过去单纯靠财政拨款，通过改革，发挥优势搞经营，经营电器、维修家电，盖起了经营楼、宿舍楼，职工收入增加，广播设施改善，还带动了全县乡镇广播站的经营服务。这说明，改革改出了人的积极性，改出了能人。哪怕是一个行业的普通职工，对商品经济不发达的农村来说，他都是有了专门技能的有用之才，这是过去多年积累下来的，不是包袱，是财富。搞好县级改革，把各方面的人才解放出来，使其各得其所，各展所长，就能大大促进县域社会分工、经济发展。这是县级改革与经济发展、生产力发展的最重要联系。

三、以发展经济为中心，按照自主企业及社会经济中介组织——市场机制——政府调控的市场体制要求，对在传统体制下形成的县级机构和组织进行分类，分别转变职能，创新组织和制度，构造新的县级管理体制和运行机制

阳信县级综合改革大体可划为两个阶段：1987~1991 年，以国有企业、集体企业和各类事业单位的改革为主，重点转换其经营机制，塑造市场经济主体，并在企事业改革中以骨干企业、事业实体为龙头建立主要产品和项目的经营服务体系。1992 年春进入机构改革与干部人事制度改革、经济与政治体制改革配套进行的新阶段。通过成建制转入企业、政事（业）分开、新办实体、分流干部，精简了政府行政机构，分离出社会服务事业和企业，形成了“小机构、大服务”的县级组织形态和政府调控市场、市场调配资源、企事业自主发展的社会主义市场经济体制的框架。

在改革过程中阳信提供了两点值得重视的经验：

一是按照发展经济和社会主义市场经济体制的要求，对原有县级机构和组织进行科学的机构分类、职能分解，找到它们各自在市场体制下的位置，结合财政体制的改革，促进其转轨变型、职能转换和各类组织内部机制的转变。

他们把县级原有机构划分为三类，实际是四类，统一而又分别地进行改革。一是管理型，即承担经济、社会管理、政府调控职能的部门，如财政、税收、工商、物价、司法等；二是服务型，承担社会经济服务的事业单位，如农林水、科教、卫生、文化、机关后勤等；三是经营型，如国合商业企业及主管部门；四是群团组织

如青年团、工会、妇联、科协等。

对上述各类组织按照以自主企业和市场机制为基础、社会服务、政府调控的思路，分别确定其组织职能转换、改革的目标，并以改革财政体制为杠杆，促进这一改革。①对管理型部门促其向中宏观管理方向转变。在职能上，把该给企业、事业单位的自主权还给企业和社会组织；在机构、人员上合并相近机构，鼓励优秀干部奔向经济主战场，领办和创办企业，分流一部分人员到第一线。在财务上实行定编定员、财政定额的办法，使之走向精简、高效。②对服务型事业部门，改变单纯靠吃“皇粮”，财政拨多少钱就办多少事，成了政府的附属物的状况。或改为经济服务公司，或使之成为自主的经济实体，实行企业化管理；保留部分管理职能，管理、服务、经营结合。财政上实行定额补助。逐步减少吃饭钱，扩大办事钱，促其向自收自支的实体过渡；把压缩的吃饭钱变为事业发展基金；逼着各事业单位走向社会搞服务，在服务中增强自我发展能力。③对经营型单位及主管部门，成建制地转为企业，完全推向市场，实行自主经营、自负盈亏。商业、粮食、供销、物资、外贸等退出政府序列，财政上实行两头“断奶”，财政不再补贴，也不准吃下属企业的管理费。同时运用承包、租赁、拍卖、股份制等形式转换企业经营机制。④工青妇等群团组织，克服行政化倾向，改变“活动依赖党政，经费依赖财政”的传统方式，到经济领域寻找与群众的结合点。组织自立，活动自主，经费自给，办实体，搞服务，重新树立在群众中的形象。⑤发展新的社会中介组织，如法律顾问处、会计事务所、审计所等。通过上述政企分离、政事分离、大办实体，使大量企事业单位成为面向社会、市场的经营和投资主体；党政机关由 65 个减为 26 个，部门内部机构由 156 个减到 72 个，行政管理人员由 791 人减少到 411 人，政府真正要履行的调控职能也显化出来，实现了机构消肿，精兵简政，职能、权利清晰，关系协调的目标。

二是适应搞活企事业经济服务机制和市场经济的需要，改革干部人事制度，形成干部职工流动、竞争、优化组合的用人机制和相应的工资分配制度。

针对过去行政管理部门和国有企事业单位干部人事能上不能下，能进不能出，端铁饭碗的僵化制度，已与市场机制和搞活企业、提高效率不相适应的问题，阳信进行了多种形式的改革。企业打破干部与工人、农民的身份界限，不拘一格选人才。经济管理和事业单位实行领导干部聘任制、工作人员聘用制，部门正职采取述职、民主测评、组织审查程序确定去留；副职打破部门界限，由正职提名，组织把关聘用；中层和一般干部打破干部职工界限择优组合、考试考核录用、竞争上岗或待业。并且实行用人单位与干部职工“双向选聘制”，一择一聘，流动组合，有了来自竞争的压力和动力。这种能上能下、能进能出、工资能升能降的奖勤罚懒、选贤任能竞争机制的引入，使搞活经济、提高效率有了重要的制度保证。

四是搞好县级综合改革的关键是要有一个联系群众、思想解放到位、能够从实际出发运用县级自主权推进改革与发展的县级领导班子。

阳信县能够进行上述目标明确、涉及面广、难度大的综合改革，关键是有一个好的县级领导班子。其特点是：以治穷致富、发展经济、富民富县为出发点和标准，穷则思变，敢于探索和实践；思想解放，思路清晰，对原有传统体制中的行政方式的统、行政依附的靠，事务管理的经济分割和吃大锅饭的低效率部门、企业、个人行为的症结、弊病有深切的了解，思想解放到了社会主义市场经济体制之位；既有改革的魄力，不回避、不上交矛盾，又有实事求是的精神，具体分析不同类型的机构组织，以不同的改革措施和政策逐步推进改革，合理调整利益关系；把着力点放在县级管理改革体制和运行机制，启动企事业、社会组织和政府的内在活力上，为经济发展创造好的机制、制度和政策环境，也就是发展出题目，改革做文章。可以预期，阳信的县级综合改革之花，一定能结出丰硕的经济发展、社会进步之果。

（1992 年 12 月 26 日）

发展与政府篇

新疆农业连续 10 年丰收的基本经验与前景*

新疆维吾尔自治区是一个占国土面积 1/6、有 1400 万人口、40 多个民族的边疆省区。农业的发展对维护各民族的安定团结、推进改革建设的顺利进行有着重要的意义。这个自治区从 1977 年到 1987 年的 10 年间,农牧业以较快的速度得到全面稳定增长,今年农业增长又成定局。

10 年中,新疆粮食产量增长 81%,年递增 6.11%,比全国粮食年递增率 3.64%高 2.5 个百分点;棉花增长 474%,年递增 19.1%;油料、甜菜、牛羊猪肉产量分别年递增 16.9%、19.9%和 9%。林业、副业、渔业、乡镇企业均有很大增长。其主要经济指标变化如下表:

项目	1977 年	1987 年	10 年增长率(%)	年递增率(%)
农业总产值(亿元)	22.65	60.52	167	10.33
粮食产量(万吨)	322.78	584.31	81	6.11
棉花产量(万吨)	4.87	27.97	474	19.1
油料产量(万吨)	8.88	42.3	376	16.9
甜菜产量(万吨)	15.68	96.5	520	19.9
瓜类产量(万吨)	39.2	114.9	193	11.4
果类产量(万吨)	11.92	58.97	394	17.3
牛羊猪肉产量(万吨)	8.97	21.26	137	9.0
水产品产量(万吨)	0.54	1.35	151	9.7
乡镇企业产值(亿元)	2	16.6	730	23.57

注:农业总产值按 1980 年不变价格。

*随同王郁昭、杨钟、黄道霞、李晓林等调研完成。本文刊登于国务院农研中心《调研资料》1988 年第 21 期。

1985年至1987年全国粮食等几种主要农作物出现了徘徊或周期性的波动，而新疆则是继续稳定增长。1987年与1984年相比，粮、棉、油料、糖料分别增长18%、45.4%、95.5%、56.8%，肉类、瓜类、果类分别增长25%、72.6%、162%。

农业的连续丰收，对新疆国民经济长期稳定发展具有重大意义。

粮食由调入变为调出，人均占有量超过全国平均水平。自1967年到1982年的16年，新疆粮食一直不能自给，共从内地调入170多万吨。1983年实现自给，1984年自给有余。1987年人均占有粮食419公斤，比全国平均水平高42公斤，高出11%。近两年国家从区内净调出粮食55万吨。一向缺粮的南疆也基本自给。今年有15个省到新疆买粮、8个省去买食油。

粮食稳定增长促进了棉花、糖料、畜牧等业的发展。到1987年，新疆人均生产棉花19.9公斤，油料30公斤，分别高出全国平均水平的4倍和1倍多。10年间，肉类增产1.37倍，羊毛增长104%。

促进了以农牧业产品为原料的轻纺、食品、制革、酿造等工业的发展。农业和以农产品为原料的轻工业产值占到工农业总产值(扣除中央工业)的80%以上，在外贸出口创汇总额中，农牧产品和以其为原料的工业品创汇占到84%。

人民生活显著改善。占自治区总人口70%以上的农牧民，人均年收入由1977年的72.88元提高到452.72元，增长5.2倍。

总之，区内市场繁荣，经济实力增强。从1986年起新疆调往内地的物资总值第一次超过调入物资总值，标志着由内向型向外向型商品经济的转变。

一、10年稳定增产的基本经验

总体上看，新疆农业的稳定增长，是各级领导首先是自治区领导团结各族人民，从实际出发，执行党的以经济建设为中心和改革开放方针，坚持以农业为基础的发展战略，较好地处理改革和发展中农业同其他方面的矛盾，抓住关键环节扎扎实实发展农村生产力的结果。具体来看，有以下几点：

（一）坚定不移地实行以农业为基础的发展战略，为农业的发展创造有利的经济环境

把农业特别是粮食放在长期发展战略的优先地位上，是新疆各级领导的共识。不仅在温饱问题尚未解决的阶段，他们认准了新疆远离内地，运输线长，长期靠从内地

调粮，千里迢迢，劳民伤财，因此解决新疆粮食必须靠自己，而且在粮食自给有余和进入新的发展阶段时，他们也没有低估农业和粮食生产的地位，并进一步确立了新疆经济发展要依靠农业的持续增长来支撑的战略："七五"期间和今后一个时期，集中力量开发地上资源，大力发展农牧业和以农牧产品为原料的轻纺、食品工业及其他工业，即"兴农带轻，以轻促重"。

关键在于把战略付诸实践。10 年来，新疆各级党政领导坚持一把手亲自抓农业，遇到矛盾总是把眼前问题与长期发展战略联系起来，优先考虑保护、发展农业，为之创造有利的经济环境。

当 1984 年新疆粮食也面临调不出、卖不掉，市场价格低于国家收购价格的情况时，他们认为，粮食多了好办，少了就有问题，农业生产力的发展不可能一下子就使粮食多得没有边。自治区党委没有动摇发展粮食生产的目标，确定粮食要继续以优惠价格敞开收购，有多少收多少，不让群众受损失。这一措施保护了农民种粮的积极性，粮食生产没有因市场波动而受挫。近几年，种粮不如种经济作物合算，投入农业没有搞加工业效益来得快的矛盾也突出起来，但他们不主张算小账，片面搞经济作物和加工业，而是从长期协调发展考虑，挤出财力、物力投向农业，摸索调节各业利益关系的措施，缓解了这些矛盾。

（二）坚持改革，注意结合灌溉农业和机耕面积大的特点，稳定完善家庭经营为基础的统分结合的经营体制

农业家庭承包制主要是在 1983 年、1984 年，由南疆到北疆、由农区到牧区逐步推开的。这一经营体制的改革搞活了微观经营层次、建立起推动农业持续发展的基础性的经济机制。10 年中，前 5 年粮食产量增长了 26.3%，而广泛实行家庭承包制的后 5 年则增长了 43.4%，多种经营的发展也大大加快。

他们的特点，是接受了外地的经验，从灌溉农业和机械化水平较高的实际出发，着眼于发展生产力，较好地处理了统与分的关系。在推行家庭承包制初期，就提出了允许有利于发展生产力的多种责任制并存和几个统一的要求，提倡在农田基本建设、管水用水、机械作业、制种、植保和技术推广等环节完善统一的经营和服务，并从上到下保留和完善了农机——水利的管理服务体系，把承包方式引入了统一的经营服务。农产品流通体制的改革，也注意了"调控与放开"的关系，把逐步放开市场与改善政府调节手段、发展加工运销能力结合起来。

（三）始终不渝地坚持以水利为中心、以“五好”为内容的农村基本建设，不断改善生产条件

新疆是荒漠绿洲、灌溉农业。水利是农业、农村和整个经济存在发展的生命线。赵紫阳同志曾指出：“新疆这个地方能开发到什么程度，能创造多少财富，第一个决定因素是水利。”新中国成立以来新疆水利工作成绩很大，近10年更是抓住不放，政府与基层结合，建设和管理并重，农牧业建设并举，为农牧业长期稳定发展打下了坚实基础。

自治区政府克服财力、物资紧缺的困难，千方百计保水利投入。新中国成立以来国家给新疆用于水利水电上的投资累计为26亿元（不含兵团15亿元），其中最近10年国家投入16.5亿元，占38年总投资的63%，保证了水利建设继续发展。10年来，他们改革了资金筹集、管理方式，实行了工程和投资包干制，因地制宜修建了卡群渠首、三道桥渠首、喀啦喀会渠首、宝浪苏木闸、苏库塔克水库、博湖扬水站等40处大中型骨干工程，使中小水电站达到655座，修引水干渠10万多公里，对解除春旱、夏洪灾害起了重要作用。正在建设的南疆喀什、和田地区，两大拦河引水枢纽建成后，仅免除动员群众防洪压坝一项，每年可节约人力140多万工日，资金500多万元。

与此同时，新疆在农村基层，10年如一日坚持开展以水利为中心的农村“五好”建设（即好渠道、好条田、好道路、好林带、好居民点）。“五好”建设是1962年王恩茂同志倡导的，“文化大革命”时期一度受批停滞，十一届三中全会后又发展起来。办法是以组织群众投劳为主，政府给少量材料费资助，以小额补贴带动集体出资，农民出劳。在重点地区每万亩资助4万~5万元。按规划连片治理，搞农田灌溉配套、平整土地、栽树修路，综合改善生产条件。现在全疆共兴建大、中、小型水库479座，修干、支、斗、农四级渠道25.7万公里，农牧业配套机（电）井21546眼；农用防护林214万亩，使2500万亩农田受到林网保护，1/4的县和农场实现了林网化；建成符合“五好”标准的农田1593万亩，做到全区人均有1亩多稳产高产的基本农田。

建设节水设施、推行用水商品化管理办法。建设衬砌防渗渠3.15万公里，1800万亩农田实现了定额供水、按方收费。10年中，全国灌溉面积有所下降，新疆灌溉面积却由4000万亩扩大到5400万亩（含草场），增加35%。排水与套种绿肥、发展林牧业结合，改造盐碱地627万亩。

草场建设也有很大发展。10年中结合水利建设共建成人工草场636万亩，改良草场887万亩，围栏草场462万亩，全区年牲畜死亡率由10%下降到5%，为畜牧业的持续发展打下了基础。

（四）重视注入科学技术和现代化物质要素，改造传统农业，由粗放经营向集约经营转化

繁育、推广良种。10年中，各种作物良种一般都更换了2~3次，粮食良种面积占到90%以上，南斯拉夫SC—704杂交玉米已推广到46万亩，单产在600~700斤，秸秆还可青贮。由于推广新疆细毛羊、中国美利奴新疆羊，年增产细毛1.23万吨，并提高了等级。

农业机械有较大发展。10年中，拖拉机增长2.5倍，农用汽车增长5.4倍，农机总动力增加1.6倍，总作业量达到2.95亿标准亩，提高1倍多。在耕地、播种、灌溉、运输、加工上，农机已成为主要动力，提高了耕作质量。

化肥、有机肥并重。化肥用量由亩3.5公斤提高到22.7公斤。绿肥60年代试种，现达到108万亩，施农家肥增加了1倍。

改良耕作制度，推广地膜覆盖、配方施肥、植保等技术。1986年全疆地膜覆盖棉262万亩，占棉田的63%，亩产比常规植棉高近1倍，全疆棉花单产首次突破50公斤，跃居国内棉区的第3位。南疆推广早熟小麦和早熟玉米1年2熟配套技术188万亩，亩产比习惯种法增产1倍。

（五）调整产业结构，优化资源配置，提高综合生产和交换能力

10年来，新疆通过面向市场、经营单位自我调整和依据发展战略、政府规划引导的方式，使农村生产结构发生了很大变化。既做到了粮食稳定增长，又利用多样资源和独特气候，使林牧副渔全面发展，发挥了棉花、糖料、瓜果优质高产的优势，促进了农业的全面稳定发展。其做法是：

1.主攻粮食单产，解决增产粮食与发展经济作物的矛盾

10年来，粮食面积虽然由3466万亩缩小到2668万亩，减少23%，但是粮食单产却提高了118公斤，相当于前28年单产提高29公斤的4倍，总产增加了238万吨。同期，棉花面积扩大1.37倍，油料、甜菜面积扩大61%和58%。这些作物单产也提高了1~2.8倍。

粮食稳定增长还为一些地区发展区域化、专业化的商品基地创造了条件。如自治区每年调给吐鲁番3000万公斤粮食，支持其发展葡萄、棉花、瓜果。10年中，吐鲁番粮食种植面积减少11万亩，而葡萄面积由5.2万亩扩大到22万亩，产量由2400万公斤增加到0.81亿公斤，今年达到0.9亿公斤。

2.农林牧相互渗透

新疆历来存在农牧分家,农区牧业薄弱,牧区冬草场、饲料不足的问题。新中国成立以来问题虽有所解决,但大的突破还是在近10年。主要是农区粮经作物发展后,牧业有了转机。一是育肥牛羊。霍城县1983年有34户育肥牛羊2560头,到1987年则有2000多户育肥12万头。二是农田套种草木樨,搞麦草氨化、秸秆青贮、圈养牛羊。伊犁县麦田套种草木樨25万亩,1亩麦秸、草木樨可养2只羊,价值大于小麦收入,还肥了田。

农区牧业发展速度超过牧区,过去农区仅占这个地区养畜总数的30%,现已与牧区各占一半。博尔塔拉蒙古自治州过去只是专业户搞青、黄贮饲料、圈养羊,现已在农区普及开来。牧区则反向调整,发展定居、半定居,建设饲草饲料基地,也种些粮食、经济作物,搞加工。城郊猪、禽、水产的现代化基地正在兴起。同时,全区10年人工植树造林613万亩,相当于前28年的2.1倍。以农促牧、以牧养田、以林护田、相互促进的局面正在形成。

3.农工结合,发展龙头型的加工业

对大宗产品，在原料集中产区有规划地兴建具有一定规模的加工业，同时以县办、乡村办、户办、联办多种形式,因地制宜发展乳品、纺织、制革、地毯等加工业。吐鲁番的葡萄被加工成汁、粉、酒、罐头等系列产品,以鲜葡萄干和各种加工品多种形式销售。这种以加工业为龙头、农工商相互关联的发展,带动了千家万户农牧业生产,形成了规模经营,实现了加工增值,提高了综合产出能力和交换能力,增强了产业调整的稳定性。

(六) 充分发挥生产建设兵团的骨干、示范作用

新疆生产建设兵团担负着屯垦戍边、巩固民族团结、发展经济的重任,经几十年艰苦创业,在戈壁荒原、沼泽草地建设起一大批现代化农场,成为新疆经济的重要组成部分和农业骨干力量。

兵团农业产值占到全疆的1/4,粮食产量占1/5,油料产量占1/4,棉花、甜菜产量约占1/2。实行大农场套家庭农场、联户农场等经营体制的改革,增强了兵团农业活力。10年来,兵团农业产值、粮食、棉花的增长速度超过地方,成为新疆农业发展的一个支柱。同时,生产建设兵团机械化程度高,技术力量雄厚,积累了开发农业的丰富经验,以它为依托,带动了广大农村。在以“五好”为内容的林田渠路综合治理、改革耕作制度、培育推广良种、农工商综合经营等方面,都对农村起到了示范、帮助和技术辐射的作用。

二、潜力依然很大

新疆的农业虽然10年连续丰收,但今后发展的潜力仍然是很大的。从资源利用上看,现有人均耕地3.3亩、天然草场54亩、有林地1.6亩,数量较多;已有耕地中以盐碱化为主的低产田有1900万亩,占总耕地的41%,有待改造;投入化肥水平低,化肥报酬率高。水资源上,虽然地上引水率已达70%,但地下水才开发12%,节水潜力更大。在兼顾农牧业和水土平衡、生态平衡的前提下,约有7300万亩宜农荒地可供开发,按50%的利用率可新辟农田3650万亩。因此,总的来说,新疆农业还处在一个开发阶段上。

当前制约发展的问题,除了物质技术因素,主要是在结构和体制方面,尤其是市场方面。农村产业结构中畜牧业、乡镇企业是薄弱环节。这里的畜牧业,人均牛奶、羊毛产量较高,但人均肉产量只相当于全国平均水平的80%左右。全疆乡镇企业产值也很低。体制上主要是市场发育问题。区内市场狭窄,发育程度低;与内地市场流通受到运力、运费限制;向东出口费用高,向西还未真正打通、开放。因而市场问题已成为新疆农业、乡镇企业、工业发展的最大制约因素。

根据新疆的具体情况,自治区对下一步农业发展提出的主要想法是:

(一) 着眼提高经济效益,保证粮食自给有余,把农村经济提高到一个新水平

关键是提高农业效益,增加农民收入。出路是发育市场和提高农业的投入产出效率。提高农业产出能力的办法有3条:一是推广科学技术,科技加投入。如小麦推广良种加上栽培技术、水肥条件,可使单产由200公斤提高到300~400公斤。二是进一步调整产业结构,发展畜牧业和高价值的棉花、甜菜、园艺作物等。他们规划,要进一步发展农区的畜牧业。如果实现每2亩耕地养一只羊,全疆可增加羊800万只,加上原来的1500万只,总数可达2300万只;南疆还可利用荒碱滩种沙枣,1亩沙枣养1只羊,争取实现1户5只羊;同时抓好牧区、城市郊区畜牧业,实现畜禽多样化,解决肉食紧缺问题。三是进一步发展乡镇企业,加工增值。

(二) 搞好开发农业,建设棉糖基地

计划"七五"后3年和"八五"期间,每年改造低产田100万亩,开荒100万亩,8年开荒、改造2个800万亩。其中900万~950万亩作为棉花开发,650万~700万亩种

植甜菜。“七五”期末达到棉花总产700万~900万担，产糖25万吨。“八五”期末棉花总产1000万~1200万担，产糖60万吨。此项已由国务院批准，并与农业部、财政部签订了协议，已确定“七五”后3年国家每年拨款6000万元，由新疆滚动使用。他们打算组建以社区为主、联合经营的股份制开发公司，使甜菜生产与糖厂结合，同时发展棉纺业与棉花基地的联系。至1988年7月底，已开荒90万亩，整个开发工作正在有计划地进行。

（三）加快改革开放步伐，为农业和其他产业的发展创造有利的经济环境

在完善农村经营主体的同时，重点抓好发育市场和向西开放。新疆接近苏联中亚地区、蒙古、巴基斯坦和海湾国家，还可利用伊斯兰文化圈的联系发展贸易；那里轻纺工业品缺乏，这正是新疆已有的和潜在的优势，苏联重工业发达，通过贸易和引进可弥补自己的不足；向西开放还会带动与内地的联合。他们提出了“西出东联、西引东进、兴农带轻、以轻促重”、“贸易先行，产业联动”的战略设想。向西开放的整体研究和政策、组织设计正在加紧进行，边界日益活跃。搞好对外开放的基础是抓好新疆自身的改革和发展，扩大内部市场，促进内部市场发育，加强与内地的技术合作，更多地利用市场机制对外开放，促进新疆的农牧业和农牧产品加工业的进一步发展。

（1988年9月）

征服沙漠开发沙区的壮举*

——榆林县3年治服沙漠176万亩

陕西省最北部的榆林县，处于毛乌素沙漠南缘，风沙区占全县总面积的73%，其中固定沙地139万亩，流动沙地570万亩。从1984年秋到今年春天，这个只有25万人的小县采用承包办法，治理流沙176万亩，是前35年治理面积270万亩的65%，平均每年治理50多万亩。他们决心再用5年或更长一点的时间，基本消除这里的流沙。

一、榆林县治沙的做法

(1)统一规划，层层承包，依靠千家万户的力量治沙。在充分调查和规划的基础上，签订县与乡镇、乡与村、村与户的三级承包合同，明确治沙的任务、标准、期限。县里宣布，谁治谁有谁受益，允许转让和继承。在限期内完成治理任务、达到验收标准的，每亩奖励1~1.5元；延误治理的每亩罚3~5元，并收回转包他人。

(2)运用科学方法，综合治理流沙。总的布局是：对现有耕地、牧场、新辟农田，营造“窄林带、小网格”的防护林网；农田防护林与固定沙区造林相连，建设基干林带，带、片、网结合，形成对沙漠的进攻态势；对大面积流动沙地，固沙种草种灌木，建设灌丛草场。

他们注意运用专业技术人员的研究成果，依据曹家峁、西沟、李家峁等地治沙经验，实行了“一障、二栽种、三封禁”的治沙技术方案。“一障”，即在流动沙地上风头，先用柴草(麦草、玉米秸)搭起一条条屏障(或打篱笆，或把秸秆压在沙上，形成网格状)把沙丘围起来，搭设沙障，或提前一二年栽下一条条沙柳、沙蒿，搭“活沙障”。沙丘预先不种，让风吹平。“二栽种”，就是适地种草种灌木。流沙区主要是按照先密后稀、稀

*本文发表于中央农研室《农村工作》1988年第31期，《农民日报》1988年10月3日。

密结合的方法，栽种沙生植物，如灌木树种花棒、踏郎、沙柳和草类沙蒿等，实行草灌混交。同时把人工栽种与飞机播种结合，加快了治沙步伐。“三封禁”，就是对已经治理的地区，在一定的期限内实行封禁。各村、乡均制定了护林公约，配备了专职或兼职护林员 240 名。

（3）建立干部负责制。县、乡、镇、村干部包片包村，责任到人，3 年不变，使规划、分包沙地、组织种子供应、检查验收和奖惩兑现各环节落到实处。

在榆林，县直机关干部、城镇居民也年年参加治沙。

1987 年，县里对治沙情况的验收结果是，风沙区 17 个乡镇原合同承包面积 119 万亩，合格面积达 120 多万亩，超额完成了任务。亩均搭设沙障 20.6 丈，亩均存活灌木 68 株，草类 324 株。17 个乡镇人均治理 8.5 亩，劳均 21.25 亩。1987 年治理的今年组织验收。

二、新中国成立以来，榆林县治理沙区效益明显

（1）防护、扩大农田。榆林的农田基本上都在沙区，不治理就没有稳固的农业基础。解放初，流沙面积大，风沙大，农作物播种三五次才能捉苗。随着流沙逐步固定、半固定，发展防护林，现在一般播一次可以全苗。改造沙漠为农田 10 多万亩，水浇地由解放初 2.9 万亩扩大到 35 万亩。过去只种糜、谷、大麦，现在春小麦、水稻已大面积种植，单产从几十斤、上百斤提高到四五百斤，成为商品粮基地。同时发展近万亩果园，50 多万亩林地。

（2）发展牧业。荒沙上种草种灌木，虽以防风固沙为主，同时大部分都可成为草灌牧场。飞机播种的沙打旺，第二年即亩产鲜草 1000 公斤。大面积栽种花棒、踏郎，一般封禁七八年就能用于放牧。全县已建设 300 多万亩草灌为主的牧场。

（3）发展多种经营，主要是沙生植物的采种基地。花棒一般 4 年可采种，亩产三四十斤，收入上百元。现已出现一些出售种子年收入二三千元的农户。同时也可发展编织材料、沙棘、枸杞等。

（4）建立起制止风沙南侵、保护陕北农业的一条防线。如今榆林县境的毛乌素沙漠，从背风面看去已是望不到边的绿茵茵的景象。

（1988 年 6 月）

农区剩余劳动力就业的现实选择*

——扶沟县发展集约农业解决农村就业问题的调查

豫东平原的扶沟县,属黄泛区腹地,是典型的农区。在这个工业基础十分薄弱,地上无山,地下无矿,不邻近大中城市的平原农区,农村改革释放出来的大量劳动力出路何在?他们立足土地,借助科技,发展以多熟制为主的集约农业,扩充农业内部劳动力容量,在人均 1.75 亩耕地上,比较充分地消化了本县农村剩余劳动力和剩余劳动时间,近几年还引进不少外地劳力。每年棉花移栽、收摘季节,周围西华、太康、许昌等 10 多个县的农民,一批批到这里来当临时工,高峰期 1.5 万多人,还有来自山东等四省的近 6000 人常年帮工。全县农林牧副全面发展,人均贡献皮棉连续几年居全国第一,去年人均生产粮食 1024 斤,皮棉 160 斤,农民人均纯收入 751 元(现价 877 元),高出全省平均水平 200 多元。扶沟的实践使人耳目一新,为基本农区改造传统农业,实行深度开发,解决劳动力出路问题闯出一条路子。

一、以密集的劳动投入启动和发展集约农业

10 多年前的扶沟县是一个穷县, 多年农业低水平延续和农村劳动力的累积,使这里的农村经济存在着与许多农区类似的矛盾:一是人增地减但耕作粗放。虽然 1978 年与 1952 年前后相比,农村人口、劳动力分别增加 55%和 47%,劳均耕地由近 10 亩下降到 5 亩,但传统的耕作方式改变不大。一年一季或两年三季,复种指数仅 146%,比 1952 年还有所降低。二是以种植业为主的农业粮经比例悬殊,粮食播种面

*本文是同王西玉、王诚德合作调查,由作者执笔,发表于《中国农村经济》1991 年第 4 期。用于 1992 年国务院农村工作经验交流会议。收入《中国农民的伟大实践》,北京,中共中央党校出版社,1991 年 11 月。

积占80%以上,农业用工量很少,劳动力每年有六七个月闲置。三是收入低、投入少。1978年农民人均分配收入62元,比全省当年平均水平低1/4。劳力多、耕地少、收入低、资金缺,根本问题一是劳动效率低,二是劳力出路少。当农村改革把农民从大呼隆的束缚下解放出来,提高了劳动效率之后,富余劳力如何安排就突出起来,成为农村发展中的一个基本问题。

扶沟10多年的发展,是农村劳力在有限的土地上找出路,以越来越密集的劳动投入,启动和发展集约农业的过程。

这个县从改革之初就把农业发展出路问题同时提了出来。首先碰到的是资金问题,由于受到资源和市场的限制,现实的办法只能是靠农民的双手向地里求,种植劳动密集型的高产值作物,以多投劳动换取资金。这个县过去有种棉花的基础,为了解决粮棉争地的矛盾,他们向间作套种找出路。1979年扶沟县把外县的种棉指标接了过来,组织干部、技术人员总结出"麦棉套、营养钵、地膜覆盖"三结合的栽培方式,当年麦棉套种6万亩, 第二年12万亩,1982年达到35万亩,1984年67万亩棉花几乎全是套种。小麦面积也由1978年的61万亩增加到72万亩。耕地复种指数提高到200%左右,麦田套种一亩棉花比传统的一麦一秋粮多用40个工左右,大面积套种使全县农村25万多个劳力劳均增投90多个工日。以劳动、技术为主的高投入带来了高产出,到1983年全县粮食产量增长60%,棉花产量增长7倍多,人均收入增长5倍,农民同时增了粮、棉、油、肥(饼肥)、柴、财,并开始成为全国人均贡献皮棉第一的县。密集的劳动投入首先启动了以麦棉套种为内容的大田集约农业。

1984年以后,国家调低了棉花购价,取消了棉花生产上的优惠政策。面对这种情况,他们意识到若是收缩了棉花生产,农民就要陷入半失业状态,丢掉一大块收入。他们给农民算劳动、收入账,宁肯减少些收入,把麦棉套种坚持下来,全县麦棉套种面积始终保持在60万亩以上。同时,从1982年起引导农民在麦棉套种的基础上扩大新的用武之地——利用秸秆、棉饼等发展大牲畜, 使之由1978年的5万头发展到15万头;以泡桐为主,发展田间林网、林粮间作,林粮间作面积达到45万亩。"村村户户,麦棉牛树",向农林牧结合的集约农业迈出了一大步。

多投劳的穷办法打开了集约农业的大门,也打开了人们的眼界。从1986年起,扶沟农村发展进入了新的阶段。麦棉套种的耕作改制,使人们了解到耕地的立体含义,光热水气综合开发利用所具有的巨大潜力,也增强了扶沟人立足农地,进一步发挥富余劳力这一当家要素优势,推动经济发展的信念。在麦棉套种过程中,人们发现耕地上仍有相当时间和空间是闲置的,比如秋后种麦,预留的植棉空地要一直闲到来年5

月初移栽棉苗，麦收后的空地棉株伸开前也是空闲的，这段时间人手也相对空闲，不少群众就自发地加以利用，秋种冬菜，春种瓜菜，麦行里点玉米、种绿豆。县领导抓住这个苗头，组织干部、技术人员帮助群众完善推广，在全县形成了适应各乡村不同条件的多熟套种模式。三、四熟甚至五熟以上的间作套种，把具有不同时间、空间、养分、温度等生长要求的作物巧妙结合，形成"高低相间、层层见天、相互促进、四季不闲"的局面。1989 年耕地复种指数提高到 256%。同时，他们把眼光放到了村头的废弃地、鸡叼地等低效益田，组织群众招标承包，发展大棚菜；开发荒滩、废旧河道、坑塘，植树栽桑养鱼；在大约合计有 10 多万亩面积的农家庭院里发展种养加。大田、村头、庭院都成了密集的劳动投入场所，并初步形成了十余个各有特色、具有相当规模的商品生产区域。仅蔬菜塑料大棚发展 2 万多个，面积 1 万多亩，形成了沿县城周围 4 条公路，辐射 9 个乡的百里棚区。集约农业进入了大田多熟立体种植和园艺、庭院经济三位一体的阶段。适应集约农业发展的要求，尽管全县农机总动力比 1979 年增加了 2.8 倍，机耕、机播面积分别占总耕地的 84%和 72%，劳动力仍嫌不足，除全县农村剩余劳动力和绝大部分剩余劳动时间都消化以外，农忙时还请外地人帮工。近年来，这个县在县城形成了辐射全县的三个固定劳务市场，每年吸收外来劳力提供劳务 2 个月以上的近 3 万人，这在乡镇企业薄弱的平原农区是罕见的。

劳动投入的追加，土地的深度开发，还渐渐为劳动力的利用创造着新的条件：提供越来越多的农副产品加工原料，积累了资金，提高着人们的商品生产意识和组织化程度。以粮棉、畜产、林果、蔬菜等农副产品加工为主的乡镇企业已逐步兴起。目前扶沟县把集约农业称作基础经济，把林果、养殖业作为后劲经济，把乡镇企业叫作新兴经济。劳动力的利用从与土地直接结合层次开始迈入更多依赖资金在二、三产业就业的较高层次，展示出通过种养加、农工商结合的集约农业实现劳动力高效率充分就业的前景。

二、以增加技术投入扩大对劳动力的需求

扶沟县在有限的土地上能够不断追加劳动投入，发展集约农业，实现富余劳动力的就地利用，是以技术投入、技术进步为前提的。增加技术投入，通过技术的变革或改进扩大农业对劳动力的需求，是这一变化所蕴含的内在机理。

（一）依靠技术的应用性开发和投入，使农业内部的劳动需求不断扩张

在扶沟，起初阻碍劳动投入的是传统的农业耕作方式，要把过去的棉田一年一作

改为麦棉套种，遇到的难关主要就是技术上的障碍。这里属黄河流域，无霜期年均仅215天。过去黄河流域一些地方从50年代后期起就多次探索过麦棉套种，但由于麦棉共生期长，无霜期短，不仅棉花晚发晚熟，花的质量差，而且一般年份不等拔棉柴就要种麦，棉株上的灰飞虱使小麦易得丛矮病，导致小麦大减产，因此，直到1978年国内许多专家还断定黄河流域一般不宜麦棉套种。这个县针对过去失败的原因，总结本地和沈丘县小面积试验成功的经验，掌握了技术关键，即改4月中旬棉花点籽直播为3月中旬营养钵育苗，5月初大苗移栽到麦田预留的空当里，有的还加地膜覆盖，缩短了麦棉共生期，使棉花早发早熟；加上使用春性麦种适时晚播，争取了时间，可以先拔棉柴，大犁大耙，再种小麦，阻断了棉花灰飞虱向小麦传播繁殖病虫害的链条。麦棉套种的技术一旦成熟，不到三四年功夫就推广开来，扶沟县成了全国黄河流域第一个由一熟棉区变为二熟棉区、完成耕作改制的县。这一变革的基本意义就是通过科技因素的导入，在原有的土地上，用较少的资金，使全县农业扩大了230多万个劳动日的容量，实现了农民剩余劳动时间的大量投入，并以劳动投入换取了进一步发展的启动资金。与此同时，技术人员根据群众由麦棉套种向多熟制发展的尝试，帮助他们引入作物组合、品种搭配、育苗移栽、保护栽培、促控调节、储藏保鲜等多种技术，使多熟制、瓜菜园艺生产、庭院经济建立在先进技术的基础上，并进一步巩固和发展。10多年，技术的投入和积累，在扶沟形成了以集约化经营技术为龙头、以生物技术为核心，多种传统优秀技术和现代适用技术相结合的农业技术体系，这是支撑农业内涵性发展，实现农村劳动力自我消化的深层原因。

（二）依靠智力开发，实现技术投入，同时也变革了农业的劳动结构

适应农业技术改进的需要，扶沟县非常重视智力开发，提高广大技术人员和农民的科学文化素质。

1.挖掘现有智力资源，把全县有较高素质的力量组织起来，形成开发智力、投入技术的骨干队伍

10年来，他们逐渐组织起由三部分力量构成的农业科技队伍，其中国家农技员287人，由县录用发薪的农民专业技术员620人。这两部分主要充实于县、乡农科管理和试验推广机构，或负责棉花、瓜菜、林牧等专项技术的分片指导和技术承包。如全县150个棉花农民技术员，就是按每5000亩棉田配备一个农技员的要求，选拔当地具有初中以上文化水平、35岁左右，自己种植的麦套棉亩产达到150斤以上，又有一定组织能力的中青年。1个棉花技术员负责2~3个村的技术示范指导和承包，年终以

实绩考核,好的留下,差的调换。第三部分是地县考核发证的1089名农民技术员,在村组农户层次发挥作用。依靠这支队伍,充实了县一级,加强了乡级一协(科协)、二办(棉花办公室、集约经营办公室)、八站(农技站、农机站等);1000人以上的行政村配备2个科技副村长,1000人以下配1个,每村发展5~10名科技示范户,健全了多功能的技术推广体系。

2. 适应技术推广培训的需要,1985年该县由临时筹集科技经费改为建立农业科技开发基金

其来源有二:一是每亩地每年提取1元,计110万元;二是每年从农产品(主要是棉花)经销单位提取经营额的3‰,计100万元。县乡两级每年用这200万元的科技开发基金,进行农业新技术新品种的引进、试验、示范和推广,奖励对技术推广做出贡献的组织和个人,开展技术培训。

3.运用上述智力、财力,以高带低,进行群众性的技术培训和推广

他们加强了县农业、林业、畜牧业3个技术推广中心和农业职业高中、农业广播学校等4所农业学校的建设。16个乡镇、389个行政村都办起了成人技术学校。每年的技术培训,县培训到乡村行政管理干部和技术骨干,再由乡培训到村组和示范户、农民,年培训规模在12万人次以上。县技术部门每年还把主要农作物的栽培技术要点印发到全县每个农户,农民叫"明白纸"。加上示范,技术辅导和承包,农民边学边用,科学文化素质不断提高。诸如边行优势、育苗移栽技术、光热水气合理利用等这些过去没听说过的技术,现在不但懂了,而且会用。一年三熟、四熟,甚至五熟、六熟都摆弄得井井有条。

增加技术投入,不仅引起耕作栽培制度的变革,在生产上扩大农业对简单劳动的需求,而且引起了农业劳动结构的变革,扩大了对智力劳动的需求。在这里无论是技术的试验示范还是劳动者的培训,都构成了以技术集约为特征的集约农业总劳动的一部分,而且智力劳动的地位变得越来越重要,显示了传统农业向现代农业转变中劳动需求、劳动就业变动的新特点。

(三)依靠技术投入与改善农业基本生产条件的结合,形成生产、投入、劳动需求与就业相互推动的循环

劳动加科技的密集投入提高了农业的产出能力和效益,使农民有能力、有获得更高效益的冲动去投资投劳,改善农业生产流通条件。近几年全县每年农田水利建设投资大体是1000万元,其来源:农民每亩承包地提取农水资金5元,计550万元;县乡

两级财政每年挤出200万元;国家投放的黄淮海开发基地建设资金等约300万元。资金投入和农民的劳动投入相结合,几年来开挖治理沟渠625条,长1027公里;修建桥、涵、闸7600座;小区域治理10多万亩;机电双配套的机井达到1.39万套,全县平均50亩地一眼井。可灌溉面积78万亩,占耕地面积70%。平整土地,使80%的麦地达到畦田化;机耕面积达到90万亩,其中深耕面积40万亩。全县推广了节柴灶和双瓮漏斗厕所,增加了有机肥源,使亩施有机粗肥达到3.4方,土壤的有机质含量由过去的0.6%~0.7%上升到0.85%左右。通过一系列农田水利、科技教育、基础设施、交通运输和市场设施的建设,为发展集约农业,扩大劳动就业、提高劳动效益奠定了基础。

三、几点启示

我国农区最主要的产业是农业,最主要的资源是劳动力和土地。人多耕地少是造成农业劳动力大量剩余,人均商品农产品数量低,人均收入不高的根本原因之一。因此,充分合理利用劳动力和耕地就成了农村经济社会发展的根本问题。扶沟县正是利用劳动力多的优势,发展集约农业,实现劳动、土地的有效结合和合理利用,促进了农业生产和农村经济的发展。全县近80万亩麦棉套种,平均亩产小麦500斤,皮棉130~150斤,分别比实行套种前提高70%和1.8倍。亩效益达到600~700元的已占到总耕地的60%。扶沟的发展和经验,给人以重要启迪。

(一)我国的农地是否还有扩大劳动力容量的潜力

扶沟的经验表明,我国大部分地区还存在土地利用浅化的问题。从传统的耕作方式看,土地利用似乎已达限度,难以再增加劳动投入,以致多寄希望于向二、三产业转移。但只要变革技术参数,那么土地容纳的劳动力不仅是可变的,甚至潜力很大。这使得由于种种条件限制,劳力尚不能大量转移的农区农民,有可能借助科技,通过土地的深化利用,比较现实地走上发展集约农业、自我消化劳力,经过一个时期的积累发展,步入社会化商品经济的途径。

(二)通过技术改进有可能让有限的土地容纳更多的有效劳动,但问题在于是否有现实可用的技术

从扶沟的实践看,可以说有,我国现有农业技术成果的存量相当可观,同时可引进国外技术,但对很多地方农业的具体使用来说,从常规技术元件到因地制宜的组装

这个中间环节还比较薄弱，尤其薄弱的是集约农业所要求的粮经、种养等复合经营的技术组装。若能像扶沟那样，搞好这一环节的试验和应用性技术开发，就能启动集约农业的发展。

（三）实现农业技术进步的条件之一，是要有较高科学文化素质的劳动者，但我国农村大多数农业劳动者的科学文化素质还比较低，如何解决这个问题

扶沟的情况说明：农村劳动力素质低，只有一个总体概念，应当看到其中有不少心灵手巧、素质不错的农民，掌握一定文化技术的知识青年，还有县乡的一支科技力量，会行政管理又懂经营技术的干部队伍。只要把这部分素质较高的力量组织调动起来，是能够完成本地农业技术改革的试验、示范等前期任务的，在形成成熟的技术模式、操作要点后，再交给广大农民去运用，就能够提高整个农业的技术水平。

（四）农业技术进步中的成本如何分担，报酬如何实现

这是技术推广中的经济关系和机制问题。由于我国经济的发展还没有超越在一定程度上依靠农业为工业提供积累的发展阶段，农业具有很大的社会公益性，加上农业积累水平还很低，以及交通、文化、信息的障碍等原因，农业科技从开发到试验、示范、推广的成本报酬回收，不能单靠商品市场形式。应像扶沟那样，由国家负担一部分，更要由地方政府、集体经济组织担负一些聚资功能，给科技推广单位和人员以报偿，在科技的供求之间建立起间接的联系，并与市场机制相结合，这样才能有利于农业的技术进步，依靠技术开发推进土地、劳力资源的深化利用和经济发展。

（1990 年 12 月）

“百强县”的启示*

一

东方风来，春潮涌起，千帆竞发，百舸争流。

从党的十一届三中全会到十四大，历时 14 年，这在人类历史的长河里仅是短暂瞬间，但中国广大的农村发生了世人瞩目的沧桑变化。变化的根本原因是我国人民在“一个中心、两个基本点”的正确路线指导下，顺应生产力发展的要求，改革开放，走上了有中国特色的社会主义道路。这条路，是通过“农村包围城市”的途径走出来的。农村改革、发展到今天，其变化已不仅可以以一户、一村、一个乡镇的变化来显示，而且可以以一个包括社会、经济、科技、教育诸系统的完整区域来体现了。农村综合实力百强县就是以县为单位的实力显示。

在小平同志南方重要讲话和党的十四大路线的激励、引导下，我国以建立社会主义市场经济体制为目标的改革开放和现代化建设进入了一个新的阶段。值此重要时刻，国务院发展研究中心、国家统计局、经济日报社和中国革命博物馆联合主办的“百舸争流——全国农村综合实力百强县博览会”以翔实的资料，生动的图片，丰富的实物，向人们集中展示百强县勇于进取，艰苦创业，发展经济，强县富民的业绩和经验。这次博览会不仅是对中国农村改革的颂歌，而且是凝聚了广大农民群众和干部心血、饱含热土芳香的教科书。它给人们以改革开放的魄力，奔向小康的信心，可供借鉴的新鲜经验和许多有益的启迪。

---

*本文是国务院发展研究中心，国家统计局，经济日报社和中国革命博物馆联合举办的“百舸争流——全国农村综合实力百强县博览会”的《引言》，此为第一届百强县评选。

二

孰为先进？孰为对有中国特色的社会主义事业贡献大?衡量的标准只能是“三个有利”。

小平同志在南方谈话中明白无误地指出:“判断的标准，应该主要看是否有利于发展社会主义社会的生产力,是否有利于增强社会主义国家的综合国力,是否有利于提高人民的生活水平。”

农村综合经济实力百强县,是按照“三个有利”去做的,他们是集中精力搞经济,放开手脚发展生产力,真抓实干提高综合实力,切切实实改善人民生活的先进县。

百强县也正是按照体现“三个有利”的指标体系优选出来的。

我国幅员广阔,区域间社会经济发展很不平衡,如何以科学的方法对农村区域社会经济发展水平做出综合评价,当今中国农村县级区域综合实力谁属强手?对此,国家统计局借鉴国内外已有研究成果,进行了两年多研究,从系统论的角度,以经济系统为重点,抓住发展生产力这个与资源开发、经济社会发展和人民物质文化生活消费有内在联系的中心,首次确定了有关社会、经济、教育、科技等方面的12项农村区域发展综合评价指标体系,根据1991年统计资料所反映的全国各县(市)现阶段达到的水平,评定出中国农村综合实力百强县名次。

百强县共有8862万人,占全国人口的7.7%,耕地9678万亩,占全国耕地面积的6.7%。分属13个省(市),绝大多数分布在沿海地区。其中百强县数较多的5个省(市)是:山东省23个县、江苏省22个县、广东省14个县、浙江省12个县,上海市10个县。

从农村生产力、综合实力和人民生活水平这三个方面来看,百强县不愧为农村发展的排头兵,奔向小康的先行者。

(1)生产力水平高。百强县1991年(下同)劳均拥有农业机械总动力815瓦特,比全国高20%;平均用电量579千瓦小时,比全国高1.6倍;有效灌溉面积占71%,机耕面积占76%,分别高出全国21和24个百分点。

再看农业劳动生产率。百强县以占全国6.7%的耕地、6.9%的农业劳动力,生产了占全国9%的粮棉、13%的油料，粮棉油亩产分别高出全国平均水平的31%、22%和64%。劳均创造的农业总产值4248元,比全国平均水平高78%。最能够体现农村生产力总水平的农村劳动生产率,百强县比全国平均水平高出1.5倍。

(2)经济实力雄厚。百强县的数量不足全国的5%,农村人口不足全国的10%,却创造了占全国 23%的农村经济财富(即农村社会总产值达到 4432 亿元,农村经济总收入 3875 亿元,都占到全国的 23%),向国家提供了 30%的农村税收。

(3)人民生活水准达到或接近小康。人们物质生活水平的高低是由其经济收入决定的,据国家统计局对全国 6.7 万农村住户的抽样调查分析得出结论,从人均纯收入的高低基本上能够确定生活消费水平的质量。百强县农民人均纯收入达到 1026 元,按可比口径计算,比全国平均水平高 59%。

三

百强县的经济发展有以下几个显著特征:

(1)农业基础稳固,并率先以市场为导向,通过发展商品率高、附加值大、产业关联度大的高效农业和创汇农业,使农业效益得以大幅度上升。百强县的耕地不到全国耕地面积的 7%,所生产的农产品占全国同类产品总量 10%以上的有十大项:油料(12%)、黄红麻(19.5%)、蚕茧(21.8%)、水果(14.7%)、肉猪(10.0%)、牛羊奶(12.0%)、水产品(22.4%)、淡水养殖(18.0%)、禽蛋(15.7%)、禽肉(24%)。这表明,他们适应城乡居民收入逐步提高,对营养价值高、多样化的食品需求增大的趋势,较早注意了大农业内产业、产品结构的调整和升级。

这种农业基础比较雄厚,县的综合实力也强的对应现象,显示了农村非农产业的发展要以农业为基础的经验。

(2)乡镇企业比较发达,走在全国农村工业化的前列。百强县 1991 年非农劳动力占农村劳动力的比重达 42%,比全国平均水平高 21 个百分点;非农产业产值占农村社会总产值的 77%,比全国平均水平高 20 个百分点;百强县的农村人口、劳力不到全国农村的 10%,但其农村工业总产值却占全国的 35.7%。其中乡办工业、村办工业、村以下工业产值分别占全国的 43.5%、40.9%和 15.6%。

百强县乡镇工业的崛起,不仅从根本上变更了农村就是农民务农的传统格局,而且正彻底改变着被人看不起的"企业"、"产品"形象。乡镇企业由小打小闹,到大打大闹,由土到洋,把现代化、工业化文明带到农村。小平同志今春到广东省顺德县视察一个乡镇企业,看到那里现代化的建筑物、设备和服务,连问三次"是乡镇企业吗?"人们回答是乡镇企业。百强县的乡镇企业规模逐步壮大,经营管理水平逐渐提高,已拥有一百多家国家一级、二级企业;既保持着"船小好掉头"的长处,又发挥了"联舟抗风浪"的优势,一大批乡镇企业集团正破土而出。乡镇企业的产品不仅能"饮马长江、逐鹿中原”,而且出口、上天。

第三产业的发展,百强县也高于全国农村平均水平。农村建筑、运输、商业、饮食业的产值占全国农村同行业的份额在12%~23%之间。

(3)城乡一体、工农商一体,加快了城镇化的发展步伐。在农村特点与工业聚集效应的共同作用下,乡镇工业的布局表现出分散与集中相统一的局面;同时工业、商品化大农业的发展也都离不开大市场和社会化的服务。由此唤来了农村城镇化的迅速发展。

在百强县,已形成一大批以乡镇企业为主体,农工商建运服全面发展的城镇。1991年,江苏省吴江市盛泽镇、无锡县前州镇、广东省中山市小榄镇、山东省牟平县宁海镇等,其产值已接近或超过10亿元。如南海县的西樵镇,由发展布市发迹,市场的繁荣使之迅速发展为拥有千家厂、千家店、万台机,年产亿米布,国民生产总值超过10亿元的纺织城。

通过对百强县发展格局与其他县,尤其是广大中西部地区的情况相比较,就可使人明白地看到自己的差距和农村发展的道路。

四

发展、繁荣来自市场竞争,市场发展来自改革开放。进一步的发展呼唤着加大改革开放的力度。

百强县所显示的14年中国农村翻天覆地的变化和发展,动力来自农村改革对生产力的大解放,来自打破闭关锁国,对外开放。而对农村开放的历程,现在人们可以清楚地看到,它是沿着市场取向这个主线逐步深入的。农村改革的第一个成果是实行家庭承包为主的责任制与统分结合的双层经营体制。2亿多农户成为有了独立财产权和经营决策权的自负盈亏、自我发展的商品生产者、市场主体。农业的发展和农户经营剩余的增加,农产品交换扩大和购买力的增强,农民流动和择业的自由,便产生了出人预料的第二个成果——乡镇企业从祖国农村的各个角落涌出了地平线。乡镇企业一开始就是面对市场,找米下锅,自负盈亏,在竞争中拼搏发展的新型企业。在自主经营的农户、自主经营的乡镇企业基础上发育、扩张了一大块市场经济;在市场竞争优胜劣汰的鞭策和锤炼下,不仅农业、乡镇企业大发展,而且种田的农民和从事二、三产业的“农民”都提高了素质,一批技术、管理能手、企业家成长起来了。

农村的改革尤其是乡镇企业的崛起,推动着城市的改革,给城市的改革带来启示、带来活力。

党的十四大顺应历史的潮流和人民的意愿，在小平同志关于建设有中国特色的社会主义理论指导下，深刻总结我国14年改革建设的基本实践经验，提出了建立社会主义市场经济体制的科学论断和改革目标。一个加快改革开放、加快现代化建设的你追我赶的局势正摆在我国人民面前。如今的百强县将面临后来者的挑战，继续保持百强地位不会是一件轻松的事。但更重要的是，在百舸争流的大潮中百强县是永存的，它们在我国人民实现十四大提出的任务和面对国际经济竞争与挑战中将永远是排头兵和强者，我们衷心祝愿本届百强县像长跑运动员那样，在领先的优势下，毫不懈怠，继续奋发向前。

（1992年10月）

名牌战略与市场、企业、人和政府 *

我谈谈名牌战略与市场、企业、人、政府的关系，作为参加研讨会的一点体会。

一、名牌战略

我感到寿光市提出名牌战略是适时的、内涵非常丰富的，是承前启后的。所谓适时正确。因为它是在由过去温饱有些地方没有解决，到实现了小康这样一个跨越，然后在这个基础上向新的第二个跨越前进的时候提出来的，是符合中央五中全会关于两个转变的精神的。所谓内涵非常丰富，我理解是三个内涵。一是发展的内涵。名牌战略背后实际上是一个发展的问题，也就是发展的经济增长的方式问题。名牌的背后是由很多经济发展因素组成的，包括企业整体素质，以及相关的社会各方面的因素。经济增长要转变方式，由粗放型到集约型转变，到底从哪里进行突破，从哪个角度来进行概括？寿光市是把它概括为名牌发展战略。我认为这为我们转变经济增长方式找到了一个很具体的突破点，很具体的着眼点。也是一个总抓手。二是改革的内涵。名牌本身是和市场相联系的，什么是名牌，谁来评判名牌，是由市场来决定的。最终是看谁的产品、商品具有市场竞争力，能够有市场占有率，能够被消费者所承认，它就是名牌。因此，名牌实际是和向市场经济的过渡相联系在一起的，是和改革联系在一起的，和增长方式的转变、体制的转变密切联系在一起的。三是文化的内涵。名牌不但体现了一定的科学技术，而且体现了企业文化，体现了一些法律意识。商品经济是文明程度较高的经济，是知识水平较高的经济，是一种高文化经济。因此，名牌战略有着很深的文化内涵。所谓承前启后，我感到提出这样一个口号，实际是对我们寿光前段发展

*本文是在山东省寿光县研讨会上的发言，收入《加快由小康向富裕型跨越》一书。

的一个很好的总结。从自己的实际当中来的。一提到寿光,人们就想起了大市场,就是蔬菜大市场,后来我们看了一些材料,看到了咱们制造业上,造纸、农用汽车、啤酒、白酒、服装、人造板都创出了名牌。因而实际上是通过对我们过去的这种实践的总结,提出来的战略思想。同样讲名牌发展战略,有实践和没有实践是不一样的,感觉到了和理解的深度是不一样的。寿光不但是在实践当中感觉到了,而且通过这次会议讨论,我们感到大家对这个东西的理解是非常深刻的,是升华到了理性的认识。这样一个精神的财富,对我们今后的发展将会产生重要的影响。

二、创名牌、发展名牌靠什么、靠谁

实施名牌发展战略归根到底是靠企业,靠的是人,靠的是企业积极性,靠的是工人、农民、科技人员的积极性。政府在这里头所起的作用,实际上最关键的就是要把企业的积极性,把各个方面的人的积极性,很好地调动起来。1992 年我们到寿光来调查蔬菜批发市场,政府所起的大体上是四个作用:一是制定一个符合本地实际的、有一定远见的、能够发挥自己优势的、按照自然规律和经济规律办事的县域经济发展规划,就是县域经济发展战略;二是给企业、给农户、给农民创造一个很好的市场环境、政策环境;三是培训技术人才,蓄积人才,也包括基础的教育;四是公共的社会经济基础设施建设。在这四个方面当中,最关键的因素实际上还是要调动企业的积极性,调动广大群众积极性,这是最关键的东西。离开了人们的积极性,离开了企业的积极性,那谁来给你创名牌?寿光蔬菜市场的发展最清楚地说明了这一点。

蔬菜之所以能够成为一个大市场,能够在不断地运行,能够把它和全国联系起来,由原来的一种传统的小集市,变成了一个专业的批发市场,变成了全国的蔬菜商品交易中心、价格形成中心、信息中心、服务中心,之所以形成这样一个中心很重要的就是从各个方面调动经营者的积极性、农民的积极性。我们搞了家庭联产承包,把农民的积极性调动起来,搞了个批发市场,欢迎南来北往的客商,到这里来给他们创造好的条件,不管哪里来的,来这里都给创造一个宽松的环境,而且提供非常优惠的服务。我认为我们这里工商所的管理,派出所的管理,在我们国家的批发市场当中,可以说是一流的。我们调查了运输户,他们认为最好的市场一个就是寿光,另外一个就是南京的白云亭市场,别的市场没有比这两个市场秩序更好的,因为他们的权益在这里能够得到保护,农民卖菜的权益能够得到保护,客商的权益能够得到保护,中间商的行为能够得到规范。政府制定了这样的市场规则,有了这样严明的政府机构,在这里建立了很好的市场秩序，才给市场的发育创造了一个很好的环境。有了这样一个大市场和群众的衔接、农户的衔接，就拉动了我们蔬菜的生产。原来我们也没有温室大棚，原来是火炉搞的大棚，通过市场到辽宁瓦房店才把温室大棚引过来了，并且加以改进。很多东西是在农民进入市场以后把才智发挥出来了，把各种技术搞过来了，把产业产品结构调整了。

我国的农业是这样、工业也是这样，关键是怎样为企业、为工人、为农民、为科技人员的积极性、创造性的发挥，创造一个好的政策环境、制度环境，这是个最基本的东西。我们要在发展名牌这样一个过程当中，时时地观察到底哪些还在影响企业的积极性，哪些还在影响着农民的积极性，哪些还在影响科技人员的积极性。抓住一些带普遍性的问题，从政策上、从制度上进行解决，这就是改革。改革不是口号，改革是很实际的东西。我认为我们要搞名牌发展战路，要以名牌立市、名牌兴市，很重要的就是调动企业和群众的积极性，把他们的积极性调动起来了，我们的经济发展、名牌兴市，我们的经济振兴就会有强大的动力源泉。要重点在这方面做工作。

三、寿光市提出了名牌发展战略，为今后的发展指出了一些带战略性的思路，作为企业、作为科技人员、作为各个方面的工作者，就应该以名牌兴市、发展经济振兴寿光为己任，很好地奋力拼搏

寿光的经济发展得很不错，在整个潍坊市第一个实现小康市，我们的企业很多也是不错的，是创造了名牌的。但是我们的整个国家现在实际上还是属于发展中国家，我们的企业在水平上应该说还是很不够的，和国际上比较起来，那更是很不够的。前段开了一个亚太经济合作会，会后一些外国的企业家来看。他们想看看中国的企业到底怎么样，到底能不能对他们构成威胁，结果他们走了大半个中国，特别是看了一些乡镇企业，说中国的乡镇企业已经达到了多少，看了以后，他们没有危机，没有什么担心。就是我们的企业，特别是制造业，包括商业方面，实际上还对他们构不成威胁。因为我们的20多万家化工企业赶不上美国的一个杜邦公司，我们的整个出口是相当于日本的一个伊藤忠商事或三井物产。我们说经济发展要靠科技，我们的高科技863计划投资了7年，整个投资不如日本运输系统100个科技人员一年的科技费用。所以在这种情况之下，我感到应该对我们国家的发展，包括我们寿光的发展，有个清醒的认识。我们要入关，要迎接国际市场上商品的进入，必须抓紧时机来发展自己。我们的企业，我们的农民、工人、干部、科技人员，都要以这个为己任，真正抱着我们国家自立自

强，我们的企业在世界上不仅是能够迎接入关，能够站得住脚，不叫人家冲垮，而且能够创造出自己的名牌来去占领世界市场，打出去。同时我们从寿光得到鼓舞，感到我们的群众、我们的干部是聪明的，是智慧的，能够从奴隶到将军，能够从小木匠变成大的企业家。我们的人造板厂，原来就是木匠铺嘛，我们是能够走到前头的，是能够改变我们的劣势的。我们应该有很强的紧迫感，按照中央五中全会的精神，按照我们市的指导思想，尽快通过我们各个方面的奋斗，包括政府怎样调动群众的积极性，调动企业的积极性，包括我们自己的企业，怎么来抓住时机，在入关之前提高自己的整体素质，逐步占领市场，发展起来。我感到任务也很重，同时在这种思想指导下，也一定能够建立一个富裕的、越来越接近现代化的新寿光，创造出新的奇迹来。

（1995年9月）

以市场为导向进行新一轮农业结构调整

——河南省鄢陵县调查

鄢陵是传统农业县，地处豫中黄淮平原，12个乡镇，61万人（农村人口56万），耕地92万亩。改革初期，土地家庭承包，推广麦棉套种，扩大棉花种植，成为粮棉大县，得到结构调整的益处。但是，随着农产品供求变化，粮棉优势渐失，农民收入徘徊。为此，近年面向市场，因地制宜，尊重群众的实践，做出符合实际的产业选择，比较成功地进行了发展花卉园艺业为主的新一轮结构调整。目前花卉和绿化苗木面积达到15万亩，已成为全国知名的北方花木产销基地。

一、传统粮棉生产优势渐失，农业结构调整势在必行

进入90年代，粮棉生产在鄢陵农业中仍占绝大比重。1990年粮食和以棉花为主的经济作物占农业总产值的82%；在农地利用上，粮食、棉花分别占农作物播种面积的69%、22%，两者合计占农作物播种面积的91%。到1995年，粮食和以棉花为主的经济作物仍占农业总产值的73%；粮棉合计占农作物播种面积的93%。

近年农户种植粮棉的收益，已低到仅能维持正常生计的地步。据鄢陵县农业局、许昌市农调队的调查，1996年到2000年5年，粮棉单位面积产量是高的，平均小麦亩产807斤，玉米亩产920多斤，棉花亩产137斤。但价格下跌，收益下滑。小麦均价由每斤0.7元，降到0.5元；棉花由每斤8元，降到5元；玉米价格基本持平。按照许昌市农调队的抽样调查核算，农民种一亩粮食，小麦、玉米两季，减税纯收益才270~300元。种一亩小麦，再套种棉花，减税纯收益也不过是500元左右（见表1、表2）。按农村人均1.6亩土地计算，种植粮棉的工本费加上减税收益，仅能获得七八百元的收入，其中包括口粮和人均130元左右的上交村提留、乡统筹款。我们对马坊乡姚家村、前彪岗村和大马乡岳寨村17户农民进行了家访，得到同样的结果。17户中，除了3户从事运输、木材贩运收入较高外，其他14户，都以粮棉生产为主，年人均纯

收入仅1855.7元(见表3)。在这种情况下,农业结构调整势在必行。

表1　鄢陵县近年小麦、玉米、棉花的价格、亩产值走势

年份	小　麦			玉　米			棉　花		
	每亩产量(斤)	均价(元/斤)	每亩产量(斤)	每亩产量(斤)	均价(元/斤)	每亩产量(斤)	每亩产量(斤)	均价(元/斤)	每亩产量(斤)
1996	762	0.70	533	926	0.45	417	128	8.0	1024
1997	866	0.70	606	924	0.55	508	144	8.0	1152
1998	712	0.65	463	986	0.40	394	151	7.1	1119
1999	852	0.60	511	989	0.50	494	140	6.8	952
2000	845	0.51	431	783	0.60	469	124	5.0	620
2001	879	0.50	539						
2000/1996	11%	-27%	-20%	-15%	33%	12%	-10%	-38%	-40%

表2　许昌市近年小麦、玉米的成本、收益　　单位:公斤、元

	小麦			玉米		
	2000年	1999年	2000/1999	2000年	1999年	2000/1999
每亩产量	337	367.6	-8.3	330	360	-8.4
生产成本	255	315.7	-19	154.5	194	-19
物质费用	181.5	212.7	-14.7	62.1	85.5	-27
用工作价	74	103	-28	92.4	108.4	-14.8
产　值	406.5	475	475	305	367.7	-16.9
主产品产值	351	423	-16.9	280	337	-16.9
减税纯收益	136.3	142.6	-4.4	135.5	158.3	-14.4

表3　传统粮棉生产与结构调整走在前面的农户收益比较　　单位:人、亩、元

	以粮棉为主的15户	花木种植为主的5户
人口	74	24
土地	126	44.7
粮食收入	45759	0
出售粮食收入	21195	0
经济作物收入	45989	16.13
畜牧业收入	120504	0
非农收入	36000	0
家庭总收入	320510	23.63
生产支出	90054	2.47
人均纯收入A	3073.6	8816
人均纯收入B	1855.7	

说明:①17户是在马坊乡姚家村、前彪岗村和大马乡岳寨村的调查,6户是在花木经营专业村靳庄的调查。②17户人均年纯收入,A指17户的,B指不含3个非农收入多的14户的平均水平。

二、农业结构调整主攻方向的选择

鄢陵农业结构向何处调整？从90年代中期起，他们把这种县域农业结构调整主攻方向的选择，当做一个大问题。这个问题，县乡领导在考虑，农民也在考虑。一些农民的考虑、探索，是在领导之前。经过长时间的探索，1996年前后，县政府面向市场，尊重农民探索，确定将发展花卉园艺业、畜牧业、农产品加工业作为结构调整的重点，尤其以花卉苗木园艺业作为调整的主攻方向。

这一选择，包括群众与政府两个方面。

农民自发利用当地传统生产技术适应市场经营花卉，是花卉园艺业发展的基础。鄢陵有花卉园艺的历史传统，据记载是始于唐宋(北宋时当地为京都远郊)，盛于明清，曾有花都、花县之称。后因战乱萧条。五六十年代，只在有传统的姚家花园等村房前屋后有点种植，“文化大革命”中把花卉当作资本主义尾巴来割，数十万株花卉苗木被砍，花卉基本绝迹。1978年中共十一届三中全会以后，花卉苗木生产枯木逢春。一些农户先是在庭院栽培，接着以自留地、暂借地的形式发展，以至走向承包地。1980年，以姚家、靳庄、西许等村为首，出现了养花专业户、重点户和联合体。人们开始用提包将苗木背到兰州等地，跑“三北”市场，后来发展到雇汽车运销。政策放宽，花卉发展，到1986年底，全县花卉苗木专业户3500户，种植7200亩，花卉300多万株，绿化苗木2500万株。经过1988~1991年的市场低谷，到1994年花木种植发展到万余亩。基本是“户自为战”，向专业户、专业村发展。

政府把花卉园艺业确定为新一轮农业结构调整的主攻方向，是根据市场走势、本地优势等因素做出的实事求是的慎重选择。1995年前后，鄢陵县政府负责人就在思索粮棉效益下降、优势减弱后，农业这篇大文章如何做，意识到再造优势，必须培育新的支柱产业。有一定群众基础的花卉业是否可以作为一项新的支柱产业？带着这一问题，他们研究花卉园艺业在社会和市场经济中的分量，向专家请教，向花农问讯，边实践边深化认识，先后去广东、云南和荷兰考察，到1997年才定下产业调整的主攻方向，1999年提出“十五”和更长时间尽快使花卉苗木发展到30万亩，连同林果蔬菜，花卉园艺种植总面积达到60万亩的规划。

为这一主攻方向的确定，他们调查、比较，反复考虑了多种因素，主要是市场走势、自身的区域优势和产业效益、农民收益：①国内市场走势是，近年粮食棉花连年丰收，供求变化，价格低位运行，经济效益低，鄢陵依靠粮棉实现农民与财政增收的路子越走越窄。而花卉园艺产品供不应求，经济效益高，市场给了农民结构调整的一个强烈信号。市场对花卉苗木的需求潜力可观。我国1997年长江、松花江、嫩江流域发生水灾以来，国家决定加强江河湖海治理，封山育林，恢复植被，改善生态环境;西北开发，退耕还林;经济社会发展总体上越来越重视生态环境安全、可持续发展和人的生活质量，城乡社会对环境绿化、美化、净化的需求呈增势。花卉园艺也是世界公认的20种最有发展前途的产业之一。②本地有花卉苗木产业发展的地利优势和一定基础。本地地理位置居中，属亚热带向北温带过渡气候，地下水层浅，适宜南北花木种植、迁移、驯化;花卉栽培历史悠久，培育过腊梅等名冠天下的花卉品种，解放后治沙造林，走在全国前列，树起平原绿化一面旗帜，群众中有传统技术优势和不少人才。③产业效益高，亩收益在3000元左右，一些群众已在效益驱动下行动起来，群众求富心切。④产业容量大，有较强的产业带动作用。花卉园艺产业，以花卉和绿化苗木产销为主体，兼及林果蔬菜，对加工业、运输业、商业、旅游服务业，有不小的带动作用。

鄢陵这种农业结构调整定向、产业定位的方法，可以简单概括为"问天(按消费者是上帝的原则进行市场需求预测)"、"问地(区位优势)"、"问人(人的经验、技能、收益)"。花卉园艺业，在政府对县域结构调整主攻方向确定之前，处于农户自发发展多种经营的阶段，在政府确定主攻方向之后，就进入到以市场运作为基础的自为发展，及多种力量合成推动支柱产业培植的阶段。

三、政府促进农业结构调整有效进展的方式

近几年来，鄢陵农业结构调整取得很大进展，花卉苗木栽培面积在1995年到2001年短短5年时间里，由1.8万亩发展到14.8万亩，已占全县耕地的1/6，从事花卉苗木产销服务的达数万人。在这个过程中，政府促进就业结构调整，主要采取以下方式:

(一)在家庭经营基础上，集点成面，规划引导、区域布局，形成规模化、专业化的基地

鄢陵花卉苗木业，是农民在那些适宜种植、有一定生产传统的乡村首先搞起来的，需要和可能在不打破家庭经营的基础上，实行规划引导，促进分散经营向连片种植和专业化、集约化发展。县政府以这类有农户经营基础的柏梁、大马、陈化店、张桥4乡镇为中心，根据地理、资源、交通条件，规划了花卉苗木的生产专业区、带和产销走廊，并以此带动周围乡村的发展。农户仍是经营的主力。农民开始以兼业形式，既种

植小面积花木,又种一些粮棉,减小、分散结构调整的风险,根据实践情况,逐步调整,发展为专业户、各有特色的专业村。调查的百户花农,1995年种植花木94.9亩,户均不到1亩,少的一户几分地,1997年发展到217亩,1999年431亩,2001年发展到600亩,户均达到6亩。不少农户成为专业户。同时,政府也鼓励县乡机关事业单位和干部,以多种形式办花卉苗木的场、园、圃,发展龙头企业。乡乡、村村和场圃,各有特色或主导品种。到目前为止,全县14.8万亩花木,有13万多亩为农户"户自为战"式经营,其他形式经营的1万多亩。

(二) 把市场流通体系、销售网络作为花卉苗木产业发展最重要的环节

政府在规划该产业发展时,就着重考虑了巩固发展以柏梁镇姚家、大马乡靳庄、任营等为中心的绿化苗木市场,沿311国道的盆花盆景市场。鼓励花商营销队伍和龙头企业发展,发挥分布于郑州、西安、北京等多个大中城市的数以千计的鄢陵花工的作用,提供信息,扩展销售。现在,花木市场营销主体可分几个类别:一是花商。时间短的经营了三四年,时间长的经营了20年。年销售额100万元以上的400多户,50万元以上的1200多户,10万~50万元的近2000户。花商一头有长期联系的外地客户,一头有固定、半固定的花农。大的花商联系四五十户、上百户花农。有的发展到包卖制,他联系的花农,经营一亩苗木,花商为之投资900元左右,其中500元为地租,400元为管理费,提供品种,指导技术,到时由花商销售。二是企业经营式的销售公司,花木销售与绿化工程的设计、施工相结合。有200多家,其中6家是具有二级、三级资质证书的公司。三是一些小的零星经营者。目前全县花木销售绝大部分是由花商进行的。县乡每年表彰经营大户,组织经验交流。同时以展销会、交易会等方式开拓市场。

(三) 多予、少取,着力改善政策环境,调动农民和其他经营者的积极性

在土地政策上,花卉苗木生产用地至少稳定30年不变。花农扩大经营,花木龙头企业办园、办场,在规划区内租用土地,提供指导价(每亩500~700元),不使哄抬地价。花木生产开发和交易市场用地列入农业用地规划范畴,征地费用除上缴省市和土地补偿外,县乡收费全部返还征地者。这为扩大花木经营提供了条件,如姚家村1996年全村所有2700亩耕地都种了花木,又在村外租用土地二三千亩。在税费政策上,农民发展花卉苗木,两年内不征农林特产税,对专业村、户调整减少或取消粮食定购任务。推动金融改革,信用社把网点扩散到专业村、重点村,或在村设农民代办点,发放小额贷款。水利、林业部门对花卉场园所征水资源费、育林金等,专户储存,用于改善

专业生产带的生产条件。

(四) 政府以农村经济结构调整为中心，实行农业观念变革，协调服务，干部带头

他们把发展花卉苗木园艺业称为种植业的“彩色革命”，首先推动领导机关实现农业观念的变革。这就是，从以往传统的粮棉生产，到“沾花弄草”、“访花问柳”，把维护生态作为与衣食之源、提供工业原料、出口换汇同等重要的农业功能；把瞄准市场，促进一家一户的生产走上企业化、产业化的经营，培植有竞争力、有利可图的产业作为目标。其次，政府不直接干预农户经营，主要组织各部门从政策、规划、科技、农村交通水电基础设施投入上，提供与结构调整相协调的服务。第三，实行机关和事业单位带头租地办场、园、圃，干部带头发展花卉苗木生产经营，向群众作出示范。一是县直机关57个单位都租地办场，单位一般是租二三十亩地，投资10多万元，请一个有经验的农民经营者承包，干部参加劳动，到收回投资后，转为私人经营。二是县乡党政机关干部，从负责人到一般干部，除了动员在农村的亲戚发展花木生产外，本人也按规定的指导价，租农民土地，发展花木生产经营。把此项列入干部考核。对兴办花卉实体，从事花卉生产经营的国家工作人员，其隶属关系不变，工资、福利待遇不变，在晋级、评优、入党上优先考虑。全县县乡干部约3000多人参与花卉苗木生产经营，发展花卉苗木近万亩。这一做法，有利于干部了解结构调整的实际，转到促进结构调整的轨道上来，对群众起了示范作用，也为精简机构提供了某种便利。

四、从百户花农看农户的喜悦和忧愁

鄢陵农业结构调整取得进展。花卉苗木栽培以柏梁、大马等4乡镇为重点，涉及10个乡镇，面积近15万亩，种植经营的农户达到1.3万户。花商数千人。国有、集体、股份制等多种成分的场、园、圃和销售公司及承揽绿化工程的公司近300家。苗木年销售1.2亿株，销售额约5亿元。

花卉苗木已成为主产区上万农户的主要收入来源，给农民带来了喜悦。姚家花园、靳庄等村，在1996年前后就整村由花卉苗木取代了粮棉。这些村，平均一户农家年纯收入在2万元左右。我们调查靳庄村的5户，人均年纯收入在8816元，比搞传统种植的14户收入高375%。

为了具体了解花卉苗木经营对农民收入的影响，我们设计了简单的问卷，由大马

乡第三中学组织3个班家庭经营花木的百名学生,进行家访。情况表明,百户共承包821亩土地,另外租地89亩。2001年种植花木599.6亩,占土地使用面积的65%,这些家庭约3/4的收入来自花木经营。

百户花农在感谢政府支持农业结构调整的同时,也谈了他们在经营中的困难和要求。第一位的仍是销售。73户对销售仍有忧虑,有的花商代销后货款结算不及时,或花农认为价格不合理。第二位的是技术推广。有37户感到病虫防治困难,有19户提出学习技术与管理的要求。第三位的是“取与予”,9户谈到减轻税费,包括农林特产税、育林金、检验费,收了钱而不搞病虫防治,合欢、国槐等树的病,农民自己根治不了。有6户提出借款难。还有农户提浇水抗旱难等。这说明,农民喜悦之外,不无忧愁。但困难归困难,百户花农中63%的户仍表示要扩大花木经营。

表4　百户花农花卉苗木产销情况调查

1.花木种植	年份	1995年	1996年	1997年	1998年	1999年	2000年	2001年
	面积	94.9	145.2	217.3	317.9	431.1	566.6	599.6
今后是否继续扩大种植?	回答:继续扩种 63户		不再扩种 31户					
2.花木销售	花商给销售 81户	自种自销 31户	产品销售地区:本县 18户	县外省内 56户	省外 70户			
3.技术获得	自学 70户	向村种田能手 46户	村组织培训 8户	打工 4户	其他 11户			
4.信贷	2001年向信用社借款:5户			向私人借款:19户				
5.花卉收入占家庭总收入%	73%							
6.困难和要求	销售 73户	病虫防治 37户	技术与管理 19户	货款难兑现 10户	税费重 9户	借款难 6户		

说明:资料来自2001年9月下旬大马乡第三中学组织3个班家庭经营花木的百名学生进行家访。百户共463人,承包820.9亩土地,另外租别人地种花木89.5亩。百户种植花木的开始年份,1980~1990年间12户,1991~1994年间7户,1995~2000年间64户,其中高峰是1995年(21户)、1997年(13户)、1998年(19户)。

通过技术进步推进劳动对耕地的替代*

——河南省扶沟县农业经营、技术的变迁

一、引言

扶沟县地处豫东平原，黄泛区腹地，过去基本上是以粮食为主的单一小农业结构，是河南省的贫困县之一，农民人均收入低于省平均水平1/4。农村改革以来，扶沟农业的发展走上了通过技术投入保证农产品结构升级、提高集约化程度、优化资源组合、开拓新的农业内部就业机会的道路，很有特点。到1984年，和类似的传统农区一样解决了温饱，而且初步找到了农业的生财之道；1984年后，在稳定粮棉生产的同时，搞起了面向市场的多样化的商品农业，逐渐形成粮棉瓜菜、养殖、林果、食用菌综合发展和农工商相互促进的大农业经济。在农村工业化程度还很低的条件下，1990年农民人均收入达到877元，比河南省平均水平高出1/2，成为河南的首富县，在一方农区产生了较大影响。

这里农业发展棋高一筹的关键，是找到了将本地大量劳动力与有限的耕地资源合理配置的集约经营发展农业的途径：以技术升级来扩大农业内劳动就业容量，实现对土地和资金等稀缺资源的替代，提高自然、经济、社会资源综合利用效率，增强了吸纳越来越多的科技和工业成果的能力，使农业成为与外部交换逐步扩大的开放系统。这里并不知道速水、拉坦的诱导技术创新理论，但却在富有精耕细作传统的土地上产生出自己的农业经济技术哲理。他们的原则是：传统农技与现代科学技术结合，发挥优势，有效利用自然、生物、社会资源，合理配置生产要素。农业打破稀缺资源的约束，

*本文是国家科委委托课题《技术对稀缺资源的替代》的案例研究，黄青禾参加研究。课题获国家科委科技进步二等奖。本文发表于《调研世界》1993年第2期。

获得有效增长和发展，是个技术变迁过程，实质是在既定的参差不齐的资源条件下，选择适度的先进技术，通过技术变动，进入扬长补短的新资源配置状态，释放资源潜力，提高生产率和经济效率。但资源的优化配置，首要的是利用资源生产的产品要适应市场的需求，适销有利，才对生产者和社会有益，因而在社会范围要由有国家宏观调控的市场机制来决定。因此，配置资源、发展农业中的技术选择与变革，和依据市场的经营选择与变革是密切相连的。市场配置引导而不是代替技术对资源的配置，技术进步也离不开面向市场确定经营战略。这就是扶沟农业发展中的现实逻辑。

我们考察的重点是，扶沟在实践中如何因地因时确定经营方向、依靠技术进步解除稀缺资源限制，如何解决技术选择组装开发和大面积用于农业的难题，怎样为科技长入经济创造必要条件。

二、资源背景和农业经营、技术变革过程

（一）经济和资源背景

扶沟县地处平原，属河南省周口地区，不靠大中城市，无山无矿，改革之前是工业极其薄弱的农业县。1978 年全县 53 万人，其中农业人口 52 万，占 98%（现在 64.7 万人，农村人口仍占 94%），耕地 115 万亩。工农业产值 1.08 亿元，农业产值占 78%，农村工副业收入仅 700 多万元。作为整个经济主体的农业，基本上还是传统性的，发展受着多重资源约束：

（1）地处平原，农用地构成基本是单一耕地，人增地减，人多耕地少。1952~1978 年，农村人口、劳力分别增加 55%和 47%，农业劳均耕地由 10 亩下降为 5 亩，现在劳均 3.74 亩，人均 1.87 亩，户均 8.4 亩。70%为劣质沙土。光热水气条件尚好，年无霜期 215 天，历史上为一熟或二年三熟区。

（2）传统种植、耕作粗放，劳动力富余。资源的稀缺和富余，与经营方式和技术有一定的联系。改革之前复种指数 1978 年为 146%，低于 1952 年。以种植业为主的农业，粮食播种面积占 77%，但粮食用工少，价格低，最主要的经济作物棉花仅 12 万亩。农业劳动力每年有六七个月闲置，但闲置也要消费。

（3）资金匮乏。1978 年农民人均收入 62 元，1/3 的生产队在 50 元以下，全县城乡居民储蓄仅 600 多万元，亩施化肥实物混合量 13.3 公斤，约 1/3 耕地白地下种。遇到风沙干旱，无力抽取地下水浇地。耕地和资金的短缺限制了劳动就业、结构调整和投入产出的提高，农业陷入低水平徘徊。

(二) 突破资源约束的经营、技术变革

1979~1990 年，扶沟农业、农村经济在体制改革和技术变革的双重作用下出现转机和持续增长。1979~1982 年实行家庭联产承包，农户作为相对独立的经营和利益主体，有了发展农业、合理配置资源、吸纳技术的内在经济动力，随之宏观上发生了由传统计划体制向市场体制的渐进性变化，提供了面向市场配置资源的有利环境。在这种背景下，扶沟县根据资源条件和社会市场需求调整农业结构，确定发展重点和技术选择的方向，以技术进步解除瓶颈资源的限制，向农业的深度、广度进军。十几年的农业农村经济发展大体经历了三个阶段，上了几个台阶。

第一阶段，1979~1984 年，选择集约农业的发展路子，实行种植业结构调整，在黄淮棉区率先启动由一熟棉区到麦棉两熟的县域耕作改制，依靠技术变动和追加劳动投入换取农业发展启动资金。

1978 年底 1979 年初，扶沟酝酿着改革，也酝酿着农业发展的新思路。当时面临的首要任务是解决农民的温饱，改变农业投入少、产出低的问题。县委和县政府领导与经济技术人员分析认为：人多地少种植结构单一，是收入低、农民难以摆脱贫困的重要原因，需要采取新的发展战略，以扬长避短、发挥优势。他们根据本县的植棉传统和 60 年代以来对麦棉套种的探索及一些点上的成功事例，提出改变以红薯、杂粮为主的粮食型结构，主攻夏粮，并扩大用工多、价值高的棉花种植面积。为解决粮棉争地的矛盾，走一麦一棉、集约经营的路子。1978 年秋种扩大麦棉套种试点，1979 年将外县不愿接受的棉花种植计划指标接了过来，麦棉套种达到 6 万亩（加上非套种棉共计 26 万亩）。

在麦棉套种的技术改进和推广上，县乡行政领导和农科所（站）、棉办技术人员，实行试验、蹲点示范和推广相结合，注意总结农民实践中的问题和经验。为解决麦棉套两种作物之间的矛盾，做了一系列技术改进：选配好麦棉品种，缓和二者在争季节和共生期间的矛盾；运用营养钵培育壮苗、适时适龄移栽，基本解决了麦棉争时、争光的矛盾，有效延长棉花生育期，改善生育环境，促进早发；根据人口与土地的比例和土壤肥力，配置 3—2、6—2、4—2 式等不同的套种模式；种麦前拔掉棉柴、大犁大耙，阻断棉花灰飞虱向小麦的传播，避免引起丛矮病；实行地膜覆盖等，从而在实践中创造了"麦棉套、营养钵、地膜覆盖"三结合的技术体系。到 1984 年全县植棉面积扩大到 77 万亩，占耕地的 68%，全部是麦棉套种。

这一耕作技术和种植结构的变化，带来了新的资源配置格局。全县 10 多万农户，

户均植棉由1亩增至6亩，一年多投入240个左右的劳动日，同时麦棉两熟挖掘了水、土、光热资源，有效利用时空和边行优势，按自然面积稳定达到亩产250公斤小麦，65公斤皮棉的水平，比纯粮田亩增值200元左右。1984年与1978年相比，粮食增产54%，棉花增产14倍，粮、棉、油、饼肥、柴、财都增加。农民人均收入达到504元，提高7倍。农业在自身变革中获得了资金积累，农村兴起以打井为中心的农田水利建设，化肥、农药、薄膜、农业机械、柴油等大量外部资源注入农业。

从1983年山东省6个地市的干部到扶沟参观开始，这里的麦棉套种经验逐步传播到北纬38度以南的广大黄淮棉区。

第二阶段，1984~1986年，在全国出现卖粮棉难的市场波动下继续稳定麦棉套种，同时以农户和村级组织为主角，面向市场，在大农业范围探索新的生长点，寻求多样化的产业产品技术和资源利用形式，政府和经济技术部门转而倚重和服务基层。这是体制转换和形成新产业技术的过渡期。

他们支持农民和乡镇组织根据各自的资源条件，自主地面向市场，寻求发展多种经营、增加收入的新途径。主要是：①林粮间作、多熟套种、立体种植。农作物与泡桐间作由19万亩发展到58万亩。麦棉套种启发了农民对土地立体利用的思路，进一步尝试利用麦棉非共生期的空地，在麦田预留棉花空档里种冬春蔬菜，麦收后、棉花封行前套种瓜豆等，使多种作物"高低相间，层层见天，四季常青，效益翻番"，一年多熟的样式越来越多。②保护栽培、园艺农业。由种露地菜到种大棚蔬菜，发展果园、葡萄园等。③庭院种植、养殖、加工。利用棉饼、秸秆发展养牛为主的畜牧业，利用棉籽壳生产食用菌。

多种经营技术的获得，有的属利用传统技术，有的是麦棉套种包含的间作套种、地膜覆盖、育苗移栽等技术的延伸，也有一些是农民中冒出来的能人从外地引进的。多种经营除了林粮间作、养殖发展比较普遍，形成"村村户户，麦棉牛树"的局面外，其他多是以一户带几户，一村带一片的形式渐进扩延。在这个过程中，农民的专业技术协会、产销公司应运而生，迅速发育起来，政府和有关技术部门则帮助其总结、完善，传播其经验。一大批高效益的新产业、产品和专业村、片显出端倪。

第三阶段，1987年至今是多样化的高效农业形成区域规模，走向农工商一体化发展的时期。

在前两段农业发展的基础上，县里提出"三种经济结构"的发展战略，即把集约化大农业作为基础经济，把以农副产品加工为主的乡镇企业作为新兴经济；把果林业作为后续经济。集约农业在麦棉套种上，进一步运用"改小钵为大钵"、化学调控、追施钾肥、轮番深耕等措施，完善技术，解决多年运作中的新问题，继续发挥粮棉固有产业效益。

同时，着力发展市场需求弹性大、效益高的养殖、瓜果、蔬菜、食用菌等高效产品的生产。配合这些产业、产品，发展多种专业化的技术，供销服务组织形成体系。以专业村、片为基础的产销公司、协会、研究会发展到近200家。村级居多，农民自愿组合；县、乡两级34家，专业科技人员参加，带有半官半民色彩，由县集约办和科协指导。技术引进、试验、推广与供销、加工一体。县乡政府主要为之创造技术培训条件、传播经验、实行奖励政策等予以推动。原来比重不大、星星点点的多种经营变成了10多个各有“拳头”产品、龙头企业或技术服务组织和销售网络的相当规模的商品生产经济小区，出现种养加、农工商产业群体发展的趋势。

在综合开发自然、生物、经济、社会资源的同时，他们还把土地、水肥和智力资源的培植、维护提到了一定位置。

（三）实际效果

扶沟县依靠技术进步，发展了以多熟套种、保护栽培园艺农业和庭院经济为主，多业并举、复合经营、富有弹性的集约型大农业，其成效主要是：①资源配置上，实现农业生物与水土、气候资源的优化组合，使富余劳力与有限土地资源配置达到充分就业（每年还吸收外地就业劳动2个月以上的劳力3万多人）。耕地复种指数由146%提高到240%，耕地亩均产值由1978年104元提高到千元，亩均效益700元左右。②实现了产品结构的调整和产品技术含量的升级。粮经用地比例由8:2变为1:1，产值比为1:1.89。由较单一的大农业结构向农工结合转变，农产品加工为主的乡镇企业产值达到1.2亿元。③以劳力、技术的投入换取了资金，增加了水利设施、农业机械、化肥、有机肥等的投入。利用荒废隙地、沟河路渠，发展高矮林木，改变了黄泛区“风起黄沙落，闭门要盖锅”的面貌。种养互补，加上推广双瓮漏斗厕所等措施，使土地有机质含量由0.6%提高到1.24%。农业进入了农林牧和投入产出的良性循环。④提高了干部、技术人员和农民的商品观念、经营意识和科技文化素质。1990年与1978年相比，农业产值增长2.2倍，粮食增71%，皮棉增14.5倍，油料增5.6倍，黄牛饲养增4.7倍，瓜果菜增几百倍；人均交售皮棉为全国之首，农业人均产值由161元上升到628元（现价为1207元）；农业物质投入产出比由1:2.25上升到1:3.16；农民人均收入增长7.7倍，城乡居民储蓄达到4亿元，增长65倍。

三、实现技术进步中解决的主要难题

（一）政技结合，双层决策，形成区域重点适用综合技术

一般性科研成果和外地生产经验，变为本地社会经济需要的、能替代稀缺资源、发挥资源比较优势的适用配套技术模式，需要一个消化吸收的过渡环节，即需要选择、组装、改进和应用性开发。对这一环节的忽视常成为技术转化、转移的首要瓶颈。

扶沟从人多地少、平原粮棉产区的实际出发，将发展劳动集约型农业作为起步策略，但黄淮棉区麦棉套种当时并不存在现成的综合技术。因为，第一，科研单位技术开发，一般是许多单位专业分工，各自生产的是通用技术元件。而区域生产需要的是综合经营技术。从元件到因地制宜的选择、组装、改进为本地适用综合配套技术，就成了科技成果转移到实际生产领域的一个关键。第二，外地技术跨区域引进，因农业的区域性差异，也要经适地性的改进。1965 年扶沟就曾派技术员到江苏启东学习麦棉套种技术，边学边干，干得也很出色，但扶沟和启东比不但水肥条件差，而且无霜期短两三个月。在长江流域成功的办法，在黄淮棉区显得生育期不足。不等收棉就种麦，麦钻棉棵易得丛矮病；或棉钻麦棵太久，导致晚发，两样受损，这是 70 年代前黄淮棉区未解决的问题。

扶沟形成本地适用综合技术的努力，以麦棉套种为例，主要有两个层次：①根据资源条件和社会市场需求确定经营方向和技术选择的方向，即以一麦一棉解决温饱和增收，实行劳动密集的经营。这是由了解县情、计划和市场的政府农业领导与经济技术方面的带头人组成的智囊团一起决策的，属于涉及社会经济技术的综合性的软科学系统。②由技术元件、外地经验的信息收集、选择引进、组装、试验、改进，转化为适地综合先进技术，是以县技术推广中心（前身为农科所）、棉办为主，在试验、示范、推广的实践中，吸引科研单位如中棉所的良种，新的栽培技术和外地经验，总结试验推广中的问题和农民的探索，逐步解决品种搭配、间套模式、栽培技术、耕作方式等问题的。这个组装设计、输入、反馈的过程，是反复进行的。

扶沟县实际上是为黄淮粮棉经济区做了探索创新性技术转化工作。他们的经验得到了中棉所、河南农大等单位的重视和帮助。在此基础上中棉所提议设立了总理基金项目，继续推进这一技术开发。

养殖、蔬菜、食用菌等栽培技术的区域差异不大，主要由专业研究会、产销公司负责技术引进和改进。但在专门的产业技术组织尚未成长为健全的自主运行系统之前，为适应形成区域规模的需要，也经过了县乡领导、国家专业技术人员与农民专业服务

组织自下而上的科学决策和改造过程。

(二) 官民结合，解决适用技术推广工作量大与国家技术推广人员少和农民文化科技素质不高的矛盾

这一问题的解决,扶沟是依靠了两个方面:①依靠领导层和科技力量完成本地农业技术改革的组装、试验、示范等前期任务,在形成成熟的技术模式的操作要点之后,再交给广大农民运用。②把国家和农民中的技术力量多层次地组织起来,建立人才选优汰劣的竞争机制,开展以高带低的示范、培训、辅导。实际上,所谓农村劳动力素质低,只是一个平均概念,应当看到其中有不少爱钻研、经验多、素质不错的农民和掌握一定文化技术的知识青年。10多年来他们注重挖掘现有智力资源,把有较高素质的力量组织起来,形成开发智力、推广技术的骨干队伍。扶沟的科技推广力量由三部分组成:一是国家农业技术员798人,在县、乡技术组织的分布是4:6,其中有中高级职称的分布为55:45。一些科技人员在乡村坚持工作十几年、几十年,成为不同学科、技术的带头人,对形成本地适用技术、培养人才、推广技术起着重要作用。二是从农民中选拔,由县乡聘用发薪的农民技术员300多人,主要充实乡镇农技组织。三是地、县考核发证,达到初级技术员以上水平的农民技术员600多人,在村户、专业协会发挥作用。这不仅弥补国家技术推广力量的不足,而且农民技术员兼有双重身份,在技术向农民的推广中具有熟悉两头、利于推广的优势。技术推广实行责任制和人才聘用竞争。一个棉花技术员包二三个村,建三个示范点,一年搞一二项实验。县乡两级棉办每年分别考核其掌握新技术知识和推广实绩,保留合格者,淘汰不合格者,差额招聘新人。通过有活力的技术组织和人员,以示范、培训、辅导、印“明白纸”和电视、广播专题节目等形式,使技术到户。全县14万农户绝大多数有一二人掌握了适用技术,农业技术到位率达到95%以上。

(三) 区别情况，多渠道筹集农技推广经费

农业特别是粮棉种植业技术推广的成本和报酬不易直接回收,为此,扶沟建立起政府公共投入,从农工商技术受益单位迂回回收与技术市场有偿转让相结合的科技资金筹集使用机制。①政府财政支持。主要用于县农、林、牧三个实验、推广、培训中心,良种场(厂)等基础设施、设备投资,政府技术人员经费和新技术项目的扶持与奖励等。②建立农业科技发展基金。棉花生产,从1986年起,建立从供销社棉花收购额中提取3‰,“1‰”给县棉办、“1‰”给乡镇棉办、“1‰”给供销社棉麻公司的制度,用

于农民技术员的报酬,奖励技术推广和其他棉事。形成棉花技术推广效果——农民增收,供销社收购和加工增益——技术推广经费报酬提高的循环。同时小麦种植亩提取1元科技开发推广基金。县、乡、村每年用于科技普及的经费在100多万元。③科技单位兴办经营实体创收。④瓜果、蔬菜、食用菌的技术推广费用,除政府资金和信贷支持,有的通过技术承包、转让回收,有的是专业技术组织通过出售菌种、加工罐头、联合销售的盈利及其他合作形式获得。

(四)政技物三结合,做好技术推广应用中的人力、物力和公共建设的协调配合

县、乡、村行政、经济管理干部协助科技推广组织和人员,组织技术培训和辅导,但农户应用技术不采取行政强制方式,而以示范奖励政策予以引导;从技术推广与供销的一致性上协调物资供应。主要实行干部、科技人员、物资供应人员包乡、村的阵地式政、技、物三结合。

(五)农科教统筹,使技术推广与干部、技术人员、农民的培训教育紧密结合

扶沟10多年来农业技术进步,一面表现于技术在生产上的应用成效,一面表现于干部、技术人员、农民文化技术素质提高,形成了开发推广应用技术的合成力量。①对干部的技术培训。县农、林、牧技术培训中心将乡村干部和技术骨干一起培训。每年的培训,除了结合农事的三、二天的一事一训外,还有结合农技推广实践的十天、半月的系统培训。同时建立县农科教培训中心,分期培训乡里选拔的村级干部后备人员,一期一百人,学制一年,管理和科技同时学习。②对县级技术人员和专业服务组织带头人的培训,除了走出去,主要是请省里和中棉所、农科院等单位专家予以讲授指导。③对农民和知识青年,乡村普遍开设成人文化技术学校;改革一般中小学制;县办一所农业职业中学,采取自办和与乡村按需求联办的形式,多学制、多专业,“低重心、多层次、大覆盖”地培训农村技术力量。

(六)提高领导班子专业化水平,实现政府对农业科技推广的统筹指导和与科技组织的有效联系

首先是在农业发展和技术选择的决策上,在经济和科技系统自下而上分析总结和研讨的基础上,由县农业科技领导小组和各方面的带头人一起进行决策。逐步形成了一个懂全局、会管理、讲民主、思路开阔的领导班子和一个经济与技术相结合的智囊班子。其次,对于确定的农业发展和技术推广计划,制定相应的产业政策和技术政

策予以奖励和支持。三是在加强干部技术培训的同时，把科技人员推到技术推广的第一线，从中选择有组织能力的人到各级领导岗位，使县乡领导班子中有一批既懂政治和管理，又懂农业技术推广的骨干力量，作为统筹指导和协调农业技术开发推广的组织条件。

四、几点结论

(1)农业的资源配置和技术进步，有经济选择和技术选择，以及依靠有宏观调控的市场机制和技术改进的双重作用，不可偏废。经营发展战略和技术推广战略要结合，软科学和适用技术推广应并重。一个地区的主导产业、产品及技术有个形成、成熟到衰退的过程，为此要保持一定时期产业、技术政策的后备以保持增长势头的连续性。

(2)在我国从农业科研形成成果到技术推广运用的体系中，按经济区域的综合技术开发、组装和适用性改进还是一个突出的薄弱环节，需要加以规划和加强。地区和县的科技组织应当在区域技术的联合攻关和改进中起重要作用。

(3)农业技术推广不能完全市场化，对于比较利益低的环节永远需要政府相当的公共投入；对于直接效益明显的环节，则应鼓励技术开发推广部门办实体自养以减轻政府负担。逐步促进农工商一体化、金融和技术推广整合(或建立其与技术推广的经济联系)，专业技术推广组织向贸工农技一体化的发展，也是政府对农产品市场实行间接调控的一个方面。

(4)通过技术推广人员到第一线，稳定和提高具有双重身份的农民技术员以及技术开发与推广人员轮换等形式，可以有效加强技术开发推广与农业实践的联系。

(5)加强对干部、技术人员、农民三方面的农业科技培训教育是推进技术进步的基本功，要长期坚持。

(6)县域农业科技推广，首要的是要有懂经济、重技术、讲民主的领导班子和由经济技术领域带头人组成的智囊班子，按照一定程序进行农业发展和技术推广的民主、科学的决策。

当前农业技术推广的新特点与政策建议*

中国农村改革以来，农业取得很大发展,80年代即基本解决了温饱这一大难题。成绩的取得,主要是靠政策调动广大农民的积极性,科技也起了作用。“九五”期间实现粮食稳定增产和农民生活达到小康水平、消除贫困等目标，需要更多依靠科技动力。但改革以来农业技术推广工作相对薄弱,不少地方一度走了一段弯路,造成的损失至今还不为人们普遍认识。与此同时,许多地方则在实现“两个转化”的引导下,努力扭转这个局面,出现了可喜的发展态势:农业科技在乡村被置于重要位置,尤其是围绕主导产业学习科学、推广技术,增加农产品产量和农民收入,不断地提高着农民的整体素质。

总结各地创造的新经验,分析问题之所在,选择可操作的政策措施,逐步使农业靠科技落到实处,形成农业技术推广与农村经济发展良性循环的机制和环境,是当前需要认真对待的课题。带着这个课题,我们近期对山东省农业和农业技术推广搞得比较好、较有代表性的8个县市(淄博市的桓台县,潍坊市的诸城、安丘、临朐,烟台市的莱州、莱阳,青岛市的平度,威海市的荣成)进行了实地调查。本文所用资料,除有特别说明者外,均来自这次调查。

一、农业技术推广面临的问题

邓小平同志提出:“科学技术是第一生产力”,农业“最终可能是科学解决问题”,“靠科学才有希望”,这些论断是十分正确的。科技转化为农业生产力的一个关键是农

*与潘耀国同志共同调查讨论,潘耀国执笔。刊于国务院发展研究中心《调查研究报告》642、643期,《经济工作者学习资料》28期,《经济研究参考》第78期,收入《中国发展研究》,北京,中国发展出版社,1997。

业技术推广工作。

农业技术推广，是指通过有组织和有序的试验、示范、培训、指导以及咨询服务等，向农民和农业经营单位传授知识、技术，把农业技术普及应用于农业生产产前、产中、产后全过程的活动。农业技术是指应用于种植业、林业、畜牧业、渔业的科研成果和实用技术，包括良种繁育、施用肥料、病虫害防治、栽培和养殖技术，农副产品加工、农业机械、农田水利、土壤改良、农村能源、环境保护、农业气象以及农业经营管理等技术。

（一）农业技术推广，在我国现已形成由四方面力量组成的一个庞大的体系和队伍

（1）从国务院农口各部到省、地、县、乡几级政府的农业技术推广系统，如县农业技术推广中心，乡镇农技站、植保站、农机站、畜牧兽医站等。

目前全国共有各类农业技术推广站23万个，农技推广人员137万人，其中国家技术干部、技术员46万多人。县乡两级是主体。其中乡镇级各类农业技术推广站18万个，从事农业技术推广的人数为105万人。

（2）农业科研和教学单位的科技推广力量，这是农科教三结合的主体。这支队伍人数虽然不多，但具有“先一步、高一层”的优势，围绕项目抓统筹，点上试验面上推广，特别在人才培训上成效显著。

（3）在建设社会主义市场经济体制下形成的农业生产、加工、流通企业技术推广队伍，包括各类农场和公司、实体等。这是一支新生力量，具有极强的推广力。起决定作用的因素是有企业经济实力作为后盾，一般情况下试验推广经费有充分保证，所以，吸引了一些政府农业推广部门、科研院所、农业院校的专家、教授前来助企业一臂之力，一些人员调入企业，而更多的形式则是兼职。某种程度上看，兼职具有多方面的优越性：从专家、技术人员方来看，可以不离开原来已习惯了的生活基础，不涉及家属就业、子女就学的问题，尤其是不脱离大学校园、研究院所的文化、学术气氛，保持自己在学术上的领先地位，同时还深入了生产一线推广了新成果、做了新试验，也解决了科研经费不足的问题；从农业生产或加工销售企业看，除了支付一定的咨询费或短期工作的工资及接待费用外，不必有长期的住房、医疗保健等费用支出，就可解决企业急需的技术等重大问题。最优越的方面是由于技术人员的流动性，可以根据企业发展的需要，随时调整兼职技术专家，保证企业技术层次处于本地、本行业、甚至全国一流水平，从而具有极强的竞争优势，使其产品在竞争激烈的市场上处于不败之地。

（4）农业合作组织的技术推广力量，包括各类农民技术协会和农民专业协会等。

全国人大常委会检查《中华人民共和国农业法》执行情况的材料中讲:“目前，我国34%的村没有农技服务组织或专职农技人员。”这就是说66%的村已有自己的技术组织或农业技术员。这批人当中,不少是当年的生产队长,有相当的农业生产经验,又有事业心的人,不少人还曾有过大队、生产队技术员的经历,可以说是农业生产一线的行家里手。在沿海发达地区及内地一些集体经济实力强的村,一般设有农技队、农机队等,吸收上述人员从事农技推广工作。在另外许多地方,人民公社解体、实行家庭承包经营后,没有设立村级农技推广组织或专职农技员,但由于这部分人是农民,家里有口粮田及责任田,他们成了良种推广、良法传播的科学种田示范户。同时,农村涌现了一批多种经营的专业户、技术能手。进一步的发展是由示范户、专业户逐渐成为农民专业技术协会,比如棉花协会、蔬菜协会、果品协会等。这是针对一家一户小规模分散经营,不易获得信息、技术,不易进入市场的现状,而自发形成的联合服务形式。同时,在示范户、专业户的带动下,逐渐发展成区域性种植,许多户生产同一种或同一类产品,形成相当规模,出现产地批发市场。这在许多地方被称为“组织农民整体进入市场的好路子”。农民专业技术协会等技术经济合作组织与之相伴发展,至今全国已建立各类专业技术协会13万多个,会员约在500万户左右。

(二) 我国农业技术推广的现状不容乐观，当前存在许多突出问题

1.农村改革以来,许多地方尚未解决如何把农户自主经营与共同有组织地开展技术推广协调起来的问题,建立起适应新体制的技术进步机制和管理

以家庭为主的承包经营对农业技术推广首先带来了有利的一面，就是技术运用效益与农民利益直接相关,因而承包农户有追求技术的内在动力、积极性;经营自主也有助于抵制以往曾给农业造成危害的行政强迫命令、瞎指挥。但也带来了困难:农户分散经营、规模小、商品量小,技术需求强度较弱,组织推广难度大;加上农民自身文化科技水平相对不高,采用新技术有风险,农户对应用新技术顾虑较多,往往要“做出了样子”,看见了技术应用效益,才转变为积极接受,不可能像行政命令那样来得快。这类“困难”实际是向技术推广提出了实质性的要求,一是要从当地实际出发选择技术,做好试验、示范工作。试验示范的过程,也是让群众认识,使技术更加熟化的过程。在此基础上组织起成规模的技术推广,用规模服务降低小规模经营下技术推广的成本和风险。二是技术推广还涉及有关费用、物质要素配套投入,对发展项目作出以市场为导向的经济选择。因此,农技推广不是简单的技术传递,而是涉及技术供求双方关系,有组织、有程序进行的技术经济过程。许多地方未能实事求是地面对有了经

营自主权的农民群众的要求，去更新观念，转换机制，下气力做扎实的循序渐进的技术推广工作，而是想很省力地套用计划体制下行政命令的方式强制群众去接受某项技术，往往欲速不达。在行政命令失效后，又反而对推广技术撒手不管。这是当前对农技推广工作影响较大的一个问题。

2.在农业行政体制改革过程中，曾一度出现对农业技术推广机构实行财政“断奶断粮”的错误做法

本来农业特别是粮棉油生产比较利益低、社会效益大，为之服务的农业技术推广又具有外部公共效益，其推广费用，在市场经济条件下也应以政府财政或其他公共资金投入为主，却改为断绝财政支持。到 1993 年底，全国有 30%的县级农业技术推广机构、40%的乡级农业技术推广机构，被停拨事业费。后来，国家曾专门发文纠正这一错误，但时至今日稳定和恢复农业技术推广体系的政策落实得不够好，线断、网破、人散和经费不足的问题还没有得到彻底解决。据农业部有关单位调查，至今仍有 15.7%的乡镇未按国家要求建立农技推广机构，已建立的推广机构也还有 14.5%仍要靠“自收自支”。目前，国家财政用于农业技术推广的经费年均仅 3 亿元左右。连同地方配套资金，1994 年、1995 年分别为 40 亿元和 49.2 亿元左右，仅占当年农业总产值的 0.25%和 0.24%，而且 10 多年来基本上是这个比例，还不到发展中国家 0.5%的一半。多数推广机构包干经费是 10 多年前核定的，年人均三四千元，勉强发工资。由于待遇低、工资得不到保证，工作、生活条件相当艰苦，许多农业技术推广人员自谋出路，跳出“农门”，使我国农业技术推广人员比例在本来就不高的情况下更趋恶化，蒙受极大的损失。发达国家农业技术推广人员与农业人口之比为 1:100，我国仅为 1:1200，平均 1 万亩耕地不足 1 名农业技术人员。而且现有农业技术推广人员结构不合理，多数基层农业技术推广站非专业人员挤占编制的现象仍很严重，有的站专业人员仅占 1/2，甚至低到 1/3。技术干部有许多没有接受过正规专业技术教育。据估计，新中国成立以来，国家培养的大中专农业技术人才流失过半，其中县及县以下农技推广队伍的流失现象最为严重，造成我国农业技术推广人员整体素质不高。

3.无试验基地，农业技术服务的基础设施差，手段落后

推广的条件难以保证，不少基层推广站仅靠农技员的两条腿和一张嘴从事推广工作。

无试验地、示范田，是农业技术推广的一大制约因素。现行农业经营体制下，均田制是一种普遍的做法，田地都按人头承包到户，县级农业技术推广机构基本没有试验地，一部分乡镇级农技站有点地，为了进行试验和示范，农技站只好从农户那里租地，

每亩地一般都在几百元,经费本来就紧张的农技站,租种的试验示范田逐渐缩小,只有一些从事经营的种子公司等才有实力租地。多数推广机构只好进入村里选择一些示范户,由于试验有风险,寻找示范户时常有相当的难度。

4.农业科研、教育体系与技术推广、经济实践的衔接沟通薄弱,农业科技成果转化及贡献率低

近年来,全国每年约有六七千项农业科技成果问世,但转化率只有30%~40%,真正形成规模的还不到20%。科技在农业增长中的贡献份额发达国家为70%~80%,而我国只占30%。其主要原因,一是技术推广环节薄弱,影响了科技成果向生产实践转化,二是农业科研、技术开发体系与技术推广、经济实践沟通不够。许多研究开发项目的选择不是来自实践、来自用户,造成"货不对路"。从农民应用的角度看,有些科研成果本身并不是"成果",距离实际生产中技术上的可行性,经济效益上的可行性都还远,还需要进行中试、区试的改进以及与原有生产技术体系融合等工作。这样一方面使科研缺乏适应农村经济要求进行适时调整的内在机制,造成科研资源不合理、低效率的利用,另一方面,致使技术推广得不到适用技术成果和知识更新上的应有支撑。

二、农技推广发展的新特点

我国的农业技术推广工作虽然前进的路途不平坦,走了一段弯路,但正反两方面的经验和教训进一步地提高了人们的认识,科教兴农已成为许多领导者、技术专家和亿万农民的共识,在全国范围迈出了雄健的步伐。当前的农业技术推广工作已出现了可喜的局面,新形势下有了新经验,形成一些新的特点:农民对科学技术需求的领域随着市场拓展正在不断扩大;县乡两级农技推广部门重新发挥主导作用;农业技术推广组织向着多元化方向发展,农业产业化组织、农业大企业在一些农业领域高新技术引进和推广中发挥着先锋队的作用;一些先进地区的农技推广体系,尤其是基层农技推广部门,在实践中摸索出自己的发展路子,逐步形成国家扶持与自我积累相结合的机制。

(一)在科教兴农战略下,国家立法、规划、组织农技推广,重振政府农技推广部门

1.政府农技推广部门正在重振雄风

1993年以来,农业技术推广工作被提到了国家重要工作日程,颁布了《中华人民

共和国农业技术推广法》,国务院六部委联合发出《关于稳定农业技术推广体系的通知》,纠正了前些年的一些错误做法,明确指出农业技术推广机构的经费应由国家财政负担,不能随意搞"脱钩"、"断奶"。各地正在努力完成"三定"工作,农技推广的"国家队"正在重振雄风。同时,鼓励农业院校和科研院所主动参与,广泛动员和组织科技人员深入第一线,做好技术培训、咨询服务和指导工作。

为了加大推广力度,国家农业主管部门确定了重点推广的十大农业实用技术,包括:水稻旱育稀植和抛秧、玉米地膜覆盖、良种及配套技术、精量半精量播种、平衡配套施肥(包括化肥深施)、病虫害综合防治、节水旱作农业、稻田养殖、畜禽快速高效饲养、水产优质高效生产技术等。

2.国家精心组织实施种子工程

国内外的农业发展史都证明,每一次种子革命都会带来农产品的大幅度增长和质量的大幅度提高。政府针对种子工作中存在的主要问题,即用种"多、乱、杂",经营"小、散、低",科研与生产"育、繁、推"脱节的状况,全国范围内实施种子产业化工程。其目标是生产标准化、经营企业化、管理法制化、育繁推销一体化和种子实现商品化。经过几年的努力,力争使粮棉油等主要作物品种实现更新,良种覆盖率达到95%以上,水稻、玉米杂交种和棉花用种的统一供种率达到60%,畜禽和水产养殖良种化程度实现较大提高,使种子在大农业增产中的贡献份额达到36%。为了减少以至杜绝假冒伪劣种子坑农事件,推行种子管理与经营分开的新体制,促使种子的生产供应形成一个大的产业。

(二)在粮棉油生产中政府农业技术推广机构起主导作用,结合发展区域化种植和统一服务推广综合技术措施

成规模的统一服务有利于技术推广。粮棉油基本农产品生产关系国计民生,有关技术推广需克服两个主要难点,一是面向广大农户,以公共效益为主的技术推广如何筹集公共费用,形成以政府农业技术推广机构为主,依托乡村集体、合作经济组织的网络。二是怎样组织起千家万户小规模分散经营的技术推广,提高技术效益。实践中的突破主要是在农户层次之上形成统一服务的规模经济,这也是一种规模经营,加快了农业高新技术的引进,加速了适用农业技术的推广。均田制下的农户分散经营,存在着影响先进技术在农业生产中推广运用的不利因素,尽管农业生产本身迫切需要先进技术,但由于单个农户生产规模小,使用一项技术给其带来的收益是有限的,自然农民寻求农业生产先进技术难以达到应有的热度;作为农技推广部门,面向的是千

万个分散经营的小农户,农技推广不但组织难度大,而且推广成本较高。但所有实行区域化、成方、大片种植的,在产前、产中、产后某些环节组合起统一服务的,都较为理想地推广了适用农业技术,比如东北、华北许多县市的玉米丰产方、小麦丰产片就是有力的证据。这是因为,一家一户单个的生产经营规模不是短时间能扩大的,但在生产之外的服务、流通、加工领域,则可以将一定范围、数量农户的共同需求,组合为成规模的服务供求,从而降低服务成本,提高技术服务效果。

全国所有小麦亩产超千斤的县乡村,都实行了作物布局、农机调配、良种供应、规模种植、测土饱肥、从种到收的统一服务,都贯穿着农技推广。不论是北京等北方大城市郊区的畜产乡镇,还是河南省的温县、博爱,山东省的桓台。寿光及安丘的前儒林村等,都可以感受到县乡政府部门、村委会对农技推广的重视程度及其科技兴农的丰硕成果。桓台是我国北方第一个吨粮县,1996 年全县 39 万亩小麦平均亩产 504 公斤,在粮食生产中科技的贡献份额已高达 55%。

当前的粮食等常规农业的技术推广,整体上讲还是政府的农技推广部门起着主导作用。桓台县的一些做法很能说明问题,而且对各地均有借鉴意义。

(1)桓台县小麦、玉米统一供种面积达 100%,玉米都推广了紧凑型玉米良种,小麦实行精量半精量播种。就连小麦的播期也在全县实现了统一。

(2)农业技术培训采取“讲师团”的方式。村村办班,户户受训,家家发“明白纸”,户户有明白人。县上每年办两期培训班,5 月份是“玉米套种”培训,8 月是秋种及高效农业培训。由县政府组织 20 人的讲师团,这些人是全县的技术权威及农技推广专家。全县 13 个乡镇,每个乡镇去一天就解决问题。比如说昨天去的一个镇有 40 个村,讲师团的 20 个成员都去,今天要去的这个乡只有 30 个村,那么只出发 15 位讲课的教师即可。15 个人上午分头各去一个村讲课,下午再去另外 15 个村。用不到半个月就完成全县的培训任务。除了全县围绕小麦、玉米及年度主攻的高效农业项目统一培训外,各乡镇都还根据各自的区域特点办养猪班、大棚蘑菇或蔬菜班。有的是针对全体农民,而有的比如高效农业班则就只召集大户来听即可。

(3)地力建设重点抓作物秸秆直接还田技术的推广。小麦高留茬,玉米秸秆经过石家庄生产的秸秆还田机的切割和粉碎直接还田,起初玉米秸秆还田带有一定成分的行政干预,现在已成为普通农民的自觉行动,玉米秸秆还田率已高达 80%左右,极大地提高土壤有机质,土壤理化性状良好,土地肥力显著增强。

(4)全面实施配方施肥技术。会县每年取样 1000 个点,化验有机质、氮、磷、钾等几项指标,大约用近一个月的时间,给各乡镇一个以上的施肥配方,有小麦专用肥配方等。

(5)农机、水利等方面的服务都很有特色。在桓台各种农业机械应有尽有,且具有大型化、新型化的特点,其中50马力以上大型拖拉机960台,连续3年每年更新100台,去年更新180台。购机有农户、联合体、集体等多种购置形式。县乡政府对于农机的扶持效果是比较明显的,对新引进的农机品种,政府都给予大力扶持,经过各级政府的扶持,购机者几乎可以用半价买回农机。政府资金扶持发挥着引导功能,比如原来受补贴的小麦联合收割机,已经推广开了就不用政府补贴了,政府仍将推广生产中新的需求。全县水利建设成绩相当突出,每30~40亩地就有一眼机井。吨粮田的节水灌溉技术已在全县范围推广,半固定半移动喷灌技术每推广一亩政府补助90元。

(6)对农业的领导工作各级政府都很重视。在桓台是领导干部包乡,一般干部包村,村干部包片。在家庭经营的基础上,充分发挥了统的功能,使各项科学技术得到了准确及时的落实。可以得出一个结论:良种、农技、农机、水利等支撑起桓台这个吨粮县。在桓台种粮亏本不?当地小麦、玉米生产成本都有很细的账,用两字回答:“不亏”。大体是“小麦收成作成本,全年能赚玉米钱”。

(三) 在养殖、蔬菜、林果业中产业化经营组织,农业企业一面组织跨区域流通,一面对技术推广发挥越来越突出的作用

大农业中畜牧、水产、蔬菜、林果等业与粮棉生产有共性,然而市场放开早,商品化程度高,比较效益和竞争性有别于粮食生产。其迅速发展一是取决于市场拉动和形成超出社区自给性市场之外的市场流通,二是取决于采用国内外先进适用技术,而这两者都是与其专业化、企业化、规模化的产业经营方式和组织化的进展相联的。制度性的技术进步促进了生产性的技术进步。这些产业不仅由过去微不足道的家庭副业变为独立的专门化的支柱产业,成为农村经济新的增长点,农民追求技术的热点,而且比粮棉种植较早扩大经营规模,走在以现代技术改造传统农业的前列。

1.贸工农一体化和科技进步加快畜牧业经济增长

畜牧业的高效特征决定其已成为中国农村经济新的增长点。畜牧业的发展程度是衡量一个国家发达程度及其人民生活水平高低的重要标志,温饱问题解决之后,人们对动物性食品的需求将持续增加。近几年我国畜牧业发展出人意料的快,其中科技进步在畜牧业增产或经济增长中的贡献份额为45%以上,尽管低于世界发达国家的水平,但在我国大农业中,畜牧业的科技贡献份额还是处在第一的水平。至20世纪末,科技进步在我国畜牧业经济增长中的贡献率将达到55%,畜牧业的科技化进度快

的因素有这么几个方面，一是随着经济的快速发展，人民的支付能力提高，12亿人口的大国成为畜产品的大市场。要满足人民不断增长的消费需求，运用科学技术发展高产、优质、高效畜牧业，实现规模化经营，即成为必然趋势。二是由于国外畜产品的先进加工技术的引进，使做起来颇为费事的猪肉成为打开即食的火腿肠等方便食品，扩大了肉食品的消费量。随着高温火腿肠的普及，不破坏营养成分的低温肉食品加工新技术也引入我国。三是外向型的畜牧业，更具有利用高新技术的机遇和能力。山东省诸城市外贸的肉食鸡集团的发展历史，就是一部运用现代化技术和管理手段，改造传统养鸡业的历史书。

诸城外贸的肉食鸡经营开始于20年前的1975年，由被创时的36万元固定资产，420万元的销售收入，发展到1995年底，固定资产7.2亿元（11.44亿元的总资产），17亿元的销售收入，1.1亿元的利税，8000万元的创汇。成为全国最大500家工业企业之一，行业评比居前十强，利税排第5位。从被创至80年代初，看上去是盈，实际上是亏，主要靠政府的补贴，到了1983年国家通过调整外汇牌价，控制和减少外贸亏损。这种情况下，肉食鸡多养多赔，少养少赔，养不如不养。同时一家一户家庭副业式的小规模分散经营，不仅品种、饲养方式落后，而且饲养上淡旺季分明，淡季淡到饲养户一只鸡不养，失去货源，不符合国际市场对均衡供货的要求。所以，诸城外贸奋斗8年，年宰杀肉鸡不到100万只。

在进退两难的关键时刻，他们跨出国门，考察国外先进的畜牧业生产加工企业，看准了路子，回来就动手干，在经营方式和技术上高起点改进。一是建了良种鸡繁育场，二是引进设备、饲料配方，办了饲料加工厂。改一家一户小规模（几十只、几百只）土法饲养为工厂化饲养企业或大的专业户，专门建饲养场。不只是养种鸡，同时大量规模化饲养肉食商品鸡，每场每批至少在3000只以上。养鸡骨干人员成为外贸的正式职工，鸡场成了外贸的直属企业。饲养员专门培训，肉鸡全是国际一流良种，饲料也分成雏鸡、成鸡专用料。防疫，学人家的标准化操作。药品也从国外先进企业进口。运用了全套标准化的国际新技术，一推广一个大系列，只要试验成功的技术，几天就推开了，加大了科技推广的力度。从1984年起，年宰杀加工肉食鸡达1000万只。后来，随着国际市场占有份额的扩大，诸城外贸发展了与200多家村办户包或联户、专业大户养鸡场的合约关系，服务、供货，责权分明、利益分享，担保农民养一只鸡盈利0.6元。优待农民规模养鸡大户，实行鸡苗、饲料两赊销，送鸡苗、饲料、饲养技术、收购育成鸡四到门的全程全套服务。就这样，外贸公司一面是直接引进良种、先进技术设备办种鸡场、饲料场、深加工和储运企业等，另一方面通过对农民专业化养殖的服务，提高了养鸡业发展的科技含量。除养鸡外，公司还以服务、收购、加工销售的形式，带动10多万家养兔、养牛等养殖农户。

进入90年代，诸城外贸年宰杀肉鸡达6000万只。公司带农户的经营，对内加强技术改进，对外迎接市场挑战。如今中国肉食鸡在日本市场占有份额已达40%，高于泰国所占的份额，由过去的老三，一跃成为老大。所以每遇市场大的波动，日本客户都是首先保证诸城，因为这里是它的最大供应者。市场最不好的时候，常常是诸城发展最快的时候。因为作为日用消费品的肉食鸡，多了市场价自然下来，但消费者是天天吃的，货短缺了，市场就会好转。因此，诸城外贸的几次大发展都是发生在市场行情不好及迅速好转的当儿，当市场价下跌时，别的小厂下马，诸城外贸却利用这个时机扩大规模，新厂子建好了，总是遇上市场好转，企业就大大发展一步！诸城外贸学习利用国外的管理办法，利用外资对企业进行技术改造，11个合资企业，就相当于11个进出口公司，这就是通过办合资企业扩大了市场。企业有了实力，也很注意对养殖大户的保护，以确保有稳定的生产基地。1992年日本市场行情不佳，诸城外贸毅然拿出2000万元，保证农民养1只鸡至少有1元钱的赚头，养鸡业保住了，后来市场变好，就迅速赚回了3亿元，同时农民还增加了3亿元的收入，这就叫保了农民就保住了自己，眼前的确是吃亏，长远企业和农民都赚！

2.集体、联合体等企业化经营和工厂化养殖、粮深加工技术，加快水产业包括海洋渔业发展

农产品的流通改革中，水产品是最早的，为水产业带来了大发展。农村改革以来，水产业的经济体制和经营形式也是经过了一个农(渔)民自我选择的过程，在南方几个省份调查，那里的同志一介绍到渔业，总额外加上一句话，我们水产业发展不如山东。再到山东一看，果然不凡！山东水产尤其是海洋渔业，依赖一体化的整体优势赚钱，这就是发展模式的明显优势！只要了解一点中国渔业情况的人都知道荣成是全国第一水产大县，80年代初在农村改革的浪潮中，没有采取一户或联户以船为核算单位的经营体制，而是根据海洋渔业具有一次性投资大、危险性大、丰歉波动大和协作性强的特点，从公社农业中把渔业队、场独立出来，组建渔业公司，实行“集体所有，统一经营，分级承包，纯益分成”的经营体制模式，发挥整体的规模经济的优势，共同发展致富。加上界定养殖海面产权、划给内陆乡镇一部分海区创办海洋渔业，以及水产品市场放开，加快了荣成海洋渔业的发展。捕捞发展到浅海、近海、远洋多层作业，养殖实养面积达到30多万亩。40多家专业渔业公司年经济收入由过去的几百万元增加到几千万元以上，其中超亿元的25家。

渔业产业和公司的发展,对科技提出了需求,也提供了物质条件和经济实力。“以养兴渔,以科教兴养。”荣成10万亩海带养殖,仅在90年代以来推广了在海带苗绳上增加一个小小的浮漂,就使原来亩产不到一吨提高到1.5~2吨,总产量占到中国的1/2。从海带、扇贝两大品种的养殖,发展到海珍品养殖,从海底直播、潮间带、滩涂养殖到陆地工厂化养殖,都得益于人工养殖技术的开发、推广。国际性的高新养殖技术派上用场,所有的渔业公司都有较大规模的现代化海、淡水养殖场,工厂化渔业普及程度比较高,每斤百十元左右的牙鲆鱼、鲍鱼及对虾等高效益的海水养殖业发展相当快。这些项目不只是单一的技术推广,而且形成了多功能、全面发展提高。

发展到今天,山东海、淡水养殖业区域化布局已经形成:一是以海珍品养殖为重点的沿海高效渔业经济区;二是以鱼、虾、蟹、贝类为重点的黄河三角洲高效渔业养殖片;三是沿黄高效渔业经济带;四是以鱼、蟹、鳖为主的沿湖沿库高效渔业经济圈;五是以名贵水产品为主的高效渔业经济园,采取一村一业、一户一品的饲养方式。

1982年以前,集体渔业没有加工,都是国家统购统销的。1982年放开,到1985年才发展起来,各渔业公司都有自己的冷库、加工厂。依托渔业办工业效益不错!渔业带动了工业,以至后来有的渔业公司发展到跳出渔业搞工业,开拓业务范围,增加经营项目,不断壮大了渔业公司的实力。这样渔业公司有渔业、有农业、有工业、有商业,除了招聘各种各样急需专业技术人才外,还制定优惠政策吸引职工子女大中专毕业后回公司效力,只要回公司报到上班,四年大学期间所有学杂费由公司一笔报销。

3.保护地栽培等技术,与批发市场或龙头企业构成蔬菜业发展的两大动力

老百姓生活中,变化最大的莫过于大冬天的菜篮子。首都北京人10年前,冬天主要还是吃萝卜、大白菜,可如今夏天能吃到的蔬菜冬天都能吃到。这除了优良菜种的培育和引进的功劳外,运用塑料膜种大棚菜技术的推广普及是最为关键的一条。大棚从大城市郊区扩散到东部农村,普及到祖国的大西北,新疆的大棚菜发展速度就颇让人吃惊。生活在北京的人,提到大棚菜都首先会想到山东的寿光,不但是由于寿光的大棚多、发展早,还由于形成了跨区域流通的蔬菜批发市场,寿光菜发往北方比发往北京的比重大,山东另一个蔬菜大县苍山也很有名,它的菜也是通过批发市场发往各地,主要销往华东口华中的大中城市带。同时有加工企业将一部分蔬菜输出国外。再者山东还有一个年加工出口蔬菜8万吨的莱阳市鲜为人知。这个市的种菜面积及产量虽不及寿光、苍山县,但莱阳的蔬菜加工行业18个大的龙头企业,全是三资企业,引进世界一流的蔬菜加工设备,根据世界蔬菜市场的需求、按照国际标准,加工成外商需要的样式,年创汇达1.01亿美元。

蔬菜大棚栽培技术及良种的推广，一类是在市场经济效益的激励下，主要通过民间聘请技术员，以及协会和乡村组织的活动进行的。1989 年寿光市孙家集镇三元朱村销售蔬菜的农民，观察到辽宁省瓦坊店市农村靠山坡的塑膜温室大棚效果不错，由该村组织引进、加以改进，由此，两三年内在寿光引发改火炉温室为塑膜大棚日光温室的技术变革。随着蔬菜产业和批发市场的发展，寿光又成为塑膜温室技术、蔬菜栽培技术的输出地，仅三元朱村，就有一百多农民在十几个省区被聘请推广技术。新疆棚菜技术就是由寿光农民给予传播辅导的。另一类是通过贸工农一体化的龙头企业引进推广技术。莱阳市龙大集团，不仅从国外引进先进的蔬菜加工技术设备，而且将我国十几种传统蔬菜推往国外，又引进一些国外市场销路好的菜种在当地发展生产。

4.优质果品生产技术成为农民依靠科技致富的热点

没有解决温饱的人们可以用瓜果代替粮食来充饥，但有粮食吃的穷人完全可以不吃水果以减少开支。然而中国人民就整体来说处在温饱问题已基本解决、正在千方百计致富奔小康的过程中，由于果品放开，价格有较大提高，调动了农民种果积极性，农民在种植果树的过程中，不只是增加了经济收入，而且在钱包鼓起来的同时，科技、优良品种在果树上的示范作用，科技兴农的形象化、具体化，深深印在了农民的头脑里，同样是这块地，同样是苹果，红富士就比红香蕉好吃，同是一棵树，优良品种的产值、效益明显高。而且这种示范效应发生在不大富裕的农村，多数还是丘陵山区、贫困地区，因为我国苹果布局除了胶东和辽南是相对发达的地区外，其他大部分苹果产区都还是不富的内地农区、高原及丘陵山区。

三、农业技术推广主体呈多元化趋势

以上是粮食、畜牧、水产、蔬菜、果品等领域的技术推广。开发区域主导产业有利高新科技及先进适用农业技术的推广和运用。而作为推广科技的主体，即政府的农技推广站、农民专业技术协会、农业科研院校、大的农业企业及经营农产品的工商企业等，出现了多元化的趋势。除前面涉及的方面以外，下面几点值得注意：

（一）农民自己的技术服务组织——农业专业技术协会

改革后一个时期，随着农村基本经营体制改变，原大队、生产队的行政职能消失或降低，原大队农技队大部分取消，农业生产的技术服务在村一级出现了断层。同时农民发展了粮棉油之外的多种经营，超出了以往技术服务的范围，农民自己的技术服务组织——农业专业技术协会应运而生。有棉花协会、蔬菜协会、果品协会,养兔、养鸡、养牛协会等。多数是松散的,但也有既松散又有紧密层的,外围松散、中心地带发展成类似合作社、甚至更密切的股份合作公司。山东省诸城市以后官庄村为核心的"绿宝蔬菜协会"就很典型。这个村办协会,如今已发展个体会员6684个,团体会员366个。本村及周围几个乡镇的村发展个体会员,外县外省的只发展团体会员。团体会员涉及全国11个省的108个县。协会把高校园艺、蔬菜方面的技术引进来,再传授给菜农,供应会员优良菜种。在大棚菜的推广中起了积极作用,如推广的黄瓜断根施肥技术,生长期300~360天,亩产3.5万斤。协会共有派往全国各地的种菜技术员160人,这些人在外收入全部交协会,再由协会统一发工资。"绿宝协会"充分利用黄色土地,掀起白色浪潮,振兴绿色产业,服务了农民,满足了市民,发展了自己,建起具有相当规模的绿宝酱园,还挂起了绿宝经营股份公司的牌子,眼下这个协会的固定资产已达360万元。

农民技术协会在不少地方相当活跃,但不起主导作用,只是对国家农业技术推广队伍起补充作用或延伸功能,这一方面是由于整体上乡村合作组织不健全,农民技术协会缺乏依托。另一方面是农民专业技术协会没钱(经费自筹)、没物(化肥等由供销社专营)、缺技术(很少有农业院校大中专毕业生),又不具备行政职能,难成气候。有的协会因传授技术受到农民爱戴,被冠以"第二村委"称号,却极易同村干部发生矛盾。同时,协会的组织者和业务骨干除了与农业结下难舍难分的一份事业心外,也有一块报酬、经营利益的问题。往往在这虽然很少,但又事关协会生死存亡的活动费用、利益关系上难处理好。显然,农民专业技术协会有用,农民也需要,但又一直没位置。所以,有专家断言,农民专业技术协会的命运,还只是自生自灭,好在春风吹又生,这家协会不存在,那家又将产生。

协会的出路还是有的。在不少地方,农民专业技术协会不但在产中起作用,而且功能扩展到产前、产后,尤其是在产品加工销售这些环节的经营得到大的发展。实际上已发展成为事实上的农业合作社,甚至达到农工商一体化经营。几乎所有办得好的农民专业技术协会,都程度不同地受到某一级或几级政府的领导,乡村社区组织的支持。

(二) 聚集农民中多种人才,充实农技推广组织

农村中的能工巧匠,多种经营技术能手,对农业专业技术协会的发展起了重要作用。同时,当年的生产队长、种田能手,如今成为农业新技术示范、推广的骨干。山东省莱州市西由镇种子站的情况极具说服力。这个镇办种子站还有一块"种苗研究所"的

牌子，共有 58 人，其中农业这块每年经营玉米种子 2000 万斤，白菜种子 100 万斤，经营额在 5000 万~8000 万元。年纯收入 300 万~400 万元，每人保持在 6 万元左右，上缴 2 万元（即上缴镇政府 100 万元），1/3 强搞站上自身建设，分配这块每人 2 万元，其中 1.3 万元以奖金的形式发放。每年捐给镇上修路、医院和敬老院、派出所等单位约在 30 万~40 万元。比较特别的一项是每年资助国家研究所、室搞科研几万元，其中资助莱阳农学院、山东农大、江苏农学院各 2 万元搞蔬菜研究，因为西由镇的强项是大白菜，西由系列 14 个大白菜品种向全国推广。西由镇种子站有这样大的发展，一是重点靠科研，与大专院校结亲，“人家搞基础研究，我来搞应用研究”，担负各级区试，收获不小，育种材料可以交换，促成两家优势。二是请辽宁农科院，山西、山东、陕西、河南省的蔬菜研究所，中国农科院蔬菜所的专家当顾问，通过他们分别在这些省建基地制种，并争取当地种子部门的支持、配合、参与，较早地闯出了这条路子。第三，也是最主要的一条，西由种子站的骨干都是当年四级农科网的技术队长、生产队长，公社制度解体后，种子站把这批人组织了起来。他们原来都有基础，其中不少人还专门去过农学院进修，成为实实在在的专家。在这里种子部门设科研、育、繁、推、销，实现了一体化，成为“中国北方大白菜育种开发协作中心”。原来那位站长现已升为莱州市种子公司经理。

莱州市西由镇还反映出农村的人才潜力。1996 年农业部将这个镇命名为“种子之乡”。除了以大白菜育种出名的镇种子站外，这里出了农村青年科技带头人李登海，1978 年培育出亩产突破 1500 斤的掖单 2 号紧凑型玉米杂交新品种，在我国率先确立紧凑型玉米育种的方向；他们创立了科研、推广、经营相结合的民间科研所，后来发展为有 150 人的莱州农科院，并且国家给予投资成立国家玉米工程技术研究中心。此外，西由镇还有 6 家集体和个体的种子研究单位。在西由镇的影响下，莱州有 21 家国有、民间的育种科研机构。目前掖单系列玉米杂交种的推广面积已占全国玉米播种面积的 1/4，莱州育、繁、经销的大白菜种占全国用种的 1/3 以上。

为何西由镇出了不少农业技术人才，以至被过誉为是农业科技的摇篮？很重要的一个原因是长期的农技推广提高了人们的素质。这里 50、60 年代就是受到周恩来总理表彰的农业技术推广先进单位，农业院校很早就在这里搞试点，科技之风长期潜移默化，对人才成长产生了作用。农民对应用技术的学习比人们想象的来得快，他们还借助从中学取的知识，观察思考在和土地打交道中遇到的问题。农村是吸收科技的广阔天地，也孕育出层出不穷的技术能手、乡土人才，反过来成为推广技术和农业技术进步的一种力量。

（三）基层农技推广组织的成长，需要有科技意识又善管理的县乡领导

山东省平度市蓼兰镇农业技术推广站的情况就很能说明问题。这个站现有47名工作人员，其中技术人员15名，年岁大一点的是农校毕业的，年轻人都是农学院的大学毕业生，15人中2个高级农艺师、3个农艺师，其余是初级职称。当地人习惯上不称蓼兰农技站，而叫平度市小麦研究所，现在正规名称是“山东省青丰种子有限公司”，下设种子分公司、农资分公司、农技站、小麦研究所、蔬菜办公室和管后勤事务的办公室六大块。拥有固定资产500万元。尤其值得提到的是20亩的专门试验地，其中80亩用来进行小麦的育种试验，拥有1.2万个选种材料，150个品种资源，进行着360个小麦品系试验。起初，农技站经费都是财政出，后来到财政扶一点，现在全是自负盈亏。去年经营纯利润120万元，按6:2:2的比例进行分配，其中两成交镇政府，两成用作奖励职工，六成用于自身发展。今年新建种子库用50万元，烘干设备30万元，保护地试验棚建设40万元等，已突破72万元，自筹不足部分，争取了上级支持，自己贷了点款。

一个镇的农技站靠什么发展得这么好？这就要从1984年蓼兰来的“种子书记”说起。镇党委书记刘炳禄是从县农业局调过来的，他70年代毕业于昌潍农校，后一直在农业局工作。调来蓼兰当书记，首先抓良种推广，方式是示范。刚抓时老百姓不认识，当时农民刚冲破人民公社的生产队束缚，才有了经营自主权，种鲁麦7号提出一亩只下8斤种就行，而当地习惯每亩下种20斤左右。群众不愿干，刘炳禄就抓示范点，从每村选3个干部户开局，除了说服，有点“动用权威”，并作保证：“照这法种，赔了我负责，亏多少补多少！”经过4年努力，到1987年，从个别地块到全部地块实现了良种化，同时实现统一供种、拌种。其次，给农技站繁育良种以实际支持。烟台农科所徐所长是刘的同学，协商好农科所在蓼兰搞了第一块基地。镇里作出“三场”土地归集体农技站的决定。从建立三圃田，搞提纯复壮，到建立种子专业村，繁育良种。农技站有了基地，经营种子，从1987年起就可自我运营。第三，严格管理，形成有利技术推广的秩序。并不是谁愿进来当育种户就能做的，授权由小麦所严格把关，只选择干部组织管理能力强的村加入，怕“统”不好的村管不住村民，影响种子的纯度。育种村每村只能种一个品种。从事制种11年的南张家丘村主任说，我们就是小麦所的执行者，一切方案由小麦所定。种子从不下放到户。村上有科技服务队共15人，4个村民组4个组长，每个组长还有3~4个帮手。村主任还说，为了育好种，村里土地统一划成几大片，每片正中新开出一条大路，每户只有两块地，路这边有多宽的地，路那边对应多宽也是这家的。为的是制种、倒茬轮作方便和统一。村里统耕、统种、统收，统一防病，农户

只在统一指挥下进行一些田间打理。当问到一位60多岁的老农,农民愿意吗?老人开口便笑:"一斤麦子多卖一两毛钱,谁都想干!"全镇目前共有31个育种专业村,良种繁育面积占到全镇耕地面积的一半,良种良法,亩产都过千斤,最高单产记录1263斤。全镇每年向省内外经销上千万斤良种,仅此一项,农民增收800万元上下。第四,帮助农技站陆续发展与山东农大、青岛农科所等的联系,承担各级区试,服务了上头,提高了自己,锻炼了推广队伍,掌握最新苗头的种子,可以首先推广。

(四)"技物政三结合"、"权力+技术"型农技推广在现实生活中相当起作用

辽宁省农科院一位副院长在全国性农业科研学术讨论会上发言:"我的经验就是'权力+技术',效果实在好",因为这位副院长已连续三届兼任一个地级市的副市长,有实职也有实权,在市里各县都选拔了科技副县长,多年来在这里农技推广很有力度。上文提到的镇党委书记刘炳禄抓种子也是很成功的例子。山东潍坊市几大班子的领导在农业产业化中,每人抓一个产品,抓得很有力度,所以,潍坊成为全国农业的"领头羊"。还有一个县的县委书记抓肉食鸡、县长抓粮、第三把手抓猪及其产品加工。可见这三样是全县的经济支柱,而且还分明看出了老大、老二、老三的排行位子。这三大支柱外的其他项目还有副职专门抓。"权力+技术"有两条很重要,一是"一把手"或主要领导抓,人力、财力、物力都自然会向这里倾斜,且常常还有相当硬的具体要求。第二,不只是让科技人员兼职科技副县长、副镇长,还应当选拔同时具备组织才能的科技人才当专职副市长、副县长,直至一把手。

四、政策建议

(1)首先是写进《农业技术推广法》和国务院及部委有关文件的法律条文、政策规定及各级政府的承诺,件件都应兑现,使得人们都愿意从事农业推广时,你才好择优选用推广良才。实际上最重要的是两点:①农技推广人员要有个家——健全的农技推广体系。②人头费财政单独列支,从事科技试验、推广的经费应有基本保证,具备推广的起码条件。

(2)支持农技推广放大胆子在土地上做文章。国外的农技推广等组织有的是靠经营农业生产资料,有的是靠从事金融来作为农业推广的经费来源的,而我国这些都不允许农技推广部门搞,财政又保证不了推广经费,所以农技推广组织绝大多数只能半死不活。可靠的经费来源是搞好推广工作的最为重要的条件,为此,必须在土地上做

文章:①县乡农技推广站都得有试验、示范基地。各地应根据本地实际,确定一个能基本满足推广站试验、示范用地,十几亩至几十亩不等,在试验、示范的同时,这些田地产出的收益用以弥补试验、推广经费之不足。在此基础上,还想再扩大基地、且推广站自身也有了经济实力,则采取租地、甚至买地的办法,来满足进一步发展的需要。②制定或调整政策,鼓励村级调整一定比例的耕地作为科技示范田,一般面积约在 30~50 亩较为适宜。达不到专门调整出科技示范田的,则至少应明确 5%的科技示范户。③在广大丘陵、山区,可确定一定面积的山地或“四荒”地,给县乡农技推广站作试验、示范基地。

(3)鼓励科技及其技术人才与土地的直接结合。农村生源的农业类院校学生,毕业后因各种原因愿回家从事农业生产或研究试验的,应保留其原有田地,并优先承包责任田;其人事关系由县以上有关部门管理,(有条件的地区)工资照发。若日后改行他业,则不再享受本条待遇。已在县乡工作的农科大学生,也可以比照执行。同时,对热心农业的中学生也应采取类似的优惠政策,鼓励有作为的青年人献身农业。

(4)增强农技推广组织自我发展能力。政府农技推广站是在推广体系中起主导作用的“国家队”,必须增强自我发展能力,只有这样,主角的作用才能充分发挥。应进一步明确农技推广有偿服务和兴办实体,免征营业税和所得税,农业发展银行提供政策性贷款等措施,以促进推广机构在国家扶持下走自我发展的路子。

唱不上主角时,甘当配角,提倡和培养农技推广员的奉献精神。扮不上主角,并不是自己技术不行,而是综合因素作用的结果,比如经费不足,就可能为维持生计而奔波,“端谁家的碗,归谁家管”,像进到外资企业或个体企业谋职,不见得求职者素质比老板低多少!为生计而只好先打工。①积极与大中农业生产或加工企业合作,在提供技术服务中发展壮大自身。②主动配合外资进入及先进设备的引进,提供技术服务,同时开阔眼界提高自己。③千方百计谋求同农业高校、科研院所、上级技术推广部门的合作,争当科研试验点或各级区试点,及时掌握科研新成果或处在试验中的项目,即未来的成果。在当配角的过程中不断充实提高自己,终有一日会扮个好主角。

(5)建立农技推广专项基金。专项基金可由财政支农资金、农业综合开发资金,农林牧特产税、农产品技术改进费等资金中的一定比例构成。国家每年定购 1000 亿斤粮食,如果每斤提取一分钱,仅此一项,每年就能筹集到 10 亿元。近些年,湖南、浙江、辽宁、广东、云南等省已采取了类似的做法,效果还是可以的。建立国家农业技术推广专项资金或基金,是全国广大农技推广人员的共同心愿,可以说条件也是成熟的。至少应先将粮、棉、油等大宗作物的技术推广专项资金建立起来,这不只是推广人员的强烈愿望，而且是进一步发展，甚至可以说是维持现状的需要，因为粮食为主的大宗农产品，相对于其他已经放开多年的农产品是基础性的，是政府一直最为关注、又投入力量最大的，而往后有可能萎缩的第一生活必需品。

(6)注重从农技推广人员中，选拔有组织能力的人才充实县乡领导班子，由内行来抓农业、管推广。同时应特别重视农技推广人员中具备高等学历者的职称评定，使长期安心农技推广的人员，在乡级工资待遇相当于乡镇长，不低于副科级，在县级工作的，工资待遇能达到县长级，不低于副县级。一句话，就是在乡级干推广5年能获得中级职称，在县级干推广10年应获得高级职称，不能另搞一套、亏了这些勇敢深入一线的学子们，在年限要求上应同大学、研究院所的当年同学一视同仁。这比过去那些"乡镇工作的大学生浮动二、二级工资"政策更规范和科学合理。中专生应准于其正常晋升中级职称，因为县乡中专人才比重大，与大学生共同构成推广的骨干力量，应格外注重调动他们的积极性。

农业科技推广不但要调动普通农民的积极性，更应该调动科技人员和干部的积极性，发挥乡村干部的组织带动作用和用足用好各级政府的行政功能，中国的农民才能快富，中国的农业才会发展得更快更好！

（1996年12月）

产棉大县对棉花征收增值税的反映应引起重视

12月15日,河南省扶沟县委书记白敬亚打电话反映,对棉花征收增值税,与国家保护粮棉生产,支持粮棉主产区发展经济增加财政收入的政策不相协调,请求中央对这一政策做进一步研究、调整。他们反映的情况是:

1993年9月8日,国务院《关于做好棉花工作及有关政策问题的通知》指出:"从1993年棉花年度起,征收棉花批发环节营业税。"这对增加产棉区的财力,推动产棉区发展棉花生产起到了积极作用。

但是,新税制后,烟叶等农产品列入农林特产税,棉花却征增值税,这与国家支持粮棉主产区发展经济的指导思想不够一致。以扶沟县为例:该县近10年每年向国家贡献皮棉8000万斤以上,是全国重点产棉县。按照增值税征收办法试算,每担棉花约征增值税25元。全县按年交售加工6500万斤计,要征1625万元,其中75%交中央,即年净上交1218万元。这样,国家近5年每年虽将向产棉大县提供1000万元的扶持贷款,却从这些县抽走了比优惠贷款还多的净收入。产棉县不但得不到好处,还受到了损害。

我们认为:

(1)这一政策,与中央《关于当前农业和农村经济发展的若干政策措施》所强调的"要支持粮棉主产区发展经济,采取多种措施,增加地方财政收入,尽快改变粮棉大县、工业小县、财政穷县的状况"的精神,是有矛盾的。

(2)这个问题如不解决,势必影响产棉省、尤其是产棉县的积极性(因为增值税即使按1993年财政基数做部分返还,也不一定能返还到产棉县),影响棉花生产和轻纺工业。

对解决这一问题,调整棉花征增值税政策,扶沟县委的建议可以作为一个供选择的方案。他们建议,棉花应和烟叶一样列入农林特产税。棉烟产购销环节相当,加工并不复杂；烟叶是应限制发展的农产品，棉花则是关系国计民生、轻纺加工、外贸出口的战略物资，国家更应像对待烟叶那样，把棉花列入农林特产税范畴，真正以优惠政策调动产棉大县发展棉花生产的积极性，确保棉花生产长期稳定下来，全面发展经济。

（1993 年 12 月 20 日）

改善农业生态环境必须加大林业投入*

——《关于增加农业投入的紧急建议》背景研究报告之三

到 1992 年我国已消灭森林赤字，森林覆盖率由 1985 年的 12.98%上升到 13.92%。但是,林业发展滞后的局面尚未改变,生态环境还在恶化,导致多种自然灾害频繁发生,已对农业构成威胁。森林过伐,覆盖率低,成为农业生态环境恶化的主要原因。我国一方面是少林国家,土地占世界的 7%,而森林仅占世界的 3%左右,现在森林覆盖率仅相当于世界平均水平(26%)的一半左右;另一方面又是多山的国家,山地、丘陵和高原占国土面积的 65%,地势平均海拔高度约为 1525 米,重力梯度大,只要植被受破坏,在雨水冲刷和侵蚀作用下,极易造成水土流失。森林覆盖率低加上分布均匀,这就诱发了生态系统的不平衡和生态环境的日益恶化。

林业屏障薄弱,导致水土流失,江河湖库泥沙淤积,旱涝等自然灾害危害加剧。据有关资料，现在我国水土流失面积达 367 万平方公里，每年流入江河的泥沙高达 40 亿~50 亿吨，每年流失氮磷钾成分相当于 4000 万吨标准化肥。仅长江流域每年土地侵蚀量达 22.4 亿吨,其中入海泥沙 4.2 亿吨,在长江流域河川、湖泊、水库中淤积的泥沙则达 17.2 亿吨。河床抬高,洪涝灾害发生几率上升。全国水库淤积每年损失库容 10 亿多立方米。与 50 年代相比,我国湖泊因淤积减少 500 多个，面积缩小约 1.86 万平方公里，相当于现有湖泊面积的 26.3%,湖泊蓄水量减少 513 亿立方米。水土流失,河道淤窄,湖库调蓄能力减弱,投入大量人力、物力、财力兴办的水利设施受损害,是旱涝灾害加重,出现像今年“小水成大灾、小河翻大浪”局面的重要原因。同时,目前我国沙漠和沙漠化面积 155.3 万平方公里,占国土面积的 16%,沙化面积每年还以 2100 平方公里速度推进,有 10 省(区)200 多个县约 1 亿亩农田受到沙化威胁。此外,风沙、干热风、冰雹等自然灾害的发生频率和危害程度也都与少林有关。据统计,目前我国每年约有 5

*本文与张忠法合作,刊于国务院发展研究中心 1994 年《择要》第 58 号。

亿亩农田遭受不同自然灾害的袭击，一般重灾年粮食减少约在1500万吨以上。

重点林区长期过量采伐，使现有林业资源结构失衡，林产品供需矛盾呈加大趋势。森工企业面临可采资源危机和经济危困局面。全国4200多个国有林场中，不通公路、电、电话和饮水困难的分别为483、356、427和477个，有1500个林场生活水平在贫困线以下。我国正在进行的七大林业生态工程，由于资金不到位，影响工程进度。"八五"期间按工程概算，国家每年对七大生态工程投资4.25亿元，实际安排1.35亿元，投资缺口2.9亿元。"九五"时期是七大工程建设的重要时期，如果资金仍得不到保证，七大林业生态工程建设难以达到预期目标。

鉴于林业兼有经济、社会和生态效益，而以社会生态效益为主，应适当加大政府对林业的投入，同时，可考虑动员全社会力量，多渠道筹集林业资金，为此建议：

(1)国家应增加对林业的资金投入，包括基本建设投资和财政专项资金、专项经费的投入。对生态防护林建设，主要应由各级政府投入，对跨省区的大型防护林工程建设，以中央投入为主，对林业"三防"和科研教育等基础设施建设、国有林业社会性建设中的历史遗留问题，宜从国家预算内拨款予以支持，并适当增加农业综合开发、以工代赈和扶贫中的林业投资份额。

(2)建立低息或无息的中长期林业政策性贷款，并将现由农业银行发放的林业项目贷款和治沙贴息贷款，纳入中国农业发展银行作为政策性贷款管理，提高还贷资金的比例。

(3)建立征收森林生态效益补偿费制度。对此中央已有明确指示。1992年在党中央、国务院批准的中办发〔1992〕7号文件关于环境与发展十大对策中指出："按照资源有偿使用原则，要逐步开征资源利用补偿费"，《国务院批转国家体改委关于一九九二年经济体制改革要点的通知》中也指出："要建立林价制度和生态效益补偿制度，实行森林生态效益补偿费制度"。但此项收费制度至今尚未落实。为此建议抓紧落实建立征收森林生态效益补偿费制度。征收范围：凡受益于生态公益林，依靠森林社会生态效益，从事各项生产经营，有直接经营收入的单位和个人，均属征收对象。根据国家现实情况，先对有经济收入的水力发电站、水库、城镇自来水公司、风景旅游区经营单位征收。征收标准：水力发电单位，按实际发电量征收0.8~1分/度；水库和城镇供水单位，按实际供水量征收0.8~1分/吨；风景旅游单位，按实际门票收入征收20%。据1993年全国供电(水电)、供水和门票收入，按上述标准测算，全国1年可征收15亿~20亿元。此项收入纳入林业基金，实行国家预算管理，列收列支，用于生态公益林的保护和发展。

(1994年)

附：关于增加农业投入的紧急建议*

一、农业投入的严峻形势

改革开放以来我国农业和农村经济的发展取得了巨大的成就。但是，在我国国民经济特别是工业长期高速发展的同时，农业滞后及其引发的一系列问题越来越突出。当前，农业形势十分严峻：

（一）粮食生产再上台阶难度很大，如不采取特别措施，20世纪末5000亿公斤目标难以实现

我国粮食总产量从1984年4073亿公斤到1993年登上4500亿公斤的台阶，花了10年的时间。未来的粮食增产将要在一个较高的基础上实现。1994年粮食生产减产已成定局，总产量可能再降到4.5亿公斤以下。在今后6年里增产500亿公斤，任务十分艰巨。

（二）农民收入增长缓慢，与实现小康目标要求相距太大

按照20世纪农民人均纯收入达1200元的标准，要求在1990年基础上，保持5.5%的（扣除物价因素）的年递增率。但1991年只增长了2%，1992年增长5.9%，1993年增长3.7%，3年平均增长3.7%，这意味着未来几年必须以高得多的增率上升，否则农村小康的目标有落空的危险。

---

*本文是中共中央政策研究室、国务院发展研究中心农业投入总课题组向中央写的报告，本书作者为课题组副组长之一。

（三）农产品价格上涨，供应偏紧，已经给社会经济生活带来一定的冲击

目前，从总体来看，农产品供求基本平衡，但这种平衡仅是低层次的。区域性、结构性供求矛盾很突出，有可能引发全球性的供求矛盾；同时，粮食、“菜篮子”产品的销售价格上涨快，不利于抑制通货膨胀，对增加供给提出更加迫切的要求。从长远看，随着人口增长和生活水平的提高，农产品需求增长加快，平衡供求越来越成为不容忽视的问题。

（四）工业发展比例严重失调，将危及国民经济全局的稳定和持续发展

我国历史和世界各国的经验表明，工农业发展必须保持合理的增长比例，一般以2.5~3:1 比较合适。80 年代以来，低收入国家为 2.15:1，工业化国家为 1.4:1。我国改革开放初期工农业发展基本协调，但是后来比例失调现象逐年加剧。1985~1989 年为4.08:1，1992 年为 4.3:1，1993 年为 5:1，大大超过了合理范围。农业的低速增长已支撑不住 20%的工业高速发展。

农业生产和农村经济发展缓慢，原因是多方面的，就农业生产本身讲，最主要的是要素投入不足。水利失修，基础设施老化，抗灾能力下降；生态环境恶化，森林过伐，草原过牧，沙漠化不断增加，水土流失严重，耕地锐减；农业科技人员大量流失，农技进步缓慢，粮食增产中科技进步贡献份额在本来不高的基础上进一步下降；农用工业发展缓慢，农机制造业陷入困境，化肥生产总量不足，结构不合理。特别应引起重视的问题是，在市场经济条件下，农民就业选择余地增加，种粮积极性显著下降。

在诸多要素投入中，关键是资金投入不足。农业基本建设投资占国家基础建设投资总额的比重连续下降，1991 年为 4%，1992 年降到 3.7%，1993 年降到 2.8%，达到最低点；国家财政支农支出近几年虽然较多增加，但财政支农数占国家财政支出数的比重连续下降，1991 年、1992 年和 1993 年分别为 9.11%、8.75%和 8.69%；同样，1993年，国家信贷总规模增长 22.46%，国家农村信贷总规模仅增长 19.86%，低 2.6 个百分点。国家占用农村信用社转存款逐年增加，已由 1990 年 380 亿增加到 1993 年的 654亿元，1994 年预计达 1202 亿元。资金紧缺已成为农业发展中最大的制约因素。

小平同志早就指出，90 年代初问题很可能在农业上。事实上我国农业不仅现有基础相当脆弱，而且缺乏后劲。如果不采取断然措施，将会对我国经济发展、社会稳定和政权巩固带来严重后果。对此，必须有危机感，必须尽早下决心解决这一问题。

二、几点建议

在市场经济条件下,保护农业是各国经济发展中面临的共同问题,在我国国民经济快速发展时期尤其如此,当前,首要的是要增加国家对农业的资金投入(包括财政、基本建设、农村信贷等)。同时,鉴于国家财力有限和农业的社会公益性特点,可以考虑动员全社会力量多方位、多渠道地筹集农业资金。为此建议:

(一) 大幅度增加国家对农业的投入,在原增长的基础上,1995年再新增100亿元

(1)国家对农业的预算内基本建设投资,是大中型农业(包括林业、水利、气象等方面)基础设施建设的主要资金来源。改革农业基础设施老化状况,改善农业生产条件和生态环境,首先要保证预算内农业基础设施投资有一个较大幅度的增加。按照江泽民同志关于"宁可少上几个项目,也要增加对农业的投入"的指示精神,1995年在安排基本建设盘子时,要优先考虑农业投资需求,调整国家预算内基本建设投资结构,压缩非农基建项目,增加农业基建投资所占的比重,使农业基本建设新投资不少于40亿元(包括拨改贷)。

(2)预算内支农支出是维持农业事业服务机构正常运转,有效推广农业科技,引导农村集体和农民增加农业投入的基本手段。1994年国家财政预算内用于农业支出约400亿元(七、八两类),1995年在此基础上有一个较大幅度的增长,保证增幅不低于15%,新增支出不少于60亿元。

此外,还应增加对农用工业的投入。

(二) 扩大农村金融信贷规模,增加资金的投入,1995年增加额应有较大幅度的增长

(1) 国家用于农村金融信贷规模的增长幅度,要高于国家信贷总规模的增长幅度,至少应高2~3个百分点。

(2) 国家收购农副产品资金占用农村信用社的转存款要在2~3年全部退还农村信用社,1995年至少退还300亿元。仍继续占用的,要让信用社至少做到保本微利。

(3)对农业的资金投入,特别是政策性贷款的资金足额足量到位,绝对不准转移和挪用。

(三) 设立“国家农业保护基金”

农业经济效益低而社会效益和生态效益大,在市场经济条件下,承受着市场和自然的双重风险。世界各国多对农业实行保护政策,我国更需要加强农业保护力度。鉴于我国农业情况严峻,农业建设资金需求巨大,不可能单纯依靠国家财政投资。根据目前国家的财政状况和社会财力分配格局,建议制定新的特殊政策,允许从社会范围合理并适度地筹措资金,设立国家农业保护专项基金,纳入国家预算管理,列收列支,用于农业保护。

(1)从全社会的固定资产投资中提取一定的比例。1994 年全社会固定资产投资约为 1.4 万亿元,初步测算,去掉对教育、卫生、福利等投资的减免部分,按 1%提取,全国可筹集资金 100 亿元左右。

(2)从国有土地使用权出让费中提取一定比例。1993 年各地土地使用权出让金总收入约 525 亿元左右,按 5%提取,可筹集 26 亿元左右。

(3)改变现在的一次性征收耕地占用税的办法,今后凡新占用的耕地,改为年度逐年征收。初步测算,大约每年可征收 20 亿元左右。

(4) 从直接受益森林生态效益的单位和个人提取一定数量的森林生态效益补偿金。初步测算,每年可收取 15 亿元左右。

(5) 从粮食收购环节提取一定数额的资金,作为粮食技术改进费。按全国销售 500 亿公斤商品粮计算,每公斤加收 2 分,每年可筹集 10 亿元左右。

(6)农业灌溉水源和灌溉工程设施被非农建设占用的,应由占用者兴修替代工程或给以补偿。

(7)吸收国外政府、国际机构及团体、个人对我国农业保护的各类优惠贷款、赠款等。

以上各渠道一年可筹集不少于 170 亿元资金。

具体实施办法,建议请国家计委、财政部门会同有关部门协商制定。

(四) 为农村集体和农民增加农业投入创造良好的环境

(1)要加快和完善农村金融体制改革,为农业提供更多的信贷资金。近期,在抓紧建立中国农业发展银行的同时,要扩大农业发展银行的职责范围,当务之急,要将国家用于商品粮棉大县、中西部地区乡镇企业贷款和各种农业、林业贴息贷款纳入农业发展银行的业务范围。从规模和资金上予以保证,使中央制定的对农业的优惠信贷政策落到实处。

(2)要稳妥地搞好农村信用社和中国农业银行的分设工作,组建农业合作银行,创立适合国情的农业合作金融体系。

(3)尽快成立政策性农业保险公司。中国人民保险公司商业性保险与政策性农业保险兼营的现行体制已不适应农业保险发展。根据国外的经验和我国部分地区兴办农村合作保险的实践,建议中央早下决心,按照科学、合理、有利的原则,抓紧成立政策性农业保险公司,建立在国家财政支持下的农业保险保障体制。

三、关于增加农业资金的主要投入项目顺序

由于我国农业生产总规模巨大,加上长期以来投入不足,欠账较多,1995 年国家对农业的投入应按照对目前及今后农业稳定发展的重要程度和紧迫程度，把新增的资金有序地投入在以下各项目:

(1)淮河太湖、小浪底、长江界碑河、黄河小北干流等大江大河治理工程;南水北调中线前期、辽宁阎王鼻子水库等大型水源工程;重点河流的堤防建设和重点地区的防洪排涝建设;大中型重点病险库的改造和重点河道清淤工程。

(2)长江中上游、黄河中游以及海河、淮河重点水土流失区的水土保持项目;在已有的三北防护林、长江中上游防护林、治沙工程等七大林业生态工程建设的基础上,再着手淮河太湖防护林工程、珠江防护林工程、黄河综合性防护林工程和辽河、松花江防护林工程建设。

(3)中低产田改造,适度开垦荒地,废弃地复垦;农产品商品基地建设;农业良种繁育体系建设,国有生态公益林经营保护;引导农业合作经济组织和农户开展小型农田水利配套工程建设;特别是重大农业科研项目,有较大增产潜力和能够有效保护、节约资源的农业新技术推广项目,坚决迅速地扭转农技推广的落实局面。

(4)农林牧渔业病虫害防治体系的建设;农产品质量监督、检验、动植物检疫体系建设。

(5)主要农产品流通基础设施建设。

(6)气象基础设施建设和技术工程项目。

(7)加快发展农村乡镇企业项目,以扩大就业容量,尽快转移农村剩余劳动力,不断提高农业收入水平。

(8)农用工业建设和技改项目。

以上各项目,有些已经开始建设,为必保项目。有些未开始的,需经过科学论证,

确定投入顺序及份额。

在投入中必须注意地方投入的配套。要制定优惠政策，引导、调动地方和农民投入的积极性。要加速制定《中国农业保护大纲》，保证各级政府和有关单位的投入及时足额到位，促进农业投入良性循环机制的建立。

（1994 年 10 月 25 日）

与高息借贷结合的乡村负债是急需治理的一大隐患

——襄阳、鄢陵、泰和三县乡村债务情况的实地调查

当前，乡村两级债务沉重，负债额仍在增加，一些负债与高息借贷相联，越背越重，成为制约农村经济发展、影响农村社会稳定的一大隐患。在债务包袱压力下，乡村公共服务功能萎缩，由此可能引发乡村组织和基层政权运行的危机。本报告主要基于湖北省襄阳、河南省鄢陵、江西省泰和三个县的实地调查，对当前乡村债务的状况、债务形成的直接原因、乡村债务危害进行描述和分析，并提出化解乡村债务的对策。

一、乡村债务状况

对乡村债权债务情况，湖北省襄阳县、河南省鄢陵县、江西省泰和县，曾按农业部的统一布置，由县农村经营管理局、乡镇经营管理站负责，于 1999 年、2000 年做过两次清查。2001 年，我们在襄阳与县政府一道又组织了一次乡村债权债务的普查，并在襄阳县伙牌、太平店，鄢陵县大马、马坊和泰和县马市、冠朝等 6 个乡镇及 12 个村做了调查。基本情况是：

(一) 负债面宽，多数乡村债务沉重，部分地区债务惊人

三县共有 55 个乡镇，每个乡镇都负债;共有 1373 个村，村的负债面，襄阳县为 96%，鄢陵、泰和为 80%以上。

地区间乡村负债不平衡，三县比较起来，襄阳县最为严重，鄢陵次之，泰和较轻。债务较轻的泰和县，26 个乡镇，债务总额 3641 万元，平均每个乡镇负债 140 万元;364 个村，债务总额为 1731 万元，村均 4.8 万元。债务中等的鄢陵县，12 个乡镇共负债 7592 万元，平均每个乡镇负债 632 万元。386 个村，村级负债 4781 万元，村均负债 12.4 万元。调查显示，像鄢陵这样，一个乡的债务相当于乡镇年预算内可用财力的 3~

4倍,对农区乡镇来说,就已属于“债务沉重”。如大马乡账面负债446万元,低于全县乡镇平均负债水平,但与可用财力比,相当于全年预算内可用财力的2.8倍。马坊乡账面负债757万元,相当于本乡全年预算内可用财力 的4.2倍。农区一个村,有一二十万元的债务,就往往把村干部压得多年抬不起头。

襄阳县乡村债务惊人:镇村负债总额,1999年底乡村债务为8.34亿元,2000年清查是12.5亿元,其中镇级负债3.3亿元,村级负债9.2亿元。2001年6月普查为14.1亿元,其中镇级负债4.1亿元,村组负债10.0亿元。若按98万农村人口平摊,全县农村人均负债1435元,户均五六千元。全县17个镇都负债,镇级平均每镇负债2411万元。东津镇负债最多,为6580万元。负债最少的张集镇也有240万元。全县623个行政村,有598个负债,村级平均负债160万元。村最高负债为800万元。镇村两级负债总额 ,平均每镇在8000万元以上,超过1亿元的有古驿(1.6亿元)、东津(1.1亿)、双沟(1亿元)3个镇(见表1)。

(二)债务主要形成于近五六年,呈加重趋势

关于债务形成时期,据对襄阳县的调查,在目前债务总额中 ,1991年前所欠占9%;1992~1994年间形成的占24%;1995年至今形成的占68%。

近3年镇村债务仍增加很快,并由前几年村组债务增长快,变为镇级债务加快增长。襄阳县1998~2001年6月,全县3次清查,镇村债务数量由8.3亿元增至14亿多元,增加了70%。其中镇级债务增加了1.9倍,村级债务增加了44.9%。这其中虽因初次 普查有遗漏,但所显示的趋势是存在的。我们调查的太平店镇政府债务1999年仅62万元,现在已达2000多万元;伙牌镇1999年镇级不负债,现已负债2800万元。河南省鄢陵县1998~2000年两年间,乡级债务增长1541万元,平均每个乡镇增加债务128万元,增长25.5%。乡镇债权则减少768万元。债权债务相抵后的账面净债务增长了1.9倍。同期,村级债务增长2532万元,平均每村增加6.6万元,增长113%。虽然债权也略有增长,村级净债务仍增长了1.6倍。

(三)镇级债务以财政和正规金融为主,村级债务以民间渠道为主,逾期债务多,高息借贷占相当大的比例

襄阳县1999年的清查结果表明,镇村两级债务中,向合作基金会和个人的借贷占6成以上,其中上级财政占6%,银行和信用社占6.8%,合作基金会占20.0%,企业占11.3%,个人占42.1%,其他为13.8%。但镇村债款来源有很大区别。镇级债务中,银

行和信用社占 32.1%，上级财政占 20.5%，合作基金会占 18.3%，向个人借款仅占 1 成。村级债务中，来自民间个人、农户的占 8 成，来自基金会的占近 1 成。

逾期债务比例大。襄阳县 1999 年清查表明，乡村两级债务 8.34 亿元，其中逾期债务 6.1 亿元，占 73%。在逾期债务中，逾期 1~3 年的 2.9 亿元，逾期 3 年以上的 2 亿多元。逾期债务多，部分债务又属高息借贷。襄阳县村组向个人借款的 46%属高息，实际高息借贷比例远高于此。县农村经营管理局负责人介绍，2000 年底镇村向个人的 7.4 亿借款中，有 2.5 亿~3 亿元是利息或利息变本、本又生息。

（四）账外隐性债务

按照农业部在布置全国性调查时对乡村债务所定的范围，“乡村两级债务主要是指乡（镇）政府和乡镇集体经济组织、村集体经济组织所发生的各种债务（不包括乡镇办和村办企业经营性债务）”。实际上，以行政方式办起来的乡办村办企业，在倒闭后，其债务自然落在乡村身上，无法排除在外。鄢陵县大马乡经济较弱的岳寨村，村级账面债务 9 万元，但实际上另有村办企业负债 17 万元，村办企业是在七八年前村领导班子决定办的，开办两年多就垮了，债务只能由村承担。但在统计时未报村级债务，也未作为担保款项上报。泰和县冠朝镇政府机关债务 35.5 万元，镇办企业债务 320.1 万元，负债的 5 家企业，目前仅一个厂还在，贷 57 万元，其他负债企业早就不复存在，而大部分债务是镇财政担保。

另一种情况，属于债务关系较复杂或较隐蔽而未上报。如鄢陵县经济发展较好的靳庄村，账面上不负债，但 3 年前该村与另外 3 个村联合建学校，本村应摊债务 12 万元。村里认为这些钱应该由村民上交，并未作为村级债务上报。3 年村上只从村民那里收了 2 万元，还有 10 万债款，施工单位时常找村干部追讨。再如该县大马乡 2001 年财务清理时，账面负债为 528 万元。而近 3 年向农经站借入村提留资金 650 万元，相当于上报债务的 1.2 倍，并未计入乡镇一级债务。这类上报债务之外的负债，可称作隐性负债。

（五）债权坏账多，实际净债务高于账面净债务

一种是账面债务与债权相抵的净债务。襄阳县镇村两级合计净债务为 6.9 亿元（债务 14.1 亿元减债权 7.2 亿元）。其中，镇级净债务 2.2 亿元，镇均 1306 万元；村级净债务 4.6 亿元，村均 74.5 万元。

另一种是债务与可收回债权相抵后的实际净债务。镇村合计，净债务为 10.2 亿

元(7 亿元多债权中可收回款 3.9 亿元,可回收率 54%。镇级 0.9 亿元,村级 3 亿元)。比账面净债务高 47.8%。其中,镇级净债务 3.2 亿元,镇均 1882 万元;村级净债务 7 亿元,村均 112.5 万元。全县村级集体资产总额 5.7 亿元,村级集体经济组织已经资不抵债。全县镇级财政收入只有 1.5 亿元,且绝大部分要用来发工资,债务已大大超过了乡镇财政的承受能力。

这种乡村债权的很大一部分不可收回的情况,在全国是比较普遍的。根据农业部组织的全国乡村两级债权债务清查的情况,在乡村两级 2789 亿元的债权中,一是乡村集体企业和单位的欠款占 47.4%,其欠款的 80%以上已成坏账;二是个人欠款及其他欠款占 48.7%,约 40%是坏账;三是农村合作基金会的欠款占 3.9%(109.2 亿元),其欠款的 90%要用于抵偿亏损和保证个人兑付。因此,全国约有 60%的乡村债权无法收回。

二、债务形成和急剧增加的原因

(一) 债务形成的直接原因

1.村借款为农户垫付税费

最近 3 年欠交税费的农户越来越多。2000 年襄阳县 有 187 个村,324 个组,16625 户拖欠农业税、特产税,金额达 1168 万元。牛首镇花园村 1992 年以来累计欠各种税费就达 310 万元,人均 2214 元。我们调查的伙牌镇 203 个村民小组中,有 5 个组多年拒交税费,有一个组已连续 8 年不交税费。过去伙牌镇是全县税费征收较好的镇,不交税费的农户很少,2000 年全镇不交税费的农户占到了 10%以上,有 100 多万元的税费收不上来。我们调查的该镇湾子村,过去不交税费的农户只占 5%左右,2000 年则占到了 1/3 以上。该村 7 组有 105 户,2000 年分文不交的农户超过了一半。全县不交税费的农户由 1995 年 0.6 万户增至 2000 年 2 万户。在调查中农户普遍反映 ,近年来农产品价格下滑,已连续 3 年旱灾,务农收入扣除成本以后剩不下几个钱,有的不仅没有赚钱,还倒贴了农药、化肥钱,根本承受不了那么高的税费,有的连学生上学的钱都拿不到。许多农民反映,自己是在用家里前几年挣的钱交税费,有的是在借债交税费。农民手里钱少,是农户欠交或拒交税费的最重要的原因。同时,平均分摊税费的办法,更使 20%左右的低收入农户无能力缴纳或缴纳极为困难。但有些农户不是交不起,是看到有的农户不交,也拒绝交。乡村干部讲:现在是一户欠,数户看 ,影响一大片。过去处理拒交税费的农户可采取多种手段,如断电,不让孩子上学,结婚不给开证明,不分给地,甚至可以牵牛、撵猪、拉粮、抓人等。现在,乡镇对欠交户缺乏强有力的征收制度,不能入户抢拉,靠法院程序多,拖延时间长,成本太大。镇领导讲,政府有三大工作:税费征收、计划生育和社会治安,而最难的是税费征收。好的乡镇能征到80%以上,有的乡镇连50%都征不上来。以前,收公粮提留只需要几天就能完成,现在收税费成了中心任务,一征就是好几个月,起码有一半精力征收税费,根本没有精力为老百姓服务。老百姓骂干部是土匪,干部骂老百姓是刁民。矛盾越来越尖锐!

农民欠交或拒交税费,但村必须完成乡里下达的任务,这样村里只得借钱替农民交税费。一般是向个人或合作基金会借钱。襄阳县村级共欠基金会1.2亿元,这些债务主要是用于为农户垫付各种税费。全县村级共向个人借债7.1亿元,大部分也是用来替农户垫付各种税费。县经局提供的资料表明,全县用于为农户垫付税费形成的村级债务为4.4亿元,占全县村级债务9.2亿元的47.8%。在襄阳,一个村干部少则几万元,多则几十万元,向个人借债为农户垫付税费是很普遍的。

我们调查的襄阳县伙牌镇湾子村,最近3年村提留公积金和公益金全部都用来补乡里下达的税费任务,村里的财务已被彻底掏空了,即使这样仍欠乡里60万元的税费。村组干部已经连续3年发不了补贴,全是拿的欠条。六组组长李志勇讲,该组去年向个人借了3万元为农户垫付税费,欠交户所遗留的任务要分摊到其他农民头上,结果负担越来越重,收费越来越难,向个人借钱也越来越难,以前借的钱也很难还。

2.脱离农村经济实力弱、农民收入低的实际,大搞农村教育高标准的“双基”达标、建村部及村级各种活动室、法庭达标等超前建设和达标活动

一些部门在农村开展工作,脱离农村实际,要求过急过高,搞了不少形式主义、劳民伤财的达标升级活动,国家投资不足,就乱搞集资摊派,甚至迫使乡村举债。各类达标升级活动名目繁多,花样迭出。如“普九”达标验收、小康村验收等使乡镇政府苦不堪言。因为哪一项达标都少则数万元,多的需要数百万元。襄阳全县前两年在普及义务教育达标中,中学建设靠农民交乡镇统筹的办学资金和农民教育集资,小学另由所在村农民筹资建设,共投资2.8亿元,平均一村负担44万元,大部分是举债进行的,至今村级仍欠工程款和借款1.2亿元。

近年“达标”活动略有收敛,转而部门及附属单位向乡村的摊派难拒绝。在鄢陵县,近年上级部门向村级的摊派主要是三项:一是订报刊。除各级党报外,还有工商、税务、公安、法院、检察、青年、妇女、计划生育、物价等10多个部门的报纸,直接派人到村,名为推销,实属摊销。村干部不愿得罪人,就推辞不掉。一村仅订报刊年费用四

五千元。如大马乡靳庄村2001年订报刊60多份，计5856元。二是多部门举办交费的干部培训和外出考察，少则一村花费四五千元，多则近万元。三是多部门制作要村购买的宣传版面，村办公室挂满了，就堆放在村干部家中，制作的标语牌也要村购买，价格大大高于成本，带有从基层谋利的因素。这些滥用民财而少有实效的行为能得以通行，一个原因是村级民主管理和监督没有真正实行。

3.盲目兴办乡镇企业

乡镇企业一度是上级考核乡村干部领导政绩的重要指标，给基层干部造成压力，没有条件、项目缺乏论证也上马，加之企业的体制管理问题，大部分企业倒闭或负债运行。襄阳县仅村级因办企业负债1.34亿元。太平镇是襄阳县乡镇企业最发达的一个镇，共有23家镇办企业，现在大部分企业亏损停产。镇政府先后借用财政周转金580万元注入这些企业，其中包括从县财政借的300万元和镇本级的280万元，现在企业已无法偿还这些钱，不但镇政府自己的280万元收不回来，而且还要帮企业还县财政的300万元。2000年县财政已经扣了该镇180万元。该镇负责人讲，乡镇企业由财政的支柱变成了财政的压力。镇政府办的企业越多，财政包袱越重。河南省鄢陵县1994年前后，上级号召“村村办企业、乡乡上项目”，盲目上马办了企业。现在大部分企业破产了。乡村向银行借钱办企业，对银行来说，村是债务人，对企业来说，村是债权人。目前乡村两级债权，共有5000多万元，其中大部分是乡办、村办企业的借款。这些企业又是乡村两级自己主办的。债权不能收回，形成呆账、烂账，乡村只剩下当初办企业所举债务。

4.机构人员膨胀

襄阳县1993年全县行政事业单位“吃皇粮”人员为16667人，2000年已达34699人，财政供养人员增加一倍多，占全县人口的比重为2.35%。其中乡镇一级吃财政饭的多达2.4万人，平均每个镇1400多人，只有2个镇可正常发工资，其他镇连发“四项工资”(占应发全额工资的60%~70%)都难以为继。调查表明，县、乡两级相比，县级机构人员膨胀严重，主要是有收费权的单位膨胀。乡级行政事业机构人员工资膨胀中，占最大比重的是教师。有民办教师改为公办教师等正常因素，也有不正常因素，大马、马坊两乡，教师工资各为231万元和399万元，分别占人头费的79%和74%。同时乡村运转费用上升。一乡镇运转费用要100多万元。

5.按现行财政体制，县乡财政入不敷出，上级财政挤占下级财政，乡村财力被层层上收

鄢陵县的情况表明，农区乡村工商业薄弱，按照现行分配关系，全年预算内财政

收入只够发几个月工资。马坊乡全年预算内收入 180 万元，而乡级行政事业人员包括教师工资年支出就要 537 万元，只够发 4 个月工资。大马乡预算内可支配收入也不够发半年的工资。而且工资标准还是 1997 年的。为发工资就要向银行贷款，甚至向大户借钱。如马坊乡负债 755 万元，其中用于近两年发工资的借款 556 万元，占 74%。

乡镇挤村的财力。鄢陵县村级提留实行乡镇农经站代管。好处是避免了村向农户随意增收提留款，收统筹提留款通过粮站在农民售粮时统一扣除，方法简便，全年只用几天时间。问题是为乡镇占用村提留提供了便利。村提留为村级集体所有，但由乡农经站代管，被乡政府当作自己的钱来用。人们说，财政所、农经站，是乡长的两个裤兜，哪个兜里的钱都一样花。大马乡农经站 2000 年收村级提留 188 万元，返回 34 个村使用的 45 万元，仅占 24%，2/3 由乡占用。靳庄村上交统筹、提留 7 万多元，其中村提留占一半以上，实际返回村用 7300 元，仅占应返回的 1/5；岳寨村上交乡统筹、村提留共 7.9 万元，乡返还 0.8 万元，扣去布置村办公室的版面、村民自治牌的费用，最后返给村的只有 2000 元。村的经费无法运转，只能是向村民摊派和借债。

县挤乡镇的财力。一是在分税上打主意。全国县乡之间，一般是增值税上缴中央，中央返还的 25%归县财政，农业税及附加归乡镇财政。但在鄢陵县，把这两个税种的分配作了掉换，农业税是大头，县里拿去了；增值税上缴后 25%的返还为数很少，给了乡镇，乡镇吃亏。如大马乡 2000 年从增值税返还只得到 10 万元，而上缴县的农业税及其附加，却是 71 万元。县级占了 60 万元的便宜。二是县级占用该给乡镇的钱。如马坊乡被占用 457.9 万元，其中仅 2000 年一年就被占用 235.5 万元。原因是县级财政不堪重负，不解决县的财政难题，县级财政包袱最终要向乡村转移。

（二）推动债务急剧增长的特殊原因

1.镇财政为基金会承担兑付借款，使基金会的损失转化为镇级债务

如襄阳县太平店镇 1999 年前镇级基本没有债务。这两年外债 1488 万元，其中为基金会两期兑付就借款达 886 万元，占债务的 60%，还有对水利未起多少作用的世行贷款还款近 400 万元；内债 600 万元，是为学校建设、小城镇建设及发工资。

襄阳县是湖北省农村合作基金会数量多、融资规模最大的县。全县创办农村合作基金会曾达到 288 个，其中乡镇基金会 26 个，村组基金会 248，总支办事处 13 个，部门基金会 1 个。截止到 1999 年 7 月按照中央有关文件精神清盘关闭，合作基金会吸收会员股金余额 5.7 亿元，投放基金余额 5 亿多元。基金会应付股民利息 5000 万元。在投放资金中，呆滞借款 8445 万元，呆账借款 6398 万元，呆滞呆账借款占投放资金

的29.7%。合作基金会累计亏损3288万元。关门停业清理整顿以来,已清收欠款2.89亿元,有希望追回的借款大部分已经收回,剩下的都是难以追收,或是无法收回的死账。投放资金中约有2.5亿元无法收回。

农村合作基金会关闭以后的一大问题,是在一、二期兑现股民股金中,将合作基金会的亏空大部分转嫁给了乡镇财政。襄阳县一、二期股民兑现资金,主要靠乡镇政府贷款,通过县财政担保,先后从上级政府贷款1.95亿元。到2001年6月,实际兑现股民股金1.5亿元(剩余未兑现股金还有2.2亿元)。其办法是,县合作基金会接管中心和各乡镇签订合同,由乡镇还本付息。如果从上级借的专项贷款不能按时偿还,县政府就要动用乡镇一级的各项专项资金和税收返还抵扣。这实质上把农村合作基金会的债务转向了乡镇政府。太平镇负责人讲:乡镇政府本身已经是"收不抵支"、债台高筑,这样下去,不仅基金会垮了,乡镇财政也会被拖垮。要维持基层政权的正常运转,只能通过增加摊派提留,向农民转嫁负担。基层同志反映,农村合作基金会的经验教训应当很好总结,不应轻易动用财政资金替它去擦屁股。如果有了窟窿就让基层财政去堵,以后基层财政就永远堵不胜堵,穷于应付。

2.村级高息借贷垫交农户税费款,使一部分人有利可图

村为农户垫交税费款,一种情况是为多数农户,如每年4月份就下达农户交税费的任务,搞第一季度财政开门红,而这时农业上没有收入,干部需借款完成。完成了有50元的奖励,不完成没有奖励,大会小会受批。另一种情况是为部分欠税费的农户垫付。农民收入下滑,税费负担重,是造成农户欠交的基本原因,农户欠交进而为村组高息借贷提供了土壤。襄阳县的高息借贷是从1995年以来发展的,推动了村组债务膨胀。太平店镇莫岗村1995年前仅欠个人几万元,1995~1999年秋,5年内债款翻到70多万元。高息借贷,息变本,利滚利。该村向个人借款月息,1996年2分,1997年2.1分,1998年1.5分,现在受到政府规定的一定限制,仍为1.2分。该镇杜湾村2000年还借过月息2.4分的钱。以高息向私人借款,主要是向村组干部自己及其亲近的人借。据在太平店镇莫岗村的了解,全村向个人借款70多万元,放贷户也就是50户左右,占总户数的1/7。放贷的干部及亲戚故友可得到类似高利贷的好处,而借款包括高息借贷形成的利息是由农民背,这就推动了高息借贷。高息借贷,月利在2~5分不等,相应增加农民负担和集体亏空。全县村级集体向个人和农户借款本金在7亿多元,按年息10%计算,年利息要支付7000万元。

3.汇率并轨带来的使用世界银行贷款的汇率风险转为地方政府债务

湖北襄阳县、江西泰和县都存在这类问题。泰和县吉湖项目自1989年被国家批

准为农业综合开发世行贷款项目,到1994年项目实施结束,实际使用贷款176万美元。当时,国家外汇管理实行的是"双轨制",项目贷款享受的是国家牌价,美元兑人民币的比价为1:3.715,项目贷款折合人民币654万元。但项目刚实施完,国家就改变汇率制度,取消了"双轨制",美元对人民币的比价一下子跳到1:8.3,项目借款也就变为1461万元,仅汇率变化造成的损失就有800多万元。汇率并轨带来的风险增大了地方政府还贷难度。而地方政府的普遍做法是将债务向农民转嫁。

(三) 酿成镇村债务的体制原因

大量举债是乡村财政、财务困难的表现,它的形成涉及多方面的深层原因。第一,现行财税体制有缺陷。农村教育、卫生、水利、道路等公共建设事业主要由乡、村自身承担,国家让乡村承担义务教育和一些基础设施建设事业,而又未把相应的财力留给乡村。实行分税制后,基层政府财权与事权不对应,迫使基层干部脱离实际举债建设。第二,政企不分,乡村行政组织干预企业经营,决策不受约束,不承担责任,为那些乡村负责人好大喜功、只求政绩不负后果的行为提供了可能。第三,"政社合一",经济组织行政化,税费征收和使用不规范,财务约束软化。虽然农村实行土地由农户自主经营,要素可进入市场,自主创业就业,经营体制发生了根本性变革,但是,乡村两级管理体制并未相应进行大的变革,人民公社"政社合一"的体制没有多大变化。由于行政与经济组织合一,以政代经,行政机构便可以经济组织的身份向农民收费,随之多种部门都可向农民和企业收费,而税费征收指标因不负责任的浮夸风年年加码;同时行政机制又是下级服从上级,下派的税费任务不能不交。这样,造成财务约束软化,乡村经济秩序紊乱,机构、费用膨胀,税费负担再进一步扩张。最终造成农民负担加重,乡村债务增多。第四,基层行政机构及其财务行为缺乏来自区内群众的有效约束和民主监督。乡村干部擅自决定搞形象工程,村级以集体之名举债、借放高利贷,可不通过村民,还要村民承担还债的责任。这说明村民自治有待落实。

三、乡村债务是制约农村经济发展、影响农村社会稳定的一大隐患

乡(镇)村沉重债务是村、乡经济亏空的一个标志,是乡镇财政、村财务入不敷出的必然结果,已成为影响农村发展、改革和稳定的一大障碍。村镇的债务,最终要由农民背。债务将是继续增加农民和企业负担的压力。三县中有的县主要表现为向个体私营小企业加收税费,有的县主要表现为加重农民负担。乡村债务累累,村干部发不了

工资报酬的面大于乡镇，而且一些村已是一两年、两三年未发报酬，影响干部的积极性。高息借贷垫交农户未完成的乡村收费款，干部省去麻烦，有的还从中捞到油水，推动了村级债务急剧发展，这等于把乡村集体和农民都推入高利贷的虎口。乡村干部受到债务的缠绕，一部分人也受高息借贷的诱惑。一些干部参与高息放贷，或与高息放贷的人一起捞好处。这些借款既没有经过群众，又没有向群众交债务的底，特别是高息借贷的底。推行税费改革以后，向农民收费（除服务性之外）的总闸门已经关闭，乡村债务就更难解决，税费改革的任务难以实现。由于债务结构复杂，债务之间关系错综复杂，如农民手中有基金会股票、借款单、项目的集资款收据，政府部门向农民收取各种税费时，农民就必然地把"股票"、"借款单"或"集资收据"上交，从而形成了"三角债"。2001 年 1~5 月份襄阳县农民用基金会票据抵交税费任务总额达 2115 万元。其中抵交农业四税 1679 万元，抵交三提五统 436 万元。少数乡村还出现以债权抵交提留统筹的现象。这样一来，乡镇财政更是"雪上加霜"，乡村政权组织的正常运转就要发生危机。

四、化解乡村债务的对策

（一）规范乡镇政府、村级组织借贷行为，制止乡村新的不良债务发生

乡村组织一般只宜向金融机构借款，禁止向非金融机构和个人借款。不准乡村组织借款支付税费和其他摊派款，更不得以"奖励"、"回扣"等手段鼓励借贷代缴。坚决制止新的高息借贷。严格按照政企分开原则，乡镇政府不能为企业贷款提供担保和抵押，更不能把企业经营形成的债务向农民或集体转嫁。

（二）组织乡村债务清理，减息、清收，增收节支，逐步化解乡村债务

在今后农村工作中，适时作出部署，由乡镇组成党政有关干部、人大代表和县级下派人员参加的专门工作小组负责，摸清乡村债务底数，包括高息借贷的底数，逐笔核实登记，张榜公布，接受监督；对村组向个人的借款，规范入账手续。

对违反国家规定的高息借贷行为，国家不予保护，而要清除。对高息借贷，实现本息分离，不准利息转本金。由国家或省级政府制定统一的减息政策，分段比照银行利率计息，把高利贷从税费收取中清理出去。

认真组织欠款清收。行政事业单位和干部拖欠乡村债款的，应首先归还，做出表率；划转企业债务，企业正常运转的由企业归还，企业停产的，盘活资产归还。农户拒

交税费,有的是对村的服务不满意,对账目不清有意见,有的是看别人不交,怕自己交了吃亏,有的确有困难。要区别情况,说服教育,讨论确定为当年归还或分期归还。个别特困户,通过村民代表大会讨论同意,可实行减、免政策。不准以收回农民全部或部分承包地的方式逼迫还债。

(三) 中央、地方制定有关政策,支持乡村化解债务

一些乡村债务的形成有体制、政策的原因,如超出乡村负担能力搞多项"达标"建设的集资摊派,号召乡村上马办企业,发展合作基金会等,是与上级部门的一些政策和考核压力有关的,因此,在乡村化解债务中,国家应制定政策,给予一定支持。中央应对农村合作基金会清收不回来的呆账、死账,分期分批地拿出部分钱来弥补缺口,以保持农村经济发展和社会稳定。对乡村两级基本建设、公用事业金融债务,实行挂账停息。对"普九"建校达标、法庭建设达标一类欠下的债务,承担大部分化解责任。对农林水利用外资项目特别是世行贷款项目因汇率风险增加的乡村债务,要采取扼制增长的紧急措施。

(四) 推进制度建设创新,从根本上治理乡村债务

本着既减轻农民负担,又保障乡村组织正常运转的原则,调整中央、地方、基层、集体、农民的收入分配关系,推进和完善农村税费改革,按照事权与财权统一原则,完善县乡财政体制。

推进县乡行政管理体制改革,转变和简化政府职能,履行精兵简政,降低社会经济发展的行政成本。

健全财政、会计、审计、监督制度和财务公开制度,改变政府经费、税费并存局面,取消部门收费,规范政府财政行为,健全乡镇财政预决算制度,支出不能一人说了算,要由集体讨论决定,支出数额大的,需经乡人民代表大会讨论通过。要将村级集体借款纳入村民自治管理之下,事先经2/3的村民同意方可进行。把乡村债务增减纳入县乡主要干部考核内容。逐步在全国范围选择一批县市作为乡镇债务的监测点,形成乡村债务的监测体系和管理机制。

表 1　湖北省襄阳县乡村债务情况

单位:万元

项目	1999 年 9 月	2000 年	2001 年 6 月
一、乡村负责			
1.乡村两级负责总额	83422.9	125407	140685
其中:乡镇级负债	13964.6	33066	40992
村组负债	69458.3	92341	99693
2.乡村负债资金来源			
财政			8393.9
银行、信用社	11632.4	7285	9617.8
农村合作基金会	14634	18698	28172.9
企业	3561.6	9902	15862
个人、农户	36111.1	71260	59264.6
其他	15183	18256	19373.8
(1)乡镇负债资金来源			
财政			
银行、信用社	4493.1	4503	
农村合作基金会	2557.9	6667	
企业、单位	1718.4	9902	
个人、农户	1409.9	5890	
其他	3785.4	6104	
(2)村组负债资金来源			
财政			
银行、信用社	7139.3①	2782	
农村合用基金会	14376.1	12031	
企业、单位	1843.2		
个人、农户	34701.2	65370	
其他、应付未付款	11397.6	12152	
3.债款用途			
镇村办公用房		8785	8785.4
学校建房	10492.2	11404	19858
办乡镇企业	13543.9	9474	29024.8
交税费	24022.7	44329	44389.2
路、水、电等设施	11013.5	16928	2021+4186②
管理费开支	4799.8		
其他	20271.9	29487	22417

续表

项目	1999年9月	2000年	2001年6月
(1)镇债款用途			
镇办公用房		8179	
学校建房	1994.3	2994	
办乡镇企业	5767.1	5769	
路、水、电等设施	4670.3	8733	
弥补日常开支	1057.6		
防汛抗旱		4001	
其他	3058.6	3390	
(2)村债款用途			
村办公用房		606	
学校建房	8497.9	8410	
办乡镇企业	7776.8	3705	
交税费	24022.7	44329	
路、水、电等设施	6343.2	8195	
管理费用	3742.2		
其他	17213.3	22096	
4.债务形成时期			
1991年以前		12615/8.97%	
1992~1994年		33164/23.6%	
1995~2000年		94905/67.5%	
二、乡村债权			
1.乡村债权总额	44232.8	66104	72131.7
其中:乡镇	6872.9	17108	18819.7
村	37359.9	48990	53312
2.谁欠债			
个人	27678.3		39811.4
企业、单位	6326.4		13259.3
基金会	736		12007
其他应收未收款	9492.2		7054
(1)谁欠乡镇债			
个人	298.9		
企业、单位	4476.1		
基金会	102.7		
其他应收未收款	1995.3		

续表

项目	1999 年 9 月	2000 年	2001 年 6 月
(2)谁欠村债			
个人	27379.4		
企业、单位	1850.3		
基金会	633.3		
其他应收未收款	7496.9		
3.可收回的债款			
总额		34483	
其中:乡镇		8062	
村组		26421	

注:债款中含本金和利息。

说明:①其中信用社 6231.2 万,占 87.3%;②小城镇建设 4186 万元。

表 2　襄阳县太平店镇镇村负债情况

单位:万元

项目	1999 年底	2000 年底
一、乡村负债		
1.乡村两级负债总额	41063.3	7088.3
其中:乡镇级负债	134.7	2025.56
村组负债	3971.6	5062.83
村数		42
负债村数		38
村最高负债		300
2.乡村负债资金来源		
财政		180
银行、信用社	717.5	729.3
农村合作基金会	738.9	1840.4
企业		
个人、农户	2258.2	4259
其他	391.7	46
3.债款用途		
镇村办公用房		200
学校建房	351.5	800
办乡镇企业	522	870.8
交税费	1199.5	2674
路、水、电等设施	265.3	1059.1
管理费开支	309.5	
其他	1295.9	1453.1

续表

项目	1999年底	2000年底
4.债务形成时期		
1991年以前		20
1992~1994年		187.5
1995~2000年		1838(指镇级)
二、乡村债权		
1.乡村子债权总额	2336.5	
其中:乡镇	472	
村	1864.5	2995
2.谁欠债		
个人	1258.1	2229
企业、单位	685.5	706
基金会	2.2	60
应收未收款	390.8	
3.可收回的债款		
其中:乡镇		
村组		2324

表3 襄阳县太平店镇村级负债情况

单位:万元

	1998年底		2000年底	
项目	朱坡14村	太平28村	42村合计	大镇42村
一、债权	1178.5	686	1864.5	2996
用途				
企业欠		218	218	125
			结欠税费	642
农户结欠	896.6	357	1253.6	1502
往来欠款	281.8	109	390.8	727
二、债务	2875.6	1096	3971.6	5062
1.用途				
办企业	167	330	497	690
建学校	21.7	290	311.7	800
其他公益事业	90.3	108	198.3	499
上交税费	951.5	248	1199.5	2874
日常开支	246.5	63	309.5	
其他	1233	60	1293	199

续表

项目	1998年底		2000年底	
	朱坡14村	太平28村	42村合计	大镇42村
2.资金来源				
银行信用社	152.5	565	717	339
合作基金会	262.7	394		431
个人	2145.7	60	2205.7	3982
其他	314.7	77	391.7	285
3.按偿还其划分				
1年以内	1353.5	96	1449.5	
(当年形成)	358	80	438	
1~3年内债务	764.8	500	1264.8	
3年以上	757.2	500	1257.2	
4.逾期情况				
逾期金额	2038.8	1096	3134.8	
1年以下	378.6	96	474.6	
1~3年	957	500	1457	
3年以上	703	1203		

注:目前的太平店镇,是由原太平店镇和朱坡乡在2000年底合并而成。

表4 江西泰和县冠朝镇1994~2001年征税收费的变化

单位:万元

	1994	1995	1996	1997	1998	1999	2000
农业税	43.3	44.6	64.2	64.2	59.0	53.2	49.3
农林特产税	1.2	3.0	3.8	4.8	5.5	9.4	24.1
屠宰税	0.9	11.7	15.6	14.5	21.4	24.0	38.4
契税	0.08	0.04	0.05	0.06	0.25	2.0	2.4
农业税附加	4.3	4.5	6.4	6.4	5.9	5.3	4.9
三提五统	30.0	31.9	59.0	55.1	41.3	43.5	44.4
人均(元)	16	33	45.5	58.7	35.7	39.6	44.4
“两工”							
其中折款	6.8	8.8	12.2	9.5	21.9	16.3	15.4
集体水费		2.5	3.6	10.6	25.6	7.3	14.8

注:(1)1994~2000年农林特产税、屠宰税分别增长20倍和40倍,实际上特产没有增加多少,养猪有所下降。

(2)集体水费的40%返村使用,40%镇用,20%上缴县水利主管部门。

(3)税收之外,镇向农民收费的一部分要上缴县,上缴县的项目有教育统筹、民兵训练、民政优抚、两工折款、水费等,1999年分别为3万元、1.56万元、2万元、15.4万元、2.56万元,合记为24.52万元。

(2002年4月)

实现城乡共同繁荣的社会目标*

问:为什么我国发展市场经济要强调城乡的共同繁荣?

答:市场经济在我国的发展,是伴随改革由农村到城市的进程先在农村发育起来的,农村首先受益于新的经济体制,出现农业与乡镇企业繁荣发展的形势。但是,随着城乡沟通的统一市场的逐步形成,农村相对于城市,又会在市场竞争中处于不利地位。

引起农村在市场竞争中处于相对劣势的因素主要是:①我国绝大多数人口在农村,劳力平均占有的农业资源和其他资源少,劳动力就业不充分,社会基础设施和文化教育相当落后。②农村的农业与城市工业相比,由于受土地资源和自然条件的制约,在一定条件下农业报酬递减规律要发生作用,农产品需求弹性较小等,技术进步和劳动生产率的提高相对较慢。③农村的非农产业,因交通、信息及其他社会服务落后于城市,距离中心市场相对较远,也会加大交易成本,不利于经济发展。④历史上以城乡分割为特点的计划体制的长期运作,抽取农村积累发展城市工业而形成的后果还在起作用。由于以上一些原因,造成农村在市场竞争中处于不利地位,农村的资金、人才等要素向利润率、工资水平高的城市流动,以致出现了农村与城市的差距拉大的问题。

和任何事物一样,市场经济中优胜劣汰的规律对社会发展的作用具有两重性。一方面资源的市场优化配置和企业间的竞争促进社会生产力加速发展;另一方面因条件不同,在市场规律作用下也会拉大城乡、区域间的差距,产生一些矛盾。在世界近代现代史上,市场经济发展初期,城市相对繁荣,乡村长期凋敝,是许多老牌资本主义国家、以至现在一些第三世界国家出现过的现象。市场经济发展到一定阶段,农业和农

*本文收入马洪主编:《什么是社会主义市场经济》,北京,中国发展出版社,1993年10月。

村的落后和“城市病”会逐步得到纠正，转而由城市支持农村，但这要经历一个很长的痛苦的过程。我国凭借国际经验和社会主义制度的优势，应该也可能在不平衡发展的客观过程中，防止城乡发展的过分悬殊，争取共同的繁荣。

争取农村与城市的共同繁荣，要做好下面几项工作：①当前要进一步培育城乡市场机制，特别是增强城市经济活力，改变城市改革滞后对农村发展造成的不利环境。②提高农业劳动生产率。如根据市场需求，发展多样化、集约化的高效、优质农业，实现农产品生产加工贸易一体化，提高农业的科技含量。③控制人口增长，增加非农业部门的就业，推进农村的工业化和小城镇建设。④在发展城乡市场交换的同时，进一步发展城乡在技术、人才、资金等方面的交流。⑤政府的适度调节。以政策来扶持农村贫困地区的经济文化发展，促进城乡间劳动力、产业布局的合理化，促进城乡相互支持、协调发展、共同繁荣。

问：为何20世纪末全国实现小康的重点、难点在农村？

答：到20世纪末达到小康水平，是我国实行改革开放，争取实现的社会经济第二步发展目标。城市要达到小康，农村也要达到小康，而全国实现小康的重点、难点是在农村。

第一，正如江泽民同志多次指出的，我国人口的80%在农村，没有农民的小康，就不可能有全国的小康。农村小康能否如期实现，至关重要。

第二，小康水平是个综合性的社会发展目标，目前农村正处于由温饱奔向小康的过程中，但从总体来看，距离小康的差距还很大。所谓农村小康，是指在全面发展农村经济的基础上，使农民的物质文化生活，在实现温饱水平后，再有明显提高的一个阶段，逐步实现物质生活比较宽裕，精神生活比较充实，生活环境改善，人口素质提高，社会治安良好。据一些专家结合实际的研究，我国农村小康应以农民人均纯收入为核心指标，小康线定为农民人均纯收入1100元（按1990年价格计算）比较合理。目前大部分农村距小康标准的要求还有相当一段差距：1990年农民人均收入为686元，距农村小康线差414元，1991年农民实际纯收入只增长2%，此后9年要继续保持一定增长，特别是在农民的受教育程度、卫生水平、生活质量、社会保障和治安等方面，要达到小康的要求，尚需付出巨大的努力。

第三，城乡发展不平衡，近几年农民收入增长缓慢，城乡居民收入和消费差距扩大，更显示农村实现小康的难度。1978~1992年的14年间，前6年农民年纯收入的增长快于城镇居民，使农民与城镇居民收入差距逐年缩小，由1978年的1:2.4缩小到

1984 年的 1:1.7。1985 年后，随着城市经济体制改革的推进，城乡收入差距开始逐步扩大；近 4 年农民收入年增长仅 2%，1992 年城乡居民收入比扩大到 1:2.51。由于农民收入增长慢，农村市场的发展受到有效需求不足的制约，不仅影响农村实现小康，而且会制约整个国民经济的良性循环和稳定增长，影响全国实现小康。

达到小康水平的基础是经济发展。因此工作的着力点应该是紧紧抓住经济建设这个中心，引导农村不同地区因地制宜发挥优势，寻求有自身特点的加快经济发展的路子，特别是完善城乡市场体系的路子。要按照市场需求，调整农村产业结构，拓宽农村劳动力就业渠道；在鼓励农民放开手脚，创业致富的同时，大力抓好计划生育，加强社会服务，充实农村公共基础设施，创造农村实现共同致富的环境；在发展物质文明的基础上加强精神文明建设，改善教育条件，促进农村社会的全面发展。

问：怎样加强对贫困地区的经济技术支持？

答：改革以来我国农村经济有了相当快的发展，多数地方在 80 年代中期就解决了温饱问题，但因历史、地理、社会、经济等原因，农村经济的发展是不平衡的，至今还存在着一些没有稳定解决温饱的贫困地区。我国的贫困人口在 1978~1985 年间已由 2.5 亿降至 1.25 亿。据 1986 年统计，664 个贫困县大部分分布于西部、中部 18 个集中连片的贫困地区，它们多是革命老区、少数民族居住区、边疆地区和山区，干旱荒漠区，自然条件差，交通不便，基础薄弱，生产单一，但矿产等资源还较丰富。自 1986 年国家成立扶贫专设机构以来，扶贫工作由单纯救济转向综合开发，成效很大。不过到 1991 年，仍有 8000 多万农村人口没有稳定解决温饱，没有摆脱贫困的境地。

经济体制向市场经济的转变，对贫困地区的发展也是机遇与挑战并存。机遇不仅可以进一步启动内部活力，而且有可能通过国内、国际市场的纽带把贫困地区与发达地区、周边国家联系起来。面临的挑战也是多重的：在资源要素的流动配置上，贫困地区因投资条件差、消费水平低、运输费用高，受市场利益机制的驱动，引进资金、人才的难度相对较大，还会使那里本来稀缺的一部分资金、人才流向发达地区；在市场交换上，贫困地区生产的多是初级产品，企业少，起点低，加工水平不高，距离市场远，贸易上处于劣势。此外，过去国家扶持贫困地区的一种重要方式，是多给些平价粮、平价原材料，市场放开后这类优惠会逐步减少；原来让一些部门、企业把扶贫当作行政性任务来做的方式，有些也难以行得通了。因此，贫困地区和扶贫工作将面临一系列新的问题。

面对新的经济环境，总的是要充分利用市场机制，在搞好贫困地区自身开放搞活的基础上,加强国家和社会对贫困地区的经济技术支持。首先,政府的经济支持不应削弱而应继续加强,既要济困,更要增加以工代赈,用以改善生产和交通条件,支持个体、联合体、多种形式的乡镇企业包括私人企业,发展商品生产和流通,并要鼓励先进带后进。其次,要重视人力资源的投资。在加强科技扶贫的同时,要以一定的投入支持教育,提高与经济增长关系最为密切的初级教育的质量,加强卫生事业和计划生育工作,促进人口素质的提高。在实行以人力资源为先导的经济开发的同时,放开劳动力市场,把向发达地区的劳动力输出,人口移动,或人才培训、交流,作为扶贫政策的组成部分。第三,以优惠政策鼓励发达地区与贫困地区在资源开发上开展互惠互利的经济协作。

问:怎样切实减轻农民的经济负担?

答:充分关心、切实保障农民政治上的民主权利和经济上的物质利益,以调动农民的积极性,是我国农村改革与发展取得成功的一条基本经验。

目前,我国农民的经济负担,包括缴纳税金,承担乡村集体合同内的统筹提留,经法定程序设置的合同外行政事业性收费,还包括以工农产品价格剪刀差形式存在的隐形负担等。近几年,一方面,工农产品剪刀差呈扩大趋势,农民收入增长缓慢,有些粮棉主产区增产不增收甚至减收;另一方面,农民负担却增加很快。对农民合同内的统筹提留不少地方大大突破国务院规定的不超过上年农民纯收入5%的限额,被用于增加非生产开支,或被上级政权机构平调挪用;来自四面八方的集资、收费、摊派失控,有的甚至采用非法手段,向农民收取各种费用。这种情况严重挫伤了农民的改革热情和生产积极性,影响了农村经济发展,影响了国家和农民的关系,需要切实解决。

解决农民负担过重的问题,要治标,也要治本。除加强管理和监督,把农民负担严格限制在国家规定的范围内之外,还要结合改革,解决深层次的体制问题。首先要按照市场体制要求,转变政府工作人员的观念和行为方式。现在一些地方在加快经济建设过程中,不是用市场经济的思路、办法,不承认企业、农户是独立的经济实体和市场主体,不是为农户自主经营、自我发展创造好的环境,而是像计划经济时那样,热衷于自上而下的行政推动,习惯于用乱集资、乱收费、乱摊派的行政强制手段,去解决建设资金不足的问题。这种观念和指导思想不改变,任意损害农民利益、加重农民负担的问题就解决不了。其次,应推动政府部门、机构和事业单位的体制改革。目前由于部门林立,机构臃肿,人浮于事,而经费不足,导致不少部门巧立名目向农民收费,迫使农民集资、交费。要减轻这类负担,就要深化政府机构改革,精兵简政,政企行为分开。第三,完善经济民主和法制。事关农民负担的决定和管理,需要让农民能够参与和监督。要完善立法,界定农民的权利和义务,逐步将行政性税收和地方附加用法律形式确定下来,使农民的经济负担纳入法制的轨道。除此之外的集资、赞助等活动皆由农民自主选择,自主决定。第四,需要推动国有工商企业和金融企业等方面的改革。这些方面的改革不到位,经营成本高,效益不好,其费用成本会通过多种渠道转嫁到农民身上。

问:怎样理解建立农村保险和社会保障制度的重要性?

答:保险事业,包括各种商业保险及社会保障制度,是人们为了应付各种自然灾害及意外事故、为了保持社会安定而建立起来的一种极为有效的互助共济式的经济补偿形式。世界各国的发展经验早已证明,保险事业的发展及完善是现代化过程中尤其是市场经济发展过程中不可或缺的。绝大多数国家尤其是发达国家都很重视农村保险,有的将它与农村供销、信用并称为发展农村经济的三根支柱,制定有关法律,形成区别于城市的农村保险体系。发达国家的农村保险主要由两类构成:一类是农村互助合作保险。如日本,覆盖农村的合作组织叫农业协同组合,从基层市町村农协,到都道府县和全国的农协联合会三个层次,都有从事"共济"即保险事业的专门协会,形成农协共济联合会—县共济联合会—全国共济联合会的联保系统。从事养老、儿童、建筑物翻新、农机具更新等长期保险,火灾、汽车等短期保险。在某一会员发生意想不到的灾害时,依靠合作保险渡过难关,通过保险事业使农协会员的农业经营能够正常进行,生活能够保持稳定。同时,农村合作保险与城市保险不同,它是财产险与人寿险结合在一起,保险金保留在本系统内,可充作中长期的农业资金和改善农村环境资金,以利于农业、农村发展。另一类政府资助的种养业保险。一般采用政府与农户共同承担保费的方式。在法国、日本、加拿大等国,农作物保费的一半由政府承担。美国政府不仅补贴保费,还采用向政府再保险的办法,保护农业稳定发展。

今天的中国农村,正在市场经济体制下向着农业现代化及农村现代化迈进,保险事业的发展及完善是非常重要的。

第一,随着农村联产承包制的落实和完善,以户为单位的基本经济组织形式已成为农村中的主体形式。狭小的经济规模决定了广大农户抵御各种风险的能力并不高,而传统计划体制下由国家对农民进行各种救济和救助显然已经不适合时代发展的需要和市场体系建设的需要。因此,必须以有效的保险形式将广大农民联系起来同舟共济。

第二,在幅员辽阔的广大农村,各种自然灾害还相当频繁,各种意外事故也逐年上升。并且随着市场竞争的不断发展,经济活动中的风险也在不断增加。任何灾害、事故等对于农户来讲,其打击都是极为沉重的。因此,也只有以有效的保险形式去化解各种灾害等造成的损失,才能真正保证广大农民生产及生活的稳定。同时,各项保险事业的发展,也能够解除广大农民对各种“风险”的后顾之忧,使他们能够放心大胆地走入市场、走入现代化的农业生产及非农生产行列,从这一意义上讲,农村保险也是发展农村经济和科技兴农必不可少的经济保障。

第三,发展和完善农村保险特别是农村社会保障体系,也是实现农村社会安定和社会现代化的必不可少的手段之一。农村社会保障体系建设主要包括养老保险和医疗保险。随着我国计划生育政策的落实、人口的迅速老龄化以及农村家庭结构的逐步小型化,传统的家庭养老模式和自行就医方式已明显不适应农村社会进一步发展的要求。因此,必须尽快建立行之有效的社会养老保险制度和医疗保险制度,使农民老有所养、有医有药。这不仅是农村社会发展和精神文明建设的需要,也是提高广大农民生活质量,真正落实计划生育政策所必不可少的。

改革以来,在各级组织的共同努力下,我国的农村保险事业得到了迅速的发展,保险的服务范围不断扩大、服务体系也不断发展,并且已探索出许多有益的经验。但从总体上说,依据市场经济对保险事业的要求,我国农村保险事业在许多方面还有待于进一步发展和完善。首先要提高人们对保险事业的认识,其次是切实贯彻自愿互利的原则,同时还要进一步完善有关的法律法规、加强组织建设,要进一步理顺农村保险事业中国家保险机构与农民的利益关系等。发展农村保险事业,完善农村社会保障体系,是一项伟大的意义深远的事业,我们需要探索新的经验和创造新的模式。

（1993年8月）

中国的农村养老和医疗制度*

一、中国农村社会保障的背景特点与农村社会保障的构成

(一) 农村社会保障发展的背景

1.农业国工业化任重道远,农村人口仍占很大比重

中国曾以农业的发展走在世界前列，但在世界走向工业化的近代落后了。到1949 年新中国成立,现代经济的比重不到 10%。

现代工业的真正发展在新中国成立以后。到 1978 年,建立了完整的工业体系,非农业产出上升到 68%,但非农就业劳力仅占 24%,城市化水平只有 18%。82%的人口还生活在农村。

现在农业产出占总产出的 18%,农村人口至今仍占 2/3(见表 1)。1999 年从事农业的劳力占农村劳力的 71%,占全国劳力的 50%。农村人多地少,有 1.5 亿农业剩余劳动力。

表 1　城镇与乡村人口的变化

	1952	1957	1970	1978	1980	1988	1990	1995	1999
城镇人口(亿)	0.72	0.99	1.44	1.72	1.91	2.87	3.02	3.52	
城镇人口比重(%)	12.5	15.4	17.4	17.9	19.4	25.8	26.4	29.0	30.9
乡村人口(亿)	5.03	5.47	6.86	7.9	7.96	8.24	8.96		
乡村人口比重(%)	87.5	84.6	82.6	82.1	80.6	74.2	73.6	71	70.1

注:2000 年中国第五次人口普查,按新的城乡统计口径,城镇人口比重是 36%。

*本文是 2001 年 9 月在由国务院发展研究中心与俄罗斯战略研究中心在莫斯科举办的中俄战略问题研讨会上的发言稿。

2.特殊的城乡分隔二元社会体制

中国长期实行人口就业、保障城乡分开的体制。新中国成立初，运用计划经济体制实行重工业优先发展战略。而经济起点低,人均国民生产总值只有 50 美元，工业产值份额不足 10%。发展重工业的资金不能从轻工业获得,就从农业抽取,对农产品低价“统购”。为使国家集中的资源不分散，来维持城市人口的食品供给和工业的低成本，实行了限制农村人口向城市转移、城乡人口有很大差别的两种户籍制度。城市是非农业户口，逐步建立起从口粮供给、就业、职工公费医疗、休养、养老、抚恤和无偿提供住房等社会保障。农村人是农业户口,一是国家没有对他们建立社会保障,城市的社会保障不覆盖农村，二是农村人口被限制流动到城市和家乡之外的地方就业。

这种国家社会保障只覆盖 20%多的城市人口，不覆盖农村人口，使改革背的历史包袱轻一些。农民就业靠自己,分配没有铁饭碗。不利的是城乡差别大。

(二) 农村社会保障的构成与养老、医疗制度

新中国成立 50 多年来,农村社会保障制度建设处于社会保障体系的边缘。1978 年改革以前,农村主要是灾民社会救济,集体的“五保”、合作医疗。改革以来,随着发达地区农村二、三产业和小城镇的发展,进行了农村养老保险和恢复合作医疗的试验。

当前农村社会保障分为：

(1)社会救济制度:①灾民救济,②贫困人口救济,③最低生活保障制度。

(2)社会优抚制度:①对义务兵、烈士、病故军人、因公牺牲人员家属的特殊保障福利制度,②农村“五保”,③乡镇福利企业(安排残疾人员等)。

(3)农村养老保险。

(4)农村合作医疗。

土地和就业对农民来说,是重要的保障。社会互助、商业保险为补充。

二、农村养老制度

(一) 土地养老、家庭保障仍起主要作用

(1)农村家庭劳力与土地结合,解决生活来源,并养儿防老,是长期的传统。

(2)农村人民公社时期,基层生产队实行对集体土地的共耕制,所得粮食的大部分不是按劳分配,而是作为维持生存的“口粮”,按每户家庭人口的数量和年龄分等定量分配。这种土地养老是通过家庭(提供工分值)、集体来解决的。这种制度,使 1/3 的

农村人口没有很好解决温饱。

(3)改革以来实行农业土地家庭承包经营的制度。农户土地经营的收益,除上缴一定数量给国家(农业税等)、集体(乡统筹村提留),所余多少都是自己的。

粮食和多种农产品大幅度增长。到1984年,没有解决温饱的农村人口由2.5亿人下降到1.25亿人。85%的农民解决了温饱。

近几年来,粮食产量有1万亿斤,作为商品粮的有30%左右,70%是农户消费和使用。这说明,在土地的商品经营、社会保障两种职能中,保障职能很突出。

这一制度长期稳定,使土地成为农民家庭最重要的生活保障,也是家庭养老的保障,而且使农民在向非农产业转移中进退有据,可以应对转移中的波动和风险。

(4)家庭兼业与转移就业。农民通过创办多种形式的乡村小企业转移1.27亿人。不发达地区的农村剩余劳动力到发达地区和城市做工,仅出县的有5500万人。不少是兼业,也有转移就业。非农收入成为农户家庭收入的一部分,也对家庭养老起作用。

(二) 建立农村养老保险制度的试验

1.起源

80年代在沿海发达地区、大城市郊区的一些农村,乡镇企业发展,相当比重的劳动力转入二、三次产业,对生活保障提出新的要求;企业要吸收和稳定技术管理人才,也以养老保险作条件;计划生育开展,要配合解决由养儿防老向社会养老的转变。在这种情况下,上海、浙江、江苏等地经济实力强的乡村,及一些比较稳定的乡镇企业,仿照城市职工养老保险的做法,自发建立了以村为单位的社区型或企业型的养老保险制度。

国家"七五"计划提出"抓紧研究建立农村社会保险制度,并根据各地的经济发展情况,进行试点,逐步实行"的要求。1986年10月民政部在江苏沙洲县(现张家港市)召开全国性会议,以当地锦丰乡建立农民退休制度为引子,开始探讨农村养老保障的路子。

2.试点和推广过程

民政部1988年、1989年在大连甘井子区、安徽淮北市、北京大兴县、山西左云县进行县级养老保险试点。1991年国务院33号文件确定农村(含乡镇企业)的养老保险制度改革由民政部负责。1992年1月,民政部出台《县级农村社会养老保险基本方案(试行)》,边试点边发展(见图1)。1995年10月国务院办公厅转发民政部《关于进一步做好农村社会养老保险工作意见的通知》,强调"在农村群众温饱问题已基本解决、基层组织比较健全的地区,逐步建立社会养老保险制度,是建立健全农村社会保障体系的重要措施"。到1997年,农村社会保险基金增加到140亿元,参加保险的近6000万人(见表2)。

表2 1991~1997年农村社会养成老保险积累表

	1991	1992	1993	1994	1995	1996	1997
保险数额	0.05	8	14	28	46	100	140

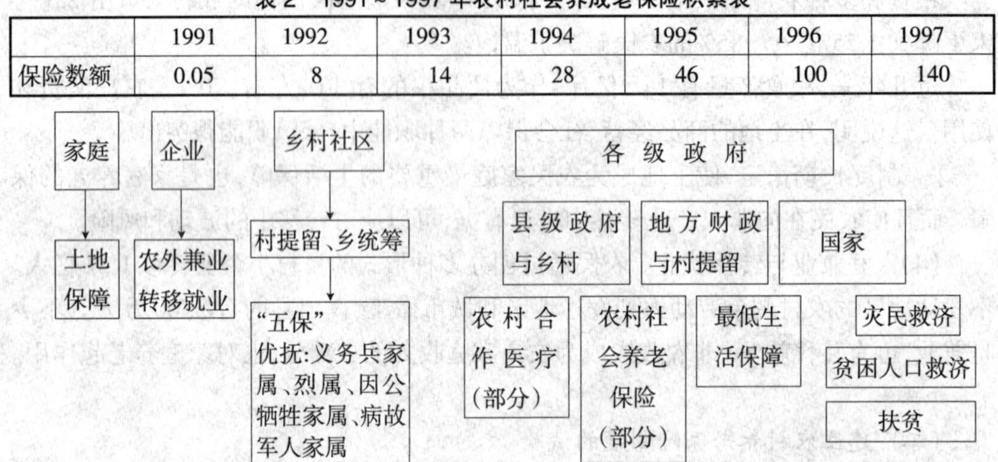

图1 农村社会保障总体框架

3.试行的农村养老保险方式

所探索的以县为单位的、个人账户式预筹基金制养老保险模式(流程见图2),基本特点是:

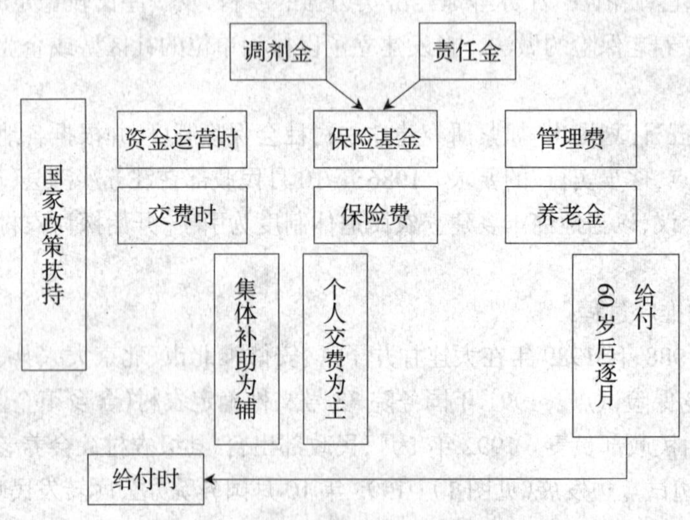

图2 县农村社会养老保险模式

资金筹集。“个人交费为主,集体补助为辅,国家给予政策扶持”。集体补助一般不超过50%。国家扶持是集体上缴保险费可在乡镇企业税前列支。建立个人账户,个人交费和集体补助全部记在个人名下,属个人所有。

——基金预筹,储备积累,保值增值,保障老年基本生活。积累期内基金主要通过购买国债和存入商业银行保值增值。

——参保对象。农村各类人员参加统一的社会养老保险。

——养老给付。20~60岁交纳保险(交费标准分每月2元、4元、6~20元等若干档次)。60岁后给付养老金,每月领多少养老金按交费标准、投保年限等确定。

——管理体制。养老保险资金的征集、管理、使用,基层都由县级政府民政部门及所属专门事业单位一个主体进行。

4.农村养老保险制度设计和运行的问题

(1)大多数地区的农村经济发展水平和居民收入不具备实行社会养老保险的条件,却以行政方式在30个省市区、2000多个县普遍抓这个项目。目前6000万参保人员、195亿基金,约一半是在中西部地区农村。

(2)由行政部门和依附行政的事业单位集中筹资、管理、使用三个权力于一身,行政行为与养老保险的运行规律、参保人员的意愿不一致,也不能保证资金的安全性、流动性、收益性。容易造成挤占、挪用甚至贪污、挥霍农村养老保险金的现象发生。

(3)县级金融机构机制不健全,运行风险大,不能承担保险金保值增值的需要。

5.清理整顿

1997年春,在机构改革中,国务院决定农村社会保险由劳动和社会保障部负责,民政部的农村社会保险司整建制划转劳动和社会保障部。

为整顿金融秩序、防范金融风险,国务院于1997年11月成立整顿保险业工作小组,对商业保险、企业补充养老保险、职工互助保险以及农村养老保险等进行清理和整顿。

1999年7月《国务院批转整顿保险业工作小组保险业整顿与改革方案的通知》提出,目前我国农村尚不具备普遍实行社会保险的条件,对原来开展的农村社会养老保险,要进行清理整顿,区别情况,妥善处理。整顿和规范农村养老保险的具体办法,由劳动和社会保障部、民政部同保监会等有关部门另行制定。

(三)农村“五保”制度

起源于高级农业合作社和人民公社时期,生产队或生产大队使用集体的公益金,对农村中丧失劳动力、无生活来源、无依无靠的老人、残疾人和孤儿,实行保吃、保穿、保住、保医、保葬的供养制度。

改革后农村"五保"制度通过村提留、乡统筹继续进行。没有五保户的生产队,也要与有五保户的队平均负担五保费用。

(四) 农村养老制度设想

(1)土地养老、就业防老。现阶段农民仍主要是以按人或劳动力平均承包的土地为最重要的社会保障,以传统的家庭养老为代际分配的主要形式。同时,在工业化城市化的过渡中,劳力向非农产业转移而出现兼业化,非农就业和创业对社会成员的自我保障也起着重要的作用。政府要保持农户土地承包政策的稳定和自主流转,对进小城镇的农民,政府容许保留土地,也是把土地作为工业化劳动力转移涨落的稳定保障机制的重要基石。要鼓励创业、就业、积累防老。

(2)因地制宜实行社会救济、社区养老、最低生活保障、社会养老保险等多层次结合的农村社会保障办法和制度。在贫困地区主要搞社会救济和扶贫;在大部分温饱已解决的中等地区,重点是农村社区"五保",办福利企业;在少数经济发达地区,以稳定的非农产业就业入手,发展以小城镇和乡村社区为基础的农村社会保险,政府给予指导和支持。同时发展农村最低生活保障制度。 商业保险主要是少数有钱人群可以利用。

一种主张,按产业将有条件的农村非农就业人群纳入城市养老体系;另一主张,以进小城镇和稳定实现非农就业转移的农民为基础建立养老保险,既区别于一般农村,也区别于城市(目前城市的养老保险,除体制问题外,内容上包揽过多,如江苏常熟市,养老、医疗、失业、工伤、生育"五险"费率合计为36%~37%,一些中小企业难以承受)。

(3)搞好最低生活保障。

(4)政府要对农村社会保障支持。

三、农村医疗制度

(一) 改革前的农村合作医疗与三级预防医疗保健网

1.起源

50年代中期,山西、河南两省个别农业生产合作社实行农民以合作形式来分担部分医疗费用。办法是社员出“保健费”,合作社将部分公益金作为补助,对在本社看病的社员给予一定的价格优惠。这种组织方式是后来人民公社时代推广普及的合作医疗制度。

2.发展过程

1958 年建立的农村人民公社实行公社、大队、生产队“三级所有、队为基础”的制度。大约 5.3 万个人民公社的经济组成了整个的农村经济。公社政社合一,是国家机构中的最低一级(见表 3)。

表 3 农村人民公社基本机构

单位	平均人数	职 责
家庭	4 ~ 5	耕种自留地,在家庭成员中分配消费品
生产队	150(30 ~ 40 户)	拥有土地,管理农业生产和收益分配
生产大队	1100(7 ~ 10 个生产队)	办小学、合作医疗(大队卫生室)、小型企业
人民公社	1.5 万(13 ~ 15 个生产大)队	办中学、卫生院、小工业、供销和民政事务

1959 年在山西省稷县召开全国农村工作会议,肯定了农民首创的“合作医疗”办法,合作医疗的覆盖面逐步加大。

1968 年毛泽东对湖北省长阳县乐园公社坚持办好合作医疗的经验批示为“ 合作医疗好”,在当时的政治气氛和政府的推动下,60 年代末,全国 90%以上的农村(生产大队)都实行了合作医疗,普遍建立起县、公社、大队三级预防医疗保健网。

3.方式

农村合作医疗保健制度与城市公有单位的福利——公费医疗、劳保医疗不同,它是在村庄范围内, 由农村集体生产/行政组织和个人共同出资购买基本医疗保健服务、实行健康人群与患病人群之间医药费用再分配的一种互助组织形式。

以大队合作医疗为基础,与公社卫生院、县级医院等,结合了农民、集体、国家三方面的力量,形成三级农村医疗保健制度。

大队一级,近 70%的大队各设一个卫生室,配有两三名赤脚医生,负责卫生、防疫、疫苗接种、妇幼保健和小病治疗, 还负责把严重的病人转到上一级医疗单位公社卫生院。另外,一些地方每个生产队有一名半脱产的卫生员。半农半医的卫生员由生产队记工分,工分不低于同等劳力;脱产赤脚医生按大队干部的报酬水准获得工分和现金补贴。 药金从各生产队的公益金抽取,作为药品周转金。社员看病用药付成本费。

公社卫生院,有中等水平的中西医人员,开设门诊治疗,好的有住院、做小手术条件。训练大队赤脚医生,并把他们没有能力治疗的病人转到县医院。

县医院，以医疗工作为主，给公社卫生院提供定期培训。此外，还有县防疫站、妇幼保健站，也支持和监督下级医疗单位和赤脚医生。

4.效果

新中国成立之时，农村广大地区严重缺医少药，居民健康知识和卫生习惯欠缺，地方病传染病流行，人民健康指标属世界上最低水平国别组（世界银行 1997 年数据）。改革之前，政府只投资于预防活动，依靠合作医疗和基层卫生组织，使农村卫生事业取得巨大成就，1950~1975 年间，婴儿死亡率由 195‰降到 41‰，人均预期寿命从 40 岁提高到 65 岁。中国被国际上许多发展经济学家视为在低收入水平下通过公共支撑实现社会发展的典范。

合作医疗对解决农民“看不起病”、“看不上病”的困难起了一定作用，是疾病预防在基层的依托，促进了农村三级医疗卫生网的建设。合作医疗和农村三级预防医疗保健网、乡村医生队伍，被国际称为发展农村卫生事业的“三大支柱”。

5.问题

(1)合作医疗制度缺乏可持续性。

——财务制度不可持续。资金来源有限而支出却没有控制。有的一年一人就集资一元，而医药费减免有好处，有了病就去看，患者过度消费医药的倾向未受严格约束，财务收不抵支，可谁也不愿增加缴费，集体补贴几年就支持不下去了。

——干部和社员在享受医疗保健服务中的不平等 。社队干部及其家属率先过度消费，多拿药拿好药，带头拖欠个人按一定比例应缴纳的医药费用。社员认 为合作医疗是“群众交钱，干部吃药”，“干部吃药，群众吃草”。群众失去了对制度公平性的信任，资金筹集越发困难。

——缺乏民主监督和退出自由，属经济与行政权力合一而又集中的管理。

(2)对经济权高度集中的集体经济的依附。公社时期生产队掌握着收入分配权，在自上而下要求推广合作医疗的形势下，生产队一般在进行年终个人收入分配前，就根据社员家庭人口多少，从其应得收入中扣除合作医疗费，上缴大队，轻而易举地避开了挨门挨户收费的难题。

可是，改革以来农业生产实行家庭承包制，收入分配机制变化，要从一家一户筹集合作医疗费用，在大多数村庄就成了难以逾越的关隘。

（二）改革以来至 1998 年的农村医疗

1.农业组织变革、合作医疗滑坡及出现的情况、问题

(1)合作医疗滑坡。由于制度本身的缺陷,改革前就不稳定。那时靠了行政的推动,集体经济分配机制的支持,才得以推开。改革以来,农村由生产队集中经营和分配,变为土地家庭承包经营,合作医疗要直接向一家一户收费,也就直接接受农户的检验,其上述制度弊病、组织费用过高的问题浮上表层,出现全国性滑坡。在80年代后期,村一级的覆盖率仅为5%。大部分农村恢复了自费医疗制。

村级卫生机构变化。约50%左右的村卫生室由合作医疗变成个体医疗点;还有一些卫生室在形式上包给了卫生员,但实质上由于村委会放弃了管理,与个体医疗点没有什么差别;只有少数地方的村卫生室保留下来,以公益金支付卫生员工资(这些村庄有稳定的非农资产,或收入高,易筹资)。村级基层卫生机构向个体为主的转变,意味着原有卫生保健服务体系组织结构的巨变。

(2)经济发展对农村医疗的推动。改革以来,经济发展,农民家庭收入提高,增强了医疗服务的购买力,对农村医疗产生积极的影响,使人们的健康指标比70年代进一步改善(见表4),1975~1990年间,婴儿死亡率由1975年41‰,下降为32.9‰;人均预期寿命由65岁上升到68.6岁。

表4　中国两项健康指标的变化

	1950	1975	1990
婴儿死亡率	195%	41%	32.9%
人均预期寿命	40岁	65岁	68.6岁

(3)农村医疗出现的问题。在农村基层卫生机构个体为主、医药供给市场化的情况下,因缺乏健全的监管机制和政府必要的预防投入,农民因制度转轨在医疗服务上蒙受实质性损失,失去获得价格合理、质量可靠的医疗服务的保障。

——政府公共投资下降,投入农村的更少(1998年政府对卫生的投入为587.2亿元,其中用于农村的92.5亿元,仅占15.6%);政府的防疫防病支出占国内生产总值的份额,由1978年0.11%下降到0.04%,1978~1993年人均预防投入扣除物价因素实际是下降。

——城乡之间医疗资源分配不均等的状况加剧。好的设施、医务人员集中于县以上医院,村里卫生人员多是30年前只受短期培训的赤脚医生或是他们的子女。1998年新疆、宁夏、青海、甘肃、贵州约有30%~40%的村卫生室竟然没有高压消毒锅。

——医药市场不规范,政府对药品销售环节监管不力,药品涨价快过农民收入增长,低收入人群无力支付医疗费用。

——医疗机构和个体医生追求自身利益"开大处方",低收入人群看不起病的现象在增加，农民缺乏健康保障，因病致贫、因病返贫突出（河南40%，云南、陕西省50%）。

2.改革与发展农村医疗的努力

（1）提出农村初级卫生保健的目标。1986年政府承诺在2000年实现人人享有卫生保健的目标。1990年我国卫生部等五个国家机构制订规划，2000年中国农村人人享有卫生保健的最低限标准，涉及12项量化指标（村卫生室覆盖率、儿童计划免疫疫苗接种率、食品卫生合格率、健康教育、安全卫生饮水和卫生厕所普及率递增，婴儿死亡率、孕产妇死亡率和传染病发病率递减等）。后来增加了控制地方病、预防非传染性慢性病的指标。

（2）发展合作医疗的新探索。

——政府寄希望于恢复合作医疗。1993~1996年卫生部等几部门提出加强基层卫生组织建设，1997年中共中央、国务院《关于卫生改革与发展的决定》提出，力争到2000年在全国多数地区建立起各种形式的合作医疗制度的要求，国家计委等五部委联合发出《关于发展和完善农村合作医疗的若干意见》。在350多个县进行合作医疗的试点。

——各地试验的合作医疗制度。按集资用途可分三种：

一是资助乡村两级卫生机构。如河北易县牛岗乡，每人每年交5元，集中给乡卫生院支配。村卫生员（500名村民配一名卫生员）由乡卫生院统一管理，向卫生院领药、交回收款，领取工资。缴款村民就诊，可减免50%检查费、注射费和计划免疫费，减免5%的药费。该乡年人均医药费25元。

二是建立大病风险基金，直接补贴患病人群。如安徽宣城水东镇，每人每年交5元，镇、村征收并分别补助每人1元/年。所筹资金5%用作管理费，10%用于预防保健，85%用于缴款者大病补偿。也减免缴款者部分诊疗费。镇成立合作医疗管委会，村有医生和村民参加的医管小组，统一进药渠道，用药品批零差价和预防保健经费补助医生和劳务。

三是补贴医疗服务的供求双方。这是在江、浙、沪发达地区农村多采用的办法。如浙江鄞县仍有县乡财政和村级财务支持的三级公共卫生保健网的有效运转。村有较多公共收入，一部分公益金用于村卫生室，卫生员工资由村财务支付。合作医疗基金一部分来自村民缴款（各村不等，人年均20~100元），一部分来自村的出资，与个人出资比例高的达到1:1。在村卫生室看病取药报销50%，在镇卫生院就诊可补偿30%，去县医院诊治只能得到20%的补偿。报销金额封顶线为2000元。

——试验不易，推广更难。1998 年，合作医疗的人口覆盖率，在高收入地区达 22.2%，但在中等和欠发达地区仅为 1%~3%。全国抽样调查覆盖率为 7%。

（三）最近的改革措施

2001 年 5 月，国务院办公厅转发五部委关于农村卫生改革与发展的指导意见。提出更合实际的农村卫生服务发展路子，即“建立适应社会主义市场经济体制要求和农村经济社会发展状况、具有预防保健和基本医疗功能的农村卫生服务体系，实行多种形式的农民健康保障办法，使农民人人享有初级卫生保健”。

县乡村三级卫生服务体系，其机构实行公有制为主导，鼓励多种经济成分卫生机构发展的方针。村级卫生室不再是划一的合作医疗，而是可以集体举办、村医联办，也可以个体办；乡镇卫生院可以由政府和集体投资举办，也可以合作经营；允许社会、个人举办医院和医疗诊所。县级仍是医院与预防保健机构分工。

实行多种形式的农民健康保障办法，建立适合农村情况的筹资机构和管理体制。引导因地制宜发展合作医疗。

（四）未来改革设想

——政府干预的切入点。健康服务产业既要发展多种经济成分的卫生机构，运用市场机制，又不能听凭市场调节，需要政府的公共支撑和干预。切入点是：① 加强药品产销和医疗机构的监管机制，包括农村卫生机构、从业人员、卫生技术应用的准入管理。解决民众对政府监管部门的诉讼问题。②调整城乡公共资源分配过分悬殊。不能再向受益高的城市人口倾斜，造成“穷人反而多付钱”。③投资于村卫生员的培训。④增加对农村预防和健康教育的投资。继续搞好正在实施的儿童计划免疫项目，将部分农村儿童低体重和生长迟缓患病率高纳入乡村扶贫计划。⑤设立政府非政府医疗基金，发展对贫困人群的医疗救助。

——实行多种形式农民健康保障办法，因地制宜发展合作医疗。支持实行多种形式农民健康保障办法，贫困地区重点是医疗救助，中等地区重点是大病统筹，发达地区引导发展合作医疗或以县为单位的社会医疗保险。

（2001 年 9 月）

促进就业创收缓解相对贫困*

——对泰国扶贫的考察

我国在改革和现代化发展中，把到20世纪末解决不发达地区农村数千万贫困人口的温饱问题，放在重要地位，任务紧迫而又艰巨。同时，消除绝对贫困不等于扶贫工作结束，而是解决相对贫困的任务将突出地提上日程。

适应这种需要，从1997年起，劳动部和国际劳工组织共同在甘肃省、江西省宜春地区和河北省石家庄市的一些县市，实施为期4年的农村扶贫项目。农业部和国务院发展研究中心参与指导。为借鉴国际经验，搞好1998年度项目计划方案，特组织有关人员于1997年9月到泰国进行培训和考察。发展中国家解决贫困问题的思路，泰国促进农村就业、创收、缓解贫困的实践，对我们立足国情开展扶贫，促进农村就业及相关制度建设很有启发。

一、缓解相对贫困的背景和思路

(一) 背景

扶贫是发展中国家普遍要解决的重要问题。泰国作为中等收入国家，现阶段在扶贫上与我国有相同之处，也有差别——他们主要不再是解决一部分人不得温饱的绝对贫困，而是缓解城乡、地区发展不平衡下农村低收入人口的相对贫困。

(1)第二次世界大战后泰国立足资源优越的农业，工业化、城市化发展迅速，但地区、城乡发展不平衡。一段时期，泰国希望工业化、现代化中心地区的形成和发展，能自然辐射、带动其他地区发展。但直到80年代，发现发达地区仍未能带动不发达地区。90年代初，泰国76府中，居民人均年收入2万铢以上的28个(其中超过4万铢、6

---

*刊于《经济工作者学习资料》第947期。

万铢的各 5 个),而不到 1 万铢的有 13 个,并集中于东北部山区。现在全国有 6000 万人口,3300 万劳动力,52%的劳力转入非农产业,人均 GNP 约 3000 美元,拥有像曼谷那样近千万人口的现代化都市圈,而一些平原农区、北部和东北部边远山区发展落后。

(2)地区差异表现在就业上,发达区就业大量增长,城乡开放,劳动力流动,但发展滞后地区农村就业增收机会缺乏。前些年,泰国经济持续高增长,拉动就业,失业率很低,常在 1%之下。近年受经济不利因素和金融危机影响,失业率上升,政府才抓就业。但 1996 年失业率也仅为 2.7%,失业者在找工作的仅 15.6 万人,建筑、渔业劳力仍供不应求。因此,泰国发展到今天,一方面是总体上就业已比较充分,另一方面,发展滞后地区农村人口包括大量农村妇女就业不充分,因米价下跌,收入来源少,缺乏报酬率高的工商业就业机会,成为主要的低收入群。大量青年跑到收入高的城市打工,农村劳力弱化,同时带来其他不安定因素。

(3)发展滞后地区农村贫困人口得温饱而收入低,扶贫是要给其提供发展的支持。80 年代初,泰国政府曾提出扶贫的专门计划,经调查摸底,全国确定 5487 个村为扶持发展的社区单位,由内政部等几个部门组建农村发展委员会,协调实施。1992 年提出的"七五"发展计划确定了居民最低基本需求标准,其中户均年收入标准为 1.5 万铢,按户均 5 人,约合人均 120 美元,比 60 年代的贫困线收入标准提高 1 倍。若一村达此指标的农户不到 70%,就可能给予扶持。这显然是缓解相对贫困的发展目标。正是在上述背景下,泰国曼谷亚洲理工学院专家认为,在从农业社会向现代化工业社会转变中,存在地区、城乡和居民群体发展不平衡的问题。若解决不好,将会影响社会安定和可持续发展。需要给发展滞后地区的贫困人口,主要是农民特别是农村妇女,提供发展的支持。

(二)思路:支持贫困人口就业创收、自主发展

怎样缓解相对贫困?据亚洲理工学院的专家介绍,和其他发展中国家类似,泰国也经历了较长时间的摸索。概括起来,其思路有三个支点。

由对贫困人口提供一些救济、医疗卫生的帮助,到关注其就业和创收。这可追溯到 1969 年泰国国王发起的山地计划。支持发展蔬菜、水果、花卉等高价值的经济作物和养殖业、手工业。借以帮助山地民族兴业增收,减少对森林和水土资源的破坏,并在北部山区根除和替代鸦片的种植与贩卖。此后思路逐渐明确,即以增加创收的工作机会来消除贫困。

鼓励当地群众、妇女自立发展。开始对贫困人口的支持多是外在 的、孤立的。后来经过实践和借鉴别的发展中国家经验，逐步把一部分人的贫困。与社会发展联系起来。认识到贫困地区的群众包括妇女，有发展的要求，也有发展的潜力，妇女也可做企业家；他们为创收自我组织起来，增加力量，提高信心，发展经济，也提高了贫困社区的社会化程度。因此要给群众更多发展的自主性。政府扶持的目标是经过一段外力的辅助，使原来较贫困的乡村群众不仅创收，生活水平有所提高，而且在停止扶持后有可持续发展的能力，包括增强乡村居民自我组织解决问题适应市场的社会机制和能力。

把扶持重点直接放在乡村基层社区群众。扶贫与地区协调发展有联系又有区别。泰国政府为支持曼谷以外的地区发展，制定了一些重要政策，调整国家投资分布，鼓励向发展滞后地区投资，向农业和劳动密集产业投资。但作为扶贫项目，与地区发展政策不同，是直接支持贫困地区的农户和他们的经济组织、社区组织。

基于后者，我们在泰国半个月，仅头 3 天是在亚洲理工学院听取有关发展中国家消除贫困问题的理论介绍，走访了泰国劳动部、工业部，其余 10 多天，考察了 7 个府(中部 3 个，北部、东北部各 2 个)及一些市县政府部门、非政府组织，但重点是下乡考察 16 个接受项目扶贫的农民经济组织。正是从基层看到了社会多方面构成的扶持农民发展的网络运行。

二、扶持农村创收脱贫体制运作的特点

(一) 扶贫项目来自群众，实行自下而上的项目决策

一个地区居民摆脱贫困，关键是开拓能创收的经营项目。政府扶贫成效的好差，首先取决于扶贫项目的选择。在扶贫项目确定上，泰国采取从民众中来的方式，自下而上地确定。

“项目来自群众”有两种情况。一是群众自已先发掘当地资源，选择了适合当地情况的创收项目，并有了初步发展，政府再列为扶持项目。我们在中部萨拉浦瑞省农区考察的 3 个妇女小组创收项目，都属此类。一处起初是 20 位妇女每人出资 5 铢组织起来，捕捞洪水带来的鱼类资源，将鱼通过 6 至 9 个月的腌晒，加工成调味品，或做熏鱼。工艺是传统的，但过去只是自给食用，现在变成了商品。开始是收集旧酒瓶，洗了装调味剂，积累资金后才改换包装。这项经营发展到有 2.8 万铢年利润时，才得到政府农业开拓办的支持，作为扶贫项目。1996 年给予 23.7 万泰铢无偿投资添置固定资产，16.3 万铢为期 4 年的无息贷款作流动资金。现在该小组 47 个成员，每人从中年增

收 1.5 万~2.5 万株。

群众先选择项目，干了一段，政府再列入扶贫项目，好处是扶持项目符合当地实际，有较高的成功率；能让群众想办法，发挥自身力量，在实践中提高信心，并使政府的扶持和群众的选择取得一致。

二是项目在群众民主讨论基础上，上下达成共识建立的。一般是政府工作人员先到乡村去，组织群众分小组充分讨论影响当地发展的问题是什么，原因在哪里，出路在哪里；进而讨论提出项目、办法，交专家论证，再做决策。差纳府塔赛村的草药洗发香波项目，就属此类。那里是稻谷产区，自从稻谷价格下跌，村民收入下降。8 年前该府社区发展部门促进村里成立了寻求创收的妇女小组。农业部门为之寻求合适项目，通过群众讨论，决定采用美国一家配方，以当地可种植的柠檬、剑舌兰和其他植物做原料，生产洗发香波。后又将挤过汁的柠檬废料，做成美味食品销售。加上经营管理水平提高，发展成为工厂化生产的集团。86 个妇女每人年收入 5 万铢，相当于当地务农男劳动力收入的 10 倍。

(二) 注重支持自营农民的市场销售、加工联合体和合作组织

泰国农村社会经济的基础是土地私有条件下的农户经营，政府扶贫的一大特点，是依托、支持自营农民自己在销售、加工环节组织的经济组织。访问期间，我们询问几处农业开拓办公室，贫困群众的活动具备什么条件才被列入扶贫项目。

得到的回答，不仅有项目的可行性，往往还要说明“它是农民的小组”。访问中泰方安排考察的 16 个扶贫项目点，除 2 个工厂，其他全是农民的组织。

考察情况表明，政府把农民经济组织作扶持发展的依托，是由于面对国内外市场，农民提高经营收益，扩大创收空间，组织起来比没有组织要有利。①所参观的那空那育府、清迈府种水稻、马铃薯的农民，所以组织起来，联合销售，首先是为了摆脱中间商的盘剥，改变在市场价格谈判中一家一户的弱小被动地位，合力争取卖出好价钱。②便于联系市场需求，从城市公司拿到商品订单，组织生产。农村创收最大的问题是解决市场，是要获得农村之外的信息，这往往要通过组织来解决；反过来说，农民组织成长的关键也在于解决市场问题。清迈府一家办得最好的村合作社负责人说：合作社的作用是使农民变成了商人。③便于筹集分散资金，联合开发利用单家独户难以利用的资源，拓展经营项目，搞深加工。或使农家的分散经营，通过组织引进技术。④农民组织不仅有利经营创收，还使他们在共同活动中，交流经验，取长补短，增进友谊，加快社区自身发展和社会进步。

应当说，目前泰国农民经济组织还处在初步发育期。组织形式和发育程度参差不齐，不高级，也不成体系。一类是单项活动的专业协作（合作）组织。大多是十几人、几十人较简单的联合体，如妇女草编小组、竹编小组、做人造花的小组，各家分头生产，但靠小组共同接受外部的需求订单，按订单组织生产，再联合销售。参加合作小组的条件，是参与项目活动，定期参加小组会议，资金入股。小组经营利润开始平分，后来才学会分为消费和发展基金等。政府不因其小、低级且是自发组织而嫌弃它们。有的农民专业合作组织已成长为较大规模和现代化的。如清迈府一个马铃薯合作社，10年前是个小组，现在拥有4500个成员，覆盖二三万亩种植面积，组织农家利用世界先进技术生产。合作社每年把农民的数万吨马铃薯，销售到相距600多公里的曼谷加工厂。另一类是社区合作社。在清迈府考察了泰国北部一个较优秀的村合作社，它联合经销农产品，搞食品加工出口；有为成员消费服务的商店，社员买同样商品，其价格最便宜；80%的农民加入了村信用合作社，信用合作社运营10年，对加速发展起了了不起的作用。

泰国的农民经济组织虽不高级，但比之我国在计划经济和政社合一体制下形成的经济组织，却显得有活力，发挥了促进创收的积极作用。原因一是由农民自我组织，逐步发展。参加与否，农户自主决定。对农民自立组织，政府鼓励、支持而不强制干预。二是组织成员入股，管理民主，追求自身实际的经济需要和利益，而不是像局外人那样追求组织形式的高级，成体系，因此能适应生产的发展而成长。

政府主要是在农户联合销售、共同利用的环节提供支持。如农业开发办对一个有226个成员的稻农合作销售组织，是在从农户购买稻谷、晾晒烘干的环节，支持200万铢无偿投资，购买了可日烘干3吨稻谷的烘干机；50万铢6个月的无息贷款，用作收购农民稻谷的周转金。萨拉浦瑞省捕鱼再加工调味品的妇女小组，得到23.7万铢政府投资，盖储藏兼公共活动室；16.3万铢为期4年的无息贷款，作流动资金。政府通过对共同利用环节的支持，增强了农民组织的实力和吸引力，以一种有形的东西，把农民团聚起来，开创一项事业，增加收入，求得发展。

（三）以“小额贷款”、小额投资方式支持农户和农民组织

贫困地区农民组织起来求得发展、创收，难点往往是缺乏资金，缺乏掌握需求、组织销售的市场经营能力。扶贫需在这两方面提供支持。

从考察情况看，泰国接受扶持的农民经济联合体、合作组织事业发展，主要有三个资金来源：

(1)农民的入股自筹资金。一股从5铢到几十铢。有的限制一个成员入股不能超过10股。由于扶贫是立足群众的自主发展,所以农民筹资虽少,却是自立发展的基础,没有自营的基础,也不可能珍惜和用好贷款,用好扶持资金。

(2)小额贷款。放贷主体:一类是农民自办的储金会、信用合作社,一类是政府部门扶贫所贷放的补贴性贷款,一类是政策性的农业合作银行贷放的低息贷款。

(3)小额扶持投资。有的是无偿投资,主要支持农民组织购置共同利用的设备、设施,或投放不要求归还,但只能作为农民组织的流动资金,不能被分配;有的是投放给不发达村级社区组织的无偿的滚动资金,这两年由社区一部分农户使用,定期收回后,下两年再由另一些农户使用,一直循环下去,长期发挥作用。在一定意义上相当于该社区农民反复使用的无息贷款。

这是一种扩充内涵的"小额贷款"扶贫方式。小额贷款源自孟加拉国一农村。那里穷,又男尊女卑,一些妇女不甘于此,自己组织起来,每人每周存6美分,一些非政府组织、慈善机构给些钱,开始小额贷款,做小生意,经济与存贷互相促进。由此发展,出现格拉米穷人银行,小额贷款推广到占65%人口的村庄。

小额贷款,是一种提供信贷和农民自我服务组织结合的形式,在泰国扶贫中显示出优越性。一是它使发展滞后地区的大量农户、农民经济组织,直接得到资助;二是有农民的组织成为信贷的依托,降低在农村向分散农户贷放的组织成本费用;三是贷放经过农民组织,有利于在共同讨论、使用和管理中,开发劳动者的技能、经营和管理能力。

(四) 鼓励民间机构、城市大企业参与扶贫

一类是民间机构如泰国商会、人口社区发展协会和乡村社区组织等,起着沟通城市大企业、大公司与发展滞后地区乡村发展的作用。在泰国东北部布瑞拉姆府传统农区南蓉地区的一个小区,我们看到由泰国商会牵线搭桥,帮助曼谷一家BATA鞋业公司,将一部分工业移植到该小区,500多个农村男女青年,在当地新办的鞋业工厂就业。从开始将曼谷公司送来的鞋面作简单的缝合,发展到自做鞋子交公司销售。工人实行计件工资,人均日收入128铢(约合人民币35元)。他们不再去曼谷打工,在当地有了想在城里寻找的工作。

值得注意的是,城市商会、南蓉中心社区组织在城乡两头,使大公司和村民相沟通的媒介方式是:商会联络那些想支持农村的公司企业,将其介绍给农村社区组织南蓉中心,公司只要给南蓉中心打个电话,中心即安排由公司派出的小组到某村了解协商,经与村民讨论和论证确定项目,即开展合作。

另一类是大公司对农村发展、兴业创收的直接参与。布瑞拉姆省的大片农区是全泰国最穷的农村地区之一。在那里,以“公司+农户”支持农业闻名于世的正大集团设有对农村的扶持项目。这个拥有 8 万员工的跨国公司,10 年前响应国王号召,拿出 2000 万铢,建立支持农村创收的基金会,利用每年约 200 万铢利息,开展活动。公司在该地区的支持项目,覆盖 7 个小区、70 个村、3120 个农户。支持农民改进传统的香米生产,发展新的增收活动,如无公害蔬菜、养鱼和乡村工业。公司通过示范村户带动其他村户,来推广技术;预测农产品供求趋势,开设大米加工厂,进行大米的收购、加工、销售。在其他省份,我们也看到一些商业公司、外贸进出口公司,利用自己商业优势,帮助农民小组发展小的创收项目。

政府鼓励民间组织、非政府机构参与扶贫,说服私营企业支持农村,做出社会贡献,提高自身知名度,农村工资水平低,协作对企业也有好处,并对这类企业给予政策优惠。

(五) 政府扶贫政策和部门分工协调体制

泰国在扶贫中,形成了政府部门、非政府组织、私人机构和社区组织多方参与的网络,不同成分各有优势。非政府组织和社区,优势是在人力资源和组织农民方面。私人机构的优势是在技术和市场营销方面。但它们往往是局部性的。在全国扶贫网络中,起主导作用的是政府系统。

1.政策引导、资金投入和公共服务

据考察,泰国政府对发展滞后地区农村直接间接的支持,可归纳为政策、投入、公共服务几个方面(见下表)。

泰国对农村的政策及投入形式、公共服务

主要政策	投入形式	公共服务
1.保护农业,支持农业调整结构及布局,保护农业资源与生态环境 2.鼓励向有利于农业、农民就业和边远地区发展的农产品加工业、劳动密集型工业、内地工业投资 3.向低于社区发展计划目标的农村、农户提供帮助 4.帮助发展社区组织,改进管理 5.鼓励民间组织支持农村发展	1.一次性投资 2.投放滚动资金 3.无息贷款 4.低息贷款 5.争取国际援助 6.市场保护价 7.农民小企业免税	1.技术 2.市场信息 3.信贷 4.帮助农民组织、社区组织 5.就业介绍、技能培训 6.组织展销、建设批发市场

2.部门分工协调体制

泰国政府农村扶贫体制的特点，一是国王、皇家参与扶贫，得到政府配合。二是在统一规划和政策指导下，政府农业与合作部、工业部、劳动和社会福利部、卫生部、教育部、内政部、财政部等多个部门，从各自职能出发，多渠道、广覆盖地支持农村就业创收，缓解贫困。三是中央部门的派出机构直接延伸到府、县(地区)，进行了"权力下放"的改革。农村自下而上提出的项目，归哪个部门指导、支持，主要由府协调。一地区政府、非政府的多方扶持，以联席会议形式协调。

部门分工上，农业与合作部重点是从农业服务、保护、指导调整农业结构与布局上，开展农村扶贫。工业部设有农村工业发展促进局，从发展乡村小企业、增加就业方面扶持。该局特别注重培训小企业家。拥有1000多人的专业技术力量，在研究改进农村小企业和传统手工业的产品设计、工艺和机具革新。通过产品展销、组织出国考察、提供资金帮助等，鼓励对农村中小企业的经营和投资。引人注目的是劳动部和政策性银行的扶贫制度。

劳动和社会福利部：侧重于从促进就业和技能培训上扶持农村。

一是促进就业。泰国在劳动力就业上实行城乡通开，多渠沟通，市场就业，政府提供公共服务的政策。劳动部在泰国北部、中部、东北部、南部都设有职业介绍中心。我们考察的北部南帮府，设有该府职业介绍处和北部16府的职业介绍中心。城乡劳动者填写求职登记卡，企业填写用工卡，输入全国联网的计算机。供求相符，即将信息提供双方，若有10人以上到南方某城市洽谈，就业介绍中心还提供车辆，把求职者送去。1996年该中心给2万多人介绍了工作。所有这些就业服务都是政府劳动部门免费进行的。

二是技能培训。泰国北部16府的技能开发中心、妇女技能培训中心也设在南帮府。北部技能开发中心1979年建立，每年得到2300万铢财政经费。设有市场需要的建筑、纺织、机械、编织、雕刻、瓷器等专业，主要对14~18岁青年进行理论与实际操作结合的教育训练。近5年该中心共培训1万多人。对一些不能进校的山区农村青年，中心组织下乡流动培训服务。妇女技能培训中心培训北方城乡年轻女性，帮助其找一份合适工作。学员就学不交费，交通、吃住、医疗保险都免费提供。中心帮助介绍工作后，还要做1年的跟踪服务。

财政部所辖的政策性农业合作银行，向农户、农业相关活动提供低息贷款。农业合作银行成立于80年代中期。据南帮府农业合作银行介绍，他们目前向该地区农户和农民合作组织发放信贷是优惠的，表现在：①贷款年利率较低。贷款额在6万铢以内的,是9%;6万~100万铢,是11.25%;100万铢以上,是14.5%。比商业银行贷款利率16%,分别低7~1.5个百分点。②贷款额在10万铢以下的,农民可以互相担保,超过10万铢的才要抵押。到1997年8月,该行发放信贷32亿多铢,其中用于稻麦、肉类、甘蔗、养猪的占73.3%,用于其他方面的占26.7%。贷款期限:短期1年以内,中期3~5年,长期的可达15~20年。

在金融界,农业合作银行之所以能向农业、农民发放低息贷款、低息吸收存款(年利息5%)而存在,是由于得到了国家的帮助和优惠政策。主要是:①向农业合作银行存款,客户所得利息可免征所得税,而存入商业银行所得利息要交15%的所得税;②政府向农业合作银行提供存款。如向南帮农行就提供20亿铢存款。③规定商业银行一定比例的资金存入农业合作银行,由农行发放贷款。过去,泰国政府曾规定,商业银行要将一定比例的存款用于农业贷款(这个比例1975年定为5%,1977年提高到13%,后又提高到上年底存款的20%),虽对金融支持农业起了积极作用,但监督困难。5年前,遂改为要商业银行将一定存款交由农行贷放。④农业合作银行在农民贷款抵押时,免交手续费,同类情况商业银行则要交手续费。农业合作银行得到国家这些优惠政策,便能既支持农业、农村发展,自身也有一定利润,得以存在、发展。

三、值得借鉴的几点经验

(一) 实行自下而上的扶贫项目决策,有利于提高项目成功率和扶贫效果

泰国的实践表明,贫困地区发展的主体是当地群众,政府立于辅助的位置上,扶持什么,发展什么,要采取自下而上的决策方式。组织当地群众讨论,对民主讨论提出的项目,由专门人员加以论证,政府部门在此基础上作决策;或者是群众先根据当地情况,选择了发展项目,干了起来,而且有了初步效益,政府再予支持。这样,才能使扶贫项目适应当地的资源条件和市场需要,得到当地群众的认同,给群众的自主发展"雪中送炭",从而项目成功率高,事半功倍。

(二) 尊重贫困地区农民的发展主体地位,在扶贫中重视农民自己的组织

泰国一些地方的农民都谈到,他们的发展,从信用合作、专业合作一类组织受益很大。原因是"合作社使农民变为商人",适应由自然经济向商品经济的转变。农民通过自己的组织,保护和争取自身利益,解决一家一户解决不了的问题,改变在市场中"小、散、弱"的地位,增强竞争力。扶持这类农民组织,自然有利于培育农民的自我发

展能力，从根本上摆脱贫困。

(三) 多用滚动资金、补贴性信贷和小额贷款方式扶贫

泰国在支持贫困地区农村发展中，除进行无偿投资外，大量使用投放滚动资金(如内政部对村社区组织的资助)、补贴性贷款和小额贷款的方式，好处很多。这样，使一大部分用于贫困区的财政投入，变成了多几倍的贫困地区农民可利用的无息低息信贷资金(它不同于提供一般信贷，贫困区农民不敢使用，最终是名义上给予信贷优惠，实际上贷放很少)，增大支持发展的力度；或者由一次性使用的投入变为可长期循环使用的滚动资金。同时，它使扶持资金投放具有激励(政府贴息)和约束(需要偿还)的双重机制，促进提高使用质量和效益。更重要的是，小额贷款方式有利于提高农民和农民组织使用资金的自主性，对农民经济和社区组织滚动资金的投放，往往还附加了要组织成员参与资金使用决策管理的要求，从而有利于提高农民和社区自我管理的能力。因此，这种方式很值得借鉴。

(1997 年)

组合竞选*

——完善村民自治选举制度的创新实践

一、村级民主选举的具体办法需要继续探索完善

最近,安徽省社科院研究员辛秋水[1]反映:修改后的《村委会组织法》,对原试行法中关于村委会主任、副主任、委员由村民直接选举的规定做了补充,并指出"具体选举办法由省、自治区、直辖市的人民代表大会常务委员会规定",这是很正确的。自1988年6月《村委会组织法(试行)》正式试行以来,各地有一个从间接选举到直接选举,从指定候选人到不指定候选人的转变过程。过渡到后者,少数地方已有10年,但大部分地区仅两三年时间,或刚刚开始。实践时间短,各地情况差别大,对直接选举的具体办法,法律给地方留有余地,这有利于省级提出因地制宜的办法,也有利于对一些具体问题继续在实践中探索和完善。

他还反映:从安徽近年的实践看,群众对村级民主选举注入了实行家庭承包经营以来少有的激情,多数地方的选举是好的,但一些地方的村委会选举,因选举办法不当,不仅个别村经几次投票未选出村委会(如五河县长淮乡十里墩村),或矛盾反而扩

*本文题目原称组阁竞选制,2001年后辛秋水将其改称组合竞选制,为此编入本书时题目作了修改。

〔1〕辛秋水,安徽省嘉山县横山乡人,1949年参加革命,曾在中苏友好协会工作,后被错误处理,回家乡劳动,改革后平反,到安徽省社科院社会学所工作,任所长。他深入农村调查,1981年前后写出《农民单身汉户问题值得重视》、《当前国家干部贪污行贿之风严重》等调查报告,受到胡耀邦、万里等领导的批示和重视。特别是80年代在大别山贫困地区多年蹲点扶贫,提出建村科技图书室、贴报栏和实用技术培训中心的文化扶贫有效措施,并进行村民主选举的实践,提出组合竞选制、保障基层民主选举健康进行的创见。

大(如凤阳县小岗村),而且有些村的班子虽然选了出来,却是散班子。这说明,选举方式、程序是否科学合理,对民主选举成效关系甚大。在这方面,安徽省试行的村委会“组阁竞选制”,是能防止不少弊病的一种办法。

前些时候,我们曾对安徽的村委会“组阁竞选制”做过调查,最近又对滁州市来安、凤阳县的村委会选举做了了解,与省人大常委会两位负责同志做了探讨。情况表明,这种办法比较符合农村民情,虽然在一个选举细节上与《村委会组织法》不完全一致,但整体上都是一致的,而且有制度层面的可取之处,值得在一定范围内做进一步试验。

二、村委会“组阁竞选制”试验的基本情况

村委会“组阁竞选制”,是10年前安徽省社科院研究员辛秋水在皖西大别山区蹲点扶贫中与当地干部群众一起创造的。辛秋水到大别山区先是调查研究,进而蹲点搞“扶贫扶人,扶智扶文”为宗旨的文化扶贫。他感到,扶贫不仅要给钱给物,而且要对人扶志扶本,从信息、技能、文化上予以扶持,提高人力资本,同时要有一个为老百姓着想、受他们信任,能带领群众脱贫致富的好的基层领导班子。要有好班子,就要搞好民主选举和监督。为此,他在提倡办贴报栏(增加群众获得信息的渠道)、办图书阅览室和文化技术音像资料放映室的同时,把村级选举作为一个重大问题来研究。经过对农村民情的深入了解,在岳西县莲云乡腾云村实行村级民主选举中,与群众一起创造了村委会“组阁竞选制”的经验。对这一经验,1992年安徽省委、省政府确定在6个贫困县推广,并批准成立省文化扶贫与村民自治研究实验中心,致力于村民自治及村级直接选举制度的探索和试验。

村委会“组阁竞选制”的特点,是在村委会竞选大会上,每位村委会主任候选人做竞选演讲的同时,都要向选民介绍自己提名的村民委员会组成人选(即组阁人员)名单,然后由村民直接投票选举。形式上是只竞选村委会主任,实质上是选举由重视村委会主任个体素质的选择,上升到个体素质和群体组合兼顾的选择。村委会“组阁竞选制”也是在多次试验中不断完善的,现已发展为首先投票选举村委会主任,再对当选的村委会主任所提名的村委会组成人选,由村民直接投票选举(见《安徽省村民委员会选举办法(建议稿)》)。

第一次试验是1989年1月在腾云村。他们按照经济文化建设与政治民主与法制建设在扶贫中相互促进的思路,依据法律有关规定,在县乡党委和政府支持下,实

行直接民主选举。这次选举,打破了过去上级提名、村民举手通过的老框框,采取选区推荐、联名推荐、个人自荐办法,不限额地产生村委会主任候选人,张榜公布,让选民品头评足加以比较,经过各村民小组会议投票,最后确定4名正式候选人竞选村委会主任。然后召开选举大会。在选举大会上,几名候选人分别发表竞选演说,讲自己为村民服务的诚意,当选后的工作纲领,同时亮出自己的"组阁名单"——所提名的其他村委会组成人选,一一介绍他们每人的优缺点,并接受选民的质询,让全体村民鉴别审查。经过两轮无记名投票,一名农民技术员当选。选举大会从上午8时开到下午4时,选民忍着饥饿坚持到底。村民说,"这样选举才是真选举","硬抵硬选出的干部,我们信服"。村委会"组阁竞选制"首次试验就取得成功。作为直接选举,在全国也属最早之一。

腾云村民主选举既调动了群众积极性,又增强了干部服务意识。民选的村委会上任伊始,建立了一个专门监督村委会的机构(监事会),还聘请本村离退休干部担任顾问,继而成立财务清理小组,对多年村财务账目进行清理,实行财务公开,并推广技术,带领村民搞杂交稻制种,修复河岸田坎,维护山林秩序,发展经济林,当年粮食产量、经济收入有很大提高。

该村在1995年4月、1998年6月,又以"组阁竞选制"两次进行了村委会改选。这两次选举比第一次有了较大的改进,即村委会主任候选人在竞选大会上提出的组阁名单也必须经过村民投票选举,从而实现村委会所有成员都由村民直接选举产生。这个地处贫困山区的村,三次选举出来的村主任,都不是本村大户。

后来,试验扩大到一个乡,即在皖东滁州市来安县邵集乡,1998年3月对全乡8个村进行了村委会"组阁竞选制"的试验,10天时间顺利完成。这次试点,候选人的提名方式采取了海选,使选举办法更趋完善。99%的农民参选,新班子中党员干部占87%,文化程度全为初中以上,平均年龄降至35岁,8名女同志当选。此外,还在淮北阜阳市阜南县进行了村委会"组阁竞选制"的试点,都很成功。

三、村委会"组阁竞选"达到扩大民主与优化组合班子的双重目标

"组阁竞选"使村级民主选举上升到一个新水平。一方面体现了公平原则,使村委会的所有干部由村民选举决定,向村民负责;另一方面体现了民主政治的效率原则,使选举出来的班子,是群体成员优化组合的有效率的班子,避免了仅个体选优可能整体不优的问题。

村委会为什么要实行“组阁竞选”才利于达到上述双重目标？其基本原因是:在从传统向现代过渡的我国大部分农村,农民大都世代相居一地。由于这一特点,村民之间遍布血亲网,存在着血亲和地缘关系；也是由于世代相居一地,某些邻里、门户之间往往世代冤仇,见面就眼红，说话就顶撞。如果平行选举或分别选举村委会主任、副主任和委员，一些血亲很近的人,如父子、兄弟、郎舅等很可能同时选到一个村委会班子里,这显然不妥,违反了近亲回避原则；而把冤家对头的人选到一个村委会班子里,也无法工作。

这类弊端,采取传统的选举办法无法克服,而采取“组阁竞选制”就能避免。首先,由村民推选村委会主任候选人3~4人，每位村委会主任候选人提出自己的“组阁”名单,在竞选大会上,他们发表竞选演说，同时公布自己的“组阁”名单。为了争取村民的信任,他就不会把自己的“九亲六族”拉进来,更不会把名望不好、明显带有某种集团利益和经济利益关系的人,作为自己的竞选伙伴,否则他就会丢失选票。当然，他也不会把同自己谈不拢的人“组阁”到自己的班子中来。这样如果他当选了，不至于变成软班子、散班子,就能团结村委会一班人,大家拧成一股绳，带领村民致富奔小康。

值得注意的是,这里所谓“组阁”,实际是提名联选，最终都必须经过投票选举来决定。当某一村委会主任候选人竞选成功后,在同一大会上,还要再将当选村委会主任的“组阁”人员,作为村委会其他成员候选人,进行差额选举。这等于是把村委会主任同他提名的“组阁”班子进行“联选”,得票过半数的当选,否则落选。可见,竞选充分发挥了民主，“组阁竞选”达到了优化组合班子的目标。

四、评价和建议

以修改后的《村委会组织法》来衡量,安徽一些地方试行的村委会“组阁竞选”办法,在整体上是合乎法律规定的。不相吻合的仅有一点:《村委会组织法》要求“由本村有选举权的村民直接提名候选人”,而在“组阁竞选”中,村委会主任候选人由村民直接提名，而其他候选人作为群体组合成员,也一同被提名联选,而不是由村民直接提名所有的候选人。所以这样做,是为达到扩大民主与优化组合班子的双重目标。

村委会“组阁竞选”,不是照搬国外办法。这里是村委会主任竞选者先提名“组阁”成员后选举,不同于国外的先竞选后组阁,它是出自我国农村的民情和客观需要,为解决选举中遇到的问题、弊端而自己创造的办法。村委会“组阁竞选”,不是不要领导,上级领导的责任,是要为村民选举创造一个让群众进行民主选举的环境,解决选举办法中出现的问题,逐步完善选举的程序和办法,而不是干预选举人,以长官意志取代民主。安徽省的领导比较看重这一创新,原省委书记卢荣景、现任省委书记回良玉于1998年8月、1999年1月,分别批示,肯定其价值。

过去10年,全国各地对村委会选举制度进行了不少创新。如福建省在选举前审查村级财务,吉林省梨树县首创“海选”方式等。安徽的村委会“组阁竞选”办法也是完善村民自治选举制度的重要创新实践。这一经验,自1990年7月《中国社会报》作详细报道以来,电视台、报刊进行过多次报道,在1994年全国农村社会学研究会邯郸研讨会、1997年北京村民自治国际学术研讨会上,获得专家、学者和民政部的好评。1998年上海社会科学院派出以副院长为首的专家考察组及中国社科院农村所派人先后作了专门考察,认为村委会选举采用“组阁竞选”办法,程序科学,选出的班子工作效率高,既符合我国农村民情,又与现代民主制度操作规范接轨,希望推广,并把这一经验报告给全国人大常委会。

鉴于村委会“组阁竞选”整体上符合法律规定,属于具体办法范围,对完善村民选举制度有可取之处,我们建议:①允许当地在人大有关方面指导下继续在小范围内做进一步试验,使之与“海选”方式有个比较,以利取长补短。②关注各地在村级民主选举具体办法上的探索创新,不断掌握新情况新经验。这既是指导当前工作的需要,也利于积累多方经验,在条件具备时,由国家提出村民委员会选举程序范例,使村委会依法选举日臻完善,发挥深根固本,促进农村发展、改革和社会进步的作用。

(1999年1月)

民主决策、管理、监督从村级上升到乡镇的好方式

——浙江温岭“民主恳谈”推进基层民主政治建设

一、市场经济发展和工业化、城镇化的社会转型孕育“民主恳谈”新事物

位于浙江海岸中部的台州地区温岭市，人口超过百万，原为山多田少、人多地少、农民收入低的农业县。这里在实行农业家庭承包经营的改革、解放农村劳动力的基础上，成为我国民营企业的先发地区之一。农民兴办个体、私营、股份合作制企业，外出做小生意，掀起发展市场经济的大潮。小商品、大市场、小企业、大群体，汽车、摩托车及配件，鞋业，泵业电机，塑料制品，新型建材，船舶修造，水产品加工等产业集群的形成，快速推进了工业化、城镇化和农村劳动力转移。经过20多年努力，奇迹般地跨入发达地区的行列。

经济变革推动社会转变。一方面，在市场经济、民营企业、生产社会化的发展中，群众既得到了经济上的实惠，也逐渐摆脱了传统的小生产意识，经济的自主、平等竞争，孕育出自主、平等、开放、公正等与市场经济规则相联系的现代新观念，要求在与其利益相关的社会事务管理中了解情况、参与决策。社会阶层也开始分化，从农民分化出个体劳动者、企业家等多种群体，利益需求呈现多样化，每个群体都希望有利益需求表达的通道，输入社会管理的决策系统之中。另一方面，面对社会转型中出现大量复杂的新矛盾，传统体制下的社会管理方式仍占主导地位，主要是干部讲，群众听，干部决策，群众服从，群众有话无处说，缺乏必要的知情权，向政府提意见、建议的渠道少。干部的一些决策缺乏群众基础，有些干部对执行国家的法律、政策有偏差，办事不力，处事不公。这就造成一些地方群众与政府、干部之间互不沟通、不理解、不信任的问题。如何处理新旧体制交替、社会转变中的问题，百姓关心，政府也亟待寻求有效

途径。温岭市的领导感到,如果不扩大基层民主,就难以满足群众对社会管理的参与愿望;社会变化中的热点、难点问题,如果不通过干群沟通、民主协商的办法来处理,就难以解决。"民主恳谈"的新型基层民主治理载体,就在这种情况下诞生了。它出现不久,就得到台州市委、浙江省委以及社会多方面的重视和关注。

二、"民主恳谈"从1999年6月在温岭市松门镇产生至今经历了三个发展阶段

第一阶段,转变传统的思想政治工作方式,将干部对群众自上而下灌输、教育,变为围绕群众关心的当地突出的经济社会问题,干部和群众之间进行平等的对话交流,群众对管理的参与。

1999年6月,浙江全省开展农业、农村现代化教育,台州市委决定在温岭市松门镇试点。温岭市从事这项工作的干部和松门镇党委都感到群众的自主性增强了,对那种干部讲、群众听,居高临下灌输式的教育已经厌倦,为使教育试点真正取得实效,尝试采用一种干部、群众对话的方式,当时取名为"农业农村现代化建设论坛"。开会5天前贴出通知,让群众自愿参加,群众什么问题都可以提。起初担心群众不愿参加,结果出乎意料,150多名群众自发来参加会议,提出的问题涉及镇的投资环境、村镇建设规划、液化气价格、建外来农民工集中居住住房等,同镇领导及财政、工商、电力等部门干部进行面对面的平等交流对话。群众每提出一个问题,镇领导就认真回答一个问题。有的问题当面作了澄清,有的问题当场予以解决,有的问题承诺了具体的解决措施和时间,或是以往处理不公平,承诺在限定时间里调查研究予以解决。这种活动当年松门镇举办了四期,参加群众600多人次,提出问题110件,当场解释、答复84件,承诺交办26件。"论坛"这个"不用花钱就能办成大事、解决难事的地方",受到群众的好评,被称为松门镇的"焦点访谈"。

1999年底温岭市委推广了松门的做法,各乡镇(街道)出现了形式多样、名目繁多的民主沟通、民主对话活动,村一级则开展村干部与村民直接对话的"民主日"。随着活动深入,他们发现"论坛"这一农村思想政治工作的新载体具有基层民主建设的功能。为使名称通俗化、科学化,更贴近群众,温岭市于2000年8月在松门镇开现场会,将"农业农村现代化建设论坛"和各地开展的"民主恳谈"、"村民民主日"、"农民讲台"、"民情直通车"等多种农民创造的基层民主建设的新形式,统一更名为"民主恳谈"。

"民主恳谈"初期的基本做法,是一期一个主题,群众出题目,干部抓服务。恳谈根

据乡镇的实际情况确定,内容主要是当地的重点工作,需要解决的突出问题,群众普遍反映强烈的热点难点问题。事先(一周前)在乡镇(街道)的各村(居委会)公布恳谈会的主题、时间、地点。恳谈会上群众自愿参加,自由提问,乡镇领导、有关部门当场解释、答复、解决,或明确问题的解决期限。建立解决群众提出意见要求的督办和反馈制度,在承诺时间内落实,将处理情况反馈给群众和乡镇"民主恳谈"领导小组。乡镇人大主席团对交办事项的解决情况进行检查监督。有的问题暂时无条件解决,向群众说明原因,取得群众的谅解。

第二阶段,"民主恳谈"向民主决策、民主管理、民主监督深化发展,成为一种新型的基层民主形式。

1999 年 12 月,在台州市委举办的"民主恳谈"研讨会上,有的与会专家开始以为民主恳谈是搞形式,第二天到松门镇观摩,看到群众与干部的争论是真刀真枪。如松西村改为街道居委会,部分民房拆掉,镇里规定造房地基折一还一,一户原来为 6 间房,家里人外出就业的多,一个老太太带 5 个媳妇,政府只给了 4 间,她们提出来,要求按规定办事,会上镇有关部门决定改变了原来的做法,如此等等。专家们认为,这就是一种民主的形式和载体,群众有发表意见的场合,在群众参与下解决问题,"由松门镇的'民主恳谈'看到了 21 世纪中国基层民主政治建设的新曙光"。专家的见解对温岭市领导有很大启发,他们开始把"民主恳谈"的内涵由以民主的方式改进农村思想政治工作,向基层民主建设的方向深化。"四大民主",在镇一级,选举是选人大代表,要深化,重点是健全决策、管理、监督三个民主,特别是民主决策,群众对决策一是要知情,二是要参与。使"民主恳谈"成为镇村和市政府职能部门重要事项决策的必经程序,成为人民群众管理、监督基层社会事务的平台。

镇(街道)的"民主恳谈"主要围绕城镇化发展建设中的问题进行决策。具体程序是事先通知议题,请与决策事项有关的各社会利益群体群众参加,其他群众自愿参加。恳谈会上,镇政府首先介绍对问题的调查情况和解决问题的初步意见、方案;接着群众讨论,发表意见、看法,政府要当面回答问题;然后休会,镇党政班子召开联席会议集体研究,吸收群众提出的合理意见,修改完善方案,作出决定;再回到恳谈会场,向群众说明,群众没有意见就散会。对多数群众反对的就否定掉。对不同意见较多的,就暂缓决定,做进一步的调查论证。

大部分乡镇把难处理、矛盾尖锐的问题拿到民主恳谈会上来,不这样事情不好做。一个镇要搞"高山移民",政府拟一间地基提供 6 万元,但造房要 10 万元,山上群众自己要拿几万元,多数人没有这个购买力,就推翻了原方案。温峤镇是由 4 个乡镇合并而成的，镇里想把江夏、青吕两所中学合并，认为青吕经济较贫困，青吕中学师资弱、人数少，让其并入条件好、师资强的江夏中学，孩子们能受到较好的教育，群众一定高兴，就报市教育局，获得批准。但想到这事关群众利益，还是要交给群众讨论决定，而且前些年城南镇因撤消一学校，几百名群众砸了镇政府。为此开了恳谈会，到会群众200多人，镇政府说明初步方案后，一些群众很冲动，他们说若并校，青吕一带的初中学生到校要走10公里路，学生早上6点钟就要到校，骑车不安全，要在学校住宿、就餐，一年一人要增加1000多元的费用。绝大多数人反对并校。干部们说，若不开恳谈会，就会违背群众的意愿，造成群体上访。2003年石桥头镇要新建一所中心小学，镇政府的初步方案是放在镇的新区，想以小学吸引人口进镇，把地价拉起来。但一条公路把新区、老区分开，居民的80%住老区，恳谈会上，群众认为，把小学放在新区，大多数学生要横穿公路，过往车辆多，学生安全是大问题，不同意镇的初步方案。恳谈会休会，镇领导班子再做研究，最后宣布，校址仍定在新区，遭到群众反对，几十人冲出来，要离席，说什么民主，民主你娘的头。事后，石桥头镇开党委中心组学习会，市民主恳谈小组的同志也参加学习，指出镇政府在民主恳谈会上的最后决定是错误的，民主就是要按多数人的意见办，不能把政府的利益与大多数群众的利益对立起来。党委感到自己的决定有问题，最终还是把学校放在了老区。

镇的"民主恳谈"可分为两类。一类是行政事务决策的听政议政恳谈会，另一类是对重大事务议政与表决结合，决定的实施受人大监督。

村的"民主恳谈"，则都是议事与表决结合。

第三阶段，"民主恳谈"把群众参与的直接民主与基层人民代表大会制度相结合，进一步规范化、制度化。

"民主恳谈"是群众创造的新事物，如何让这种群众自己参与基层公共事务决策的民主活动制度化，还需要解决群众参与同现行决策体系各方面的关系问题。群众参与同政府决策的关系已经发生了变革。过去是政府单方面决策，而且往往不是政府领导班子集体决策，只是书记、镇长一人拍板，不可避免地会出现决策失误，甚至违背群众利益。"民主恳谈"形成了领导与群众共同决策的机制。基层民主的根本制度是人民代表大会制度，要使群众参与决策，将"民主恳谈"从体制外纳入体制内，很重要的是要解决与人民代表大会制度的关系。"民主恳谈"与乡镇人民代表大会制度的结合，使温岭的民主尝试进入了一个新的阶段。具体做法是一年四次的乡镇民主恳谈会，主持者由以往的乡镇党委转变为乡镇人大主席团，根据群众和政府的提议确定议题，由人大代表和相关群众参加。在对议题的发言权上，群众和人大代表是平等的。政府根据群众和代表的意见整理修改决策方案，提交人大主席团，由人大代表表决，群众列席。在一般情况下，表决能够反映群众的意见。如果表决以后，群众不满意，可以联名提议重新讨论。

村级民主恳谈制度化的进展是完善村民议事会。较早出现在松门镇胜北村。这个村在 1998 年底开始第二轮土地承包时，村民意见不一，村干部召开了村民代表大会，要每个村民小组推选德高望重的人做代表，与村领导面对面交流，商量方案。这种商讨，让复杂的土地承包解决得出奇顺利，村民大都满意。于是，他们把代表会保留下来，1999 年命名为“村民议事会”。此后，又通过议事会解决了土地整理、垃圾处理等问题。村民议事会形成了制度章程，规定议事会代表由村民自由选举产生，按每个村民小组不同人数确定名额，村两委成员是“当然代表”。代表三年选举一次，与村委会换届同步，选议事会代表在村委会之前。规定了代表的权利、义务，议事会的职责，定期召开和议题确定的程序等。村干部说，现在不再是领导说了算，村民议事会通过才算。

三、“民主恳谈”的最大贡献是以民主决策、管理、监督为切入点，使基层民主政治建设由村级推进到乡镇一级

（一）“民主恳谈”不仅完善了村民自治，而且从管理环节切入，使基层民主政治建设由村级推进到乡镇一级

自《村民委员会组织法》实施以来，村民自治取得了很大的进展，但大部分的村民自治只停留在村干部的民主选举上，群众只行使几天的民主权利，选举过后仍然是干部说了算。实行“民主恳谈”以来，村级重要事务的决策由村民直接发表意见，通过表决做出决定，决定执行的情况也要接受村民的评判和监督。这大大扩展了村民参与村内事务的广度与深度，使村民自治从民主选举向民主决策、民主管理、民主监督延伸。

基层民主政治发展的一个更大问题，是能不能从村民自治层面上升到乡镇民主治理层面，以及推进乡镇民主政治建设要采取何种途径才比较合适。对这个问题，温岭市的“民主恳谈”在实践中做出了很好的回答。温岭市的“民主恳谈”是从乡镇开始的。面对工业化、城镇化过程中乡镇出现的复杂的社会矛盾，及与群众利益关系密切的公共事务问题，群众要求有发言权，干部感到只有通过群众才能化解矛盾、解决问题，这是“民主恳谈”产生的基础，表明了基层民主政治从村级层面上升到乡镇层面是必然的趋势。

这种“民主恳谈”的独到之处，是从解决与群众密切相关的社会问题的需要出发，让群众对决策知情、参与，以民主决策、管理、监督作为切入点，推进乡镇政治体制改革的进程。这样做，比较合乎我国的国情。它是从经济社会发展要改善决策的迫切需要出发，又通过决策的民主化和民主监督，对保障群众利益、提高行政能力、化解社会矛盾带来了实实在在的好处，因此是切实可行的。它不是从乡镇政府班子的民主选举开始，乡镇机构与村民委员会不同，乡镇政府是一级政权组织，不从乡镇领导班子的选举开始，可以避免推进民主过程中的阻力或发生较大的震荡，又在民主治理中逐步提高干部、群众的民主意识和行使民主权利的能力。同时，在“民主恳谈”中，干部要直接回答群众提出的问题，是在群众面前的亮相，民主治理对干部的服务意识和能力也是一种检验，经过一段时间的实践，自然要对人事制度产生影响。到一定阶段，实行乡镇领导班子的民主选举就会水到渠成。

民主政治建设从村级层面向乡镇层面的推进，实质上也是从农村向城镇的推进。目前，温岭市的一些镇，镇区常住人口（包括农民工）在 10 万人上下，3/4 的农村劳动力转移到非农产业，一些农村已变为城镇的一部分，“民主恳谈”谈的主要是城镇化发展中的问题，这就使民主政治引入城镇，促进了城镇管理体制的创新。产权明晰的企业制度、平等竞争的市场机制与群众参与的民主治理相结合，这使城镇经济社会发展充满活力。

（二）“民主恳谈”使家长制的管制式管理转向群众有序参与、政府与群众协作互动的服务式管理

“民主恳谈”蕴含着官民关系和管理性质的重大转变。过去，与计划经济体制相对应的是家长制式的管理，但随着市场经济的发展，在整个社会领域，企业和公民成为发展经济、建设新生活的主人，政府管理人员与他们的关系，是服务与被服务的关系。重大社会事务的正确决策，良好的经济社会秩序的建立，是政府的愿望，也是群众的要求，进行社会治理需要依靠群众，体现人民当家做主。公共管理要反映群众的利益，解决他们的问题，不应该是政府单纯制定规则而强制群众服从的过程，而是要让群众的利益通过一定的渠道表现出来。在“民主恳谈”中，群众参与重要事务的决策、政策性措施的制定，就使决策体现了群众的利益，政府管理人员和群众都要依民主程序形成的决定约束自己的行为。这就使公共管理成为政府与群众互动协作、民主协商的过程。

四、结论和建议

发端于温岭，在整个台州地区全面推行的民主恳谈会，其实质是民主决策、民主管理、民主监督。它丰富了村级民主选举基础上的民主决策、管理、监督，并以民主决策、管理、监督为切入点，使基层民主建设由村级推进到乡镇层次。这是具有原创性的基层民主政治改革和建设的新发展。温岭的实践表明：市场化的经济体制改革，形成群众有权有责有利，各自相对独立、经营自主、产权明确、利益直接的经济主体，使经济充满了发展的动力，群众得到了实惠。他们不仅有分散的经济利益，也有公共的社会建设与服务的需求和利益。将公共的社会建设与服务的管理民主化，形成群众参与管理的制度，有利于决策符合群众利益和科学化，防止官僚主义、特权和腐败。而且，能够在各个群体利益分散化的基础上，团结各方，集中群众智慧。进行公共社会建设与服务的有效途径，就是民主决策、管理、监督，通过这样的方式，化解社会矛盾，协调利益关系，达到政府与民众的协作和一致。经济体制改革的深入，市场经济的发展，必然要求推进政治体制改革和民主建设，而政治体制改革和民主建设的推进，既会有力地推进经济改革和发展，增进群众的物质利益，又会增进群众的民主权利。这是党的群众路线传统和"三个代表"理论、以人为本科学发展观在政治实践中的体现和保障。这个系统工程从基层做起，夯实基础，对保障经济持续、协调发展与社会和谐有着深远的意义。

为此，我们建议：

(1)各级领导应高度重视民主恳谈这一来自基层和群众的创造。有的同志把它与小岗的大包干到户相提并论，并不过分。应该认真总结他们的经验，选择发达地区、不发达地区的村和乡镇进行推广试验，使之进一步完善。

(2)在总结各地实践经验的基础上，尽快起草乡镇民主决策、管理、监督的试行条例。

(2005年5月)

中国走出二元经济研究提纲*

一、立题背景和研究意义

(一) 我国当前存在的一系列重大的经济社会问题都与二元经济结构有关

改革以来,我国实现了现代化建设“三步走”的第一步、第二步目标,人民生活总体上达到小康水平。但现在的小康水平还是低水平、不全面、发展很不平衡的,城乡二元经济结构还没有改变,实现工业化现代化还有很长的路要走。

当前存在的一系列重大的经济社会结构性、体制性、战略性问题:

一是“三农”问题突出。改革以来农业经济发展解决了温饱问题,农业和农村结构调整有一定进展,特别是沿海发达地区和城市郊区非农产业有了较快的发展。但是,农业人多地少细小经营、农产品市场容量小、农民收入低、农村基础设施落后、教育和卫生条件差。2002 年农民人均收入仅 2475 元,不仅有三四千万人未稳定解决温饱问题,而且有 50%的农民年人均收入低于 2000 元,处于温饱阶段。早在 1984 年中国农村改革发展取得重大成绩之际,邓小平提出“农业的文章很多,我们还没有破题”。“没有破题”,可以理解为在我国农业上有些重大的根本问题还没有被着重触及,或是还不具备可靠的解决方案。经我们的研究和理解,50 多年来,我国城乡二元结构问题没有被提到重要议事日程,基本上还是就农业论农业,就农村论农村,这应该是有待破题的重大问题之一。不解决这个问题,农村人口和剩余劳动力的转移、农业劳动生产率,不可能达到需要的程度,农业、农村的发展终究是有局限的。

---

*本文是为同张忠法、赵树凯一起商量申请中国发展基金会课题项目所写的提纲。第一部分在原提纲的基础上做了扩充,祖国补参加讨论,提出了重要意见。该课题成果后来收入邓鸿勋、陆百甫主编:《走出二元结构:农民就业与创业研究》,北京,中国发展出版社,2004。

二是城乡差距大,农村人口占大多数,但农村购买力低,造成内需不足,制约了工业化发展,难以形成农村农业与城镇工业和服务业的相互促进、良性循环和可持续发展。目前我国农业在GDP中仅占15%,而农业劳动力占全社会劳动力的50%,这种格局决定了农民的收入处在低水平。城乡居民收入差距扩大到3.1:1,城乡居民收入增长幅度之比约为4:1,农村人口占总人口的60%以上,但在社会商品零售额中仅占37%。农民收入低、增长慢,有效需求有限,制约了工业和服务业的发展。

三是就业问题特别是农村劳动力就业问题突出,农村劳动力转移和城市化严重滞后,制约农业劳动生产率、积累率、农民收入,导致产业结构、就业结构、城乡结构不协调。

四是城乡经济发展、结构调整中的要素流动配置,特别是农村劳动力流动转移,受体制、制度的严重制约,财政投入存量增量结构存在对农业农村投入少的偏差,资金从农村净流出,不发达农区成为没有金融支持的农村发展,影响了工农、城乡协调发展。

以上这些问题都与党的十六大报告所指出的“城乡二元经济结构还没有改变”有关。

(二)我国和一般发展中国家的经济社会发展一样,农业国工业化现代化,要经历一个从二元经济转变到现代一元经济的发展过程。

从20世纪50年代以来,发展中国家如何工业化现代化,受到西方经济学家关注,提出二元经济理论,主要是:

(1)提出分析发展中国家经济现状的二元结构框架,从经济结构演进角度探索发展中国家经济发展的规律。城乡二元经济结构是指发展中国家传统部门(如农业,仅能维持生计状态的小型商业)比重过大、现代经济部门发展不足以及城乡差距十分明显的一种状态。这种状态既是发展中国家的经济结构存在的突出矛盾,也是这些国家相对贫困和落后的重要原因。发展中国家的现代化进程,可以说在很大程度上是要实现城乡二元经济结构向现代经济结构的转换。

(2)农业剩余劳力转移支持工业资本积累,实现结构转换。发展中国家传统部门主要是农业部门存在边际生产率为零或很低的剩余劳动力,使这些劳动力转移到现代经济部门,工资成本较低,现代经济部门可因此获得较高的利润,利润被用于再投资,工业资本扩张又更多吸收农业剩余劳力。农业因剩余劳力的包袱逐步减少到吸收殆尽,完全商业化,具有竞争力,二元经济就变为一元的现代经济。它的农业剩余劳力转移支持工业资本积累，实现结构转换的理论核心，进一步揭示了要素流动配置与结构转换的关系，为探索发展中国家结构变动与现代化发展的过程、规律和动力，奠定了理论基础。

(3) 要使就业转换得以实现，必须把握工业与农业的关系，保证农业增长。一个几乎没有新的农业技术进步和新的农业投资的农业，是停滞萎缩的农业，它将引起非农产业工资成本的急速高升，从而侵蚀用于非农产业发展的利润和资金，使非农产业吸收农业剩余劳动力的过程处于停滞状况。特别是农业剩余劳动力转移到一定阶段，农业中土地和人口之比开始提高，农业中边际产出大于零的劳动力已经出现，农业劳力继续转移会使农业总产出受到影响，而使工业贸易条件恶化，农业剩余产品出现短缺，工业部门的工资急剧上升，必须付出更多的工资才可以得到同量的食物来维持工人的生活，这就导致吸收农业剩余劳动力的发展进程受到阻碍，发展过程停滞。解决这一问题的唯一途径是改造传统农业，特别是要依靠向农民进行特殊投资，以使他们获得必要的新技能和新知识，实现农业的经济增长。只有农业生产率的提高，才能避免转折点提前到来，为经济发展提供协调发展的动力。

(4)工农关系(一、二、三产业关系)、就业结构及与此相关的城乡关系是国民经济发展中最基本的关系。

国际二元经济理论和农业国工业化的实践经验对我国有借鉴意义，我国和一般发展中国家的经济社会发展一样，在农村人口占多数的起点上走向工业化现代化，要经历一个从二元经济转变到现代一元经济的发展过程。

(三) 我国二元经济结构与新中国成立后实行计划经济、传统发展战略特别是城乡二元体制的历史背景相关，成为二元经济社会结构

我国历史上形成的二元经济结构，由于新中国成立后实行的优先发展重工业战略及计划经济、城乡分割体制，得以强化和宽化。新中国成立后，我国为摆脱一穷二白，巩固国家独立、推进工业化，实行的是中央集中决策的计划经济体制，与一般发展中国家的市场机制调节不同，并实行重工业优先发展战略。我国1952年人均国民生产总值仅有50多美元，工业产值份额不足10%，人均粮食占有水平仅285公斤，农业就业份额高达83.5%。在此基础上发展资金密集的重工业，其资金需求不能从轻工业获得，就只能从农业抽取。实行了对农产品的低价“统购统销”。国家通过工农产品“剪刀差”和农业税两种形式，从农业抽取资金发展工业，而限制农村劳动力向城市的流动，以便在有限财力下维持城市非农业人口的供给和工业的低成本。旨在限制农村人

口、劳动力流动转移，实行城乡有很大差别的农业和非农业两种户籍制度。城乡两种户口，使农村人口在粮食供给、在非农产业的就业、居住、教育和其他一些社会福利上，处于不平等地位，形成“二元经济结构”之外的“城乡二元社会结构”。这种制度堵塞了“利用农业隐性失业的劳动力转移，支持现代工业部门的资本积累”的通路。不仅城乡差距大、“三农”问题突出，而且结构转换受城乡二元体制严重制约。

（四）二元经济、城乡二元体制是我国经济社会结构存在的突出矛盾和贫困落后的重要原因，是制约可持续发展的障碍，带来亟待解决和要经过长期努力才能解决的问题

这种计划经济和相关发展战略、城乡分割措施，造成城市与乡村、农业与工业的差别，不同于市场经济下主要由于现代部门与传统部门因生产方式不同而形成的差别。导致了经济结构的失衡，农村劳动力转移和城市化“两个滞后”，农业薄弱，农村贫穷。其长期运行既影响经济发展，也影响就业和社会发展。到1978年，农业产出占总产出的比例降低到32%，但农业劳动力仍占76%。城镇包就业，人们估计企业的“在职剩余劳动力”也在20%~30%。城乡“隐性失业”的矛盾越来越严重。改革开放以来，我国在农业获得很大发展的基础上，非农产业的投资主体逐步多元化，乡镇企业发展，非公有经济、三资企业发展，集体和国有企业改制取得一定进展，经济结构有所调整，农村劳动力通过就地转移、进城务工、跨区域流动，向非农产业的转移加快了步伐。但是，城乡二元经济结构的矛盾仍然突出，城乡二元体制还未从根本上改变。与此相关，“三农”问题突出；城乡差距大，农村购买力低，难以形成城乡经济的良性循环；就业问题突出，农村劳动力转移和城市化严重滞后；要素流动配置受体制的严重制约等等，都是亟待解决和要经过长期努力才能解决的问题。

（五）我国的改革开放、战略调整为推动二元经济结构转变改革城乡二元体制创造了条件

（六）从初步小康到全面小康，是经济结构转变的关键时期

运用城乡统筹发展战略，二元经济向现代经济结构转换的理论，有利于从总体上把握经济社会发展的矛盾，推动全面小康目标的实现，并为下一步的现代化发展提供理论、战略的准备。

二、研究内容

(一) 国际二元经济结构理论和农业国现代化实践经验的启示

(二) 我国城乡二元经济社会结构的表现、特点、问题、趋势

1.我国城乡二元经济社会结构的表现、特点、成因

表现:工农产品剪刀差从农民收取;政府公共资源在城乡的分配给予农村、农业、农民的少;限制农民转移就业、就业的二元性;农民进城就业的低工资;缺少社会保障;低价圈占农民土地;农村农民储蓄流入城市等。

特点、成因:发展中国家的二元经济结构与我国的城乡二元体制结合。

2.二元结构的利弊、突出矛盾和问题

城乡差别大,三农问题突出(农业资金投入严重不足、劳动力过剩、生产水平低、农民收入低);农村劳动力转移和工业化、城镇化滞后;体制不顺、制度歧视。

3.走出二元结构势在必行

农业国工业化现代化的普遍规律与我国战略转移二元结构转变、发展战略转移是我国加快经济社会发展的必然选择改革开放使我国走出二元结构发展战略转移的各条件已经成熟。

(三) 走出二元结构的指导思想和目标

按照经济统筹协调发展,社会和谐共存共进的总体思路,以“多予少取放活”为根本出发点,以工业化、城市化带动“三农”和改造传统农业为突破口,从政策、体制、机制等方面,化解二元结构,促进二元经济向现代一元经济转变。

走出二元结构要实现的目标:城乡一体化的市场得到完善,城乡居民之间不存在制度上的身份、权利不平等,大中小城市协调发展,人口大量滞留农村的现象根本改观;农村剩余劳动力基本得到有效转移;农业劳动生产率适应农业现代化的要求。

(四) 走出二元结构的关键

(1)工业化、城镇化带动“三农”发展和结构转变;工业化的资本积累、企业管理创新和技术进步;工业化与农村富余劳力向非农产业和城镇转移结合;多元城镇化发展;改造传统农业,农业和农村持续发展;科技教育和人力资本。

(2)破除城乡二元分割体制，完善市场体制，破除城乡分割，改进宏观调控。

（五）当前阶段的重点、对策

（2003年2月）

当前农村、农民状况*

总的感觉，中央统筹城乡，重视“三农”，许多矛盾缓解，但没有从根本上解决，问题仍然严重。

一、中央统筹城乡、重视“三农”，许多矛盾缓解，农村有逐步步入历史上好的发展时期的趋势

(1)农民在税费负担上与基层政府和干部的矛盾得到缓解。搞家庭承包时，农民要得到的权利，一个是有一块自主经营、收益的土地，一个是在平等的有确定标准的向集体、国家的上交后，自己支配、享有收益。前者是家庭经营的基础，后者是分配关系中确定自己的收益权利。在分配中，既要解决集体劳动经营时的社员间的平均主义，也要解决集体的随意平调、国家的征收和摊派。农民叫“保证国家的，留够集体的，剩多剩少都是自己的”。在1978~1983年，农民的负担，除了交征购，就人均十几元，生产增加，价格提高，产品供不应求，发展的收益主要由农民获得，再扩大生产，是黄金时代。后来的情况表明，这一制度在分配上，只是解决了集体劳动经营时的社员间的平均主义，没有解决集体的随意平调、国家的征收和摊派，农民的收益分配权利有限。对农民权益的侵害主要来自政府。1985~1988年，农民的税费负担有所增加，到90年代初，人均负担40~50元左右，90年代后期是150~200元，有的地方400元以上，越来越不能容忍。1993年去安徽小岗，农民说，大包干包而不干，就失去了意义。我的家乡后来是一人交一两百斤小麦，还交一两百元钱。

---

*本文是向中央某部负责同志汇报时的草稿。

襄阳税费负担表

襄阳	年份	毛收入	纯收入	费用中:物质费用	税费负担
一亩中稻	1990	349 元	62 元	104	27 元
	2000	407	0.5	196	209
一亩小麦	1990	120	15.5	77.7	26.6
	2000	235.5	-6.3	122.7	127.5
一亩玉米	1990	135	34.3	72.8	15.8
	2000	172.5	-18.3	125.7	209

没有钱就要粮。加上计划生育吃肚皮。干部的工作就是要粮要钱要命,如鬼子进村。干群关系恶化。其原因是乡政府经费自筹自用,人员膨胀,县的财政困难向下放,没有一个决策监督机制,农村的社会事业国家不投入,要农民自己承担,干部要出政绩修路,政府推动办集体企业。

1998 年后,改费为税(干部个人所得税 800 元起征,农民的收入都不到起点)。现在是免税,加过去的其他负担,免 1200 亿~1700 亿。在分配环节保障了农民的土地收益权,减轻负担,干群矛盾得到缓解。

(2)农民在农业土地承包上与基层政府和干部的矛盾得到缓解。一些地方把一部分土地的权利从农民那里拿过来,高价发包,少数人用,或仗权承包耕地、水面、山场,调地、把地交给企业经营,随意动农民的地,甚至收回。农业土地承包制度完善的方向,是加强农民的长期稳定的土地权利,削弱乡村干部侵害农民权利的空子。1998 年江泽民小岗谈话,二轮承包三十年不变,三十年后也不变。流转要自愿、依法、有偿。抓了典型。土地承包上农民与基层政府和干部的矛盾得到缓解。

(3)农民创办企业、外出就业的政策得到调整(非公经济 39 条,农民工 40 条)。

(4)对农村社会事业、基础设施、干部经费的支持开始加大。

(5)村民自治有前进。农民越来越重视选举,了解运作、法律,维护自己的权利。

二、农村农民农业的问题没有从根本上解决,问题仍然严重,要走向好的发展还需制度、组织和物资文化技术的基础条件

群众不信任,雷声大,雨点小,不落实,很多根本问题没有解决。

（一）发展农村经济是中心、增加农民收入是核心

1.农业的收益低，农民在流通环节没地位，加工的利益不属于农民，难以摆脱低收入的困境和弱势地位

农民家庭经营的问题：

现在，家庭经营的农户，独立从事农业和一些养殖、林果、蔬菜的多种经营，有好的一面，也有不利的一面。

小规模农户分散独立面对市场上种子、化肥、农药的销售商，面对市场上的收购大户、企业、商人，处于弱势地位（信息不对称、流通渠道实际是被他们操纵）。低价购进，高价销售，中间盘剥。农民只是提供原料，获得低价原料的收入。政府对农民的减免税费、种粮直补的好处，被生产资料的涨价拿走。所以，农民对取消税费是高兴的，提高了收益，一些干部已没有理由、借口搜刮他们，找他们的麻烦。但高兴是有限的。一人一亩左右土地，一户4~5亩地，只有很少资金，一亩地种粮食、棉花、油料，一年纯收入也就四五百元，农产品的投入比重加大。这个流通中的价格剪刀差仍存在，只是所得的不是政府，是中间商，加工商。

农户即使搞养殖、林果、蔬菜，若流通、加工的利益不属于农民，农民的收入也很少。

要改变农民家庭经营土地规模小的局面是不容易的。扩大经营规模，一是几亿农民转移到城市，充其量人均2~3亩，户均10~15亩，仍小；二是非耕地经营，山地、水面包括海洋，这在一部分地区有较大空间；三是搞畜牧业，设施农业，但受市场的限制，加工的限制。而种植业将长期受土地的限制，特别是缺少山地、水面的中部地区，包括菏泽那样的东部地区的一部分农区，要立足家庭经营、小土地规模。

农业经营解决问题的出路：

农民的办法是，不能搞一家一户的规模经济，一村一乡的千家万户搞适合自己条件的专业化的生产、特色经济，就会在市场上形成规模。但仍有一户面对市场、商人和大企业的欺压问题。

改变农民的弱小地位，就要让实行家庭经营的农户，在流通、加工、技术、资金等领域的协作或合作，走向家庭自立经营与协作经营的结合。

这不是对家庭承包制的否定，而是在家庭自主经营基础上自己组织起来，对内为自己服务，对外提高自己的谈判地位，不让中间商随意压级压价。

这不是过去集体化、人民公社的恢复，过去一没有家庭经营，内部吃大锅饭，平均主义，二集体也没自主权，政社合一或政府控制，从1956年到1978年的20多年，宣

告了人民公社的破产。

这是重大的制度创新、组织创新、经营体制的创新。

家庭经营+合作，是第三代的历史贡献。第一代最重要的是铲除封建地主制，实行“土改”，第二代最重要的是家庭承包制，第三代是家庭经营+合作。

在家庭自立经营基础上自己组织合作经营的发展条件、影响因素：

为何是客观需要，却没有很多发展？

外部环境：①土地家庭经营不稳定，就谈不上在家庭经营基础上搞合作。土地几年一调整，水面仗权承包，有山地的得不到经营。现在，有一批人总认为家庭经营是落后的小农经济，要把农民的地拿过去交给大企业，使农民失去土地。而不是在土地家庭经营上搞合作。农业，公司制、合作制都要，在人多地少的情况下，“家庭经营+合作”更是有特别重要的意义。要农民合作前提条件是土地产权制度的确定。②市场开放的程度。粮食市场才放开几年，市场不放开，农民就不能组织起来搞流通加工。合作是从放开的多种经营先搞起来的。③民主的发展。④政府角色转变，减轻负担（影响农业的赢利，叫农民耕者无其利，利益在政府、中间商、农民间分配），服务、支持。⑤金融缺陷，⑥指导体系。

内部因素：自己组织、经营人才的形成，制度的发展，解决公平和效率的关系，大户与弱者的关系。

这些条件发生着很大改变，发展合作的条件逐步改善。

合作应有农业流通、加工、服务；有农民合作金融组织。现在的信用社“商业化”的改革不适合农业，不够成功。

但不是“家庭经营+合作”一种形式，不是政府搞，而是农民搞，政府、干部、专家、有关部门支持、指导、帮助、服务。

2.农民打工难、进城难，二等公民的地位没有根本改变，二元结构的矛盾还在加剧

制约农民收入增长的，不仅有人多地少的资源约束，还有市场约束（农业产出的人多、购买者少及农产品收入弹性低），造成的农业、农村经济收入少，分子小，分母大。富余劳动力多，剩余劳动时间多，农与非农、城乡人口之二元结构没有改变。农民就冲出人多地少的束缚，转移就业。就业是民生之本。发达地区靠乡镇企业、三资企业转移，不发达地区靠外出打工、进城就业。

进城农民工的问题，反映我们的经济发展的水平、矛盾，很多是在劳动密集产业就业，制鞋、制衣，不值钱的产业，加工贸易中的低端产品、工序，给外国企业搞装配。

无锡,十八九岁的青年,说是在电子工业,能拿工资七八百元,就高兴。但干几年就不行了,又没有保险,出卖青春,是年轻人的坟墓。工资低,20 年,扣除物价上涨,实际工资没有增长。也反映社会发展的矛盾,二元体制的矛盾,官民关系。过去是限制进城,收容遣送,当犯人,现在是看病、上学、居住三座山,二代进城,就是不给保险,不叫有市民资格。要购买 70~100 平方米的房子才能落户。小城镇的标准也如此。东莞石碣镇,有房还要 2 万元增容费。北京建筑工人,吃的是市民不要的菜皮,汤水不见油,一天 12 小时,要争取 10 小时工作制。一年发一次工资。因为农村的收入低。上月发生拖欠工资的事,集体讨欠,让劳动部出面才得到解决。

把城市往天堂、欧洲建,不管农民工死活,农村困难重重,基本的问题得不到解决。政策"中梗阻","城梗阻"。农民工大部分来自不发达地区,包括贫困地区,老区、边区,这样对待农民工,还谈得上扶贫,对老边穷有感情?有贫民窟现象,与恩格斯讲的一样。这就是城乡关系,扩大差距的制度、体制未解决。这就是农民在我们国家的地位。

3.农民创业难,办小企业难,甚至种菜难

(1)金融,有的只存不贷、劫富济贫。存在高利贷。农村的钱往城里流,不发达地区的钱往发达地区流。县的金融机构没有批贷款的钱。不放贷照发工资,放十笔赚钱,是机构的,一笔损失是自己的。河南省南阳市,截至 2005 年 4 月金融机构存款余额为 586 亿元,比年初增加 56 亿元,贷款余额为 427 亿元,仅比年初增加 10.8 亿元。其中乡镇企业贷款仅增加 0.13 亿元,工业贷款、技术改造贷款均为负增长。河南省平舆县近几年金融机构存款快速增长,主要是在外农民工现金收入的相当部分转化为储蓄存款,2000 年至 2005 年 4 月各金融机构存款余额由 14 亿元,增加到 33 亿元,年增长率为 18%。截至 2005 年 4 月各金融机构贷款余额为 17 亿元,贷存比只有 52%,如果扣除农业发展银行的政策性贷款 3.7 亿元,贷存比仅为 40%。只有农村信用社贷款增长,各商业银行的贷款均下降,工商银行不发贷款了,建设银行贷款仅 20 万元。2005 年前 4 个月各国有商业银行存款余额净增 1.3 亿元,而贷款余额却下降 122 万元。国有商业银行新增存款除上缴存款准备金外,大部分资金都用于系统内部上存。截至 2005 年 4 月,工、农、建三家商业银行上存资金 6.5 亿元,邮政储蓄存款 6.6 亿元,合计 13 亿元,占其吸收存款的 60%。只要资金上存,就能够赚钱,不愿劳神又担风险地发放贷款。平舆县扶贫贴息贷款指标 1000 万元,实际只使用二三百万元,乡镇企业贷款余额 2003 年 2007 万元,2004 年为 2006 万元。商业银行在乡村吸收的资金绝大部分回流到大中城市。

(2)在贷款方式上,不向企业提供固定资产投资贷款,只在抵押资产打折扣的基础上给予流动资金贷款。各银行对成规模、效益明显的较大企业争着给贷款,对处于成长阶段的民营小企业,即使知道支持一下能上去,能收回贷款,也怕有风险不予贷款。

(3)政府只看大企业,忙招商引资,看不起本地小企业,认为它成长慢,对财政的贡献小。虚假招商,说引资几亿,是空的。对小企业部门收费,拦路设卡。一个穷县东西南北四方收费,县城有菜霸。部分地区农民创业手续烦琐,乱收费现象严重,市场秩序混乱,乡镇企业发展缺乏良好的软环境。在一些经济欠发达的地方,乡镇企业发展客观上存在着没有产业配套,缺少信息、资金等困难,同时又存在着困扰农民创业和民营企业发展的软环境问题。有些县市政府对乡镇企业仅看重税收,不看对农民就业和增加收入的作用,把希望寄托在引进大企业上,忽视当地民营小企业的发展。农民创办小企业包括开办个体工商户,要辗转多个部门,办理包括场地证明,经审计事务所出具的资金证明,环保评估,消防和安全许可,生产许可,卫生许可,建筑规划、设计,工商登记等多项手续,往往每道手续都要收费。人们反映穷地方哪个管理部门都想收钱,把想办企业的农民吓退了。一些地方流通服务业发展不起来,甚至农产品销售也与外界隔阻,一个重要的原因是工商、交通、卫生等多个部门一起向从事流通的农村经纪人和外来客商乱收费,使得他们难以经营。有些地方市场秩序混乱,伪劣冒牌产品充斥市场,侵权行为得不到追究,也影响了企业的发展。

创业是富民之源,改变地区发展差异的根本出路,是中部崛起、建设新农村、农区农民奔小康的关键。需要农村金融改革,通过中小企业发展基金、中小企业金融,解决农民创业、就业、增加非农收入的问题。

4.乡村负债,县不能正常发工资

陕西,近70%不能正常发工资,紫阳县法院派4人到广东打工,使其他人有工资。

(二) 农民的权利、本领是根本

(1)全国大中城市都存在征用土地中侵害农民权益的问题。发达地区搞股份制,只租不买,但没有法律依据。

(2)教育、卫生和培训薄弱。

(3)社会治差。收入差距大,费用上升,官商勾结,以罚代处。县城不安定,村里不安定。偷盗滋生。

（三） 干部是关键

问题是急功近利，不作为，腐败，民主不够。不能把人民民主只是交给外国和民主人士。

1.要让基层干部参加乡镇事务的讨论决定，不是开会就领任务

2.教育干部是前提

安徽颍上县王岗镇，2001年对镇村组三级干部进行“三个教育”，请抗美援朝老战士给干部上“奉献课”，想想他们能为朝鲜人民，为世界和平献青春、献生命，我们不能为家乡父老乡亲奉献吗？请普通农民给干部上“收入”课，想想他们1亩多地常年收入不足500元，还要依法上缴60多元农业税，我们一个月工资收入500多元，抵老百姓一年土地收入，比比谁的收入多；请大学毕业生为干部上“职权”课，想想农民倾尽家财供子女上大学，可大学毕业有才气、有朝气、有干劲，就是没有工作没职权，我们的干部手中的职为谁尽，权为谁掌，不为民还为谁？让干部受教育。

群众路线，以民为本，为人民服务，丢了许多。要把工作与干部的培训结合，继续走群众路线，“撒网、拉网”（王郁昭）的工作方法：在年头，把下面的干部集中起来，分析形势、问题，明确工作的重点和整个工作安排，交代政策、工作方法，结合讲干部的思想作风，同时交流本地相关的经验、做法、外面的材料，进行讨论（讲与讨论结合，只讲不讨论，将成为形式主义；学习与工作相结合，不干等于白学；干部学习与群众监督结合）；然后，干部撒到下面去，和群众一起去实干、实践，领导也下去调查，发现好的创造，发现问题，年中做分析，及时指导；秋后，经过调查研究，总结自己的经验，再把干部请上来，分析形势、问题，明确新的工作重点和其他的工作安排，交代政策、工作方法。

3.解决以下问题：干部不讲政策，不走群众路线，不会做群众工作，不讲民主，缺乏政治观念、全局观念、服务观念

不要把组织和集体领导当成个人的；不要个人说了算，以集体意见为准，以群众意愿为准。讲民主，让百姓当家。让群众知道得越多越细，工作越好办。镇村两级政务要公开，财务更要公开，百姓最关心他们上缴的血汗钱、上级给的钱，花到哪里去了。只要不腐败，何怕群众知？王岗镇每年把政府收支通过广播向全镇群众公布，让群众知道镇政府的“家底”，政府本来就是人民的，镇长是政府的，政府要人民当家，不是镇长一人当家。财务公开才能让人民心服，财务公开才能让人民理解。这样重新找回了失去多年的干群鱼水之情。干部体会到对待百姓要有真心，只要我们有三分的真心待

百姓,他们会有十分的热情回报我们,关键看我们的干部有没有真心为民的好作风。我们能用心爱一个人,可以温暖一个村,关键看我们当干部的有没有那份为民的真诚爱心。

有的干部不作为,嫌工资低。不吃苦,不干事。等待上面给改变面貌,不想带着群众干,依靠群众解决自己的问题。现在农村里有不少人信耶稣,不知道我们的村干部、党员怎么想?年纪大的信耶稣还好讲,不能干活了,有个精神寄托。可年轻人去信主,为啥呢?他家有事了,信徒都去帮忙。农民有事不找党员干部,而去找信徒,多么悲哀、危险!

短期行为,急功近利,没有持续性、连贯性,“虚”,做表面文章,群众得不到实际的服务。乡镇干部住在县城,漂浮。

捞钱,权利私有化。

跑官、拉关系。不对百姓负责。湛江、滑县,都是1998年闹地震的,安徽颍上,两任书记被逮捕。县委书记一人做主,部长一人做主,乡党委书记一人做主,他才能受礼、卖官,一烂一窝,现在权力更加集中,更难监督。

因此,既要组织教育干部,也要群众教育干部,农民教育干部,更要制度上推进。制度上,基层民主有推进,有创新。安徽的组合竞选,浙江台州的民主恳谈(是省委组织部定的名),是党的群众路线在新背景下的产物。没有从基层推进民主制度,就不能实现党的领导、群众当家做主、依法治国的结合。民主,是我们自己的追求,不是外国的专利,不能把它拱手交给外国和民主人士。要当好东西来培养。台州的经验要推广,对建设新农村,小城镇,保持决策正确,实行干部监督,都有意义。

(2006年6月1日)

统筹城乡,发展现代农业,推进新农村建设*

很荣幸受委托来与解放军干部战士交流发展现代农业、推进新农村建设的情况。首先向新时期的人民子弟兵致敬。很多同志来自农村,如胡锦涛总书记所说“三农”是全党工作的重中之重,是大家都关心的。

今年中央发出的一号文件《关于积极发展现代农业扎实推进社会主义新农村建设的若干意见》,这是在新的一年里全面落实科学发展观、构建社会主义和谐社会,进一步加强“三农”工作,扎实推进社会主义新农村建设,加快社会主义现代化建设的重要部署。

从 2004 年到 2007 年中央连续发了 4 个一号文件,都是关于农业、农村、农民问题的,表明党和国家对“三农”问题的高度关切。2004 年一号文件主题是千方百计地增加农民的收入,这是做好“三农”工作的核心问题。2005 年一号文件主题是提出提高农业的综合生产能力建设,这是农业发展的关键。2006 年一号文件是全面部署社会主义新农村建设的各方面工作。今年的一号文件,集中在发展现代农业这个新农村建设的首要任务上。落实科学发展观、统筹城乡经济社会的协调发展,解决中国全面小康建设难度最大的“三农”问题,农村怎么实现全面小康建设的问题,应该说是一个带全局性、根本性的任务。

改革初期,1982~1986 年中央曾连续发了 5 个有关农业农村的一号文件,主要实行农业家庭承包制的改革及相关体制的改革,让农民吃了定心丸,迎来了农村发展的春天,也是我国改革发展的春天。现在,进入建设全面小康社会的新阶段,中央又连续发了几个一号文件,主要是一方面调整城乡关系,加大对农村的支持,让农村人口获

*此为与二炮通信总站官兵座谈学习 2007 年中央 1 号文件准备的材料。该座谈会详细情况以《中南海吹来和煦的春风》为题报道,《解放军报》,2007 年 2 月 14 日。

得均等的公共服务；另一方面，继续推进农村的发展与改革，完善农村经营管理机制，发挥内在动力，以达到发展农业、让农民逐步取得与城镇居民基本相当的收入，实现城乡协调发展的目的。我国农业、农村又迎来艰难爬坡的春天。

先介绍当前我国农业、农村经济的形势，再介绍形势好的原因，即国家采取的政策措施，最后，在这个背景下介绍今年的一号文件。

一、当前我国农业、农村经济的形势

这几年在党中央、国务院领导下我国农业、农村形势在不断地向好的方面发展。

从农业看，2006 年是自 1998 年以来 8 年中自然灾害最重的一年，农业仍然取得了相当好的收成，粮食总产量超过了 9800 亿斤。当然还没有达到历史最高水平，1996 年农村的基础设施建设、农村的社会事业发展都取得了比较明显的进展。

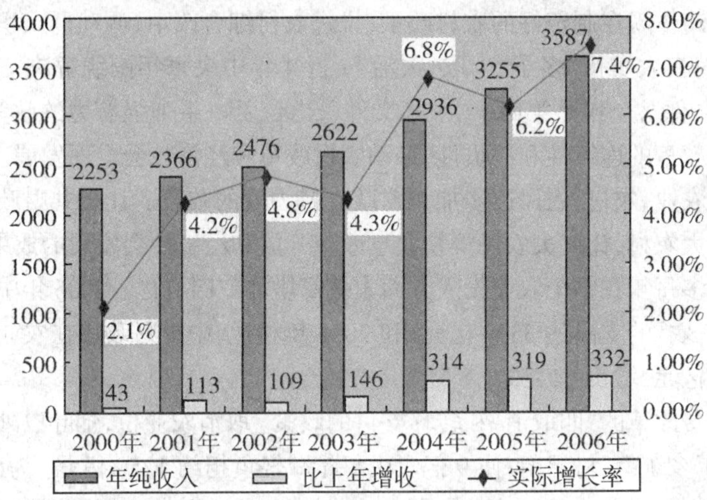

注：从 1997 年以后增收幅度明显降低，1997 年 2090 元，增幅是 4.6%；1998 年 2162 元，增长 4.3%；1999 年 2210 元，增长 3.8%；2000 年 2253 元，增长降到 2.1%；2001 年 2366 元，增长 4.2%；2002 年 2476 元，增长 4.8%；2003 年 2622 元，增长 4.3%。

资料来源：国际统计局。

图 1　农村经济情况

二、近几年农村形势好最重要的原因是中央统筹城乡发展，制定了好的农村政策，推进农村综合改革，调动了群众积极性

十六大以来中央提出科学发展观，实行统筹城乡，把解决好"三农"问题作为全党工作重中之重的战略思想非常明确，合乎国情和我国发展阶段的特点、规律。2002年党的十六大上江泽民同志做的报告中指出，"统筹城乡经济社会发展，建设现代农业，发展农村经济，增加农民收入，是全面建设小康社会的重大任务"。从十六大以后，胡锦涛总书记、温家宝总理在多次会议上反复强调，全面建设小康社会最艰巨、最繁重的任务在农村，把解决好农业、农村和农民问题作为全党工作的重中之重。提出以人为本，全面、协调、可持续的科学发展观，将"统筹城乡发展"放在"五个统筹"之首。提出我国现在总体上已到了"以工促农、以城带乡"的发展阶段。明确提出了建设社会主义新农村的目标任务。

这一战略体现在制定好的农村政策，推进农村综合改革，调动群众积极性上。中央、国务院对三农实行"多予、少取、放活"，近4年中央每年围绕解决"三农"问题发一个"一号文件"，今年是第四个"一号文件"，出台了一系列强有力的政策措施，保持了党的农村政策的连续性和一贯性，推动农村改革和经济社会全面发展。举例如下：

国家对农业、农村、农民逐步加大财政支持力度的政策。让公共财政的阳光更多地照耀到广大农村，让广大农民群众共享改革开放和经济社会发展的成果。中央财政这几年差不多每年在整个农业投入方面大概都增加三四百亿。2006年中央财政预算安排用于"三农"的支出达3397亿元，和2005年相比，中央财政用在农业方面的投入增加了422亿元，增长14.2%。

农村税费改革的"四取消"和转移支付的政策。取消农业税，烟叶以外的农林特产税，也取消了乡统筹、村提留，使9亿农民每年减轻负担约1250亿元。为此，中央财政每年将安排农村税费改革转移支付资金782亿元，地方财政也将安排相应支出。我们到农村调查，农民最高兴的就是取消了这些税费负担。干群关系也发生了大的转变。过去干部一年到头向农民要粮要钱，没有精力搞服务，人搞生了，狗搞熟了，矛盾加剧，个别地方出现恶性案件。现在乡村的公共费用由中央的财政转移支付解决了，干部有可能腾出手来，服务于经济社会发展。

支持粮食和农业生产的"四补贴"、"一奖励"和稳定重点粮价的政策。"四补贴"政策，一是种粮农民直接补贴，2006年约为142亿元；二是良种补贴，2006年约为40多

亿元;三是农机具购置补贴,2006年约为6亿元;四是对种粮农民柴油、化肥、农药等农资增支实行综合直补,2006年中央财政补贴资金约为125亿元。"一奖励",是中央财政加大对产粮大县的奖励力度,2006年中央财政安排资金85亿元用于对产粮大县的奖励补助。2006年"四补贴"、"一奖励"共400亿元左右。同时对重点地区、重点粮食品种实行最低收购价政策。

农村义务教育政策。"十一五"时期全面推进农村义务教育经费保障机制改革,中央财政和地方财政将分别累计新增投入1258亿元和924亿元,合计约2182亿元。平均每年400亿元。

继续实施西部"两基"攻坚农村寄宿制学校建设工程,2004~2007年国家安排100亿元,重点支持尚未实现"两基"的西部农村地区新建和改扩建7700所寄宿制学校;继续实施农村中小学现代远程教育工程;2003~2007年,中央和地方政府共同安排100亿元,为中西部地区3.75万所农村初中建设计算机教室、为38.4万所农村小学配备卫星教学接收设备、为11万个小学教学点配备教学光盘设备和成套教学光盘;还要启动实施农村初中改造工程,重点解决"大班额"多和寄宿比例低、条件差的问题。确保到2007年,纳入国家西部地区"两基"攻坚计划的县通过"两基"验收,努力实现2010年全国"普九"人口覆盖率接近100%,初中毛入学率达到98%,初中3年保留率达到95%以上的目标。

根据"明确各级责任、中央地方共担、加大财政投入、提高保障水平、分步组织实施"的基本原则,按照"两年实现、三年巩固"的目标,农村义务教育将全面纳入公共财政保障范围。根据国务院的部署,农村义务教育经费保障机制改革的主要内容有4项:一是全部免除农村义务教育阶段学生学杂费,对贫困家庭学生免费提供教科书并补助寄宿生生活费;二是提高农村义务教育阶段中小学公用经费保障水平;三是建立农村义务教育阶段中小学校舍维修改造投入长效机制;四是巩固和完善农村中小学教师工资经费保障机制。预计"十一五"期间,中央财政和地方财政将分别累计新增投入1258亿元和924亿元。从2006年农村中小学春季学期开学起,分年度、分地区逐步实施。"十一五"期间,国家将实施中西部农村教师培训计划,让中西部地区50%的农村教师得到一次专业培训。

发展农村卫生事业,解决农民群众"看病难"、"看病贵"问题的政策。

(1)加快健全县、乡、村三级农村医疗卫生服务网络。要大力实施农村卫生服务体系建设规划,"十一五"期间中央投入147亿元,地方配套69亿元,以乡镇卫生院为重点,同步建设县医院、县中医院(民族医院)、县妇幼保健院和村卫生室。

(2)农村新型合作医疗。2006年农村新型合作医疗试点范围扩大到全国40%的县(市、区),中央和地方财政补助标准分别由10元提高到20元,中央财政相应安排资金47.3亿元。2007年扩大到全国80%的县(市、区)。

(3)加强对严重危害农民群众身体健康的重大疾病预防控制和医疗救治。包括艾滋病、结核病、血吸虫病、疟疾、禽流感等重大传染病、地方病、寄生虫病和人畜共患疾病。全国已经分别投入105亿元和163亿元加强省、地、县疾病预防控制体系和医疗救治体系建设。以改水改厕为重点,广泛开展爱国卫生运动,加强农村卫生环境的整治。

配套措施还有:稳定农村低生育水平,提高出生人口质量。深化卫生体制机制改革,原则上一个乡镇由政府举办一所卫生院,加大县、乡公立医疗机构内部运行机制改革,加强农村药品市场和医疗服务监管,规范医疗服务行为,为农民提供安全、有效、价廉的医疗卫生服务。加强农村基层医疗卫生队伍建设。积极开展农村卫生技术人员业务知识和技能培训,开展“城市万名医师支援农村卫生工程”,建立对口支援和巡回医疗制度。

农村劳动力培训和职业教育政策。把职业教育和农村劳动力培训作为公共财政安排的优先领域,加大投入力度。努力使走出去的农民具有较强的务工技能,留下来的农民掌握先进实用的农业技术,从事创业的农民掌握一定的经营管理知识。中央财政投入通过4条资金渠道:农村劳动力培训阳光工程10亿元;就业再就业培训资金24亿元;扶贫资金中用于农村劳动力培训年10亿元。中央今年给东部6亿元用于农民工培训,职业教育年20多亿元。国家将启动“新型农民科技培训工程”,培训农业新技术,增强农民务农技能;组织实施“农村实用人才培训工程”,培养大批农村生产能手、能工巧匠和科技带头人。

“十一五”期间,中央财政将投入100多亿元资金,实施职业教育基础能力建设工程,支持建设1000所左右县级职教中心和1000所左右骨干中等职业学校,形成一批培养农村技能型人才、推广农业科技和农村劳动力转移培训的骨干基地,并为来自贫困家庭接受职业教育的学生提供助学补助。

逐步建立农村社会保障制度的政策。①为农村困难群众提供基本生活保障。全面推进困难群众社会救助体系建设,进一步完善农村“五保户”供养制度,“五保户”供养对象“应保尽保”和“按标施保”。②农村最低生活保障制度。③农村特困户生活救助制度。④农村医疗救助制度。⑤农村社会养老保险制度。到2003年底,全国有5428万农民参保,约198万参保农民领取养老金。遵循“分类保障、分步推进”的原则逐步推进。要重点做好被征地农民、农民工、小城镇农转非居民和计划生育对象的工作,逐步提高缴费和保障水平。⑥对农村部分计划生育家庭实行奖励扶助制度试点。

繁荣农村文化事业的政策。①以政府为主导,以乡镇为依托,以村为基础,以农户为对象,发展县、乡镇、村文化设施和文化活动场所,建立城乡文化设施"阶梯形"服务网络,构建公共文化服务体系,国家将对乡镇综合文化站和村文化活动设施建设给予必要的资金扶持。到2010年,力争实现县有文化馆、图书馆,乡镇有综合文化站,行政村有文化活动室,达到"一乡一站、一村一室、一人一册"目标。②广播电视村村通是当前农村文化建设的"一号工程",要用超常的手段强力推进。"十一五"期间,要加大投入,因地制宜,采取多种技术手段,争取到2010年基本实现20户以上的已通电自然村全部通广播电视。通过卫星、互联网和光盘等传输渠道,提高城市与县文化馆、图书馆和乡综合文化站、村文化室为农民服务的能力。到2010年建成覆盖所有乡镇的工程基层网络,行政村的基层服务点达32万个,并实现工程网络覆盖50%行政村的目标。2010年基本实现全国农村一村一月放映一场电影的目标。扩大送书下乡工程的覆盖面。2006~2008年,国家财政每年投入2000万元,为国家扶贫开发重点县的图书馆和乡镇文化站配送500万册图书。

三、2007年一号文件的特点

特点之一,突出、明确地提出在推进社会主义新农村建设中建设现代农业,系统提出发展现代农业的政策措施。一共是8章35条,主要内容是3个方面:第一是文件序言,主要分析当前的农业农村的形势,取得的成果和存在的问题,提出为什么要建设现代农业,推进现代农业的基本思路和一些原则性。第二是怎么建立现代农业,提出要着力抓好5项工作,一是加强农业的设施和装备;二是促进农业的科技进步;三是发挥农业的多种功能,健全现代农业的产业体系;四是完善农业的市场体系;五是加强对现代农民的培养,建立促进现代农业发展的人才队伍。这是从中国实际出发,把农业从传统农业推向现代农业的一些基本要求。第三是建立现代农业最必要的保障措施,主要是3个方面:一是资金投入的保障机制,从政府到集体经济组织到社会,都怎么样来不断地增加对农业农村的投入,促进现代农业的发展;二是体制保障,要通过深化改革创新体制、机制;三是组织领导保障,强调各级党组织要加强对现代农业建设的领导,要加强农村的基层组织建设,为现代农业发展、为建设社会主义新农村提出坚强的组织保障。所以是集中从发展现代农业出发,解决宏观支持、农村内部发展与制度改革的问题。

为什么今年中央一号文件要在推进社会主义新农村建设中突出、明确地提出建设现代农业的问题?

一是为了确保中央提出的建设社会主义新农村的方向能够沿着发展农业农村经济、增加农民收入的正确的、健康的轨道向前推进。中央十六届五中全会提出社会主义新农村的建设之后,得到了广大农村、农民的热烈反响,各地积极推进,总体发展比较健康。但是,有些地方在一定程度上也存在着对新农村建设理解上的偏差,过多关注村庄的建设,没有把主要的精力放在生产力的解放和发展上。正如人们所说,在经济发展、农民富裕的情况下,把村庄搞得漂亮一些,是必要的。但问题是如果经济不发展,农民收入没有增加,简单地把新农村建设看作是新村庄、新房子的建设,不仅可能使新农村建设脱离中央指出的正确轨道,而且还可能给农民增加新的负担,给乡村带来新的债务。所以,强调新农村建设,要把发展现代农业放在首位,实际上是表明了中央的政策导向,要把经济发展、现代农业的建设、农民收入的提高放在新农村建设的首位,使社会主义新农村的建设扎实、健康地向前推进。

二是目前农业、农村发展还处于艰难爬坡时期,仍然是国民经济最薄弱环节,有很多不利因素要化解。在我国一、二、三次产业中,总体上看农业是最薄弱的环节。只有加强农业这个薄弱环节,才能使国民经济的三次产业形成一个协调的关系,保证国民经济能够健康地、持续地向前推进。我国人口还在增加,消费需求不断提高,而耕地面积在逐步减少,淡水资源非常紧缺,生态环境在有些方面还没有扭转恶化的趋势,一些要素流失。农业要想进一步发展,就必须转变增长方式,促进经营理念、经营手段等方面的现代化来发展农业。

三是农业仍然是农民收入的重要组成部分,农业的基础地位不因在国民经济产出比例的降低而改变。

特点之二,加大对“三农”的资金投入特别是财力支持,现代物质技术设施装备支持与科技、人才智力支持结合。是双重的“多予”。①财政支农投入的增量要继续高于上年,国家固定资产投资用于农村的增量要继续高于上年,土地出让收入用于农村建设的增量要继续高于上年;形成商业金融、合作金融、政策性金融和小额贷款组织互为补充、功能齐备的农村金融体系,建立多种形式的担保机制,引导金融机构增加对“三农”的信贷投放。农业支持补贴制度,四补贴一奖励。积极发展农业保险,建立农村最低社会保障,是新提出的。②推进农业科技创新,强化建设现代农业的科技支撑;首次提出建设现代农业需要人才智力支撑,建设现代农业,最终要靠有文化、懂技术、会经营的新型农民。必须发挥农村的人力资源优势,大幅度增加人力资源开发投入,全面提高农村劳动者素质，为推进新农村建设提供强大的人才智力支持。

特点之三，发展与制度改革创新、加强公共服务结合。①组织。为农业走向市场，积极发展种养专业大户、农民专业合作组织、龙头企业和集体经济组织等各类适应现代农业发展要求的经营主体。加快培育农村经纪人、农产品运销专业户和农村各类流通中介组织。②体制。深化农村综合改革，创新推动现代农业发展的体制机制，开展乡镇机构改革，转变乡镇政府职能，完善农村基层行政管理体制和工作机制，提高农村公共服务水平。进行农村义务教育经费保障机制改革、财政管理体制改革。其他改革还有：农村金融体制改革，坚持农村基本经营制度、加快征地制度改革。稳定渔民的水域滩涂养殖使用权。农村集体林权制度改革、国有林区林权制度改革试点、水权制度改革。③能力。建立农村基层干部、农村教师、乡村医生、计划生育工作者、基层农技推广人员及其他与农民生产生活相关服务人员的培训制度，加强在岗培训，提高服务能力。

特点之四，发挥群众和社会各方面积极性与加强党的领导结合。新型农民，是现代农业的生力军，现代农业发展涉及城乡多方面，关键在领导。加强党对农村工作的领导很突出。提出“各级党政主要领导要亲自抓‘三农’工作，省、市、县党委要有负责同志分管‘三农’工作”。“积极探索从优秀村干部中考录乡镇公务员、选任乡镇领导干部的有效途径，关心村干部的工作和生活，合理提高村干部的待遇和保障水平”。这是前所未有的。

（2007年2月）

破除二元体制与农民的第三次解放

一、城乡二元体制限制农业劳动力转移，固化和扩大城乡二元经济的矛盾

(一) 历史形成的城乡二元体制至今对工业化、农业劳动力转移和“三农”影响甚大

我国城乡二元结构的转变和农业劳动力转移面临着与其他国家不同的体制背景。其中至今对工业化、农业劳动力转移和“三农”影响甚大的，是在实行计划经济、重工业优先发展战略时期形成的城乡二元体制。

城乡二元体制是由政府的政策、制度安排形成的城乡经济社会关系的概念，为多数国家所没有。新中国成立初期，农民享有自由迁居城市的权利，城市人口增加总量中来自农村的迁移增长占到了60%以上。但20世纪50年代中期发生了改变，我国由多种经济成分变为基本是单一的公有制经济，建立了中央集中决策的计划经济体制；为在工业产值份额不足10%的基础上，巩固国家独立，推进工业化，实行了重工业优先发展战略。为了实现低经济水平下的高积累和重工业优先发展战略，投资向城市和重工业倾斜，确立了城市的高就业、低工资及基本生活用品低价政策，城市职工工资以外的口粮供应、医疗、养老、子女就学就业等福利制度，以及旨在防止农村人口分享城市福利和有限资源、阻断农民在城乡间自由流动就业和迁移的城乡两种户籍制度，中国成了“城乡分割的二元社会”。一方面通过农产品统购统销制度，从农村低价取得农产品；另一方面比控制物品还严格地把农业剩余劳力控制在农村。长时间实行城乡分割体制，把城市工业发展与农业富余劳力的转移就业、“三农”问题的解决，分割对立起来。

改革开放以来，我国转向市场经济和多种经济成分，但城乡二元分割体制及户籍制度对迁移和人身自由的限制，两种户籍人口的权利不平等，没有相应改变。过去农

民不能流动，对城乡分割体制的限制感受不明显，在农民进城就业的情况下，二元体制的问题就突出起来。而且增加了如专为农民工设置的暂住证、务工证、就业卡、“三无”人员的收容遣送及各种收费等与二元体制相连的新内容。这都与劳动力转移、市场经济和城镇化方向相矛盾。

(二) 二元体制表现：七个不平等和一条鸿沟[1]

第一个不平等：工农产品交换的不平等。新中国成立以后，为了在农业、手工业占经济绝大部分，现代工业部门产出不到10%的基础上，推进重工业优先发展的工业化，国家通过对农产品统购统销、压低价格，形成工农产品价格剪刀差的办法，从农业积累资金，用于工业发展和城市建设。但由于农村在无偿收回农民土地、否定家庭经营基础上形成的集体化、公社化的制度挫伤了农民的劳动积极性，影响了农业发展，实际上并未能从农业获得较多的工业积累。

第二个不平等：土地要素交换不平等。改革开放后，特别是20世纪90年代各地出现建设开发区、房地产热、圈地热。农村的农民集体所有的土地不能进入一级市场，城市建设开发区和开发房地产的用地，必须先由政府征用，然后才能进入一级市场。征用价格低，转手高价出售给开发商，因而形成了第二个不平等。有人估计这方面农民损失达2万亿元左右。据保守估计，目前失地农民已超过2000万人，而且还将以每年大约250万到300万人的数量增加。大量“种地无田、上班无岗、低保无份”的失地农民成为新的社会边缘群体。

第三个不平等：劳力务工工资待遇不平等。农民打工的工资和城市职工的工资存在着一个很大的差额。目前我国城市职工平均每月工资大约为1300元，农民工工资仅有500~800元左右，差距很大。同时城市职工还享有大量的福利，如住房或住房公积金、医疗、养老保险等，而农民工是享受不到的。2000年赵人伟计算，在二元化劳动力市场上，每雇用一个农民工，就等于节省了六七千元的工资性支出。或者说，每一个农民工为雇主的利润或通过产品价格的下降为消费者福利和整个国民经济的剩余积累贡献了六七千元。全国农民工的年剩余积累约为7000亿元。

第四个不平等：资金配置上的不平等。乡村农民在正规金融机构的储蓄资金不断增加，近年随着农民工汇款增多更是呈较快增长，但农户要从银行取得贷款极为困

[1]参见王郁昭：《农民充分就业是走出二元经济结构的关键》，载《中国经济时报》，2005年9月29日。

难,使用的民间高利息借款占很高的比例,农民创办、发展民营企业的一大制约因素也在金融上,高利息借贷与存款之间存在很大的利差;乡村特别是不发达地区县乡居民的储蓄存款大量被抽吸到城市和发达地区,包括由农民工的东流带来的汇款西流,也有很大部分再回流城市,县乡存在年数千亿元的存贷差。而且利用农民存储资金放贷的盈利不归农民。存贷差、利差占有构成资金占有、收益上的不平等。

第五个不平等:城乡社会成本分担上的不平等。跨区域流动、进城就业的农民80%以上是在乡村接受初中以上教育,其他人也大都完成6年小学教育,他们把18~30岁的黄金时代贡献给城市的发展、建设,但只能打工,不能定居,没有拿到足额工资,缺乏社会保障,年纪略大,或体弱多病,退回乡村,要农村背其养老的包袱。城乡之间在劳动力的劳动贡献与抚育老小、投入教育的社会成本承担上也存在一个很大的不平等。

第六个不平等:城乡公共资源分配上的不平等。政府财政对教育、卫生的公共投入,用于城镇的占80%以上。2002年,全社会教育投入5480亿元,城市76.9%,农村23.1%;医疗全社会开支5150亿元,城市84.5%,农村15.5%。义务教育的财政开支,城镇95元/小学生,农村23元/小学生;城镇146元/初中生,农村45元/初中生。

第七个不平等:权利上的不平等。农民和农民工在就业、公共服务、社会保障甚至在人大代表的选举权利、合法权益的法律保护上不能同城市人口享受平等待遇。近年这种情况有些方面有改进,如就业;有些方面没有改进,或改进还停留在概念上,没有从制度上解决;有的是沿着城乡居民权利不平等的老路走,一些把农民当二等公民、侵犯其权利的政策还在出台,如规定交通事故造成人员死亡,城市户口、农业户口为两个赔偿标准。

一条鸿沟:城乡两种户籍制度使城镇非农户口和农村农业户口的居民之间形成了一条不可逾越的鸿沟,两种户籍的人口成为权利不等、身份不同的两类人,农村与城市成为二元社会。不许在城镇就业多年的农民工迁移定居,农民工难以成为稳定的产业工人和城镇居民。

(三)实质:牺牲农民利益、影响农业劳动力转移、扩大城乡差距的城市化

城乡二元体制的种种表现,按实际内容主要可分为两类关系:一是宏观关系——国民收入在工业、农业两大部类,在城乡两类社区、居民之间的再分配关系。如工农产品价格剪刀差,实际是向农民征收暗税用于工业;教育、医疗卫生、社会保障、基础设施建设等公共资源分配上的城市倾斜等。二是社会关系——农民身份的人与城镇居民的权利不平等。后者对城乡关系的扭曲更为严重。有些问题虽然不能简单地归入国

民收入再分配关系，但实质上也是对农民资产或收益的剥夺与占有，用于城市或工业。如政府利用国家垄断土地一级市场的方式，使农民集体所有的土地与国有土地处于不平等地位，剥夺农民的土地财产收益权。再如，农民工工资与城市职工工资的差异，表面上仅仅涉及市场供求、企业主与农民工的关系，实际上与农民工得不到同城镇居民的平等待遇、缺乏话语权等制度因素相关，而且与政府行为有关，看重招商引资和企业主的利益，忽视农民工合法权益的保护，在实行最低工资标准、制止工资拖欠克扣行为等方面管理缺位，有失公正。

这种城乡二元体制的危害在实践中明显地表现出来。我们的工业化、城市化不能造成使农民和农民工的经济、社会权利受损，让失地农民变为城市贫民，农民工得不到足额工资、身心健康得不到保障、工伤事故多发、孩子就学和居住都成问题、处于边缘地位，干了多年变不了市民，没有社会保障，到失去劳动竞争能力之后被城市遗弃。在这样的基础上，难以形成社会的和谐，最终不利于工业化、城镇化发展和二元结构向现代一元经济的转变。建立有利于逐步改变城乡二元结构的体制，使工业化、城镇化发展的进程变为所有为之作出贡献的人都能分享成果，增进就业、发展机会和福利的进程，并实现城乡协调发展，即走科学发展之路，是时代的要求。

二、统筹城乡发展，把农村富余劳动力转移放在关系全局的战略地位

(一) 坚持把农村富余劳动力向非农产业和城镇转移作为“十一五”和今后一个时期社会经济发展的重点

我国建设全面小康社会的20年，是逐步改变农业、农村人口占很大比重，城乡差距显著的不发达状态，转变为非农人口占多数、以先进工业和服务业为主，以不断加强的农业为基础的工业化国家的发展阶段，是经济结构转变的关键时期。发展要“以结构调整为主线、以改革和技术创新为动力”。这种结构调整，总体上应是以新型工业化、城镇化[1]，农业富余劳动力转移和农业现代化为主要内容的城乡二元经济结构

〔1〕新型城镇化路子的一个重要含义是大中小城市和小城镇多种形式、城乡协调一体发展的城镇化。中国科学院中国现代化研究中心、中国现代化战略研究课题组提出的新型的城市化战略，目标是使人口与空间实现两次转变，即第一次转变是从农业人口变成城市人口，第二次转变是城市人口变为郊区人口，实现城乡平衡。认为理想的新型城市化的模式是以郊区化为主，即郊区人口占50%，中心城区人口占30%，农村和小城镇人口占20%，人口在三个区域之间可以自由流动，取消户籍限制，建立信用社会。

的转变为主线，包括产业结构、就业结构和城乡结构的转变，而不只是二、三产业结构的内部调整。总结国内外发展经验，以科学发展观为指导，遵循客观规律，把握工业化、城镇化和解决"三农"问题的关系及其发展趋向，其中一个关键性的问题是实行工业化、城镇化发展与农村富余劳动力转移结合，促进"三农"问题解决的战略。

我国农业劳动力转移的现状，距时代要求还相差甚远。改革以来，我国农村劳动力的解放有三件大事，第一是家庭承包制的建立，第二是乡镇企业的异军突起，第三是农民跨区域流动、进城就业，展现出农村劳动力转移的前景。但综观近年情况，呈现中西部乡镇企业发展缓慢，农村剩余劳动力、剩余劳动时间大量存在，进城就业农民工处于不稳定就业、未融入城市实现根本转移的局面。这个问题长期不解决，必将影响发展和社会的稳定大局，有可能成为实现建设全面小康社会战略目标的严重障碍。我国各方面存在着巨大的潜力，需要把农村劳动力大量转移作为实现建设全面小康社会宏伟目标的战略重点，在新世纪头20年基本实现工业化的过程中，使农村劳动力转移及市民化取得决定性的进展。

走新型工业化路子，把工业化发展与发挥劳动力资源优势结合起来，既要追赶世界信息技术革命潮流，又要解决城乡就业问题，不能在产业升级与农村富余劳力转移就业之间顾此失彼。要多层次、宽领域发展非农产业。既发展高新技术产业，也改造传统产业，改进劳动密集型产业；既发展重化工业，也提升轻工业；既发展面向内需的非农产业，又提高外向型经济的竞争力。现在两亿多农村富余劳动力转移，主要是进入劳动密集产业和中小企业。巩固发展就业成果，不能忽视轻纺工业和相关制造业及高新技术产业中的劳动密集环节。这些领域的品牌、国际市场营销大都没有掌握在我国企业手里，技术改造、产品升级有很大空间，应该也可能保持轻工业大国的位置。要推进大企业与小企业的系列化和产业集群，发展与制造业结合的服务业，扩大农村劳动力转移的就业载体。

优化要素配置，加强宏观调控，发挥劳动力资源优势，是促进经济发展和结构调整的关键，也是大量转移农村劳动力的重要途径。当前经济运行矛盾的主要方面逐渐变为增加有效需求，需要增加城乡居民尤其是低收入群体的收入，扩大就业，大力发展第三产业。我国有着世界最丰富的劳动力资源，主要是在农村，属于低收入阶层。促使农业中隐蔽失业的劳动力源源不断地注入工业，将大大降低工业化的发展成本，成为资本积累和工业扩张的动力源泉。同时，作为低收入阶层所增加的收入，往往用于消费的比重较大，转入非农产业的劳动者增加了收入，会有力推动市场购买力的扩张，拉动经济增长。第三产业的发展需要城镇化，人口必须集聚到一定的数量，才能使第三产业形成供给。但乡镇企业的发展与城镇的发展不同步，城市限制、排斥进城农民工的本地化、市民化，导致城镇发展与第三产业的发展也不同步。没有重视人口的集聚，第三产业就形不成气候，最终导致农村劳动力转移的滞缓。改变农村劳动力转移与市民化发展滞后和第三产业发展不足的局面，将成为培育经济发展和吸纳就业的增长点和促进农村富余劳动力转移的重要任务。

城乡一体化发展中的农村劳动力转移，以加快农村劳动力向非农产业和城镇转移、加快农民变市民的进程，增加市民、富裕农民为使命，是继土地改革、家庭承包之后农村劳动力的第三次解放。跨区域流动转移和发展乡镇企业的农民工已成为工业化和城市建设发展的一支生力军。必须突破城乡分隔旧体制的桎梏，将城市化进程纳入市场机制的轨道。在有政府引导的市场机制下，有序推动农村劳动力向城市转移，推动城市经济和市场规模的扩大。第三次解放农村劳动力的特点是突破城乡二元体制，转变二元结构，农村人口比例逐渐向低于非农业人口过渡，趋向建成城市人口占多数的现代化国家，是这部分农民劳动力的最后一次解放，我国历史上遗留的基本问题，也将由此得到根本解决。这是必然会经过的历史进程。我们有向市场经济体制转变的基础，有日益增长的综合国力，有宏观调控的可贵经验，今后 20 年我国的农村劳动力还会是抚养比例、使用成本最低的，随着教育培训的加强，巨大的人力资源将变成人力资本的优势。这是时代赋予的机遇。我们只要紧紧抓住这些优势机遇，顺应发展规律，把农村劳动力转移作为“十一五”和今后一个时期社会经济发展的重点，战略举措得当，推进制度创新，就一定会开创新的经济社会发展和农村劳动力转移的新局面。

（二）实行支持农业发展、建设新农村同农村富余劳动力转移、推进城镇化两条腿走路的方针

城乡统筹、以城带乡解决“三农”问题，基本是在激发农村内在活力的基础上，对农业和农村增加投入、农村富余劳力转移两个方面。要实行支持农业发展、建设新农村同农村富余劳动力向非农产业和城镇转移、推进城镇化两条腿走路的方针。

一方面，在工业化、城镇化快速发展，城乡差距、地区差距不断拉大的背景下，提出建设新农村的任务，具有深远的战略意义。城镇化、工业化不可能撇开农业、农村的发展而发展。农村劳动力转移并不能代替农业自身的改造与现代化，不能代替农村社会事业的进步。如果出现农业萎缩、农产品供给紧张、农民收入低下、内需不足等情况，就不可能有工业化、城镇化的持续发展。现在我国大部分人口在农村，即使城镇化提高到 60%以上，那时还有 6 亿人口生活在农村，解决好这些人的问题仍然是非常重

要的任务。工业化发展、要素向回报率高的产业流动、农村富余劳力向收入较高的非农产业转移和城镇化发展，主要是市场机制发挥作用，而在基础设施落后，组织发育程度低，受自然条件、资源、市场多重约束下的农业和不发达地区的乡村非农产业，就很难通过市场获得发展的要素，表现出一定程度的市场失灵，需要由政府调控来解决。我国已进入以城带乡、以工促农的新阶段，要改变投入忽视农村的倾向，调整国民收入分配结构，让公共财政覆盖农村，推进新农村建设。加大财政支持农业基础设施建设、科技进步和社会化服务体系建设的力度，加大对不发达地区乡镇中小企业的支持力度，加大支持农村文化教育、医疗卫生和基础设施建设的力度。

另一方面，要坚定不移地以就近转移、进城就业多种方式推进农村富余劳动力向非农产业和城镇转移。在农业人多地少的基本状况没有改变，农村富余劳动力得不到转移就业的情况下，不可能仅靠财政支持大幅度提高农民收入、推进新农村建设。当前，"三农"问题突出，集中表现在农民收入增长缓慢上，根本在于滞留在农村的农业人口多，就业不充分。一是农业发展进入总量供求平衡的阶段，既受人多地少的资源约束，又受市场需求的制约，总量扩张、价格上升都受到限制。同时，农业进入资本替代劳动、农产品成本加速上升的时期，农业的成本上扬，挤掉了很大一部分效益。因此，整个90年代农业相对于非农业的劳动生产率、收益率不但没有提高，反而下降了。这表明转移农业劳动力是提升农业劳动生产率或收益率的必由之路。二是农民就业不足，农业富余劳动力和剩余劳动时间得不到有效发挥，影响了非农收入的增加。在这种情况下，改变农民收入增长缓慢的局面，根本解决"三农"问题，要靠农村富余劳力转移。只有减少农村人口才能繁荣农村，只有减少农民数量才能富裕农民。农户在人均一亩多的土地上搞农业，是难以达到全面小康水平的。关键是要实现农村富余劳力转移、充分就业，不仅通过参与工业化，做大工业蛋糕，从中获得非农收入，而且减少农民、增加市民，根本改善城乡资源配置，扩大农产品市场，为农业发展提供基本条件。即使到2020年几亿人转出后，留在农村的农户人均土地规模仍很小，收入提高也要靠向非农产业兼业转移。支持农民创业，发展农村非农产业，扩大农村劳动力的就近转移包括兼业转移，也是建设新农村的重要内容。

支持农业发展、建设新农村，同农村富余劳动力向非农产业和城镇转移，两者相互渗透、相互促进，从不同角度对解决"三农"问题发挥作用。

在我国21世纪头20年经济结构转变的关键时期，很重要的战略机遇是存在丰富的劳动力资源，一条主线，就是在工业化、城镇化发展中加快农村剩余劳动力转移步伐，解除对"三农"的结构性制约，为促进"三农"问题的解决提供条件和外源动力。

这不仅是以城带乡的重要内容，而且关系整个结构转变的成效。

中国城镇化的过去、现在和未来所展示的改革和发展的主脉——农民工作为城镇化的重要主体，在农民变市民的过程中，在改变二元经济结构和二元体制中，具有突出的作用，今后相当长的时期，对农民工决策导向的正确与否，决定着我国“三农”问题的缓解程度、决定着我国城镇化进程顺畅程度，决定着我国改革和发展事业的成败。

（三）破除城乡二元分割体制，实行农村富余劳动力转移及市民化的制度创新

支持农村富余劳动力转移及市民化的要因有三项：工业化（含第三产业）发展增加就业机会，教育培训提高就业能力，农民就业转移的权利与相关制度创新。在推进工业化发展、以战略眼光把教育培训作为基础性建设的同时，要高度重视和持续推进转移农民工的权益保障，破除农民变市民的制度障碍。我国计划经济年代形成的城乡二元分割体制在改革之前就产生了限制农村劳动力转移就业、固化二元结构的后果。改革以来，在城乡两种户口之间，一些涉及物的权利差异，如两种户口在粮食供应等方面的差异，在商品化中弱化，直接涉及人的权利差异和迁移制度，则变化不大。进城农民工在许多方面缺乏平等权利。城市发展规划、公共服务，并没有考虑他们的存在和需要。在居住、就业、子女接受义务教育、医疗卫生和计划生育服务上，实行排斥和歧视。城市变为以户籍制度为基础、城镇市民与农民工身份不同、权利和发展机会不等、制度不统一的二元社会，严重阻碍了农民工与城镇人口的社会融合和市民化的进程。实行城乡统筹，适应工业化城镇化发展的需要，需要进一步破除城乡二元分割体制，建立农村劳动力转移就业的服务体系和农民工合法权益的保障机制，推进就业、住房、社会保障、户籍等方面的制度创新，使越来越多的农民工融入当地社会，加快城市化进程。

（2007年10月）

历史·方法篇

中国农村管理思想*

(1949~1990 年)

一、中国农村管理的发展主线

中国从 20 世纪初开始由传统的农业社会向近代工业社会转变,这个转变是缓慢的,只是在新中国成立后的 40 多年里,工业化现代化才有了长足发展。但中国仍是个农村人口近 80%的农业大国。农民和农业、农村的发展仍是中国进步过程中首要的和最难解决的问题。一方面,中国人口众多,农村人口已近 9 亿,虽然总的耕地、草地、内陆水面绝对量居世界各国前列,但人均占有量均大大低于世界平均水平,在吃饭、就业、教育上的压力很大。农业长期以手工劳动为主,传统农业的改造还是初步的,农业积累能力、农民的消费及文化水平都较低。各地自然、经济条件的地域性差别明显。农业、农村经济的发展,关系着巨量农村人口能否由贫穷走向富裕,也关系着它所支撑的国家工业化的未来。另一方面,中国农民曾作为民主革命的主力,在工人阶级及其政党领导下建造了新中国。农村结束几千年的封建地主土地制度之后,走上了避免少数人发财、多数人受穷的社会主义道路。这就是中国农村社会经济和制度的基本情况。

在这种背景下,中国农村管理就是围绕建立完善适合农村经济文化状况和特点的社会主义的管理制度,以促进生产力发展这个中心内容展开的。由于中国农村处于新制度建设和改造传统农业、发展商品经济的初级阶段,农村管理的含义比一般国家宽泛。这种管理的理论和实践涉及的范围,第一层次是诸如土地等基本生产资料的占有、支配、收益分配、处分等经济关系,基本经济制度;第二层次是农业经营制度和宏观上政府、组织与市场的运行体制;第三层次是与资源配置、生产结构、技术改造相关的管理。中国的农村管理单靠传统或照搬外国都不行,需要在反复的实践中探索、创

*本文与姚监复同志合作,收入《中日管理思想比较》,北京,科学技术文献出版社,1993 年 1 月。

造和完善。它先后经历了农村土地改革和农业合作化、集体化、人民公社化和经济调整、"文化大革命"及农村改革等几个阶段,曲折地得到发展。按照社会主义原理揭示的基本方向,从农业和农村经济的实际和客观经济规律出发,调整或改革社会经济管理中不适应生产力发展要求的环节,摸索适宜不同情况的具体管理制度和形式,促进农村经济发展,满足农民和社会的需要,这是中国农村管理的基本任务和发展主线。历史表明:农村生产资料以劳动群众集体所有制为主,兼顾国家、集体、个人三者利益和实行按劳分配,在等价交换的基础上实行计划与市场相结合,是中国农村管理的三条重要原则。

经过 40 年努力,特别是中共十一届三中全会以来的改革,我国终于在实践中形成了一套比较系统的农村管理思想和制度:农村经济以集体所有制的合作经济为主,多种经济成分并存,而集体经济根据客观需要将所有权与经营权适当分离,实行家庭承包经营同必要的统一经营或合作经营相结合,构建起既能发挥集体合作优越性,又能发挥农民积极性、创造力的双层经营体制;在发育市场的基础上实行有计划的商品经济体制;在城市工业、科技的配合下,实行农工商综合经营,推进技术改造,提高生产者、经营管理者的科学文化素质。当然,管理中的许多内部外部矛盾还需要努力去解决。

二、土地改革和农业合作化、集体化时期

中国从建立人民当家做主的政权到 1956 年,是实行由新民主主义制度向社会主义的转变。但新中国成立时,广大新解放区农村面临的任务,是要改变封建的土地所有制。完成这一任务之后,才"趁热打铁",以逐步过渡的办法进行了个体农业的社会主义改造。

(一) 彻底完成土改和恢复农业生产

1952 年之前农村管理的主要任务是恢复生产、完成土改,在老解放区也开始了组织农民发展生产互助的工作。

对于农村土地制度的改革,1949 年 9 月《中国人民政治协商会议共同纲领》规定:要"有步骤地将封建半封建的土地所有制改变为农民的土地所有制"。旧中国几千年封建专制统治的基础是以小农土地私有为背景的地主土地占有制，过去占农村人口不到 10%的地主富农占有 70%左右的耕地,90%的贫雇农、中农仅占有耕地的 30%

左右,农民家庭利用自有和租佃的少量土地,从事小农经营,受到沉重的地租剥削。这种生产关系严重地阻碍了生产力的发展,使多数农民处于半饥饿状态。中国新民主主义革命的首要任务就是土地改革，为农村生产力发展和民主化、工业化开辟道路。1949 年前,在解放区 1.45 亿农业人口的农村已完成了土改,但新中国成立时仍有 3 亿以上的农业人口的地区保留着封建半封建土地制度。

新解放区土地改革的进行,是根据 1950 年 6 月中央政府公布的《土地改革法》,按照依靠无地少地的贫雇农、团结中农、中立富农,有步骤有分别地消灭封建剥削制度,发展农业生产的方针;实行了保护民族工商业、保护富农所有的自耕和雇人耕种的土地及财产,对小土地出租者不征收其出租土地的政策。到 1952 年 9 月,全国 90%以上农业人口的地区完成了土改,3 亿多无地少地的农民分得 7 亿亩土地和大批耕畜、农具等生产资料,实现了“耕者有其田”的目标,免除了农民向地主缴纳 3000 万吨粮食的地租。

封建土地制度的根除,使农民成了土地的主人,农民说,“千年的铁树开了花,枯树发了芽”,焕发出空前的生产积极性。同时,政府重点鼓励发展粮棉生产,采取治理水旱灾害,恢复和扩大灌溉面积,发放农贷、救济灾区等措施,农业生产迅速恢复和发展。1949~1952 年,农业产量提高 59.2%,超过抗日战争前的最高年产量,其中粮食由 2263 亿斤增长到 3277 亿斤(历史最高产量是 2700 亿斤),增长 44.8%;棉花由 888 万担增长到 2607 万担,增长 193.4%。80%~90%的农民经济生活有不同程度的上升,到 1953 年农村的购买力比 1950 年提高了 76%。农民成了农村经济和社会的主人,人民政权得到最大多数人的真心拥护,为组织起来发展生产创造了条件。

(二) 农业合作化、集体化与农村内部的经营管理

1.农业社会主义改造的思想和政策

新中国成立前夕,毛泽东在中共七届二中全会上就提出:全国胜利后,“占国民经济总产值 90%的分散的个体的农业经济和手工业经济,是可能和必须谨慎地、逐步地而又积极地引导它们向着现代化和集体化的方向发展的，任其自流的观点是错误的。”[1]这一方针随后写进新中国的临时宪法《共同纲领》中。1951 年 12 月,中共向党内发出《关于农业生产互助合作的决议》(后于 1953 年 2 月正式公布),指出土地改革后农民出现两种积极性，一方面是个体经济的积极性，另一方面是互助合作的积极

〔1〕《毛泽东选集》,第二版,第 1432 页,北京,人民出版社,1991。

性。对农民发展个体经济的积极性不能忽视和挫伤，但必须提倡组织起来，按照自愿互利的原则，发展农民互助合作的积极性。1952年，中共提出过渡时期的总路线：要在一个相当长的时期内，逐步实现国家的社会主义工业化，并逐步实现国家对农业、对手工业和对资本主义工商业的社会主义改造。

为何土改后要通过互助合作，实行个体农业的社会主义改造？当时主要是基于：①土改后农村经济不可能长期停留在土地私有的个体经济上面。个体农民，特别是在土地改革中新获得土地而缺少其他生产资料的贫下中农，不但生产有困难，且经不起天灾人祸，借债、卖地现象已经发生；而保留下来的富农和富裕农民则力求发展，兼并土地。这种情况任其发展，农村就会重新走上多数人失去土地陷于贫穷，只有少数人能在剥削别人基础上发财的道路，产生两极分化。这条旧道路会使农村破产、生产力下降，还会使人民政权失去多数农民。因此要改变土地私有，引导农民组织起来走共同富裕道路。②为了克服小农经济的局限，发展生产，兴修水利，抗御自然灾害，采用农业机械和其他新技术。③为了实行国家计划，解决分散的小农经济与工业化的矛盾，也要组织起来。④工业化和农业机械化要相当长的时间才能实现，待到那时农村阶级分化已发生，再搞集体就困难了，因此农业的技术改造和社会改造要分两步走，先合作化后机械化[1]。

怎样进行农业的社会主义改造？中国依据马克思主义合作制原理，接受苏联的教训，对农民不能剥夺和强制，要从小农经济的现状出发，根据生产的需要和群众的觉悟、干部领导水平等条件，遵循自愿互利、典型示范和国家帮助的原则，稳步前进，逐步过渡；依靠对互助合作要求迫切的贫农、包括土改后"中农化"中的新中农这个多数，巩固团结中农，逐步由限制富农剥削到最后消灭富农剥削。但在农业改造的目标模式上是以苏联"集体""共耕"的集体农庄为蓝图，并未立足于中国实际和群众创造。

---

〔1〕这样，农业合作化就包含了改变土地私有制和建立新的农业组织形式的双重目的。今天看来，前者是正确的，带有历史的必然性。不论当时农村土地占有的分化状况如何，但历史提供了根据。在中国的长期封建社会中，地主的土地占有制就是以土地私有为基础的，小农的分化、破产、卖地租地和地主的土地兼并、地租剥削、劳役剥削共生。一个封建王朝建立之初，统治者往往为缓和农民与地主的矛盾，实行某种"均田"，但在土地私有制下，这种一时的抑制，并不能取消小农分化和地主土地兼并的进程，发展到一定程度，矛盾激化，农民又会起来推翻封建王朝。这是中国封建社会历史上循环出现的情形。铲除土地私有制，正是避免向封建地主制复归和建立社会主义农业土地制度的客观要求。但是，后者建立新的农业组织的意向，则带有脱离农业家庭经营的历史传统和实际的理想色彩，需要接受实践的检验。

1951年中共关于农业互助合作决议提出了互助合作的三种形式,1953年12月又作出《关于发展农业生产合作社的决议》,指出:"根据我国的经验,这种在生产上逐步联合起来的具体道路,就是经过简单的共同劳动的临时互助组和在共同劳动的基础上实行某些分工分业而有某些少量公共财产的常年互助组,到实行土地入股、统一经营而有较多公共财产的农业生产合作社,到实行完全的社会主义的集体农民公有制的更高级的农业生产合作社。"[1]对这种互助组—初级社—高级社的过渡形式,《决议》指出,"这种形式,使个体农民和加入了互助组的农民在他们进到农业的完全社会主义的经济制度的时候不感到突然,而是事先有精神的和物质准备,因而能够避免由于突然变化所可能引起的种种损失。"[2]

2.农业互助合作及集体化的发展与制度特征

中国农业的社会主义改造实际是改变土地私有制和走向集中统一经营两位一体的过程,可分为两个阶段。

(1)从互助组到初级社的审慎发展。按照上述思想和方针政策,根据我国解放前在根据地、解放区多年积累的经验,我国农村在1955年夏季之前,主要发展了初级的互助合作组织。中共1951年底和1953年12月作出的关于农业互助合作的两个决议,对农业互助合作有步骤地健康发展起了强有力的指导作用。从办互助组到办初级社,都是由点到面,由低到高,从上到下的,工作审慎而细致。

农业互助组。分为临时互助组和常年互助组。既不改变所有制,又能互帮互助,解决单家独户发展农业的某些困难,很受农民欢迎。由1950年的272万个组、参加农户1131万户,发展到1954年的993万个组、参加农户6847万户。

初级农业生产合作社。是在互助组基础上发展的,以土地入股、统一经营为特征。土地等主要生产资料是农民私有的,入股共同使用,收入按土地入股和劳动的一定比例进行分配(一般是土地占四成,劳动占六成),社员除按劳动取酬外,还按入股的土地和其他生产资料取得报酬。全国初级社1950年18个,1952年0.4万个,1953年1.5万个,发展到1955年的63.3万个;参加农户由187户增加到1688万户,占总农户的14%。虽然初级社的集中经营、集体劳动、评工记分带来了许多新矛盾,但由于初级社数量尚少,发展步子稳妥,1953年春和1955年春两次纠正急躁冒进,一些办社的地方基础较好,工作细致,所以80%的初级社是增产的形势。

---

[1]《农业集体化重要文件汇编》(1949~1957年),第215页,北京,中共中央党校出版社,1991。

[2]同上书,第218页。

(2)合作化、集体化的过急完成。1955年夏季以前,农村互助合作基本上是有步骤有计划分批分期健康发展的。关于农业合作化的速度快慢,实质是涉及指导方针问题。当时以主管农村工作的邓子恢为代表,他认为合作社要巩固与发展,关键是能增产增收、显示优越性,只有真正增产增收,群众才会自愿参加;同时农业合作化要与工业化、技术改造结合进行,因此他们主张巩固一批,准备一批,发展一批,积极领导,稳步前进。在过渡时期的总路线中,曾规定改造要经10年到15年或更长的时间。1955年春,毛泽东还两次提出,在三个五年计划期间,每一个五年计划以内,各完成1/3。但从1955年6月起,却把"逐步过渡、稳步前进"的正确方针比作"小脚女人走路",批判当时主张对已建的几十万个初级社进行整顿和巩固的中央领导是"悲观主义"、"右倾机会主义"。由于一味反右,而右的倾向实际上并不存在,这就形成一种冒进空气,使全国农业合作化工作偏离了正确的方向。从1955年下半年到1956年秋,不到一年时间,不仅完成了农村全部建成初级社的任务,而且完成了向高级社过渡。

高级农业合作社,是以土地等主要生产资料集体公有、集中经营为特征的生产组织。它取消了土地分红,把耕畜、大型农具折价归公,实行统一经营、统一劳动和评工记分、按工分分配。这种高级社1950年只有1个,1955年只有500个,1956年发展到54万个,这一年入高级社的农户由4万户猛增到1亿户,占总农户的87.8%。原定15年完成的合作化,只用3年多时间就完成了,其中85%的农户又集中在最后一年入社,在广大新区这种比例还大大超过此数。

这种急于求成的做法,一方面,脱离了生产力水平和农民群众的觉悟水平,违反了循序渐进的发展规律和自愿原则;原来规定的社员生产资料要作价入社、分期偿还的政策,大都没有兑现,剥夺了农民的财产权利,损害了农民的利益;合作化从一种形式到另一种形式,没有经历一个稳定巩固时期,而是一锅煮,不停顿地推向更高阶段。另一方面,离开生产发展、群众自愿、自主活动的生产关系变革,不可能在实践基础上形成有利生产、体现农民自主权益的、适合不同地区经济条件的经济组织形式和管理制度。这不仅使高级社先天不足、管理混乱,而且对后来同样是离开生产发展、盲目求大求公、随意剥夺农民的人民公社化和一平二调的"共产风",有着一定的历史联系。

3.高级农业生产合作社的组织和经营管理制度

农村内部的经济管理,在互助组阶段较为简单,因它是以个体农民私有制和分户经营为基础,所以只是按各户要求进行或多或少的共同劳动。从初级社开始就显得复杂起来。合作社具有优越性,但在新的制度下出现许多新矛盾,困扰着农村经济的发展。从初级社开始,群众就在寻找解决这些矛盾的途径。高级社的过快完成,遗留问题多而严重,如何通过改善管理予以补救,做好巩固工作,成了中心问题。

高级农业合作社的组织管理制度与矛盾。对农业合作社的组织性质和经营管理制度,1955年11月全国人民代表大会通过的《农业生产合作社示范章程》规定:"农业生产合作社是劳动农民的集体经济组织,是农民在共产党和人民政府的领导和帮助下,按照自愿和互利的原则组织起来的;它统一地使用社员的土地、耕畜、农具等主要生产资料,并且逐步把这些生产资料公有化;它组织社员进行共同的劳动,统一地分配社员共同劳动的成果。"[1]

具体来看,其组织与经营管理特点是:①组织规模。初级社(1952~1955年间),一般一社15~25户,而高级社则一般在150~200户之间,比起个体农民的生产组织都大得多。②财产关系。初级社与高级社不同之处是,前者土地、牲畜、大农具仍为私有,以入股或集体租用的形式共同使用,后者则公有化了,农民不仅交出了使用权,而且交出了所有权,变为其集体所有。③生产经营与劳动组织。初级社、高级社基本一样,都抛弃了农户经营形式。集体统一使用生产资料和劳动力,集中统一经营,集体劳动。初级社下设小组,高级社设生产队,但都是作业和劳动组织,不是独立核算的经营单位。④劳动计酬与分配。对参加集体劳动的社员评工记分。集体产品收入,在完成国家任务,留下集体公共提留后,社员按工分分配。

这种集体经济的优越性主要表现在,一方面,基本生产资料的公有制,消除了产生凭借生产资料私有剥削别人劳动和发生两极分化的根源,为按劳分配和共同富裕创造了前提条件;另一方面,它的统一经营,为超出农户的范围,实行要素配置,进行农业基本建设,采用机械等开辟了道路。事实上,从合作化以来,中国农村的农田水利建设一直没有停止过。

但是,它的高度集中统一经营、集体劳动、评工记分计酬分配形式,基本上与苏联的集体农庄是一个模式,与农业的生产特性,与农民如何在集体中确立其自主的权利和实现按劳分配的物质利益发生了矛盾。

当时存在的主要问题:①经营管理职能权限过分集中,由少数干部包办所有生产安排、技术措施以及建设,人财物的管理使用,常常决策指挥失当,造成损失。农民在集体生产中不能各得其所,无权负责、无人负责。②生产队(高级社时)在劳动组织上,不问农活大小,常常是"敲钟集合,等齐下地","干活一窝蜂",窝工浪费,没有个人负责制,干活只求数量得工分,不求质量,验收时马虎,有些也无法检验其质量,产生耕

[1]《农业集体化重要文件汇编》(1949~1957年),第479页,北京,中共中央党校出版社,1991。

作粗糙,甚至出现把地抛荒了也无人过问的现象。③对劳动评工记分,不可能客观,难以公平合理,产生分配的平均主义。初级社各小组内评记工分,标准不一,但一概纳入全社分配,造成组与组的平均主义;高级社内则有穷队与富队经统一核算分配产生的平均主义。④集中经营和劳动,干部能力有限,使多数社抓了种植业丢了多种经营,又不让社员家庭自己经营。所有这些,都使社员感到自己在社里难以当家做主,只有干活的权利,身在社而心不在社的情况开始出现,而大呼隆、大锅饭、平均主义更挫伤了他们的积极性。邓子恢针对高级社时的情况曾说:"一般来说,社员的出勤率增加了,但劳动效能没有提高,反而下降了。在某些地区,某些社,合作社的优越性,特别是合作社能够增产的优越性没有充分发挥出来,增产不大,或增产不增收,甚至反而减产。"[1]

4.群众和领导者对改善农业社经营管理的努力与包产到户的初起

针对农业社经营管理上的问题,基层干部和农民从初级社时就开始寻求解决的途径。初级社时,许多地方实行了对作业组或个人的小段包工、季节包工、常年包工、零星农活按件计工等形式。高级社时,发展到社对队的"三包一奖"(包工、包产、包财务,超奖减赔)制度,以及"组包片,户包块"等多种形式。

为了解决农业社经营管理上的矛盾,中央在总结群众经验的基础上,曾一面抓合作社的发展,一面抓已建社的管理。1955 年 5 月开始起草其后发出的《农业生产合作社示范章程》(初级社),除了对农民入社所投入用于生产费的股份基金、土地报酬政策作出规定外,还提出组织常年固定的生产队、生产组,固定土地、耕畜、农具和副业设备,按定额包工,进而实行包产、超产奖励。队组给每人指定专管的地段或工作,彻底实现生产中的责任制。高级社时主要推行了社对队的"三包一奖"责任制。

当时分管农村工作的邓子恢,曾对农业社的经济矛盾关系进行过系统分析,提出重要的管理思想和实行责任制等措施。他指出,不必 100%的合作化,90%也可以;合作社要有计划地发展多种经营和工副业,凡是利于分散经营的各种副业生产,饲养业,家庭手工业,应鼓励和帮助社员家庭去经营;社员的自留地可以达到 5%,有的 10%。合作社经营管理的目的在于充分发挥社员的劳动积极性、创造性,满足农民增加生产、增加收入、改善生活的利益和要求;要把所有制与经营形式分开,区别农业与工业的不同,在劳动组织上要克服对集体劳动的误解。"社会主义制度主要表现为生产资料的集体所有制,而不是个体所有制,至于生产的经营管理是高度集中还是适当

〔1〕中国社会科学院农业经济研究所编:《邓子恢农业问题论文选》,第 223 页。

分散，就要根据各种生产对象和当时当地的具体情况来决定，原则是要看如何有利于生产。……现在我们有一些同志确实有一种机械观点，以为这就是社会主义，其实这是一种不从实际情况出发，不按实际情况办事的教条主义、主观主义的观点，这种有害的观点必须加以严厉批判，使之改变过来。”[1]他提出，合作社要对生产队实行“三包一奖”责任制，联系产量比不联系产量好，生产队内“工包到组”，“组内田间零活包到户”，“大活集体干，小活分开干”，集体干的活，也要分块、分地段，划清界限，彼此分头进行，贯彻执行个人负责制，实行多劳多得。在积累和分配上要“少扣多分”，要建立生产、分配、财务三大民主，为了利于民主、团结、生产，社队的规模不宜大。国家要给合作社因地制宜的经营自由和权利，只把计划下到县，只下征购任务的指标，固定负担，把农产品加工尽量放到农业社。

农村在实行合作社以劳动日（工分）的形式对生产队包产中，感到仍不能解决问题。1956年江苏盐城、四川江津、广东中山等地先后试行包工包产到户。浙江温州地区永嘉县1956年搞包产到户的试验，1957年全地区实行包产到户的农业社约有1000个，包括17.8万户，占全区入社农户的15%。这是中国农民改革农业集体经济大锅饭、平均主义体制的比较彻底的最早尝试。

但是解决农业社经营管理矛盾的种种尝试不幸被打断。1956年秋后和1957年春天，一些地区由于入社时对农民生产资料处理上的问题和经营管理中的矛盾，发生退社风潮，1957年结合反右派，农村开展两条道路的大辩论，在反对退社的同时把包产到户说成是“恢复单干”，予以取消，把集体经济经营管理上的矛盾掩盖起来，搁置下来。

（三）粮棉统购统销和国家从流通入手将农村经济纳入计划体制

农村管理的另一方面，是1953年秋开始对粮食，随后对棉花、油料实行计划收购、供应（简称统购统销）的政策。

这一政策的提出，一是为了在粮食不足的情况下解决全国粮食供需之间的矛盾，二是为了以不高的价格从农村拿到粮棉，供应城市，以降低工业发展中的工资、原料成本和出口换取工业设备的成本，即以隐蔽的形式从农业、农民那里换取工业的原始积累。中国是在小农经济基础上开始大规模工业建设的。粮食不充足，是较长时期的一种基本情况。当时，一方面，城市、工矿区和农村技术作物区的粮食需要量都在扩大，仅城镇人口1953年就比1950年增加1/4。另一方面，土改后粮食增产了，但农民

〔1〕中国社会科学院农业经济研究所编：《邓子恢农业问题论文选》，第213～214页。

因生活改善用粮增多,国家购粮价格不高,农民也不急于出卖余粮,商品率反而下降,而私商乘机囤积,国家收购不到必要的粮食。若不找个根本办法抓到粮食,整个市场就要波动,不能保障人民生活和进行有计划的建设。这个办法不可能是国家根据市场行情提高粮价,因为如果国家提高购粮价格,物价就要上涨,工资要跟着长,国家预算就要超过,工业发展计划就会落空。舍此就只能依靠行政办法来实现。同时,农村粮食余缺、丰歉不均,农村中需要买进粮食和买卖周转粮的农业人口约有2亿以上,这2亿多人的粮食供应和周转粮的买卖,政府不去管,听任私商、富裕农民去操纵,就会使许多农民倾家荡产。因此,政府为了以有利于工业的不高的价格,掌握必需数量的粮食,使私商不能操纵粮食市场,实行了粮食统购统销的政策。

1953年10月中共中央作出《关于实行粮食的计划收购与计划供应的决议》,11月作出计划收购油料的决定,11月19日获政务院政务会议通过,发布命令执行。1954年9月开始对棉花也实行了统购统销。具体办法是:由国家粮食部门统一地有计划地在农村收购粮食(与农业税征粮一起进行),向需要粮食的城乡输送供应,按各地情况规定收购、供应价格;所有私营粮商,一律不准私自经营粮食。1955年8月做了改进,实行"定产、定购、定销"的办法,在农村划分余粮户、自足户、缺粮户,评定其年产量、交售任务或供给量,向余粮户统购其余粮数的80%~90%,交售任务一定三年不变,一省数省受严重灾害时,国务院可指定丰收省酌量增购,不超过其增产的40%。对城市粮食的定量供应办法也由粗到细。1957年8月,国务院又发布《关于由国家计划收购(统购)和统一收购的农产品和其他物资不准进入自由市场的规定》,规定粮、棉、油料全部由国家计划收购,烤烟、黄红麻等22种重要的土产品,38种重要的中药材和供应出口的苹果、柑橘等,都由国家委托国营商业部门、供销合作社统一收购。这两类物资都不允许在自由市场买卖。

实行农产品统购统销,对农村经济产生多方面的影响。首先是对农业社的影响。一方面,政府难以直接同1亿多农户打交道,有了合作化的组织,才便于实行对农民产品的统一收购,这种需要成为过急过快推动农业合作化、集体化的一个因素;另一方面,政府的收购计划限制了农业社的种植自由和产品交换的自由,农业社执行收购计划,又使其自身兼有履行政府指令的行政职能,从而偏离自己的经济组织的轨道,这为后来政社合一的公社体制的产生埋下了种子。其次,农产品的统购统销使农业市场基本被关闭;政府为从农业积累工业化资金,必然扭曲农产品的价格,导致工农产品剪刀差的扩大,破坏农业和农村的积累机制,影响农民的收入和生产积极性。第三,实行统购统销是政府从流通领域实行对农业的计划控制,这就使得农业商业组织——粮食收购组织、供销社,以及与之相关的信用社,从农民的经济组织的行列中分离出来,变为官营的商业。

(四) 简短的结语

续土改之后,中国实现了对个体农业的社会主义改造。以互助组—初级社—高级社逐步过渡的形式,将5亿个体农民转变为社会主义集体所有制下的农民,结束了农村阶级剥削制度的历史,奠定了以后进步和发展的制度基础。在这种社会大变革中,农业生产总的是稳步上升。1952~1957年,农业总产值由417亿元提高到536.7亿元,增长28%,粮食产量由1.64亿吨提高到1.95亿吨,棉花产量增长26%。只是大牲畜有所减少,1957年比1955年下降5%。农业合作经济经营管理制度的建立并不像改变私有制那样一下子解决好,但已开始触及经营形式上的矛盾,进行了多种尝试,特别是个别地方包产到户的试验。主要农产品的统购统销,对在落后农业的基础上开展有计划的经济建设,切断资本主义工商业与农村的联系,促进城乡社会主义改造,具有历史的必要性。

但是,合作化、集体化的问题,不仅是后期推动方式脱离生产发展,违背群众自愿,对改造要求过急,改变过快,开了对农民财产侵害、剥夺的先例,而且一开始就框定了实行统一经营、取消家庭经营的先验模式,没有让群众在实践中自主地创造和选择,造成集体经营的具体形式跳不出苏联集体农庄的窠臼,使农民丧失了支配权。经营管理上遗留下大的问题,而不能被更多的人所认识,反而忽视、压制了解决问题的种种尝试。同时,农产品的统购统销埋藏下宏观、微观经济的诸多矛盾,将农村的生产、供销、信用合作分割开来,也带来农村管理体制上的一大问题。

三、人民公社化和经济调整时期

农业合作化完成后,本应在中共八大决议精神指导下,转向在新的生产关系下面保护和发展生产力,解决经营管理中的问题以适应生产发展。但由于"左"倾错误思想指导,却在轻率发动的"大跃进"中,进一步向"一大二公"的人民公社制度过渡,造成农村管理混乱和生产力的破坏。在严重的挫折面前,"左" 倾错误得到一定程度的纠正,公社退到"三级所有、队为基础"的体制,农村管理前进了一步,但深层问题尚未触动,"左"倾错误又以阶级斗争扩大化的政治形式有所发展。

(一) 农村人民公社化运动和纠正“左”倾错误中的反复

1.关于农村公社的设想和人民公社化运动

农村人民公社的设想,是农业合作化后期离开农业实际、追求办大社,急于由初级社向高级社过渡的求大求公思想的发展;也与经济建设中忽视国情和经济规律,急于求成,由反“右倾保守”进而追求“大跃进”相关。它的付诸实行,是“左”倾错误思想的产物,由于群众在集体经济中处于无权的地位,并非群众实践的产物。

关于在农村建立大社或公社的思想,合作化运动后期就已开始萌发。毛泽东在1955年为《中国农村的社会主义高潮》的《大社的优越性》一文按语中写道:“现在办的半社会主义的合作社……二三十户的小社为多。但是小社人少地少资金少,不能进行大规模的经营,不能使用机器。这种小社仍然束缚生产力的发展,不能停留太久,应当逐步合并。有些地方可以一乡为一个社,少数地方可以几乡为一个社,当然会有很多地方一乡有几个社的。不但平原地区可以办大社,山区也可以办大社。”[1]

在经济建设上,毛泽东1957年、1958年1月两次批评1956年中央领导同志纠正经济工作中的急躁冒进是“右倾保守”,由反对反冒进进而提出大跃进,要求大部分地区3年改变面貌,5~8年内实现原定几十年达到的《农业发展纲要》规定的指标。农村以大搞农田水利建设开始了大跃进,出现社与社之间无偿的“共产主义协作”。

经济建设上的“左”倾冒进与生产关系上的求“大”相互推动。1958年3月毛泽东在成都会议上正式提出把小型农业合作社有计划地适当地合并为大社的建议,会后以中共中央文件形式下达。加上带有主观色彩的“鼓足干劲,力争上游,多快好省地建设社会主义”总路线的提出,农村“大跃进”的发展,掀起了小社并大社的运动。有的打破乡界、县界,进行农业生产大协作,组成了称作“集体农庄”、“公社”、“联社”等名称不一的大社。1958年6月,毛泽东和少数人谈话提出关于农村公社的设想:“我们的方向,应该逐步地有秩序地把工(工业)、农(农业)、商(交换)、学(文化教育)、兵(民兵,即全民武装),组成为一个大公社,从而构成为我国社会主义的基本单位。”他8月上旬在河北、河南、山东视察时说,对大社叫“人民公社这个名字好。包括工农兵学商,管理生产,管理生活,管理政权”,“便于领导”[2],公社的特点是“一曰大,二曰公”。

1958年8月中下旬,毛泽东主持中共中央政治局扩大会议,所通过的《关于在农村建立人民公社的决议》指出:“人民公社是形势发展的必然趋势……很可能不久就

〔1〕《毛泽东选集》第五卷,第257~258页。

〔2〕《农业集体化重要文件汇编》(1958~1981年),第56~62页,北京,中共中央党校出版社,1991。

会在全国范围内出现一个发展人民公社的高潮。……在目前形势下,建立农林牧副渔全面发展、工农商学兵互相结合的人民公社,是指导农民加速社会主义建设,提前建成社会主义并逐步过渡到共产主义所必须采取的基本方针。"[1]9月10日公布这个《决议》,同日人民日报社论号召各地先把公社的架子搭起来。中央还发出在农村开展社会主义和共产主义教育运动的指示,要求用社会主义和共产主义的精神,来解决与转为人民公社有关的各种经济问题,发扬拔白旗、插红旗的共产主义风格[2]。这样,人民公社化运动迅速进入高潮。到9月底,全国参加公社的农户达到1.2亿户,占农户总数的90.4%,到当年底参加公社农户占总农户的99.1%,全国由1957年底78.9万个农业社变为2.36万个公社。有的一乡一社、几乡一社,94个县建立联社性质的人民公社(县联社)。

2.人民公社初期的制度特征与管理

公社初期管理制度特征:①政社合一,高度集中,公社既是农村社会的基层单位,国家政权的基层单位,又是农民集体经济组织。②不定型的"一大二公"公社所有制。它是所谓由集体所有制向全民所有制、社会主义向共产主义的过渡形式和混合物。中共中央《关于在农村建立人民公社的决议》中说:"由集体所有制向全民所有制过渡,有些地方三四年就可以完成,有些地方可能较慢,需要五六年或者更长的时间,""共产主义在我国的实现,已不是什么遥远将来的事情了。"[3]有的地方提出"跑步进入共产主义"。公社规模平均每社5400多户,比高级社扩大35倍。办公社时将各农业社的公共财产无偿收归公社所有。在公社范围内对生产队的某些财产无代价地上调或调拨,以公共积累名目搞很多义务劳动和无偿协作,甚至把社员的一些财产无偿地收归公有。③分配上贫富拉平,工资制和供给制结合。在公社范围内实行贫富队拉平,平均分配。称粮食供给制是"共产主义萌芽的生长",除云南省规定供给部分不超过社员总分配30%以外,其他省都在60%~70%,有的是80%。④办公共食堂实行生活集体化,"放开肚皮吃饱饭"。毛泽东在安徽农村视察时说:"吃饭可以不要钱,既然一个公社能办到,其他有条件的社也能办到,既然吃饭可以不要钱,将来穿衣服也就可以不要钱了。"[4] ⑤公社内基层生产单位没有自主权,不能实行分级管理,没有生产责任

---

〔1〕《农业集体化重要文件汇编》(1958~1981年),第69页。

〔2〕参见《农业集体化重要文件汇编》(1958~1981年),第73~74页。

〔3〕《农业集体化重要文件汇编》(1958~1981年),第71页。

〔4〕《人民日报》1958年9月16日。

制，搞劳动组织的军事化，大呼隆“大兵团作战”，经济核算制度被完全抛弃。

宏观上公社的生产是当时全国“大跃进”的组成部分。农业上搞高指标、瞎指挥、浮夸风、强迫命令。宣扬“人有多大胆，地有多大产”，虚报“高产卫星”，如亩产小麦7320斤，早稻亩产3.69万斤。1958年8月中央北戴河会议在这种气氛下，估计农产品产量将“成倍、几倍、十几倍、几十倍地增长”，要求各地把重心从农业转到工业。几千万上阵的全民大炼钢铁运动和其他的各种“大办”，抽调农村劳动力，平调农村资财，征购过头粮。在农业第一线的劳动力减少了3000多万个。

在“大跃进”、公社化中，一平二调的共产风、高指标、瞎指挥、浮夸风盛行，农村社会经济极度混乱，直接导致1959~1961年农业连续减产。粮食产量1960年为2870亿斤，比1957年下降26.4%，1958~1962年农业总产值年降4.5%。农民生活极端困难，不少地区发生饥荒和非正常死亡。按照国家统计数据，农村人口1960年比1958年净减少2193万人。

3.对农村问题的察觉和纠错中的反复

对上述严重问题，中央和毛泽东从1958年冬开始有所察觉和开始纠正“左”的错误。在思想理论上否定了混淆社会主义与共产主义、集体所有制与全民所有制的错误，提出不能超越阶段，肯定公社是集体所有制，个人生活资料永远归个人所有；认识到商品生产、等价交换和按劳分配是发展社会主义经济的两个重大原则，废除商品，违背等价交换，调拨农产品，就是剥夺农民；肯定公社内部有公社、大队、生产队三级所有制，指出社“共”队的“产”，队与队之间的平均主义，社员个人之间的平均主义，都是违背等价交换、按劳分配，无偿占有别人劳动成果的错误做法。

政策体制上做了初步调整。①实行三级所有，以原高级社规模的大队为基本核算单位，肯定生产队部分所有制和半级核算单位。②贯彻等价交换原则，算账退赔。对公社建立以来的账目进行清理，县联社、公社调用大队、生产队的财产，或集体无偿调用社员的私人财物，如数或折价归还。③供给制从社员分配的主要部分调整为次要部分。④允许社员经营自留地和家庭副业。但当时“左”的指导思想并未根本转变，仍然基本肯定“大跃进”和公社化运动，保留供给制和公共食堂，规定从队所有制到公社所有制，集体所有制到全民所有制的“过渡”模式，因此，对“共产风”和公社体制上的问题不可能进行根本性的纠正。

1959年8月中共庐山会议原定继续纠正“左”倾错误，会议后期彭德怀上书毛泽东，对大跃进和人民公社运动中“左”的错误提出批评。他的正确意见却被当做“反党反社会主义的右倾机会主义”批判，当做“资产阶级与无产阶级两大对抗阶级的生死斗争”来对待和处理。会后全国由纠“左”转向“右倾”思想作为主要危险来开展斗争，农村“五风”（高指标、瞎指挥、浮夸、共产风和个别干部的特殊化风）重起，但这时全国已进入了三年严重困难时期。

（二）退到“三级所有、队为基础”后的农村管理与开展“左”的阶级斗争

中国经济尤其是农村进入三年严重困难时期以后，中共中央提出了国民经济“调整、充实、巩固、提高”的方针，农村重新转入纠“左”倾错误、调整公社体制、恢复生产的轨道。这是一种正确的思路，占着支配的地位。但另一种以阶级斗争为纲，把农村体制和管理所造成的种种问题作为所谓的阶级斗争来处理的“左”倾错误在发展，过去处理经济关系上的“左”倾错误未根除，却又以政治形式在发展。

1.公社体制、农业政策的调整和包产到户再度兴起

1960年冬，鉴于农村生产力遭受严重破坏的教训，中共中央重新提出调查研究，从实际出发，继续纠正农村工作中的“左”倾错误，1961年春到1962年9月相继采取调整公社体制的重大措施。主要是：①1960年11月发出《关于农村人民公社当前政策问题的紧急指示信》，要求继续解决公社对生产队财产无偿调拨的退赔问题，规定社员自留地可扩大到人均占地的7%，恢复农村集市等。②把农村基本核算单位调整到生产队。1961年春到1962年9月，结合开展调查研究，制定《农村人民公社工作条例》，开始注意克服队与队、人与人之间的两个平均主义，以调动农民积极性。先是取消部分供给制和公共食堂，接着中央有的同志调查后提出以生产队为基本核算单位，毛泽东提出生产队对大队实行大包干，不搞“三包一奖”的繁琐哲学。1962年2月，中央发出《关于改变农村人民公社基本核算单位的指示》，提出“三级所有、队为基础”的制度30年不变。9月正式发出《农村人民公社工作条例》（简称“六十条”），规定公社、大队、生产队经济各自独立核算，自负盈亏，以生产队为基本核算单位，以及其他政策，成为当时和以后相当长时期人民公社的规范。界定生产队的所有权和以它为基本核算单位，有助于克服队与队之间的平均主义，使农村管理前进了一步，但并未解决社员之间的平均主义。

地方上，农民遭受“共产风”的危害后，为渡过困难，一些地方再次实行包产到户。当时安徽省实行的责任田影响较大。省委从1960年秋起酝酿生产队对作业组“三包一奖”，1961年春从宿县地区个别农户进山开荒增产，交集体一些钱粮，自己解决吃饭问题的例子受到启发，提出“按劳动力分包土地，按实产粮食记工分”，开始试点搞“五统一”（计划、分配、大农活和技术活、用水、抗灾统一进行）的责任田。生产队实行

定产到田,以产计工,大农活包到组,小农活包到户。安徽推行责任田时向上级汇报,经毛泽东同意后,3 月试点展开。几天后,毛泽东提出只在小范围内试验。但 4 月全省已有 39.2%的生产队实行责任田,10 月增加到 84.4%。其他如广西壮族自治区龙胜县等实行了含有包产到户的多种形式的生产责任制。

与此同时,一些中央领导同志提出了农业中要实行生产责任制等观点。邓子恢认为过去的教训主要是所有制变动太大、太多、太快,变中又搞了平调,是对农民生存权开玩笑;集体生产没有摸出规律性,没有建立责任制,分配上的平均主义,使社员积极性不高。他提出固定所有制,建立严格的生产责任制,提倡田间管理包工包产到户,支持安徽的责任田。刘少奇提出要巩固集体经济,就要调整集体内部关系;要实行按劳分配,就必须实行责任制,一户包一块,或者一个组包一片,使责任制跟产量联系起来。邓小平指出,在农村,巩固集体经济是根本方向,但生产关系上不能完全采用一种固定不变的形式。哪种形式在哪个地方能够比较容易比较快地恢复和发展农业生产,就采取哪种形式;群众愿意采取哪种形式,就应该采取哪种形式,不合法的使它合法起来。他引用刘伯承讲打仗的一句话:"黄猫、黑猫,只要捉住老鼠就是好猫。"[1]

在宏观管理上,60 年代初政府提出以"农轻重"为序安排国民经济计划。2000 万进城职工回到农村, 减少了征购任务。大幅度提高农产品收购价格,1960 年与 1961 年相比提高粮食购价 73.4%,油料 18.5%、猪 26.3%、鸡蛋 38.5%,农副产品收购价格总指数上升了 28%。1962 年粮、油、肉畜购价又调高 5.6、1.2 和 2 个百分点。这些措施对农业恢复也起了一定作用。

2.批判"单干风"和农村社会主义教育运动

这一阶段,虽然经济工作中"左"的错误做法有所纠正,但"左"倾指导思想并未得到彻底纠正。1962 年 9 月毛泽东在中共八届十中全会上,一面主持讨论通过农村"六十条",一面提出阶级斗争要天天讲,把社会主义社会中一定范围内存在的阶级斗争扩大化和绝对化,认为无产阶级同资产阶级的矛盾仍然是我国社会的主要矛盾,断言在整个社会主义历史阶段,资产阶级都存在和企图复辟,并成为党内产生修正主义的根源。他指责刘少奇搞"三自一包",邓子恢推荐安徽责任田被作为"刮单干风"批判。第二次兴起的包产到户再次被扼杀。会前彭德怀的上书也被当作"右倾翻案黑风"。农村中由于经营体制和管理所带来的经济问题、干部作风问题,被当作阶级斗争。1963~1965 年期间,农村开展了以"四清"(清经济、政治、组织、思想)为中心的社会主义教育运动,全

[1]参见《邓小平文选》(1938~1965 年),第 304~305 页。

国约有 1/3 的县、社搞完了“四清”。运动中混淆了问题的性质，不少基层干部受到不应有的打击；有些地方还搞“民主革命补课”，错定一批地主、富农，没收他们的一些财产。特别是 1965 年 1 月，毛泽东主持制定的文件《农村社会主义教育运动中目前提出的一些问题》，提出以阶级斗争、两条道路斗争为纲，“运动的重点是整党内走资本主义道路的当权派”[1]，成为后来“文化大革命”的基本口号。

（三）简短的结语

1958 年的“大跃进”、公社化运动和一平二调“共产风”，给中国农民带来极大的灾难。1960 年冬以后的五年多时间，由于中央在纠正“左”倾错误中采取了一系列正确的政策措施，农村生产得到恢复和发展。1965 年与 1956 年相比，农业总产值增长 34%，粮食产量恢复到 1956 年水平，并略有增加。除棉花比 1956 年增幅较大外，其他多种经营基本没有增长。但是，“左”倾错误思想使农村经营体制上的根本问题并未得到解决，再次压制了群众的要求，丧失了解决问题的机遇，并且以阶级斗争扩大化的形式有所发展。

四、“文化大革命”时期的农村

中国从 1966 年 5 月开始的“文化大革命”，给人民带来了严重灾难。虽然内乱中心是城镇，但在农村也造成“左”倾错误泛滥，政策、管理混乱，经济体制更趋僵化和封闭，集体经济内多年存在的大锅饭、平均主义再次发展到顶点。

（一）“左”倾错误思想与“左”的学大寨

从农村政策和管理的角度看，“文化大革命”期间的主要错误思想、理论是：①把一些本来是用以解决集体经济体制问题的正确主张和建议当作修正主义来批判。党和国家领导人刘少奇、邓小平被视为“三自一包”、“单干风”、“实行资本主义复辟”的总根子，产量责任制被看作“复辟资本主义的花样”，安徽全省上下因推行责任田在“文化大革命”中被批斗的有 10 多万人。②按劳分配、商品生产与交换被误认为本身就是带资产阶级性质的权利或产生资本主义的制度来对待。批判所谓“以‘工分挂帅，物质刺激’为中心的修正主义制度”，实际就是否定按劳分配。凡是社员个人的自留

[1]参见《关于建国以来党的若干历史问题的决议》注释本，第 25 页。

地、家庭副业、个体手工业,或沾“商”字,都被视作资本主义“尾巴”、“倾向”。甚至集体发展多种经营也被看作“金钱挂帅的资本主义倾向。”1975 年毛泽东提出“限制资产阶级法权”的理论,误认为,按劳分配、商品制度、货币交换等和旧社会差不多,看作产生资本主义的土壤,要求予以限制。③把社会主义集体经济下的农民与私有制下的小生产相混淆,认为农民中会每日每时产生资本主义,在一定意义上把农民放到了社会主义制度和无产阶级政权的对立面。④把抓发展生产批为“唯生产力论”,要一切以阶级斗争为纲,“宁要社会主义的草,不要资本主义的苗”。搞乱了是非,搞乱了政策。过去造成危害的平均主义、“穷过渡”(即不看生产发展,按照个体不如集体、小集体不如大集体、集体不如全民的错误观念,在社会经济条件不具备的情况下,采取行政办法,强行过渡)等“左”倾错误应时泛滥。

这一时期,农业学大寨演变为推行“左”倾错误的一种形式。山西省昔阳县大寨大队原是在恶劣山区条件下自力更生建设旱涝保收、稳产高产农田,发展农业的先进单位,1964 年毛泽东号召农业学大寨, 同年底周恩来总理在全国人大会议的政府工作报告中把大寨经验概括为“政治挂帅、思想领先的原则,自力更生、艰苦奋斗的精神,爱国家、爱集体的共产主义风格”。当时各地学大寨,主要是学自力更生、艰苦奋斗的精神,开展农田水利建设。

但“文化大革命”期间,学大寨的内容变了。大寨、昔阳也成了推行“左”倾错误的典型,搞阶级斗争扩大化,搞“穷过渡”。“文化大革命”初期,昔阳县在全县实行大队核算,改变了“六十条”关于以生产队为基本核算单位的规定。后来,大寨公社又实行了公社所有制。他们自称是“穷过渡,富还债”。同时把家庭副业、自留地当“资本主义尾巴”去割,“堵资本主义的路”,鼓吹平均主义,破坏按劳分配。这个时期的学大寨,在许多地方成为开展“左”的阶级斗争,推行“左”的政策的一种形式。“学大寨工作队下乡,鸡鸭都遭殃(限制社员养家禽等副业)”。甚至有些报刊上提出:“学大寨就是走社会主义大道,不学大寨就是搞歪门邪道,反对学大寨就是走资派。”

(二) 农村体制僵化,捆住了农民手脚

(1)批判“三自一包”、“工分挂帅”,使集体经济内吃大锅饭、分配上的平均主义更加严重。自初级社到“文化大革命”前曾推行过的各种责任制,此时全部遭到了彻底的否定,以至“文化大革命”后人们还谈“包”色变。尽管有的社队实行了按件记工和小范围的农活包工,但也是偷偷摸摸进行。各地的劳动计酬普遍实行“死分死记”、“死分活评”的评工记分办法。学大寨中还推行所谓“大寨工分”的评比方法,“自报公议”,以政

治表现代替劳动实绩,否定按劳分配原则。有的地方不记出勤,半年甚至一年才评一次工分,群众称为"大概工分"。干活"大呼隆",分配"吃大锅饭",搞平均主义,再次发展到顶峰。群众说"迟出工,早下工,到了田里磨洋工,反正记的一样工","队长吹哨吹破嘴,催人上工跑断腿,折腾半晌人半数,干起活来鬼哄鬼","尖头站,滑头转,气得老实人也不干"。

(2)割"资本主义尾巴",收自留地,摧残家庭副业和集市贸易。在大锅饭、平均主义使许多集体经济停滞不前的情况下,农民的自留地对于满足他的最低限度的生活要求来说,长时间里发挥了重要作用。自留地虽少,但种的比集体大田好,有的占到农民全年收入的1/4,甚至1/2。在集体经济搞得差的地方,自留地成了农民的命根子。但"文化大革命"学大寨首先对准自留地和农民的家庭副业,动刀割"尾巴"。有些社员利用在生产队干活之外的时间,上山开石子或搞编织等副业,不过为取得糊口之食,被当作破坏学大寨,予以禁止。许多地方限制社员每户养猪、鸡的数目,集市贸易受到严重摧残,有的被强行关闭。那些靠家庭副业而富裕的农民,不过是能吃饱饭,有点零花钱,则被扣上资产阶级"暴发户"的帽子,受到批斗。大田搞不好,副业不能搞,以粮为纲,限制多种经营,把几亿中国农村劳动力圈在有限耕地上,消磨在大呼隆的疲劳战中,把中国农业引入了死胡同。

(3)改变基本核算单位,搞"穷过渡"。把"穷过渡"作为学大寨的内容,人为地将基本核算单位由生产队向大队过渡。山西省近半数农村过渡到大队核算,对生产造成了破坏。

(三) 干部群众对"左"倾错误的抵制和社队企业的趁乱发展

由于公社化时"一平二调"的"共产风"创深痛剧,三年困难记忆犹新,"左"倾错误受到各级干部和农民群众的抵制。周总理在1970年全国北方农业会议期间,曾指出"六十条"规定的基本政策仍然适用,强调要抓好农田基本建设。1971年9月林彪集团败亡后,他主持中央日常工作期间,在农村着手纠正一些"左"的政策,年底中央发出关于农村人民公社分配问题的指示,要求各地不要硬搬照套大寨的劳动管理办法;不能把党的政策允许的多种经营当作资本主义去批判等。1973年春的计划会议,又批评陈伯达等在农村强迫扩社并队,没收自留地、砍家庭副业,搞一平二调的错误,为刹住"穷过渡"歪风作了很大努力。1975年邓小平主持中央日常工作期间,针对农村被搞乱的情况,强调农业要整顿,落实农村干部政策、经济政策。

不少地方的农业学大寨,并没有学大寨以阶级斗争为纲的经验,而是继续开展农田水利基本建设。全国的农田水利建设一直没有停歇,对改善生产条件、促进农业发展起了重要作用。

“文化大革命”中间，农村，主要是沿海、城郊农村的社队企业趁乱发展，算作农民的“收获”。社队企业的前身多是公社化前的零星手工业作坊，公社化时收归公社所有。大跃进中“一哄而起”，公社工业产值曾达到80多亿元（有水分）。不少是“共产风”的产物。1962年、1963年产值降到40亿、29亿元。“文化大革命”中城市里工厂搞武斗、夺权、瘫痪、停产，加上城市知识青年下乡插队，建立了“城乡联系”，城郊、沿海农村的社队企业找到了发展空隙和“良机”。到1978年全国社队企业达到152.3万个，产值431.4亿元，安排劳动力2826万人，占农村总劳动力的9.5%。

（四）简短的结语

“文化大革命”中“左”倾错误在农村主要是对干部和群众政治上的摧残。经济上虽然政策屡遭损害，但由于受到一定的抵制，农村集体经济属于自负盈亏，国家不包农民吃穿，生产队为基本核算单位的体制在全国大多数地方没有变动，进行了农田基本建设，农业机械、化肥、良种的使用等原因，农业主要是粮食产量有了一定的发展。粮食总产由1965年的19450万吨增加到1976年的28630万吨。

但是，农业的发展与群众付出的高昂代价很不相称。在1956—1976年的20年里，全国粮食总产量虽然增长了48.5%，但农村劳动力增长50%，人均占有粮食仅615斤，比1956年的620斤还低。棉花在4000万~5000万担之间徘徊11年。油料产量一直停留在1952年的水平。糖料从1973年起一直未增长。按1970年不变价格计算，劳均净产值1976年比1955年还少36元。农民人均纯收入按时价计算，1976年仅为113.05元，比1956年增长30.3元。到1978年全国农村人均收入低于50元的占到1/4。有相当一部分集体，生产靠贷款，吃粮靠救济，有的生产队连打煤油点灯的钱都要社员凑鸡蛋。2.5亿农村人口温饱问题没有得到解决，甚至逃荒要饭。合作化以来，中国农村没有发生两极分化，但是，平均主义和贫穷决不是社会主义，也不是人民的要求。中国农民和与他们密切联系的广大干部，在公社化和“文化大革命”给他们带来的灾难和痛苦中从反面接受了教育。改变僵化的体制，开辟前进的道路，成了他们的迫切要求。

五、农村改革发展的新时期

粉碎“四人帮”后，经过排除阻挠，中共召开了带转折性的十一届三中全会，开始全面纠正“文化大革命”中及其以前的“左”倾错误，实事求是，果断地把工作重点转移到社会主义现代化建设上来，提出了改变不适合生产力发展的生产关系和权力过分集中的管理体制的任务，也开辟了农村改革发展的新时期。农村体制上的突破，首先来自亿万农民建立家庭承包责任制的实践、农民成了土地的主人之后，经济发展与管理改革相互推动，有中国特色的农村发展道路越走越宽，管理思想和制度也转到新的方向。

(一) 确立正确的农村工作指导思想

农村工作正确指导思想的确立，首先是拨乱反正，总结历史经验教训的产物。

1978 年 12 月召开的中共十一届三中全会在确定正确路线的同时，深入讨论了农业问题，要求“对我国农业的现状和历史经验必须有一个统一的正确的认识”。会议原则通过的《关于加快农业发展若干问题的决定(草案)》(1979 年 9 月修改后公布)，总结农业过去 29 年的经验教训，主要是：一定要长期保持安定团结的政治局面；正确认识和处理农村以及全国范围的阶级斗争，防止“左”的或者右的干扰；集中力量抓好农业技术改造，发展农业生产力；持续稳定地执行现阶段的农村政策；执行以农业为基础的方针；农林牧副渔全面发展；对农业的领导，一定要从实际出发，按自然规律和经济规律办事。

根据这些经验教训，指出：“确定农业政策和农村经济政策的首要出发点，是充分发挥社会主义制度的优越性，充分发挥我国 8 亿农民的积极性。”而要做到这一点，“一定要在思想上加强对农民的社会主义教育的同时，在经济上充分关心他们的物质利益，在政治上保障他们的民主权利。”[1]这就是基本的指导思想。

从这个指导思想出发，《决定》提出发展农村经济的 25 项政策措施，主要是切实保护社队的所有权和自主权(包括有权决定经营管理方法)；认真执行按劳分配原则，克服平均主义；鼓励农民经营家庭副业，活跃农村经济；增加国家对农业的投资，提高农产品价格，减轻农民负担。

这种指导思想的确立和政策调整，为农民“松了绑”，提供了发挥基层农民创造性的环境。

农村正确的管理思想和制度的发展，则依赖于改革体制、发展经济的实践。随着 10 多年实践的展开，逐步形成两个方面的总体认识：①经济体制改革。包括改革集体经济经营体制及相关的所有制结构；改革农产品购销体制及相关的计划管理体制。其核心是扩大农民及其经济组织的经营自主权，保护农民按劳取酬的利益和民主权利，

---

〔1〕《农业集体化重要文化汇编》(1958~1981 年)，第 991 页。

提高生产经营者的积极性,增强发展经济的内在动力;逐步在农村经济中建立在国家计划指导、宏观调控下依市场自我调节的体制。②产业、技术政策。在上述体制下,充分合理配置劳力和资源,建立农林牧副渔全面发展、农工商综合经营的农村产业结构,注重技术进步,发展农村生产力。

(二) 以实行家庭承包制为中心的农村经营体制改革

1.农业家庭联产承包为主的责任制的发展

粉碎"四人帮"后开展的实践是检验真理唯一标准的讨论,尤其是党的十一届三中全会制定的路线,解放了农民和干部的思想,他们的行动首先指向集体经济经营管理上的弊端——"种田的没有权"和平均主义。

开始阶段,1978 年秋和 1979 春,安徽、四川等省一些受"左"的摧残较重的贫困地区,为能吃饱肚子,农民率先搞起包产到组、大包干到组、包产到户的责任制。安徽省 1977 年由制定以尊重生产队自主权、落实按劳分配为核心的农村六条政策,迈出纠"左"步子;1978 年发生特大干旱,小麦种不下去,省委决定与其让土地抛荒,不如借给社员"保命田",谁种谁收。政策一松动,肥西县山南公社首先在借地种麦的基础上搞了包产到户。省委领导多次前往调查,支持农民的创举,到年底 1200 个生产队实行包产到户,占全省生产队总数的 0.4%。这个省的滁县地区在落实尊重生产队自主权和按劳分配政策的过程中,出现多种责任制,其中凤阳县 1979 年春大部分生产队实行大包干到组,个别的包干到户,当年粮食产量比上年增长 49%。但是,"包产到户=单干=资本主义"的"左"倾错误还禁锢着不少人的思想,1979 年 3 月《人民日报》肯定的人民来信,甚至指责包产到组是分田单干。而面向实际的干部群众依是否有利生产、有利于农民、集体和国家都增收以及由实践论是非的思想行事,相信三中全会的基本精神而不拘泥于这次会上通过的《决定(草案)》中有"不许包产到户"的词句,联产承包制形成捂不住的扩散趋势。1980 年春,一些省、自治区也允许在生活贫困的地区实行包产到户。

1980 年 5 月,邓小平关于农村政策的谈话鲜明地支持安徽肥西县的包产到户、凤阳县的大包干办法,称赞"效果很好"。并指出:"有的同志担心,这样搞会不会影响集体经济。我看这种担心是不必要的。……可以肯定,只要生产发展了,农村的社会分工和商品经济发展了,低水平的集体化就会发展到高水平的集体化,集体经济不巩固的也会巩固起来。""关键是发展生产力。"[1]同年 9 月,中共中央关于农业生产责任

---

〔1〕《邓小平文选》(1975~1985 年),第 275 页。

制的一个文件肯定贫困落后地区可以包产到户、包干到户(人们简称“双包到户”)。随着“双包到户”从贫困地区向中等甚至较高生产水平地区的扩展,1982 年中共中央 1 号文件肯定“它们都是社会主义集体经济的生产责任制”,家庭联产承包制此后迅猛发展。在全国农村基本核算单位中,“双包到户”的生产队 1981 年占 50.8%(其中包干到户占 38%),1982 年占 78.8%,1983 年 90%以上的生产队和耕地实行包干到户。中国农民经过对多种联产承包制的试验、筛选,确定了以大包干到户为主体的承包制,至今 99%的农村和耕地仍实行包干到户责任制。

2.农业家庭联产承包制下的经营管理

农业家庭联产承包制是通过农户对集体土地的承包恢复家庭经营,在集体基本生产资料的所有权与使用权适当分离的条件下,实行以家庭分散经营为基础,与集体必要的统一经营相结合的双层经营体制、农户包干上缴的分配方式和责权利结合的管理方式。它的基本做法是:集体经济组织对耕地包括山场、草场、水面等基本生产资料保持所有权,将其使用权交于承包农户,其他耕畜、农具等折价到户。承包土地的使用权和农户的其他生产资料、劳力,使农户具有相对独立的经济地位,构成整个生产经营的基础。承包者以承包合同的形式与集体保持责任、权利和义务的关系,即按合同规定,每年向国家完成一定的税收和农副产品交售任务,向集体缴纳一定的公积金、公益金、管理费等公共提留,余下的产品和收入全部归农户支配。农民称这种大包干的办法是“保证国家的,留够集体的,剩下都是自己的”。同时,集体经济组织保留必要的统一经营,管理、服务职能:通过承包合同管理指导农户经营、管理土地利用,收取和管理使用公共积累;对一家一户不便进行的生产环节、建设项目和某些生产手段的利用,由集体联合举办或共同利用,如统一管水用水、防治病虫、开展农田水利建设;提供资金、信息、技术的服务;经营集体工副业等。

实行家庭联产承包为主的责任制和统分结合的双层经营体制,革除了合作化以来经营管理上长期未能解决的弊病,带来生产、分配、交换关系的完善和发展,使集体优越性和个人积极性同时得到发挥。一是在生产过程中,在保持一定的统一经营有利性的条件下,家庭承包分散经营适合农业的特点,使农民真正成了土地的主人。农民有了充分的劳动和承包资产的经营自主权,不仅作为生产力中最活跃的主体能动地组织生产,因地制宜经营承包项目,而且可以自主地扩大再生产,发展农村的分工分业,这就为农业多余劳力、资金与人才的流动和进行多种形式的重新组合,发展商品生产创造了条件。同时,相对独立的经营,破除了劳动大呼隆和集体投入上的吃大锅饭,有利于提高劳动效率、降低成本,并成为分别计量劳动和经营效果,实行多劳多得的条件。二是在分配上，由于抛弃了不能如实衡量农民劳动的评工记分、按工分分配的办法，通过联产计酬和它的发展形式包干分配，使农民的劳动成果与劳动报酬直接联系，找到了农业中实行按劳分配、多劳多得的客观、简便的形式，彻底打破了平均主义。陈云曾评价责任制的历史意义不亚于三大改造。三大改造是消灭剥削，责任制则是打破了公有制经济中曾长期存在的“大锅饭”和平均主义，消除了劳动差的占有劳动好的人的劳动的现象。三是在交换上，农户按合同完成国家农副产品交售任务后，直接进入市场，进行等价交换，从而使每个家庭经济细胞都在市场里受到价值规律的鞭策。这种来自外部经济竞争的推动力与来自内部多劳多得的动力，调动了农民的积极性，成为农村发展永不衰竭的经济动力，因此，这就使社会主义生产关系的具体形式更符合农业生产的实际，集体经济的合作性与农民自主经营和发展商品经济的要求有机结合起来，使农民的主人翁地位和按劳分配的权益得到制度的保障，极大地调动了农民积极性，带来劳动者和生产力的大解放，为农业由自给半自给经济向商品化、社会化、现代化的发展开辟了道路。

3.家庭联产承包制与农村分工分业和所有制结构的调整

农村实行家庭联产承包制后，农民中焕发出极大的生产积极性和创造力，先是带来农业连续几年大幅度增产。他们在解决温饱之后，便自主地利用零散资金、劳力、农副产品原料，先是在家庭内分工分业，发展多种经营、传统手工业，然后冲出家庭，自办联办工商建运服务业，乡镇企业崛起，促进了农村社会的分工分业。同时，联产承包制被从种植业用到山林、水面、工副业领域。1982 年前后，国家又放宽政策，如允许农民购置加工机具、拖拉机、车船等生产资料，经营工商服务业。这样，随着农村多种经营的发展，专业户、经营联合体、户办联户办企业、带专业性的多种形式的合作经济，像雨后春笋，纷纷涌现，形成了适合不同条件和产业的各种经济成分、经营形式并存的格局。乡镇企业崛起、多种经济成分发展，进一步推动了市场发育。

（三）农产品统派购制度和商业金融体制的改革

1.农产品派购体制的改革

中国的农产品统购制度，1953~1957 年统一收购的范围由粮油扩大到农林牧副渔多种产品，从 1961 年开始，国家把农产品分为三类：第一类粮棉油和 6 种中药材，实行统购；第二类烤烟等 83 种农产品（其中 61 种中药材），实行国家合同派购；其他属于第三类，国家议购。完成国家派购任务后的第二类产品和第三类产品，可在国家指定的农村集市上出售。此后一直实行对农产品分三类管理的办法，只是产品分类时有变化。总的趋势是派购品种不断增加，议购品种不断减少。“文化大革命”期间，不但议购品种减到极限，而且模糊了统购与派购的界限，几乎所有农产品事实上都成了统购。统派购任务属于国家指令性计划，统派购的农产品，购价由中央、省两级政府统一规定，只能由国家指定的国营商业和供销社收购、调拨、供应。

这种农产品统派购制度的改革势在必行。一方面，虽然它在过去农产品供不应求的情况下是必要的，曾起了保持供给、支持建设的积极作用，但它毕竟与商品生产流通的客观要求相悖，使农业的生产经营与市场脱节，缺乏活力。20多年低价统派购农产品的政策，使农民没有发展生产的积极性，农业缺乏自我发展能力，陷入越统越少、越少越统的恶性循环。另一方面，农村实行家庭联产承包制后，亿万农户成了相对独立的商品生产经营者和利益主体，不仅要求在农产品流通上获得更大自由，而且要求给他们以发展二、三产业的市场条件，这就对农产品统派购制度提出了根本的挑战。

中共十一届三中全会后，农产品统派购制度的改革经历了三个阶段。

第一阶段，1979~1982年，主要是提高农产品收购价格。从1979年3月起，陆续提高了粮、棉、油、猪等18种农产品的收购价格。平均提价幅度为24.8%；对完成粮食任务后超购的部分，加价50%，后来棉花、油料等也实行了超购加价。对主要统派购品种规定了收购基数，几年不变，超过部分加价收购或议价收购。

第二阶段，1983~1984年，主要是减少统派购品种。逐步将一、二类农产品由100种调减为38种（其中中药材从54种调减为24种）。退出统派购后的农产品放开价格和经营渠道。据统计，农民出售农副产品总额中（不包括农民之间的交换），国家按计划牌价统派购的比重从1978年的84.7%下降到1984年的39.4%；同期，国营商业和供销社经营农产品的市场份额由82%下降到73%。

第三阶段，1985年以后，在主要农产品连年增产、供求关系有所改变的条件下，按照发展有计划的商品经济，为农村商品经济发展创造一个良好的市场环境的需要，1985年1月中央发出《关于进一步活跃农村经济的10项政策》，提出，“从今年起，除个别品种外，国家不再向农民下达农产品统购派购任务，按照不同情况，分别实行合同定购和市场收购。”具体做法是：粮食由统购改为合同定购，定购粮按“倒三七”比例计价（即三成按原统购价，七成按原超购价）；棉花也改为合同定购。猪、禽蛋、蔬菜取消派购，国家发给城镇居民一定的价格补贴。集体木材取消统购。只有四种中药材不许多渠道，烟草由国家专营。

这次统派购制度改革的方向是正确的，对发育农产品市场、促进农村商品生产和流通有积极的意义。但是具体的国家合同定购粮棉定价偏低，打击了农民的积极性，把市场波动的负担都转嫁到农民头上，国家无力调控，加上其他因素，导致1985年后农村多种经营、乡镇企业虽有发展，但粮棉油料生产徘徊。而且事实上合同定购与过去的征购差不多。这是由于改革农产品统派购制度涉及城市和工业一头，受到工业改革滞后、效益低、工资低的制约。同时，国家新的调控体系和市场组织及流通设施的建立健全，是体制改革和经济发展互相联系的综合过程，不可能在短期内完成。1990年起，以粮食流通为例，开始走建立国家储备调控能力和稳购、压销、提价，发育市场的逐步改革的路子。

2.供销社、信用社等流通体制的改革

供销合作社、信用合作社是50年代由农民集资组成的自我服务的流通、金融组织。后来在过分集中的计划管理体制下，供销社变成了国营商业的组成部分，信用社变成了人民银行、农业银行的基层单位。农业生产、流通、信用的分割和疏远，对农业和农村商品经济带来不利影响。

从1982年起，适应农村商品经济发展的需要，"两社"开始改革。供销社围绕恢复其群众性、民主性、经营灵活性，扩大企业自主权，建立商品生产服务体系进行改革。在清理原有股金、股权基础上吸收农民入股，建立民主管理制度；发展与农民的生产联营和产供销一体化，扩大服务领域；在流通上实行代购代销、联购分销等多种形式。信用社也进行了类似的改革，改变了过去银行对信用社统得过多、管得过死的情况。

同时，农村中农民自办的个体和合作的商业，乡村合作基金会等金融组织、民间信贷，有了不同程度的发展。

尽管农村商业、信用体制上的改革取得了进展，但是如何形成适应农村商品经济发展的商品、资金市场体系、组织制度和形式，以及分产业的政策与调控体系，也还需要做出很大的努力。

（四）农村产业结构的调整与政策

我国农村人多地少的特点，决定了农村产业结构必须进行调整，从粮食为主的单一的种植业经济，向农业的深度和广度开发，对农业资源进行合理配置，走农村第一、二、三产业协调发展的多种经营道路，同时使农村剩余劳动力充分就业和利用。

1.1979年前后农村产业结构的变化

党的十一届三中全会前，在农村经济发展方针上的主要失误是，管理体制中分配上的平均主义，严重影响农民的积极性，以及经营管理上把生产发展的重点集中于种植业，以粮为纲的粮食生产上。对《1956年到1967年全国农业发展纲要》，在实际执行中单纯追求“四、五、八”的“上纲要”的粮食产量指标。1962年《关于商业工作问题的决定》规定“只许出卖自己生产的产品，购买自己需要的产品，不许转手买卖，反对弃农经商”。不许农村拖拉机从事营业性运输。粮食作物与经济作物，特别是粮棉争地的矛盾，使棉花生产逐年下降；而经济作物、多种经营不发展，农民缺少资金，难以增加粮食生产的物质投入，又影响、制约了粮食的增产，以至于出现粮棉大量进口的局面。

农业生产结构畸形发展，在1978年，农村社会总产值中，农业占69.5%；在农业中，种植业占76.7%；在种植业中，粮食又占76.7%，而林、牧、副、渔业产值合计只占农村社会总产值的23.3%，不到1/4。1978年我国农村粮食的商品率只有20%，农民用货币支付的消费支出占全部生活消费支出的比重，仅占39.7%，同经济发达国家相比，我国农村的商品率很低。而且，在工农业总产值的构成中，工农业的比例由3:7（1949年）变为7:3（1979年）以后，农业劳动力占工农业总劳动力的70%。农村工业、商业和服务业的发展陷于停顿状态，甚至作为资本主义倾向加以批判和限制。

十一届三中全会以后，对我国农村产业结构的调整，作出了一系列重要决定。1987年3月中共中央、国务院发出《转发国家农委关于积极发展农村多种经营报告的通知》，提出了根据我国农业资源和劳动力资源的实际情况因地制宜合理利用和开发各种资源，发展农业生产的商品化和专业化的方针，明确了“决不放松粮食生产，积极开展多种经营”的指导思想。推动了农村产业结构的调整和改革，养殖业、加工业及乡镇企业及经济作物得到了迅速发展。

农村产业结构在种植业、农业（农林牧副渔）和农村经济三个层次上都发生了重要变化。

在农业种植业结构中，对粮、棉、油、麻、桑、茶、糖、菜、烟、果、药、杂等12个方面统筹兼顾，经济作物比重上升，粮食作物比重下降，同时使粮食和经济作物总产量都有了提高。1985年粮食比1978年增长了24.3%，而且棉花、油料、糖料均增长了1倍。粮食作物总播种面积由1978年的18.08亿亩下降到1988年的16.48亿亩，占总播种面积的比例由80.3%下降为1988年的76.0%；而经济作物播种面积由2.16亿亩增加到3.22亿亩，占总播种面积的比例由9.6%提高到14.9%。

在农业产业结构的调整中，种植业产值的比重下降，林牧副渔业产值的比重提高。1988年种植业、林业、牧业、副业、渔业产值分别比1978年提高了53.7%、76.0%、144.1%、323.6%和194.5%，同时农业总产值构成发生了显著变化，种植业由1978年的76.71%下降到1988年的57.03%，林业由3.44%提高到4.75%；牧业由14.98%提高到26.04%;副业由3.29%提高到6.72%;渔业由1.58%提高到5.46%。畜牧、水产业及副业发展相当迅速。

在农村产业结构的调整中,改变了单纯重视第一产业,忽视第二、三产业的做法,实行农、工、商、建、运、服务业综合发展,提高非农产业比重,加强乡镇企业的发展。1988年农村社会总产值达到12078.27亿元,农业总产值占农村社会总产值的46.5%,而农村工业总产值占38.6%,农村建筑业产值占7.1%,农村运输业总产值占3.5%,农村商业、饮食业总产值占4.3%,即非农产业产值已超过农业总产值,这是农村产业结构取得转折性成就的一个根本标志。

2.调整农村产业结构的几个关系问题

——农村第一、二、三产业之间的比例关系要协调。第一产业是国民经济的基础,第二产业是农村经济的支柱,第三产业又同第一、二产业互相促进,因此,三者之间应保持经济合理的协调关系。中国社会科学院农村经济研究所的研究,认为三次产业的增长速度宜维持一定的比例关系:即第一产业增长1%,第二产业应增长2%~2.3%,第三产业增长2.3%,同时农业劳动生产率增长1%,向非农产业转移的劳动力增长2%左右。

——粮食生产和调整农业内部的比例关系。我国人口逐年增加,要维持人均800斤水平,2000年粮食总产必须达到1万亿斤,因此不能满足于某一年(如1985年和1990年)的丰收,被暂时的结构性剩余的假象所迷惑,因而过量减少粮食播种面积和对粮食生产的投入。同时,要在抓好粮食生产的前提下,逐步提高种植业中经济作物、饲料作物和瓜果蔬菜的比重,逐步提高在整个农业结构中林、牧、副、渔业的比重。

——发挥地区优势与全局宏观协调的关系。我国农村经济条件和农业自然条件地域性差异极大,调整农村结构必须从当地资源条件的实际出发,因地制宜,充分发挥地区优势。切忌"一刀切"。由于国内外市场的限制,不可能各个地区都片面地追求利润较高的同样的产品的发展,需要将地区优势的合理发挥纳入国家的总体布局和长远规划之中。产业结构调整的最优化,需要协调为全局与局部的关系,微观与宏观经济、社会效益的统一,相应地提出不同地区的产业发展和产业结构调整的目标。东部沿海地区,要考虑国际市场的需求,逐步发展外向型农村经济和技术密集型新兴产业、贸工农一体化。中部地区要以改造中低产田为主发挥农业优势,重视发展农产品增值显著的产后加工业。西部地区,要农林牧相结合,稳定粮食和种植业生产,提高粮食自给率,发展畜牧业。

——重视经济效益、社会效益与生态效益三者兼顾的关系。调整农村产业结构要在考虑经济效益时兼顾生态效益,不能只顾眼前效益、忽视长远效益。“以粮为纲”、毁林开荒、造成水土流失,破坏草原,造成沙化,破坏自然的生物链和生物圈,违背生态规律,最终将受到自然界的惩罚,最终也会从根本上丧失经济效益。经济的发展,要考虑到资源条件的限制,草场的超载过牧将出现草原退化,过量扩大灌溉面积会出现地下水位逐年下降,将造成更恶劣的后果,失去社会效益与生态效益。农产品价格较低,与价值背离,粮食生产比较经济效益也较低,但粮食又是经济发展的基础,必须从它的重要的社会效益考虑,合理安排和保证必要的粮食播种面积,同时逐步调整价格并给予粮农、粮食产地必要的经济和物质上的支持。

——农村劳动力结构、食物消费结构与产业结构变革的关系。到2000年农村劳动力约5.4亿人,种植业只需要1.6亿劳动力,因此农村可以和需要将3亿劳动力转移到非农产业部门,否则将出现严重的潜在失业人口。因此,农村产业结构的调整,要考虑农村劳动力结构变化的迫切要求,加速农村第二、三产业的发展,重视小集镇、城镇及小城市的发展。同时,国民收入和城乡居民收入的提高必将增加对副食品的消费需求,将出现食物结构的变化,口粮消费有所减少,而水产品、畜产品、果蔬等的消费不断增加,因此,农村产业结构的调整必须考虑和适应食物结构的变化趋势,否则将出现严重的食品供求矛盾,影响社会的稳定。

(五)农业的技术改革成就与政策

在进行农村经济体制改革、农村产业结构改革的同时,我国农村继续深入开展了农业技术改革。农业生产和农村经济近10年来取得重要成就的原因,既是农村生产关系进行重大改革的成果,也是这段时期农业技术改革促进了农业物质技术基础的增强和农村生产力提高的结果。1989年同1978年相比,化肥施用量由884万吨(折纯量)提高到2357.4万吨,农村用电量由253.1亿千瓦小时提高到789.7亿千瓦小时,农用机械总动力由1175亿瓦特增加到2805.1亿瓦特,都增加了1倍以上。同时,农业生物技术也得到更大范围的普及推广,如杂交水稻每年种植1亿亩,每年可增产50亿公斤粮食。

对农业技术改革采取了一系列有力的方针政策:

——认真研究我国国情,开展农业自然资源调查和农业区划工作,根据不同地区自然、经济、社会、农业条件的地域性差异,因地制宜,有选择地进行农业技术改革。从1978年开始,我国开展了大规模的多方面的农业自然资源调查和综合性与专业性农业区划的研究工作,对热、水、气等自然资源的合理利用、农业生产的布局、农业生产基地的建设、耕作制度的合理选定、农业技术改革的方向与途径、步骤等进行了研究，提出了全国和省、县级综合农业区划，种植业、畜牧业、林业、水产业区划，水稻、棉花等重要作物生产的区划，水利化、农业机械化、肥料等农业技术改革方面的区划。这些研究成果为我国农业技术改革的健康发展提供了符合我国国情的科学依据。

——农业技术改革要符合我国人均资源占有量较少的特点，走集约经营的道路。我国国土、耕地、林地、草地、内陆水面的绝对数量位居世界前列，但高山、高原占国土的1/3，干旱地区面积大，人均占有耕地不足2亩，不到世界平均数的一半，有林地人均1.9亩，为世界平均数的12%；人均水资源2700立方米，不到世界平均数的1/4，且水、热、土配合不协调。我国农业技术改革，要充分重视保护和合理利用农业自然资源，发展开发农业，不断提高资源的利用效率和充分发挥资源的内涵生产能力，走集约经营的道路。

——农业技术改革要考虑我国自然灾害频率高、产量不稳定的特点，加强农业物质技术基础和农村基本设施建设。我国大部分地区处于中纬度地带，光、热较充足，雨热同期，有利于农业发展。但是东部农区受太平洋季风影响，西部气候大陆性强，降水的地域性和季节性差异大，年际变幅大，冬季气温比世界同纬度地方低，因而洪涝、干旱、台风、霜冻等灾害频率高，农业生产波动不稳，粮食生产影响畜牧业、副业和国民经济、人民生活。因此，针对农业的这个客观情况，要加强农村基本建设，有步骤地稳步推进农业机械化、电气化、水利化、化学化，增强农业发展后劲。

——农业技术改革要在技术结构上传统技术与先进技术并重，重视适用技术的推广应用。农业要增加投入，依靠科技兴农，既要增加物质能量投入，又要重视增加科技投入，推广收效大、覆盖面广、启动快的适用技术。特别要重视以下10项实用技术：粮棉油禽果等优良新品种；主要农作物模式栽培技术；农用薄膜及其他化学材料利用技术；优化配方施肥技术；节水灌溉技术；植保和兽医综合治防技术；优化配方饲养技术；林木速生丰产和加工新技术；海、淡水产品精养技术及鲜活商品保鲜、加工、贮运新技术。

——进行农业科技体制改革，调动各方面促进科技发展的积极性。推行联系经济效益计算报酬的技术责任制或收取技术服务费办法，技术推广和研究机构可以兴办企业型的经营实体。各地围绕农林牧副渔商品生产基地建设，积极同各方面科学技术力量发展多种形式的联合。各级政府重大的农业技术开发项目或区域开发项目，实行公开招标，择优委托，并经技术经济论证。农业技术推广机构和研究机构的事业费，由国家拨给，实行包干制，鼓励和支持有条件的单位逐步做到事业费自给。发展各种农村专业技术协会、民办科研所、科技专业户等民间群众性科技组织，推进多层次、多形式、多渠道的农业科技体制的形成和发展。组织将科研成果直接转化为现实生产力的“星火计划”、“丰收计划”和“燎原计划”等。

（六）简短结论：效果与目前发展趋势

十一届三中全会以后的10年间，农村改革使农业和农村经济面貌发生了根本变化，农业生产得到巨大发展，取得了举世瞩目的成就，主要是推行了家庭经营为主的联产承包责任制，农村的合作经济不断发展，管理体制和经营管理工作日趋完善；农村经济全面发展，主要农产品产量成倍增长，商品率显著提高；农村产业结构发生深刻变化，乡镇企业成为农村经济的支柱产业；加强了农业教育、科研事业，推进农业技术改革，物质技术生产条件得到改善，农业生产力水平明显提高；农村经济全面发展，农民收入大幅度增加；对外经济技术合作与交流不断扩大。

但是，1990年农业丰收并不表明农业综合生产能力已经稳定在一个新的水平；而是工农业比例关系严重失调，现有农业支撑不了过大的工业生产规模；农业实际上处于基础脆弱、后劲不足的状态。

今后要继续加强农业这个基础产业，实现农业的稳定发展，这是经济稳定、政治稳定和社会稳定的基础。要确保粮食、棉花等主要农产品的稳定增长，保证2000年粮食产量达到1万亿斤，增加经济作物与肉、禽、蛋、奶、鱼、茶、果等产品的生产，引导乡镇企业健康发展，全面振兴农村经济。需继续深化农村改革；增加投入；抓好科技、教育兴农；重视发展农产品流通；扶持贫困地区人民脱贫致富。

六、中国农村管理的经验教训

农业的宏观和微观管理，要按照生产关系一定要适应生产力水平和发展要求的规律办事，不能急于求成、穷过渡，追求农业生产组织管理形式的不断升级。高级社、人民公社时期农业生产力受到破坏的教训是深刻的。切忌在管理思想上的要求过高、过急、变得过快和一个模式的单一化。1978年以来，从我国农村实际出发，实行的家庭联产承包责任制，将劳动报酬与劳动成果直接联系，较好地解决了国家、集体、个人三者的利益关系，彻底改变了过去集体经济管理过分集中，经营方式过于单一和分配上的平均主义的弊端。

农村经济体制、管理制度与经营形式的改革、建设和完善，一定要保障农民的物质利益和民主权利，更充分地调动生产者和经营管理者的积极性，尊重农民和集体的所有权与自主权，按照价值规律和按劳分配原则办事。克服过去大呼隆、大锅饭、大平均，破坏生产力，打击农民生产积极性的错误。

农村经济的具体管理形式要多样化，适应不同地区的不同社会、经济、科技水平和群众的意愿，而不能全国一个模式、一刀切。要经过群众的实践进行选择。1978 年以来，文件中对包产到户的提法，从“不准”、“不许”到“可以”，直到是伟大的马克思主义的创造性发展，证明要允许群众选择。实践证明能促使生产力发展的经营管理形式就能极大地解放生产力，否则将严重束缚生产力发展。在其他有条件的地方，推进土地适度规模经营，建设国营农林牧渔场，也是必要的。要在公有制为主的前提下，发展多种所有制和经营管理形式。

农业的管理要科学化，加强科技、教育兴农。今后的农业发展，主要依靠提高单位面积产量，还在很大程度上取决于广大农民科学文化素质的提高和先进农业科技成果的推广应用。要提高农民应用、掌握科技知识自主决策的能力。吸取过去单纯应用行政手段，对农业生产瞎指挥带来损失的教训。

加强农业基础建设，增加投入，才能保证农业持续稳定的发展。今后 10 年要加强大江大河大湖的治理，有计划地建设一批防洪、蓄水、引水的大中型项目，提高防御自然灾害的能力。

努力扩大灌溉面积，建设旱涝保收、稳产高产农田。加强农业区域综合开发，建设一批重要农产品商品生产基地。中央和各级地方政府要提高农业投资的比重，建立和健全集体经济的积累制度，鼓励和引导农民增加农业的资金投入。改变过去重视生产关系变革，忽视农业基础设施建设，近年国家农业投资占基建设投资比例下降到 5%以下，不利于农业生产长远发展的失误。

（1991 年 2 月）

30年的农村变革 *

(1949~1990年)

中国的改革首先从农村取得突破。实行土地家庭承包经营,废除人民公社制度,乡镇企业异军突起,亿万农民当家做主的商品经济主体形成,奠定了改变计划经济体制、走向市场经济的基础,改革从农村走向城市,打开了中国特色社会主义的富民兴国之路。

继而在建立社会主义市场经济体制目标的指引下,农村改革持续深化。进入新世纪,在科学发展观指导下,按照统筹城乡、以工促农、以城带乡,构建城乡经济社会一体化新格局的思路解决“三农”问题,对农业、农村“多予、少取、放活”,农业进入无税时代、补贴时代,改革从农村经济领域扩展到社会、文化、政治领域,新农村建设与工业化、城镇化、农村劳动力转移并进。

党的十一届三中全会以来的30年,波澜壮阔的改革创新实践谱写了中华民族自强不息、顽强奋进的新史诗,亿万农民的积极性、主动性、创造性,像打开闸门的潮水一样奔腾不息,极大地解放和发展了生产力。

粮食生产上了几个台阶,亿万农民为实现温饱、总体小康目标做出了特别的贡献,又进一步发展现代农业,调整农村经济结构。农民创业、进城务工为工业化城市化发展注入了强大的推动力,伴随就业结构变化农民收入特别是工资性收入的增长,贫困人口进一步下降;农村教育、医疗、卫生事业发展,文化生活不断增添新内容,村民自治制度全面建立,法律意识增强,文明公民意识初步树立。中国农民的面貌发生了历史性变化。

---

*本文前三部分是2008年4月为有关单位纪念农村改革30年所写的宣传稿,第四部分是写稿中回顾改革过程而产生的体会,编入本书时将其合并。

一、从农村改革突破，开创中国特色社会主义的富民兴国之路

(一) 贫穷不是社会主义，改革从矛盾集中、群众生活贫困的农村开始

新中国成立初期,土地改革解放了农村生产力,激发了农民的生产积极性,农业生产得到较快的恢复和发展,农业、农村出现了一个发展的黄金时期。但好景不长,高级社、人民公社以后到改革前,吃大锅饭的人民公社制度导致农业长期发展缓慢,农村生产力十分落后。“上工一窝蜂,干活大呼隆。”“你站我也站,工分照样算。”农民消极怠工是对劳动大呼隆、分配吃大锅饭、干好干坏都一样的抵制。许多农民处于贫困状态。“红芋汤,红芋馍,离开红芋不能活”,红芋干子成为黄淮流域改革前农民的主要口粮。安徽凤阳县的一些农民重又外出讨饭。城乡二元体制使80%的人口困守农村。农产品短缺,对城市居民凭粮票、布票、油票等票证供应。到改革前夕,经过10年“文化大革命”我国经济已经濒临崩溃的边缘,农村有2.5亿人没有解决温饱问题。

“左”的错误禁锢农民的创新实践。改革前我国农民曾进行过两次较大范围的包产到户尝试，第一次是1956~1957年在浙江温州地区永嘉县、四川江津县等地实行的,永嘉县1957年实行“田间专管责任制”即包产到户的曾达到1000余个农业社;第二次是1961年安徽、湖南、广西、甘肃等一些地方出现包产到户和“责任田”。这些包产到户的尝试都很快被作为“走资本主义的道路”或“单干风”而压制下去。

(二) 党的十一届三中全会是进入新时期的转折点

(1) 1978年5月10日中共中央党校内部刊物《理论动态》发表、5月11日《光明日报》转载的《实践是检验真理的唯一标准》一文,锋芒直指“两个凡是”的错误方针,开始了真理标准问题的大讨论，形成一场全国性的思想解放运动。1978年12月在中央工作会议闭幕会上邓小平做了《解放思想、实事求是,团结一致向前看》的讲话。提出改革权力过于集中的经济管理体制,当前最迫切的是扩大生产队的自主权,使生产队能够千方百计地发挥主动创造精神。

(2)1978年12月18日至22日召开的中共十一届三中全会,彻底否定“两个凡是”的方针,重新确立解放思想、实事求是的思想路线;果断停止使用“以阶级斗争为纲”的错误口号，做出把党和国家的工作重点转移到社会主义现代化建设上来的决策；形成以邓小平为核心的中央领导集体开始了中国从以阶级斗争为纲到以经济建设为中心、从僵化封闭到改革开放的历史性转折。

党的十一届三中全会制定《中共中央关于加快农业发展若干问题的决定（草案）》，总结新中国成立以来30年的经验教训，指出发展农业关键是要调动农民群众的积极性，要在经济上尊重他们的物质利益，在政治上保障他们的民主权利。提出尊重生产队自主权，恢复按劳分配、自留地和集市贸易，提高农产品收购价格，增加农业投资等。但留下一个禁区——不许包产到户，但总的精神是解放思想，调动农民积极性。

（三）饥饿引起革命：农民创造家庭承包经营为主的责任制

（1）安徽、四川、甘肃、内蒙、贵州等地围绕调动农民积极性，发展农业、农村经济，在开展真理标准大讨论的推动下，解放思想，纠正“左”的错误，放宽农村政策。农村改革首先从安徽开始。安徽省委1977年11月在组织全省开展3个月调查研究的基础上，制定了《关于当前农村经济政策几个问题的决定（试行）》，简称《六条》，强调改善农业经营管理，尊重生产队自主权，推行农业生产责任制，发展家庭副业，开放集市贸易。农村政策放宽，为农民自下而上的改革创造了有利环境。

（2）农村从实行包产到组、包干到组，到实行包产到户、包干到户，形成波澜壮阔、逐步深入的农业经营体制改革。肥西县包产到户。1978年安徽遭遇特大干旱，为了抗旱救灾抢种，安徽省委决定让农民借地度荒，肥西县山南区农民在借生产队集体土地种菜种粮的基础上，实行了包产到户。以万里为首的安徽省委经过调查研究，支持他们实行“包产到户”的改革尝试，使忐忑不安的农民吃了定心丸。

凤阳县小岗生产队首创大包干到户。昔日小岗是中国农村受人民公社体制束缚和“左”的危害的典型。人民公社初期受“共产风”、“瞎指挥风”等五风影响，粮食产量下降到1949年的水平，出现人断粮、牛缺草。在吃大锅饭的年代，农民没有积极性，人均5亩耕地，搞不上饭吃，要国家救济。人人外出讨过饭，照样批资本主义。

小岗生产队1978年下半年实行包产到组，20户分成4个作业组，干不好，又分成8个，还是合不拢，他们想起1961年的责任田，就想套着包干到组的办法搞包干到户。在社员会上，生产队干部说，全县都搞大包干到组，咱们干脆大包干到户，土地承包到户，保证完成国家的，留足集体的，剩下都是自己的。中央说生产队有自主权，咱们有这个权。社员们一致商定，如果由于分包田地，使干部挨批、住监狱，其家属生计由大家共同承担。1978年底，大包干到户的家庭承包制就在小岗诞生了。县委书记陈庭元“批准”小岗包干到户“干一年再说”，地委批准干3年，万里说只要能多打粮，对国家多贡献，对集体能多提留，社员能改善生活，干一辈子也不算开倒车。“不管哪一级领导，再也不要给群众念紧箍咒了。”

(3)包产到户、包干到户风起云涌。四川省农村改革初出现了多种责任制形式,多以包产到组为主,少数地区搞了包产到户。1980 年 9 月中央 75 号文件发出后,省委允许落后地区和山区实行包产到户。1981 年底 84%的生产队包产到户。

贵州省 1979 年底已有 10%的生产队自发实行包产到户。省委第一书记池必卿提出要敢于从贵州的实际出发,实事求是地做出决定。1980 年 4 月省委放开政策,要求对包产到户不应再有任何怀疑和动摇,更不应同群众对立。1980 年底全省近 80%的生产队包产到户。

内蒙古自治区较早搞了“借地”。1980 年 9 月,省委提出农区允许包产到户等一切可以增产增收的责任制形式。后来允许羊群草地承包制。

山东省菏泽等鲁西四区 1979 年底已有 1000 多个生产队实行包产到户,1980 年 9 月中央 75 号文件发出后,山东逐步放手,从鲁西发展到中间地区。1981 年 8 月 60%左右的生产队包产到户。

广东也是较早出现包产到户的省份。省委曾派工作组去纠正,可是越纠越多,而且一季翻身,把吃饭问题解决了。省农委负责人和有的地区负责人认为,纠不过来不如顺着办,主张对包产到户积极领导。习仲勋表态支持。1981 年初包产到户的生产队占到 40%。

(4)农业包产到户是还权于民的改革,伴随着“要产量,还是要方向”,“要社会主义,还是要群众”的争论。《人民日报》1979 年 3 月以《“三级所有、队为基础”应当稳定》为题,发表读者来信和编者按,要求纠正包产到组。从农业包产到组到实行大包干,既遇到原来的文件、法规不容许包产到户的问题,也贯穿着“要产量,还是要方向”,“要社会主义,还是要群众”的争论。有的认为搞联产承包是只要产量,不要方向,犯了方向性错误。支持改革的同志认为包产到户是群众要求,群众不过是为了吃饱肚子,为什么不可行?社会主义就是要群众有权、有责、有利。失去群众支持的社会主义,不是真正的社会主义。

(5)在改革面临重重压力的关键时刻,小平同志讲话了。1980 年 5 月 31 日邓小平做了关于农村政策问题的谈话,旗帜鲜明地赞扬了安徽肥西县包产到户和凤阳县的大包干,支持了农民群众的创造,指明了改革的方向。他在谈话中指出:“农村政策放宽以后,一些适宜搞包产到户的地方搞了包产到户,效果很好,变化很快。安徽肥西县绝大多数生产队搞了包产到户,增产幅度很大。凤阳花鼓中唱的那个凤阳县,绝大多数生产队搞了大包干,也是一年翻身,改变了面貌。有的同志担心,这样搞会不会影响集体经济。我看这种担心是不必要的。”“现在农村工作中的主要问题还是思想不够解放”。

(6)农村实行家庭承包制是一种带革命意义的改革。1982年中央1号文件指出，包干到户不同于合作化以前的小私有的个体经济，而是社会主义农业经济的组成部分。到1983年，全国实行大包干家庭承包经营的已占生产队总数的97%。1984年中央1号文件规定:土地承包期一般应在15年以上。生产周期长的和开发性的项目，如果树、林木、荒山、荒地等承包期应当更长一些。土地家庭承包经营使亿万农民从人民公社吃大锅饭的制度解放出来，有了土地的使用权、经营权、收益权，成为自主经营、自负盈亏的商品经济主体，极大地调动了农民积极性，解放了农村生产力。它奠定了农业和农村经济体制的基础，打开了市场化改革的突破口，在建设中国特色社会主义道路上迈出坚实的第一步。

农业发展、农民增收的实践成果初步宣示了改革成功。1978~1984年，粮食产量由6000亿斤上升到8000亿斤，由长期短缺到出现第一次卖粮难；棉花、油料、糖料等经济作物大幅度增加，畜牧、水产快速发展，市场供应改善；乡镇企业开始大发展，大规模的劳动力转移就业启动；农民收入年增长在两位数以上。

(7)废除人民公社制度。家庭承包责任制从根本上冲破了人民公社制度。1982年12月五届全国人大五次会议通过修改后的《中华人民共和国宪法》，规定改变人民公社体制，设立乡政府。到1984年，全国农村普遍建立起乡政府，人民公社体制就此终结。

(四) 从做土地主人到做商品经营主人：农产品流通由统购统销逐步走向市场

实行农业家庭承包经营以后，农户除了完成包干上缴的国家征购任务之外，对剩余产品有了支配权，自然进入市场交易。鲜活农产品批发市场率先形成和发展。国家从1983年开始，减少农产品统派购的品种和数量。1985年中央1号文件对粮食、棉花取消统购，改为合同定购。定购以外的可以自由上市。生猪、水产品和大中城市、工矿区的蔬菜，也要逐步取消派购，自由上市。农产品流通由统购统销走向合同定购与市场流通的“双轨制”。

(五) 洗脚上田：乡镇企业异军突起

(1)多种形式乡镇企业的兴起。农业实行家庭承包经营使富余劳动力得以解放，农民利用富余劳力、农业的经济剩余和当地资源，根据市场需要，发展多种形式的乡镇企业。出现了以乡村集体企业为主的苏南模式、以个体和私营企业为主的温州模式、以三来一补为主的珠江三角洲模式以及阜阳模式、耿车模式等，为农村非农产业的发展注入了活力。

(2)积极支持和引导乡镇企业发展。1984 年 3 月 1 日,中共中央、国务院转发农牧渔业部和部党组《关于开创社队企业新局面的报告》,并发出通知。该通知将社队企业,农民联营的合作企业和个体企业,统称为乡镇企业。给以充分肯定,要求对乡镇企业要和国营企业一样一视同仁,给予必要的扶持,引导其健康发展。

(3)乡镇企业异军突起,是继农业家庭承包之后中国农民的又一个伟大创造。1987 年 6 月 12 日,邓小平在接见外宾时谈到:“农村改革中,我们完全没有预料到的最大的收获,就是乡镇企业发展起来了,突然冒出搞多种行业,搞商品经济,搞各种小型企业,异军突起。”到 1988 年,乡镇企业吸纳的农村劳动力已经达到 9545 万人,比 1978 年社队企业吸收的农村劳动力增加了 6700 万。乡镇企业为农村剩余劳动力从土地上转移出来,为农村致富和逐步实现现代化,为促进工业和整个经济的改革和发展,开辟了一条新路。

(六) 从经营自主到村民自治:农村开始实行基层直接民主的探索

(1)“中国第一个村委会的发源地”。包产到户以后,如何改善农村基层管理体制?广西壮族自治区宜州市屏南乡合寨村,时任生产队长的壮族农民韦焕能召集果作屯 6 个生产小队的干部商量,主动提出选举新的管理班子的建议,大家决定由群众自己选举自己能管事的领导。1980 年 2 月 5 日,在村中五人合抱的大樟树下,由合寨生产大队大队长蒙光捷主持,果作屯召开全屯 6 个生产队 85 户(一户一个代表)参加的选举大会。选举时,每个代表在一张两手指宽的纸条上,以无记名投票方式选出主任一名、副主任两名、出纳员一名,会计员一名。群众经过讨论,就将新的管理组织称为“村民委员会”。

(2)1982 年 12 月通过的新宪法,正式认可了村民委员会作为农村基层群众性自治组织的合法地位。

(3)1987 年 11 月 23 日在六届人大第 23 次会议彭真发表《通过群众自治实行基层直接民主》讲话。24 日六届人大第 23 次会议通过《村民委员会组织法草案(试行)》。

(七) 领导与群众互动,走出中国特色:中共十二大和 5 个一号文件

(1)1982 年中共十二大邓小平提出建设有中国特色的社会主义。十二大指出这是整个新的历史时期改革开放和现代化建设的指导思想。大会确定:从 1981 年到 20

世纪末的20年,我国经济建设总的奋斗目标是,力争使全国工农业的年总产值翻两番,使人民生活达到小康水平。

(2)1982~1986年,中央连续发出5个指导农村工作的一号文件。

1982年中央一号文件正式肯定土地家庭承包经营制度。

1983年中央一号文件放活农村工商业,允许私人长途贩运,允许个人购置拖拉机、车船,促进农业从自给半自给向较大规模的商品生产转化。

1984年中央一号文件疏通流通渠道，实行多种经济并存的以市场竞争促进发展。允许资金入股、发展股份制合作或入股分红,允许农民自理口粮、进城镇做工经商办企业,允许私人办企业雇工经营。

1985年中央一号文件改革统派购制度,调整产业结构。

1986年中央一号文件深化农村改革、增加农业投入。

5个"一号文件"支持农村实行家庭承包经营制度,让农民吃了定心丸。引导发展多种经营、乡镇企业,取消统派购制度,改革流通体制,发展农村商品经济。

1987年中央五号文件提出保护个体经济正当经营和合法权益,对私营企业"允许存在,加强管理,兴利抑弊,逐步引导"的方针,提出建立农村改革试验区。

(3)农村改革的成功经验,农村经济发展对城市的要求,为以城市为重点的整个经济体制的改革提供了有利条件，中共十二届三中全会做出关于经济体制改革的决定,我国改革从农村走向城市。

(4)强调发展农业一靠政策,二靠科学,三靠投入。中央强调要把农业放在首位,对粮食任何时候不能放松。1983年1月,邓小平在同国家计委、经委和农业部门的同志谈话时指出,2000年总要做到粮食基本过关，这是一项重要的战略部署……做到粮食基本过关不容易，要从各方面努力，在规划中要确定用什么手段来达到这个目标。1986年6月,在听取中央负责同志汇报当前经济情况时,他说农业主要是粮食问题。农业上如果有一个曲折,三五年缓不过来。他还说要把农业放在首位,对粮食任何时候不能放松,粮食一旦出了问题几年转不过弯来。农业翻番主要靠多种经营,要大力发展养殖业、林果业。农业发展一靠政策,二靠科学,农业最终要靠科学解决问题。

(八) 春回大地，我国农业农村发展进入历史上第二个黄金时期

1978~1988年我国农村改革实现了"四个突破":突破高度集中的人民公社体制,实行以家庭承包经营为基础,统分结合的双层经营体制;突破以粮为纲的单一结构,发展多种经营和乡镇企业,全面活跃农村经济;突破统购统销制度,面向市场搞活农

产品流通;突破单一集体经济的所有制结构,形成公有制为主体、多种所有制经济共同发展的格局。农村粮食等大宗农产品的生产、多种经营和乡镇企业共同发展。农民收入年均两位数增长。这一时期成为继新中国成立初期在土地改革基础上出现农村发展第一个黄金时期之后的第二个黄金时期。

二、在建立社会主义市场经济体制目标引导下深化农村改革

1992 年在中共十四大上确定建立社会主义市场经济体制的改革目标,标志着我国改革开放和社会主义现代化建设进入新的发展阶段。农村改革继续深化发展,稳定家庭承包经营,赋予农民长期的土地承包权,发展连接农户与市场的农业产业化经营,发展农产品市场体系、农业社会化服务体系和农业支持保护体系。依靠科技进步振兴农业,启动新的农业科技革命。由救济式扶贫转向开发式扶贫,推动不发达地区农业、农村发展和西部开发。加快乡镇企业的结构调整和制度创新,推进农村富余劳动力转移与乡镇企业、小城镇发展的结合。以“三个代表”重要思想为指导,提出统筹城乡发展,建设惠及 13 亿人的全面小康的奋斗目标。

1.确定建立社会主义市场经济体制目标,引导农村改革深化发展

1992 年初,邓小平在南方谈话中明确指出要坚持以经济建设为中心,以改革开放和四项基本原则为基本点的基本路线不动摇;社会主义也能搞市场经济;中国的改革是从农村开始的,改革的政策不能变。

1992 年 10 月中共十四大确定经济体制改革的目标是建立社会主义市场经济体制。

2.稳定完善家庭联产承包责任制,发展农业社会化服务体系、农产品市场体系和农业支持保护体系

(1)把以家庭承包经营为基础、统分结合的双层经营体制作为农村的一项基本制度。1991 年 11 月中共十三届八中全会通过《关于进一步加强农业和农村工作的决定》。决定提出,把以家庭联产承包为主的责任制、统分结合的双层经营体制作为我国乡村集体经济组织的一项基本制度,长期稳定下来,并不断充实完善。

1998 年 9 月江泽民在纪念农村改革 20 周年的讲话中说:“稳定家庭承包经营,核心是要稳定土地承包关系。土地是农业最基本的生产资料,也是农民最可靠的社会保障。长期稳定农村土地承包关系,既是发展农业生产力的客观要求,也是稳定农村社会的一项带根本性的措施。中央关于土地承包的政策是非常明确的,就是承包期再延长 30 年不变。而且 30 年以后也没有必要再变。”

1998年10月中央十五届三中全会提出要坚定不移地贯彻土地承包期再延长30年的政策,抓紧制定有关法规,赋予农民长期而有保障的土地使用权。

(2)在家庭承包经营基础上,发展农业社会化服务体系,农产品市场体系和农业支持保护体系。1998年10月十五届三中全会提出,要积极探索实现农业现代化的具体途径,大力发展产业化经营。要深化农产品流通体制改革,在国家宏观调控下充分发挥市场对资源配置的基础性作用,逐步形成统一、开放、竞争、有序的农产品市场体系。改革农村投融资体制,增加对农业的投入,完善粮食储备调节、风险基金和保护价收购制度,建立农业保险制度,加快国家对农业的支持和保护体系建设。

3.切实解决“打白条”、加重农民负担等突出问题,保护农民利益,调动农民生产积极性

4.依靠科技进步振兴农业,启动新的农业科技革命

1995年5月6日中共中央、国务院作出关于加速科学技术进步的决定,提出在人口不断增加的情况下,保障全国人民丰衣足食,使农业和农村经济不断跃上新台阶,根本出路在于依靠科技进步。必须始终把科技进步摆在农业和农村经济发展的优先地位,把农业科技摆在科技工作的突出位置。

1996年9月江泽民提出要使我国农业科技率先跃居世界先进水平,这就要求农业科技必须有一个大的发展,必须要进行一次新的农业科技革命。

5.从战略高度看待乡镇企业加快结构调整和体制创新

(1)发展乡镇企业是中国特色工业化道路的组成部分。1992年12月25日,江泽民在《高度重视农业、农村、农民问题》的讲话中提出,必须坚持不懈地发展乡镇企业,发展乡镇企业要与建立社会主义新型集镇结合起来,这是具有重要战略意义的大事。1998年4月他指出我国正处在加快向工业化社会过渡的阶段,农村人口这么多,完全靠国家投资、靠城市吸纳来完成国家工业化是不现实的,必须走乡镇企业这条路,这是有中国特色的工业化道路。

(2)1996年10月八届全国人大常委会第二十二次会议通过《中华人民共和国乡镇企业法》。

6.扶贫攻坚

1996年9月中央扶贫开发工作会议提出“八七扶贫攻坚计划”,由救济式扶贫转向开发式扶贫。提出把扶贫地区干部群众的自身努力同国家的扶持结合起来,开发当地资源,发展商品生产,改善生产条件,增强自我积累、自我发展的能力,这是摆脱贫困的根本出路。扶贫要抓好农业这个基础,要重视中西部地区开发。

7.为村民自治立法

1998年11月4日，第九届全国人大常委会第五次会议在通过的《中华人民共和国村民委员会组织法》中规定，“村民委员会是村民自我管理、自我教育、自我服务的基层群众性自治组织，实行民主选举、民主决策、民主管理、民主监督。”

8.引导农民有序流动，提出解决二元经济社会结构问题

20世纪90年代，我国农村富余劳动力的转移形成乡镇企业的就地转移与农民进城务工异地转移并进的态势，到21世纪初农民进城就业已发展到1亿人以上，打破城乡分割、区域封闭的农民进城就业是我国农民的第三个伟大创造。

(1)在工业化、城镇化进程中，解决二元结构问题，把农村人口尽可能多地转移出来。2001年12月25日江泽民同志主持召开农业、农村、农民问题座谈会指出：提高我国的现代化水平，解决农民就业和增收问题，必须调整农村的就业结构和产业结构，走工业化、城市化的路子，把农村人口尽可能多地转移出来。我国二元经济社会结构的问题，要在工业化、城镇化的进程中逐步加以解决。他提出我们要高度重视农村富余劳动力转移的问题，继续从各方面创造条件。一是要继续发展乡镇企业，加快技术改造和结构调整。二是要发展小城镇。三是要引导农民有序流动，对进城农民要搞好管理和服务，不能搞歧视政策。有些方面过去形成的已不合时宜的政策规定，要加以改变。四是要坚持社会生产力水平的多层次性和所有制结构的多样性，努力发展劳动密集型产业和中小企业，创造更多就业机会。五是要在宏观上完善政策，包括户籍制度、子女入学、住房制度和社会保障制度等方面的改革和完善。

(2)对进城务工农民要搞好管理和服务，不能搞歧视政策。2002年1月，中共中央一号文件提出对农民工进城务工要公平对待、合理引导、完善管理、搞好服务，保护他们的合法权益，加强职业培训。

三、科学发展，统筹城乡，建设社会主义新农村

中共十六大以来党中央从我国经济社会发展进入新阶段的实际出发，顺应民心和经济社会发展趋势，提出科学发展观和构建社会主义和谐社会的理论。在处理城乡关系、国家同农民的关系和解决“三农”问题上，提出了把解决“三农”问题作为重中之重，以工促农、以城带乡，推进社会主义新农村建设等指导方针。进行农村税费改革，使9亿农民彻底告别缴纳农业税的历史，实行对农民的多种补贴，加大对农业农村基础设施的投入。推进农业市场化改革，开放粮食市场，鼓励发展农民专业合作社和农

业产业化经营。在稳定农业家庭经营基础上推进集体林权制度改革和农村金融体制改革。发展农村社会事业,实行免费的农村义务教育,建立农村合作医疗和最低社会保障制度。鼓励以创业带动就业,支持乡镇企业和非公有制经济发展,取消对农民进城就业的限制,保护农民工权益,推进稳定就业农民工的市民化。通过完善市场体制、启动农村内在活力,强化惠农政策,推进新农村建设,逐步形成城乡经济社会一体化发展的新格局。

1.树立科学发展观,统筹城乡发展,建设社会主义新农村

(1)把解决好农业、农村和农民问题作为全党工作的重中之重。2002 年 11 月,中共十六大提出,"统筹城乡经济社会发展,建设现代农业,发展农村经济,增加农民收入,是全面建设小康社会的重大任务"。

十六大以后, 新一届中央领导集体从所处发展阶段和城乡经济社会发展的问题与趋势出发,对工业化、城镇化发展与解决"三农"问题作了总体把握。把解决好"三农"问题,作为全党工作的重中之重。

2003 年 10 月,十六届三中全会第一次正式提出以人为本,全面、协调、可持续的科学发展观和"五个统筹"的发展方略,并将"统筹城乡发展"放在"五个统筹"之首。

(2)制定工业反哺农业、城市支持农村和对农村"多予、少取、放活"的基本方针。2004 年 9 月,胡锦涛同志在十六届四中全会上提出建设和谐社会,对发展阶段明确提出"两个趋向"的论断,指出:"综观一些工业化国家发展的历程,在工业化初始阶段,农业支持工业、为工业提供积累是带有普遍性的趋向;但在工业化达到相当程度以后,工业反哺农业、城市支持农村,实现工业与农业、城市与农村协调发展,也是带有普遍性的趋向。"在随后召开的中央经济工作会议上,他进一步指出:我国现在总体上已到了"以工促农、以城带乡"的发展阶段。

(3)提出建设社会主义新农村的目标和基本任务。2005 年 10 月,十六届五中全会审议通过的《中共中央关于制定国民经济和社会发展第十一个五年规划的建议》,从社会主义现代化建设的全局出发,明确提出了建设社会主义新农村的目标任务。这是立足现代化建设全局、统筹城乡经济社会发展、加强农业、繁荣农村、富裕农民的战略决策。提出建设"生产发展、生活宽裕、乡风文明、村容整洁、管理民主"的新农村,协调推进农村的经济、政治、文化、社会和党的建设。随后中央和各级地方政府出台了一系列针对性措施。

(4)十六届六中全会提出构建和谐社会,建立覆盖城乡居民的社会保障体系和基本公共服务体系。

（5）提出走中国特色农业现代化道路，形成城乡经济社会发展一体化新格局。2007年中共十七大提出统筹城乡发展，推进社会主义新农村建设。解决好农业、农村、农民问题，事关全面建设小康社会的大局，必须始终作为全党工作的重中之重。要加强农业基础地位，走中国特色农业现代化道路，建立以工促农、以城带乡长效机制，形成城乡经济社会发展一体化新格局。

2.农业进入无税时代：改革农村税费制度，改善国家与农民关系

20世纪80年代初农村实行家庭承包经营制度，农户本来想用"交够国家的，留足集体的，剩下都是自己的"包干方式，划清农户与集体、国家的利益分配关系。但是，交多少给国家才算够，留多少给集体才算足，这个问题多年来没有得到解决。农民上缴的税费不断加重，影响了农民的生产积极性。进行农村税费改革，界定农民与国家的利益关系，规范政府行为，成为农民的迫切要求。1998~2005年，经过费改税的试验阶段和减免农业税两个阶段，我国农业进入无税时代。

（1）进行农村税费改革的试点。1998年在中央指导下，从安徽开始进行农村税费改革的试点，试点的基本思路是减轻农民负担，规范政府行为，稳定分配关系。

（2）全面取消农业税和乡统筹、村提留。2004年，中央"一号文件"，即《中共中央国务院关于促进农民增加收入若干政策的意见》，提出"两减免，三补贴"新政策。温家宝总理在《政府工作报告》中提出用5年时间逐年减征农业税，5年后完全免征。2005年，中央"一号文件"，进一步加大了"两减免，三补贴"的力度。2005年12月29日，全国人大常委会通过关于废止农业税条例的决定。由税费改革引起的地方和乡村财政上的缺口主要通过中央的财政转移支付来解决，使农民减少了每年1355亿元的负担。这一税费改革被称为农村第二步改革的主要内容。

自2006年1月1日，中国9亿农民彻底告别2600多年缴纳农业税的历史，农民不再缴纳"皇粮国税"。这个制度变革受到农民的衷心拥护。它使随意向农民乱收费的体制根源得以消除，规范了政府行为，促进政府转向依靠公共财政为群众服务，建立服务型政府的轨道上来。

（3）妥善处理乡村债务。国家提出按照"制止新债、锁定旧债、区分性质、分类处置"的要求，妥善处置乡村债务，主要通过增加中央和省级财政投入，用3年左右的时间，基本化解农村义务教育的历史债务。

3.进入农业补贴时代，不断完善强农惠农政策

（1）实行农业补贴。实行对农民种粮的直接补贴、良种补贴、购买农机具的补贴、农业生产资料的综合补贴，对农民养猪、养奶牛，发展油菜籽生产等的补贴，对农业大

县的奖励性补贴。对粮食主产区实行了最低收购价政策。

(2)加大对农业、农村基础设施建设的投入。国家提出财政支农投入、国家固定资产投资用于农村的投入要逐年提高。耕地占用税新增收入主要用于“三农”。大幅度增加中央和省级小型农田水利工程建设补助专项资金，大幅度增加病险水库除险加固资金投入，狠抓耕地保护和质量建设，狠抓农业机械化发展，狠抓生态保护和建设。2003~2007年中央财政用于“三农”的支出5年累计1.6万亿元，其中用于农村基础设施建设近3000亿元，地方也较多增加了投入。在这5年中新增节水灌溉面积666.7万公顷，新建改建农村公路130万公里，解决了9748万农村人口饮水困难和饮水安全问题，新增沼气用户1650万户，加强了农业生态环境保护。继续推进天然林保护、京津风沙源治理等生态建设，5年累计退耕还林、植树造林3191万公顷，退牧还草3460万公顷。加强土地和水资源保护，5年整理复垦开发补充耕地152.6万公顷。湖南省沅江县的农民说，改革30年最满意的三件事是：包了田，免了税，修了路。

4.坚持农村基本经营制度，不断深化农村改革，加强对土地“农转非”的管理

(1)稳定和完善土地承包关系，健全土地承包经营权流转市场，有条件的地方发展多种形式的适度规模经营。

(2)推进乡镇机构和县乡财政管理体制改革。

(3)完善市场机制。2004年以来，国家放开粮食购销市场和价格，迈出了农业市场化改革的关键一步。

(4)发展农民专业合作社，提高农民进入市场的组织化程度。

2007年全国人大通过《农民专业合作社法》，鼓励发展农民专业合作组织，同时支持农业产业化经营和龙头企业发展。

(5)改革集体林权制度，将林地使用权和林木所有权落实到户。林定权、人定心。

(6)推进农村金融体制改革，培育新型农村金融组织。

中国人民银行开展征信知识乡村行活动，把信用的种子撒向田间地头。推进农村地区银行业、金融机构准入政策试点工作，培育新型农村金融组织。深化农村信用社改革，维护县级信用联社独立法人地位。引导和支持各类金融机构到农村发展业务，发展小额信用贷款和联保贷款业务，加大支持“三农”的力度。

(7)加强对土地“农转非”的管理，以18亿亩为红线，将土地出让金纳入预算管理，对省级政府实行土地“农转非”指标管理。

5.加强农村社会事业，让公共服务公平惠及“三农”

发展农村社会事业，使公共财政的阳光公平照耀农村，逐步做到党的十七大提出

的“学有所教、劳有所得、病有所医、老有所养、住有所居”。

（1）将农村义务教育全面纳入财政保障范围。国家对农村义务教育阶段学生全部免除学杂费、全部免费提供教科书，对家庭经济困难寄宿生提供生活补助，使1.5亿学生和780万名家庭经济困难寄宿生受益。国家安排专项资金支持2.2万多所农村中小学改造危房、建设7000多所寄宿制学校。远程教育已覆盖36万所农村中小学，更多的农村学生享受到优质教育资源。

（2）建立农村合作医疗制度，完善公共卫生、医疗服务和医疗保障体系。新型农村合作医疗制度普遍建立，覆盖城乡的疾病预防控制和应急医疗救治体系基本建成。国家安排资金改造和新建乡镇卫生院、县医院、县中医院和县妇幼保健院，为乡镇卫生院配备医疗设备。

（3）建立农村最低社会保障。2007年在全国农村全面建立最低生活保障制度，将3451.9万农村居民纳入保障范围。社会福利、优抚安置、慈善和残疾人事业取得新进展。

（4）提高农村扶贫标准，增加扶贫开发投入，实行整村推进。

6.通过工业化、城镇化和农村劳动力转移带动“三农”问题的解决

（1）以创业带动就业，完善支持乡镇企业、中小企业和非公有制经济发展的政策法规。2002年，通过了《中小企业法》；2004年国务院制定了《关于鼓励、支持和引导个体、私营等非公有制经济发展的若干意见》；2007年出台《就业促进法》。

（2）公平对待农民工，保障农民工合法权益，创造稳定就业农民工市民化的政策环境。农民工成为我国产业工人的重要组成部分。农民工占制造业就业人员的60%以上，占矿业、建筑业就业人员的80%以上，占服务业就业人员的50%以上。农民进城务工关系国计民生，关系城乡发展改革和稳定大局，有利于转变城乡二元经济结构和体制，为“三农”问题的根本解决创造条件。

进入21世纪，中央制定了一系列保障农民工合法权益的政策和法律。2003年1月，国务院办公厅下发《关于做好农民进城务工就业管理和服务工作的通知》，2003年10月，国务院对进城就业农民工子女义务教育和农村劳动力转移培训问题提出了政策。2006年3月，国务院发出关于解决农民工问题的若干意见，取消对企业用工的行政审批，取消对农民进城就业的不合理限制，取消对进城农民工的收容遣送，全面加强农民工权益保障，健全农民工社会保障制度，保障农民工子女接受义务教育的平等权利，加快解决农民工居住、医疗等问题，推进户籍制度改革等政策措施。制定就业促进法、劳动合同法、劳动争议仲裁法。这些法律和政策措施重点在于保障农民工进城就业的合法权益，提高农民工的总体素质和转移就业能力，促进稳定就业农民工的

市民化,实现城乡协调发展。让农民工当全国人大代表。

国家对农民工的教育培训有4条资金渠道:阳光工程,职业教育,就业再就业培训,扶贫资金中的培训项目。

7.21世纪关于农业、农村、农民问题的5个"一号文件"

从2004年到2008年中共中央连续发出关于农业、农村、农民问题的5个一号文件,初步形成了解决"三农"问题的政策体系。

2004年,一号文件的主题是"千方百计地增加农民收入";

2005年,一号文件的主题是"提高农业的综合能力建设";

2006年,一号文件的主题是"全面部署社会主义新农村建设",提出建设社会主义新农村"五个必须"的基本原则:必须坚持以发展农村经济为中心,进一步解放和发展农村生产力,促进粮食稳定发展、农民持续增收;必须坚持农村基本经营制度,尊重农民的主体地位,不断创新农村体制机制;必须坚持以人为本,着力解决农民生产生活中最迫切的实际问题,切实让农民得到实惠;必须坚持科学规划,实行因地制宜、分类指导,有计划有步骤有重点地逐步推进;必须坚持发挥各方面积极性,依靠农民辛勤劳动、国家扶持和社会力量的广泛参与,使新农村建设成为全党全社会的共同行动;

2007年,一号文件的主题是"发展现代农业";

2008年,一号文件的主题是"切实加强农业基础设施建设,进一步促进农业发展、农民增收"。

8.在艰难爬坡中迎接农村发展的第三个黄金时期

2003~2007年的5年,遵循科学发展观,统筹城乡发展,把解决"三农"问题作为全党工作的重中之重,调整政策,推进制度创新,加大投入,采取了一系列重大举措,调动了农民积极性,有力地推动了社会主义新农村建设。2004~2007年粮食连续4年增产,扭转了前些年面积下滑、总产下降、单产徘徊的局面;农民人均纯收入连续4年每年增收300元以上,增速超过6%。农村基础设施建设取得重大进展,农村社会事业取得重大进步,农村改革取得阶段性突破,统筹城乡发展迈出实质性步伐。农业、农村的发展,为整个经济社会的稳定和发展发挥了重要作用。

四、几点总结

(一)新阶段解决"三农"问题思路的特点

一是把握现阶段我国仍是农村人口占多数的、城乡差距明显的二元经济结构的特点。即从二元结构的全局来看待"三农"的薄弱和农村的贫困、落后。改革初期,邓小平强调让一部分人、一部分地区先富裕起来,带动其他地区发展,打破了计划经济时期的吃大锅饭、搞平均主义的局面,开启了改革开放和发展的新时期。经过20多年的发展,新的矛盾已经是城乡收入差距不断拉大,农业、农村、农民相对落后在制约着整个经济社会的发展。因此,与转变城乡二元经济结构相联系,为改变城乡差距不断拉大的趋势,把统筹城乡发展、解决"三农"问题作为主要问题提出来。

二是摆脱城乡二元分割的体制和思维观念,把工业化、城镇化发展与解决"三农"问题联系起来,以前者带动或促进后者。

过去存在着两个问题,一个是重工业化、城镇化,轻视农业、农村、农民的发展,从农业筹集资金来发展工业,特别是重工业,对城市居民和农民搞不平等待遇,不允许农民向城镇流动,这是改革前二三十年的基本方针。改革以后,除了改革初期把重点放在农业、农村、农民问题上之外,当改革的重点转向城市以后,在城乡关系上又越来越严重地走向城市工业剥夺农村、农业、农民的二元体制。这是工业化、城市化快速发展,而农业、农村发展缓慢,农民收入增加困难的重要原因。这种对农业、农村、农民的剥夺,一是城市搞开发区,扩大城市规模,低价从农民那里获得土地,由此农民的利益损害约为2万亿;二是农民进城就业只被当作廉价劳动力,工资水平只相当于城镇职工的60%左右,加上劳动时间比城镇职工多50%左右,农民工的小时工资在很多情况下只相当于城镇职工的1/4,而且没有社会保障。1994年江苏无锡的同志估计,农民工自己的收入只相当于他们创造财富的一半,另一半留在了企业或地方。1999年中国社会科学院经济研究所赵人伟计算,使用一个农民工和使用一个城镇职工,两者的差距在每年6000元以上。按照这个计算,对农民工90年代以来的经济剥夺约在10万亿以上。财富向城市和发达地区积聚,而农民工不能在城市或发达地区定居,获得平等待遇,这种二元体制加剧了城乡二元结构的矛盾。

另一个问题是过去把解决农业、农村、农民问题局限在农村来解决,在我国城乡人口中,虽然按照在城乡居住半年以上的标准来统计,农村人口占近60%,但按户籍人口划分,13亿人口中有9.5亿是农业人口,占70%以上。在人多地少,人均1亩左右耕地的国情条件下,很难在这个圈子里来解决"三农"问题。统筹城乡发展,解决"三农"问题对上述两个问题的局限都予以突破,那就是改变城乡二元分割,把工业化、城镇化发展与解决"三农"问题联系起来,而且由剥夺"三农"转变为支持"三农",以工业化结合农村劳动力转移来缓解农村的人地矛盾,改变资源配置。拓展解决"三农"问题的空间和途径,这是两个和过去不同的方针。

三是运用市场机制和国家宏观调控的方式,为解决“三农”问题创造环境。运用市场机制主要表现在放活农村经济,以及在城乡之间农村劳动力的流动转移,改变人口就业资源约束的配置。宏观调控主要是对农业、农村、农民多予少取。

(二) 汲取30年经验,继续推进农村改革发展要注意的问题

一是在加强和完善国家宏观调控的同时,更加注重农民经济组织和基层管理体制、机制的建设,增进农民当家做主、发展和维护自身利益的权力和能力。农村改革的根本经验,是领导与群众互动,相信群众,依靠群众,尊重群众的首创精神,维护群众的利益,充分发挥群众的智慧,解决问题,走出新路子;是创造群众有权责利的制度,使他们能够发挥自己的积极性、主动性、创造性,在发展经济、管理经济中增进自己的收益。因此,在农户获得自主经营权利的基础上,进一步发展农民的联合经济组织,增进在流通、加工、服务等领域的主体地位和权利,进一步发展农民联合参与的经济社会事务管理,来表达和维护自己的利益,是新阶段依靠群众解决问题,发展经济、增进收益的关键。在农民缺乏组织的情况下,国家对农产品的补贴,由于中间商在流通领域的主导,贱买贵卖,大打折扣;国家对农村教育、医疗的补贴,由于缺乏农民参与管理,而使农民得不到应有的利益。这表明,国家的宏观调控对农业、农民的支持,缺乏农民组织和参与,就事半功倍。而注重农民经济组织和基层管理体制、机制的建设,增进农民当家做主、发展和维护自身利益的权力和能力,就不仅会使国家对农业、农民的支持事半功倍,而且能够改变市场上的农户与中间商的力量悬殊,变农户的单打独斗为自主经营、联合经营,开拓发展的广阔空间。

二是加强市场法制建设,建立公正交易秩序,是完善市场经济体制、促进经济发展、增进农民收益的必要条件。市场配置资源,调节供求,是农户、企业、农民经济组织等得以运行和生存发展的场所,市场交易秩序的重要性非同一般。但是,假化肥、假农药、假种子没有绝迹,假日用消费品也很多,假冒伪劣商品损害农民的利益,也使好商品没有好价格,影响绿色产品、优质产品、名牌产品的发展。其责任在政府管理,需要以市场法制建设和公正交易秩序的形成来检验政府作用的发挥。

三是进一步破除城乡二元体制对农民向城镇非农产业转移的阻碍。放在以城带乡、以工促农的全局里解决“三农”问题,一个关键是在国家宏观调控、城乡关系处理中,由“多取少予”,变为“多予少取”,公平分配公共资源;另一个关键是破除城乡二元体制对农民向城镇非农产业转移的阻碍,通过农业富余劳动力的转移,减少农民,实现工业化、城镇化对“三农”的带动。劳动力流动、充分就业,是实现城乡、区域居民收

入差距缩小和均等化的最重要条件。比之历史上限制农民流动就业，改革已经取得很大成就。但是，城乡二元体制阻碍着在城镇就业农民工的经济、社会、政治权利，也阻碍稳定就业农民工的城镇化、市民化，农民工把青春贡献给发达地区和城市，养成、养老的成本留给了农村，使城乡、工农、区域差距在发展中扩大，这对经济内需的扩大，社会的稳定，都带来越来越不利的影响。而且城乡二元体制与鼓励地方发展、财政分灶吃饭的分封诸侯式体制结合在一起，只是允许本地农民进城就业获得平等权利、变为城镇居民，排斥跨地区流动的农民工获得平等权利、在城镇定居。这就要国家采取政策推进改革。

四是完善村民自治，使基层民主建设由村级上升到乡镇层次，并扩大进城农民工参与社会管理的权力。随着市场化、工业化、城镇化的发展，自主经营的主体既关心自己的经营，也同公共设施、公共社会事业的发展发生越来越多的联系，要求参与社会管理。而且社会阶层分化，利益矛盾增加，这些矛盾已经不能按照过去只是干部说了算、群众服从的方式来解决。只有群众广泛参与选举、决策、管理、监督，才能反映多方面群众的利益，集中民智，找出统筹兼顾的方案，团结一致，办好公共事业，也才能防止权力缺乏群众监督的腐败。目前，宜在规范村级民主选举的基础上，充实民主决策、管理、监督，借鉴浙江温岭和台州市“民主恳谈”的经验，先把民主决策、管理、监督由村级推进到乡镇层次。同时，扩大进城农民工参与社会管理的权力，有利于增强破除二元体制和分封制的动力，增加使稳定就业农民工获得公平权利和在城镇定居的可能性。

（2008 年 4 月）

大包干家庭承包启动前后的凤阳县梨园、小岗农民

——相关调查的整理与思考

前　言

中国改革从农村突破，后来成为全国农村基本经营制度的大包干家庭承包制，由安徽凤阳县梨园公社小岗村这样贫困地区的农民首创。在改革30周年前夕，抚今追昔，一些问题仍引人深思：过去条件并不差的地方农民为什么那么贫穷？改革为什么从贫困地区农村突破？新经营形式的创造为什么来自农民？领导者为何会支持农民，使在老框框里属于非法的包产到户、包干到户合法化？今后应如何对待农民群众带普遍性的利益要求、创造和选择？

凤阳县的"大包干"责任制，开始主要是大包干到组，生产队的土地固定承包到组，由"组""交够国家的，留足集体的，剩多剩少都是自己的"，包干上交后所剩部分全部由"组"分配。大包干到组，由梨园公社石马大队小贾生产队首先实行[1]。大包干到户又由梨园公社严岗大队小岗生产队首先创造。它是用"大包干"方式改造了历史上曾经出现过的包产到户和"责任田"。大包干到户，是土地承包到户，向国家、集体合同承诺上交任务，包干上交后所剩部分全部归农户所得。这使农户获得土地承包使用权，自主经营，自负盈亏，在生产经营中处于当家做主的地位；分配是农户上交对国家、集体的包干任务，此外均为农户所有，多收多得，农户在分配中也处于主体地位；购买投入品、销售农产品，劳力、资金的农外使用，农户做主，自主进入市场，农户也成为市场交换主体。大包干到户的产生，是对过去20多年农业体制的一个批判性的总结，标志着人民公社及高级社制度的终结，是符合市场经济和农民当家做主的新经营体制的开始，解放了农村生产力，解放了农民，带来了一系列的改革。

---

〔1〕见吴庭美、夏玉润：《希望之路》，合肥，安徽人民出版社，1988年8月。

这一历史变革发源于凤阳，特别是梨园公社和小岗生产队，我们能够从梨园公社大包干到户启动前后的情况得到实际的感悟。

为此，我把大包干家庭承包制产生前后凤阳县梨园公社的有关资料做了整理和编排，材料分为三个部分：

(1)改革前这里的农民为什么那样穷？内容包括：①1979 年 2 月同滁县地委政策研究室陈修毅主任和凤阳县委政策研究室周义贵等同志一起在梨园公社调查的记录整理稿，是从当时调查笔记中原原本本第一次整理出来的。②在这次调查基础上形成的调查报告《前王生产队为什么这么穷》，该报告与其他十多份材料一起，曾由滁县地委汇编为《农村经济政策几个问题的调查》，于 1979 年 3 月上报安徽省委。(这部分材料见本书《这里条件不差，农民为什么那样穷——凤阳县梨园公社调查记录》)。

(2)这里的农民首创大包干。内容包括：①1979 年 12 月凤阳县委政策研究室吴庭美同志所写《一剂必不可少的补药——凤阳县梨园公社小岗生产队“包干到户”的调查》。②滁县地委和凤阳县委调查组的《前王生产队扔掉了讨饭棍》。③凤阳县委调查组的《政策放宽，穷社翻身——凤阳县梨园公社包产到户的调查》。

(3)农民群众的利益要求持续推动农村改革。记述小岗农民大包干之后继续促进改革的几件事，及对农民利益与农村改革的想法。

看了这些材料，人们会感到农村改革发展最根本的问题就在于正确对待农民。

一、政策放宽，这里农民首创大包干

(一)

一剂必不可少的补药[1]

——凤阳县梨园公社小岗生产队“包干到户”的调查

吴庭美

梨园公社是凤阳县最穷的公社。小岗生产队又是这个穷社中突出的穷队之一。从 1956 年高级社以来，这个队一直在走下坡路：地荒、人穷、集体空。生产水平十分低下，集

〔1〕1980 年 1 月，万里同志在安徽省农业会议上，专门讲了吴庭美同志所写的关于小岗生产队包干到户的这篇调查报告，说他像看小说一样，一口气看了两遍。在这次会议上，为大包干到户落了“户口”。

体经济已经崩溃，社员生活极其贫困，对集体失去了信心。今年春季，小岗自行采取了“包干到户”的生产责任制，仅一年时间，社员就翻了身，摆脱了长期压在身上的穷困。群众说：“千条计，万项策，不如‘到户’一剂药。”“包干到户”的责任制到底对小岗这样的穷地方能起多大作用？请看这个队20多年所走过的道路和今年农业大增产的事实吧！

20多年生产力受到连续摧残

小岗生产队，原是一个小岗村。合作化前全村共有34四户，175人，30犋牲畜，耕种1100亩土地。解放后，这个村同千千万万个中国农村一样起了翻天覆地的变化。农民有了土地，有了安定的社会环境，摆脱了沉重的封建压迫和剥削，生产积极性空前高涨，生产发展很快。合作化以前，全村正常年景粮食总产都在十八九万斤左右，好的年成可达20多万斤。下中农成分的严家齐，当时全家6口人，3个劳力，1犋牛，种40多亩地，最多的一年收过30石稻（合6000斤），6石小麦（合1500斤），3石高粱（合600多斤），30担山芋（折粮600斤），2石多豆类（约合500多斤），共9200多斤，平均每人1500多斤。那时全村根本没有外流，人们把外流讨饭看作是极不光彩的事。

1955年办初级社时，这个村没办起来。1956年入了高级社。动员入社的黄区员说：你们小岗村是一步跨进了“天堂”，入社的第一年景况还算不错，全队收了165000斤粮食，平均每人600斤口粮，留下种子，其余4万多斤都卖给了国家。这4万多斤粮食是小岗生产队合作化以来第一次，也是以后23年最后一次向国家做的贡献。1957年反右派反到了小岗队，在讨论“优越性”时谁要说个“不”字，不管你是贫农还是佃农都要被大批一通，甚至被戴上“反社会主义分子”帽子。从此，政治上鸦雀无声，上面叫怎么干，就怎么干。那年冬天小岗队就开始发粮票吃供应了。1958年在农村出现的各种不正常的现象，在小岗也都发生过。生产上的“瞎指挥”相当厉害，搞什么“十里芋峰岭，五里菜花香，千亩水稻方”。结果是：“十里芋峰岭变成大草荒，五里油菜地未收半‘土缸’，千亩水稻方没收多少粮。”20多年前被抛荒的芋峰岭上的山芋垄至今还留在那里。由于“五风”越刮越大，使生产力受到严重破坏，到1960年，小岗队只剩下10户39人，1犋半牛，耕种100多亩土地。据统计，在这3年中非正常死亡（即饿死的）60人，死绝6户，有76人背井离乡，寻找活路。当时全村是满目残垣断壁，处处蒿草丛生，很多人至今回忆起来还不寒而栗，简直不敢相信我们党取得政权10多年后出现那种惨状。1962年，被社员称为“救命田”、“官方”批为“复辟田”的包产到户的“责任田”之风吹到小岗已经是强弩之末了。尽管如此，社员还是搞了“责任田”，种上了小麦。种上后，上边硬要改正“责任田”，收的时候又拢了“大摊”，抢的抢，偷的偷，结果只收965斤，还没有种下去的2400多斤种子，每人只分了1斤半小麦，剩下的900斤硬留作种了。从此，小岗队就出现了“种20(斤)，收18(斤)，不用镰刀用手拔”的说法，以后几年稍为安定，生产刚想抬头，1966年“文化大革命”又“席卷”了小岗。社员分为两大派，戴上了“红袖章”“造反”，参加了“文化大革命”，使这里又受到一次大摧残。为了说明问题，我们列了如下“文化大革命”期间小岗生产队生产、生活简明统计表。

从下表不难看出，“文化大革命”期间小岗生产队的生产非常落后，群众生活十分穷困。但是，尽管如此，还是照批“资本主义”。

年份	人口	全年总产(斤)	全年人均口粮(斤)	全年人均分配收入(元)	吃供应粮	
					时间(月)	数字(斤)
1966	103	22000	110	16.50	7	15000
1967	103	30000	180	20	7	15000
1968	105	20000	105	15	7	15000
1969	107	40000	330	40	3	8000
1970	107	35000	230	30	5	15000
1971	101	34000	240	31	5	15000
1972	101	29000	190	25	7	20000
1973	109	34000	210	30	5	15000
1974	109	29000	180	24	6	20000
1975	111	29000	150	20	10	25000
1976	111	35000	230	32	5	15000

社员严金昌，全家7口人，1975年在家前屋后种了二三分地生姜，一二分地辣椒、大葱；自家的一二十棵柿子树看管得好，未让小孩乱搞，秋后烘一烘到集上卖了；并喂了两头肥猪，年收入八九百元。得的这些钱，主要是到小市场买点粮食养家糊口，免得寒冬腊月拖儿带女到江浙一带农村再“查户口”(此地把外出讨饭叫“查户口”，也叫“数门头”)。这种靠自己辛勤劳动的所谓“走资本主义道路”的“暴发户”，充其量“暴发”到不逃荒要饭的水平。但是，他在小岗这个“户户外流，年年外流”的生产队的确是“冒了尖”。所以在当时那种“富则修，穷光荣”、“一切共同”理论的指导下，严金昌被大队、公社批判了三四场，《皖东通讯》还为此事做了报道。严金昌也险些儿被戴上了“暴发户分子”的帽子。他气愤地说：“都喝西北风，就平均了！”对这句话，当时有些人认为严金昌坚持走“资本主义道路”，“气焰嚣张”。但它说明，“平均主义”在这样的穷地方是十分盛行的。在林彪、“四人帮”极“左”路线干扰破坏下，小岗生产队确实达到了“平均”的要求：这就是全队20户，不管大户小户，户户外流过，能跑能蹦的人，不论“光棍眼子”一律讨过饭。这样的“平均”教训是多么沉痛啊！

小岗生产队没有一户地主、富农，大家又都共同外流讨饭，在阶级关系上应该说没有多大对立。但是多年来特别是“文化大革命”以来，政治运动不断，年年抓“纲”抓“线”，“大批促大干”，搞阶级斗争扩大化。这样乱批乱斗，造成了人与人之间的关系紧张。从1966年“文化大革命”开始到1976年11个年头，县、区、社、大队有38人次到这里搞过工作队、宣传队，每年最少的1人，最多的18人。每期工作队、宣传队都首先大抓一通“阶级斗争”，总是支持一部分人，整另一部分人。总之，不能离“纲”、偏“线”，不能停止斗争。搞得生产队干部像“走马灯”一样换来换去。全队17个男劳力，有15人先后当过队长、副队长，20户人家户户都当过干部。“算盘响，换队长”已成了这里的规律。台上的压台下的，台下的捣台上的。斗来斗去，人心斗散了，土地斗荒了，粮食斗少了，社员斗穷了，集体斗空了。

小岗生产队尽管遭到错误路线如此摧残，但是群众对我们党和政府还是充满感激之情。大家几乎异口同声地说：“凭良心，这些年也亏着政府。”事实也确实如此。从1962~1978年17年中，全队每年分配的口粮每人只有一二百斤，生产、生活主要靠政府救济支持。从建社以来，国家给这个队贷款15632.28元，无偿投资2425元；从1966~1978年13年156个月份中，吃国家供应粮的是87个月，共吃供应粮达228000斤，占这13年总产的65%，占集体分配口粮总数的79%；供应各类种子65000多斤；现有的10头牛，没有一头不是国家给钱买的；过去用的犁耙等主要农具没有一件不是国家花的钱。“农民种田，国家给钱，缺吃少穿，政府支援”，这几句话用在这里是最贴切不过了。群众对政府的救济和支持，始终感恩戴德，念念不忘。但是，他们回顾这一段历史时，又总是感慨不已。不少老社员说：“我们都是庄稼人，种了一辈子地，看着长庄稼的地大片荒着，心里像油煎的一样。我们种田人不交一粒公粮，却常年吃着国家供应的粮食，感到有愧。我们也知道怎么干能多收粮食，但是‘政策’不许啊！”这是多么复杂的感情！既有感激又有苦衷。过去的20多年，小岗生产队群众就是在这种矛盾心情中渡过的。

一年的喜悦和期望

类似小岗生产队的经历和穷困，绝不是一两个，两三个，它只是合作化后凤阳县一些长期低产落后社队的一个代表。这些落后地方，到底如何搞？怎样才能迅速改变穷困状况？在粉碎“四人帮”之前，很少有人去了解它，研究它，特别是领导“人物”很少光顾。小岗生产队群众在自己家门口看到“北京牌”、“小面包”、“伏尔加”还是近年的事。有些小孩第一次看到小面包车在土路上扬起尘烟时，竟大惊失色。现在小岗的群众看得多了，这还得从“包干到户”说起。

今年春天，县委在贯彻三中全会精神和中央关于发展农业两个文件过程中，根据群众要求，从实际出发，在全县有领导有步骤地推行了“大包干”生产责任制。开始，这个20户115人的生产队划为4个作业组，后来不行，又划成8个组，还是不行。这块斗红了眼的地方，二三户在一起也是“捣”。以后社员就“偷偷摸摸”地搞了“包干到户”。全队517亩地，按人分到户，10头牛评好价，两户1头，国家农副产品交售任务、还贷任务、公共积累和各类人员的补助，按人包干到户，包干任务完成后，剩多剩少都归自己。虽然他们也知道只准“包干到组”，不许“包干到户”，但是他们总觉得这块穷地方，这样干得劲，能干好，结果还是这样干了。小岗的事很快被公社发现了。公社觉得这个队太“难缠”，有点“人心不足”。这件事不久也被在农村工作几十年饱尝过酸甜苦辣的县委主要负责人知道了。他深知党的“规矩”，更同情群众的苦衷。他想，全县3000多个生产队，一个生产队搞“包干到户”，就是“复辟”也无关大局。于是就告诉公社的同志说：“算了吧！就让他们那样干吧！”小岗队“包干到户”办法就这样幸存下来了。一年来上上下下来了不少人参观访问。实际效果究竟如何?还是让事实回答：今年全队粮食总产132370斤，相当于1966年至1970年5年粮食产量总和。油料总产35200斤，群众说：“过去20多年总共也没收到那么多的花生。”芝麻、家庭副业也有很大发展，生猪饲养量达135头，超过历史上任何一年。全年的粮食征购超任务2800斤，过去23年一粒未交还年年吃供应，今年向国家交售粮食24995斤，超额7倍多，社员还准备卖5000斤山芋干。油料统购任务300斤，过去统计表上这一栏，从来都是空白，今年卖给国家花生、芝麻共24933斤，超过任务80多倍。全队还第一次归还国家贷款800元，并可卖肥猪35头。全队还留储备粮1000多斤，留公积金150多元。今年棉花交售任务没有完成，社员内疚地说：“明年一定补齐。”

由于生产发展，社员收入大大增加。据初步统计，今年全队农副业总收入47000多元，平均每人4000多元。最好的户总收入可达五六千元，平均每人可达700多元。最差的户平均每人收入也在250元左右。全队20户，向国家出售农副产品2000元以上的两户，千元以上的10户。社员严付昌，全家8口人，两个劳力，划地36亩，开荒五六亩；今年共收小麦3600斤，稻谷4200斤，玉米400斤，黄豆300斤，山芋20000斤(折主粮4000斤)，杂豆500斤；收花生4300斤，芝麻60斤；养肥猪3头，母猪、小猪23头，今年卖猪可得款1100元，禽蛋收入100多元，全家共收粮食13000多斤，平均每人1500多斤；农副业总收入5400多元，平均每人700多元。收入最少的关有江，全家7口人，两个劳力，收小麦2500斤，稻谷2500多斤，山芋1万多斤(折主粮2000多斤),黄豆2500多斤,高粱200斤;花生600斤,卖薄荷油得款50多元,一头肥猪可卖150多元;共收粮食7650斤,平均每人1000多斤,农副业总收入1700多元,平均每人240多元。

今年的丰收,使小岗队的群众对夺取明年的更大丰收充满了信心。他们说:“有了今年的本钱,明年肯定还会大增产。”因而生产劲头更大。今年秋种时,两个多月未下雨,社员群众男女老少齐上阵,一担担、一桶桶、一盆盆,挑水、拎水、端水造墒抢种小麦。全队115人已种小麦306亩,出全苗的有250多亩。今年种的小麦一般都是三肥下种,有的四肥下种。不少户不但施足了小麦的底肥,还留足了明年小麦追肥和春种用肥。有的户家有万斤粮,备有千斤肥(商品肥)。据统计,这个队今年秋种前后共买化肥、磷肥、饼肥等各种商品肥77380多斤,花了8200多元,未要国家分文。

农业丰收了,人们的精神面貌也发生了很大的变化。过去的愁云消失了,人人欢天喜地,个个笑逐颜开。“参观”的人去了,他们总是像接待客人一样,把人们引进低矮尚未修复的茅屋,捧出炒熟的花生、瓜籽。“今年够吃不够吃?”他们总是指着满满的囤子、圆鼓鼓的“草包”,自豪地说:“看!这不都是粮食,过去队里的仓库也别想有这么多!”外地讨饭的来了,他们也分外大方,大捧大捧的山芋干,大把大把的玉米、高粱拿给人家,赶到吃饭时,大米饭、白面馍也毫不吝啬。他们说:“往年,我们也是这样,谁有得吃还出来要饭呢!”

过去收割季节,到处防偷窃,看场的看场,看田的看田,还是免不了丢黄豆,少山芋。今年那么多花生都摊在田里,晒在田里,那么多的山芋干都撒在荒野上,从未发现谁家的东西少了。深秋季节,成片柿园,火红的柿子挂满了枝头。“不怕人摘吗?”群众说:“不稀罕了!”

农业的丰收,给这个备受摧残、十分穷困的生产队带来的喜悦,处处可见,处处可闻。他们对前景充满着希望。一年来的事实充分说明,“包干到户”对小岗确实是一剂必不可少的“补药”。现在,他们不想再给国家为难,伸手要钱要粮。唯一的期望是再让他们这样干下去,干上三五年,对国家做点贡献,个人能积点钱,盖盖房子,添点家具,用自己的辛勤劳动来改变这里的落后面貌。

“吸引力”带来的“麻烦”

小岗生产队“包干到户”是群众“偷偷摸摸”干起来的。一年来谁也没有去总结它,更没有人去宣传它。在县里整理的一些材料中偶尔出现小岗的例子也都谨慎地被删去了。但是这里的事情却在一些地方,特别是在那些穷困地方很快传播开了。有的把这种传播叫“吸引力”,有的叫“影响”。在梨园公社一些和小岗情况差不多的生产队,已经成为群众议论的中心,他们说:“同是一个政府,小岗能干,为什么不叫我们干呢?”尽管公社三令五申,讲得严厉,不准“包干到户”,可是今年秋种时,有的地方还是采取“瞒上不瞒下”的办法,学习小岗。群众一夜之间就把田划开了,把牛分好了,鸡一叫就下地种麦了。我们问这些地方的群众:“你们这样分,不会闹出意见吗?”他们说:“咳!谁敢‘明达亮世’地干,我们这块穷地方,只要允许那样干,吃亏讨巧不在乎!”

在这种情况下,有的干部埋怨起小岗来了。他们说,都是受小岗的“影响”,没有小岗我们这里屁事没有。小岗在影响着一些地方,这是事实,但是,小岗从来未去宣传自己,更无权向其他地方发号施令。为什么小岗能吸引那么多地方,其他很多地方却“影响”不了小岗?这个问题从小岗过去出现过的一件事上可以得到最好的回答。1974年,公社下决心要改变小岗的落后面貌。公社书记挂帅,人保组长坐镇指挥,一行18人进驻小岗(当时小岗是19户)。一个负责人在开动员会时说:“你们小岗再走资本主义道路不行了。今天我们要左手牵着你们的鼻子,右手拿着无产阶级的刀,无产阶级的枪,无产阶级的鞭子,非把你们赶到社会主义道路上去不可!”18个人兴师动众地“赶了一年”。结果小岗的粮食产量在原来很低的基础上又下降了许多。这是对“大呼隆”、“吃大锅饭”的惩罚!小岗生产队过去20多年捆在一起“大呼隆”,穷到那种地步,谁也不敢搞“包干到户”,今年为什么敢搞了呢?这是20多年集体生产实践反复检验的结果,是解放思想、实事求是的结果。马克思主义的一个基本原理就是生产关系一定要适合生产力发展的水平。像小岗这样人与人之间关系紧张,干部轮流当,群众找不到为大家所接受的“领袖人物”,生产上缺牛少耙,大片土地抛荒,群众靠救济讨饭过日子的生产队,硬要搞“一大二公”,势必违背客观经济规律,严重破坏社会生产力。在这样的条件下,适当调整一下人与人之间的关系,采取一些与社员物质利益关系更直接、更能为社员群众接受的管理、分配形式,就更能调动群众的积极性,做到人尽其能,地尽其力,物尽其用,较快地恢复和发展生产。只要坚持实践是检验真理的唯一标准,一切从实际出发,一些贫困的地方受小岗影响也就很自然了。我们认为,“包干到户”是生产责任制的一种形式,与“分田单干”是两码事。实行这种办法,生产资料仍归生产队所有,不存在人剥削人的问题。大家都能凭自己的辛勤劳动,多劳多得,少劳少得,社员又是为三者利益而生产,它并没有偏离社会主义轨道。实行这个办法,对国家、集体和个人都是有利的。

但是,小岗队“包干到户”在目前仍然是“众矢之的”。尽管人们不得不承认这种办法在长期低产落后地区比其他责任制更能调动群众积极性，更能增产，但它仍被一些人看成是“禁区”，不敢超越固定框框，因而只好“一律”了。小岗队在“一律”之下，最近又拢成了8个作业组[1]。这一次群众虽没给各级领导作难，但他们内心并不想拢。不少社员说：“拢起来今后还是搞不好。”

小岗的办法吸引着别人，这使小岗感到自豪。由于吸引着别人反带来了麻烦，连自己也不能搞了，心里又有难言的苦衷，这使小岗的群众产生了一种新的矛盾心理。

（1979年12月20日）

（二）
前王生产队扔掉了讨饭棍

中共滁县地委、凤阳县委政策研究室调查组

凤阳县梨园公社前王生产队，多年来一直是生产靠贷款，生活靠救济，吃粮靠回销，连种子、牛草都要国家供应，而且年年还要外流要饭，被人们称为“五保队”。今年实行“大包干”，拴住了人们的心，大家集中精力干生产，农业副业一起抓，迈开了前进的步伐，第一次摘掉了“五保队”的帽子，扔掉了讨饭棍。今年二月份我们来这里调查时还是到处一片荒凉，田里看不到人干活，社员没精打采；现在进村一看，不管是大田里的庄稼，还是社员自留地作物都长得绿油油的，家家囤子里小麦都装得满满的；人人精神振奋，个个喜笑颜开。

大灾之年不外流

前王生产队现有18户，106口人，耕地面积300多亩，是遭受“五风”和“四人帮”极左路线严重摧残而元气一直没有恢复的地方。早在1955年，这个队曾收过18万斤

[1]实际上小岗的包干到户没有改变。1979年10月之后，凤阳许多生产队学习小岗，包干到户在一些社队不推自广。包干到户的发展，使凤阳县委受到来自一些方面的压力，有人说是开拓者，在这种情况下，凤阳有的领导同志到小岗询问干部再并起来社员愿不愿意。一位干部说：地委支持我们包干到户。地委书记王郁昭说：小岗的形式一定要稳住，不能变。——本书作者注。

粮食，当时是26户，127口人，人均生产1400多斤。从1956年办高级社以后，产量逐年下降。特别是经过“五风”和“四人帮”极左路线两次大的摧残，人口死的死，逃的逃，土地大片抛荒。1977年粮食总产下降到3万斤，亩产不过百斤，征购一粒不交，口粮也不够吃。社员史成德一家老少3代10口人，只住3间破草房，还有一处露着天，全家只有一张三条腿的破床。社员杨学芹，全家7口人，挤在一间小茅屋里，一口小锅支在门后头。去年中央电视台的记者来这里采访，看到这个队穷得出奇，解放30年没变样，还专门拍了内部参考片（电影）。中央有关部门及省、地、县的一些负责同志都来这里看过，省委书记王光宇同志还专门到这个队参加过劳动。大家都觉得解放30年了，还有这么个穷地方，实在令人寒心，感到十分不安。为了帮助这个队改变面貌，去年以来地、县先后拨给他们无偿投资5000元，用来添置了5条耕牛、8张犁、1盘耙。发放生产贷款1950元，救济粮21600斤。给几户困难户发了棉衣、棉被。还批给一些木材、竹子，给他们打了床桌和门。从生产到生活全部由国家包了下来。

去年虽遭百年不遇的大旱，社员都在家安心生产，没有外流讨饭。这就为今年迈开前进步伐创造了良好的条件。

“大包干”拴住了人心

今年春天，通过宣传贯彻党的十一届三中全会精神，落实中央关于发展农业的两个文件，经群众讨论，实行了分组作业，采取了“大包干”的生产责任制。全队共分3个作业组，队对作业组定劳力、定土地、定耕牛农具，作业组向生产队包计划、包征购、包积累和提留。实行这个办法以后，不仅把在家社员的心拴住了，连长期外流在新疆的严立传、史家友两人也回家生产了。从高级社后就没有下田干过活的60多岁的赵守兰，也下地干活了，她割麦、栽秧、锄田样样活都不比别人落后。今春，在生活非常困难的情况下，社员还自筹资金500多元，把卖鸡蛋的钱都凑给组里买化肥、买种子。过去干活“大呼隆”，干好干坏一个样，累死也是十分工，你混我也混，田也越种越小，最后只种田当心，荒的荒，丢的丢，全队原有700多亩田，最后只剩下300多亩。现在作业组对个人也实行小段包工，午收论墒子包工到人后，全队300亩小麦十来天就收打完毕，工效比以前提高了2倍多。西组栽山芋，规定连剪带栽每墒定额1分工，7个劳力一个早上和一个下午就栽了10亩，要是在以前起码得干两天。这里过去有好些田从来不上肥料，今年肥料追了一交又一交。入春以来全队开了不少荒，秋季作物已扩种到510亩。社员们说：大呼隆干活使熟地抛荒，大包干干活田不够种了。以往东组和西组经常吵嘴、打架、闹矛盾，弄得生产无人干；实行大包干后，人心齐了，矛盾少了，你追我赶干生产了。原在雁塘头生产队有 8 户社员，与其他社员经常闹矛盾，在一起捣蛋，去冬搬到前王生产队单独划一个作业组，彼此矛盾都解决了，现在这 8 户社员还同其他两个组处处比着干。由于大家齐心合力干生产，麦子管得好，今年午季获得了空前丰收，小麦总产达 42000 斤，比 1978 年午季总产 10800 斤增产近 3 倍，比去年全年总产 2 万斤翻了一番多。全年征购任务 3800 斤，过去一粒不交也不够吃，还要回销。今年破天荒地向国家交售了 6700 斤小麦，超额完成了全年征购任务，人均口粮 240 斤，最多的一个作业组吃 300 斤，最低的吃 150 斤。劳力少人口多的困难户史成德，全家 10 口人，二个劳力，分小麦 1250 斤；杨学芹家 8 口人，二个劳力，分小麦 1825 斤。他们高兴地说：从办高级社以来也未吃过这么多麦子。

农业副业一齐抓

这个生产队人穷地薄，一个重要原因是过去只抓粮食生产，不重视经济作物，结果粮食亩产不过百斤，集体经济越来越空，社员越来越穷。今年生产队因地制宜，合理调整了作物布局。在农业上一手抓粮，一手抓经济作物，以粮食生产为主；粮食生产，一手抓山芋、水稻等高产作物，一手抓杂粮，以高产作物为主；经济作物，一手抓油料，一手抓棉花、薄荷，以发展油料作物为主；经济收入，一手抓集体收入，一手抓社员个人收入，以集体收入为主。因为这里的水利条件太差，都是“望天收”的田，在目前的条件下，水稻只能栽 20 亩，抓高产作物主要是扩大山芋面积。已栽春山芋 60 亩，夏山芋 28 亩，加上水稻，平均每人合 1 亩高产作物。连同玉米、高粱、豆类和午季已经收到手的粮食，今年预计总产可达 99000 斤，将比去年翻两番还拐个弯。经济作物，除种棉花 27 亩，薄荷按与国家签订合同种 15 亩，西瓜 15 亩以外，重点抓住油料作物，集体种花生 40 亩，芝麻 40 亩，预计今年经济作物收入可达 8000 多元，其中仅油料就有 5200 多元。多种油料既可支援国家，又增加集体收入，社员可以多吃油，油饼又可以肥田。今年他们争取向国家贡献粮食 11000 斤，集体留储备粮 8000 斤，公共积累 1600 元，人均口粮 500 斤，平均每个劳动日 8 角钱，人均收入 100 元。

以前，由于林彪、“四人帮”极左路线的干扰，集体生产搞不好，大家肚子吃不饱，就在自留地上找原因。于是批家庭副业，收自留地，割“资本主义”尾巴，长期以来形成“富挨批，穷救济”，“以穷为荣”，人们对集体经济失去信心，对自留地也没有心思去种。今年按照新“六十条”的规定，在抓好集体生产的同时，鼓励社员种好自留地，开展饲养家禽家畜等家庭副业。把过去收的自留地退给了社员。另外,每人借地一分,每头猪给饲料地一分,三者加在一起,平均每人有三分地,如今,都种上了花生、黄豆、薄荷、蔬菜等。光自留地收入预计可达3300多元,加上猪(平均每户2头)、家禽(平均每户10只)等家庭副业收入,平均每人可达50元到100元左右。

现在,社员们看到社会主义真正有了奔头,干活也有劲头了。有的不放心地问:政策会不会再变?只要政策不再变,前王生产队不用3年一定会来个大翻身。公社党委书记张明楼同志深有体会地说:我去年在这个队等于当了1年的生产队长,也没有干好;今[年没费什么劲,社员积极性就起来了,还是党的政策灵。

(三)

政策放宽,穷社翻身

——凤阳县梨园公社包产到户的调查[1]

凤阳县梨园公社是有名的三靠(生产靠贷款、吃粮靠供应、花钱靠救济)公社。1979年全社实行“大包干”生产责任制,产量翻番,一扫长期压在身上的贫困。今年,这个公社实行了包产到户,变化更大,社员说:“大包干,大增产,包产到户,产量又翻番。”

历史的回顾

梨园公社,现有5个大队,59个生产队,5600多人,包产面积17500亩,实有土地25000亩左右。这里是丘陵岗地,主要怕旱,农作物有麦、稻、薯、豆。解放后,特别是3年恢复时期,这里的生产发展很快。合作化初的1955年全社总产486万多斤,人均生产900斤。那时的家庭副业也很好,鸡、鸭、猪都很多。社会安定,卖粮要排队,交公粮要在粮站门口过夜,它成为这里人们形容当时“国泰民安”的佳话。1955年虽然搞了粮食统购统销,但群众并不缺粮,很多人回忆说:“那时发的粮票、油票不是糊墙,就是给小孩当花纸玩,没有人到粮站去买粮买油。”

从1956年后,由于生产关系的不断变革和“五风”的摧残,给农业生产造成严重破坏。1955年底开始办了初级社,不少地方没有办起来。1956年下半年就大张旗鼓地

〔1〕本文所称大包干,指大包干到组,包产到户是指包干到户——编者注。

搞了高级社,办社工作组几乎一村一个,动员入社形成一种强大的声势和压力。“楼上楼下,电灯电话,耕地不用牛,点灯不用油,走路不小心,苹果碰了头”,作为高级社的美景大力宣扬。很多群众出于对党的信赖,一半同意,一半勉强,将信将疑地入了高级社。分队劳动,以社核算,统一分配。可是,高级社立足未稳,1958 年又跨入了人民公社,其范围相当于现在的一个区,七八个公社。在分配上搞了带有“共产主义性质”的“10 个不要钱”。在生产方式上,以连、排编制,男女分居,搞“大兵团”,东战西征,大轰大嗡。生产上瞎指挥相当厉害,随心所欲地提出密植标准,有的地方种小麦,每亩强迫下种二三百斤,多至四五百斤,秧栽得连放水都困难。

由于这样一折腾,粮食产量由 1955 年 486 万斤,1961 年下降到 114 万斤,减少 77%。人口由 1957 年 5730 人,1961 年降到 2870 人,饿死、外逃一半以上。耕地由 1955 年 23400 多亩,1961 年减少到 14800 多亩,抛荒 1/3 以上。耕畜由 1957 年 565 犋,到 1961 年还剩 190 犋,损失 2/3 以上。人口大量死亡,土地大片抛荒,耕畜越来越少,生产力急剧下降。不少村庄死的死,逃的逃,房倒屋塌,满目残垣断壁,处处蒿草丛生,出现了历史上罕见的惨状。后王生产队 1955 年是模范初级社,全村 28 户,154 人,780 亩土地,19 犋牛,3 条毛驴,92 间房屋,经过“五风”摧残,人口饿死 59 人,其余的全部逃走,整个村庄只剩下一间炕房。西庙生产队 3 个自然庄,1958 年前 24 户,120 人,90 间房屋,“五风”时,死的死,逃的逃,3 年时间,3 个自然村没剩一间房子,没有一个人,整个村庄变成了荒野。当时,很多生产队只剩一、二犋耕畜,几个、十几个弱不能扶犁的劳力,元气大伤,长期背着穷困的包袱。正常年景有 1/3 人外流讨饭,稍有灾荒外流人数一半以上。每年冬天都有一二千,二三千人,拖儿带女,背井离乡乞讨于江、浙,两湖,闽、粤一带。1979 年以前,不少生产队年年外流,户户外流,人人外流。

频繁的政治运动,是造成这里穷困的又一因素。群众说,1956 年以后,没有一年安稳过。每次政治运动都要通到下面,搞得人心惶惶。反右派时,谁要对合作化说个“不”字,就要被批,以致政治上鸦雀无声,民主被践踏,言路被堵塞,只好唯命是从,上面叫怎么干,就怎么干。所以三年“五风”,尽管越刮越大,群众的切身利益遭到那样严重的损害,在这里却始终是通行无阻。人们受着各种各样的折腾,没有人再敢说“不”字。“文化大革命”,在这里围绕着“社会主义道路”和“资本主义道路”展开的斗争更为激烈。群众分为两大派,不少生产队夏天打派仗,冬天戴着红袖章四处外流讨饭。但还是一次又一次掀起“大批资本主义”运动,大割“资本主义尾巴”,堵“资本主义道路”。没收自留地,搞了各种各样的阻止社员生财谋生的禁令。小岗生产队社员严金昌,全家 7 口人,1975 年,在房前屋后种二三分地生姜,一二分地辣椒、大葱,自家的一二十棵柿子树看管得好,秋后烘一烘到集上卖了,喂了两头肥猪,年收入八九百元,主要用于买粮养家糊口,免得外流讨饭。但严金昌却被当作走资本主义道路的典型批判了三、四场,搞得社员谈富色变,生怕闯进资产阶级“土围子”。不少社员说,前些年,我们也想摆脱穷困,但手脚被捆住,挣不脱,动不了,只好捆在一起,穷在一起,苦在一起。前王生产队,1977 年以前,全队 10 户,68 人,有 4 户人家是篱笆门,3 户人家没有饭桌、板凳和吃水缸。全村没有水井,常年吃塘水、沟水。很多人冬天没有棉裤,夏天没有换洗衣服。贫农社员史成德,全家 10 口人,老少三辈,两间破草房,一张三条腿的凉床,常年睡地铺,7 个小孩合用三只破碗。社员杨学芹全家 7 口人,挤在一间露天的茅屋里,小锅支在门后头,烟熏火燎,不堪入目。冬天,全家合盖一条破被,睡在一个草铺上。1978 年,中央电视台在这里拍了内部参考片,如果不是目睹者,人们很难相信,解放以后这么多年,还会有如此贫穷的村庄,如此困苦的社员。

党和政府领导人民集体治穷,在这里花的代价是巨大的。合作化以来,除了每年都派工作组、宣传队加强领导,重点扶持外,经济上的援助十分惊人。1955 年到 1978 年国家给这里的回销粮 807 万斤,发放贷款、生产救济款、无偿投资款 145 万元(不包括水利款、社救款),平均每人每年吃国家的供应粮 120~130 斤,相当于全年人均口粮 1/3 以上,生产,生活用国家的钱 20~30 元,相当于集体人均收入。“农民种田,国家给钱,缺吃少穿,政府支援”,就是这 20 多年的概括。国家花了这么大的气力,派人、给钱、给粮、给物,经营效果如何呢?穷困的帽子仍然没有摘掉,讨饭棍还是没有扔掉。

两年翻身的喜悦

党的十一届三中全会以后,在贯彻中央两个农业文件的过程中,梨园公社 59 个生产队,有 58 个队搞了“大包干”(到组),一个队包产到户,一年翻身,结束了 20 多年来年年吃回销粮的历史。1979 年全社粮食总产 584 万斤,人均生产千斤粮,比 1978 年的 214 万斤翻了一番多。比正常年景的 1977 年 335 万斤增长 75%。油料总产 63.5 万多斤,是 1978 年的 8 倍,农副业纯收入人均 174 元,比 1978 年增长 2 倍多。实行包产到户的小岗生产队,20 多年来,不管人均生产、人均收入,都在全社平均水平线之下,1979 年一跃为全公社的“冒尖队”。全年粮食总产 13.9 万多斤,相当于本队 1966~1970 年 5 年粮食产量的总和,人均生产 1200 多斤,和全公社比,平均每人多生产粮食 200 多斤。油料总产 35200 多斤,比本队合作化以来 20 多年的总和还多,人均生产 300 多斤,和全公社比,是公社平均数的 3 倍。人均贡献,不管是粮食还是油料都遥遥领先。全队农副业总收入47000多元,平均每人400多元,净收入也远远超过全公社平均水平。穷小岗一年就上去了,在这里有很大的吸引力。不少地方的群众说:"小岗能干,我们为什么不能干?"去年四五月份,有的地方就"动心"了,搞了明组暗户。秋种时两个多月未下雨,土地龟裂,梨园干得更为严重。但小岗队却能抢在干旱之前把大部分小麦种下去,有的作业组在干埋麦种的时候,小岗的小麦已经望青了。这又一次说明小岗的办法高人一着。有的地方干部社员发了誓:"拼着倒霉也要把小麦分开种。"在这种情况下,公社一松口,包产到户像春风一样,吹遍了梨园。群众又一次享受了政策放宽的喜悦。

小岗生产队的群众在总结过去生产长期上不去的教训和包产到户的效果时说:"千条计,万条策,不如到户一剂药。"他们把包产到户说成是"治穷根"、"医穷病"、"药到病除"的妙方。小岗生产队今年粮食预计总产可达20万斤左右,比去年增产7万斤,人均增600多斤,光增产数就相当于以前本队两三年的总产。午季已收小麦69000多斤,是去年午季产量的3倍多。今年油料预计总产5万斤左右,比去年增产15000斤,人均增产130多斤。雁塘头生产队,78人,近500亩土地,过去以队大呼隆时,正常年景,总产四、五万斤,人均生产500~600斤,午季只能收小麦一万四五千斤,人均百把斤。去年实行大包干,午季小麦总产54000多斤,人均700斤,全年总产103,000斤,人均生产1300多斤。去年秋种时实行了包产到户,午季小麦总产9万多斤,人均1100多斤,预计全年总产20多万斤,人均生产超"吨子粮"。这个队社员吴凤启,全家10口人,3个劳力,过去"大呼隆"干活时,由于劳力少,软腿多,负担重,年年透支,口粮不足,生活困难。实行大包干的去年,组里收入多了,家庭副业和自留地搞得好,人均口粮达900多斤,人均收入400多元,光荣地参加了县里的"冒尖户"代表会。实行包产到户后,他一家种了50多亩小麦,今年午季收小麦15000多斤,超过"大呼隆"干活时全队小麦总产。秋季作物长势也很好,28亩水稻,15亩黄豆,4亩春山芋,8亩杂豆,12亩花生,3亩棉花,预计今年粮食总产3万多斤,人均3000多斤,油料3000斤,人均300斤。他还自养了两头小牛,两头肥猪,上百只鸡,据初步匡算,这个10口之家的农户,一年创造的劳动价值将在万元以上,纯收入八九千元。这是多么可观的数字。在"四人帮"横行时,整天高喊:"狠抓大批促大干,誓夺总产翻一番。"喊了多少年,在小岗、雁塘头这类长期低产落后、年年不得温饱的地方,从来没有实现过,群众想也不敢想会出现年收入"万字号"以上的农户。而在今天,在放宽政策和实行联系产量责任制以后,这些奇迹在那些贫穷的地方出现了。这不能不迫使人们对我们以前那些政策做一番认真的、严肃的思考。小岗、雁塘头在梨园公社并不是个别例子。据最近统计，去年实行大包干的生产队是队队增产，组组增产。今年实行包产到户又是队队增产，户户增产。全公社今年预计粮食总产707万斤，比去年增产123万斤，平均每人增产220斤，午季小麦总产248万斤，比去年增产55万斤，人均增产100斤。油料总产123万斤，比去年增长近1倍。农副业纯收入人均预计可达233元，比去年174元增加49元。全公社最差的后王生产队，过去年年讨饭，实行大包干的去年，人均口粮450多斤，刚刚够吃。今年包产到户人均生产粮食可达900多斤，这个队最差的户人均也在600斤以上，吃饭问题可以解决。这个公社书记自豪地说，去年就是这个队有的"将打将"，今年可以宣布在梨园完全不存在吃饭问题了。

随着生产的发展，对国家、对集体、对个人都带来很大的好处。去年全公社20多年来第一次不要国家回销粮，还向国家提供商品粮97万多斤，油料43万多斤，归还贷款38000多元。群众说："20多年吃着国家的，用着国家的，第一次向国家表示点心意。"今年的贡献更大了，预计全公社可卖粮食150多万斤，油料100多万斤，归还贷款4万多元。从今年开始还旧贷了。过去很多生产队穷得连打煤油钱都没有，去年全公社共留公积金3700多元，储备粮2万斤。今年年初就订了"合同"，每人2元公积金，20斤储备粮，这样全公社就可以提取公共积累近3万元(包括储备粮基金)，储备粮11万多斤。群众说，这点钱、粮，过去看得斗大，现在是"小意思"。大包干的1979年，公社召开了"冒尖户"代表会，当时冒尖标准：①家有万斤粮；②人均毛收入400元；③每户向国家出售农副产品总值千元以上。去年达到上述三项标准的25户，两项的24户，一项的62户，共110户，占整个农户的10%。今年如果还按照去年标准将有60%的农户"冒尖"。不少农户连续"冒尖"，越冒越高，有些原来的困难户，一年翻身冒了大尖。前张生产队社员张万林，全家7口人，2个劳力，去年人均分配口粮1200斤，向国家出售农副产品总值2300多元，人均收入570多元，参加了县"冒尖户"代表会。包产到户后，他承包了35亩土地，午季收小麦7000斤，秋季还可收8000斤稻子，1000斤黄豆，1万斤山芋(折主粮2000斤)，5000斤花生，100多斤皮棉，自养一头小牛，3头肥猪，40多只母鸡。据初步匡算，全年可生产粮食18000多斤，人均2500多斤，向国家出售农副产品总值可达62000多元。年总收入可达8400多元，人均毛收入1200元左右，纯收入千元左右。樊村生产队社员张宏志是个单身汉，手残脚跛，1979年分配口粮450斤，自留地收了200斤，又借了200斤，才够吃。包产到户后，今年午季收小麦2400斤，秋季还可收山芋5000多斤(折主粮1000多斤)，黄豆300多斤，70斤皮棉，自养一头牛。一个单身汉，全年可收粮食3700多斤，农副业总收入2500多元，纯收入2000元左右。前面说过的以穷出名上过"内参片"的前王生产队社员史成德、杨学芹两户，今年人均生产粮食都在

1000 斤以上。他俩认为,去年只算丢掉讨饭棍,今年才是大翻身。

“包产到户”后群众的生产积极性是很感人的。在梨园这样贫瘠的土地上,完全依靠牛驴耕作,手工劳动,在没有雇工、没有剥削的情况下,生产那么多粮食、油料,还要养牛、养猪、养羊、饲养家禽、管理果木,社员要付出多少劳动,流了多少汗!特别是去年秋种时,两个多月没有下雨,完全靠抗旱造墒,引水、戽水、挑水种小麦。今年夏收夏种时又是 40 多天的连阴雨,他们要赶在梅雨之前抢收抢脱小麦,要及时地把秧栽下去,要中耕除草,很多农活挤在一起,所以不管是晴、雨天,他们的时间表总是排得满满的,恨不得把一天当作 48 小时用。这在“大呼隆”时期是绝对办不到的。夏收夏种大忙季节,我们又一次来到梨园公社,很容易发现,一张张熟悉的面庞黑瘦了许多,眼球布满了红丝,但精神始终是饱满的。没有丝毫的倦意和愁容,不少人家不论是栽秧还是锄草,都带上新买的半导体收音机,悠扬的歌声在田野里荡漾,处处都充满着摆脱穷困,翻身后的喜悦。

群众殷切的期望

在梨园调查、座谈、走访过程中,处处可以感到社员群众对三中全会制定的一系列经济政策,从内心表示拥护,对“包产到户”表示举双手赞成。不论是强劳力户还是弱劳力户,都说,只要允许这样干,凭着一人五六亩地,解放前兵荒马乱都能糊口,现在这样平安,又有好种子,好肥料,有水就栽秧,无水种旱粮,我们这里五谷杂粮都能种,再坏的年成也饿不着,也不会要国家烦神。可见,他们并不惧怕自然,却很害怕极左政策,怕的是折腾,怕的是不准他们这样干,怕的是再把他们捆在一起去吃过去那种“大锅饭”。

对于现实的要求,他们想得很纯朴,很忠实。对国家不想再伸手,他们想最近几年多还一些国家的旧贷,给集体多提一些积累。总之,不想再要,想的是给一点,再多给一点。不少农户深切地感到住房紧张,低矮的茅屋放床、支锅,万把几千斤粮食实在无处堆,他们说,过去无粮心里发慌,现在粮多心里也慌。家里放不下,又怕国家不收购。他们清楚地知道这样干下去,用不了几年就会富起来,对于富了以后的安排,我们走访了很多社员,几乎一个样,首先盖上几间瓦房,添添衣服,置置家具,手表、缝纫机、自行车……有些人想到了电,说:“什么时候能通上电,买一台电视机就好了。”对于机械化群众有迫切的要求,今年午收有手扶拖拉机的队收脱都比较主动。他们深切地感到,一个劳力种一二十亩田,要摆脱繁重的体力劳动,没有机械不行。但是过去年年讲机械化,1956 年入高级社时讲“耕地不用牛”,20 多年“化”的很少。全公社 59 个生产队，只有6个生产队用贷款和无偿投资买了手扶拖拉机，过去很难用起，社员说：“人都没油吃，哪有油往机肚里装。”现在不少人家有了“规划”：卖上几千斤花生，首先买个脱粒机。可以说，这样干下去，梨园公社的农业机械，会像产量，像收入一样成倍成几倍地增长。

为了说明梨园公社农业生产的历史和现状，现将这次调查的有关数据列表附后。

（中共凤阳县委调查组 1980年7月26日）

附表1 26年的产量、贡献、回销统计

年 份	粮食总产（万斤）	粮食贡献（万斤）	回销粮（万斤）	生救款（元）	无偿投资（元）	备注
1955	486. 62	80.39	0.3	100	4700	互助组
1956	432.64	68.24	1.6	2165	3000	初级社
1957	351.64	51.38	]9.65	18431	1450	高级社
1958	196.42	31.49	32.01	20063	1000	公社化初期
1959	62.73	16.66	40.77	33655	3000	
1960	76.35	5.14	49.82	36061	9100	
1961	114.50	2.80	43.72	29042	4000	责任田时期
1962	186.30	5.06	15.03	15232	12070	
1963	225.97	14.23	16.65	13060	11760	改正责任田以后
1964	218.68	14.18	21.01	13788	2971	
1965	235.47	14.89	21.03	14384	1620	
1966	193.54	8.44	51.1	36510	4930	「文化大革命」农业学大寨时期
1967	174.43	4.51	31.4	29020	2100	
1968	183.97	2.36	43.79	28354	2700	
1969	226.63	13.22	26.93	21720	1500	
1970	226.54	14.54	32.07	26705	2430	
1971	226.63	13.55	30.20	24264	2370	
1972	253.66	15.97	31.54	24037	5630	
1973	337,49	35.29	18.98	14935	36900	
1974	323.26	25.45	18.0	15003	10170	
1975	325.15	26.51	18.6	19045	6900	
1976	324.99	20.09	31.24	27012	2730	
1977	355.01	8.93	58.00	57000	73000	
1978	214,86	6.20	154.00	147000	54000	
1979	588.16	79.81	x	x	3500	大包干
1980	707.27	134.10	x	x	x	包产到户
合计	7348.91	713.92	807.70	666622	263810	

附表 2　近 4 年的粮、油产量及分配情况

项目		1977 年	1978 年	1979 年	1980 年
生产责任制形式		以队生产	以队生产	大包干	包产到户
粮食	总产量	3350154	2148666	5881600	7072700
	征超任务	282680	282680	282680	282680
	完成数	89346	62007	979868	1341000
	人均贡献	15.6	11	141.5	235.8
	自留地总产	89620	35900	217350	x
油料	总产量	90506	86691	630119	1238900
	征超任务	29528	29528	31540	31540
	完成数	13365	6289	432543	1038900
	人均贡献	2.3	1.1	76.6	182.7
其他	回销粮	580000	1540000	x	
	人均生产粮	601	405	1061	1244
	人均收入(包括副业)	85	72	174	233
	耕畜数	540	599	585	669
	超支户	383	517	463	

附表 3　几个历史时期的人口、耕地、畜力变化情况

项 目	1955 年	1957 年	1961 年	1963 年	1966 年	1977 年	1980 年
人 力	5477	5760	2870	3560	4253	5553	5686
劳 力	2385	2522	1194	1509	1817	1881	2095
耕 地	23447	23158	14183	15316	16583	17471	17802
耕 畜	530	565	191	264	337	440	669

注:目前实际耕种的土地大约 2.3 万亩左右。

附表4 各种类型户包产到户前后收入比较表

		国家干部职工家属	大队干部	离队人员	烈军属	五保户	一般社员
户数		6	6	3	6	6	6
人口		33	42	15	33	8	33
劳力		5	15	3	11	1	11
承包土地		100	157	57	98	15	109
1979年分配	总金额	1770	8676	1150	4774	590	2536
	人均	63	207	76	144	73	72
	其中粮食	14850	35600	7300	23310	4700	18300
	人均	450	847	486	706	587	554
1980年预产	粮食	35800	69000	20000	43000	4700	42300
	其中午季	12500	30000	6300	12800	2100	16200
	油料	7200	10200	3700	80000	1300	8000
1980年净收入	总收入	8665	16675	4850	10398	1957	9885
	生产费	2000	3400	900	2000	130	2000
	上交	286	252	304	260	6	319
	净收入	6479	13063	3646	8038	1821	7656
	人均	196	311	243	243	227	232
家庭副业	1979年	1320	2223	800	1690	400	1800
	1980年	1800	2650	950	2070	520	2200

注:大队干部收入不包括本人补贴在内。

二、农民群众的利益要求持续推动农村改革

产生于凤阳县梨园公社小岗村的大包干到户家庭承包制，在20世纪70年代末80年代初,席卷了神州大地。从1956年到改革前夕,梨园公社和小岗、前王生产队20多年的经历和农民的生产生活情况,可以看出,高级社、人民公社的经营体制,极左的错误,严重剥夺了农民的权利,把农民的积极性几乎打击完了,所造成的饥饿、贫穷恶果直接落在农民群众的头上。农民在承诺保证交够国家的、留足集体的条件下实行包干到户,既表明了他们的大局观念和继续实行土地集体所有的觉悟,更是对旧体制的否定,对极左路线的反抗。农民群众的利益要求、创造、选择是农村改革的根本推动力,在邓小平同志解放思想、实事求是,改革开放、发展经济,改善人民生活的路线指引下,安徽省、地、县委支持了农民群众的创造和选择,各地也在党的正确路线指导下,顺应了农民的要求,终于实现了废除人民公社制度,实行家庭承包经营的变革。

凤阳县小岗生产队农民对农村改革的推动,并不只是表现在首创大包干上。

1989年,"六四"事件后,不少地方重新出现"左"的思想苗头,出现质疑包干到户的声音。国务院研究室的同志到小岗调查,村长严俊昌和干部严宏昌表露了对农村局势的忧虑,他们说,"天安门事件后,我们农民心里日夜不安哪,我们农民现在最怕的是江泽民又要搞毛主席老人家一大二公那一套!"离村时,他们对调查人员送了一程又一程。调查人员回京后,立即把这一情况向上反映。7天后,江泽民总书记便发表了讲话,他说,"农民担心政策变,安徽农民说担心江泽民搞毛主席老人家一大二公那一套,这使我深思,我查阅了我自十三届四中全会以来的有关讲话,我们的讲话和政策是不是有引起农民疑虑的……今天我在这里宣布,我主张8亿农民要稳定,十一届三中全会以来,党在农村的基本政策不会变,包产到户的政策不会变。"严俊昌和严宏昌听到江泽民总书记关于家庭承包制政策不变的话,也和全国农民一样吃了定心丸。1990年2月11日,严宏昌给当年支持他们搞大包干的全国人大常委会委员长万里同志写了一封长信,表达了小岗村农民对党和邓小平同志的深厚感情与拥戴,也感谢国务院研究室调查组反映了他们的心声,后来又给他们带来了党中央的话,使他们安下了心。[1]这件事反映了凤阳农民对家庭承包制的执著,在风浪面前挺身而出捍卫改革成果的勇气和决心。

1993年我和张广友等同志在滁州市(原为滁县地区)参加农村改革15周年纪念会后去小岗村,严俊昌和严宏昌说,上缴的税费越来越多,搞大包干也就没有意义了。他们指出大包干包而不干,又一次反映了农民的心声,也提出了大包干家庭承包制不完善的问题和要求。这就是,大包干"交够国家的,留足集体的,剩多剩少都是自己的",但农民向国家交多少才算"够",留集体多少才算"足",缺乏界定,也缺乏制度约束。在政经不分体制下,乡村部分行政费用以"乡统筹"的名目,与村的集体"提留"一起,向农民收费。这部分费用,包干到户之初在农民收入中所占比重很小,人均十几元,后来比重越来越大,不仅大部分集中到乡镇,而且一部分上缴县,充作行政费用。我把这一情况向安徽离休在京的老领导袁振同志反映,他认为是个重要问题,向中央领导写了信。小岗反映的这个问题和农民群众的利益要求,直到2004~2006年,中央取消农业税和"乡统筹"、"村提留",才得以解决和实现,并被称为农村的第二步改革。这是国家与农民关系的重大调整,也是大包干家庭承包制在外部关系上的完善。

稳定土地家庭承包经营制度是农民的一个基本心愿。在农村改革20周年的1998年,江泽民总书记到小岗视察。在离开小岗时,严宏昌追上来问江总书记,土地

---

〔1〕余国耀:《求实集》,第2~3页,北京,经济日报出版社,1996年1月。

家庭承包30年不变,30年以后还变不变？江泽民同志说,我认为土地家庭承包30年不变,30年以后也没有必要再变。接着,江泽民同志在安徽作了《全面推进农村改革,开创我国农业和农村工作的新局面》的讲话,指出:“稳定家庭承包经营,核心是要稳定土地承包关系。……中央关于土地承包的政策是非常明确的,就是承包期再延长30年不变。而且30年以后也没有必要再变。”2008年在农村改革30周年到来之际,胡锦涛总书记到小岗视察。在谈到乡亲们希望农村基本经营制度能够保持长期不变时,胡锦涛说,我要明确告诉乡亲们,以家庭承包经营为基础、统分结合的双层经营体制是党的农村政策的基石,不仅现有土地承包关系要保持稳定并长久不变,还要赋予农民更加充分而有保障的土地承包经营权。同时,要根据农民的意愿,允许农民以多种形式流转土地承包经营权,发展适度规模经营。小岗农民在稳定家庭承包制上的表现,不仅是谁家生的孩子谁疼爱,而且表达了普普通通中国农民的要求。

2006年一段时间媒体对率先大包干到户的凤阳小岗村炒得厉害,说要由包干到户重新回到土地归到一起的集中经营。这引起持各种不同意见的人们的广泛关注,香港人专门就此去安徽访问省主要领导人,中央领导也很关注。6月,中财办专门派调查组了解情况。实际情况是,从上面下到这个村担任党总支书记的领导人,在小岗这样一个中部农区的农村,发展面临重重困难,也确实曾一度发生对农业经营走向的迷惑。但农民是清醒的。农民不同意把自己的一部分承包地交出去集中经营,而是采用出租入股的方式,把自己1000多亩地中的200多亩地,出租给养殖企业,获得租金、参与分红,主要农地仍是家庭经营。土地流转的主体是农民,联合、合作,也是以农户家庭经营为基础,在服务、流通、加工领域的合作。

凤阳县、梨园公社和小岗村改革前在人民公社体制和“左”的政策下的遭遇,沉重的历史教训,首创大包干、开农村改革先河的举动,大包干后维护家庭承包制、推进农村第二步改革、在维护农村经营制度基石的基础上向前走的行为,不是说小岗村一贯正确,而是农民自身利益使然,给我们留下很多值得思考的地方。

第一,我们的社会经济制度要确定、保护农民群众的基本经济权利,特别是对土地的占有、经营、收益、处分权利和对自身劳动力的支配权利,让他们在生产、分配、流通中当家做主,实现自主地生产、生活、学习、发展。

第二,占人口多数的农民群众,对改善生活、发展经济、变革损害自身利益和束缚发展制度的追求,就像江河流动、日月行天一样,是生生不息的。他们是主体,他们总是要生活,要劳动,要发展,阻碍他们利益要求的一个问题解决了,又遇到新的问题,不论有多么难,总是要解决。群众的利益要求持续推动着经济社会的改革发展。

第三，群众的创造与党恢复实事求是、群众路线、发扬民主是分不开的。像“五风”造成一些农民饿死，教训惨重，像包干到户这种农民的首创，并不符合旧的概念、框框，像说江泽民不要搞毛主席老人家一大二公那一套，声音比较“刺耳”，但领导都能面对现实，倾听群众的呼声，和群众一起寻找解决问题的办法，支持了群众的创造和选择，推进了改革。改革给我国，给有中国特色的社会主义事业以生机，是首先来自于实事求是、群众路线、发扬民主给党和领导者以生机。要把它坚持下去，并制度化。

（2008年9月）

农村改革方法短论

一、从实际出发，解决农村群众生产生活中最突出的问题

安徽省1977年以来的农村改革，从方法论上看，核心是抓住关系当前群众生产生活中最突出的问题，从实际出发加以解决。

直观地看，改革之初，农民最主要、最迫切的普遍要求是解决吃饱饭的问题。

万里同志到定远县耿巷、炉桥去，问一位农民有什么要求，农民回答，吃饱肚子。再问还有什么要求，答肚子里少装点山芋干。凤阳有大量农民逃荒要饭。全省有三大片农民生活非常困难。站在群众立场上，作为从战争年代由农民送小米、抬担架打天下走过来的人，感到这是最大的问题。社会主义要使农民有饭吃，党领导农民一是要政治翻身、政治民主，二是要经济翻身，由穷变富，使人民富裕起来，这就是一切问题的核心。

解决群众生活问题要靠发展生产，农村工作要以生产为中心，把农业搞上去。首先是发展生产力，能生产出更多的东西来，其次才是如何分配的问题，农民、集体、国家各得多少。所以，只要能增产，能“三增加”就是好办法。

发展生产、生产力，首要因素是人，是人的积极性、创造性，要把影响农民积极性的因素去掉，要不断观察还有哪些地方的群众积极性没有起来。

影响群众积极性的是经济利益关系问题，农民的权益问题，这就要从政策、制度上去找，解决如何制定正确的政策以调动群众积极性，如何通过改革形成有利于发挥群众积极性的制度、办法。

群众观点，经济是基础和发展生产力的观点，是根本的，别的要为之服务，不符合，就要改。

过去、现在、将来，要以当前最突出的问题为突破口、着眼点，理想不能代替现实，

理想从现实中出来,否则就会变为空想主义。

马克思主义的理论归根到底要从实际出发,解决我国自己的问题。实际矛盾是事物的本体,是它的矛盾运动。马克思主义只是帮助我们借助它作为普遍性的观察工具,来观察和解决自己的问题,所以要从自己的实际出发。

二、具体制度要接受实践检验

实践是检验真理的唯一标准,要以社会生产力的发展和人民所得到的实惠,来检验具体制度、模式、概念。

三、社会主义要在改革实践中前进

社会主义是人们主动自觉地对社会改造而创造的新制度。马克思分析了资本主义的基本矛盾,指出依靠其内部的社会化大生产的物质基础和无产阶级的力量,推翻旧的上层建筑和已成为生产力发展桎梏的生产关系;在社会中原没有社会主义经济成分在旧制度中生长的情况下,依靠人们对资本主义的认识而确定的解决其社会矛盾的方向,来创建社会主义社会经济制度。因此,这种新的经济成分属于人们凭意识到的东西而建立的新制度。我国是在半殖民地半封建的社会关系阻碍落后生产力发展的情况下,搞社会主义的,同样属于凭借意识到的东西建立新制度。

这种制度要经过一个由低到高、由不完善到完善的历史发展过程。这由两方面来决定:①人们按照其认识创建新制度,这种认识是否完全合乎实际,按照这种认识建立的制度是否适合生产力的发展和社会经济文化的情况,还要在实践中来检验。实践表明,方向是对的,但许多认识和制度中的环节,是不符合实际需要的。因此要调整、改革完善。人们的认识趋向正确、社会制度的完善,都依赖于实践和改革。②社会主义社会是一个发展过程。随着生产力的发展,社会的经济基础、上层建筑也要发生相应的变革。

这说明,社会主义不存在固定的模式,只存在共同的规律。一方面,要在马克思主义指导下从本国的具体情况出发寻找实现途径,形成适合各自情况的具体形式。另一方面,不仅在社会主义发展过程中而且在每个阶段(质的关节)内,都有适合当时情况的具体形式。也就是说,在其从低级到高级的发展中,要有许多具体形式过渡、更替。而在一定时期适应生产力发展的形式又相对稳定。

创造有自己特点的社会主义具体形式，要依靠人们对社会的正确认识和自觉改造,而决定这认识和改造的是社会实践,要在社会实践中开辟社会主义的前进道路。

四、社会主义社会也是生产力的发展史

领导以农民为主的人民推翻半封建半殖民地制度的革命，是解决经历近百年以至更长时期孕育成熟的生产力与生产关系的社会矛盾。社会主义社会的建立,开始了它自身的生产力与生产关系的基本矛盾运动,而以生产力的发展水平和要求为转移,表现为生产力的发展史、经济和社会的发展史,而不像革命时期那样是以政治暴烈手段解决社会矛盾的历史瞬间。

五、千百万群众的实践创造是社会发展的根本动力

社会主义要靠千百万群众生气勃勃的实践创造。社会实践不是少数人的事。人民群众的积极性、创造性,是社会发展的根本动力。

六、要靠群众自己前进

社会发展依靠群众自己解放自己,自己发展,重要的是还权于民,还利于民,也还责于民。农业家庭承包制就是要讲群众的权责利。群众在经济中的权责利,群众的地位、价值、利益得到承认,各得其所,群众才有活动的动力和空间,有了独立的地位才能自我发展,并发展横向联系,对外开放,相互交往、激励、竞争,更好地发展。

在农村改革中,广大农民参加联产承包制的创造,在新的体制中确定下自己的权利。把群众撇在一边的改革,很难能顾及和保障群众的权利。

七、经济改革与社会安定

社会安定对经济发展有重要意义。社会安定的条件有三个层次:生产关系与生产力的相宜是基本条件,不相宜,不通过改革使之相宜,就不可能有社会安定;政治与经济的相适应;政治关系自身的相宜(关系和制度)。

历史上的动乱,与封建土地制度的性质,土地的分散和兼并,农民的生活状况有

关,与农民同封建统治者的矛盾有关,与封建统治者的内部矛盾有关。

解放后的安定,也可以由上面三条加以总结。

八、对农民看法的改变

过去,单一从国家角度看问题,看“国家—集体— 个人”关系,个人显得很渺小,总是想否定个人。一讲群众的个人利益,就显得自私、卑劣。从全局以至局部利益和个别利益来看,当然前者都大于一个人的利益。但并未从另一角度去看,即“一个”是什么?全局是什么?无数的一个,就是根本的全局,全局离开一个就是空的。

现在,改革时看到了一个一个的农民,构成的是占中国人口80%的人民群众。从这个角度看,一切问题都显得明明白白。

全局是建立在无数个体的基础之上。在不承认个体的地位、作用、利益的情况下,也就是个体不能很好存在和发展的情况下,也难以有国家和集体的发展。所谓全局利益,是在承认个体的基础上,在无数个别的发展过程中,存在着其群体的共同利益,即全局利益。一般来说,其中某个或某些个体,为着共同利益,可以牺牲其个人利益,但不是多数的个体都受到损害,去为空洞的全局,其结果很可能是影响全局。这就是两种观察方案的交点。不然,错的也是对的。

九、脱离群众的“左”的空谈

“左”的空谈,离开了当前大多数人的实践,离开了当前的现实。

在农村搞包产到户之前,有些人高高在上,把农业没有搞好的责任,推之于基层和农民,嫌农民落后,有小生产意识,而没有检查他们认为正确的东西是否正确,他们的那些偏见、高超的理论,恰恰离开了实际,离开了当前大多数人的要求。

评工记分、工分制,在纯理论上说得通,但在今天的农业中就是行不通,有的人还是说不能提去掉工分制。

有些人总是把现实的向前推移,看得像变戏法那样快,提出不切广大农村生产力水平实际的要求,把将来能办到的讲得天花乱坠,而对那些为当今大多数群众宜行而又利益关系最密切的,却所知了了。

十、改革中的扬弃

在农村改革中实行的大包干到户，是土地集体所有，家庭承包经营。

前者继承了合作化对土地私有制的社会主义改造的主要成果。在小农为基础的封建社会，农村的两极分化，土地的兼并，农民的破产，阶级矛盾的尖锐化，周期性的破裂和复苏，改朝换代，一去不复返了。

后者克服了农业集中经营、集体劳动和大锅饭、平均主义的弊病，农民有了主权，包干上交外剩余归己。有了独立自主的财产使用权利和收益权利，就有了积极性，有了经济动力，主动活跃，自我积累、扩展，自我与外界交往，在开放交往中发展着自己，总体上的日益丰富多彩和在分工下的个人的发展并存。

十一、经济改革与人的发展

改革，不仅促进经济的发展，改善人们的物质生活，而且在一定条件下有利于人的越来越全面的发展，有利于人的解放。马克思研究社会主义的目的，是要促进全人类的解放和人的更全面的发展。

人的发展，不仅在于消费，而且在于创造性的劳动，创造性的社会活动。

十二、从经济开始的改革

我国十一届三中全会以来的改革，是从经济领域开始，以体制改革为中心的，是着眼于解放和发展生产力，改善群众生活的。生产力的解放和发展，经济基础的变革，又带动上层建筑的改革，越来越全面地推动社会前进。

十三、经济和政治体制的改革

经济体制的改革在一定意义上说，也使群众获得了独立自主的权利，包干到户的农民有了监督集体提留的权力，要在包干上交之外共同搞什么建设，需要由群众协商同意，因此也是经济民主。

随着经济体制改革的进展，提出了政治体制改革的要求，没有完善的民主政治，就不能适应搞活了的经济。人民民主政治，是为保障人民的经济权利和经济发展，人的积极性、创造性的发挥，人的全面发展，提供基本的社会条件，它是基于经济关系之上的人与人的一种社会群体关系。

现在由于民主政治不健全，出现不负责任，官僚主义，特殊化；在经济上凭借行政权力侵吞公共与别人的利益；拉帮结派，相互利用，而不以群众意志为主、不怕群众。就是因为他的乌纱帽不在群众手中，而在上面。这些弊病，根源在于经济体制中尚未得到改革的部分以及政治体制中的问题。毛主席一直想解决官僚主义、脱离人民、利用行政权力谋取个人和小集团私利，压制好人，重用坏人的经济政治问题。用了多种办法没有解决。现在的整风、打击经济犯罪等，也难以根本解决，原因就在于行政长官不是被人民所选举、所罢免，缺乏民主和法制的保障。只有健全社会主义民主政治，并有法制作保障，才能兴利除弊。

美国经济发达，是与民主有关的，当然它是资产阶级的民主。但是，到了总统的位置上，他就受到约束，出了水门事件、洛克希德飞机事件，就被弹劾下台，他是为其国家的利益行事的。这就是制度在起作用。

制度是根本的。制度可以使好人走向反面，使不好的人不能为所欲为。制度就像整体结构，个人只是要素，要素在不同的结构系统中，可以改变自己的属性。

人民民主政治归根到底是建立在群众当家做主的经济基础之上，只要经济改革深入，必然推动政治体制的改革和民主法制的建设。

十四、辩证法和唯物主义

辩证法的基础是唯物主义，离开了从实际出发，实事求是，就成为变戏法。变革的基本原因在于事物内部的矛盾性。十一届三中全会以后，农村怎样改变面貌，怎样解决堆积如山的问题，不是东张西望，抄袭别人，主要是观察自己的农村，依靠群众在实践中解决自己的问题。

十五、劳有所得是经济的核心问题

过去生产队二三十户、几十人共同集体生产劳动，农业搞不好，关键一是集体生产、分配少数干部说了算，甚至一人说了算，多数社员的自主性和聪明才智不能发挥；二是对大呼隆共同集体劳动的各个劳动者，不能以评工记分的方式反映劳动的数量和质量，干好干坏一个样，不能劳有所得。不能劳有所得，就出勤不出力，更不出心，有聪明才智也不愿发挥。所以劳有所得是经济的核心问题。

农民对生产队集体生产劳动方式的改革，是从解决干好干坏一个样，多劳不多得，生产搞不好的问题出发的，开始是“一组四定”，生产队划分几个作业组，定工不联产，接着是包产到组，联产计酬，或大包干到组，组与组的平均主义改变了，但包产到组内还是评工记分，难以反映每个人的劳动好坏，做到多劳多得，最后就大包干到户，通过各户分别的生产劳动，彻底解决了农民的经济利益不被侵占、劳有所得的问题。陈云同志说，实行农业责任制的意义不亚于三大改造，它打破了公有制经济中曾长期存在的“大锅饭”和平均主义，消除了劳动差的占有劳动好的人的劳动的现象。杨西光到安徽调查时说，大包干是农民的经济学。社会主义要解决劳动交换问题。大包干解决了简单劳动的交换，我们还没有解决复杂劳动的交换问题。

十六、劳有所得与农业家庭自主经营

农业大包干到户，恢复家庭经营，是按自然规律和经济规律办事。农业生产的特性要求家庭经营，农业的劳有所得也需要家庭自主经营。

农业历史上和家庭经营密切联系。农业文明在人类发展史上起过数千年的主导作用，进入工业化时代，农业仍是基础。农业的奴隶制集体劳动被家庭经营所取代，此后就主要是家庭经营。封建地主制下，有雇工种田，但多数是把土地租给无地少地的农民家庭经营。我国土地改革，改变了地主土地占有制，消灭了地主对农民的剥削，普遍建立自耕农家庭经营的制度。在社会主义改造中，土地由农民个人所有变为农民集体所有，同时实行集体生产劳动，家庭经营在很大程度上被取消。农民在保留的一点自留地上精耕细作，尽可能搞点家庭副业，在人民公社时期对他们的生活起了难得的作用。但“文化大革命”期间把它当资本主义尾巴来割。改革中实行包干到户，20多年的集体经营就结束了。

农业包干到户，恢复家庭经营，显示了家庭细胞的社会经济功能。一是按自然规律办事，符合农业生产的特点。农业是庄稼、牛羊等生物，在土地、雨水、气候等条件下，按其自身规律生育、成长、成熟，受自然条件影响很大，农民的耕作劳动是作用于它们的生长条件，满足生物一个周期不同时段成长的需要。这种在露天土地上的耕作具有分散性。这就需要农民以高度的责任心、自主性，因地制宜、因时制宜、因业制宜，随时判断、随机决策，采取措施。同时，由于农业生产周期长，劳动过程中没有中间产品,虽有农闲,却要经过许多不可分割的连续劳作,才有最终产品,而且土地的利用和培养也是与劳动相关的过程。因此,它与工业不同,不是集中的、动作标准化、每道工序都有中间产品可以被检验、计量的生产。这种自主负责、灵活多样生产劳动的适宜单位,不是几十人大呼隆干活的生产队集体,而是家庭。二是按经济规律办事。农民对农活的责任心,来自他的劳动能够得到相应的报酬。生产队的集体劳动、评工记分、统一分配做不到,评议不可能计量每人劳动多少、好坏,结果是多劳不多得。土地到户经营,发挥了家庭这个特别的社会经济细胞的作用。家庭是以血缘和亲缘为基础的婚育、生活、生产结合的利益共同体,人与人关系最密切,具有很强的稳定性、凝聚力、自主性。农业家庭经营,就不存在家庭内部对每个人劳动的计量问题,也避免了外部对其利益的侵占。没有工厂化的农业,劳有所得必须家庭自主经营。

农业联产承包,责任越具体越好,利益越直接越好,方法越简单越好,最终包干到户,以适应农业生产的特点,也是减少"交换费用"。但岗萨列斯在凤阳也指出,农业既有独立性,又有社会联系。这两方面都要有适当的形式。

十七、从经济体制上界定和保障群众的权利

包产到户、包干到户的责任制,为什么能使农业集体化以来20多年生产瞎指挥、一平二调、分配一拉平等经济管理上的痼疾药到病除,在解放生产力中发挥出威力,深为农民欢迎?核心是从经营体制上界定和保障了农民群众的权利。它把集体土地的实际占有、经营使用、收益支配的权利,以分户承包的方式还给了农民,确定下来,同时把劳动力的支配权还给了农民。并且用包干的方式,界定了农户自己所得与上缴国家、集体的利益关系。农民有了土地这个农业最基本生产资料的独立使用权和生产成果的支配权,有了成果分配关系的界定,就从根本上铲除了一平二调、共产风,谁想强迫命令、瞎指挥根本行不通。它也废除了大呼隆劳动和评工记分制,铲除了生产队农民之间的平均主义,真正实现了生产的好坏与每家每户的切身利益紧密相连,建立起生产发展的利益激励机制,使农业发展有了内在动力。随着劳动工效的提高,农村出现了剩余劳力,农民中一些能工巧匠开始从种植业中走出来,寻找新的致富门路,出现了从农业中分离出来的各种专业联合体,为农业向专业化、社会化过渡,开辟了广阔的前景,也出现农民向非农产业的转移。陈云同志高度评价了实行责任制的历史意义,说它不亚于三大改造。三大改造是消灭剥削,责任制是打破了公有制经济中曾长期存在的"大锅饭"和平均主义。只要我们从经济体制上界定和保障群众的权利,就能

使我们的微观经济都充满生机活力，就能够自主运行和发展。

十八、综合平衡要以基本生产单位具有活力为基础

在整个经济中，农业家庭联产承包责任制与有计划的经济综合平衡处于微观、宏观两个不同的层次和范围，它们相辅相成的内在根源，最根本的是都决定于和从属于生产关系一定要适应生产力发展的客观要求。实行联产承包责任制，调整、完善了农村基本生产单位的生产关系，调动了农民积极性，解放和发展了农村生产力，使生产得到了发展。这是搞活经济，恰当处理其他一切经济关系的基础。宏观经济有计划、按比例的要求，决不排斥基本生产单位的活力，而是要以此为基础。

通过建立家庭联产承包责任制，主要是解决农业发展的内在动力问题。不解决这个问题，农业就不可能打破过去长期发展缓慢的局面，经济的发展就会因缺乏推动力而陷于僵滞，计划、比例的实现也因生产发展缓慢而落空。在内在动力和发展平衡二者之间，首先是要有内在动力。只有生产发展了，才能谈得上这种发展、前进是否平衡和稳定。否则，所谓平衡就无从谈起，或者只能称之为“滞呆的平衡”、原地踏步的“静态平衡”。因此，要以基本生产单位的活力和劳动群众的积极性、主动性为基础，把农业放在宏观经济的大系统中，实现对农业和整个社会经济活动的合理调节，做到活而不乱，使之按比例地发展，求得农业生产与人民不断增长的需要相一致。

十九、群众的意愿和选择与生产力发展要求具有一致性

顺应民心，一切从群众利益出发，与实事求是、按历史发展规律办事具有内在的一致性。

普通劳动群众是社会的主体，老百姓要生存、发展，就要触动和改变现有制度中影响他们生活、发展的部分，这构成了人类社会生生不息的前进过程。劳动者是生产力的首要因素，一切阻碍生产力发展的东西所带来的弊端、恶果，总是最直接地落在劳动群众的头上，伤害群众的利益，所以广大群众的利益和普遍要求，往往反映了生产力发展的要求，反映社会发展的客观规律。我们在改革中不断了解群众提出的问题和愿望，使改革措施顺乎民心，也往往就是符合发展的规律。要探索其规律性，使改革在客观规律的指导下理直气壮地进行。

二十、依靠群众实践打开解决问题的前进道路

农村经营体制推陈出新，根本是来自群众的实践。农民群众和基层干部对体制上的问题感受最直接，也最讲现实主义。他们从切身利益出发，以是否有利于发展生产、使自己富裕起来、国家强盛起来为标准，来判断优劣，决定取舍，探索解决问题的方法。

双包到组、包干到户都是农民从下面先搞起来的，办法能增产但不合法。当时滁县地区的领导没有从现有框框出发，轻率下结论，而是首先深入群众反复调查研究。调查表明，群众之所以强烈要求包干到户，根本原因是，长期“左”的错误影响，盲目追求公有化程度越高越好，集体组织规模越大越好，把平均主义当作社会主义，结果是“大生产、大呼隆、大锅饭、大概工、大家穷”。尽管想了多种办法，但农村中瞎指挥、群众出勤不出力、干部搞特殊化等弊病，总是难以解决。包产到组解决了生产队的“大呼隆、大锅饭”，仍存在包产组的“小呼隆、中锅饭”。个人责任不明确，劳动的物质利益不能直接体现出来，劳动潜力不能充分挖掘出来。最终要以包干到户解决问题。

领导者的责任就在于，坚持实践第一，尊重群众的首创精神，总结行之有效的经验，加以推广，再在群众的实践中检验、比较、选择、完善和发展。

万里同志到滁县地区一些社队调查后，旗帜鲜明地指出：“群众要求搞包产到户，是对极左路线的反抗”。“不管实行什么办法，只要能增产增收，对国家增贡献，集体多提留，群众生活能改善，就是好办法。”省委肯定了包产到户是一种深受群众欢迎的责任制，可以普遍推行。正是由于尊重群众的实践和选择权，冲破旧框框，敢于把群众创造的不符合现行规定但能解决问题的办法变为合法，才焕发出群众无穷的创造力。千百万群众的社会实践，构成了认识世界、改造世界波涛澎湃、奔腾向前的历史潮流。

二十一、推进改革需要政治民主

保持健康、民主的政治生活，是保护和发扬干部群众改革的积极性、保证改革顺利发展的重要条件。回头来看，包干到户的出现和发展是尊重农民民主权利的产物。农村改革从生产队建立联产承包制起步，由包产到组、大包干到组，再到包产到户、包干到户，由贫困地区中产地区再到较为富裕的地区，用了几年时间，再由农业扩展到其他领域，由基层推动上面的改革。改革进行得如此健康和井然有序，最根本的原因在于顺乎客观规律，坚持了实事求是、群众路线，同时，一个重要的原因是发扬人民民

主，保护了群众和干部的积极性和创造性。

这种民主表现在，一方面，尊重群众创造和选择新的经营形式的自主权，不压制改革的种种尝试；一时看不准的，先观察一段，不急于下结论，打回去；对改革中的失误，采取疏导和在实践中改正的办法。这就避免了过去对"责任田"那样刚刚出土就压下去的错误，保护了干部群众勇于探索、不断创新的积极性和他们创造的新事物。另一方面，表现在废除了动辄给持不同意见的同志戴反对改革的帽子，"唯我独革"、"大批判开路""左"的一套。在农村改革中，没有因为对这场改革持有不同看法甚至反对而批斗人，处理人，而是在坚持群众利益、改革和四化大局的原则下，对认识较迟的同志，给以认识的时间，主要是让事实教育人，让大家在实践这个大课堂里学习，让大家把正确的东西变为自觉自愿的行动。一些同志对包产（干）到户，原来在机关是摇头，下乡看过之后，摇头的变为点头了，担心的也放心了。在"本本"上找不到答案的问题，群众在实践中作出了结论。这样，就避免了"一刀切"、"一阵风"、"一哄而起"，使改革的循序渐进性和人们的认识由不平衡到平衡、由一个方面到更多方面的循序渐进性结合起来，搞得更加富有成效。

因此，健康、民主的政治生活和解决党内思想矛盾的新方法，对改革的进展起了重要作用，而这种政治生活和新方法，归根结底是建立在对社会主义社会基本矛盾进行科学分析的基础上，建筑在对广大干部群众充分信任，依靠他们的自觉来推动自身事业发展的基础上。

今后将这种政治民主坚持下去，也非常重要，但不能仅依靠领导人自身的实事求是，讲究民主，要清除"左"的甚至是封建的流毒，使之制度化。

（1985年8月~1986年1月）

日本农地制度的变革与经济发展*

序言

农地制度的变革在各国由传统社会向现代社会的转变中往往起着一种转换枢纽的作用,并成为现代社会制度建设的一个基础。日本就是一个这样的典型。日本在近120年里不仅成功地完成了向近代社会的转换,而且实现了急剧的经济发展,出现了两次大的经济跃升:明治维新后由落后的封建农业国成长为东方唯一的资本主义工业国;第二次世界大战后,它在一片废墟上再度崛起,以至成为资本主义世界与美国、西欧鼎足而立的经济大国。其地制变革在发展中就起着重要的甚至有时是决定性的作用。

日本近现代的地制变革,首先是发生了以地权清晰化为特征的明治维新地税改革;但后来渐渐确立了带有封建性的地主制,于是第二次世界大战后,又进行了以地权平均化为特点的农地改革;继而受经济高速增长和农业现代化的推动,农地制度以经营利用为中心发生了缓慢但也显著的变革。时间跨度大,变革类型多,对经济发展的作用强。

从农业国工业化和工农业关系演变的进程看,日本近现代农地变革,则可以《农业基本法》出台为界,划分为两个条件、规律有很大区别的阶段。这是因为近现代农地变革不仅反映农业发展的要求,而且反映从农业社会脱胎而出的工业发展的要求及其变化着的工农业关系。这在后起的、政府干预色彩较重、属于“赶上经济”、地少人多的东方国家日本,表现尤其突出。

中日国情、制度不同,中国要走自己的路,但日本的经济发展历史对探讨我国的

*本文作为内部资料,刊于中国土地课题组《土地动态》,1990年12月20日。

问题也有参考价值。

本文从辨析日本近代农地制度的自然环境和历史背景入手，依次考察明治维新地税改革、战后农地改革、农业现代化中的土地关系调整，结合分析土地制度与农业、工业发展之间的矛盾和变革过程、作用机制及政府行为，最后对其地制变革的规律和启示作一简要整理。

近代农地制度的自然环境和历史背景

(一) 日本在人地关系上与中国近似，属自然资源紧缺的国家

日本位于世界东西方结合带，这个亚洲东端、太平洋西端的岛国，陆地总面积37.7万平方公里，现有人口1.22亿人，分别占世界的0.3%和2.8%。其山地、火山地占60%以上，比较易于利用的高地、低地只占20%。海岸线长达32000公里。

其人地关系：①国土的农田比例小。明治维新前后，有耕地430多万公顷，后扩大到600万公顷，现为540万公顷，约占国土面积15%。土壤不算肥沃，但雨水充足。②近现代人口增长快。人口平均增长率1900年之前在1%以下，1900~1955年间在1.2%~1.4%，1955~1973年相对稳定增长，1974年后增长率开始下降。1873年3500万人，1940年7193万人，1987年1.21亿人，居世界人口第7位。③人均耕地资源少。现人口密度居世界第5位，高于中国；人均耕地0.05公顷，比中国的0.12公顷、亚洲的0.2公顷还少。其土地利用情况（1970~1976年）如下：

	总计		占本部门总计的百分比(%)		
	万公顷	比重(%)	国有及公有	私人所有	法人所有
全国土地面积	3775	100.0	–	–	–
农业用地	575	15.2	1.0	95.3	1.7
水田	317	8.4	1.3	98.4	0.3
旱地	258	6.8	5.0	91.5	3.5
森林用地	2518	66.7	42.0	49.5	8.5
房屋用地	122	3.2	9.0	68.9	22.1
住宅	75	2.0	5.3	88.0	6.7
其他	47	1.2	14.9	38.3	46.8
道路	112	3.0	–	–	–
其他	44.8	1.9	–	–	–

资料来源：金森久雄：《日本的高速发展与资金积累》，1980。

（二）日本地制的历史背景与中国差异较大，长达千年的领主土地制度几经更替，到德川幕府末期发生了转变

1.向封建制过渡中的大化改新和土地国有的班田制

日本公元前1世纪出现许多部落小国，公元4世纪末由农耕为主的古大和国实现统一。进入阶级社会不久，就呈现出土地公有私有并存，奴隶型、隶农型、农奴型生产关系并存，以有封建萌芽的隶农型关系为主的局面。在向封建制过渡中，贵族与部民的矛盾，统一的王权与豪族土地私有化发展导致的分裂趋向的矛盾，引起了7世纪中期的推古改制和大化改新〔1〕。

时值我国唐贞观年间的日本大化改新，受隋唐均田制的影响，实行土地国有的班田制。公元646年孝德天皇改制之诏第三条，初定户籍、班田收受之法，定里制，设里长，以家族制的分户为单位班田。公元701年大宝律令对口分田制、班田制有所明文。定人生6年，男子1人给田2段，女子给以男子的2/3〔2〕，官奴婢授田数与良人同，家人奴婢给良人的1/3。这种口分田不许买卖，非到死亡不归还政府。受口分田者，每段土地交租稻2束2把，田调绢1尺、绝2尺；户调布1丈2尺；21~65岁男子年服役10天，但可以布绢代役。班田以水田为主。宅地自上古氏族团体以来已属私有，园地是大化改新颁行口分田外，随村土地广狭，分给各户三两段，园地宅地允许买卖。对官吏授职分田、位田，有功者授功田〔3〕。与唐均田制不同的是，唐是永业田、口分田双重结构，班田制是口分田单一结构，授田对象、土地买卖上也有差别。总之，班田制的特点是土地国有，农民在一定限度内对土地有终身使用受益权，其推行对建立中央官僚集权制度和奈良、平安时期的经济发展有积极影响。

2.庄园领主制

其形成原因，除了班田制办法复杂，人口增加、耕地不敷分配外，一是垦田私有的发展。开始有公垦田、私垦田，一定期限均收归公有。为鼓励垦荒，723年发布“三世一

---

〔1〕萧铮在《日本的土地问题》中说：“上古之树，大都属大氏之支配。大氏分为若干小氏，小氏又分为若干户，户非单一夫妇及直系之子孙所构成，一家同栖一切兄弟姊妹及其子孙，而行家族共产制。各族人在族长亦即村长指挥之下，耕拓土地。故此时之土地，即为该占有之血族团体所总有。除森林山野为名氏之公有外，族长于每年春季祭日，分割土地，决定土地之耕作者，待收获时，复以其收获物分配各户。……社会上立单位为‘民族’，而以族长为其代表。故原始时代之土地可谓之氏有制。”“‘氏有制之崩坏，确定于’‘大化之改新’”。

〔2〕另一说法给女子以男子的1／2，见赵建民、刘一苇主编：《日本通史》，第28页。

〔3〕萧铮：《土地与经济论文集》，第14~15页。

身法”(垦生荒地可传三代,开熟荒者一生不纳赋),743年发布“垦田永世私有令”,贵族纷纷外任地方官,与土豪争相垦田私有,招揽逃亡农民建在家、庄所。二是随中央集权统治削弱,地方豪族渐渐把为国家代管的公地当作自己的领地、贵族寺社将天皇赐予的田地变为私有,将封户变为私民,并利用权势,圈占公田,霸占口分田。公元8世纪,班田制废而庄园领主制出现。

庄园领主类型多样,地权多元领有。一种是予所型庄园,享有“不输不入”的特权(即不纳租税,不受官吏干预),这类特权开始只属寺田神田,后来王公贵族的领地也获得了。一种是领家型庄园。没有特权的开发领主把庄园“寄进”(奉献)给有特权的领主,后者叫领家,寄进者以庄官身份主管庄园事务。若领家权势还弱,再“寄进”给叫本家、本所的领主。农民摄于领主权威,苦于租税繁重,也相率委身领主,田并入庄园,做耕领主庄园的庄民,纳年贡。另外,庄园领主为保护私田领地,建立武装力量,称武士。后来武士势力形成跨庄园的地区性武士团,依靠武士势力上台的幕府,又将武士、豪族安置于地方(叫守护大名),或派住庄园(叫地头),地头与庄园领主争权利,实行地头土地承包,或地头、领主均分领地。这样形成了王公贵族、武家幕府、寺社多元领有、层层寄进、纵横分割、十分复杂的土地关系[1]。

庄园领主通过庄官及分块土地的管理者(名主)支配庄民,庄民负担年贡、公事(实物劳役)、关役。年贡按耕种田地数量交纳,由各庄园主自定,加上庄官、名主的加征,可高达总收获量的一半。领主还代政府向庄民征杂税赋役,并有领地上的司法、警察权,有权私设监牢关押庄民。

11~12世纪庄园领主制达到全盛,农业有了发展,庄园内的手工业者开始零散地游离出庄园,并在寺町、港町进行手工业品、剩余农产品交换。但因各层领主争夺农民的年贡,搜括农民,以及领主武士双重剥削造成农民的穷困和不满,加上庄园产权“诸子继承、分户析产”,地权不稳,到14世纪庄园制趋于瓦解。

3.地方领主制

14世纪庄园领主势力日衰,以武士地头代表的在乡领主发展为地域性领主——国人领主。15世纪中叶,政府、幕府名存实亡,庄园制解体,地方国人领主建立起大名的领国制。领主大名相与混战,对领国内则实行富国安民政策,对土地实行单一领有,统一年贡、杂役,清查户口土地,把户主编为家臣,大名——家臣之间的给

[1]参见赵宝库:《从庄园制解体看14~16世纪日本历史的转折问题》,载吴于廑:《十五十六世纪东西方历史》。

人不再领地,只给定额俸禄,附带承受军役义务。虽然战争不断,但农业、手工业、商业仍有发展。

还应注意的是,在庄园制向领国制的更替期内,农民、手工业者、商人和进步宗教的起义斗争,不仅瓦解了庄园制,还在其控制地区保护了商品经济的发展,形成了摆脱庄园制束缚的手工业乐座、乐市、商座,出现少数市镇向自治城市发展的倾向,并迫使"酒屋土仓"的高利贷业转向商业和运输业。而地方领主一面利用农民起义变庄园制为地方领主制,一面瓦解镇压起义力量,将农工商人重置于自己的控制之下。

4.德川时期的幕藩领主制、新兴地主的产生和资本主义的萌芽

大名混战中地方领主织田信长、中臣秀吉、德川家康从 1558 年起,相继打败许多封建主,到 1600 年关原之役击败 40 多个大名的联军,于 1603 年建立起统一的德川幕府统治,延续了 260 年。

(1)幕藩领主制。它是地方领主制的延续重组。幕府将军征服了大名,但大名势力仍在,从而实行了分封制,把关原之役之后臣服的大名分封到边远地区,之前臣服的分封到重要地区,而将其子孙分封到要害地区。大名领地称藩,中央对藩的控制较弱,藩有自定农民年贡、发纸币、在藩界要道设卡收关税、外贸等自治权。藩内领主武士集中于城堡市镇,对农村的控制不像庄园领主直接,这种既统一又独立的体制有利于地方和农村的经济发展。

幕府将军和各藩大名是世袭的统治者和领地所有者。幕府将军的领地占全国的 1/4;各藩大名都是年收入 1 万石贡米以上的大领主,200 多个藩共占领地 70%以上;天皇、神社占耕地 5%~10%。武士在混战时期由兵农不分变为兵农分离,将军、大名的武士多达 40 多万人,连家属 200 多万人。上层武士如旗本能得到年收入不超过 1 万石贡米的领地,下层武士一般没有领地,从将军大名处领取年 30~100 石米的俸禄。

农民没有土地所有权,但有世袭耕作权。农民主要是称作"本百姓"的农民,经过"检地账"的登记,从领主那里分到一定份地,也有持有份地未经登记的账外百姓和无地贫民。半数以上农户耕种的土地不足 5 反。[1]农民向领主交纳地租(对土地所有者而言)赋税(对统治者而言)合一的年贡,以实物交纳,通常占总产量的 40%~50%。[2]此外领主还向农民勒索实物、杂税,强迫服一定时期劳役,禁止农民外出做工、逃亡他

〔1〕日制 1 反 =1.4 亩,1 町 =10 反 =0.9918 公顷。

〔2〕〔英〕G.C.艾伦:《近代日本经济简史》,第 5 页,北京,商务印书馆,1959。但也有说 60%~80%,见井上清等:《日本农民运动史》,第 7 页。

乡。幕府于1643年、1673年颁布禁止买卖土地、限制份地分割的法令,以免世袭佃农减少。

(2)商品经济发展、新兴地主产生、资本主义萌芽。商品生产交换发展的原因是多方面的。首先,德川时期和平稳定、相对统一的环境,德川前期对商品生产的政策较宽,使闭锁的自然经济在平静之中缓慢地发生着重大的变化。随着农具改进、水利兴修、开垦荒地,农业有了发展,农业与手工业进一步分化。其次,虽然从18世纪初到1860年的农业产量年增长率不到1%,但人口增长缓慢,也是提高商品率的原因。第三,占全国人口6%~7%的领主武士集团集中于城镇,消费不断增大,农业剩余的大部分通过"年贡"形式吸入城镇,其中一部分贡米要进入流通变为货币,加上大名定期驻京、参觐交代制度,反倒促进了交通、商业、手工业、货币及城市的发展,城市人口由约100万人增加到550万人。具体的发展表现在,耕地由德川中期163万町步扩大到中期297万町步;粮食单产曾达到每公顷2.5吨,与韩国20世纪50年代的产量相差无几;许多藩生产的粮食比其农村人口消耗多出20%~30%,经济作物也有很大发展。"即使不把交纳的大米计算在内,进入市场贸易的农产品比例仍很大。大米占15%~20%;蔬菜占20%~30%;经济作物占80%~90%。"[1]德川中期以后,乡村手工业已分布很广,手工业专门地区和农业地区专门化开始出现。

在商品生产和交换中,城乡商人、高利贷者集中起大量货币财富,农民则发生了分化,作为资本主义萌芽的分散的工场手工业,从17世纪起在纺织、陶瓷、造纸等业发展,18世纪中叶集中的手工工场也在一些部门发展起来。

封建领主对商品货币经济有利用的一面,包括依靠与之有关系的特权门阀商人经理贡米、取得信贷;但更有控制的一面,如对外锁国,对内抑商,行会控制,因而迫使一些商人、高利贷者投资于土地。商人高利贷者以抵押贷款方式,将到期不能清偿的破产农民的抵押份地攫为己有。他们还不是土地的名义所有者(所有者还是领主),但已握有土地的实际支配权,多以典当佃耕形式剥削农民,成了新兴地主。到19世纪中叶,新兴地主已掌握了全国耕地的1/3。

这样,在西方列强入侵之前,建立在领土领民、小农自然经济基础上的封建领主制,就逐渐受到它内部产生的新兴地主经济和资本主义萌芽的侵蚀而走向解体。

上述历史背景中值得注意的有两点:

---

〔1〕〔美〕西里尔·E.布莱克等:《日本和俄国的现代化》,第93~94页,北京,商务印书馆,1984。

(1)日本近代之前的地制长期是封建领主制,这种背景与西欧近似[1]而与中国经春秋战国至秦由领主制变为地主制,地主经济延续2000多年的情况有别。这使得日本转向近代经济的阻力反比中国要小。

日本领主经济与中国秦以后的地主经济,虽都是农耕自然经济为主,农民束缚于土地、依附于土地所有者,但土地关系、土地再分配的方式有区别,并造成剩余产品的利用、小商品经济与封建经济的关系不同。①在中国地主经济下,土地私有制发展得已较充分,土地成为买卖对象,依经济力量进行土地买卖、流转和兼并,进行再分配。造成地主占有的剩余产品大量投向土地。土地买卖兼并和剥削强化到一定程度,引起农民起义,暂时抑制了兼并和剥削程度,然后又开始新的兼并过程,这样形成反复震荡和地主制的复制。同时,民间商人一旦积蓄钱财,就能收买土地,跻身地主行列,与地主经济结合;王朝的官工官商也是地主经济的补充,两种商业都难以发挥对封建经济的解体作用,并与地主经济一道受到农民起义的一并打击[2]。加上与此相关的上层建筑,使地主经济长期延续,变动甚小。②日本的领主经济带有封建经济初始期的特征,领主有土地所有权,领民有世袭耕作权,带有较多的自然经济共同体色彩。土地不是买卖对象,基本是分封世袭,只有自上而下的土地再分配权力(或战争掠取)。领主占有的剩余产品不必投于土地购买,其奢侈性消费或投入土地都刺激小商品生产。而商人则不能买地。各庄园领主对内严格控制农民、手工业者,对外则松散分立。当农业剩余和一部分商人、手工业者的小商品生产冲出领主庄园之外时,就成了与领主经济不相融合的经济力量。商人、手工业者与农民一样受到鄙视而与领主对立,他们联合起来打击领主庄园而不打击商业手工业。其制度发展是递进式而不是复制式。当庄园制瓦解,土地领有权向地方领主、幕藩领主上移时期,更成了模糊的大地产,拉开了土地所有者与农民生产者的距离,为商品生产和交换扩大了余地,发展了与领主经济对立的商业、高利贷资本,幼小的工场手工业、商人地主,而瓦解着领主经济。此时日本所处的时代不是中国的春秋战国,而是自由资本主义向世界扩张渗透的时代,从而形成了领主经济瓦解、向资本主义过渡并伴之以地主制发展的特殊局面。

---

〔1〕张培刚:《发展经济学往何处去》,《经济研究》,1989年第6期。

〔2〕有关中国地主经济的特点,王亚南的《中国官僚政治研究》做了深入分析。黄宗智说中国的小农有内卷化的特点,原因也在中央集权与地主—小农经济的社会结构,包括工商业的封建官营。这也是中国发达的封建社会难以发展社会分工和资本主义工商业的体制性原因。由此显示推翻地主经济关系的土地改革的历史价值。

(2)日本德川中后期商品经济发展水平从整体上看高于当时的中国,已存在幼弱的资本主义和新兴地主经济,但还不足以抗衡领主经济。幕藩领主仍占支配地位,领主武士的"地位收入"在德川末期每年平均占有全部农产品的37%[1],被其挥霍耗用;而且地权混乱,领主制、地割制、入会地制[2]、新兴的典当佃耕制交杂;加之国家尚未统一,仅纸币就有1600多种,实行抑商锁国政策,因此资本主义关系比西方发展晚、成长慢。到19世纪中叶,只有为数甚少的新兴地主变为富农,只发展到批发商支配的家庭手工业和初级的工场手工业,封建制度仅是开始解体。

明治维新的地税改革及对经济跃升的双重影响

1868~1945年70多年间,日本先是在19世纪的后20多年里实现了农业国工业化的第一次奇迹般的经济跃升,而推动经济起飞的社会机制则主要是由明治维新的地税改革所准备的;但后来地主租佃制的形成却对农业和社会经济发展产生了严重的消极影响。

(一)封建领主制的没落和落后民族濒临半殖民地危机,迫使日本进行明治维新和地税改革

如上所述,德川中后期幕藩领主制越来越成为商品生产和资本主义萌芽发展的障碍。若说领主武士的消费需求开初还有刺激商品生产的一面的话,其后就渐渐走上了反面。随着商品经济发展,幕藩行政耗资增加,上层领主竞尚奢侈,而家臣众多,加之财政松懈,贡税流失,导致财政恶化。为摆脱困境,幕藩领主先是更多榨取农民的年贡,甚至于收一二年的年贡,增加捐税,使许多农民破产。从18世纪初叶起农业出现衰退趋势,此起彼伏的农民暴动又反过来打击了幕藩收入的基础。接着从德川中期起,幕府发行减低成色的铸币,一些藩滥发纸币,向商人、金融界摊派借款,加剧了与城市贫民、商人的对立。同时减少武士俸禄,使下层武士日渐贫困,被迫从事他业,而

〔1〕都留重人:《日本的起飞,1868-1900年》。见W.W.罗斯托编:《从起飞进入持续增长的经济学》,第171页,成都,四川人民出版社,1988。

〔2〕肖铮在《日本的土地问题》中说:"地割制盛行于德川时代,其制以一村之土地为全村民之公有,委一村农民之自治,领主无从干涉。……在一定之期限以土地分配于各村民(户)。……于次区割替前,对于分得之土地使用收益之方法,任各村民之自由,谁不得卖买之处分。"入会地制是"供一定地域之住民共同使用的场所——山林牧场之类。"

商人的地位因其经济的富有而提高，出现商武接近的情势，显示了社会结构的变化和领主制的没落。

即便这样，由于资本主义关系的幼弱，日本仍不具备资产阶级革命的成熟条件，是西方列强的入侵给其变革带来了机会。日本在美国炮舰压力下于1858年实行“安政开国”。一方面，开港通商，外来廉价商品的冲击，一些国外市场需要的行业急速发展，促进了自然经济的进一步解体，资本主义关系加速成长。另一方面，西方列强扶植买办势力、强占居留地、派驻军队、染指千岛、剥夺关税主权和商权，使日本面临历史上从未有过的半殖民地危机。而外国投机者利用内外金银差价，套取日本黄金，也破坏了日本的货币制度和财政基础。外来冲击暴露了日本的落后和虚弱，帮助日本形成了摆脱危机、谋求国家独立富强，推倒腐朽卖国的封建幕府的社会要求。特别是长州、萨摩等西南强藩，与西方接触较多，在19世纪40~50年代实行了适应商品经济发展的藩政改革，那些下层武士出身的改革的实权派，既对幕府丧失了信任，看到西方国家的强大对日本带来的危险，又渴望学习西方，发展自立的资本主义以振兴日本，成了倒幕维新的主要领导力量。下层武士改革派与新兴资产阶级联盟，利用农民起义和城市贫民暴动的形势和力量，成功地实现了还政天皇、倒幕维新，并在明治成立的第二年彻底打败幕府军，揭开了日本近代史的一页。

明治维新是一场推倒幕府统治、以实现日本民族独立富强和发展资本主义、建成近代资产阶级国家为目标的自上而下的资产阶级改革。明治政府的成立只是本着富国强兵、殖产兴业、文明开化三大方针进行的改革的开始，明治维新的地税改革就是在这种大背景下进行的。

（二）地税改革——明治时代最重要的制度改革

地税改革是地制税制改革的结合，旨在废除幕藩领主制，确立政府财政的稳定基础，创造资本主义积累的前提条件。虽然明治政府成立伊始，就宣告建立土地私有制，但具体实现是在1873~1881年的地税改革。在此之前是准备或前奏阶段，此间已进行了某些改革。

1.地税改革的前奏

地制方面。明治政府1868年12月18日颁发《每村的土地均应成为百姓土地》的太政官布告，废除了幕府大名及家臣对土地的支配权。明治政府对废除幕藩领主的经济基础既坚决又策略，是通过1869年“版籍奉还”（将领地领民献给天皇政府），1871年废藩置县、取消武士知行地，1873年与地税改革同时进行的俸禄改革几个步骤。其形式是强制加赎买,以一定年限的俸禄取代领主武士世袭的"地位收入",并使其变换为可转让资产,即一种收入固定的债券,同时促使40多万户领主武士向资产者、其他职业者转变。1878年债券利息占到政府支出的42.1%，但随着1877~1881年通货膨胀,给领主武士以毁灭性打击,迫使其出卖债券,另找职业,国库付息负担越来越轻,这是在政府预计之中的。

在建立新的地制上，1871年、1872年废除了幕府的严禁水旱田种植桑、烟、甘蔗等经济作物和"永世不得买卖土地"的禁令,准许自由种植作物、土地自由买卖,农产品用途不受限制;并发布丈量土地、对所有土地颁发地券的法令,成为法律上承认土地私有的重要标志;同时废除等级的身份制,容许农民自由择业、居住、禁止人身买卖行为。

地税方面。1870年神田孝平提出改革建议,1871年9~11月间政府几次研讨,主要设想是:因骤然减轻田亩租税有困难,故首先允许土地自由买卖,发给农民地券;暂时维持旧贡租额,有条件后再减少;调查全国地价总额,实行按地价分成抽税。同时大藏省曾通告,部分贡租改为货币地租(税),并发出调查全国地价的详细规则。

2.地税改革的完成

明治政府在1873年7月召开地方官会议之后颁布了《地租(税)改正布告》、《地租(税)改正条例》,地税改革进入实施阶段。后来设立了地税改革事务局。

《地租(税)改正条例》是改革的根本依据,其中规定:①新地税按土地价格、全国统一税率作为课税标准。②地税税率定为地价的3%,丰歉年不增减。正税之外,征本税1/3的附加税作为村的财政收入。③地税一律征收现金。④将过去按村摊派、由实际耕作者纳税,改由地券持有者即被确认为具有土地所有权的人纳税;但佃农必须向地主交纳地租。

按照上述规定,改革中各村对每块土地进行清查、丈量,再按土地等级确定地价,计算地税、村入费。这项工作是在1881年全部完成,历时七八年,费用达到3700万日元。

关于地税和地价的确定。地税的确定是以不减少政府岁入为目标。"据估计,在德川政府统治末年,封建统治阶级(领主和武士)每年平均占有全部农产品的37%,其余部分则由地主与农民四六分成。1873年的改革是审慎的。至少在开始阶段,它维持了相应的分配比率[1]。"即按地价3%计征。"按照这一分配方法制定的公式是:34%的农

〔1〕都留重人:《日本的起飞,1868~1900年》。

产品作为地税交政府,34%归地主,32%属佃户。”[1]由于地税与过去贡税一样重,引起了农民暴动,不得不在1877年1月将地税标准从地价的3%改为2.5%。地价的计算有两种公式。一是自耕地,以地之总收入,扣除种子、肥料费和村入费的纯收益额,按6%的利息率计算;一是佃耕地,以未收入的村入费和地租,按4%利息率加以计算。[2]1875年第一次确定地价后就未再修改,使法定地价与实际买卖地价分离。

关于地权、地租。明治政府按照“一地一主”原则,根据土地实际支配者来确定土地私有权,否定各种习惯的耕地利用权,实行地权清晰化。对农民世袭租种的土地归农民所有,农民短期租用的归出租人所有,抵押过期的归接受抵押的人所有。改革的重点是水旱地,同时对采草地、山林地也确定了所有权属,实行私有或公有,难定权属的编为公有。约有1/3的山林地定为国有。地主佃农的租佃关系继续存在,由佃农向地主纳实物地租。1873年水田地租率占到正产物的68%,地主将34%以货币形态交纳地税和村捐,其余留作地主收入。后来随着地税略有减少,地租率下降到58%(见附表8)。

3.地税改革的结果和特征

其结果主要是:在废除封建领主土地占有制及其世袭的“地位收入”的过程中,①确定了土地私人所有、土地成为商品,可以自由买卖、自由利用的资本主义近代土地制度。由于1873年全部耕地中,佃耕地只占30%左右,所以改革确认了新兴地主、富农和占大多数的自耕农、自耕佃农的土地私有权。②确立了按地价征收均衡统一的货币地税的近代税制,代替了过去各领主自定年贡赋率和实物贡租。它不仅对建立明治维新的政权的财政基础极其重要,而且对日本的社会转变,对国家在资本主义初期起到产业化的中心作用,自上而下推进近代化、产业化奠定了基础。

地税改革的特征,是在按照资本主义私有制和商品经济原则创建近代土地制度的同时,保留了封建色彩浓厚的地主租佃制和高租率的实物地租。鉴于地主制的保留,后来人们褒贬不一,争论不已,有人以此否定它的资产阶级民主革命的意义。其实,这种改革政策和土地制度的确定,是因为日本资本主义的兴起,受到自身的历史条件及其外部关系的制约,不可能是直线发展;它恰恰是改革的指导者从日本实际出发把握历史潮流和机遇的成功之处。在日本还面临半殖民地危险、已经丧失关税权、商权,幕藩领主制是发展幼弱的资本主义的主要障碍的情况下,改革的领导者把目标定在有限的范围——保存地主制、维持高地税、高地租就是“有限”的主要表现——正

[1][2]都留重人:《日本的起飞,1868~1900年》。

是完成主要历史任务(废除领主制)的需要。而且新兴地主与当时资本主义的重要成分商人、金融资本有着密切的联系,还起着进步作用。如果当时就提出取消地主制,幼弱的资产阶级和下层武士就不可能团结改革力量,完成废除领主制的主要任务。惟其改革有限才符合当时的条件,取得了改革的成功,废除了封建领主制限制资本主义发展的种种障碍,为资本主义发展创造了基本条件,具备了资产阶级民主革命的起码要求,成为一场具有历史进步性的基本成功的改革。

对于这场日本近代第一次土地改革在地制上的影响,20 世纪 80 年代出版的《现代日本经济事典》的评价是:“现在,日本的土地制度是私有制。……现代日本这种土地制度的基础,是明治政府奠定下来的。即在明治维新政府成立不久,就颁发《每村的土地均应成为百姓土地》的布告,废除了德川幕府、大名及其家臣对土地的支配权。对以往向领主缴纳实物地租的人发了地照,改行以现金向政府缴纳地税的制度。于是,确立了个人土地私有制。现在,虽已根据不动产登记制度,将地照中规定的地税改成固定资产税,但由明治政府奠基的日本土地制度并没有因为第二次世界大战后发生的日本经济和社会的一些主要制度的激烈变革,而发生根本变化。[1]”

(三) 地税改革对日本农业、对资本积累和初期产业革命的重大历史作用

地税改革的作用不只局限于农业,要认识它对经济发展的作用,需明了日本经济起飞所要求的社会准备及其关键所在。对日本明治维新后 50 年实现奇迹般的经济飞跃,有人强调这一过程后一阶段得益于对外战争和殖民贸易,但那是它成长、强大到一定程度后的事,开初几十年的奠基、发育才应是特别值得重视的。

奠基发育的关键在哪里?历史表明,明治前半期,日本对外丧失了大部分商权、关税主权;农业、农民占产值、人口的 80%;资本原始积累薄弱,只有初级阶段的工场手工业和少量原幕藩官营的军火工业。在这样的基础上要实现资本主义商工业的积累和成长,只能主要来自农业的“经济剩余”[2]。这提出了两个问题:①要建立一种吸取农业剩余的,使之转化为商工业投资的社会机制。②对农业剩余的抽吸又不能使农业垮下去。如何处理这个矛盾,是日本也是类似的农业国能否实现向工业国转换的一个

〔1〕马洪、下河边淳主编:《现代日本经济事典》,第 224~225 页。

〔2〕对于“经济剩余”,都留重人的解释是,“对任何一个特定的社会,可以提出一种确定的、现行的基本消费的最低水准。这一水准通常受到当时该社会的风尚和习俗的制约。超出这一水准的所得部分称为剩余”。

成败关键。对处理这个矛盾起了决定作用的，正是地税改革。这一改革既包含实行高租税，利于资本主义积累而不利于农业的一面，又包含着利于农业发展的一面，才在明治前期三四十年出现了工农业平衡发展，由艰难的缓慢发展渐渐积累成巨变，奠定了向工业国转化的基础，实现了19世纪后30年的第一次经济起飞。

1.新的地税制度如何在苛租苛税下促进了农业的发展?

一方面，改革后的租税的确很重，但这并不是加重，而是过去重负的维持。与德川末期比较，地税改革后地税村捐由占米收获量的37%略减为34%，地主所得却由24%增至34%，佃农所得为32%，去掉种肥费用，只净得17%[1]。由此可见，1873年前后，地税比重略有下降，地租比重由61%上升到68%，只是略有增加。而且随着1875年后地税由地价的3%变为2.5%，地租占正产物的比例也渐变为58%；1877~1881年的通货膨胀，也相应减轻了税负。所以总的来看，改革并没有使过去就存在的重税重租进一步加重，只是改变了它的用途。

另一方面，改革废除了领主地制和封建束缚、承认土地私有、赋予发展商品生产的自由，则给农业发展以持续的推动。①产权、收益权的刺激。改革使领主的模糊大地产变为明晰的较小地产。佃耕地、自耕地的比例当初为3:7，自耕农半自耕农居多数。大量自耕半自耕农和新兴地主、富农有了土地私人所有权和收益权且地税固定后，便提高了经营农业的积极性。同时对新兴地主也要历史地看。明治前半期，地主分为在村不在村、耕作不耕作等类型。在村地主多是自营兼雇工或耕作兼出租的中小地主，为了取得稳定的地租，在一定程度上关心农业，愿向土地改良投资，并成为推广明治农法的指导者。②商品因素和市场因素的刺激。土地处分、利用自由，农民择业和身份自由，货币地税的实行，使农民急速货币经济化，开展小商品生产的竞争，提供了农业向商品性农业展开的条件。虽然粮食产量不能很快提高，但农民适应市场，利用剩余时间，发展多种经营和农产品加工，增加生产总量。1868~1990年之间，几种主要农产品的生产增长率分别为：大米0.9%，其他作物2.1%，蚕茧3.9%，家畜6.8%。随着传统的蚕丝、茶叶等出口产业及满足国内需要的固有产业的发展，以及工业和城市的渐渐发展，对米和经济作物的需求增加，从外部推动着农业的发展。此外，明治前期政府对农业的关心，特别是倡导技术推广，也起了作用。

农业的发展，表现在：①耕地面积尤其是水稻面积的扩大。1875~1905年耕地由

---

〔1〕山田盛太郎等：《土地改革颖末概要》，第14~15页。转引自刘天纯：《日本产业革命史》，第163页。

465.2 万公顷扩大到 530 万公顷；1878~1908 年稻田面积由 255.8 万公顷扩大到 289.8 万公顷。②粮食单产总产增加。明治后的三四年内稻米单产提高了 25%以上；1878~1882 年稻米年均产量 434.9 万吨，1893~1897 年达到 590.6 万吨，增长 36%。③商品粮增加。1890~1912 年间，自耕农稻米商品率大体在 60%以上，佃农在 15%左右。1900 年前，总的是粮食自给有余，人均稻米消费量在 1878~1897 年间增加了 20%，且大米出口。④适应市场需要的经济作物较快发展，不仅种桑养蚕，缫丝也大部分在农村地区。1890~1895 年生丝产量几乎增加 1 倍，1895~1900 年又增长 20%强。⑤据 39 个府县调查，若以 1880 年农业产值、人口、劳动生产率为 100，1990 年分别为 147、108、136。⑥农产品出口增长快。农产品年均出口额 1868~1872 年 1313 万日元，1883~1887 年上升到 2887 万日元，1893~1897 年达 6494 万日元。农产品出口占出口总值的比重，明治前 20 年在 70%~80%，此后 10 年仍占 55%~60%（见附表 4）。

2.地税改革如何构建起农业剩余转换为资本积累和产业革命投资的社会机制

关键是高地税、高地租。一方面通过高地税、高地租，抽取农业经济剩余并改变了经济剩余的利用形式——从德川时期用于领主武士的挥霍浪费到直接间接地用于资本积累和产业革命。另一方面高地税、地租使农民仍处于低的消费水平，造成了劳动力低价供给的社会条件。这两者被称为日本 19 世纪最后 25 年里的“复利规律”机制。

其一，在提供工业化资金上，建立起通过地税、地租形式，政府和市场双重渠道，集中农业剩余转化为资本积累的机制。①政府通过高额货币地税，以剥夺农民剩余产品（数量占农产品总产量的 1/3）的形式，由国家自上而下推进资本积累。国家财政资源在明治前半期近 30 年里，70%来自地税收入，甲午战争后比重下降，但 1900 年前后仍占 1/3 以上（见附表 3）。这些财源，除用于行政费用外，或用于铁路、邮政、电讯基础设施及教育，或直接用于生产投资。起初，政府直接办理工矿业，特别是军需工业，提高关键的重工业部门。国有资本在重工业长期占主要地位，在整个经济中的比重也比其他国家高。后来，它将许多官营工业贱价卖给私人资本，转而实行民办官助，以财政补助鼓励引导私人企业的投资，主要靠民间人士、企业的经营使移植来的产业、技术在日本得以扎根。如为了扶持棉纺织业，不仅引进技术设备，而且取消了棉花进口税、棉纱出口税，资助开辟孟买航线，进口印度棉花；为发展航运，从造船厂到三菱邮船公司，都得到了政府持续的资助。②地主、农民的资金通过金融机构、股份公司、债券等市场形式吸入私营工商业。废除领主武士时发给的金禄公债，曾是原始积累的重要来源，它直接来自政府财政，但归根到底是来自地税。工农产品的不等价交换，也是农业剩余向商工业转移的一种形式。

还应注意到地主制、地租对将农业剩余额集聚到工商业所起的特殊作用。地主先以实物地租榨取佃耕地上的农业剩余(含有佃农必要产品部分),再经市场将大部分实物变成货币收入,然后上交地税,除去消费的、投入土地的,其他剩余就都直接间接流向工商业。日本经济学家山田盛太郎说,土地改革后,“佃农全部以实物形态向地主交租,地主将其中一部分以货币形态交纳租税和村捐,其余留作地主剥削收入。因此地主的机能加强,政府也一定会对作为交纳地税者的地主采取维护政策,而且这个机能甚至于掌握了全部社会机能的枢纽。总之,地税改革所以创立了地主制和树立了占压倒优势的地主资格——地租范畴,无非是根据这两种剥削关系:即属于实物地租范畴的实物租税(总收获量的68%)和具有半封建租税性质的现金租税(总收获量的34%)。”[1]由此可见,明治前期,地主制具有榨取农业剩余转输出去的重要机能,这种与资本主义关系本来性质很不相同的地主制,在当时历史条件下,反与资本主义的形成是相辅相成的,二者的对立还是从属性的。

其二,地税改革造成了工厂劳动力的极其低廉的供给价格。高额地税、地租,使从事零细经营的农民仍处于往日的低度生活水平,继续贫苦并发生分化,形成了劳力低价供给的机制。为了维持生计,贫苦农民让子女到工厂做工,工厂得到勤奋吃苦和低工资的劳力。仅仅支付一笔微不足道的金钱,年轻姑娘就以合同工这种常见的形式被从一贫如洗的农村招募到工厂,工资只是补贴家庭收入。这类劳力特别能满足当时的主要工业——棉纺织业的需要。一个重要经济部门的低工资成为其他部门的标准,拉低了所有可选择职业的工资。日本棉纺业当时普遍实行两班制,工人每天劳动12小时。1898年6月,纺纱工人日工资为4、5、6日元,同年下半年印度纱厂工人工资折合7.78、8.9日元,低于印度的最低工资。而且日本女工工资仅为男工的50%~60%。1914年日本工人工资水平约等于美国的1/5、英国的1/3、德国的1/2。由于能够无度地利用廉价劳力,使日本工业能够获得高额利润,实行资本积累,越过缺乏关税自主、机器要靠进口等障碍,并在倾销政策、扩张政策的配合下发展对外贸易。

地税改革所造成的榨取农业剩余的机制和劳动力低价供给的机制,使日本在19世纪最后的25年里,净投资占国民收入的比重在13%到16%之间,达到了经济起飞所要求的生产性投资占国民收入的比例一般须从5%左右提高到10%以上的要求。正如都留重人所说:“同一水平的生产率结构可以与低投资经济相关, 也可以与高投资经济联系在一起。在前一种情况下,也许是以武器形式或特权阶级挥霍浪费的形式表

[1]刘天纯:《日本革命史》,第163页。

现出来的高消耗型消费;而后一种情况下,也可能是制度上的强制提供了一种使平均消费水平保持在最低限度的机制。"[1]地税改革正是使德川后期的前一种经济转向后一种经济的一个关键。

其三,产品贡献与固有产业、现代产业的接替转换。地税改革后农业的发展对工商业发展的支撑作用,主要是保证了不断增加的非农业人口的粮食供应。再就是农产品出口换汇。日本早期产业革命,走的是以农养工、以丝养棉的路子。传统的固有产业——生丝业从种桑养蚕到缫丝,主要在农村。在1880~1930年的半个世纪中,生丝出口都占出口总额中的第一位,以其出口换汇,补偿棉纺业进口棉花和机械的用汇,使棉纺业由进口替代到渐增出口,养育出原料、市场两头在外的第一个带头产业——现代机器大生产的棉纺织业,以至在20世纪30年代中期,丝织业衰落时,日本棉布出口量登上世界第一的交椅。在经济起飞期的实际国民收入的年均增长率如下:

年份		年均增长率
1878 ~ 1887 年	1883 ~ 1892 年	4.3%
1883 ~ 1892 年	188 8 ~ 1897 年	4.9%
1888 ~ 1897 年	1893 ~ 1902 年	5.5%

(四) 新地制的演变和对社会经济的消极影响

地税改革所创设的近代土地制度在一个时期对经济发展起了重大的历史作用,但后来在运行中发生了演变而又未予以革新,发生了严重的消极影响。

1.地主租佃关系的扩张及其历史作用的改变

日本的土地制度在维持土地私有和自由流转的基础上,随地主租佃关系的扩展而发生演变。从佃耕地比重看,明治初年占总耕地的30%左右,到19世纪80年代初占35.9%,1903年占到44. 5%,1910年前后水田的50%成佃耕地。在全部农户中,佃农、佃耕兼自耕农1883~1884年占42.9%,到1910年占到68%,纯自耕农只占32%。也就是说在19、20世纪之交地主租佃关系得以完全确定。

造成地主租佃关系扩张的原因,固然与地税改革中保留地主制有关,但关键是另外两个条件和机制的作用。①农民小块土地上小商品生产的分化本来是不断进行的,但由于高地税的重压,19世纪七八十年代之交先是通货膨胀,接着是通货紧缩的经济变动,米丝价格大跌,致使农民的分化加剧,很多农民破产还债、失去土地,出现土

〔1〕都留重人:《日本的起飞,1868—1900年》。

地迅速向地主手里集中的趋势。②日本在农业国向工业化转换的初期,通过地租地税抽走农业剩余而进行的资本积累并不充分,棉纺等发展产业又尽快采用了西方先进技术设备,有机构成高,吸收劳力少,劳动力市场不发达、不成熟。这种条件造成失地农民和其他过剩人口不能转向非农产业,仍然堆积农村,只能去租种别人土地。佃农多,地租升,地价涨,较长时期维持了占土地收获约50%以上的高佃租率;在有把握的高额佃租下,出租土地比低农价下的雇工经营有利,这种比较利益机制就使土地集中没有导致资本主义雇工经营的发展,而是导致了地主租佃关系的扩张。

从日俄战争到第一次世界大战时期,地主租佃关系不仅普遍建立,而且渐失促进生产和资本积累的性质,寄生性质增长。其原因,一是随着大机器工业的发展,地主办的地方小工业无力与之竞争而纷纷破产,由于惧怕工业投资的风险地主转向土地购买;二是日本转向帝国主义阶段,垄断价格造成特有的工农比价的不利关系,使得地主不再关心农业生产投资,走上了收取地租——以剩余购买土地——收取更多地租的路子,变为只有收取地租的机能。

2.地主租佃关系发展后的农地制度特征

其特点是高租佃制与小农的复合。

首先,在地主佃农关系上,一是保持了占收获物50%以上的高佃租率。这种地租超出了在资本主义借地关系下一般只相当于地产平均利润的地租,带有经济外强制的色彩;二是以实物地租为主,佃耕权不能稳定,地主一年四季都可以强制退佃。地主佃农之间不是"平等"的契约关系,而是主从关系色彩浓厚。为何在土地自由买卖、农民身份自由的条件下产生了与市场经济制度矛盾的非经济强制、主从关系的封建色彩?原因就在于工商业资本积累不充分,吸收农村过剩劳力的条件有限。所谓劳动就业的自由,由于商业资本小,吸收就业的容量小的制约而变得并不自由。这种经济条件的制约以非经济强制的形式表现出来,或说非经济强制因经济发展水平的限制而遗存。封建色彩的经济关系的存在虽然可以像第二次世界大战那样通过上层建筑加以清除和限制,但最终消灭要靠经济发展和经济条件的改变。

其次,地权集中与分散零细的小农经营并存。由于人地关系较紧、工商业不能大量吸收农村过多劳力的限制,虽然地主制扩展中地权大大集中了,但经营规模并未同时扩大,零细小农经营的格局未变。具体来看,一面是地权集中,1926年总农户中无耕地者占23%,5反步以下者占39%,二者合计,62%的农户仅占有8.9%的耕地;10町步农户为4%,10町步以上农户为1%,二者合计,5%的农户占有50.3%的耕地,足见地权高度集中的程度(见附表5)。另一方面是土地经营规模细小。1908~1940年间没有大的变化。农户经营面积<1 公顷的占 66%~69%，其中<0.5 公顷的占 1/3 以上；达到 1~2 公顷适宜规模的仅占 19%~24%，2 公顷以上者占 9%~16%。这充分说明：地权的集中与土地的规模经营并不是一回事。

地权集中下的经营规模细小，产生了分配关系上的严重不均；连同不稳定的佃权对农地利用的影响，高佃租率对农业经营、农家经济的影响，对日本农业和经济发展产生了消极作用。

3.土地租佃小农制对农业和经济发展的消极影响

（1）苛租苛税的小农制，使农民处于低度生活水平，连带维护了工人的低工资，排除了大规模国内市场的形成。加上国内资源贫乏，使日本资本主义经济生产扩展与消费市场相对狭窄的矛盾更突出，从 1890 年起就产生了早期经济危机，在其发展初期就有了对外扩张的强烈欲望。危机和对外扩张加强了垄断，加上封建残余的存在，使日本较早进入帝国主义。日俄战争就是争夺市场的早期帝国主义战争。日本农商务大臣当时说："向中朝发展我国工商业是主要着眼点，战争是日俄通商政策在中朝地方之冲突。"甲午、日俄战后，日本一面由西方进口机器，一面向中国等地出口棉布，1913 年前后向中国出口棉布占其棉布外销额的一半。在国内市场狭小的基础上，日本形成了危机—战争扩张—繁荣—危机的循环。

（2）租佃小农制和垄断资本的剥夺使农业发展趋于停滞，工农业发展不平衡加剧。一方面，租佃小农制承载大批农业劳力，季节性过剩劳动时间占 50%[1]，创造不出更多价值，还要消费农产品；高率佃租，佃权不稳，都影响了农业发展。

另一方面，独占资本与农业小生产的矛盾使农业处于不利地位。特别在经济危机的恐慌萧条期，农产品价格下跌，垄断资本依其垄断维持肥料等生产资料的相对高价，工农产品剪刀差扩大。据猪猴津南雄在 2 府 16 县调查，农产品价格依 1919 年为 100，则 1931 年大米为 39.1，小麦 39.9，茧 25.8，而批发物价平均值为 50。这就造成农户经营收入恶化，农户经济逐渐走向破产。"例如，列入'农户经济调查'中的自耕农户，就约有 40%已在 1926~1928 年变成赤字农户。……1930 年的赤字农户比率，自耕农为 58.6%，自耕佃农为 65.8%，佃农则为 73.7%。到 1932 年，累计的年末负债，总额已超过了一年的农户收入。"同时，制丝业的倒闭使养茧地带农户受打击；经济不景气时农村成了失业人口收容所；弱小地主因经营景况恶化，产生了向佃农夺佃自营的倾

［1］刘天纯：《日本产业革命史》引用的日本 20 世纪 20 年代新潟县北蒲原郡农家剩余劳力月别变动表，结论是剩余劳动时间 50%，但全年剩余劳力却基本为 0（高桥龟吉：《日本蚕丝业发达史》上卷 535 页）。

向,夺佃反夺佃,地权更动荡。

由于这些原因,日本农业的增长率从20世纪初就开始下降,第一次世界大战期间有所上升，第一次世界大战后更停滞不前，工农结构差异突出。相比之下,1887~1900年，日本国民生产总值年增长率平均约为2.8%，农业增长率为1.7%，工业为55%;但1902~1931年,国民生产总值年增长率为2.7,工业增长率提高到6.1,农业增长率却下降到0.6。由于人口增加而稻米产量增长缓慢,稻米由自给有余转为不足,从1911年开始净进口,后来进口逐步增加,到第二次世界大战前夕约不足30%。其结局是:“在三十年代这十年里,日本的经济发展神速。国民生产总值每年提高5.6%。然而农业的衰退变得严重起来,这种衰退带来的社会和经济苦难,造成严重的紧张局势。与这些经济因素密切相连的是军国主义和法西斯主义的兴起，它们终于使日本发动侵略战争。”〔1〕战争给中国人民、世界人民、也包括日本人民带来了灾难。

4.农地改革已成必然

农民在地主租佃制和垄断资本双重压力下经济地位恶化，走向衰落的小地主向农民夺佃,迫使农民起来斗争。多数情况下佃农和半自耕农结成“佃耕组合”,1922年还诞生了日本农民组合,指导全国的农民运动,要求改善租佃关系,进而废除地主制。这标志着改革地主租佃制已成了历史的必然。

但垄断资本与地主都不愿抛开有利于维持低工资劳动和高额佃租的租佃制,只能在农民斗争的压力下搞一点改良。改良的措施是1924年的“佃耕调停法”、1926年的“自耕农创设维持补助规则”。前者受到地主的反对,后者由于没有规定征地权力和佃农的优先购买权,而且购买只有地主同意才行,佃农借款买地,借款24年偿还的利息负担和佃租一样重,所以到战后农地改革前的21年,创设的自耕农只约占全部出租地的10%,按此速度,废除地主租佃制要200年,这种改良实质还是维持。

可是在日本发动侵略战争期间,为适应战争需要,促进粮食生产,日本政府不得不牺牲地主的部分利益,以提高佃农的积极性。

有关禁止地主擅自收回出租土地,禁止提高佃租,实行规定佃租、规定地价,限制农地转作他用等统制法令,使以所有权为盾牌的地主权限受到限制,也为后来的土地改革减少了阻力。

---

〔1〕〔美〕西里尔·E.布莱克等:《日本和俄国的现代化》,第221~222页。

战后农地改革与农业现代化中土地利用关系的调整

日本利用第二次世界大战失败的契机,进行了废除地主租佃关系、创设自耕农制的农地改革,推动了社会经济现代化的进程。不久,经济高速增长,农业就业人口骤减,围绕培育高度的农业生产力,农地变革进入了以经营利用为中心的渐变的新时期。

一、废除地主租佃关系的战后农地改革

(一) 促成日本战败后进行农地改革的环境

国内:①土地所有和分配严重不均的地主租佃制占统治地位,真正自耕农不到1/3的地制格局,早已成了农业发展的障碍。战败后粮食不足,增产粮食成为最大的经济政治课题,在统制的粮食低价与增产粮食的矛盾面前,要通过农民分配到土地来提高其生产欲望。②战败后以要求土地为目标的农运兴起,到1947年农民组合达1万多个,参加人数230多万人。虽然农运直接目标是土地问题,但因否定剥削制度,并与城市工运呼应,有威胁资本主义制度的社会主义性质。③战前以1900年前后为转折,随着工商业成为经济主体,资产阶级在它与地主势力的联合统治中转居于支配地位,地主租佃制也渐渐丧失了有利于资本成长的历史作用。[1]战败后,为了"挽救资本主义制度不致颠覆,只有牺牲地主的私有权。为了防范社会主义,改变农地政策,以缓和的手段从政治上、经济上安定农民,是帝国主义阶段农业政策的最大课题。"[2]

国际:世界反法西斯国家和人民对日本经济体制改革施加了强大的压力。正如日本通产省编的《战后十年经济史》所说:"要在非军事化下进行经济体制改革,就要解决少数财阀支配生产金融和政府的问题,农村封建的土地所有制,与之有关的低工资劳动、雇主与工人的半封建关系,因压低工资,缩小国内市场、刺激海外扩张,也是潜在的战争力量。因此,解散财阀,扶植工会,农地改革,被认为是经济民主化的三大政策。"

〔1〕参见福武直:《当今日本社会》,第48页,北京,国际文化出版公司,1986。

〔2〕大内力:《日本农业论》,第137~142节。

(二) 农地改革方案的确定

战后农地改革方案是由日本政府首先提出,在反法西斯盟国反复“指令”、“劝告”下,才制定了比较彻底的方案。这场改革分为第一、第二次土地改革两个阶段。

1.第一次土地改革

战后不久,日本政府1945年10月制定了《农地改革纲要》,随后制定《农地调整法修改方案》,即第一次土地改革草案。内容是加强战时就已开始创立的自耕农措施,将实物佃租改为货币佃租。它只是对地主租佃制加以限制,以缓和矛盾,谈不上废除。虽然如此,在国会上仍遭到地主层的反对。

盟国不承认这个草案,认为财阀和地主制度同是战前日本军国主义的基础,要使日本非军国主义化,就必须取消地主土地所有制,解放农民。1945年12月9日盟军总司令部发出“解放农民的指令”,强调为打破长期奴役日本农民的经济桎梏,必须采取措施保障从事耕作的农民有超过现状的享有其劳动成果的均等机会。并向日本政府提出改革方案,要点是:将不在村地主的土地所有权转让给从事耕作的农民;以合适价格收买其土地,按照佃农的收入水平,以按年分期偿还的办法,让佃农购买土地;佃农变成自耕农后,从制度上保证其不再沦为佃农。

日本政府并未按盟军要求制订方案,而是将它原来的议案在盟军压力下勉强通过,从1946年2月1日起付诸实行。这个方案规定:以5年时间将不在村地主的出租土地强制转卖给佃农。在村地主的出租土地允许保留5町步,超过者转卖给佃农。土地转卖由地主佃农直接协商处理,国家不介入。这个方案极不彻底。所谓允许在村地主保留5町步土地,是以个人为单位计算,使地主可用其家属的名义保留更多土地,还能以从事自耕为由,收回出租土地或卖掉出租地,以逃避改革。这样,改革难以顺利进行,盟国和日本农民强烈不满。

2.第二次土地改革方案

盟国对日理事会经一再讨论,通过以英国方案为蓝本的方案,于1946年6月17日对日本政府发出“关于第二次农地改革的劝告”。主要内容是:①地主持有的出租土地,以户为单位计算,内地平均1町步为限,北海道以4町步为限;自耕农持有土地,内地平均以3町步为限(北海道为12町步)。超过持有限度的土地强制予以收买。②成立有地主佃农参加的各级农地委员会。市町村农地委员会决定应收买的农地,由都道府县委员会批准后,再转卖给佃农。③农地改革按截至1945年11月23日的情况实施,自盟军总司令部批准农地改革法案起,两年内完成农地改革。④有关农地价格同意日本政府的方案;政府收买土地,对地主支付地价的利息限定在年利2分5厘以内,30 年分期支付;对从自耕农收买的土地支付酬金。佃农从政府购买土地时,其支付条件同上。⑤今后限制佃租,实行货币佃租,佃税率水田不超过 1 年所收农产品价格的 25%,旱地不超过 15%,并禁止收回租佃土地和转移土地所有权。

日本政府按受上述劝告,于 1946 年 7 月制定《关于彻底实行农地改革的措施纲要》,8 月初制定《建立自耕农特别措施法案》和《农地调整法修改法案》,经国会通过后于 10 月 21 日付诸实施。其内容和盟军的"劝告"基本相同,主要是:①不在村地主的全部佃耕地,在村地主的佃耕地超过 1 公顷以上部分(北海道是超过 4 公顷以上的部分),以及超过 3 公顷以上的自耕地,都由国家强制收买,并原则上转卖给原佃农;②收买、转卖的平均价格每 0.1 公顷水田为 760 日元,旱地为 450 日元;③由市镇村农地委员会(由各类农产阶层分别选出地主 3 人、自耕农 2 人、佃农 5 人组成)承担改革的实施工作。④地主保留地的出租,水田租金不得超过稻谷年总产值 20%,旱地不超过 15%,地主不得无故收回和转租;土地转移要经由核准。

（三）农地改革的实施和结果

根据第二次土改方案,1946 年进行了农地委员会选举。1947 年 3 月开始第一次土地收买,到 1950 年 7 月的第十六次收买,基本完成佃耕地的收买和转卖。其间地主虽反复进行了各种收回出租地和逃避收买的活动,但改革进度仍较快。"佃农、半自耕农监视地主在改革中的违法活动,从村政中驱逐地主势力,把中下层农民组织到农民组合,使农地改革严正遂行。"[1]

农地改革使农地关系发生了根本变化。改革前的 1945 年 11 月,农地 515.6 万町步,佃耕地占 45.9%。到 1950 年 8 月,被收买的佃耕地 189.6 万町步,占原有耕地的 80%,同时收买牧草地 37 万公顷,放领未垦地 61 万公顷(没有实行山林地的解放),自耕地变为 468 万公顷,佃耕地变为 48 万公顷,仅占 9%强。 84%的农户购买了土地。 1955 年总农户中自耕农从第二次世界大战结束时的 32.8%上升为 61.9%,纯佃农从 28.7%下降为 5.1%(见附表 9)。

农地改革名为有偿收买,但地价基准年为 1945 年 11 月,其后通货膨胀,1946~1948 年,1 石糙米由 300 日元上升到 3595 日元,对地主的补偿近于无偿征收,地价只相当每反土地一年产值的 7%,佃农无需负担多少地价款。残留下来的佃耕农强化了

[1]大内力:《日本农业论》,第 139 节。

佃耕权,事实上禁止地主收回土地;货币佃租被限制在总收益的1%左右。[1]

(四) 维护农地改革成果和自耕农体制的《农地法》

1952年7月公布的《农地法》以维护自耕农户的土地所有制、防止地主制复活为着眼点,其主要内容:①管制农地买卖。《农地法》第一条开宗明义:"本法律认为耕作者自有其土地是最适当的,其目的是促进耕作者取得土地以谋求耕作者地位的稳定与农业生产力的增长。"言下之意是排除非直接耕作者的地主土地所有,据此对农地通过高度的公家权力实行统制和管理。其管制农地的买卖措施是,购地者以自耕为限,且需耕种3反步以上,自有地与承租地合计不超过3町步(农户有能力自耕更多地者可放宽);农地转移需经都道府县知事核准;已创设的自耕农,领地未满10年而转移者,应将出卖地价与承领地价的差额,按规定比率缴纳政府。②管制租佃。除强化佃权、管制租率外,禁止土改后新创设农地的出租,不准转租等。

同时,为从经济上维护自耕农体制,1951年至1953年相继颁布《农林渔业组合重建整备法》、《农林渔业组合联合会重建整备促进法》,1955年开始展开农协综合事业计划运动,"把有计划的经济管理放在农户的经济基础上,建立起营农指导体制,又加强扩充了农协的合作体制和事业,以帮助农户经济"。

(五) 农地改革的深远意义

(1)废除了长期存在的半封建地主租佃关系,使地主阶级基本消亡,大多数农民转化为自耕农或自耕佃农,形成了自耕农体制。日本一些人认为,战后改革堪称第二次明治维新,"其中土地改革占有极重要的地位。因为当时正是地主佃农关系是日本最主要的封建遗制,被看作妨碍近代化的各种弊病的根源。从这个意义上说,土地改革不单纯是土地的再分配,而被认为是实现农村社会近代化以至于整个日本社会民主化的关键"。[2]

(2)土地所有、经营相统一的自耕农制,使农民成了土地的主人,免除了战前占国民收入5%的地租负担,提高了生产积极性,为农地改良、农业发展奠定了基础。农业的投资、技术改造是以土地改良为前提的,过去由于租佃地佃权不稳、佃农贫穷化、地主也不关心土地改良,即使政府投资也实行不了土地改良,改革后改变了这种状况,

---

[1]大内力:《日本农业论》,第139节。

[2]秋野正胜:《现代农业经济学》。

建立起以从耕农民为成员的土地改良区组织，以国家财政资金为主，受益农民也负担一部分事业费，重点改良水田的灌溉排水。1946~1956 年 1/3 的耕地得到改良，解除了旱涝灾害威胁。1950~1960 年间，农林渔业产值以 4.1%的速度增长，大米总产由 965 万吨上升到 1286 万吨，其他农产品也有发展。

(3)消除了地主佃农的矛盾，造成了农村的社会稳定。

(4)为经济高速增长作了准备。农村稳定、农业发展，农民购买力的提高，扩大了重化工业发展的国内市场。日本经济学家高桥龟吉指出：重工业的初期起步，必须以国内的需求为主，有一定限度的大量需求是前提条件。如汽车，最初国内需要量少时，进口车占绝对优势。汽车工业发轫之始，首先是大量生产卡车、公共汽车、三轮汽车，接着是小卧车。由于国内需要的增长，汽车使用已普及到农民、职工，一经发展到这个阶段，就不仅面向国内市场，而且足能开辟出口市场了。追溯汽车工业发轫之始，主要是依赖了农地改革，实现了农业现代化和增加了农民购买力，以及重工业发展，在提高劳动生产率条件下，以工会为中心增加了从业人员的收入。[1]

二、经济高速增长和农业现代化中的地制调整

(一) 农地制度再调整的背景和政策实施方向

1.农地制度再调整的动因和背景

日本战后农地改革建立自耕农体制，对生产力是一个大解放。之所以在此基础上提出土地关系的再调整，是源于以重化工业为中心的经济高速增长，要农业提供劳动力和满足食品新需求。这就向低水平传统农业提出了由资本代替劳动，实现现代化的需要和可能，进而引出调整土地经营利用关系的新问题。

(1)工业为主的经济高速增长趋势和要求。日本以战后三大改革为基础，以朝鲜战争的高额特需为跳板，1955 年之前实现了煤炭、钢铁、造船、电力四大基础产业的合理化、现代化，1955 年后开始以重化学工业为中心的高速增长。经济增长率 1947~1952 年为 11.5%，1953~1959 年为 8.3%。 1960 年制定的《国民收入倍增计划》预测：以后 10 年，第一、二、三产业增长率为 2.8%、9%、8.2%。这就将在发展中伴随就业结构大变动。1950~1960 年，农业就业劳力已下降 200 万人，1960~1970 年将再从农业转

〔1〕秋野正胜：《现代农业经济学》。

〔2〕高桥龟吉：《战后日本经济跃进的根本原因》，第 156 页。

移出 243 万劳力,农户将减少 1/4,农业人口减少 1000 万人。同时城市人口增长和收入提高,要引起农产品需求水平和结构的变化。

(2)与工业增长不相称的传统农业的改造势在必行。日本农业从明治维新到第二次世界大战结束的 70 多年,有发展,但由于地主租佃关系、工商业长期抽取农业剩余、对农村剩余劳力吸收乏力等原因,长期未能改变传统农业状态。在农业要素上,“农户、耕地面积、农业劳动力的水平并没有大的变化。……550 万农户、600 万公顷、1400 万人(劳力)的统计,是有关日本农业的三个不变数。农业部门在国民经济中所占比重的下降,是非农业部门扩大的结果,只有户数、耕地、劳力无变化,因而农业本身也可说是静态的停滞的”。农业技术上虽有良种、化肥、扬水机、脱谷机等的渗入,但以人力、手工劳动为主的“米谷农业”、“多劳多肥农业”的基本性质未变,“零佃耕作、低的资本装备、米麦为中心的多角经营、家族经营”的特点未发生大的变化。战后农地改革解决了农业发展的一大障碍,但农业现代化不可能作为它的近期成果而出现。

1955 年工业进入高速增长时期后,传统农业的转换就不可避免。一是就业矛盾。工业迅速发展和整个产业结构高度化,将引起农业劳力的农外流动,及农业劳力大幅度和绝对减少的趋势。二是工农业生产和收入的差异。与城市和非农产业急速发展,收入上升相比,农业兼业化发展,生产力落后而停滞,农业收入相对下降,成了出现危险信号的后进产业。中心的问题是:传统的多劳农业,农业劳力虽全年有一半劳动剩余时间,但农忙时却要使用全部的家庭劳力。[1]因此并没有绝对的农业剩余劳力。要保证工业对劳力的大规模需求,又能提高农业生产力,就要以机械等置换劳力,沿着劳动集约变为资本集约的道路,发展农业现代化。

(3)适应农业劳动力转移和技术进步(如机械化)的需要,以及改变农业和农民收入的落后地位的需要,1960 年《国民收入倍增计划》提出的一个政策方向是确立农业的企业式经营,培植平均 2.5 公顷的独立经营农户,使其再扩大经营规模;让 1 顷以下农户继续分化;促使 0.5 公顷以下农户扩大兼业,到完全离农。与农业经营结构的改革相关联,农地政策和制度要随之调整。由上可见,这类地制调整在经济变动中的因果关系、地位和方式,显然与明治维新地税改革和战后土改是不同的。

2.《农业基本法》确定的政策方向

依据上述背景,日本政府在组织为时一年的农业基本问题调查后于 1961 年制定了《农业基本法》,它是《国民收入倍增计划》在农村的翻版。

---

[1]见刘天纯:《日本产业革命史》,引用日本 20 世纪 20 年新县北蒲原郡的《农家剩余劳力目别变动表》。

《农业基本法》的目的是“改善农业与其他产业的生产率差距，提高农业的生产率；增加农业就业者的收入，使其能与其他产业就业者享受均等的生活”。

主要政策是：①农业生产政策。根据主要农产品长期需求预测，有选择地扩大农业生产，提高农业劳动生产率和农业总产量，对整顿开发农业生产基地、提高农业技术、增加资本设备进行政策援助。实行重点是保护大米生产和扩大蔬菜、水果、畜产品生产，并实行某些进口政策。②流通、价格、农民收入政策。提出稳定农产品价格，促进流通合理化和农产品加工。实行中为平衡农业收入还是搞了大幅度提价。③改善农业结构政策。中心是改变经营规模狭小的状况，扶持大的“自立经营农户”（按规模能保证家庭劳动力都能就业，务农人员能得到与其他产业同样的生活收入。种植业在 2.5 公顷以上），缩小小农数量，使 0.5 公顷以下的小农逐步脱离农业。

与农业经营结构的改善相适应，在土地政策上提出要促进土地权利的流转，“国家为使有关农地权利的设定和转让有利于改善农业结构，不仅使农业协同组合能够承担有关出租或出卖农地的信托，而且以信托事业等措施帮助顺利转让”。同时以家庭一人继承制防止继承时农业经营的零细化倾向。这就涉及对《农地法》的修改。

3.逐步审慎修改《农地法》

日本配合农业经营结构的改善，从农地的有效利用出发，结合农业现代化的进展，逐渐调整农地政策。

原农地法对地权转移、农地借贷的严格限制，与扶植发展“自立经营农户”、扩大经营规模的土地流转要求相矛盾，需要修改，但修改过程是慎重的。

1962 年修改农地法，只是承认了农业生产法人有取得农地的权利，新规定了农地的信托制度。[1]

1970 年才对战后农地法做了大的变动。修改的指导思想，是重申“农地归耕者所有是最适当的”之后，提出“为了土地在农业上的有效利用而调整其利用关系”。修改内容主要是打破耕者购买土地上限和借贷、租佃土地的限制：①废除经营规模的上限和出租土地不能超过 1 町步（北海道为 4 町步）与雇用劳动力的限制。同时把购买土地的下限面积从 0.3 公顷（北海道为 2 公顷），提高到 0.5 公顷（北海道仍为 2 公顷）。②允许期满 10 年以上的创设农地出租。③已占有、经营超过一定期间（10 年）的农户如脱离农业，离农者及继承人即使不在村，也可占有 1 公顷以下的佃耕地。④允许按照契约自由决定佃租，但市镇村农业委员会可根据本地情况确定标准佃租，据此劝告

〔1〕后来实际是政府通过农协、土地利用银行等，以低息贷款帮助农民购买土地。

减租。该法对60年代中期出现的上层农户以承包耕作、委托经营手段从细小兼业农户集聚土地的现实，给予了追认。

1975年修改农业振兴地域整备法，建立了为期1~3年的短期租借制度，又以新的形式设定农地利用权。

可以说经过近20年时间，逐步完备了适应农地经营利用、促进土地流转和集中的措施。

(二) 工业带动下农业现代化与农业经营结构改善、农地关系调整的实际进程

1960~1980年日本农地关系的变化是一个经济过程，它是在工业为主的经济高速增长、农业劳力外流的带动下，适应农业要素、技术变动，结合农户经营变化和小农协作化的开展，由政策的许可、支持，在农户经营竞争过程中缓慢进行的。

1.工业为主的经济高速增长引起工农业关系和农业生产要素结构的转变

日本由于长期教育和技术积累、战后改革、有特色的企业体制和竞争方式以及有利的国际环境和政策的较好运用等原因，从50年代中期起，开始了第二次经济起飞，形成了储蓄率、投资率、出口比率、经济增长率都高的发展局面。1955~1970年经济增长率平均高达10%，为其他主要资本主义国家的2~3倍，其间二、三产业比重由79%提高到94%，l968年经济规模跃居资本主义世界第二位，人均GNP由1955年的203$增加到1979年的6300$，1982年达到9139$。宏观环境巨变，使农业受到强大的影响。这包括农产品市场环境的变化(1955~1975年城市人口净增3470万，比重由56%提高到76%，消费指数提高47%，国民消费水平和食物构成变化)、部分耕地转用于工业用途和农业中心从太平洋沿岸地区转到生产力较低的日本海沿岸地区。最主要的影响还是工农业经济剩余分配流向的改变和劳动力要素的加速移动。

劳动力从农业向非农产业大量流动。因工业发展对劳动力的需求和工农业工资差别的诱导(1955~1960年非农业工资高出农业15%~25%，1955~1975年制造业工人工资高出农业40%~46%)，从1955年开始了农业劳动力较大规模的持续转移。1958~1976年农转非农就业年平均70万~80万人，加上从事半年以上的非农就业25万人，每年达100万人。农业劳力占总劳力的比重1955年为41%，1960年27%，1975年13%，1980年占9.7%。战后日本农业人口的直线下降在世界各国是没有先例的。

资金和现代物质技术向农业流动。随着工业高速增长和产业高度化，积累起大量资本及盈余，不仅工商业资本减轻了对农民农业的剥夺，而且提供了资金来源，使政府能通过支持价格、财政投资、制度金融，促使农业投资较快增长。1955~1972年，工

业生产的农用生产资料质量不断提高，价格相对下降。1 公斤稻米 1952 年买 2 公斤硫铵，到 1976 年可买 9 公斤。7~10 马力的动力耕耘机，1957 年 3 吨多稻米买 1 台不带发动机的，到 1976 年用不到 2 吨稻米买 1 台带发动机的。在农业总投资中，依靠政府财政手段供给的资金比重，由 1960 年的 23.4%，上升到 1965 年的 32.2%，1975 年的 43.3%；其中土地改良投资由政府补助金负担的比重，1960 年是 60.7%，1970 年为 69.2%，1976 年为 76.2%。这显示了工业对农业的支援，有力的财政资金诱导农业上资本对劳动的替代。

2.农业生产要素结构和技术的转变

以 1960 年为转折，以农业劳动力减少为中心，日本农业生产力结构发生了转变。人力为主的多劳集约栽培农业向省力、节地型发展，走向动力机械体系和多肥化、多药化、耕作单纯化。这种农业上资本对劳动的替代，是基于工业发展引起的农业劳动机会成本的上升和使用机械等成本的相对下降的经济规律。从农户来说，为了让主要劳动力进入高收入的工业或扩大兼业，趋向使用机械；同时政府出于使农业劳力转移满足工业需要，又力图提高农业生产率，满足农业产品需求及增加农民收入，有预见性地持续提供大量补助金和低利贷款，帮助农民购买农机，整修农田等，也对资本替代劳动的进程起了促进和诱导作用。

具体来看，农业机械化的发展，60 年代前期主要普及马拉耕耘机，后期普及牵引拖拉机，60 年代末开始普及插秧机、联合收割机。到 1975 年户均拖拉机 0.08 台，动力耕耘机 0.91 台，自动康拜因 0.07 台，农用汽车 0.5 台；水田全部机械化、旱地广泛机械化，畜牧业机械化。单位面积上小拖拉机装备率高于美英等国几十倍，大拖拉机装备率超过美国 1 倍。同时，农田基本建设相应展开，60 年代之前解决水田排灌及旱地、草地的改良，1961 年起就与农业机械、生产设施的引进结合进行，配合小拖拉机的普及把耕地建成 0.1 公顷大小田块，70 年代初配合插秧机的推广扩大到 0.3 公顷田块。农业用电 1960~1975 年增加 1.6 倍。种子、饲料、农药、栽培饲养技术和设施大大改进。1960~1976 年，每公顷耕地占有的农业固定资本额提高 4 倍，农业劳动力减少近一半，而土地生产率年均提高 2%，劳动生产率年均提高 6.9%，农业总产值增加 33%。

3.农户经营结构和土地利用关系的变动

(1)促进调整的条件。由于①劳动力向非农产业转移、农业资本化特别是机械化程度提高和技术进步，以及由规模大小不同造成的农户经济效益的差异，对有效利用土地，由专业农户扩大经营规模，促进农地的流转和集中，产生了强有力的推动作用。

在 1975 年,如以平均费用为 100 元,0.3~0.5 公顷农户的生产费用为 119.9 元,3 公顷以上农户为 75.9 元,相差 44 个百分点。②在过去劳力转移条件不具备时,农村劳力堆积抑制着农户经营的趋利行为;60 年代之后,工业工资提高和兼业收入的扩大,促进了专业农户经营农业的盈利目标强化,追求扩大农地经营规模,来实现这一经营目的。③农地政策的逐步调整,政府允许土地流转借贷,并予以低利贷款和信托的帮助。

(2)农户经营、农地关系调整的趋向和特点。①农户、农业人口、农业劳动力减少,每个从事农业者平均耕地经营面积扩大。农户数从 1950 年的 617 万户减少到 1979 年的 487 万户,总农户减少 130 万户。其中少于 1 公顷土地的农户减少 117 万户,可见总农户的减少差不多全是这类小农户离农。1960~1975 年,农业人口减少 33.3%,农业就业人口减少 46%,从事农业的骨干劳力(指经常参加农业生产劳动、以农为主业的人)减少 85%。每个从事农业者的耕地经营面积扩大,1965~1978 年由 0.5 公顷扩大到 0.8 公顷,扩大 60%,而我国在同期则由 0.5 公顷下降到 0.46 公顷,由原来一样多到几乎相当我国的 2 倍。②经营规模大的农户增加,地位上升。专业农户扩大经营规模的形式有三种:第一,土地买卖。1960~1970 年,改变土地所有权的耕地面积,每年不过 7 万公顷, 占总耕地面积 1%稍多; 70 年代约 10 万~12 万公顷, 占总耕地面积 2%左右。共购入地 17.7 万公顷,占总耕地 3.8%。因买地进展缓慢,有了后两种形式。第二,租地。2 公顷以上农户租地比重增加。3~5 公顷农户租地的 1965 年为 16.1%,1970 年为 24.2%,所租地占其耕地的比重由 2.55%上升到 5.5%。5 公顷以上农户有租地的,1965 年为 17.3%,1970 年为 35%,租地比重由 7.6%上升为 10.3%。 1957~1975 年,租入地由 24.5 万公顷上升到 32 万公顷,占总耕地的 7%,若加上短期租入,租地共达 41.8 万公顷。第三,委托作业。 0.3 公顷以下农户实行生产作业委托的农户比重, 1970 年为 50.6%,0.5 公顷农户作业委托的占 38.1%。按拥有耕地的农户分类来看,1950~1979 年,2 公顷以上农户包家农户的比率由 3.5%上升到 7.6%。1975 年自主经营农户占总农户的 9.2%,但占有 30%的专业从事农业人口,27%的农业固定资本、36%的农业毛收入。有男子专门工作者的农户(有男子 1 人以上,不含 65 岁以上者),占总农户的 27%,但所占农地面积的份额高达 47%。这些阶层可看作今后农业的承担者。③兼业农户特别是以兼业为主第二兼业农户所占比重上升。1960~1979 年,兼业农户由占总农户近 2/3 上升到 87.5%。二兼农户由占总农户的近 1/3 上升到 2/3 以上,都是 1 公顷以下的农户;其中不到 0.5 公顷的占总农户 40%,来自农业收入只占其总收入的 5.8%;0.5~1 公顷的来自农业收入也只占其总收入的 19%。这些农户零细占有耕地,占有面积较大者实行委托作业,其劳力已基本转移到非农产业。

(3)农地购买、租借关系的性质。日本六七十年代围绕土地经营利用所发生的农地购买、租借关系,具有同战后农地改革之前的带封建性的地主租佃关系性质上的不同,它不是地主制的重新复活,基本上仍是自耕农或自耕兼贷借耕地的体制。①使用雇佣劳动少,并呈下降趋势。1960~1975年使用长年雇佣劳力的农户由11.4万户下降到0.6万户,被雇人数由15.6万人,占农业就业人口1.2%,下降到1.2万人,占农业就业人口1.8%。这是因为日本的大农较美英法德等国还是小农;机械的使用也使农户劳力可营面积扩大;同时非农产业大量吸收劳力就业,农民工日工资低于城市工人,1960~1976年约为后者的60%,1977年仅为后者的一半左右。②租借土地基本是兼业小农户为农外就业,将土地出租、委托给大农户,与过去的地主购买土地、凭地权的集中垄断获得对佃农劳动剩余产品的占有不同。③地租率低。农产品价格上涨赶不上地价上涨,地租率大大低于银行利率。1960年一町步水田地租2.89万日元,只够一户农家1个月生活费。1970年1町步中等水田地租5.72万日元,只够一户农家半个月生活费。1975年1公顷上等水田地价820万日元,金融利率为6%,若按"地租=地价×利率",地租应为年49万日元,但实际地租仅11万日元,比金融利率低3/4。这是因为,这时的农业地租,不是由土地资产价值的一般利率所决定,也不主要取决于租地农户的投资利率,而是由出租土地的兼业农户自营所能获得的纯收益所决定,而这种纯收益比大农户的经营收益还低。这也说明,土地的租借有利于土地有效利用的进步行为。

(4)农业的组织化与土地利用。农户经营是日本农业的基本形式。农户扩大经营规模包括扩大农地经营面积,只是它适应现代化农业发展的一个基本层面的动向。另一方面是培育、发展农户以外的经济组织,帮助承担从农户中分化出来的难以自我完成的社会化职能,以促进大规模商品生产和流通的合理化,增强农户群体与工商业大资本的市场竞争地位。

农业经济组织有:①全国性的日本农协(农业协同组合)。几乎所有农户都参加,有市乡村基层到都道府及至全国的农协几个层次,兼有三种性质:作为经营团体进行经济活动的农民合作经济组织、国家农业政策(如扶持政策、农产品购销政策等)承办机构、对政府农业政策施加影响的农民社会团体。其首要职能是在信用、供销流通领域,同时涉及技术推广。共同设施利用,提供财务、生活服务等。②局部的或基层的组织。如以村落或市乡村为单位的组织;农户相互间形成的松散或紧密的农业生产合作组织;农工商一体化组织等。

这些组织一方面从信用、供销、技术推广上,从机械、大型设施的共同利用和协业经营上，帮助克服一家一户经营利用的局限性，另一方面也承担农户间土地、劳力利用上的调剂作用，帮助进行土地的租借、购买和委托经营。

4.农地向“自立经营农户”集中缓慢的原因及一定时期的合理性

六七十年代，日本在改善农业经营结构、培育自立经营农户、扩大耕地经营规模上取得了进展，特别是畜产养殖业一般都是大规模的工厂化饲养，但是在种植业上进展缓慢。《国民收入倍增计划》等原设想经 10 年时间，使农户从 600 万户减少到 300 万户，其中“自立经营农户”发展到 120 万户，占 40%，但到 1975 年，这类农户仅占到 9.2%，近 80%的农户经营规模在 1 公顷以下。这是由多方面的原因造成的。①经济因素。一是土地私有制的背景。农民的土地像其他的私有财产一样神圣不可侵犯，只要它自已有某种需要不愿放弃，不论从社会角度看怎样需要实现一定规模的农地经营，也不可让其转让。这就给土地的转移造成了一定的障碍(但也应注意，在土地公有制下，虽然没有这种障碍，却易患脱离土地转移的经济条件、急于求成的毛病)。二是地价上升。工商业、城市和公共建设用地扩大，加上地产投机，使建设用地价格上涨，带动农地价格上升。1965~1975 年地价上升率，普通水田增加 3.07 倍，普通旱地增加 314 倍，同期农产物价只增加 2.37 倍[1]。地价上涨超过农地收益的价格，买地经营不如投入其他部门。农地资产价值上升，又使保有小块地的农民惜售。把它当私产保存。宁可委托经营或让其荒芜。三是种植业农户特别是水田种植农户的经营水平差不多。在技术上或阶层上很难拉开距离，分化困难。四是兼业化的阻滞。经济发展快，新就业机会多，农民可到他业发展兼业，对农业依赖度很低，不会因小块地的农业收入低而破产卖地。由于兼业农户的发展，虽然日本农业人口、就业劳力在总人口、就业劳力中的比重下降很快，但农户户数的下降很慢，致使户均规模变化缓慢。五是农业劳力报酬由于工业的带动而上升，增加农业生产成本，减少收益，也影响了规模经营的发展。②社会因素。日本社会保障差，工人养老金、退休金少，主要产业工人 55 岁退休，至 65 岁才领取退休金，中间有 10 年时间，想退居土地。因此出现一户农家的青年离农务工，中老年工人失业后回家务农，不彻底断绝土地联系的现象。③自然因素。地少人多的限制和水田农业为主的特点。④政策因素。一是土改后的农地法，为防止地主阶级重新复活，对土地所有权、使用权的转移做了相当严格的限制， 1961 年后有所放宽，到 1970 年修改农地法，才建起完备的土地流转政策。二是为保证大米生产，政府予以价格支持，使其高于国际价格，又实行了贸易保护，这样就支持、保护了农户的较

〔1〕大内力:《日本农业论》，第 143 节。

小规模经营。

日本这一时期农地利用关系调整缓慢，是不是错过调整农地时机的一种失误？日本国内和我国的有些学者是持这种看法的。我们若是放到这一时期日本整个经济和农业稳定与发展的全局来看，似乎很难说这种看法能够成立。这是因为：第一，这一时期农地关系的慎重处理，是与以重化工业为中心的经济高速成长相关联的。日本在近20年里能保持工业发展的高速度，农业劳力大规模转移，城乡人口大变动，同时实现相当程度的社会稳定，是与没有同时进行农地大调整，谨慎对待自耕农体制和农业兼业化有关的。例如，谨慎对待农业兼业化的发展，既能满足非农产业对劳动力的需求，又有利于集中进行工业设备投资，发展基础设施、科技教育；对社会保障差起了补充作用；对经济波动中的失业、城市居民住宅、生活设施等非生产性建设的紧张，起一定的缓解作用。从这个意义上说，这种对工业和城市的贡献，是农业、农民所付出的代价。第二，适应宏观经济变动，这一时期农业发展的中心是以资本集约替代劳动集约，提高农业生产力。在这个过程中，日本未搞强制的土地大调整，但注意了由政策援助培育"自立经营农户"、"核心农户"，以技术经济手段推动其经营面积扩大，取得了劳均经营面积扩大60%的成绩；同时以合作组织与农家经营相匹配，基本上适应了传统农业技术改造和社会化商品生产的需要。所以，从日本这一时期综合发展的总体上看，是实现了工业经济的高度发展，实现了农业现代化，农地调整也迈出了步子，他们做到了在主要方面大有作为与次要方面稍有作为的统一。同时，兼业农户零细经营的不利性，在经济高速增长期并未突出出来，只是在1973年、1975年转入低速增长时才显现出来的。还应看到，农地调整方式及生产经营规模，与"赶上经济"、地少人多的东方国家的发展路线和发展阶段、民族习惯、自然限制都有关，是一个很复杂的问题，应有各国的甚至地区的特点。

（三）农地制度发展的趋势

日本自《农业基本法》颁布以来，在改变耕地零散经营，依托重点农户扩大经营规模上取得了不小的进展，但到80年代以至今天仍存在农地所有和经营过于分散的问题。虽然2公顷以上的大型小农有所增加，但1公顷以下的二兼农户占总农户的80%，农户户均经营规模变化不大。1975年户均经营1.154公顷，现在是1.345公顷，不可与法国、西德的22、12公顷/户相比，更不能与美国、加拿大、澳大利亚的157、187、1992公顷（70年代）相比。农户经营规模小，虽然发展了高度的农业组织化，但大大影响先进技术装备的利用率、劳动生产率，使投资效率下降，农作物产品成本大大高于国际市场价格。[1]拥有小块地的兼业农户把主要精力放在非农产业,农地经营粗放,有时荒废半荒废,加上耕作单一化,耕地复种指数由50年代的130%下降到一年基本种一季。大豆面积减少70%以上,绿肥基本不种,土壤有机质含量下降。农地经营规模狭小,是工农业生产率和收入差异的一个原因,为平衡工农收入的补贴花费了财政资金。同时,日本经济发展中劳力不足的问题突出,需要从农业中继续释放劳力。因此,促使土地所有权、使用权的合理流动和集中,改变农地经营规模小、结构不合理的状态仍是日本在农业上所注意解决的一个基本问题。

在日本,对继续解决农地经营利用问题的政策选择,占主导的仍是《农业基本法》的改善农业结构、扶植重点农户政策的延续。1980年10月日本农政审议会提出"80年代农政的基本方向"报告,1982年8月提出"关于80年代农政的基本方针"。其主要内容是:为了提高农业生产率,把政策重点放在农业结构政策方面,积极培育具有技术和经营能力的骨干农户和高效率的生产组织;提高劳动生产率,降低农产品成本和价格;建立日本型食物生活,保持或增加大米、鱼类消费量,扩大稻谷播种面积,扩充粮食储备。同时提出1990年目标[2]:

	1980年	1990年
耕地面积(万公顷)	546	550
耕地利用率(%)	103	112
从事农业骨干人数(万人)	413	270
其中60岁以上者(%)	28	43
出租土地等农地流动面积(万公顷)	66	90
农民户数(万户)	466	410
骨干农户(万户)	103	70
2.5公顷以上经营规模的较大农户(万户)	18	25
骨干农户所占耕面积(%)	稍低于50	60

对发展骨干农户,扩大耕地经营规模的途径,有的主张通过对兼业户的土地租借或合作利用来实现;也有的主张"反弹琵琶",发展用地少、附加价值大、单位耕地面积用劳力多的畜牧业、园艺和设施农业,吸收一部分农业劳力,同时扩大稻作农户的经营面积。财经界则主张放手让外国廉价农产品进入日本市场,放弃贸易保护和农价支持政策,摧毁小农经营,让日本农业在竞争中适应国际市场价格,形成规模经营。但这一农业自由化主张受到国家粮食安全体制和其他社会考虑的制约,并不一

〔1〕1984年日本米价(政府买入价)是泰国的5.2倍,美国的3.9倍(泰国、美国为FOB价格)。

〔2〕《世界经济年鉴》(1983~1984年),第212~213页。

定能成为国策,今后很可能走一条兼有两者之利的中间渠道。不论如何,日本的农地调整,向重点农户的集中,扩大经营规模的发展趋势将进行下去,这是一个渐进的综合经济过程。

基本结论与启示

日本这个后起的政府干预色彩较重的资本主义东方国家,在近现代100多年里实现了农业国工业化,并走到西方发达国家前列。通过对它急剧的经济发展和农地制度相互作用的历史考察,可以得到一些带规律性的认识和有益的启示。

(一) 日本经济发展与地制改革的阶段性、规律性

在明治维新地税改革解除封建立地制度束缚,建立近代土地制度、奠定起步基础之后的100年里,以工农业关系的转变为决定因素,显现为两个阶段(1881~1960年、1960年到目前);前一阶段农地制度上的矛盾主要是土地分配不均,后一阶段则主要是土地经营利用合理化问题。

明治维新地税改革,使日本摆脱封建土地制度及其附着物对社会商品经济发展的束缚,建立了近代土地制度,建立起传统农业培育近代工业的经济机制。这是日本向近代社会转变的关键(见第二部分(一)、(二)、(三)节)。这里不再予以总结,只考虑以后土地制度中的矛盾和带规律性的东西。

1.近代土地制度建立后,虽然其经济发展的主导倾向始终是工业的成长发展,但以《农业基本法》产生为界,工农业的发展阶段和工农业之间要素的流动配置方式,特别是社会经济剩余的基本流向、农业劳动力的转移程度却有很大不同

1881~1960年的第一时期。①工农业关系和要素流动的特点是,在1868~1900年之间,作为主要产业的农业创造的经济剩余向工业流动,包括地税、低价劳动力、低价农产品、外汇的贡献;1900~1960年之间,虽然农业地税等直接的资金向工业的流动微不足道,但仍存在农产品低价格和低价劳动力供应的情况。由于工业发展程度的限制,对农业劳动力的吸收有限,在日本只是吸收了农业的新增劳力。②工业经历从工场手工业到以轻纺为主的机器工业(军火重工业一开始就重视,但前期还不是现代工业主体),再到重点发展以军火为主的重工业。但总的来看,重工业未得到充分发展,大部分技术设备靠国外引进。③农业基本上处于传统农业阶段,农业内部耕地、农户、农业劳力的配比未变。虽然逐渐加进新的物质技术,但未改传统农业基本性质。

相比之下,1960~1980年是:①工业结构、技术高度化,资本积累雄厚,有能力吸附大量劳力。②工农业关系上,工业资金向农业回流,以其制造的现代物质技术设备武装农业。农业劳动力大幅度向工业转移并绝对地快速减少。③农业内部耕地、劳力、资本配比发生大的变化,农业迅速走向现代化。

2.与两个时期经济发展中资金基本流向、农业劳动力转移状态的不同相关联,农地制度所要解决的问题有很大差别

第一时期,由于农村劳动力堆积,人地关系紧张,劳力对土地供过于求,在土地私有基础上的所有权、使用权的流转中,压低了劳动力价格,抬高地租,造成土地兼并、土地分配不均与经营细分并存的局面(见第二部分(四)及附表5、6、7)。这一时期近代土地制度运行中所产生的主要矛盾是土地分配失衡和高率租佃关系。虽然这一矛盾到一战前后才突出地成为需要解决的发展障碍,土地分配不均的解决可以通过制度变革和管理来进行,但彻底解决却是通过经济发展,工业对农业劳力的大量吸收,改变农业内部的要素配比、扩大劳力在全社会的就业空间的途径。

第二时期,由于①农业劳动力已大幅度减少,改变了劳力对土地供过于求的状态,消除了抬高地租的社会经济因素。②工农业的技术进步程度不同,工业品消费需求弹性大于农业,造成工业的扩张力、扩张空间优于农业,二者的生产率和收入差距仍然存在,非农产业继续吸收农业劳动力的优势,也造成对地租率的抑制。因此,这一时期土地制度上存在的问题,不再是土地分配不均和高率租佃关系的问题。农业问题是以适应农业生产要素结构的改变和协调发展、改变农业生产率和收入差距的要求,以提高农业生产率为中心;土地制度作为解决这一中心问题的一个方面,是要如何实现农业上劳力、土地资本合理配置,达到适当的经营规模和提高效率。

上述日本经济发展和地制变革的阶段性和规律性,有一定的特殊性,但在后起的、特别是人多地少的国家,具有一定的普遍性。我国民主革命的先行者孙中山曾说,中国的土地问题第一阶段是解决耕者有其田,即平均地权问题,第二阶段是解决耕者有足够的农田经营。这与上述对日本的分析有相似之处。中国是在新中国成立后通过土地改革的完成才解决了平均地权问题,此后走上了合作化、集体化的道路。

日本农地制度变革的阶段性、规律性的经验启发我们:若从工业发展程度,特别是对农业劳动力的吸收程度、农业内部的要素配比来看,我国现在大部分地区还未达到消灭会产生土地分配不均、高率租佃关系的客观物质基础和经济条件。在这种情况下更要依靠农地公有制和农户承包经营来保证农民成为土地的主人;若是不加限制地实行土地的自由租佃,很可能使一部分劳动者受高率租佃的痛苦。同时要努力发展

国民经济,使之进入新的阶段,才能从根本上巩固社会主义的土地公有制和按劳分配关系。

与这种经济发展和土地制度矛盾的阶段性区别相联系，农地制度的变革可以区分为下述两种类型。

（二）日本近现代农地制度变革的类型

大体可分为两个类型,一是解决以地权分配问题为特征的农地制度变革,二是以提高经营效率为中心的土地利用关系变革,或说适应性调整。

第一类:以解决地权分配为特征的地制变革,有明治维新地税改革,战后农地改革。它的一般特点是:①解决原有经济制度下孕育成熟的全部或部分的土地所有和分配关系与生产力发展的矛盾。明治地税改革是解决封建领主地制与农民、新兴地主、商人及手工业者发展商品经济的矛盾,建立起土地私有和商品化的近代地制。战后农地改革是解决地主租佃关系对农业发展的束缚。都是以地权分配为特征,内容比较单一。②改革方式,以行政手段强制推行,虽用赎买、购买的经济方式,但实质上带有强制剥夺性。改革时间较短,是骤变。③通过这种改革建立的农地关系,具有经济形态划期的规定性和长期的稳定性。因此历史上这类变革是少有的,日本100多年是两次,不少国家进入近代只是历史转折关头的一次。

第二类,以提高经营效率为中心的土地利用关系变革,是和工农业的发展、农业生产力和经营结构的变化都结合在一起的总合的变革。日本经济高速增长期的地制调整就属此类。它的特点是:①它要解决的农业生产力发展与土地制度的矛盾(实际是与土地利用关系的矛盾),不是早已孕育成熟的,也不是一次性解决的,而是在经济发展过程中边孕育矛盾边解决矛盾的渐进过程。这种过程,不仅是农业生产力发展和要素结构变化与土地关系的调整结合在一起的总合经济变革，而且以生产力的发展为孕育矛盾、解决矛盾的前提条件。没有日本1955年后的经济高速增长、农村劳动力转移和绝对减少、机械等资本替代劳动的前提条件,就不能提出、也不能解决调整土地利用关系,扩大经营规模的问题。②变革方式,不以行政强制方式为主,而以经济方式为主，政策法律的调整是适应和间接影响土地调整的经济过程。这是一个渐进过程,日本至今已进行了30年,还要进行下去。③这类地制变革,是在原有土地制度基本框架下,以土地流转方式着重解决土地经营利用形式与农业发展的矛盾,当然也衍射到土地所有、分配关系的部分改变。

由此对我们的启示是：①我国农业集体经济通过实行土地所有权、经营权的分离,引入家庭经营,建立双层经营体制之后,农地制度的再调整,属于上述第二种类型,但这是发生在总体的工农业关系还处于第一阶段的宏观背景下。因此必须把着重点放在整个国民经济的发展和结构变革上,放在农业现代化生产力的培育上。在部分具备扩大农户经营规模的前提条件的地区,主要用经济方法,逐渐推进土地的流转和适度规模经营。就是在这类地方,这也是一个长期的渐进的综合发展变革过程,不能单纯突出土地关系的调整。在基本不具备条件的大部分地区,则不能实行这种变革。②在土地公有条件下,只要经济条件具备,进行土地关系的适应性调整较土地私有下的调整阻力较小,但因此却易出现不具备经济条件时的人为的超前调整。尊重农民经营者的自主权,有利于避免这种错误的发生。

(三) 家庭经营与农业现代化

日本近 100 年农地制度发生了深刻的变革,但农民家庭经营至今仍是最基本的经营形式,随着农业由自给经济向现代化商品经济的发展,农民家庭自身也发生经营内容、目标、规模、方式上的变化,并通过发展多种经济组织,形成联系农业生产流通过程和整个社会经济的网络体系,其骨干就是日本农协。家庭经营与这种社会组织体系结合,适应了农业现代化的发展。在这方面也给我们以重要的启示。

(何道峰、黄道霞、王诚德等同志参加了本文的讨论,谢义亚提供了有关资料)

(1990 年 8 月初稿,12 月修改)

附表 1　1880~1975 年日本农业年均总产值和生产率变化情况

单位:%

	1880~1920	1920~1935	1935~1955	1955~1965	1965~1975
总产量	1.8	0.9	0.6	3.6	1.4
总生产率	1.3	0.4	–0.6	0.9	–
劳动生产率	2.1	0.1	0.0	6.6	5.0
土地生产率	1.2	0.8	0.7	3.5	2.0

资料来源:《国外农业现代化问题》,中国人民大学出版社,121 页。

附表 2　自耕地与佃耕地比率

单位：%

	1883~1884	1903	1920	1930	1940	1946	1950	1960	1975
自耕地	64.1	55.5	53.7	51.9	54.1	56.0	91.0	93.3	94.9
佃耕地	35.9	44.5	46.3	48.1	45.9	44.0	9.0	6.7	5.1

资料来源:《日本农业论》,岩波书馆,1978 年,321 页。

附表 3　中央租税收入中的地税比重推移表

单位：%

	明治 5 年	8~12	18~22	23~27	28~3	33~37	38~4	43~大正 3	大正 9~13
地税(5 年平均)	91.8	80.5	69.4	74.3	58.1	32.5	28.1	21.8	9.0

资料来源:《日本产业革命史》,吉林人民出版社,157 页。

附表 4　农产品出口占出口总额的比重

单位:%

	1868~1872	1873~1877	1878~1882	1883~1887	1888~1892	1893~1897
比重	84.1	80.4	73.9	68.2	60.6	54.7

资料来源:《日本资本主义史研究》,湖南人民出版社,1984 年,284 页。

附表 5　1925 年土地所有状况

类型	户数(万户)	占总户数(%)	所有耕地数(万町步)	占总耕地比重(%)
无耕地者	150.9	23	0	0
5 反步以下者	249.2	39	54.0	8.9
5 反步—3 町步者	211.1	33	247.1	40.8
3—10 町步者	34.4	4	157.6	26.0
10 町步以下者	5.0	1	146.2	24.3
合计	650.6	100	605.0	100

资料来源:中国地政研究所:《土地与经济论文集》,1947 年,27 ~ 28 页。

附表 6　1925 年农户土地经营情况

经营面积(町步)	<0.5	0.5 ~ 1	1 ~ 2	2 ~ 3	>3	合计
农户数(万户)	195.1	187.7	118.5	32.3	21.2	554.9
	35.2	33.8	21.4	5.8	3.8	100

资料来源:据时事出版社 1984 年版《日本 100 年》第 144 页材料计算。

附表7　地价

年份	普通水田	普通旱地
1916年	247元	151元
1928年	538元	151元

资料来源:《土地与经济论文集》,25页。

附表8　普通水田、旱地的佃租情况

		土地	每反收获量(石)	佃租		佃租率(%)		地税率(%)
				米纳(石)	金纳(日元)	米纳	金纳	
水田	1873		1.312	0.892		68		34
	1885		1.672	0.970		58		28
	1908~1912	一次租田	1.680	0.898		54		
		二次租田	1.033	1.156		57		
	1916~1920	一次租田	1.908	0.972		51		
		二次租田	2.169	1.195		55		
	1933~1935	一次租田	2.008	0.920		46		
		二次租田	2.241	1.116		50		
	1941~1943	一次租田	2.061	0.918		45		
		二次租田	2.265	1.085		48		
旱地	1885			0.550	2.32			
	1908~1912			0.571	6.54			
	1916~1920			0.614	14.45	40	28	
	1933~1935			0.540	12.12	31	26	
	1941~1943			0.545	15.92	23	12	

资料来源:《日本农业论》,岩波书店,1978年,339页。

附表9　战后农地改革引起的变化

年份	自耕地(万公顷)	佃耕地(万公顷)	年份	自耕农(万户)	自耕兼佃农(万户)	佃农兼自耕农(万户)	佃农(万户)
1945	279	237	1941	171户	114	110	152
1950	468	48	1950	382	159	41	31

资料来源:《战后日本经济》,中国社会科学出版社,1985年,第36页。

附表 10　都府县（不含北海道）各类农户变化表

单位：%

年份	<0.5 公顷以下	0.5~1	1~1.5	2~3	>3 公顷	合计
1950	41.6	32.9	15.9	1.0	0.5	100
1960	39.1	32.7	17.2	3.5	0.6	100
1970	38.8	30.7	16.7	4.6	1.2	100
1979	40.7	29.7	14.9	5.4	2.0	100

资料来源:《现代日本农业》,中国科学出版社,74 页。

参考文献

[1]农业集体化重要文件汇编(1949—1957).北京:中共中央党校出版社,1991

[2]农业集体化重要文件汇编(1958—1981).北京:中共中央党校出版社,1991

[3]关于建国以来党的若干历史问题的决议(注释本).北京:人民出版社,1981

[4]中共中央文献研究室、国务院发展研究中心.新时期农业和农村工作重要文献选编.北京:中央文献出版社,1992

[5]中共中央文献编辑委员会.万里文选.北京:人民出版社,1995

[6]全国人大常委会办公厅万里论著编辑组编.万里论农村改革与发展.北京:中国民主法制出版社,1996

[7]全国人大常委会办公厅万里论著编辑组编:万里论人民民主与法制建设.北京:中国民主法制出版社,1996

[8]新时期改革和建设的重要文献——《万里文选》介绍.北京:中国民主法制出版社,1996

[9]中国社会科学院农业经济研究所编.邓子恢农业问题论文选.1984

[10]邓子恢文集编辑委员会.邓子恢文集.北京:人民出版社,1996

[11]杜润生文集(1980—1998年).太原:山西经济出版社,1998

[12]杜润生自述:中国农村体制变革重大决策纪实.北京:人民出版社,2005

[13]杜润生主编.中国农村改革决策纪事.北京:中央文献出版社,1999

[14]王郁昭.尊重农民的选择.上海:上海人民出版社,1989

[15]王郁昭.大包干与大趋势.北京:光明日报出版社,1987

[16]王郁昭.农村改革纵横谈.北京:中国科学技术出版社,1998

[17]吴象.我国农村伟大希望之所在.北京:经济科学出版社,1984

[18]吴象.中国农村改革.北京:光明日报出版社,1986

[19]吴象.农村改革与农村商品经济.北京:经济科学出版社,1988

[20]吴象.阳关道与独木桥.北京:农村读物出版社,1990

[21]吴象.从昔阳到凤阳.北京:经济科学出版社,1991

[22]吴象.中国农村改革实录.杭州:浙江人民出版社,2001

[23]陈锡文.中国农村改革:回顾与展望.天津:天津人民出版社,1993

[24]陈锡文.90年代农村改革与发展面临的新问题:论农业的两个根本性转变.北京:中国农业出版社,1997

[25]陈锡文主编.中国县乡财政与农民增收问题研究.太原:山西经济出版社,2003

[26]陈锡文.陈锡文改革论集.北京:中国发展出版社,2008

[27]陈锡文,赵阳,罗丹.中国农村改革30年回顾与展望.北京:人民出版社,2008

[28]张广友.联产承包制的由来和发展.合肥:河南人民出版社,1983

[29]张广友:阳关道上.合肥:安徽人民出版社,1985

[30]张广友.改革风云中的万里.北京:人民出版社,1995

[31]张广友,丁龙嘉:万里.北京:中共党史出版社,2006

[32]李云河.中国农村户学.北京:农村读物出版社,1989

[33]周曰礼.农村改革理论与实践.北京:中共党史出版社,1998

[34]陆子修.三农论衡.北京:人民出版社,1997

[35]柏晶伟.为农业大包干报户口的人——王郁昭.北京:中国发展出版社,2007

[36]林子力.联产承包制讲话.北京:经济科学出版社,1983

[37]林子力.社会主义经济论——论中国经济改革.北京:经济科学出版社,1985

[38]中国农村发展问题研究组.包产到户资料选.1981

[39]中国农村发展问题研究组.农村经济变革的系统考察.北京:中国社会科学出版社,1984

[40]中国农村发展问题研究组.农村、经济、社会.第一卷.北京:知识出版社,1985

[41]中国农村发展问题研究组.国民经济新成长阶段与农村发展.杭州:浙江人民出版社,1987

[42]发展研究所综合课题组.改革面临制度创新.上海:上海三联书店,1988

[43]中共安徽省委党史研究室编.安徽农村改革口述史.北京:中共党史出版社,2006

[44]安徽省政协文史资料委员会编.农村改革的兴起.北京:中国文史出版社,1993

[45]黎田主编.历史的印记.合肥:安徽人民出版社,1998

[46]吴庭美,夏玉润.希望之路——凤阳大包干的由来.合肥:安徽人民出版社,1988

[47]王耕今,杨勋等.乡村三十年——凤阳农村社会经济发展实录(1949~1983年).北京:农村读物出版社,1989

[48]陈怀仁,夏玉润编著.起源——凤阳大包干实录.合肥:安徽人民出版社,1998

[49]郭书田,刘纯彬.失衡的中国.石家庄:河北人民出版社,1990

[50]陆学艺.当代中国农村与当代中国农民.北京:知识出版社,1991

[51]陆学艺主编.改革中的农村与农民.北京:中共中央党校出版社,1992

[52]余国耀.求实集.北京:经济日报出版社,1996

[53]陈大斌.饥饿引发的变革.北京:中共党史出版社,1998

[54]陈大斌.推动力:台州民营经济崛起的观察与思考.北京:人民出版社,2004

[55]周其仁等.发展的主题.成都:四川人民出版社,1987

[56]周其仁.真实世界的经济学.北京:中国发展出版社,2002

[57]周其仁.产权与制度变迁.北京:社会科学文献出版社,2002

[58]韩俊.跨世纪的难题——中国农业劳动力转移.太原:山西经济出版社,1994

[59]韩俊.中国农民专业合作组织调查.上海:上海远东出版社,2007

[60]韩俊.中国经济改革 30 年——农村经济卷.重庆:重庆大学出版社,2008

[61]韩俊主编.调查中国农村.北京:中国发展出版社,2009

[62]王荣,韩俊,徐建明主编.苏州农村改革 30 年.上海:上海远东出版社,2007

[63]李剑阁,韩俊.中国新农村建设调查.上海:上海远东出版社,2007

[64]林毅夫.制度、技术与中国农业发展.上海:上海三联书店,1994

[65]林毅夫,蔡昉,李周.中国的奇迹:发展战略与经济改革.上海:上海三联书店,1994

[66]费孝通.江村经济——中国农民的生活.江苏:江苏人民出版社,1986

[67]张培刚.发展经济学往何处去.经济研究,1989(6)

[68]樊纲.发展的道路.北京:生活读书新知三联书店,2002

[69]改革与安徽发展课题组.充满希望的探索——阜阳农村商品经济发展考察.合肥:安徽人民出版社,1988

[70]辛秋水主编.中国村民自治.合肥:黄山出版社,1999

[71]辛秋水,吴理财.文化贫困与贫困文化.西安:陕西人民教育出版社,2002

[72]曾业松.让耕者有其田.北京:中国经济日报出版社,1998

［73］王郁昭主编. 伟大的战略措施——11 省 13 县农业社会化服务体系调查研究.北京：农业大学出版社，1993

［74］黄青禾等.农业社会化服务体系研究.北京：农业大学出版社，1994

［75］国务院农村发展研究中心，中国社科院农经所.中国农村发展战略问题.北京：中国农业科技出版社，1985

［76］中国行政学会主编.中国县（市）改革纵横（总论卷）.北京：人民出版社，1996

［77］莫远人主编.江苏乡镇工业发展史.南京：南京工学院出版社，1987

［78］张仁寿，李红.温州模式研究.北京：中国社会科学出版社，1990

［79］广东省农委，农村研究中心合编.风帆起珠江.北京：农业出版社，1992

［80］中央政策研究室.中国农村社会经济典型调查.北京：中国社会科学出版社，1987

［81］中央政策研究室.中国农民的伟大实践.北京：中共中央党校出版社，1991

［82］中央政策研究室，国务院发展研究中心联合课题组.中国农业的支持与保护.北京：中国农业出版社，1996

［83］王郁昭，邓鸿勋主编.农民就业与中国现代化.成都：四川人民出版社，1999

［84］邓鸿勋，陆百甫主编.走出二元结构——农民就业创业研究.北京：中国发展出版社，2004

［85］邓鸿勋，陆百甫主编.走出二元结构——农民工、城镇化与新农村建设.北京：中国发展出版社，2004

［86］邓鸿勋，陆百甫主编.走出二元结构：创业就业、市民化与新农村建设.北京：社科文献出版社，2008

［87］孟昕，白南生.结构变动：中国农村劳动力的转移.杭州：浙江人民出版社，1988

［88］何道峰等.就业、增长、现代化.北京：中国华侨出版社，1990

［89］陈吉元，庾德昌.中国农业劳动力转移.北京：人民出版社，1993

［90］杜鹰，白南生.走出乡村——中国农村劳动力流动实证研究.北京：经济科学出版社，1997

［91］赵树凯.纵横城乡——农民流动的观察与研究.北京：中国农业出版社，1998

［92］蔡昉主编.刘易斯转折点及其政策挑战.北京：社会科学文献出版社，2007

［93］叶裕民.中国城市化之路——经济支持与制度创新.北京：商务印书馆，2001

［94］蒋省三，韩俊主编.土地资本化与农村工业化——南海发展模式与制度创新.

太原:山西经济出版社,2005

[95]农业部农村经济研究中心当代农业史研究室编.中国农业大波折的教训.北京:中国农业出版社,1996

[96]农业部农村经济研究中心当代农业史研究室编.当代中国农业变革与发展研究.北京:中国农业出版社,1998

[97]郑有贵,李成贵等.中国传统农业向现代农业的转变.北京:中国农业出版社,1997

[98]张晓山,宋洪远,李惠安编.调整结构、创新体制、发展现代农业.北京:中国社会科学出版社,2007

[99]农业部农业产业化领导小组办公室,中国农学会编.农业产业化经营概论.北京:中国农业科技出版社,1998

[100]徐柏圆,李蓉.农产品批发市场研究.北京:中国农业出版社,1995

[101]韩俊,陈劲松,张庆忠编.产业化:中国农业新趋势.北京:中国农业出版社,1997

[102]陈光.正确处理产业化与承包制的辩证关系.中国农村经济,1997(7)

[103]李静,产业化:农业发展的新课题——农业产业化问题研讨会综述.北京:中国农村经济,1996(8)

[104]牛若峰.农业产业一体化经营的理论框架.中国农村经济,1997(5)

[105]潘耀国.也谈农业产业化.农民日报,1996-01-11

[106]卢迈,于保平,赵燕.港商在内地农业投资的现状与前景.1998年11月

[107]曹庆波.我国畜产品生产、市场和贸易状况及展望,HTTP//ids,1998年11月

[108]姚监复等.农村专业技术协会——具有历史意义的农村组织创新.北京:中国农业出版社,1994

[109]农业部农村合作经济指导司编.引导农民进入市场的新型经济组织——农民专业协会.北京:中国农业出版社,1995

[110]王渭田.山东省农业产业化战略的提出与实践.中国农村观察,1997

[111]王西玉,赵阳编.中国农业服务模式.北京:中国农业出版社,1996

[112]徐更生,刘开铭主编.国外农村合作经济.北京:经济科学出版社,1986

[113]李公绰译.日本的农业合作社讲话.北京:农村读物出版社,1986

[114]徐善衍.科技进步是推进农业产业化的关键.1997年8月

[115]肖俊彦.供销社体制:历史和改革.管理世界,1988(3)

[116]李谦.发展农业产业化经营的几个问题.中国农村经济,1998年12月

[117]梁战等.中日管理思想比较.北京:科学技术文献出版社,1993年1月

[118]〔日〕南亮进.日本的经济发展.北京:经济管理出版社,1992年10月

[119]万峰.日本近代史.北京:中国社会科学出版社,1984

[120]万峰.日本资本主义史研究.长沙:湖南人民出版社,1984

[121]刘天纯.日本产业革命史.长春:吉林人民出版社,1984

[122]肖鸿麟.日本农业经济论.北京:农业出版社,1982

[123]刘文璞.现代日本农业.中国社会科学出版社,1983

[124]赵建民等.日本通史.上海:复旦大学出版社,1989

[125]萧铮.土地与经济论文集.中国地政研究所,1947

[126]安·格拉德.日本的土地与农民.北京:世界知识出版社,1957

[127]大内力.日本农业论.岩波书店,1978

[128]马洪,下河边淳主编.现代日本经济事典.北京:中国社会科学出版社,1982

[129]秋野正胜等.现代农业经济学.北京:农业出版社,1981

[130]吉田茂.激荡的百年史.北京:世界知识出版社,1980

[131]金森久雄.日本经济增长讲话.北京:中国社会科学院出版社,1980

[132]高桥龟吉.战后日本经济跃进的根本原因.辽宁人民出版社,1984

[133]都留重人.日本的起飞(1868—1900年)

[134]〔日〕中央大学经济研究所编.战后日本经济.北京:中国社会科学出版社,1985

[135]〔日〕经济企划厅.国民收入倍增计划.商务印书馆,

[136]福武直.当今日本社会.北京:国际文化出版公司,1986

[137]佐贯利雄.日本经济的结构分析人.沈阳:辽宁人民出版社

[138]矢野恒太纪念会编.日本100年.北京:时事出版社,1984

[139]C.G.艾伦.近代日本经济简史.北京:商务印书馆,1959

[140]西里尔·布·E.莱克等.日本和俄国的现代化.北京:商务印书馆,1984

[141]W.W.罗斯托编.从起飞进入持续增长的经济学.成都:四川人民出版社.1988

[142]凌启鸿.关于在农业经营的几点认识,1993.3

[143]丁力.农业产业化的实质、形式与政策.中国农村经济,1997(12)

[144]刘玉满.培育农业产业组织体系推动农业产业化发展.中国农村经济,1998(12)

图书在版编目（CIP）数据

中国农村经营变革调查／崔传义著．—太原：山西经济出版社，2009.12
ISBN 978－7－80767－238－8

Ⅰ.中...　Ⅱ.崔...　Ⅲ.农村－经济体制改革－调查研究－中国　Ⅳ.F 320.2

中国版本图书馆 CIP 数据核字（2009）第 173158 号

中国农村经营变革调查（上、下卷）

著　　者：崔传义
责任编辑：李慧平
装帧设计：陈　婷　一　水

出 版 者：山西出版集团·山西经济出版社
社　　址：太原市建设南路 21 号
邮　　编：030012
电　　话：0351－4922133（发行中心）
0351－4922085（综合办）
E－mail：sxjjfx@163.com
jingjshb@sxskcb.com
网　　址：www.sxjjcb.com

经 销 者：山西出版集团·山西新华书店集团有限公司
承 印 者：山西出版集团·山西新华印业有限公司

开　　本：787mm×960mm　1/16
印　　张：53.75
字　　数：957 千字
印　　数：1－5 000 册
版　　次：2009 年 12 月第 1 版
印　　次：2009 年 12 月第 1 次印刷
书　　号：ISBN 978－7－80767－238－8
定　　价：128.00 元（上、下卷）